camping.info
Die beliebtesten Campingplätze
Die meisten Bewertungen
Die größte Gemeinschaft
W0339126
VON CAMPERN
FÜR CAMPER
WIR SIND
CAMPEN

Inhaltsverzeichnis

Lieber Campingfreund,

wir freuen uns sehr, dass du dich für unseren einzigartigen camping.info Campingführer entschieden hast und ich möchte die Gelegenheit nutzen, dir zu erklären, warum unser Campingführer für uns eine wahre Herzensangelegenheit ist und was ihn so besonders macht.

Von Campern für Camper

Das Konzept unseres Campingführers besteht seit jeher darin, die Angaben über einen Campingplatz – sei es die Lage, Ausstattung, Preis und vieles mehr – direkt von den Betreibern zu erheben und diese Daten mit tausenden Gästebewertungen unserer User zu kombinieren. Somit kommen die Fakten vom Platz und die Bewertung vom Camper selbst. Durch die Bewertungen der Camper ist unser Campingführer wahrscheinlich der ehrlichste und für dich informativste auf dem Markt.

Warum unser Campingführer der richtige für dich ist

Unsere Gästebewertungen machen unseren Campingführer zu einem lebendigen Ratgeber, der dich bestmöglich bei der Auswahl eines passenden Urlaubsziels unterstützt. Selbstverständlich achten wir tagtäglich darauf, dass unsere Bewertungen von echten Gästen stammen. Wir wissen, dass dir dein Urlaub sehr wichtig ist, und mithilfe unserer Gästebewertungen gelingt es uns, dir einen authentischen Eindruck von den Campingplätzen zu vermitteln.

Welche Plätze kommen in den Campingführer?

Jeder Camper ist anders und hat dementsprechend unterschiedliche Anforderungen an einen Campingplatz. Aus diesem Grund ist es uns besonders wichtig, eine große Vielfalt an einzigartigen Plätzen anzubieten. Daher haben wir sowohl große Camping-Resorts wie auch Mini-Campingplätze abgedruckt. Solltest du auf deinen Reisen Plätze entdecken, die es in diesem Jahr nicht in unseren Campingführer geschafft haben, dann hilf diesen mit einer Bewertung auf unserer Webseite www.camping.info. Jede Bewertung von dir erhöht die Wahrscheinlichkeit, dass der Campingplatz im nächsten Jahr auch in unserem Buch erscheint.

Ich wünsche dir viel Spaß bei der Urlaubsplanung mit unserem Campingführer und einen erlebnisreichen und erholsamen Campingurlaub.

Maximilian Möhrle
Geschäftsführer camping.info

Von Campern für Camper

Mit einem Team bestehend aus leidenschaftlichen Campern und mit mehrjähriger Erfahrung in der Campingbranche entwickeln wir all unsere Produkte, um dich bei der Planung des perfekten Campingurlaubs bestmöglich zu unterstützen. Dafür stellen wir dir nicht nur eine Auswahl von über 23.100 Campingplätzen aus 44 europäischen Ländern zur Verfügung und versorgen dich mit wertvollen Details, sondern sorgen auch mit über 228.000 Camper-Bewertungen dafür, dass du dir ein realistisches Bild vom Platz machen kannst. Mehr als 150.000 Camper gehören zur camping.info Gemeinschaft. Werde auch du ein Teil von uns!

Das Campingführer-Team

Henry, Projektmanagement & IT
Bändigt die Technik und behält den Überblick

Carina, Content
Als Camperin von klein auf gebe ich den Inhalten im Campingführer den letzten Feinschliff

Johanna, Marketing
Camping lesen, schreiben, denken und natürlich selbst unterwegs sein – das mache ich viel und gern

Martin, Verkauf
Als kommunikativer Kölner helfe ich Campingplätzen, sich optimal im Campingführer zu präsentieren

Dominik, Gestaltung
Ich jongliere grafisch die Infos aus der Datenbank an die richtigen Positionen im Campingführer

Bewertungen
das Herzstück unseres Campingführers

Wir vertrauen auf die Meinung unserer Gemeinschaft, daher erstellen wir unsere Campingführer jährlich auf der Basis der abgegebenen Camper-Bewertungen auf camping.info. Das macht unseren Campingführer zu einem Produkt, das von Campern für Camper erstellt wurde und somit einzigartig ist.

AUF EINEN BLICK:

4,14*

*Durchschnitts-Bewertung der Plätze in diesem Campingführer

115.557*

*Camper-Bewertungen, die in diese Ausgabe geflossen sind

Was sagen Bewertungen aus?
Die Bewertungen bei camping.info stammen ausschließlich von anderen Campern. Dabei geben die Camper sowohl einen allgemeinen Gesamteindruck als auch eine Bewertung in Kategorien wie Lage, Ruhe, Sanitär, Sauberkeit, Freundlichkeit, Infrastruktur, Verpflegung, Freizeit oder Preis-Leistungs-Verhältnis ab. Ebenso basieren auch die Kriterien "Geeignet für" und "Empfohlenen Aktivitäten" auf den Bewertungen von Campern, die den Platz bereits besucht haben.

5,0 = Luxus-Campingplatz?
Ein Gesamteindruck von 4,9 bedeutet nicht automatisch, dass es sich um einen absoluten Luxus-Campingplatz handelt. Auch kleine Naturcampingplätze ohne besondere Infrastruktur können mit Freundlichkeit, Sauberkeit oder einer besonderen Lage begeistern. Andersrum kann ein Luxus-Campingplatz mit jeglichem Komfort durch fehlende Sauberkeit oder Unfreundlichkeit enttäuschen.

Achte auf die Anzahl
Nicht nur der Bewertungsdurchschnitt des Campingplatzes spielt eine Rolle, sondern auch die Anzahl der abgegebenen Bewertungen. Denn je mehr Camper diesen bewertet haben, desto objektiver ist das Ergebnis. Die Anzahl haben wir jeweils neben der Bewertung abgedruckt.

Platz online anschauen & buchen
Ausführlichere Infos zum Platz, Bewertungstexte, Fotos und Videos findest du auf camping.info. In jedem Eintrag gibt es einen Link (z. B. www.camping.info/19127) oder bei größer abgebildeten Plätzen einen QR-Code, der dich auf die Detailseite des jeweiligen Platzes führt. Viele Campingplätze kannst du auf unserer Website sogar direkt online buchen. Online buchbare Plätze sind im Campingführer mit dem ⚡-Symbol gekennzeichnet.

Welche Plätze haben wir abgedruckt?

Wer kommt rein ins Buch? Es gibt keine Mindestanforderungen hinsichtlich der Größe oder Ausstattung – was einzig und allein für uns zählt, sind die Bewertungen von anderen Campern. Je häufiger und besser ein Platz bewertet wurde, desto wahrscheinlicher ist es, dass er in unserem Campingführer zu finden ist. Ebenso nehmen wir nur Campingplätze auf, deren Bewertungsdurchschnitt bei 3,0 oder besser liegt.

AUF EINEN BLICK:

✓

- Durchschnittsbewertung von mind. 3,0
- aktuelle Daten
- in weniger dicht besiedelten Regionen auch Plätze ohne Bewertung

×

- schlecht bewertete Plätze
- alte oder mangelhafte Daten
- Plätze, die keine Bewertungen akzeptieren

Ist dein Lieblingsplatz nicht dabei?
Sollte dein Lieblingsplatz wegen zu wenigen Bewertungen nicht mit im Buch abgedruckt sein, dann kannst du selbst dazu beitragen, dass der Platz beim nächsten Mal dabei ist. Animiere den Campingplatz bei deinem Besuch, die Camper auf uns hinzuweisen und eine Bewertung auf camping.info abzugeben – so klappt es bestimmt in der nächsten Ausgabe.

Werde auch du Teil der camping.info-Gemeinschaft

Wir freuen uns sehr, wenn auch du die von dir besuchten Campingplätze bei uns bewertest. So einfach geht's:

Warum du unseren Bewertungen vertrauen kannst

Du hast sicher gemerkt, dass uns die Camper-Bewertungen sehr wichtig sind. Daher investieren wir viel Zeit und Mühe dafür, dass nur echte Bewertungen abgegeben werden. Wie wir das sicherstellen, erfährst du hier.

Wie wir dabei vorgehen:

✕ Keine anonymen Bewertungen
Nur registrierte Nutzer können Bewertungen abgeben. So kann der Betreiber im Zweifelsfall kontrollieren, ob der Bewerter bei ihm zu Gast war.

✕ Keine Bevorzugung von Campingplätzen
Ob Werbepartner oder nicht: Kein Betreiber kann Bewertungen grundlos entfernen. Diese werden nur gelöscht, wenn es sich um einen Richtlinienverstoß oder um illegalen Inhalt handelt.

✕ Keine Bewertungen von Eigentümern, Mitarbeitern oder beauftragten Personen
Sollte dies doch vorkommen, werden die Betreiber abgemahnt und bei Wiederholung aus unserem Verzeichnis gelöscht.

Was wir für gute Qualität tun:

✓ Transparenz
Redaktionelle Eingriffe werden sowohl mit dem Gast als auch mit dem Betreiber besprochen.

✓ Inhaltliche Kontrollen
Unsere jahrelange Erfahrung und einige technische Mittel helfen uns, Missbrauch aufzudecken. Zum Glück kommt dies nur selten vor.

✓ Hinweise anderer Camper
Wir gehen regelmäßig Hinweisen von engagierten Nutzern nach, die uns auf unstimmige Bewertungen aufmerksam machen. Sollte auch dir etwas auffallen, sag uns gerne Bescheid.

1. Campingplatz auf camping.info suchen.

2. Bewertung abgeben & optional noch Bilder/Videos hochladen.

3. Anderen Campern bei der Auswahl des Campingplatzes helfen.

Der camping.info Award

Seit 2012 vergeben wir jedes Jahr den camping.info Award an die 100 beliebtesten Campingplätze Europas. Bei uns gibt es keine Jury, denn auch hier zählen ausschließlich die Bewertungen von anderen Campern. Es gibt keine „Black Box", die zugrunde gelegten Bewertungen sowie die Formel zur Erstellung des Rankings und all ihre Faktoren sind öffentlich einsehbar. Dabei bilden nicht nur die Durchschnittsbewertungen der Campinggäste die Grundlage, sondern es erfolgt ebenso eine Gewichtung nach der Aktualität der Bewertungen und nach deren Anzahl. Mehr Infos dazu bekommst du unter camping.info/award.

Gewinner des camping.info Awards 2022: Campingpark Kühlungsborn

Auch Geheimtipps unter den Preisträgern

Durch die bewährte Formel schaffen es nicht nur große, sondern auch kleinere Plätze ins Ranking. In den Top 100 findest du damit europaweit nicht nur bekannte Betriebe, sondern auch einige Geheimtipps. Eins möchten wir noch loswerden: Es gibt viele Plätze, welche die Auszeichnung ebenfalls verdient hätten, aber nur ganz knapp nicht in die Top 100 gerutscht sind. Die Werte liegen oft eng beisammen.

Award-Gewinner in dieser Ausgabe

Alle Campingplätze, die mit dem camping.info Award ausgezeichnet wurden, sind mit einem entsprechenden Logo versehen, sodass du direkt auf einem Blick siehst, wer es unter die Top 100 geschafft hat. Auf camping.info/award findest du ab Januar 2023 auch die Preisträger aus dem Jahr 2023, die bei Redaktionsschluss des Campingführers leider noch nicht feststanden.

67 Preisträger in Deutschland

Im Jahr 2022 gab es in Deutschland 67 Campingplätze, die mit dem camping.info Award ausgezeichnet wurden. Wir stellen dir hier die Top 5 etwas genauer vor:

S. 226

Campingpark Kühlungsborn, Mecklenburg-Vorpommern, Platz 1

Camper schätzen auf dem familienfreundlichen Platz nicht nur die tolle Lage und das Flair des Ostseebades Kühlungsborn, sondern auch das Klima der Ostsee mit seinem kilometerlangen weißen Sandstrand.

S. 76

Rosenfelder Strand Ostsee Camping, Schleswig Holstein, Platz 3

Erholung mit Meeresluft! Ruhig und direkt an der Ostsee gelegen mit eigenem Naturbadestrand.

S. 258

Campingplatz Ecktannen, Mecklenburg-Vorpommern, Platz 6

Der naturnahe Campingplatz auf dem 17 Hektar großen Areal direkt am Müritz-Nationalpark lädt zum Paddeln, Entspannen und Urlauben an Deutschlands größtem Binnensee ein.

S. 40

Ostseecamping Familie Heide, Schleswig-Holstein, Platz 8

Die beliebte Anlage liegt direkt an der Steilküste der schönen Ostsee und ist mit großzügigen Stellplätzen und vielfältigen Freizeitangeboten perfekt für den Familienurlaub.

S. 357

Campingpark Kalletal, Nordrhein-Westfalen, Platz 9

Ein rundum schöner Campingplatz im malerischen Kalletal am See – mit Sandstrand, Pirateninsel und herrlicher Wellnessoase.

Du hast noch nicht genug?

Entdecke noch mehr camping.info

Du kannst nicht genug von Camping bekommen? Camping ist zu kurz für "zweimal oder dreimal" im Jahr? Das können wir verstehen - UND - dafür haben wir die Lösung! Schau dich mal um - gerade in der digitalen Campingwelt haben wir noch mehr in Petto!

Der camping.info Newsletter

Egal, ob TOP-Campingplätze, der nächste Messebesuch oder die schönsten Campergeschichten und Erfahrungsberichte: Wir halten dich auf dem Laufenden und stellen dir in unserem Newsletter interessante Camping-Themen vor. Und übrigens - ab und zu gibt's hier auch mal nen kompletten Campingurlaub zu gewinnen! Ein kostenfreies Abo lohnt sich.

Stöbern, Lesen, Planen: Das Magazin

Glamping, Wintercamping, Camping-Geschenkideen, Camping-Rezepte, Reiserouten oder Tipps und Tricks rund ums Thema Camping gibt es in unserem Online-Magazin. Egal ob Neucamper oder Profi - hier findest du genau die Themen, die dich interessieren.
camping.info/magazin

Das meiste Camping in einer App

Der Campingführer für die Hosentasche - na klar! Mit einer Auswahl von über 23.000 Campingplätzen in ganz Europa findest du in der App immer den richtigen Campingplatz für deinen Urlaub. Ausführliche Beschreibungen der Ausstattung, Umgebung und Freizeitmöglichkeiten, Fotos und echte Camper-Bewertungen geben dir die optimale Entscheidungshilfe für die "Qual der Campingplatzwahl". Ob mit dem Wohnwagen, Wohnmobil, Zelt oder im Bungalow - in der App inkl. Offline-Kartenmaterial findest du deine Plätze in ganz Europa mit Verfügbarkeiten, die du sogar sofort buchen kannst.

Jetzt kostenfrei testen: camping.info/app

Download on the App Store

GET IT ON Google Play

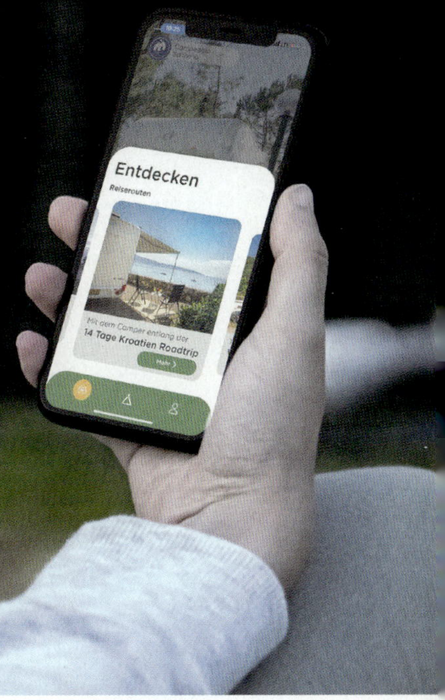

Die Highlights der verbesserten camping.info App auf einen Blick:

- Aktuellste Infos zu über 23.000 Campingplätzen in ganz Europa
- On- und Offline Karten (Karten auch ohne Internetverbindung nutzbar)
- Einfach filtern nach deinen Wünschen und Bedürfnissen wie z.B. Hund, FKK, Meer, Berge, Surfen, Wasseranschluss am Platz ...
- LIVE-Verfügbarkeiten in deinem Reisezeitraum
- Direkte Online-Buchung deines Lieblingsplatzes

Camping das ganze Jahr – folge uns auf Social Media

Camping ist zu schön für "nur Urlaub", oder? Ein „Herz" auf Instagram und ein „Like" auf Facebook können hier wahre Wunder bewirken. Wofür genau? Gegen Campingweh. Für mehr Camping im Alltag. Vielfältige Inspirationen, geprüfte Empfehlungen und tolle Gewinnspiele warten auf dich.

Online-Buchung

Finde freie Plätze – und buche den für dich besten Standplatz direkt online

„In den Ferienzeiten haben wir viele Absagen bekommen. Alle angefragten Plätze waren schon voll. Auf camping.info haben wir dann zum Glück noch einen richtig schönen, freien Platz gefunden."

Helmut aus Augsburg

Mit wenigen Klicks zum perfekten Campingurlaub: Mit dem LIVE-Verfügbarkeitsservice auf unserer Webseite kannst du dir ganz einfach noch freie Campingplätze anzeigen lassen – und den für dich besten Standplatz direkt online buchen. Anstatt viel hin und her zu telefonieren oder lange E-Mails mit Reservierungsanfragen zu versenden, werden dir auf camping.info alle Campingplätze, die in dem von dir angegebenen Reisezeitraum noch frei sind und deinen gewählten Wunsch-Kriterien entsprechen, in einer übersichtlichen Liste angezeigt.

Ob mit Hund oder mit Kind, ob am Meer oder in den Bergen: Mit nur wenigen Klicks und innerhalb kürzester Zeit sicherst du dir so den für dich perfekten Standplatz ganz einfach online.

Ein wenig, wie man es schon von Hotels kennt – nur, dass du dann am Ende nicht ins Hotel „musst", sondern ganz entspannt Campen gehen kannst.

In wenigen Schritten zum freien Standplatz:
Nie war Campingurlaub so einfach

1. **Auf www.camping.info gehen**
2. **Reisezeitraum eingeben**
3. **Campingplatz aussuchen**
4. **Freien Standplatz online buchen**
5. **Losfahren und Campingurlaub genießen**

„Wir gucken und buchen immer öfter online. Man hat eine 1A Übersicht über freie Campingplätze. Und der Preis ist am Ende der gleiche."

Beate und Lorenz aus Paderborn

„Wir buchen unseren Campingurlaub gern online, da das Anfragen für uns „anstrengend" ist. E-Mails tippen und dann auf das Feedback warten... Das kostet Zeit – für uns und auch für den Campingplatz. Das Gleiche gilt fürs Anrufen. Mit der Online-Buchung geht's halt viel schneller und einfacher."

Sarah und Saskia aus Köln

Jetzt freie Plätze anschauen

GEBRAUCHSANWEISUNG

Wer liest schon Gebrauchsanweisungen? Wir haben unseren Campingführer so gestaltet, dass du sofort mit der Urlaubsplanung beginnen kannst. Es gibt fast keine Piktogramme oder Abkürzungen. Eigentlich sollte alles selbsterklärend sein. Um sicherzugehen, findest du hier die wichtigsten Punkte auf einen Blick:

Liste aller Icons, Piktogramme und Abkürzungen:

- Markernummer (Nummer auf der Karte)
- Geokoordinaten (im Format Latitude | Longitude)
- 4.5 Gesamtbewertung des Platzes
- FKK FKK
- camping.info Award Gewinner
- Auf www.camping.info online buchbar (Stand 10/2022)
- Ecocamping
- ✓ steht für „ja" oder „vorhanden"
- × steht für „nein" oder „nicht vorhanden"
- ✻ steht für „auch Wintercamping möglich"
- Direkter Zugriff auf weiter Platzinfos

HS: Hauptsaison **NS:** Nebensaison

am P.: am Platz

nat. Gewässer: natürliches Gewässer

k. A.: keine Angabe

teilw.: teilweise, nicht am ganzen Platz

Vergleichspreis: Preis für zwei Personen + Standard-Stellplatz + Strom + Taxe für eine Nacht

Stellplätze vor Schranke: Wohnmobilstellplätze vor der Schranke bzw. außerhalb des Campingplatzes (z. B. für nächtliche Ankünfte)

Vergleichspreis

€€€ Der Vergleichspreis dient als grobe Richtlinie, damit du die Kosten deines Campingurlaubs einschätzen kannst. Der Vergleichspreis umfasst die Kosten für zwei Personen auf einem Standard-Stellplatz inkl. Strom und Kurtaxe für eine Nacht - jeweils für die Haupt- und die Nebensaison. Der tatsächliche Preis kann natürlich aufgrund von Faktoren, wie der Kategorie des Stellplatzes, anfallenden Anschlussgebühren oder insbesondere wegen der steigenden Energiepreise abweichen. Wer auf der sicheren Seite sein möchte, der schaut sich am besten die jeweilige Preisliste des Campingplatzes an.

Karten & Lage der Campingplätze

Zur besseren Übersicht haben wir das ganze Land in einzelne Regionen aufgeteilt und in Karten-Abschnitten dargestellt. Die Karten haben dabei verschiedene Maßstäbe. Um die Darstellung zu optimieren, haben wir uns bei der Aufteilung in einzelne Karten-Abschnitte nicht immer an offizielle Regionen-Grenzen gehalten – ups! Wir haben alle Campingplätze direkt auf den Karten eingezeichnet. Die Nummern auf der Karte und der nebenstehenden Tabelle führen dich zu den detaillierten Infos des jeweiligen Campingplatzes. Dort findest du auch genaue Infos zur Lage sowie eine GPS-Angabe. Beachte bitte, dass diese Angaben vom Platzbetreiber stammen. Wir haben diese auf Plausibilität hin überprüft, trotzdem können wir keine Gewähr für die Korrektheit der Information übernehmen.

Öffnungszeiten

Manche Plätze machen die Öffnung bzw. Schließung z. B. auch vom Wetter oder von bestimmten Feiertagen (insbesondere Ostern) abhängig. Falls du besonders früh oder spät unterwegs bist, frag am besten vorher beim Campingplatz nach.

ANZEIGE von Campingplätzen

Die Einträge in unserem Campingführer sind für die Plätze kostenlos. Dadurch kann jeder Platz eingetragen werden – auch wenn er noch so klein ist. Campingplätze, die sich gerne umfassender darstellen, können eine Erweiterung auf eine volle Seite oder eine Doppelseite buchen.

Jetzt neu: QR-Codes

Du willst noch mehr Infos und Erfahrungsberichte zum Campingplatz? Kein Problem! Bei größer abgebildeten Plätzen kannst du den nebenstehenden QR-Code scannen und dich so bequem und digital auf unserer Webseite über weitere Details sowie persönliche Bewertungen und Erlebnisberichte von anderen Campern informieren. Plätze, die mit oben einem Blitz gekennzeichnet sind, kannst du sogar auf camping.info direkt online buchen.

Camping in Deutschland

Über 33 Millionen Übernachtungen pro Jahr werden auf deutschen Campingplätzen gezählt – Davon entfallen nur rund 1,6 Millionen auf ausländische Gäste. Camping im eigenen Land scheint also bei deutschen Campern hoch im Kurs zu sein.

Kein Wunder – denn ob Erholung in der Natur, Sonnenbaden am Strand, Sport in den Bergen oder Sightseeing in interessanten Städten: Deutschland hat für jeden Geschmack etwas zu bieten. Auch beliebte Campingplätze mit sehr guter Ausstattung finden sich im ganzen Land. Hohe Qualität bedeutet aber nicht gleich hohe Kosten.

Mit einem Preis von 25,21 Euro für eine Campingnacht befindet sich Deutschland im europäischen Vergleich im oberen Mittelfeld. Im Bundesländervergleich sind Hamburg (35,42 €), Mecklenburg-Vorpommern (30,21 €) und Berlin (29,58 €) am teuersten. Am günstigsten campt man in den Bundesländern Saarland (21,91 €), Hessen (21,87 €) und Thüringen (21,45 €).

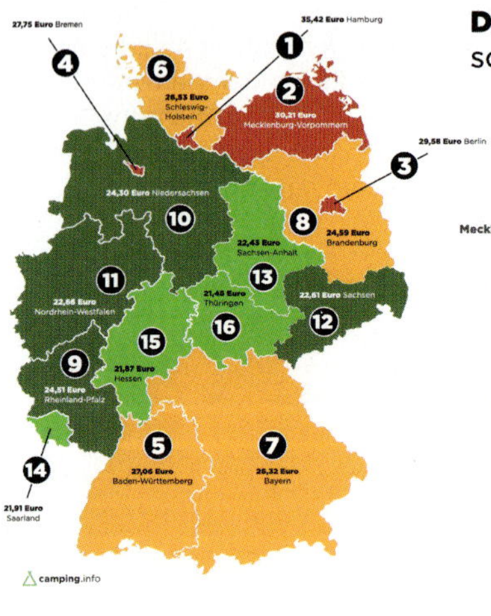

Deutscher Preisvergleich*
so viel kostet 2022 Camping in Deutschland

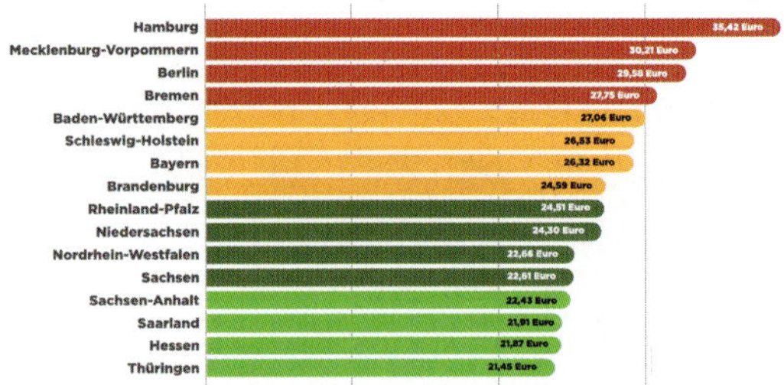

Durchschnittspreis in Deutschland: 25,21 Euro

*Durchschnittspreis für eine Campingnacht in der Hauptsaison für zwei Erwachsene, inklusive Stellplatz, Strom und Ortstaxe

So fährt es sich auf deutschen Straßen:

Höchstgeschwindigkeiten			
PKW, Wohnmobil bis 3,5t	50	100	130
Wohnmobil bis 7,5 t	50	80	100
Wohnmobil über 7,5 t	50	60	80
Gespann*	50	80	80

* 100 km/h auf Autobahnen für Gespanne, die die 9. Ausnahmeverordnung zur Straßenverkehrs-Ordnung erfüllen.

Im Auto/Wohnmobil mitzuführen: Warndreieck, bei Fahrzeugen über 3,5 t tragbare und gelb blinkende Warnleuchte, Warnwesten für alle Fahrzeuginsassen (müssen bei Verlassen des Fahrzeuges bei Panne oder Unfall getragen werden), Verbandszeug.

Mautsystem und Straßengebühren: Maut für LKW ab 7,5 t; Umweltzonen in Städten können nur mit entsprechender Plakette befahren werden; je nach Schadstoffausstoß erhält man grüne, gelbe oder rote Plaketten, Kosten für die Plakette bis zu 15 €.

Weitere Hinweise: situative Winterreifenpflicht bei Schneeglätte, Schneematsch, Reifglätte und Glatteis; Schneeketten sind erlaubt (Geschwindigkeitsbegrenzung von 50 km/h), Spike-Reifen größtenteils verboten; bei Staubildung auf Straßen mit zwei Fahrstreifen gilt die Rettungsgasse; Promillegrenze: 0,5 Promille.

IMPRESSUM UND KLEINGEDRUCKTES

Herausgeber
Camping.info GmbH
Oranienburger Straße 27, D 10117 Berlin
www.camping.info | office@camping.info
Tel. +49 (0) 30 994 048 620
Fax +49 (0) 30 994 048 629

Geschäftsführung
Maximilian Möhrle

Redaktion, Datenverwaltung und Korrektur
Henry Hesse, Carina Hofmeister, Johanna Risse

Anzeigenverwaltung
office@camping.info

Datapublishing
co-operation design and system

Titelbild
Via Claudia Camping, S. 704

Bilder
camping.info, Roland Bamberger, Campingplatzbetreiber, nationale und regionale Tourismusorganisationen, istockphoto.com, shutterstock

Kartografie
mapz.com – Map Data: OpenStreetMap ODbL

Druck und Herstellung
Parzeller print & media GmbH & Co. KG, Fulda

Haftungsausschluss
Unsere Redaktion hat sich bemüht, alle Daten mit großer Sorgfalt zu recherchieren und zu verarbeiten. Die Daten stammen im Wesentlichen direkt von den Campingplatzbetreibern, die Daten zu den Bewertungen von tausenden Campinggästen. Jedoch können wir nicht ausschließen, dass Daten fehlerhaft oder nicht mehr aktuell sind.

Wir können für die Daten daher keine Gewähr übernehmen. Eine Haftung aufgrund von Fehlern oder Lücken in den Informationen wird ausgeschlossen. Der Inhalt von Anzeigen liegt außerhalb der Verantwortung der Redaktion.

7. Ausgabe / November 2022
ISBN: 978-3-9824100-1-2

Schleswig-Holstein und Hamburg

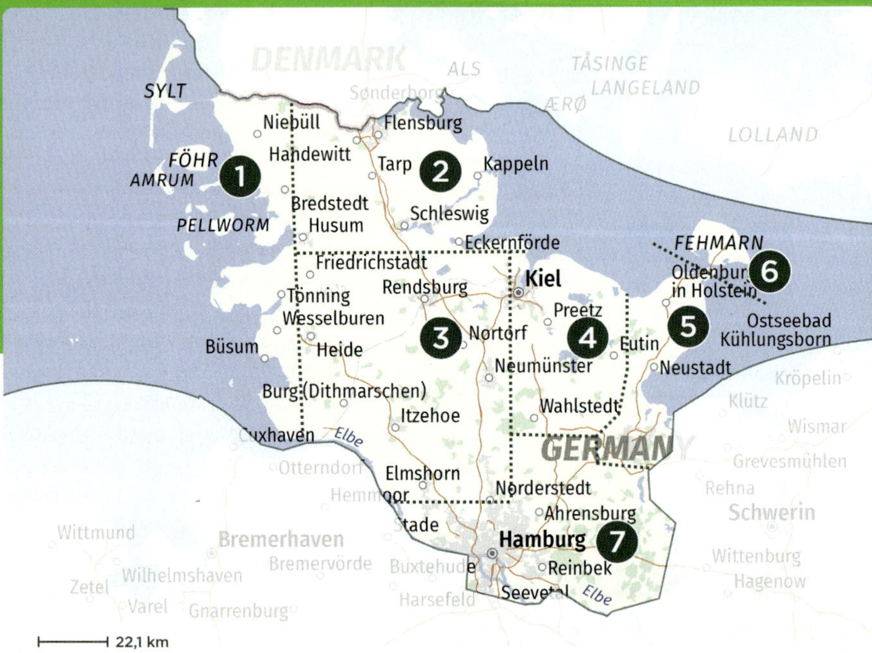

Regionen

TIPP DER REDAKTION

Camping zur Perle

Nordfriesland | Nr. 29 | Seite 33

Laut Gästen ideal geeignet zum:

- Radfahren
- Schwimmen
- Entspannen

4.7

Camping zwischen den Meeren

Herzogtum Lauenburg Raps © HLMS_Mersiowski

Im hohen Norden Deutschlands wird das Campingleben meist vom Meer bestimmt. Im Fall von Schleswig-Holstein sind es gleich zwei: Die Nordsee im Westen und die Ostsee auf der gegenüberliegenden Seite. Dazwischen liegen verträumte Städtchen, kleine Fischerdörfer und jede Menge plattes Land mit ein paar Erhebungen, die man hier stolz die Holsteinische Schweiz nennt. Mit einer Höhe von etwas mehr als 167 Metern ist der Bungsberg zwar der höchste Berg der Region, zählt aber nicht gerade zu den Giganten auf dem Globus.

Camping an der Nord- und Ostseeküste

Die meisten Campingplätze der Region liegen natürlich am Meer. Ganz gleich, ob man den rauen Charme der Nordsee mitsamt dem Weltnaturerbe Wattenmeer bevorzugt oder die feinen Sandstrände an der Ostseeküste – Camper finden in Schleswig-Holstein immer ein passendes Plätzchen. Bei Radfahrern und Wassersportlern ist die Gegend besonders beliebt, denn das weite, platte Land eignet sich hervorragend, um es auf dem Drahtesel zu erkunden und dabei interessante Orte und traumhafte Strände zu entdecken. Nicht nur auf den Inseln Sylt, Amrum und Föhr, sondern auch an den grünen Stränden von Büsum oder Friedrichskoog lassen sich entspannte Stunden verbringen. Wer es gern sportlich mag, kommt in Schleswig-Holstein ebenfalls nicht zu kurz – Segeln und Kiten ist hier genauso möglich wie Kanufahren oder Stand Up Paddling.

Giebelhäuser in Friedrichstadt © MakS_Jens Koenig

Hamburg: Die Perle an der Elbe

Im Norden grenzt Schleswig-Holstein an Dänemark, im Süden an Niedersachsen und die stolze Hafen- und Hansestadt Hamburg. Viele Camper, die ihren Urlaub an Nord- oder Ostsee verbringen, nutzen die Zeit für einen Abstecher in die zweitgrößte Stadt der Bundesrepublik. Immer mehr mobile Reisende nächtigen auch in direkter Nähe zur Hansestadt. Eine Besichtigungstour durch Hamburg beginnt nicht selten mit einem Besuch auf dem berühmten Fischmarkt am Morgen und endet am Abend in einem der Etablissements auf der sündigen Meile, der Reeperbahn. Dazwischen kann man in einem schicken Café an der Alster eine Pause einlegen, das Treppenviertel im noblen Blankenese und den Park „Planten un Blomen“ durchstreifen oder sich in den bunten Kneipen und Geschäften des alternativen Schanzenviertels umschauen. Hamburg ist so bunt und vielfältig, dass es mehr als einen Tag braucht, um einen Eindruck davon zu bekommen, was die Stadt alles zu bieten hat.

Travemündung © LTM_K.E. Vögele

Inselstadt Ratzeburg © HLMS_Tourist-Info RZ

Nordsee Pellworm Leuchtturm © www.nordseetourismus.de

Städte mit Tradition

Hamburgs traditionsreiche Hanse-Schwester Lübeck präsentiert sich dagegen etwas gemächlicher. Die sehenswerte Altstadt mit dem berühmten Holstentor ist jedoch ebenfalls einen Besuch wert. Genau wie die vielen kleinen Städte im Binnenland und an der Küste, die mit ihrem maritimen Charme und ihrer so typischen Gemütlichkeit punkten. Mölln im Herzogtum Lauenburg, wo Till Eulenspiegel sein Unwesen trieb, ist nicht weniger sehenswert als Friedrichstadt an der Eider, wo der Einfluss holländischer Siedler bis heute am Stil der imposanten Häuser und an den zahlreichen Grachten zu erkennen ist. Wer sich für gigantische Schiffe interessiert, sollte einmal in Rendsburg vorbeischauen, wo die Ozeanriesen auf dem Nord-Ostsee-Kanal zu bewundern sind. Entlang der Wasserstraße findet ihr zahlreiche Plätze, auf denen ihr direkt vom Stellplatz aus einen Blick auf die Containerriesen und Kreuzfahrtschiffe werfen könnt.

SCHLESWIG-HOLSTEIN / HAMBURG

❶ Nordfriesland

	Platz	Seite	Bewertung	Öffnungszeiten	
1	Camping Kampen	24	4.0	saisonal	
2	Campingplatz Wenningstedt	24	4.4	saisonal	
3	Camping Südhörn	24	4.2	ganzjährig	❄
4	Camping Mühlenhof	25	4.8	ganzjährig	❄
5	Campingplatz Rantum	25	4.2	saisonal	
6	Camping Hörnum	25	3.9	saisonal	
7	Camping Karlsmark	25	4.2	k. A.	
8	FKK-Zeltplatz Amrum	26	4.7	saisonal	FKK
9	WomoLand-Nordstrand	26	4.7	saisonal	❄
10	Camping Nordstrand	26	4.1	saisonal	
11	Camping Seeblick	27	4.0	saisonal	
12	Camping Nordstrand Platz "Margarethenruh"	27	4.0	ganzjährig	❄
13	NordseeCamping zum Seehund	27	4.7	saisonal	👍
14	Camping Schulz	27	4.2	saisonal	
15	meerGrün-lodge Ferienpark Martendorf	28	4.0	ganzjährig	❄
16	Comfort-Camp Eider	28	4.3	ganzjährig	❄
17	Camping Lilienhof	28	4.0	ganzjährig	❄
18	Wohnmobil- und Campingpark Olsdorf	29	4.2	ganzjährig	❄
19	Camping Ademi	29	-	k. A.	
20	Rosen-Camp Kniese	29	4.3	saisonal	
21	Camping Wesselburenerkoog	29	3.9	saisonal	
22	Zeltcamp Helgoland Düne	30	5.0	saisonal	
23	Camping Deichtraum Hedwigenkoog	30	5.0	saisonal	
24	Camping Am alten Seedeich in Hedwigenkoog	30	5.0	saisonal	
25	Campingplatz Westerkoog I&II Hedwigenkoog	32	4.7	saisonal	
26	Camping Nordseeburg	32	4.0	saisonal	
27	Nordseecamping in Lee	32	4.6	saisonal	
28	Camping an de Waterkant	34	3.7	k. A.	
29	Camping zur Perle	33	4.7	saisonal	👍
30	Camping Nordsee	35	4.2	saisonal	
31	Ferienanlage Achtern Diek	34	4.8	ganzjährig	❄
32	Camping am Nordseedeich	34	-	k. A.	

❄ Wintercamping FKK Textilfrei (ganz/teilweise) Ecocamping 👍 Award Onlinebuchung

Karte auf Seite 22

	1 Camping Kampen	2 Campingplatz Wenningstedt	3 Camping Südhörn
	Möwenweg 4 25999 Kampen-Sylt +49 465 142 086 54.94926 | 8.33382	Osetal 3 25996 Wenningstedt-Braderup +49 465 194 4004 54.94361 | 8.32726	Ziegeleiweg 2 25980 Tinnum-Sylt +49 4651 3607 54.8956 | 8.32767
Infos			
Öffnungszeiten	15.03. - 31.10.	19.03. - 31.10. 22.12. - 04.01.	ganzjährig
Vergleichspreis	HS: 32,50 € | NS: 28,20 €	HS: 40,00 € | NS: 34,00 €	keine Angabe
Link	**Mehr Infos & Anfrage:** www.camping.info/18319	**Mehr Infos & Anfrage:** www.camping.info/18317	**Mehr Infos & Anfrage:** www.camping.info/18315
Ausstattung			
Freizeit	Baden im Meer 500m Pool & Hallenbad ✗ Spielplatz am Platz ✓	Baden im Meer 300m Pool/Hallenbad 5km Spielplatz am Platz ✓	Baden im Meer 2km Pool/Hallenbad 2km Spielplatz am Platz ✓
Campingplatz	Hunde ✗ Schatten ✗ WLAN ✓	Hunde erlaubt ✓ Schatten ✗ WLAN (gegen Gebühr) ✓	Hunde erlaubt ✓ Schatten ✗ WLAN (gegen Gebühr) ✓
Versorgung	Lebensmittel 2km Brötchen am Platz ✗ Restaurant/Imbiss 250m/2km Ver-/Entsorgung Womo ✓ in den Ort 200m	Lebensmittel ✓ Brötchen am Platz ✓ Restaurant & Imbiss ✓ Ver-/Entsorgung Womo ✗ in den Ort 500m	Lebensmittel ✓ Brötchen am Platz ✓ Restaurant & Imbiss ✓ Ver-/Entsorgung Womo ✓ in den Ort 500m
Anzahl der Plätze	Gesamt/Touristen 110/65 Mietunterkünfte ✓ Stellplätze vor Schranke ✗	Touristenplätze 280 Mietunterkünfte ✗ Stellplätze vor Schranke ✗	Gesamt/Touristen 165/130 Mietunterkünfte ✓ Stellplätze vor Schranke ✗

	Camping Kampen	Campingplatz Wenningstedt	Camping Südhörn
Gesamt	4.0 SEHR GUT (9 Bewertungen)	4.4 SEHR GUT (51 Bewertungen)	4.2 SEHR GUT (10 Bewertungen)
Lage	4.6	4.6	4.5
Ruhe	4.6	4.3	4.6
Sanitäranlagen	4.0	4.6	4.5
Sauberkeit Ø	4.2	4.7	4.5
Freundlichkeit	4.3	4.5	4.8
Stellplatz	4.1	4.1	4.4
Verpflegung	2.2	3.7	4.4
Freizeit	3.8	4.1	3.8
Preis-Leistung	4.1	4.3	4.5
Mietunterkünfte	5.0	-	-
Geeignet für			
Kinder b. 6 J.	3.4	4.1	4.0
Kinder b. 12 J.	3.2	4.0	3.8
Kinder b. 18 J.	2.7	3.7	2.8
Paare	4.7	4.7	4.7
Senioren	4.5	4.7	4.8
Gäste mit Zelt	2.6	4.1	4.2
Hunde n. erlaubt / Gäste mit Hund	Hunde n. erlaubt -	Gäste mit Hund 4.7	Gäste mit Hund 4.5
Empfohlene Aktivitäten	Radfahren Schwimmen Entspannen	Wandern Radfahren Schwimmen	Entspannen Radfahren Kulinarik

4 Camping Mühlenhof

❄

Melnstich 7
25980 Sylt OT Morsum
+49 4651 890444

54.86598 | 8.42174

ganzjährig

HS: 34,10 € | NS: 27,80 €

Mehr Infos & Anfrage:
www.camping.info/18313

Baden im Meer	1km
Pool/Hallenbad	13km
Spielplatz am Platz	✓
Hunde willkommen	✓
zur Hälfte Schatten	✓
WLAN	✓
Lebensmittel	1km
Brötchen am Platz	nur HS
Restaurant	800m
Ver-/Entsorgung Womo	✓
in den Ort	1km
Gesamt/Touristen	60/42
Mietunterkünfte	✓
Stellplätze vor Schranke	✗

4.8 SEHR GUT
32 Bewertungen

Lage	4.5
Ruhe	4.9
Sanitäranlagen	4.8
Sauberkeit Ø	5.0
Freundlichkeit	4.9
Stellplatz	4.8
Verpflegung	3.7
Freizeit	4.4
Preis-Leistung	4.8
Mietunterkünfte	4.9

Geeignet für

Kinder b. 6 J.	4.3
Kinder b. 12 J.	4.4
Kinder b. 18 J.	4.1
Paare	4.9
Senioren	4.8
Gäste mit Zelt	4.9
Gäste mit Hund	4.9

Empfohlene Aktivitäten

- Radfahren
- Entspannen
- Wandern

5 Campingplatz Rantum

Hörnumer Straße 3
25980 Sylt - OT Rantum
+49 4651 8892008

54.86365 | 8.29578

29.03. - 31.10.

HS: 34,70 € | NS: 28,00 €

Mehr Infos & Anfrage:
www.camping.info/18314

Baden im Meer	300m
Pool/Hallenbad	6km
Spielplatz am Platz	✓
Hunde willkommen	✓
kein Schatten	✓
WLAN (gegen Gebühr)	✓
Lebensmittel	✓
Brötchen am Platz	✓
Restaurant & Imbiss	✓
Ver-/Entsorgung Womo	✓
in den Ort	2km
Gesamt/Touristen	400/200
Mietunterkünfte	✓
Stellplätze vor Schranke	✓

4.2 SEHR GUT
68 Bewertungen

Lage	4.4
Ruhe	4.1
Sanitäranlagen	4.5
Sauberkeit Ø	4.5
Freundlichkeit	4.5
Stellplatz	3.9
Verpflegung	3.7
Freizeit	3.9
Preis-Leistung	3.9
Mietunterkünfte	4.6

Geeignet für

Kinder b. 6 J.	4.2
Kinder b. 12 J.	4.3
Kinder b. 18 J.	4.0
Paare	4.5
Senioren	4.4
Gäste mit Zelt	4.1
Gäste mit Hund	4.7

Empfohlene Aktivitäten

- Radfahren
- Entspannen
- Wandern

6 Camping Hörnum

25997 Hörnum-Sylt
+49 4651 8358431

54.76718 | 8.28226

01.04. - 31.10.

HS: 25,00 € | NS: 25,00 €

Mehr Infos & Anfrage:
www.camping.info/18318

Baden im Meer am Platz	✓
Pool & Hallenbad	✗
Spielplatz am Platz	✓
Hunde erlaubt	✓
Schatten	✗
WLAN	✓
Lebensmittel	750m
Brötchen am Platz	✓
Restaurant/Imbiss	✓/750m
Ver-/Entsorgung Womo	✓
in den Ort	700m
Gesamt/Touristen	210/125
Mietunterkünfte	✓
Stellplätze vor Schranke	✓

3.9 GUT
14 Bewertungen

Lage	4.9
Ruhe	4.9
Sanitäranlagen	3.7
Sauberkeit Ø	4.1
Freundlichkeit	3.8
Stellplatz	3.6
Verpflegung	3.2
Freizeit	3.4
Preis-Leistung	4.1
Mietunterkünfte	-

Geeignet für

Kinder b. 6 J.	4.6
Kinder b. 12 J.	3.9
Kinder b. 18 J.	3.2
Paare	4.7
Senioren	4.4
Gäste mit Zelt	3.6
Gäste mit Hund	4.0

Empfohlene Aktivitäten

- Entspannen
- Radfahren
- Schwimmen

7 Camping Karlsmark

Karlsmark 1
25917 Leck
+49 4662 1850

54.75865 | 8.99176

keine Angabe

keine Angabe

Mehr Infos & Anfrage:
www.camping.info/18311

Baden in nat. Gewässer	k. A.
Pool & Hallenbad	✗
Spielplatz am Platz	✓
Hunde erlaubt	✓
Schatten	✗
WLAN	keine Angabe
Lebensmittel	k.A.
Brötchen	keine Angabe
Restaurant & Imbiss	✗
Ver-/Entsorgung Womo	✗
in den Ort	2km
Gesamt	keine Angabe
Mietunterkünfte	✗
Stellplätze vor Schranke	✗

4.2 SEHR GUT
12 Bewertungen

Lage	4.1
Ruhe	4.8
Sanitäranlagen	3.9
Sauberkeit Ø	4.5
Freundlichkeit	5.0
Stellplatz	3.9
Verpflegung	2.9
Freizeit	3.5
Preis-Leistung	4.5
Mietunterkünfte	-

Geeignet für

Kinder b. 6 J.	2.6
Kinder b. 12 J.	2.2
Kinder b. 18 J.	2.1
Paare	4.5
Senioren	4.6
Gäste mit Zelt	4.7
Gäste mit Hund	4.7

Empfohlene Aktivitäten

- Wandern
- Entspannen
- Radfahren

Karte auf Seite 22

	8 FKK-Zeltplatz Amrum	9 WomoLand-Nordstrand	10 Camping Nordstrand
	FKK	❄	
	Inselstr. 127 25946 Wittdün +49 4682 9681555	Norderquerweg 2 25845 Nordstrand +49 4842 473	Elisabeth-Sophien-Koog 17 25845 Insel Nordstrand +49 4842 8534
	54.63276 | 8.33812	54.51802 | 8.93164	54.51613 | 8.85647
Infos			
Öffnungszeiten	15.04. - 15.09.	15.03. - 31.10. 15.12. - 15.01.	28.03. - 06.10.
Vergleichspreis	HS: 27,00 € | NS: 19,00 €	HS: 23,60 €	HS: 25,60 € | NS: 25,60 €
Link	**Mehr Infos & Anfrage:** www.camping.info/24876	**Mehr Infos & Anfrage:** www.camping.info/18306	**Mehr Infos & Anfrage:** www.camping.info/18305
Ausstattung			
Freizeit	Baden in nat. Gewässer k. A. Pool & Hallenbad ✗ Spielplatz keine Angabe	Baden im Meer 5km Pool/Hallenbad 4/10km Spielplatz ✗	Baden im Meer am Platz ✓ Hallenbad 3km Spielplatz am Platz ✓
Campingplatz	Hunde ✗ kein Schatten ✓ WLAN ✗	Hunde willkommen ✓ zur Hälfte Schatten ✓ WLAN ✗	Hunde willkommen ✓ wenig Schatten ✓ WLAN ✓
Versorgung	Lebensmittel 3km Brötchen am Platz nur HS Restaurant/Imbiss 3km Ver-/Entsorgung Womo ✗ in den Ort keine Angabe	Lebensmittel ✓ Brötchen am Platz ✓ Restaurant & Imbiss ✓ Ver-/Entsorgung Womo ✓ in den Ort 5km	Lebensmittel ✓ Brötchen am Platz ✓ Restaurant & Imbiss ✓ Ver-/Entsorgung Womo ✓ in den Ort 2km
Anzahl der Plätze	Gesamt 170 Mietunterkünfte ✗ Stellplätze vor Schranke ✗	Touristenplätze 44 Mietunterkünfte ✓ Stellplätze vor Schranke ✗	Touristenplätze 80 Mietunterkünfte ✓ Stellplätze vor Schranke ✗

	8 FKK-Zeltplatz Amrum	9 WomoLand-Nordstrand	10 Camping Nordstrand
Gesamt	4.7 SEHR GUT 6 Bewertungen	4.7 SEHR GUT 24 Bewertungen	4.1 SEHR GUT 7 Bewertungen
Lage	4.8	4.5	4.7
Ruhe	4.8	5.0	3.6
Sanitäranlagen	4.0	4.5	4.0
Sauberkeit Ø	4.5	4.9	4.8
Freundlichkeit	4.5	4.9	4.3
Stellplatz	4.0	4.6	4.1
Verpflegung	2.0	4.2	3.7
Freizeit	3.8	3.5	3.3
Preis-Leistung	4.3	4.4	4.3
Mietunterkünfte	-	4.8	-
Geeignet für			
Kinder b. 6 J.	4.8	2.7	5.0
Kinder b. 12 J.	4.5	2.9	4.5
Kinder b. 18 J.	3.0	3.1	4.0
Paare	5.0	4.7	4.7
Senioren	4.2	4.8	4.2
Gäste mit Zelt	5.0	3.4	5.0
Hunde n. erlaubt / Gäste mit Hund	Hunde n. erlaubt -	Gäste mit Hund 4.6	Gäste mit Hund 5.0
Empfohlene Aktivitäten	Radfahren Entspannen Schwimmen	Radfahren Entspannen Wandern	Radfahren Spazieren Entspannen

11

Camping Seeblick

Nordseestr. 39
25813 Husum / OT. Schobüll
+49 4841 3321
54.50986 | 9.00294

22.03. - 20.10.
HS: 24,20 € | NS: 20,70 €
Mehr Infos & Anfrage:
www.camping.info/18308

Baden im Meer am Platz	✓
Pool/Hallenbad	200m/6km
Spielplatz am Platz	✓
Hunde willkommen	✓
wenig Schatten	✓
WLAN (gegen Gebühr)	✓
Lebensmittel	✓
Brötchen am Platz	✓
Restaurant/Imbiss	100m/✓
Ver-/Entsorgung Womo	✓
in den Ort	3km
Gesamt/Touristen	180/140
Mietunterkünfte	✓
Stellplätze vor Schranke	✗

4.0 SEHR GUT
47 Bewertungen

Lage	4.6
Ruhe	4.3
Sanitäranlagen	4.2
Sauberkeit Ø	4.1
Freundlichkeit	4.3
Stellplatz	3.8
Verpflegung	3.5
Freizeit	3.7
Preis-Leistung	4.3
Mietunterkünfte	3.4

Geeignet für

Kinder b. 6 J.	3.8
Kinder b. 12 J.	3.9
Kinder b. 18 J.	3.3
Paare	4.5
Senioren	4.5
Gäste mit Zelt	4.0
Gäste mit Hund	4.5

Empfohlene Aktivitäten
- Radfahren
- Entspannen
- Schwimmen

12

Camping Nordstrand Platz "Margarethenruh"

Süderhafen 8
25845 Nordstrand
+49 4842 8553
54.4691 | 8.91027

ganzjährig
HS: 25,60 € | NS: 23,80 €
Mehr Infos & Anfrage:
www.camping.info/18307

Baden im Meer	200m
Pool/Hallenbad	7km
Spielplatz am Platz	✓
Hunde willkommen	✓
wenig Schatten	✓
WLAN	✓
Lebensmittel	2km
Brötchen am Platz	✓
Restaurant/Imbiss	200m
Ver-/Entsorgung Womo	✓
in den Ort	200m
Gesamt/Touristen	24/16
Mietunterkünfte	✓
Stellplätze vor Schranke	✓

4.0 SEHR GUT
26 Bewertungen

Lage	4.2
Ruhe	4.5
Sanitäranlagen	4.0
Sauberkeit Ø	4.6
Freundlichkeit	4.4
Stellplatz	3.5
Verpflegung	2.6
Freizeit	3.3
Preis-Leistung	3.7
Mietunterkünfte	5.0

Geeignet für

Kinder b. 6 J.	3.0
Kinder b. 12 J.	2.8
Kinder b. 18 J.	2.5
Paare	4.4
Senioren	4.6
Gäste mit Zelt	3.8
Gäste mit Hund	4.4

Empfohlene Aktivitäten
- Radfahren
- Wandern
- Entspannen

keine WOMOs ab 12 m

13

NordseeCamping zum Seehund

Lundenbergweg 4
25813 Husum-Simonsberg
+49 4841 3999
54.455 | 8.97222

25.03. - 31.10.
HS: 43,00 € | NS: 29,00 €
Mehr Infos & Anfrage:
www.camping.info/18295

Baden im Meer	100m
Pool/Hallenbad	✓/8km
Spielplatz am Platz	✓
Hunde willkommen	✓
zur Hälfte Schatten	✓
WLAN	✓
Lebensmittel	✓
Brötchen am Platz	✓
Imbiss	✓
Ver-/Entsorgung Womo	✓
in den Ort	2km
Touristenplätze	200
Mietunterkünfte	✓
Stellplätze vor Schranke	✓

4.7 SEHR GUT
1096 Bewertungen

Lage	4.4
Ruhe	4.8
Sanitäranlagen	4.9
Sauberkeit Ø	4.9
Freundlichkeit	4.8
Stellplatz	4.7
Verpflegung	4.1
Freizeit	4.3
Preis-Leistung	4.4
Mietunterkünfte	4.7

Geeignet für

Kinder b. 6 J.	4.6
Kinder b. 12 J.	4.6
Kinder b. 18 J.	3.9
Paare	4.7
Senioren	4.6
Gäste mit Zelt	4.6
Gäste mit Hund	4.7

Empfohlene Aktivitäten
- Radfahren
- Entspannen
- Wandern

keine Partygruppen.

14

Camping Schulz

Grudeweg 2
25826 St. Peter-Ording-Brösum
+49 4863 2770
54.33474 | 8.62063

14.03. - 30.10.
HS: 23,50 € | NS: 23,50 €
Mehr Infos & Anfrage:
www.camping.info/18301

Baden in nat. Gewässer	k. A.
Pool & Hallenbad	✗
Spielplatz am Platz	✓
Hunde erlaubt	✓
Schatten	✗
WLAN	✓
Lebensmittel	✓
Brötchen am Platz	✓
Restaurant & Imbiss	✗
Ver-/Entsorgung Womo	✓
in den Ort	2km
Touristenplätze	75
Mietunterkünfte	✓
Stellplätze vor Schranke	✗

4.2 SEHR GUT
21 Bewertungen

Lage	4.1
Ruhe	4.4
Sanitäranlagen	4.5
Sauberkeit Ø	4.8
Freundlichkeit	4.5
Stellplatz	4.2
Verpflegung	3.1
Freizeit	4.0
Preis-Leistung	4.1
Mietunterkünfte	2.5

Geeignet für

Kinder b. 6 J.	4.4
Kinder b. 12 J.	4.2
Kinder b. 18 J.	4.0
Paare	4.6
Senioren	4.6
Gäste mit Zelt	4.2
Gäste mit Hund	4.4

Empfohlene Aktivitäten
- Radfahren
- Entspannen
- Schwimmen

Karte auf Seite 22

	15	16	17
	meerGrün-lodge Ferienpark Martendorf	**Comfort-Camp Eider**	**Camping Lilienhof**
	*	*	*
	Martendorf 4 25881 Tating +49 4862 2019851	Am Freizeitpark 1 A 25832 Tönning +49 4861 617148	Katinger Landstraße 5 25832 Tönning-Kating +49 4861 439
	54.32393 | 8.6965	54.31109 | 8.93662	54.31091 | 8.90424
Infos			
Öffnungszeiten	ganzjährig	ganzjährig	ganzjährig
Vergleichspreis	HS: 27,00 € | NS: 24,50 €	HS: 27,00 € | NS: 21,00 €	HS: 21,00 €
Link	**Mehr Infos & Anfrage:** www.camping.info/26190	**Mehr Infos & Anfrage:** www.camping.info/22313	**Mehr Infos & Anfrage:** www.camping.info/18303
Ausstattung			
Freizeit	Baden im Teich am Platz ✓ Pool/Hallenbad ✓/5km Spielplatz am Platz ✓	Baden im Fluss am Platz ✓ Pool/Hallenbad ✓/20km Spielplatz am Platz ✓	Baden in nat. Gewässer k. A. Pool/Hallenbad 2/25km Spielplatz am Platz ✓
Campingplatz	Hunde willkommen ✓ wenig Schatten ✓ WLAN ✓	Hunde willkommen ✓ zur Hälfte Schatten ✓ WLAN (gegen Gebühr) ✓	Hunde erlaubt ✓ zur Hälfte Schatten ✓ WLAN ✗
Versorgung	Lebensmittel 3km Brötchen am Platz ✓ Restaurant 500m Ver-/Entsorgung Womo ✓ in den Ort 5km	Lebensmittel ✓ Brötchen am Platz ✓ Restaurant & Imbiss ✓ Ver-/Entsorgung Womo ✓ im Ort ✓	Lebensmittel 3km Brötchen keine Angabe Restaurant/Imbiss 3km Ver-/Entsorgung Womo ✓ in den Ort 2km
Anzahl der Plätze	Gesamt/Touristen 90/60 Mietunterkünfte ✗ Stellplätze vor Schranke ✓	Gesamt/Touristen 300/220 Mietunterkünfte ✓ Stellplätze vor Schranke ✗	Gesamt/Touristen 50/40 Mietunterkünfte ✓ Stellplätze vor Schranke ✗

	15	16	17
Gesamtbewertung	4.0 SEHR GUT, 27 Bewertungen	4.3 SEHR GUT, 74 Bewertungen	4.0 SEHR GUT, 6 Bewertungen
Lage	3.8	4.2	4.0
Ruhe	3.8	4.2	4.7
Sanitäranlagen	4.7	4.5	3.0
Sauberkeit Ø	4.3	4.5	3.9
Freundlichkeit	4.4	4.6	4.3
Stellplatz	4.0	4.5	3.8
Verpflegung	2.9	4.0	1.0
Freizeit	3.8	4.0	3.2
Preis-Leistung	4.0	4.2	4.5
Mietunterkünfte	-	4.2	-
Geeignet für			
Kinder b. 6 J.	4.3	4.4	3.8
Kinder b. 12 J.	4.2	4.6	3.8
Kinder b. 18 J.	3.0	3.6	3.0
Paare	4.0	4.4	4.8
Senioren	3.9	4.6	4.4
Gäste mit Zelt	3.6	4.4	5.0
Gäste mit Hund	2.8	4.2	4.8
Empfohlene Aktivitäten	Radfahren Schwimmen Entspannen	Radfahren Entspannen Wandern	Entspannen Radfahren Surfen

18

Wohnmobil- und Campingpark Olsdorf

❄

Bövergeest 56
25826 St. Peter-Ording
+49 4863 476317

54.30698 | 8.64797

ganzjährig

HS: 30,50 € | NS: 26,50 €

Mehr Infos & Anfrage:
www.camping.info/18298

Baden im Meer	2km
Hallenbad	3km
Spielplatz am Platz	✓
Hunde willkommen	✓
zur Hälfte Schatten	✓
WLAN	✓
Lebensmittel	100m
Brötchen am Platz	✗
Restaurant/Imbiss	100m
Ver-/Entsorgung Womo	✓
in den Ort	500m
Gesamt/Touristen	73/65
Mietunterkünfte	✗
Stellplätze vor Schranke	✗

4.2 SEHR GUT
71 Bewertungen

Lage	4.0
Ruhe	4.0
Sanitäranlagen	4.3
Sauberkeit Ø	4.3
Freundlichkeit	4.4
Stellplatz	4.1
Verpflegung	4.0
Freizeit	3.9
Preis-Leistung	4.2
Mietunterkünfte	-

Geeignet für

Kinder b. 6 J.	3.5
Kinder b. 12 J.	3.5
Kinder b. 18 J.	3.4
Paare	4.7
Senioren	4.7
Gäste mit Zelt	3.8
Gäste mit Hund	4.3

Empfohlene Aktivitäten

- Radfahren
- Entspannen
- Wandern

19

Camping Ademi

Böhler Landstraße 171
25826 St. Peter-Ording-Böhl
0 48 63 / 51 95

54.28572 | 8.6606

keine Angabe

keine Angabe

Mehr Infos & Anfrage:
www.camping.info/18296

Baden im Meer	400m
Pool & Hallenbad	✗
Spielplatz	✗
Hunde	✗
wenig Schatten	✓
WLAN (gegen Gebühr)	✓
Lebensmittel	✓
Brötchen am Platz	✗
Restaurant/Imbiss	200m
Ver-/Entsorgung Womo	✓
in den Ort	keine Angabe
Gesamt/Touristen	150/67
Mietunterkünfte	✓
Stellplätze vor Schranke	✗

- JETZT BEWERTEN!

Für diese Auswertung liegen leider noch nicht genügend Bewertungen vor.

Sei einer der Ersten, der diesen Campingplatz bewertet.

Mit einer guten Campingplatz-Bewertung unterstützt du nicht nur deinen Lieblingsplatz, sondern hilfst auch anderen Campern bei der Platzwahl.

20

Rosen-Camp Kniese

Böhler Landstraße 185
25826 St. Peter-Ording
+49 48 63 - 36 76

54.28465 | 8.66332

01.04. - 15.10.

HS: 27,60 € | NS: 19,60 €

Mehr Infos & Anfrage:
www.camping.info/18302

Baden im Meer	1km
Pool/Hallenbad	5km
Spielplatz am Platz	✓
Hunde willkommen	✓
wenig Schatten	✓
WLAN	✓
Lebensmittel	3km
Brötchen am Platz	✗
Restaurant/Imbiss	200m/3km
Ver-/Entsorgung Womo	✓
in den Ort	1km
Gesamt/Touristen	136/68
Mietunterkünfte	✗
Stellplätze vor Schranke	✗

4.3 SEHR GUT
36 Bewertungen

Lage	4.4
Ruhe	4.3
Sanitäranlagen	4.2
Sauberkeit Ø	4.8
Freundlichkeit	4.9
Stellplatz	4.0
Verpflegung	2.4
Freizeit	3.7
Preis-Leistung	4.5
Mietunterkünfte	-

Geeignet für

Kinder b. 6 J.	4.1
Kinder b. 12 J.	4.1
Kinder b. 18 J.	3.4
Paare	4.6
Senioren	4.4
Gäste mit Zelt	4.2
Gäste mit Hund	4.7

Empfohlene Aktivitäten

- Radfahren
- Wandern
- Entspannen

21

Camping Wesselburenerkoog

Dammstrasse 1
25764 Wesselburenerkoog
+49 4833 14 41

54.24728 | 8.84152

31.03. - 30.09.

HS: 20,00 € | NS: 20,00 €

Mehr Infos & Anfrage:
www.camping.info/24544

Baden im Meer am Platz	✓
Hallenbad	19km
Spielplatz am Platz	✓
Hunde erlaubt	✓
Schatten	✗
WLAN	✗
Lebensmittel	6km
Brötchen am Platz	✗
Restaurant/Imbiss	3km/500m
Ver-/Entsorgung Womo	✓
in den Ort	6km
Gesamt	150
Mietunterkünfte	✓
Stellplätze vor Schranke	✗

3.9 GUT
34 Bewertungen

Lage	4.1
Ruhe	4.5
Sanitäranlagen	3.5
Sauberkeit Ø	3.9
Freundlichkeit	4.5
Stellplatz	3.5
Verpflegung	2.2
Freizeit	3.4
Preis-Leistung	4.6
Mietunterkünfte	3.7

Geeignet für

Kinder b. 6 J.	4.2
Kinder b. 12 J.	3.8
Kinder b. 18 J.	3.5
Paare	4.2
Senioren	4.3
Gäste mit Zelt	4.1
Gäste mit Hund	4.1

Empfohlene Aktivitäten

- Entspannen
- Radfahren
- Wandern

Karte auf Seite 22

22 Zeltcamp Helgoland Düne

27498 Insel Helgoland-Düne
+49 4725 7695
54.1864 | 7.91076

Infos

Öffnungszeiten	01.05. - 15.10.
Vergleichspreis	HS: 22,00 € | NS: 22,00 €
Link	**Mehr Infos & Anfrage:** www.camping.info/18380

Ausstattung

Freizeit	Baden in nat. Gewässer	k. A.
	Pool & Hallenbad	✗
	Spielplatz am Platz	✓
Campingplatz	Hunde	✗
	Schatten	✗
	WLAN	✗
Versorgung	Lebensmittel	50m
	Brötchen am Platz	✗
	Restaurant/Imbiss	50m/1km
	Ver-/Entsorgung Womo	✗
	in den Ort	keine Angabe
Anzahl der Plätze	Gesamt/Touristen	120/100
	Mietunterkünfte	✓
	Stellplätze vor Schranke	✗

5.0 AUSGEZEICHNET – 6 Bewertungen

Lage	5.0
Ruhe	5.0
Sanitäranlagen	4.2
Sauberkeit Ø	5.0
Freundlichkeit	5.0
Stellplatz	3.4
Verpflegung	4.4
Freizeit	4.4
Preis-Leistung	4.8
Mietunterkünfte	-

Geeignet für

Kinder b. 6 J.	4.8
Kinder b. 12 J.	5.0
Kinder b. 18 J.	4.6
Paare	4.8
Senioren	3.4
Gäste mit Zelt	5.0
Hunde n. erlaubt	-

Empfohlene Aktivitäten

- Schwimmen
- Entspannen
- Spazieren

23 Camping Deichtraum Hedwigenkoog

Westerkoog 13
25761 Hedwigenkoog
+49 160 97958082
54.17821 | 8.81858

Infos

Öffnungszeiten	01.05. - 31.10.
Vergleichspreis	HS: 20,00 € | NS: 20,00 €
Link	**Mehr Infos & Anfrage:** www.camping.info/26476

Ausstattung

Freizeit	Baden im Meer	300m
	Pool/Hallenbad	10/8km
	Spielplatz	300m
Campingplatz	Hunde willkommen	✓
	wenig Schatten	✓
	WLAN	✗
Versorgung	Lebensmittel	8km
	Brötchen am Platz	✓
	Restaurant/Imbiss	8km
	Ver-/Entsorgung Womo	✗
	in den Ort	4km
Anzahl der Plätze	Touristenplätze	5
	Mietunterkünfte	✗
	Stellplätze vor Schranke	✗

5.0 AUSGEZEICHNET – 24 Bewertungen

Lage	4.8
Ruhe	5.0
Sanitäranlagen	4.9
Sauberkeit Ø	4.8
Freundlichkeit	4.9
Stellplatz	4.4
Verpflegung	3.6
Freizeit	4.2
Preis-Leistung	4.9
Mietunterkünfte	-

Geeignet für

Kinder b. 6 J.	4.5
Kinder b. 12 J.	4.5
Kinder b. 18 J.	3.6
Paare	5.0
Senioren	5.0
Gäste mit Zelt	4.8
Gäste mit Hund	5.0

Empfohlene Aktivitäten

- Radfahren
- Entspannen
- Wandern

24 Camping Am alten Seedeich in Hedwigenkoog

Westerkoog 19
25761 Hedwigenkoog
+49 4834 962623
54.17785 | 8.81904

Infos

Öffnungszeiten	01.05. - 30.09.
Vergleichspreis	HS: 22,00 € | NS: 22,00 €
Link	**Mehr Infos & Anfrage:** www.camping.info/22285

Ausstattung

Freizeit	Baden im Meer	500m
	Pool/Hallenbad	7km
	Spielplatz	500m
Campingplatz	Hunde willkommen	✓
	wenig Schatten	✓
	WLAN	✗
Versorgung	Lebensmittel	7km
	Brötchen am Platz	✓
	Restaurant/Imbiss	3/7km
	Ver-/Entsorgung Womo	✗
	in den Ort	3km
Anzahl der Plätze	Gesamt/Touristen	5/4
	Mietunterkünfte	✗
	Stellplätze vor Schranke	✗

5.0 AUSGEZEICHNET – 67 Bewertungen

Lage	4.8
Ruhe	4.9
Sanitäranlagen	4.9
Sauberkeit Ø	5.0
Freundlichkeit	5.0
Stellplatz	4.8
Verpflegung	3.8
Freizeit	4.5
Preis-Leistung	5.0
Mietunterkünfte	-

Geeignet für

Kinder b. 6 J.	4.7
Kinder b. 12 J.	4.5
Kinder b. 18 J.	4.1
Paare	5.0
Senioren	5.0
Gäste mit Zelt	4.7
Gäste mit Hund	4.9

Empfohlene Aktivitäten

- Radfahren
- Entspannen
- Wandern

Karte auf Seite 22

	25	26	27
	Campingplatz Westerkoog I&II Hedwigenkoog	**Camping Nordseeburg**	**Nordseecamping in Lee**
	Westerkoog 23-25 25761 Hedwigenkoog 015254821037 54.17759 | 8.81931	Stadtweg 2 25761 Westerdeichstrich +49 48 34 - 81 28 54.16194 | 8.86916	Stinteck 37 25761 Westerdeichstrich +49 483 481 97 54.15849 | 8.83335
Infos			
Öffnungszeiten	15.04. - 15.10.	01.04. - 31.10.	01.04. - 18.10.
Vergleichspreis	HS: 30,00 € | NS: 30,00 €	HS: 20,50 € | NS: 19,50 €	HS: 29,10 € | NS: 23,50 €
Link	**Mehr Infos & Anfrage:** www.camping.info/30068	**Mehr Infos & Anfrage:** www.camping.info/18284	**Mehr Infos & Anfrage:** www.camping.info/18285
Ausstattung			
Freizeit	Baden im Meer 130m Pool 7km Spielplatz am Platz ✓	Baden im Meer 500m Hallenbad 7km Spielplatz keine Angabe	Baden im Meer 500m Pool/Hallenbad 3km Spielplatz am Platz ✓
Campingplatz	Hunde erlaubt ✓ zur Hälfte Schatten ✓ WLAN keine Angabe	Hunde willkommen ✓ kein Schatten ✓ WLAN (gegen Gebühr) teilweise	Hunde willkommen ✓ wenig Schatten ✓ WLAN (gegen Gebühr) ✓
Versorgung	Lebensmittel ✗ Brötchen keine Angabe Restaurant & Imbiss ✗ Ver-/Entsorgung Womo ✗ in den Ort 7km	Lebensmittel 7km Brötchen am Platz ✓ Restaurant 1km Ver-/Entsorgung Womo ✗ in den Ort keine Angabe	Lebensmittel ✓ Brötchen am Platz ✓ Restaurant/Imbiss 200m Ver-/Entsorgung Womo ✓ im Ort ✓
Anzahl der Plätze	Touristenplätze 5 Mietunterkünfte ✓ Stellplätze vor Schranke ✗	Gesamt/Touristen 65/20 Mietunterkünfte ✓ Stellplätze vor Schranke ✗	Gesamt/Touristen 300/200 Mietunterkünfte ✗ Stellplätze vor Schranke ✓

	25	26	27
Gesamt	4.7 SEHR GUT, 3 Bewertungen	4.0 SEHR GUT, 3 Bewertungen	4.6 SEHR GUT, 90 Bewertungen
Lage	4.7	4.7	4.4
Ruhe	4.7	5.0	4.6
Sanitäranlagen	4.0	3.3	4.5
Sauberkeit Ø	4.7	4.3	4.8
Freundlichkeit	4.7	3.7	4.8
Stellplatz	4.3	4.0	4.4
Verpflegung	3.7	3.7	3.6
Freizeit	4.3	3.3	4.1
Preis-Leistung	4.7	4.3	4.5
Mietunterkünfte	5.0	4.0	-
Geeignet für			
Kinder b. 6 J.	4.7	4.5	4.5
Kinder b. 12 J.	4.7	4.0	4.5
Kinder b. 18 J.	4.3	-	4.0
Paare	5.0	4.7	4.6
Senioren	5.0	4.7	4.7
Gäste mit Zelt	5.0	4.0	4.5
Gäste mit Hund	5.0	5.0	4.8
Empfohlene Aktivitäten	Radfahren Entspannen Spazieren	Radfahren Entspannen Schwimmen	Radfahren Entspannen Wandern

29 Camping zur Perle

Dithmarscher Straße 43
25761 Büsum
+49 4834 96 211 80
www.campingplatz-zur-perle.de
info@campingplatz-zur-perle.de

31.03. - 01.11.

HS: 37,50 € | NS: 32,50 €

Mehr Infos & Anfrage:
www.camping.info/18287

Baden im Meer	50m
Pool/Hallenbad	1/1km
Spielplatz am Platz	✓
Hunde erlaubt	✓
wenig Schatten	✓
WLAN (gegen Gebühr)	✓
Lebensmittel	1km
Brötchen am Platz	✓
Restaurant/Imbiss	✓/500m
Ver-/Entsorgung Womo	✓
in den Ort	200m
Gesamt/Touristen	240/165
Mietunterkünfte	✓
Stellplätze vor Schranke	✗

Lage des Platzes direkt an der Familienlagune.

Lage & Stellplatz

Der Platz liegt am Ortsrand Büsums und nur eine kleine Nebenstraße trennt den Platz vom Deich mit der dahinterliegenden Familienlagune. Büsums Zentrum ist nur 1,5 km entfernt. Es gibt große, parzellierte Plätze mit Strom-, Wasser- und Abwasseranschluss, einen Spielplatz und Restaurant auf dem Platz.

Verpflegung

Der Bäcker vor Ort hat die gesamte Saison täglich von 7.30 Uhr bis 10.00 Uhr geöffnet. Hier erhalten die Gäste ohne Vorbestellung frische Backwaren und viele weitere Snacks. Das Restaurant „Büsumer Krabbe" bietet direkt auf dem Platz frische Küche. Außerdem sind im Ort mehrere Supermärkte vertreten.

Sanitär

Der Campingplatz verfügt über zwei moderne, frisch renovierte und saubere Sanitärgebäude. Im großen Sanitärgebäude befinden sich zusätzlich ein behindertengerechtes Bad und ein Kinderbad mit erhöhten Duschen und Wickeltisch. Im kleinen Gebäude sind mehrere Waschmaschinen und Trockner vorhanden.

Freizeit

Das Wattenmeer bietet nicht nur für Wassersportler ideale Bedingungen, auch Spaziergänger, Fahrradfahrer, Golfer, Reiter und Familien kommen hier voll auf ihre Kosten. Büsum ist der ideale Ausgangspunkt für Schifffahrten, zum Beispiel zu Deutschlands Hochseeinsel Helgoland oder zu den Seehundbänken.

Büsumer Fischereihafen.

Sonnenuntergang an der Lagune.

4.7 SEHR GUT
551 Bewertungen

Lage	4.7
Ruhe	4.4
Sanitäranlagen	4.8
Sauberkeit Ø	4.8
Freundlichkeit	4.7
Stellplatz	4.7
Verpflegung	3.7
Freizeit	4.5
Preis-Leistung	4.4
Mietunterkünfte	4.5

Geeignet für

- 4.7 Paare
- 4.7 Senioren
- 4.5 Kinder b. 6 J.
- 4.4 Gäste mit Hund
- 4.6 Kinder b. 12 J.
- 4.4 Gäste mit Zelt
- 4.1 Kinder b. 18 J.

Empfohlene Aktivitäten

Radfahren · Schwimmen · Entspannen · Surfen

Mehr Infos

AWARD 2022

Karte auf Seite 22

	28	31	32
	Camping an de Waterkant	**Ferienanlage Achtern Diek** ❄	**Camping am Nordseedeich**
	Neuenkoog 8 - 9 25761 Westerdeichstrich	Stinteck 4 25704 Nordermeldorf 04832/6029946	Süderdeich 4 25718 Friedrichskoog 04854 9045819
	54.15111 | 8.82583	54.095 | 9.009	54.022 | 8.851
Infos			
Öffnungszeiten	keine Angabe	ganzjährig	keine Angabe
Vergleichspreis	keine Angabe	HS: 26,00 € | NS: 21,00 €	keine Angabe
Link	**Mehr Infos & Anfrage:** www.camping.info/18288	**Mehr Infos & Anfrage:** www.camping.info/28035	**Mehr Infos & Anfrage:** www.camping.info/27497
Ausstattung			
Freizeit	Baden in nat. Gewässer k. A. Pool & Hallenbad ✗ Spielplatz keine Angabe	Baden im Meer 5km Pool & Hallenbad ✗ Spielplatz am Platz ✓	Baden in nat. Gewässer k. A. Pool & Hallenbad ✗ Spielplatz keine Angabe
Campingplatz	Hunde ✗ Schatten ✗ WLAN keine Angabe	Hunde willkommen ✓ zur Hälfte Schatten ✓ WLAN ✓	Hunde ✗ Schatten ✗ WLAN keine Angabe
Versorgung	Lebensmittel k.A. Brötchen keine Angabe Restaurant & Imbiss ✗ Ver-/Entsorgung Womo ✗ in den Ort keine Angabe	Lebensmittel k.A. Brötchen am Platz ✓ Restaurant/Imbiss 3km Ver-/Entsorgung Womo ✓ in den Ort 2km	Lebensmittel k.A. Brötchen keine Angabe Restaurant & Imbiss ✗ Ver-/Entsorgung Womo ✗ in den Ort keine Angabe
Anzahl der Plätze	Gesamt keine Angabe Mietunterkünfte ✗ Stellplätze vor Schranke ✗	Gesamt/Touristen 30/20 Mietunterkünfte ✓ Stellplätze vor Schranke ✓	Gesamt keine Angabe Mietunterkünfte ✗ Stellplätze vor Schranke ✗

	28	31	32
Gesamt	3.7 GUT, 11 Bewertungen	4.8 SEHR GUT, 5 Bewertungen	- JETZT BEWERTEN!
Lage	4.4	4.6	
Ruhe	4.5	5.0	
Sanitäranlagen	3.1	4.6	
Sauberkeit Ø	3.8	4.8	
Freundlichkeit	4.6	5.0	
Stellplatz	3.6	4.4	
Verpflegung	2.7	4.0	
Freizeit	3.5	4.6	
Preis-Leistung	4.1	5.0	
Mietunterkünfte	-	4.7	
Geeignet für			
Kinder b. 6 J.	3.7	4.5	
Kinder b. 12 J.	3.8	4.5	
Kinder b. 18 J.	3.3	3.8	
Paare	4.5	5.0	
Senioren	4.5	4.8	
Gäste mit Zelt	4.3	4.4	
Hunde n. erlaubt / Gäste mit Hund	Hunde n. erlaubt -	Gäste mit Hund 5.0	
Empfohlene Aktivitäten	Radfahren Wandern Entspannen	Radfahren Wandern Entspannen	

Für diese Auswertung liegen leider noch nicht genügend Bewertungen vor.

Sei einer der Ersten, der diesen Campingplatz bewertet.

Mit einer guten Campingplatz-Bewertung unterstützt du nicht nur deinen Lieblingsplatz, sondern hilfst auch anderen Campern bei der Platzwahl.

30 Camping Nordsee

Dithmarscher Strasse 41
25761 Büsum
+49 4834 9621170
www.camping-nordsee.de
info@camping-nordsee.de

31.03. - 22.10.

HS: 34,00 € | NS: 29,00 €

Mehr Infos & Anfrage:
www.camping.info/18286

Baden im Meer	200m
Hallenbad	1km
Spielplatz am Platz	✓
Hunde willkommen	✓
wenig Schatten	✓
WLAN (gegen Gebühr)	✓
Lebensmittel	500m
Brötchen am Platz	✓
Restaurant & Imbiss	✓
Ver-/Entsorgung Womo	✓
in den Ort	1km
Gesamt/Touristen	220/170
Mietunterkünfte	✗
Stellplätze vor Schranke	✓

Sonnenuntergang an der Familienlagune direkt am Platz.

Lage & Stellplatz

Liebevoll geführter Platz direkt an der Familienlagune (Dünenlandschaft mit Spielgeräten, Badebecken mit Wassergarantie und einer Wassersportschule) am Ortsrand von Büsum. Alle Plätze verfügen über einen Stromanschluss direkt am Platz. Zahlreiche Wasseranschlüsse sind an zentralen Stellen vorhanden.

Verpflegung

Tägliche Brötchenversorgung mit Vorbestellung direkt neben dem Platz vorhanden. Drei Restaurants in direkter Umgebung des Platzes lassen für das leibliche Wohl keine Wünsche offen. Zum Einkaufen sind im Ort mehrere Supermärkte und Discounter vertreten, sieben Tage die Woche geöffnet.

Sanitär

Der Campingplatz verfügt über ein neues, modernes Sanitärgebäude. Im großen Sanitärgebäude befinden sich zusätzlich ein behindertengerechtes Bad und ein Kinderbad (mit erhöhten Duschen, Babybadewanne und Wickeltisch). Die Sauberkeit in den Anlagen wird von den Gästen sehr geschätzt.

Freizeit

Das Wattenmeer bietet nicht nur für Wassersportler und Badende ideale Bedingungen. Auch Spaziergänger, Fahrradfahrer und Familien kommen hier voll auf ihre Kosten. Büsum ist der ideale Ausgangspunkt für Schifffahrten zu den Seehundbänken oder nach Helgoland und liegt sehr zentral für Tagesausflüge.

Kiter in der Nordsee.

Großzügige Rasenplätze.

4.2 SEHR GUT
61 Bewertungen

Lage	4.7
Ruhe	3.9
Sanitäranlagen	4.7
Sauberkeit Ø	4.7
Freundlichkeit	4.4
Stellplatz	4.0
Verpflegung	3.3
Freizeit	4.1
Preis-Leistung	4.1
Mietunterkünfte	-

Geeignet für

4.5 Paare

- 4.5 Senioren
- 4.3 Gäste mit Hund
- 4.2 Gäste mit Zelt
- 4.3 Kinder b. 12 J.
- 4.2 Kinder b. 6 J.
- 4.1 Kinder b. 18 J.

Empfohlene Aktivitäten

Schwimmen · Radfahren · Entspannen · Surfen

Mehr Infos

2 Nördliche Ostsee

	Platz	Seite	Bewertung	Öffnungszeiten	
1	Fördeferien Bockholmwik Wohlert und Petersen GbR	39	3.9	saisonal	
2	Camping Langballigau	38	3.7	saisonal	
3	Camping "Fördeblick" Westerholz	38	3.8	saisonal	
4	Camping Habernis	38	4.3	saisonal	
5	Camping Nordstern Norgaardholz	40	4.2	saisonal	
6	Camping Steinberghaff	40	4.3	ganzjährig	❄
7	Campingplatz Seehof	40	4.2	saisonal	
8	Campingplatz Ostseesonne	42	3.8	saisonal	FKK
9	Campingplatz Wackerballig	41	5.0	saisonal	
10	Ostsee Campingplatz Hoeck	42	4.0	k. A.	
11	Camping Hasselberg	42	4.0	saisonal	
12	Ostseecamping Gut Oehe	43	3.0	saisonal	
13	Camping Süderholz	44	4.1	ganzjährig	❄
14	Schlei-Camping Karschau	44	3.8	ganzjährig	❄
15	Camping Lindaunis	44	4.1	saisonal	
16	Campingplatz Damp ****	45	3.8	saisonal	
17	Ostsee-Freizeitpark Booknis	45	4.1	saisonal	
18	Campingplatz Hökholz	45	3.6	saisonal	
19	Camping Hellör	45	4.2	saisonal	
20	Ostseecamping Familie Heide	46	4.6	saisonal	👍
21	Camping Wees	48	4.3	saisonal	
22	Camp Langholz	48	4.2	saisonal	
23	Ostseecamp Lehmberg	49	4.1	saisonal	
24	Ostsee-Camping Gut Ludwigsburg	48	4.0	k. A.	

❄ Wintercamping FKK Textilfrei (ganz/teilweise) Ecocamping 👍 Award Onlinebuchung

Karte auf Seite 36

	2	3	4
	Camping Langballigau	**Camping "Fördeblick" Westerholz**	**Camping Habernis**
	Strandweg 3 24977 Langballigau +49 4636 308 54.82161 | 9.65884	Kummle 1 24977 Westerholz +49 4636 8385 54.81944 | 9.66638	Habernis 7 24972 Habernis +49 4632 7616 54.79416 | 9.77444
Infos			
Öffnungszeiten	01.04. - 31.10.	01.04. - 30.09.	01.04. - 31.10.
Vergleichspreis	HS: 18,50 € | NS: 18,50 €	HS: 28,00 € | NS: 25,00 €	HS: 18,00 € | NS: 18,00 €
Link	**Mehr Infos & Anfrage:** www.camping.info/18278	**Mehr Infos & Anfrage:** www.camping.info/18277	**Mehr Infos & Anfrage:** www.camping.info/18274
Ausstattung			
Freizeit	Baden im Meer am Platz ✓ Hallenbad 10km Spielplatz am Platz ✓	Baden in nat. Gewässer k. A. Hallenbad 20km Spielplatz am Platz ✓	Baden in nat. Gewässer k. A. Pool & Hallenbad ✗ Spielplatz am Platz ✓
Campingplatz	Hunde willkommen ✓ wenig Schatten ✓ WLAN (gegen Gebühr) teilweise	Hunde willkommen ✓ kein Schatten ✓ WLAN ✓	Hunde erlaubt ✓ Schatten ✗ WLAN (gegen Gebühr) ✓
Versorgung	Lebensmittel 3km Brötchen am Platz ✓ Restaurant & Imbiss ✓ Ver-/Entsorgung Womo ✓ in den Ort 3km	Lebensmittel 1km Brötchen am Platz nur HS Restaurant/Imbiss 1km/600m Ver-/Entsorgung Womo ✓ in den Ort 3km	Lebensmittel 5km Brötchen am Platz ✓ Restaurant/Imbiss ✓/5km Ver-/Entsorgung Womo ✓ in den Ort 5km
Anzahl der Plätze	Gesamt/Touristen 200/100 Mietunterkünfte ✓ Stellplätze vor Schranke ✓	Gesamt/Touristen 150/30 Mietunterkünfte ✗ Stellplätze vor Schranke ✓	Gesamt/Touristen 61/30 Mietunterkünfte ✓ Stellplätze vor Schranke ✗

	Camping Langballigau	Camping "Fördeblick" Westerholz	Camping Habernis
Gesamt	3.7 GUT, 34 Bewertungen	3.8 GUT, 9 Bewertungen	4.3 SEHR GUT, 6 Bewertungen
Lage	4.3	4.1	4.8
Ruhe	3.8	4.3	4.5
Sanitäranlagen	3.5	4.4	4.2
Sauberkeit Ø	4.0	4.6	4.6
Freundlichkeit	4.2	4.6	4.6
Stellplatz	3.6	4.0	4.5
Verpflegung	3.7	3.7	4.2
Freizeit	3.7	4.0	3.7
Preis-Leistung	4.2	4.6	4.8
Mietunterkünfte	3.4	-	5.0
Geeignet für			
Kinder b. 6 J.	3.9	4.8	4.8
Kinder b. 12 J.	4.0	4.2	5.0
Kinder b. 18 J.	3.3	4.3	4.0
Paare	4.3	5.0	4.7
Senioren	4.4	4.4	5.0
Gäste mit Zelt	3.9	4.8	5.0
Gäste mit Hund	4.1	4.8	5.0
Empfohlene Aktivitäten	Schwimmen Wandern Segeln	Radfahren Schwimmen Motorboot	Radfahren Angeln Wandern

1 Fördeferien Bockholmwik Wohlert und Petersen GbR

Bockholmwik 19
24960 Bockholmwik / Ostsee
+49 4631 2088
www.foerdeferien-bockholmwik.de
info@foerdeferien-bockholmwik.de

01.04. - 31.10.

HS: 35,00 € | NS: 32,50 €

Mehr Infos & Anfrage:
www.camping.info/18271

Baden im Meer am Platz	✓
Pool/Hallenbad	5km
Spielplatz am Platz	✓
Hunde willkommen	✓
wenig Schatten	✓
WLAN	✓
Lebensmittel	✓
Brötchen am Platz	✓
Restaurant am P.	✓
Ver-/Entsorgung Womo	✓
in den Ort	5km
Gesamt/Touristen	200/100
Mietunterkünfte	✓
Stellplätze vor Schranke	✓

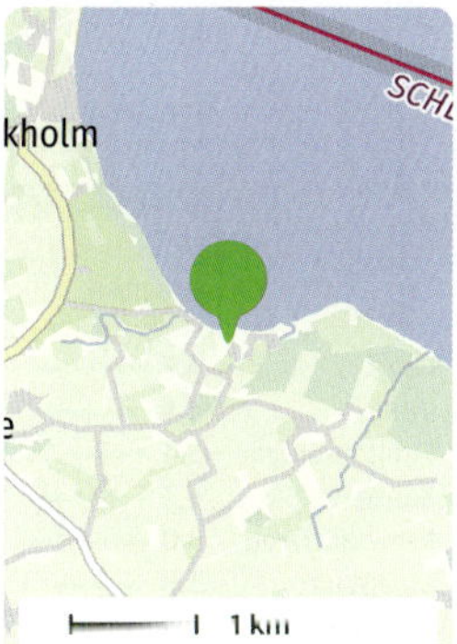

54.82897 | 9.60865

Camping mit traumhaftem Ausblick auf die Flensburger Förde bis Dänemark.

Lage & Stellplatz

Die Anlage liegt in einer Hügellandschaft, die stufenartig zur Flensburger Förde abfällt. Von vielen Stellplätzen erwartet die Gäste Wasserblick. Direkte Lage am Naturstrand und Naturschutzgebiet. Strom- und Wasseranschlüsse an allen Plätzen. Yachthafen und Förde-Golf-Club sind nur 500 m entfernt.

Verpflegung

Das Café-Restaurant „Bock 19“ verwöhnt alle Besucher bei einem herrlichen Ausblick auf die Flensburger Außenförde mit regionalen und saisonalen Speisen. Während der Saison erhalten die Gäste im Mini-Markt täglich frische Brötchen, Milch, Eier, Zeitschriften, Zeitungen und viele weitere Angebote.

Sanitär

Moderne Duschbäder mit großzügigen Einzelkabinen – alle ausgestattet mit einer Wellness-Regendusche, einem Waschbecken, WC und ausreichend Ablagemöglichkeiten. Ebenso stehen ein behindertengerechtes Bad sowie ein Babybad- und Wickelraum und weitere Toilettenhäuser bereit.

Freizeit

Am Platz wird den Urlaubern einiges geboten: ein Badestrand mit Wasserrutsche, Spielplatz mit Hüpfkissen, Tischtennis & Billard sowie Bolzplatz & Volleyballfeld, ein Fahrradverleih, Tretboot- und SUP-Verleih, Lagerfeuer mit Meerblick, Angeln auf Dorsch, Forelle u. v. w.

Näher am Wasser geht nicht.

Stellplätze im Grünen.

3.9 GUT
36 Bewertungen

Lage	4.6
Ruhe	4.2
Sanitäranlagen	3.2
Sauberkeit Ø	4.0
Freundlichkeit	4.5
Stellplatz	3.7
Verpflegung	3.8
Freizeit	3.8
Preis-Leistung	4.1
Mietunterkünfte	4.2

Geeignet für

4.5 Gäste mit Hund

4.1	Kinder b. 12 J.
4.1	Senioren
4.0	Kinder b. 6 J.
4.1	Paare
4.1	Gäste mit Zelt
3.4	Kinder b. 18 J.

Empfohlene Aktivitäten

Schwimmen · Wandern · Entspannen · Radfahren

Mehr Infos

Karte auf Seite 36

	5	6	7
	Camping Nordstern Norgaardholz	**Camping Steinberghaff** ❄	**Campingplatz Seehof**
	Nordstern 1 24972 Steinberg +49 171 328 1210 54.78506 | 9.79974	Fischerstraße 21 24972 Steinberghaff +49 4632 247 54.76772 | 9.82057	Gammeldamm 5 24395 Pommerby +49 4643 693 54.76511 | 9.96788
Infos			
Öffnungszeiten	01.04. - 30.09.	ganzjährig	01.04. - 31.10.
Vergleichspreis	HS: 16,00 € | NS: 20,00 €	HS: 16,00 €	HS: 20,00 € | NS: 22,00 €
Link	**Mehr Infos & Anfrage:** www.camping.info/18275	**Mehr Infos & Anfrage:** www.camping.info/18276	**Mehr Infos & Anfrage:** www.camping.info/18254
Ausstattung			
Freizeit	Baden im Meer am Platz ✓ Hallenbad 15km Spielplatz am Platz ✓	Baden in nat. Gewässer k. A. Pool & Hallenbad ✗ Spielplatz am Platz ✓	Baden im Meer am Platz ✓ Hallenbad 13km Spielplatz ✗
Campingplatz	Hunde willkommen ✓ wenig Schatten ✓ WLAN (gegen Gebühr) ✓	Hunde erlaubt ✓ wenig Schatten ✓ WLAN keine Angabe	Hunde erlaubt ✓ zur Hälfte Schatten ✓ WLAN (gegen Gebühr) ✓
Versorgung	Lebensmittel 4km Brötchen am Platz nur HS Restaurant am P. ✓ Ver-/Entsorgung Womo ✓ in den Ort 4km	Lebensmittel 5km Brötchen keine Angabe Restaurant & Imbiss ✓ Ver-/Entsorgung Womo ✓ in den Ort 5km	Lebensmittel 6km Brötchen am Platz ✓ Restaurant/Imbiss 3/2km Ver-/Entsorgung Womo ✓ in den Ort 5km
Anzahl der Plätze	Gesamt/Touristen 250/30 Mietunterkünfte ✓ Stellplätze vor Schranke ✓	Gesamt/Touristen 220/15 Mietunterkünfte ✓ Stellplätze vor Schranke ✗	Gesamt/Touristen 150/40 Mietunterkünfte ✓ Stellplätze vor Schranke ✗

	5	6	7
Gesamt	4.2 SEHR GUT, 16 Bewertungen	4.3 SEHR GUT, 9 Bewertungen	4.2 SEHR GUT, 9 Bewertungen
Lage	4.6	4.9	4.7
Ruhe	4.7	4.9	4.4
Sanitäranlagen	4.8	3.4	3.4
Sauberkeit Ø	4.9	3.6	4.7
Freundlichkeit	4.8	5.0	5.0
Stellplatz	4.2	3.7	3.8
Verpflegung	3.8	3.4	3.8
Freizeit	3.9	4.1	4.0
Preis-Leistung	4.8	4.6	4.2
Mietunterkünfte	5.0	5.0	5.0
Geeignet für			
Kinder b. 6 J.	4.5	4.6	4.1
Kinder b. 12 J.	4.3	4.3	4.0
Kinder b. 18 J.	3.1	4.4	3.8
Paare	4.8	5.0	4.5
Senioren	4.4	5.0	4.5
Gäste mit Zelt	4.1	5.0	4.7
Gäste mit Hund	4.8	4.8	5.0
Empfohlene Aktivitäten	Schwimmen Radfahren Entspannen	Radfahren Schwimmen Motorboot	Schwimmen Wandern Entspannen

Camping Steinberghaff: NS: 21.10. - 30.03

9 Campingplatz Wackerballig

Strandweg 2a
24395 Wackerballig bei Gelting
+49 4643 1335
www.Campingplatz-Wackerballig.de
info@campingplatz-wackerballig.de

01.04. - 15.10.

HS: 29,00 € | NS: 29,00 €

Mehr Infos & Anfrage:
www.camping.info/18255

Baden im Meer am Platz	✓
Hallenbad	5km
Spielplatz	150m
Hunde willkommen	✓
zur Hälfte Schatten	✓
WLAN (gegen Gebühr)	✓
Lebensmittel	✓
Brötchen am Platz	✓
Restaurant/Imbiss	300m/2km
Ver-/Entsorgung Womo	✓
in den Ort	2km
Gesamt/Touristen	170/40
Mietunterkünfte	✓
Stellplätze vor Schranke	×

54.75717 | 9.88008

Campingplatz-Wackerballig von oben.

Lage & Stellplatz

Direkt an der Geltinger-Bucht, angrenzend ans Naturschutzgebiet, befindet sich der familiengeführte Campingplatz in 3. Generation. Der Platz liegt in verkehrsberuhigter Lage, nur eine kleine Straße vom Ostseeufer mit Naturstrand entfernt. Die Stellplätze und Mietunterkünfte haben direkten Seeblick.

Verpflegung

Vor Ort finden die Gäste ein Restaurant und ein Bistro. Der nächste Supermarkt ist in dem 2 km entfernten Gelting. Am Kiosk gibt es zudem einen Verkaufsautomaten, einen Kiosk und Brötchenservice.

Sanitär

Die sanitären Anlagen sind komplett renoviert und saniert im Jahre 2020. Das Sanitärgebäude ist beheizt, im Duschbereich durch wohlige Fußbodenheizung. Im Angebot gibt es auch Mietbäder und Familienbäder so wie ein behindertengerechtes Bad. Zutritt und Abrechnung erfolgt über ein Chipkartensystem.

Freizeit

Es gibt einen Bolz- und Spielplatz für die Kleinen, dazu natürlich die schöne Ostsee. Als Ausflugsziel vor Ort empfiehlt sich der Barfußpark so wie der Freizeitpark Tolk. Für Naturfreunde gibt es die Geltinger Birk und den Ort Kappeln, bekannt aus der Serie „Der Landarzt".

Plätze mit Seeblick.

Vermietung von Lodges, Chalets.

5.0 AUSGEZEICHNET
4 Bewertungen

Lage	5.0
Ruhe	5.0
Sanitäranlagen	5.0
Sauberkeit Ø	5.0
Freundlichkeit	5.0
Stellplatz	5.0
Verpflegung	1.5
Freizeit	4.0
Preis-Leistung	4.5
Mietunterkünfte	-

Geeignet für

Paare	5.0
Senioren	5.0
Gäste mit Hund	5.0
Kinder b. 18 J.	4.0
Kinder b. 12 J.	3.5
Kinder b. 6 J.	2.0
Gäste mit Zelt	-

Empfohlene Aktivitäten

Entspannen | Radfahren | Surfen | Angeln

Mehr Infos

Jugendgruppen nur beschränkt zugelassen.

Karte auf Seite 36

	8	10	11
	Campingplatz Ostseesonne	**Ostsee Campingplatz Hoeck**	**Camping Hasselberg**
	FKK		
	Gammeldamm 6 24395 Pommerby +49 4643 2223	Dänische Straße 3 24395 Kronsgaard	Drecht 7 24376 Hasselberg +49 4642 6383
	54.76321 | 9.97075	54.72784 | 9.97497	54.71583 | 9.99028

Infos

Öffnungszeiten	01.04. - 31.10.	keine Angabe	01.04. - 03.10.
Vergleichspreis	HS: 24,00 € | NS: 21,00 €	HS: 19,20 € | NS: 19,20 €	HS: 16,00 € | NS: 16,00 €
Link	**Mehr Infos & Anfrage:** www.camping.info/26169	**Mehr Infos & Anfrage:** www.camping.info/24054	**Mehr Infos & Anfrage:** www.camping.info/18252

Ausstattung

Freizeit	Baden im Meer am Platz	✓	Baden im Meer	300m	Baden im Meer am Platz	✓
	Pool & Hallenbad	✗	Hallenbad	12km	Pool & Hallenbad	✗
	Spielplatz am Platz	✓	Spielplatz am Platz	✓	Spielplatz am Platz	✓
Campingplatz	Hunde willkommen	✓	Hunde	✗	Hunde erlaubt	✓
	wenig Schatten	✓	zur Hälfte Schatten	✓	Schatten	✗
	WLAN (gegen Gebühr)	✓	WLAN	✗	WLAN (gegen Gebühr)	✓
Versorgung	Lebensmittel	✓	Lebensmittel	500m	Lebensmittel	✓
	Brötchen am Platz	✓	Brötchen am Platz	✗	Brötchen am Platz	✓
	Restaurant & Imbiss	✓	Restaurant/Imbiss	600/300m	Restaurant & Imbiss	✓
	Ver-/Entsorgung Womo	✓	Ver-/Entsorgung Womo	✗	Ver-/Entsorgung Womo	✓
	in den Ort	4km	in den Ort	6km	in den Ort	11km
Anzahl der Plätze	Gesamt/Touristen	175/100	Gesamt/Touristen	80/20	Gesamt/Touristen	500/200
	Mietunterkünfte	✓	Mietunterkünfte	✓	Mietunterkünfte	✓
	Stellplätze vor Schranke	✓	Stellplätze vor Schranke	✓	Stellplätze vor Schranke	✓

	Campingplatz Ostseesonne	Ostsee Campingplatz Hoeck	Camping Hasselberg
Gesamt	3.8 GUT, 43 Bewertungen	4.0 SEHR GUT, 28 Bewertungen	4.0 SEHR GUT, 20 Bewertungen
Lage	4.8	4.7	5.0
Ruhe	4.5	4.4	4.1
Sanitäranlagen	3.4	3.3	3.2
Sauberkeit Ø	3.9	4.1	3.8
Freundlichkeit	4.1	4.4	4.6
Stellplatz	3.6	4.1	3.9
Verpflegung	3.7	2.8	4.2
Freizeit	3.4	3.7	4.1
Preis-Leistung	3.5	4.4	4.4
Mietunterkünfte	4.0	4.7	3.0
Geeignet für			
Kinder b. 6 J.	3.8	4.4	3.9
Kinder b. 12 J.	3.8	4.3	4.1
Kinder b. 18 J.	3.4	4.0	3.6
Paare	4.3	4.0	4.2
Senioren	4.2	4.0	4.1
Gäste mit Zelt	3.5	4.3	4.1
Gäste mit Hund	4.2	Hunde n. erlaubt -	4.7
Empfohlene Aktivitäten	Radfahren Wandern Schwimmen	Schwimmen Radfahren Entspannen	Schwimmen Radfahren Wandern

12 Ostseecamping Gut Oehe

Drecht 6
24376 Hasselberg
+49 4642 6124

www.camping-oehe.de
camping@gut-oehe.de

24.03. - 08.10.

HS: k. A. | NS: k. A.

Mehr Infos & Anfrage:
www.camping.info/18258

Baden im Meer am Platz	✓
Hallenbad	10km
Spielplatz am Platz	✓
Hunde willkommen	✓
wenig Schatten	✓
WLAN (gegen Gebühr)	✓
Lebensmittel	✓
Brötchen am Platz	✓
Restaurant & Imbiss	✓
Ver-/Entsorgung Womo	✓
in den Ort	2km
Gesamt/Touristen	500/250
Mietunterkünfte	✓
Stellplätze vor Schranke	✓

54.71497 | 9.99124

Luftaufnahme des Campingplatzes.

Lage & Stellplatz

Der Platz liegt inmitten Angeliter Landschaft und hat eine der schönsten Lagen für Naturliebhaber – direkt zwischen dem Naturschutzgebiet Oehe, der Ostsee und der Schlei. Der Platz liegt auf der Landseite des Deiches, zum herrlichen Naturstrand sind es nur wenige Schritte.

Verpflegung

Der Supermarkt bietet alles für den täglichen Gebrauch: Hier findet sich eine große Frischetheke mit Obst, Grillfleisch, täglich frische Brötchen, Kuchen, Eis für die Kleinen, Weine und Gasflaschen. In dem platzeigenen Restaurant können die Gäste innen und außen den Blick auf die Ostsee genießen.

Sanitär

Der Campingplatz Gut Oehe verfügt über zwei gepflegte sanitäre Einrichtungen, eine davon wurde im Jahr 2021 komplett erneuert. Neu: Familienbäder zum Mieten. Außerdem gibt es einen neuen Waschsalon, eine neue Camperküche und ein behindertengerechtes Bad am Platz.

Freizeit

Hier kommen Naturliebhaber, Fahrradfahrer, Spaziergänger, Strandgänger, Familien und Kindergruppen auf ihre Kosten. Hüpfburg, Kinderanimation (je nach Corona-Situation) und Strand befinden sich direkt am Platz. Außerdem: Barfuß- und Tierpark, Freizeitpark in Tolk oder schöne Städte wie Flensburg.

Hauptgebäude mit Restaurant und Supermarkt.

Spielplatz am Haupthaus.

3.0 GUT
54 Bewertungen

Lage	4.0
Ruhe	4.0
Sanitäranlagen	3.0
Sauberkeit Ø	3.2
Freundlichkeit	3.2
Stellplatz	3.0
Verpflegung	3.1
Freizeit	3.0
Preis-Leistung	3.2
Mietunterkünfte	2.0

Geeignet für

Gäste mit Hund	3.8
Senioren	3.5
Paare	3.4
Kinder b. 6 J.	3.3
Kinder b. 12 J.	3.4
Gäste mit Zelt	3.4
Kinder b. 18 J.	2.8

Empfohlene Aktivitäten

Radfahren
Schwimmen
Surfen
Angeln

Mehr Infos

Karte auf Seite 36

	13	14	15
	Camping Süderholz	**Schlei-Camping Karschau**	**Camping Lindaunis**
	❄	❄	
	Süderholz 11 24885 Sieverstedt +49 4638 213841	Karschau 56 24407 Karschau +49 4642 920 820	Schleistraße 1 24392 Boren OT Lindaunis +49 4641 7317
	54.65238 | 9.44984	54.62002 | 9.88348	54.58747 | 9.81408
Infos			
Öffnungszeiten	ganzjährig	ganzjährig	01.04. - 15.10.
Vergleichspreis	HS: 15,00 € | NS: 15,00 €	HS: 29,00 € | NS: 26,00 €	HS: 25,50 € | NS: 25,50 €
Link	**Mehr Infos & Anfrage:** www.camping.info/18269	**Mehr Infos & Anfrage:** www.camping.info/18259	**Mehr Infos & Anfrage:** www.camping.info/18253
Ausstattung			
Freizeit	Baden in nat. Gewässer k. A. Pool & Hallenbad ✗ Spielplatz am Platz ✓	Baden im Fluss am Platz ✓ Hallenbad 8km Spielplatz am Platz ✓	Baden im Fluss am Platz ✓ Pool & Hallenbad ✗ Spielplatz am Platz ✓
Campingplatz	Hunde willkommen ✓ zur Hälfte Schatten ✓ WLAN keine Angabe	Hunde willkommen ✓ wenig Schatten ✓ WLAN ✓	Hunde willkommen ✓ wenig Schatten ✓ WLAN (gegen Gebühr) ✓
Versorgung	Lebensmittel 4km Brötchen keine Angabe Restaurant/Imbiss 4km Ver-/Entsorgung Womo ✓ in den Ort 3km	Lebensmittel 6km Brötchen am Platz nur HS Restaurant & Imbiss ✓ Ver-/Entsorgung Womo ✓ in den Ort 3km	Lebensmittel ✓ Brötchen am Platz ✓ Restaurant & Imbiss ✓ Ver-/Entsorgung Womo ✗ in den Ort 8km
Anzahl der Plätze	Touristenplätze 35 Mietunterkünfte ✗ Stellplätze vor Schranke ✓	Gesamt/Touristen 175/75 Mietunterkünfte ✓ Stellplätze vor Schranke ✓	Gesamt/Touristen 200/35 Mietunterkünfte ✗ Stellplätze vor Schranke ✗

	Camping Süderholz	Schlei-Camping Karschau	Camping Lindaunis
Bewertung	4.1 SEHR GUT, 27 Bewertungen	3.8 GUT, 42 Bewertungen	4.1 SEHR GUT, 25 Bewertungen
Lage	4.5	3.8	4.6
Ruhe	4.5	4.2	4.2
Sanitäranlagen	3.2	3.6	3.9
Sauberkeit Ø	4.3	4.2	4.5
Freundlichkeit	4.8	4.0	4.9
Stellplatz	3.8	3.5	3.7
Verpflegung	3.4	3.5	3.6
Freizeit	3.5	3.5	3.9
Preis-Leistung	4.8	3.8	4.1
Mietunterkünfte	-	3.9	-
Geeignet für			
Kinder b. 6 J.	4.0	3.5	3.9
Kinder b. 12 J.	4.1	3.3	3.7
Kinder b. 18 J.	3.5	3.0	3.0
Paare	4.6	4.3	4.4
Senioren	4.7	4.4	4.5
Gäste mit Zelt	4.5	3.9	4.2
Gäste mit Hund	4.8	4.2	4.2
Empfohlene Aktivitäten	Radfahren Wandern Entspannen	Radfahren Kayak/Kanu Entspannen	Radfahren Segeln Kayak/Kanu

16 Campingplatz Damp ****

Dorotheenthal
24351 Damp
+49 4352 5121
54.57178 | 10.02222

31.03. - 30.10.
HS: 22,60 € | NS: 19,50 €
Mehr Infos & Anfrage: www.camping.info/18243

Baden im Meer am Platz	✓
Pool/Hallenbad	1km
Spielplatz am Platz	✓
Hunde willkommen	✓
wenig Schatten	✓
WLAN (gegen Gebühr)	✓
Lebensmittel	✓
Brötchen am Platz	✓
Restaurant & Imbiss	✓
Ver-/Entsorgung Womo	✓
in den Ort	1km
Gesamt/Touristen	260/80
Mietunterkünfte	✓
Stellplätze vor Schranke	✓

3.8 GUT – 22 Bewertungen

Lage	4.4
Ruhe	4.0
Sanitäranlagen	4.1
Sauberkeit Ø	4.2
Freundlichkeit	3.9
Stellplatz	4.0
Verpflegung	3.5
Freizeit	3.8
Preis-Leistung	4.0
Mietunterkünfte	4.0

Geeignet für

Kinder b. 6 J.	3.7
Kinder b. 12 J.	3.9
Kinder b. 18 J.	3.5
Paare	3.9
Senioren	3.9
Gäste mit Zelt	3.7
Gäste mit Hund	3.9

Empfohlene Aktivitäten

- Radfahren
- Entspannen
- Schwimmen

17 Ostsee-Freizeitpark Booknis

Seestraße
24369 Booknis
+49 4352 2311
54.56283 | 10.02305

01.04. - 10.10.
HS: 26,00 € | NS: 19,00 €
Mehr Infos & Anfrage: www.camping.info/18248

Baden im Meer am Platz	✓
Pool & Hallenbad	✗
Spielplatz am Platz	✓
Hunde willkommen	✓
wenig Schatten	✓
WLAN (gegen Gebühr)	✓
Lebensmittel	✓
Brötchen am Platz	✓
Restaurant & Imbiss	✓
Ver-/Entsorgung Womo	✗
in den Ort	2km
Gesamt/Touristen	850/140
Mietunterkünfte	✓
Stellplätze vor Schranke	✗

4.1 SEHR GUT – 31 Bewertungen

Lage	4.7
Ruhe	4.4
Sanitäranlagen	4.0
Sauberkeit Ø	4.2
Freundlichkeit	4.0
Stellplatz	4.1
Verpflegung	4.3
Freizeit	4.0
Preis-Leistung	4.0
Mietunterkünfte	3.8

Geeignet für

Kinder b. 6 J.	4.6
Kinder b. 12 J.	4.3
Kinder b. 18 J.	3.3
Paare	4.5
Senioren	4.6
Gäste mit Zelt	3.8
Gäste mit Hund	4.8

Empfohlene Aktivitäten

- Schwimmen
- Radfahren
- Wandern

18 Campingplatz Hökholz

Ritenrade 4
24369 Waabs
+49 4352 9117031
54.54056 | 10.00861

01.04. - 30.09.
HS: 16,50 € | NS: 16,50 €
Mehr Infos & Anfrage: www.camping.info/22314

Baden im Meer am Platz	✓
Hallenbad	8km
Spielplatz am Platz	✓
Hunde willkommen	✓
Schatten	✗
WLAN	✗
Lebensmittel	✓
Brötchen am Platz	✓
Restaurant/Imbiss	3km/✓
Ver-/Entsorgung Womo	✓
in den Ort	3km
Gesamt/Touristen	192/40
Mietunterkünfte	✓
Stellplätze vor Schranke	✗

3.6 GUT – 20 Bewertungen

Lage	4.3
Ruhe	4.2
Sanitäranlagen	4.2
Sauberkeit Ø	4.2
Freundlichkeit	4.6
Stellplatz	3.5
Verpflegung	3.3
Freizeit	3.4
Preis-Leistung	4.3
Mietunterkünfte	2.3

Geeignet für

Kinder b. 6 J.	4.1
Kinder b. 12 J.	4.1
Kinder b. 18 J.	3.0
Paare	4.4
Senioren	4.3
Gäste mit Zelt	3.9
Gäste mit Hund	4.7

Empfohlene Aktivitäten

- Radfahren
- Wandern
- Entspannen

19 Camping Hellör

Hellör 1
24864 Brodersby-Goltoft
+49 4622 533
54.53635 | 9.73359

01.04. - 03.10.
HS: 25,50 € | NS: 25,50 €
Mehr Infos & Anfrage: www.camping.info/18267

Baden im Fluss am Platz	✓
Pool/Hallenbad	14/15km
Spielplatz am Platz	✓
Hunde willkommen	✓
zur Hälfte Schatten	✓
WLAN	✗
Lebensmittel	✓
Brötchen am Platz	✓
Restaurant/Imbiss	3km
Ver-/Entsorgung Womo	✗
in den Ort	1km
Gesamt/Touristen	110/55
Mietunterkünfte	✗
Stellplätze vor Schranke	✓

4.2 SEHR GUT – 29 Bewertungen

Lage	4.7
Ruhe	4.8
Sanitäranlagen	3.5
Sauberkeit Ø	4.4
Freundlichkeit	4.3
Stellplatz	4.0
Verpflegung	3.0
Freizeit	3.8
Preis-Leistung	4.1
Mietunterkünfte	-

Geeignet für

Kinder b. 6 J.	4.2
Kinder b. 12 J.	3.9
Kinder b. 18 J.	3.1
Paare	4.5
Senioren	4.7
Gäste mit Zelt	4.3
Gäste mit Hund	4.4

Empfohlene Aktivitäten

- Kayak/Kanu
- Radfahren
- Schwimmen

20 Ostseecamping Familie Heide

Strandweg 31
24369 Kleinwaabs
+49 4352 2530
www.waabs.de
info@waabs.de

01.04. - 21.10.

HS: 43,00 € | NS: 33,50 €

Mehr Infos & Anfrage:
www.camping.info/18251

Baden im Meer am Platz	✓
Hallenbad	✓
Spielplatz am Platz	✓
Hunde willkommen	✓
wenig Schatten	✓
WLAN	✓
Lebensmittel	✓
Brötchen am Platz	✓
Restaurant & Imbiss	✓
Ver-/Entsorgung Womo	✓
in den Ort	500m
Gesamt/Touristen	805/285
Mietunterkünfte	✓
Stellplätze vor Schranke	✓

Stellplatz mit Blick auf die Ostsee.

Lage & Stellplatz

Zwischen Eckernförde und Damp befindet sich der familiengeführte Platz. Der Campingplatz erhält stets Bestnoten von ADAC, ANWB und DCC. Das weitläufige Gelände reicht bis an die Steilküste. Die Stellplätze sind parzelliert, teilweise durch Hecken getrennt sowie mit gepflasterten Elementen für das Vorzelt versehen. Drei verschiedene Platzgrößen, zum Teil mit Blick auf die Ostsee. Die Plätze sind über gut asphaltierte Wege zu erreichen, die meisten verfügen über Wasser- und Abwasseranschlüsse. WLAN verfügbar. Unterhalb der Steilküste findet man den ca. 500 m langen, Natur- und Sandstrand.

Sanitär

In den verschiedenen Sanitärbereichen stehen 21 Familienbäder zur freien Verfügung. Die beliebten Mietbäder mit Badewanne können für den kompletten Urlaub gemietet werden. Die Kinderbäder wurden speziell auf die Bedürfnisse der kleinen Gäste ausgestattet, mit kindgerechten Toiletten und Waschbecken. Natürlich gibt es für Gäste mit Handicap spezielle Bereiche mit Toiletten und Duschen. Für die vierbeinigen Besucher steht eine Hundedusche und ein eingezäunter Agility Platz bereit. Es gibt verschiedene Waschmaschinen- und Trocknerräume. Eine neue Küche mit Spülmaschinen lädt zum Kochen ein.

Badestrand am Campingplatz.

Animierter Spielebogen.

Eingezäunter Agility Platz, kostenfreie Familienbäder, keine Zeltwiese.

AWARD 2022

Luftaufnahme mit Blick auf den Platz, im Hintergrund Camp Heideby und die Ostsee Ferienhäuser.

Verpflegung

Für den täglichen Bedarf erwartet die Gäste der Ostseemarkt, eine Bäckerei verwöhnt mit frischen Backwaren. Im Eingangsbereich lädt das Restaurant „Meeresblick“ mit zahlreichen Gerichten ein, von deutscher bis griechischer Küche. Direkt am Strand mit einem atemberaubenden Blick befindet sich die Pizzeria „Strandgut“, die für ihre Flammkuchen bekannt ist. Der Imbiss im Eingangsbereich mit Fischbrötchen, Crêpes, Slush und einem klassischen Imbissangebot rundet das kulinarische Angebot ab, Sitzplätze sind dort vorhanden. Auch im Biergarten oder Beachclub ist immer was los.

Freizeit

Nach dem Frühstück beginnt das Animationsprogramm für Groß und Klein (nur in der Hauptsaison). Der Kinderclub „Rabennest“ bietet eine Vielzahl an Aktivitäten, z. B. verschiedene Basteleien, Malen, Spielen. Es gibt ein Hüpfburgenland, Stockbrot, Bummelzug und Kino. Das Sportprogramm reicht von Fußball, Volleyball, Hockey bis zu einem eigenen Fitnessstudio. Das Musikzimmer hat eine große Auswahl an Instrumenten. Eigener Fahrradverleih am Platz. Massagepraxis und Schwimmbad mit Sauna und Wellness-Oase. Surfkurse, SUP und Tretbootverleih sowie eine Windsurf- und Tauchschule runden das Angebot ab.

5.0 

Sehr sauberer Platz und top organisiert. Duschen und WCs sauber und astrein. Für Kinderbespaßung ist gesorgt und die zahlreichen Spielplätze und Sportplätze lassen keine Langeweile aufkommen. Der ansässige Edeka am Platz hat alles, was man braucht, zu moderaten Preisen und der Imbiss und das Restaurant sind preis-leistungsmäßig auch sehr gut. Für unseren ersten Familiencampingurlaub konnten wir uns keinen besseren Platz aussuchen und kommen gerne wieder.

Jan T.

Mit Frau und Kind macht Jan seit Kurzem Campingurlaub. Mit seiner Familie war er im August 2022 auf dem Ostseecamping Familie Heide.

Mobilheime, Baujahr 2018.

Blick in das Schwimmbad.

4.6 **SEHR GUT**
826 Bewertungen

Lage	4.7
Ruhe	4.5
Sanitäranlagen	4.6
Sauberkeit Ø	4.6
Freundlichkeit	4.5
Stellplatz	4.6
Verpflegung	4.5
Freizeit	4.5
Preis-Leistung	3.8
Mietunterkünfte	4.7

Geeignet für

4.7	Kinder b. 12 J.
4.6	Kinder b. 6 J.
4.4	Gäste mit Hund
4.2	Kinder b. 18 J.
4.5	Paare
4.3	Senioren
3.8	Gäste mit Zelt

Empfohlene Aktivitäten

Radfahren · Schwimmen · Entspannen · Wandern

Mehr Infos

Karte auf Seite 36

	21 Camping Wees	22 Camp Langholz	24 Ostsee-Camping Gut Ludwigsburg
	An de Wees 16 24354 Missunde +49 4354 98430 54.52391 | 9.72359	Fischerstrasse 9 24369 Waabs +49 4352 911484 54.51278 | 9.98167	Ludwigsburg 4 24368 Waabs +49 4358 370 54.5031 | 9.95773
Infos			
Öffnungszeiten	01.04. - 31.10.	01.04. - 08.10.	keine Angabe
Vergleichspreis	HS: 26,50 € | NS: 26,50 €	HS: 19,50 € | NS: 15,50 €	keine Angabe
Link	**Mehr Infos & Anfrage:** www.camping.info/18244	**Mehr Infos & Anfrage:** www.camping.info/18247	**Mehr Infos & Anfrage:** www.camping.info/23795
Ausstattung			
Freizeit	Baden in nat. Gewässer k. A. Hallenbad 15km Spielplatz am Platz ✓	Baden im Meer am Platz ✓ Hallenbad 10km Spielplatz am Platz ✓	Baden in nat. Gewässer k. A. Pool & Hallenbad × Spielplatz keine Angabe
Campingplatz	Hunde willkommen ✓ wenig Schatten ✓ WLAN (gegen Gebühr) ✓	Hunde willkommen ✓ wenig Schatten ✓ WLAN ×	Hunde × Schatten × WLAN keine Angabe
Versorgung	Lebensmittel ✓ Brötchen am Platz ✓ Restaurant/Imbiss 3/7km Ver-/Entsorgung Womo ✓ in den Ort 6km	Lebensmittel ✓ Brötchen am Platz ✓ Restaurant & Imbiss ✓ Ver-/Entsorgung Womo ✓ in den Ort 2km	Lebensmittel k.A. Brötchen keine Angabe Restaurant & Imbiss × Ver-/Entsorgung Womo × in den Ort keine Angabe
Anzahl der Plätze	Gesamt/Touristen 150/40 Mietunterkünfte × Stellplätze vor Schranke ×	Gesamt/Touristen 140/40 Mietunterkünfte ✓ Stellplätze vor Schranke ×	Gesamt keine Angabe Mietunterkünfte × Stellplätze vor Schranke ×

	Camping Wees	Camp Langholz	Ostsee-Camping Gut Ludwigsburg
Gesamt	4.3 SEHR GUT, 36 Bewertungen	4.2 SEHR GUT, 47 Bewertungen	4.0 SEHR GUT, 87 Bewertungen
Lage	4.7	4.6	4.2
Ruhe	4.7	4.4	4.0
Sanitäranlagen	4.2	3.2	4.6
Sauberkeit Ø	4.6	3.8	4.4
Freundlichkeit	4.9	4.4	4.1
Stellplatz	4.1	4.0	3.9
Verpflegung	4.0	3.8	3.8
Freizeit	3.9	3.8	3.7
Preis-Leistung	4.4	4.2	4.2
Mietunterkünfte	-	4.2	-
Geeignet für			
Kinder b. 6 J.	4.3	4.1	4.1
Kinder b. 12 J.	4.5	4.3	4.0
Kinder b. 18 J.	3.8	3.9	3.8
Paare	4.7	4.4	4.3
Senioren	4.7	4.0	4.3
Gäste mit Zelt	4.6	4.1	4.1
Gäste mit Hund	4.7	4.5	Hunde n. erlaubt -
Empfohlene Aktivitäten	Kayak/Kanu Radfahren Entspannen	Entspannen Schwimmen Angeln	Schwimmen Radfahren Entspannen

23 Ostseecamp Lehmberg

Lehmberger Straße 11
24368 Waabs
+4943529548396
www.ostseecamp-lehmberg.de
info@ostseecamp-lehmberg.de

01.04. - 31.10.

HS: 27,50 € | NS: 21,50 €

Mehr Infos & Anfrage:
www.camping.info/23269

Baden im Meer am Platz	✓
Pool/Hallenbad	12km
Spielplatz am Platz	✓
Hunde willkommen	✓
wenig Schatten	✓
WLAN	✓
Lebensmittel	✓
Brötchen am Platz	✓
Restaurant & Imbiss	✓
Ver-/Entsorgung Womo	✓
in den Ort	3km
Gesamt/Touristen	250/100
Mietunterkünfte	✗
Stellplätze vor Schranke	✓

54.50915 | 9.97279

Luftaufnahme des Ostseecamps – mit Stellplätzen in erster Reihe am Meer.

Lage & Stellplatz

Auf der Halbinsel Schwansen können die Gäste in der schönen Natur den Urlaub verbringen. Mit dem Caravan oder Wohnmobil in erster Reihe zur Ostsee kann man die idyllische Ruhe genießen. Alle Stellplätze verfügen über einen eigenen Strom- und Wasseranschluss und sind zwischen 100 und 130 m² groß.

Verpflegung

Im platzeigenen Shop findet man alles, was für den täglichen Bedarf benötigt wird. Ebenso bekommt man täglich frische Brötchen. Angeschlossen befindet sich das kleine Bistro mit großer Terrasse. Die Urlauber genießen den Abend bei einem Glas Wein und lassen den Blick über die Ostsee schweifen.

Sanitär

Die sauberen Sanitäranlagen sind alle neu gebaut und verfügen somit über neuesten Standard und Komfort. Neben großzügigen Toiletten und Duschen besteht ebenfalls die Möglichkeit, Wäsche zu waschen. Die Nutzung der Duschen ist für alle Gäste kostenfrei.

Freizeit

Um das Ostseecamp Lehmberg herum befindet sich eine Vielzahl an Freizeitmöglichkeiten. Ob Sport (Fußball und Volleyball), Entspannung oder kulturelle Angebote – hier ist für jeden etwas dabei! Für Wassersportler: Bootsliegeplatz mit Slipanlage, angeln, surfen, segeln und SUP möglich.

Sonnenterrasse mit Ostseeblick.

Naturstrand direkt am Platz.

4.1 SEHR GUT
75 Bewertungen

Lage	4.7
Ruhe	4.4
Sanitäranlagen	4.1
Sauberkeit Ø	4.5
Freundlichkeit	4.6
Stellplatz	4.1
Verpflegung	3.9
Freizeit	3.7
Preis-Leistung	4.4
Mietunterkünfte	-

Geeignet für

4.7 Paare

4.6	Senioren
4.5	Gäste mit Hund
4.2	Gäste mit Zelt
4.1	Kinder b. 6 J.
4.1	Kinder b. 12 J.
3.4	Kinder b. 18 J.

Empfohlene Aktivitäten

Radfahren | Entspannen | Schwimmen | Angeln

Mehr Infos

SCHLESWIG-HOLSTEIN / HAMBURG

3 Binnenland

	Platz	Seite	Bewertung	Öffnungszeiten	
1	Camping Bistensee	52	4.0	k. A.	
2	Ferienpark Süderstapel	52	3.8	saisonal	
3	Naturist Camping am Flemhuder See Kiel e.V.	52	4.7	saisonal	FKK
4	Camping Oase Eider	53	4.9	saisonal	
5	Naturcampingplatz Wrohe am Westensee	53	3.8	saisonal	
6	Caravanpark am Brahmsee	53	-	ganzjährig	*
7	Bootsmann - Lokal | Camping | Lodge	53	4.3	saisonal	
8	Camping Ritzebüttel	54	3.6	k. A.	
9	Campingplatz Hohenhörn	54	4.4	k. A.	
10	Familien-Camping Forellensee	54	3.9	ganzjährig	*
11	Hohenkamp Camping	55	4.5	k. A.	
12	Camping Vogelzunge	55	4.1	k. A.	
13	Elbdeich Camping Kollmar	55	4.3	saisonal	

Karte auf Seite 50

	1	2	3
	Camping Bistensee	**Ferienpark Süderstapel**	**Naturist Camping am Flemhuder See Kiel e.V.** FKK
	Uferweg 16 24358 Bistensee	Alter Fährweg 1 25879 Süderstapel +49 (0) 175 7693414	Am See 24796 Krummwisch / OT Groß Nordsee +49 (0)4334 - 9829913
	54.39352 | 9.70073	54.34755 | 9.21952	54.33694 | 9.95793
Infos			
Öffnungszeiten	keine Angabe	01.04. - 31.10.	01.04. - 31.10.
Vergleichspreis	keine Angabe	HS: 20,00 € | NS: 15,00 €	HS: 29,00 €
Link	**Mehr Infos & Anfrage:** www.camping.info/24053	**Mehr Infos & Anfrage:** www.camping.info/18309	**Mehr Infos & Anfrage:** www.camping.info/26345
Ausstattung			
Freizeit	Baden in nat. Gewässer k. A. Pool & Hallenbad ✗ Spielplatz keine Angabe	Baden im Fluss 200m Pool/Hallenbad 9/18km Spielplatz 500m	Baden im See am Platz ✓ Pool & Hallenbad ✗ Spielplatz am Platz ✓
Campingplatz	Hunde ✗ Schatten ✗ WLAN keine Angabe	Hunde willkommen ✓ wenig Schatten ✓ WLAN (gratis) teilweise	Hunde erlaubt ✓ wenig Schatten ✓ WLAN ✓
Versorgung	Lebensmittel k.A. Brötchen keine Angabe Restaurant & Imbiss ✗ Ver-/Entsorgung Womo ✗ in den Ort keine Angabe	Lebensmittel 300m Brötchen keine Angabe Restaurant/Imbiss 2km/300m Ver-/Entsorgung Womo ✓ im Ort ✓	Lebensmittel 6km Brötchen am Platz ✗ Restaurant/Imbiss 6km Ver-/Entsorgung Womo ✗ in den Ort 6km
Anzahl der Plätze	Gesamt keine Angabe Mietunterkünfte ✗ Stellplätze vor Schranke ✗	Gesamt/Touristen 30/20 Mietunterkünfte ✓ Stellplätze vor Schranke ✗	Gesamt/Touristen 90/20 Mietunterkünfte ✓ Stellplätze vor Schranke ✗

	1	2	3
Bewertung	4.0 SEHR GUT – 6 Bewertungen	3.8 GUT – 19 Bewertungen	4.7 SEHR GUT – 3 Bewertungen
Lage	4.3	4.4	4.3
Ruhe	4.0	4.7	5.0
Sanitäranlagen	2.5	3.1	4.0
Sauberkeit Ø	3.2	4.0	5.0
Freundlichkeit	4.8	4.2	5.0
Stellplatz	3.3	3.4	4.7
Verpflegung	3.8	2.8	1.3
Freizeit	3.4	3.6	4.0
Preis-Leistung	4.0	4.0	5.0
Mietunterkünfte	-	4.8	5.0
Geeignet für			
Kinder b. 6 J.	4.4	3.2	4.3
Kinder b. 12 J.	4.0	3.7	4.7
Kinder b. 18 J.	3.4	3.5	3.7
Paare	4.8	4.6	5.0
Senioren	4.5	4.4	5.0
Gäste mit Zelt	4.7	4.0	4.7
Hunde n. erlaubt / Gäste mit Hund	Hunde n. erlaubt -	Gäste mit Hund 4.3	Gäste mit Hund 3.7
Empfohlene Aktivitäten	Wandern Radfahren Angeln	Entspannen Schwimmen Angeln	Radfahren Schwimmen Entspannen

4 Camping Oase Eider

Horst 1
25779 Hennstedt
+49 4836 9968800
54.31442 | 9.18886

01.04. - 31.10.
HS: 20,50 € | NS: 20,50 €
Mehr Infos & Anfrage:
www.camping.info/18291

Baden im Fluss am Platz	✓
Pool/Hallenbad	✓/12km
Spielplatz am Platz	✓
Hunde willkommen	✓
zur Hälfte Schatten	✓
WLAN	✗
Lebensmittel	4km
Brötchen	keine Angabe
Restaurant/Imbiss	4km/✓
Ver-/Entsorgung Womo	✗
in den Ort	4km
Gesamt/Touristen	130/75
Mietunterkünfte	✓
Stellplätze vor Schranke	✗

4.9 SEHR GUT
7 Bewertungen

Lage	4.5
Ruhe	4.7
Sanitäranlagen	4.0
Sauberkeit Ø	4.5
Freundlichkeit	4.7
Stellplatz	4.1
Verpflegung	4.0
Freizeit	4.2
Preis-Leistung	4.7
Mietunterkünfte	5.0

Geeignet für

Kinder b. 6 J.	4.8
Kinder b. 12 J.	4.8
Kinder b. 18 J.	4.3
Paare	5.0
Senioren	4.4
Gäste mit Zelt	5.0
Gäste mit Hund	4.4

Empfohlene Aktivitäten
- Entspannen
- Angeln
- Kayak/Kanu

5 Naturcampingplatz Wrohe am Westensee

Seeweg 22
24259 Westensee
+49 4305 99 13 01 8
54.26868 | 9.96213

01.04. - 31.10.
HS: 18,00 € | NS: 18,00 €
Mehr Infos & Anfrage:
www.camping.info/18234

Baden im See am Platz	✓
Pool & Hallenbad	✗
Spielplatz	500m
Hunde willkommen	✓
zur Hälfte Schatten	✓
WLAN	✓
Lebensmittel	8km
Brötchen am Platz	nur HS
Restaurant/Imbiss	3km/20m
Ver-/Entsorgung Womo	✗
in den Ort	4km
Gesamt/Touristen	100/40
Mietunterkünfte	✓
Stellplätze vor Schranke	✗

3.8 GUT
23 Bewertungen

Lage	4.6
Ruhe	4.7
Sanitäranlagen	3.3
Sauberkeit Ø	3.8
Freundlichkeit	4.4
Stellplatz	3.6
Verpflegung	2.4
Freizeit	3.7
Preis-Leistung	4.3
Mietunterkünfte	3.8

Geeignet für

Kinder b. 6 J.	3.9
Kinder b. 12 J.	3.8
Kinder b. 18 J.	3.2
Paare	4.5
Senioren	4.6
Gäste mit Zelt	4.5
Gäste mit Hund	4.6

Empfohlene Aktivitäten
- Schwimmen
- Radfahren
- Wandern

6 Caravanpark am Brahmsee

❄

Mühlenstr. 30
24631 Langwedel
+49 432915 67
54.21566 | 9.91619

ganzjährig
HS: 18,00 € | NS: 18,00 €
Mehr Infos & Anfrage:
www.camping.info/23362

Baden im See	100m
Pool & Hallenbad	✗
Spielplatz	✗
Hunde willkommen	✓
zur Hälfte Schatten	✓
WLAN (begrenzt gratis)	✓
Lebensmittel	9km
Brötchen am Platz	✗
Restaurant/Imbiss	2km
Ver-/Entsorgung Womo	✓
in den Ort	500m
Gesamt/Touristen	55/12
Mietunterkünfte	✗
Stellplätze vor Schranke	✗

- JETZT BEWERTEN!

Für diese Auswertung liegen leider noch nicht genügend Bewertungen vor.

Sei einer der Ersten, der diesen Campingplatz bewertet.

Mit einer guten Campingplatz-Bewertung unterstützt du nicht nur deinen Lieblingsplatz, sondern hilfst auch anderen Campern bei der Platzwahl.

7 Bootsmann - Lokal | Camping | Lodge

Fährstraße 1
24797 Breiholz
+49 433 299 642 00
54.21532 | 9.53218

01.04. - 31.10.
HS: 16,00 € | NS: 16,00 €
Mehr Infos & Anfrage:
www.camping.info/24747

Baden im Fluss am Platz	✓
Pool & Hallenbad	✗
Spielplatz	✗
Hunde erlaubt	✓
Schatten	✗
WLAN	✗
Lebensmittel	1km
Brötchen	keine Angabe
Restaurant am P.	✓
Ver-/Entsorgung Womo	✓
in den Ort	keine Angabe
Gesamt/Touristen	40/20
Mietunterkünfte	✓
Stellplätze vor Schranke	✗

4.3 SEHR GUT
7 Bewertungen

Lage	4.4
Ruhe	4.4
Sanitäranlagen	4.7
Sauberkeit Ø	4.3
Freundlichkeit	4.5
Stellplatz	4.0
Verpflegung	3.1
Freizeit	3.7
Preis-Leistung	4.6
Mietunterkünfte	4.0

Geeignet für

Kinder b. 6 J.	3.8
Kinder b. 12 J.	4.0
Kinder b. 18 J.	3.5
Paare	4.7
Senioren	4.7
Gäste mit Zelt	4.4
Gäste mit Hund	5.0

Empfohlene Aktivitäten
- Radfahren
- Kayak/Kanu
- Angeln

Karte auf Seite 50

	8 Camping Ritzebüttel	9 Campingplatz Hohenhörn	10 Familien-Camping Forellensee
			*
	Rendsburger Straße 11 24589 Nortorf	Pathen 1 25725 Schafstedt	Humboldredder 5 24634 Padenstedt bei Neumünster +49 4321 82697
	54.1725 | 9.84361	54.06662 | 9.30838	54.04634 | 9.92405
Infos			
Öffnungszeiten	keine Angabe	keine Angabe	ganzjährig
Vergleichspreis	keine Angabe	keine Angabe	HS: 24,50 € | NS: 24,50 €
Link	**Mehr Infos & Anfrage:** www.camping.info/18263	**Mehr Infos & Anfrage:** www.camping.info/24842	**Mehr Infos & Anfrage:** www.camping.info/18266
Ausstattung			
Freizeit	Baden in nat. Gewässer k. A. Pool & Hallenbad ✗ Spielplatz keine Angabe	Baden in nat. Gewässer k. A. Pool & Hallenbad ✗ Spielplatz keine Angabe	Baden im See am Platz ✓ Pool & Hallenbad ✗ Spielplatz am Platz ✓
Campingplatz	Hunde ✗ Schatten ✗ WLAN keine Angabe	Hunde ✗ Schatten ✗ WLAN keine Angabe	Hunde willkommen ✓ Schatten ✗ WLAN ✓
Versorgung	Lebensmittel k.A. Brötchen keine Angabe Restaurant & Imbiss ✗ Ver-/Entsorgung Womo ✗ in den Ort keine Angabe	Lebensmittel k.A. Brötchen keine Angabe Restaurant & Imbiss ✗ Ver-/Entsorgung Womo ✗ in den Ort keine Angabe	Lebensmittel ✓ Brötchen am Platz nur HS Restaurant/Imbiss 300m/✓ Ver-/Entsorgung Womo ✓ in den Ort keine Angabe
Anzahl der Plätze	Gesamt keine Angabe Mietunterkünfte ✗ Stellplätze vor Schranke ✗	Gesamt keine Angabe Mietunterkünfte ✗ Stellplätze vor Schranke ✗	Gesamt/Touristen 270/70 Mietunterkünfte ✓ Stellplätze vor Schranke ✓

	Camping Ritzebüttel	Campingplatz Hohenhörn	Familien-Camping Forellensee
Bewertung	3.6 GUT, 5 Bewertungen	4.4 SEHR GUT, 7 Bewertungen	3.9 GUT, 19 Bewertungen
Lage	3.6	4.7	3.6
Ruhe	3.6	4.6	3.0
Sanitäranlagen	3.4	4.0	4.5
Sauberkeit Ø	4.2	4.4	4.4
Freundlichkeit	4.2	4.9	4.5
Stellplatz	3.8	4.4	4.3
Verpflegung	3.8	2.0	3.5
Freizeit	2.0	4.0	4.5
Preis-Leistung	3.6	4.9	4.0
Mietunterkünfte	-	-	3.4
Geeignet für			
Kinder b. 6 J.	3.0	4.3	4.1
Kinder b. 12 J.	3.0	4.3	4.3
Kinder b. 18 J.	3.0	3.0	4.1
Paare	4.0	4.6	4.0
Senioren	4.0	4.7	3.8
Gäste mit Zelt	3.0	3.8	3.7
Hunde n. erlaubt / Gäste mit Hund	Hunde n. erlaubt -	Hunde n. erlaubt -	Gäste mit Hund 4.6
Empfohlene Aktivitäten	Radfahren Wandern Entspannen	Radfahren Wandern Entspannen	Schwimmen Angeln Radfahren

11 Hohenkamp Camping

Hopen 55
25693 St.Michaelisdonn

53.97754 | 9.14611

keine Angabe

keine Angabe

Mehr Infos & Anfrage:
www.camping.info/24622

Baden in nat. Gewässer	k. A.
Pool & Hallenbad	✗
Spielplatz	keine Angabe
Hunde	✗
Schatten	✗
WLAN	keine Angabe
Lebensmittel	k.A.
Brötchen	keine Angabe
Restaurant & Imbiss	✗
Ver-/Entsorgung Womo	✗
in den Ort	keine Angabe
Gesamt	keine Angabe
Mietunterkünfte	✗
Stellplätze vor Schranke	✗

4.5 SEHR GUT
12 Bewertungen

Lage	4.3
Ruhe	4.5
Sanitäranlagen	4.4
Sauberkeit Ø	4.9
Freundlichkeit	4.9
Stellplatz	4.1
Verpflegung	3.0
Freizeit	3.6
Preis-Leistung	4.8
Mietunterkünfte	-

Geeignet für

Kinder b. 6 J.	3.7
Kinder b. 12 J.	4.1
Kinder b. 18 J.	3.5
Paare	4.8
Senioren	4.8
Gäste mit Zelt	4.8
Hunde n. erlaubt	-

Empfohlene Aktivitäten

- Wandern
- Radfahren
- Entspannen

12 Camping Vogelzunge

24576 Weddelbrock b. Bad Bramstedt

53.905 | 9.82888

keine Angabe

keine Angabe

Mehr Infos & Anfrage:
www.camping.info/18262

Baden in nat. Gewässer	k. A.
Pool & Hallenbad	✗
Spielplatz am Platz	✓
Hunde	✗
Schatten	✗
WLAN	✗
Lebensmittel	✓
Brötchen	keine Angabe
Restaurant	200m
Ver-/Entsorgung Womo	✓
in den Ort	keine Angabe
Gesamt	keine Angabe
Mietunterkünfte	✗
Stellplätze vor Schranke	✗

4.1 SEHR GUT
7 Bewertungen

Lage	4.3
Ruhe	4.6
Sanitäranlagen	3.9
Sauberkeit Ø	4.7
Freundlichkeit	5.0
Stellplatz	3.7
Verpflegung	2.8
Freizeit	3.2
Preis-Leistung	4.7
Mietunterkünfte	-

Geeignet für

Kinder b. 6 J.	4.2
Kinder b. 12 J.	3.8
Kinder b. 18 J.	2.8
Paare	5.0
Senioren	5.0
Gäste mit Zelt	4.8
Hunde n. erlaubt	-

Empfohlene Aktivitäten

- Radfahren
- Wandern
- Entspannen

13 Elbdeich Camping Kollmar

Kleine Kirchreihe 22
25377 Kollmar bei Elmshorn
+49 4128 13 79

53.72357 | 9.50218

01.04. - 31.10.

HS: 17,00 € | NS: 17,00 €

Mehr Infos & Anfrage:
www.camping.info/18279

Baden im Fluss	300m
Pool/Hallenbad	11km
Spielplatz am Platz	✓
Hunde willkommen	✓
wenig Schatten	✓
WLAN	✗
Lebensmittel	✗
Brötchen am Platz	✓
Restaurant/Imbiss	900m
Ver-/Entsorgung Womo	✓
in den Ort	900m
Gesamt/Touristen	73/30
Mietunterkünfte	✓
Stellplätze vor Schranke	✗

4.3 SEHR GUT
29 Bewertungen

Lage	4.3
Ruhe	4.7
Sanitäranlagen	4.1
Sauberkeit Ø	4.6
Freundlichkeit	4.5
Stellplatz	4.1
Verpflegung	2.2
Freizeit	3.5
Preis-Leistung	4.5
Mietunterkünfte	5.0

Geeignet für

Kinder b. 6 J.	3.4
Kinder b. 12 J.	3.6
Kinder b. 18 J.	3.4
Paare	4.5
Senioren	4.7
Gäste mit Zelt	4.1
Gäste mit Hund	4.4

Empfohlene Aktivitäten

- Entspannen
- Radfahren
- Wandern

Leinenpflicht für Hunde, Brötchenversorgung nur am Wochenende

4 Ostsee & Holsteinische Schweiz

	Platz	Seite	Bewertung	Öffnungszeiten	
1	Camping Heidkoppel	59	4.4	saisonal	
2	Camping-Ferienpark California	58	4.2	saisonal	
3	Campingplatz Neustein	58	4.2	saisonal	
4	Camping Fördeblick	58	3.9	saisonal	
5	Ostsee Camp Kliff	60	4.4	saisonal	
6	Camping Falckenstein	60	3.5	saisonal	
7	Campingpark Ostseestrand	60	4.4	saisonal	
8	Camping Möltenort	61	4.3	saisonal	
9	Campingpark Waldesruh	61	4.5	saisonal	
10	Naturcamping Kirchsee & Wohnmobilpark Preetz	61	4.8	saisonal	
11	Camp Lanker See	61	4.2	saisonal	
12	Naturpark-Camping Prinzenholz	62	4.8	saisonal	
13	Naturcamping Spitzenort	63	4.8	saisonal	Award
14	Campingpark Gut Ruhleben	62	4.6	saisonal	Award
15	Campingpark Augstfelde	65	4.5	saisonal	Award
16	Camping Seeblick	62	4.4	saisonal	
17	Camping & Ferien - Resort George Glamp Perdoeler Mühle	64	4.6	ganzjährig	Wintercamping
18	Campingplatz Bosau	64	3.7	saisonal	
19	Naturcamping am Stocksee	64	4.0	saisonal	
20	KlüthseeCamp&Seeblick	66	4.1	saisonal	Wintercamping
21	Seecamping Segeberg	66	3.6	saisonal	Wintercamping
22	Seecamping Weisser Brunnen (Wittenborn)	66	4.3	ganzjährig	Wintercamping

Wintercamping FKK Textilfrei (ganz/teilweise) Ecocamping Award Onlinebuchung

Karte auf Seite 56

	2	3	4
	Camping-Ferienpark California	**Campingplatz Neustein**	**Camping Fördeblick**
	Große Heide 26 24217 Schönberg-Kalifornien +49 4344 9591 54.42845 | 10.36387	An der K 30 24235 Stein bei Laboe +49 4343 8122 54.41569 | 10.24571	Ellernbrook 12 24235 Stein bei Laboe +49 4343 7795 54.41391 | 10.24829
Infos			
Öffnungszeiten	01.04. - 30.09.	01.04. - 03.10.	29.03. - 21.10.
Vergleichspreis	HS: 32,10 € | NS: 27,10 €	HS: 24,70 € | NS: 20,50 €	HS: 28,50 € | NS: 22,50 €
Link	**Mehr Infos & Anfrage:** www.camping.info/18225	**Mehr Infos & Anfrage:** www.camping.info/18231	**Mehr Infos & Anfrage:** www.camping.info/18230
Ausstattung			
Freizeit	Baden im Meer am Platz ✓ Pool/Hallenbad 25/8km Spielplatz am Platz ✓	Baden im Meer am Platz ✓ Pool/Hallenbad 18/1km Spielplatz am Platz ✓	Baden im Meer am Platz ✓ Hallenbad 2km Spielplatz am Platz ✓
Campingplatz	Hunde erlaubt nur NS wenig Schatten ✓ WLAN (gegen Gebühr) ✓	Hunde ✗ zur Hälfte Schatten ✓ WLAN (gegen Gebühr) ✓	Hunde ✗ wenig Schatten ✓ WLAN (gegen Gebühr) ✓
Versorgung	Lebensmittel ✓ Brötchen am Platz ✓ Restaurant & Imbiss ✓ Ver-/Entsorgung Womo ✓ in den Ort 6km	Lebensmittel 100m Brötchen am Platz ✓ Restaurant & Imbiss ✓ Ver-/Entsorgung Womo ✓ in den Ort 1km	Lebensmittel ✓ Brötchen am Platz ✓ Restaurant & Imbiss ✓ Ver-/Entsorgung Womo ✓ in den Ort 1km
Anzahl der Plätze	Gesamt/Touristen 500/220 Mietunterkünfte ✓ Stellplätze vor Schranke ✗	Gesamt/Touristen 150/45 Mietunterkünfte ✗ Stellplätze vor Schranke ✗	Gesamt/Touristen 420/160 Mietunterkünfte ✓ Stellplätze vor Schranke ✗

	Camping-Ferienpark California	Campingplatz Neustein	Camping Fördeblick
Gesamt	4.2 SEHR GUT, 72 Bewertungen	4.2 SEHR GUT, 18 Bewertungen	3.9 GUT, 59 Bewertungen
Lage	4.7	4.6	4.5
Ruhe	4.2	4.5	4.0
Sanitäranlagen	3.7	3.7	3.5
Sauberkeit Ø	4.2	4.2	3.8
Freundlichkeit	4.4	4.1	3.9
Stellplatz	4.1	3.7	3.8
Verpflegung	4.0	2.9	3.6
Freizeit	4.1	3.6	3.8
Preis-Leistung	4.1	3.9	3.9
Mietunterkünfte	4.1	-	3.7
Geeignet für			
Kinder b. 6 J.	4.5	4.1	3.5
Kinder b. 12 J.	4.5	4.3	3.8
Kinder b. 18 J.	3.9	3.7	3.6
Paare	4.5	4.8	4.3
Senioren	4.4	4.8	4.4
Gäste mit Zelt	4.3	4.5	4.0
Gäste mit Hund / Hunde n. erlaubt	Gäste mit Hund 3.5	Hunde n. erlaubt -	Hunde n. erlaubt -
Empfohlene Aktivitäten	Radfahren Schwimmen Entspannen	Radfahren Entspannen Surfen	Radfahren Schwimmen Entspannen

1 Camping Heidkoppel

Mittelweg 114
24217 Wisch-Heidkate
+49 4344 9098
www.camping-heidkoppel.de
info@camping-heidkoppel.de

01.04. - 30.09.

HS: 36,00 € | NS: 31,00 €

Mehr Infos & Anfrage:
www.camping.info/18224

Baden im Meer	500m
Pool/Hallenbad	15/10km
Spielplatz am Platz	✓
Hunde	✗
zur Hälfte Schatten	✓
WLAN (gegen Gebühr)	✓
Lebensmittel	500m
Brötchen am Platz	✗
Restaurant/Imbiss	800m/✓
Ver-/Entsorgung Womo	✓
in den Ort	3km
Gesamt/Touristen	600/60
Mietunterkünfte	✓
Stellplätze vor Schranke	✓

Der Campingplatz aus der Vogelperspektive.

Lage & Stellplatz

Nur durch den Deich vom Meer getrennt und eingerahmt von zwei Waldstücken befindet sich der idyllisch gelegene Campingplatz Heidkoppel direkt am Ostseestrand. Weit weg vom lärmenden Autoverkehr liegt die Anlage am Ende eines Weges im Ortsteil Heidkate und ist somit ausgesprochen ruhig gelegen.

Verpflegung

Direkt auf dem Campingplatz befindet sich ein eigener Imbiss für die hungrigen Gäste. Das Restaurant „Küstenperle" liegt etwa 700 m entfernt und der nächste Supermarkt ist knapp 200 m vom Platz zu finden.

Sanitär

Die fünf Sanitärgebäude sind gleichmäßig über den Platz verteilt, sodass die Gäste kurze Wege haben. Die Sauberkeit und der Zustand der Anlagen nehmen eine zentrale Rolle auf dem Platz ein. Das Sanitärgebäude 1 wurde 2017 und das Haus 2 im Jahr 2021 komplett saniert.

Freizeit

Der 700 m lange, kurtaxenfreie Strand verwöhnt die Gäste den ganzen Tag über mit Sonne. Der feine Natursand, die ausgezeichnete Wasserqualität und nicht zuletzt das milde Klima an der Ostsee schaffen ideale Voraussetzungen für einen erholsamen Urlaub.

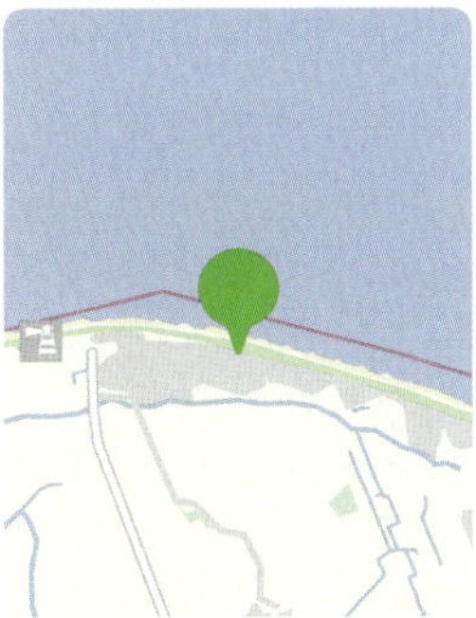

1 km

54.43318 | 10.34006

Das grundsanierte Waschhaus 2.

Der wunderbare Ostseestrand

4.4 SEHR GUT
109 Bewertungen

Lage	4.8
Ruhe	4.4
Sanitäranlagen	4.3
Sauberkeit Ø	4.5
Freundlichkeit	4.5
Stellplatz	4.1
Verpflegung	3.4
Freizeit	3.6
Preis-Leistung	4.1
Mietunterkünfte	4.0

Geeignet für

- 4.7 Senioren
- 4.5 Kinder b. 6 J.
- 4.5 Paare
- 4.4 Gäste mit Zelt
- 4.3 Kinder b. 12 J.
- 3.8 Kinder b. 18 J.
- - Gäste mit Hund nicht erlaubt

Empfohlene Aktivitäten

Schwimmen | Radfahren | Entspannen | Surfen

Mehr Infos

Jugendgruppen nur beschränkt zugelassen. Duschen im Preis enthalten.

Karte auf Seite 56

	5 Ostsee Camp Kliff	6 Camping Falckenstein	7 Campingpark Ostseestrand
	Ellernbrook 6 24235 Stein bei Laboe +49 4343 6222 54.41361 | 10.25222	Palisadenweg 171 24159 Kiel-Friedrichsort +49 431 392 078 54.41217 | 10.18351	Strandstraße 21 24257 Hohenfelde +49 4385 620 54.38705 | 10.49112
Infos			
Öffnungszeiten	01.04. - 03.10.	01.04. - 31.10.	01.04. - 08.10.
Vergleichspreis	HS: 33,00 € | NS: 29,00 €	HS: 17,50 € | NS: 17,50 €	HS: 31,70 € | NS: 23,20 €
Link	**Mehr Infos & Anfrage:** www.camping.info/18232	**Mehr Infos & Anfrage:** www.camping.info/18220	**Mehr Infos & Anfrage:** www.camping.info/18233
Ausstattung			
Freizeit	Baden im Meer am Platz ✓ Pool 20km Spielplatz am Platz ✓	Baden im Meer 250m Hallenbad 2km Spielplatz ✗	Baden im Meer am Platz ✓ Hallenbad 10km Spielplatz am Platz ✓
Campingplatz	Hunde ✗ zur Hälfte Schatten ✓ WLAN (begrenzt gratis) ✓	Hunde willkommen ✓ zur Hälfte Schatten ✓ WLAN (gegen Gebühr) ✓	Hunde willkommen ✓ Schatten ✗ WLAN (gegen Gebühr) ✓
Versorgung	Lebensmittel 100m Brötchen am Platz ✗ Restaurant/Imbiss 100/100m Ver-/Entsorgung Womo ✓ in den Ort 1km	Lebensmittel 1km Brötchen am Platz ✓ Restaurant & Imbiss ✓ Ver-/Entsorgung Womo ✓ in den Ort 3km	Lebensmittel ✓ Brötchen am Platz ✓ Restaurant & Imbiss ✓ Ver-/Entsorgung Womo ✓ in den Ort 1km
Anzahl der Plätze	Gesamt/Touristen 300/70 Mietunterkünfte ✗ Stellplätze vor Schranke ✗	Gesamt/Touristen 200/100 Mietunterkünfte ✗ Stellplätze vor Schranke ✗	Gesamt/Touristen 195/47 Mietunterkünfte ✗ Stellplätze vor Schranke ✗

	5 Ostsee Camp Kliff	6 Camping Falckenstein	7 Campingpark Ostseestrand
Gesamt	4.4 SEHR GUT, 39 Bewertungen	3.5 GUT, 31 Bewertungen	4.4 SEHR GUT, 66 Bewertungen
Lage	4.6	4.2	4.6
Ruhe	4.6	4.5	4.2
Sanitäranlagen	3.8	2.9	4.6
Sauberkeit Ø	4.4	3.8	4.5
Freundlichkeit	4.6	4.6	4.7
Stellplatz	4.2	3.7	4.1
Verpflegung	3.3	3.3	4.5
Freizeit	4.2	4.2	3.7
Preis-Leistung	4.4	4.0	4.4
Mietunterkünfte	-	-	-
Geeignet für			
Kinder b. 6 J.	4.4	3.9	4.2
Kinder b. 12 J.	4.3	3.8	4.0
Kinder b. 18 J.	4.1	3.4	3.5
Paare	4.7	4.7	4.6
Senioren	4.6	4.6	4.6
Gäste mit Zelt	4.5	4.5	3.8
Hunde n. erlaubt / Gäste mit Hund	Hunde n. erlaubt -	Gäste mit Hund 4.5	Gäste mit Hund 4.5
Empfohlene Aktivitäten	Radfahren Schwimmen Entspannen	Radfahren Schwimmen Entspannen	Radfahren Schwimmen Entspannen

8 Camping Möltenort

Uferweg 24
24226 Heikendorf bei Kiel
+49 431 239 4529
54.38388 | 10.205

01.04. - 31.10.
HS: 26,80 € | NS: 26,80 €
Mehr Infos & Anfrage:
www.camping.info/18226

Baden im Meer am Platz	✓
Hallenbad	3km
Spielplatz am Platz	✓
Hunde	✗
wenig Schatten	✓
WLAN (gegen Gebühr)	✓
Lebensmittel	✓
Brötchen am Platz	✓
Restaurant/Imbiss	1km/✓
Ver-/Entsorgung Womo	✓
in den Ort	1km
Gesamt/Touristen	135/60
Mietunterkünfte	✓
Stellplätze vor Schranke	✗

4.3 SEHR GUT
33 Bewertungen

Lage	4.7
Ruhe	4.5
Sanitäranlagen	4.1
Sauberkeit Ø	4.5
Freundlichkeit	4.1
Stellplatz	4.1
Verpflegung	3.9
Freizeit	4.0
Preis-Leistung	4.4
Mietunterkünfte	3.5

Geeignet für

Kinder b. 6 J.	3.3
Kinder b. 12 J.	3.6
Kinder b. 18 J.	3.6
Paare	4.5
Senioren	4.8
Gäste mit Zelt	4.6
Hunde n. erlaubt	-

Empfohlene Aktivitäten
- Radfahren
- Entspannen
- Schwimmen

Anreise möglich in der Zeit von 8.00-13.00 Uhr und von 15.00-21.00 Uhr

9 Campingpark Waldesruh

Neuland 5
24321 Behrensdorf-Ostsee
+49 4381 8555
54.35843 | 10.60021

23.03. - 12.10.
HS: 21,00 € | NS: 21,00 €
Mehr Infos & Anfrage:
www.camping.info/23511

Baden im Meer	500m
Hallenbad	15km
Spielplatz am Platz	✓
Hunde willkommen	✓
wenig Schatten	✓
WLAN	✓
Lebensmittel	✓
Brötchen am Platz	✓
Restaurant & Imbiss	✓
Ver-/Entsorgung Womo	✓
in den Ort	2km
Gesamt/Touristen	300/50
Mietunterkünfte	✓
Stellplätze vor Schranke	✓

4.5 SEHR GUT
12 Bewertungen

Lage	4.3
Ruhe	4.7
Sanitäranlagen	4.6
Sauberkeit Ø	4.8
Freundlichkeit	4.9
Stellplatz	4.5
Verpflegung	4.4
Freizeit	4.0
Preis-Leistung	4.7
Mietunterkünfte	5.0

Geeignet für

Kinder b. 6 J.	4.5
Kinder b. 12 J.	4.3
Kinder b. 18 J.	4.4
Paare	4.8
Senioren	4.7
Gäste mit Zelt	4.8
Gäste mit Hund	4.6

Empfohlene Aktivitäten
- Radfahren
- Wandern
- Entspannen

10 Naturcamping Kirchsee & Wohnmobilpark Preetz

Kahlbrook 25a
24 211 Preetz
+49 4342 309549
54.22808 | 10.28702

01.04. - 30.10.
HS: 30,00 € | NS: 25,00 €
Mehr Infos & Anfrage:
www.camping.info/23191

Baden im See am Platz	✓
Pool/Hallenbad	1/2km
Spielplatz am Platz	✓
Hunde willkommen	✓
zur Hälfte Schatten	✓
WLAN	✓
Lebensmittel	750m
Brötchen am Platz	✓
Restaurant am P.	✓
Ver-/Entsorgung Womo	✓
in den Ort	800m
Gesamt/Touristen	50/47
Mietunterkünfte	✗
Stellplätze vor Schranke	✓

4.8 SEHR GUT
74 Bewertungen

Lage	4.8
Ruhe	4.7
Sanitäranlagen	4.8
Sauberkeit Ø	4.8
Freundlichkeit	4.9
Stellplatz	4.7
Verpflegung	4.4
Freizeit	4.5
Preis-Leistung	4.7
Mietunterkünfte	-

Geeignet für

Kinder b. 6 J.	4.3
Kinder b. 12 J.	4.5
Kinder b. 18 J.	4.4
Paare	4.8
Senioren	4.8
Gäste mit Zelt	4.8
Gäste mit Hund	4.8

Empfohlene Aktivitäten
- Kayak/Kanu
- Radfahren
- Entspannen

Wohnmobilpark Preetz: ganzjährig geöffnet. Haustiere willkommen.

11 Camp Lanker See

Gläserkoppel 3
24211 Wahlstorf / Schleswig-Holstein
+49 4342 81513
54.21237 | 10.3164

01.04. - 31.10.
HS: 22,00 € | NS: 20,00 €
Mehr Infos & Anfrage:
www.camping.info/18219

Baden im See am Platz	✓
Pool/Hallenbad	10/5km
Spielplatz am Platz	✓
Hunde willkommen	✓
wenig Schatten	✓
WLAN	✗
Lebensmittel	✓
Brötchen am Platz	✓
Restaurant & Imbiss	✓
Ver-/Entsorgung Womo	✓
in den Ort	4km
Gesamt/Touristen	300/150
Mietunterkünfte	✓
Stellplätze vor Schranke	✗

4.2 SEHR GUT
12 Bewertungen

Lage	4.8
Ruhe	4.8
Sanitäranlagen	3.9
Sauberkeit Ø	4.4
Freundlichkeit	5.0
Stellplatz	4.2
Verpflegung	4.0
Freizeit	4.2
Preis-Leistung	4.7
Mietunterkünfte	4.4

Geeignet für

Kinder b. 6 J.	4.3
Kinder b. 12 J.	4.1
Kinder b. 18 J.	3.6
Paare	4.5
Senioren	4.0
Gäste mit Zelt	4.6
Gäste mit Hund	4.3

Empfohlene Aktivitäten
- Radfahren
- Entspannen
- Wandern

Karte auf Seite 56

	12	14	16
	Naturpark-Camping Prinzenholz	**Campingpark Gut Ruhleben**	**Camping Seeblick**
	Prinzenholzweg 20 23701 Eutin-Fissau +49 4521 5281	Missionsweg 2 24306 Plön +49 4522 8347	Dorfstraße 59 24326 Dersau / Holstein +49 4526 1211
	54.16 | 10.60194	54.14423 | 10.44941	54.11828 | 10.33685
Infos			
Öffnungszeiten	01.04. - 24.10.	01.04. - 10.10.	01.04. - 30.10.
Vergleichspreis	HS: 31,60 € | NS: 29,60 €	HS: 26,50 € | NS: 20,50 €	HS: 20,00 € | NS: 18,50 €
Link	**Mehr Infos & Anfrage:** www.camping.info/18159	**Mehr Infos & Anfrage:** www.camping.info/18235	**Mehr Infos & Anfrage:** www.camping.info/18239
Ausstattung			
Freizeit	Baden im See am Platz ✓ Pool/Hallenbad 2km Spielplatz am Platz ✓	Baden im See am Platz ✓ Hallenbad 2km Spielplatz am Platz ✓	Baden im See am Platz ✓ Hallenbad 9km Spielplatz am Platz ✓
Campingplatz	Hunde willkommen ✓ zur Hälfte Schatten ✓ WLAN ✓	Hunde erlaubt ✓ zur Hälfte Schatten ✓ WLAN (begrenzt gratis) ✓	Hunde ✗ wenig Schatten ✓ WLAN ✓
Versorgung	Lebensmittel ✓ Brötchen am Platz ✓ Restaurant/Imbiss 500/800m Ver-/Entsorgung Womo ✓ in den Ort 1km	Lebensmittel ✓ Brötchen am Platz ✓ Restaurant & Imbiss ✓ Ver-/Entsorgung Womo ✓ in den Ort 1km	Lebensmittel ✓ Brötchen am Platz ✓ Restaurant/Imbiss 100m/✓ Ver-/Entsorgung Womo ✓ in den Ort 100m
Anzahl der Plätze	Gesamt/Touristen 129/100 Mietunterkünfte ✓ Stellplätze vor Schranke ✓	Gesamt/Touristen 300/80 Mietunterkünfte ✓ Stellplätze vor Schranke ✓	Gesamt/Touristen 220/40 Mietunterkünfte ✗ Stellplätze vor Schranke ✗

	Naturpark-Camping Prinzenholz	Campingpark Gut Ruhleben	Camping Seeblick
Gesamt	4.8 SEHR GUT, 150 Bewertungen	4.6 SEHR GUT, 245 Bewertungen	4.4 SEHR GUT, 29 Bewertungen
Lage	4.9	4.9	4.5
Ruhe	4.7	4.5	4.5
Sanitäranlagen	4.6	4.4	4.1
Sauberkeit Ø	4.8	4.2	4.6
Freundlichkeit	4.9	4.8	4.9
Stellplatz	4.7	4.6	4.1
Verpflegung	4.2	3.3	4.0
Freizeit	4.5	4.3	3.9
Preis-Leistung	4.5	4.6	4.9
Mietunterkünfte	4.8	4.2	-
Geeignet für			
Kinder b. 6 J.	4.5	4.2	4.0
Kinder b. 12 J.	4.5	4.3	3.8
Kinder b. 18 J.	3.9	4.0	3.5
Paare	4.9	4.8	4.6
Senioren	4.6	4.7	4.7
Gäste mit Zelt	4.8	4.5	4.0
Gäste mit Hund	4.8	4.6	Hunde n. erlaubt -
Empfohlene Aktivitäten	Radfahren Schwimmen Wandern	Kayak/Kanu Radfahren Entspannen	Radfahren Kayak/Kanu Schwimmen

AWARD 2022

13 Naturcamping Spitzenort

Ascheberger Straße 76
24306 Plön
+49 4522 2769
www.spitzenort.de
info@spitzenort.de

01.04. - 22.10.

HS: 44,00 € | NS: 41,00 €

Mehr Infos & Anfrage:
www.camping.info/18237

Baden im See am Platz	✓
Pool/Hallenbad	✓/2km
Spielplatz am Platz	✓
Hunde willkommen	✓
zur Hälfte Schatten	✓
WLAN	✓
Lebensmittel	✓
Brötchen am Platz	✓
Restaurant/Imbiss	✓/800m
Ver-/Entsorgung Womo	✓
in den Ort	1km
Gesamt/Touristen	240/238
Mietunterkünfte	✓
Stellplätze vor Schranke	✓

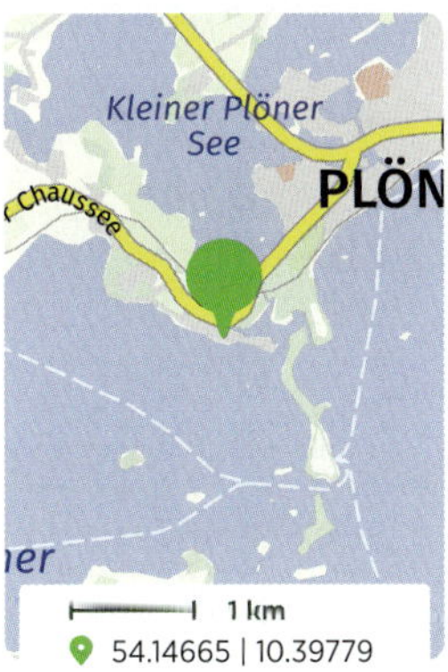

54.14665 | 10.39779

Ein Paradies für Wassersportler.

Lage & Stellplatz

Naturcamping Spitzenort hat die beste Lage, die man sich für den Urlaub wünschen kann: Das idyllische, an drei Seiten von Wasser umgebene Gelände, liegt inmitten einer einmaligen Naturlandschaft und ist doch nur einen Katzensprung von der Kreisstadt Plön entfernt.

Sanitär

Auf dem Naturcamping Spitzenort finden Campinggäste alle Anlagen, die man von einem modernen Campingplatz erwarten kann: Die sanitäre Ausstattung umfasst hochmoderne, saubere Waschräume, ein Kleinkinderbad, Wickeltische sowie Wasch- und Trockenautomaten.

Verpflegung

Das Restaurant „Seeblick" liegt wunderbar zentral auf dem Campingplatz und bietet hervorragende schleswig-holsteinische Küche mit großer Auswahl. Zusätzlich steht auch leckere Pizza auf dem Programm. Im Seeblick-Shop können die Gäste frische Brötchen und Artikel des täglichen Bedarfs erwerben.

Freizeit

Wassersport wird großgeschrieben auf Naturcamping Spitzenort: Segeln, Surfen, Paddeln, Angeln – alles ist direkt vom Platz aus möglich. Zusätzlich befindet sich ein Kanuverleih in direkter Nachbarschaft. Auch für Kinder gibt es auf dem Gelände ständig etwas Neues zu entdecken.

Einmalige Lage direkt am See.

Badefloß zum Toben.

4.8 SEHR GUT
1204 Bewertungen

Lage	4.8
Ruhe	4.2
Sanitäranlagen	4.8
Sauberkeit Ø	4.7
Freundlichkeit	4.8
Stellplatz	4.7
Verpflegung	4.2
Freizeit	4.7
Preis-Leistung	4.6
Mietunterkünfte	4.6

Geeignet für

4.7	Kinder b. 12 J.
4.7	Paare
4.6	Kinder b. 6 J.
4.6	Senioren
4.6	Gäste mit Zelt
4.4	Gäste mit Hund
4.3	Kinder b. 18 J.

Empfohlene Aktivitäten

Kayak/Kanu
Radfahren
Schwimmen
Entspannen

Mehr Infos

AWARD 2022

Karte auf Seite 56

	17	18	19
	Camping & Ferien - Resort George Glamp Perdoeler Mühle ❄	**Campingplatz Bosau**	**Naturcamping am Stocksee**
	Perdöler Mühle 3 24601 Belau +49 3425 8349429	Strandweg 16 23715 Bosau +49 4522 8128	Holmweg 4 24326 Stocksee +49 452 633 8792
	54.11178 | 10.24971	54.1022 | 10.42578	54.08 | 10.33861
Infos			
Öffnungszeiten	ganzjährig	01.04. - 14.10.	15.03. - 06.10.
Vergleichspreis	keine Angabe	HS: 24,00 € | NS: 20,10 €	HS: 18,00 € | NS: 15,60 €
Link	**Mehr Infos & Anfrage:** www.camping.info/30155	**Mehr Infos & Anfrage:** www.camping.info/22319	**Mehr Infos & Anfrage:** www.camping.info/18240
Ausstattung			
Freizeit	Baden im See am Platz ✓ Pool & Hallenbad ✗ Spielplatz am Platz ✓	Baden im See am Platz ✓ Pool/Hallenbad 15/7km Spielplatz am Platz ✓	Baden im See am Platz ✓ Pool & Hallenbad ✗ Spielplatz am Platz ✓
Campingplatz	Hunde erlaubt ✓ kein Schatten ✓ WLAN ✓	Hunde erlaubt ✓ zur Hälfte Schatten ✓ WLAN (gegen Gebühr) ✓	Hunde willkommen ✓ wenig Schatten ✓ WLAN (gratis) teilweise
Versorgung	Lebensmittel 4km Brötchen am Platz ✓ Restaurant & Imbiss ✓ Ver-/Entsorgung Womo ✓ in den Ort 5km	Lebensmittel 3km Brötchen am Platz ✓ Restaurant/Imbiss 500m/✓ Ver-/Entsorgung Womo ✓ in den Ort 300m	Lebensmittel 8km Brötchen am Platz nur HS Restaurant/Imbiss 5km Ver-/Entsorgung Womo ✗ in den Ort 10km
Anzahl der Plätze	Gesamt/Touristen 62/30 Mietunterkünfte ✓ Stellplätze vor Schranke ✓	Gesamt/Touristen 170/50 Mietunterkünfte ✓ Stellplätze vor Schranke ✗	Gesamt/Touristen 99/49 Mietunterkünfte ✓ Stellplätze vor Schranke ✗

	17	18	19
Gesamt	4.6 SEHR GUT 12 Bewertungen	3.7 GUT 27 Bewertungen	4.0 SEHR GUT 9 Bewertungen
Lage	4.9	4.3	4.4
Ruhe	4.4	3.7	4.6
Sanitäranlagen	4.3	4.4	3.6
Sauberkeit Ø	4.6	4.3	4.2
Freundlichkeit	4.6	4.5	4.9
Stellplatz	4.4	3.4	3.7
Verpflegung	4.1	2.3	2.3
Freizeit	4.3	3.4	3.9
Preis-Leistung	4.3	3.8	4.8
Mietunterkünfte	5.0	3.0	5.0
Geeignet für			
Kinder b. 6 J.	5.0	3.7	3.6
Kinder b. 12 J.	4.7	3.7	3.4
Kinder b. 18 J.	5.0	3.6	2.5
Paare	5.0	4.2	4.9
Senioren	5.0	4.2	4.7
Gäste mit Zelt	5.0	2.6	4.2
Gäste mit Hund	5.0	3.2	4.0
Empfohlene Aktivitäten	Spazieren Radfahren Kayak/Kanu	Kayak/Kanu Radfahren Schwimmen	Schwimmen Radfahren Wandern

15 Campingpark Augstfelde

Augstfelde 1
24306 Bösdorf bei Plön
+49 4522 8128
www.augstfelde.de
info@augstfelde.de

01.04. - 22.10.

HS: 33,00 € | NS: 25,50 €

Mehr Infos & Anfrage:
www.camping.info/18236

Baden im See am Platz	✓
Pool/Hallenbad	8km
Spielplatz am Platz	✓
Hunde erlaubt	✓
zur Hälfte Schatten	✓
WLAN (gegen Gebühr)	✓
Lebensmittel	✓
Brötchen am Platz	✓
Restaurant & Imbiss	✓
Ver-/Entsorgung Womo	✓
in den Ort	3km
Gesamt/Touristen	534/236
Mietunterkünfte	✓
Stellplätze vor Schranke	✓

Sehr langes Seeufer, Wiesen und Wälder für einen naturnahen Urlaub.

54.12873 | 10.455

Lage & Stellplatz

Der Campingpark Augstfelde ist großzügig aufgeteilt und verspricht Camping-Komfort für die ganze Familie. Ruhig und idyllisch, direkt am Vierer See (Plöner Seenplatte). Viele Plätze haben neben dem Stromanschluss eine eigene Versorgungssäule mit Wasser- und Abwasseranschluss sowie Seeblick.

Sanitär

Die modernen Servicehäuser auf dem Platz bestechen durch Sauberkeit. Die Häuser sind u. a. ausgestattet mit Waschmaschinen, Wäschetrocknern und Abwaschküchen. Auch die kleinsten Gäste fühlen sich im Kinderbad mit Babywanne pudelwohl, die Vierbeiner unter der warmen Hundedusche.

Verpflegung

Im SB-Markt wird für die Gäste ein reichhaltiges Angebot an Lebensmitteln, Getränken und Brötchen bereitgehalten. Die Gastronomie auf dem Platz, die „Rustikate", bietet den Campern eine abwechslungsreiche Speisekarte mit verschiedenen Fleisch- und Fischgerichten sowie Pizza und Pasta an.

Freizeit

Großes Angebot an Aktivitäten: Spazierengehen an der Uferpromenade mit separaten Hundestränden, Baden, Spielplatz-Hopping, Indoorspielplatz, am Sandstrand buddeln, die Ruhe genießen beim Angeln oder Stand-up-Paddling. Auch mit dem Fahrrad lässt sich die malerische Seenlandschaft wunderbar erkunden.

Baden im See, Spielplätze & Co.

Standplätze mit Seeblick.

4.5 SEHR GUT
410 Bewertungen

Lage	4.8
Ruhe	4.1
Sanitäranlagen	4.2
Sauberkeit Ø	4.4
Freundlichkeit	4.7
Stellplatz	4.5
Verpflegung	4.2
Freizeit	4.4
Preis-Leistung	4.4
Mietunterkünfte	4.3

Geeignet für

4.6	Kinder b. 6 J.
4.6	Kinder b. 12 J.
4.5	Paare
4.4	Gäste mit Zelt
4.4	Gäste mit Hund
4.3	Senioren
4.1	Kinder b. 18 J.

Empfohlene Aktivitäten

Schwimmen · Radfahren · Kayak/Kanu · Wandern

Mehr Infos

AWARD 2022

Karte auf Seite 56

	20	21	22
	KlüthseeCamp & Seeblick	**Seecamping Segeberg**	**Seecamping Weisser Brunnen (Wittenborn)**
	❄	❄	❄
	Klüthseehof 2 23795 Klein-Rönnau bei Segeberg +49 4551 82368	Kastanienweg 8 23795 Bad Segeberg +49 4551 4713	Seestraße 12 23829 Wittenborn +49 4554 1413
	53.96138 | 10.3375	53.93667 | 10.32472	53.92106 | 10.23556
Infos			
Öffnungszeiten	01.03. - 30.09. 31.10. - 31.01.	01.04. - 15.10.	ganzjährig
Vergleichspreis	HS: 25,00 € | NS: 19,00 €	HS: 24,00 € | NS: 24,00 €	HS: 25,00 € | NS: 22,00 €
Link	**Mehr Infos & Anfrage:** www.camping.info/18203	**Mehr Infos & Anfrage:** www.camping.info/22320	**Mehr Infos & Anfrage:** www.camping.info/18205
Ausstattung			
Freizeit	Baden im See 200m Pool/Hallenbad ✓/5km Spielplatz am Platz ✓	Baden im See 1km Pool 1km Spielplatz 1km	Baden im See am Platz ✓ Pool/Hallenbad 5/7km Spielplatz am Platz ✓
Campingplatz	Hunde erlaubt ✓ zur Hälfte Schatten ✓ WLAN (gratis) teilweise	Hunde ✗ zur Hälfte Schatten ✓ WLAN ✗	Hunde willkommen ✓ zur Hälfte Schatten ✓ WLAN (gratis) teilweise
Versorgung	Lebensmittel ✓ Brötchen am Platz ✓ Restaurant & Imbiss ✓ Ver-/Entsorgung Womo ✓ in den Ort 3km	Lebensmittel 3km Brötchen am Platz nur HS Imbiss 1km Ver-/Entsorgung Womo ✗ in den Ort 800m	Lebensmittel ✓ Brötchen am Platz ✓ Restaurant & Imbiss ✓ Ver-/Entsorgung Womo ✓ in den Ort 1km
Anzahl der Plätze	Gesamt/Touristen 650/120 Mietunterkünfte ✓ Stellplätze vor Schranke ✗	Gesamt/Touristen 120/80 Mietunterkünfte ✗ Stellplätze vor Schranke ✗	Gesamt/Touristen 400/150 Mietunterkünfte ✓ Stellplätze vor Schranke ✗

	KlüthseeCamp & Seeblick	Seecamping Segeberg	Seecamping Weisser Brunnen
Gesamt	4.1 SEHR GUT, 36 Bewertungen	3.6 GUT, 31 Bewertungen	4.3 SEHR GUT, 31 Bewertungen
Lage	4.2	4.5	4.5
Ruhe	4.2	4.2	4.4
Sanitäranlagen	3.9	3.1	4.2
Sauberkeit Ø	3.8	4.0	4.3
Freundlichkeit	4.5	4.2	4.7
Stellplatz	4.0	3.6	4.2
Verpflegung	3.9	3.4	3.9
Freizeit	3.9	4.0	4.1
Preis-Leistung	4.2	3.4	4.4
Mietunterkünfte	3.5	-	4.3
Geeignet für			
Kinder b. 6 J.	3.9	3.3	4.6
Kinder b. 12 J.	4.1	3.8	4.5
Kinder b. 18 J.	3.3	4.1	4.1
Paare	4.3	4.4	4.5
Senioren	4.4	4.4	4.4
Gäste mit Zelt	4.0	4.4	4.5
Gäste mit Hund / Hunde n. erlaubt	Gäste mit Hund 4.2	Hunde n. erlaubt -	Gäste mit Hund 4.7
Empfohlene Aktivitäten	Radfahren Entspannen Wandern	Schwimmen Entspannen Wandern	Schwimmen Radfahren Entspannen

Mehr Sicherheit und Komfort durch Wetterschutzdächer von Klimatop!
KLIMATOP®
Wetterschutztechnik GmbH
Wohnmobilcarports
Wohnwagenschutzdächer
Ganzjahresvorzelte
Wir von KLIMATOP lieben Camping. Und weil wir wissen, worauf es beim Camping ankommt, bieten wir mit unseren langlebigen Produkten ein Plus an Sicherheit und Komfort. Denn der Name KLIMATOP bedeutet seit über 35 Jahren „mit Qualität gut bedacht“!
Unsere Campingprodukte sind Eigenentwicklungen und werden mit besten Materialien namhafter Zulieferer durch unsere qualifizierten Monteure zu hochwertigen Schutzdächern und Ganzjahresvorzelten gebaut. Und darauf geben wir 12 Jahre Garantie!
12 JAHRE GARANTIE
ENTWICKLUNG & PRODUKTION IN DEUTSCHLAND
35 JAHRE ERFAHRUNG
EIGENER EUROPAWEITER MONTAGESERVICE
Klimatop Wetterschutztechnik GmbH
Eveser Str. 47
D-31675 Bückeburg
Telefon +49 (0) 57 22 / 95 14 - 0
WhatsApp +49 (0) 160 - 907 11 877
info@klimatop.de
www.klimatop.de
Mit Qualität gut bedacht!

5 Wagrien & Lübeck

	Platz	Seite	Bewertung	Öffnungszeiten	
1	Camping Blank-Eck	70	4.0	k. A.	
2	Camping Seekamp	70	3.9	saisonal	
3	Campingplatz Sütel	72	4.6	saisonal	
4	Campingplatz Behnke	70	4.0	saisonal	
5	Camping Hohes Ufer	74	4.3	saisonal	
6	Campingplatz Schöning	74	3.8	saisonal	
7	Rosenfelder Strand Ostsee Camping	76	4.8	saisonal	👍
8	FKK Camping Ostsee GmbH	71	4.0	saisonal	FKK
9	Camping Stieglitz	75	4.2	saisonal	❄
10	Camping Mare	79	4.6	ganzjährig	❄
11	Campingparadies Neumann	74	4.7	saisonal	
12	Ostsee-Campingplatz Kagelbusch	81	4.4	saisonal	
13	Campingland Ostsee GmbH & Co.KG	83	4.6	saisonal	
14	Camping & Ostseeferienpark Walkyrien	84	4.8	saisonal	👍
15	Camping am Hohen Ufer	78	3.9	saisonal	
16	Camping Lotsenhaus	78	3.8	saisonal	
17	Campingplatz Südstrand	78	4.2	saisonal	
18	Camping Seeblick	80	4.0	saisonal	
19	Camping Süsel	80	4.3	saisonal	
20	OstseeCamp Lübecker Bucht	80	3.8	saisonal	
21	Camping Margarethenhöhe	82	4.5	saisonal	
22	Campingplatz Seepferdchen	82	4.1	saisonal	
23	Camping Lübeck-Schönböcken	82	3.9	saisonal	

❄ Wintercamping FKK Textilfrei (ganz/teilweise) Ecocamping 👍 Award Onlinebuchung

Karte auf Seite 68

	1	2	4
	Camping Blank-Eck	**Camping Seekamp**	**Campingplatz Behnke**
	Neuteschendorf 8 23758 Gremersdorf 04361 80562 54.35306 | 10.86778	Seekamp 1 23779 Neukirchen 04365/456 54.34333 | 11.06374	Ostermader Kamp 7 23779 Ostermade +49 4365 431 54.32527 | 11.06968
Infos			
Öffnungszeiten	keine Angabe	15.04. - 15.10.	01.04. - 03.10.
Vergleichspreis	keine Angabe	HS: 20,00 € | NS: 20,00 €	HS: 20,00 € | NS: 20,00 €
Link	**Mehr Infos & Anfrage:** www.camping.info/18181	**Mehr Infos & Anfrage:** www.camping.info/18200	**Mehr Infos & Anfrage:** www.camping.info/23986
Ausstattung			
Freizeit	Baden im Meer am Platz ✓ Pool & Hallenbad ✗ Spielplatz keine Angabe	Baden im Meer am Platz ✓ Hallenbad 10km Spielplatz am Platz ✓	Baden im Meer 200m Hallenbad 27km Spielplatz am Platz ✓
Campingplatz	Hunde erlaubt ✓ Schatten ✗ WLAN keine Angabe	Hunde erlaubt ✓ kein Schatten ✓ WLAN (gegen Gebühr) ✓	Hunde ✗ wenig Schatten ✓ WLAN (gegen Gebühr) teilweise
Versorgung	Lebensmittel k.A. Brötchen keine Angabe Restaurant & Imbiss ✗ Ver-/Entsorgung Womo ✓ in den Ort keine Angabe	Lebensmittel ✓ Brötchen am Platz ✓ Restaurant/Imbiss 500m Ver-/Entsorgung Womo ✗ in den Ort 3km	Lebensmittel 200m Brötchen am Platz ✗ Restaurant/Imbiss 200m Ver-/Entsorgung Womo ✓ im Ort ✓
Anzahl der Plätze	Gesamt keine Angabe Mietunterkünfte ✓ Stellplätze vor Schranke ✗	Gesamt/Touristen 397/100 Mietunterkünfte ✓ Stellplätze vor Schranke ✗	Gesamt/Touristen 180/12 Mietunterkünfte ✓ Stellplätze vor Schranke ✗

	Camping Blank-Eck	Camping Seekamp	Campingplatz Behnke
Gesamt	4.0 SEHR GUT, 13 Bewertungen	3.9 GUT, 15 Bewertungen	4.0 SEHR GUT, 6 Bewertungen
Lage	3.7	4.4	4.0
Ruhe	3.9	4.3	3.8
Sanitäranlagen	4.0	3.5	3.8
Sauberkeit Ø	4.2	4.0	3.9
Freundlichkeit	4.2	4.2	4.0
Stellplatz	3.8	3.7	3.6
Verpflegung	3.5	2.9	2.8
Freizeit	3.4	3.2	2.4
Preis-Leistung	4.2	4.3	3.7
Mietunterkünfte	-	3.0	2.0
Geeignet für			
Kinder b. 6 J.	3.9	4.4	2.8
Kinder b. 12 J.	4.0	4.6	2.2
Kinder b. 18 J.	4.0	3.7	2.5
Paare	4.3	4.7	3.6
Senioren	4.5	4.8	3.6
Gäste mit Zelt	4.8	4.2	3.7
Gäste mit Hund	4.1	4.3	Hunde n. erlaubt -
Empfohlene Aktivitäten	Radfahren Entspannen Angeln	Surfen Schwimmen Segeln	Radfahren Surfen Schwimmen

8 FKK Camping Ostsee GmbH

FKK

Rosenfelder Strand 2
23749 Grube
+49 4365 222
www.fkk-camping-ostsee.de
info@fkk-ostsee.de

24.03. - 16.10.

HS: 47,50 € | NS: 38,50 €

Mehr Infos & Anfrage:
www.camping.info/18179

Baden im Meer am Platz	✓
Pool/Hallenbad	7/2km
Spielplatz am Platz	✓
Hunde willkommen	✓
wenig Schatten	✓
WLAN (gegen Gebühr)	✓
Lebensmittel	✓
Brötchen am Platz	✓
Restaurant am P.	✓
Ver-/Entsorgung Womo	✓
in den Ort	4km
Gesamt/Touristen	1000/350
Mietunterkünfte	✓
Stellplätze vor Schranke	✗

54.25769 | 11.08001

FKK-Camping direkt an der Ostsee (© Maren Weiland).

Lage & Stellplatz

Am Rosenfelder Strand kann man am einzigen FKK-Camping-Platz direkt an der Ostsee einen erholsamen FKK-Urlaub erleben. Die wunderschön gelegenen Plätze für Zelte, Caravans und Wohnmobile sind ruhig, mitten in der Natur gelegen und mit min. 100 m² Fläche großzügig aufgeteilt und bequem zu erreichen.

Verpflegung

Das Restaurant „OASE“ verwöhnt mit nationaler Küche und bester Qualität. Der Kiosk bietet morgens frisch gebackene Brötchen und Zeitungen für einen guten Start in den Tag. Auch für die „schnelle Küche“ sind alle Zutaten im gut sortierten Angebot: Lebensmittel, Getränke und Gasflaschentausch.

Sanitär

Es gibt fünf modern eingerichtete Sanitärgebäude, fast alle mit Warmwasser-Außenduschen, Waschmaschinen und Trocknern. Drei Sanitärgebäude sind barrierefrei ausgestattet.

Freizeit

Sommer, Sonne, Strand, Meer – der 1,5 km lange FKK-Naturstrand fällt flach in die Ostsee ab und lädt Groß und Klein zum Baden ein. In den Sommermonaten wird der Strand von der DLRG bewacht. Wer Aktivität liebt, kann hier schnorcheln, paddeln, surfen und segeln oder in der Sauna entspannen.

Herrliche Stellplätze im Grünen.

Komfortable Mobilheime.

4.0 SEHR GUT
21 Bewertungen

Lage	4.3
Ruhe	4.2
Sanitäranlagen	3.8
Sauberkeit Ø	4.0
Freundlichkeit	4.2
Stellplatz	3.9
Verpflegung	2.7
Freizeit	3.6
Preis-Leistung	3.5
Mietunterkünfte	3.0

Geeignet für

- 4.5 Senioren
- 4.5 Gäste mit Zelt
- 4.3 Kinder b. 12 J.
- 3.9 Gäste mit Hund
- 4.3 Kinder b. 6 J.
- 4.2 Paare
- 3.2 Kinder b. 18 J.

Empfohlene Aktivitäten

Schwimmen · Radfahren · Entspannen · Segeln

Mehr Infos

Zuschlag Nicht-DFK/INF-Mitglieder 2,50 €/Pers./Nacht.
Separater Hundebereich

3 Campingplatz Sütel

Sütel Strand
23779 Sütel
+49 4365 451
www.suetel.de
info@suetel.de

01.04. - 10.10.

HS: 37,50 € | NS: 31,00 €

Mehr Infos & Anfrage:
www.camping.info/18202

Baden im Meer am Platz	✓
Pool/Hallenbad	25/15km
Spielplatz am Platz	✓
Hunde willkommen	✓
wenig Schatten	✓
WLAN (gegen Gebühr)	✓
Lebensmittel	✓
Brötchen am Platz	✗
Restaurant & Imbiss	✓
Ver-/Entsorgung Womo	✗
in den Ort	1km
Gesamt/Touristen	800/150
Mietunterkünfte	✓
Stellplätze vor Schranke	✗

Traumhafte Lage.

Lage & Stellplatz

Der Camping- und Ferienpark Sütel befindet sich direkt an der wunderschönen Ostseeküste auf der Wagrienhalbinsel in Schleswig-Holstein. Er gehört damit nachweislich zu den niederschlagärmsten deutschen Urlaubszielen mit der längsten Sonnenscheindauer! Fernab von Lärm und Verkehr liegt der Platz eingebunden in ein natürliches Umfeld unmittelbar am Meer. Der herrliche Naturstrand erstreckt sich über die gesamte Länge des Ferienplatzes und lädt zum (Sonnen-)Baden und zu erholsamen Spaziergängen ein.

Sanitär

In den gepflegten, sanitären Anlagen finden die Camper großräumige Duschen mit Warmwasser sowie Einzelwaschkabinen. Auch gibt es einen extra Sanitärbereich für Kinder und eine Sanitärkabine für Rollstuhlfahrer.

Sonnenuntergang an der Marina.

Modernisierte Waschhäuser.

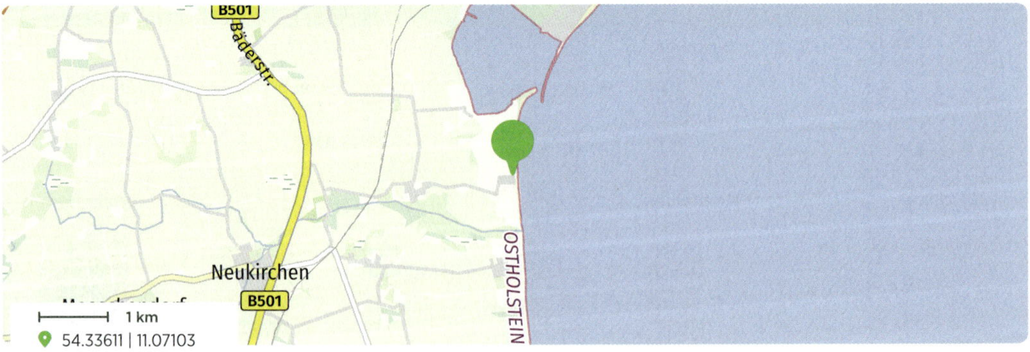

Restaurant Spinnaker direkt am Naturstrand.

Verpflegung

Im Restaurant Spinnaker werden die Gäste mit regionalen und saisonalen Gerichten verwöhnt, die stets frisch und liebevoll zubereitet werden. Ob bei Kaffee und Kuchen, einem guten Essen oder einem Sundowner – von jedem Tisch hat man einen herrlichen Blick auf die Ostsee und den Strand. Im neugestalteten Lebensmittelmarkt „Strandgut“ erhalten die Campinggäste alles für den täglichen Bedarf sowie nützliche Camping-Artikel. Neben frischen Backwaren, knackigem Obst und Gemüse sowie Getränken aller Art, leckerem Grillfleisch und aktuellen Zeitschriften ist dort auch Propangas erhältlich.

Freizeit

Auf dem weitläufigen Spielplatz kommen die kleinen und großen Kinder auf ihre Kosten. Schaukeln, Rutschen, Klettern ohne Unterlass! Fußballbegeisterten Kindern steht auch ein großer Bolzplatz zur Verfügung. Zudem bietet das Campubgplatz-Team während der Haupt-Ferienzeit ein umfangreiches Angebot an Kinderanimation und Kinderfreizeitgestaltung an.

5.0

Am ersten Tag wurden wir sehr freundlich begrüßt, es wurde uns alles sehr freundlich erklärt. Der Stellplatz war sehr sauber und alles auf dem Campingplatz ist sehr zentral gelegen. Die Duschen/Toiletten waren sauber und wurden mehrmals täglich gesäubert. Ein weiteren Pluspunkt gibts dafür, dass der gesamte Campingplatz kinderfreundlich ist. Haben uns sehr gut aufgehoben gefühlt. Bei Fragen wurde uns sehr nett weitergeholfen.

Melissa B.

Melissa campt mit ihrem Freund und gemeinsamen Kind erst seit Kurzem. Sie genießt es beim Camping im Einklang mit der Natur zu sein und die Gemeinschaft der Camper zu spüren. Sie war im August 2022 auf dem Platz.

Lounge Spinnaker.

Großzügiger Kinderspielplatz.

4.6 **SEHR GUT**
64 Bewertungen

Lage	4.6
Ruhe	4.4
Sanitäranlagen	4.6
Sauberkeit Ø	4.5
Freundlichkeit	4.6
Stellplatz	4.3
Verpflegung	4.7
Freizeit	4.3
Preis-Leistung	4.2
Mietunterkünfte	4.8

Geeignet für

4.7	Gäste mit Zelt
4.6	Paare
4.6	Senioren
4.5	Kinder b. 6 J.
4.5	Kinder b. 12 J.
4.3	Kinder b. 18 J.
3.4	Gäste mit Hund

Empfohlene Aktivitäten

Radfahren · Schwimmen · Entspannen · Segeln

Mehr Infos

Karte auf Seite 68

	5	6	11
	Camping Hohes Ufer	**Campingplatz Schöning**	**Campingparadies Neumann**
	Ostermade 23779 Ostermade +49 4365 496 54.32419 | 11.07234	Wewerin 1 24327 Blekendorf / OT. Sehlendorf Strand +49 4382 920504 54.30394 | 10.69385	Mittelweg 162 23743 Grömitz +49 4562 5228 54.15 | 10.9667
Infos			
Öffnungszeiten	01.04. - 03.10.	01.04. - 13.10.	26.03. - 10.10.
Vergleichspreis	HS: 32,00 € | NS: 29,00 €	HS: 26,50 € | NS: 19,50 €	HS: 28,50 € | NS: 28,50 €
Link	**Mehr Infos & Anfrage:** www.camping.info/18201	**Mehr Infos & Anfrage:** www.camping.info/18241	**Mehr Infos & Anfrage:** www.camping.info/23979
Ausstattung			
Freizeit	Baden im Meer am Platz ✓ Pool/Hallenbad 25/10km Spielplatz am Platz ✓	Baden im Meer am Platz ✓ Pool/Hallenbad 21/4km Spielplatz am Platz ✓	Baden im Meer 200m Pool/Hallenbad 4km Spielplatz am Platz ✓
Campingplatz	Hunde willkommen ✓ wenig Schatten ✓ WLAN (gegen Gebühr) ✓	Hunde willkommen ✓ kein Schatten ✓ WLAN (gegen Gebühr) ✓	Hunde willkommen ✓ wenig Schatten ✓ WLAN (gegen Gebühr) ✓
Versorgung	Lebensmittel ✓ Brötchen am Platz ✓ Restaurant & Imbiss ✓ Ver-/Entsorgung Womo ✓ im Ort ✓	Lebensmittel ✓ Brötchen am Platz ✓ Restaurant/Imbiss 500m/✓ Ver-/Entsorgung Womo ✓ in den Ort 3km	Lebensmittel 3km Brötchen am Platz ✗ Restaurant/Imbiss 500m Ver-/Entsorgung Womo ✓ in den Ort 3km
Anzahl der Plätze	Gesamt/Touristen 540/60 Mietunterkünfte ✓ Stellplätze vor Schranke ✗	Gesamt/Touristen 320/40 Mietunterkünfte ✓ Stellplätze vor Schranke ✗	Gesamt/Touristen 280/20 Mietunterkünfte ✗ Stellplätze vor Schranke ✗

	Camping Hohes Ufer	Campingplatz Schöning	Campingparadies Neumann
Bewertung	4.3 SEHR GUT 155 Bewertungen	3.8 GUT 17 Bewertungen	4.7 SEHR GUT 23 Bewertungen
Lage	4.6	4.5	4.9
Ruhe	4.3	3.6	4.7
Sanitäranlagen	4.2	4.1	4.6
Sauberkeit Ø	4.5	4.1	4.8
Freundlichkeit	4.6	4.0	5.0
Stellplatz	4.2	4.1	4.6
Verpflegung	4.0	3.8	3.3
Freizeit	3.9	3.7	4.5
Preis-Leistung	4.3	4.1	4.6
Mietunterkünfte	4.6	2.8	-
Geeignet für			
Kinder b. 6 J.	4.4	4.5	4.9
Kinder b. 12 J.	4.4	4.6	4.8
Kinder b. 18 J.	3.7	4.5	4.7
Paare	4.3	4.9	5.0
Senioren	4.5	4.9	4.9
Gäste mit Zelt	4.4	4.7	4.7
Gäste mit Hund	4.5	4.3	4.8
Empfohlene Aktivitäten	Schwimmen Entspannen Radfahren	Entspannen Schwimmen Radfahren	Schwimmen Radfahren Entspannen
	Gepflegte, große, naturnahe Plätze. Separater Hundestrand. 2019 Mobilheime.	keine WOMOs ab 9 m; Jugendgruppen nur beschränkt zugelassen	keine WOMOs ab 8m; keine größeren Jugendgruppen od. Minderjährige ohne Erw.

9 Camping Stieglitz

Zedano Gothaer Platz 1
23747 Dahme
+49 4364 1435
www.camping-stieglitz.de
kontakt@camping-stieglitz.de

31.03. - 29.10.

HS: 43,60 € | NS: 25,60 €

Mehr Infos & Anfrage:
www.camping.info/18178

Baden im Meer am Platz	✓
Hallenbad	1km
Spielplatz am Platz	✓
Hunde erlaubt	✓
wenig Schatten	✓
WLAN (gegen Gebühr)	✓
Lebensmittel	✓
Brötchen am Platz	✓
Restaurant & Imbiss	✓
Ver-/Entsorgung Womo	✓
in den Ort	1km
Gesamt/Touristen	500/250
Mietunterkünfte	✓
Stellplätze vor Schranke	✓

1 km
54.24307 | 11.07804

Gelegen zwischen Wiesen, Wald, Strand und Dünen – Camping Stieglitz.

Lage & Stellplatz

Ganz oben im Norden des Ostseebades Dahme, zwischen Wiesen, Wald, Dünen und Ostseestrand liegt Camping Stieglitz in ruhiger Lage, familiengeführt seit über sechzig Jahren. Seit vielen Jahren eine Institution, aber stets gepflegt und sauber, mit großzügigen Stellplätzen direkt hinter dem Deich.

Verpflegung

Im kleinen BioMarkt am Platz, wo man morgens Brötchen, Zeitung, gute Weine, leckere Marmeladen und Campingzubehör bekommt, fehlt es an nichts, was man für einen entspannten Urlaub benötigt.

Sanitär

Duschen sind hier kostenfrei. Es gibt Waschmaschinen und Trockner, Hundedusche und natürlich eine kommunikative Abwaschküche mit den neusten Geschichten vom Campingplatz und Ausflugstipps von anderen Gästen. Einzelwaschkabinen, Kinderbad und behindertengerechtes Bad sind natürlich auch vorhanden.

Freizeit

Der Platz ist ideal für Rad- und Wandertouren entlang der Ostseebäder und den Gutshöfen der Halbinsel Wagrien und liegt direkt am Ostseeküsten-Radweg. Eine Surf- und Kiteschule ist gleich am Strand, der Platz verleiht zudem Kajaks und SUP-Boards. Doch das Wichtigste: Hier ist Ruhe garantiert!

Großzügige Stellplätze.

Ostsee pur!

4.2 SEHR GUT
93 Bewertungen

Lage	4.5
Ruhe	4.4
Sanitäranlagen	3.8
Sauberkeit Ø	4.3
Freundlichkeit	4.9
Stellplatz	4.1
Verpflegung	3.9
Freizeit	4.0
Preis-Leistung	4.3
Mietunterkünfte	4.1

Geeignet für

4.6 Paare

4.5 Senioren	4.3 Kinder b. 6 J.	4.0 Gäste mit Zelt
4.5 Gäste mit Hund	4.2 Kinder b. 12 J.	3.7 Kinder b. 18 J.

Empfohlene Aktivitäten

Schwimmen · Radfahren · Entspannen · Surfen

Mehr Infos

7 Rosenfelder Strand Ostsee Camping

Rosenfelder Strand 1
23749 Grube
+49 (0)43 65 97 86 7-0
www.rosenfelder-strand.de
info@rosenfelder-strand.de

24.03. - 31.10.

HS: 46,30 € | NS: 31,30 €

Mehr Infos & Anfrage:
www.camping.info/18180

Baden im Meer am Platz	✓
Pool/Hallenbad	7/15km
Spielplatz am Platz	✓
Hunde willkommen	✓
wenig Schatten	✓
WLAN	✓
Lebensmittel	✓
Brötchen am Platz	✓
Restaurant & Imbiss	✓
Ver-/Entsorgung Womo	✓
in den Ort	5km
Gesamt/Touristen	800/350
Mietunterkünfte	✓
Stellplätze vor Schranke	✗

ADAC Superplatz 2022 ADAC

ADAC Superplatz 2021 ADAC

ECO CAMPING

camping.info AWARD 2019

Rasanter Bananenritt.

Lage & Stellplatz

Der von Feldern umgebene Campingplatz Rosenfelder Strand liegt ruhig auf einer Anhöhe direkt an der Ostsee, nördlich von Dahme, mit eigenem Naturstrand. Die 350 Touristen-Stellplätze sind ca. 100 bis 140 m² groß und verfügen über Strom-, Wasser- und Abwasseranschlüsse.

Sanitär

In den top gepflegten vier Sanitäranlagen steht Sauberkeit an erster Stelle. Zur Ausstattung gehören z. B. Einzelwasch- und Duschkabinen, Kinderbäder, Familienbad, Mietbäder, behindertengerechte Bäder und Babywickelräume. Darüber hinaus stehen den Gästen Waschmaschinen und Wäschetrockner zur Verfügung.

Entspannung pur.

Liegewiese und Strand.

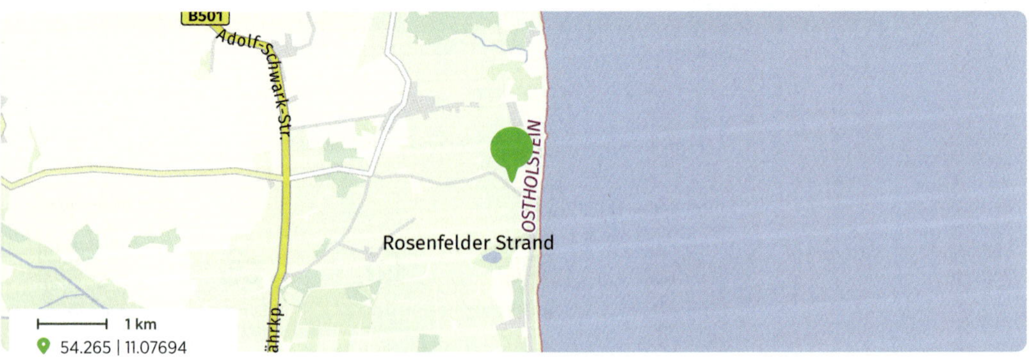

AWARD 2022

Herzlich willkommen!

Verpflegung

Auf dem Platz gibt es einen neu gebauten, gut sortierten SB-Markt mit Café-Ecke, der unter anderem täglich frische Brötchen und Campingartikel anbietet. Kleine und große Gerichte können im platzeigenen Restaurant in gemütlicher Atmosphäre genossen werden. Zusätzlich befindet sich eine Beach-Lounge mit Imbiss in Strandnähe.

Freizeit

Am Campingplatz gibt es nahezu unbegrenzte Spiel- und Sportmöglichkeiten: Egal ob Wassertrampolin, Banane fahren, Minigolf, verschiedene Spiel- und Sportplätze, Segeln oder Surfen – hier finden alle die passende Aktivität. Ein tägliches Animationsprogramm in der Hauptferienzeit rundet das Angebot ab. WLAN ist auf dem ganzen Platz verfügbar. Die Gäste können an den Fitnessgeräten Sport treiben oder sich die Sauna mieten und herrlich entspannen. Hunde sind in einem Teilbereich erlaubt – mit Hundestrand, Hundeauslauf und Sportgeräten.

5.0

Wir waren zum zweiten Mal am Rosenfelder Strand. Wir sind begeistert von der Sauberkeit des Platzes und den Sanitätshäusern, von der Hilfsbereitschaft und Freundlichkeit des Personals und von der Abwechslung im Freizeitangebot und der Animation. Auch das Hundetraining konnten wir sehr gut nutzen. Insgesamt ein toller Campingplatz für Groß und Klein.

Mirjam Z.

Katja war mit ihrer Familie inklusive Hund im August 2022 zu Gast auf dem Campingplatz Rosenfelder Strand Ostsee Camping.

Action im Abenteuerwald.

Spaß am Hundestrand.

4.8 **SEHR GUT**
2130 Bewertungen

Lage	4.6
Ruhe	4.6
Sanitäranlagen	4.9
Sauberkeit Ø	4.8
Freundlichkeit	4.8
Stellplatz	4.8
Verpflegung	3.9
Freizeit	4.7
Preis-Leistung	4.5
Mietunterkünfte	4.4

Geeignet für

- 4.8 Kinder b. 12 J.
- 4.7 Kinder b. 6 J.
- 4.6 Paare
- 4.5 Senioren
- 4.4 Kinder b. 18 J.
- 4.4 Gäste mit Zelt
- 3.6 Gäste mit Hund

Empfohlene Aktivitäten

Schwimmen · Radfahren · Entspannen · Surfen

Mehr Infos

Karte auf Seite 68

	15	16	17
	Camping am Hohen Ufer	**Camping Lotsenhaus**	**Campingplatz Südstrand**
	Pelzerhakener Straße 47 23730 Neustadt-Pelzerhaken +49 4561 7222 54.09144 | 10.84582	Sandberger Weg 96 23730 Neustadt +49 4561 2557 54.09138 | 10.82472	Pelzerhakener Straße 65 23730 Neustadt +49 4561 7238 54.0896 | 10.83724
Infos			
Öffnungszeiten	30.03. - 31.10.	01.04. - 31.10.	01.04. - 31.10.
Vergleichspreis	HS: 27,50 € | NS: 22,50 €	HS: 26,00 € | NS: 22,00 €	HS: 33,40 € | NS: 29,30 €
Link	**Mehr Infos & Anfrage:** www.camping.info/18166	**Mehr Infos & Anfrage:** www.camping.info/18164	**Mehr Infos & Anfrage:** www.camping.info/18167
Ausstattung			
Freizeit	Baden im Meer am Platz ✓ Pool/Hallenbad 10/7km Spielplatz am Platz ✓	Baden im Meer am Platz ✓ Pool/Hallenbad 10/5km Spielplatz am Platz ✓	Baden im Meer am Platz ✓ Pool/Hallenbad 15/8km Spielplatz am Platz ✓
Campingplatz	Hunde willkommen ✓ wenig Schatten ✓ WLAN (gegen Gebühr) ✓	Hunde ✗ Schatten ✗ WLAN (gegen Gebühr) ✓	Hunde ✗ kein Schatten ✓ WLAN (gegen Gebühr) ✓
Versorgung	Lebensmittel ✓ Brötchen am Platz ✓ Restaurant/Imbiss 700m/✓ Ver-/Entsorgung Womo ✗ in den Ort 200m	Lebensmittel ✓ Brötchen am Platz ✓ Restaurant/Imbiss 100/200m Ver-/Entsorgung Womo ✓ in den Ort 1km	Lebensmittel ✓ Brötchen am Platz ✓ Restaurant & Imbiss ✓ Ver-/Entsorgung Womo ✓ in den Ort 500m
Anzahl der Plätze	Gesamt/Touristen 300/30 Mietunterkünfte ✗ Stellplätze vor Schranke ✗	Gesamt/Touristen 300/80 Mietunterkünfte ✓ Stellplätze vor Schranke ✓	Gesamt/Touristen 520/120 Mietunterkünfte ✓ Stellplätze vor Schranke ✗

	15	16	17
Gesamt	3.9 GUT, 25 Bewertungen	3.8 GUT, 22 Bewertungen	4.2 SEHR GUT, 46 Bewertungen
Lage	4.5	4.5	4.5
Ruhe	4.4	4.0	4.1
Sanitäranlagen	3.3	3.2	3.9
Sauberkeit Ø	4.2	4.1	4.3
Freundlichkeit	4.7	4.5	4.6
Stellplatz	4.2	4.2	4.0
Verpflegung	3.6	3.8	3.9
Freizeit	3.8	3.9	4.1
Preis-Leistung	4.0	4.0	4.1
Mietunterkünfte	-	-	4.2
Geeignet für			
Kinder b. 6 J.	3.9	3.9	4.4
Kinder b. 12 J.	3.6	3.9	4.4
Kinder b. 18 J.	3.2	3.7	3.9
Paare	4.5	4.0	4.3
Senioren	4.7	4.1	4.4
Gäste mit Zelt	4.2	4.2	4.3
Gäste mit Hund / Hunde n. erlaubt	Gäste mit Hund 4.9	Hunde n. erlaubt -	Hunde n. erlaubt -

Empfohlene Aktivitäten	15	16	17
1	Entspannen	Schwimmen	Schwimmen
2	Schwimmen	Radfahren	Radfahren
3	Radfahren	Entspannen	Entspannen

10 Camping Mare

Lenster Weg 20
23743 Grömitz-Lensterstrand
+49 4562 8141
www.camping-groemitz.de
mare@camping-groemitz.de

ganzjährig

HS: 36,50 € | NS: 29,50 €

Mehr Infos & Anfrage:
www.camping.info/18172

Baden in nat. Gewässer	k. A.
Hallenbad	1km
Spielplatz	200m
Hunde erlaubt	✓
Schatten	✗
WLAN	✓
Lebensmittel	200m
Brötchen	keine Angabe
Restaurant/Imbiss	300/200m
Ver-/Entsorgung Womo	✓
in den Ort	1km
Gesamt/Touristen	125/28
Mietunterkünfte	✓
Stellplätze vor Schranke	✗

Luftaufnahme des Campingplatz Mare.

Lage & Stellplatz

Auf dem Campingplatz Mare Camping genießen die Gäste Camping an der Ostsee in erster Reihe. Die Stellplätze sind bis 120 m^2 groß, durch kleine Hecken geteilt und teilweise gepflastert. Jeder Platz verfügt über einen eigenen Wasser-, Abwasser- und Stromanschluss.

Sanitär

Auf dem Campingplatz befindet sich ein modernes, voll ausgestattetes 4-Sterne-Waschhaus, in dem hoher Wert auf Sauberkeit gelegt wird. Zusätzlich gibt es vier private Miet-Bäder mit hohem Komfort für den Rundum-Sorglos-Urlaub.

Verpflegung

An der Rezeption erhalten die Gäste auf Vorbestellung frische Bäckerbrötchen. Zudem sind dort Tageszeitungen, Lebensmittel, Eis und Bücher erhältlich.

Freizeit

Der Platz ist nur durch eine Straße vom Deich und Strand entfernt. Dort warten dann diverse Wassersportarten sowie gut ausgebaute Radwege auf die Gäste. Für nähere Information zu aktuellen Veranstaltungen in der Umgebung des Campingplatzes empfiehlt es sich, die Homepage der Stadt Grömitz besuchen.

Büro mit Anmeldung und Kiosk.

Die Einfahrt zum Campingplatz.

4.6 SEHR GUT
8 Bewertungen

Lage	4.9
Ruhe	4.7
Sanitäranlagen	5.0
Sauberkeit Ø	5.0
Freundlichkeit	4.9
Stellplatz	4.4
Verpflegung	3.8
Freizeit	4.0
Preis-Leistung	4.1
Mietunterkünfte	5.0

Geeignet für

4.7	Paare
4.7	Senioren
4.6	Gäste mit Hund
3.7	Kinder b. 6 J.
3.7	Kinder b. 12 J.
3.7	Kinder b. 18 J.
2.0	Gäste mit Zelt

Empfohlene Aktivitäten

Entspannen, Radfahren, Schwimmen, Spazieren

Mehr Infos

In der Saison: pro Stellplatz 1 Hund erlaubt. Keine Zeltwiese vorhanden.

Karte auf Seite 68

	18	19	20
	Camping Seeblick	**Camping Süsel**	**OstseeCamp Lübecker Bucht**
	Pelzerhakener Straße 55 - 59 23730 Neustadt +49 4561 7428 54.08923 | 10.84152	Süseler-Moor 6 23701 Süsel +49 170 357 5007 54.07325 | 10.68497	Bormwiese 1 23683 Scharbeutz +49 4563 5203 54.05506 | 10.7304
Infos			
Öffnungszeiten	01.04. - 31.10.	01.04. - 15.10.	23.03. - 31.10.
Vergleichspreis	HS: 32,00 € | NS: 28,00 €	HS: 22,00 € | NS: 22,00 €	HS: 32,00 € | NS: 22,00 €
Link	**Mehr Infos & Anfrage:** www.camping.info/18165	**Mehr Infos & Anfrage:** www.camping.info/18160	**Mehr Infos & Anfrage:** www.camping.info/27363
Ausstattung			
Freizeit	Baden im Meer am Platz ✓ Pool/Hallenbad 12km Spielplatz am Platz ✓	Baden im See am Platz ✓ Pool & Hallenbad ✗ Spielplatz am Platz ✓	Baden im Meer 1km Pool/Hallenbad 5/11km Spielplatz am Platz ✓
Campingplatz	Hunde ✗ Schatten ✗ WLAN ✓	Hunde willkommen ✓ wenig Schatten ✓ WLAN teilweise	Hunde willkommen ✓ wenig Schatten ✓ WLAN (gegen Gebühr) ✓
Versorgung	Lebensmittel ✓ Brötchen am Platz ✓ Restaurant/Imbiss 500m/✓ Ver-/Entsorgung Womo ✓ in den Ort 1km	Lebensmittel 7km Brötchen am Platz ✓ Imbiss ✓ Ver-/Entsorgung Womo ✓ in den Ort keine Angabe	Lebensmittel 1km Brötchen am Platz ✓ Restaurant/Imbiss 1km/✓ Ver-/Entsorgung Womo ✓ in den Ort 500m
Anzahl der Plätze	Gesamt/Touristen 230/80 Mietunterkünfte ✓ Stellplätze vor Schranke ✗	Gesamt/Touristen 45/30 Mietunterkünfte ✓ Stellplätze vor Schranke ✓	Gesamt/Touristen 250/120 Mietunterkünfte ✓ Stellplätze vor Schranke ✗

	18	19	20
Gesamt	4.0 SEHR GUT, 71 Bewertungen	4.3 SEHR GUT, 12 Bewertungen	3.8 GUT, 13 Bewertungen
Lage	4.3	4.5	3.6
Ruhe	3.9	4.5	3.5
Sanitäranlagen	4.2	4.5	4.2
Sauberkeit Ø	4.4	4.8	3.9
Freundlichkeit	4.4	4.8	4.4
Stellplatz	3.9	4.2	4.1
Verpflegung	3.1	3.6	3.3
Freizeit	3.6	4.2	3.6
Preis-Leistung	4.0	4.4	3.9
Mietunterkünfte	3.9	4.7	-
Geeignet für			
Kinder b. 6 J.	4.1	4.1	3.5
Kinder b. 12 J.	3.9	4.5	2.5
Kinder b. 18 J.	3.8	4.8	2.8
Paare	4.2	4.3	4.1
Senioren	4.2	3.7	3.7
Gäste mit Zelt	4.4	4.0	3.7
Hunde n. erlaubt / Gäste mit Hund	Hunde n. erlaubt -	Gäste mit Hund 4.0	Gäste mit Hund 4.7
Empfohlene Aktivitäten	Entspannen Schwimmen Radfahren	Entspannen Schwimmen Radfahren	Radfahren Entspannen Kulinarik

12 Ostsee-Campingplatz Kagelbusch

Kagelbusch 1
23730 Bliesdorf-Strand bei Grömitz
+49 4562 7122

www.ostseecamping.de
info@ostseecamping.de

24.03. - 08.10.

HS: 44,00 € | NS: 33,00 €

Mehr Infos & Anfrage:
www.camping.info/18162

Baden im Meer am Platz	✓
Hallenbad	4km
Spielplatz am Platz	✓
Hunde erlaubt	nur NS
wenig Schatten	✓
WLAN (gegen Gebühr)	✓
Lebensmittel	✓
Brötchen am Platz	✓
Restaurant & Imbiss	✓
Ver-/Entsorgung Womo	✓
in den Ort	2km
Gesamt/Touristen	650/70
Mietunterkünfte	✓
Stellplätze vor Schranke	✓

Stellplätze, Chalets und Mobilheime direkt an der Ostsee. Keine Kurtaxe!

Lage & Stellplatz

Traumhafte Lage direkt an der Ostsee, mit eigenem Zugang zum kilometerlangen, feinsandigen Naturbadestrand, umgeben von Wald und Feldern. Komfortable Stellplätze mit Strom-, Wasser- und Abwasseranschlüssen in sonniger Panoramalage – nahe der Ostsee oder familienorientiert im Spielplatzbereich.

Verpflegung

Das stilvoll eingerichtete Restaurant „OLLEX“ lädt die Gäste zum genussvollen Verweilen ein. Im SB-Markt gibt es frische Brötchen und alles, was man zum täglichen Leben braucht. Für Selbstversorger stehen Küchen mit Kochfeldern und Mikrowellen bereit.

Sanitär

Modernste Sanitäranlagen mit exklusiver Ausstattung, barrierefreie Sanitärräume und Kinderbäder mit Kleinkinder-Duschen, Babybadewannen und Wickeltischen. Ebenso sind Räume mit Waschmaschinen und Wäschetrocknern sowie eine Ver- und Entsorgungsstation für Wohnmobile und ein CamperClean vorhanden.

Freizeit

Relaxen und Baden am Strand, Wellness im Saunafass oder bei einer Pediküre. Fitness, Spiel und Spaß für Groß und Klein auf den Abenteuerspiel- und Sportplätzen. Tennis, Billard, Fußballkicker, abwechslungsreiches Animationsprogramm, Rad- und Wanderwege sowie viele Ausflugsziele in direkter Umgebung.

Feinsandiger Naturbadestrand.

Viel Platz für Sport und Spiel.

4.4 SEHR GUT
216 Bewertungen

Lage	4.5
Ruhe	4.5
Sanitäranlagen	4.6
Sauberkeit Ø	4.7
Freundlichkeit	4.5
Stellplatz	4.4
Verpflegung	3.9
Freizeit	4.1
Preis-Leistung	4.1
Mietunterkünfte	4.5

Geeignet für

4.4	Paare
4.4	Senioren
4.2	Kinder b. 6 J.
3.9	Kinder b. 18 J.
4.3	Kinder b. 12 J.
4.1	Gäste mit Zelt
2.7	Gäste mit Hund

Empfohlene Aktivitäten

Radfahren · Schwimmen · Entspannen · Wandern

Mehr Infos

Karte auf Seite 68

	21	22	23
	Camping Margarethenhöhe	**Campingplatz Seepferdchen**	**Camping Lübeck-Schönböcken**
	Margarethenhöhe 1 23684 Scharbeutz (Pönitz am See) +49 452 474 224 54.0354 | 10.70008	Pönitzer Chaussee 1a 23683 Scharbeutz +49 4503 72348 54.03425 | 10.74096	Steinrader Damm 12 23556 Lübeck-Schönböcken +49 451 893090 53.86969 | 10.63039
Infos			
Öffnungszeiten	01.04. - 30.09.	01.04. - 30.09.	01.04. - 31.10.
Vergleichspreis	HS: 25,00 € | NS: 23,00 €	HS: 33,00 € | NS: 28,00 €	HS: 30,00 € | NS: 25,00 €
Link	**Mehr Infos & Anfrage:** www.camping.info/18158	**Mehr Infos & Anfrage:** www.camping.info/24425	**Mehr Infos & Anfrage:** www.camping.info/18153
Ausstattung			
Freizeit	Baden im See am Platz ✓ Pool/Hallenbad 5km Spielplatz am Platz ✓	Baden im Meer 500m Pool/Hallenbad 1km Spielplatz am Platz ✓	Baden im Teich 5km Pool/Hallenbad 8/2km Spielplatz am Platz ✓
Campingplatz	Hunde willkommen ✓ zur Hälfte Schatten ✓ WLAN (gegen Gebühr) ✓	Hunde willkommen ✓ zur Hälfte Schatten ✓ WLAN ✓	Hunde willkommen ✓ wenig Schatten ✓ WLAN (gratis) teilweise
Versorgung	Lebensmittel 3km Brötchen am Platz ✓ Restaurant/Imbiss 500/600m Ver-/Entsorgung Womo ✗ in den Ort 3km	Lebensmittel ✓ Brötchen am Platz nur HS Restaurant/Imbiss 500m Ver-/Entsorgung Womo ✓ im Ort ✓	Lebensmittel ✓ Brötchen am Platz ✓ Restaurant 1km Ver-/Entsorgung Womo ✓ im Ort ✓
Anzahl der Plätze	Gesamt/Touristen 120/50 Mietunterkünfte ✗ Stellplätze vor Schranke ✗	Gesamt/Touristen 250/125 Mietunterkünfte ✓ Stellplätze vor Schranke ✗	Gesamt 70 Mietunterkünfte ✗ Stellplätze vor Schranke ✗
Bewertung	4.5 SEHR GUT, 35 Bewertungen	4.1 SEHR GUT, 38 Bewertungen	3.9 GUT, 70 Bewertungen
Lage	4.7	4.2	4.1
Ruhe	4.7	3.9	3.5
Sanitäranlagen	3.9	3.8	3.7
Sauberkeit Ø	4.8	4.2	4.3
Freundlichkeit	4.8	4.5	4.7
Stellplatz	4.0	3.9	3.7
Verpflegung	3.0	3.6	3.1
Freizeit	4.1	3.9	3.3
Preis-Leistung	4.6	4.0	4.1
Mietunterkünfte	-	4.1	-
Geeignet für			
Kinder b. 6 J.	4.3	3.9	3.0
Kinder b. 12 J.	4.4	3.9	3.1
Kinder b. 18 J.	3.9	3.9	3.1
Paare	4.8	4.4	4.1
Senioren	4.3	4.3	4.2
Gäste mit Zelt	4.5	4.4	4.2
Gäste mit Hund	4.9	4.7	4.2
Empfohlene Aktivitäten	Schwimmen Entspannen Radfahren	Radfahren Schwimmen Entspannen	Sightseeing Kultur Radfahren
	keine Jugendgruppen	keine Jugendgruppen	

13 Campingland Ostsee GmbH & Co.KG

Furthkoppel 1
23730 Schashagen/Bliesdorf
+49 4562 6056
www.campingland-ostsee.de
info@campingland-ostsee.de

01.04. - 31.10.

HS: 34,00 € | NS: 28,00 €

Mehr Infos & Anfrage:
www.camping.info/24742

Baden im Meer am Platz	✓
Pool/Hallenbad	12/1km
Spielplatz am Platz	✓
Hunde willkommen	✓
kein Schatten	✓
WLAN (gegen Gebühr)	✓
Lebensmittel	300m
Brötchen am Platz	✓
Restaurant & Imbiss	✓
Ver-/Entsorgung Womo	✓
in den Ort	1km
Gesamt/Touristen	390/110
Mietunterkünfte	✓
Stellplätze vor Schranke	✗

Direkte Südlage: Kurtaxfreier Strand mit extra Hundebereich.

Lage & Stellplatz

Das Campingland Ostsee liegt im ostholsteinischen Bliesdorf, zwischen dem Ostseebad Grömitz und der Hafenstadt Neustadt direkt am Strand in Südlage. Die zentrale Lage in der Lübecker Bucht ist ideal auch für Ausflüge nach Lübeck, Hamburg oder in die Holsteinische Schweiz.

Verpflegung

Für die Saison 2023 wird das Restaurant sowie der Imbissbereich mit direkter Lage zum Strand neu gebaut. So lange ist der Strandkiosk Bootshuus weiterhin für die Gäste geöffnet, wo es täglich frische Brötchen (ohne Vorbestellung) sowie kleine Snacks, Eis, Kaffee und Kuchen gibt.

Sanitär

Besonders bei den neu errichteten, sehr sauberen Sanitärgebäuden dürfen die Gäste sich auf ein großes Plus an Privatsphäre freuen: separate große Duschen mit extra Waschbecken und Ablagemöglichkeiten. Campinggäste mit Rollstuhl können die neue, behindertengerechte Dusche nutzen.

Freizeit

Der kurtaxfreie, 5 km lange Strand liegt direkt am Platz. Hier gibt es dank Südlage Sonne satt – und das von vorne. Damit das Baden besonders für die Kinder sicherer ist, wird der Strand von der DLRG bewacht. Hier haben auch Vierbeiner Urlaub: Es gibt einen abgetrennten Hundestrandbereich.

Top Sanitäranlagen.

Das Team vom Campingland Ostsee.

4.6 SEHR GUT
149 Bewertungen

Lage	4.7
Ruhe	4.4
Sanitäranlagen	4.7
Sauberkeit Ø	4.8
Freundlichkeit	4.8
Stellplatz	4.5
Verpflegung	3.3
Freizeit	4.1
Preis-Leistung	4.5
Mietunterkünfte	4.5

Geeignet für

4.7 Paare

- 4.7 Senioren
- 4.7 Gäste mit Hund
- 4.6 Gäste mit Zelt
- 4.5 Kinder b. 6 J.
- 4.4 Kinder b. 12 J.
- 4.1 Kinder b. 18 J.

Empfohlene Aktivitäten

Radfahren · Entspannen · Schwimmen · Wandern

Mehr Infos

Neu: Wohnmobilstellplätze mit direktem Meerblick!

14 Camping & Ostseeferienpark Walkyrien

Strandweg 26
23730 Schashagen OT Bliesdorf-Strand
+49 4562 6787
www.camping-walkyrien.de
info@camping-walkyrien.de

31.03. - 22.10.

HS: 40,00 € | NS: 34, 00 €

Mehr Infos & Anfrage:
www.camping.info/18168

Baden im Meer	250m
Pool/Hallenbad	18/5km
Spielplatz am Platz	✓
Hunde willkommen	✓
wenig Schatten	✓
WLAN (gegen Gebühr)	✓
Lebensmittel	✓
Brötchen am Platz	✓
Restaurant & Imbiss	✓
Ver-/Entsorgung Womo	✓
in den Ort	5km
Gesamt/Touristen	424/110
Mietunterkünfte	✓
Stellplätze vor Schranke	✓

ADAC Tipp 2021 ADAC

ADAC Tipp 2022 ADAC

Wildromantische Steilküste zwischen Grömitz und Neustadt.

Lage & Stellplatz

Nur wenige Schritte vom traumhaften Natursandstrand entfernt und außergewöhnlich idyllisch zwischen dem Hafenstädtchen Neustadt (10 km) und dem Ostseebad Grömitz (3,5 km) gelegen, befindet sich das 5-Sterne-Freilufthotel – der Camping & Ostseeferienpark Walkyrien in Bliesdorf. Umgeben von Wald und Feldern bietet die leicht hügelige Küstenlandschaft einen herrlichen Ostseeblick. Die Stellplätze mit Rasenuntergrund bieten alle Wasser-, Abwasser- sowie Stromanschluss am Platz. Für Wohnmobile stehen 54 WOMO-Plätze ganzjährig mit einmaligem Ostseeblick vor der Schranke zur Verfügung.

Sanitär

Außergewöhnlich komfortabel, sauber und modern stellen sich die ausgezeichneten Sanitäranlagen mit Hotelcharakter dar. Neben familien-/seniorenfreundlichen Anlagen bietet der Campingplatz auch geräumige Mietbäder, Familienbäder und ein barrierefreies Bad an. Die kleinen Camper haben im fantasievollen Kindersanitär „Walky's Badewelt" viel Spaß. Das Warmwasser an Dusche, Waschbecken und Geschirrspülbecken ist kostenlos, somit entfällt das lästige Nachwerfen von Münzen. Eine Campingküche, Chemie-WC-Ausgüsse, Hundedusche und Waschsalons runden das umfangreiche Angebot ab.

Spiel-/Sportplatz.

Modernes Sanitär mit Komfort.

WOMO-Park und Strandhäuser ganzjährig. Keine Aufnahme von Jugendgruppen!

AWARD 2022

WoMo-Park, Strandhäuser und Camping in wunderbarer Naturlandschaft mit Ostseeblick.

Verpflegung

Im modern-gemütlichen Restaurant mit großer Sonnenterrasse verwöhnt der Küchenchef die Gäste mit hausgemachten, regionalen Leckereien. Nebenan erhält man im Back-Shop alle Artikel des täglichen Bedarfs: backfrische Brötchen, Zeitungen, Campingartikel, Gasflaschen, Eis u. v. m. Weitere Restaurants sind in Bliesdorf fußläufig zu erreichen. Nach einem 3,5 km langen Strandspaziergang erreichen die Gäste den Grömitzer Jachthafen und die quirlige Promenade mit vielen Cafés, Restaurants und Boutiquen. Supermärkte, Discounter und den beliebten Wochenmarkt gibt es im 10 km entfernten Neustadt.

Freizeit

Zum Seelebaumelnlassen und Entspannen lädt der Walkyrien SPA „Sauna & Wellness über dem Meer" mit Kosmetik, Massage und Panoramasaunen mit herrlichem Ostseeblick und Dachterrassen-Whirlpool ein. Die Kids kommen in den Sommerferien beim Animationsprogramm und auf dem großen Spiel-/Sportplatz voll auf ihre Kosten. Für die Lütten gibt es das Allwetter-Spielzimmer „Walky's Miniclub" und auch die Vierbeiner kommen auf dem Platz nicht zu kurz: Agilityplatz, Hundedusche. Die Urlaubsregion Lübecker Bucht bietet zudem ein vielfältiges, kurzweiliges Angebot an Freizeitmöglichkeiten und Veranstaltungen.

5.0

Der Campingplatz Walkyrien bietet einen tollen Blick aufs Meer. Perfekt, um dem Großstadttrubel zu entlaufen. Große Flächen für Autos, Camper und Zelte sind im Überfluss vorhanden. Der Platz ist wirklich für jeden geeignet: Familien mit Kindern, ältere Personen, Durchreisende etc. Die Sanitäranlagen sind sehr sauber. So macht Campen Spaß!

Milan B.

Milan war im Juni 2022 zu Gast auf dem Camping- und Ostseeferienpark Walkyrien.

Regionale und mediterrane Küche.

Whirlpool auf der Dachterrasse.

4.8 **SEHR GUT**
718 Bewertungen

Lage	4.8
Ruhe	4.7
Sanitäranlagen	4.8
Sauberkeit Ø	4.8
Freundlichkeit	4.9
Stellplatz	4.6
Verpflegung	4.5
Freizeit	4.6
Preis-Leistung	4.6
Mietunterkünfte	4.8

Geeignet für

- 4.9 Gäste mit Hund
- 4.8 Kinder b. 6 J.
- 4.8 Kinder b. 12 J.
- 4.8 Paare
- 4.7 Senioren
- 4.7 Gäste mit Zelt
- 4.4 Kinder b. 18 J.

Empfohlene Aktivitäten

Radfahren · Entspannen · Schwimmen · Wellness

Mehr Infos

6 Fehmarn

KLAIPĖDA - KIEL
RØDBY - PUTTGARDEN
Dänschendorf
Puttgarden
B207
Petersdorf
OSTHOLSTEIN
FEHMARN
Niendorf
Landkirchen
Burg auf Fehmarn
Burgstaaken
B207
Fehmarnsund
Binnensee
Heiligenhafen
B207
B501
Großenbrode
Gremersdorf
Neukirchen
1,9 km
S. 68
FREIZEITTIPPS
A NABU Wasservogelreservat, Wallnau
B Fehmarnsundbrücke, Großenbrode
C Meereszentrum Fehmarn, Burg
D Burgruine GLAMBECK Denkmal, Fehmarn

	Platz	Seite	Bewertung	Öffnungszeiten	
1	Belt-Camping-Fehmarn	88	4.6	saisonal	
2	Camping am Deich	88	4.5	k. A.	
3	Camping am Niobe	88	4.3	saisonal	
4	Campingplatz Puttgarden	92	3.8	saisonal	
5	Strandcamping Wallnau	90	4.5	saisonal	Award
6	Minicamping Kleingarn	92	4.5	ganzjährig	Wintercamping
7	Camping Klausdorfer Strand auf Fehmarn	89	4.6	saisonal	Award
8	Campingplatz Flüggerteich	92	4.8	saisonal	
9	Camping Flügger Strand	94	3.7	saisonal	
10	Camping Ostsee Katharinenhof	93	4.7	saisonal	Award
11	Europa-Camping	94	4.1	saisonal	
12	Camping Südstrand Fehmarn	95	4.7	saisonal	Award
13	Insel-Camp Fehmarn	96	4.9	saisonal	Award
14	Camping Strukkamphuk	98	4.7	saisonal	Wintercamping, Award
15	Camping - und Ferienpark Wulfener Hals	100	4.4	ganzjährig	FKK, Wintercamping, Award
16	Camping Miramar GmbH & Co. KG	94	4.2	ganzjährig	Wintercamping

Wintercamping FKK Textilfrei (ganz/teilweise) Ecocamping Award Onlinebuchung

Karte auf Seite 86

	1	2	3
	Belt-Camping-Fehmarn	**Camping am Deich**	**Camping am Niobe**
	Altenteil 24 23769 Fehmarn +49 4372 391	Wenkendorf 23769 Fehmarn	Gammendorf - Strand 23769 Fehmarn +49 4371 32 86
	54.52876 | 11.09361	54.52665 | 11.11655	54.52194 | 11.15278
Infos			
Öffnungszeiten	01.04. - 03.10.	keine Angabe	01.04. - 15.10.
Vergleichspreis	HS: 34,50 € | NS: 25,50 €	keine Angabe	HS: 26,50 € | NS: 21,50 €
Link	**Mehr Infos & Anfrage:** www.camping.info/24883	**Mehr Infos & Anfrage:** www.camping.info/18197	**Mehr Infos & Anfrage:** www.camping.info/18189
Ausstattung			
Freizeit	Baden im Meer am Platz ✓ Hallenbad 15km Spielplatz am Platz ✓	Baden in nat. Gewässer k. A. Pool & Hallenbad ✗ Spielplatz keine Angabe	Baden im Meer am Platz ✓ Pool & Hallenbad ✗ Spielplatz am Platz ✓
Campingplatz	Hunde willkommen ✓ wenig Schatten ✓ WLAN (gegen Gebühr) ✓	Hunde ✗ Schatten ✗ WLAN keine Angabe	Hunde erlaubt ✓ Schatten ✗ WLAN (gegen Gebühr) ✓
Versorgung	Lebensmittel ✓ Brötchen am Platz ✓ Restaurant am P. ✓ Ver-/Entsorgung Womo ✓ in den Ort 2km	Lebensmittel k.A. Brötchen keine Angabe Restaurant & Imbiss ✗ Ver-/Entsorgung Womo ✗ in den Ort keine Angabe	Lebensmittel ✓ Brötchen am Platz ✓ Restaurant & Imbiss ✓ Ver-/Entsorgung Womo ✓ in den Ort 3km
Anzahl der Plätze	Gesamt/Touristen 260/160 Mietunterkünfte ✓ Stellplätze vor Schranke ✓	Gesamt keine Angabe Mietunterkünfte ✗ Stellplätze vor Schranke ✗	Gesamt/Touristen 280/125 Mietunterkünfte ✓ Stellplätze vor Schranke ✓

	Belt-Camping-Fehmarn	Camping am Deich	Camping am Niobe
Gesamt	4.6 SEHR GUT, 91 Bewertungen	4.5 SEHR GUT, 26 Bewertungen	4.3 SEHR GUT, 48 Bewertungen
Lage	4.7	4.8	4.7
Ruhe	4.6	4.9	4.3
Sanitäranlagen	4.7	3.4	4.3
Sauberkeit Ø	4.8	4.6	4.3
Freundlichkeit	4.7	4.7	4.5
Stellplatz	4.4	4.2	4.4
Verpflegung	4.0	3.5	3.7
Freizeit	4.1	3.5	3.8
Preis-Leistung	4.5	4.4	4.3
Mietunterkünfte	4.5	-	4.4
Geeignet für			
Kinder b. 6 J.	4.6	3.5	4.1
Kinder b. 12 J.	4.5	3.4	4.1
Kinder b. 18 J.	4.0	3.2	3.5
Paare	4.8	4.9	4.7
Senioren	4.6	4.6	4.5
Gäste mit Zelt	4.6	4.6	4.5
Gäste mit Hund / Hunde n. erlaubt	Gäste mit Hund 4.8	Hunde n. erlaubt -	Gäste mit Hund 4.6
Empfohlene Aktivitäten	Radfahren Entspannen Wandern	Entspannen Radfahren Schwimmen	Radfahren Entspannen Schwimmen

7 Camping Klausdorfer Strand auf Fehmarn

Klausdorfer Strandweg 100
23769 Fehmarn
+49 4371 2549
www.camping-klausdorferstrand.de
info@camping-klausdorferstrand.de

01.04. - 18.10.

HS: 45,00 € | NS: 26,00 €

Mehr Infos & Anfrage:
www.camping.info/18191

Baden im Meer am Platz	✓
Pool/Hallenbad	7km
Spielplatz am Platz	✓
Hunde willkommen	✓
kein Schatten	✓
WLAN	✓
Lebensmittel	✓
Brötchen am Platz	✓
Restaurant & Imbiss	✓
Ver-/Entsorgung Womo	✓
in den Ort	2km
Gesamt/Touristen	450/200
Mietunterkünfte	✓
Stellplätze vor Schranke	✓

Luftaufnahme vom Campingplatz Klausdorfer Strand auf Fehmarn.

Lage & Stellplatz

Der Platz liegt im Osten der Insel Fehmarn, direkt an einem traumhaften Naturstrand. Dieser ist flach abfallend und somit ideal für Kinder geeignet. Die Stellplätze sind 80 - 220 m² groß und bieten jeglichen Komfort (Strom-, Wasser-, Abwasser- und TV-Anschluss). Warmduschen ist im Preis inbegriffen.

Verpflegung

Der Minimarkt versorgt die Gäste mit frischen Bötchen und vielen weiteren Artikeln des täglichen Bedarfs. Das Restaurant bietet eine abwechslungsreiche Speisekarte. Zudem stehen Pizza-, Snack- und Getränkeautomaten 24/7 zur Verfügung. An verschiedenen Tagen kommen Foodtrucks.

Sanitär

Die drei Sanitäranlagen sind modern, freundlich und behindertengerecht ausgestattet. Mit den privaten Mietbädern haben Urlauber außerdem die Möglichkeit, ihr eigenes Bad und somit mehr Privatsphäre zu genießen. Die Gäste können sich auf die Sauna mit Meerblick sowie einen mietbaren Whirlpool freuen.

Freizeit

Damit keine Langeweile aufkommt, steht ein buntes Freizeitprogramm zur Verfügung: Zwei große Spielplätze, Indoor-Spieleparadies, Outdoor-Hüpfkissen, Animationsprogramm, Pumptrack, Streetball, Fußball, Tischtennis, Hunde Agility Park, Drachenwiese, Boots-Slipanlage, Fahrradverleih und Kettcars.

Mobilheime direkt an der Küste.

Mobilheime mit Meerblick.

4.6 SEHR GUT
877 Bewertungen

Lage	4.7
Ruhe	4.4
Sanitäranlagen	4.5
Sauberkeit Ø	4.6
Freundlichkeit	4.9
Stellplatz	4.5
Verpflegung	4.3
Freizeit	4.3
Preis-Leistung	4.5
Mietunterkünfte	4.6

Geeignet für

- 4.8 Gäste mit Hund
- 4.7 Paare
- 4.7 Gäste mit Zelt
- 4.6 Kinder b. 12 J.
- 4.6 Senioren
- 4.5 Kinder b. 6 J.
- 4.2 Kinder b. 18 J.

Empfohlene Aktivitäten

Radfahren | Entspannen | Schwimmen | Wandern

Mehr Infos

AWARD 2022

5 Strandcamping Wallnau

Wallnau 1
23769 Fehmarn
+49 4372 456
www.strandcamping.de
wallnau@strandcamping.de

31.03. - 29.10.

HS: 42,40 € | NS: 26,00 €

Mehr Infos & Anfrage:
www.camping.info/18196

Baden im Meer am Platz	✓
Hallenbad	16km
Spielplatz am Platz	✓
Hunde willkommen	✓
wenig Schatten	✓
WLAN (gegen Gebühr)	✓
Lebensmittel	✓
Brötchen am Platz	✓
Restaurant & Imbiss	✓
Ver-/Entsorgung Womo	✓
in den Ort	4km
Gesamt/Touristen	800/300
Mietunterkünfte	✓
Stellplätze vor Schranke	×

AWARD 2022 camping.info

camping.info AWARD 2019

Naturstrand im Inselwesten – die Sunset-Coast in Wallnau.

Lage & Stellplatz

Strandcamping Wallnau liegt direkt an der „Sunset-Coast“ – am weitläufigen Naturstrand der Westküste Fehmarns. Hier genießen die Gäste den ganzen Tag Sonne, die im Inselwesten intensiver scheint als woanders. Der malerische Anblick, wenn die Sonne abends in die Ostsee taucht, schafft unvergesslich schöne Urlaubserinnerungen. Die größtenteils parzellierten Standplätze sind zwischen 85 und 130 m² groß und haben Rasen- und Sanduntergrund. Ein Stromanschluss ist an jedem Standplatz vorhanden, Wasser- und Abwasseranschlüsse z. T. ebenfalls. Wallnau ist von Feldern und Grün umgeben – eine Idylle!

Sanitär

Auf mehreren modernen und sauberen Sanitäranlagen finden die Gäste kostenlose, warme Duschen. Außerdem befinden sich in dem neusten Gebäudekomplex großzügige Kabinen, Hundeduschen, Geschirrspülräume sowie Waschräume mit hochwertigen Trocknern und Waschmaschinen.

Mietwohnwagen mitten im Grünen.

Action im Fitnesszelt.

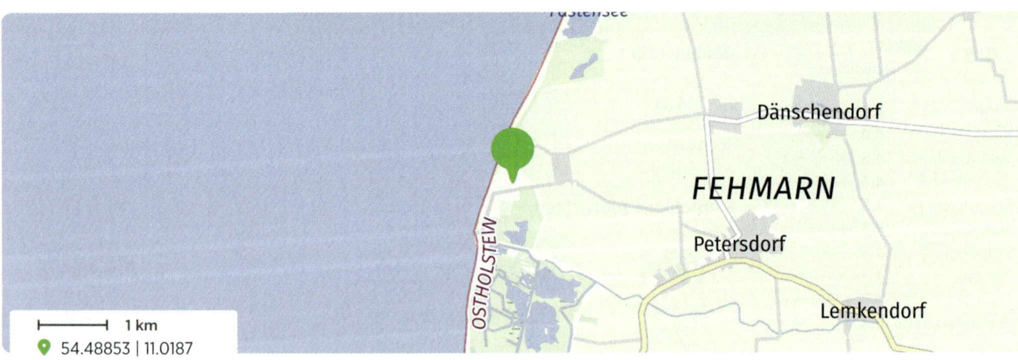

Gruppen nur beschränkt zugelassen.

AWARD 2022

Blick von oben auf Strandcamping Wallnau, nur wenige Meter vom Strand.

Verpflegung

Einkaufen, essen gehen, Pommes am Strand? Hier ist alles vor Ort! Ein gut sortierter Edeka-Markt bietet täglich frische Brötchen. Im Restaurant „Wallnauer Hof" können Campinggäste im Wintergarten bei jedem Wetter das umfangreiche Speisen- und Getränkeangebot genießen. Bei Bedarf gibt es viele Gerichte auch außer Haus. In der Hauptsaison wird das Angebot durch einen Strandimbiss mit kleinen Leckereien ergänzt.

Freizeit

Kreative Kinderanimation, Action oder Fitness? Auf dem Strandcamping Wallnau wartet ein umfangreiches Freizeitangebot. Sportlich geht es beim Fußball, Beachvolleyball und Bogenschießen rund. Fitness- und Yoga-Angebote sorgen für perfekten Ausgleich. Direkt nebenan liegt die Sunset-Farm Fehmarn, die tierisches Vergnügen bietet: Alpakawanderungen, Reiten & Co. erwarten die Gäste hier. Wassersportfreunde finden ein Kitesurf-, Windsurf- und SUP-Angebot vor Ort. PS: Abenteuerliche Spielplätze und Trampoline erfreuen besonders die kleinsten Gäste! Neu ist der große Hundeplatz zum Üben und Austoben.

5.0

Ein sehr schöner Campingplatz in der Nähe des Vogelschutzreservat abseits der Touristenhochburg. Der Platz ist sehr gepflegt, die Sanitäranlagen neu und sehr sauber. Die Stellplätze sind groß und durch Grünpflanzen voneinander getrennt. Das Freizeitangebot der zugehörigen Farm ist groß, mit diversen Angeboten zum Reiten oder mit Alpakas. Alles in allem sehr empfehlenswert für alle, die ihren Urlaub zur Erholung nutzen und auf Trubel und Party verzichten können.

Frank D.

Frank campt seit vielen Jahren und war im Juli 2022 Gast auf dem Campingplatz Strandcamping Wallnau.

Benachbarte Sunset-Farm.

Abenteuerlicher Spielplatz.

4.5 **SEHR GUT**
539 Bewertungen

Lage	4.4
Ruhe	4.2
Sanitäranlagen	4.5
Sauberkeit Ø	4.5
Freundlichkeit	4.6
Stellplatz	4.4
Verpflegung	4.4
Freizeit	4.2
Preis-Leistung	4.1
Mietunterkünfte	4.7

Geeignet für

- 4.6 Kinder b. 12 J.
- 4.5 Kinder b. 6 J.
- 4.5 Paare
- 4.5 Senioren
- 4.4 Gäste mit Hund
- 4.3 Gäste mit Zelt
- 4.1 Kinder b. 18 J.

Empfohlene Aktivitäten

Radfahren · Entspannen · Schwimmen · Reiten

Mehr Infos

Karte auf Seite 86

	4 Campingplatz Puttgarden	6 Minicamping Kleingarn	8 Campingplatz Flüggerteich
	Strandweg 1001 23769 Puttgarden +49 4371 3492 54.50325 | 11.21587	✻ Dörpdiek 10 23769 Fehmarn 54.45771 | 11.0418	Flüggerteich 1 23769 Fehmarn +49 4372 349 54.45276 | 11.01247
Infos			
Öffnungszeiten	01.04. - 17.10.	ganzjährig	04.05. - 18.10.
Vergleichspreis	HS: 29,00 € | NS: 21,00 €	HS: 15,00 €	HS: 30,00 € | NS: 23,00 €
Link	**Mehr Infos & Anfrage:** www.camping.info/22318	**Mehr Infos & Anfrage:** www.camping.info/24974	**Mehr Infos & Anfrage:** www.camping.info/18188
Ausstattung			
Freizeit	Baden im Meer am Platz ✓ Pool & Hallenbad ✗ Spielplatz am Platz ✓	Baden im Meer 1km Pool/Hallenbad 12km Spielplatz am Platz ✓	Baden im Meer 400m Hallenbad 17km Spielplatz am Platz ✓
Campingplatz	Hunde erlaubt ✓ zur Hälfte Schatten ✓ WLAN ✓	Hunde erlaubt nur NS wenig Schatten ✓ WLAN teilweise	Hunde willkommen ✓ wenig Schatten ✓ WLAN (gegen Gebühr) ✓
Versorgung	Lebensmittel ✓ Brötchen am Platz ✓ Restaurant & Imbiss ✓ Ver-/Entsorgung Womo ✓ in den Ort 100m	Lebensmittel 3km Brötchen keine Angabe Restaurant/Imbiss 300m/1km Ver-/Entsorgung Womo ✗ im Ort ✓	Lebensmittel 300m Brötchen am Platz ✓ Restaurant/Imbiss 300m Ver-/Entsorgung Womo ✓ in den Ort 1km
Anzahl der Plätze	Gesamt/Touristen 130/70 Mietunterkünfte ✓ Stellplätze vor Schranke ✓	Touristenplätze 10 Mietunterkünfte ✓ Stellplätze vor Schranke ✓	Gesamt/Touristen 109/70 Mietunterkünfte ✓ Stellplätze vor Schranke ✗

	3.8 GUT 24 Bewertungen	4.5 SEHR GUT 4 Bewertungen	4.8 SEHR GUT 36 Bewertungen
Lage	4.6	4.5	4.5
Ruhe	4.1	5.0	4.9
Sanitäranlagen	3.6	4.2	4.7
Sauberkeit Ø	4.2	4.2	4.8
Freundlichkeit	4.3	4.8	5.0
Stellplatz	3.8	4.2	4.5
Verpflegung	3.8	3.7	3.4
Freizeit	3.3	4.2	4.3
Preis-Leistung	4.1	5.0	4.8
Mietunterkünfte	3.9	4.3	4.9
Geeignet für			
Kinder b. 6 J.	3.9	5.0	4.8
Kinder b. 12 J.	3.7	4.5	4.8
Kinder b. 18 J.	3.3	4.5	4.2
Paare	4.7	4.8	4.9
Senioren	4.6	4.8	5.0
Gäste mit Zelt	4.6	4.8	4.9
Gäste mit Hund	4.5	5.0	4.9
Empfohlene Aktivitäten	Radfahren Entspannen Angeln	Angeln Surfen Radfahren	Entspannen Radfahren Wandern

10 Camping Ostsee Katharinenhof

Katharinenhof
23769 Fehmarn
+49 4371 9032
www.camping-katharinenhof.de
info@camping-katharinenhof.de

01.04. - 15.10.

HS: 43,50 € | NS: 30,00 €

Mehr Infos & Anfrage:
www.camping.info/18190

Baden im Meer am Platz	✓
Hallenbad	5km
Spielplatz am Platz	✓
Hunde willkommen	✓
zur Hälfte Schatten	✓
WLAN (gegen Gebühr)	✓
Lebensmittel	✓
Brötchen am Platz	✓
Restaurant & Imbiss	✓
Ver-/Entsorgung Womo	✓
in den Ort	5km
Gesamt/Touristen	570/305
Mietunterkünfte	✓
Stellplätze vor Schranke	×

Luftaufnahme vom Campingplatz mit Blick Richtung Ostseeküste.

Lage & Stellplatz

Der Campingplatz Ostsee Katharinenhof liegt im Osten der Insel Fehmarn, nur durch einen kleinen Waldstreifen und eine Steilküste von der Ostsee getrennt. Die Stellplätze (ca. 100-130 m² groß) sind großzügig mit vielen Hecken angelegt und mit Strom-, Wasser- und Abwasseranschluss ausgestattet.

Verpflegung

Vor Ort findet man einen Minimarkt, wo neben frischen Brötchen auch Artikel des täglichen Bedarfs gekauft werden können. Außerdem befindet sich ein Restaurant mit Imbiss direkt am Platz. In 100 m Entfernung gibt es ein weiteres Restaurant mit Seeblick.

Sanitär

Der Platz verfügt über insgesamt vier komfortable, beheizte und behindertengerechte Sanitäranlagen mit Einzelwasch- und Einzelduschkabinen (Warmduschen ist inklusive). Darüber hinaus werden den Gästen Babywickelräume sowie Waschmaschinenräume zur Verfügung gestellt.

Freizeit

Gegen Langeweile gibt es vier Spielplätze mit Wassermatschanlage, einen Fußballplatz, Ponyreiten sowie Animation für Groß und Klein während der Hauptsaison. Die Region ist auch sehr gut geeignet für Taucher und Angler. Außerdem gibt es zahlreiche schöne Ausflugsziele in der näheren Umgebung.

Idyllischer Naturstrand.

Einer von 4 tollen Spielplätzen.

4.7 SEHR GUT
1174 Bewertungen

Lage	4.3
Ruhe	4.1
Sanitäranlagen	4.7
Sauberkeit Ø	4.5
Freundlichkeit	4.9
Stellplatz	4.7
Verpflegung	4.2
Freizeit	4.6
Preis-Leistung	4.6
Mietunterkünfte	4.0

Geeignet für

Kinder b. 12 J.	4.7
Gäste mit Hund	4.7
Kinder b. 6 J.	4.6
Paare	4.6
Senioren	4.5
Gäste mit Zelt	4.5
Kinder b. 18 J.	4.3

Empfohlene Aktivitäten

Radfahren · Entspannen · Wandern · Reiten

Mehr Infos

Keine Jugendgruppen in der HS.

AWARD 2022

Karte auf Seite 86

	9	11	16
	Camping Flügger Strand	**Europa-Camping**	**Camping Miramar GmbH & Co. KG**
	Flügge 2 23769 Fehmarn +49 437 27 14	23769 Meeschendorf +49 4371 2419	Fehmarnsund 70 23769 Fehmarnsund +49 4371 3220
	54.45167 | 11.00694	54.41518 | 11.24404	54.40469 | 11.13991
Infos			
Öffnungszeiten	18.03. - 09.10.	01.04. - 30.09.	ganzjährig
Vergleichspreis	HS: 32,00 € | NS: 20,00 €	HS: 25,00 € | NS: 25,00 €	HS: 34,10 € | NS: 23,30 €
Link	**Mehr Infos & Anfrage:** www.camping.info/18183	**Mehr Infos & Anfrage:** www.camping.info/18194	**Mehr Infos & Anfrage:** www.camping.info/18186
Ausstattung			
Freizeit	Baden im Meer am Platz ✓ Hallenbad 17km Spielplatz am Platz ✓	Baden in nat. Gewässer k. A. Hallenbad 1km Spielplatz am Platz ✓	Baden im Meer am Platz ✓ Pool & Hallenbad ✗ Spielplatz am Platz ✓
Campingplatz	Hunde erlaubt ✓ wenig Schatten ✓ WLAN (gegen Gebühr) ✓	Hunde erlaubt ✓ Schatten ✗ WLAN ✓	Hunde willkommen ✓ wenig Schatten ✓ WLAN (gegen Gebühr) ✓
Versorgung	Lebensmittel ✓ Brötchen am Platz ✗ Restaurant am P. ✓ Ver-/Entsorgung Womo ✓ in den Ort 5km	Lebensmittel 100m Brötchen am Platz ✗ Restaurant & Imbiss ✓ Ver-/Entsorgung Womo ✗ in den Ort 1km	Lebensmittel ✓ Brötchen am Platz ✓ Restaurant & Imbiss ✓ Ver-/Entsorgung Womo ✓ in den Ort 1km
Anzahl der Plätze	Gesamt/Touristen 500/220 Mietunterkünfte ✓ Stellplätze vor Schranke ✗	Gesamt/Touristen 130/65 Mietunterkünfte ✓ Stellplätze vor Schranke ✗	Gesamt/Touristen 550/250 Mietunterkünfte ✓ Stellplätze vor Schranke ✓

	Camping Flügger Strand	Europa-Camping	Camping Miramar GmbH & Co. KG
Gesamt	3.7 GUT (41 Bewertungen)	4.1 SEHR GUT (11 Bewertungen)	4.2 SEHR GUT (87 Bewertungen)
Lage	4.5	4.4	4.5
Ruhe	3.5	4.9	3.8
Sanitäranlagen	4.4	3.7	4.4
Sauberkeit Ø	4.0	4.7	4.5
Freundlichkeit	3.7	4.3	3.9
Stellplatz	3.5	3.3	4.1
Verpflegung	3.7	3.1	4.2
Freizeit	3.7	3.4	4.0
Preis-Leistung	3.6	4.4	4.1
Mietunterkünfte	3.3	4.8	4.1
Geeignet für			
Kinder b. 6 J.	3.6	4.3	4.1
Kinder b. 12 J.	3.8	4.1	4.2
Kinder b. 18 J.	3.2	3.6	3.7
Paare	4.0	4.4	4.4
Senioren	3.5	3.7	4.2
Gäste mit Zelt	4.1	4.0	3.8
Gäste mit Hund	3.2	4.7	4.4
Empfohlene Aktivitäten	Schwimmen Radfahren Entspannen	Radfahren Entspannen Schwimmen	Schwimmen Radfahren Motorboot

12 Camping Südstrand Fehmarn

Meeschendorf
23769 Fehmarn
+49 4371 2189
www.camping-suedstrand.de
info@camping-suedstrand.de

01.04. - 07.10.

HS: 43,00 € | NS: 25,00 €
Mehr Infos & Anfrage:
www.camping.info/18193

Baden im Meer am Platz	✓
Hallenbad	5km
Spielplatz am Platz	✓
Hunde willkommen	✓
wenig Schatten	✓
WLAN (gegen Gebühr)	✓
Lebensmittel	✓
Brötchen am Platz	✓
Restaurant & Imbiss	✓
Ver-/Entsorgung Womo	✓
in den Ort	1km
Gesamt/Touristen	460/240
Mietunterkünfte	✓
Stellplätze vor Schranke	✓

Naturnaher Sandstrand und flaches Wasser.

Lage & Stellplatz

Die Platzbetreiber begreifen Campingurlaub als ein Sommerglück und gestalten den Gästen einen unkomplizierten Aufenthalt. Die Vorstellung von „Leben & Leben lassen" macht die Atmosphäre auf diesem Platz aus – hier finden alle Gäste gemeinsam mit vielen sympathischen Mitcampern Ruhe und Erholung.

Verpflegung

Auf dem Platz befinden sich ein Campingshop mit Artikeln des täglichen Bedarfs und das sympathische Südstrand-Bistro. In herzlicher, südländischer Gastlichkeit gibt es leckeren, frischen Fisch aus der Ostsee sowie Grill- & Imbissgerichte. Einkäufe und Ausgehmöglichkeiten im 5 km entfernten Burg.

Sanitär

Gepflegte 4-Sterne-Sanitäranlagen mit einzelnen, komfortablen Kabinen, Babywickelraum und rollstuhlgerechtem Bad. Die Anlagen werden mit umfassender Umwelttechnologie betrieben.

Freizeit

Im Urlaub können die Gäste auf diesem Platz viel erleben. Dazu wurde ein umfangreiches Programm auf die Beine gestellt: Kinder- & Familienanimation, Livemusik, naturnahe Projekte, Cat- und Surfschule, Kletterturm für die Kids, Bogenschießen, Beachvolleyball, Streetball und Boule.

Gepflegte, begrünte Parzellen.

Großzügige Kinderspielplätze.

4.7 SEHR GUT
1055 Bewertungen

Lage	4.7
Ruhe	4.4
Sanitäranlagen	4.4
Sauberkeit Ø	4.5
Freundlichkeit	4.7
Stellplatz	4.6
Verpflegung	4.2
Freizeit	4.6
Preis-Leistung	4.6
Mietunterkünfte	4.7

Geeignet für

- 4.8 Kinder b. 12 J.
- 4.7 Kinder b. 6 J.
- 4.7 Gäste mit Zelt
- 4.6 Paare
- 4.6 Gäste mit Hund
- 4.5 Senioren
- 4.4 Kinder b. 18 J.

Empfohlene Aktivitäten

Radfahren · Schwimmen · Surfen · Entspannen

Mehr Infos

AWARD 2022

13 Insel-Camp Fehmarn

Zum Meeresstrand 100
23769 Fehmarn
+49 4371 50300

www.inselcamp.de
info@inselcamp.de

01.04. - 03.10.

HS: 61,00 € | NS: 36,90 €

Mehr Infos & Anfrage:
www.camping.info/18195

Baden im Meer am Platz	✓
Pool/Hallenbad	2km
Spielplatz am Platz	✓
Hunde willkommen	✓
zur Hälfte Schatten	✓
WLAN	✓
Lebensmittel	✓
Brötchen am Platz	✓
Restaurant & Imbiss	✓
Ver-/Entsorgung Womo	✓
in den Ort	1km
Gesamt/Touristen	389/360
Mietunterkünfte	✗
Stellplätze vor Schranke	✓

ADAC Superplatz 2023 ADAC

Premium Camps

EMAS

ECO CAMPING

Klimafreundlicher Betrieb

InselCamp FEHMARN

5-Sterne-Camping-Komfort in gepflegter Grünanlage mit Top-Sanitäranlagen.

Lage & Stellplatz

Mit einem Sprung ins Wasser: Die Gäste freuen sich auf exklusiven Camping-Komfort direkt am feinsandigen, weitläufigen Ostsee-Strand. Wussten Sie, dass die Insel Fehmarn durch günstige Luftströme die meisten Sonnentage Deutschlands im Jahr zählt? Die Südlage des Strandes verwöhnt die Camper den ganzen Tag über mit Sonne. Die großzügigen Komfort-Stellplätze verfügen alle über direkten Wasser-, Abwasser-, Strom-, Kabel-TV-Anschluss und WLAN-Empfang. Alle Wunschkategorien sind in den Größen von 90 bis 200 m² verbindlich buchbar. Es gibt auch Wohnmobilstellplätze vor der Schranke.

Sanitär

Der Sanitärbereich ist lichtdurchflutet, komfortabel eingerichtet und mit Musik untermalt. Hier genießt man die umfangreiche Ausstattung der beiden schönen Sanitärhäuser mit wohliger Fußbodenheizung, freien Warmduschen, privaten Mietbädern, Babywickelraum, gut zugänglicher Einrichtung für Gäste mit Handicap, Waschmaschinen und Wäschetrockner sowie freier Geschirrspülmaschine. Die Gebäude sind durch ihre zentrale Lage von jedem Stellplatz aus bequem in kurzen, barrierefreien Wegen erreichbar. Für die „Katzenwäsche" des Vierbeiners steht im Außenbereich eine beliebte Hundedusche bereit.

Genussvoll und lokal speisen.

Vielfältiges Wellnessangebot.

Nicht geeignet für Jugend- oder Großgruppen.

AWARD 2022

Badespaß am weitläufigen Sandstrand in Südlage mit herrlichem Ausblick und Sonne pur.

Verpflegung

Wie wäre es mit frisch gebackenen Brötchen zum Frühstück, leckeren Kleinigkeiten tagsüber auf dem Platz und dann zum Tagesausklang genussvoll bei einem Bier oder einem Glas Wein speisen? Egal, ob man im gemütlichen Bistrozelt oder im Restaurant bei schönem Ambiente die Zeit verbringen möchte, die Gäste können sich auf ein vielfältiges, saisonal wechselndes Angebot freuen. Wer lieber selbst kochen möchte, findet im gut sortierten, feinen Supermarkt Lebensmittel, ein Gourmet-Eck, gekühlte Getränke, täglich frische Brötchen und Croissants sowie die passenden Zutaten für den Campingkocher.

Freizeit

Die exklusive Ausstattung sowie das individuelle Animations- und Sportangebot (i. d. Hauptferienzeit) sorgen für traumhaften Urlaub am Ostsee-Strand. Ein hübscher Saunabereich, wohltuende Massagen und Kosmetik- & Fußpflegeangebot laden zum Entspannen ein. Beim Body-Workout, Yoga, Fußball oder im neuen Fitnessraum bleibt man in Bewegung. Kids & Co. vergnügen sich auf dem Spielplatz, der Spielwiese, auf dem Sportfeld oder im Animationszelt. Für Hunde gibt es einen Hunde-Agility Bereich. In der Umgebung locken panoramareiche Radtouren, historisch geprägte Orte, Hofcafés oder ein Fischereihafen.

5.0

Wir waren hellauf begeistert, angefangen von der netten Begrüßung über die Sauberkeit bis hin zum Strand. Die Brötchen im Shop sind super lecker und auch vom Preis her sehr erschwinglich. Auch wurde jeden Tag ein anderes Programm für die Kids geboten, Eltern konnten sich abends in der Cocktaillounge treffen und die Kids konnten am nahen Spielplatz toben. Wir können diesen Platz nur empfehlen!

Stefan W.

Stefan campt mit Frau und Söhnen seit vielen Jahren und seit 2018 im eigenen Wohnwagen. Sie mögen familienfreundliche Plätze und lieben das Gefühl von Freiheit. Im September 2022 waren sie auf dem Platz.

Individueller Kinderspielplatz.

Hunde-Agility/Spiel-Bereich.

4.9 **SEHR GUT**
824 Bewertungen

Lage	4.8
Ruhe	4.6
Sanitäranlagen	4.9
Sauberkeit Ø	4.9
Freundlichkeit	4.8
Stellplatz	4.8
Verpflegung	4.3
Freizeit	4.4
Preis-Leistung	4.4
Mietunterkünfte	-

Geeignet für

- 4.8 Kinder b. 6 J.
- 4.8 Paare
- 4.8 Senioren
- 4.7 Kinder b. 12 J.
- 4.6 Gäste mit Hund
- 4.5 Gäste mit Zelt
- 4.2 Kinder b. 18 J.

Empfohlene Aktivitäten

Radfahren · Entspannen · Schwimmen · Surfen

Mehr Infos

14 Camping Strukkamphuk

Strukkamp 83
23769 Fehmarn
+49 4371 2194
www.strukkamphuk.de
info@strukkamphuk.de

31.03. - 29.10.

HS: 45,00 € | NS: 34,00 €

Mehr Infos & Anfrage:
www.camping.info/18184

Baden im Meer am Platz	✓
Hallenbad	8km
Spielplatz am Platz	✓
Hunde willkommen	✓
wenig Schatten	✓
WLAN	✓
Lebensmittel	✓
Brötchen am Platz	✓
Restaurant & Imbiss	✓
Ver-/Entsorgung Womo	✓
in den Ort	8km
Gesamt/Touristen	638/278
Mietunterkünfte	✓
Stellplätze vor Schranke	✓

AWARD 2022 camping.info

ADAC Superplatz 2022 ADAC

anwb Erkende camping TOP 2022

Camp am Meer – Camping Strukkamphuk I Fotos Melina Waliczek.

Lage & Stellplatz

Der Campingplatz Strukkamphuk befindet sich im Südwesten der Ostseeinsel Fehmarn direkt am Meer. Umgeben von Feldern und Wiesen verspricht die schöne Lage Erholung mitten in der Natur. Ob ein Platz am Deich, im Schatten oder der Sonnenplatz – die Vielfalt an Stellplätzen bietet für jeden Urlauber den persönliche Lieblingskategorie. Vom Strand Strukkamp aus lassen sich die schönsten Sonnenuntergänge an der Ostsee beobachten und auch der Blick auf die Fehmarnsundbrücke macht Camping Strukkamphuk – das Camp am Meer – besonders.

Sanitär

Alle Sanitäranlagen sind sehr gut gepflegt. Es gibt vier große Waschhäuser mit moderner und komfortabler Ausstattung. Familienbäder, Hundeduschen, Waschräume im Kinderdesign, Waschmaschinen und Geschirrspülräume und eine Outdoor-Surferdusche mit Heißwasser sorgen für Komfort. Duschmarken sind nicht erforderlich. Die Sanitäranlagen sind frei nutzbar.

Stellplatz am Deich am Abend.

Abenteuerspielplatz für Kids.

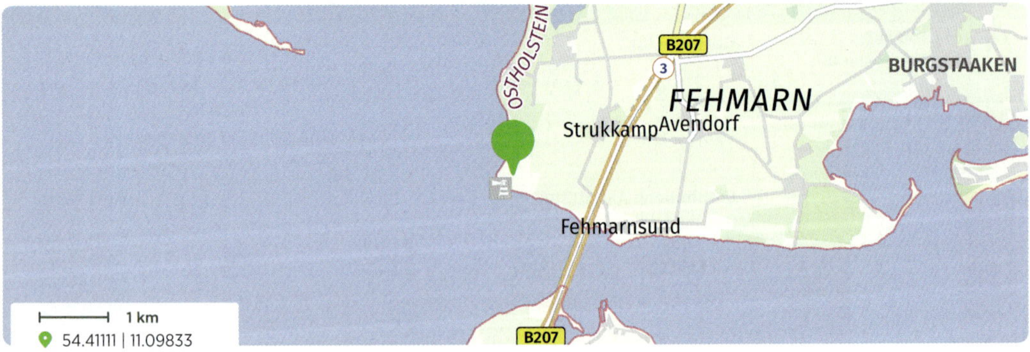

54.41111 | 11.09833

AWARD 2022

Strand von Strukkamphuk mit Strandbar, Beachvolleyballfeld, Boulebahn und Surf-Revier I DLRG in der Hauptsaison vor Ort

Verpflegung

Das Restaurant „Wind & Wasser“ lädt auf die Sonnenterrasse ein. Ein Blick auf die Speisekarte verspricht eine Vielfalt an klassischen Gerichten – von Fisch bis zum Burger ist hier alles dabei. Im Edeka Strandmarkt Strukkamp mit einem vielschichtigen Sortiment gibt es morgens frische Brötchen und man findet alles, was man im Campingurlaub braucht! In der Hauptsaison bereichern Foodtrucks das kulinarische Angebot. Highlight ist die Strandbar Strukkamp, die besonders am Abend eine beliebte Anlaufstelle für Kaltgetränke & Co. ist, aber auch tagsüber den Strandtag mit Kaffee und Eis versüßt!

Freizeit

Wassersportler aller Art finden hier das perfekte Revier. Vor Ort gibt es eine Windsurf- und Segelschule sowie eine Kiteschule – beide mit SUP-Verleih. Das Animationsprogramm spricht besonders die Kinder, aber auch Erwachsenen an. Abenteuerliche Spielplätze, Trampoline, das Volleyballfeld, die Skateranlage und der Kunstrasenplatz laden zum Toben ein. Abends geht es an die Strandbar. Live-Musik, Sportevents & Co. machen den Urlaub auf dem Camping Strukkamphuk unvergesslich. Und mit dem Fahrrad kann man von hier aus wunderbar die Sonneninsel Fehmarn erkunden!

5.0

Sehr schöner, gepflegter Campingplatz mit recht großzügigen, ebenen Stellplätzen. Super Einkaufsmöglichkeit auf dem Gelände – sehr freundliche Bedienung. Kinder finden einen tollen Spielplatz vor und können mit dem Fahrrad das Gelände erkunden, da Autofahrer sehr achtsam sind. Kann den Platz nur empfehlen - das Preis-Leistungs-Verhältnis ist top. Wir kommen gerne wieder und freuen uns auf den nächsten Aufenthalt. Denken bereits über einen Dauerplatz nach!

Marion N.

Marion N. war mit ihrer Familie im Juni 2022 auf dem Campingplatz Strukkamphuk.

Hyggelige Deluxe-Mietwohnwagen.

Wassersport-Revier Strukkamphuk.

4.7 **SEHR GUT**
932 Bewertungen

Lage	4.6
Ruhe	4.3
Sanitäranlagen	4.8
Sauberkeit Ø	4.8
Freundlichkeit	4.7
Stellplatz	4.7
Verpflegung	4.4
Freizeit	4.5
Preis-Leistung	4.4
Mietunterkünfte	4.7

Geeignet für

4.7	Kinder b. 6 J.
4.7	Kinder b. 12 J.
4.7	Paare
4.7	Gäste mit Hund
4.6	Gäste mit Zelt
4.5	Senioren
4.4	Kinder b. 18 J.

Empfohlene Aktivitäten

Radfahren
Entspannen
Surfen
Schwimmen

Mehr Infos

15 Camping - und Ferienpark Wulfener Hals

FKK

Wulfener Hals Weg 100
23769 Fehmarn
+49 4371 8628 0

www.wulfenerhals.de
info@wulfenerhals.de

ganzjährig

HS: 39,50 € | NS: 24,80 €

Mehr Infos & Anfrage:
www.camping.info/18185

Baden im Meer am Platz	✓
Pool/Hallenbad	✓/5km
Spielplatz am Platz	✓
Hunde willkommen	✓
zur Hälfte Schatten	✓
WLAN (gegen Gebühr)	✓
Lebensmittel	✓
Brötchen am Platz	✓
Restaurant & Imbiss	✓
Ver-/Entsorgung Womo	✓
in den Ort	3km
Gesamt/Touristen	752/395
Mietunterkünfte	✓
Stellplätze vor Schranke	✓

Restaurant „Seeblick“ mit Terrasse, Chillout-Area und Wintergarten.

Lage & Stellplatz

Zwischen Burger Binnensee und Ostsee, an der Südseite der Insel Fehmarn, bietet der Camping- und Ferienpark Wulfener Hals Aktivurlaub und Erholung pur. Als einer der schönsten Campingplätze Europas wurde der Wulfener Hals vom DTV mit 5 Sternen ausgezeichnet und auch der ADAC prämiert den Ferienpark seit vielen Jahren kontinuierlich mit der jeweils höchsten Bewertung. Die meisten Stellplätze verfügen über Strom-, Wasser- und WLAN-Anschluss. Viele Plätze sind zusätzlich mit TV/Kabelanschluss ausgestattet. Ein Wohnmobilpark mit 24-Stunden An- und Abreise wird auch gehobenen Ansprüchen gerecht.

Sanitär

Die Infrastruktur des Platzes ist auf gehobene Camping-Ansprüche ausgerichtet. Fünf modern ausgestattete Sanitärgebäude mit oft frei zugänglichen Familienbädern und Gemeinschaftsküchen bieten höchsten Komfort. Das Kinderbad wurde speziell für die Bedürfnisse von Kindern bis zu sechs Jahren gestaltet (z. B. mit kindgerechten Toiletten, Waschbecken und Spaßduschen). Familien können auch ein eigenes Familienbad mieten, das während des gesamten Aufenthaltes nur ihnen zur Verfügung steht. Natürlich gibt es in den Sanitärgebäuden auch Bereiche, die für Menschen mit Behinderung konzipiert wurden.

Paradies für Kinder.

Paar an der Steilküste.

Preise inkl. Duschen, Warmwasser, Whirlpool, Pool, Geschirrspülmaschine.

AWARD 2022

Luftaufnahme vom Campingplatz auf der deutschen Ostsee-Insel Fehmarn.

Verpflegung

Wer vom umfangreichen Aktiv- und Unterhaltungsprogramm hungrig wird, dem stehen ein Super- und Campingmarkt, drei Restaurants, ein Bistro, eine Bierbar sowie ein Eiscafé und eine Tanzbar zur Verfügung. Das Restaurant „Seeblick“, das im Jahr 2016 grundlegend erneuert wurde, bietet direkt am Ostseestrand maritime Küche. Im Restaurant „Wulfener Hals“ gibt es internationale Gerichte mit Schwerpunkt auf italienischer Küche in angenehmer Atmosphäre. Auf der Loungeterrasse kann Kaffee genossen werden. Morgens lädt hier ein großes Frühstücksbuffet zum entspannten Tagesbeginn ein.

Freizeit

Schon morgens bietet das vielköpfige Animationsteam den großen und kleinen Gästen ein vielseitiges Sport- und Freizeitprogramm. Von Yoga über Wellness bis zu Bogenschießen und Kreativangeboten ist für jeden Gast etwas dabei. Abends gibt es ein buntes Unterhaltungsprogramm für alle Altersklassen. Die Gewässer um den Wulfener Hals sind ideal für Wassersportler: Surfer, Kiter und SUP-Fans haben die Wahl zwischen dem Stehrevier des Burger Binnensees oder dem „Ritt“ auf der Ostsee. Für Wasserratten stehen ein beheizter Pool und ein Jacuzzi bereit. Eine Tauch- und Reitschule runden das Angebot ab.

5.0

Wir sind schon seit mehreren Jahren auf dem Platz. Wir haben 3 Kinder im Alter von 3 bis 10, für jeden ist was dabei. Das Gesamtpaket ist für uns einmalig und unerreicht. Die Kinderanimation ist top und fast alles ist kostenlos. Gleiches gilt für das Angebot für Jugendliche. Am Abend ist immer eine Veranstaltung, das Programm ist abwechslungsreich und für jedes Alter ist mal was dabei. Highlight sind die neu gestalteten Bäder am Schwimmbad.

Nils S.

Nils S. campt seit Jahren auf dem Camping- und Ferienpark Wulfener Hals und hat mit seiner Familie im Juni 2021 den Platz besucht.

Beheizter Pool.

Sandstrand an der Ostsee.

4.4 **SEHR GUT**
1188 Bewertungen

Lage	4.8
Ruhe	4.0
Sanitäranlagen	4.4
Sauberkeit Ø	4.3
Freundlichkeit	4.4
Stellplatz	4.3
Verpflegung	4.1
Freizeit	4.7
Preis-Leistung	3.9
Mietunterkünfte	4.2

Geeignet für

Kinder b. 12 J.	4.7
Kinder b. 6 J.	4.6
Kinder b. 18 J.	4.5
Paare	4.5
Senioren	4.2
Gäste mit Zelt	4.2
Gäste mit Hund	4.2

Empfohlene Aktivitäten

Surfen
Radfahren
Schwimmen
Golf

Mehr Infos

SCHLESWIG-HOLSTEIN / HAMBURG

7 Hamburg & Südholstein

FREIZEITTIPPS

- **A** St. Pauli-Landungsbrücken, Hamburg
- **B** ARRIBA Erlebnisbad & Saunadorf, Norderstedt
- **C** Schloss Ahrensburg
- **D** Fischtreppe Geesthacht, Elbe
- **E** Ratzeburger See, Ratzeburg

	Platz	Seite	Bewertung	Öffnungszeiten	
1	Naturcamping Buchholz	104	3.9	saisonal	
2	Camping zur schönen Aussicht	104	4.7	saisonal	
3	KNAUS Campingpark Hamburg****	104	4.1	saisonal	✻
4	Schaalsee-Camp	105	4.2	saisonal	
5	Campingplatz ABC am Großensee b. Hamburg	105	3.6	saisonal	
6	Camping am Lütauer See	105	4.0	ganzjährig	✻
7	Schaalsee Camping	105	3.9	saisonal	
8	Campingplatz Freizeitwelt Güster	106	3.6	ganzjährig	✻
9	Camping Land an der Elbe bei Hamburg	106	4.8	saisonal	
10	Camping Lanzer See	107	4.4	saisonal	
11	Camping Hohes Elbufer	106	4.1	saisonal	

✻ Wintercamping FKK Textilfrei (ganz/teilweise) Ecocamping Award Onlinebuchung

Karte auf Seite 102

	1 Naturcamping Buchholz	2 Camping zur schönen Aussicht	3 KNAUS Campingpark Hamburg****
Adresse	Am Campingplatz 1 23911 Buchholz +49 4541 4255 53.73849 | 10.73996	Dorfstraße 3 23909 Römnitz am Ratzeburger See +49 4541 3348 53.70837 | 10.76717	Wunderbrunnen 2 22457 Hamburg-Schnelsen +49 40 559 4225 53.65025 | 9.92874
Infos			
Öffnungszeiten	01.04. - 30.09.	30.04. - 03.10.	18.04. - 31.12.
Vergleichspreis	HS: 20,80 € | NS: 20,80 €	HS: 24,00 €	HS: 44,20 € | NS: 44,20 €
Link	**Mehr Infos & Anfrage:** www.camping.info/18213	**Mehr Infos & Anfrage:** www.camping.info/18211	**Mehr Infos & Anfrage:** www.camping.info/18151
Ausstattung			
Freizeit	Baden im See am Platz ✓ Pool/Hallenbad 6km Spielplatz am Platz ✓	Baden im See am Platz ✓ Pool & Hallenbad ✗ Spielplatz 2km	Baden in nat. Gewässer k. A. Pool/Hallenbad 6/8km Spielplatz am Platz ✓
Campingplatz	Hunde willkommen ✓ zur Hälfte Schatten ✓ WLAN (begrenzt gratis) ✓	Hunde willkommen ✓ zur Hälfte Schatten ✓ WLAN ✓	Hunde willkommen ✓ Schatten ✗ WLAN (gegen Gebühr) ✓
Versorgung	Lebensmittel 5km Brötchen am Platz ✓ Restaurant & Imbiss ✓ Ver-/Entsorgung Womo ✓ in den Ort 700m	Lebensmittel 3km Brötchen am Platz ✗ Restaurant/Imbiss 100m/3km Ver-/Entsorgung Womo ✓ in den Ort 3km	Lebensmittel 1km Brötchen am Platz ✓ Restaurant/Imbiss 800/200m Ver-/Entsorgung Womo ✓ im Ort ✓
Anzahl der Plätze	Gesamt/Touristen 140/100 Mietunterkünfte ✓ Stellplätze vor Schranke ✗	Gesamt/Touristen 50/11 Mietunterkünfte ✗ Stellplätze vor Schranke ✗	Gesamt/Touristen 140/120 Mietunterkünfte ✓ Stellplätze vor Schranke ✗

	1 Naturcamping Buchholz	2 Camping zur schönen Aussicht	3 KNAUS Campingpark Hamburg****
Gesamt	3.9 GUT – 106 Bewertungen	4.7 SEHR GUT – 7 Bewertungen	4.1 SEHR GUT – 475 Bewertungen
Lage	4.5	4.7	3.8
Ruhe	4.3	4.9	2.8
Sanitäranlagen	3.5	4.0	4.0
Sauberkeit Ø	3.8	4.5	4.3
Freundlichkeit	4.3	4.8	4.5
Stellplatz	3.7	4.7	4.3
Verpflegung	3.4	2.8	3.2
Freizeit	4.0	3.8	3.6
Preis-Leistung	4.0	4.9	3.3
Mietunterkünfte	3.9	-	4.2
Geeignet für			
Kinder b. 6 J.	4.1	4.0	3.5
Kinder b. 12 J.	4.2	4.0	3.7
Kinder b. 18 J.	3.7	4.4	3.8
Paare	4.5	4.9	4.4
Senioren	4.3	4.4	4.4
Gäste mit Zelt	4.3	4.8	3.8
Gäste mit Hund	4.5	4.7	3.8
Empfohlene Aktivitäten	Radfahren Schwimmen Kayak/Kanu	Entspannen Angeln Wandern	Sightseeing Kultur Radfahren

Preise aus 2019

4 Schaalsee-Camp

Sterleyer Heide 2
23883 Seedorf
04501 412
53.6403 | 10.85824

01.05. - 30.09.
HS: 23,00 €
Mehr Infos & Anfrage: www.camping.info/24975

Baden in nat. Gewässer	k. A.
Hallenbad	10km
Spielplatz	keine Angabe
Hunde willkommen	✓
zur Hälfte Schatten	✓
WLAN	✓
Lebensmittel	5km
Brötchen am Platz	✗
Restaurant & Imbiss	✓
Ver-/Entsorgung Womo	✗
in den Ort	keine Angabe
Touristenplätze	45
Mietunterkünfte	✓
Stellplätze vor Schranke	✗

4.2 SEHR GUT – 6 Bewertungen

Lage	5.0
Ruhe	5.0
Sanitäranlagen	4.0
Sauberkeit Ø	4.0
Freundlichkeit	4.6
Stellplatz	4.3
Verpflegung	3.5
Freizeit	4.8
Preis-Leistung	3.4
Mietunterkünfte	4.0

Geeignet für

Kinder b. 6 J.	4.7
Kinder b. 12 J.	4.7
Kinder b. 18 J.	4.3
Paare	4.8
Senioren	4.0
Gäste mit Zelt	5.0
Gäste mit Hund	5.0

Empfohlene Aktivitäten
- Kayak/Kanu
- Wandern
- Entspannen

5 Campingplatz ABC am Großensee b. Hamburg

Trittauer Straße 11
22946 Großensee
+49 4154 60642
53.61139 | 10.34444

01.04. - 15.10.
HS: 28,50 € | NS: 25,50 €
Mehr Infos & Anfrage: www.camping.info/19574

Baden im See am Platz	✓
Pool/Hallenbad	✓/10km
Spielplatz am Platz	✓
Hunde willkommen	✓
Schatten	✗
WLAN	✓
Lebensmittel	3km
Brötchen am Platz	✗
Restaurant & Imbiss	✓
Ver-/Entsorgung Womo	✓
in den Ort	3km
Gesamt/Touristen	80/30
Mietunterkünfte	✓
Stellplätze vor Schranke	✗

3.6 GUT – 94 Bewertungen

Lage	4.0
Ruhe	3.9
Sanitäranlagen	3.6
Sauberkeit Ø	3.8
Freundlichkeit	4.3
Stellplatz	3.4
Verpflegung	2.7
Freizeit	3.9
Preis-Leistung	3.5
Mietunterkünfte	3.9

Geeignet für

Kinder b. 6 J.	3.5
Kinder b. 12 J.	3.7
Kinder b. 18 J.	3.5
Paare	4.2
Senioren	4.1
Gäste mit Zelt	3.8
Gäste mit Hund	4.0

Empfohlene Aktivitäten
- Schwimmen
- Radfahren
- Entspannen

Wintercamping auf Anfrage möglich

6 Camping am Lütauer See

Am Lütauer See 6
23883 Lehmrade
+49 4542 2270
53.60218 | 10.71699

ganzjährig
HS: 19,50 € | NS: 18,00 €
Mehr Infos & Anfrage: www.camping.info/18208

Baden im See am Platz	✓
Pool/Hallenbad	15/4km
Spielplatz am Platz	✓
Hunde erlaubt	✓
Schatten	✗
WLAN (gegen Gebühr)	✓
Lebensmittel	2km
Brötchen am Platz	✓
Restaurant/Imbiss	300m/✓
Ver-/Entsorgung Womo	✓
in den Ort	3km
Gesamt/Touristen	690/90
Mietunterkünfte	✓
Stellplätze vor Schranke	✗

4.0 SEHR GUT – 17 Bewertungen

Lage	4.5
Ruhe	3.2
Sanitäranlagen	3.2
Sauberkeit Ø	3.4
Freundlichkeit	4.6
Stellplatz	3.7
Verpflegung	3.3
Freizeit	4.1
Preis-Leistung	4.4
Mietunterkünfte	4.5

Geeignet für

Kinder b. 6 J.	4.1
Kinder b. 12 J.	4.1
Kinder b. 18 J.	3.7
Paare	4.3
Senioren	4.2
Gäste mit Zelt	4.4
Gäste mit Hund	3.7

Empfohlene Aktivitäten
- Schwimmen
- Wandern
- Radfahren

Hunde am Strand nicht erlaubt

7 Schaalsee Camping

Bokop
23883 Groß Zecher
+49 172 4150 744
53.59695 | 10.90926

01.04. - 31.10.
HS: 18,50 € | NS: 18,50 €
Mehr Infos & Anfrage: www.camping.info/24003

Baden im See am Platz	✓
Pool & Hallenbad	✗
Spielplatz am Platz	✓
Hunde erlaubt	✓
Schatten	✗
WLAN	keine Angabe
Lebensmittel	k.A.
Brötchen	keine Angabe
Restaurant & Imbiss	✗
Ver-/Entsorgung Womo	✗
in den Ort	keine Angabe
Gesamt/Touristen	140/30
Mietunterkünfte	✓
Stellplätze vor Schranke	✗

3.9 GUT – 8 Bewertungen

Lage	4.9
Ruhe	4.1
Sanitäranlagen	2.6
Sauberkeit Ø	2.6
Freundlichkeit	4.2
Stellplatz	3.7
Verpflegung	2.4
Freizeit	3.8
Preis-Leistung	4.1
Mietunterkünfte	3.0

Geeignet für

Kinder b. 6 J.	3.7
Kinder b. 12 J.	4.2
Kinder b. 18 J.	4.2
Paare	4.2
Senioren	4.2
Gäste mit Zelt	3.5
Gäste mit Hund	4.5

Empfohlene Aktivitäten
- Wandern
- Kayak/Kanu
- Schwimmen

Karte auf Seite 102

	8	9	11
	Campingplatz Freizeitwelt Güster	**Camping Land an der Elbe bei Hamburg**	**Camping Hohes Elbufer**
	❄		
	Am Prüßsee 34 21514 Güster +49 4158 497	Stover Strand 7 21423 Stove bei Drage +49 4176 327	Strandweg 35 21502 Geesthacht-Tesperhude +49 176 615 738 80
	53.52778 | 10.68972	53.42845 | 10.30104	53.39935 | 10.4345
Infos			
Öffnungszeiten	ganzjährig	01.04. - 30.09.	01.04. - 15.10.
Vergleichspreis	HS: 28,90 € | NS: 25,90 €	HS: 32,00 € | NS: 32,00 €	HS: 14,00 € | NS: 14,00 €
Link	**Mehr Infos & Anfrage:** www.camping.info/22321	**Mehr Infos & Anfrage:** www.camping.info/18137	**Mehr Infos & Anfrage:** www.camping.info/18140
Ausstattung			
Freizeit	Baden im See am Platz ✓ Pool/Hallenbad 13/12km Spielplatz am Platz ✓	Baden im Fluss am Platz ✓ Pool/Hallenbad 4/12km Spielplatz am Platz ✓	Baden im Fluss am Platz ✓ Pool 5km Spielplatz am Platz ✓
Campingplatz	Hunde willkommen ✓ zur Hälfte Schatten ✓ WLAN (gegen Gebühr) ✓	Hunde willkommen ✓ zur Hälfte Schatten ✓ WLAN (begrenzt gratis) ✓	Hunde erlaubt ✓ Schatten ✗ WLAN ✓
Versorgung	Lebensmittel 2km Brötchen am Platz nur HS Restaurant am P. ✓ Ver-/Entsorgung Womo ✓ in den Ort 2km	Lebensmittel ✓ Brötchen am Platz ✓ Restaurant/Imbiss 200m/✓ Ver-/Entsorgung Womo ✓ in den Ort 500m	Lebensmittel 3km Brötchen am Platz ✗ Restaurant/Imbiss 300m Ver-/Entsorgung Womo ✓ in den Ort 300m
Anzahl der Plätze	Gesamt/Touristen 380/80 Mietunterkünfte ✗ Stellplätze vor Schranke ✗	Gesamt/Touristen 170/50 Mietunterkünfte ✓ Stellplätze vor Schranke ✓	Gesamt/Touristen 100/30 Mietunterkünfte ✗ Stellplätze vor Schranke ✗
Bewertung	3.6 GUT 36 Bewertungen	4.8 SEHR GUT 479 Bewertungen	4.1 SEHR GUT 16 Bewertungen
Lage	4.4	4.8	4.7
Ruhe	4.3	4.7	4.9
Sanitäranlagen	4.0	4.7	3.6
Sauberkeit Ø	4.0	4.8	4.3
Freundlichkeit	3.8	4.9	5.0
Stellplatz	3.7	4.5	4.1
Verpflegung	3.0	4.0	2.9
Freizeit	3.3	4.2	3.9
Preis-Leistung	3.7	4.8	4.8
Mietunterkünfte	-	4.8	-
Geeignet für			
Kinder b. 6 J.	3.6	4.4	4.4
Kinder b. 12 J.	3.6	4.5	4.6
Kinder b. 18 J.	3.1	4.2	4.1
Paare	3.9	4.9	4.8
Senioren	3.7	4.7	4.7
Gäste mit Zelt	3.3	4.8	4.8
Gäste mit Hund	3.3	4.8	4.9
Empfohlene Aktivitäten	Radfahren Entspannen Wandern	Entspannen Radfahren Angeln	Wandern Radfahren Motorboot
		Große Gruppen nicht erlaubt!	

10 Camping Lanzer See

Am Lanzer See 1
21483 Basedow bei Lauenburg
+49 4153 599171
www.camping-lanzer-see.de
info@camping-lanzer-see.de

01.03. - 31.10.

HS: 27,00 € | NS: 23,00 €

Mehr Infos & Anfrage:
www.camping.info/18139

Baden im See am Platz	✓
Pool	8km
Spielplatz am Platz	✓
Hunde willkommen	✓
zur Hälfte Schatten	✓
WLAN (gratis)	teilweise
Lebensmittel	7km
Brötchen am Platz	✓
Restaurant & Imbiss	✓
Ver-/Entsorgung Womo	✗
in den Ort	1km
Gesamt/Touristen	210/65
Mietunterkünfte	✗
Stellplätze vor Schranke	✗

1 km

53.41 | 10.5972

Wunderschöne Halbinsel mit Komfortstellplätzen.

Lage & Stellplatz

Südöstlich von Schleswig-Holstein liegt der Campingplatz Lanzer See in idyllischer Lage am Elbe-Lübeck-Kanal bzw. am Lanzer See. Die großzügigen Parzellen sind auf der wunderschönen Halbinsel und am Kanal, Komfortplätze gibt es in ruhiger Lage. Neue Zeltplätze befinden sich am Waldesrand.

Sanitär

Ein großes, sauberes Waschhaus mit Waschmaschinen und Trockner befindet sich zwischen den Stellplätzen am Kanal sowie ein weiteres Waschhaus auf der Halbinsel vom Campingplatz.

Verpflegung

Das gemütliche Gasthaus punktet mit schöner Aussichtsterrasse und wunderbarem Blick auf den See. Zusätzlich gibt es einen Kiosk mit kleinen Snacks auf dem Platz.

Freizeit

Der Platz befindet sich in idealer Lage für Rad- und Wanderausflüge am Elbe-Radweg sowie an der „Alten Salzstraße". Des Weiteren befinden sich zwei Naturparks ganz in der Nähe sowie die Hansestädte Hamburg, Lübeck und Lüneburg.

Schöne Stellplätze am Kanal.

Ruhige Komfortstellplätze

4.4 SEHR GUT
57 Bewertungen

Lage	4.6
Ruhe	4.5
Sanitäranlagen	4.1
Sauberkeit Ø	4.7
Freundlichkeit	4.8
Stellplatz	4.3
Verpflegung	3.9
Freizeit	4.0
Preis-Leistung	4.7
Mietunterkünfte	-

Geeignet für

4.7 Senioren
4.6 Paare
4.5 Gäste mit Zelt
4.5 Gäste mit Hund
4.0 Kinder b. 12 J.
3.7 Kinder b. 6 J.
3.7 Kinder b. 18 J.

Empfohlene Aktivitäten

Radfahren
Schwimmen
Entspannen
Wandern

Mehr Infos

Niedersachsen und Bremen

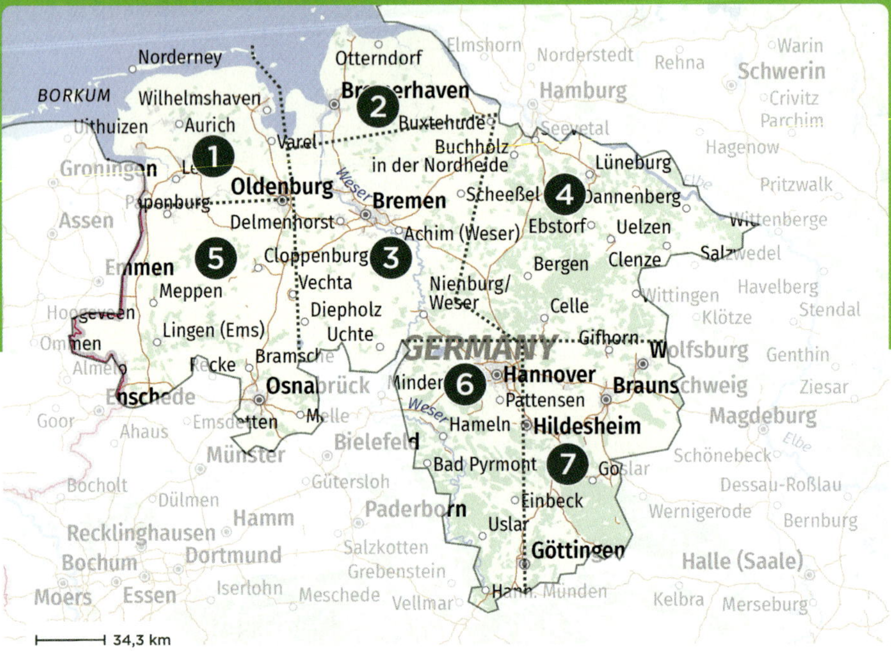

Regionen

TIPP DER REDAKTION

Camping am Deich - Nordsee

Ostfriesland | Nr. 18 | Seite 124

Laut Gästen ideal geeignet zum:

- Radfahren
- Entspannen
- Wandern

4.7

Vom Harz bis an die Nordsee

Ob im Harz, in der Heide oder an den Küsten der Nordsee: Wer seinen Urlaub in Niedersachsen verbringen möchte, hat nicht nur die Wahl zwischen Fahrradtouren über das platte Land und Entspannung am Strand, sondern auch zwischen Wintersport im Mittelgebirge und Wanderungen durch einzigartige Landschaften. Auch die kleinen Fischerdörfer und Städtchen sowie spannende Kulturstädte an der Küste und im Binnenland sind lohnenswerte Ziele. Das flächenmäßig zweitgrößte Land der Bundesrepublik bietet Campern, neben jeder Menge Möglichkeiten ihre Zelte aufzuschlagen, auch ein vielfältiges Freizeitangebot. Dabei hat jede Region ihren ganz besonderen Reiz.

Idyllische Fischerdörfer und große Hafenstädte

Die Nordseeküste gehört nicht nur bei Campern zu den beliebtesten Urlaubsregionen Niedersachsens – von Ostfriesland bis zur Elbe reiht sich ein Ferienort an den nächsten.

Strandansicht Norddeich © Martin Stöver

Pilsumer Leuchtturm
© TourismusMarketing
Niedersachsen GmbH

Die malerischen Fischerdörfer, von denen aus die Fähren mit Kurs auf die ostfriesischen Inseln in See stechen, sind dabei ebenso beliebt wie die idyllischen Städtchen etwas weiter im Binnenland. Aber auch größere Städte wie Oldenburg mit seiner schicken Innenstadt oder Wilhelmshaven mit dem Südstrand und seiner maritimen Tradition sind beliebte Ziele für einen Tagesausflug. Darüber hinaus bietet sich auch ein Abstecher in den Stadtstaat Bremen an. Die historische Altstadt mit dem bekannten Rathaus sowie die gemütlichen Restaurants und Lädchen in den Gassen des Schnoorviertels sind ebenso einen Besuch wert wie das Universum: In diesem Mitmach-Museum erleben kleine und große Forscher naturwissenschaftliche Phänomene hautnah und mit allen Sinnen. Im 50 Kilometer entfernten Bremerhaven, das ebenfalls zum Stadtstaat Bremen gehört, unternehmt ihr im weltweit einzigartigen Klimahaus eine Reise rund um die Welt entlang des Längengrades 8° und durchquert fünf Kontinente mitsamt ihren Klimazonen und spannenden Geschichten.

Elbe bei Neu Darchau © TourismusMarketing Niedersachsen GmbH_Elbe

Der Harz – auch für Wintercamper

Doch nicht nur an der Küste im Nordwesten Niedersachsens gibt es eine Menge zu entdecken. Auch der Harz im Südosten, der mit dem 1.142 Meter hohen Brocken über den höchsten Berg Norddeutschlands verfügt, hat einiges zu bieten: Die sagenumwobene Region, in der die Hexen in der Walpurgisnacht auf dem Blocksberg tanzen, hat eine lange Bergbautradition, die besonders gut im historischen Bergwerk Grube Samson in St. Andreasberg bestaunt werden kann. Nicht nur im Sommer, auch im Winter ist der Harz ein beliebtes Urlaubsziel. Viele Campingplätze sind deshalb auch in der kalten Jahreszeit auf Besucher eingestellt und Wintersport ist dann ebenso möglich wie ausgedehnte Wanderungen durch die – mit etwas Glück – tief verschneite, malerische Berglandschaft.

Französische Mühle in der Südheide Gifhorn
© Südheide Gifhorn GmbH

Lüneburger Heide, Weserbergland und Emsland

Dünen mit Leuchtturm am Borkumer Südstrand
© TourismusMarketing Niedersachsen GmbH

Zwischen Harz und Nordseeküste gibt es noch zahlreiche andere Regionen mit lohnenden Zielen. Eine der Bekanntesten ist die Lüneburger Heide, die Wanderer, Reiter und Radfahrer gleichermaßen begeistert. Die idyllische Landschaft mit kleinen Dörfern ist perfekt geeignet, um so richtig zu entspannen. Ein Abstecher ins namensgebende Lüneburg mit seinen rot geklinkerten Altbauten, kleinen Gässchen und süßen Cafés sollte dabei auf keinen Fall fehlen! Im Weserbergland locken neben den bekannten, kilometerlangen Fahrrad- und Wanderwegen auch prachtvolle Burgen und Schlösser sowie atmosphärische Altstädte. Auch im Emsland, das mit seinen malerischen Flussläufen zu ausgedehnten Kanutouren einlädt, findet ihr vielfältige Gelegenheiten, die verschiedenen Seiten Niedersachsens zu entdecken – zum Beispiel bei einer Besichtigung der berühmten Meyer Werft, in der gigantische Kreuzfahrtschiffe entstehen.

NIEDERSACHSEN / BREMEN

❶ Ostfriesland

FREIZEITTIPPS

- **A** Pilsumer Leuchtturm
- **B** Strandpromenade Norderney
- **C** Erlebnispark Norddeich, Norden
- **D** Leeraner Miniaturland
- **E** Deutsches Marinemuseum, Wilhelmshaven

	Platz	Seite	Bewertung	Öffnungszeiten	
1	Zeltplatz Spiekeroog	114	4.4	saisonal	
2	Campingplatz Eiland	114	4.6	saisonal	
3	Campingplatz Harlesiel	114	3.7	saisonal	
4	Campingplatz Boyungs	118	-	k. A.	
5	Nordsee-Camping Neuharlingersiel	116	3.7	ganzjährig	❄
6	Campingplatz am Nordseestrand	115	4.3	saisonal	👍
7	Strand- und Familiencampingplatz Bensersiel	118	4.5	saisonal	👍
8	Camping Altfunnixsiel	118	4.3	saisonal	
9	Campingplatz Hooksiel	119	3.5	saisonal	FKK
10	Nordsee-Camp Norddeich	120	4.5	saisonal	
11	Camping Aggen	119	4.7	saisonal	
12	Friesland Camping	119	3.7	ganzjährig	❄
13	Campingplatz Wiesedermeer	119	4.7	k. A.	
14	Strandcampingplatz Dangast	123	3.8	saisonal	
15	Nordsee Campingplatz - Rennweide Dangast	122	3.5	saisonal	
16	Campingplatz Großes Meer	122	4.6	saisonal	
17	Campingplatz Marienfeld	122	4.4	k. A.	
18	Camping am Deich - Nordsee	124	4.7	saisonal	👍
19	Camping- und Bungalowpark Ottermeer	124	4.0	ganzjährig	❄
20	Camping Timmeler Meer	124	4.3	saisonal	
21	Campingplatz am Königssee	125	4.7	saisonal	
22	Campingplatz Knock	125	4.0	saisonal	
23	Camping an der Jade	125	-	k. A.	
24	Ferienpark am Bernsteinsee	125	4.1	saisonal	
25	Campingplatz am Naturbad	126	4.0	k. A.	
26	Camping- und Stellplatz Westerstede	126	4.6	ganzjährig	❄
27	Ems-Marina-Camping	126	3.4	ganzjährig	❄
28	Camping Lönskrug GbR	128	4.0	saisonal	
29	Campingplatz Nordloh	128	3.6	ganzjährig	❄
30	Freizeitpark am Emsdeich - Ostfriesland	127	4.4	saisonal	
31	Camping am Flötenteich	128	3.9	saisonal	
32	Camping Idasee	129	4.6	ganzjährig	❄

Karte auf Seite 112

	1	2	3
	Zeltplatz Spiekeroog	**Campingplatz Eiland**	**Campingplatz Harlesiel**
	Palisadendiek 26474 Spiekeroog +49 4976 9193226 53.7581 | 7.67033	Am Leuchtturm 10 26548 Norderney +49 4932 2184 53.71248 | 7.24548	Schwerinsgroden 1 26409 Carolinensiel-Harlesiel +49 4464 9493-98 53.70765 | 7.80433
Infos			
Öffnungszeiten	01.05. - 15.09.	01.04. - 31.10.	12.04. - 22.09.
Vergleichspreis	HS: 20,00 € | NS: 20,00 €	HS: 29,00 € | NS: 29,00 €	HS: 28,00 € | NS: 23,80 €
Link	**Mehr Infos & Anfrage:** www.camping.info/24374	**Mehr Infos & Anfrage:** www.camping.info/23870	**Mehr Infos & Anfrage:** www.camping.info/18329
Ausstattung			
Freizeit	Baden im Meer am Platz ✓ Hallenbad 3km Spielplatz am Platz ✓	Baden im Meer 300m Hallenbad 6km Spielplatz am Platz ✓	Baden im Meer am Platz ✓ Pool/Hallenbad ✓/1km Spielplatz am Platz ✓
Campingplatz	Hunde ✗ kein Schatten ✓ WLAN ✗	Hunde erlaubt ✓ wenig Schatten ✓ WLAN ✗	Hunde willkommen ✓ kein Schatten ✓ WLAN ✓
Versorgung	Lebensmittel ✓ Brötchen am Platz ✓ Restaurant/Imbiss 3km Ver-/Entsorgung Womo ✗ in den Ort 3km	Lebensmittel ✓ Brötchen am Platz ✓ Restaurant/Imbiss 1km/✓ Ver-/Entsorgung Womo ✓ in den Ort 6km	Lebensmittel 1km Brötchen am Platz ✓ Restaurant & Imbiss ✓ Ver-/Entsorgung Womo ✓ in den Ort 1km
Anzahl der Plätze	Touristenplätze 100 Mietunterkünfte ✗ Stellplätze vor Schranke ✗	Gesamt/Touristen 120/20 Mietunterkünfte ✓ Stellplätze vor Schranke ✓	Gesamt/Touristen 540/260 Mietunterkünfte ✓ Stellplätze vor Schranke ✓

	Zeltplatz Spiekeroog	Campingplatz Eiland	Campingplatz Harlesiel
Gesamt	4.4 SEHR GUT, 14 Bewertungen	4.6 SEHR GUT, 41 Bewertungen	3.7 GUT, 87 Bewertungen
Lage	4.7	4.8	4.2
Ruhe	4.6	4.8	3.4
Sanitäranlagen	3.4	4.4	3.6
Sauberkeit Ø	4.0	4.8	4.0
Freundlichkeit	4.7	4.7	4.4
Stellplatz	3.8	4.3	3.6
Verpflegung	4.3	4.0	3.2
Freizeit	3.8	4.3	3.7
Preis-Leistung	4.1	4.7	3.8
Mietunterkünfte	-	4.5	3.1
Geeignet für			
Kinder b. 6 J.	4.5	4.4	4.1
Kinder b. 12 J.	4.7	4.5	4.1
Kinder b. 18 J.	3.8	4.1	3.4
Paare	4.4	4.7	4.1
Senioren	3.3	4.5	4.0
Gäste mit Zelt	4.6	4.8	3.9
Hunde n. erlaubt / Gäste mit Hund	Hunde n. erlaubt -	Gäste mit Hund 4.9	Gäste mit Hund 3.1
Empfohlene Aktivitäten	Entspannen Schwimmen Wandern	Wandern Radfahren Entspannen	Radfahren Entspannen Schwimmen

6 Campingplatz am Nordseestrand

Am Nordseestrand 1
26553 Dornum-Dornumersiel
+49 4933 351

campingplatz@dornum.de

01.04. - 30.09.

HS: 34,60 € | NS: 34,60 €

Mehr Infos & Anfrage:
www.camping.info/22303

Baden im Meer am Platz	✓
Pool am Platz	✓
Spielplatz am Platz	✓
Hunde willkommen	✓
kein Schatten	✓
WLAN (begrenzt gratis)	✓
Lebensmittel	500m
Brötchen am Platz	✓
Restaurant & Imbiss	✓
Ver-/Entsorgung Womo	✓
in den Ort	500m
Gesamt/Touristen	367/200
Mietunterkünfte	✓
Stellplätze vor Schranke	✓

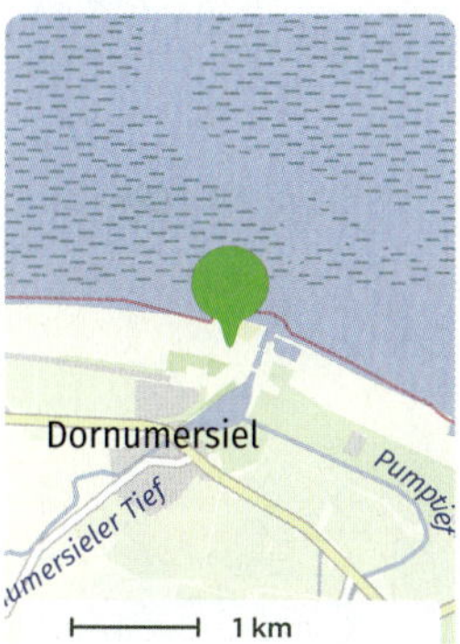

53.68066 | 7.48224

Campingplatz am Nordseestrand direkt an der Nordseeküste.

Lage & Stellplatz

Der Campingplatz in Dornumersiel liegt direkt an der niedersächsischen Nordseeküste. Der Platz ist ca. 3 ha groß und mit rund 300 Stellplätzen ausgestattet. Eingebettet zwischen Deich und Wattenmeer haben die Gäste einen herrlichen Panoramablick auf Nordsee, Strand und die Ostfriesischen Inseln.

Verpflegung

Bis zum Ortskern von Dornumersiel mit einem Supermarkt, Fahrradverleih, Kur- und Wellnesseinrichtungen, Restaurants und Cafés sind es ca. 15 Gehminuten. Auf dem Campingplatz bietet ein Kiosk täglich frische Brötchen und das Restaurant Hafensänger lockt mit schöner Aussicht über Strand und Nordsee.

Sanitär

Die zwei Sanitärgebäude – Barke und Boje – lassen mit geräumigen Kabinen, Kinderbad, modernen Küchen, Aufenthaltsraum, Rezeption und CamperClean-Station keine Wünsche offen. Die Wäsche landet im komplett ausgestatteten Waschraum mit Waschmaschinen und Wäschetrockner.

Freizeit

Das benachbarte, beheizte Meerwasserfreibad kann kostenlos genutzt werden. Am Hafen starten Ausflugsfahrten mit dem Kutter. Der Strand lockt zum Kiten, Surfen und Schwimmen. Viele Radwege laden zu Radtouren ein, Kinderanimation und Events gibt es im 500 m entfernten Reethaus am Meer.

Sanitäranlagen für die Kleinen.

Moderne Küche an der Boje.

4.3 SEHR GUT
471 Bewertungen

Lage	4.3
Ruhe	3.8
Sanitäranlagen	4.4
Sauberkeit Ø	4.5
Freundlichkeit	4.5
Stellplatz	4.1
Verpflegung	3.8
Freizeit	4.2
Preis-Leistung	4.0
Mietunterkünfte	3.3

Geeignet für

- 4.4 Kinder b. 12 J.
- 4.4 Paare
- 4.3 Kinder b. 6 J.
- 4.3 Senioren
- 3.9 Kinder b. 18 J.
- 3.3 Gäste mit Zelt
- 2.8 Gäste mit Hund

Empfohlene Aktivitäten

Radfahren | Schwimmen | Entspannen | Wandern

Mehr Infos

Hunde sind willkommen. Gemütliche Pipowagen als Mietunterkünfte.

AWARD 2022

5 Nordsee-Camping Neuharlingersiel

*

Alt-Addenhausen 4
26427 Thalasso-Nordseeheilbad Neuharlingersiel
+49 4974 188 900
www.neuharlingersiel.de
camping@neuharlingersiel.de

ganzjährig

HS: 38,40 € | NS: 22,00 €

Mehr Infos & Anfrage:
www.camping.info/18330

Baden im Meer am Platz	✓
Hallenbad	✓
Spielplatz am Platz	✓
Hunde	✗
wenig Schatten	✓
WLAN (gegen Gebühr)	✓
Lebensmittel	200m
Brötchen am Platz	✗
Restaurant/Imbiss	100m
Ver-/Entsorgung Womo	✓
in den Ort	200m
Gesamt/Touristen	1100/350
Mietunterkünfte	✓
Stellplätze vor Schranke	✓

Direkt am Deich befindet sich der Nordsee-Campingplatz Neuharlingersiel.

Lage & Stellplatz

Im Schutze des Deiches erwartet die Gäste einer der schönsten Campingplätze der ostfriesischen Nordseeküste. Hier genießt man in bester Lage ganzjährigen Campingspaß auf dem schönen Nordsee-Campingplatz mit seinen modernen Sanitärgebäuden. Das Rauschen der Wellen klingt im Ohr und man schmeckt die salzige Nordseeluft beim Entspannen auf dem Stellplatz. Nur wenige Meter trennen die Urlauber vom großen Sandstrand und dem einzigartigen UNESCO-Weltnaturerbe Wattenmeer. In wenigen Schritten erreicht man den malerischen Kutterhafen – das ist Nordsee-Camping pur.

Sanitär

Auf dem gesamten Nordsee-Campingplatz befinden sich insgesamt acht Sanitärgebäude, das sorgt für kurze Wege und optimale Bedingungen für den Campingurlaub. Das auf dem neuen Premium-Platzbereich befindliche Sanitärgebäude im Gulfhof-Stil ist in traditioneller Bauweise errichtet und mit pfiffigen regionaltypischen Accessoires ausgestattet. Schon beim Betreten taucht man ein in den Charme eines typisch ostfriesischen Landhauses. Hochwertige Mietbadezimmer mit Wanne, Dusche, Doppelwaschbecken, separater Toilette und Musik bieten dabei einen besonderen Komfort.

NEUHARLINGERSIEL
Mein Heimathafen

ADAC Tipp 2021
ADAC

Meeres-Spezialitäten am Hafen.

Entspannung im Thalasso-Zentrum.

Schranke 12:30-14:30 und 22-7 Uhr geschlossen; keine WOMOs ab 9,5 m.

In Neuharlingersiel gibt es kurze Wege zum Strand, zum Hafen, zum BadeWerk Neuharlingersiel oder den Einkaufsmöglichkeiten im Ort.

Verpflegung

Direkt neben dem Campingplatz befindet sich ein großer Supermarkt mit Bäckerei. Im fußläufig erreichbaren Ort befinden sich viele Restaurants und Cafés. Vom Bäcker über den Fisch-Imbiss bis zum gehobenen Restaurant ist in Neuharlingersiel für jeden Geschmack das Passende dabei. Zahlreiche Läden – viele von ihnen rund um den Hafen – laden zum Shoppen und Verweilen ein. Direkt am Nordsee-Campingplatz befindet sich der Fritz Berger Shop.

Freizeit

Im Thalasso-Nordseeheilbad Neuharlingersiel erlebt man eine tolle Vielfalt. Im Fischerdorf genießt man ostfriesische Weite mit aktiver Krabbenkutterflotte und idyllischem Hafen. Viele Freizeitmöglichkeiten von der Wattwanderung, über Kutterfahrten bis hin zu Radtouren oder Wanderungen auf dem Deich und am Meer sorgen für einen abwechslungsreichen Nordsee-Urlaub. Für Kinder gibt es den Leuchttürmchen-Club mit Animationsprogramm. Im Thalasso-Zentrum BadeWerk kommen Fitness und Entspannung nicht zu kurz und im Meerwasser-Hallenbad und der Sauna-Landschaft kann man sich vom Alltag erholen.

Der malerische Kutterhafen.

Wellenspielplatz am Platz.

5.0

Wir standen im neuen Bereich Richtung Hafen. Die Stellplätze sind gut befestigt und haben Rasengittermatten, sodass man selbst bei Regen nicht, wie sonst an der Nordsee üblich, im Matsch steht. Das Sanitär Gulfhof ist topmodern, man benötigt eine Karte, um hineinzukommen und um die supermodernen Mülltonnen zu öffnen. Läden, Bäcker, Restaurants und das BadeWerk sind fußläufig erreichbar. Insgesamt ein super toller Platz, wir werden auf jeden Fall wiederkommen!

Bernd L.

Bernd ist mit Wohnwagen und Pkw unterwegs. Er campt seit 1984 mit seiner Frau. Dabei erfreuen die beiden sich besonders an der Flexibilität des Campens. Sie haben den Platz im April 2022 besucht.

3.7 GUT
146 Bewertungen

Lage	4.5
Ruhe	3.8
Sanitäranlagen	4.1
Sauberkeit Ø	4.2
Freundlichkeit	3.8
Stellplatz	3.6
Verpflegung	3.5
Freizeit	3.8
Preis-Leistung	3.6
Mietunterkünfte	3.1

Geeignet für

Senioren	4.3
Paare	4.2
Kinder b. 12 J.	4.1
Kinder b. 18 J.	3.5
Kinder b. 6 J.	4.1
Gäste mit Zelt	3.6
Gäste mit Hund	- nicht erlaubt

Empfohlene Aktivitäten

Radfahren
Schwimmen
Entspannen
Wandern

Mehr Infos

Karte auf Seite 112

	4	7	8
	Campingplatz Boyungs	**Strand- und Familiencampingplatz Bensersiel** 👍	**Camping Altfunnixsiel**
	Friedrichsgroden 2a 26409 Carolinensiel/Wittmund	Am Strand 8 26427 Esens-Bensersiel +49 4971 917121	Kattrepel 11 26409 Wittmund-Altfunnixsiel +49 04464 400
	53.69869 | 7.8052	53.67558 | 7.56835	53.65499 | 7.78482
Infos			
Öffnungszeiten	keine Angabe	26.03. - 24.10.	15.03. - 14.11.
Vergleichspreis	keine Angabe	HS: 33,60 € | NS: 28,00 €	HS: 24,40 € | NS: 24,40 €
Link	**Mehr Infos & Anfrage:** www.camping.info/28088	**Mehr Infos & Anfrage:** www.camping.info/18331	**Mehr Infos & Anfrage:** www.camping.info/18328
Ausstattung			
Freizeit	Baden in nat. Gewässer k. A. Pool & Hallenbad × Spielplatz keine Angabe	Baden im Meer am Platz ✓ Pool/Hallenbad ✓/1km Spielplatz am Platz ✓	Baden im Fluss am Platz ✓ Pool/Hallenbad 6/5km Spielplatz am Platz ✓
Campingplatz	Hunde × Schatten × WLAN keine Angabe	Hunde × kein Schatten ✓ WLAN ✓	Hunde willkommen ✓ wenig Schatten ✓ WLAN ✓
Versorgung	Lebensmittel k.A. Brötchen keine Angabe Restaurant & Imbiss × Ver-/Entsorgung Womo × in den Ort keine Angabe	Lebensmittel ✓ Brötchen am Platz ✓ Restaurant & Imbiss ✓ Ver-/Entsorgung Womo ✓ im Ort ✓	Lebensmittel ✓ Brötchen am Platz ✓ Restaurant/Imbiss 100m/4km Ver-/Entsorgung Womo ✓ in den Ort 4km
Anzahl der Plätze	Gesamt keine Angabe Mietunterkünfte × Stellplätze vor Schranke ×	Gesamt/Touristen 750/400 Mietunterkünfte × Stellplätze vor Schranke ×	Gesamt/Touristen 130/20 Mietunterkünfte × Stellplätze vor Schranke ×

Campingplatz Boyungs

- JETZT BEWERTEN!

Für diese Auswertung liegen leider noch nicht genügend Bewertungen vor.

Sei einer der Ersten, der diesen Campingplatz bewertet.

Mit einer guten Campingplatz-Bewertung unterstützt du nicht nur deinen Lieblingsplatz, sondern hilfst auch anderen Campern bei der Platzwahl.

Strand- und Familiencampingplatz Bensersiel

4.5 SEHR GUT
1479 Bewertungen

Lage	4.8
Ruhe	3.9
Sanitäranlagen	4.6
Sauberkeit Ø	4.5
Freundlichkeit	4.6
Stellplatz	4.3
Verpflegung	4.1
Freizeit	4.4
Preis-Leistung	4.2
Mietunterkünfte	-

Geeignet für

Kinder b. 6 J.	4.7
Kinder b. 12 J.	4.7
Kinder b. 18 J.	4.1
Paare	4.4
Senioren	4.3
Gäste mit Zelt	4.0
Hunde n. erlaubt	-

Empfohlene Aktivitäten

- Radfahren
- Schwimmen
- Entspannen

AWARD 2022

Camping Altfunnixsiel

4.3 SEHR GUT
24 Bewertungen

Lage	4.3
Ruhe	4.7
Sanitäranlagen	4.0
Sauberkeit Ø	4.8
Freundlichkeit	4.9
Stellplatz	3.9
Verpflegung	3.8
Freizeit	3.8
Preis-Leistung	4.8
Mietunterkünfte	-

Geeignet für

Kinder b. 6 J.	3.4
Kinder b. 12 J.	3.5
Kinder b. 18 J.	3.0
Paare	4.5
Senioren	4.7
Gäste mit Zelt	4.5
Gäste mit Hund	4.8

Empfohlene Aktivitäten

- Radfahren
- Entspannen
- Wandern

Keine WOMOs ab 10 m; nicht für Gruppen geeignet.

9 Campingplatz Hooksiel

FKK

Straat över´t Diek
26434 Wangerland
+49 4425 958080

53.64167 | 8.03424

05.04. - 20.10.

HS: 31,00 € | NS: 31,00 €

Mehr Infos & Anfrage:
www.camping.info/18332

Baden im Meer am Platz	✓
Pool/Hallenbad	10/2km
Spielplatz am Platz	✓
Hunde willkommen	✓
wenig Schatten	✓
WLAN (gegen Gebühr)	✓
Lebensmittel	✓
Brötchen am Platz	✓
Restaurant & Imbiss	✓
Ver-/Entsorgung Womo	✓
in den Ort	1km
Gesamt/Touristen	1500/900
Mietunterkünfte	✓
Stellplätze vor Schranke	✓

3.5 GUT 107 Bewertungen

Lage	3.9
Ruhe	3.8
Sanitäranlagen	3.8
Sauberkeit Ø	3.8
Freundlichkeit	3.8
Stellplatz	3.6
Verpflegung	3.3
Freizeit	3.5
Preis-Leistung	3.4
Mietunterkünfte	3.5

Geeignet für

Kinder b. 6 J.	3.8
Kinder b. 12 J.	3.9
Kinder b. 18 J.	3.6
Paare	4.2
Senioren	4.0
Gäste mit Zelt	3.5
Gäste mit Hund	3.7

Empfohlene Aktivitäten

- Radfahren
- Entspannen
- Schwimmen

11 Camping Aggen

Ostland 1a
26757 Borkum-Ostland
+49 49 22 22 15

53.6028 | 6.72748

15.03. - 31.10.

HS: 21,90 € | NS: 17,20 €

Mehr Infos & Anfrage:
www.camping.info/18344

Baden im Meer	500m
Pool & Hallenbad	✗
Spielplatz am Platz	✓
Hunde	✗
Schatten	✗
WLAN (gegen Gebühr)	✓
Lebensmittel	500m
Brötchen am Platz	✓
Restaurant	500m
Ver-/Entsorgung Womo	✓
in den Ort	5km
Gesamt/Touristen	40/10
Mietunterkünfte	✗
Stellplätze vor Schranke	✗

4.7 SEHR GUT 9 Bewertungen

Lage	4.7
Ruhe	4.8
Sanitäranlagen	4.3
Sauberkeit Ø	4.8
Freundlichkeit	4.9
Stellplatz	4.2
Verpflegung	3.9
Freizeit	3.8
Preis-Leistung	4.4
Mietunterkünfte	-

Geeignet für

Kinder b. 6 J.	4.9
Kinder b. 12 J.	5.0
Kinder b. 18 J.	4.8
Paare	4.8
Senioren	4.5
Gäste mit Zelt	4.6
Hunde n. erlaubt	-

Empfohlene Aktivitäten

- Radfahren
- Entspannen
- Wandern

12 Friesland Camping

Am Schwimmbad 2
26419 Schortens
+49 4461 / 758 727

53.55028 | 7.9375

ganzjährig

keine Angabe

Mehr Infos & Anfrage:
www.camping.info/22302

Baden im Teich am Platz	✓
Pool & Hallenbad	✗
Spielplatz am Platz	✓
Hunde willkommen	✓
zur Hälfte Schatten	✓
WLAN	✗
Lebensmittel	k.A.
Brötchen am Platz	nur HS
Imbiss	✓
Ver-/Entsorgung Womo	✓
in den Ort	1km
Gesamt	150
Mietunterkünfte	✓
Stellplätze vor Schranke	✗

3.7 GUT 35 Bewertungen

Lage	3.9
Ruhe	3.6
Sanitäranlagen	3.7
Sauberkeit Ø	3.9
Freundlichkeit	4.0
Stellplatz	4.1
Verpflegung	2.1
Freizeit	3.5
Preis-Leistung	4.2
Mietunterkünfte	5.0

Geeignet für

Kinder b. 6 J.	3.6
Kinder b. 12 J.	3.6
Kinder b. 18 J.	3.2
Paare	4.2
Senioren	4.0
Gäste mit Zelt	4.5
Gäste mit Hund	4.2

Empfohlene Aktivitäten

- Schwimmen
- Radfahren
- Entspannen

13 Campingplatz Wiesedermeer

Blanksweg 6
26446 Friedeburg

53.48088 | 7.74557

keine Angabe

keine Angabe

Mehr Infos & Anfrage:
www.camping.info/25781

Baden in nat. Gewässer	k. A.
Pool & Hallenbad	✗
Spielplatz	keine Angabe
Hunde	✗
Schatten	✗
WLAN	keine Angabe
Lebensmittel	k.A.
Brötchen	keine Angabe
Restaurant & Imbiss	✗
Ver-/Entsorgung Womo	✗
in den Ort	keine Angabe
Gesamt	keine Angabe
Mietunterkünfte	✗
Stellplätze vor Schranke	✗

4.7 SEHR GUT 3 Bewertungen

Lage	4.7
Ruhe	5.0
Sanitäranlagen	4.0
Sauberkeit Ø	5.0
Freundlichkeit	5.0
Stellplatz	4.7
Verpflegung	1.0
Freizeit	4.7
Preis-Leistung	5.0
Mietunterkünfte	-

Geeignet für

Kinder b. 6 J.	5.0
Kinder b. 12 J.	5.0
Kinder b. 18 J.	5.0
Paare	5.0
Senioren	5.0
Gäste mit Zelt	5.0
Hunde n. erlaubt	-

Empfohlene Aktivitäten

- Radfahren
- Angeln
- Wandern

ANZEIGE

10 Nordsee-Camp Norddeich

Deichstrasse 21
26506 Norden-Norddeich
+49 4931 8073
www.nordsee-camp.de
info@nordsee-camp.de

25.03. - 21.12.

HS: 39,00 € | NS: 31,00 €

Mehr Infos & Anfrage:
www.camping.info/18334

Baden im Meer	1km
Pool/Hallenbad	1km
Spielplatz am Platz	✓
Hunde willkommen	✓
wenig Schatten	✓
WLAN	✓
Lebensmittel	✓
Brötchen am Platz	✗
Restaurant am P.	✓
Ver-/Entsorgung Womo	✓
in den Ort	1km
Gesamt/Touristen	711/508
Mietunterkünfte	✓
Stellplätze vor Schranke	✗

Luftaufnahme vom Nordsee-Camp Norddeich.

Lage & Stellplatz

Das Nordsee-Camp in Norddeich, direkt hinter dem Seedeich gelegen, ist das Tor zum UNESCO Weltnaturerbe Wattenmeer. Die Nordsee liegt einem zu Füßen, die Ostfriesischen Inseln sind zum Greifen nah und laden zu einem Besuch ein. Die Stellplätze werden in drei verschiedenen Größen angeboten (bis 105 m^2, von 105 bis 135 m^2 und über 135 m^2). Jeder Platz verfügt über eigene Wasser- und Abwasseranschlüsse sowie einen 16-Ampere-Stromanschluss. Als Mietobjekte stehen den Gästen 74 Chalets in verschiedenen Varianten sowie neun Woodlodges zur Verfügung. Der Chalet-Park ist ganzjährig geöffnet.

Sanitär

Die beiden großen, gepflegten und behindertengerecht ausgestatteten Sanitärhäuser verfügen nicht nur über moderne Waschmaschinen, Trockner und Geschirrspüler sowie ein separates Kinderbad und Wickelräume, sondern auch über praktische CamperClean-Automaten, mit denen sich Kassettentoiletten automatisch reinigen lassen.

Barrierefreiheit geprüft

KinderFerienLand Niedersachsen

camping.info AWARD 2019

Impression Stellplatz-Bereich.

Großer Kinderspielplatz.

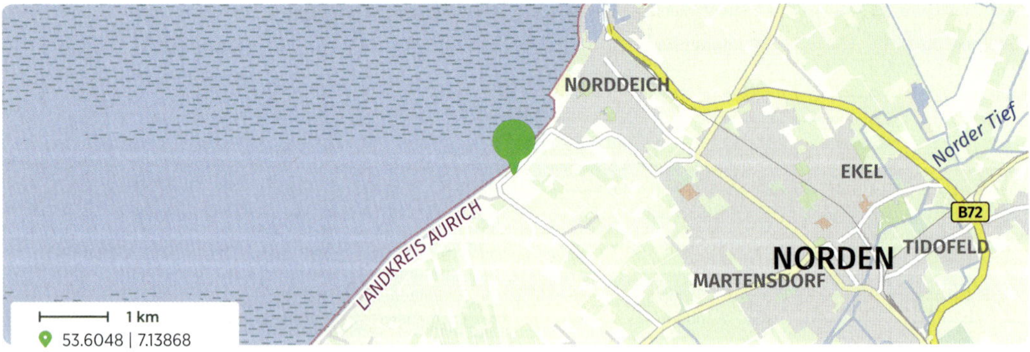

Keine Gruppen größer als 5 Pers.; keine Minderjährigen ohne Erziehungsb.

Komfortable Chalets.

Verpflegung

Der Campingplatz verfügt über einen Supermarkt, der mit sehr viel Leidenschaft und Hingabe betrieben wird. Hier finden die Gäste alles für den täglichen Bedarf und bekommen jeden Morgen ofenfrische Brötchen, auch ohne Vorbestellung. Des Weiteren befindet sich das Restaurant „Funkenpuste" direkt auf dem Platz. Hier werden die Urlauber mit schmackhaften Speisen und erfrischenden Getränken zu moderaten Preisen verwöhnt.

Freizeit

Das Angebot an Freizeitaktivitäten in Norddeich ist beinah grenzenlos. Egal ob Angeln, Radfahren, Inlineskaten, Wandern, Schwimmen, Surfen, Kiten oder Segeln – hier findet jeder eine passende Freizeitbeschäftigung. Auch einem Ausflug in die Stadt steht nichts im Weg, denn vom Platz aus erreicht man bequem mehrere Einkaufsstädte. Das Nordsee-Camp verfügt außerdem über einen platzeigenen Fahrradverleih. Für Kinder gibt es zwei große Spielplätze sowie ein zusätzliches Animationsprogramm während der Hauptsaison.

5.0

Das Nordsee-Camp Norddeich ist ein sehr schöner Campingplatz direkt an der Nordsee. Sehr ruhig gelegen, schöne Parzellen und sehr nettes Personal. Die Sanitärhäuser sind sauber und immer warm! Auch die Einkaufsmöglichkeit ist super. Der kleine Laden hat wirklich alles, was man braucht, und das zu Preisen, die akzeptabel sind. Wir werden wieder kommen!

Manuel S.

Manuel fährt seit 2003 zusammen mit seiner Frau mit dem Wohnwagen in den Urlaub. Am Campen schätzen sie besonders die Möglichkeit, spontan den Urlaubsort zu wechseln. Sie waren im Juni 2022 auf dem Platz.

Windgeschützte Woodlodges.

Der Strand in Norddeich.

4.5 SEHR GUT
407 Bewertungen

Lage	4.3
Ruhe	4.2
Sanitäranlagen	4.6
Sauberkeit Ø	4.6
Freundlichkeit	4.5
Stellplatz	4.5
Verpflegung	4.2
Freizeit	4.1
Preis-Leistung	4.3
Mietunterkünfte	4.4

Geeignet für

Paare	4.6
Senioren	4.6
Kinder b. 6 J.	4.5
Kinder b. 12 J.	4.5
Gäste mit Hund	4.4
Gäste mit Zelt	4.3
Kinder b. 18 J.	3.9

Empfohlene Aktivitäten

Radfahren · Entspannen · Wandern · Schwimmen

Mehr Infos

Karte auf Seite 112

	15	16	17
	Nordsee Camping-platz - Rennweide Dangast	**Campingplatz Großes Meer**	**Campingplatz Marienfeld**
	Edo-Wiemken-Straße 60 26316 Varel - OT Dangast +49 4451 3161 53.44958 | 8.11646	Am Gästehafen 1 26624 Südbrookmerland 04942-20472028 53.44428 | 7.30739	Schwarzer Berg 8 26446 Friedeburg +49 4465 9453160 53.44341 | 7.83363
Infos			
Öffnungszeiten	11.04. - 08.10.	15.03. - 31.10.	keine Angabe
Vergleichspreis	HS: 23,00 € | NS: 23,00 €	HS: 25,00 €	keine Angabe
Link	**Mehr Infos & Anfrage:** www.camping.info/25085	**Mehr Infos & Anfrage:** www.camping.info/18336	**Mehr Infos & Anfrage:** www.camping.info/24058
Ausstattung			
Freizeit	Baden im Meer am Platz ✓ Pool/Hallenbad 100m Spielplatz am Platz ✓	Baden im See am Platz ✓ Pool/Hallenbad 15km Spielplatz am Platz ✓	Baden in nat. Gewässer k. A. Pool & Hallenbad × Spielplatz keine Angabe
Campingplatz	Hunde erlaubt ✓ wenig Schatten ✓ WLAN (gegen Gebühr) ✓	Hunde willkommen ✓ wenig Schatten ✓ WLAN (gratis) teilweise	Hunde × Schatten × WLAN keine Angabe
Versorgung	Lebensmittel ✓ Brötchen am Platz ✓ Restaurant/Imbiss 50m/✓ Ver-/Entsorgung Womo ✓ in den Ort 150m	Lebensmittel ✓ Brötchen am Platz ✓ Restaurant/Imbiss 600m/✓ Ver-/Entsorgung Womo ✓ in den Ort 3km	Lebensmittel k.A. Brötchen keine Angabe Restaurant & Imbiss × Ver-/Entsorgung Womo × in den Ort keine Angabe
Anzahl der Plätze	Gesamt/Touristen 200/60 Mietunterkünfte × Stellplätze vor Schranke ×	Gesamt/Touristen 150/60 Mietunterkünfte × Stellplätze vor Schranke ×	Gesamt keine Angabe Mietunterkünfte × Stellplätze vor Schranke ×

	15	16	17
Gesamt	3.5 GUT 26 Bewertungen	4.6 SEHR GUT 84 Bewertungen	4.4 SEHR GUT 5 Bewertungen
Lage	4.2	4.3	4.2
Ruhe	3.5	4.1	4.8
Sanitäranlagen	3.3	3.1	4.2
Sauberkeit Ø	3.7	4.6	4.5
Freundlichkeit	4.1	4.8	4.8
Stellplatz	3.6	4.3	4.4
Verpflegung	3.3	2.5	3.0
Freizeit	3.5	4.5	4.0
Preis-Leistung	3.6	3.8	4.4
Mietunterkünfte	-	-	-
Geeignet für			
Kinder b. 6 J.	3.7	4.4	4.4
Kinder b. 12 J.	3.8	4.4	4.4
Kinder b. 18 J.	3.5	4.1	4.0
Paare	4.1	4.5	5.0
Senioren	4.0	4.5	4.8
Gäste mit Zelt	3.6	4.0	4.4
Gäste mit Hund	3.9	3.6	
Hunde n. erlaubt			-
Empfohlene Aktivitäten	Schwimmen Radfahren Entspannen	Radfahren Kayak/Kanu Segeln	Schwimmen Radfahren Entspannen

14 Strandcampingplatz Dangast

Auf der Gast 40
26316 Nordseebad Dangast
+49 4451 911422
www.dangast.de
camping@dangast.de

30.03. - 08.10.

HS: 30,00 € | NS: 27,00 €

Mehr Infos & Anfrage:
www.camping.info/18325

Baden im Meer	100m
Pool/Hallenbad	500m
Spielplatz am Platz	✓
Hunde willkommen	✓
kein Schatten	✓
WLAN	✓
Lebensmittel	600m
Brötchen am Platz	nur HS
Restaurant	600m
Ver-/Entsorgung Womo	✓
in den Ort	500m
Gesamt/Touristen	550/150
Mietunterkünfte	✓
Stellplätze vor Schranke	✗

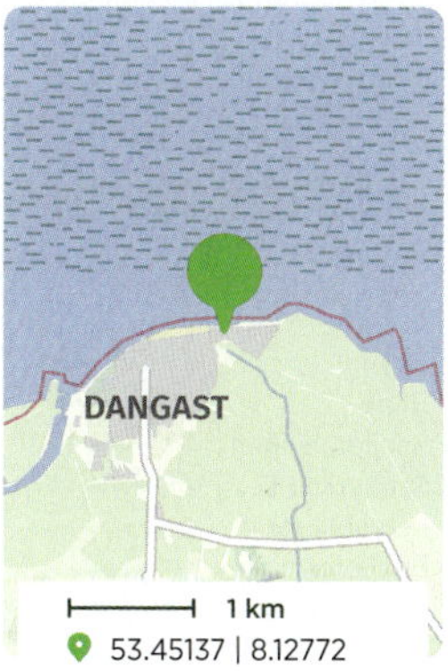

53.45137 | 8.12772

Camping direkt am Meer und Weltnaturerbe Wattenmeer, teils auch mit Hund.

Lage & Stellplatz

Der Strandcampingplatz Dangast befindet sich unmittelbar am Jadebusen und am Nationalpark Niedersächsisches Wattenmeer. Der Sandstrand und das vorgelagerte Wattengebiet mit Ebbe und Flut gehören zu den Highlights der Region. Nur wenige Fußminuten bis zur Ortsmitte und zum DanGastQuellbad.

Verpflegung

Kleine Snacks, Brötchen, Kaffee, Eis und andere Leckereien können direkt im platzeigenen Kiosk erworben werden. Verschiedene Gaststätten und Schnellrestaurants sowie ein Supermarkt und Bäcker sind fußläufig (ca. 0,5 km entfernt) gut erreichbar.

Sanitär

Der Strandcampingplatz verfügt über insgesamt vier Sanitärgebäude mit Duschen, Toiletten, Einzelwaschbecken, Waschmaschine und Wäschetrockner. Mietbadezimmer, auch barrierefrei, sind hinzubuchbar. Zusätzlich stehen wassernahe Komfortstellplätze mit Wasser- / Abwasseranschluss zur Verfügung.

Freizeit

Die Gäste genießen das milde Reizklima der Nordsee – am besten bei Spaziergängen, Fahrradtouren und Watterkundungen. Das Freizeitbad DanGastQuellbad mit 75 m langer Wasserrutsche liegt in unmittelbarer Nähe. Daneben inspirierte schon Künstler die besondere Atmosphäre des Künstlerortes Dangast.

Campen im Nordseekarren.

Übernachten im Schlafstrandkorb.

3.8 GUT
23 Bewertungen

Lage	4.6
Ruhe	3.6
Sanitäranlagen	3.8
Sauberkeit Ø	4.0
Freundlichkeit	4.2
Stellplatz	3.9
Verpflegung	3.3
Freizeit	4.3
Preis-Leistung	4.1
Mietunterkünfte	4.3

Geeignet für

4.6 Paare

4.3	Senioren
4.0	Kinder b. 6 J.
3.7	Gäste mit Zelt
4.2	Kinder b. 12 J.
3.9	Kinder b. 18 J.
2.6	Gäste mit Hund

Empfohlene Aktivitäten

Schwimmen · Radfahren · Entspannen · Wandern

Mehr Infos

Karte auf Seite 112

	18	19	20
	Camping am Deich - Nordsee	**Camping- und Bungalowpark Ottermeer**	**Camping Timmeler Meer**
	Erbsenbindereistraße 3 26736 Krummhörn-Upleward +49 4923 525 53.42117 | 7.01551	Am Ottermeer 52 26639 Wiesmoor +49 4944 949893 53.41583 | 7.70944	Zur Mühle 13 26629 Großefehn-Timmel +49 4945 91 97 0 53.36194 | 7.51333
Infos			
Öffnungszeiten	25.03. - 31.10.	ganzjährig	25.03. - 30.10.
Vergleichspreis	HS: 45,80 € | NS: 31,80 €	HS: 27,30 € | NS: 27,30 €	HS: 19,00 € | NS: 19,00 €
Link	**Mehr Infos & Anfrage:** www.camping.info/18343	**Mehr Infos & Anfrage:** www.camping.info/18338	**Mehr Infos & Anfrage:** www.camping.info/18337
Ausstattung			
Freizeit	Baden im Meer am Platz ✓ Pool/Hallenbad 20/7km Spielplatz am Platz ✓	Baden im See am Platz ✓ Hallenbad 1km Spielplatz am Platz ✓	Baden im See am Platz ✓ Pool/Hallenbad 9/15km Spielplatz am Platz ✓
Campingplatz	Hunde willkommen ✓ zur Hälfte Schatten ✓ WLAN (begrenzt gratis) ✓	Hunde willkommen ✓ Schatten ✗ WLAN ✓	Hunde willkommen ✓ zur Hälfte Schatten ✓ WLAN (gegen Gebühr) ✓
Versorgung	Lebensmittel ✓ Brötchen am Platz ✓ Restaurant am P. ✓ Ver-/Entsorgung Womo ✓ in den Ort 3km	Lebensmittel ✓ Brötchen am Platz ✓ Restaurant & Imbiss ✓ Ver-/Entsorgung Womo ✓ in den Ort 1km	Lebensmittel 500m Brötchen am Platz ✗ Restaurant/Imbiss 500m/✓ Ver-/Entsorgung Womo ✓ in den Ort 500m
Anzahl der Plätze	Gesamt/Touristen 330/280 Mietunterkünfte ✓ Stellplätze vor Schranke ✗	Gesamt/Touristen 280/205 Mietunterkünfte ✓ Stellplätze vor Schranke ✓	Gesamt/Touristen 180/65 Mietunterkünfte ✓ Stellplätze vor Schranke ✓

	18	19	20
Bewertung	4.7 SEHR GUT (1661 Bewertungen)	4.0 SEHR GUT (82 Bewertungen)	4.3 SEHR GUT (31 Bewertungen)
Lage	4.4	4.3	4.5
Ruhe	4.7	4.1	4.2
Sanitäranlagen	4.8	4.4	4.3
Sauberkeit Ø	4.8	4.2	4.6
Freundlichkeit	4.8	4.0	4.6
Stellplatz	4.7	4.1	4.3
Verpflegung	3.9	2.9	3.6
Freizeit	4.2	3.7	4.4
Preis-Leistung	4.4	3.9	4.7
Mietunterkünfte	4.6	3.6	4.6
Geeignet für			
Kinder b. 6 J.	4.6	4.0	4.4
Kinder b. 12 J.	4.5	3.9	4.3
Kinder b. 18 J.	3.7	3.3	3.8
Paare	4.7	4.2	4.7
Senioren	4.7	4.3	4.6
Gäste mit Zelt	4.5	3.8	4.4
Gäste mit Hund	4.6	4.0	4.2
Empfohlene Aktivitäten	Radfahren Entspannen Wandern	Radfahren Schwimmen Entspannen	Radfahren Schwimmen Entspannen

WOMOs ab 6 m nach Absprache; keine Partygruppen.

21 Campingplatz am Königssee

Tarbarger Landstraße 30
26340 Zetel Astederfeld
+49 4452 1706
53.35607 | 7.92744

01.03. - 31.10.

HS: 24,60 € | NS: 24,60 €

Mehr Infos & Anfrage: www.camping.info/18326

Baden im See am Platz	✓
Pool/Hallenbad	6/16km
Spielplatz am Platz	✓
Hunde willkommen	✓
wenig Schatten	✓
WLAN (gegen Gebühr)	✓
Lebensmittel	4km
Brötchen am Platz	✓
Restaurant/Imbiss	4km
Ver-/Entsorgung Womo	✓
in den Ort	4km
Gesamt/Touristen	100/40
Mietunterkünfte	✓
Stellplätze vor Schranke	✗

4.7 SEHR GUT
34 Bewertungen

Lage	4.4
Ruhe	4.8
Sanitäranlagen	4.6
Sauberkeit Ø	4.8
Freundlichkeit	4.9
Stellplatz	4.3
Verpflegung	3.3
Freizeit	3.8
Preis-Leistung	4.6
Mietunterkünfte	4.6

Geeignet für

Kinder b. 6 J.	4.6
Kinder b. 12 J.	4.5
Kinder b. 18 J.	4.0
Paare	4.6
Senioren	4.7
Gäste mit Zelt	4.7
Gäste mit Hund	4.8

Empfohlene Aktivitäten

- Schwimmen
- Radfahren
- Entspannen

22 Campingplatz Knock

Am Mahlbusen 1
26723 Emden-Knock
+49 4927 567
53.34691 | 7.03743

31.03. - 31.10.

HS: 25,00 € | NS: 25,00 €

Mehr Infos & Anfrage: www.camping.info/18342

Baden im See am Platz	✓
Pool/Hallenbad	15km
Spielplatz am Platz	✓
Hunde erlaubt	✓
Schatten	✗
WLAN	✓
Lebensmittel	✓
Brötchen am Platz	✓
Restaurant/Imbiss	15km/✓
Ver-/Entsorgung Womo	✓
in den Ort	6km
Gesamt/Touristen	120/60
Mietunterkünfte	✗
Stellplätze vor Schranke	✗

4.0 SEHR GUT
23 Bewertungen

Lage	3.7
Ruhe	4.4
Sanitäranlagen	3.8
Sauberkeit Ø	4.7
Freundlichkeit	4.9
Stellplatz	4.0
Verpflegung	3.4
Freizeit	3.2
Preis-Leistung	4.5
Mietunterkünfte	-

Geeignet für

Kinder b. 6 J.	4.2
Kinder b. 12 J.	4.1
Kinder b. 18 J.	3.9
Paare	4.6
Senioren	4.6
Gäste mit Zelt	4.5
Gäste mit Hund	4.8

Empfohlene Aktivitäten

- Entspannen
- Radfahren
- Wandern

23 Camping an der Jade

Bollenhagener Strasse 42
26349 Jade
+49 4454 97 86 24
53.33946 | 8.2414

keine Angabe

keine Angabe

Mehr Infos & Anfrage: www.camping.info/26896

Baden in nat. Gewässer	k. A.
Pool & Hallenbad	✗
Spielplatz	keine Angabe
Hunde	✗
Schatten	✗
WLAN	keine Angabe
Lebensmittel	k.A.
Brötchen	keine Angabe
Restaurant & Imbiss	✗
Ver-/Entsorgung Womo	✗
in den Ort	keine Angabe
Gesamt	keine Angabe
Mietunterkünfte	✗
Stellplätze vor Schranke	✗

- JETZT BEWERTEN!

Für diese Auswertung liegen leider noch nicht genügend Bewertungen vor.

Sei einer der Ersten, der diesen Campingplatz bewertet.

Mit einer guten Campingplatz-Bewertung unterstützt du nicht nur deinen Lieblingsplatz, sondern hilfst auch anderen Campern bei der Platzwahl.

24 Ferienpark am Bernsteinsee

Dorfstraße 11
26215 Conneforde bei Wiefelstede
+49 4458 916 63
53.32639 | 8.06237

01.03. - 31.10.

HS: 31,00 € | NS: 31,00 €

Mehr Infos & Anfrage: www.camping.info/18324

Baden im See am Platz	✓
Pool/Hallenbad	✓/7km
Spielplatz am Platz	✓
Hunde erlaubt	✓
Schatten	✗
WLAN	✓
Lebensmittel	✓
Brötchen am Platz	nur HS
Restaurant & Imbiss	✓
Ver-/Entsorgung Womo	✓
in den Ort	1km
Gesamt/Touristen	614/150
Mietunterkünfte	✓
Stellplätze vor Schranke	✓

4.1 SEHR GUT
39 Bewertungen

Lage	4.3
Ruhe	3.4
Sanitäranlagen	4.2
Sauberkeit Ø	4.2
Freundlichkeit	4.2
Stellplatz	4.1
Verpflegung	3.3
Freizeit	3.9
Preis-Leistung	4.0
Mietunterkünfte	4.0

Geeignet für

Kinder b. 6 J.	4.4
Kinder b. 12 J.	4.5
Kinder b. 18 J.	3.9
Paare	4.0
Senioren	3.8
Gäste mit Zelt	4.1
Gäste mit Hund	4.4

Empfohlene Aktivitäten

- Schwimmen
- Entspannen
- Radfahren

Gruppen nur mit Aufsichtspersonal, keine Paare unter 21 Jahre

Karte auf Seite 112

	25	26	27
	Campingplatz am Naturbad	**Camping- und Stellplatz Westerstede**	**Ems-Marina-Camping**
	An der Badeanstalt 17 26180 Rastede	Süderstrasse 2 26655 Westerstede 0448878234	Marinastraße 14-16 26789 Leer (Ostfriesland) +49 491 997 515 81
	53.29195 | 8.17533	53.25026 | 7.93475	53.22389 | 7.41833
Infos			
Öffnungszeiten	keine Angabe	ganzjährig	ganzjährig
Vergleichspreis	keine Angabe	HS: 23,50 € | NS: 23,50 €	HS: 19,00 € | NS: 19,00 €
Link	**Mehr Infos & Anfrage:** www.camping.info/24057	**Mehr Infos & Anfrage:** www.camping.info/28176	**Mehr Infos & Anfrage:** www.camping.info/18346
Ausstattung			
Freizeit	Baden in nat. Gewässer: k. A. Pool & Hallenbad: ✗ Spielplatz: keine Angabe	Baden in nat. Gewässer: k. A. Pool/Hallenbad: 2km Spielplatz: 800m	Baden im See am Platz: ✓ Pool/Hallenbad: 4km Spielplatz am Platz: ✓
Campingplatz	Hunde: ✗ Schatten: ✗ WLAN: keine Angabe	Hunde willkommen: ✓ wenig Schatten: ✓ WLAN: ✓	Hunde willkommen: ✓ wenig Schatten: ✓ WLAN: ✗
Versorgung	Lebensmittel: k.A. Brötchen: keine Angabe Restaurant & Imbiss: ✗ Ver-/Entsorgung Womo: ✗ in den Ort: keine Angabe	Lebensmittel: 400m Brötchen am Platz: ✓ Restaurant & Imbiss: ✓ Ver-/Entsorgung Womo: ✓ in den Ort: 500m	Lebensmittel: 1km Brötchen am Platz: ✓ Restaurant & Imbiss: ✓ Ver-/Entsorgung Womo: ✓ in den Ort: 1km
Anzahl der Plätze	Gesamt: keine Angabe Mietunterkünfte: ✗ Stellplätze vor Schranke: ✗	Touristenplätze: 45 Mietunterkünfte: ✗ Stellplätze vor Schranke: ✓	Gesamt/Touristen: 299/170 Mietunterkünfte: ✓ Stellplätze vor Schranke: ✓

	25	26	27
Bewertung	4.0 SEHR GUT – 3 Bewertungen	4.6 SEHR GUT – 11 Bewertungen	3.4 GUT – 59 Bewertungen
Lage	4.0	4.7	4.4
Ruhe	5.0	4.6	4.3
Sanitäranlagen	3.7	4.3	3.2
Sauberkeit Ø	3.9	4.8	3.7
Freundlichkeit	5.0	5.0	4.1
Stellplatz	4.0	4.7	3.5
Verpflegung	3.0	4.8	2.7
Freizeit	4.0	4.4	3.1
Preis-Leistung	4.7	4.8	3.6
Mietunterkünfte	-	-	3.0
Geeignet für			
Kinder b. 6 J.	4.3	3.6	3.1
Kinder b. 12 J.	4.0	3.8	3.2
Kinder b. 18 J.	3.0	4.4	3.1
Paare	4.0	5.0	4.0
Senioren	-	4.9	4.2
Gäste mit Zelt	-	4.2	3.9
Hunde n. erlaubt / Gäste mit Hund	Hunde n. erlaubt: -	Gäste mit Hund: 4.7	Gäste mit Hund: 4.1
Empfohlene Aktivitäten	Schwimmen Radfahren Entspannen	Radfahren Spazieren Entspannen	Radfahren Entspannen Angeln

30 Freizeitpark am Emsdeich - Ostfriesland

Deichstraße 7A
26810 Westoverledingen-Ihrhove
+49 4955 920040
www.ostfriesland-camping.de
info@ostfriesland-camping.de

01.04. - 31.10.

HS: 30,40 € | NS: 28,40 €

Mehr Infos & Anfrage:
www.camping.info/18347

Baden im See am Platz	✓
Pool/Hallenbad	10km
Spielplatz am Platz	✓
Hunde	✗
zur Hälfte Schatten	✓
WLAN	✓
Lebensmittel	✓
Brötchen am Platz	✓
Restaurant & Imbiss	✓
Ver-/Entsorgung Womo	✓
in den Ort	2km
Gesamt/Touristen	410/269
Mietunterkünfte	✓
Stellplätze vor Schranke	✓

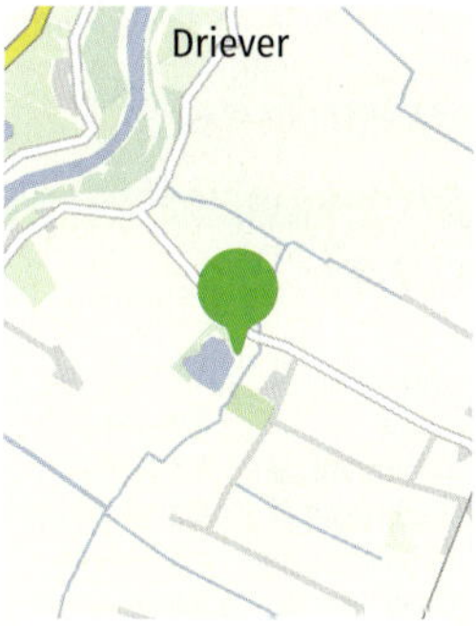

53.17306 | 7.41972

Blick auf den Campingplatz.

Lage & Stellplatz

Zwischen den beiden Städten Leer und Papenburg in Ostfriesland, in einer Umgebung, wo sich die ganze Familie wohlfühlt, liegt der komfortable Campingplatz mit parkähnlichem Charakter. Er zeichnet sich durch die herrliche Lage an einem Naturbadesee und durch ein besonders großes Freizeitangebot aus.

Sanitär

Insgesamt gibt es fünf modern ausgestattete, saubere Sanitärgebäude, die auf dem Campinggelände so angelegt sind, dass sie von allen Stellplätzen aus in weniger als drei Gehminuten erreichbar sind.

Verpflegung

So abwechslungsreich wie die ostfriesische Landschaft präsentiert sich auch ihre Küche. Vom Nordseefisch bis hin zum traditionellen Ostfriesentee: Hier gibt es allerhand zu probieren. Das Restaurant Ulenhoff und ein Lebensmittelkiosk für die Gäste befinden sich direkt am Platz.

Freizeit

Rund um den Freizeitpark gibt es unzählige Angebote zu Wasser und an Land. Dort, wo der Himmel und das Land weiter als der Horizont reichen, kann man mehr als nur Ruhe und Weite erleben. In den Sommermonaten erfreuen sich Groß und Klein zudem am besonders abwechslungsreichen Unterhaltungsprogramm.

Spielplatz am Badesee.

Wohnmobilhafen vor der Schranke.

4.4 SEHR GUT
166 Bewertungen

Lage	4.5
Ruhe	4.6
Sanitäranlagen	4.1
Sauberkeit Ø	4.2
Freundlichkeit	4.6
Stellplatz	4.4
Verpflegung	3.2
Freizeit	4.4
Preis-Leistung	4.4
Mietunterkünfte	4.3

Geeignet für

Kinder b. 12 J.	4.6
Senioren	4.6
Kinder b. 6 J.	4.5
Paare	4.5
Gäste mit Zelt	4.2
Kinder b. 18 J.	4.0
Gäste mit Hund nicht erlaubt	-

Empfohlene Aktivitäten

Schwimmen
Radfahren
Entspannen
Angeln

Mehr Infos

Der neue Wohnmobilstellplatz ist ganzjährig geöffnet.

Karte auf Seite 112

	28	29	31
	Camping Lönskrug GbR	**Campingplatz Nordloh** ❄	**Camping am Flötenteich**
	Heinrichstraße 1 26160 Bad Zwischenahn +49 4403 4034	Schanzenweg 4 26689 Apen 01724336834	Mühlenhofsweg 80 26125 Oldenburg +49 4413 2828
	53.18936 | 8.04139	53.18125 | 7.77478	53.16757 | 8.23492
Infos			
Öffnungszeiten	06.04. - 04.10.	ganzjährig	01.04. - 31.10.
Vergleichspreis	HS: 28,10 €	HS: 17,00 € | NS: 17,00 €	HS: 21,00 € | NS: 21,00 €
Link	**Mehr Infos & Anfrage:** www.camping.info/18321	**Mehr Infos & Anfrage:** www.camping.info/18341	**Mehr Infos & Anfrage:** www.camping.info/18320
Ausstattung			
Freizeit	Baden im See 2km Pool/Hallenbad 4/3km Spielplatz keine Angabe	Baden im See am Platz ✓ Pool/Hallenbad 4/2km Spielplatz am Platz ✓	Baden im Teich am Platz ✓ Pool am Platz ✓ Spielplatz am Platz ✓
Campingplatz	Hunde erlaubt ✓ Schatten ✗ WLAN (gratis) teilweise	Hunde erlaubt ✓ Schatten ✗ WLAN ✓	Hunde erlaubt ✓ Schatten ✗ WLAN ✗
Versorgung	Lebensmittel 1km Brötchen am Platz nur HS Restaurant/Imbiss 200/400m Ver-/Entsorgung Womo ✓ in den Ort 3km	Lebensmittel ✓ Brötchen am Platz ✓ Restaurant & Imbiss ✓ Ver-/Entsorgung Womo ✓ in den Ort 5km	Lebensmittel 500m Brötchen am Platz ✗ Imbiss ✓ Ver-/Entsorgung Womo ✓ in den Ort 2km
Anzahl der Plätze	Gesamt 50 Mietunterkünfte ✗ Stellplätze vor Schranke ✗	Gesamt/Touristen 220/60 Mietunterkünfte ✓ Stellplätze vor Schranke ✓	Gesamt/Touristen 100/80 Mietunterkünfte ✗ Stellplätze vor Schranke ✗

	Camping Lönskrug GbR	Campingplatz Nordloh	Camping am Flötenteich
Gesamt	4.0 SEHR GUT – 26 Bewertungen	3.6 GUT – 16 Bewertungen	3.9 GUT – 13 Bewertungen
Lage	4.5	4.0	4.2
Ruhe	4.3	4.5	3.9
Sanitäranlagen	3.6	2.8	3.3
Sauberkeit Ø	4.5	3.5	4.2
Freundlichkeit	4.5	3.8	4.3
Stellplatz	4.0	3.8	4.0
Verpflegung	2.6	3.5	1.3
Freizeit	3.8	3.5	3.8
Preis-Leistung	4.2	4.2	4.2
Mietunterkünfte	-	4.0	-
Geeignet für			
Kinder b. 6 J.	2.6	3.9	3.7
Kinder b. 12 J.	2.8	4.3	4.1
Kinder b. 18 J.	2.9	3.5	3.8
Paare	4.4	4.1	4.3
Senioren	4.5	4.3	4.2
Gäste mit Zelt	4.1	3.6	4.1
Gäste mit Hund	4.2	4.0	4.2
Empfohlene Aktivitäten	Radfahren Entspannen Wandern	Radfahren Schwimmen Angeln	Schwimmen Sightseeing Kultur

32 Camping Idasee

*

Idafehn-Nord 77 B
26842 Ostrhauderfehn
+49 4952 994297

www.campingidasee.de
info@campingidasee.de

ganzjährig

HS: 24,00 € | NS: 20,00 €

Mehr Infos & Anfrage:
www.camping.info/18349

Baden im See am Platz	✓
Pool/Hallenbad	15/7km
Spielplatz am Platz	✓
Hunde willkommen	✓
wenig Schatten	✓
WLAN (gegen Gebühr)	✓
Lebensmittel	1km
Brötchen am Platz	✓
Restaurant & Imbiss	✓
Ver-/Entsorgung Womo	✓
in den Ort	1km
Gesamt/Touristen	250/60
Mietunterkünfte	✗
Stellplätze vor Schranke	✗

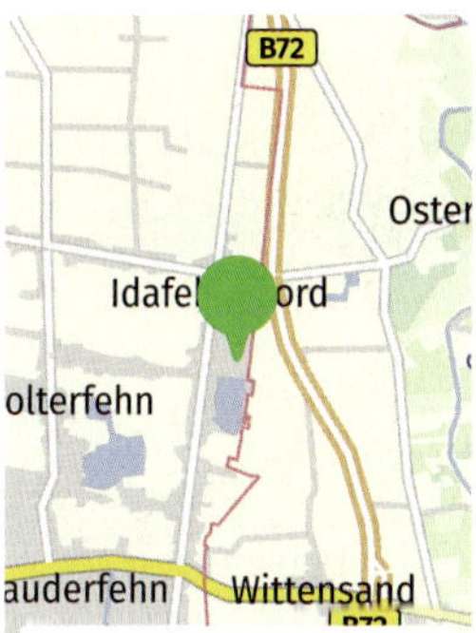

1 km

53.15451 | 7.64378

Blick vom Campingplatz aus auf den Idasee.

Lage & Stellplatz

Der ganzjährig geöffnete Campingplatz Idasee befindet sich in der Gemeinde Ostrhauderfehn, direkt neben dem gleichnamigen See und ca. 20 km von der Stadt Leer entfernt. Der Platz und die Umgebung laden in einer intakten Natur zur Erholung und Entspannung ein und sind ideal für Familien und Gruppen.

Verpflegung

Direkt am See nahe dem Campingplatz befindet sich der Kiosk der Wasserskianlage, wo es kleinere Speisen und Getränke gibt. Frische Brötchen können direkt am Platz vorbestellt werden. Die Gemeinde Ostrhauderfehn bietet in ca. 2 km Entfernung eine Vielzahl von Möglichkeiten zur Lebensmittelversorgung.

Sanitär

Die Sanitäranlagen sind modern eingerichtet. Einzelwaschkabinen sind Standard. Die Warmwassererzeugung wird durch Solarenergie unterstützt. Behindertengerechte Sanitäreinrichtungen, ein Familienbad, eine Waschmaschine und ein Wäschetrockner sind ebenfalls vorhanden.

Freizeit

Der Idasee ist ideal, um einer Vielzahl von Freizeitmöglichkeiten nachzugehen (z. B. Angeln oder Wasserski). Die Umgebung eignet sich bestens für Fahrradtouren, die vielen Kanäle laden zu zahlreichen Wassersportarten ein. Am Campingplatz befindet sich außerdem ein eigener Kinderspielplatz.

Übersicht Stellplätze.

Spazierweg direkt am See.

4.6 SEHR GUT
61 Bewertungen

Lage	4.6
Ruhe	4.6
Sanitäranlagen	4.6
Sauberkeit Ø	5.0
Freundlichkeit	5.0
Stellplatz	4.6
Verpflegung	3.7
Freizeit	4.3
Preis-Leistung	4.7
Mietunterkünfte	-

Geeignet für

- 4.9 Gäste mit Zelt
- 4.8 Senioren
- 4.8 Gäste mit Hund
- 4.7 Paare
- 4.6 Kinder b. 12 J.
- 4.5 Kinder b. 6 J.
- 4.4 Kinder b. 18 J.

Empfohlene Aktivitäten

Schwimmen | Radfahren | Entspannen | Angeln

Mehr Infos

NIEDERSACHSEN / BREMEN

2 Nordsee & Elbe

FREIZEITTIPPS

- **A** Badestrand Wremen
- **B** Watt'n Bad, Dorum-Neufeld
- **C** Deutsches Auswandererhaus, Bremerhaven
- **D** Kugelbake, Cuxhaven
- **E** Freilichtmuseum, Stade

	Platz	Seite	Bewertung	Öffnungszeiten	
1	Camping Wattenlöper	132	3.9	saisonal	
2	Camping Seelust	132	4.0	k. A.	
3	Camping Nordsee	132	3.6	ganzjährig	✻
4	Camping am Bäderring	133	4.6	ganzjährig	✻
5	Campingplatz Beckmann-Duhnen	133	4.6	saisonal	
6	Campingplatz Finck	133	3.8	saisonal	
7	Campingplatz Wernerwald	133	4.0	ganzjährig	✻
8	Campingplatz See Achtern Diek	134	4.6	saisonal	
9	Aussendeich Campingplatz Cappel-Neufeld	135	1.7	saisonal	
10	Camping "Am Leuchtturm"	134	4.0	saisonal	
11	Beckmann Camping GmbH	134	4.6	ganzjährig	✻
12	KNAUS Campingpark Wingst****	136	4.1	saisonal	
13	Campingplatz Krautsand	136	4.6	saisonal	
14	KNAUS Campingpark Dorum****	136	4.0	saisonal	
15	Campingplatz Grube	138	4.5	ganzjährig	✻
16	Familien-Camping Kransburger See	138	4.4	ganzjährig	✻
17	Camping Wremer Tief am Nordseestrand	137	3.6	saisonal	
18	Ferien- und Campingpark Geesthof	138	4.0	ganzjährig	✻
19	KNAUS VanLifePark Fedderwardersiel	139	3.8	saisonal	
20	KNAUS Campingpark Burhave****	139	3.9	saisonal	
21	KNAUS Campingpark Tossens****	139	4.0	saisonal	
22	Camping- und Ferienpark Spadener See	139	4.1	saisonal	
23	Campingplatz Silbersee	140	4.0	k. A.	
24	Campingplatz Nordenham	140	4.1	saisonal	
25	Höpkens Hof & Campingplatz	140	4.5	ganzjährig	✻

Karte auf Seite 130

	1 Camping Wattenlöper	2 Camping Seelust	3 Camping Nordsee
			✻
	Cuxhavener Str. 57 27476 Cuxhaven-Duhnen +49 4721 426051 53.88667 | 8.65056	Cuxhavener Straße 65 - 67 27476 Cuxhaven-Duhnen +49 472 140 2504 53.88644 | 8.64819	Cuxhavener Str. 17 27476 Cuxhaven-Duhnen +49 4721 48951 53.88644 | 8.65548
Infos			
Öffnungszeiten	15.03. - 31.10.	keine Angabe	ganzjährig
Vergleichspreis	HS: 33,20 € | NS: 31,20 €	keine Angabe	HS: 32,60 € | NS: 32,60 €
Link	**Mehr Infos & Anfrage:** www.camping.info/18378	**Mehr Infos & Anfrage:** www.camping.info/18373	**Mehr Infos & Anfrage:** www.camping.info/18377
Ausstattung			
Freizeit	Baden in nat. Gewässer k. A. Pool/Hallenbad 400m/1km Spielplatz am Platz ✓	Baden im Meer 200m Pool/Hallenbad 350/500m Spielplatz keine Angabe	Baden im Meer 100m Pool/Hallenbad 100m/1km Spielplatz am Platz ✓
Campingplatz	Hunde willkommen ✓ wenig Schatten ✓ WLAN ✓	Hunde ✗ Schatten ✗ WLAN teilweise	Hunde willkommen ✓ Schatten ✗ WLAN ✓
Versorgung	Lebensmittel ✓ Brötchen am Platz ✓ Restaurant & Imbiss ✓ Ver-/Entsorgung Womo ✓ im Ort ✓	Lebensmittel 500m Brötchen keine Angabe Restaurant am P. ✓ Ver-/Entsorgung Womo ✗ in den Ort 300m	Lebensmittel ✓ Brötchen am Platz nur HS Restaurant & Imbiss ✓ Ver-/Entsorgung Womo ✓ in den Ort 800m
Anzahl der Plätze	Gesamt/Touristen 220/120 Mietunterkünfte ✓ Stellplätze vor Schranke ✗	Gesamt/Touristen 100/50 Mietunterkünfte ✗ Stellplätze vor Schranke ✗	Gesamt/Touristen 200/35 Mietunterkünfte ✓ Stellplätze vor Schranke ✓

	Camping Wattenlöper	Camping Seelust	Camping Nordsee
Gesamt	3.9 GUT, 63 Bewertungen	4.0 SEHR GUT, 14 Bewertungen	3.6 GUT, 17 Bewertungen
Lage	4.5	4.6	4.2
Ruhe	3.8	4.0	3.8
Sanitäranlagen	4.3	3.1	3.4
Sauberkeit Ø	4.5	3.9	4.5
Freundlichkeit	4.6	4.6	4.5
Stellplatz	3.6	3.6	3.4
Verpflegung	4.0	2.9	3.6
Freizeit	4.2	3.7	3.7
Preis-Leistung	3.6	3.9	3.4
Mietunterkünfte	3.7	-	4.0
Geeignet für			
Kinder b. 6 J.	4.0	3.7	3.8
Kinder b. 12 J.	4.0	3.7	3.9
Kinder b. 18 J.	3.7	3.3	3.8
Paare	4.3	4.6	4.1
Senioren	4.5	4.3	4.2
Gäste mit Zelt	3.5	3.9	4.5
Gäste mit Hund / Hunde n. erlaubt	4.1	- (Hunde n. erlaubt)	5.0
Empfohlene Aktivitäten	Radfahren Entspannen Wandern	Radfahren Entspannen Wandern	Radfahren Schwimmen Wandern

4 Camping am Bäderring

❄

Duhner-Allee 5
27476 Cuxhaven-Duhnen
+49 472 1426 161

53.88454 | 8.64946

ganzjährig

HS: 32,60 € | NS: 32,60 €

Mehr Infos & Anfrage:
www.camping.info/18376

Baden im Meer	350m
Pool/Hallenbad	1km/800m
Spielplatz am Platz	✓
Hunde erlaubt	✓
wenig Schatten	✓
WLAN	✓
Lebensmittel	✓
Brötchen am Platz	✓
Restaurant/Imbiss	200m
Ver-/Entsorgung Womo	✓
in den Ort	500m
Gesamt/Touristen	160/60
Mietunterkünfte	✗
Stellplätze vor Schranke	✗

4.6 SEHR GUT
45 Bewertungen

Lage	4.6
Ruhe	4.3
Sanitäranlagen	4.7
Sauberkeit Ø	4.9
Freundlichkeit	4.9
Stellplatz	4.2
Verpflegung	3.5
Freizeit	4.2
Preis-Leistung	4.5
Mietunterkünfte	-

Geeignet für

Kinder b. 6 J.	4.2
Kinder b. 12 J.	3.7
Kinder b. 18 J.	3.5
Paare	4.6
Senioren	4.6
Gäste mit Zelt	3.7
Gäste mit Hund	4.2

Empfohlene Aktivitäten

- Radfahren
- Entspannen
- Wandern

5 Campingplatz Beckmann-Duhnen

Windeichenweg 32
27476 Cuxhaven-Duhnen
+49 4721 65191

53.87816 | 8.6519

20.03. - 01.11.

HS: 32,60 € | NS: 32,60 €

Mehr Infos & Anfrage:
www.camping.info/18372

Baden im Meer	1km
Pool/Hallenbad	2km
Spielplatz am Platz	✓
Hunde willkommen	✓
wenig Schatten	✓
WLAN	✓
Lebensmittel	1km
Brötchen am Platz	✓
Restaurant/Imbiss	1km
Ver-/Entsorgung Womo	✓
in den Ort	1km
Gesamt/Touristen	115/65
Mietunterkünfte	✗
Stellplätze vor Schranke	✗

4.6 SEHR GUT
113 Bewertungen

Lage	4.3
Ruhe	4.5
Sanitäranlagen	4.5
Sauberkeit Ø	4.8
Freundlichkeit	4.8
Stellplatz	4.5
Verpflegung	3.4
Freizeit	4.1
Preis-Leistung	4.4
Mietunterkünfte	-

Geeignet für

Kinder b. 6 J.	3.9
Kinder b. 12 J.	3.8
Kinder b. 18 J.	3.4
Paare	4.7
Senioren	4.6
Gäste mit Zelt	3.7
Gäste mit Hund	4.3

Empfohlene Aktivitäten

- Radfahren
- Entspannen
- Spazieren

keine WOMOs ab 8 m;
keine Jugendgruppen

6 Campingplatz Finck

Am Sahlenburger Strand 25
27476 Cuxhaven-Sahlenburg
+49 4721 399930

53.86056 | 8.59306

15.03. - 31.10.

HS: 30,20 € | NS: 30,20 €

Mehr Infos & Anfrage:
www.camping.info/18375

Baden im Meer	100m
Pool/Hallenbad	200m/✓
Spielplatz	300m
Hunde willkommen	✓
kein Schatten	✓
WLAN	keine Angabe
Lebensmittel	200m
Brötchen	keine Angabe
Restaurant/Imbiss	50m
Ver-/Entsorgung Womo	✓
im Ort	✓
Gesamt/Touristen	500/105
Mietunterkünfte	✓
Stellplätze vor Schranke	✗

3.8 GUT
46 Bewertungen

Lage	4.7
Ruhe	4.0
Sanitäranlagen	4.4
Sauberkeit Ø	4.2
Freundlichkeit	4.1
Stellplatz	3.4
Verpflegung	3.6
Freizeit	3.8
Preis-Leistung	3.7
Mietunterkünfte	3.2

Geeignet für

Kinder b. 6 J.	3.6
Kinder b. 12 J.	3.5
Kinder b. 18 J.	3.3
Paare	4.3
Senioren	4.2
Gäste mit Zelt	3.4
Gäste mit Hund	4.3

Empfohlene Aktivitäten

- Radfahren
- Entspannen
- Wandern

7 Campingplatz Wernerwald

❄

Wernerwaldstraße 6
27476 Cuxhaven-Sahlenburg
+49 4721 404331

53.85851 | 8.59098

ganzjährig

HS: 30,60 € | NS: 25,60 €

Mehr Infos & Anfrage:
www.camping.info/18374

Baden im Meer	100m
Pool/Hallenbad	100m/4km
Spielplatz am Platz	✓
Hunde	✗
zur Hälfte Schatten	✓
WLAN	✗
Lebensmittel	100m
Brötchen am Platz	✗
Restaurant/Imbiss	200m
Ver-/Entsorgung Womo	✓
in den Ort	3km
Gesamt/Touristen	500/60
Mietunterkünfte	✓
Stellplätze vor Schranke	✗

4.0 SEHR GUT
21 Bewertungen

Lage	4.9
Ruhe	4.5
Sanitäranlagen	3.4
Sauberkeit Ø	3.5
Freundlichkeit	4.5
Stellplatz	3.8
Verpflegung	3.2
Freizeit	3.7
Preis-Leistung	4.2
Mietunterkünfte	3.7

Geeignet für

Kinder b. 6 J.	3.9
Kinder b. 12 J.	3.9
Kinder b. 18 J.	3.2
Paare	4.4
Senioren	4.3
Gäste mit Zelt	1.9
Hunde n. erlaubt	-

Empfohlene Aktivitäten

- Surfen
- Radfahren
- Entspannen

Karte auf Seite 130

	8 Campingplatz See Achtern Diek	10 Camping "Am Leuchtturm"	11 Beckmann Camping GmbH ❄
Adresse	Am Campingplatz 3 21762 Otterndorf +49 47 51 29 33 53.82528 | 8.87611	Leuchtturmweg 5a 21706 Drochtersen-Krautsand +49 4143 5522 53.75878 | 9.377	Wanhödener Str. 28 28 27639 Wurster Nordseeküste +4947418588 53.75338 | 8.63972
Infos			
Öffnungszeiten	01.04. - 31.10.	01.04. - 31.10.	ganzjährig
Vergleichspreis	HS: 25,00 € | NS: 23,00 €	HS: 32,00 € | NS: 32,00 €	HS: 20,00 € | NS: 20,00 €
Link	**Mehr Infos & Anfrage:** www.camping.info/18149	**Mehr Infos & Anfrage:** www.camping.info/18146	**Mehr Infos & Anfrage:** www.camping.info/25084
Ausstattung			
Freizeit	Baden im See am Platz ✓ Pool/Hallenbad 3km Spielplatz am Platz ✓	Baden im See am Platz ✓ Pool/Hallenbad 3km Spielplatz am Platz ✓	Baden im Meer 5km Pool/Hallenbad ✓/5km Spielplatz am Platz ✓
Campingplatz	Hunde willkommen ✓ wenig Schatten ✓ WLAN ✓	Hunde willkommen ✓ zur Hälfte Schatten ✓ WLAN (gegen Gebühr) ✓	Hunde willkommen ✓ zur Hälfte Schatten ✓ WLAN (gegen Gebühr) ✓
Versorgung	Lebensmittel ✓ Brötchen am Platz ✓ Restaurant/Imbiss 150/300m Ver-/Entsorgung Womo ✓ in den Ort 3km	Lebensmittel ✓ Brötchen am Platz ✓ Restaurant/Imbiss ✓/1km Ver-/Entsorgung Womo ✓ in den Ort 4km	Lebensmittel 3km Brötchen am Platz nur HS Restaurant/Imbiss 3km/✓ Ver-/Entsorgung Womo ✗ in den Ort 500m
Anzahl der Plätze	Gesamt/Touristen 609/282 Mietunterkünfte ✓ Stellplätze vor Schranke ✗	Touristenplätze 300 Mietunterkünfte ✓ Stellplätze vor Schranke ✗	Gesamt/Touristen 200/80 Mietunterkünfte ✓ Stellplätze vor Schranke ✗

	8	10	11
Gesamt	4.6 SEHR GUT, 166 Bewertungen	4.0 SEHR GUT, 51 Bewertungen	4.6 SEHR GUT, 25 Bewertungen
Lage	4.7	4.5	4.1
Ruhe	4.3	4.5	4.6
Sanitäranlagen	4.7	3.5	4.4
Sauberkeit Ø	4.8	4.2	4.5
Freundlichkeit	4.6	4.5	4.8
Stellplatz	4.5	3.9	4.5
Verpflegung	3.8	3.8	4.6
Freizeit	4.4	3.6	4.5
Preis-Leistung	4.4	3.8	4.8
Mietunterkünfte	4.4	4.0	4.6
Geeignet für			
Kinder b. 6 J.	4.4	4.2	4.9
Kinder b. 12 J.	4.5	4.0	5.0
Kinder b. 18 J.	3.9	3.4	4.1
Paare	4.6	4.5	4.8
Senioren	4.6	4.4	4.6
Gäste mit Zelt	4.5	4.1	4.8
Gäste mit Hund	4.4	4.3	4.8
Empfohlene Aktivitäten	Radfahren Schwimmen Entspannen	Radfahren Entspannen Wandern	Schwimmen Radfahren Entspannen

9 Aussendeich Campingplatz Cappel-Neufeld

Deichweg/Außendeich
27639 Wurster Nordseeküste/ OT Cappel-Neufeld
+49 4705 6603615
www.camping-freizeit-gmbh.de
info@camping-freizeit-gmbh.de

01.05. - 15.09.

HS: 37,70 € | NS: 37,70 €

Mehr Infos & Anfrage:
www.camping.info/27643

Baden im Meer am Platz	✓
Pool/Hallenbad	4km
Spielplatz am Platz	✓
Hunde	✗
kein Schatten	✓
WLAN (gegen Gebühr)	✓
Lebensmittel	4km
Brötchen am Platz	✓
Restaurant & Imbiss	✓
Ver-/Entsorgung Womo	✗
in den Ort	500m
Gesamt/Touristen	230/100
Mietunterkünfte	✓
Stellplätze vor Schranke	✓

Lage des Platzes mit Sicht vom Deich.

Lage & Stellplatz

Der Campingplatz befindet sich im Außendeich, direkt am Weltnaturerbe Wattenmeer. Die Stellplätze haben eine Größe von über 100 m² und sind nicht weit vom Wasser entfernt. Der Campingplatz hat einen eigenen Strandbereich, in einem abgelegenen Teil befindet sich auch ein FKK-Strand.

Verpflegung

Auf dem Platz befindet sich ein kleiner Imbiss bzw. Restaurant. Hier haben Gäste die Möglichkeit, eine Kleinigkeit zu essen. Hinter dem Deich befindet sich ein weiteres Restaurant, das fußläufig schnell zu erreichen ist. Frische Brötchen gibt es auf Bestellung direkt am Platz.

Sanitär

Auf dem Platz befinden sich ca. alle 150 m eine Containereinheit mit Duschen und Toiletten. In einem separaten Container befinden sich Küchenzeilen zum Kochen und Abwaschen, eine Mikrowelle, Kühlschränke sowie Waschmaschinen und Wäschetrockner.

Freizeit

Auf dem Campingplatz haben Gäste die Möglichkeit bei Hochwasser zu baden, bei Ebbe eine Wattwanderung zu machen oder einfach nur die Ruhe der Natur zu genießen. Für Spaß sorgen ein Volleyballfeld, ein Kleinfeld-Fußballplatz sowie ein Spielplatz. In ca. 4 km gibt es ein Wellenbad, das „Watt'n Bad".

Wattimpressionen.

Die Mietwohnwagen.

1.7 ZUFRIEDENSTELLEND
3 Bewertungen

Lage	5.0
Ruhe	5.0
Sanitäranlagen	1.5
Sauberkeit Ø	1.1
Freundlichkeit	1.5
Stellplatz	1.5
Verpflegung	2.0
Freizeit	2.0
Preis-Leistung	1.5
Mietunterkünfte	-

Geeignet für

- 2.0 Kinder b. 6 J.
- 2.0 Kinder b. 12 J.
- 1.5 Kinder b. 18 J.
- 1.5 Paare
- 1.5 Senioren
- 1.0 Gäste mit Zelt
- \- Gäste mit Hund nicht erlaubt

Empfohlene Aktivitäten

Radfahren · Entspannen · Schwimmen · Wandern

Mehr Infos

Auf dem Campingplatz stehen Mietwohnwagen zur Verfügung.

Karte auf Seite 130

	12	13	14
	KNAUS Campingpark Wingst****	**Campingplatz Krautsand**	**KNAUS Campingpark Dorum******
	Schwimmbadallee 13 21789 Wingst +49 4778 7604 53.75285 | 9.08373	Elbinsel Krautsand 58 21706 Drochtersen +49 4143 1494 53.75199 | 9.38756	Am Kutterhafen 27639 Wurster Nordseeküste +49 4741 5020 53.73861 | 8.51611
Infos			
Öffnungszeiten	18.04. - 07.11.	29.03. - 31.10.	14.04. - 30.09.
Vergleichspreis	HS: 40,50 € | NS: 37,50 €	HS: 29,00 € | NS: 29,00 €	HS: 38,50 € | NS: 34,00 €
Link	**Mehr Infos & Anfrage:** www.camping.info/18150	**Mehr Infos & Anfrage:** www.camping.info/24760	**Mehr Infos & Anfrage:** www.camping.info/18386
Ausstattung			
Freizeit	Baden im Meer 15km Pool/Hallenbad 250m Spielplatz am Platz ✓	Baden im Fluss 100m Hallenbad 5km Spielplatz am Platz ✓	Baden im Meer am Platz ✓ Pool/Hallenbad 200m Spielplatz am Platz ✓
Campingplatz	Hunde willkommen ✓ zur Hälfte Schatten ✓ WLAN (gegen Gebühr) ✓	Hunde willkommen ✓ wenig Schatten ✓ WLAN (begrenzt gratis) ✓	Hunde willkommen ✓ Schatten ✗ WLAN (gegen Gebühr) ✓
Versorgung	Lebensmittel 2km Brötchen am Platz ✓ Restaurant & Imbiss ✓ Ver-/Entsorgung Womo ✓ in den Ort 2km	Lebensmittel 5km Brötchen am Platz ✓ Restaurant/Imbiss 400/200m Ver-/Entsorgung Womo ✗ in den Ort 5km	Lebensmittel 300m Brötchen am Platz ✓ Restaurant/Imbiss 200m/✓ Ver-/Entsorgung Womo ✓ in den Ort 7km
Anzahl der Plätze	Gesamt/Touristen 300/220 Mietunterkünfte ✓ Stellplätze vor Schranke ✗	Gesamt/Touristen 100/40 Mietunterkünfte ✗ Stellplätze vor Schranke ✓	Gesamt/Touristen 300/210 Mietunterkünfte ✓ Stellplätze vor Schranke ✗

	12	13	14
Gesamt	4.1 SEHR GUT, 101 Bewertungen	4.6 SEHR GUT, 124 Bewertungen	4.0 SEHR GUT, 219 Bewertungen
Lage	4.3	4.6	4.4
Ruhe	4.3	4.6	3.8
Sanitäranlagen	3.7	4.4	3.4
Sauberkeit Ø	4.4	4.8	4.0
Freundlichkeit	4.5	4.9	4.3
Stellplatz	4.0	4.3	3.9
Verpflegung	3.4	3.3	2.9
Freizeit	3.8	4.0	3.8
Preis-Leistung	4.0	4.5	3.2
Mietunterkünfte	4.2	-	3.8
Geeignet für			
Kinder b. 6 J.	4.2	4.3	3.9
Kinder b. 12 J.	4.2	4.3	4.0
Kinder b. 18 J.	3.5	3.9	3.6
Paare	4.2	4.8	4.3
Senioren	4.3	4.8	3.9
Gäste mit Zelt	4.5	4.6	3.9
Gäste mit Hund	4.6	4.8	4.1
Empfohlene Aktivitäten	Entspannen Radfahren Wandern	Radfahren Entspannen Wandern	Radfahren Entspannen Wandern
	Winter: 18.12. - 10.01.Preise aus 2019		weitere NS: 20.09. - 30.09. Preise aus 2019

17 Camping Wremer Tief am Nordseestrand

Strandstrasse
27639 Wurster Nordseeküste/ OT Wremen
+49 4705 660 3610
www.camping-wremer-tief.de
info@camping-wremer-tief.de

15.04. - 15.09.
HS: 38,70 € | NS: 38,70 €
Mehr Infos & Anfrage:
www.camping.info/22141

Baden im Meer am Platz	✓
Pool/Hallenbad	8km
Spielplatz am Platz	✓
Hunde willkommen	✓
kein Schatten	✓
WLAN (gegen Gebühr)	teilweise
Lebensmittel	500m
Brötchen am Platz	✓
Restaurant/Imbiss	500/100m
Ver-/Entsorgung Womo	✓
in den Ort	500m
Gesamt/Touristen	200/150
Mietunterkünfte	✗
Stellplätze vor Schranke	✓

53.64624 | 8.49299

Wohnmobilstellplatz und Rezeption.

Lage & Stellplatz

Der Campingplatz befindet sich direkt am Wasser mit Blick auf die Wesermündung. Von hier aus können die Gäste den Schiffen beim Ein- und Auslaufen zusehen. Die Stellplätze haben eine Größe von ca. 100 m^2. Jeder Platz verfügt über einen Stromanschluss mit einer Absicherung von 16 Ampere.

Verpflegung

Im Vordeichbereich gibt es am Hafen kleine Buden. Im Ort findet man Restaurants, die fußläufig erreicht werden können. In ca. 2 km Entfernung gibt es einen kleinen Einkaufsladen. Brötchen werden auf Bestellung angeboten. Weitere Einkaufsmöglichkeiten finden Sie ca. 10 km entfernt im nächsten Ort.

Sanitär

Die Sanitäranlagen stehen auf zwei Wurten auf dem Platz. Es ist ein Küchencontainer mit Spülen, Mikrowelle und Herdplatten vorhanden. Auf dem Platz stehen eine Waschmaschine und ein Wäschetrockner zur Verfügung. Die Duschen, Müll, sowie die Ver- und Entsorgung sind im Preis inbegriffen.

Freizeit

Hier gibt es die Möglichkeit, ausgedehnte Wanderungen auf dem Deich vorzunehmen. Surfer und Kiter können ihren Sport auf einer dafür ausgewiesene Zone ausüben. Die Umgebung lädt ein zum Fahrradfahren. Geführte Wattwanderungen werden von der Kurverwaltung angeboten.

Campingplatz mit Strandbereich.

Ansicht Wasserseite.

3.6 GUT
38 Bewertungen

Lage	4.6
Ruhe	4.2
Sanitäranlagen	3.0
Sauberkeit Ø	3.6
Freundlichkeit	3.9
Stellplatz	3.3
Verpflegung	2.5
Freizeit	3.6
Preis-Leistung	3.3
Mietunterkünfte	-

Geeignet für

4.3 Paare

4.3	Senioren
4.2	Gäste mit Zelt
4.0	Gäste mit Hund
3.8	Kinder b. 12 J.
3.6	Kinder b. 6 J.
3.2	Kinder b. 18 J.

Empfohlene Aktivitäten

Radfahren
Entspannen
Wandern
Schwimmen

Mehr Infos

Der Campingplatz befindet sich im Vordeichgelände/ am Strand.

Karte auf Seite 130

	15	16	18
	Campingplatz Grube	**Familien-Camping Kransburger See**	**Ferien- und Campingpark Geesthof**
	❄	❄	❄
	Kajediek 1 27639 Wurster Nordseeküste +49 4741 3131 53.73655 | 8.52347	Kransburger Straße 1 27639 Wurster Nordseeküste +49 4742 92980 53.71131 | 8.63293	Am Ferienpark 1 21755 Hechthausen-Klint +49 4774 512 53.62496 | 9.20377
Infos			
Öffnungszeiten	ganzjährig	ganzjährig	ganzjährig
Vergleichspreis	HS: 37,30 € | NS: 26,00 €	HS: 29,00 €	HS: 22,50 € | NS: 19,50 €
Link	**Mehr Infos & Anfrage:** www.camping.info/18385	**Mehr Infos & Anfrage:** www.camping.info/18384	**Mehr Infos & Anfrage:** www.camping.info/18148
Ausstattung			
Freizeit	Baden in nat. Gewässer k. A. Pool/Hallenbad 300m Spielplatz am Platz ✓	Baden im See am Platz ✓ Pool/Hallenbad 5/13km Spielplatz am Platz ✓	Baden im See am Platz ✓ Pool & Hallenbad ✓ Spielplatz am Platz ✓
Campingplatz	Hunde willkommen ✓ zur Hälfte Schatten ✓ WLAN (gegen Gebühr) ✓	Hunde willkommen ✓ wenig Schatten ✓ WLAN (gegen Gebühr) ✓	Hunde willkommen ✓ zur Hälfte Schatten ✓ WLAN ✓
Versorgung	Lebensmittel 200m Brötchen am Platz ✓ Restaurant/Imbiss 200m Ver-/Entsorgung Womo ✓ in den Ort 7km	Lebensmittel 3km Brötchen am Platz ✓ Restaurant & Imbiss ✓ Ver-/Entsorgung Womo ✓ in den Ort 3km	Lebensmittel ✓ Brötchen am Platz ✓ Restaurant & Imbiss ✓ Ver-/Entsorgung Womo ✓ in den Ort 1km
Anzahl der Plätze	Gesamt/Touristen 319/50 Mietunterkünfte ✓ Stellplätze vor Schranke ✗	Gesamt/Touristen 450/100 Mietunterkünfte ✓ Stellplätze vor Schranke ✗	Gesamt/Touristen 215/140 Mietunterkünfte ✓ Stellplätze vor Schranke ✓

	15	16	18
Gesamt	4.5 SEHR GUT, 25 Bewertungen	4.4 SEHR GUT, 56 Bewertungen	4.0 SEHR GUT, 61 Bewertungen
Lage	4.8	4.5	4.4
Ruhe	4.6	4.3	4.7
Sanitäranlagen	4.5	4.2	3.4
Sauberkeit Ø	4.8	4.5	4.0
Freundlichkeit	4.8	4.7	4.7
Stellplatz	4.1	4.2	3.9
Verpflegung	4.1	3.6	3.6
Freizeit	4.0	4.2	4.2
Preis-Leistung	4.5	4.3	4.2
Mietunterkünfte	4.5	4.8	4.1
Geeignet für			
Kinder b. 6 J.	4.0	4.5	4.4
Kinder b. 12 J.	4.2	4.6	4.6
Kinder b. 18 J.	3.8	4.1	4.1
Paare	4.8	4.5	4.1
Senioren	4.8	4.6	4.0
Gäste mit Zelt	4.1	4.6	4.2
Gäste mit Hund	4.5	4.6	4.6
Empfohlene Aktivitäten	Entspannen Radfahren Schwimmen	Schwimmen Entspannen Radfahren	Angeln Radfahren Reiten
Hinweis	In der Haupt- und Nebensaison wird Strom nach Verbrauch/Zähler abgerechnet.		keine WOMOs ab 7 m

19

KNAUS VanLifePark Fedderwardersiel

Lagunenweg
26969 Burhave
+49 4733 1683
53.58414 | 8.36832

15.04. - 15.10.
HS: 31,00 € | NS: 31,00 €
Mehr Infos & Anfrage:
www.camping.info/24739

Baden im Meer am Platz	✓
Pool & Hallenbad	×
Spielplatz am Platz	✓
Hunde willkommen	✓
wenig Schatten	✓
WLAN	×
Lebensmittel	×
Brötchen am Platz	×
Restaurant/Imbiss	300m
Ver-/Entsorgung Womo	✓
in den Ort	2km
Gesamt/Touristen	80/50
Mietunterkünfte	×
Stellplätze vor Schranke	×

3.8 GUT
16 Bewertungen

Lage	4.3
Ruhe	4.3
Sanitäranlagen	3.7
Sauberkeit Ø	3.8
Freundlichkeit	4.0
Stellplatz	3.7
Verpflegung	2.9
Freizeit	3.7
Preis-Leistung	2.9
Mietunterkünfte	-

Geeignet für

Kinder b. 6 J.	3.9
Kinder b. 12 J.	4.1
Kinder b. 18 J.	3.1
Paare	4.4
Senioren	4.4
Gäste mit Zelt	3.6
Gäste mit Hund	4.7

Empfohlene Aktivitäten

- Wandern
- Entspannen
- Radfahren

weitere NS: 15.04. - 01.05.
Preise aus 2019

20

KNAUS Campingpark Burhave****

An der Nordseelagune 1
26969 Burhave
+49 4733 1683
53.58345 | 8.37091

14.04. - 15.10.
HS: 40,10 € | NS: 35,00 €
Mehr Infos & Anfrage:
www.camping.info/18354

Baden im Meer am Platz	✓
Pool/Hallenbad	200m/1km
Spielplatz am Platz	✓
Hunde willkommen	✓
kein Schatten	✓
WLAN (gegen Gebühr)	✓
Lebensmittel	✓
Brötchen am Platz	✓
Restaurant/Imbiss	160m/✓
Ver-/Entsorgung Womo	✓
in den Ort	300m
Gesamt/Touristen	360/180
Mietunterkünfte	✓
Stellplätze vor Schranke	✓

3.9 GUT
383 Bewertungen

Lage	4.3
Ruhe	3.8
Sanitäranlagen	3.8
Sauberkeit Ø	3.9
Freundlichkeit	4.1
Stellplatz	4.1
Verpflegung	2.8
Freizeit	4.0
Preis-Leistung	3.2
Mietunterkünfte	3.7

Geeignet für

Kinder b. 6 J.	4.2
Kinder b. 12 J.	4.1
Kinder b. 18 J.	3.7
Paare	4.3
Senioren	4.1
Gäste mit Zelt	3.7
Gäste mit Hund	3.2

Empfohlene Aktivitäten

- Radfahren
- Entspannen
- Schwimmen

weitere NS: 15.04. - 01.05.
Preise aus 2019

21

KNAUS Campingpark Tossens****

Zum Friesenstrand 1
26969 Tossens
+49 4736 219
53.57694 | 8.24694

13.04. - 15.10.
HS: 41,10 € | NS: 41,10 €
Mehr Infos & Anfrage:
www.camping.info/18353

Baden im Meer am Platz	✓
Pool & Hallenbad	×
Spielplatz am Platz	✓
Hunde willkommen	✓
wenig Schatten	✓
WLAN (gegen Gebühr)	✓
Lebensmittel	✓
Brötchen am Platz	✓
Restaurant/Imbiss	150m/✓
Ver-/Entsorgung Womo	✓
in den Ort	keine Angabe
Gesamt/Touristen	340/150
Mietunterkünfte	×
Stellplätze vor Schranke	✓

4.0 SEHR GUT
253 Bewertungen

Lage	4.5
Ruhe	4.2
Sanitäranlagen	3.6
Sauberkeit Ø	4.0
Freundlichkeit	4.4
Stellplatz	4.0
Verpflegung	3.2
Freizeit	4.3
Preis-Leistung	3.4
Mietunterkünfte	-

Geeignet für

Kinder b. 6 J.	4.3
Kinder b. 12 J.	4.4
Kinder b. 18 J.	3.8
Paare	4.3
Senioren	4.3
Gäste mit Zelt	3.8
Gäste mit Hund	3.6

Empfohlene Aktivitäten

- Entspannen
- Schwimmen
- Radfahren

weitere NS: 15.04. - 01.05.
Preise aus 2019

22

Camping- und Ferienpark Spadener See

Seeweg 2
27619 Schiffdorf-Spaden
+49 471 308 364 56
53.57396 | 8.6465

01.04. - 31.10.
HS: 32,00 € | NS: 32,00 €
Mehr Infos & Anfrage:
www.camping.info/18382

Baden im See am Platz	✓
Pool/Hallenbad	4km
Spielplatz am Platz	✓
Hunde willkommen	✓
zur Hälfte Schatten	✓
WLAN (gratis)	teilweise
Lebensmittel	1km
Brötchen am Platz	nur HS
Restaurant/Imbiss	1km/✓
Ver-/Entsorgung Womo	✓
in den Ort	1km
Gesamt/Touristen	330/110
Mietunterkünfte	×
Stellplätze vor Schranke	×

4.1 SEHR GUT
52 Bewertungen

Lage	4.4
Ruhe	4.7
Sanitäranlagen	3.9
Sauberkeit Ø	4.5
Freundlichkeit	4.7
Stellplatz	4.2
Verpflegung	3.6
Freizeit	4.0
Preis-Leistung	4.3
Mietunterkünfte	-

Geeignet für

Kinder b. 6 J.	4.3
Kinder b. 12 J.	4.3
Kinder b. 18 J.	4.0
Paare	4.5
Senioren	4.4
Gäste mit Zelt	4.3
Gäste mit Hund	4.4

Empfohlene Aktivitäten

- Radfahren
- Schwimmen
- Entspannen

Karte auf Seite 130

	23	24	25
	Campingplatz Silbersee	**Campingplatz Nordenham**	**Höpkens Hof & Campingplatz** ✻
	Silberseestr 70 27619 Schiffdorf 04749 4423572 53.49291 | 8.80966	Strandallee 11 26954 Nordenham 04731 8719919 53.47205 | 8.47979	Molkereistraße 64 26349 Jade +49 4734 910 6833 53.42643 | 8.29902
Infos			
Öffnungszeiten	keine Angabe	15.03. - 15.10.	ganzjährig
Vergleichspreis	keine Angabe	HS: 19,00 €	HS: 23,00 € | NS: 23,00 €
Link	**Mehr Infos & Anfrage:** www.camping.info/30049	**Mehr Infos & Anfrage:** www.camping.info/24667	**Mehr Infos & Anfrage:** www.camping.info/26572
Ausstattung			
Freizeit	Baden in nat. Gewässer k. A. Pool & Hallenbad ✗ Spielplatz keine Angabe	Baden im Meer 10km Pool/Hallenbad 5km Spielplatz am Platz ✓	Baden im Meer 1km Pool/Hallenbad 18km Spielplatz am Platz ✓
Campingplatz	Hunde ✗ Schatten ✗ WLAN keine Angabe	Hunde willkommen ✓ zur Hälfte Schatten ✓ WLAN (gratis) teilweise	Hunde willkommen ✓ wenig Schatten ✓ WLAN (begrenzt gratis) ✓
Versorgung	Lebensmittel k.A. Brötchen keine Angabe Restaurant & Imbiss ✗ Ver-/Entsorgung Womo ✗ in den Ort keine Angabe	Lebensmittel ✓ Brötchen am Platz ✓ Restaurant & Imbiss ✓ Ver-/Entsorgung Womo ✓ in den Ort 300m	Lebensmittel k.A. Brötchen am Platz ✓ Restaurant/Imbiss 1km Ver-/Entsorgung Womo ✓ in den Ort 6km
Anzahl der Plätze	Gesamt keine Angabe Mietunterkünfte ✗ Stellplätze vor Schranke ✗	Gesamt/Touristen 140/40 Mietunterkünfte ✓ Stellplätze vor Schranke ✗	Touristenplätze 54 Mietunterkünfte ✓ Stellplätze vor Schranke ✗

	Campingplatz Silbersee	Campingplatz Nordenham	Höpkens Hof & Campingplatz
Gesamt	4.0 SEHR GUT, 8 Bewertungen	4.1 SEHR GUT, 28 Bewertungen	4.5 SEHR GUT, 80 Bewertungen
Lage	4.6	4.3	4.4
Ruhe	4.3	4.3	4.3
Sanitäranlagen	4.5	4.3	4.0
Sauberkeit Ø	4.2	4.6	4.5
Freundlichkeit	4.9	4.8	5.0
Stellplatz	3.2	4.0	4.3
Verpflegung	2.0	3.8	3.9
Freizeit	3.2	3.7	4.1
Preis-Leistung	4.6	4.6	4.7
Mietunterkünfte	-	4.2	4.7
Geeignet für			
Kinder b. 6 J.	4.8	3.9	4.8
Kinder b. 12 J.	5.0	4.0	4.8
Kinder b. 18 J.	3.0	3.5	4.0
Paare	4.2	4.5	4.6
Senioren	3.3	4.7	4.3
Gäste mit Zelt	4.7	4.1	4.8
Hunde n. erlaubt / Gäste mit Hund	Hunde n. erlaubt -	Gäste mit Hund 4.6	Gäste mit Hund 5.0
Empfohlene Aktivitäten	Radfahren Entspannen Schwimmen	Radfahren Entspannen Wandern	Radfahren Entspannen Wandern

Höpkens Hof & Campingplatz: NS: 26.10. - 31.10.

NIEDERSACHSEN / BREMEN

❸ Bremen & Mittelweser

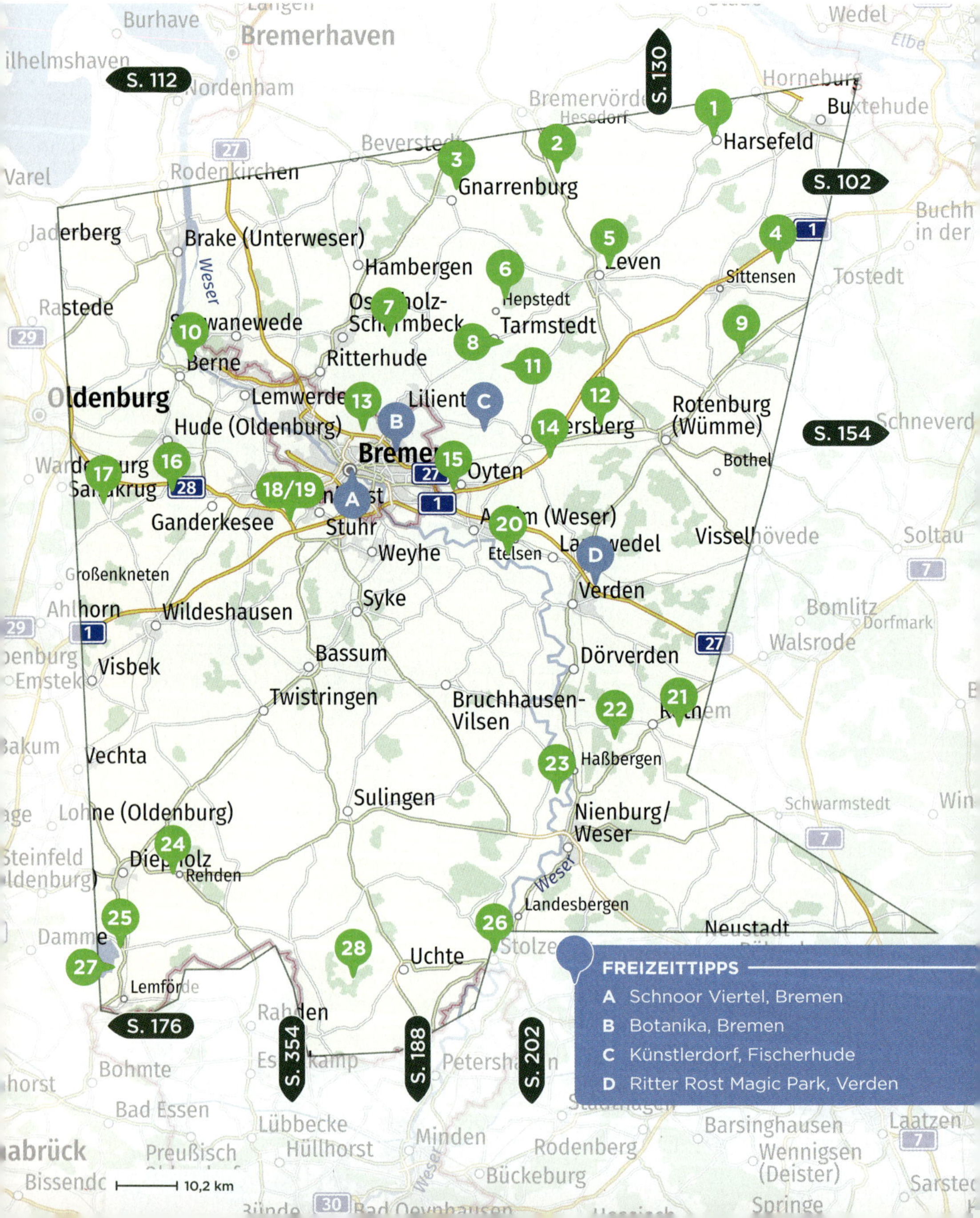

	Platz	Seite	Bewertung	Öffnungszeiten	
1	Campingpark Harsefeld	144	4.2	saisonal	
2	Camping Duxbachtal	144	3.6	ganzjährig	❄
3	Camping- und Mobilheimplatz „Am Eichholz"	144	4.8	saisonal	
4	Ferienzentrum-Heidenau	145	3.9	ganzjährig	
5	Camping Sonnencamp Zeven	145	4.0	ganzjährig	❄
6	Waldcampingplatz Ummelbad	145	4.2	ganzjährig	❄
7	Hammehafen Worpswede	145	4.0	k. A.	
8	Wochenendpark Rethbergsee	146	4.0	ganzjährig	❄
9	Camping Alte Löweninsel	146	4.1	saisonal	
10	Campingplatz Juliusplate	146	4.2	saisonal	
11	Campingplatz Wüllenheide	147	3.7	k. A.	
12	Wochenendgebiet Heidehof	147	-	saisonal	
13	Camping Stürberg	147	4.2	saisonal	
14	HanseCamping Bremen	147	3.4	ganzjährig	❄
15	KNAUS Campingpark Oyten/Bremen****	148	4.0	saisonal	
16	Camping & Ferienpark Falkensteinsee	149	4.6	ganzjährig	❄ 👍
17	Campingplatz Hatten	148	4.5	ganzjährig	❄
18	Märchencamping (Wienberg)	148	3.9	k. A.	
19	Campingplatz Steller See	150	4.0	saisonal	
20	Campingplatz & Ferienpark am Landwehrsee	150	-	k. A.	
21	Camping Rittergut Frankenfeld	150	4.2	ganzjährig	❄
22	Camping Rittergut Hämelsee	151	4.2	k. A.	
23	Campingplatz Drakenburg Wassersport Weser e.V.	151	4.2	saisonal	
24	Ehrlingshof	151	4.2	saisonal	
25	Campingplatz Tiemann's Hof	151	3.8	ganzjährig	
26	Campingplatz Stolzenau	152	4.0	saisonal	
27	Campingplatz Dümmersee	152	4.2	k. A.	❄
28	Moorcamp	152	5.0	saisonal	

❄ Wintercamping FKK Textilfrei (ganz/teilweise) Ecocamping 👍 Award Onlinebuchung

Karte auf Seite 142

	1	2	3
	Campingpark Harsefeld	**Camping Duxbachtal** ❄	**Camping- und Mobilheimplatz „Am Eichholz"**
	Quellenweg 3 21698 Harsefeld +49 4164 909 836 53.45601 | 9.49184	Bockhorster Weg 24 27432 Bremervörde-Plönieshausen +49 4767 667 53.41117 | 9.19874	Hermann-Lamprecht-Straße 69 27442 Gnarrenburg +49 4763 8648 53.39215 | 9.00981
Infos			
Öffnungszeiten	01.04. - 30.09.	ganzjährig	15.03. - 31.10.
Vergleichspreis	HS: 21,00 € | NS: 21,00 €	HS: 19,80 € | NS: 19,80 €	HS: 18,50 € | NS: 18,50 €
Link	**Mehr Infos & Anfrage:** www.camping.info/18145	**Mehr Infos & Anfrage:** www.camping.info/18371	**Mehr Infos & Anfrage:** www.camping.info/26203
Ausstattung			
Freizeit	Baden im Teich am Platz ✓ Pool/Hallenbad 50m/5km Spielplatz am Platz ✓	Baden im See am Platz ✓ Pool/Hallenbad 9km Spielplatz am Platz ✓	Baden im See 15km Pool/Hallenbad 100m/15km Spielplatz am Platz ✓
Campingplatz	Hunde willkommen ✓ zur Hälfte Schatten ✓ WLAN ✗	Hunde willkommen ✓ Schatten ✗ WLAN (gratis) teilweise	Hunde willkommen ✓ wenig Schatten ✓ WLAN ✓
Versorgung	Lebensmittel 500m Brötchen am Platz ✓ Restaurant/Imbiss 100/50m Ver-/Entsorgung Womo ✓ in den Ort 500m	Lebensmittel 4km Brötchen am Platz ✓ Restaurant/Imbiss 4km/✓ Ver-/Entsorgung Womo ✗ in den Ort 4km	Lebensmittel 1km Brötchen am Platz ✗ Restaurant/Imbiss 1km Ver-/Entsorgung Womo ✓ in den Ort 500m
Anzahl der Plätze	Gesamt/Touristen 110/70 Mietunterkünfte ✗ Stellplätze vor Schranke ✗	Gesamt/Touristen 200/40 Mietunterkünfte ✓ Stellplätze vor Schranke ✗	Gesamt/Touristen 90/50 Mietunterkünfte ✓ Stellplätze vor Schranke ✗

	1	2	3
Gesamt	**4.2** SEHR GUT, 22 Bewertungen	**3.6** GUT, 9 Bewertungen	**4.8** SEHR GUT, 4 Bewertungen
Lage	4.5	4.1	4.2
Ruhe	4.6	4.6	5.0
Sanitäranlagen	4.0	3.7	4.8
Sauberkeit Ø	4.5	4.2	5.0
Freundlichkeit	4.5	4.3	5.0
Stellplatz	3.9	3.4	4.5
Verpflegung	2.8	2.7	4.7
Freizeit	3.9	3.4	4.0
Preis-Leistung	4.5	4.2	5.0
Mietunterkünfte	-	-	5.0
Geeignet für			
Kinder b. 6 J.	4.1	3.1	3.7
Kinder b. 12 J.	3.9	3.3	4.0
Kinder b. 18 J.	3.5	3.1	3.7
Paare	4.6	4.0	4.7
Senioren	4.8	4.8	5.0
Gäste mit Zelt	4.7	4.1	4.2
Gäste mit Hund	4.7	4.4	4.7
Empfohlene Aktivitäten	Radfahren Schwimmen Entspannen	Radfahren Wandern Entspannen	Wandern Entspannen Radfahren

4 Ferienzentrum-Heidenau

Zum Ferienzentrum 10
21258 Heidenau
041824272

53.30877 | 9.61469

ganzjährig

HS: 27,00 € | NS: 27,00 €

Mehr Infos & Anfrage: www.camping.info/18125

Baden in nat. Gewässer	k. A.
Pool am Platz	✓
Spielplatz	keine Angabe
Hunde	✗
zur Hälfte Schatten	✓
WLAN (gratis)	teilweise
Lebensmittel	8km
Brötchen am Platz	nur HS
Restaurant am P.	✓
Ver-/Entsorgung Womo	✓
in den Ort	1km
Touristenplätze	80
Mietunterkünfte	✗
Stellplätze vor Schranke	✓

3.9 GUT – 31 Bewertungen

Lage	3.8
Ruhe	4.1
Sanitäranlagen	4.0
Sauberkeit Ø	3.8
Freundlichkeit	3.8
Stellplatz	3.6
Verpflegung	3.3
Freizeit	3.7
Preis-Leistung	4.0
Mietunterkünfte	-

Geeignet für

Kinder b. 6 J.	3.7
Kinder b. 12 J.	3.8
Kinder b. 18 J.	3.1
Paare	3.9
Senioren	4.3
Gäste mit Zelt	3.8
Hunde n. erlaubt	-

Empfohlene Aktivitäten

- Wandern
- Schwimmen
- Entspannen

5 Camping Sonnen-camp Zeven

❄

Sonnenkamp 10
27404 Zeven
+49 4281 951 345

53.30399 | 9.29902

ganzjährig

HS: 23,50 € | NS: 23,50 €

Mehr Infos & Anfrage: www.camping.info/18368

Baden im Teich am Platz	✓
Pool/Hallenbad	150m/2km
Spielplatz	keine Angabe
Hunde erlaubt	✓
Schatten	✗
WLAN	✓
Lebensmittel	✓
Brötchen am Platz	✓
Restaurant am P.	✓
Ver-/Entsorgung Womo	✓
in den Ort	1km
Gesamt/Touristen	280/100
Mietunterkünfte	✓
Stellplätze vor Schranke	✗

4.0 SEHR GUT – 9 Bewertungen

Lage	4.1
Ruhe	4.4
Sanitäranlagen	4.0
Sauberkeit Ø	4.5
Freundlichkeit	4.5
Stellplatz	3.8
Verpflegung	3.6
Freizeit	3.9
Preis-Leistung	4.8
Mietunterkünfte	4.5

Geeignet für

Kinder b. 6 J.	4.2
Kinder b. 12 J.	4.2
Kinder b. 18 J.	3.8
Paare	4.6
Senioren	4.6
Gäste mit Zelt	4.2
Gäste mit Hund	4.5

Empfohlene Aktivitäten

- Schwimmen
- Wandern
- Radfahren

6 Waldcampingplatz Ummelbad

❄

Ummelweg 100
27412 Hepstedt
+49 152 574 001 99

53.26778 | 9.10199

ganzjährig

HS: 15,00 € | NS: 14,00 €

Mehr Infos & Anfrage: www.camping.info/26657

Baden in nat. Gewässer	k. A.
Pool am Platz	✓
Spielplatz am Platz	✓
Hunde willkommen	✓
wenig Schatten	✓
WLAN	✗
Lebensmittel	4km
Brötchen am Platz	nur HS
Restaurant & Imbiss	✓
Ver-/Entsorgung Womo	✗
in den Ort	4km
Gesamt/Touristen	250/100
Mietunterkünfte	✓
Stellplätze vor Schranke	✗

4.2 SEHR GUT – 27 Bewertungen

Lage	4.7
Ruhe	4.9
Sanitäranlagen	3.4
Sauberkeit Ø	4.4
Freundlichkeit	4.7
Stellplatz	3.9
Verpflegung	4.4
Freizeit	4.0
Preis-Leistung	4.5
Mietunterkünfte	3.7

Geeignet für

Kinder b. 6 J.	4.5
Kinder b. 12 J.	4.5
Kinder b. 18 J.	3.8
Paare	4.7
Senioren	4.6
Gäste mit Zelt	4.7
Gäste mit Hund	4.3

Empfohlene Aktivitäten

- Entspannen
- Radfahren
- Wandern

7 Hammehafen Worpswede

Hammeweg 10 - 12
27726 Worpswede

53.22819 | 8.88832

keine Angabe

keine Angabe

Mehr Infos & Anfrage: www.camping.info/27592

Baden in nat. Gewässer	k. A.
Pool & Hallenbad	✗
Spielplatz	keine Angabe
Hunde	✗
Schatten	✗
WLAN	keine Angabe
Lebensmittel	k.A.
Brötchen	keine Angabe
Restaurant & Imbiss	✗
Ver-/Entsorgung Womo	✗
in den Ort	keine Angabe
Gesamt	keine Angabe
Mietunterkünfte	✗
Stellplätze vor Schranke	✗

4.0 SEHR GUT – 7 Bewertungen

Lage	5.0
Ruhe	4.9
Sanitäranlagen	3.6
Sauberkeit Ø	4.2
Freundlichkeit	4.7
Stellplatz	3.3
Verpflegung	3.4
Freizeit	4.6
Preis-Leistung	4.3
Mietunterkünfte	-

Geeignet für

Kinder b. 6 J.	3.3
Kinder b. 12 J.	4.0
Kinder b. 18 J.	4.0
Paare	5.0
Senioren	4.7
Gäste mit Zelt	4.3
Hunde n. erlaubt	-

Empfohlene Aktivitäten

- Radfahren
- Kayak/Kanu
- Angeln

Karte auf Seite 142

	8	9	10
	Wochenendpark Rethbergsee	**Camping Alte Löweninsel**	**Campingplatz Juliusplate**
	Wörpeweg 51 27412 Tarmstedt	Schmiedeberg 1 27389 Lauenbrück +49 4267 8238	Juliusplate 4 27804 Berne +49 4406 1666
	53.215 | 9.09222	53.20206 | 9.5483	53.19583 | 8.51028
Infos			
Öffnungszeiten	ganzjährig	01.04. - 15.09.	09.04. - 30.09.
Vergleichspreis	HS: 16,50 €	HS: 20,00 € | NS: 20,00 €	HS: 21,50 € | NS: 21,50 €
Link	**Mehr Infos & Anfrage:** www.camping.info/18370	**Mehr Infos & Anfrage:** www.camping.info/18365	**Mehr Infos & Anfrage:** www.camping.info/18391
Ausstattung			
Freizeit	Baden in nat. Gewässer k. A. Pool & Hallenbad ✗ Spielplatz keine Angabe	Baden in nat. Gewässer k. A. Pool am Platz ✓ Spielplatz am Platz ✓	Baden im Fluss am Platz ✓ Pool/Hallenbad 8km Spielplatz am Platz ✓
Campingplatz	Hunde erlaubt ✓ Schatten ✗ WLAN keine Angabe	Hunde willkommen ✓ wenig Schatten ✓ WLAN ✓	Hunde willkommen ✓ zur Hälfte Schatten ✓ WLAN ✓
Versorgung	Lebensmittel k.A. Brötchen keine Angabe Restaurant & Imbiss ✗ Ver-/Entsorgung Womo ✗ in den Ort keine Angabe	Lebensmittel 500m Brötchen am Platz ✗ Restaurant 400m Ver-/Entsorgung Womo ✓ in den Ort 200m	Lebensmittel ✓ Brötchen am Platz ✓ Restaurant/Imbiss 100m/2km Ver-/Entsorgung Womo ✓ in den Ort 3km
Anzahl der Plätze	Gesamt/Touristen 310/40 Mietunterkünfte ✗ Stellplätze vor Schranke ✗	Gesamt/Touristen 40/30 Mietunterkünfte ✓ Stellplätze vor Schranke ✗	Gesamt/Touristen 180/80 Mietunterkünfte ✓ Stellplätze vor Schranke ✓

	8	9	10
Bewertung	4.0 SEHR GUT, 4 Bewertungen	4.1 SEHR GUT, 16 Bewertungen	4.2 SEHR GUT, 91 Bewertungen
Lage	4.0	4.3	4.4
Ruhe	5.0	3.9	4.4
Sanitäranlagen	3.8	3.4	3.9
Sauberkeit Ø	5.0	4.5	4.6
Freundlichkeit	5.0	4.9	4.7
Stellplatz	3.5	4.0	4.0
Verpflegung	3.7	2.2	3.5
Freizeit	4.0	3.6	3.8
Preis-Leistung	4.5	4.1	4.6
Mietunterkünfte	-	4.0	4.1
Geeignet für			
Kinder b. 6 J.	4.8	3.5	4.2
Kinder b. 12 J.	4.5	3.8	4.1
Kinder b. 18 J.	3.5	3.3	3.5
Paare	5.0	4.5	4.5
Senioren	5.0	4.5	4.5
Gäste mit Zelt	5.0	4.9	4.4
Gäste mit Hund	4.0	4.9	4.5
Empfohlene Aktivitäten		Kayak/Kanu Entspannen Radfahren	Radfahren Entspannen Wandern

Wohnmobile bis 10 m, Zeltwiese für Jugendgruppen.

11 Campingplatz Wüllenheide

An der Reitbahn 1
27412 Wilstedt

53.18944 | 9.1

keine Angabe

keine Angabe

Mehr Infos & Anfrage:
www.camping.info/18369

Baden in nat. Gewässer	k. A.
Pool & Hallenbad	×
Spielplatz	keine Angabe
Hunde	×
Schatten	×
WLAN	keine Angabe
Lebensmittel	k.A.
Brötchen	keine Angabe
Restaurant & Imbiss	×
Ver-/Entsorgung Womo	×
in den Ort	keine Angabe
Gesamt	keine Angabe
Mietunterkünfte	×
Stellplätze vor Schranke	×

3.7 GUT
7 Bewertungen

Lage	3.5
Ruhe	4.2
Sanitäranlagen	3.2
Sauberkeit Ø	4.1
Freundlichkeit	5.0
Stellplatz	3.3
Verpflegung	2.5
Freizeit	3.4
Preis-Leistung	4.6
Mietunterkünfte	-

Geeignet für

Kinder b. 6 J.	4.0
Kinder b. 12 J.	4.2
Kinder b. 18 J.	3.5
Paare	4.7
Senioren	4.7
Gäste mit Zelt	4.7
Hunde n. erlaubt	-

Empfohlene Aktivitäten

- Schwimmen
- Radfahren
- Angeln

12 Wochenendgebiet Heidehof

Feldstr. 39
28870 Ottersberg
+49 4205 8175

53.13112 | 9.15866

01.03. - 29.10.

HS: 25,00 €

Mehr Infos & Anfrage:
www.camping.info/24639

Baden in nat. Gewässer	k. A.
Pool/Hallenbad	6/3km
Spielplatz	1km
Hunde willkommen	✓
zur Hälfte Schatten	✓
WLAN	×
Lebensmittel	2km
Brötchen	keine Angabe
Restaurant/Imbiss	✓/4km
Ver-/Entsorgung Womo	×
in den Ort	3km
Gesamt/Touristen	75/25
Mietunterkünfte	×
Stellplätze vor Schranke	✓

- JETZT BEWERTEN!

Für diese Auswertung liegen leider noch nicht genügend Bewertungen vor.

Sei einer der Ersten, der diesen Campingplatz bewertet.

Mit einer guten Campingplatz-Bewertung unterstützt du nicht nur deinen Lieblingsplatz, sondern hilfst auch anderen Campern bei der Platzwahl.

13 Camping Stürberg

zum Steingrund
27367 Hassendorf
+49 4264 9124

53.12027 | 9.27888

01.04. - 31.10.

keine Angabe

Mehr Infos & Anfrage:
www.camping.info/18361

Baden in nat. Gewässer	k. A.
Pool & Hallenbad	×
Spielplatz am Platz	✓
Hunde willkommen	✓
zur Hälfte Schatten	✓
WLAN	×
Lebensmittel	3km
Brötchen	keine Angabe
Restaurant & Imbiss	×
Ver-/Entsorgung Womo	✓
in den Ort	500m
Gesamt/Touristen	80/40
Mietunterkünfte	×
Stellplätze vor Schranke	×

4.2 SEHR GUT
5 Bewertungen

Lage	3.8
Ruhe	4.0
Sanitäranlagen	4.8
Sauberkeit Ø	4.7
Freundlichkeit	5.0
Stellplatz	4.0
Verpflegung	3.5
Freizeit	3.6
Preis-Leistung	4.0
Mietunterkünfte	-

Geeignet für

Kinder b. 6 J.	3.0
Kinder b. 12 J.	2.5
Kinder b. 18 J.	2.0
Paare	4.0
Senioren	4.3
Gäste mit Zelt	4.2
Gäste mit Hund	4.5

Empfohlene Aktivitäten

- Radfahren
- Wandern
- Entspannen

14 HanseCamping Bremen

Hochschulring 1
28359 Bremen
+49 421 30746825

53.11468 | 8.83345

ganzjährig

HS: 35,50 € | NS: 35,50 €

Mehr Infos & Anfrage:
www.camping.info/22232

Baden im See	100m
Hallenbad	2km
Spielplatz am Platz	✓
Hunde willkommen	✓
zur Hälfte Schatten	✓
WLAN (gratis)	teilweise
Lebensmittel	✓
Brötchen am Platz	nur HS
Restaurant am P.	✓
Ver-/Entsorgung Womo	✓
in den Ort	6km
Gesamt/Touristen	153/110
Mietunterkünfte	✓
Stellplätze vor Schranke	✓

3.4 GUT
28 Bewertungen

Lage	4.3
Ruhe	3.1
Sanitäranlagen	3.9
Sauberkeit Ø	3.8
Freundlichkeit	3.3
Stellplatz	3.6
Verpflegung	3.4
Freizeit	3.7
Preis-Leistung	2.7
Mietunterkünfte	5.0

Geeignet für

Kinder b. 6 J.	2.6
Kinder b. 12 J.	3.3
Kinder b. 18 J.	3.4
Paare	4.0
Senioren	3.7
Gäste mit Zelt	3.4
Gäste mit Hund	3.4

Empfohlene Aktivitäten

- Sightseeing
- Schwimmen
- Radfahren

Karte auf Seite 142

	15	17	18
	KNAUS Campingpark Oyten/Bremen****	**Campingplatz Hatten** ❄	**Märchencamping (Wienberg)**
	Oyter See 1 28876 Oyten +49 4207 2878	Kreyenweg 8 26209 Hatten/Kirchhatten 04482 677	Zum Steller See 83 28816 Stuhr
	53.04722 | 9.00444	53.025 | 8.33556	53.00998 | 8.68968
Infos			
Öffnungszeiten	14.04. - 07.11.	ganzjährig	keine Angabe
Vergleichspreis	HS: 36,90 € | NS: 35,40 €	keine Angabe	keine Angabe
Link	**Mehr Infos & Anfrage:** www.camping.info/18396	**Mehr Infos & Anfrage:** www.camping.info/19560	**Mehr Infos & Anfrage:** www.camping.info/26798
Ausstattung			
Freizeit	Baden im See am Platz ✓ Pool/Hallenbad 6km Spielplatz am Platz ✓	Baden in nat. Gewässer k. A. Pool & Hallenbad ✗ Spielplatz keine Angabe	Baden in nat. Gewässer k. A. Pool & Hallenbad ✗ Spielplatz keine Angabe
Campingplatz	Hunde willkommen ✓ zur Hälfte Schatten ✓ WLAN (gegen Gebühr) ✓	Hunde ✗ Schatten ✗ WLAN keine Angabe	Hunde ✗ Schatten ✗ WLAN keine Angabe
Versorgung	Lebensmittel ✓ Brötchen am Platz ✓ Restaurant/Imbiss 2km/✓ Ver-/Entsorgung Womo ✗ in den Ort 2km	Lebensmittel k.A. Brötchen keine Angabe Restaurant & Imbiss ✗ Ver-/Entsorgung Womo ✗ in den Ort 2km	Lebensmittel k.A. Brötchen keine Angabe Restaurant & Imbiss ✗ Ver-/Entsorgung Womo ✗ in den Ort keine Angabe
Anzahl der Plätze	Gesamt/Touristen 193/92 Mietunterkünfte ✗ Stellplätze vor Schranke ✓	Gesamt keine Angabe Mietunterkünfte ✓ Stellplätze vor Schranke ✓	Gesamt keine Angabe Mietunterkünfte ✗ Stellplätze vor Schranke ✗

15 – 4.0 SEHR GUT – 151 Bewertungen

Lage	4.1
Ruhe	3.6
Sanitäranlagen	3.7
Sauberkeit Ø	4.0
Freundlichkeit	4.4
Stellplatz	4.0
Verpflegung	3.1
Freizeit	3.9
Preis-Leistung	3.6
Mietunterkünfte	-
Geeignet für	
Kinder b. 6 J.	4.1
Kinder b. 12 J.	4.2
Kinder b. 18 J.	4.0
Paare	4.2
Senioren	4.1
Gäste mit Zelt	4.1
Gäste mit Hund	4.0

Empfohlene Aktivitäten
- Schwimmen
- Sightseeing
- Wandern

17 – 4.5 SEHR GUT – 33 Bewertungen

Lage	4.4
Ruhe	4.6
Sanitäranlagen	4.4
Sauberkeit Ø	4.7
Freundlichkeit	4.9
Stellplatz	4.5
Verpflegung	4.0
Freizeit	4.4
Preis-Leistung	4.7
Mietunterkünfte	4.5
Geeignet für	
Kinder b. 6 J.	4.4
Kinder b. 12 J.	4.7
Kinder b. 18 J.	4.0
Paare	4.6
Senioren	4.7
Gäste mit Zelt	4.8
Hunde n. erlaubt	-

Empfohlene Aktivitäten
- Radfahren
- Schwimmen
- Entspannen

18 – 3.9 GUT – 7 Bewertungen

Lage	4.0
Ruhe	3.0
Sanitäranlagen	3.3
Sauberkeit Ø	3.9
Freundlichkeit	4.9
Stellplatz	3.8
Verpflegung	3.6
Freizeit	4.3
Preis-Leistung	4.1
Mietunterkünfte	-
Geeignet für	
Kinder b. 6 J.	5.0
Kinder b. 12 J.	5.0
Kinder b. 18 J.	3.8
Paare	3.8
Senioren	4.0
Gäste mit Zelt	4.2
Hunde n. erlaubt	-

Empfohlene Aktivitäten
- Radfahren
- Entspannen
- Wandern

weitere NS: 20.09. - 08.11.
Preise aus 2019

16 Camping & Ferienpark Falkensteinsee

Falkensteinsee 1
27777 Ganderkesee
+49 4222 9470077
www.falkensteinsee.de
camping@falkensteinsee.de

ganzjährig

HS: 24,00 € | NS: 24,00 €

Mehr Infos & Anfrage:
www.camping.info/18388

Baden im See am Platz	✓
Hallenbad	15km
Spielplatz am Platz	✓
Hunde willkommen	✓
wenig Schatten	✓
WLAN (begrenzt gratis)	✓
Lebensmittel	✓
Brötchen am Platz	✓
Restaurant & Imbiss	✓
Ver-/Entsorgung Womo	✓
in den Ort	2km
Gesamt/Touristen	400/200
Mietunterkünfte	✓
Stellplätze vor Schranke	✗

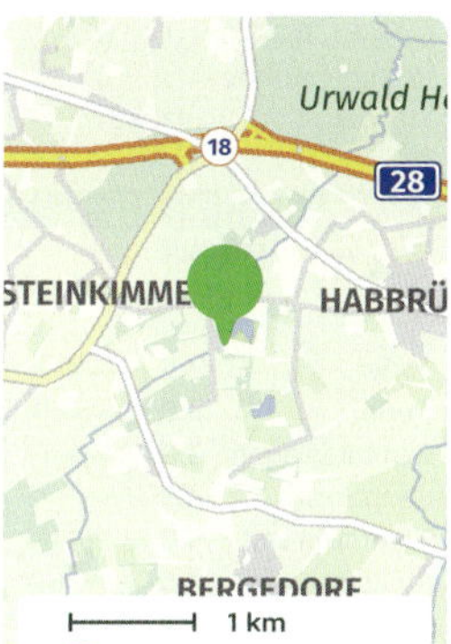

53.04565 | 8.46399

Stellplätze in erster Reihe am Falkensteinsee.

Lage & Stellplatz

Umringt vom Naturpark Wildeshauser Geest und dem Hasbruch, zwischen Oldenburg und Bremen, liegt der Camping & Ferienpark Falkensteinsee. Auf dem ebenen und teils naturbelassenen Gelände befinden sich 300 parzellierte Stellplätze sowie Ferienhäuser, Stelzenhäuser, Campingfässer und Pods mit Seeblick.

Verpflegung

Während der platzeigene Minimarkt täglich frische Brötchen und Basisartikel anbietet (April bis Oktober), serviert das „SeeHuus" Gerichte der mediterranen, rustikalen, veganen Küche und hausgebackenen Kuchen. Zwei Seeterrassen und ein Wintergarten sorgen dabei für ein großartiges Ambiente.

Sanitär

Das Wohlfühl-Duschhaus verfügt über berührungsfreie Armaturen, Fußbodenheizung, Einzelwaschkabinen, Kinderwaschbecken, Babywanne und behindertengerechte Privatbäder. Außerdem besteht die Möglichkeit, separate Mietbäder, Waschmaschinen, Wäschetrockner und überdachte Kochmöglichkeiten zu nutzen.

Freizeit

Es gibt Freizeitmöglichkeiten, wie Minigolf, Tischtennis, Fußball, Basketball oder Boule. Darüber hinaus stehen den Gästen ein großer Naturbadesee mit Sandstränden und angrenzenden Liegewiesen sowie ein großzügig angelegter Erlebnisspielplatz zur Verfügung. Für die Vierbeiner ist ebenfalls gesorgt.

Wohlfühl-Duschhaus.

Abenteuerspielplatz für Kinder.

4.6 SEHR GUT
506 Bewertungen

Lage	4.3
Ruhe	4.0
Sanitäranlagen	4.7
Sauberkeit Ø	4.6
Freundlichkeit	4.7
Stellplatz	4.5
Verpflegung	4.3
Freizeit	4.4
Preis-Leistung	4.5
Mietunterkünfte	4.6

Geeignet für

4.7	Kinder b. 6 J.
4.7	Kinder b. 12 J.
4.6	Gäste mit Zelt
4.6	Gäste mit Hund
4.5	Paare
4.4	Senioren
4.1	Kinder b. 18 J.

Empfohlene Aktivitäten

Radfahren · Schwimmen · Entspannen · Angeln

Mehr Infos

WOMOs ab 13 m nach Absprache | Campingkassetten Reinigungsautomat vor Ort

AWARD 2022

Karte auf Seite 142

	19	20	21
	Campingplatz Steller See	**Campingplatz & Ferienpark am Landwehrsee**	**Camping Rittergut Frankenfeld**
	Zum Steller See 15 28816 Stuhr 042066490	Zum Harnisch 7 27313 Dörverden 0152-33525167	Dorfstraße 1 27336 Frankenfeld/ Rethem Aller +49 5165 3933
	53.00662 | 8.69222	52.87855 | 9.22579	52.7713 | 9.42914
Infos			
Öffnungszeiten	01.04. - 30.09.	keine Angabe	ganzjährig
Vergleichspreis	HS: 26,50 € | NS: 26,50 €	keine Angabe	HS: 26,50 € | NS: 26,50 €
Link	**Mehr Infos & Anfrage:** www.camping.info/18393	**Mehr Infos & Anfrage:** www.camping.info/27030	**Mehr Infos & Anfrage:** www.camping.info/18359
Ausstattung			
Freizeit	Baden im See am Platz ✓ Pool & Hallenbad ✗ Spielplatz am Platz ✓	Baden in nat. Gewässer k. A. Pool & Hallenbad ✗ Spielplatz keine Angabe	Baden im Fluss am Platz ✓ Pool & Hallenbad ✗ Spielplatz am Platz ✓
Campingplatz	Hunde willkommen ✓ zur Hälfte Schatten ✓ WLAN (gegen Gebühr) ✓	Hunde ✗ Schatten ✗ WLAN keine Angabe	Hunde willkommen ✓ zur Hälfte Schatten ✓ WLAN ✓
Versorgung	Lebensmittel ✓ Brötchen am Platz ✓ Restaurant & Imbiss ✓ Ver-/Entsorgung Womo ✓ in den Ort 1km	Lebensmittel k.A. Brötchen keine Angabe Restaurant & Imbiss ✗ Ver-/Entsorgung Womo ✗ in den Ort 2km	Lebensmittel 5km Brötchen am Platz ✓ Restaurant/Imbiss 2/5km Ver-/Entsorgung Womo ✓ in den Ort 4km
Anzahl der Plätze	Gesamt/Touristen 440/60 Mietunterkünfte ✓ Stellplätze vor Schranke ✗	Gesamt keine Angabe Mietunterkünfte ✗ Stellplätze vor Schranke ✗	Gesamt/Touristen 140/40 Mietunterkünfte ✗ Stellplätze vor Schranke ✗

19 Campingplatz Steller See

4.0 SEHR GUT
37 Bewertungen

Lage	4.1
Ruhe	3.1
Sanitäranlagen	3.9
Sauberkeit Ø	4.4
Freundlichkeit	4.7
Stellplatz	4.0
Verpflegung	3.9
Freizeit	4.1
Preis-Leistung	4.4
Mietunterkünfte	4.5

Geeignet für

Kinder b. 6 J.	4.4
Kinder b. 12 J.	4.4
Kinder b. 18 J.	4.2
Paare	4.3
Senioren	4.2
Gäste mit Zelt	4.5
Gäste mit Hund	3.8

Empfohlene Aktivitäten

- Schwimmen
- Entspannen
- Radfahren

20 Campingplatz & Ferienpark am Landwehrsee

- JETZT BEWERTEN!

Für diese Auswertung liegen leider noch nicht genügend Bewertungen vor.

Sei einer der Ersten, der diesen Campingplatz bewertet.

Mit einer guten Campingplatz-Bewertung unterstützt du nicht nur deinen Lieblingsplatz, sondern hilfst auch anderen Campern bei der Platzwahl.

21 Camping Rittergut Frankenfeld

4.2 SEHR GUT
17 Bewertungen

Lage	4.5
Ruhe	4.8
Sanitäranlagen	3.9
Sauberkeit Ø	4.5
Freundlichkeit	5.0
Stellplatz	4.0
Verpflegung	2.9
Freizeit	3.6
Preis-Leistung	4.6
Mietunterkünfte	-

Geeignet für

Kinder b. 6 J.	3.9
Kinder b. 12 J.	4.2
Kinder b. 18 J.	3.6
Paare	4.4
Senioren	4.4
Gäste mit Zelt	4.8
Gäste mit Hund	4.8

Empfohlene Aktivitäten

- Angeln
- Kayak/Kanu
- Radfahren

22 Camping Rittergut Hämelsee

Anderten
31622 Heemsen-Anderten

52.7575 | 9.30917

keine Angabe

keine Angabe

Mehr Infos & Anfrage:
www.camping.info/18443

Baden in nat. Gewässer	k. A.
Pool & Hallenbad	✗
Spielplatz	keine Angabe
Hunde	✗
Schatten	✗
WLAN	keine Angabe
Lebensmittel	k.A.
Brötchen	keine Angabe
Restaurant & Imbiss	✗
Ver-/Entsorgung Womo	✗
in den Ort	keine Angabe
Gesamt	keine Angabe
Mietunterkünfte	✗
Stellplätze vor Schranke	✗

4.2 SEHR GUT
4 Bewertungen

Lage	3.5
Ruhe	5.0
Sanitäranlagen	3.8
Sauberkeit Ø	3.9
Freundlichkeit	5.0
Stellplatz	4.0
Verpflegung	3.7
Freizeit	4.5
Preis-Leistung	4.5
Mietunterkünfte	-

Geeignet für

Kinder b. 6 J.	4.3
Kinder b. 12 J.	4.7
Kinder b. 18 J.	4.0
Paare	4.3
Senioren	4.0
Gäste mit Zelt	4.7
Hunde n. erlaubt	-

Empfohlene Aktivitäten
- Entspannen
- Schwimmen
- Radfahren

23 Campingplatz Drakenburg Wassersport Weser e.V.

Zum Campingplatz 1
31623 Drakenburg
+49 5024 401

52.69481 | 9.20077

01.04. - 15.10.

HS: 14,00 € | NS: 14,00 €

Mehr Infos & Anfrage:
www.camping.info/26549

Baden im Fluss am Platz	✓
Pool/Hallenbad	8/10km
Spielplatz am Platz	✓
Hunde willkommen	✓
wenig Schatten	✓
WLAN	✓
Lebensmittel	3km
Brötchen am Platz	✗
Restaurant	1km
Ver-/Entsorgung Womo	✓
in den Ort	1km
Gesamt/Touristen	210/25
Mietunterkünfte	✓
Stellplätze vor Schranke	✓

4.2 SEHR GUT
14 Bewertungen

Lage	4.5
Ruhe	4.7
Sanitäranlagen	3.4
Sauberkeit Ø	4.3
Freundlichkeit	4.7
Stellplatz	3.9
Verpflegung	2.1
Freizeit	3.6
Preis-Leistung	4.8
Mietunterkünfte	3.0

Geeignet für

Kinder b. 6 J.	3.6
Kinder b. 12 J.	4.0
Kinder b. 18 J.	3.4
Paare	4.4
Senioren	4.1
Gäste mit Zelt	4.8
Gäste mit Hund	4.8

Empfohlene Aktivitäten
- Radfahren
- Angeln
- Kayak/Kanu

24 Ehrlingshof

Wähaus-Ehrling 41
49453 Rehden
+49 5446 610

52.60476 | 8.46296

15.04. - 15.11.

HS: 24,00 €

Mehr Infos & Anfrage:
www.camping.info/24977

Baden im See	4km
Pool/Hallenbad	7/8km
Spielplatz am Platz	✓
Hunde willkommen	✓
zur Hälfte Schatten	✓
WLAN	✓
Lebensmittel	2km
Brötchen am Platz	nur HS
Restaurant/Imbiss	2km
Ver-/Entsorgung Womo	✗
in den Ort	2km
Gesamt	12
Mietunterkünfte	✓
Stellplätze vor Schranke	✗

4.2 SEHR GUT
8 Bewertungen

Lage	4.1
Ruhe	4.4
Sanitäranlagen	4.2
Sauberkeit Ø	4.3
Freundlichkeit	4.6
Stellplatz	4.0
Verpflegung	3.8
Freizeit	3.7
Preis-Leistung	3.6
Mietunterkünfte	4.0

Geeignet für

Kinder b. 6 J.	4.8
Kinder b. 12 J.	4.4
Kinder b. 18 J.	2.4
Paare	4.0
Senioren	4.0
Gäste mit Zelt	4.0
Gäste mit Hund	3.8

Empfohlene Aktivitäten
- Entspannen
- Wandern
- Radfahren

25 Campingplatz Tiemann's Hof

Tiemanns Hof 2
49459 Lembruch
+49 5447 921339

52.52203 | 8.37089

ganzjährig

HS: 18,00 € | NS: 18,00 €

Mehr Infos & Anfrage:
www.camping.info/23914

Baden im See am Platz	✓
Pool & Hallenbad	✗
Spielplatz am Platz	✓
Hunde erlaubt	✓
Schatten	✗
WLAN	keine Angabe
Lebensmittel	500m
Brötchen am Platz	✓
Restaurant & Imbiss	✓
Ver-/Entsorgung Womo	✗
in den Ort	500m
Gesamt	120
Mietunterkünfte	✗
Stellplätze vor Schranke	✗

3.8 GUT
16 Bewertungen

Lage	4.2
Ruhe	3.8
Sanitäranlagen	3.2
Sauberkeit Ø	3.4
Freundlichkeit	3.4
Stellplatz	3.3
Verpflegung	1.7
Freizeit	3.2
Preis-Leistung	3.6
Mietunterkünfte	-

Geeignet für

Kinder b. 6 J.	4.0
Kinder b. 12 J.	4.0
Kinder b. 18 J.	3.2
Paare	3.7
Senioren	4.0
Gäste mit Zelt	3.7
Gäste mit Hund	4.0

Empfohlene Aktivitäten
- Radfahren
- Schwimmen
- Segeln

Karte auf Seite 142

	26	27	28
	Campingplatz Stolzenau	**Campingplatz Dümmersee**	**Moorcamp**
	Weserstrasse 11 a 31592 Stolzenau +49 171 621 6398	Zum Fischerhafen 15 49448 Hüde +49 54438912	Birkenbusch 50 31606 Warmsen 05767 9438655
	52.51077 | 9.08022	52.49624 | 8.35438	52.48127 | 8.81757
Infos			
Öffnungszeiten	01.04. - 31.10.	keine Angabe	01.04. - 30.10.
Vergleichspreis	HS: 18,00 € | NS: 18,00 €	HS: 18,50 € | NS: 18,50 €	HS: 18,50 €
Link	**Mehr Infos & Anfrage:** www.camping.info/24064	**Mehr Infos & Anfrage:** www.camping.info/23284	**Mehr Infos & Anfrage:** www.camping.info/27416
Ausstattung			
Freizeit	Baden in nat. Gewässer: k. A. Pool/Hallenbad: 400m/20km Spielplatz am Platz: ✓	Baden im See: 500m Pool/Hallenbad: 15km/500m Spielplatz am Platz: ✓	Baden im See: 10km Pool/Hallenbad: 7/6km Spielplatz am Platz: ✓
Campingplatz	Hunde willkommen: ✓ zur Hälfte Schatten: ✓ WLAN: ✗	Hunde willkommen: ✓ Schatten: ✗ WLAN: ✓	Hunde erlaubt: ✓ zur Hälfte Schatten: ✓ WLAN: teilweise
Versorgung	Lebensmittel: 900m Brötchen am Platz: ✓ Restaurant & Imbiss: ✓ Ver-/Entsorgung Womo: ✗ in den Ort: 100m	Lebensmittel: 500m Brötchen am Platz: ✗ Restaurant/Imbiss: 500m Ver-/Entsorgung Womo: ✓ in den Ort: 2km	Lebensmittel: 4km Brötchen am Platz: nur HS Restaurant: 6km Ver-/Entsorgung Womo: ✓ in den Ort: 5km
Anzahl der Plätze	Gesamt/Touristen: 80/40 Mietunterkünfte: ✓ Stellplätze vor Schranke: ✗	Gesamt/Touristen: 90/10 Mietunterkünfte: ✗ Stellplätze vor Schranke: ✗	Gesamt/Touristen: 35/25 Mietunterkünfte: ✓ Stellplätze vor Schranke: ✓
Bewertung	4.0 SEHR GUT 21 Bewertungen	4.2 SEHR GUT 21 Bewertungen	5.0 AUSGEZEICHNET 11 Bewertungen
Lage	4.5	4.4	4.7
Ruhe	4.3	3.9	4.8
Sanitäranlagen	3.5	4.0	4.5
Sauberkeit Ø	3.8	4.5	5.0
Freundlichkeit	4.8	4.8	5.0
Stellplatz	4.0	4.0	4.3
Verpflegung	3.5	3.3	3.7
Freizeit	3.5	3.9	3.9
Preis-Leistung	4.3	4.5	4.7
Mietunterkünfte	4.5	-	5.0
Geeignet für			
Kinder b. 6 J.	3.0	4.0	4.0
Kinder b. 12 J.	3.4	4.3	3.6
Kinder b. 18 J.	3.4	3.7	2.9
Paare	4.5	4.4	4.8
Senioren	4.5	4.9	4.9
Gäste mit Zelt	4.5	4.1	4.5
Gäste mit Hund	4.6	4.7	5.0
Empfohlene Aktivitäten	Radfahren Entspannen Wandern	Radfahren Segeln Schwimmen	Radfahren Entspannen Wandern

4 Lüneburger Heide

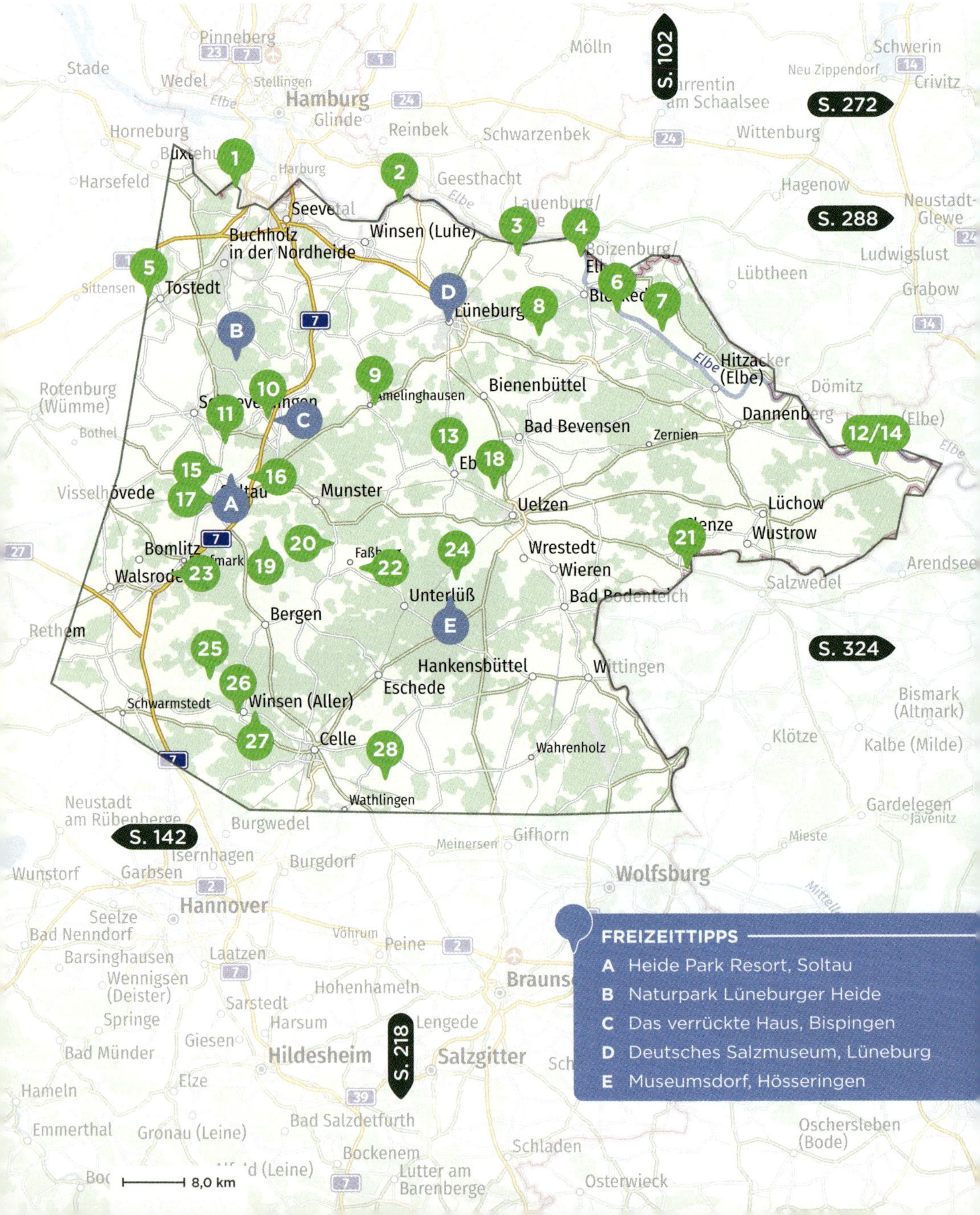

FREIZEITTIPPS

- **A** Heide Park Resort, Soltau
- **B** Naturpark Lüneburger Heide
- **C** Das verrückte Haus, Bispingen
- **D** Deutsches Salzmuseum, Lüneburg
- **E** Museumsdorf, Hösseringen

	Platz	Seite	Bewertung	Öffnungszeiten	
1	Wildpark-Camping Schwarze Berge	160	4.7	saisonal	
2	Camping Stover Strand International - Hamburg	156	4.0	ganzjährig	❄
3	Camping Bullerby	158	1.0	ganzjährig	❄
4	ACSI CAMPING ELBELING ****	160	4.5	saisonal	
5	Campingplatz Tostedt	160	4.4	ganzjährig	❄
6	KNAUS Campingpark Bleckede/Elbtalaue****	162	4.5	saisonal	❄
7	Camping Elbufer	162	4.7	ganzjährig	❄
8	Heidehof Radenbeck - Campingplatz	162	4.7	saisonal	
9	Campingplatz Lopautal	164	4.8	k. A.	
10	Camping Brunautal	164	4.3	saisonal	
11	Camping-Park Lüneburger Heide	161	4.7	saisonal	
12	Camping Laascher See	164	4.8	saisonal	
13	Camping am Waldbad	168	4.3	saisonal	❄
14	Campingpark Gartow	163	4.5	saisonal	❄
15	Campingplatz „Auf dem Simpel"	166	4.7	ganzjährig	❄ 👍
16	Camping- & Mobilheimpark Moränasee	168	4.6	k. A.	
17	Röders' Park - Premium Camping Lüneburger Heide	168	4.9	ganzjährig	❄
18	Uhlenköper-Camp	172	4.3	ganzjährig	❄
19	Südsee-Camp	170	4.3	saisonal	❄ 👍
20	Camping Zum Oertzewinkel	165	4.4	ganzjährig	❄
21	Campingpark Fuhrenkamp	172	4.6	ganzjährig	❄
22	Heidecamping Gerdehaus	172	4.7	saisonal	
23	Camping Böhmeschlucht	169	4.6	ganzjährig	❄
24	Campingplatz am Hardausee	173	4.8	saisonal	👍
25	Campingpark Hüttensee	175	4.2	saisonal	❄
26	Camping Allerblick	174	4.3	ganzjährig	❄
27	Campingpark Südheide	174	4.8	saisonal	👍
28	Camping am Allerstrand	174	4.3	saisonal	

❄ Wintercamping FKK Textilfrei (ganz/teilweise) Ecocamping 👍 Award Onlinebuchung

Camping Stover Strand International - Hamburg

ANZEIGE

Stover Strand 10 (Am Ende der Zufahrtstraße)
21423 Stove bei Drage
+49 4177 430
www.camping-stover-strand.de
info@stover-strand.de

ganzjährig

HS: 35,00 € | NS: 35,00 €

Mehr Infos & Anfrage:
www.camping.info/18138

Baden im Fluss am Platz	✓
Pool/Hallenbad	4/8km
Spielplatz am Platz	✓
Hunde willkommen	✓
zur Hälfte Schatten	✓
WLAN	✓
Lebensmittel	✓
Brötchen am Platz	✓
Restaurant am P.	✓
Ver-/Entsorgung Womo	✓
in den Ort	500m
Gesamt/Touristen	700/400
Mietunterkünfte	✓
Stellplätze vor Schranke	✓

Stellplätze direkt an der Elbe.

Lage & Stellplatz

Der Campingplatz Stover Strand ist ein wahres Erholungsparadies an der Elbe vor den Toren Hamburgs und bietet eine ganz besondere Atmosphäre. Hier haben die Gäste die Möglichkeit, die einzigartige Naturlandschaft der Elbe und das kulturelle Angebot der Weltstadt Hamburg zu verbinden. Der Großteil der Stellplätze befindet sich direkt an der Elbe. Die Gäste können selbst entscheiden, ob sie lieber im Schatten von Bäumen oder direkt am Elbstrand stehen möchten. Strom und WLAN sind auf dem gesamten Platz verfügbar.

Sanitär

Insgesamt stehen den Campinggästen vier gepflegte Sanitäranlagen zur Verfügung. Das Hauptsanitär ist zentral gelegen, behindertengerecht und verfügt über zahlreiche Duschen, Einzelkabinen, einen Wickeltisch und vieles mehr. Während der Saison sind auf der Elbseite zusätzlich komfortable mobile Sanitäranlagen aufgebaut.

CAMPINGPLATZ KLASSIFIZIERUNG BVCD DTV

ServiceQualität DEUTSCHLAND

KinderFerienLand

ECO CAMPING

HAMBURG Tourismus GmbH

Strandfeeling am Stover Strand.

Platzeigener Badestrand.

53.42458 | 10.29547

Wohnmobilstellplatz 19,80 € inklusive 2 Personen und Vierbeiner.

Stellplätze an der Elbe.

Verpflegung

Auf dem Campingplatz gibt es ein Restaurant mit saisonaler Küche und leckeren Kleinigkeiten. Wer es locker und lecker möchte, kommt auf ein kühles Getränk, ein Eis oder diverse Snack-Angebote zum Hausboot UnsinkBar am Beach-Club. Neben dem platzeigenen EDEKA-Markt ist ein Bistro anhängig, wo sich morgens eine leckere Möglichkeit für das Frühstück findet und frisch gebackene Brötchen nach Wahl auf die Camper warten.

Freizeit

Hier ist immer was los! Das ganze Jahr über bietet der Campingplatz ein Veranstaltungsprogramm an und informiert die Urlauber darüber, was in der Umgebung zu erleben ist. Zum Freizeitangebot des Platzes gehören unter anderem: Badestrände, Fahrradverleih, Kinderanimation, Strandsauna, Sportmöglichkeiten, eigenes elektrisches Mietauto, Ausflüge nach Hamburg mit gutem ÖPNV und Shuttle-Service, themengebundene Fahrgastschifffahrten mit Anmeldung und entspannte Radtouren an der Elbe.

5.0

Sehr schöner Campingplatz. Wir standen direkt an der Elbe und hätten einen so großen Sandstrand an der Elbe nicht vermutet. Alle Mitarbeiter, ob in der Rezeption oder im Einkaufsmarkt, waren sehr freundlich. Das Essen in der Gastwirtschaft war gut. Die Sanitäranlagen waren sehr sauber. Wir haben gleich für den Herbst noch einmal gebucht.

Michael S.

Michael S. war im Juni 2022 Gast auf dem Campingplatz Stover Strand.

Hamburg Dockland.

Kinderspielplatz Stover Strand.

4.0 **SEHR GUT**
295 Bewertungen

Lage	4.5
Ruhe	4.0
Sanitäranlagen	3.8
Sauberkeit Ø	4.2
Freundlichkeit	4.3
Stellplatz	3.9
Verpflegung	4.2
Freizeit	4.1
Preis-Leistung	4.1
Mietunterkünfte	4.3

Geeignet für

4.5	Gäste mit Hund
4.4	Paare
4.3	Senioren
4.2	Gäste mit Zelt
4.0	Kinder b. 6 J.
4.0	Kinder b. 12 J.
3.8	Kinder b. 18 J.

Empfohlene Aktivitäten

Radfahren
Entspannen
Sightseeing
Angeln

Mehr Infos

3 Camping Bullerby

Elbuferstraße 35
21522 Bullendorf /Hohnstorf
04139/6037
www.campbullerby.de
info@campbullerby.de

ganzjährig

HS: 20,50 € | NS: 20,50 €

Mehr Infos & Anfrage:
www.camping.info/18144

Baden in nat. Gewässer	k. A.
Pool	5km
Spielplatz am Platz	✓
Hunde erlaubt	✓
Schatten	×
WLAN	keine Angabe
Lebensmittel	2km
Brötchen	keine Angabe
Restaurant	500m
Ver-/Entsorgung Womo	✓
in den Ort	1km
Gesamt/Touristen	120/80
Mietunterkünfte	×
Stellplätze vor Schranke	×

Die Stellplätze für Tagesgäste.

Lage & Stellplatz

Der Platz liegt gleich hinter der Lauenburger Elbbrücke, am Anfang der Elbuferstraße, und ist schon seit vielen Jahren in Familienbesitz. Ganzjährig geöffnet, bietet er im Naturparadies Elbtalaue auf mehr als 4 ha wunderschöne Stellplätze auf zum Teil naturbelassenem Gelände unter altem Baumbestand.

Sanitär

Die Sanitäranlagen sind einfach, aber sehr ordentlich und sauber. Es gibt Warmwasser und Waschkabinen. Die teils großzügigen Duschkabinen werden mit Duschmünzen gesteuert.

Mitten im Grünen.

Die Einfahrt zum Campingplatz.

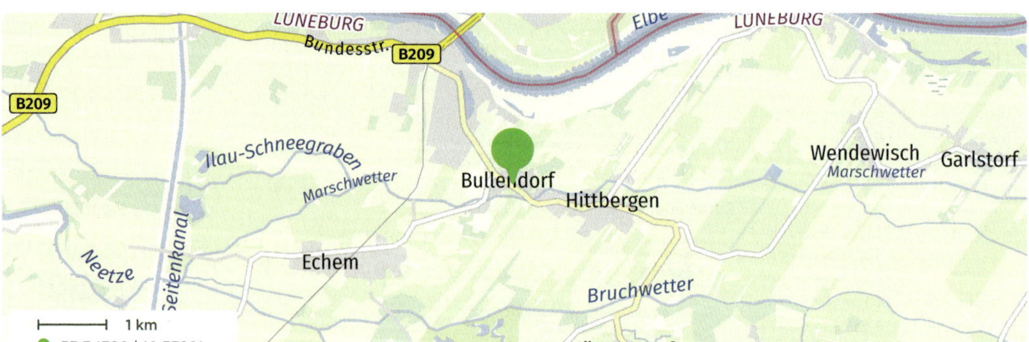

Großzügige Stellplätze auf dem Campingplatz Bullerby.

Verpflegung

Für das leibliche Wohl der Campinggäste sorgt das Restaurant „Elia“ in 200 m Entfernung. Die Nachbargemeinde Hohnstorf hat ein kleines Einkaufszentrum mit Einkaufsmöglichkeiten und allen Geschäften des täglichen Bedarfs.

Freizeit

Der Campingplatz Bullerby liegt mitten im Naturparadies Elbtalaue. Die Gegend lädt zum Baden, Radfahren und Wandern in der Natur ein. Die Städte Lauenburg und Lüneburg eignen sich ideal für einen Stadtbummel. Das Schiffshebewerk Scharnebeck war einmal das größte Europas.

Platz für alle Camper.

Gemütliche Bänke.

Für diese Auswertung liegen leider noch nicht genügend Bewertungen vor.

Sei einer der Ersten, der diesen Campingplatz bewertet.

Mit einer guten Campingplatz-Bewertung unterstützt du nicht nur deinen Lieblingsplatz, sondern hilfst auch anderen Campern bei der Platzwahl.

Mehr Infos

Karte auf Seite 154

	1	4	5
	Wildpark-Camping Schwarze Berge	**ACSI CAMPING ELBELING** ****	**Campingplatz Tostedt**
			❄
	Am Wildpark 1 21224 Rosengarten +49 40 8197747 0 53.44235 | 9.88932	HINTER DEN HÖFEN (Eintritt). 10 21354 Bleckede-Radegast +49 5857 555 53.3425 | 10.72944	Wüstenhöfener Weg 15 a 21255 Tostedt +49 152 299 532 16 53.2844 | 9.68543
Infos			
Öffnungszeiten	01.04. - 31.10.	15.03. - 01.10.	ganzjährig
Vergleichspreis	HS: 24,00 € | NS: 24,00 €	HS: 30,00 € | NS: 25,00 €	HS: 21,00 € | NS: 21,00 €
Link	**Mehr Infos & Anfrage:** www.camping.info/24319	**Mehr Infos & Anfrage:** www.camping.info/18129	**Mehr Infos & Anfrage:** www.camping.info/23377
Ausstattung			
Freizeit	Baden in nat. Gewässer k. A. Pool/Hallenbad 4/10km Spielplatz 500m	Baden im Fluss 200m Pool am Platz ✓ Spielplatz am Platz ✓	Baden im Teich am Platz ✓ Pool/Hallenbad ✓/14km Spielplatz am Platz ✓
Campingplatz	Hunde willkommen ✓ kein Schatten ✓ WLAN ✓	Hunde willkommen ✓ zur Hälfte Schatten ✓ WLAN (gegen Gebühr) ✓	Hunde willkommen ✓ wenig Schatten ✓ WLAN ✓
Versorgung	Lebensmittel ✓ Brötchen am Platz ✓ Restaurant/Imbiss 500m Ver-/Entsorgung Womo ✓ in den Ort 100m	Lebensmittel 6km Brötchen am Platz ✓ Restaurant & Imbiss ✓ Ver-/Entsorgung Womo ✓ in den Ort 1km	Lebensmittel 1km Brötchen am Platz ✗ Restaurant/Imbiss 1/1km Ver-/Entsorgung Womo ✓ in den Ort 1km
Anzahl der Plätze	Touristenplätze 72 Mietunterkünfte ✗ Stellplätze vor Schranke ✗	Gesamt/Touristen 125/90 Mietunterkünfte ✓ Stellplätze vor Schranke ✓	Gesamt/Touristen 23/8 Mietunterkünfte ✗ Stellplätze vor Schranke ✗

	Wildpark-Camping Schwarze Berge	ACSI CAMPING ELBELING	Campingplatz Tostedt
Gesamt	4.7 SEHR GUT, 40 Bewertungen	4.5 SEHR GUT, 31 Bewertungen	4.4 SEHR GUT, 5 Bewertungen
Lage	4.7	4.4	4.2
Ruhe	4.8	4.7	5.0
Sanitäranlagen	4.6	4.2	4.4
Sauberkeit Ø	4.7	4.5	4.9
Freundlichkeit	4.8	4.7	5.0
Stellplatz	4.4	4.2	4.4
Verpflegung	3.7	4.0	2.8
Freizeit	4.3	3.9	3.8
Preis-Leistung	5.0	4.5	4.4
Mietunterkünfte	-	3.8	-
Geeignet für			
Kinder b. 6 J.	4.6	4.4	3.8
Kinder b. 12 J.	4.7	4.1	4.0
Kinder b. 18 J.	4.3	3.5	4.3
Paare	4.8	4.8	4.5
Senioren	4.7	4.7	4.8
Gäste mit Zelt	3.6	4.8	5.0
Gäste mit Hund	4.3	4.7	4.8
Empfohlene Aktivitäten	Wandern Sightseeing Radfahren	Radfahren Wandern Entspannen	Radfahren Entspannen Schwimmen

11 Camping-Park Lüneburger Heide

Badeweg 3
29640 Heber bei Schneverdingen
+49 5199 275
www.camping-LH.de
info@camping-LH.de

20.03. - 06.11.

HS: 34,50 € | NS: 29,50 €

Mehr Infos & Anfrage:
www.camping.info/18421

Baden im Teich am Platz	✓
Pool/Hallenbad	7km
Spielplatz am Platz	✓
Hunde willkommen	✓
wenig Schatten	✓
WLAN	✓
Lebensmittel	✓
Brötchen am Platz	✓
Restaurant/Imbiss	✓/7km
Ver-/Entsorgung Womo	✓
in den Ort	1km
Gesamt/Touristen	200/120
Mietunterkünfte	✓
Stellplätze vor Schranke	✓

Von schöner Heidelandschaft umgeben.

Lage & Stellplatz

Das unverwechselbare Flair im Camping-Park Lüneburger Heide beruht auf der großzügigen Gestaltung der Anlage, einem stets um das Wohl der Gäste bemühten Service und der Liebe zum Detail. Der Platz befindet sich in bester Lage zu den schönsten und größten zusammenhängenden Heideflächen der Region.

Verpflegung

Das platzeigene Restaurant verwöhnt den Gaumen mit regionaler Landhausküche und Spezialitäten von der Heidschnucke. Im Minimarkt erhält man täglich frische Brötchen, Kuchen, regionale Spezialitäten sowie Eis, Getränke, Grundnahrungsmittel.

Sanitär

„BauernBad" und „WaldBad" – das sind die beiden top gepflegten und gut ausgestatteten Wohlfühl-Waschhäuser. Duschen und Warmwasser sind inklusive. Zwei Spülküchen, ein Raum mit Waschmaschinen und Trockner, acht XXL-Badezimmer (Nutzung kostenfrei), behindertengerechtes Bad und Outdoor-Hundedusche.

Freizeit

Bei den spannenden Angeboten am Platz ist für jeden was dabei! Es gibt zwei Spielplätze, Bolzwiese, einen Reiterhof, den naturbelassenen Badeweiher sowie einen Pkw- und Fahrradverleih. Für Entspannung sorgen verschiedene Kosmetik- und Massageangebote im platzeigenen „House of Beauty".

Miniatur-Themengarten „Klang".

Acht kostenfreie XXL-Badezimmer.

4.7 SEHR GUT
308 Bewertungen

Lage	4.5
Ruhe	4.5
Sanitäranlagen	4.7
Sauberkeit Ø	4.8
Freundlichkeit	4.7
Stellplatz	4.6
Verpflegung	4.3
Freizeit	4.4
Preis-Leistung	4.5
Mietunterkünfte	4.6

Geeignet für

4.8 Paare

4.8	Senioren
4.8	Gäste mit Hund
4.7	Kinder b. 6 J.
4.6	Kinder b. 12 J.
4.3	Gäste mit Zelt
3.8	Kinder b. 18 J.

Empfohlene Aktivitäten

Radfahren · Wandern · Entspannen · Wellness

Mehr Infos

Mittagsruhe von 13 bis 15 Uhr.

Karte auf Seite 154

	6	7	8
	KNAUS Camping-park Bleckede/ Elbtalaue****	**Camping Elbufer**	**Heidehof Radenbeck - Campingplatz**
	❄	❄	
	Am Waldbad 23 21354 Alt Garge/Bleckede +49 5854 311	Elbuferstraße 141 29490 Klein-Kühren +49 5853 256	Am Mausethal 6 21401 Thomasburg OT Radenbeck bei Lüneburg +49 585 997 0830
	53.25965 | 10.80504	53.22593 | 10.91181	53.22081 | 10.62428
Infos			
Öffnungszeiten	18.04. - 07.11.	ganzjährig	01.03. - 31.10.
Vergleichspreis	HS: 40,10 € | NS: 37,10 €	HS: 16,00 € | NS: 16,00 €	HS: 21,00 € | NS: 21,00 €
Link	**Mehr Infos & Anfrage:** www.camping.info/18130	**Mehr Infos & Anfrage:** www.camping.info/18411	**Mehr Infos & Anfrage:** www.camping.info/18135
Ausstattung			
Freizeit	Baden im Fluss 400m Pool/Hallenbad ✓/30km Spielplatz am Platz ✓	Baden im Fluss am Platz ✓ Pool/Hallenbad 7/5km Spielplatz ✗	Baden im Teich am Platz ✓ Pool/Hallenbad 10/15km Spielplatz am Platz ✓
Campingplatz	Hunde willkommen ✓ zur Hälfte Schatten ✓ WLAN (gegen Gebühr) ✓	Hunde ✗ Schatten ✗ WLAN ✓	Hunde willkommen ✓ zur Hälfte Schatten ✓ WLAN ✓
Versorgung	Lebensmittel ✓ Brötchen am Platz ✓ Restaurant/Imbiss 6km/✓ Ver-/Entsorgung Womo ✓ in den Ort 1km	Lebensmittel ✓ Brötchen am Platz ✓ Restaurant & Imbiss ✓ Ver-/Entsorgung Womo ✗ in den Ort 1km	Lebensmittel ✓ Brötchen am Platz ✓ Restaurant & Imbiss ✓ Ver-/Entsorgung Womo ✗ in den Ort 2km
Anzahl der Plätze	Gesamt/Touristen 242/142 Mietunterkünfte ✓ Stellplätze vor Schranke ✓	Gesamt/Touristen 160/35 Mietunterkünfte ✓ Stellplätze vor Schranke ✗	Gesamt/Touristen 82/62 Mietunterkünfte ✓ Stellplätze vor Schranke ✗

	6	7	8
Gesamt	4.5 SEHR GUT 205 Bewertungen	4.7 SEHR GUT 16 Bewertungen	4.7 SEHR GUT 55 Bewertungen
Lage	4.3	4.9	4.6
Ruhe	4.7	4.6	4.9
Sanitäranlagen	4.6	4.2	4.7
Sauberkeit Ø	4.7	4.7	5.0
Freundlichkeit	4.6	4.9	5.0
Stellplatz	4.5	4.2	4.3
Verpflegung	3.5	4.2	4.0
Freizeit	4.2	4.2	4.0
Preis-Leistung	4.3	4.8	4.8
Mietunterkünfte	4.5	-	4.8
Geeignet für			
Kinder b. 6 J.	4.4	4.4	4.5
Kinder b. 12 J.	4.5	4.5	4.2
Kinder b. 18 J.	4.0	4.4	3.2
Paare	4.6	5.0	4.7
Senioren	4.6	4.8	4.8
Gäste mit Zelt	4.7	5.0	4.7
Gäste mit Hund / Hunde n. erlaubt	Gäste mit Hund 4.8	Hunde n. erlaubt -	Gäste mit Hund 4.6
Empfohlene Aktivitäten	Schwimmen Radfahren Wandern	Radfahren Entspannen Angeln	Entspannen Radfahren Wandern

weitere NS: 20.09. - 08.11.
Preise aus 2019

14 Campingpark Gartow

*

Am Helk 3
29471 Gartow
+49 5846 979060
www.campingpark-gartow.de
info@campingpark-gartow.de

01.04. - 31.10.

HS: 26,00 € | NS: 24,00 €

Mehr Infos & Anfrage:
www.camping.info/18409

Baden im See	500m
Hallenbad	✓
Spielplatz am Platz	✓
Hunde willkommen	✓
wenig Schatten	✓
WLAN (gegen Gebühr)	✓
Lebensmittel	500m
Brötchen am Platz	✓
Restaurant/Imbiss	300/100m
Ver-/Entsorgung Womo	✓
in den Ort	500m
Gesamt/Touristen	340/190
Mietunterkünfte	✓
Stellplätze vor Schranke	✓

1 km
53.02625 | 11.43899

Großzügige Stellplätze im Kiefernring.

Lage & Stellplatz

Der Campingpark Gartow liegt im UNESCO-Biosphärenreservat und ist flankiert von Elbauen, Wäldern und der Nemitzer Heide. Die großen Stellplätze sind mit eigenem Anschluss für Strom, Wasser, Abwasser und TV ausgestattet und liegen umrahmt von Hecken, Büschen und Bäumen auf ebenen Rasenflächen.

Verpflegung

Der Minimarkt stellt täglich Brötchen, Lebensmittel, Haushaltswaren und Campingartikel bereit. Das Bistro in der Therme ist am Platz, in wenigen Gehminuten erreicht man außerdem verschiedene Restaurants, Cafés, eine Eisdiele, die Schlossküche, mehrere Supermärkte, Tankstellen und diverse Geschäfte.

Sanitär

Drei saubere Sanitärgebäude jeweils mit separatem behindertengerechten Bad und einem Familienbad mit Wickelmöglichkeit und Babywanne, sowie Waschmaschinen und Trockner stehen zur Verfügung. Ein weiteres Sanitärgebäude mit Aufenthaltsraum inkl. TV und Küche befindet sich auf dem Zeltplatz.

Freizeit

In unmittelbarer Nähe zum Campingpark befinden sich der große Gartower See, die Wendland-Therme mit Saunalandschaft, Minigolf- und Tennisanlage, Angel- und Segelmöglichkeiten, ein Fitnessstudio und das Gartower Wildgatter. In der Umgebung findet man das Rolling Stones-, Heimat- und Grenzlandmuseum.

Sonnenuntergang am Gartower See.

Minigolf und Tennisplatz.

4.5 SEHR GUT
78 Bewertungen

Lage	4.6
Ruhe	4.7
Sanitäranlagen	4.4
Sauberkeit Ø	4.7
Freundlichkeit	4.8
Stellplatz	4.6
Verpflegung	3.8
Freizeit	4.2
Preis-Leistung	4.4
Mietunterkünfte	4.3

Geeignet für

4.8 Paare

4.8	Senioren
4.8	Gäste mit Hund
4.7	Gäste mit Zelt
4.5	Kinder b. 6 J.
4.4	Kinder b. 12 J.
4.1	Kinder b. 18 J.

Empfohlene Aktivitäten

Radfahren · Schwimmen · Entspannen · Wandern

Mehr Infos

Karte auf Seite 154

	9	10	12
	Campingplatz Lopautal	**Camping Brunautal**	**Camping Laascher See**
	Lüneburger Straße 27 21385 Amelinghausen (04132) 389 53.12563 | 10.22745	Seestraße 17 29646 Bispingen-Behringen +49 5194 4188022 53.10877 | 9.96593	Laasche 13 29471 Gartow-Laasche +49 5846 980093 53.04038 | 11.41667
Infos			
Öffnungszeiten	keine Angabe	15.03. - 03.11.	01.04. - 15.10.
Vergleichspreis	keine Angabe	HS: 26,50 € | NS: 20,50 €	HS: 19,50 € | NS: 19,50 €
Link	**Mehr Infos & Anfrage:** www.camping.info/24045	**Mehr Infos & Anfrage:** www.camping.info/18422	**Mehr Infos & Anfrage:** www.camping.info/18410
Ausstattung			
Freizeit	Baden in nat. Gewässer k. A. Pool & Hallenbad ✗ Spielplatz keine Angabe	Baden im See 500m Pool/Hallenbad 4km Spielplatz ✗	Baden im See 200m Pool/Hallenbad 3km Spielplatz am Platz ✓
Campingplatz	Hunde ✗ Schatten ✗ WLAN keine Angabe	Hunde willkommen ✓ wenig Schatten ✓ WLAN ✓	Hunde willkommen ✓ zur Hälfte Schatten ✓ WLAN (gegen Gebühr) ✓
Versorgung	Lebensmittel k.A. Brötchen keine Angabe Restaurant & Imbiss ✗ Ver-/Entsorgung Womo ✗ in den Ort keine Angabe	Lebensmittel ✓ Brötchen am Platz ✓ Imbiss ✓ Ver-/Entsorgung Womo ✓ in den Ort 1km	Lebensmittel 3km Brötchen am Platz ✓ Restaurant/Imbiss 3km Ver-/Entsorgung Womo ✓ in den Ort 3km
Anzahl der Plätze	Gesamt keine Angabe Mietunterkünfte ✗ Stellplätze vor Schranke ✗	Gesamt/Touristen 85/80 Mietunterkünfte ✓ Stellplätze vor Schranke ✗	Gesamt/Touristen 100/40 Mietunterkünfte ✓ Stellplätze vor Schranke ✗

	Campingplatz Lopautal	Camping Brunautal	Camping Laascher See
Gesamt	4.8 SEHR GUT, 5 Bewertungen	4.3 SEHR GUT, 85 Bewertungen	4.8 SEHR GUT, 60 Bewertungen
Lage	4.8	4.3	4.7
Ruhe	5.0	4.0	5.0
Sanitäranlagen	5.0	4.1	4.7
Sauberkeit Ø	5.0	4.5	4.9
Freundlichkeit	5.0	4.8	4.9
Stellplatz	4.7	4.3	4.5
Verpflegung	4.3	4.1	4.3
Freizeit	4.0	4.1	4.3
Preis-Leistung	5.0	4.4	4.8
Mietunterkünfte	-	4.5	4.7
Geeignet für			
Kinder b. 6 J.	4.0	3.4	4.5
Kinder b. 12 J.	3.5	3.5	4.2
Kinder b. 18 J.	3.0	3.7	3.6
Paare	5.0	4.5	4.8
Senioren	5.0	4.5	4.9
Gäste mit Zelt	5.0	4.4	4.9
Hunde n. erlaubt / Gäste mit Hund	Hunde n. erlaubt -	Gäste mit Hund 4.6	Gäste mit Hund 4.9
Empfohlene Aktivitäten	Radfahren Wandern Entspannen	Wandern Radfahren Entspannen	Radfahren Wandern Entspannen

Camping Brunautal: Fahrzeuge ab 7m/Gruppen auf Anfrage; keine Doppelachser; schräge Einfahrt

20 Camping Zum Oertzewinkel

*

Kreutzen 22
29633 Munster-Kreutzen
+49 5055 5549
www.oertzewinkel.de
info@oertzewinkel.de

ganzjährig

HS: 28,00 € | NS: 28,00 €

Mehr Infos & Anfrage:
www.camping.info/18420

Baden im Teich am Platz	✓
Pool/Hallenbad	4/10km
Spielplatz am Platz	✓
Hunde willkommen	✓
zur Hälfte Schatten	✓
WLAN	✓
Lebensmittel	✓
Brötchen am Platz	✓
Restaurant am P.	✓
Ver-/Entsorgung Womo	✓
in den Ort	4km
Gesamt/Touristen	160/70
Mietunterkünfte	✓
Stellplätze vor Schranke	✓

Campingplatz Zum Oertzewinkel: großzügige Stellplätze, grün und gepflegt.

Lage & Stellplatz

Wiesen, Wald und Felder: Natur und die dörfliche Struktur in der Lüneburger Heide umgeben den idyllisch gelegenen Campingplatz. Das gepflegte Gelände im Oertze-Flusstal punktet mit großzügigen Stellplätzen (bis 160 m²). Es gibt Komfortplätze mit Wasser- und Abwasseranschluss sowie mietbare Hütten.

Verpflegung

Im Laden gibt es ein gutes Allround-Programm, auch mit regionalen Spezialitäten. Super im Spätsommer: die Heidekartoffel-Herbstaktion – ein Kilo gratis und frisch, pro Stellplatz und Übernachtung. Das Gasthaus bietet sehr gute Küche und sticht mit Qualitätsrindfleisch sowie Wildspezialitäten hervor.

Sanitär

Zwei Waschhäuser sind auf dem Platz und von überall gut zu erreichen. Die Ausstattung ist zweckmäßig und komfortabel, das Bad barrierefrei. Warmwasser ist kostenlos. Familiengerechte Serviceräume stehen ebenfalls bereit. WLAN ist auf dem gesamten Areal verfügbar – auch in den Mietunterkünften.

Freizeit

Mehrere Spielplätze, Wassermatsch-Anlage, Bolzplatz, Tischtennisanlage, Gokart-Verleih und Naturbadeteich – die Freizeitmöglichkeiten vor Ort und in der Umgebung sind vielfältig. Spaß machen die geführten Radtouren. Hunde sind willkommen. Sogar für Pferde ist ein Einstellplatz vorhanden.

Sonne und Natur – Erholung pur.

Die Hütten als ideales Quartier.

4.4 SEHR GUT
59 Bewertungen

Lage	4.4
Ruhe	4.6
Sanitäranlagen	4.1
Sauberkeit Ø	4.5
Freundlichkeit	4.7
Stellplatz	4.3
Verpflegung	4.2
Freizeit	4.2
Preis-Leistung	4.7
Mietunterkünfte	3.5

Geeignet für

4.7 Senioren

- 4.6 Paare
- 4.6 Gäste mit Hund
- 4.5 Gäste mit Zelt
- 4.4 Kinder b. 6 J.
- 4.3 Kinder b. 12 J.
- 3.6 Kinder b. 18 J.

Empfohlene Aktivitäten

Wandern · Radfahren · Entspannen · Reiten

Mehr Infos

Wandern, Radeln, Angeln, Baden. Draußen sein – Camping auf dem Land.

15 Campingplatz „Auf dem Simpel"

Auf dem Simpel 1
29614 Soltau-Wolterdingen
+49 5191 3651
www.auf-dem-simpel.de
info@auf-dem-simpel.de

ganzjährig

HS: 38,00 € | NS: 32,00 €

Mehr Infos & Anfrage:
www.camping.info/18419

Baden im See	17km
Pool/Hallenbad	✓/5km
Spielplatz am Platz	✓
Hunde willkommen	✓
wenig Schatten	✓
WLAN (gegen Gebühr)	✓
Lebensmittel	✓
Brötchen am Platz	✓
Restaurant am P.	✓
Ver-/Entsorgung Womo	✓
in den Ort	5km
Gesamt/Touristen	250/140
Mietunterkünfte	✓
Stellplätze vor Schranke	✓

Freibad – ideal zum Abkühlen an heißen Sommertagen.

Lage & Stellplatz

Die Campinganlage befindet sich mit einer Vielzahl von Glamping-Unterkünften im Herzen der Lüneburger Heide. Hier können die Gäste auf dem Platz Schlaf-Fässer, Gästezimmer, Mietwohnwagen, Schnuckenbuden, Schäferwagen, Mobilheime und Heide-Lodges mieten. Die gesamte Anlage ist von Waldflächen umgeben und nur 5 km von der Stadt Soltau entfernt. Die mit Hecken parzellierten Komfortstellplätze sind alle mit einem Strom-, Wasser- und Abwasseranschluss ausgestattet. Für zusammen reisende Familien oder Freunde bieten wir auch Doppelkomfortstellplätze mit bis zu 250 m^2 an.

Sanitär

Egal auf welchem Urlaubsplatz die Camper stehen, es sind nie mehr als 100 m bis zum nächsten Sanitärgebäude. Es gibt drei Sanitärgebäude, welche modern und freundlich eingerichtet sind. Sauberkeit ist das höchste Gebot! Umweltschutz ist ebenfalls ein besonderes Anliegen – jedes der Gebäude ist mit Solaranlagen versehen und in den Duschen hilft ein Chipkartensystem beim Wassersparen. Gäste haben die volle Kostenkontrolle und können dabei verantwortungsvoll mit der wertvollen Ressource umgehen. Es gibt mehrere Babywickel-, Waschmaschinen- und Trocknerräume sowie Spül- und Kochmöglichkeiten.

Innenansicht Restaurant.

Grüne Wiese.

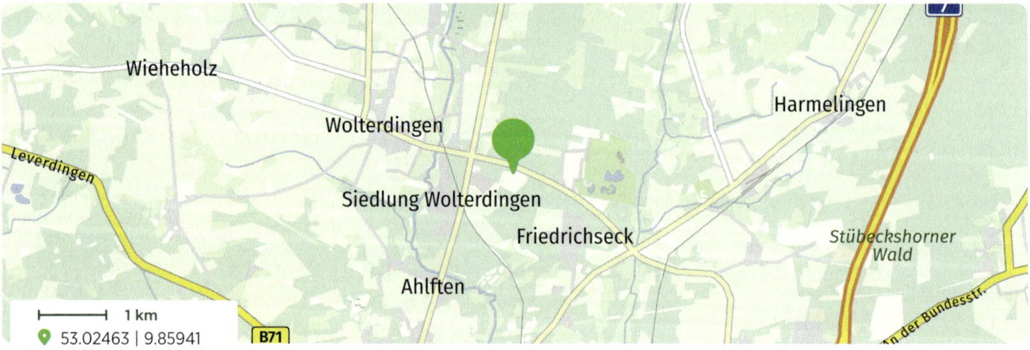

AWARD 2022

Komfortplätze mit eigenen Strom-, Wasser- und Abwasseranschlüssen.

Verpflegung

Das Restaurant „Auf dem Simpel“ bietet eine abwechslungsreiche Speisekarte für jeden Geschmack. Das Küchenteam bemüht sich dabei, regionale Produkte zu verwenden: So kommen z. B. Eier, Kartoffeln und Heidehonig direkt vom Bauernhof im Nachbarort. Der Shop backt jeden Morgen frische Brötchen, die auch ohne Vorbestellung erworben werden können. Außerdem gibt es hier alles für den täglichen Bedarf, darunter gekühlte und nicht gekühlte Getränke, Lebensmittel, Snacks und Süßigkeiten, Drogerieartikel, Zeitschriften, Zeitungen sowie Camping- und Grillzubehör.

Freizeit

Die Lüneburger Heide bietet für Familien mit Kindern ebenso viel wie für Alleinreisende. So ist Norddeutschlands größter Freizeitpark, das Heide Park Resort, in nur 10 Minuten zu Fuß und viele weitere Freizeit-, Natur- und Familienparks in wenigen Autominuten zu erreichen. Die Heideregion lässt sich hervorragend bewandern oder auch mit dem Fahrrad durchqueren. Die Stadt Soltau ist bekannt für ihre Sole und die Soltau Therme ein erklärtes Ziel vieler Erholungssuchenden. Auf dem Platz finden Kinder einen großen Abenteuerspielplatz und an heißen Tagen verschafft das Freibad jedem eine Abkühlung!

5.0

Toller Service, sehr gute Ausstattung & umweltbewusst. Wir haben uns sehr wohlgefühlt. Die Anlage mit allen Bereichen war sehr sauber, ein schöner Pool, ein fantastisch sortierter kleiner Supermarkt und ein tolles Restaurant (Frühstück & Abendessen). Das Personal ist wirklich klasse. Uns haben bei allen Services die zusätzlichen Kleinigkeiten besonders gefallen. Es wird konsequent auf die Umwelt geachtet. Einfach toll!

Barbara H.

Barbara und ihr Partner sind seit 2019 aktive Camper und mit dem Wohnmobil unterwegs. Sie schätzt am Campen immer ihr Zuhause dabei zu haben und flexibel Ziele wählen zu können. Im Juni 2022 waren sie auf dem Platz.

Spielplatz mit Piratenschiff.

Glamping – Schlaffass.

4.7 **SEHR GUT**
1087 Bewertungen

Lage	4.6
Ruhe	4.4
Sanitäranlagen	4.8
Sauberkeit Ø	4.7
Freundlichkeit	4.7
Stellplatz	4.7
Verpflegung	4.5
Freizeit	4.5
Preis-Leistung	4.6
Mietunterkünfte	4.8

Geeignet für

4.7	Kinder b. 12 J.
4.7	Gäste mit Hund
4.6	Kinder b. 6 J.
4.6	Paare
4.6	Senioren
4.5	Gäste mit Zelt
4.4	Kinder b. 18 J.

Empfohlene Aktivitäten

Radfahren · Wandern · Entspannen · Sightseeing

Mehr Infos

Karte auf Seite 154

	13	16	17
	Camping am Waldbad	**Camping- & Mobilheimpark Moränasee**	**Röders' Park - Premium Camping Lüneburger Heide**
	❄		❄
	Hans-Rasch-Weg 29574 Ebstorf +49 5822 3251	Dittmern 9 29614 Soltau	Ebsmoor 8 29614 Soltau +49 5191 2141
	53.03465 | 10.41052	53.01562 | 9.92267	53.00063 | 9.83705
Infos			
Öffnungszeiten	01.01. - 01.12.	keine Angabe	ganzjährig
Vergleichspreis	HS: 22,00 € | NS: 20,00 €	keine Angabe	HS: 36, 00 € | NS: 28, 00 €
Link	**Mehr Infos & Anfrage:** www.camping.info/18414	**Mehr Infos & Anfrage:** www.camping.info/27635	**Mehr Infos & Anfrage:** www.camping.info/18418
Ausstattung			
Freizeit	Baden in nat. Gewässer k. A. Pool/Hallenbad 10m Spielplatz am Platz ✓	Baden in nat. Gewässer k. A. Pool & Hallenbad ✗ Spielplatz keine Angabe	Baden im Teich 10km Pool/Hallenbad 1km Spielplatz am Platz ✓
Campingplatz	Hunde willkommen ✓ Schatten ✗ WLAN ✓	Hunde ✗ Schatten ✗ WLAN keine Angabe	Hunde willkommen ✓ zur Hälfte Schatten ✓ WLAN (gegen Gebühr) ✓
Versorgung	Lebensmittel 1km Brötchen am Platz ✗ Restaurant/Imbiss 50/10m Ver-/Entsorgung Womo ✓ im Ort ✓	Lebensmittel k.A. Brötchen keine Angabe Restaurant & Imbiss ✗ Ver-/Entsorgung Womo ✗ in den Ort keine Angabe	Lebensmittel ✓ Brötchen am Platz ✓ Restaurant & Imbiss ✓ Ver-/Entsorgung Womo ✓ in den Ort 1km
Anzahl der Plätze	Gesamt/Touristen 100/70 Mietunterkünfte ✓ Stellplätze vor Schranke ✓	Gesamt keine Angabe Mietunterkünfte ✗ Stellplätze vor Schranke ✗	Gesamt/Touristen 120/95 Mietunterkünfte ✗ Stellplätze vor Schranke ✓

	Camping am Waldbad	Camping- & Mobilheimpark Moränasee	Röders' Park - Premium Camping Lüneburger Heide
Gesamt	4.3 SEHR GUT (38 Bewertungen)	4.6 SEHR GUT (8 Bewertungen)	4.9 SEHR GUT (231 Bewertungen)
Lage	4.5	4.4	4.6
Ruhe	4.6	4.3	4.7
Sanitäranlagen	4.2	4.8	4.9
Sauberkeit Ø	4.0	4.8	5.0
Freundlichkeit	4.5	4.7	5.0
Stellplatz	4.2	4.6	4.8
Verpflegung	2.9	4.1	4.7
Freizeit	4.2	4.2	4.4
Preis-Leistung	4.7	4.7	4.7
Mietunterkünfte	4.7	-	-
Geeignet für			
Kinder b. 6 J.	4.2	4.4	3.5
Kinder b. 12 J.	4.3	4.4	3.3
Kinder b. 18 J.	3.9	4.0	3.1
Paare	4.7	4.3	4.9
Senioren	4.7	4.0	5.0
Gäste mit Zelt	4.6	4.5	4.1
Gäste mit Hund / Hunde n. erlaubt	Gäste mit Hund 4.7	Hunde n. erlaubt -	Gäste mit Hund 4.7
Empfohlene Aktivitäten	Schwimmen Wandern Radfahren	Radfahren Entspannen Sightseeing	Radfahren Wandern Entspannen

23 Camping Böhmeschlucht

Vierde 22
29683 Bad Fallingbostel
+49 5162 5604
www.boehmeschlucht.de
info@boehmeschlucht.de

ganzjährig

HS: 28,40 € | NS: 28,40 €

Mehr Infos & Anfrage:
www.camping.info/18426

Baden im Fluss am Platz	✓
Pool/Hallenbad	3km
Spielplatz am Platz	✓
Hunde willkommen	✓
wenig Schatten	✓
WLAN	✓
Lebensmittel	3km
Brötchen am Platz	nur HS
Restaurant am P.	✓
Ver-/Entsorgung Womo	✓
in den Ort	3km
Gesamt/Touristen	171/57
Mietunterkünfte	✓
Stellplätze vor Schranke	✗

Überblick auf die schön angelegten und großzügig parzellierten Stellplätze.

Lage & Stellplatz

Der Platz inmitten der Lüneburger Heide überzeugt durch die naturbelassene, 4 ha große Anlage direkt am Böhmeufer. Die Stellplätze (100-120 m²) mit Wasser- und Stromanschluss bieten genügend Platz. Für Radler und Paddler gibt es Zeltwiesen und Bauwagen oder Glamping-Urlaub in den Naturlodges POD®.

Verpflegung

Die regionale Küche im Restaurant „Böhmeschlucht" ist ein Tipp für alle Genießer. Hier können Gäste ihren Gaumen mit einem ausgiebigen Frühstück oder saisonalen À-la-Carte-Gerichten am Abend verwöhnen lassen. Im 1,5 km entfernten Bad Fallingbostel befinden sich ein Supermarkt und ein Wochenmarkt.

Sanitär

Die Sanitäranlage liegt zentral erreichbar in der Mitte des Campingplatzes. Zahlreiche Duschen (ohne Münzen), großzügige Waschbereiche und ausreichend Toiletten sind vorhanden. Ein separates, barrierefreies WC und ein extra Babybad stehen zur Verfügung. Die Camper-Clean-Station rundet das Angebot ab.

Freizeit

Am Platz befinden sich Anleger für Paddler, ein Spiel- und Grillplatz, ein Hundespielplatz u. v. m. Eine Wanderung im angrenzenden Wald oder eine Quadtour mit CrazyQuad sind zu empfehlen. Schöne Altstädte wie Lüneburg laden zum Shoppen ein, ebenso Besuche in einem der nahen Tier- und Freizeitparks.

Gemütliche Naturlodges POD®.

Bauwagen: Ideal für Radfahrer.

4.6 SEHR GUT
120 Bewertungen

Lage	4.5
Ruhe	4.4
Sanitäranlagen	4.2
Sauberkeit Ø	4.8
Freundlichkeit	5.0
Stellplatz	4.5
Verpflegung	4.4
Freizeit	4.2
Preis-Leistung	4.7
Mietunterkünfte	4.6

Geeignet für

4.8 Senioren

4.7	Paare
4.7	Gäste mit Hund
4.6	Gäste mit Zelt
4.3	Kinder b. 6 J.
4.3	Kinder b. 12 J.
3.9	Kinder b. 18 J.

Empfohlene Aktivitäten

Wandern
Radfahren
Kayak/Kanu
Entspannen

Mehr Infos

19 Südsee-Camp

Südsee-Camp 1
29649 Wietzendorf
+49 5196 980 116
www.suedsee-camp.de
info@suedsee-camp.de

01.04. - 31.12.

HS: 55,00 € | NS: 35,00 €

Mehr Infos & Anfrage:
www.camping.info/18423

Baden im See am Platz	✓
Pool & Hallenbad	✓
Spielplatz am Platz	✓
Hunde willkommen	✓
zur Hälfte Schatten	✓
WLAN	✓
Lebensmittel	✓
Brötchen am Platz	✓
Restaurant & Imbiss	✓
Ver-/Entsorgung Womo	✓
in den Ort	2km
Gesamt/Touristen	1508/726
Mietunterkünfte	✓
Stellplätze vor Schranke	✓

Entspannter Urlaub im Südsee-Camp für die gesamte Familie.

Lage & Stellplatz

Inmitten der Lüneburger Heide, in der Nähe von Soltau, befindet sich das Südsee-Camp. Der Campingplatz ist eingebettet zwischen Feldern und Wäldern, wobei die nächste Autobahnabfahrt nur ca. 7 km entfernt ist. Angelegt ist der Platz wie ein riesiger Park, egal ob am Naturbadesee, im Wald, auf der Wiese oder in einem der idyllisch gelegenen Mietobjekte. Die Stellplätze sind fast alle parzelliert und mit den nötigen Anschlüssen versehen. Vor dem Campingplatz steht zudem eine Übernachtungsoase für kurzreisende Gäste zur Verfügung (max. 3 Nächte).

Sanitär

In den Waschhäusern warten diverse Extras wie Kinderbadeländer oder Familien-Mietbadezimmer. Zudem stehen Waschmaschinen und Trockner zur Verfügung. Die Duschen mit Warmwasser gelten auf dem Platz als Selbstverständlichkeit. An die Entsorgung der Chemietoiletten wurde ebenso gedacht wie an eine kühle Dusche für die vierbeinigen Familienmitglieder. Die Waschhäuser wurden mit moderner Umwelttechnik ausgestattet. Im Juni 2020 wurde das Waschhaus 4 eröffnet, mit einem tollen Kinderwaschland und Mietbädern, die über einen Whirlpool und Dachterrasse verfügen.

LeadingCampings

ADAC Superplatz 2022

Erkende camping TOP 2022

ACSI AWARDS 2022

ECO CAMPING

Subtropisches Badeparadies.

Familiencamping im Grünen.

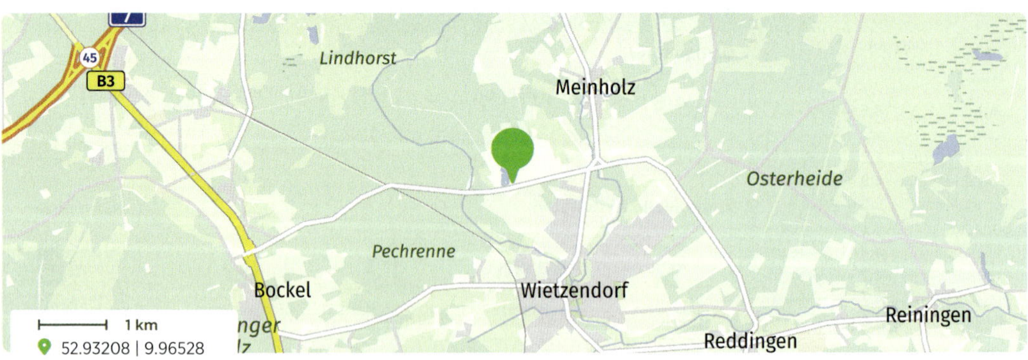

Im Preis inbegriffen: Stellplatz, 2 Personen, Strom und Warmduschen.

AWARD 2022

Südsee mit Kinderbadebucht, großem Abenteuerspielplatz, Strandbar und Piratenschiff.

Verpflegung

Auf dem Platz findet sich eine große Auswahl an Restaurants mit Angeboten von Fingerfood bis hin zu regionaler Küche. Erweitert wird das Angebot durch einen Supermarkt mit Bäckerei, einen Imbiss, eine Strandbar sowie einen Eispavillon direkt am See. Das Südsee-Camp verfügt zudem über einen Schlemmer-Automaten, der auch außerhalb der Öffnungszeiten verschiedene Lebensmittel von Milch bis zu Grillgut bereitstellt.

Freizeit

Der Südsee-Camp zeichnet sich vor allem dadurch aus, dass man immer etwas erleben kann. Den Gästen stehen zahlreiche Freizeitattraktionen und jede Menge Animation zur Verfügung. Neben dem subtropischen Badeparadies mit Wellenbad, dem Dschungel-Golf mit Affen und Schlangen, dem Reiterhof mit 25 Pferden, einem Hochseilgarten, Spiel- und Sportplätzen sowie dem großen Naturbadesee können die Gäste nun das neueste Highlight kennenlernen - die Indoorspielhalle „Piratennest". Hier können auch die Eltern toben oder im neuen Fitnessraum Sport treiben.

5.0

Ein toller Campingplatz für die ganze Familie. Auch ohne Auto (mit Fahrrädern) kann man viel unternehmen und problemlos in Wietzendorf einkaufen. Vom Campingplatz werden auch geführte Fahrradtouren angeboten. Wir haben die Tour zum Milchhof mitgemacht und hatten viel Spaß. An Ostern gab es ein großes Fest, um den Winter zu verabschieden. Am nächsten Tag gab es einen Osterumzug und die Kinder konnten Ostereier suchen. Ein toller, erholsamer Urlaub für uns!

Stefanie L.

Stephanie reist seit 2017 mit ihrer Familie mit dem Wohnwagen. Sie finden am Camping besonders toll, dass sie selbst entscheiden können, wie lange sie an einem Ort bleiben. Sie waren im April 2022 im Südsee-Camp.

Idyllisches Feriendorf Sommarby.

Toben im Piratennest.

4.3 **SEHR GUT**
760 Bewertungen

Lage	4.3
Ruhe	3.7
Sanitäranlagen	4.3
Sauberkeit Ø	4.4
Freundlichkeit	4.4
Stellplatz	4.3
Verpflegung	4.3
Freizeit	4.6
Preis-Leistung	3.7
Mietunterkünfte	4.4

Geeignet für

Kinder b. 6 J.	4.7
Kinder b. 12 J.	4.7
Kinder b. 18 J.	4.3
Paare	4.0
Gäste mit Zelt	4.4
Gäste mit Hund	4.3
Senioren	3.7

Empfohlene Aktivitäten

Schwimmen · Radfahren · Entspannen · Reiten

Mehr Infos

Karte auf Seite 154

	18 Uhlenköper-Camp	21 Campingpark Fuhrenkamp	22 Heidecamping Gerdehaus
	❄	❄	
	Festplatzweg 11 29525 Uelzen-Westerweyhe +49 5817 3044	Am Fuhrenkamp 1 29468 Bergen a.d. Dumme +49 5845 348	Gerdehaus 79 29328 Faßberg-Gerdehaus +49 5055 590286
	53.00011 | 10.51583	52.88694 | 10.97528	52.88165 | 10.18702
Infos			
Öffnungszeiten	ganzjährig	ganzjährig	01.04. - 15.10.
Vergleichspreis	HS: 25,00 € | NS: 22,00 €	HS: 25,00 € | NS: 25,00 €	HS: 19,50 € | NS: 19,50 €
Link	**Mehr Infos & Anfrage:** www.camping.info/18412	**Mehr Infos & Anfrage:** www.camping.info/18408	**Mehr Infos & Anfrage:** www.camping.info/18405
Ausstattung			
Freizeit	Baden im See 4km Pool/Hallenbad ✓/5km Spielplatz am Platz ✓	Baden im Teich am Platz ✓ Pool/Hallenbad 800m/14km Spielplatz am Platz ✓	Baden im See 1km Pool/Hallenbad 3/15km Spielplatz 1km
Campingplatz	Hunde willkommen ✓ zur Hälfte Schatten ✓ WLAN ✓	Hunde willkommen ✓ zur Hälfte Schatten ✓ WLAN (gegen Gebühr) ✓	Hunde willkommen ✓ zur Hälfte Schatten ✓ WLAN keine Angabe
Versorgung	Lebensmittel ✓ Brötchen am Platz ✓ Restaurant/Imbiss 300m/✓ Ver-/Entsorgung Womo ✓ in den Ort 100m	Lebensmittel 800m Brötchen am Platz ✓ Restaurant & Imbiss ✓ Ver-/Entsorgung Womo ✓ in den Ort 800m	Lebensmittel 3km Brötchen am Platz ✗ Restaurant/Imbiss 3km Ver-/Entsorgung Womo ✗ in den Ort 3km
Anzahl der Plätze	Gesamt/Touristen 85/60 Mietunterkünfte ✓ Stellplätze vor Schranke ✗	Gesamt/Touristen 90/45 Mietunterkünfte ✓ Stellplätze vor Schranke ✗	Gesamt/Touristen 80/40 Mietunterkünfte ✗ Stellplätze vor Schranke ✗
Bewertung	4.3 SEHR GUT 20 Bewertungen	4.6 SEHR GUT 31 Bewertungen	4.7 SEHR GUT 26 Bewertungen
Lage	4.1	4.0	4.9
Ruhe	4.7	4.3	4.9
Sanitäranlagen	3.9	4.6	4.6
Sauberkeit Ø	4.4	4.8	5.0
Freundlichkeit	4.8	5.0	4.9
Stellplatz	4.4	4.5	4.4
Verpflegung	4.5	4.5	3.1
Freizeit	4.4	4.0	4.1
Preis-Leistung	4.6	4.8	4.8
Mietunterkünfte	5.0	4.3	-
Geeignet für			
Kinder b. 6 J.	4.5	4.6	3.9
Kinder b. 12 J.	4.7	4.4	3.7
Kinder b. 18 J.	4.4	3.7	3.6
Paare	4.3	4.7	4.9
Senioren	3.8	4.7	4.6
Gäste mit Zelt	4.4	4.7	4.8
Gäste mit Hund	3.7	4.8	4.8
Empfohlene Aktivitäten	Radfahren Kayak/Kanu Entspannen	Radfahren Wandern Entspannen	Radfahren Wandern Entspannen

24 Campingplatz am Hardausee

Campingplatz 1
29556 Suderburg-Hösseringen
+49 5826 7676
www.camping-hardausee.de
info@camping-hardausee.de

01.04. - 31.10.

HS: 28,00 € | NS: 25,00 €

Mehr Infos & Anfrage:
www.camping.info/18413

Baden im See	200m
Pool/Hallenbad	12/16km
Spielplatz am Platz	✓
Hunde willkommen	✓
wenig Schatten	✓
WLAN (gegen Gebühr)	✓
Lebensmittel	✓
Brötchen am Platz	✓
Restaurant & Imbiss	✓
Ver-/Entsorgung Womo	✓
in den Ort	3km
Gesamt/Touristen	380/100
Mietunterkünfte	✗
Stellplätze vor Schranke	✗

Parzellierte Stellplätze im Grünen.

Lage & Stellplatz

Mitten in der schönen Lüneburger Südheide führt vom Campingplatz aus ein kurzer Waldweg (ca. 200 m) zum feinsandigen Badestrand des Hardausees. Parzellierte und unparzellierte Stellplätze mit Strom- und Wasser-, teilweise auch Abwasser- und SAT-Anschluss lassen keine Camperwünsche offen.

Verpflegung

Eine Gaststätte mit einer kleinen, aber feinen Speisekarte bietet für jeden Appetit das passende Gericht. Es gibt außerdem einen Minimarkt mit täglich frischen Brötchen, leckerem Kuchen sowie einer guten Auswahl an Lebensmitteln, Getränken und Zeitungen.

Sanitär

Die modernen, komfortabel ausgestatteten Sanitärhäuser sind beheizt und werden durch Lichtkuppeln mit Tageslicht durchflutet und automatisch entlüftet. Für die kleinen Gäste gibt es ein tolles Kinderbad. Des Weiteren verfügt der Campingplatz über einen separaten, behindertengerechten Sanitärbereich.

Freizeit

Am Campingplatz gibt es u. a. einen großen Kinderspielplatz, Lagerfeuerplatz, Boulebahn, Shuffleboard, Outdoor-Kicker, Tischtennisplatten und Freiland-Schach. In direkter Umgebung sorgt der Hardausee mit Sandstrand, einem Spielplatz und Tretbootverleih für reichlich Unterhaltung bei Groß und Klein.

Der Hardausee mit Badestrand.

Kindgerechte Sanitäranlagen.

4.8 SEHR GUT
506 Bewertungen

Lage	4.5
Ruhe	4.8
Sanitäranlagen	4.6
Sauberkeit Ø	4.8
Freundlichkeit	4.9
Stellplatz	4.7
Verpflegung	3.9
Freizeit	4.5
Preis-Leistung	4.8
Mietunterkünfte	-

Geeignet für

Paare	4.8
Senioren	4.8
Gäste mit Hund	4.7
Gäste mit Zelt	4.5
Kinder b. 6 J.	4.3
Kinder b. 12 J.	4.2
Kinder b. 18 J.	3.7

Empfohlene Aktivitäten

Radfahren · Wandern · Entspannen · Schwimmen

Mehr Infos

AWARD 2022

Karte auf Seite 154

	26	27	28
	Camping Allerblick	**Campingpark Südheide**	**Camping am Allerstrand**
	Auf der Hude 1 29308 Winsen (Aller) +49 5143 93199 52.67497 | 9.8984	Im Stillen Winkel 20 29308 Winsen (Aller) +49 5143 6661803 52.67197 | 9.93567	Offensener Str. 2a 29342 Wienhausen / Schwachhausen +49 171 170 7506 52.57914 | 10.24631
Infos			
Öffnungszeiten	ganzjährig	25.03. - 31.10.	01.04. - 01.11.
Vergleichspreis	HS: 31,50 € | NS: 28, 50 €	HS: 43,00 € | NS: 29,00 €	HS: 22,00 € | NS: 20,00 €
Link	**Mehr Infos & Anfrage:** www.camping.info/18399	**Mehr Infos & Anfrage:** www.camping.info/19551	**Mehr Infos & Anfrage:** www.camping.info/24429
Ausstattung			
Freizeit	Baden im Fluss am Platz ✓ Pool/Hallenbad 300m Spielplatz am Platz ✓	Baden im Teich am Platz ✓ Pool/Hallenbad ✓/2km Spielplatz am Platz ✓	Baden im Fluss am Platz ✓ Pool/Hallenbad 2/14km Spielplatz 1km
Campingplatz	Hunde willkommen ✓ wenig Schatten ✓ WLAN (begrenzt gratis) ✓	Hunde willkommen ✓ zur Hälfte Schatten ✓ WLAN ✓	Hunde willkommen ✓ zur Hälfte Schatten ✓ WLAN ✗
Versorgung	Lebensmittel 500m Brötchen am Platz ✓ Restaurant & Imbiss ✓ Ver-/Entsorgung Womo ✓ in den Ort 500m	Lebensmittel ✓ Brötchen am Platz ✓ Restaurant/Imbiss 1km/✓ Ver-/Entsorgung Womo ✓ in den Ort 1km	Lebensmittel 3km Brötchen am Platz nur HS Restaurant/Imbiss 2km Ver-/Entsorgung Womo ✓ in den Ort 3km
Anzahl der Plätze	Gesamt/Touristen 250/170 Mietunterkünfte ✗ Stellplätze vor Schranke ✗	Touristenplätze 250 Mietunterkünfte ✓ Stellplätze vor Schranke ✓	Gesamt/Touristen 90/50 Mietunterkünfte ✓ Stellplätze vor Schranke ✓

	26	27	28
Gesamt	4.3 SEHR GUT, 99 Bewertungen	4.8 SEHR GUT, 1167 Bewertungen	4.3 SEHR GUT, 16 Bewertungen
Lage	4.5	4.6	4.5
Ruhe	4.6	4.6	4.8
Sanitäranlagen	4.1	4.8	3.8
Sauberkeit Ø	4.7	4.8	4.5
Freundlichkeit	4.7	4.8	4.6
Stellplatz	4.2	4.7	4.1
Verpflegung	3.8	3.9	1.5
Freizeit	4.1	4.4	3.6
Preis-Leistung	4.5	4.5	4.8
Mietunterkünfte	-	4.7	5.0
Geeignet für			
Kinder b. 6 J.	4.0	4.7	3.6
Kinder b. 12 J.	4.1	4.7	3.4
Kinder b. 18 J.	3.9	4.0	3.0
Paare	4.6	4.6	4.7
Senioren	4.7	4.5	4.8
Gäste mit Zelt	4.5	4.7	4.4
Gäste mit Hund	4.3	4.6	4.8
Empfohlene Aktivitäten	Radfahren Kayak/Kanu Wandern	Radfahren Kayak/Kanu Entspannen	Entspannen Radfahren Kayak/Kanu
	Rabatte: ACSI, ADAC-Campcard, CKE & DCC	AWARD 2022	

25 Campingpark Hüttensee

*

Hüttenseepark 1
29308 Winsen / Aller
+49 5056 941880
www.campingpark-huettensee.de
info@campingpark-huettensee.de

15.03. - 31.10.

HS: 32,90 € | NS: 25,90 €

Mehr Infos & Anfrage:
www.camping.info/18400

Baden im See am Platz	✓
Pool/Hallenbad	10km
Spielplatz am Platz	✓
Hunde willkommen	✓
wenig Schatten	✓
WLAN (gegen Gebühr)	✓
Lebensmittel	✓
Brötchen am Platz	✓
Restaurant & Imbiss	✓
Ver-/Entsorgung Womo	✓
in den Ort	1km
Gesamt/Touristen	419/266
Mietunterkünfte	✓
Stellplätze vor Schranke	✓

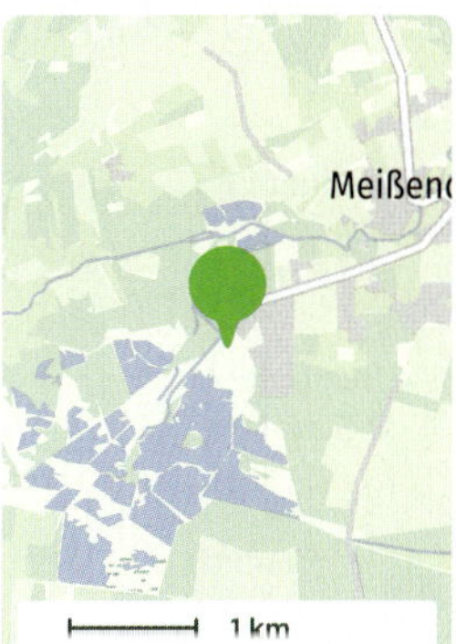

52.71938 | 9.82317

Willkommen in der größten Seenlandschaft der Lüneburger Heide.

Lage & Stellplatz

Mit weißem Sandstrand am eigenen Badesee und idyllischen Angelteichen in der größten Seenlandschaft der Lüneburger Heide, den Meißendorfer Teichen – einem faszinierenden Natur- und Vogelschutzgebiet. Vielfältige Standplätze auf schattigen Inseln, sonnigen Parzellen oder großzügigen Gruppenwiesen.

Verpflegung

Stilvoll eingerichtetes Parkrestaurant „Seehütte" mit Biergarten und Panoramaterrasse am Strand, regionale und saisonale Spezialitäten im self-service, Nebenräume und Eventservice für Gruppen. Imbiss, Kiosk mit frischen Brötchen, Lebensmitteln und Campingbedarf. Cafés und Hofläden in Fahrradnähe.

Sanitär

Der Campingpark Hüttensee verfügt über saubere, gepflegte und teilweise barrierefreie Sanitäranlagen. Die Gebäude befinden sich in komfortabler Nähe zu den Stellplätzen und Mobilheimen. Babywickelraum, Hundebad, Waschmaschine, Wäschetrockner und Entsorgung für Chemietoiletten sind vorhanden.

Freizeit

See mit weißem Sandstrand, Beachvolleyball, Angelteiche, Minigolf, Spielplätze in- & outdoor, Trampolin, Hundewald mit Planschbereich. Rundwanderweg mit Aussichtsturm zur Vogelbeobachtung, Naturerlebniszentrum, viele Radwege, Fallschirmspringen, Freizeitparks und sehenswerte Städte in der Region.

Parkrestaurant „Seehütte".

Weißer Sandstrand am See.

4.2 SEHR GUT
100 Bewertungen

Lage	4.4
Ruhe	4.1
Sanitäranlagen	4.0
Sauberkeit Ø	4.2
Freundlichkeit	4.7
Stellplatz	3.9
Verpflegung	3.8
Freizeit	4.2
Preis-Leistung	4.2
Mietunterkünfte	4.3

Geeignet für

4.7 Gäste mit Hund

4.4 Kinder b. 6 J.	4.4 Paare	4.2 Senioren
4.4 Kinder b. 12 J.	4.3 Gäste mit Zelt	4.1 Kinder b. 18 J.

Empfohlene Aktivitäten

Schwimmen · Radfahren · Wandern · Angeln

Mehr Infos

NIEDERSACHSEN / BREMEN

5 Emsland

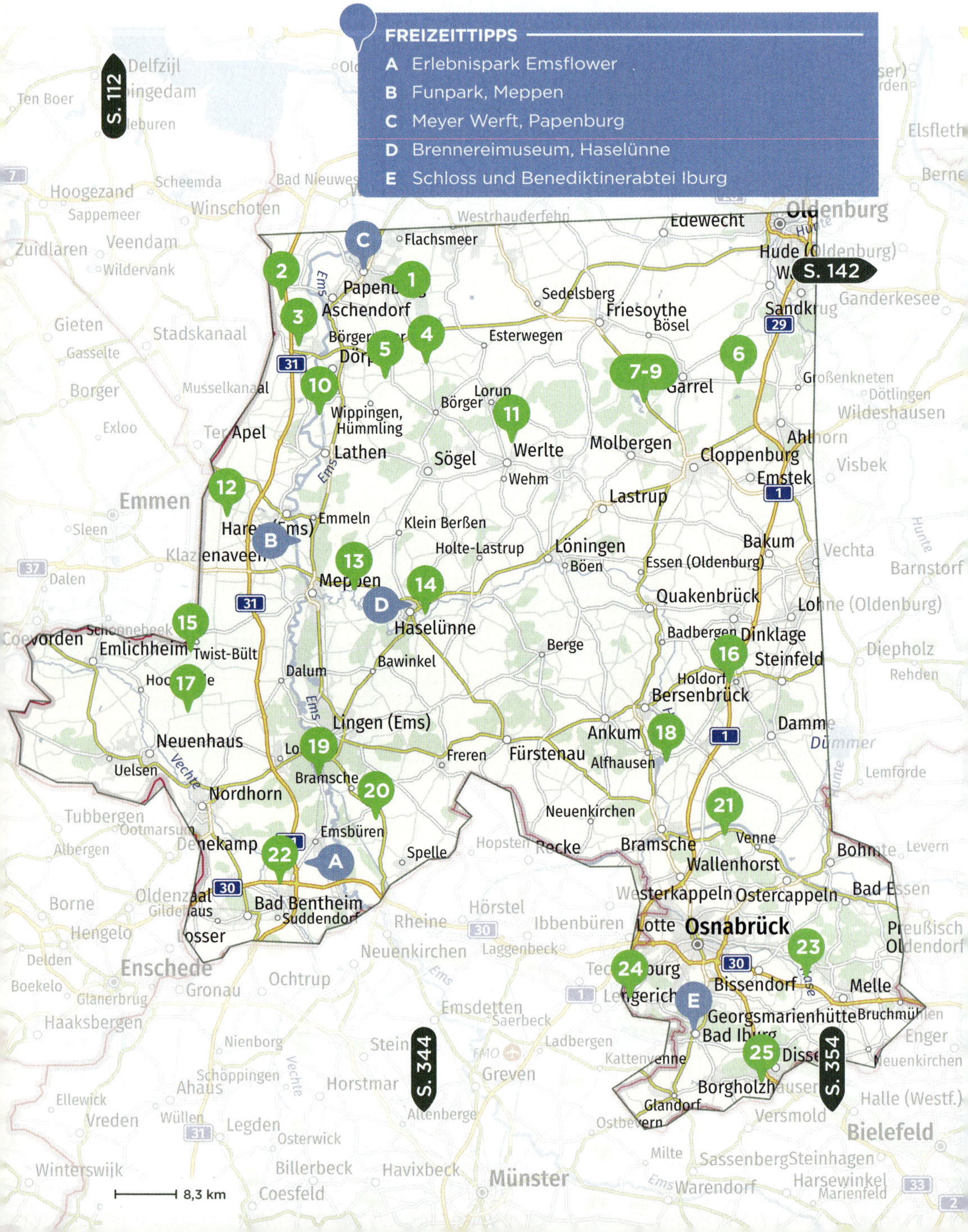

	Platz	Seite	Bewertung	Öffnungszeiten	
1	Campingplatz Papenburg	179	3.2	ganzjährig	✻
2	Campingplatz-Neuengland	178	4.5	saisonal	
3	Campingpark Eden	178	4.2	ganzjährig	✻
4	Campingplatz Surwold	178	4.8	saisonal	
5	Wally's Bed & Breakfast/Minicamping	180	-	saisonal	
6	Camping Tannenhof	180	4.2	k. A.	✻
7	Campingplatz Wilken	180	3.8	saisonal	
8	Campingplatz Deeken	181	-	k. A.	
9	Campingplatz Einhaus	181	4.0	k. A.	
10	Campingplatz Emstal Emsland	181	4.9	saisonal	
11	Camping Hümmlinger Land	181	4.7	ganzjährig	✻ 👍
12	EMSLAND-CAMP	182	4.2	ganzjährig	✻
13	Hase Natur Camping	182	3.8	saisonal	
14	Comfortcamping Hase-Ufer	182	4.1	saisonal	
15	Campingplatz Blaue Lagune	183	4.0	k. A.	
16	Zelt und Wohnmobilplatz Heidesee	183	4.2	saisonal	
17	Zum blauen Bock	183	-	k. A.	
18	Alfsee Ferien- und Erlebnispark	184	4.2	ganzjährig	✻ 👍
19	Camping Am Wasserfall	183	-	k. A.	
20	Campingplatz Blauer See Lünne/Emsland	186	3.9	saisonal	✻
21	Campingplatz Waldwinkel	186	3.8	saisonal	
22	Camping Quendorfer See	186	4.6	saisonal	
23	Grönegau-Park Ludwigsee	187	3.8	ganzjährig	✻
24	Campingplatz Teutoburger Waldsee	187	-	k. A.	
25	Campotel	187	3.8	ganzjährig	✻

Karte auf Seite 176

	2	3	4
	Campingplatz-Neuengland	**Campingpark Eden**	**Campingplatz Surwold**
	Neurhederstr. 31 26899 Rhede/Ems +49 4964 383 53.04472 | 7.22963	Hermann-Abels-Str. 20 26892 Heede +49 49 63 - 91 61 71 52.98896 | 7.26781	Waldstraße 26 26903 Surwold +49 4965 9083661 52.96817 | 7.51782
Infos			
Öffnungszeiten	28.02. - 01.11. 27.12. - 03.01.	ganzjährig	01.04. - 31.10.
Vergleichspreis	HS: 18,00 € | NS: 18,00 €	HS: 20,00 € | NS: 20,00 €	HS: 26,00 € | NS: 27,00 €
Link	**Mehr Infos & Anfrage:** www.camping.info/25592	**Mehr Infos & Anfrage:** www.camping.info/23153	**Mehr Infos & Anfrage:** www.camping.info/24298
Ausstattung			
Freizeit	Baden im Teich am Platz ✓ Pool/Hallenbad 15km Spielplatz am Platz ✓	Baden im See 500m Pool & Hallenbad ✗ Spielplatz am Platz ✓	Baden in nat. Gewässer k. A. Pool 600m Spielplatz am Platz ✓
Campingplatz	Hunde willkommen ✓ zur Hälfte Schatten ✓ WLAN (gegen Gebühr) ✓	Hunde willkommen ✓ wenig Schatten ✓ WLAN teilweise	Hunde willkommen ✓ wenig Schatten ✓ WLAN ✓
Versorgung	Lebensmittel 3km Brötchen am Platz ✓ Restaurant/Imbiss 3/3km Ver-/Entsorgung Womo ✓ in den Ort 2km	Lebensmittel 3km Brötchen am Platz nur HS Imbiss 2km Ver-/Entsorgung Womo ✓ in den Ort 3km	Lebensmittel ✓ Brötchen am Platz ✓ Restaurant/Imbiss 300m/✓ Ver-/Entsorgung Womo ✓ in den Ort 1km
Anzahl der Plätze	Gesamt/Touristen 179/70 Mietunterkünfte ✓ Stellplätze vor Schranke ✗	Gesamt/Touristen 100/40 Mietunterkünfte ✓ Stellplätze vor Schranke ✓	Gesamt/Touristen 100/60 Mietunterkünfte ✗ Stellplätze vor Schranke ✗

	Campingplatz-Neuengland	Campingpark Eden	Campingplatz Surwold
Gesamt	4.5 SEHR GUT, 30 Bewertungen	4.2 SEHR GUT, 14 Bewertungen	4.8 SEHR GUT, 40 Bewertungen
Lage	4.2	4.1	4.6
Ruhe	4.4	4.6	4.8
Sanitäranlagen	4.2	4.5	4.8
Sauberkeit Ø	4.9	4.8	4.8
Freundlichkeit	4.9	4.8	4.9
Stellplatz	4.4	4.1	4.7
Verpflegung	3.6	3.0	4.5
Freizeit	4.0	4.1	4.8
Preis-Leistung	4.8	4.6	4.8
Mietunterkünfte	4.5	5.0	-
Geeignet für			
Kinder b. 6 J.	4.7	4.6	4.8
Kinder b. 12 J.	4.7	4.4	4.9
Kinder b. 18 J.	3.7	3.7	4.0
Paare	4.6	4.1	4.6
Senioren	4.7	4.2	4.6
Gäste mit Zelt	4.4	4.3	4.7
Gäste mit Hund	4.8	4.3	5.0
Empfohlene Aktivitäten	Radfahren Angeln Entspannen	Radfahren Entspannen Schwimmen	Entspannen Radfahren Wandern

1 Campingplatz Papenburg

❄

Zum Poggenpoel 101
26871 Papenburg
+49 4961 9740 26

www.campingplatz-papenburg.de
campingplatz@papenburg.de

ganzjährig

HS: 29,00 € | NS: 19,00 €

Mehr Infos & Anfrage:
www.camping.info/18351

Baden im See am Platz	✓
Pool/Hallenbad	1/2km
Spielplatz am Platz	✓
Hunde willkommen	✓
zur Hälfte Schatten	✓
WLAN	✓
Lebensmittel	500m
Brötchen am Platz	✗
Restaurant am P.	✓
Ver-/Entsorgung Womo	✓
in den Ort	3km
Gesamt/Touristen	150/85
Mietunterkünfte	✓
Stellplätze vor Schranke	✓

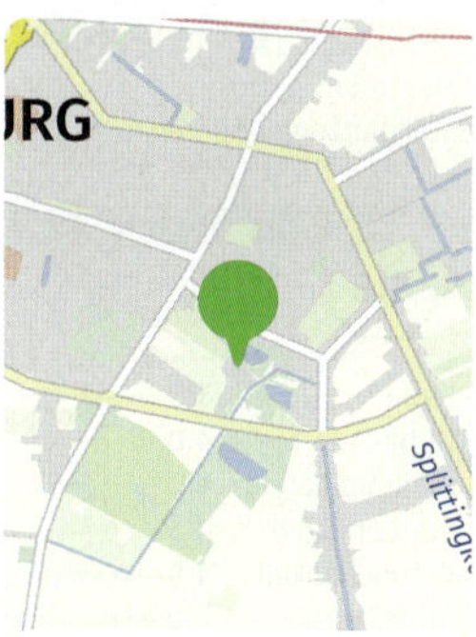

53.0652 | 7.42795

Herzlich Willkommen auf dem Campingplatz Papenburg!

Lage & Stellplatz

Der Campingplatz Papenburg liegt naturnah und doch zentral. Mit insgesamt 118 Stellplätzen, einem Bistro-Café, einem Badesee mit Sandstrand und Spielplatz und vielen Freizeitmöglichkeiten wie z. B. der Meyer Werft, bietet die Anlage die perfekte Kombination aus Ruhe, Entspannung und Erlebnis!

Verpflegung

Das Bistro „Kiek In“ auf dem Papenburger Campingplatz bietet abends in der Hauptsaison täglich Schnitzel, Pommes und Co. an. Ein Supermarkt und eine Bäckerei sind ca. 500 m entfernt. Im nahe gelegenen Zentrum Papenburgs finden sich verschiedene Restaurants für jeden Geschmack.

Sanitär

Zwei große Sanitärgebäude mit geräumigen Duschkabinen (Familienduschen) und abgetrennten Waschplätzen stehen auf dem Platz zur Verfügung. Entsorgungsmöglichkeiten für Grauwasser und Chemietoiletten etc. sind ebenso vorhanden wie zwei Küchen, Außenspülen, Trockner und Waschmaschine.

Freizeit

Papenburg entdecken! Hier kann man die bekannte Meyer Werft besuchen oder Stadtgeschichte im Freilichtmuseum „Von Velen Anlage“ erleben. Kunst und Kultur erwartet die Gäste im barocken Gut Altenkamp. Ausflugsmöglichkeiten, Veranstaltungen und Aktivitäten wie z. B. Radfahren runden das Angebot ab.

Badesee mit Sandstrand.

Spielplatz für kleine Gäste.

3.2 GUT
35 Bewertungen

Lage	3.9
Ruhe	4.2
Sanitäranlagen	3.4
Sauberkeit Ø	3.4
Freundlichkeit	3.4
Stellplatz	3.2
Verpflegung	2.5
Freizeit	3.3
Preis-Leistung	3.4
Mietunterkünfte	4.0

Geeignet für

4.4	Gäste mit Hund
4.0	Paare
4.0	Senioren
3.9	Gäste mit Zelt
3.3	Kinder b. 6 J.
3.2	Kinder b. 12 J.
2.9	Kinder b. 18 J.

Empfohlene Aktivitäten

Radfahren | Entspannen | Schwimmen | Sightseeing

Mehr Infos

10 Außenstellplätze für Wohnmobile, Hunde erlaubt, verschiedene Mietobjekte

Karte auf Seite 176

5 Wally's Bed & Breakfast/ Minicamping

Kluserstraße 50
26909 Neuborger
+49 6691 2542
52.94976 | 7.43755

6 Camping Tannenhof

❄

Ringstraße 5
26197 Bissel bei Großenkneten
+49 4435 5381
52.946 | 8.1317

7 Campingplatz Wilken

Seeblickstraße 1a
26169 Friesoythe-Thülsfeld
(0 44 95) 9 21 91 50
52.9381 | 7.93342

Infos

	5 Wally's Bed & Breakfast/ Minicamping	6 Camping Tannenhof	7 Campingplatz Wilken
Öffnungszeiten	01.05. - 31.10.	keine Angabe	15.03. - 31.10.
Vergleichspreis	HS: 30,00 € | NS: 30,00 €	keine Angabe	HS: 19,50 € | NS: 19,50 €
Link	**Mehr Infos & Anfrage:** www.camping.info/25035	**Mehr Infos & Anfrage:** www.camping.info/18323	**Mehr Infos & Anfrage:** www.camping.info/24595

Ausstattung

	5 Wally's Bed & Breakfast/ Minicamping	6 Camping Tannenhof	7 Campingplatz Wilken
Freizeit	Baden im See 4km	Baden im Teich am Platz ✓	Baden im See 100m
	Pool/Hallenbad 5/6km	Pool & Hallenbad ✗	Pool 10km
	Spielplatz ✗	Spielplatz am Platz ✓	Spielplatz am Platz ✓
Campingplatz	Hunde willkommen ✓	Hunde willkommen ✓	Hunde erlaubt ✓
	zur Hälfte Schatten ✓	Schatten ✗	wenig Schatten ✓
	WLAN ✓	WLAN keine Angabe	WLAN ✓
Versorgung	Lebensmittel 2km	Lebensmittel k.A.	Lebensmittel ✓
	Brötchen am Platz ✗	Brötchen keine Angabe	Brötchen am Platz nur HS
	Restaurant/Imbiss 7/2km	Restaurant am P. ✓	Restaurant/Imbiss 100m/1km
	Ver-/Entsorgung Womo ✗	Ver-/Entsorgung Womo ✗	Ver-/Entsorgung Womo ✓
	in den Ort 6km	in den Ort keine Angabe	in den Ort 3km
Anzahl der Plätze	Touristenplätze 10	Gesamt keine Angabe	Touristenplätze 150
	Mietunterkünfte ✗	Mietunterkünfte ✗	Mietunterkünfte ✗
	Stellplätze vor Schranke ✗	Stellplätze vor Schranke ✓	Stellplätze vor Schranke ✗

5 Wally's Bed & Breakfast/ Minicamping

- **JETZT BEWERTEN!**

Für diese Auswertung liegen leider noch nicht genügend Bewertungen vor.

Sei einer der Ersten, der diesen Campingplatz bewertet.

Mit einer guten Campingplatz-Bewertung unterstützt du nicht nur deinen Lieblingsplatz, sondern hilfst auch anderen Campern bei der Platzwahl.

6 Camping Tannenhof

4.2 **SEHR GUT**
5 Bewertungen

Lage	4.4
Ruhe	5.0
Sanitäranlagen	3.0
Sauberkeit Ø	3.2
Freundlichkeit	5.0
Stellplatz	3.4
Verpflegung	4.2
Freizeit	3.6
Preis-Leistung	4.6
Mietunterkünfte	-

Geeignet für

Kinder b. 6 J.	3.4
Kinder b. 12 J.	3.6
Kinder b. 18 J.	2.6
Paare	4.4
Senioren	5.0
Gäste mit Zelt	3.0
Gäste mit Hund	4.0

Empfohlene Aktivitäten

- Radfahren
- Angeln
- Wandern

7 Campingplatz Wilken

3.8 **GUT**
6 Bewertungen

Lage	3.8
Ruhe	4.0
Sanitäranlagen	4.0
Sauberkeit Ø	4.5
Freundlichkeit	4.8
Stellplatz	4.0
Verpflegung	2.6
Freizeit	3.3
Preis-Leistung	5.0
Mietunterkünfte	-

Geeignet für

Kinder b. 6 J.	4.0
Kinder b. 12 J.	4.0
Kinder b. 18 J.	3.0
Paare	3.5
Senioren	4.3
Gäste mit Zelt	4.0
Gäste mit Hund	4.5

Empfohlene Aktivitäten

- Radfahren
- Entspannen
- Wandern

8 Campingplatz Deeken

Zum Strand 5
49681 Garrel-Petersfeld

52.92175 | 7.9474

keine Angabe

keine Angabe

Mehr Infos & Anfrage:
www.camping.info/24597

Baden in nat. Gewässer	k. A.
Pool & Hallenbad	✗
Spielplatz	keine Angabe
Hunde	✗
Schatten	✗
WLAN	keine Angabe
Lebensmittel	k.A.
Brötchen	keine Angabe
Restaurant & Imbiss	✗
Ver-/Entsorgung Womo	✗
in den Ort	keine Angabe
Gesamt	keine Angabe
Mietunterkünfte	✗
Stellplätze vor Schranke	✗

- JETZT BEWERTEN!

Für diese Auswertung liegen leider noch nicht genügend Bewertungen vor.

Sei einer der Ersten, der diesen Campingplatz bewertet.

Mit einer guten Campingplatz-Bewertung unterstützt du nicht nur deinen Lieblingsplatz, sondern hilfst auch anderen Campern bei der Platzwahl.

9 Campingplatz Einhaus

Drei-Brücken-Weg 4
49681 Garrel-Petersfeld

52.91759 | 7.94541

keine Angabe

keine Angabe

Mehr Infos & Anfrage:
www.camping.info/24598

Baden in nat. Gewässer	k. A.
Pool & Hallenbad	✗
Spielplatz	keine Angabe
Hunde	✗
Schatten	✗
WLAN	keine Angabe
Lebensmittel	k.A.
Brötchen	keine Angabe
Restaurant & Imbiss	✗
Ver-/Entsorgung Womo	✗
in den Ort	keine Angabe
Gesamt	keine Angabe
Mietunterkünfte	✗
Stellplätze vor Schranke	✗

4.0 SEHR GUT
6 Bewertungen

Lage	5.0
Ruhe	4.4
Sanitäranlagen	2.8
Sauberkeit Ø	4.1
Freundlichkeit	3.3
Stellplatz	3.8
Verpflegung	3.4
Freizeit	4.7
Preis-Leistung	4.2
Mietunterkünfte	-

Geeignet für

Kinder b. 6 J.	4.2
Kinder b. 12 J.	4.8
Kinder b. 18 J.	3.8
Paare	4.8
Senioren	4.8
Gäste mit Zelt	4.8
Hunde n. erlaubt	-

Empfohlene Aktivitäten

- Wandern
- Schwimmen
- Radfahren

10 Campingplatz Emstal Emsland

Brinkstraße 14
49762 Sustrum
+49 5939 9599860

52.9087 | 7.30238

08.04. - 09.10.

HS: 24,00 € | NS: 24,00 €

Mehr Infos & Anfrage:
www.camping.info/24787

Baden im Fluss am Platz	✓
Pool/Hallenbad	7/10km
Spielplatz	✗
Hunde willkommen	✓
zur Hälfte Schatten	✓
WLAN	✓
Lebensmittel	✓
Brötchen am Platz	✓
Restaurant/Imbiss	1km
Ver-/Entsorgung Womo	✓
in den Ort	1km
Gesamt/Touristen	80/70
Mietunterkünfte	✗
Stellplätze vor Schranke	✓

4.9 SEHR GUT
115 Bewertungen

Lage	4.7
Ruhe	5.0
Sanitäranlagen	5.0
Sauberkeit Ø	5.0
Freundlichkeit	4.9
Stellplatz	4.6
Verpflegung	3.7
Freizeit	4.2
Preis-Leistung	4.9
Mietunterkünfte	-

Geeignet für

Kinder b. 6 J.	3.1
Kinder b. 12 J.	3.0
Kinder b. 18 J.	3.0
Paare	4.9
Senioren	5.0
Gäste mit Zelt	4.5
Gäste mit Hund	4.5

Empfohlene Aktivitäten

- Radfahren
- Entspannen
- Angeln

11 Camping Hümmlinger Land

Rastdorfer Straße 80
49757 Werlte
+49 5951 5353

52.87028 | 7.68861

ganzjährig

HS: 30,00 € | NS: 23,50 €

Mehr Infos & Anfrage:
www.camping.info/18653

Baden im Teich	20km
Pool/Hallenbad	12/2km
Spielplatz am Platz	✓
Hunde willkommen	✓
zur Hälfte Schatten	✓
WLAN (begrenzt gratis)	✓
Lebensmittel	✓
Brötchen am Platz	✓
Restaurant/Imbiss	1km/✓
Ver-/Entsorgung Womo	✓
in den Ort	600m
Gesamt/Touristen	121/63
Mietunterkünfte	✓
Stellplätze vor Schranke	✗

4.7 SEHR GUT
311 Bewertungen

Lage	4.3
Ruhe	4.7
Sanitäranlagen	4.8
Sauberkeit Ø	4.9
Freundlichkeit	4.9
Stellplatz	4.6
Verpflegung	4.1
Freizeit	4.1
Preis-Leistung	4.7
Mietunterkünfte	4.7

Geeignet für

Kinder b. 6 J.	4.3
Kinder b. 12 J.	4.0
Kinder b. 18 J.	3.3
Paare	4.7
Senioren	4.9
Gäste mit Zelt	4.4
Gäste mit Hund	4.7

Empfohlene Aktivitäten

- Radfahren
- Entspannen
- Wandern

Karte auf Seite 176

	12	13	14
	EMSLAND-CAMP	**Hase Natur Camping**	**Comfortcamping Hase-Ufer**
	Harener Str. 34 49733 Haren +49 (0)5935 8044 52.77841 | 7.12075	Groß Dörgen 2 49740 Haselünne +49 5931 2319 52.69118 | 7.37461	Am Campingplatz 1 49740 Haselünne +49 5961 1331 52.66472 | 7.51333
Infos			
Öffnungszeiten	ganzjährig	15.04. - 15.10.	10.03. - 20.10.
Vergleichspreis	keine Angabe	HS: 15,00 € | NS: 15,00 €	HS: 22,00 € | NS: 22,00 €
Link	**Mehr Infos & Anfrage:** www.camping.info/27285	**Mehr Infos & Anfrage:** www.camping.info/23927	**Mehr Infos & Anfrage:** www.camping.info/18652
Ausstattung			
Freizeit	Baden im See am Platz ✓ Pool/Hallenbad 7km Spielplatz am Platz ✓	Baden im Fluss am Platz ✓ Pool/Hallenbad 7km Spielplatz ✗	Baden im See am Platz ✓ Pool am Platz ✓ Spielplatz am Platz ✓
Campingplatz	Hunde willkommen ✓ wenig Schatten ✓ WLAN ✓	Hunde willkommen ✓ zur Hälfte Schatten ✓ WLAN ✗	Hunde erlaubt ✓ zur Hälfte Schatten ✓ WLAN (gegen Gebühr) ✓
Versorgung	Lebensmittel 700m Brötchen am Platz ✗ Restaurant/Imbiss ✓/700m Ver-/Entsorgung Womo ✓ in den Ort 300m	Lebensmittel 7km Brötchen am Platz ✓ Restaurant/Imbiss 3km Ver-/Entsorgung Womo ✓ in den Ort keine Angabe	Lebensmittel ✓ Brötchen am Platz ✓ Restaurant & Imbiss ✓ Ver-/Entsorgung Womo ✓ in den Ort 500m
Anzahl der Plätze	Gesamt/Touristen 140/100 Mietunterkünfte ✓ Stellplätze vor Schranke ✓	Touristenplätze 25 Mietunterkünfte ✓ Stellplätze vor Schranke ✗	Gesamt/Touristen 600/200 Mietunterkünfte ✓ Stellplätze vor Schranke ✗

	EMSLAND-CAMP	Hase Natur Camping	Comfortcamping Hase-Ufer
Gesamt	4.2 SEHR GUT 31 Bewertungen	3.8 GUT 5 Bewertungen	4.1 SEHR GUT 300 Bewertungen
Lage	4.0	4.2	4.5
Ruhe	4.1	3.5	3.9
Sanitäranlagen	4.7	4.2	3.8
Sauberkeit Ø	4.7	5.0	3.8
Freundlichkeit	4.5	5.0	4.3
Stellplatz	3.8	4.0	4.1
Verpflegung	2.7	4.0	4.3
Freizeit	3.5	4.2	4.4
Preis-Leistung	3.9	4.2	4.3
Mietunterkünfte	4.5	5.0	4.3
Geeignet für			
Kinder b. 6 J.	3.9	3.8	4.4
Kinder b. 12 J.	4.0	4.0	4.5
Kinder b. 18 J.	4.0	4.2	4.2
Paare	4.5	3.7	3.9
Senioren	4.2	2.7	3.6
Gäste mit Zelt	3.6	5.0	4.4
Gäste mit Hund	4.4	5.0	4.5
Empfohlene Aktivitäten	Radfahren Entspannen Spazieren	Angeln Wandern Kayak/Kanu	Reiten Schwimmen Radfahren

15 Campingplatz Blaue Lagune

Bathorner Straße 32 - 38
49767 Twist-Bült
+49 5936 9345445

52.61861 | 7.04825

keine Angabe

HS: 19,00 €

Mehr Infos & Anfrage:
www.camping.info/19555

Baden in nat. Gewässer	k. A.
Pool/Hallenbad	20/7km
Spielplatz am Platz	✓
Hunde erlaubt	✓
Schatten	✗
WLAN	✓
Lebensmittel	3km
Brötchen	keine Angabe
Restaurant/Imbiss	3km/✓
Ver-/Entsorgung Womo	✓
in den Ort	3km
Gesamt	keine Angabe
Mietunterkünfte	✓
Stellplätze vor Schranke	✗

4.0 SEHR GUT
25 Bewertungen

Lage	4.0
Ruhe	3.5
Sanitäranlagen	3.2
Sauberkeit Ø	4.0
Freundlichkeit	4.4
Stellplatz	3.5
Verpflegung	3.0
Freizeit	3.7
Preis-Leistung	3.6
Mietunterkünfte	4.3

Geeignet für

Kinder b. 6 J.	4.2
Kinder b. 12 J.	4.3
Kinder b. 18 J.	3.1
Paare	3.8
Senioren	3.6
Gäste mit Zelt	4.5
Gäste mit Hund	4.6

Empfohlene Aktivitäten

- Schwimmen
- Radfahren
- Entspannen

16 Zelt und Wohnmobilplatz Heidesee

Zum Heidesee 53
49451 Holdorf
+49 549 498 0321

52.58105 | 8.11115

25.03. - 15.10.

HS: 15,00 €

Mehr Infos & Anfrage:
www.camping.info/23197

Baden in nat. Gewässer	k. A.
Hallenbad	2km
Spielplatz am Platz	✓
Hunde willkommen	✓
wenig Schatten	✓
WLAN	keine Angabe
Lebensmittel	✓
Brötchen	keine Angabe
Imbiss	✓
Ver-/Entsorgung Womo	✓
in den Ort	1km
Touristenplätze	70
Mietunterkünfte	✓
Stellplätze vor Schranke	✗

4.2 SEHR GUT
13 Bewertungen

Lage	4.2
Ruhe	3.5
Sanitäranlagen	4.2
Sauberkeit Ø	4.7
Freundlichkeit	4.8
Stellplatz	3.9
Verpflegung	4.0
Freizeit	4.4
Preis-Leistung	4.5
Mietunterkünfte	-

Geeignet für

Kinder b. 6 J.	4.2
Kinder b. 12 J.	4.2
Kinder b. 18 J.	3.9
Paare	4.5
Senioren	4.4
Gäste mit Zelt	4.4
Gäste mit Hund	4.4

Empfohlene Aktivitäten

- Schwimmen
- Tauchen
- Radfahren

17 Zum blauen Bock

Herrendiek 1
49828 Osterwald

52.54745 | 7.04232

keine Angabe

keine Angabe

Mehr Infos & Anfrage:
www.camping.info/25228

Baden in nat. Gewässer	k. A.
Pool & Hallenbad	✗
Spielplatz	keine Angabe
Hunde	✗
Schatten	✗
WLAN	keine Angabe
Lebensmittel	k.A.
Brötchen	keine Angabe
Restaurant & Imbiss	✗
Ver-/Entsorgung Womo	✗
in den Ort	keine Angabe
Gesamt	keine Angabe
Mietunterkünfte	✗
Stellplätze vor Schranke	✗

- JETZT BEWERTEN!

Für diese Auswertung liegen leider noch nicht genügend Bewertungen vor.

Sei einer der Ersten, der diesen Campingplatz bewertet.

Mit einer guten Campingplatz-Bewertung unterstützt du nicht nur deinen Lieblingsplatz, sondern hilfst auch anderen Campern bei der Platzwahl.

19 Camping Am Wasserfall

Am Wasserfall 2
49808 Lingen-Hanekenfähr

52.47 | 7.305

keine Angabe

keine Angabe

Mehr Infos & Anfrage:
www.camping.info/27566

Baden in nat. Gewässer	k. A.
Pool & Hallenbad	✗
Spielplatz	keine Angabe
Hunde	✗
Schatten	✗
WLAN	keine Angabe
Lebensmittel	k.A.
Brötchen	keine Angabe
Restaurant & Imbiss	✗
Ver-/Entsorgung Womo	✗
in den Ort	keine Angabe
Gesamt	keine Angabe
Mietunterkünfte	✗
Stellplätze vor Schranke	✗

- JETZT BEWERTEN!

Für diese Auswertung liegen leider noch nicht genügend Bewertungen vor.

Sei einer der Ersten, der diesen Campingplatz bewertet.

Mit einer guten Campingplatz-Bewertung unterstützt du nicht nur deinen Lieblingsplatz, sondern hilfst auch anderen Campern bei der Platzwahl.

18 Alfsee Ferien- und Erlebnispark

Am Campingpark 10
49597 Rieste
+49 5464 92120
www.alfsee.de
info@alfsee.de

ganzjährig

HS: 37,40 € | NS: 24,90 €

Mehr Infos & Anfrage:
www.camping.info/18649

Baden im See am Platz	✓
Pool/Hallenbad	7/8km
Spielplatz am Platz	✓
Hunde willkommen	✓
zur Hälfte Schatten	✓
WLAN	✓
Lebensmittel	✓
Brötchen am Platz	✓
Restaurant & Imbiss	✓
Ver-/Entsorgung Womo	✓
in den Ort	1km
Gesamt/Touristen	750/400
Mietunterkünfte	✓
Stellplätze vor Schranke	✓

ADAC Superplatz 2022
ADAC

ECO CAMPING
UMWELT MANAGEMENT

anwb
Erkende camping
TOP 2022

Mobilheime im „Germanenland" für 4 bis 6 Personen.

Lage & Stellplatz

Der schöne 5-Sterne-Campingplatz liegt im nördlichen Osnabrücker Land. Urlauber können hier im Wohnwagen, Wohnmobil oder ganz naturverbunden im Zelt übernachten. Im Sterngarten verfügen die bis zu 130 m² großen Stellplätze über Strom-, Wasser- und Abwasseranschlüsse. Camper können ihre freien Tage in naturnaher Umgebung unter schattenspendenden Bäumen verbringen. Die bis zu 150 m² großen Parzellen im lichtdurchfluteten Sonnengarten bieten ebenfalls Strom-, Wasser- und Abwasseranschlüsse. Zugang zum WLAN sowie die Benutzung der Spülmaschinen und Duschen ist für Campinggäste inklusive.

Sanitär

Die beheizten Sanitäranlagen sind in einem hervorragenden, vorbildlichen Zustand. Neben dem besonderen, speziell für Kinder geeigneten Sanitärgebäude „Kinderland", das mit außergewöhnlichem Design gestaltet ist, können Besucher auch – ganz privat – ein Familienbadezimmer optional dazubuchen. Zudem verfügen die Sanitärgebäude über ausreichend Waschmaschinen und Trockner sowie Spülmaschinen. Weiterhin ist jedes Sanitärgebäude mit einem behindertengerechten Bad ausgestattet. Die Chemietoiletten können sowohl über zwei CamperClean Automaten als auch direkt im Sanitärgebäude entsorgt werden.

Alfsee Strandbad.

Ferien-Clown Ati.

Mittagsruhe zwischen 13:00 - 14:00 Uhr.

AWARD 2022

Luftaufnahme vom Alfsee Ferien- und Erlebnispark.

Verpflegung

Direkt am Alfsee Marktplatz liegt das Restaurant Feingeist mit großer Außenterrasse. Für den entspannten Campingurlaub kann hier Frühstück, Halbpension oder Vollpension gebucht werden. Ein Imbiss sowie ein kleiner Supermarkt mit Brötchenservice liegen ebenfalls direkt am Marktplatz. Weiterhin können sich die Gäste im Bistro bei einem Besuch des Alfen Saunalands verpflegen lassen.

Freizeit

Die sagenhafte Abenteuerwelt im „Germanenland“ führt mit kniffeligen Tricks und Geschichten sowohl Kinder als auch Erwachsene auf Entdeckungsreise. Nach dem Adrenalinkick beim Wasserski oder Kartfahren können die Gäste im „Alfen Saunaland“ und am Badesee mit Sandstrand entspannen. Damit neben glücklichen Kindern auch entspannte Eltern den Urlaub am Alfsee genießen können, erfüllen Clown Ati und sein Team täglich Kinderträume. Viele Spielplätze, ein Indoor-Fun-Center, Kinderautoland, Irrgarten, Naturschutzbildungszentrum, Kinderhochseilgarten u. v. m. garantieren ein spannendes Urlaubserlebnis.

5.0

Es gibt ein sehr gutes Freizeitangebot auf dem Platz und in der näheren Umgebung. Der Platz selbst ist sauber, die Mitarbeiter freundlich und Ablauf gut organisiert. Wir haben eine sehr schöne Woche hier verbringen dürfen. Der Saunabereich, eine gebuchte Massage und auch das ganze Gelände an sich sprechen für sich. Wir kommen auf jeden Fall noch einmal wieder, sehr empfehlenswert!

Jürgen S.

Jürgen campt seit 2007, früher mit Kindern, heute mit seiner Frau allein. Das Schönste am Camping ist für ihn die Freiheit zusammen als Paar mit ihrem Hund Zeit zu verbringen. Sie waren im April 2022 auf dem Platz.

Familie auf dem Campingplatz.

Entspannen im Alfen Saunaland.

4.2 SEHR GUT
1152 Bewertungen

Lage	4.0
Ruhe	3.8
Sanitäranlagen	4.2
Sauberkeit Ø	4.2
Freundlichkeit	4.4
Stellplatz	4.4
Verpflegung	3.9
Freizeit	4.2
Preis-Leistung	3.8
Mietunterkünfte	4.3

Geeignet für

4.6	Kinder b. 12 J.
4.4	Kinder b. 6 J.
4.3	Kinder b. 18 J.
4.1	Paare
4.1	Gäste mit Hund
3.9	Gäste mit Zelt
3.8	Senioren

Empfohlene Aktivitäten

Radfahren · Schwimmen · Wandern · Entspannen

Mehr Infos

Karte auf Seite 176

	20	21	22
	Campingplatz Blauer See Lünne/ Emsland ❄	**Campingplatz Waldwinkel**	**Camping Quendorfer See**
	Moorlager Straße 4a 48480 Lünne +49 5906 933 0412 52.41556 | 7.41491	Zum Dreschhaus 4 49565 Bramsche +49 5468 938235 52.39459 | 8.10403	Weiße Riete 3 48465 Schüttorf +49 5923 902939 52.33918 | 7.226
Infos			
Öffnungszeiten	14.04. - 31.10.	01.04. - 31.10.	23.03. - 04.11.
Vergleichspreis	HS: 23,00 € | NS: 23,00 €	HS: 26,00 € | NS: 15,00 €	HS: 26,50 € | NS: 26,50 €
Link	**Mehr Infos & Anfrage:** www.camping.info/18629	**Mehr Infos & Anfrage:** www.camping.info/24141	**Mehr Infos & Anfrage:** www.camping.info/22307
Ausstattung			
Freizeit	Baden im See am Platz ✓ Pool/Hallenbad 8/12km Spielplatz am Platz ✓	Baden im See am Platz ✓ Pool/Hallenbad 10km Spielplatz am Platz ✓	Baden im See 200m Pool/Hallenbad 2/1km Spielplatz am Platz ✓
Campingplatz	Hunde willkommen ✓ zur Hälfte Schatten ✓ WLAN ✓	Hunde willkommen ✓ wenig Schatten ✓ WLAN ✓	Hunde willkommen ✓ wenig Schatten ✓ WLAN ✓
Versorgung	Lebensmittel 1km Brötchen am Platz ✗ Restaurant/Imbiss ✓/1km Ver-/Entsorgung Womo ✓ in den Ort 1km	Lebensmittel 3km Brötchen am Platz ✓ Restaurant & Imbiss ✓ Ver-/Entsorgung Womo ✓ in den Ort 3km	Lebensmittel ✓ Brötchen am Platz ✓ Restaurant/Imbiss 200m Ver-/Entsorgung Womo ✓ in den Ort 2km
Anzahl der Plätze	Gesamt keine Angabe Mietunterkünfte ✓ Stellplätze vor Schranke ✗	Gesamt/Touristen 170/10 Mietunterkünfte ✓ Stellplätze vor Schranke ✓	Gesamt/Touristen 67/51 Mietunterkünfte ✓ Stellplätze vor Schranke ✗

	20	21	22
Bewertung	3.9 GUT, 39 Bewertungen	3.8 GUT, 23 Bewertungen	4.6 SEHR GUT, 46 Bewertungen
Lage	4.3	4.4	4.2
Ruhe	4.2	4.9	4.3
Sanitäranlagen	3.4	2.9	5.0
Sauberkeit Ø	4.0	3.7	4.9
Freundlichkeit	4.4	4.9	4.7
Stellplatz	3.6	3.5	4.6
Verpflegung	3.4	3.5	3.5
Freizeit	3.7	3.4	4.1
Preis-Leistung	4.0	4.6	4.7
Mietunterkünfte	4.3	4.2	4.0
Geeignet für			
Kinder b. 6 J.	4.1	3.8	4.4
Kinder b. 12 J.	3.9	3.6	4.0
Kinder b. 18 J.	3.6	3.0	3.4
Paare	4.2	3.8	4.6
Senioren	4.3	3.9	4.9
Gäste mit Zelt	4.5	3.8	4.7
Gäste mit Hund	4.2	4.2	4.5
Empfohlene Aktivitäten	Schwimmen Radfahren Entspannen	Wandern Entspannen Radfahren	Radfahren Schwimmen Entspannen

Campingplatz Waldwinkel: NS: 16.09 - 31.03.

23 Grönegau-Park Ludwigsee

❄

Nemdener Str. 12
49326 Melle-Gesmold
+49 05402 2132

52.22472 | 8.26555

ganzjährig

HS: 24,00 €

Mehr Infos & Anfrage:
www.camping.info/18635

Baden im See am Platz	✓
Pool/Hallenbad	5km
Spielplatz am Platz	✓
Hunde willkommen	✓
zur Hälfte Schatten	✓
WLAN (begrenzt gratis)	✓
Lebensmittel	✓
Brötchen am Platz	✓
Restaurant & Imbiss	✓
Ver-/Entsorgung Womo	✓
in den Ort	1km
Gesamt/Touristen	580/80
Mietunterkünfte	✓
Stellplätze vor Schranke	✗

3.8 GUT
23 Bewertungen

Lage	4.1
Ruhe	3.8
Sanitäranlagen	3.6
Sauberkeit Ø	4.0
Freundlichkeit	4.4
Stellplatz	3.9
Verpflegung	3.4
Freizeit	3.7
Preis-Leistung	3.9
Mietunterkünfte	-

Geeignet für

Kinder b. 6 J.	4.0
Kinder b. 12 J.	4.1
Kinder b. 18 J.	3.6
Paare	4.3
Senioren	4.5
Gäste mit Zelt	4.3
Gäste mit Hund	4.6

Empfohlene Aktivitäten

- Radfahren
- Entspannen
- Wandern

24 Campingplatz Teutoburger Waldsee

Am Höhneberg 7
49170 Hagen

52.1943 | 7.91631

keine Angabe

keine Angabe

Mehr Infos & Anfrage:
www.camping.info/24138

Baden in nat. Gewässer	k. A.
Pool & Hallenbad	✗
Spielplatz	keine Angabe
Hunde	✗
Schatten	✗
WLAN	keine Angabe
Lebensmittel	k.A.
Brötchen	keine Angabe
Restaurant & Imbiss	✗
Ver-/Entsorgung Womo	✗
in den Ort	keine Angabe
Gesamt	keine Angabe
Mietunterkünfte	✗
Stellplätze vor Schranke	✗

- JETZT BEWERTEN!

Für diese Auswertung liegen leider noch nicht genügend Bewertungen vor.

Sei einer der Ersten, der diesen Campingplatz bewertet.

Mit einer guten Campingplatz-Bewertung unterstützt du nicht nur deinen Lieblingsplatz, sondern hilfst auch anderen Campern bei der Platzwahl.

25 Campotel

❄

Heidland 65
49214 Bad Rothenfelde
+49 542 421 0600

52.09889 | 8.17222

ganzjährig

HS: 34,80 € | NS: 24,50 €

Mehr Infos & Anfrage:
www.camping.info/19550

Baden im See am Platz	✓
Pool/Hallenbad	2km
Spielplatz am Platz	✓
Hunde willkommen	✓
Schatten	✗
WLAN	✓
Lebensmittel	✓
Brötchen am Platz	✓
Restaurant & Imbiss	✓
Ver-/Entsorgung Womo	✓
in den Ort	1km
Gesamt/Touristen	480/260
Mietunterkünfte	✓
Stellplätze vor Schranke	✓

3.8 GUT
72 Bewertungen

Lage	4.1
Ruhe	4.0
Sanitäranlagen	3.9
Sauberkeit Ø	4.2
Freundlichkeit	4.7
Stellplatz	3.8
Verpflegung	3.7
Freizeit	4.0
Preis-Leistung	3.8
Mietunterkünfte	3.5

Geeignet für

Kinder b. 6 J.	4.0
Kinder b. 12 J.	4.1
Kinder b. 18 J.	3.2
Paare	4.1
Senioren	4.2
Gäste mit Zelt	4.1
Gäste mit Hund	4.3

Empfohlene Aktivitäten

- Radfahren
- Wandern
- Wellness

NIEDERSACHSEN / BREMEN

6 Weserbergland

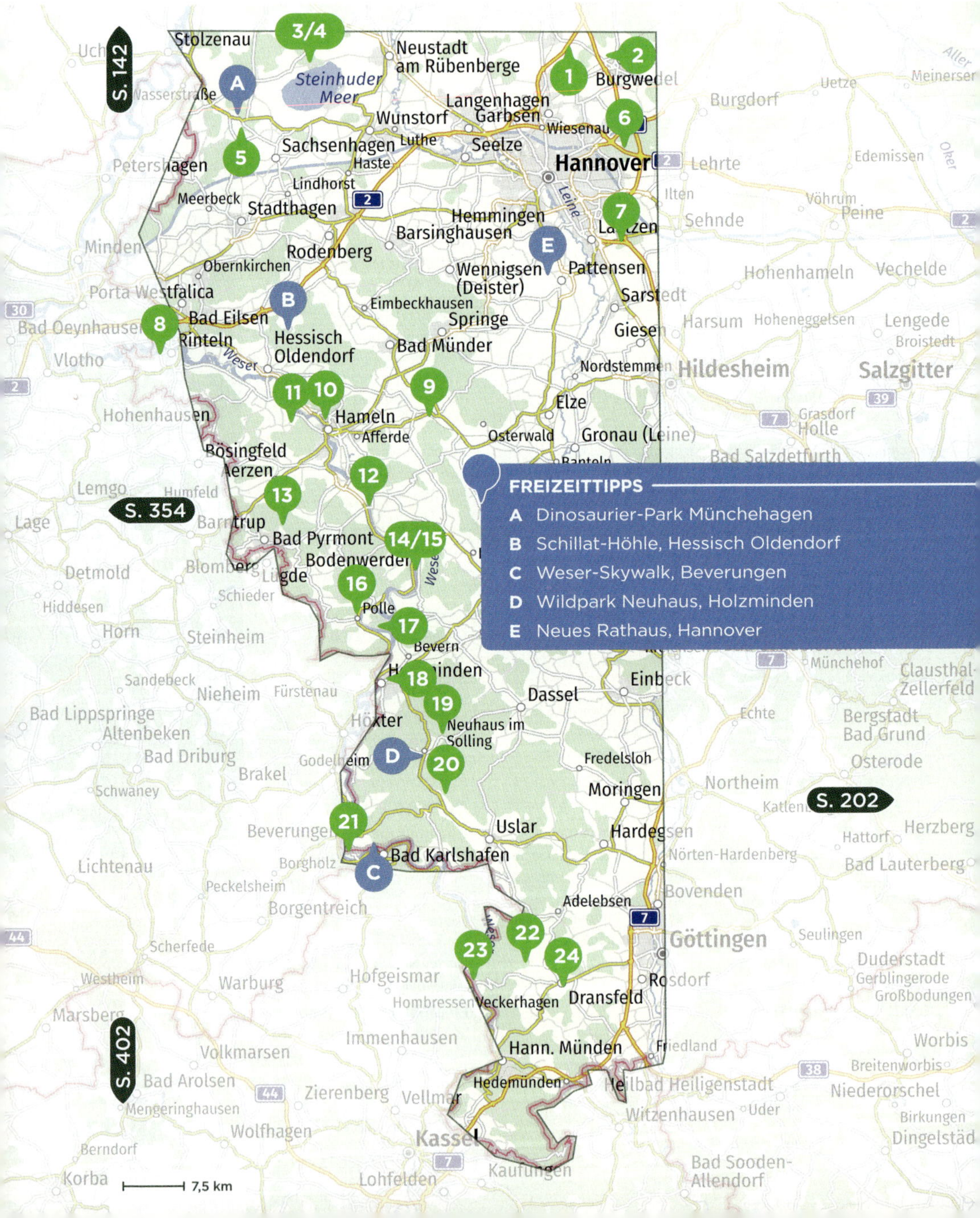

	Platz	Seite	Bewertung	Öffnungszeiten	
1	Campingplatz Natels-Heidesee	190	4.0	saisonal	
2	Campingplatz am Springhorstsee	190	3.7	ganzjährig	❄
3	Nordufer-Camping	190	3.8	ganzjährig	❄
4	Campingplatz Niemeyer	191	3.5	ganzjährig	❄
5	Campingplatz Erlengrund	191	4.1	ganzjährig	❄
6	Naturisten FamilienSport- und NaturCamp Sonnensee	192	5.0	ganzjährig	FKK ❄ 👍
7	Camping Birkensee	191	3.2	ganzjährig	❄
8	Erholungsgebiet Doktor-See	191	3.2	ganzjährig	❄
9	Weserbergland e.V. im DCC	194	4.3	k. A.	
10	Campingplatz Hameln an der Weser	194	3.2	k. A.	
11	Camping am Waldbad	194	4.0	saisonal	❄
12	Campingplatz Grohnder Fährhaus	195	4.0	saisonal	❄
13	Campingpark Schellental	196	4.5	ganzjährig	❄
14	Camping Himmelspforte	195	4.1	ganzjährig	❄
15	Campingplatz Rühler Schweiz	195	3.8	saisonal	
16	Campingplatz Weserterrasse Polle	195	3.2	ganzjährig	
17	Weserbergland-camping	199	4.5	saisonal	
18	Campingplatz Mobilcamping	198	3.2	ganzjährig	❄
19	Camping Silberborn	198	3.4	ganzjährig	❄
20	Campingplatz Schönhagen am Freizeitsee	198	3.9	ganzjährig	❄
21	Campingplatz "Yachthafen Dreiländereck	200	4.0	k. A.	
22	Campingplatz Am Niemetal	201	4.5	saisonal	
23	Wesercamping Hemeln	200	3.9	ganzjährig	❄
24	Regenbogen Dransfeld	200	4.2	saisonal	❄

❄ Wintercamping FKK Textilfrei (ganz/teilweise) 🍃 Ecocamping 👍 Award ⚡ Onlinebuchung

Karte auf Seite 188

	1 Campingplatz Natels-Heidesee	2 Campingplatz am Springhorstsee	3 Nordufer-Camping
		❄	❄
	Regeldamm 1 30900 Wedemark-Bissendorf +49 5130 8547 52.51517 | 9.77454	Springhorstsee 4 30938 Großburgwedel +49 172 8619570 52.50517 | 9.83855	Pferdeweg 5 31535 Neustadt-Mardorf +49 5036 2361 52.49652 | 9.33005
Infos			
Öffnungszeiten	01.05. - 30.09.	ganzjährig	ganzjährig
Vergleichspreis	keine Angabe	HS: 18,50 € | NS: 18,50 €	HS: 22,00 € | NS: 22,00 €
Link	**Mehr Infos & Anfrage:** www.camping.info/22311	**Mehr Infos & Anfrage:** www.camping.info/18432	**Mehr Infos & Anfrage:** www.camping.info/18441
Ausstattung			
Freizeit	Baden in nat. Gewässer k. A. Pool & Hallenbad ✗ Spielplatz keine Angabe	Baden im See am Platz ✓ Pool 3km Spielplatz am Platz ✓	Baden im See 300m Pool & Hallenbad ✗ Spielplatz am Platz ✓
Campingplatz	Hunde ✗ Schatten ✗ WLAN keine Angabe	Hunde willkommen ✓ zur Hälfte Schatten ✓ WLAN ✓	Hunde ✗ Schatten ✗ WLAN (gegen Gebühr) ✓
Versorgung	Lebensmittel k.A. Brötchen keine Angabe Restaurant & Imbiss ✗ Ver-/Entsorgung Womo ✗ in den Ort 2km	Lebensmittel 2km Brötchen am Platz ✓ Restaurant & Imbiss ✓ Ver-/Entsorgung Womo ✓ in den Ort 2km	Lebensmittel ✓ Brötchen am Platz ✓ Restaurant/Imbiss 1km/✓ Ver-/Entsorgung Womo ✗ in den Ort 3km
Anzahl der Plätze	Gesamt/Touristen 100/10 Mietunterkünfte ✓ Stellplätze vor Schranke ✗	Gesamt/Touristen 450/80 Mietunterkünfte ✓ Stellplätze vor Schranke ✗	Gesamt/Touristen 450/125 Mietunterkünfte ✗ Stellplätze vor Schranke ✓

	1	2	3
Bewertung	4.0 SEHR GUT	3.7 GUT	3.8 GUT
	15 Bewertungen	43 Bewertungen	58 Bewertungen
Lage	3.4	3.9	4.3
Ruhe	2.6	3.4	3.6
Sanitäranlagen	4.2	3.7	3.7
Sauberkeit Ø	4.8	4.2	4.2
Freundlichkeit	5.0	4.7	3.9
Stellplatz	4.0	3.6	4.1
Verpflegung	3.8	2.8	3.8
Freizeit	4.1	3.5	4.0
Preis-Leistung	4.7	4.1	4.0
Mietunterkünfte	4.7	2.6	-
Geeignet für			
Kinder b. 6 J.	4.5	3.2	4.2
Kinder b. 12 J.	4.5	3.5	4.2
Kinder b. 18 J.	4.1	3.5	3.6
Paare	4.1	4.1	4.1
Senioren	4.4	4.2	4.0
Gäste mit Zelt	4.0	4.1	4.6
Hunde n. erlaubt / Gäste mit Hund	Hunde n. erlaubt -	Gäste mit Hund 4.2	Hunde n. erlaubt -
Empfohlene Aktivitäten	Schwimmen Radfahren Wandern	Schwimmen Radfahren Entspannen	Radfahren Schwimmen Segeln

4 Campingplatz Niemeyer

Pferdeweg 15
31535 Neustadt/Mardorf
+49 5036 530

52.49524 | 9.32387

ganzjährig

HS: 22,00 € | NS: 22,00 €

Mehr Infos & Anfrage:
www.camping.info/19552

Baden im See	500m
Pool/Hallenbad	9/6km
Spielplatz am Platz	✓
Hunde willkommen	✓
wenig Schatten	✓
WLAN (gegen Gebühr)	✓
Lebensmittel	✓
Brötchen am Platz	✓
Restaurant/Imbiss	200m
Ver-/Entsorgung Womo	✓
in den Ort	3km
Touristenplätze	45
Mietunterkünfte	✓
Stellplätze vor Schranke	✓

3.5 GUT
42 Bewertungen

Lage	3.5
Ruhe	3.9
Sanitäranlagen	3.4
Sauberkeit Ø	3.8
Freundlichkeit	4.2
Stellplatz	3.1
Verpflegung	2.8
Freizeit	3.5
Preis-Leistung	3.2
Mietunterkünfte	3.4

Geeignet für

Kinder b. 6 J.	3.5
Kinder b. 12 J.	3.7
Kinder b. 18 J.	3.4
Paare	4.2
Senioren	4.1
Gäste mit Zelt	3.2
Gäste mit Hund	4.2

Empfohlene Aktivitäten

- Radfahren
- Entspannen
- Wandern

5 Campingplatz Erlengrund

Zum Erlengrund 7
31547 Rehburg-Loccum
+49 5037 300 582

52.42822 | 9.20695

ganzjährig

HS: 18,00 € | NS: 15,00 €

Mehr Infos & Anfrage:
www.camping.info/18442

Baden im Teich am Platz	✓
Pool/Hallenbad	✓/5km
Spielplatz am Platz	✓
Hunde willkommen	✓
zur Hälfte Schatten	✓
WLAN	✓
Lebensmittel	1km
Brötchen am Platz	nur HS
Restaurant & Imbiss	✓
Ver-/Entsorgung Womo	✓
in den Ort	500m
Gesamt/Touristen	112/16
Mietunterkünfte	✓
Stellplätze vor Schranke	✗

4.1 SEHR GUT
16 Bewertungen

Lage	4.3
Ruhe	4.7
Sanitäranlagen	3.4
Sauberkeit Ø	4.0
Freundlichkeit	4.4
Stellplatz	4.1
Verpflegung	3.4
Freizeit	3.8
Preis-Leistung	3.7
Mietunterkünfte	4.2

Geeignet für

Kinder b. 6 J.	3.8
Kinder b. 12 J.	3.5
Kinder b. 18 J.	2.6
Paare	4.3
Senioren	4.5
Gäste mit Zelt	4.3
Gäste mit Hund	4.1

Empfohlene Aktivitäten

- Entspannen
- Wandern
- Radfahren

7 Camping Birkensee

Campingplatz Birkensee
30880 Laatzen/Hannover

52.30361 | 9.86222

ganzjährig

keine Angabe

Mehr Infos & Anfrage:
www.camping.info/18429

Baden in nat. Gewässer	k. A.
Pool & Hallenbad	✗
Spielplatz am Platz	✓
Hunde erlaubt	✓
Schatten	✗
WLAN	✗
Lebensmittel	2km
Brötchen	keine Angabe
Restaurant & Imbiss	✓
Ver-/Entsorgung Womo	✓
in den Ort	keine Angabe
Gesamt/Touristen	130/30
Mietunterkünfte	✓
Stellplätze vor Schranke	✗

3.2 GUT
4 Bewertungen

Lage	3.0
Ruhe	3.0
Sanitäranlagen	2.8
Sauberkeit Ø	-
Freundlichkeit	-
Stellplatz	3.5
Verpflegung	4.3
Freizeit	3.7
Preis-Leistung	3.5
Mietunterkünfte	-

Geeignet für

Kinder b. 6 J.	4.0
Kinder b. 12 J.	4.0
Kinder b. 18 J.	3.3
Paare	3.5
Senioren	3.7
Gäste mit Zelt	-
Gäste mit Hund	-

8 Erholungsgebiet Doktor-See

Am Doktorsee 8
31737 Rinteln
+49 575 196 4860

52.18581 | 9.05639

ganzjährig

HS: 29,70 € | NS: 26,70 €

Mehr Infos & Anfrage:
www.camping.info/18444

Baden im See am Platz	✓
Pool/Hallenbad	✓/1km
Spielplatz am Platz	✓
Hunde willkommen	✓
Schatten	✗
WLAN (gratis)	teilweise
Lebensmittel	✓
Brötchen am Platz	✓
Restaurant & Imbiss	✓
Ver-/Entsorgung Womo	✓
in den Ort	1km
Gesamt/Touristen	1300/350
Mietunterkünfte	✓
Stellplätze vor Schranke	✗

3.2 GUT
89 Bewertungen

Lage	4.1
Ruhe	3.2
Sanitäranlagen	3.1
Sauberkeit Ø	3.1
Freundlichkeit	3.8
Stellplatz	3.6
Verpflegung	3.2
Freizeit	3.7
Preis-Leistung	3.4
Mietunterkünfte	4.3

Geeignet für

Kinder b. 6 J.	3.9
Kinder b. 12 J.	4.1
Kinder b. 18 J.	3.7
Paare	3.8
Senioren	3.8
Gäste mit Zelt	3.9
Gäste mit Hund	3.7

Empfohlene Aktivitäten

- Schwimmen
- Radfahren
- Wandern

6 Naturisten FamilienSport- und NaturCamp Sonnensee

FKK

Waldstraße 99
30629 Hannover
+ 49 511 594 08 95
www.sonnensee-hannover.de
info@sonnensee-hannover.de

ganzjährig

HS: 30,50 € | NS: 22,50 €

Mehr Infos & Anfrage:
www.camping.info/26578

Baden im See am Platz	✓
Hallenbad	7km
Spielplatz am Platz	✓
Hunde	✗
zur Hälfte Schatten	✓
WLAN	✓
Lebensmittel	1km
Brötchen am Platz	nur HS
Restaurant am P.	✓
Ver-/Entsorgung Womo	✓
in den Ort	1km
Gesamt/Touristen	490/60
Mietunterkünfte	✓
Stellplätze vor Schranke	✓

Blick über den Sonnensee.

Lage & Stellplatz

Das im Landschaftsschutzgebiet vor den Toren Hannovers gelegene 4-Sterne-Naturisten FamilienSport- und NaturCamp bietet auf 640.000 m² rund um den 170.000 m² großen Sonnensee Natur pur! Die Gästestellplätze sind auf drei großzügig angelegte Gästebereiche verteilt und von altem Baumbestand umgeben. Sie eignen sich gleichermaßen für Zelt, Caravan oder Wohnmobil. Stromanschlüsse mit 10 bis 16 Ampere sind an allen Stellplätzen vorhanden. Alternativ werden auch mehrere komplett eingerichtete Wohnwagen inkl. Vorzelt sowie mehrere rollstuhlgerechte Gästehütten angeboten.

Sanitär

Jeder der drei Gästebereiche verfügt über moderne und gepflegte Sanitärgebäude. Sie sind sehr gut ausgestattet und entsprechen allen Anforderungen eines Platzes mit umweltfreundlicher Betriebsführung und ÖKOPROFIT-Auszeichnung. Alle Gebäude verfügen über Abwaschstationen und sind mit einem WC-Ausguss versehen. Warmes Wasser steht kostenlos zur Verfügung. Einige Sanitärgebäude sind mit rollstuhlgerechter Sanitärausstattung, Kinderbad mit Babybadewanne und Wickeltisch sowie Fußbodenheizung ausgestattet. Waschmaschine, Trockner und eine Servicestation für Wohnmobile sind vorhanden.

bett+bike adfc

ÖKOPROFIT HANNOVER

Sanitärgebäude Süd.

Spielplatz mit Kletterturm.

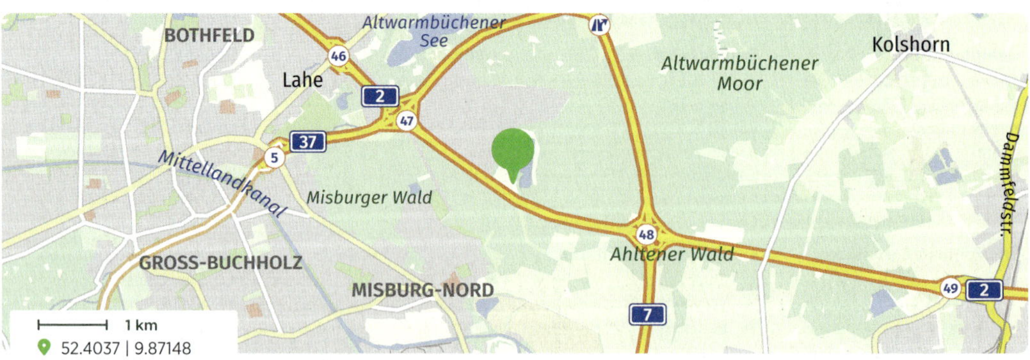

Gäste ohne DFK/INF-Ausweis bitte beim Serviceteam anfragen.

AWARD 2022

Naturisten FamilienSport- und NaturCamp Sonnensee.

Verpflegung

Die platzeigene Gastronomie verfügt über eine abwechslungsreiche Speisekarte. Deren dazugehörige Terrasse ist direkt am See gelegen und lädt zum Verweilen ein. Während der Haupt- und Nebensaison variieren die Öffnungszeiten. In Sichtweite der Terrasse befinden sich der Kinderstrand mit der Matschanlage sowie der Spielplatz mit dem großen Hüpfkissen. Supermärkte, Geschäfte, Cafés sowie Restaurants und der beliebte Wochenmarkt befinden sich im rund 2 km entfernten Stadtkern von Misburg.

Freizeit

Zahlreiche Einrichtungen für Sport und Spiel sorgen ganzjährig für unbeschwertes Freizeit- und Urlaubsvergnügen. Die Slackline, die Seilbahn in den See und das Wassertrampolin mit Katapult gehören ebenso dazu wie die Outdoor-Fitnessgeräte. Die rund 2.000 m um den See eignen sich bestens für Nordic-Walking- oder Joggingrunden. Der große Sportplatz mit den Beachvolleyballfeldern, die Petanque- und Leichtathletikanlage, aber auch die Tischtennisstation sorgen für unbeschwerte Stunden. An den Kinderstränden können die Kleinsten Sandburgen bauen oder sich am nahe gelegenen Spielplatz austoben.

5.0

Ein schöner Platz am Rande von Hannover. Wir sind bereits einige Male zu Gast gewesen und jedes Mal begeistert. Gute Nähe zu Hannover, toller See, schönes Gelände und (für einen Verein nicht selbstverständlich) es wird sehr viel gemacht. Die Sanitärhäuser sind vorbildlich und auch sonst bietet der Platz sehr viel Sportmöglichkeiten. Der naturbelassene See ist das Highlight. Platz zum Schwimmen, Plantschen, SUP-Fahren und und und...

Jens S.

Jens S. ist begeisterter Camper und war im Mai 2022 auf dem Naturisten FamilienSport- und NaturCamp Sonnensee.

Familienbad Sanitärgebäude Süd.

Mietobjekte in der Drosselgasse.

5.0 AUSGEZEICHNET
365 Bewertungen

Lage	4.6
Ruhe	4.4
Sanitäranlagen	4.9
Sauberkeit Ø	4.9
Freundlichkeit	5.0
Stellplatz	4.8
Verpflegung	3.7
Freizeit	4.8
Preis-Leistung	4.9
Mietunterkünfte	4.8

Geeignet für

- 5.0 Paare
- 4.9 Kinder b. 6 J.
- 4.9 Senioren
- 4.6 Kinder b. 18 J.
- 4.9 Kinder b. 12 J.
- 4.9 Gäste mit Zelt
- - Gäste mit Hund nicht erlaubt

Empfohlene Aktivitäten

Schwimmen · Entspannen · Radfahren · Spazieren

Mehr Infos

Karte auf Seite 188

	9	10	11
	Weserbergland e.V. im DCC	**Campingplatz Hameln an der Weser**	**Camping am Waldbad**
	Rattenfängerplatz 31863 Coppenbrügge +49 5156-780234 52.11543 | 9.53428	Uferstraße 80 31787 Hameln +49 5151 67489 52.10917 | 9.34694	Pferdeweg 2 31787 Hameln +49 5158 2774 52.10806 | 9.29472
Infos			
Öffnungszeiten	keine Angabe	keine Angabe	01.04. - 15.10. 16.10. - 31.12.
Vergleichspreis	keine Angabe	keine Angabe	HS: 28,50 € | NS: 22,00 €
Link	**Mehr Infos & Anfrage:** www.camping.info/26744	**Mehr Infos & Anfrage:** www.camping.info/18445	**Mehr Infos & Anfrage:** www.camping.info/18446
Ausstattung			
Freizeit	Baden in nat. Gewässer: k. A. Pool & Hallenbad: ✗ Spielplatz: keine Angabe	Baden in nat. Gewässer: k. A. Pool & Hallenbad: ✗ Spielplatz am Platz: ✓	Baden in nat. Gewässer: k. A. Pool/Hallenbad: ✓/8km Spielplatz am Platz: ✓
Campingplatz	Hunde: ✗ Schatten: ✗ WLAN: keine Angabe	Hunde willkommen: ✓ Schatten: ✗ WLAN (gegen Gebühr): ✓	Hunde willkommen: ✓ zur Hälfte Schatten: ✓ WLAN: ✓
Versorgung	Lebensmittel: k.A. Brötchen: keine Angabe Restaurant & Imbiss: ✗ Ver-/Entsorgung Womo: ✗ in den Ort: keine Angabe	Lebensmittel: 1km Brötchen am Platz: ✓ Imbiss: 500m Ver-/Entsorgung Womo: ✓ in den Ort: keine Angabe	Lebensmittel: 100m Brötchen am Platz: nur HS Restaurant & Imbiss: ✓ Ver-/Entsorgung Womo: ✓ in den Ort: 1km
Anzahl der Plätze	Gesamt: keine Angabe Mietunterkünfte: ✗ Stellplätze vor Schranke: ✗	Gesamt: 72 Mietunterkünfte: ✓ Stellplätze vor Schranke: ✓	Gesamt/Touristen: 120/20 Mietunterkünfte: ✓ Stellplätze vor Schranke: ✓

	9	10	11
Gesamt	4.3 SEHR GUT (3 Bewertungen)	3.2 GUT (81 Bewertungen)	4.0 SEHR GUT (29 Bewertungen)
Lage	4.3	4.1	4.2
Ruhe	5.0	3.3	4.0
Sanitäranlagen	3.3	3.6	3.9
Sauberkeit Ø	4.7	3.9	4.3
Freundlichkeit	5.0	4.1	4.4
Stellplatz	3.3	3.1	3.6
Verpflegung	2.5	2.5	3.3
Freizeit	3.7	3.2	3.7
Preis-Leistung	4.7	3.2	4.3
Mietunterkünfte	-	3.1	3.3
Geeignet für			
Kinder b. 6 J.	3.7	2.8	4.0
Kinder b. 12 J.	2.7	3.0	4.2
Kinder b. 18 J.	2.0	3.1	3.2
Paare	5.0	3.9	4.2
Senioren	5.0	3.9	4.2
Gäste mit Zelt	4.7	3.6	4.1
Hunde n. erlaubt / Gäste mit Hund	Hunde n. erlaubt -	Gäste mit Hund 3.9	Gäste mit Hund 4.3
Empfohlene Aktivitäten	Wandern Entspannen Radfahren	Radfahren Sightseeing Kayak/Kanu	Wandern Schwimmen Radfahren

12 Campingplatz Grohnder Fährhaus

❄

Grohnder Fähre 1
31860 Emmerthal-Grohnde
+49 5155 34798-3

📍 52.01796 | 9.42655

🕒 01.03. - 31.12.

HS: 20,00 € | NS: 20,00 €

Mehr Infos & Anfrage:
www.camping.info/19559

Baden im Fluss am Platz	✓
Pool/Hallenbad	12/6km
Spielplatz am Platz	✓
Hunde willkommen	✓
wenig Schatten	✓
WLAN	✓
Lebensmittel	1km
Brötchen am Platz	✓
Restaurant & Imbiss	✓
Ver-/Entsorgung Womo	✓
in den Ort	200m
Gesamt/Touristen	130/80
Mietunterkünfte	✓
Stellplätze vor Schranke	✓

4.0 SEHR GUT
24 Bewertungen

Lage	4.5
Ruhe	4.0
Sanitäranlagen	4.2
Sauberkeit Ø	4.5
Freundlichkeit	4.7
Stellplatz	3.9
Verpflegung	3.9
Freizeit	3.8
Preis-Leistung	4.2
Mietunterkünfte	4.0

Geeignet für

Kinder b. 6 J.	3.2
Kinder b. 12 J.	3.3
Kinder b. 18 J.	3.1
Paare	4.3
Senioren	4.3
Gäste mit Zelt	4.3
Gäste mit Hund	4.7

Empfohlene Aktivitäten

- Radfahren
- Kayak/Kanu
- Wandern

ⓘ keine WOMOs ab 8,5 m; Jugendliche unter 18 nur mit Erwachsene

14 Camping Himmelspforte

❄

Ziegeleiweg 1
37619 Bodenwerder
+49 5533 4938

📍 51.95987 | 9.50426

🕒 ganzjährig

HS: 19,00 € | NS: 19,00 €

Mehr Infos & Anfrage:
www.camping.info/18562

Baden im Fluss am Platz	✓
Hallenbad	1km
Spielplatz am Platz	✓
Hunde willkommen	✓
wenig Schatten	✓
WLAN (gratis)	teilweise
Lebensmittel	✓
Brötchen am Platz	✓
Restaurant am P.	✓
Ver-/Entsorgung Womo	✓
in den Ort	2km
Gesamt/Touristen	250/80
Mietunterkünfte	✗
Stellplätze vor Schranke	✗

4.1 SEHR GUT
42 Bewertungen

Lage	4.5
Ruhe	3.8
Sanitäranlagen	3.3
Sauberkeit Ø	4.0
Freundlichkeit	4.4
Stellplatz	4.2
Verpflegung	3.6
Freizeit	4.0
Preis-Leistung	4.3
Mietunterkünfte	-

Geeignet für

Kinder b. 6 J.	4.0
Kinder b. 12 J.	4.2
Kinder b. 18 J.	4.0
Paare	4.7
Senioren	4.6
Gäste mit Zelt	4.6
Gäste mit Hund	4.7

Empfohlene Aktivitäten

- Radfahren
- Motorboot
- Kayak/Kanu

15 Campingplatz Rühler Schweiz

Im Grossen Tal 0
37619 Bodenwerder-Rühle
+49 5533 2486

📍 51.94306 | 9.50972

🕒 01.04. - 31.10.

HS: 23,20 € | NS: 23,20 €

Mehr Infos & Anfrage:
www.camping.info/18563

Baden im Fluss am Platz	✓
Pool/Hallenbad	✓/3km
Spielplatz am Platz	✓
Hunde willkommen	✓
wenig Schatten	✓
WLAN	✓
Lebensmittel	3km
Brötchen am Platz	✓
Restaurant & Imbiss	✓
Ver-/Entsorgung Womo	✓
in den Ort	3km
Gesamt/Touristen	300/100
Mietunterkünfte	✓
Stellplätze vor Schranke	✗

3.8 GUT
38 Bewertungen

Lage	4.6
Ruhe	4.2
Sanitäranlagen	3.3
Sauberkeit Ø	4.0
Freundlichkeit	4.4
Stellplatz	3.6
Verpflegung	3.4
Freizeit	4.0
Preis-Leistung	4.1
Mietunterkünfte	3.0

Geeignet für

Kinder b. 6 J.	3.2
Kinder b. 12 J.	3.7
Kinder b. 18 J.	3.2
Paare	4.2
Senioren	4.1
Gäste mit Zelt	4.4
Gäste mit Hund	4.2

Empfohlene Aktivitäten

- Radfahren
- Kayak/Kanu
- Angeln

16 Campingplatz Weserterrasse Polle

Mühlenweg 2
37647 Polle

📍 51.89888 | 9.40793

🕒 ganzjährig

HS: 19,50 € | NS: 19,50 €

Mehr Infos & Anfrage:
www.camping.info/19561

Baden in nat. Gewässer	k. A.
Pool	500m
Spielplatz am Platz	✓
Hunde	✗
Schatten	✗
WLAN	✓
Lebensmittel	✓
Brötchen am Platz	✓
Restaurant am P.	✓
Ver-/Entsorgung Womo	✗
in den Ort	100m
Gesamt/Touristen	130/80
Mietunterkünfte	✓
Stellplätze vor Schranke	✗

3.2 GUT
10 Bewertungen

Lage	4.5
Ruhe	3.3
Sanitäranlagen	2.9
Sauberkeit Ø	3.2
Freundlichkeit	3.7
Stellplatz	3.7
Verpflegung	3.6
Freizeit	3.7
Preis-Leistung	3.8
Mietunterkünfte	2.5

Geeignet für

Kinder b. 6 J.	3.6
Kinder b. 12 J.	3.3
Kinder b. 18 J.	3.7
Paare	3.6
Senioren	3.7
Gäste mit Zelt	4.0
Hunde n. erlaubt	-

Empfohlene Aktivitäten

- Radfahren
- Kayak/Kanu
- Angeln

13 Campingpark Schellental

Am Schellenhof 1 - 3
31812 Bad Pyrmont
+49 5281 8772
www.camping.schellental.de
camping@schellental.de

ganzjährig

HS: 30,00 € | NS: 22,00 €

Mehr Infos & Anfrage:
www.camping.info/18447

Baden im Fluss	3km
Pool/Hallenbad	1km
Spielplatz am Platz	✓
Hunde erlaubt	✓
zur Hälfte Schatten	✓
WLAN	✓
Lebensmittel	2km
Brötchen am Platz	✓
Restaurant am P.	✓
Ver-/Entsorgung Womo	✓
in den Ort	500m
Gesamt/Touristen	100/70
Mietunterkünfte	✗
Stellplätze vor Schranke	✓

Blick auf den Campingpark im idyllischen Schellental.

Lage & Stellplatz

Umgeben von bewaldeten Höhen mitten in der Natur und in absoluter Ruhe liegt der Campingpark Schellental. Die Stellplätze sind äußerst großzügig und sehr individuell gestaltet – kein Platz gleicht dem anderen. Zwischen den Plätzen findet man viele Hecken, Sträucher, Bäume und Blumen. Einerseits gibt es schöne, weitläufige Plätze, andererseits kleine, abgelegene Nischen, in die man sich zurückziehen kann. Hier findet jeder Gast einen geeigneten Stellplatz. Alle Plätze verfügen über Strom und viele ebenfalls über Wasser- und Abwasseranschlüsse (Verleih von Schläuchen möglich).

Sanitär

Die sanitären Anlagen des Campingparks Schellental sind stets sehr sauber und gepflegt. Das Hauptsanitärgebäude verfügt über eine Familiendusche, einen Babyraum und ein behindertengerechtes WC. Außerdem stehen eine Waschmaschine, ein Trockner, eine gratis Trockenschleuder sowie ein Bügelbrett und Bügeleisen parat. Ein Außen-Wäscheplatz mit Wäscheklammern, ein Geschirrspülbecken sowie ein Kühl- und Gefrierschrank (in der Hauptsaison) sind ebenfalls vorhanden. Auf der Alm, dem Hochplateau mit wunderbarer Aussicht, gibt es seit dem Jahr 2016 auch ein neues, modernes Sanitärgebäude.

Weitläufigkeit der Alm.

Umgeben von Löwenzahn.

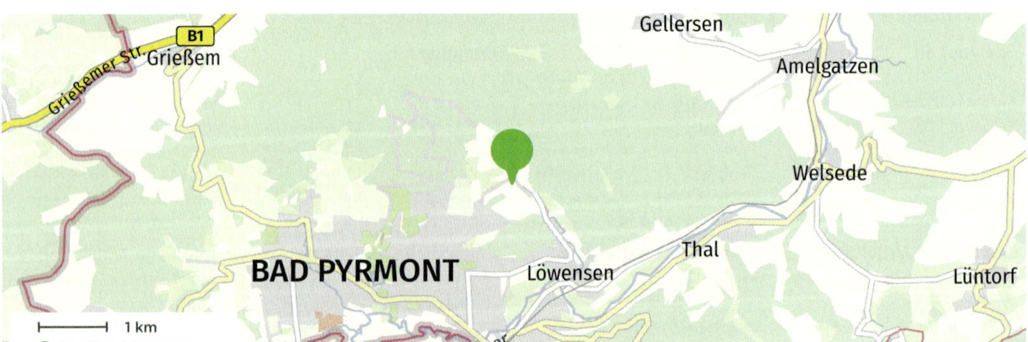

Die Seele in der herrlichen Natur des Schellentals baumeln lassen.

Verpflegung

Direkt auf dem Platz gelegen ist der „Gasthof Schellental" mit einer Caféterrasse und einem Biergarten. Umgeben von Natur können hier Gerichte genossen werden, bei denen Wert auf Hausgemachtes, Saisonales und Regionales (Wild!) gelegt wird. Ebenfalls verwendet wird frisches Biofleisch vom Bauern aus dem Dorf sowie weitere Bioprodukte zu bezahlbaren Preisen. Zusätzlich können täglich frische Brötchen direkt am Platz erworben werden. Zu besonderen Anlässen wird ein Spanferkel auf den Grill gelegt und dazu Livemusik angeboten. Ausreichend Einkaufsmöglichkeiten sind in 2,5 km Entfernung zu finden.

Freizeit

In unmittelbarer Umgebung gibt es Hunderte von Kilometern an Wanderwegen, welche sich auch gut mit dem Mountainbike befahren lassen. Die Kurstadt Bad Pyrmont bietet neben ihren vielen Heilquellen auch einen wunderschönen Kurpark. Darüber hinaus finden sich zahlreiche Ausflugsmöglichkeiten in naher und weiterer Entfernung (z. B. Rattenfängerstadt Hameln, Hermannsdenkmal, Schieder Stausee etc.). Die „Hufeland Therme" mit ihrer Saunalandschaft und Meersalzgrotte ist nur 1,6 km entfernt – der Campingpark Schellental bietet seinen Gästen vergünstigte Eintrittskarten.

5.0

Wir haben ganz kurzfristig einen Platz gebucht. Es hat uns sehr gut gefallen, da auf diesem Platz alles total zwanglos war. Auf der Alm konnten wir uns so hinstellen, wie wir wollten. Die sanitären Anlagen waren sehr sauber, sodass ich ein Lob aussprechen muss. Kurzum: wir kommen wieder!

Petra H.

Petra ist mit Mann und Hund im Wohnwagen unterwegs. Campen geht sie schon seit ihrer Kindheit. Sie liebt besonders die Freiheit und den Kontakt zu anderen Campern. Sie war im Mai 2022 zu Gast auf dem Platz.

Wohnmobilplätze mit Rasen.

Im Biergarten.

4.5 **SEHR GUT**
175 Bewertungen

Lage	4.8
Ruhe	4.8
Sanitäranlagen	4.1
Sauberkeit Ø	4.5
Freundlichkeit	4.7
Stellplatz	4.4
Verpflegung	4.5
Freizeit	4.1
Preis-Leistung	4.6
Mietunterkünfte	-

Geeignet für

4.7 Paare
4.7 Senioren
4.6 Gäste mit Zelt
4.2 Gäste mit Hund
3.9 Kinder b. 6 J.
3.7 Kinder b. 12 J.
3.3 Kinder b. 18 J.

Empfohlene Aktivitäten

Wandern · Entspannen · Radfahren · Mountainbiking

Mehr Infos

Karte auf Seite 188

	18	19	20
	Campingplatz Mobilcamping	**Camping Silberborn**	**Campingplatz Schönhagen am Freizeitsee**
	❄	❄	❄
	Stahler Ufer 37603 Holzminden +49 5531 990965	Glashüttenweg 4 37603 Holzminden-Siberborn +49 5536 664	In der Loh 1 37170 Uslar-Schönhagen +49 5571 9194611
	51.82722 | 9.45028	51.77167 | 9.54667	51.70512 | 9.55544
Infos			
Öffnungszeiten	ganzjährig	ganzjährig	ganzjährig
Vergleichspreis	keine Angabe	HS: 19,60 € | NS: 18,00 €	HS: 12,50 € | NS: 12,50 €
Link	**Mehr Infos & Anfrage:** www.camping.info/18560	**Mehr Infos & Anfrage:** www.camping.info/18561	**Mehr Infos & Anfrage:** www.camping.info/18543
Ausstattung			
Freizeit	Baden in nat. Gewässer k. A. Pool & Hallenbad ✗ Spielplatz keine Angabe	Baden in nat. Gewässer k. A. Pool & Hallenbad ✗ Spielplatz am Platz ✓	Baden im See am Platz ✓ Hallenbad 8km Spielplatz am Platz ✓
Campingplatz	Hunde erlaubt ✓ Schatten ✗ WLAN keine Angabe	Hunde erlaubt ✓ Schatten ✗ WLAN (gratis) teilweise	Hunde willkommen ✓ Schatten ✗ WLAN ✓
Versorgung	Lebensmittel k.A. Brötchen am Platz ✓ Restaurant & Imbiss ✗ Ver-/Entsorgung Womo ✗ in den Ort 500m	Lebensmittel 300m Brötchen am Platz ✓ Restaurant am P. ✓ Ver-/Entsorgung Womo ✓ in den Ort 500m	Lebensmittel 8km Brötchen am Platz ✓ Imbiss ✓ Ver-/Entsorgung Womo ✓ in den Ort 1km
Anzahl der Plätze	Gesamt 145 Mietunterkünfte ✗ Stellplätze vor Schranke ✗	Gesamt/Touristen 220/140 Mietunterkünfte ✓ Stellplätze vor Schranke ✗	Gesamt/Touristen 150/50 Mietunterkünfte ✓ Stellplätze vor Schranke ✗

	18	19	20
Gesamt	3.2 GUT, 5 Bewertungen	3.4 GUT, 21 Bewertungen	3.9 GUT, 13 Bewertungen
Lage	4.4	4.5	4.4
Ruhe	3.2	4.6	4.3
Sanitäranlagen	3.2	3.9	3.5
Sauberkeit Ø	3.0	4.4	4.4
Freundlichkeit	3.5	3.5	5.0
Stellplatz	3.6	3.1	3.8
Verpflegung	4.0	3.1	4.0
Freizeit	3.8	3.5	4.0
Preis-Leistung	4.2	3.6	4.2
Mietunterkünfte	-	3.2	4.5
Geeignet für			
Kinder b. 6 J.	2.7	2.8	4.2
Kinder b. 12 J.	3.3	3.0	4.2
Kinder b. 18 J.	3.3	3.0	3.9
Paare	4.2	4.0	4.2
Senioren	4.2	4.2	3.8
Gäste mit Zelt	3.0	3.7	4.8
Gäste mit Hund	3.5	4.2	4.5
Empfohlene Aktivitäten	Radfahren Kayak/Kanu Angeln	Wandern Entspannen Radfahren	Wandern Schwimmen Radfahren

17 Weserbergland-camping

Weserstraße 66
37649 Heinsen
+49 5535 8733
www.weserbergland-camping.com
info@weserbergland-camping.com

15.04. - 15.10.

HS: 30,00 € | NS: 26,00 €

Mehr Infos & Anfrage:
www.camping.info/18565

Baden im Fluss am Platz	✓
Pool/Hallenbad	✓/9km
Spielplatz am Platz	✓
Hunde willkommen	✓
zur Hälfte Schatten	✓
WLAN (begrenzt gratis)	✓
Lebensmittel	500m
Brötchen am Platz	✓
Imbiss	500m
Ver-/Entsorgung Womo	✓
in den Ort	100m
Touristenplätze	120
Mietunterkünfte	×
Stellplätze vor Schranke	×

51.8856 | 9.44206

Weserbergland Camping Heinsen, direkt an der Weser.

Lage & Stellplatz

Das Weserbergland-Camping liegt direkt an der Weser in einer schönen, reizvollen Landschaft. Hier finden die Gäste zahlreiche, schöne Möglichkeiten zum Wandern, Angeln, Kanu- oder Radfahren. Die grünen Stellplätze sind dabei großzügig gestaltet und nicht parzelliert.

Sanitär

Das Sanitärgebäude ist stets sauber und gepflegt und wurde erst vor Kurzem auf den neuesten Stand gebracht. Auf der Damen- und Herrenseite gibt es auch jeweils eine große Familien-Dusche mit viel Platz und Privatsphäre.

Verpflegung

Jeden Morgen wird den Gästen eine Frische-Brötchen-Service geboten. Zudem können die Camper im Café oder auf der Terrasse leckeren Kaffee, ein gutes Glas Wein oder frisch gezapftes Bier von der regionalen Brauerei genießen. Eis für Groß und Klein gibt es natürlich auch am Kiosk.

Freizeit

Ob auf dem Weserradweg, der Weser selbst, den Sollinger Wanderwegen oder auf den gemütlichen Landstraßen: Im schönen Weserbergland ist die nächste Sehenswürdigkeit nie weit entfernt! Exklusiv für die Campinggäste steht auch der erfrischende Pool zur Verfügung.

Pool, Terrasse & Sanitärgebäude.

Campen mit Blick auf die Weser.

4.5 SEHR GUT
51 Bewertungen

Lage	4.5
Ruhe	4.8
Sanitäranlagen	4.6
Sauberkeit Ø	4.9
Freundlichkeit	4.7
Stellplatz	4.4
Verpflegung	3.1
Freizeit	4.0
Preis-Leistung	4.5
Mietunterkünfte	-

Geeignet für

4.8 Senioren

4.7 Paare	4.1 Gäste mit Hund	3.6 Kinder b. 6 J.
4.5 Gäste mit Zelt	3.8 Kinder b. 12 J.	3.4 Kinder b. 18 J.

Empfohlene Aktivitäten

Radfahren
Wandern
Kayak/Kanu
Schwimmen

Mehr Infos

Karte auf Seite 188

	21	23	24
	Campingplatz "Yachthafen Dreiländereck	**Wesercamping Hemeln**	**Regenbogen Dransfeld**
	Grüner Weg 14 37688 Beverungen	Unterdorf 34 34346 Hann. Münden OT Hemeln +49 5544 1414	Zum Hohen Hagen 12 37127 Dransfeld +49 5502 2147
	51.651 | 9.37756	51.50418 | 9.60361	51.4991 | 9.76179
Infos			
Öffnungszeiten	keine Angabe	ganzjährig	09.04. - 05.11.
Vergleichspreis	keine Angabe	HS: 22,50 € | NS: 22,50 €	HS: 26,00 € | NS: 20,00 €
Link	**Mehr Infos & Anfrage:** www.camping.info/24073	**Mehr Infos & Anfrage:** www.camping.info/18477	**Mehr Infos & Anfrage:** www.camping.info/18538
Ausstattung			
Freizeit	Baden in nat. Gewässer k. A. Pool & Hallenbad ✗ Spielplatz keine Angabe	Baden im Fluss am Platz ✓ Pool/Hallenbad 2/4km Spielplatz am Platz ✓	Baden in nat. Gewässer k. A. Pool/Hallenbad ✓/10km Spielplatz am Platz ✓
Campingplatz	Hunde ✗ Schatten ✗ WLAN keine Angabe	Hunde willkommen ✓ zur Hälfte Schatten ✓ WLAN (gegen Gebühr) ✓	Hunde willkommen ✓ wenig Schatten ✓ WLAN ✓
Versorgung	Lebensmittel k.A. Brötchen keine Angabe Restaurant & Imbiss ✗ Ver-/Entsorgung Womo ✗ in den Ort keine Angabe	Lebensmittel ✓ Brötchen am Platz ✓ Restaurant am P. ✓ Ver-/Entsorgung Womo ✓ in den Ort 500m	Lebensmittel ✓ Brötchen am Platz ✓ Restaurant am P. ✓ Ver-/Entsorgung Womo ✓ in den Ort 500m
Anzahl der Plätze	Gesamt keine Angabe Mietunterkünfte ✗ Stellplätze vor Schranke ✗	Gesamt/Touristen 120/90 Mietunterkünfte ✓ Stellplätze vor Schranke ✗	Gesamt/Touristen 300/150 Mietunterkünfte ✓ Stellplätze vor Schranke ✗

	21	23	24
Bewertung	4.0 SEHR GUT, 3 Bewertungen	3.9 GUT, 43 Bewertungen	4.2 SEHR GUT, 129 Bewertungen
Lage	4.7	4.5	4.2
Ruhe	4.3	4.6	4.3
Sanitäranlagen	3.0	3.6	4.2
Sauberkeit Ø	3.1	4.0	4.2
Freundlichkeit	5.0	4.2	4.6
Stellplatz	4.0	3.6	4.0
Verpflegung	3.5	3.7	4.0
Freizeit	4.7	3.6	4.0
Preis-Leistung	5.0	3.9	4.1
Mietunterkünfte	-	3.7	4.5
Geeignet für			
Kinder b. 6 J.	2.0	3.8	4.5
Kinder b. 12 J.	2.0	3.5	4.4
Kinder b. 18 J.	4.5	3.6	3.9
Paare	4.0	4.4	4.4
Senioren	4.0	4.4	4.4
Gäste mit Zelt	3.0	4.5	4.3
Hunde n. erlaubt / Gäste mit Hund	Hunde n. erlaubt -	Gäste mit Hund 4.6	Gäste mit Hund 4.4
Empfohlene Aktivitäten	Radfahren Angeln Kayak/Kanu	Kayak/Kanu Radfahren Wandern	Schwimmen Wandern Entspannen

24: keine WOMOs ab 10 m

22 Campingplatz Am Niemetal

Mühlenstraße 4
37127 Löwenhagen
+49 5502 998461
www.am-niemetal.com
info@am-niemetal.com

31.03. - 03.11.

HS: 21,50 € | NS: 17,00 €

Mehr Infos & Anfrage:
www.camping.info/18539

Baden im Fluss am Platz	✓
Pool & Hallenbad	✗
Spielplatz am Platz	✓
Hunde willkommen	✓
wenig Schatten	✓
WLAN	✓
Lebensmittel	5km
Brötchen am Platz	✓
Restaurant am P.	✓
Ver-/Entsorgung Womo	✗
in den Ort	500m
Gesamt/Touristen	80/78
Mietunterkünfte	✓
Stellplätze vor Schranke	✗

51.52068 | 9.69408

Zeltplätze im Grünen.

Lage & Stellplatz

Dort, wo Ruhe und Gastfreundschaft großgeschrieben werden, liegt der Campingplatz am Niemetal. Umgeben von Wald und Bergen stehen den Gästen 80 Stellplätze mit Stromanschluss, eine Zeltwiese und eine Hütte zur Verfügung. Zudem gibt es drei extra große Komfortplätze mit Wasser- und Abwasseranschluss.

Verpflegung

In der platzeigenen Gaststätte werden nicht nur leckere Speisen, erfrischende Getränke und Kaffee angeboten, sondern auch eine kleine Auswahl an Artikeln für den täglichen Bedarf (z. B. Kaffee, Tee oder Campingartikel). Frische Brötchen sind ebenfalls die ganze Woche über verfügbar.

Sanitär

In zentraler Lage befinden sich die 2009 komplett renovierten Sanitäranlagen. Abgesehen von reichlich Duschen und Toiletten findet man eine Familiendusche, Babybadewanne, Waschmaschine und einen Wäschetrockner vor. Das Warmwasser ist gratis, in der Vor- und Nebensaison wird das Gebäude beheizt.

Freizeit

Der Campingplatz liegt in der prächtigen Natur des Tales um das Flüsschen Nieme, das seinen Verlauf mitten durch das Areal nimmt. Von hier gelangt man in das bekannte Spazier- und Wandergebiet des Weserberglandes. Für Kinder gibt es einen Streichelzoo, Spielplatz, Tischtennis, Bobbycars u. v. m.

Kanutouren auf der Nieme.

Inmitten herrlicher Natur.

4.5 SEHR GUT
25 Bewertungen

Lage	4.6
Ruhe	4.8
Sanitäranlagen	4.0
Sauberkeit Ø	4.5
Freundlichkeit	5.0
Stellplatz	4.4
Verpflegung	4.0
Freizeit	4.1
Preis-Leistung	4.8
Mietunterkünfte	4.6

Geeignet für

4.9	Kinder b. 6 J.
4.9	Gäste mit Hund
4.7	Gäste mit Zelt
4.4	Senioren
4.7	Paare
4.5	Kinder b. 12 J.
3.6	Kinder b. 18 J.

Empfohlene Aktivitäten

Wandern, Entspannen, Radfahren, Mountainbiking

Mehr Infos

Nur WOMOs unter 3,5 ton. Wohnmobile über 3,5 Tonnen sind nicht erlaubt.

NIEDERSACHSEN / BREMEN

❼ Harz

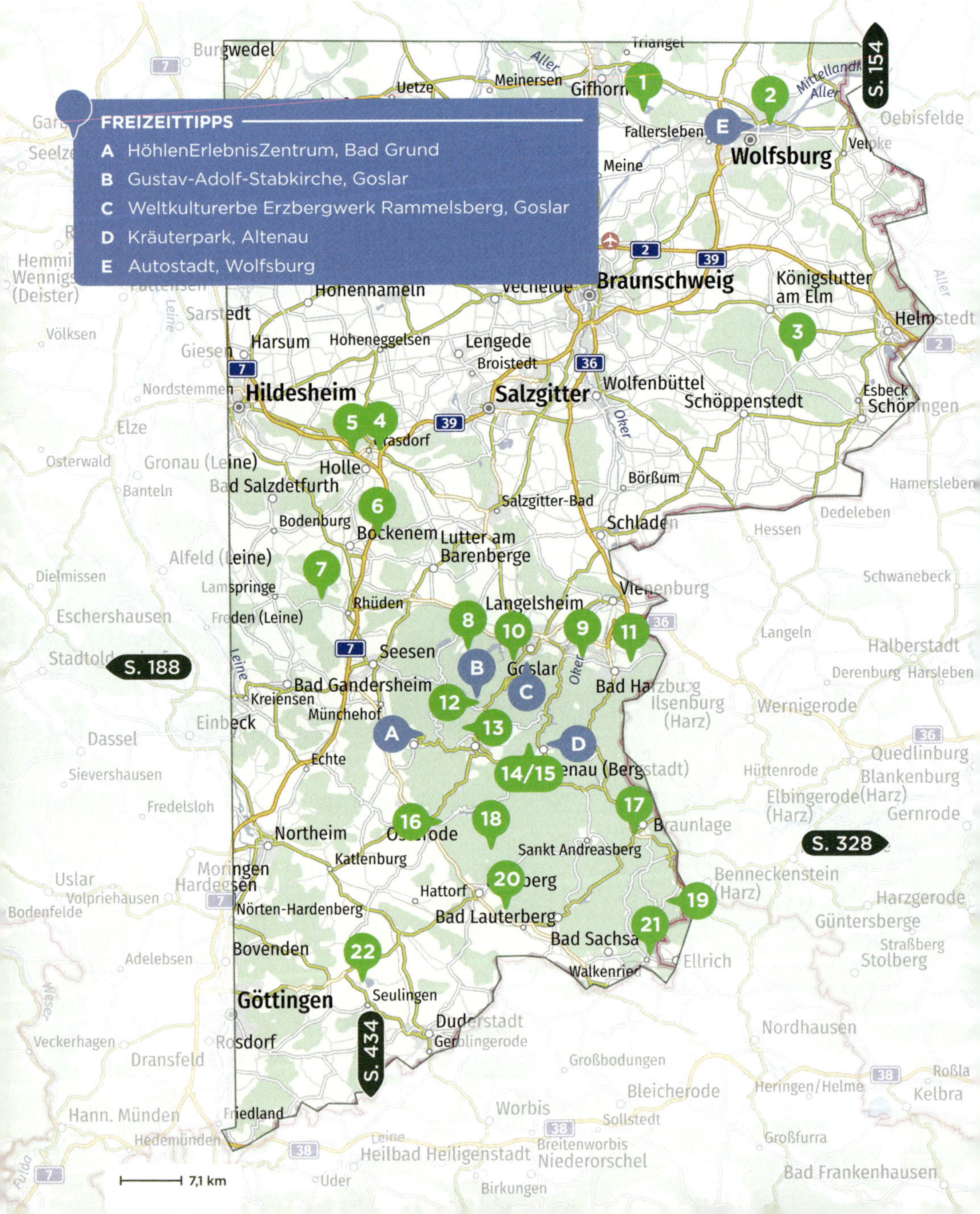

	Platz	Seite	Bewertung	Öffnungszeiten	
1	Camping Tankumsee	**204**	**4.1**	k. A.	✻
2	Camping am Allersee	**204**	**3.8**	saisonal	✻
3	Campingplatz Räbke	**204**	**4.0**	ganzjährig	✻
4	Campingplatz Bergmühle	**205**	**4.6**	ganzjährig	✻
5	Seecamp-Derneburg	**205**	**3.8**	saisonal	
6	Wohnmobil- und Campingpark Ambergau	**207**	**5.0**	ganzjährig	
7	Campingplatz Heberbaude	**205**	**4.2**	saisonal	✻
8	Camping am Krähenberg	**205**	**4.3**	ganzjährig	✻
9	Regenbogen Bad Harzburg	**206**	**3.9**	saisonal	✻
10	Harz Camp Goslar	**206**	**4.5**	ganzjährig	✻
11	Campingplatz "Die Wölfe vom Wolfstein e.V."	**206**	**3.9**	ganzjährig	✻
12	Das Kreuzeck - Campingplatz und Ferienhäuser	**208**	**4.5**	ganzjährig	✻
13	Camping Waldweben	**208**	**4.3**	ganzjährig	✻
14	Camping Okertalsperre	**208**	**3.9**	ganzjährig	✻
15	Waldcampingplatz Polstertal	**209**	**5.0**	ganzjährig	✻
16	Harz Campingplatz Eulenburg	**210**	**3.9**	ganzjährig	✻
17	Camping Braunlage	**210**	**4.2**	ganzjährig	✻
18	Campingplatz-Lonau	**210**	**4.4**	saisonal	
19	Campingplatz im Waldwinkel	**211**	**4.6**	ganzjährig	✻
20	Campingplatz am Blockhaus	**212**	**4.1**	ganzjährig	✻
21	KNAUS Campingpark Walkenried****	**212**	**4.5**	saisonal	✻
22	Comfort-Camping Seeburger See	**212**	**4.1**	saisonal	✻

Karte auf Seite 202

	1	2	3
	Camping Tankumsee	**Camping am Allersee**	**Campingplatz Räbke**
	✻	✻	✻
	Dannenbüttel 7 38550 Isenbütttel +49 5374 1254	In den Allerwiesen 5 38446 Wolfsburg +49 536 163 395	Erholungspark Nord-Elm 1 38375 Räbke +49 5355 8352
	52.44861 | 10.61222	52.43188 | 10.81557	52.19165 | 10.86189
Infos			
Öffnungszeiten	keine Angabe	06.01. - 31.10. 01.11. - 22.12.	ganzjährig
Vergleichspreis	HS: 16,00 €	HS: 22,00 € | NS: 22,00 €	HS: 21,00 € | NS: 19,00 €
Link	**Mehr Infos & Anfrage:** www.camping.info/18573	**Mehr Infos & Anfrage:** www.camping.info/18571	**Mehr Infos & Anfrage:** www.camping.info/18570
Ausstattung			
Freizeit	Baden in nat. Gewässer k. A. Hallenbad 500m Spielplatz am Platz ✓	Baden im See am Platz ✓ Pool/Hallenbad 2/1km Spielplatz am Platz ✓	Baden in nat. Gewässer ✗ Pool/Hallenbad 200m/10km Spielplatz am Platz ✓
Campingplatz	Hunde erlaubt ✓ Schatten ✗ WLAN ✗	Hunde willkommen ✓ Schatten ✗ WLAN ✓	Hunde willkommen ✓ zur Hälfte Schatten ✓ WLAN (gegen Gebühr) ✓
Versorgung	Lebensmittel k.A. Brötchen keine Angabe Restaurant am P. ✓ Ver-/Entsorgung Womo ✓ in den Ort 2km	Lebensmittel 1km Brötchen keine Angabe Restaurant/Imbiss 500m Ver-/Entsorgung Womo ✓ in den Ort 1km	Lebensmittel ✓ Brötchen am Platz ✓ Restaurant/Imbiss 200m Ver-/Entsorgung Womo ✓ in den Ort 1km
Anzahl der Plätze	Gesamt/Touristen 420/40 Mietunterkünfte ✗ Stellplätze vor Schranke ✗	Gesamt/Touristen 120/50 Mietunterkünfte ✓ Stellplätze vor Schranke ✗	Gesamt/Touristen 400/100 Mietunterkünfte ✓ Stellplätze vor Schranke ✗

	Camping Tankumsee	Camping am Allersee	Campingplatz Räbke
Gesamt	4.1 SEHR GUT, 17 Bewertungen	3.8 GUT, 53 Bewertungen	4.0 SEHR GUT, 24 Bewertungen
Lage	4.4	4.6	4.2
Ruhe	4.1	3.3	4.7
Sanitäranlagen	4.4	4.0	3.5
Sauberkeit Ø	4.5	4.5	4.4
Freundlichkeit	4.1	4.4	4.7
Stellplatz	3.8	3.9	4.2
Verpflegung	3.6	2.9	3.1
Freizeit	4.1	4.5	4.0
Preis-Leistung	4.1	4.1	4.3
Mietunterkünfte	-	3.8	4.7
Geeignet für			
Kinder b. 6 J.	3.9	3.6	4.7
Kinder b. 12 J.	4.3	3.7	4.8
Kinder b. 18 J.	3.5	3.7	4.7
Paare	4.2	4.3	4.7
Senioren	4.4	4.4	4.6
Gäste mit Zelt	3.9	4.1	4.8
Gäste mit Hund	3.5	4.3	4.7
Empfohlene Aktivitäten	Schwimmen Radfahren Wandern	Schwimmen Radfahren Sightseeing	Schwimmen Radfahren Wandern

4 Campingplatz Bergmühle

❄

Bergmühle 1
31188 Holle
050621439

52.10514 | 10.17481

ganzjährig

HS: 25,50 € | NS: 23,50 €

Mehr Infos & Anfrage:
www.camping.info/24062

Baden im Fluss am Platz	✓
Pool/Hallenbad	10/20km
Spielplatz am Platz	✓
Hunde willkommen	✓
zur Hälfte Schatten	✓
WLAN	✗
Lebensmittel	✓
Brötchen am Platz	nur HS
Restaurant	1km
Ver-/Entsorgung Womo	✗
in den Ort	3km
Gesamt/Touristen	120/40
Mietunterkünfte	✓
Stellplätze vor Schranke	✗

4.6 SEHR GUT
22 Bewertungen

Lage	4.5
Ruhe	4.8
Sanitäranlagen	4.2
Sauberkeit Ø	4.8
Freundlichkeit	4.9
Stellplatz	4.1
Verpflegung	3.5
Freizeit	4.1
Preis-Leistung	4.8
Mietunterkünfte	4.8

Geeignet für

Kinder b. 6 J.	4.5
Kinder b. 12 J.	4.2
Kinder b. 18 J.	3.6
Paare	4.7
Senioren	4.6
Gäste mit Zelt	4.6
Gäste mit Hund	4.8

Empfohlene Aktivitäten

- Entspannen
- Radfahren
- Wandern

5 Seecamp-Derneburg

Seecamp 1
31188 Holle-Derneburg
+49 5062 565

52.10222 | 10.14056

01.04. - 31.10.

HS: 22,20 € | NS: 22,20 €

Mehr Infos & Anfrage:
www.camping.info/18435

Baden im See am Platz	✓
Pool/Hallenbad	12km
Spielplatz am Platz	✓
Hunde willkommen	✓
Schatten	✗
WLAN	✓
Lebensmittel	✓
Brötchen am Platz	✓
Restaurant & Imbiss	✓
Ver-/Entsorgung Womo	✓
in den Ort	3km
Gesamt/Touristen	270/70
Mietunterkünfte	✓
Stellplätze vor Schranke	✗

3.8 GUT
36 Bewertungen

Lage	4.3
Ruhe	3.9
Sanitäranlagen	3.8
Sauberkeit Ø	4.2
Freundlichkeit	4.4
Stellplatz	3.7
Verpflegung	4.0
Freizeit	3.5
Preis-Leistung	4.1
Mietunterkünfte	3.6

Geeignet für

Kinder b. 6 J.	3.5
Kinder b. 12 J.	3.9
Kinder b. 18 J.	3.4
Paare	4.2
Senioren	4.5
Gäste mit Zelt	3.9
Gäste mit Hund	3.9

Empfohlene Aktivitäten

- Schwimmen
- Entspannen
- Radfahren

7 Campingplatz Heberbaude

❄

Heberbaude 1
38723 Seesen
+49 5384 466

51.95216 | 10.08823

01.03. - 31.08.

HS: 20,00 € | NS: 17,00 €

Mehr Infos & Anfrage:
www.camping.info/26765

Baden in nat. Gewässer	k. A.
Pool/Hallenbad	4/8km
Spielplatz	keine Angabe
Hunde willkommen	✓
wenig Schatten	✓
WLAN	keine Angabe
Lebensmittel	2km
Brötchen	keine Angabe
Restaurant & Imbiss	✓
Ver-/Entsorgung Womo	✗
in den Ort	2km
Gesamt/Touristen	60/8
Mietunterkünfte	✗
Stellplätze vor Schranke	✓

4.2 SEHR GUT
14 Bewertungen

Lage	4.5
Ruhe	4.5
Sanitäranlagen	4.1
Sauberkeit Ø	4.7
Freundlichkeit	4.8
Stellplatz	4.0
Verpflegung	3.3
Freizeit	2.8
Preis-Leistung	4.8
Mietunterkünfte	-

Geeignet für

Kinder b. 6 J.	3.1
Kinder b. 12 J.	3.0
Kinder b. 18 J.	2.3
Paare	4.1
Senioren	4.3
Gäste mit Zelt	2.8
Gäste mit Hund	4.5

Empfohlene Aktivitäten

- Wandern
- Entspannen
- Spazieren

8 Camping am Krähenberg

❄

Am Mauerkamp
38685 Langelsheim-Wolfshagen
+49 532 696 9281

51.90194 | 10.32639

ganzjährig

HS: 17,70 €

Mehr Infos & Anfrage:
www.camping.info/18581

Baden in nat. Gewässer	k. A.
Pool/Hallenbad	✓/500m
Spielplatz am Platz	✓
Hunde willkommen	✓
wenig Schatten	✓
WLAN	✓
Lebensmittel	✓
Brötchen am Platz	✓
Restaurant & Imbiss	✓
Ver-/Entsorgung Womo	✓
in den Ort	2km
Gesamt/Touristen	300/80
Mietunterkünfte	✓
Stellplätze vor Schranke	✗

4.3 SEHR GUT
11 Bewertungen

Lage	4.5
Ruhe	4.9
Sanitäranlagen	3.8
Sauberkeit Ø	4.7
Freundlichkeit	4.9
Stellplatz	4.3
Verpflegung	4.2
Freizeit	4.3
Preis-Leistung	4.7
Mietunterkünfte	5.0

Geeignet für

Kinder b. 6 J.	4.6
Kinder b. 12 J.	4.5
Kinder b. 18 J.	4.3
Paare	4.6
Senioren	4.6
Gäste mit Zelt	4.6
Gäste mit Hund	4.9

Empfohlene Aktivitäten

- Wandern
- Entspannen
- Mountainbiking

Karte auf Seite 202

	9	10	11
	Regenbogen Bad Harzburg	**Harz Camp Goslar**	**Campingplatz "Die Wölfe vom Wolfstein e.V."**
	❄	❄	❄
	Kreisstraße 66 38667 Bad Harzburg +49 5322 81215	Clausthaler Straße 28 38644 Goslar +49-5321-22502	Ilsenburger Straße 115 38667 Bad Harzburg
	51.89155 | 10.51162	51.8897 | 10.39886	51.88751 | 10.58742
Infos			
Öffnungszeiten	09.04. - 05.11. 25.12. - 07.01.	ganzjährig	ganzjährig
Vergleichspreis	HS: 28,40 € | NS: 28,40 €	HS: 25,00 € | NS: 25,00 €	HS: 29,20 € | NS: 29,20 €
Link	**Mehr Infos & Anfrage:** www.camping.info/18576	**Mehr Infos & Anfrage:** www.camping.info/30065	**Mehr Infos & Anfrage:** www.camping.info/18577
Ausstattung			
Freizeit	Baden im See 12km Pool/Hallenbad ✓/1km Spielplatz am Platz ✓	Baden im Teich 4km Pool 3km Spielplatz am Platz ✓	Baden im See 4km Pool/Hallenbad 3km Spielplatz am Platz ✓
Campingplatz	Hunde willkommen ✓ wenig Schatten ✓ WLAN (gegen Gebühr) ✓	Hunde erlaubt ✓ wenig Schatten ✓ WLAN (gratis) teilweise	Hunde willkommen ✓ zur Hälfte Schatten ✓ WLAN ✗
Versorgung	Lebensmittel ✓ Brötchen am Platz ✓ Restaurant am P. ✓ Ver-/Entsorgung Womo ✓ in den Ort 200m	Lebensmittel ✗ Brötchen am Platz ✓ Restaurant & Imbiss ✗ Ver-/Entsorgung Womo ✓ in den Ort 2km	Lebensmittel 500m Brötchen am Platz ✗ Restaurant/Imbiss 2km Ver-/Entsorgung Womo ✗ in den Ort 400m
Anzahl der Plätze	Gesamt/Touristen 290/170 Mietunterkünfte ✓ Stellplätze vor Schranke ✗	Gesamt/Touristen 110/104 Mietunterkünfte ✓ Stellplätze vor Schranke ✗	Gesamt/Touristen 150/50 Mietunterkünfte ✓ Stellplätze vor Schranke ✗

	9	10	11
Gesamt	3.9 GUT, 70 Bewertungen	4.5 SEHR GUT, 21 Bewertungen	3.9 GUT, 28 Bewertungen
Lage	4.2	4.4	4.1
Ruhe	4.0	3.7	4.6
Sanitäranlagen	4.3	4.8	4.1
Sauberkeit Ø	4.5	4.8	4.4
Freundlichkeit	4.4	4.9	4.6
Stellplatz	4.0	4.2	3.8
Verpflegung	3.4	3.9	2.4
Freizeit	3.9	4.1	3.4
Preis-Leistung	3.7	4.6	3.6
Mietunterkünfte	4.1	4.7	4.2
Geeignet für			
Kinder b. 6 J.	3.9	3.7	3.8
Kinder b. 12 J.	3.8	3.3	3.9
Kinder b. 18 J.	3.1	3.2	2.9
Paare	4.5	4.7	4.4
Senioren	4.6	4.7	4.3
Gäste mit Zelt	4.0	4.1	4.4
Gäste mit Hund	4.3	4.7	4.6
Empfohlene Aktivitäten	Wandern Entspannen Radfahren	Wandern Sightseeing Radfahren	Wandern Entspannen Mountainbiking

6 Wohnmobil- und Campingpark Ambergau

Hainbergstraße 25
31167 Bockenem
01716564670
www.wohnmobil-und-campingpark-ambergau.de
info@wohnmobil-und-campingpark-ambergau.de

ganzjährig

HS: 20,00 € | NS: 20,00 €

Mehr Infos & Anfrage:
www.camping.info/30342

Baden im Teich am Platz	✓
Pool & Hallenbad	✗
Spielplatz am Platz	✓
Hunde erlaubt	✓
wenig Schatten	✓
WLAN	✓
Lebensmittel	✗
Brötchen am Platz	✓
Restaurant & Imbiss	✗
Ver-/Entsorgung Womo	✓
in den Ort	keine Angabe
Touristenplätze	134
Mietunterkünfte	✗
Stellplätze vor Schranke	✗

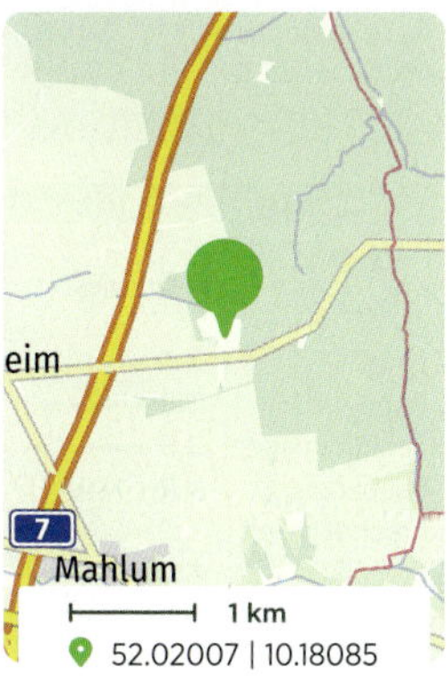

Terrassenförmige und individuell angelegte Stellplätze.

Lage & Stellplatz

Nach Anmeldung im Einfahrtsterminal (24h) können die Gäste sich einen der 134 Stellplätze aussuchen. Diese sind als Einzel- oder Doppelstellplätze verfügbar und durch Hecken räumlich getrennt. Jeder Platz besitzt einen Stromanschluss, der sich über eine Hauptstromsäule freischalten lässt.

Verpflegung

Der Platz bietet einen täglichen Service mit frischen Brötchen. Je nach Auslastung des Platzes werden auch gemütliche Grillabende veranstaltet. Im näheren Umfeld liegen zudem Gaststätten und Restaurants zur kulinarischen Verpflegung der Urlauber.

Sanitär

Der gepflegte Sanitärbereich wurde kürzlich modernisiert und auf den neusten Stand gebracht. Zudem gibt es dort Abwaschmöglichkeiten, Trockner und Waschmaschinen und eine behindertengerechte Dusche und Toilette. Im Außenbereich befindet sich ein gut zu erreichender Ver- und Entsorgungsplatz.

Freizeit

Auf dem Platz sind ein Spielplatz, Tischtennisbereich, ein Volleyballfeld und ein über eine Naturquelle gespeister Badeteich inkl. Liegewiese vorhanden. Für Hunde gibt es einen großen, eingezäunten Auslauf. Der in die Natur eingebundene Campingplatz lädt zu Wanderungen und Radtouren ein.

Einfahrtsterminal (24 Stunden).

Übersicht der Stellplätze.

Für diese Auswertung liegen leider noch nicht genügend Bewertungen vor.

Sei einer der Ersten, der diesen Campingplatz bewertet.

Mit einer guten Campingplatz-Bewertung unterstützt du nicht nur deinen Lieblingsplatz, sondern hilfst auch anderen Campern bei der Platzwahl.

Mehr Infos

Strom nach Verbrauch. Großmobile möglich. Keine Jugendgruppen ohne Aufsicht

Karte auf Seite 202

	12	13	14
	Das Kreuzeck - Campingplatz und Ferienhäuser	**Camping Waldweben**	**Camping Okertal-sperre**
	✻	✻	✻
	Kreuzeck 5 38644 Goslar-Hahnenklee +49 5325 2570	Spiegelthalerstraße 31 38678 Clausthal-Zellerfeld +49 5323 81712	Kornhardtweg 2 38707 Altenau +49 5328 702
	51.8466 | 10.34966	51.82259 | 10.32002	51.81905 | 10.43919
Infos			
Öffnungszeiten	ganzjährig	ganzjährig	ganzjährig
Vergleichspreis	HS: 34,60 € | NS: 34,60 €	keine Angabe	HS: 21,50 € | NS: 21,50 €
Link	**Mehr Infos & Anfrage:** www.camping.info/18575	**Mehr Infos & Anfrage:** www.camping.info/18578	**Mehr Infos & Anfrage:** www.camping.info/18585
Ausstattung			
Freizeit	Baden im See am Platz ✓ Pool/Hallenbad 5/6km Spielplatz am Platz ✓	Baden im Teich am Platz ✓ Hallenbad 2km Spielplatz am Platz ✓	Baden im Fluss am Platz ✓ Pool/Hallenbad 4/2km Spielplatz am Platz ✓
Campingplatz	Hunde willkommen ✓ wenig Schatten ✓ WLAN ✓	Hunde willkommen ✓ zur Hälfte Schatten ✓ WLAN ✓	Hunde willkommen ✓ zur Hälfte Schatten ✓ WLAN ✓
Versorgung	Lebensmittel 2km Brötchen am Platz ✓ Restaurant & Imbiss ✓ Ver-/Entsorgung Womo ✓ in den Ort 1km	Lebensmittel ✓ Brötchen am Platz ✓ Restaurant/Imbiss 1km/✓ Ver-/Entsorgung Womo ✓ in den Ort 800m	Lebensmittel ✓ Brötchen am Platz ✓ Restaurant/Imbiss ✓/1km Ver-/Entsorgung Womo ✓ in den Ort 500m
Anzahl der Plätze	Gesamt/Touristen 200/130 Mietunterkünfte ✓ Stellplätze vor Schranke ✗	Gesamt/Touristen 200/130 Mietunterkünfte ✗ Stellplätze vor Schranke ✗	Gesamt/Touristen 120/80 Mietunterkünfte ✗ Stellplätze vor Schranke ✗

	12	13	14
Gesamt	4.5 SEHR GUT, 167 Bewertungen	4.3 SEHR GUT, 46 Bewertungen	3.9 GUT, 45 Bewertungen
Lage	4.8	4.6	4.5
Ruhe	4.7	4.9	3.8
Sanitäranlagen	4.8	4.2	3.9
Sauberkeit Ø	4.8	4.6	4.2
Freundlichkeit	4.9	4.8	4.0
Stellplatz	4.0	4.0	4.0
Verpflegung	4.0	3.3	3.1
Freizeit	4.4	4.2	4.2
Preis-Leistung	4.6	4.4	4.0
Mietunterkünfte	4.5	-	-
Geeignet für			
Kinder b. 6 J.	4.3	4.2	3.6
Kinder b. 12 J.	4.3	4.1	3.7
Kinder b. 18 J.	3.9	3.8	3.4
Paare	4.7	4.7	4.5
Senioren	4.6	4.4	4.4
Gäste mit Zelt	4.3	4.5	3.8
Gäste mit Hund	4.8	4.8	4.5
Empfohlene Aktivitäten	Wandern Entspannen Schwimmen	Wandern Entspannen Mountainbiking	Wandern Kayak/Kanu Mountainbiking

(12) keine WOMOs ab 9m; keine Gruppen ab 6 P.

15 Waldcampingplatz Polstertal

*

Polstertal 1
38707 Altenau
+49 5323 5582
www.campingplatz-polstertal.de
info@campingplatz-polstertal.de

ganzjährig

HS: 27,00 € | NS: 27,00 €

Mehr Infos & Anfrage:
www.camping.info/18584

Baden im Teich	200m
Pool & Hallenbad	✗
Spielplatz am Platz	✓
Hunde willkommen	✓
zur Hälfte Schatten	✓
WLAN	✓
Lebensmittel	✓
Brötchen am Platz	✓
Restaurant/Imbiss	800m/✓
Ver-/Entsorgung Womo	✓
in den Ort	3km
Gesamt/Touristen	100/70
Mietunterkünfte	✓
Stellplätze vor Schranke	✗

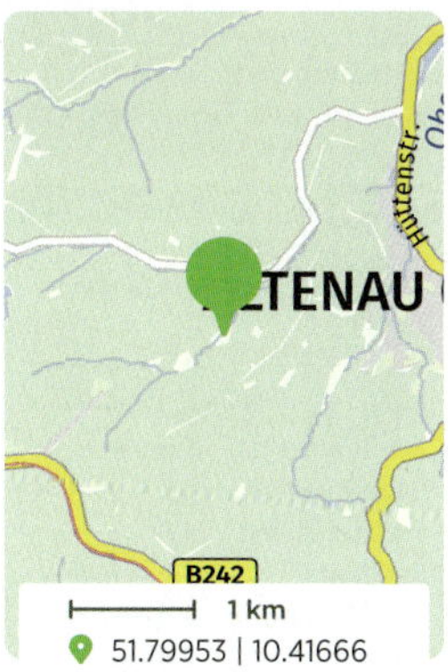

Camping auf terrassiertem Gelände mitten im Wald.

Lage & Stellplatz

Der Waldcampingplatz Polstertal liegt herrlich idyllisch im Oberharzer Wasserregal (UNESCO-Welterbe) auf 520 m ü. N. N. auf einem terrassierten Gelände. 80 Stellplätze sowie Weinfässer und Woodlodges befinden sich mitten im Wald – Naturliebhaber sind hier bestens aufgehoben.

Verpflegung

Im neuen Kiosk gibt es morgens Brötchen mit Vorbestellung. Ein nettes Waldrestaurant ist in 15 Minuten zu Fuß zu erreichen. Weitere Restaurants und Geschäfte finden die Gäste in Altenau (3 km) und Clausthal-Zellerfeld (9 km).

Sanitär

Die Sanitäranlagen vom Waldcampingplatz Polstertal sind frisch renoviert. Dort sind auch Waschmaschinen für die Camper vorhanden. Ebenfalls ist eine Entsorgung für Chemietoiletten möglich.

Freizeit

Spielplatz und Tischtennisplatte stehen auf dem Platz zur Verfügung. Der Polstertaler Teich lädt zum Baden und Angeln ein. Im Sommer kann man am Okerstausee segeln, surfen und fischen. Diverse Sehenswürdigkeiten in der Nähe, z. B. Sommerrodelbahn, Brockenbahn, Tropfsteinhöhle, Erzbergwerk u. v. m.

Erholung am nahegelegenen See.

Täglich frische Brötchen.

5.0 AUSGEZEICHNET
4 Bewertungen

Lage	5.0
Ruhe	5.0
Sanitäranlagen	4.8
Sauberkeit Ø	4.8
Freundlichkeit	5.0
Stellplatz	4.5
Verpflegung	4.3
Freizeit	4.5
Preis-Leistung	5.0
Mietunterkünfte	4.5

Geeignet für

Kinder b. 6 J.	5.0
Kinder b. 12 J.	5.0
Kinder b. 18 J.	5.0
Paare	5.0
Senioren	5.0
Gäste mit Zelt	5.0
Gäste mit Hund	5.0

Empfohlene Aktivitäten

Wandern
Mountainbiking
Entspannen
Kulinarik

Mehr Infos

Wohnmobile/ Wohnwagen ab einer Länge von 6,50 m nur nach Absprache möglich.

Karte auf Seite 202

	16	17	18
	Harz Campingplatz Eulenburg	**Camping Braunlage**	**Campingplatz-Lonau**
	*	*	
	Scheerenbergerstraße 100 37520 Osterode am Harz +49 5522 6611	Am Campingplatz 1 38700 Braunlage +49 5520 9996 931	Mariental 72 37412 Herzberg/Lonau +49 176 80039171
	51.72721 | 10.28409	51.71278 | 10.59667	51.69809 | 10.36079
Infos			
Öffnungszeiten	ganzjährig	ganzjährig	15.04. - 15.10.
Vergleichspreis	HS: 22,00 € | NS: 22,00 €	HS: 26,90 € | NS: 26,90 €	HS: 18,00 € | NS: 17,00 €
Link	**Mehr Infos & Anfrage:** www.camping.info/18557	**Mehr Infos & Anfrage:** www.camping.info/18582	**Mehr Infos & Anfrage:** www.camping.info/23758
Ausstattung			
Freizeit	Baden im See 9km Pool/Hallenbad ✓/3km Spielplatz am Platz ✓	Baden in nat. Gewässer k. A. Hallenbad 1km Spielplatz am Platz ✓	Baden im See 4km Pool/Hallenbad ✓/15km Spielplatz am Platz ✓
Campingplatz	Hunde erlaubt ✓ Schatten ✗ WLAN ✓	Hunde willkommen ✓ Schatten ✗ WLAN (gegen Gebühr) ✓	Hunde willkommen ✓ wenig Schatten ✓ WLAN ✓
Versorgung	Lebensmittel ✓ Brötchen am Platz ✓ Restaurant/Imbiss 1km/✓ Ver-/Entsorgung Womo ✓ in den Ort 2km	Lebensmittel 1km Brötchen am Platz ✓ Restaurant am P. ✓ Ver-/Entsorgung Womo ✓ in den Ort 1km	Lebensmittel 4km Brötchen am Platz ✗ Restaurant/Imbiss 500m/✓ Ver-/Entsorgung Womo ✓ in den Ort 500m
Anzahl der Plätze	Gesamt/Touristen 160/70 Mietunterkünfte ✓ Stellplätze vor Schranke ✓	Gesamt/Touristen 200/100 Mietunterkünfte ✗ Stellplätze vor Schranke ✓	Gesamt/Touristen 40/12 Mietunterkünfte ✓ Stellplätze vor Schranke ✗

	16	17	18
Gesamt	3.9 GUT (28 Bewertungen)	4.2 SEHR GUT (73 Bewertungen)	4.4 SEHR GUT (66 Bewertungen)
Lage	4.3	4.5	4.7
Ruhe	4.3	4.5	4.8
Sanitäranlagen	3.6	4.3	3.8
Sauberkeit Ø	4.0	4.7	4.5
Freundlichkeit	4.5	4.9	4.8
Stellplatz	3.8	4.0	4.1
Verpflegung	3.6	3.9	4.4
Freizeit	4.2	4.1	4.4
Preis-Leistung	4.2	4.4	4.7
Mietunterkünfte	4.0	-	4.4
Geeignet für			
Kinder b. 6 J.	4.1	3.8	4.8
Kinder b. 12 J.	4.2	3.8	4.7
Kinder b. 18 J.	3.6	3.5	3.9
Paare	4.6	4.6	4.7
Senioren	4.6	4.7	4.6
Gäste mit Zelt	4.6	4.3	4.7
Gäste mit Hund	4.6	4.6	4.8
Empfohlene Aktivitäten	Wandern Radfahren Mountainbiking	Wandern Mountainbiking Entspannen	Wandern Schwimmen Entspannen

19 Campingplatz im Waldwinkel

Kunzental 2
37445 Walkenried OT Zorge (Harz)
+49 5586 1048
www.campingplatz-im-waldwinkel.de
campingplatz-im-waldwinkel@t-online.de

ganzjährig

HS: 34,10 € | NS: 29,20 €

Mehr Infos & Anfrage:
www.camping.info/18556

Baden in nat. Gewässer	10km
Pool/Hallenbad	100m/9km
Spielplatz am Platz	✓
Hunde willkommen	✓
zur Hälfte Schatten	✓
WLAN	✓
Lebensmittel	6km
Brötchen am Platz	✓
Restaurant/Imbiss	2/5km
Ver-/Entsorgung Womo in den Ort	✓ 300m
Gesamt/Touristen	60/45
Mietunterkünfte	✗
Stellplätze vor Schranke	✓

1 km
51.64182 | 10.64954

Willkommen auf dem Campingplatz im Waldwinkel im schönen Südharz.

Lage & Stellplatz

Der Campingplatz im Waldwinkel ist ein ruhiger, familiär geführter Campingplatz im Südharz (ganzjährig geöffnet). Ob Sommer oder Winter – der Platz liegt in einer der landschaftlich schönsten Gegenden des Harzes, umgeben von Bergen und Wäldern. Hier finden die Gäste angenehme Ruhe und Erholung.

Verpflegung

Im platzeigenen Kiosk steht eine Auswahl an Lebensmitteln und Süßwaren zur Verfügung (in den Sommermonaten auch Eis). An allen 365 Tagen im Jahr wird außerdem ein Brötchenservice angeboten.

Sanitär

Großzügige, komfortable und gepflegte Sanitäreinrichtung, die auch barrierefrei ausgestattet ist. Babywickelraum, Waschmaschine und Trockner sind ebenfalls vorhanden. Durch die zentrale Lage des Gebäudes sind die sanitären Anlagen von allen 60 Stellplätzen bequem zu erreichen.

Freizeit

Viele herrliche Wanderwege, welche auch mit dem Haustier „erwandert" werden können, beginnen direkt am Campingplatz. Das beheizte Waldschwimmbad liegt direkt nebenan. Von Zorge aus kann man fast alle touristische Sehenswürdigkeiten des Harzes im Umkreis von nur ca. 25 km erreichen.

Das nah gelegene Waldschwimmbad.

Die Bank lädt zum Verweilen ein.

4.6 SEHR GUT
58 Bewertungen

Lage	4.6
Ruhe	4.9
Sanitäranlagen	4.2
Sauberkeit Ø	4.6
Freundlichkeit	5.0
Stellplatz	4.3
Verpflegung	3.9
Freizeit	4.2
Preis-Leistung	4.8
Mietunterkünfte	-

Geeignet für

4.8 Paare

4.8 Senioren
4.8 Gäste mit Hund
4.7 Gäste mit Zelt
4.2 Kinder b. 6 J.
4.1 Kinder b. 12 J.
3.9 Kinder b. 18 J.

Empfohlene Aktivitäten

Wandern
Entspannen
Mountainbiking
Schwimmen

Mehr Infos

Keine WOMOs ab 7 m (max. 3,5 t); keine Jugendgruppen.

Karte auf Seite 202

	20	21	22
	Campingplatz am Blockhaus	**KNAUS Campingpark Walkenried******	**Comfort-Camping Seeburger See**
	❄	❄	❄
	Bremkestr. 35 37412 Herzberg am Harz 05521/9999970 51.63611 | 10.38676	Ellricher Straße 7 37445 Walkenried +49 5525 778 51.58944 | 10.62472	Seestraße 20 37136 Seeburg + 49 550 71319 51.5635 | 10.15431
Infos			
Öffnungszeiten	ganzjährig	18.04. - 07.11. 22.12. - 09.01.	29.03. - 31.10.
Vergleichspreis	HS: 23,50 € | NS: 23,50 €	HS: 38,60 € | NS: 35,60 €	HS: 24,50 € | NS: 18,70 €
Link	**Mehr Infos & Anfrage:** www.camping.info/24458	**Mehr Infos & Anfrage:** www.camping.info/18555	**Mehr Infos & Anfrage:** www.camping.info/18540
Ausstattung			
Freizeit	Baden in nat. Gewässer k. A. Pool/Hallenbad ✓/6km Spielplatz 300m	Baden im Teich 2km Pool/Hallenbad 6km/✓ Spielplatz am Platz ✓	Baden im See am Platz ✓ Pool/Hallenbad ✓/8km Spielplatz am Platz ✓
Campingplatz	Hunde erlaubt ✓ zur Hälfte Schatten ✓ WLAN ✓	Hunde erlaubt ✓ zur Hälfte Schatten ✓ WLAN (gegen Gebühr) ✓	Hunde willkommen ✓ zur Hälfte Schatten ✓ WLAN ✓
Versorgung	Lebensmittel 1km Brötchen am Platz ✓ Restaurant & Imbiss ✓ Ver-/Entsorgung Womo ✓ in den Ort 1km	Lebensmittel ✓ Brötchen am Platz ✓ Restaurant/Imbiss ✓/500m Ver-/Entsorgung Womo ✓ in den Ort 800m	Lebensmittel ✓ Brötchen am Platz ✓ Restaurant & Imbiss ✓ Ver-/Entsorgung Womo ✓ in den Ort 8km
Anzahl der Plätze	Gesamt/Touristen 52/22 Mietunterkünfte ✓ Stellplätze vor Schranke ✗	Gesamt/Touristen 153/96 Mietunterkünfte ✓ Stellplätze vor Schranke ✓	Gesamt/Touristen 120/100 Mietunterkünfte ✓ Stellplätze vor Schranke ✗

	20	21	22
Gesamt	4.1 SEHR GUT, 11 Bewertungen	4.5 SEHR GUT, 363 Bewertungen	4.1 SEHR GUT, 47 Bewertungen
Lage	4.6	4.3	4.5
Ruhe	4.6	4.4	4.4
Sanitäranlagen	3.2	4.7	4.3
Sauberkeit Ø	4.2	4.7	4.2
Freundlichkeit	4.5	4.9	4.5
Stellplatz	3.4	4.4	3.9
Verpflegung	4.6	4.2	3.4
Freizeit	4.2	4.4	4.3
Preis-Leistung	4.2	4.5	4.4
Mietunterkünfte	3.7	4.4	4.2
Geeignet für			
Kinder b. 6 J.	4.0	4.6	4.4
Kinder b. 12 J.	3.8	4.6	4.4
Kinder b. 18 J.	4.0	3.9	3.8
Paare	4.2	4.6	4.5
Senioren	4.6	4.6	4.5
Gäste mit Zelt	4.3	4.4	4.1
Gäste mit Hund	4.4	4.6	4.4
Empfohlene Aktivitäten	Wandern Entspannen Mountainbiking	Wandern Schwimmen Radfahren	Radfahren Wandern Schwimmen

(21) Winter: 18.12. - 10.01.Preise aus 2019

Mecklenburg-Vorpommern

Regionen

TIPP DER REDAKTION

Campingpark Kühlungsborn

Ostseeküste | Nr. 13 | Seite 226

Laut Gästen ideal geeignet zum:

- Schwimmen
- Radfahren
- Entspannen

4.8

Campen am und rund ums Wasser

Mecklenburg-Vorpommern hat für Camper so manchen Superlativ zu bieten. Hier, im äußersten Nordosten der Bundesrepublik, bewundert ihr mit Rügen und Usedom nicht nur die beiden größten deutschen Inseln, sondern mit der Müritz auch den größten See, der vollständig in Deutschland liegt. Dazu kommen noch etwa 2.000 Kilometer Küstenlinie - kein anderes Bundesland hat mehr zu bieten. Charakteristisch sind die zahllosen Buchten und Lagunen an der Küste, die die Landschaft ebenso prägen wie die mehr als 2.000 Seen. Ihr wollt direkt am Wasser übernachten? Dann seid ihr hier goldrichtig - Wasser ist in Mecklenburg-Vorpommern das zentrale Thema. Ob an der Ostseeküste, am Ufer einer der vielen Seen oder entlang der Flüsse und Kanäle, die sich auf einer Gesamtlänge von 26.000 Kilometern durchs Land ziehen - das nächste Gewässer ist nie weit entfernt.

Neue Rügenbrücke
© Tourismusverband Mecklenburg-Vorpommern

Beeindruckende Altstädte

Neben den vielfältigen Naturschönheiten lockt "Meck-Pomm" aber auch mit so manch sehenswerter Stadt. Die aufwändig restaurierten Altstädte gehören zu den Eindrucksvollsten, die Deutschland zu bieten hat. Grandiose historische Bauten zeugen in bekannten Städten wie Rostock, Wismar oder Stralsund, die als Mitglieder der Hanse einst wichtige Orte des Handels waren, von der langen Geschichte, die diese Orte geprägt hat. Bis heute legen an den Ostseehäfen noch immer große Schiffe an und ab, die Menschen und Güter zu einer Reise übers Meer mitnehmen - wie die riesigen Fähren, die täglich Richtung Skandinavien in See stechen. Auch in der Landeshauptstadt Schwerin mit dem berühmten Schloss, das auf dem Schweriner See zu schwimmen scheint, gibt es zahlreiche Zeugen einer wechselvollen Geschichte zu bestaunen.

Müritz Nationalpark © Tourismusverband Mecklenburg-Vorpommern

Paradies für Wasser- und Naturliebhaber

Trotzdem bleibt das Bundesland im hohen Nordosten in erster Linie ein Ferienziel für ruhe- und entspannungssuchende Camper. Sowohl beim Wandern entlang der malerischen Kreidefelsen von Rügen, als auch beim Fischen auf dem Darß oder beim Sonnenbaden am Strand von Usedom stellt sich recht schnell Urlaubsstimmung ein. Beim Campen erlebt man die fantastische Natur besonders intensiv. Die vielen Campingplätze, die sich über das ganze Land verteilen, stellen ideale Ausgangspunkte für Fahrradtouren, Wasserwanderungen oder Angelausflüge dar. Wassersportarten wie Kiten, Surfen oder Segeln gehören in einem Land, das so sehr mit dem Wasser verbunden ist wie Mecklenburg-Vorpommern, natürlich ebenfalls dazu. Wer dagegen eher gemächlich auf den Seen, Kanälen und Flüssen des Landes dahingleiten möchte, kann an vielen Orten Boote mieten und sich diesen Traum auch ohne Bootsführerschein erfüllen.

Für jeden Geschmack

Meck-Pomm hält aber nicht nur für Wassersportler, sondern unter anderem auch für Golfer einige Überraschungen bereit – zwischen den zahlreichen Seen und leichten Hügeln lässt es sich hervorragend einlochen und besonders Einsteiger in den Golfsport finden hier beste Voraussetzungen. Nicht wenige Anlagen sind in unmittelbarer Umgebung von Campingplätzen zu finden. Zwischen der Mecklenburgischen Seenplatte im Süden und Kap Arkona im Norden überzeugt das Land mit seinen vielfältigen Freizeitangeboten und einer grandiosen Natur. Die kann mit langen, weißen Sandstränden ebenso punkten wie mit schroffen Steilküsten und idyllischen Seenlandschaften. Von Schwerin im Westen bis zur polnischen Grenze im Osten findet ihr hier ideale Voraussetzungen für einen entspannten und individuellen Campingurlaub.

Schleuse an der Müritz-Elde Wasserstraße
© Tourismusverband Mecklenburg-Vorpommern

Wasserwanderrastplatz in Wesenberg © Tourismusverband Mecklenburg-Vorpommern

MECKLENBURG-VORPOMMERN

1 Ostseeküste

	Platz	Seite	Bewertung	Öffnungszeiten	
1	Regenbogen Prerow	220	3.8	ganzjährig	✻ 👍
2	Meißner's Sonnencamp	220	4.0	saisonal	FKK
3	Camping am Freesenbruch	220	4.3	ganzjährig	✻
4	Wellness-Camp Düne 6	222	3.4	ganzjährig	✻
5	NATURCAMP Pruchten	224	4.5	saisonal	
6	Campingplatz Bodstedt	224	4.2	saisonal	
7	Erlebnisreiterhof mit Ferienpark und Natur-Campingplatz	221	4.2	ganzjährig	✻
8	Naturcamp "Zu den zwei Birken"	224	4.9	k. A.	
9	Horse Lake Ranch	225	-	saisonal	
10	Camping in Neuhaus	225	4.3	saisonal	✻
11	Ostseecamp Rostocker Heide	225	3.8	saisonal	
12	Ferien-Camp Börgerende	225	4.7	saisonal	👍
13	Campingpark Kühlungsborn	226	4.8	saisonal	✻ 👍
14	Ostseecamp Seeblick	228	4.6	saisonal	👍
15	Campingpark Ostseebad Rerik	231	4.4	ganzjährig	✻
16	Campingplatz „Zur Kühlung"	230	4.3	k. A.	
17	Camping- & Wohnmobilpark Ostseecamping am Salzhaff	230	3.9	ganzjährig	✻
18	Regenbogen Boltenhagen	230	3.8	saisonal	✻
19	Ostseecamping Ferienpark Zierow KG	233	4.5	saisonal	✻ 👍
20	Campingplatz "Liebeslaube"	232	4.1	ganzjährig	✻
21	ostseequelle.camp	232	3.8	saisonal	
22	Ferienpark Wismar Lütt Moor	232	3.7	k. A.	

✻ Wintercamping   FKK Textilfrei (ganz/teilweise)   Ecocamping   👍 Award   Onlinebuchung

Karte auf Seite 218

	1	2	3
	Regenbogen Prerow	**Meißner's Sonnencamp**	**Camping am Freesenbruch**
		FKK	
	Waldstraße 8 18375 Prerow +49 38233 331	Villenstraße 3 18375 Prerow +49 3 82 33 60 198	Am Bahndamm 1 18374 Zingst +49 38232 15786
	54.45444 | 12.54777	54.45322 | 12.55837	54.44111 | 12.66056
Infos			
Öffnungszeiten	ganzjährig	01.04. - 31.10.	ganzjährig
Vergleichspreis	NS: 41,70 €	HS: 42,00 € | NS: 29,00 €	HS: 41,10 € | NS: 23,90 €
Link	**Mehr Infos & Anfrage:** www.camping.info/18102	**Mehr Infos & Anfrage:** www.camping.info/25530	**Mehr Infos & Anfrage:** www.camping.info/18100
Ausstattung			
Freizeit	Baden im Meer am Platz ✓ Hallenbad 35km Spielplatz am Platz ✓	Baden im Meer am Platz ✓ Pool & Hallenbad ✗ Spielplatz am Platz ✓	Baden im Meer 100m Hallenbad 35km Spielplatz am Platz ✓
Campingplatz	Hunde willkommen ✓ Schatten ✗ WLAN ✓	Hunde willkommen ✓ zur Hälfte Schatten ✓ WLAN ✗	Hunde erlaubt ✓ wenig Schatten ✓ WLAN (gratis) teilweise
Versorgung	Lebensmittel ✓ Brötchen am Platz ✓ Restaurant & Imbiss ✓ Ver-/Entsorgung Womo ✓ in den Ort 2km	Lebensmittel 1km Brötchen am Platz nur HS Restaurant 500m Ver-/Entsorgung Womo ✗ in den Ort 500m	Lebensmittel ✓ Brötchen am Platz ✓ Restaurant & Imbiss ✓ Ver-/Entsorgung Womo ✓ in den Ort 500m
Anzahl der Plätze	Gesamt 1200 Mietunterkünfte ✓ Stellplätze vor Schranke ✗	Gesamt keine Angabe Mietunterkünfte ✓ Stellplätze vor Schranke ✗	Gesamt/Touristen 364/320 Mietunterkünfte ✗ Stellplätze vor Schranke ✓

	1	2	3
Gesamt	3.8 GUT, 834 Bewertungen	4.0 SEHR GUT, 15 Bewertungen	4.3 SEHR GUT, 197 Bewertungen
Lage	4.7	4.8	4.6
Ruhe	3.5	4.7	4.2
Sanitäranlagen	2.9	4.2	4.3
Sauberkeit Ø	3.4	4.2	4.4
Freundlichkeit	4.2	3.7	4.2
Stellplatz	4.0	3.6	4.2
Verpflegung	3.8	3.6	4.3
Freizeit	3.7	4.5	4.2
Preis-Leistung	2.8	4.2	3.8
Mietunterkünfte	4.0	4.8	-
Geeignet für			
Kinder b. 6 J.	4.3	4.9	4.1
Kinder b. 12 J.	4.5	4.6	4.1
Kinder b. 18 J.	4.3	4.3	3.6
Paare	4.4	4.2	4.6
Senioren	3.8	4.1	4.6
Gäste mit Zelt	4.3	4.8	3.8
Gäste mit Hund	4.0	3.5	4.4
Empfohlene Aktivitäten	Schwimmen Radfahren Entspannen	Schwimmen Radfahren Entspannen	Radfahren Schwimmen Entspannen

AWARD 2022 (Regenbogen Prerow)

7 Erlebnisreiterhof mit Ferienpark und Natur-Campingplatz

*

Glöwitz 1
18356 Barth
0160-93066325
www.bernsteinreiter-barth.de
info@bernsteinreiter-barth.de

ganzjährig

HS: 36,40 € | NS: 35,70 €

Mehr Infos & Anfrage:
www.camping.info/30076

Baden im Meer am Platz	✓
Pool & Hallenbad	✗
Spielplatz am Platz	✓
Hunde erlaubt	✓
zur Hälfte Schatten	✓
WLAN (gratis)	teilweise
Lebensmittel	k.A.
Brötchen am Platz	✓
Restaurant & Imbiss	✓
Ver-/Entsorgung Womo	✗
in den Ort	2km
Gesamt/Touristen	24/175
Mietunterkünfte	✓
Stellplätze vor Schranke	✗

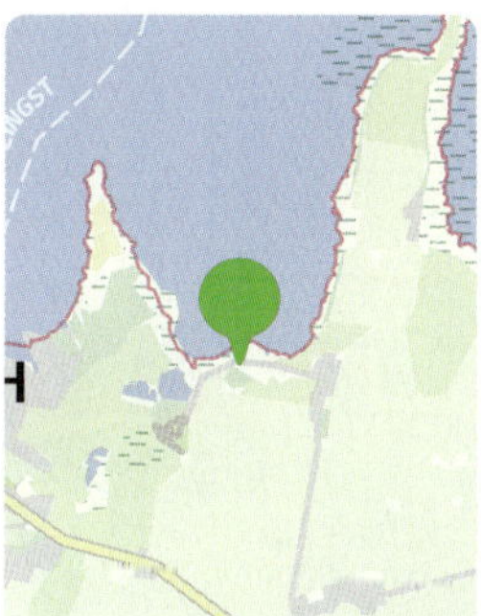

1 km
54.37042 | 12.76094

Urlaub direkt an der Ostseelagune – der Erlebnisreiterhof mit Ferienpark!

Lage & Stellplatz

Der familienfreundliche Campingplatz ist eingebettet in das Naturparkgelände des Donnerbergs direkt am Barther Bodden mit Blick auf die Halbinsel Fischland-Darß-Zingst. Insgesamt gibt es 100 Stellplätze, davon ca. 33 für Wohnmobile & Wohnwagen und 67 für Zelte sowie moderne Sanitäranlagen.

Verpflegung

In der Hofküche und dem Hofcafé gibt es leckere, frisch zubereitete Spezialitäten der Region und ein tolles Frühstückbuffet für den gelungenen Start in den Tag. Am Servicepunkt kann man kleine Snacks, Eis & Getränke sowie Souvenirs und Reitartikel erwerben. Zusätzlich gibt es einen Brötchenservice.

Sanitär

Es gibt ein modernes Waschhaus mit Einzelduschen (warmes und kaltes Wasser), Duschen mit Waschbecken (z.T. behindertenfreundlich), Waschräume und Toiletten, Außenwasch- und Spülbecken, Grau- und Abwasserentsorgungsmöglichkeit. Waschmaschine & Trockner sind gegen Gebühr ebenfalls nutzbar.

Freizeit

Der Erlebnisreiterhof befindet sich direkt auf dem weitläufigen Naturparkgelände. Es gibt zahlreiche Reit- und Erlebnisangebote für alle Altersstufen wie Ponyreiten, Ausritte, Reitunterricht, Abenteuerspielplätze, Streichelzoo, eigene Badestelle, Fahrrad- & Kanuverleih, Kindertagesbetreuung u. v. m.

Campingplatz mit Sanitärgebäude.

Viele Reit- & Erlebnisangebote.

4.2 SEHR GUT
4 Bewertungen

Lage	4.8
Ruhe	5.0
Sanitäranlagen	3.0
Sauberkeit Ø	3.8
Freundlichkeit	4.5
Stellplatz	4.5
Verpflegung	2.0
Freizeit	4.3
Preis-Leistung	4.8
Mietunterkünfte	-

Geeignet für

Kinder b. 12 J.	5.0
Kinder b. 18 J.	5.0
Gäste mit Zelt	5.0
Gäste mit Hund	5.0
Kinder b. 6 J.	4.0
Paare	4.0
Senioren	3.0

Empfohlene Aktivitäten

Radfahren
Reiten
Kayak/Kanu
Entspannen

Mehr Infos

Stellplatz: Wiese/geschotterter Platz; Sanitärgeb. geöffnet 01.04. - 31.10.

4 Wellness-Camp Düne 6

*

Inselweg 9
18374 Ostseeheilbad Zingst
+49 38232 17617

www.wellness-camp.de
info@wellness-camp.de

ganzjährig

HS: 47,20 € | NS: 39,60 €

Mehr Infos & Anfrage:
www.camping.info/18099

Baden im Meer	300m
Hallenbad	✓
Spielplatz am Platz	✓
Hunde willkommen	✓
wenig Schatten	✓
WLAN (gegen Gebühr)	✓
Lebensmittel	✓
Brötchen am Platz	✓
Restaurant & Imbiss	✓
Ver-/Entsorgung Womo	✓
in den Ort	300m
Touristenplätze	402
Mietunterkünfte	✓
Stellplätze vor Schranke	×

Luftaufnahme des Wellness-Camps Düne 6.

Lage & Stellplatz

Wellness-Camp Düne 6 auf der Ostsee-Halbinsel Fischland-Darß-Zingst vereint Komfortcamping mit einem großzügigen Wellness-Angebot. Nur wenige Gehminuten entfernt, befindet sich ein toller Strand mit schneeweißem Sand. Der mehrfach ausgezeichnete Campingpark bietet rund 470 Standplätze, von denen 402 Komfortstandplätze parzelliert sind. Sie verfügen über Strom-, TV- und Wasseranschluss. Wer mit dem Zelt anreist, findet parzellierte mit Stromversorgung sowie unparzellierte Stellplätze vor. Gäste ohne eigenes Reisemobil haben die Möglichkeit, in verschiedenen Mietunterkünften zu übernachten.

Sanitär

Der Platz wird regelmäßig von DCC, ECC, ADAC und DTV mit den höchsten Benotungen und Auszeichnungen für die Sanitäranlage und deren Pflegezustand bewertet. Alles ist beheizt und mit Warmwasser ausgestattet. Es gibt Einzelkabinen mit integrierter Dusche, behindertengerechte Bäder und Mietbäder.

Komfortable Sanitäranlagen.

Schwimmbad (chlorfrei).

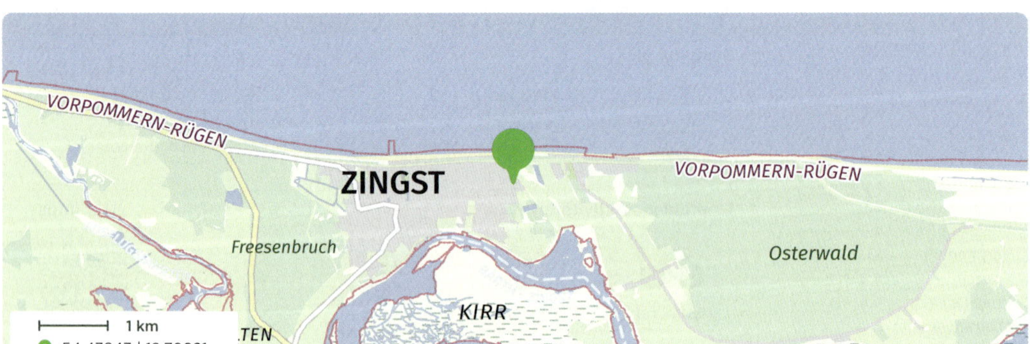

Schwimmbad, Sauna und Fitness ist für Hausgäste GRATIS!

Steakhaus Düne 6.

Verpflegung

Neben den beliebten Steak-Variationen werden die Gäste im Restaurant vom platzeigenen Koch mit einer Vielzahl weiterer kulinarischer Köstlichkeiten verwöhnt. Morgens kann man sich am reichhaltigen Frühstücksbüfett stärken oder den Bedarf an verschiedenen Brötchenvariationen decken. Das gemütliche Kaminzimmer eignet sich auch hervorragend für private oder geschäftliche Feiern. Hier erlebt man ganzjährig immer etwas Besonderes. Das Team vom Platz kümmert sich dabei gerne um alle Anfragen und Angelegenheiten.

Freizeit

Das Wellness-Camp Düne 6 hat seinen Namen nicht ohne Grund: Eines der Highlights des Campingplatzes ist sicherlich der riesige Wellnessbereich. Auf über 2.000 Quadratmetern findet man hier ein großes, chlorfreies Süßwasser-Schwimmbad, finnische und Bio-Saunen, ein Dampfbad, Ruheräume und einen vollausgestatteten Fitnessbereich mit den gängigen Geräten. Das Angebot wird durch ein Solarium und Beautyanwendungen ergänzt. Während sich die Eltern entspannen, sind die Kinder bei den qualifizierten Animateuren mit ihrem vielfältigen Kinderprogramm in besten Händen.

5.0

Herzlich, freundlich, hilfsbereit... so geht Urlaub! Es ist hier wunderschön, unweit der Ostsee und des Boddens. Für Ausflüge mit dem Rad ideal geeignet und nachmittags gehts in den Pool und in die Sauna. Bei Problemen, egal welcher Art, wird einem hier gleich freundlich und fachmännisch geholfen. Wer Ruhe und Naturnähe sucht, in der Vorsaison, der ist hier richtig!

Jan S.

Jan war früher mit dem Zelt unterwegs, campt aber seit 2009 mit Wohnwagen. Er campt mit seiner Frau oder alleine und erfreut sich vor allem daran, mitten in der Natur zu sein. Sie waren im März 2022 auf dem Platz.

Camping zu jeder Jahreszeit.

Endloser Strand.

3.4 GUT
280 Bewertungen

Lage	3.9
Ruhe	3.7
Sanitäranlagen	4.0
Sauberkeit Ø	3.7
Freundlichkeit	3.1
Stellplatz	3.5
Verpflegung	3.5
Freizeit	3.6
Preis-Leistung	3.1
Mietunterkünfte	3.4

Geeignet für

4.1 Paare

4.1 Senioren	3.4 Kinder b. 6 J.	3.3 Gäste mit Zelt
3.6 Kinder b. 12 J.	3.4 Gäste mit Hund	3.2 Kinder b. 18 J.

Empfohlene Aktivitäten

Radfahren · Schwimmen · Wellness · Entspannen

Mehr Infos

Karte auf Seite 218

	5	6	8
	NATURCAMP Pruchten	**Campingplatz Bodstedt**	**Naturcamp "Zu den zwei Birken"**
	Am Campingplatz 1 18356 Pruchten +49 38231 2045 54.37947 | 12.66131	Damm 43 18356 Bodstedt +49 382 314 226 54.37111 | 12.61611	Kranichblick 11 18442 Duvendiek 038321 60128 54.33861 | 12.94139
Infos			
Öffnungszeiten	01.04. - 31.10.	01.04. - 31.10.	keine Angabe
Vergleichspreis	HS: 24,50 € | NS: 19,50 €	HS: 19,80 € | NS: 19,80 €	HS: 24,60 €
Link	**Mehr Infos & Anfrage:** www.camping.info/18098	**Mehr Infos & Anfrage:** www.camping.info/22323	**Mehr Infos & Anfrage:** www.camping.info/22324
Ausstattung			
Freizeit	Baden im Meer 600m Hallenbad 6km Spielplatz am Platz ✓	Baden im Meer am Platz ✓ Pool & Hallenbad ✗ Spielplatz am Platz ✓	Baden in nat. Gewässer k. A. Pool & Hallenbad ✗ Spielplatz am Platz ✓
Campingplatz	Hunde willkommen ✓ zur Hälfte Schatten ✓ WLAN (gegen Gebühr) ✓	Hunde ✗ Schatten ✗ WLAN (gegen Gebühr) ✓	Hunde willkommen ✓ Schatten ✗ WLAN ✓
Versorgung	Lebensmittel ✓ Brötchen am Platz ✓ Restaurant & Imbiss ✓ Ver-/Entsorgung Womo ✓ in den Ort 800m	Lebensmittel ✓ Brötchen am Platz ✓ Restaurant & Imbiss ✓ Ver-/Entsorgung Womo ✗ in den Ort 200m	Lebensmittel 5km Brötchen am Platz ✓ Restaurant am P. ✓ Ver-/Entsorgung Womo ✓ in den Ort 3km
Anzahl der Plätze	Gesamt/Touristen 291/201 Mietunterkünfte ✓ Stellplätze vor Schranke ✓	Gesamt 150 Mietunterkünfte ✓ Stellplätze vor Schranke ✗	Gesamt 35 Mietunterkünfte ✓ Stellplätze vor Schranke ✓

	NATURCAMP Pruchten	Campingplatz Bodstedt	Naturcamp "Zu den zwei Birken"
Gesamt	4.5 SEHR GUT, 203 Bewertungen	4.2 SEHR GUT, 12 Bewertungen	4.9 SEHR GUT, 24 Bewertungen
Lage	4.3	4.0	4.5
Ruhe	4.5	4.8	5.0
Sanitäranlagen	4.5	3.5	4.3
Sauberkeit Ø	4.6	4.3	5.0
Freundlichkeit	4.6	5.0	5.0
Stellplatz	4.3	4.1	4.6
Verpflegung	4.1	3.4	4.1
Freizeit	4.1	3.8	3.8
Preis-Leistung	4.6	4.8	4.6
Mietunterkünfte	4.3	4.7	4.0
Geeignet für			
Kinder b. 6 J.	4.3	4.5	4.8
Kinder b. 12 J.	4.3	4.2	4.4
Kinder b. 18 J.	3.7	3.8	3.7
Paare	4.6	4.5	4.9
Senioren	4.6	4.5	5.0
Gäste mit Zelt	4.5	4.8	4.7
Gäste mit Hund / Hunde n. erlaubt	Gäste mit Hund 4.7	Hunde n. erlaubt -	Gäste mit Hund 4.2
Empfohlene Aktivitäten	Radfahren Entspannen Wandern	Entspannen Radfahren Wandern	Entspannen Radfahren Wandern

9 Horse Lake Ranch

Parkstraße 20
18317 Neuendorf
01733730958
54.33107 | 12.52386

01.04. - 30.10.
HS: 20,00 € | NS: 20,00 €
Mehr Infos & Anfrage: www.camping.info/26854

Baden im See	300m
Hallenbad	15km
Spielplatz am Platz	✓
Hunde erlaubt	✓
wenig Schatten	✓
WLAN	✓
Lebensmittel	15km
Brötchen am Platz	✗
Restaurant/Imbiss	✓/300m
Ver-/Entsorgung Womo	✗
in den Ort	3km
Gesamt	18
Mietunterkünfte	✓
Stellplätze vor Schranke	✗

- **JETZT BEWERTEN!**

Für diese Auswertung liegen leider noch nicht genügend Bewertungen vor.

Sei einer der Ersten, der diesen Campingplatz bewertet.

Mit einer guten Campingplatz-Bewertung unterstützt du nicht nur deinen Lieblingsplatz, sondern hilfst auch anderen Campern bei der Platzwahl.

10 Camping in Neuhaus

Birkenallee 10
18347 Dierhagen-Neuhaus
+49 38226 539930
54.2813 | 12.31248

01.03. - 31.10.
HS: 45,00 € | NS: 29,00 €
Mehr Infos & Anfrage: www.camping.info/22322

Baden im Meer	100m
Hallenbad	16km
Spielplatz am Platz	✓
Hunde willkommen	✓
kein Schatten	✓
WLAN	✓
Lebensmittel	3km
Brötchen am Platz	nur HS
Restaurant/Imbiss	1km/✓
Ver-/Entsorgung Womo	✓
in den Ort	500m
Gesamt/Touristen	160/120
Mietunterkünfte	✗
Stellplätze vor Schranke	✗

4.3 SEHR GUT
104 Bewertungen

Lage	4.7
Ruhe	4.7
Sanitäranlagen	4.5
Sauberkeit Ø	4.7
Freundlichkeit	4.5
Stellplatz	4.1
Verpflegung	3.4
Freizeit	3.7
Preis-Leistung	4.0
Mietunterkünfte	-

Geeignet für

Kinder b. 6 J.	4.0
Kinder b. 12 J.	4.0
Kinder b. 18 J.	3.4
Paare	4.6
Senioren	4.7
Gäste mit Zelt	4.4
Gäste mit Hund	4.5

Empfohlene Aktivitäten

- Radfahren
- Entspannen
- Schwimmen

11 Ostseecamp Rostocker Heide

Wiedortschneise 1
18181 Graal-Müritz
+49 38206 77580
54.24462 | 12.21193

26.03. - 05.11.
HS: 38,00 € | NS: 22,00 €
Mehr Infos & Anfrage: www.camping.info/18087

Baden im Meer am Platz	✓
Hallenbad	3km
Spielplatz am Platz	✓
Hunde erlaubt	✓
viel Schatten	✓
WLAN (gegen Gebühr)	✓
Lebensmittel	✓
Brötchen	keine Angabe
Restaurant & Imbiss	✓
Ver-/Entsorgung Womo	✓
in den Ort	1km
Gesamt/Touristen	900/400
Mietunterkünfte	✗
Stellplätze vor Schranke	✗

3.8 GUT
414 Bewertungen

Lage	4.6
Ruhe	3.2
Sanitäranlagen	3.8
Sauberkeit Ø	3.8
Freundlichkeit	4.2
Stellplatz	3.6
Verpflegung	3.8
Freizeit	4.0
Preis-Leistung	3.9
Mietunterkünfte	-

Geeignet für

Kinder b. 6 J.	4.1
Kinder b. 12 J.	4.2
Kinder b. 18 J.	4.0
Paare	4.0
Senioren	3.6
Gäste mit Zelt	4.0
Gäste mit Hund	4.3

Empfohlene Aktivitäten

- Schwimmen
- Radfahren
- Entspannen

12 Ferien-Camp Börgerende

Deichstraße 16
18211 Börgerende
+ 49 382 038 1126
54.15207 | 11.9004

26.03. - 30.10.
HS: 39,00 € | NS: 31,00 €
Mehr Infos & Anfrage: www.camping.info/18088

Baden im Meer	500m
Pool/Hallenbad	30/25km
Spielplatz am Platz	✓
Hunde erlaubt	✓
wenig Schatten	✓
WLAN	✓
Lebensmittel	✓
Brötchen am Platz	✓
Restaurant & Imbiss	✓
Ver-/Entsorgung Womo	✓
in den Ort	1km
Gesamt/Touristen	250/180
Mietunterkünfte	✓
Stellplätze vor Schranke	✓

4.7 SEHR GUT
807 Bewertungen

Lage	4.6
Ruhe	4.5
Sanitäranlagen	4.8
Sauberkeit Ø	4.8
Freundlichkeit	4.7
Stellplatz	4.7
Verpflegung	4.1
Freizeit	4.4
Preis-Leistung	4.0
Mietunterkünfte	4.1

Geeignet für

Kinder b. 6 J.	4.5
Kinder b. 12 J.	4.5
Kinder b. 18 J.	4.0
Paare	4.7
Senioren	4.7
Gäste mit Zelt	4.4
Gäste mit Hund	4.4

Empfohlene Aktivitäten

- Radfahren
- Schwimmen
- Entspannen

keine WOMOs ab 10m; keine gr.Jugendgruppen

13 Campingpark Kühlungsborn

Waldstraße 1b
18225 Kühlungsborn
+49 (0) 38293 7195
www.topcamping.de
info@topcamping.de

01.01. - 15.01.
04.03. - 31.12.

HS: 57,00 € | NS: 34,50 €

Mehr Infos & Anfrage:
www.camping.info/18089

Baden im Meer am Platz	✓
Pool/Hallenbad	30/3km
Spielplatz am Platz	✓
Hunde willkommen	✓
zur Hälfte Schatten	✓
WLAN	✓
Lebensmittel	✓
Brötchen am Platz	✓
Restaurant & Imbiss	✓
Ver-/Entsorgung Womo	✓
im Ort	✓
Gesamt/Touristen	653/550
Mietunterkünfte	✗
Stellplätze vor Schranke	✗

ADAC Klassifikation 2019 Im ADAC Campingführer SUPER 2019 ADAC

BELIEBTESTER CAMPINGPLATZ 2022 MECKLENBURG-VORPOMMERN TOP 10

BELIEBTESTER CAMPINGPLATZ 2022 DEUTSCHLAND TOP 100

ADAC Superplatz 2022 ADAC

ECC 2022

Komfortstellplätze auf dem Campingpark.

Lage & Stellplatz

Auf 12 ha herrlichem Naturgrundstück direkt an der Ostsee finden Urlauber ein familienfreundliches Urlaubsparadies, das ihnen gefallen wird. Sonnige oder bewaldete Stellplätze für Zelte, Wohnwagen und Wohnmobile, teilweise nur 50 m vom Strand entfernt. Hier genießen die Gäste Meereswellen und den Ostseestrand direkt vor der Haustür oder bummeln zwischen Tradition und Moderne durch das Seebad Kühlungsborn. Denn es gibt in der abwechslungsreichen Region viel zu entdecken. Wer mag, nutzt das vielseitige Freizeitangebot im Campingpark und seiner Umgebung oder gönnt sich einfach viel Ruhe.

Sanitär

Hinter dem Namen „Poseidons Reich" verbergen sich drei spektakuläre Sanitärgebäude, deren Innenausstattung einen Hauch von mediterraner Atmosphäre vermittelt – dafür sorgen die Bauweise, die Farben und die Auswahl der Fliesen. Besonderheiten sind die innen farblich unterschiedlichen Einzelbäder, die auf Wunsch gemietet werden können. Im sanitären Bereich wird viel Wert auf Komfort, Service und Sauberkeit gelegt. Selbstverständlich gibt es Einrichtungen wie Behinderten-WC, Babywickelraum, Waschküche mit Waschmaschine und Trockner. Besonderer Service für Tierliebhaber ist die Hundedusche.

Abenteuer-Kinderspielplatz.

Sauna im Ostsee-SPA.

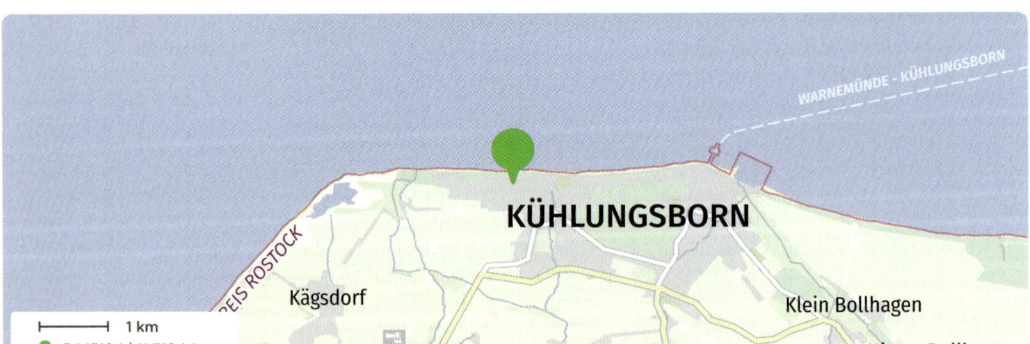

1 km
54.15194 | 11.71944

Leinenpflicht für Hunde. Anreise ab 14:00 Uhr; Abreise bis 10:00 Uhr.

AWARD 2022

Blick auf den Campingpark Kühlungsborn direkt am Ostseestrand.

Verpflegung

Möglichkeiten für den täglichen Einkauf finden die Gäste direkt am Campingplatz und im nahe gelegenen Ortskern. Im Restaurant „Toplicht 54°" erwartet die Urlauber nicht nur eine angenehme Atmosphäre und ein hervorragender Service – die Küche bietet ein großartiges frisches Fisch- & Steakangebot, verschiedene Biere vom Fass, internationale Weine, Cocktails und auch Champagner. Ein weiteres Restaurant, das „Da Gerlando" bietet eine breite Auswahl an italienischen Spezialitäten, frischen Salaten, Pasta al dente, leckerer Pizza, Fleisch- und Fischgerichten. Dazu werden ausgewählte Weine serviert.

Freizeit

Kinderanimation in der Haupt- und Nebensaison, geführte Wanderungen, Lagerfeuer mit Stockbrotbacken, Spiel und Spaß, u. v. m. Im Campingpark können die Kinder sich so richtig erholen und austoben, also besucht doch auch das Animationsteam im Kinderclub. Die Highlights in der Saison sind unter anderem Familienabende mit Live-Musik oder DJ. Für die großen Gäste stehen einige Sport- & Freizeitprogramme zur Auswahl, wie zum Beispiel Bogenschießen, Volleyball, Joggen am Strand, Bauch-Beine-Po, Morgengymnastik, Kreativbastelwerkstatt und vieles mehr.

5.0

Wir haben unseren Aufenthalt sehr genossen! Die Lage ist einfach traumhaft – direkt am Strand! Zu Fuß ist man in 10-15 min an der Promenade, mit ihren vielen Restaurants, Eisdielen und kleinen Geschäften. Die Sanitärgebäude sehen aus wie griechische Wellnesstempel und sind picobello sauber. Unsere Kinder waren gerne auf dem Basket-/Fußballplatz, sowie auf dem Spielplatz. Direkt am Eingang des Campingplatzes befindet sich ein Supermarkt. Wir kommen wieder!

Corinna G.

Corinna reist mit Mann, 3 Kindern und Pudel Casimir seit 2019 mit dem Wohnwagen. Das Schönste am Campen ist für sie immer an der frischen Luft zu sein. Sie waren im Juni 2022 auf dem Platz.

Komfortables Sanitärgebäude.

Mietbad mit Badewanne.

4.8 SEHR GUT
3392 Bewertungen

Lage	4.9
Ruhe	4.1
Sanitäranlagen	4.9
Sauberkeit Ø	4.9
Freundlichkeit	4.8
Stellplatz	4.7
Verpflegung	4.4
Freizeit	4.6
Preis-Leistung	4.1
Mietunterkünfte	-

Geeignet für

- 4.8 Paare
- 4.7 Kinder b. 6 J.
- 4.7 Kinder b. 12 J.
- 4.7 Senioren
- 4.6 Gäste mit Hund
- 4.5 Kinder b. 18 J.
- 4.4 Gäste mit Zelt

Empfohlene Aktivitäten

Schwimmen · Radfahren · Entspannen · Spazieren

Mehr Infos

14 Ostseecamp Seeblick

Meschendorfer Weg 3b
18230 Rerik-Meschendorf
+49 382 967 8480
www.ostseecamp.de
info@ostseecamp.de

18.03. - 06.12.

HS: 46,90 € | NS: 28,60 €

Mehr Infos & Anfrage:
www.camping.info/18090

Baden in nat. Gewässer	k. A.
Hallenbad	30km
Spielplatz am Platz	✓
Hunde erlaubt	✓
wenig Schatten	✓
WLAN	✓
Lebensmittel	✓
Brötchen am Platz	✓
Restaurant & Imbiss	✓
Ver-/Entsorgung Womo	✓
in den Ort	3km
Touristenplätze	360
Mietunterkünfte	✓
Stellplätze vor Schranke	✗

Eingangsbereich des Ostseecamps Seeblick.

Lage & Stellplatz

Der 5-Sterne-Campingplatz befindet sich in einer traumhaften Lage direkt am Ostseestrand zwischen den Ostseebädern Rerik (ca. 3 km) und Kühlungsborn (ca. 8 km). Die naturbelassene Campinganlage mit modernster Sanitärausstattung und großen Stellplätzen (bis 150 m^2) liegt auf einem zur Küste hin leicht abfallenden Gelände und bietet somit von vielen Stellplätzen den Blick auf die Ostsee frei. Die Stellflächen werden in unterschiedlichen Kategorien angeboten: von einfachen Zeltplätzen mit Stromanschluss bis hin zu Komfortplätzen mit Strom-, Wasser-, Abwasser- und SAT-Anschlüssen.

Sanitär

Moderne Sanitäranlagen sind auf dem Ostseecamp Seeblick selbstverständlich. Auf dem gesamten Gelände sind vier Sanitärgebäude gleichmäßig verteilt. Neben Duschen (kostenlos für alle Gäste) und WCs stehen den Urlaubern auch Waschmaschinen, Trockner, Geschirrspülbecken und Kochgelegenheiten zur Verfügung. Seit 2019 bietet der Platz auch private Mietbäder, einen Fitnessraum und einen Indoor-Spielbereich für seine kleinen Gäste an.

Restaurant Belvedere.

Das Innere der Rezeption.

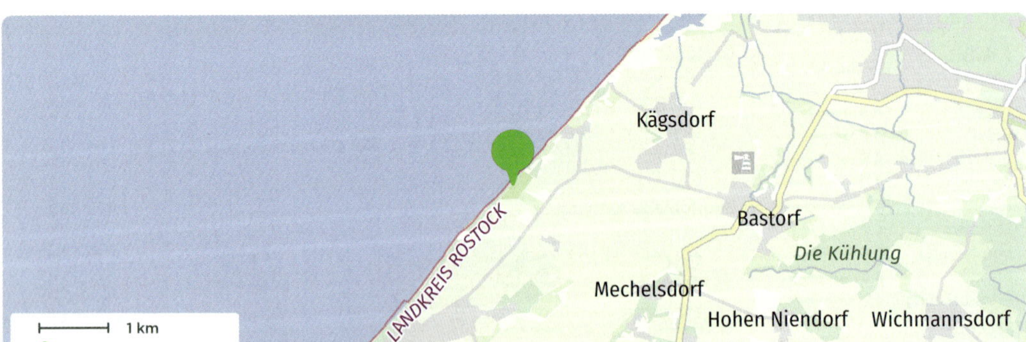

Jugendgruppen nur auf Anfrage.

AWARD 2022

Luftaufnahme der Campingplatzanlage direkt an der Steilküste zur Ostsee.

Verpflegung

Für das leibliche Wohl sorgt das Angebot des italienischen Restaurants „Belvedere“. Vom kleinen Hunger bis zum großen Menü, vom leckeren Eisbecher bis hin zum regionaltypischen Lübzer Pils – hier ist für jeden etwas dabei. Für die Selbstversorger unter den Campinggästen gibt es einen kleinen Supermarkt mit täglich frischen Brötchen und Artikeln des täglichen Bedarfs. Ein Imbiss hat in der Hauptsaison ebenfalls geöffnet.

Freizeit

Neben einem Animationszentrum für die kleinen und großen Besucher laden ein Fitnessraum und ein Fahrradverleih (sehr gute Rad- und Wanderwege) zum aktiven Urlaub ein. Zur Entspannung kann man sich im Wellnessbereich verwöhnen lassen. In unmittelbarer Nähe finden sich zudem tolle Surf- und Kite-Reviere für Anfänger und Fortgeschrittene. Auch ein Kletterwald, eine Reitsportanlage, Golf, ein Spaßbad und viele andere Freizeitmöglichkeiten sind mit dem Fahrrad oder Auto problemlos zu erreichen. Durch die Lage des Platzes direkt am Wasser ist hier natürlich auch Angelsport sehr beliebt.

5.0 

Ein schöner Campingplatz mit Einkaufsmöglichkeiten, einem Schnellrestaurant, einem italienisches Restaurant, einem wunderschönen Strandbereich, mit und ohne Hunde. Zusätzlich gab es einen Fitnessraum, eine Sauna, Massagen. Der Platz ist gut geeignet für Fahrradtouren und ist sehr sauber und gut strukturiert, auch die Mitarbeiter sind sehr freundlich und zuvorkommend. Hier kann jeder richtig die Seele baumeln lassen und sich gut erholen.

Tim Z.

Tim und seine Frau sind seit 20 Jahren begeisterte Wanderer. Mit Kastenwagen und zwei Hunden sind sie unterwegs und genießen beim Campen alle Ecken Deutschlands kennenzulernen. Sie waren im Mai 2022 auf dem Platz.

Bungalow „Möwe“ – Glamping.

Die Kinder lieben Kapitän Möwie.

4.6 **SEHR GUT**
996 Bewertungen

Lage	4.6
Ruhe	4.3
Sanitäranlagen	4.6
Sauberkeit Ø	4.7
Freundlichkeit	4.7
Stellplatz	4.5
Verpflegung	4.1
Freizeit	4.3
Preis-Leistung	4.3
Mietunterkünfte	4.5

Geeignet für

Kinder b. 12 J.	4.6
Paare	4.6
Gäste mit Zelt	4.6
Kinder b. 6 J.	4.5
Gäste mit Hund	4.5
Senioren	4.3
Kinder b. 18 J.	4.2

Empfohlene Aktivitäten

Radfahren · Entspannen · Wandern · Schwimmen

Mehr Infos

Karte auf Seite 218

	16	17	18
	Campingplatz „Zur Kühlung“	**Camping- & Wohnmobilpark Ostseecamping am Salzhaff** ✻	**Regenbogen Boltenhagen** ✻
	Zur Plantage 9 18236 Diedrichshagen bei Kröpelin 038292- 822757	Seeweg 1 18233 Pepelow +49 38294 78686	Ostseeallee 54 23946 Boltenhagen +49 38825 42222
	54.09949 | 11.75765	54.03834 | 11.58598	53.98083 | 11.21611
Infos			
Öffnungszeiten	keine Angabe	ganzjährig	02.04. - 05.11. 25.12. - 07.01.
Vergleichspreis	keine Angabe	HS: 27,20 € | NS: 23,40 €	HS: 42,00 € | NS: 26,00 €
Link	**Mehr Infos & Anfrage:** www.camping.info/30079	**Mehr Infos & Anfrage:** www.camping.info/18091	**Mehr Infos & Anfrage:** www.camping.info/18214
Ausstattung			
Freizeit	Baden im Meer 10km Pool & Hallenbad ✗ Spielplatz am Platz ✓	Baden im Meer am Platz ✓ Pool/Hallenbad 30km Spielplatz am Platz ✓	Baden im Meer 200m Pool/Hallenbad 1/25km Spielplatz am Platz ✓
Campingplatz	Hunde erlaubt ✓ Schatten ✗ WLAN ✓	Hunde willkommen ✓ zur Hälfte Schatten ✓ WLAN ✓	Hunde willkommen ✓ wenig Schatten ✓ WLAN ✓
Versorgung	Lebensmittel ✓ Brötchen am Platz ✓ Imbiss ✓ Ver-/Entsorgung Womo ✓ in den Ort 5km	Lebensmittel ✓ Brötchen am Platz ✓ Restaurant & Imbiss ✓ Ver-/Entsorgung Womo ✓ in den Ort 1km	Lebensmittel ✓ Brötchen am Platz ✓ Restaurant am P. ✓ Ver-/Entsorgung Womo ✓ in den Ort 100m
Anzahl der Plätze	Touristenplätze 10 Mietunterkünfte ✓ Stellplätze vor Schranke ✗	Gesamt/Touristen 290/170 Mietunterkünfte ✗ Stellplätze vor Schranke ✓	Gesamt/Touristen 553/380 Mietunterkünfte ✓ Stellplätze vor Schranke ✓

	16	17	18
Gesamt	4.3 SEHR GUT, 6 Bewertungen	3.9 GUT, 62 Bewertungen	3.8 GUT, 585 Bewertungen
Lage	4.8	4.4	4.0
Ruhe	5.0	4.0	3.0
Sanitäranlagen	4.5	4.4	2.7
Sauberkeit Ø	4.3	4.3	3.4
Freundlichkeit	5.0	4.6	4.5
Stellplatz	4.7	3.8	3.8
Verpflegung	3.4	3.6	4.2
Freizeit	4.0	3.6	4.1
Preis-Leistung	4.5	4.0	2.6
Mietunterkünfte	5.0	-	4.2
Geeignet für			
Kinder b. 6 J.	4.0	4.0	4.4
Kinder b. 12 J.	3.6	4.2	4.4
Kinder b. 18 J.	2.8	4.0	4.1
Paare	5.0	4.2	4.3
Senioren	4.8	4.0	4.1
Gäste mit Zelt	5.0	4.6	3.7
Gäste mit Hund	5.0	4.5	3.7
Empfohlene Aktivitäten	Radfahren Wandern Entspannen	Surfen Radfahren Kayak/Kanu	Radfahren Schwimmen Entspannen

15 Campingpark Ostseebad Rerik

*

Straße am Zeltplatz 8
18230 Ostseebad Rerik
+49 38296 75720
www.campingpark-rerik.de
info@campingpark-rerik.de

ganzjährig

HS: 41,00 € | NS: 22,50 €

Mehr Infos & Anfrage:
www.camping.info/22159

Baden im Meer am Platz	✓
Pool/Hallenbad	1km
Spielplatz am Platz	✓
Hunde willkommen	✓
wenig Schatten	✓
WLAN	✓
Lebensmittel	✓
Brötchen am Platz	✓
Restaurant & Imbiss	✓
Ver-/Entsorgung Womo	✓
in den Ort	900m
Gesamt/Touristen	250/200
Mietunterkünfte	✓
Stellplätze vor Schranke	✓

54.11308 | 11.631

Blick von der Seeterrasse, im Hintergrund das Meer.

Lage & Stellplatz

Zwischen Rostock und Wismar, 12 km westlich von Kühlungsborn, liegt der Campingpark Rerik nur wenige hundert Meter vom Meer entfernt. Vom Zeltplatz bis zur Luxuszeltlodge warten hier schöne, großzügige Stellplätze und Mietobjekte in hochwertiger Ausstattung, dabei preiswert und familiengerecht.

Verpflegung

Im Bistro mit Terrasse und Meerblick werden Frühstück, Mittag- und Abendessen sowie frisch gebackener Kuchen angeboten. Wöchentlich kommt ein Reriker Fischer mit seiner frisch geräucherten Ware auf den Platz. Samstag wird am Lagerfeuer gegrillt. In Rerik gibt es mehrere Restaurants und Imbissstuben.

Sanitär

Der Platz ist stolz auf seine Sanitäranlagen, eine der besten an der Ostsee! Für Sauberkeit und Ausstattung der Anlagen gibt es viel Lob seitens der Gäste. Das hohe, helle Gebäude verfügt über Mietbäder und einen tollen Kinderbereich. Großräumige Dusch-, Wasch- und WC-Kabinen sorgen für Entspannung.

Freizeit

Um sich wohlzufühlen, braucht man nicht weit zu gehen: Auf dem Campingpark gibt es einen Wellnessbereich, in dem Massagen, Sauna, Gesundheitsgymnastik und Yoga angeboten werden. Am Meer ist Wassersport jeglicher Art möglich. Entlang der Küste laden Fahrrad- und Wanderwege zu Ausflügen ein.

Schöne Stellplätze im Grünen.

Mit separatem Womo-Stellplatz.

4.4 SEHR GUT
218 Bewertungen

Lage	4.0
Ruhe	4.0
Sanitäranlagen	4.8
Sauberkeit Ø	4.7
Freundlichkeit	4.6
Stellplatz	4.3
Verpflegung	3.8
Freizeit	4.1
Preis-Leistung	4.5
Mietunterkünfte	4.1

Geeignet für

4.6 Paare

4.6	Gäste mit Hund
4.4	Kinder b. 12 J.
4.3	Gäste mit Zelt
4.5	Senioren
4.3	Kinder b. 6 J.
3.9	Kinder b. 18 J.

Empfohlene Aktivitäten

Radfahren · Entspannen · Wandern · Schwimmen

Mehr Infos

ADAC-Campcard, ACSI-Card, DCC Card u. CampingKey werden akzeptiert für 21 €

Karte auf Seite 218

	20	21	22
	Campingplatz "Liebeslaube"	**ostseequelle.camp**	**Ferienpark Wismar Lütt Moor**
	❄		
	Wohlenberger Wiek 1 23968 Hohenkirchen +49 38428 60219	Strandstrasse 21 23968 Hohenkirchen (Ortsteil Niendorf) +49 38428 60222	Lütt-Moor 1 23970 Wismar
	53.93153 | 11.29085	53.92924 | 11.27027	53.92307 | 11.48753
Infos			
Öffnungszeiten	ganzjährig	01.05. - 30.09.	keine Angabe
Vergleichspreis	HS: 30,00 € | NS: 22,00 €	HS: 36,00 € | NS: 20,00 €	keine Angabe
Link	**Mehr Infos & Anfrage:** www.camping.info/23909	**Mehr Infos & Anfrage:** www.camping.info/23150	**Mehr Infos & Anfrage:** www.camping.info/28108
Ausstattung			
Freizeit	Baden im Meer am Platz ✓ Pool/Hallenbad 11km Spielplatz am Platz ✓	Baden im Meer am Platz ✓ Pool/Hallenbad 14/12km Spielplatz am Platz ✓	Baden in nat. Gewässer k. A. Pool & Hallenbad ✗ Spielplatz keine Angabe
Campingplatz	Hunde willkommen ✓ zur Hälfte Schatten ✓ WLAN ✓	Hunde willkommen ✓ wenig Schatten ✓ WLAN ✓	Hunde ✗ Schatten ✗ WLAN keine Angabe
Versorgung	Lebensmittel ✓ Brötchen am Platz ✓ Restaurant & Imbiss ✓ Ver-/Entsorgung Womo ✓ in den Ort 2km	Lebensmittel ✓ Brötchen am Platz ✓ Restaurant & Imbiss ✓ Ver-/Entsorgung Womo ✓ in den Ort 8km	Lebensmittel k.A. Brötchen keine Angabe Restaurant & Imbiss ✗ Ver-/Entsorgung Womo ✗ in den Ort keine Angabe
Anzahl der Plätze	Gesamt/Touristen 500/150 Mietunterkünfte ✓ Stellplätze vor Schranke ✗	Gesamt/Touristen 250/240 Mietunterkünfte ✓ Stellplätze vor Schranke ✗	Gesamt keine Angabe Mietunterkünfte ✗ Stellplätze vor Schranke ✗

	20	21	22
Bewertung	4.1 SEHR GUT, 96 Bewertungen	3.8 GUT, 187 Bewertungen	3.7 GUT, 14 Bewertungen
Lage	4.3	3.9	4.0
Ruhe	4.1	3.8	3.5
Sanitäranlagen	4.4	4.0	3.6
Sauberkeit Ø	4.4	4.2	4.0
Freundlichkeit	4.4	4.1	4.7
Stellplatz	4.1	3.8	4.0
Verpflegung	3.9	3.3	3.9
Freizeit	3.9	3.4	3.7
Preis-Leistung	4.2	3.8	4.3
Mietunterkünfte	4.4	4.4	-
Geeignet für			
Kinder b. 6 J.	4.5	4.0	4.6
Kinder b. 12 J.	4.2	4.0	4.4
Kinder b. 18 J.	3.8	3.5	3.7
Paare	4.4	4.2	4.7
Senioren	4.3	4.0	4.9
Gäste mit Zelt	4.5	4.1	4.6
Gäste mit Hund / Hunde n. erlaubt	3.9	4.2	- (Hunde n. erlaubt)
Empfohlene Aktivitäten	Radfahren Entspannen Surfen	Radfahren Schwimmen Entspannen	Radfahren Kultur Sightseeing

19 Ostseecamping Ferienpark Zierow KG

Strandstraße 19c
23968 Zierow bei Wismar
+49 38428 63820
www.ostsee-camping.de
info@ostsee-camping.de

17.03. - 31.12.

HS: 45,00 € | NS: 34,50 €

Mehr Infos & Anfrage:
www.camping.info/18216

Baden im Meer am Platz	✓
Pool/Hallenbad	8km/✓
Spielplatz am Platz	✓
Hunde erlaubt	✓
wenig Schatten	✓
WLAN	✓
Lebensmittel	✓
Brötchen am Platz	✓
Restaurant & Imbiss	✓
Ver-/Entsorgung Womo	✓
in den Ort	500m
Gesamt/Touristen	450/300
Mietunterkünfte	✓
Stellplätze vor Schranke	✓

53.93444 | 11.37078

Luftaufnahme mit Blick auf den Platz: „Ostseecamping Ferienpark Zierow“.

Lage & Stellplatz

Der seit 1992 familiengeführte Campingplatz liegt direkt am naturbelassenen Strand der Wismarbucht. Ausstattung: 300 Stellplätze mit Erste-Reihe-, Komfort-, parzellierten oder unparzellierten Stellplätzen, Zeltwiesen für kleine und große Zelte mit Pkw sowie 16 verschiedene Mietunterkünfte vorhanden.

Verpflegung

Restaurant „Oase“ mit regionaler Küche in stilvollem Ambiente und großzügiger Sonnenterrasse. Indoor-Spielplatz „Willy's Watthaus“ mit direktem Zugang zum Restaurant, Campingmarkt mit regionalen, frischen Produkten und täglich frischen Brötchen. Strandkiosk, Fischbude und Imbiss in der Hauptsaison.

Sanitär

Zwei gepflegte Sanitäranlagen mit Einzelduschen, Waschkabinen, separaten Kinderbädern und Behindertenbadezimmern mit Dusche und WC, Waschmaschinen, Trocknern und Abwaschbecken sowie Chemieentsorgungsstellen. Familienbäder zubuchbar. Hundedusche.

Freizeit

Hansestädte Wismar, Rostock, Lübeck und die Landeshauptstadt Schwerin sind schnell erreichbar. Indoor-Spielplatz, Kegelbahn, großer Sport- und Spielplatz, Outdoorfitness, Hallenschwimmbad mit Sauna, Physiotherapiepraxis direkt auf dem Platz. In der Hauptsaison täglich wechselndes Animationsprogramm.

Bällebad im Indoor-Spielplatz.

Sonnenterrasse am Restaurant.

4.5 SEHR GUT
943 Bewertungen

Lage	4.3
Ruhe	4.1
Sanitäranlagen	4.6
Sauberkeit Ø	4.4
Freundlichkeit	4.5
Stellplatz	4.4
Verpflegung	4.2
Freizeit	4.3
Preis-Leistung	4.2
Mietunterkünfte	3.7

Geeignet für

Kinder b. 6 J.	4.5
Kinder b. 12 J.	4.5
Paare	4.4
Senioren	4.4
Gäste mit Hund	4.3
Gäste mit Zelt	4.2
Kinder b. 18 J.	3.9

Empfohlene Aktivitäten

Radfahren
Schwimmen
Entspannen
Wandern

Mehr Infos

Hunde sind mit Einschränkungen gerne willkommen.

AWARD 2022

MECKLENBURG-VORPOMMERN

❷ Rügen

FREIZEITTIPPS

- **A** Museum im Leuchtturm, Putgarten
- **B** Baumwipfelpfad Prora, Binz
- **C** Oldtimer Museum Rügen, Binz
- **D** Nationalpark-Zentrum Königsstuhl, Sassnitz

	Platz	Seite	Bewertung		Öffnungszeiten	
1	Regenbogen Nonnevitz	236	4.1	◯	saisonal	
2	Luigis Campingplatz Nonnevitz	236	4.0	◯	saisonal	
3	Campingplatz Küstencamp	236	4.3	◯	ganzjährig	❄
4	KNAUS Camping- und Ferienhauspark Rügen****	237	4.0	◯	saisonal	❄
5	Campingplatz Drewoldke	237	4.2	◯	ganzjährig	❄
6	Caravancamp Ostseeblick	237	4.6	◯	k. A.	
7	Freizeitcamp Am Wasser	237	3.7	◯	saisonal	
8	Campingplatz Banzelvitzer Berge	238	3.9	◯	saisonal	
9	Mobil-Camping De Klomp	238	4.4	◯	k. A.	❄
10	Regenbogen Suhrendorf	238	3.7	◯	saisonal	
11	Camping Haidhof	240	4.2	◯	ganzjährig	
12	Regenbogen Göhren	240	3.7	◯	saisonal	❄
13	Naturcampingplatz Alt Reddevitz	239	4.2	◯	saisonal	
14	Sund-Camp Altefähr	240	3.8	◯	saisonal	
15	Dat Stranddörp	241	3.8	◯	saisonal	
16	Campingplatz Thiessow	241	4.0	◯	saisonal	
17	Surfoase Mönchgut Campingplatz auf Rügen	241	4.3	◯	saisonal	FKK
18	Naturcampingplatz Rügen Pritzwald	241	3.7	◯	saisonal	FKK

❄ Wintercamping FKK Textilfrei (ganz/teilweise) Ecocamping Award Onlinebuchung

Karte auf Seite 234

	1	2	3
	Regenbogen Nonnevitz	**Luigis Camping-platz Nonnevitz**	**Campingplatz Küstencamp**
			❄
	Nonnevitz Str. 13 18556 Dranske +49 38391 89032 54.67 | 13.29667	Nonnevitz 9 18556 Dranske auf Rügen 038391 89488 54.66801 | 13.30394	Nonnevitz 23 18556 Dranske-Nonnevitz +49 38391 939070 54.66332 | 13.26867
Infos			
Öffnungszeiten	09.04. - 05.11.	01.04. - 30.10.	ganzjährig
Vergleichspreis	HS: 41,50 € | NS: 22,00 €	HS: 29,90 € | NS: 22,90 €	HS: 32,00 € | NS: 17,00 €
Link	**Mehr Infos & Anfrage:** www.camping.info/18107	**Mehr Infos & Anfrage:** www.camping.info/28033	**Mehr Infos & Anfrage:** www.camping.info/23151
Ausstattung			
Freizeit	Baden im Meer am Platz ✓ Hallenbad 5km Spielplatz am Platz ✓	Baden im Meer 450m Pool & Hallenbad ✗ Spielplatz 450m	Baden im Meer 100m Hallenbad 800m Spielplatz am Platz ✓
Campingplatz	Hunde willkommen ✓ viel Schatten ✓ WLAN (gegen Gebühr) ✓	Hunde willkommen ✓ zur Hälfte Schatten ✓ WLAN keine Angabe	Hunde willkommen ✓ zur Hälfte Schatten ✓ WLAN teilweise
Versorgung	Lebensmittel ✓ Brötchen am Platz ✓ Restaurant & Imbiss ✓ Ver-/Entsorgung Womo ✓ in den Ort 1km	Lebensmittel 250m Brötchen keine Angabe Restaurant/Imbiss ✓/250m Ver-/Entsorgung Womo ✓ in den Ort 1km	Lebensmittel 500m Brötchen am Platz nur HS Restaurant 500m Ver-/Entsorgung Womo ✓ in den Ort 2km
Anzahl der Plätze	Gesamt/Touristen 780/560 Mietunterkünfte ✓ Stellplätze vor Schranke ✓	Touristenplätze 45 Mietunterkünfte ✓ Stellplätze vor Schranke ✓	Gesamt/Touristen 93/85 Mietunterkünfte ✓ Stellplätze vor Schranke ✓

	1	2	3
Gesamt	4.1 SEHR GUT 468 Bewertungen	4.0 SEHR GUT 4 Bewertungen	4.3 SEHR GUT 78 Bewertungen
Lage	4.5	4.5	4.3
Ruhe	4.2	5.0	4.6
Sanitäranlagen	3.1	3.0	4.5
Sauberkeit Ø	3.8	4.0	4.6
Freundlichkeit	4.5	4.8	4.4
Stellplatz	4.1	4.2	4.2
Verpflegung	3.9	4.0	3.5
Freizeit	3.6	3.8	3.7
Preis-Leistung	3.2	4.0	4.6
Mietunterkünfte	4.2	-	5.0
Geeignet für			
Kinder b. 6 J.	4.5	2.5	4.3
Kinder b. 12 J.	4.7	1.0	4.2
Kinder b. 18 J.	4.3	1.0	3.8
Paare	4.5	4.0	4.6
Senioren	4.2	4.3	4.7
Gäste mit Zelt	4.3	4.5	4.4
Gäste mit Hund	3.5	4.3	4.7
Empfohlene Aktivitäten	Schwimmen Radfahren Wandern	Entspannen Radfahren Schwimmen	Radfahren Schwimmen Entspannen

4 KNAUS Camping- und Ferienhauspark Rügen****

*

Zittkower Weg 30
18556 Altenkirchen
+49 38391 434648

54.63996 | 13.3789

18.04. - 07.11.
22.12. - 09.01.

HS: 40,90 € | NS: 35,80 €

Mehr Infos & Anfrage:
www.camping.info/17897

Baden im Meer am Platz	✓
Hallenbad	15km
Spielplatz am Platz	✓
Hunde willkommen	✓
wenig Schatten	✓
WLAN (gegen Gebühr)	✓
Lebensmittel	✗
Brötchen am Platz	✗
Restaurant am P.	✓
Ver-/Entsorgung Womo	✓
in den Ort	2km
Gesamt/Touristen	148/120
Mietunterkünfte	✓
Stellplätze vor Schranke	✓

4.0 SEHR GUT
321 Bewertungen

Lage	4.3
Ruhe	4.5
Sanitäranlagen	3.7
Sauberkeit Ø	4.0
Freundlichkeit	4.3
Stellplatz	4.1
Verpflegung	3.1
Freizeit	3.7
Preis-Leistung	3.5
Mietunterkünfte	4.3

Geeignet für

Kinder b. 6 J.	3.8
Kinder b. 12 J.	3.9
Kinder b. 18 J.	3.6
Paare	4.6
Senioren	4.3
Gäste mit Zelt	4.2
Gäste mit Hund	4.6

Empfohlene Aktivitäten

- Radfahren
- Entspannen
- Wandern

NS: 05.01. - 01.05. + 20.09. - 31.12.HS: 01.05. - 20.09.
Preise aus 2019

5 Campingplatz Drewoldke

*

Zittkower Weg 27
18556 Altenkirchen
+49 38391 12965

54.63361 | 13.37519

ganzjährig

HS: 31,90 € | NS: 22,40 €

Mehr Infos & Anfrage:
www.camping.info/17891

Baden im Meer am Platz	✓
Pool/Hallenbad	10km
Spielplatz am Platz	✓
Hunde willkommen	✓
zur Hälfte Schatten	✓
WLAN (gegen Gebühr)	✓
Lebensmittel	✓
Brötchen am Platz	✓
Imbiss	✓
Ver-/Entsorgung Womo	✓
in den Ort	2km
Gesamt/Touristen	360/300
Mietunterkünfte	✓
Stellplätze vor Schranke	✗

4.2 SEHR GUT
160 Bewertungen

Lage	4.6
Ruhe	4.4
Sanitäranlagen	4.5
Sauberkeit Ø	4.5
Freundlichkeit	4.3
Stellplatz	4.0
Verpflegung	3.4
Freizeit	3.7
Preis-Leistung	4.2
Mietunterkünfte	4.5

Geeignet für

Kinder b. 6 J.	4.1
Kinder b. 12 J.	4.1
Kinder b. 18 J.	3.9
Paare	4.5
Senioren	4.4
Gäste mit Zelt	4.7
Gäste mit Hund	4.5

Empfohlene Aktivitäten

- Radfahren
- Entspannen
- Schwimmen

6 Caravancamp Ostseeblick

Seestr. 39a
18556 Dranske
+49 38391 8196

54.62915 | 13.2229

keine Angabe

keine Angabe

Mehr Infos & Anfrage:
www.camping.info/18106

Baden in nat. Gewässer	k. A.
Pool & Hallenbad	✗
Spielplatz	keine Angabe
Hunde	✗
Schatten	✗
WLAN	keine Angabe
Lebensmittel	k.A.
Brötchen	keine Angabe
Restaurant & Imbiss	✗
Ver-/Entsorgung Womo	✗
in den Ort	keine Angabe
Gesamt	keine Angabe
Mietunterkünfte	✗
Stellplätze vor Schranke	✗

4.6 SEHR GUT
84 Bewertungen

Lage	4.7
Ruhe	4.8
Sanitäranlagen	4.4
Sauberkeit Ø	4.8
Freundlichkeit	4.7
Stellplatz	4.5
Verpflegung	3.6
Freizeit	3.6
Preis-Leistung	4.6
Mietunterkünfte	-

Geeignet für

Kinder b. 6 J.	3.0
Kinder b. 12 J.	3.1
Kinder b. 18 J.	3.5
Paare	4.7
Senioren	4.9
Gäste mit Zelt	3.2
Hunde n. erlaubt	-

Empfohlene Aktivitäten

- Entspannen
- Radfahren
- Wandern

7 Freizeitcamp Am Wasser

Wittower Straße 1 - 2
18556 Juliusruh
+493839143928

54.60947 | 13.37932

01.04. - 31.10.

HS: 33,00 € | NS: 25,40 €

Mehr Infos & Anfrage:
www.camping.info/17894

Baden im Meer	100m
Hallenbad	15km
Spielplatz am Platz	✓
Hunde willkommen	✓
zur Hälfte Schatten	✓
WLAN (gegen Gebühr)	teilweise
Lebensmittel	✓
Brötchen am Platz	✓
Restaurant/Imbiss	1km/✓
Ver-/Entsorgung Womo	✓
in den Ort	1km
Gesamt	400
Mietunterkünfte	✓
Stellplätze vor Schranke	✗

3.7 GUT
53 Bewertungen

Lage	4.3
Ruhe	3.9
Sanitäranlagen	3.7
Sauberkeit Ø	3.8
Freundlichkeit	4.2
Stellplatz	3.7
Verpflegung	3.7
Freizeit	3.8
Preis-Leistung	3.6
Mietunterkünfte	3.6

Geeignet für

Kinder b. 6 J.	4.2
Kinder b. 12 J.	4.2
Kinder b. 18 J.	4.1
Paare	4.2
Senioren	4.0
Gäste mit Zelt	4.6
Gäste mit Hund	4.5

Empfohlene Aktivitäten

- Schwimmen
- Radfahren
- Wandern

Karte auf Seite 234

	8	9	10
	Campingplatz Banzelvitzer Berge	**Mobil-Camping De Klomp**	**Regenbogen Suhrendorf**
	Am Berg 4 18528 Rappin / OT Groß Banzelvitz +49 3838 31248	Vorwerk 13 18551 Sagard 038302564009	Suhrendorf 4 18569 Suhrendorf 0431 237 237 0
	54.51715 | 13.41152	54.51473 | 13.53856	54.46922 | 13.14331
Infos			
Öffnungszeiten	01.04. - 31.10.	keine Angabe	01.04. - 30.10.
Vergleichspreis	HS: 37,00 € | NS: 24,50 €	HS: 20,50 € | NS: 17,50 €	HS: 29,00 € | NS: 25,00 €
Link	**Mehr Infos & Anfrage:** www.camping.info/18103	**Mehr Infos & Anfrage:** www.camping.info/27111	**Mehr Infos & Anfrage:** www.camping.info/18109
Ausstattung			
Freizeit	Baden im Meer am Platz ✓ Hallenbad 15km Spielplatz am Platz ✓	Baden im Meer 1km Hallenbad 5km Spielplatz keine Angabe	Baden in nat. Gewässer k. A. Hallenbad 20km Spielplatz am Platz ✓
Campingplatz	Hunde willkommen ✓ wenig Schatten ✓ WLAN (begrenzt gratis) ✓	Hunde willkommen ✓ wenig Schatten ✓ WLAN ✓	Hunde willkommen ✓ zur Hälfte Schatten ✓ WLAN ✓
Versorgung	Lebensmittel ✓ Brötchen am Platz ✓ Restaurant & Imbiss ✗ Ver-/Entsorgung Womo ✓ in den Ort 3km	Lebensmittel 2km Brötchen am Platz nur HS Restaurant 100m Ver-/Entsorgung Womo ✓ in den Ort 2km	Lebensmittel ✓ Brötchen keine Angabe Restaurant & Imbiss ✓ Ver-/Entsorgung Womo ✓ in den Ort 4km
Anzahl der Plätze	Gesamt/Touristen 250/180 Mietunterkünfte ✓ Stellplätze vor Schranke ✗	Gesamt 59 Mietunterkünfte ✗ Stellplätze vor Schranke ✗	Gesamt/Touristen 320/240 Mietunterkünfte ✓ Stellplätze vor Schranke ✗

	8	9	10
Gesamt	3.9 GUT, 54 Bewertungen	4.4 SEHR GUT, 13 Bewertungen	3.7 GUT, 99 Bewertungen
Lage	4.1	3.8	4.0
Ruhe	4.8	4.1	4.2
Sanitäranlagen	3.6	4.8	3.6
Sauberkeit Ø	3.8	5.0	3.9
Freundlichkeit	4.1	5.0	3.9
Stellplatz	3.5	4.3	3.7
Verpflegung	3.2	3.2	3.4
Freizeit	3.9	3.7	3.6
Preis-Leistung	3.8	4.7	3.6
Mietunterkünfte	4.2	-	4.4
Geeignet für			
Kinder b. 6 J.	4.6	3.2	3.8
Kinder b. 12 J.	4.3	3.3	3.9
Kinder b. 18 J.	3.1	3.3	3.7
Paare	4.2	4.6	4.3
Senioren	4.1	4.6	4.2
Gäste mit Zelt	4.5	4.8	4.3
Gäste mit Hund	4.5	4.6	4.2
Empfohlene Aktivitäten	Entspannen Wandern Radfahren	Radfahren Entspannen Wandern	Surfen Radfahren Entspannen

13 Naturcampingplatz Alt Reddevitz

Alt Reddevitz 2
18586 Mönchgut/Rügen, OT Middelhagen
+49 383 086 6960
www.rügen-urlaub.de
info@xn--rgen-urlaub-thb.de

01.04. - 31.10.

HS: 32,80 € | NS: 26,50 €

Mehr Infos & Anfrage:
www.camping.info/24042

Baden in nat. Gewässer	k. A.
Pool/Hallenbad	4km
Spielplatz	800m
Hunde willkommen	✓
zur Hälfte Schatten	✓
WLAN	teilweise
Lebensmittel	k.A.
Brötchen am Platz	nur HS
Restaurant/Imbiss	800m
Ver-/Entsorgung Womo	✓
in den Ort	1km
Touristenplätze	130
Mietunterkünfte	✓
Stellplätze vor Schranke	✓

1 km
54.33758 | 13.68122

Schattenspende Eichenbäume am Naturcampingplatz.

Lage & Stellplatz

Der Campingplatz liegt inmitten des abwechslungsreichen Biosphären-Reservats auf der Halbinsel Mönchgut in Bodden-Nähe. Der Platz verfügt über 130 Rasenplätze, darunter Stromplätze, die sich Gäste auf Wunsch selbst aussuchen. Wasser- und Abwasseranschlüsse sowie ein Abwaschwagen sind vorhanden.

Verpflegung

Auf dem Naturcampingplatz erhalten Gäste morgens frische Brötchen, die wichtigsten Gebrauchsartikel, Getränke, Eis und mehr. Im Ortskern, ca. 750 m entfernt, finden sich ebenfalls mehrere Gaststätten und Cafés.

Sanitär

Das zentrale Sanitärhaus besteht aus getrennten Toiletten, zwei Waschräumen mit fünf Waschbecken und jeweils sechs kostenfreien Duschen (mit Vorhängen) sowie je drei Waschbecken. Das Gebäude ist zwar älter, jedoch voll funktionsfähig und wird von den Gästen durchweg als sauber empfunden.

Freizeit

Auf dem Campingplatz gibt es große und offene Rasenflächen, die sich ideal für Bewegungsspiele eignen. Neben dem Platz findet man einen Reiterhof und im Ort einen Spielplatz. Mit Fahrrad und Auto erreicht man zudem in wenigen Minuten viele unterschiedliche und reizvolle Ziele und Aktivitäten.

Blühende Mohnblumen am Platz.

Große Zelt- und Stellplatzwiese.

4.2 SEHR GUT
36 Bewertungen

Lage	4.3
Ruhe	4.9
Sanitäranlagen	3.3
Sauberkeit Ø	4.5
Freundlichkeit	4.8
Stellplatz	4.0
Verpflegung	3.2
Freizeit	4.1
Preis-Leistung	4.3
Mietunterkünfte	4.3

Geeignet für

4.9 Paare

4.8	Gäste mit Zelt
4.6	Senioren
4.2	Kinder b. 6 J.
4.8	Gäste mit Hund
4.3	Kinder b. 12 J.
4.0	Kinder b. 18 J.

Empfohlene Aktivitäten

Radfahren
Entspannen
Wandern
Reiten

Mehr Infos

Karte auf Seite 234

	11	12	14
	Camping Haidhof	**Regenbogen Göhren**	**Sund-Camp Altefähr**
	Haidhof 2 18569 Gingst +49 38305 344	Am Kleinbahnhof 18586 Göhren +49 38308 90120	Am Kurpark 1 18573 Altefähr +49 38306 75483
	54.44816 | 13.26153	54.34648 | 13.73489	54.33221 | 13.12157
Infos			
Öffnungszeiten	ganzjährig	02.04. - 05.11. 25.11. - 07.01.	01.04. - 14.10.
Vergleichspreis	keine Angabe	HS: 58,00 € | NS: 27,00 €	HS: 29,40 € | NS: 21,90 €
Link	**Mehr Infos & Anfrage:** www.camping.info/24147	**Mehr Infos & Anfrage:** www.camping.info/18113	**Mehr Infos & Anfrage:** www.camping.info/18110
Ausstattung			
Freizeit	Baden in nat. Gewässer k. A. Pool & Hallenbad ✗ Spielplatz am Platz ✓	Baden im Meer am Platz ✓ Pool/Hallenbad ✓/5km Spielplatz am Platz ✓	Baden im Meer 300m Pool/Hallenbad 5km Spielplatz am Platz ✓
Campingplatz	Hunde erlaubt ✓ Schatten ✗ WLAN keine Angabe	Hunde willkommen ✓ viel Schatten ✓ WLAN ✓	Hunde willkommen ✓ Schatten ✗ WLAN ✓
Versorgung	Lebensmittel 500m Brötchen am Platz ✓ Restaurant 500m Ver-/Entsorgung Womo ✗ in den Ort 500m	Lebensmittel ✓ Brötchen am Platz ✓ Restaurant & Imbiss ✓ Ver-/Entsorgung Womo ✓ in den Ort 500m	Lebensmittel ✓ Brötchen am Platz ✓ Restaurant/Imbiss 100m/✓ Ver-/Entsorgung Womo ✓ in den Ort 300m
Anzahl der Plätze	Touristenplätze 15 Mietunterkünfte ✓ Stellplätze vor Schranke ✗	Gesamt/Touristen 868/500 Mietunterkünfte ✓ Stellplätze vor Schranke ✗	Touristenplätze 120 Mietunterkünfte ✗ Stellplätze vor Schranke ✗

	Camping Haidhof	Regenbogen Göhren	Sund-Camp Altefähr
Gesamt	4.2 SEHR GUT, 8 Bewertungen	3.7 GUT, 614 Bewertungen	3.8 GUT, 54 Bewertungen
Lage	4.1	4.7	4.2
Ruhe	4.6	3.5	4.2
Sanitäranlagen	4.1	3.5	3.6
Sauberkeit Ø	4.8	3.6	4.2
Freundlichkeit	4.6	4.2	4.5
Stellplatz	4.4	3.8	3.5
Verpflegung	4.0	3.7	3.3
Freizeit	4.2	4.1	3.7
Preis-Leistung	4.8	2.9	4.0
Mietunterkünfte	4.7	4.0	-
Geeignet für			
Kinder b. 6 J.	4.2	4.3	3.7
Kinder b. 12 J.	4.2	4.5	3.9
Kinder b. 18 J.	4.0	4.1	3.7
Paare	4.9	4.2	4.2
Senioren	4.8	3.9	4.3
Gäste mit Zelt	4.6	3.6	4.2
Gäste mit Hund	4.6	4.0	4.5
Empfohlene Aktivitäten	Wandern Entspannen Radfahren	Schwimmen Radfahren Wandern	Radfahren Entspannen Schwimmen

Jugendgruppen nur beschränkt zugelassen

15 Dat Stranddörp

Lobbe 32a
18586 Lobbe
+49 383 08 23 14
54.31585 | 13.71929

01.04. - 31.10.
HS: 36,00 € | NS: 21,50 €
Mehr Infos & Anfrage:
www.camping.info/18112

Baden im Meer am Platz	✓
Hallenbad	5km
Spielplatz am Platz	✓
Hunde erlaubt	✓
Schatten	✗
WLAN (gegen Gebühr)	teilweise
Lebensmittel	✓
Brötchen am Platz	✓
Restaurant am P.	✓
Ver-/Entsorgung Womo	✓
in den Ort	100m
Gesamt/Touristen	316/248
Mietunterkünfte	✓
Stellplätze vor Schranke	✗

3.8 GUT
81 Bewertungen

Lage	4.2
Ruhe	3.2
Sanitäranlagen	3.9
Sauberkeit Ø	4.1
Freundlichkeit	4.2
Stellplatz	3.8
Verpflegung	3.2
Freizeit	3.7
Preis-Leistung	3.5
Mietunterkünfte	4.2

Geeignet für

Kinder b. 6 J.	3.8
Kinder b. 12 J.	3.8
Kinder b. 18 J.	3.6
Paare	4.3
Senioren	4.3
Gäste mit Zelt	4.2
Gäste mit Hund	4.4

Empfohlene Aktivitäten
- Radfahren
- Schwimmen
- Entspannen

16 Campingplatz Thiessow

Hauptstraße 4
18586 Mönchgut, OT Thiessow
+49 38308 669585
54.28021 | 13.714

01.04. - 31.10.
HS: 32,00 € | NS: 26,50 €
Mehr Infos & Anfrage:
www.camping.info/18114

Baden im Meer	200m
Hallenbad	10km
Spielplatz am Platz	✓
Hunde willkommen	✓
zur Hälfte Schatten	✓
WLAN	✓
Lebensmittel	✓
Brötchen am Platz	✓
Restaurant & Imbiss	✓
Ver-/Entsorgung Womo	✓
in den Ort	500m
Touristenplätze	315
Mietunterkünfte	✗
Stellplätze vor Schranke	✗

4.0 SEHR GUT
49 Bewertungen

Lage	4.4
Ruhe	3.9
Sanitäranlagen	3.9
Sauberkeit Ø	4.2
Freundlichkeit	4.4
Stellplatz	3.9
Verpflegung	3.3
Freizeit	3.6
Preis-Leistung	3.7
Mietunterkünfte	-

Geeignet für

Kinder b. 6 J.	4.0
Kinder b. 12 J.	4.0
Kinder b. 18 J.	3.4
Paare	4.4
Senioren	4.4
Gäste mit Zelt	4.2
Gäste mit Hund	4.3

Empfohlene Aktivitäten
- Radfahren
- Schwimmen
- Entspannen

17 Surfoase Mönchgut Campingplatz auf Rügen

FKK

Dörpstraat 2
18586 Klein-Zicker
+49 383 083 0125
54.27778 | 13.70167

01.04. - 31.10.
HS: 31,40 € | NS: 24,40 €
Mehr Infos & Anfrage:
www.camping.info/22325

Baden in nat. Gewässer	k. A.
Pool/Hallenbad	11km
Spielplatz am Platz	✓
Hunde willkommen	✓
kein Schatten	✓
WLAN	✓
Lebensmittel	1km
Brötchen am Platz	✓
Restaurant/Imbiss	500m
Ver-/Entsorgung Womo	✓
in den Ort	500m
Touristenplätze	60
Mietunterkünfte	✓
Stellplätze vor Schranke	✗

4.3 SEHR GUT
7 Bewertungen

Lage	5.0
Ruhe	4.4
Sanitäranlagen	4.3
Sauberkeit Ø	4.8
Freundlichkeit	4.8
Stellplatz	3.9
Verpflegung	4.3
Freizeit	4.6
Preis-Leistung	4.1
Mietunterkünfte	-

Geeignet für

Kinder b. 6 J.	5.0
Kinder b. 12 J.	5.0
Kinder b. 18 J.	4.3
Paare	4.7
Senioren	4.2
Gäste mit Zelt	5.0
Gäste mit Hund	5.0

Empfohlene Aktivitäten
- Radfahren
- Surfen
- Schwimmen

18 Naturcampingplatz Rügen Pritzwald

FKK

Zicker 19
18574 Zicker-Rügen
+49 38304 629771
54.26094 | 13.40713

01.04. - 31.10.
HS: 23,00 € | NS: 18,00 €
Mehr Infos & Anfrage:
www.camping.info/27113

Baden im Meer am Platz	✓
Pool & Hallenbad	✗
Spielplatz am Platz	✓
Hunde erlaubt	✓
viel Schatten	✓
WLAN (gegen Gebühr)	✓
Lebensmittel	9km
Brötchen am Platz	✓
Restaurant & Imbiss	✗
Ver-/Entsorgung Womo	✓
in den Ort	keine Angabe
Gesamt/Touristen	320/220
Mietunterkünfte	✗
Stellplätze vor Schranke	✗

3.7 GUT
10 Bewertungen

Lage	3.9
Ruhe	4.8
Sanitäranlagen	3.8
Sauberkeit Ø	4.4
Freundlichkeit	4.2
Stellplatz	3.6
Verpflegung	2.3
Freizeit	3.0
Preis-Leistung	4.4
Mietunterkünfte	-

Geeignet für

Kinder b. 6 J.	4.2
Kinder b. 12 J.	3.8
Kinder b. 18 J.	3.2
Paare	4.4
Senioren	4.2
Gäste mit Zelt	4.4
Gäste mit Hund	4.5

Empfohlene Aktivitäten
- Radfahren
- Entspannen
- Schwimmen

MECKLENBURG-VORPOMMERN

3 Usedom

	Platz	Seite	Bewertung	Öffnungszeiten	
1	Campingplatz Stahlbrode	244	3.9	saisonal	
2	Waldcamp Freest	244	4.2	saisonal	
3	Campingplatz Loissin	245	3.7	saisonal	
4	Dünencamp Karlshagen	244	4.1	ganzjährig	*
5	Campingplatz Ostseeblick	246	3.9	saisonal	
6	Camping an der Dänischen Wiek	246	4.6	saisonal	
7	Camping Pommernland GmbH	246	4.2	ganzjährig	*
8	Camping Am Dünengelände GmbH	247	3.5	ganzjährig	*
9	Campingplatz Am Sandfeld	247	4.6	saisonal	
10	Campingplatz Stubbenfelde - Camping Park Resort	247	4.3	saisonal	
11	Natur Camping Usedom	247	4.3	saisonal	
12	Naturcampingplatz „Am Strand" Ückeritz - Usedom	249	3.2	saisonal	*
13	Naturcamping Hafen Stagnieß	248	4.4	k. A.	
14	Mobilcamp Heringsdorf	248	4.1	saisonal	
15	Nandalee Camping	248	4.1	saisonal	
16	Naturcamping Lassan	251	4.5	saisonal	
17	Campingplatz und Ferienhäuser Haffküste Kamminke	250	-	k. A.	
18	Ferienpark Ueckermünde-Bellin GmbH	250	3.7	ganzjährig	*
19	Randow-Floß & Campingplatz Eggesin	250	-	saisonal	

Karte auf Seite 242

	1	2	4
	Campingplatz Stahlbrode	**Waldcamp Freest**	**Dünencamp Karlshagen**
	Küstenweg 8 18519 Sundhagen +49 38328 489908	Dorfstraße 74 17440 Freest bei Kröslin +49 38370 20538	Zeltplatzstraße 11 17449 Karlshagen +49 38371 20291
	54.23549 | 13.2833	54.14 | 13.71722	54.11703 | 13.84568
Infos			
Öffnungszeiten	18.04. - 30.10.	01.04. - 31.10.	ganzjährig
Vergleichspreis	HS: 20,00 € | NS: 20,00 €	HS: 23,20 € | NS: 18,20 €	HS: 42,00 € | NS: 37,00 €
Link	**Mehr Infos & Anfrage:** www.camping.info/23910	**Mehr Infos & Anfrage:** www.camping.info/18077	**Mehr Infos & Anfrage:** www.camping.info/17892
Ausstattung			
Freizeit	Baden im See am Platz ✓ Pool/Hallenbad 25km Spielplatz keine Angabe	Baden im Meer 200m Pool/Hallenbad 25km Spielplatz am Platz ✓	Baden im Meer am Platz ✓ Hallenbad 6km Spielplatz am Platz ✓
Campingplatz	Hunde erlaubt ✓ Schatten ✗ WLAN ✗	Hunde willkommen ✓ kein Schatten ✓ WLAN teilweise	Hunde willkommen ✓ zur Hälfte Schatten ✓ WLAN ✓
Versorgung	Lebensmittel 4km Brötchen keine Angabe Restaurant & Imbiss ✗ Ver-/Entsorgung Womo ✓ in den Ort 500m	Lebensmittel 300m Brötchen am Platz ✓ Restaurant/Imbiss 300/400m Ver-/Entsorgung Womo ✓ in den Ort 300m	Lebensmittel ✓ Brötchen am Platz nur HS Restaurant/Imbiss 500m/✓ Ver-/Entsorgung Womo ✓ in den Ort 500m
Anzahl der Plätze	Touristenplätze 20 Mietunterkünfte ✗ Stellplätze vor Schranke ✗	Gesamt/Touristen 100/80 Mietunterkünfte ✓ Stellplätze vor Schranke ✗	Gesamt/Touristen 340/265 Mietunterkünfte ✗ Stellplätze vor Schranke ✗

	Campingplatz Stahlbrode	Waldcamp Freest	Dünencamp Karlshagen
Gesamt	3.9 GUT (28 Bewertungen)	4.2 SEHR GUT (42 Bewertungen)	4.1 SEHR GUT (87 Bewertungen)
Lage	4.5	4.1	4.8
Ruhe	4.5	4.7	4.2
Sanitäranlagen	3.6	3.8	4.3
Sauberkeit Ø	4.2	4.5	4.3
Freundlichkeit	4.1	4.8	4.0
Stellplatz	3.6	4.2	3.7
Verpflegung	2.6	3.5	3.0
Freizeit	3.7	3.7	3.9
Preis-Leistung	3.9	4.2	3.8
Mietunterkünfte	-	4.5	-
Geeignet für			
Kinder b. 6 J.	3.6	4.6	4.3
Kinder b. 12 J.	3.5	4.3	4.3
Kinder b. 18 J.	3.4	3.7	4.0
Paare	4.1	4.6	4.3
Senioren	4.3	4.6	4.3
Gäste mit Zelt	4.4	4.6	4.1
Gäste mit Hund	4.4	4.7	4.1
Empfohlene Aktivitäten	Radfahren Entspannen Wandern	Entspannen Radfahren Wandern	Schwimmen Radfahren Entspannen

3 Campingplatz Loissin

Am Strandweg 1
17509 Loissin
+49 38352 243
www.campingplatz-loissin.de
kontakt@campingplatz-loissin.de

01.04. - 31.10.

HS: 32,00 € | NS: 21,00 €

Mehr Infos & Anfrage:
www.camping.info/18085

Baden im Meer am Platz	✓
Hallenbad	15km
Spielplatz am Platz	✓
Hunde willkommen	✓
wenig Schatten	✓
WLAN (gegen Gebühr)	✓
Lebensmittel	✓
Brötchen am Platz	✓
Restaurant & Imbiss	✓
Ver-/Entsorgung Womo	✓
in den Ort	1km
Gesamt/Touristen	320/220
Mietunterkünfte	✓
Stellplätze vor Schranke	✗

1 km
54.12739 | 13.52117

Blick über die Stellplätze vom Campingplatz Loissin am Greifswalder Bodden.

Lage & Stellplatz

Naturbelassener, großzügig parzellierter Campingplatz direkt an der Küste. Die herrliche Lage zwischen den Touristenzentren Rügen und Usedom wird jeden Camping- und Caravaning-Freund sofort begeistern. Zwischen altem Baumbestand finden die Gäste sowohl schattige als auch sonnige Plätze.

Sanitär

Die behindertengerechten Atrium-Sanitärhäuser entsprechen höchstem Standard und sind stets sauber. Zudem werden hier zusätzlich Kochgelegenheiten, Waschmaschinen sowie zur Entspannung eine Sauna geboten.

Verpflegung

Abends stehen den Gästen mehrere Grillstätten zur Verfügung. Wer nicht selbst kochen oder grillen möchte, kann sich in den gemütlichen Gaststätten verwöhnen lassen. Im platzeigenen Supermarkt finden die Camper alles, was sie für den täglichen Bedarf benötigen.

Freizeit

Vom Platz sind es nur wenige Meter bis zum feinen Strand. Surfer/Kiter/SUPer finden ein tolles Stehrevier. Anfänger können an Kursen in der Kiteschule teilnehmen. Zudem gibt es eine Crazybowlingbahn, Minigolfanlage, Tischtennisplatten, ein Volleyballfeld sowie zwei Spielplätze mit einem Hüpfkissen.

Stellplatz direkt am Wasser.

Spaß beim Beachvolleyball.

3.7 GUT
106 Bewertungen

Lage	3.8
Ruhe	3.9
Sanitäranlagen	3.6
Sauberkeit Ø	3.9
Freundlichkeit	4.2
Stellplatz	3.8
Verpflegung	3.6
Freizeit	3.5
Preis-Leistung	4.1
Mietunterkünfte	3.7

Geeignet für

4.5	Gäste mit Hund
4.4	Gäste mit Zelt
4.2	Kinder b. 6 J.
4.1	Kinder b. 12 J.
4.1	Paare
4.1	Senioren
3.4	Kinder b. 18 J.

Empfohlene Aktivitäten

Surfen · Radfahren · Entspannen · Wandern

Mehr Infos

Karte auf Seite 242

	5	6	7
	Campingplatz Ostseeblick	**Camping an der Dänischen Wiek**	**Camping Pommernland GmbH**
	Zeltplatzstraße 20 17449 Trassenheide +49 38371 20949	Wolgaster Landstraße 47 17493 Greifswald / Eldena +49 3834 5355280	Dr.-Wachsmann-Str. 40 17454 Zinnowitz +49 383 774 0348
	54.09012 | 13.88569	54.08843 | 13.45945	54.08222 | 13.89944
Infos			
Öffnungszeiten	01.04. - 31.10.	29.04. - 04.10.	ganzjährig
Vergleichspreis	HS: 34,50 € | NS: 29,50 €	keine Angabe	HS: 44,00 € | NS: 30,50 €
Link	**Mehr Infos & Anfrage:** www.camping.info/17889	**Mehr Infos & Anfrage:** www.camping.info/26116	**Mehr Infos & Anfrage:** www.camping.info/18080
Ausstattung			
Freizeit	Baden im Meer am Platz ✓ Hallenbad 2km Spielplatz am Platz ✓	Baden im Meer am Platz ✓ Pool/Hallenbad 4km Spielplatz am Platz ✓	Baden im Meer 250m Hallenbad 300m Spielplatz am Platz ✓
Campingplatz	Hunde willkommen ✓ Schatten ✗ WLAN ✗	Hunde willkommen ✓ zur Hälfte Schatten ✓ WLAN ✓	Hunde willkommen ✓ zur Hälfte Schatten ✓ WLAN (gegen Gebühr) ✓
Versorgung	Lebensmittel ✓ Brötchen am Platz ✓ Restaurant/Imbiss 200m/✓ Ver-/Entsorgung Womo ✓ in den Ort 2km	Lebensmittel 500m Brötchen am Platz ✗ Restaurant/Imbiss 500m Ver-/Entsorgung Womo ✓ im Ort ✓	Lebensmittel ✓ Brötchen am Platz ✓ Restaurant & Imbiss ✓ Ver-/Entsorgung Womo ✓ im Ort ✓
Anzahl der Plätze	Gesamt/Touristen 320/300 Mietunterkünfte ✗ Stellplätze vor Schranke ✗	Gesamt/Touristen 70/50 Mietunterkünfte ✗ Stellplätze vor Schranke ✗	Gesamt/Touristen 400/320 Mietunterkünfte ✓ Stellplätze vor Schranke ✗

	5	6	7
Gesamt	3.9 GUT	4.6 SEHR GUT	4.2 SEHR GUT
Bewertungen	48 Bewertungen	40 Bewertungen	108 Bewertungen
Lage	4.7	4.6	4.5
Ruhe	4.1	4.3	4.0
Sanitäranlagen	3.7	4.4	4.2
Sauberkeit Ø	3.9	4.8	4.2
Freundlichkeit	4.4	4.9	4.2
Stellplatz	3.9	4.4	4.0
Verpflegung	3.3	3.3	4.2
Freizeit	3.7	4.2	4.2
Preis-Leistung	3.7	4.5	3.7
Mietunterkünfte	-	-	4.6
Geeignet für			
Kinder b. 6 J.	4.3	4.4	4.4
Kinder b. 12 J.	4.5	4.2	4.4
Kinder b. 18 J.	4.0	4.3	4.2
Paare	4.3	4.7	4.4
Senioren	4.2	4.6	4.3
Gäste mit Zelt	4.4	4.8	4.3
Gäste mit Hund	4.3	4.7	4.1
Empfohlene Aktivitäten	Radfahren Schwimmen Wandern	Radfahren Schwimmen Entspannen	Schwimmen Radfahren Entspannen

Reservierungen in der Hauptsaison (Juni-August) sind notwendig.

8 Camping Am Dünengelände GmbH

✻

Campingweg 1
17459 Zempin
+49 38377 41363

54.07196 | 13.93896

ganzjährig

HS: 39,50 € | NS: 29,00 €

Mehr Infos & Anfrage:
www.camping.info/18081

Baden im Meer am Platz	✓
Pool/Hallenbad	2km
Spielplatz am Platz	✓
Hunde erlaubt	✓
Schatten	✗
WLAN	✗
Lebensmittel	✓
Brötchen am Platz	✓
Restaurant & Imbiss	✓
Ver-/Entsorgung Womo	✓
in den Ort	1km
Gesamt/Touristen	500/350
Mietunterkünfte	✓
Stellplätze vor Schranke	✓

3.5 GUT – 67 Bewertungen

Lage	4.5
Ruhe	3.8
Sanitäranlagen	3.4
Sauberkeit Ø	3.9
Freundlichkeit	4.2
Stellplatz	3.5
Verpflegung	3.0
Freizeit	3.5
Preis-Leistung	3.0
Mietunterkünfte	4.0

Geeignet für

Kinder b. 6 J.	4.1
Kinder b. 12 J.	4.2
Kinder b. 18 J.	3.8
Paare	4.4
Senioren	4.2
Gäste mit Zelt	4.2
Gäste mit Hund	4.3

Empfohlene Aktivitäten

- Radfahren
- Schwimmen
- Wandern

9 Campingplatz Am Sandfeld

Am Sandfeld 5
17459 Koserow
+49 38375 20759

54.04677 | 14.01191

01.04. - 16.10.

HS: 32,50 € | NS: 26,50 €

Mehr Infos & Anfrage:
www.camping.info/18082

Baden im Meer	700m
Hallenbad	300m
Spielplatz am Platz	✓
Hunde willkommen	✓
wenig Schatten	✓
WLAN (gegen Gebühr)	✓
Lebensmittel	400m
Brötchen am Platz	✓
Restaurant/Imbiss	100/500m
Ver-/Entsorgung Womo	✓
in den Ort	500m
Gesamt/Touristen	170/150
Mietunterkünfte	✓
Stellplätze vor Schranke	✗

4.6 SEHR GUT – 110 Bewertungen

Lage	4.3
Ruhe	4.8
Sanitäranlagen	4.2
Sauberkeit Ø	4.7
Freundlichkeit	4.9
Stellplatz	4.4
Verpflegung	4.0
Freizeit	4.2
Preis-Leistung	4.6
Mietunterkünfte	4.4

Geeignet für

Kinder b. 6 J.	4.3
Kinder b. 12 J.	4.3
Kinder b. 18 J.	3.8
Paare	4.7
Senioren	4.5
Gäste mit Zelt	4.6
Gäste mit Hund	4.4

Empfohlene Aktivitäten

- Radfahren
- Entspannen
- Schwimmen

10 Campingplatz Stubbenfelde - Camping Park Resort

Waldstraße 12
17459 Seebad Stubbenfelde
+49 38375 20606

54.03307 | 14.04032

29.03. - 03.11.

HS: 39,00 € | NS: 27,50 €

Mehr Infos & Anfrage:
www.camping.info/26565

Baden in nat. Gewässer	k. A.
Pool & Hallenbad	✗
Spielplatz	keine Angabe
Hunde willkommen	✓
zur Hälfte Schatten	✓
WLAN	keine Angabe
Lebensmittel	k.A.
Brötchen	keine Angabe
Restaurant & Imbiss	✗
Ver-/Entsorgung Womo	✗
in den Ort	800m
Gesamt/Touristen	300/290
Mietunterkünfte	✗
Stellplätze vor Schranke	✗

4.3 SEHR GUT – 22 Bewertungen

Lage	4.6
Ruhe	3.8
Sanitäranlagen	4.0
Sauberkeit Ø	4.1
Freundlichkeit	4.4
Stellplatz	4.0
Verpflegung	3.9
Freizeit	4.2
Preis-Leistung	3.7
Mietunterkünfte	-

Geeignet für

Kinder b. 6 J.	4.7
Kinder b. 12 J.	4.7
Kinder b. 18 J.	4.2
Paare	4.2
Senioren	3.9
Gäste mit Zelt	4.0
Gäste mit Hund	4.1

Empfohlene Aktivitäten

- Radfahren
- Schwimmen
- Wandern

11 Natur Camping Usedom

Zeltplatzstraße 20
17440 Lütow
+49 38377 40581

54.0109 | 13.85835

01.04. - 31.10.

HS: 31,60 € | NS: 26,20 €

Mehr Infos & Anfrage:
www.camping.info/18078

Baden im Meer am Platz	✓
Hallenbad	8km
Spielplatz am Platz	✓
Hunde willkommen	✓
zur Hälfte Schatten	✓
WLAN (gratis)	teilweise
Lebensmittel	✓
Brötchen am Platz	✓
Restaurant & Imbiss	✓
Ver-/Entsorgung Womo	✓
in den Ort	2km
Gesamt/Touristen	450/350
Mietunterkünfte	✓
Stellplätze vor Schranke	✗

4.3 SEHR GUT – 338 Bewertungen

Lage	4.3
Ruhe	4.1
Sanitäranlagen	3.6
Sauberkeit Ø	3.6
Freundlichkeit	4.5
Stellplatz	4.2
Verpflegung	4.2
Freizeit	3.9
Preis-Leistung	4.1
Mietunterkünfte	4.4

Geeignet für

Kinder b. 6 J.	4.3
Kinder b. 12 J.	4.4
Kinder b. 18 J.	4.1
Paare	4.4
Senioren	3.8
Gäste mit Zelt	4.5
Gäste mit Hund	4.6

Empfohlene Aktivitäten

- Wandern
- Radfahren
- Entspannen

Karte auf Seite 242

	13	14	15
	Naturcamping Hafen Stagnieß	**Mobilcamp Heringsdorf**	**Nandalee Camping**
	14459 Ückeritz	Triftstr. 10a 17424 Heringsdorf +49 38378 49 80 73	Sellin 17a 17429 Seebad Bansin OT Sellin +49 152 33 88 32 26
	54.0018 | 14.045	53.96193 | 14.15223	53.95788 | 14.09181
Infos			
Öffnungszeiten	keine Angabe	01.04. - 31.10.	01.05. - 03.10.
Vergleichspreis	keine Angabe	HS: 29,70 € | NS: 22,00 €	HS: 28,80 € | NS: 25,80 €
Link	**Mehr Infos & Anfrage:** www.camping.info/27402	**Mehr Infos & Anfrage:** www.camping.info/22326	**Mehr Infos & Anfrage:** www.camping.info/26208
Ausstattung			
Freizeit	Baden in nat. Gewässer k. A. Pool & Hallenbad ✗ Spielplatz keine Angabe	Baden in nat. Gewässer k. A. Pool & Hallenbad ✗ Spielplatz am Platz ✓	Baden im See am Platz ✓ Pool & Hallenbad ✗ Spielplatz ✗
Campingplatz	Hunde ✗ Schatten ✗ WLAN keine Angabe	Hunde willkommen ✓ Schatten ✗ WLAN ✓	Hunde erlaubt ✓ Schatten ✗ WLAN ✗
Versorgung	Lebensmittel k.A. Brötchen keine Angabe Restaurant & Imbiss ✗ Ver-/Entsorgung Womo ✗ in den Ort keine Angabe	Lebensmittel 300m Brötchen am Platz ✓ Restaurant/Imbiss 500m Ver-/Entsorgung Womo ✓ in den Ort 500m	Lebensmittel ✓ Brötchen am Platz ✓ Restaurant am P. ✓ Ver-/Entsorgung Womo ✓ in den Ort 4km
Anzahl der Plätze	Gesamt keine Angabe Mietunterkünfte ✗ Stellplätze vor Schranke ✗	Touristenplätze 71 Mietunterkünfte ✓ Stellplätze vor Schranke ✗	Gesamt/Touristen 70/45 Mietunterkünfte ✓ Stellplätze vor Schranke ✗

	13	14	15
Gesamt	4.4 SEHR GUT, 5 Bewertungen	4.1 SEHR GUT, 74 Bewertungen	4.1 SEHR GUT, 19 Bewertungen
Lage	4.6	4.3	4.5
Ruhe	4.5	4.2	4.9
Sanitäranlagen	4.6	4.0	3.4
Sauberkeit Ø	4.7	4.3	4.3
Freundlichkeit	5.0	3.9	4.5
Stellplatz	4.0	4.1	3.9
Verpflegung	3.8	3.2	3.5
Freizeit	4.2	4.1	3.6
Preis-Leistung	4.8	3.6	3.6
Mietunterkünfte	-	4.0	4.8
Geeignet für			
Kinder b. 6 J.	3.3	3.1	3.4
Kinder b. 12 J.	4.0	3.2	3.7
Kinder b. 18 J.	4.0	3.2	3.5
Paare	4.5	4.5	4.5
Senioren	4.3	4.6	4.0
Gäste mit Zelt	4.3	2.6	4.5
Hunde n. erlaubt / Gäste mit Hund	Hunde n. erlaubt -	Gäste mit Hund 4.0	Gäste mit Hund 4.6
Empfohlene Aktivitäten	Radfahren Wandern Kayak/Kanu	Radfahren Entspannen Spazieren	Radfahren Entspannen Wandern

Naturcampingplatz „Am Strand" Ückeritz - Usedom

12

*

Auf dem Campingplatz 1
17459 Ückeritz
+49 38375 20923
www.campingplatz-ueckeritz.de
camping.rezeption@ueckeritz.de

27.12. - 07.01.
01.04. - 31.10.
HS: 43,00 € | NS: 35,00 €

Mehr Infos & Anfrage:
www.camping.info/18084

Baden im Meer am Platz	✓
Pool & Hallenbad	✗
Spielplatz am Platz	✓
Hunde erlaubt	✓
zur Hälfte Schatten	✓
WLAN (gratis)	teilweise
Lebensmittel	✓
Brötchen am Platz	nur HS
Restaurant & Imbiss	✓
Ver-/Entsorgung Womo	✓
in den Ort	1km
Gesamt/Touristen	900/750
Mietunterkünfte	✓
Stellplätze vor Schranke	✗

Die Rezeption des Naturcampingplatzes „Am Strand".

54.00744 | 14.08564

Lage & Stellplatz

Der Naturcampingplatz „Am Strand" im Ostseebad Ückeritz ist einer der größten und landschaftlich schönsten Plätze auf der Insel Usedom. Er erstreckt sich 4,5 km entlang der Ostseeküste unmittelbar hinter dem Küstenschutzwald. Der Platz umfasst insgesamt ca. 700 Stellflächen, teilweise parzelliert.

Verpflegung

Brötchenservice, zwei Frischemärkte und unterschiedlichste gastronomische Einrichtungen finden die Gäste direkt in den einzelnen Abschnitten auf dem Campingplatz. Des Weiteren erhält man auf der Promenade alles, was das Herz begehrt – vom Fischbrötchen über frisches Obst bis hin zu Pizza.

Sanitär

Der Naturcampingplatz „Am Strand" verfügt über mehrere sanitäre Einrichtungen. Darüber hinaus stehen Waschmaschinen und Wäschetrockner in separaten Waschräumen bereit. In allen Sanitäranlagen sind Abwaschmöglichkeiten vorhanden, teilweise auch Kochstellen.

Freizeit

Der feine, weiße Ostseestrand steht bei Familien hoch im Kurs. Auch für Anhänger des FKK-Badens und für Gäste mit Hund sind am Strand gesonderte Abschnitte vorhanden. Wassersportler finden am Achterwasser in ca. 2 km Entfernung ideale Voraussetzungen zum Surfen, Kiten und Segeln vor.

Die Caravan-Stellplätze.

Strandzugänge in ca. 50 m.

3.2 GUT
97 Bewertungen

Lage	4.5
Ruhe	3.0
Sanitäranlagen	2.9
Sauberkeit Ø	2.9
Freundlichkeit	3.5
Stellplatz	3.1
Verpflegung	3.7
Freizeit	3.5
Preis-Leistung	3.0
Mietunterkünfte	2.8

Geeignet für

3.8 Paare

3.6 Gäste mit Hund	3.4 Kinder b. 12 J.	3.3 Senioren
3.5 Kinder b. 18 J.	3.4 Gäste mit Zelt	3.1 Kinder b. 6 J.

Empfohlene Aktivitäten

Schwimmen
Radfahren
Wandern
Entspannen

Mehr Infos

In der Vor- & Nachsaison werden nicht alle Bereiche geöffnet.

Karte auf Seite 242

	17	18	19
	Campingplatz und Ferienhäuser Haffküste Kamminke	**Ferienpark Ueckermünde-Bellin GmbH** ❄	**Randow-Floß & Campingplatz Eggesin**
	Garzer Weg 1 17419 Kamminke 038376/29 91 13 53.87297 | 14.19826	Dorfstr. 8b 17373 Seebad Ueckermünde +493977159110 53.7376 | 14.11438	Pasewalkerstr. 1 A 17376 Eggesin 03977960082 53.68148 | 14.07066
Infos			
Öffnungszeiten	keine Angabe	ganzjährig	15.04. - 31.10.
Vergleichspreis	keine Angabe	HS: 27,60 € | NS: 27,60 €	HS: 21,00 € | NS: 21,00 €
Link	**Mehr Infos & Anfrage:** www.camping.info/30268	**Mehr Infos & Anfrage:** www.camping.info/27604	**Mehr Infos & Anfrage:** www.camping.info/30170
Ausstattung			
Freizeit	Baden in nat. Gewässer k. A. Pool & Hallenbad ✗ Spielplatz keine Angabe	Baden im Meer am Platz ✓ Pool & Hallenbad ✗ Spielplatz am Platz ✓	Baden in nat. Gewässer k. A. Pool & Hallenbad ✗ Spielplatz keine Angabe
Campingplatz	Hunde ✗ Schatten ✗ WLAN keine Angabe	Hunde willkommen ✓ zur Hälfte Schatten ✓ WLAN ✗	Hunde ✗ Schatten ✗ WLAN keine Angabe
Versorgung	Lebensmittel k.A. Brötchen keine Angabe Restaurant & Imbiss ✗ Ver-/Entsorgung Womo ✗ in den Ort keine Angabe	Lebensmittel 1km Brötchen am Platz ✓ Restaurant 200m Ver-/Entsorgung Womo ✓ in den Ort keine Angabe	Lebensmittel k.A. Brötchen keine Angabe Restaurant & Imbiss ✗ Ver-/Entsorgung Womo ✗ im Ort ✓
Anzahl der Plätze	Gesamt keine Angabe Mietunterkünfte ✗ Stellplätze vor Schranke ✗	Touristenplätze 60 Mietunterkünfte ✓ Stellplätze vor Schranke ✗	Gesamt/Touristen 12/8 Mietunterkünfte ✓ Stellplätze vor Schranke ✗

17: - JETZT BEWERTEN!

Für diese Auswertung liegen leider noch nicht genügend Bewertungen vor.

Sei einer der Ersten, der diesen Campingplatz bewertet.

Mit einer guten Campingplatz-Bewertung unterstützt du nicht nur deinen Lieblingsplatz, sondern hilfst auch anderen Campern bei der Platzwahl.

18: 3.7 GUT – 11 Bewertungen

Lage	4.9
Ruhe	4.9
Sanitäranlagen	4.2
Sauberkeit Ø	4.5
Freundlichkeit	3.8
Stellplatz	4.2
Verpflegung	3.1
Freizeit	4.4
Preis-Leistung	4.0
Mietunterkünfte	-

Geeignet für

Kinder b. 6 J.	4.7
Kinder b. 12 J.	4.6
Kinder b. 18 J.	4.7
Paare	4.7
Senioren	5.0
Gäste mit Zelt	4.0
Gäste mit Hund	4.7

Empfohlene Aktivitäten

- Schwimmen
- Radfahren
- Entspannen

19: - JETZT BEWERTEN!

Für diese Auswertung liegen leider noch nicht genügend Bewertungen vor.

Sei einer der Ersten, der diesen Campingplatz bewertet.

Mit einer guten Campingplatz-Bewertung unterstützt du nicht nur deinen Lieblingsplatz, sondern hilfst auch anderen Campern bei der Platzwahl.

16 Naturcamping Lassan

Garthof 5
17440 Lassan
+49 38374 559951
www.campingplatz-lassan.de
info@campingplatz-lassan.de

01.04. - 31.10.

HS: 35,00 € | NS: 31,00 €

Mehr Infos & Anfrage:
www.camping.info/18079

Baden im Fluss	200m
Pool/Hallenbad	25km
Spielplatz am Platz	✓
Hunde willkommen	✓
zur Hälfte Schatten	✓
WLAN (begrenzt gratis)	✓
Lebensmittel	500m
Brötchen am Platz	✓
Restaurant & Imbiss	✓
Ver-/Entsorgung Womo	✓
in den Ort	500m
Gesamt/Touristen	70/60
Mietunterkünfte	✓
Stellplätze vor Schranke	✓

53.94697 | 13.85718

Sonnenterrasse und Stellplätze mit Blick auf den Peenestrom.

Lage & Stellplatz

Naturcamping Lassan liegt direkt am Peenestrom / Achterwasser, gegenüber der Insel Usedom. Die Lage am Wasser ist ideal für Familien und Wassersportler. Naturbelassene und unparzellierte Stellplätze mit Strom- und Wasseranschluss. Natürlicher Bewuchs sorgt für sonnige und schattige Plätze.

Verpflegung

Die platzeigene Gaststätte „Camper-Treff" bietet bodenständige Küche, Snacks, hausgemachte Kuchen sowie wechselnde Sommerangebote (z. B. Fischräuchern). Brötchenservice und ein kleines Verpflegungsangebot findet man im Shop. Weitere Einkaufsmöglichkeiten sind fußläufig im Ort erreichbar.

Sanitär

Die Sanitäranlagen wurden 2017 und 2022 renoviert. Spülküche und Waschmaschinenraum sind ebenfalls überarbeitet. Zwei Mietbäder können als Privatbad dazu gemietet werden, auch für Rollstuhlfahrer nutzbar. Besonderes Highlight ist die Fass-Sauna im privaten Saunabereich.

Freizeit

Der Platz ist ideal für Wassersportler und Kanu-Fans. Die Badestelle ist 500 m entfernt, aber auch die Ostseestrände sind schnell zu erreichen. Sehr gute Ausgangslage für Ausflüge nach Greifswald, Stralsund oder Polen. Der Lassaner Winkel hat eine besondere Atmosphäre. Es gibt viel zu entdecken!

Schlaffässer und Mietwohnwagen.

Erholung beim Stand-up Paddeln.

4.5 SEHR GUT
161 Bewertungen

Lage	4.4
Ruhe	4.7
Sanitäranlagen	4.0
Sauberkeit Ø	4.2
Freundlichkeit	4.7
Stellplatz	4.4
Verpflegung	4.4
Freizeit	4.4
Preis-Leistung	4.4
Mietunterkünfte	4.5

Geeignet für

4.8	Gäste mit Zelt
4.8	Gäste mit Hund
4.7	Paare
4.5	Senioren
4.2	Kinder b. 6 J.
4.2	Kinder b. 12 J.
3.9	Kinder b. 18 J.

Empfohlene Aktivitäten

Kayak/Kanu
Entspannen
Angeln
Wandern

Mehr Infos

Der Platz ist sehr ruhig, daher ungeeignet für feierfreudige Gruppen.

MECKLENBURG-VORPOMMERN

❹ Seenplatte

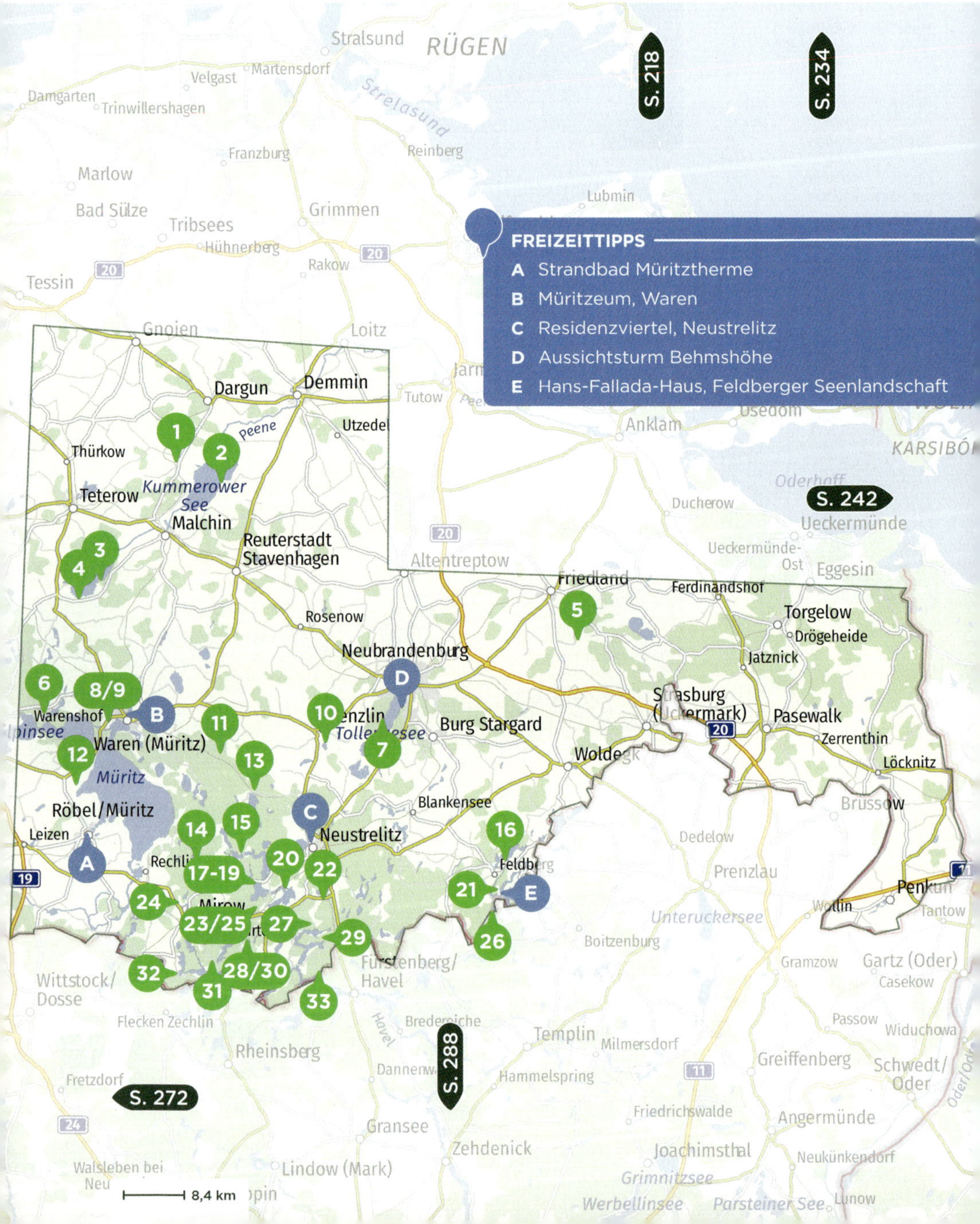

	Platz	Seite	Bewertung	Öffnungszeiten	
1	Peenecamp Neukalen, Meckl. Seenplatte & Schweiz	254	4.6	ganzjährig	❄
2	Camping- und Wohnmobilpark Sommersdorf	254	4.4	ganzjährig	❄
3	Campingpark Seedorf	254	4.0	saisonal	
4	CampingParadies Dahmen	255	4.6	saisonal	
5	Star Camp Cosa	255	4.3	saisonal	❄
6	Genuss-Ferien, Natur und Strandcamping am Jabelschen See	256	4.0	saisonal	❄
7	Camping am Tollensesee	255	4.1	saisonal	
8	Camping- und Wohnmobilpark Kamerun	255	3.8	ganzjährig	❄
9	CampingPlatz Ecktannen	258	4.7	ganzjährig	❄ 👍
10	Seeweide Naturcamping Penzlin	259	4.9	saisonal	
11	Camping zur hohlen Eiche	258	4.8	ganzjährig	❄
12	Camping Sietower Bucht	258	4.4	saisonal	
13	Camping Naturfreund	260	4.6	k. A.	
14	Campingplatz am Leppinsee	260	4.1	saisonal	
15	NaturCampingplatz Zum Hexenwäldchen	260	3.9	saisonal	
16	Camping am Bauernhof	262	4.7	ganzjährig	❄ 👍
17	Camping am Useriner See	261	4.1	saisonal	FKK
18	"Camping und mehr" Useriner Mühle	262	4.6	saisonal	❄
19	Campingplatz Zwenzower Ufer	263	3.9	saisonal	
20	Camping- und Ferienpark Havelberge	264	4.4	ganzjährig	❄
21	Camping am Carwitzer See	262	4.5	saisonal	
22	Camping Am Kluger See	266	4.8	saisonal	
23	Ihr Familienpark	266	4.1	saisonal	
24	Kanustation Mirow	266	4.8	saisonal	
25	Campingpark am Weißen See	267	4.1	saisonal	
26	Campingplatz am Dreetzsee	269	4.8	saisonal	
27	Campingplatz am Drewensee	271	4.0	saisonal	
28	FKK Campingplatz am Rätzsee	268	3.9	saisonal	FKK
29	Campingplatz am Wangnitzsee	268	4.4	k. A.	
30	Campingplatz am Gobenowsee	268	4.4	saisonal	
31	Ferienidyll am Rätzsee - Camping bei Motte	270	4.4	ganzjährig	FKK ❄
32	Waldcamping Zethner See	270	4.7	ganzjährig	❄
33	Campingplatz am Ziernsee	270	3.8	saisonal	

❄ Wintercamping FKK Textilfrei (ganz/teilweise) Ecocamping 👍 Award Onlinebuchung

Karte auf Seite 252

	1	2	3
	Peenecamp Neukalen, Meckl. Seenplatte & Schweiz ❄	**Camping- und Wohnmobilpark Sommersdorf** ❄	**Campingpark Seedorf**
	Schulstrasse 3 17154 Neukalen +49 39956 296408 53.82307 | 12.78761	Am Hafen 2 17111 Sommersdorf +49 39952 2973 53.79908 | 12.8766	Am Campingplatz 1 17139 Seedorf +49 (0) 39957 29139 53.67972 | 12.63056
Infos			
Öffnungszeiten	ganzjährig	ganzjährig	01.04. - 31.10.
Vergleichspreis	HS: 29,20 € | NS: 17,80 €	HS: 22,00 €	HS: 24,00 € | NS: 19,00 €
Link	**Mehr Infos & Anfrage:** www.camping.info/26326	**Mehr Infos & Anfrage:** www.camping.info/18048	**Mehr Infos & Anfrage:** www.camping.info/22329
Ausstattung			
Freizeit	Baden im Fluss am Platz ✓ Pool/Hallenbad 12/23km Spielplatz am Platz ✓	Baden im See am Platz ✓ Pool & Hallenbad ✗ Spielplatz am Platz ✓	Baden im See am Platz ✓ Hallenbad 28km Spielplatz am Platz ✓
Campingplatz	Hunde willkommen ✓ zur Hälfte Schatten ✓ WLAN (gegen Gebühr) ✓	Hunde willkommen ✓ Schatten ✗ WLAN ✓	Hunde willkommen ✓ zur Hälfte Schatten ✓ WLAN ✓
Versorgung	Lebensmittel 500m Brötchen am Platz ✓ Restaurant/Imbiss 200m/✓ Ver-/Entsorgung Womo ✓ im Ort ✓	Lebensmittel ✓ Brötchen am Platz ✓ Restaurant 1km Ver-/Entsorgung Womo ✓ in den Ort 1km	Lebensmittel 1km Brötchen am Platz ✓ Restaurant & Imbiss ✓ Ver-/Entsorgung Womo ✓ in den Ort 1km
Anzahl der Plätze	Gesamt/Touristen 66/50 Mietunterkünfte ✓ Stellplätze vor Schranke ✓	Gesamt/Touristen 100/80 Mietunterkünfte ✓ Stellplätze vor Schranke ✓	Gesamt/Touristen 98/60 Mietunterkünfte ✓ Stellplätze vor Schranke ✗

	1	2	3
Gesamt	4.6 SEHR GUT, 36 Bewertungen	4.4 SEHR GUT, 67 Bewertungen	4.0 SEHR GUT, 9 Bewertungen
Lage	4.5	4.6	3.5
Ruhe	4.8	4.8	4.2
Sanitäranlagen	4.7	4.7	3.8
Sauberkeit Ø	4.8	4.8	3.9
Freundlichkeit	4.9	4.8	4.0
Stellplatz	4.7	4.4	4.0
Verpflegung	4.0	3.9	4.1
Freizeit	4.4	3.8	3.1
Preis-Leistung	4.7	4.6	4.3
Mietunterkünfte	4.4	4.7	3.0
Geeignet für			
Kinder b. 6 J.	4.1	4.5	4.3
Kinder b. 12 J.	4.2	4.5	4.2
Kinder b. 18 J.	4.2	3.8	3.5
Paare	4.6	4.8	4.6
Senioren	4.6	4.8	4.2
Gäste mit Zelt	4.7	4.8	4.4
Gäste mit Hund	4.7	4.7	4.2
Empfohlene Aktivitäten	Kayak/Kanu Radfahren Wandern	Schwimmen Radfahren Entspannen	Wandern Entspannen Schwimmen

4 CampingParadies Dahmen

Am Erlengrund 1
17166 Dahmen
+49 173 63 04 631
53.66111 | 12.58562

01.04. - 31.10.
HS: 25,50 € | NS: 21,50 €
Mehr Infos & Anfrage:
www.camping.info/22328

Baden im See am Platz	✓
Pool & Hallenbad	✗
Spielplatz am Platz	✓
Hunde willkommen	✓
zur Hälfte Schatten	✓
WLAN	✓
Lebensmittel	✓
Brötchen am Platz	✓
Restaurant & Imbiss	✓
Ver-/Entsorgung Womo	✓
im Ort	✓
Gesamt/Touristen	60/50
Mietunterkünfte	✓
Stellplätze vor Schranke	✗

4.6 SEHR GUT
89 Bewertungen

Lage	4.7
Ruhe	4.8
Sanitäranlagen	4.0
Sauberkeit Ø	4.7
Freundlichkeit	4.8
Stellplatz	4.4
Verpflegung	4.0
Freizeit	4.1
Preis-Leistung	4.6
Mietunterkünfte	4.4

Geeignet für

Kinder b. 6 J.	4.6
Kinder b. 12 J.	4.5
Kinder b. 18 J.	3.9
Paare	4.7
Senioren	4.7
Gäste mit Zelt	4.7
Gäste mit Hund	4.6

Empfohlene Aktivitäten

- Schwimmen
- Radfahren
- Kayak/Kanu

keine Jugend- und Party-gruppen

5 Star Camp Cosa

*

Bergstr. 2
17098 Friedland OT Cosa
+49 3968 210068
53.6088 | 13.60249

01.04. - 31.10.
HS: 30,00 € | NS: 25,00 €
Mehr Infos & Anfrage:
www.camping.info/23798

Baden im See am Platz	✓
Pool	8km
Spielplatz am Platz	✓
Hunde willkommen	✓
wenig Schatten	✓
WLAN	✓
Lebensmittel	10km
Brötchen am Platz	✓
Restaurant/Imbiss	500m/✓
Ver-/Entsorgung Womo	✓
in den Ort	8km
Gesamt/Touristen	40/33
Mietunterkünfte	✓
Stellplätze vor Schranke	✓

4.3 SEHR GUT
6 Bewertungen

Lage	3.8
Ruhe	5.0
Sanitäranlagen	3.8
Sauberkeit Ø	3.4
Freundlichkeit	5.0
Stellplatz	3.3
Verpflegung	3.5
Freizeit	2.6
Preis-Leistung	4.5
Mietunterkünfte	-

Geeignet für

Kinder b. 6 J.	3.6
Kinder b. 12 J.	3.6
Kinder b. 18 J.	2.8
Paare	4.7
Senioren	4.6
Gäste mit Zelt	4.3
Gäste mit Hund	4.0

Empfohlene Aktivitäten

- Angeln
- Entspannen
- Radfahren

7 Camping am Tollensesee

Gatscher Damm
17039 Wulkenzin
+49 1 71 9 56 51 12
53.51505 | 13.20564

01.04. - 31.10.
HS: 21,40 € | NS: 21,40 €
Mehr Infos & Anfrage:
www.camping.info/18047

Baden im See am Platz	✓
Pool & Hallenbad	✗
Spielplatz am Platz	✓
Hunde erlaubt	✓
Schatten	✗
WLAN (gratis)	teilweise
Lebensmittel	✓
Brötchen am Platz	nur HS
Restaurant & Imbiss	✓
Ver-/Entsorgung Womo	✓
in den Ort	3km
Gesamt	keine Angabe
Mietunterkünfte	✓
Stellplätze vor Schranke	✗

4.1 SEHR GUT
10 Bewertungen

Lage	4.7
Ruhe	4.8
Sanitäranlagen	4.1
Sauberkeit Ø	4.6
Freundlichkeit	5.0
Stellplatz	4.4
Verpflegung	4.0
Freizeit	4.1
Preis-Leistung	4.8
Mietunterkünfte	-

Geeignet für

Kinder b. 6 J.	4.5
Kinder b. 12 J.	5.0
Kinder b. 18 J.	4.8
Paare	4.7
Senioren	5.0
Gäste mit Zelt	4.8
Gäste mit Hund	5.0

Empfohlene Aktivitäten

- Radfahren
- Schwimmen
- Wandern

8 Camping- und Wohnmobilpark Kamerun

*

Zur stillen Bucht 3
17192 Heilbad Waren (Müritz)
+49 3991 122406
53.51055 | 12.64888

ganzjährig
HS: 38,50 € | NS: 26,50 €
Mehr Infos & Anfrage:
www.camping.info/18049

Baden im See am Platz	✓
Pool/Hallenbad	2/14km
Spielplatz am Platz	✓
Hunde willkommen	✓
wenig Schatten	✓
WLAN	✓
Lebensmittel	✓
Brötchen am Platz	✓
Restaurant & Imbiss	✓
Ver-/Entsorgung Womo	✓
in den Ort	500m
Gesamt/Touristen	300/220
Mietunterkünfte	✓
Stellplätze vor Schranke	✓

3.8 GUT
177 Bewertungen

Lage	4.4
Ruhe	3.9
Sanitäranlagen	4.1
Sauberkeit Ø	3.9
Freundlichkeit	4.1
Stellplatz	3.8
Verpflegung	3.8
Freizeit	4.1
Preis-Leistung	3.6
Mietunterkünfte	3.7

Geeignet für

Kinder b. 6 J.	3.8
Kinder b. 12 J.	4.0
Kinder b. 18 J.	3.7
Paare	4.3
Senioren	4.3
Gäste mit Zelt	4.0
Gäste mit Hund	4.3

Empfohlene Aktivitäten

- Radfahren
- Schwimmen
- Kayak/Kanu

6 Genuss-Ferien, Natur und Strandcamping am Jabelschen See

*

Am Heidenfriedhof 01
17194 Jabel
+493992976712
www.genuss-ferien.de
rezeption@camping-jabel.de

01.04. - 31.10.

HS: 34,50 € | NS: 20,00 €

Mehr Infos & Anfrage:
www.camping.info/23971

Baden im See am Platz	✓
Hallenbad	8km
Spielplatz am Platz	✓
Hunde willkommen	✓
zur Hälfte Schatten	✓
WLAN (gratis)	teilweise
Lebensmittel	✓
Brötchen am Platz	✓
Restaurant & Imbiss	✓
Ver-/Entsorgung Womo	✓
in den Ort	2km
Gesamt/Touristen	120/80
Mietunterkünfte	✓
Stellplätze vor Schranke	✓

Campingurlaub mitten in der Natur, direkt am Jabelschen See.

Lage & Stellplatz

Der Campingplatz liegt direkt am Jabelschen See, ist aber viel mehr als nur ein Campingplatz. Genuss-Ferien bietet den Gästen auch einen Wassersport-Verleih, ein schickes Restaurant, eine Beachbar und vieles, vieles mehr. Die Stellplätze sind sowohl im lichten Kiefernwald gelegen, als auch direkt am Wasser oder auch auf der Wiese und verfügen über einen Strom- und Wasseranschluss. Alle Wunschstellplätze haben eine Größe von 50-150 m² und sind verbindlich online buchbar.

Sanitär

Die beiden neuen, sauberen Sanitärgebäude (ein drittes Sanitärgebäude befindet sich im Bau, Fertigstellung 04/2023) mit viel Komfort und Innen- sowie Außenduschen überzeugen die Campinggäste. Neben Waschbecken und kostenfreien Duschen gibt es auch einen Wäscheraum mit Waschmaschine und Trockner.

Restaurant/ Kiosk/ Rezeption.

....einfach genießen....

Stellplätze im Grünen...und doch am See.

Verpflegung

Morgens gibt es knackige, frische Brötchen vom Kiosk, tagsüber verschiedene Kleinigkeiten und abends leckere Speisen und Getränke im Restaurant. Die Gäste verweilen auf der schönen Terrasse mit direktem Blick über den Jabelschen See sowie den Naturpark Nossentiner Schwinzer Heide. Hier wird den Campern eine ansprechende Getränkeauswahl, verschiedene Kaffeespezialitäten sowie kleine, frische Speisen und eine Auswahl an verschiedenen Pizzen geboten. Auch Kuchen und Torten gibt es hier. Ein Besuch in der Beachbar und der Abend wird perfekt.

Freizeit

Rund um Jabel findet man sehr gut ausgebaute Rad- und Wanderwege, aber das Highlight ist der Wassersport-Verleih am Platz: Bootsliegeplätze an der neu errichteten Stehanlage, Kanus, SUP's, Tretboote und Motorboote stehen hier bereit. Schöne Touren führen durch den Jabelschen See, entlang an den Ufern des Naturparks Nossentiner-Schwinzer Heide, durch idyllische Kanäle und weiter durch die gesamte Seenplatte. Das Wisentreservat Damerower Werder, der Affenwald oder die Sommerrodelbahn sind auch nicht fern, sodass unzählige Outdooraktivitäten locken.

5.0 

Wir haben ein Campingjuwel gefunden! Die Mecklenburgische Seenplatte hält viel für einen tollen Urlaub bereit und dieser Campingplatz ist für uns als WoMo-Freunde die Kirsche auf der Torte, danke! Der Platz ist auch mit vielen Besucher:innen leise und angenehm, zudem viele Freizeitmöglichkeiten in greifbarer Nähe sowie freundliche und zugewandte Belegschaft an allen Positionen.

Andrea E.

Andrea war im Juli 2022 Gast auf dem Campingplatz am Jabelschen See.

... oder auf der Wiese.

Sanitärgebäude II.

4.0 **SEHR GUT**
19 Bewertungen

Lage	4.7
Ruhe	4.1
Sanitäranlagen	3.7
Sauberkeit Ø	4.2
Freundlichkeit	4.0
Stellplatz	3.9
Verpflegung	3.8
Freizeit	4.2
Preis-Leistung	3.8
Mietunterkünfte	5.0

Geeignet für

4.7	Paare
4.5	Senioren
4.0	Kinder b. 12 J.
3.8	Kinder b. 6 J.
4.5	Gäste mit Zelt
3.9	Kinder b. 18 J.
3.5	Gäste mit Hund

Empfohlene Aktivitäten

Schwimmen · Radfahren · Kayak/Kanu · Entspannen

Mehr Infos

Karte auf Seite 252

	9	11	12
	CampingPlatz Ecktannen	**Camping zur hohlen Eiche**	**Camping Sietower Bucht**
	Fontanestraße 66 17192 Heilbad Waren (Müritz) +49 3991 668513 53.49942 | 12.66342	Klockow 1f 17219 Schloen-Dratow +49 39921 36900 53.47516 | 12.873	Dorfstrasse 21 17209 Sietow-Dorf +49 39931 52068 53.43185 | 12.58141
Infos			
Öffnungszeiten	ganzjährig	ganzjährig	01.04. - 10.10.
Vergleichspreis	HS: 40,50 € | NS: 28,50 €	HS: 19,50 € | NS: 15,00 €	HS: 21,50 € | NS: 17,50 €
Link	**Mehr Infos & Anfrage:** www.camping.info/22330	**Mehr Infos & Anfrage:** www.camping.info/18050	**Mehr Infos & Anfrage:** www.camping.info/18054
Ausstattung			
Freizeit	Baden im See am Platz ✓ Hallenbad 25km Spielplatz am Platz ✓	Baden in nat. Gewässer k. A. Pool am Platz ✓ Spielplatz am Platz ✓	Baden im See 40m Pool/Hallenbad 8/8km Spielplatz 40m
Campingplatz	Hunde willkommen ✓ zur Hälfte Schatten ✓ WLAN ✓	Hunde willkommen ✓ zur Hälfte Schatten ✓ WLAN (gegen Gebühr) ✓	Hunde ✗ kein Schatten ✓ WLAN (gratis) teilweise
Versorgung	Lebensmittel ✓ Brötchen am Platz ✓ Restaurant/Imbiss 100m/✓ Ver-/Entsorgung Womo ✓ im Ort ✓	Lebensmittel 7km Brötchen am Platz ✓ Restaurant & Imbiss ✓ Ver-/Entsorgung Womo ✓ in den Ort 2km	Lebensmittel 8km Brötchen am Platz ✓ Restaurant/Imbiss 300/200m Ver-/Entsorgung Womo ✓ im Ort ✓
Anzahl der Plätze	Gesamt/Touristen 450/400 Mietunterkünfte ✓ Stellplätze vor Schranke ✓	Gesamt/Touristen 50/40 Mietunterkünfte ✓ Stellplätze vor Schranke ✗	Gesamt/Touristen 60/40 Mietunterkünfte ✓ Stellplätze vor Schranke ✗

	CampingPlatz Ecktannen	Camping zur hohlen Eiche	Camping Sietower Bucht
Gesamt	4.7 SEHR GUT, 1386 Bewertungen	4.8 SEHR GUT, 17 Bewertungen	4.4 SEHR GUT, 42 Bewertungen
Lage	4.8	4.8	4.5
Ruhe	4.5	4.9	4.9
Sanitäranlagen	4.2	4.1	4.0
Sauberkeit Ø	4.7	4.9	4.6
Freundlichkeit	4.9	5.0	4.4
Stellplatz	4.6	4.4	4.3
Verpflegung	4.2	5.0	3.3
Freizeit	4.6	4.0	4.2
Preis-Leistung	4.5	4.8	4.7
Mietunterkünfte	4.2	4.7	5.0
Geeignet für			
Kinder b. 6 J.	4.7	4.3	4.1
Kinder b. 12 J.	4.7	4.2	4.2
Kinder b. 18 J.	4.4	3.5	3.5
Paare	4.7	4.8	4.8
Senioren	4.6	4.9	4.7
Gäste mit Zelt	4.6	5.0	4.2
Gäste mit Hund	4.8	5.0	Hunde n. erlaubt -
Empfohlene Aktivitäten	Radfahren Schwimmen Wandern	Radfahren Entspannen Wandern	Schwimmen Radfahren Entspannen

AWARD 2022 (CampingPlatz Ecktannen)

10 Seeweide Naturcamping Penzlin

Halbinsel Werder 33
17217 Penzlin
039622578290
www.seeweide.de
info@seeweide.de

01.04. - 30.10.

HS: 34,00 € | NS: 26,00 €

Mehr Infos & Anfrage:
www.camping.info/27983

Baden im See am Platz	✓
Hallenbad	30km
Spielplatz am Platz	✓
Hunde willkommen	✓
kein Schatten	✓
WLAN	✓
Lebensmittel	3km
Brötchen am Platz	✓
Restaurant/Imbiss	3km
Ver-/Entsorgung Womo	✓
in den Ort	3km
Touristenplätze	120
Mietunterkünfte	✗
Stellplätze vor Schranke	✗

Blick auf die Seeweide Naturcamping Penzlin.

Lage & Stellplatz

Inmitten der schönen Mecklenburgischen Seenplatte liegt der kleine, familiengeführte Campingplatz. Hier kann man weit weg vom überfüllten Tourismus in den Campingurlaub starten und sich in der ländlich charmanten Oase der Natur auf einem der 120 parzellierten Stellplätzen mit je 100-150 m² erholen.

Sanitär

Die zwei modernen und neuen Sanitärgebäude sind barrierefrei und nach den aktuellen Hygienestandards ausgestattet. Es gibt ein Kinder- und ein Behindertenbad sowie Waschmaschinen und Trockner. Warmduschen ist inklusive und die Sanitärgebäude liegen zentral um die Stellplätze angeordnet.

Verpflegung

In der Rezeption gibt es leckere, regionale Produkte (Kaffee, Kuchen, Eis und Getränke) zu entdecken und kaufen. Im 3 km entfernten Penzlin sind ausreichend Einkaufsmöglichkeiten für den größeren Einkauf zu finden.

Freizeit

Die Badestelle liegt direkt am Platz. Die Gäste können hier Boote, Kanus, Fahrräder und SUPs leihen. Auf der Seeweide findet man einen großen Kinderspielplatz, eine Minigolfanlage, ein Streichelgehege, einen Bolzplatz, ein Beachvolleyballplatz, einen Hundeauslauf und viel Platz!

Willkommen an der Rezeption!

Streichelgehege für die Kleinen.

4.9 SEHR GUT
30 Bewertungen

Lage	4.6
Ruhe	5.0
Sanitäranlagen	5.0
Sauberkeit Ø	5.0
Freundlichkeit	4.9
Stellplatz	4.9
Verpflegung	3.6
Freizeit	4.4
Preis-Leistung	4.7
Mietunterkünfte	-

Geeignet für

Paare	5.0
Senioren	5.0
Gäste mit Hund	5.0
Kinder b. 6 J.	4.8
Kinder b. 12 J.	4.8
Gäste mit Zelt	4.8
Kinder b. 18 J.	4.7

Empfohlene Aktivitäten

Radfahren | Entspannen | Schwimmen | Wandern

Mehr Infos

Warmduschen inklusive! Kostenfreies WLAN. Hunde herzlich willkommen!

Karte auf Seite 252

	13	14	15
	Camping Naturfreund	**Campingplatz am Leppinsee**	**NaturCampingplatz Zum Hexenwäldchen**
	17237 Kratzeburg	17252 Schillersdorf +49 398 124 790	Blankenförde 1 a 17252 Blankenförde (Stadt Mirow) +49 39829 20215
	53.42917 | 12.94194	53.34694 | 12.82583	53.34685 | 12.92237
Infos			
Öffnungszeiten	keine Angabe	30.03. - 13.10.	01.04. - 31.10.
Vergleichspreis	keine Angabe	HS: 26,30 € | NS: 16,30 €	HS: 26,80 € | NS: 22,60 €
Link	**Mehr Infos & Anfrage:** www.camping.info/18058	**Mehr Infos & Anfrage:** www.camping.info/18062	**Mehr Infos & Anfrage:** www.camping.info/18064
Ausstattung			
Freizeit	Baden in nat. Gewässer k. A. Pool & Hallenbad ✗ Spielplatz keine Angabe	Baden im See am Platz ✓ Hallenbad 25km Spielplatz am Platz ✓	Baden im See am Platz ✓ Pool/Hallenbad 5km Spielplatz am Platz ✓
Campingplatz	Hunde ✗ Schatten ✗ WLAN keine Angabe	Hunde willkommen ✓ Schatten ✗ WLAN (gegen Gebühr) ✓	Hunde ✗ zur Hälfte Schatten ✓ WLAN (gratis) teilweise
Versorgung	Lebensmittel k.A. Brötchen keine Angabe Restaurant & Imbiss ✗ Ver-/Entsorgung Womo ✗ in den Ort keine Angabe	Lebensmittel ✓ Brötchen am Platz ✓ Restaurant/Imbiss 4km Ver-/Entsorgung Womo ✗ in den Ort 1km	Lebensmittel ✓ Brötchen am Platz ✓ Restaurant/Imbiss 300m/✓ Ver-/Entsorgung Womo ✓ in den Ort 300m
Anzahl der Plätze	Gesamt keine Angabe Mietunterkünfte ✗ Stellplätze vor Schranke ✗	Gesamt/Touristen 120/60 Mietunterkünfte ✗ Stellplätze vor Schranke ✗	Gesamt/Touristen 100/70 Mietunterkünfte ✗ Stellplätze vor Schranke ✗

	13	14	15
Bewertung	4.6 SEHR GUT, 5 Bewertungen	4.1 SEHR GUT, 22 Bewertungen	3.9 GUT, 92 Bewertungen
Lage	4.6	4.6	4.7
Ruhe	4.8	4.2	4.7
Sanitäranlagen	4.6	3.5	3.0
Sauberkeit Ø	4.3	3.9	3.7
Freundlichkeit	4.3	4.1	4.3
Stellplatz	4.0	3.9	4.0
Verpflegung	4.0	3.4	3.7
Freizeit	4.0	4.0	4.2
Preis-Leistung	4.6	3.8	4.3
Mietunterkünfte	-	-	-
Geeignet für			
Kinder b. 6 J.	4.2	4.2	4.5
Kinder b. 12 J.	4.6	4.4	4.5
Kinder b. 18 J.	4.6	4.0	3.7
Paare	4.8	4.3	4.0
Senioren	4.3	3.9	3.5
Gäste mit Zelt	5.0	4.7	4.6
Hunde n. erlaubt / Gäste mit Hund	Hunde n. erlaubt -	Gäste mit Hund 4.6	Hunde n. erlaubt -
Empfohlene Aktivitäten	Entspannen Schwimmen Radfahren	Kayak/Kanu Schwimmen Radfahren	Kayak/Kanu Schwimmen Radfahren

17 Camping am Useriner See

FKK

17237 Zwenzow bei Userin
+49 398 124 790
www.haveltourist.de
info@haveltourist.de

01.04. - 31.10.

HS: 33,90 € | NS: 18,50 €

Mehr Infos & Anfrage:
www.camping.info/18060

Baden im See am Platz	✓
Pool/Hallenbad	5/2km
Spielplatz am Platz	✓
Hunde willkommen	✓
zur Hälfte Schatten	✓
WLAN (gegen Gebühr)	teilweise
Lebensmittel	✓
Brötchen am Platz	✓
Restaurant	1km
Ver-/Entsorgung Womo	✗
in den Ort	2km
Gesamt/Touristen	220/140
Mietunterkünfte	✓
Stellplätze vor Schranke	✓

53.33061 | 12.95556

Badestrand am Useriner See.

Lage & Stellplatz

Inmitten des Müritz-Nationalparks liegt der Textil- und FKK-Campingplatz am Useriner See und lädt dazu ein, die absolute Freiheit zu erfahren. Nördlich beginnt eine der schönsten Wasserwanderrouten durch den Nationalpark. Die wunderbare Lage im Wald macht den Platz zum Geheimtipp für Naturliebhaber.

Sanitär

Das moderne und gepflegte Sanitärgebäude ist mit Toiletten, Einzelwaschkabinen, Duschkabinen und einem barrierefreien Bereich ausgestattet. Auf Sauberkeit wird großen Wert gelegt. Des Weiteren stehen den Gästen Waschmaschinen und Wäschetrockner zur Verfügung.

Verpflegung

Direkt auf dem Campingplatz befindet sich ein Minimarkt, der ebenfalls kleine Speisen anbietet. In der näheren Umgebung – im 5 km entfernten Userin – befinden sich zudem zahlreiche Gaststätten und Einkaufsmöglichkeiten.

Freizeit

Der Textil- und FKK-Campingplatz lädt zu einem ungezwungenen Urlaub ein. Auf dem separaten FKK-Teil des Platzes treffen sich Gleichgesinnte bereits seit Jahren. Für die kleinen Baumeister befindet sich ein geschützter Kinderspielplatz mit Spielgeräten und großer Sandkiste direkt auf dem Platz.

Luftaufnahme des Campingplatzes.

Steganlage am Useriner See.

4.1 SEHR GUT
30 Bewertungen

Lage	4.6
Ruhe	4.8
Sanitäranlagen	4.6
Sauberkeit Ø	4.8
Freundlichkeit	4.2
Stellplatz	4.1
Verpflegung	3.0
Freizeit	3.8
Preis-Leistung	4.1
Mietunterkünfte	4.3

Geeignet für

4.7 Paare

- 4.5 Kinder b. 6 J.
- 4.4 Kinder b. 12 J.
- 3.5 Kinder b. 18 J.
- 4.5 Senioren
- 4.4 Gäste mit Zelt
- 3.5 Gäste mit Hund

Empfohlene Aktivitäten

Kayak/Kanu · Schwimmen · Entspannen · Wandern

Mehr Infos

Karte auf Seite 252

	16	18	21
	Camping am Bauernhof	**"Camping und mehr" Useriner Mühle**	**Camping am Carwitzer See**
	Hof Eichholz 1-8 17258 Feldberger Seenlandschaft +49 3983121084	Useriner Mühle 19a 17237 Userin +49 170 4459 484	Carwitzer Str. 80 17258 Carwitz +49 39831 21160
	53.34533 | 13.4567	53.32244 | 12.96832	53.30101 | 13.44012
Infos			
Öffnungszeiten	ganzjährig	01.04. - 30.09.	12.04. - 07.10.
Vergleichspreis	HS: 32,00 € | NS: 22,00 €	HS: 28,00 € | NS: 20,00 €	HS: 27,00 € | NS: 23,50 €
Link	**Mehr Infos & Anfrage:** www.camping.info/18092	**Mehr Infos & Anfrage:** www.camping.info/27200	**Mehr Infos & Anfrage:** www.camping.info/22332
Ausstattung			
Freizeit	Baden im See am Platz ✓	Baden im See am Platz ✓	Baden im See am Platz ✓
	Pool & Hallenbad ✗	Hallenbad 37km	Hallenbad 30km
	Spielplatz am Platz ✓	Spielplatz am Platz ✓	Spielplatz am Platz ✓
Campingplatz	Hunde willkommen ✓	Hunde willkommen ✓	Hunde willkommen ✓
	wenig Schatten ✓	zur Hälfte Schatten ✓	zur Hälfte Schatten ✓
	WLAN ✓	WLAN ✓	WLAN (gegen Gebühr) ✓
Versorgung	Lebensmittel ✓	Lebensmittel ✓	Lebensmittel 6km
	Brötchen am Platz ✓	Brötchen am Platz ✓	Brötchen am Platz ✓
	Restaurant/Imbiss 800m/✓	Imbiss ✓	Restaurant/Imbiss 500m
	Ver-/Entsorgung Womo ✓	Ver-/Entsorgung Womo ✓	Ver-/Entsorgung Womo ✓
	in den Ort 2km	im Ort ✓	in den Ort 200m
Anzahl der Plätze	Gesamt/Touristen 100/70	Touristenplätze 50	Gesamt/Touristen 75/65
	Mietunterkünfte ✓	Mietunterkünfte ✗	Mietunterkünfte ✓
	Stellplätze vor Schranke ✗	Stellplätze vor Schranke ✗	Stellplätze vor Schranke ✗
	4.7 SEHR GUT 377 Bewertungen	**4.6** SEHR GUT 51 Bewertungen	**4.5** SEHR GUT 20 Bewertungen
Lage	4.9	4.4	4.8
Ruhe	4.5	4.5	4.4
Sanitäranlagen	4.5	4.7	4.1
Sauberkeit Ø	4.7	4.7	4.8
Freundlichkeit	4.7	4.9	5.0
Stellplatz	4.5	4.2	4.3
Verpflegung	3.9	3.8	3.5
Freizeit	4.6	4.4	4.4
Preis-Leistung	4.5	4.8	4.6
Mietunterkünfte	4.5	-	4.7
Geeignet für			
Kinder b. 6 J.	4.8	4.4	4.0
Kinder b. 12 J.	4.7	4.5	4.4
Kinder b. 18 J.	4.4	4.2	4.2
Paare	4.7	4.8	4.8
Senioren	4.5	4.6	4.7
Gäste mit Zelt	4.8	4.8	4.9
Gäste mit Hund	4.7	4.6	4.3
Empfohlene Aktivitäten	Schwimmen	Kayak/Kanu	Kayak/Kanu
	Kayak/Kanu	Radfahren	Schwimmen
	Radfahren	Schwimmen	Radfahren
	AWARD 2022		

19 Campingplatz Zwenzower Ufer

Am Grossen Labussee
17237 Zwenzow bei Userin
+49 3981 24790
www.haveltourist.de
info@haveltourist.de

01.04. - 31.10.

HS: 33,90 € | NS: 18,50 €

Mehr Infos & Anfrage:
www.camping.info/18059

Baden im See am Platz	✓
Hallenbad	2km
Spielplatz am Platz	✓
Hunde willkommen	✓
wenig Schatten	✓
WLAN (gegen Gebühr)	✓
Lebensmittel	✓
Brötchen am Platz	✓
Imbiss	✓
Ver-/Entsorgung Womo	✓
in den Ort	500m
Gesamt/Touristen	100/25
Mietunterkünfte	✓
Stellplätze vor Schranke	✓

53.31861 | 12.94476

Luftaufnahme vom Campingplatz am Zwenzower Ufer.

Lage & Stellplatz

Direkt neben dem Müritz-Nationalpark befindet sich der Campingplatz am Zwenzower Ufer. Er liegt am Ortsrand von Zwenzow, unmittelbar am Großen Labussee. Das ebene Gelände ist mit Büschen und Nadelbäumen bewachsen. Die verschiedenen Stellplätze sind mit WLAN, Wasser- und Stromanschluss ausgestattet.

Verpflegung

Der Minimarkt auf dem Platz ist mit einem angrenzenden Wintergarten ausgestattet. Dazu gibt es einen kleinen Imbiss. Für den großen Einkauf sind diverse Supermärkte sowie Gaststätten im nahe gelegenen Userin zu erreichen.

Sanitär

Das moderne, beheizte Sanitärgebäude in direkter Nähe zur Rezeption ist mit viel Komfort und einem barrierefreien Bereich eingerichtet. Waschmaschinen und Wäschetrockner stehen ebenfalls zur Nutzung bereit.

Freizeit

Egal ob Wasserwandern, Paddeln, Fahrradtouren oder Spaziergänge mit dem Hund – hier gibt es viel zu erleben. Des Weiteren gibt es einen Kinderspielplatz, eine Fasssauna, einen Bootssteg, einen Fahrrad- und Bootsverleih, eine FKK-Badestelle und eine Hundebadestelle.

Seeufer und Spielplatz.

Blick auf den Großen Labussee.

3.9 GUT
32 Bewertungen

Lage	4.5
Ruhe	4.5
Sanitäranlagen	3.9
Sauberkeit Ø	4.2
Freundlichkeit	3.9
Stellplatz	3.8
Verpflegung	2.7
Freizeit	3.8
Preis-Leistung	3.8
Mietunterkünfte	4.1

Geeignet für

Paare	4.5
Senioren	4.5
Gäste mit Zelt	4.4
Gäste mit Hund	4.4
Kinder b. 6 J.	4.1
Kinder b. 12 J.	4.1
Kinder b. 18 J.	3.5

Empfohlene Aktivitäten

Kayak/Kanu
Schwimmen
Radfahren
Wandern

Mehr Infos

ANZEIGE

20 Camping- und Ferienpark Havelberge

*

An den Havelbergen 1
17237 Groß Quassow
+49 3981 24790
www.haveltourist.de
info@haveltourist.de

ganzjährig

HS: 43,30 € | NS: 28,40 €

Mehr Infos & Anfrage:
www.camping.info/18061

Baden im See am Platz	✓
Hallenbad	25km
Spielplatz am Platz	✓
Hunde willkommen	✓
zur Hälfte Schatten	✓
WLAN (gegen Gebühr)	✓
Lebensmittel	✓
Brötchen am Platz	✓
Restaurant & Imbiss	✓
Ver-/Entsorgung Womo	✓
in den Ort	2km
Gesamt/Touristen	390/320
Mietunterkünfte	✓
Stellplätze vor Schranke	✓

Badesteg und Badeinsel.

Lage & Stellplatz

Der 5-Sterne Camping- und Ferienpark Havelberge liegt direkt am Woblitzsee in der Mecklenburgischen Seenplatte nahe der Stadt Neustrelitz. Im Land der tausend Seen gibt es immer Neues zu entdecken. Die vielfältigen Stellplätze verfügen über einen WLAN-, Wasser- und Stromanschluss sowie Kabel-TV. Neben Standplätzen für Wohnwagen und einem Wohnmobilpark bietet der Campingpark eine große Auswahl an Ferienhäusern, Mobilheimen und Mietwohnwagen. Als einer von derzeit 39 Leading Campings in Europa steht der Camping- und Ferienpark Havelberge für Komfort auf höchstem Niveau.

Sanitär

Die modernen und großzügigen Räume in den Sanitärhäusern erstrahlen in einem warmen Ambiente. Es stehen Familienbäder, ein separater Baby-Wickelraum, ein barrierefreies Bad und ein Kosmetikraum zur Verfügung. Selbstverständlich sind die Sanitärgebäude auch mit Waschmaschinen und Wäschetrocknern ausgestattet. Für die vierbeinigen Gäste gibt es eine, von den übrigen Anlagen getrennte, Hundedusche.

Restaurant mit Terrasse.

Action im Hochseilgarten.

53.30873 | 13.00237

Luftaufnahme mit Blick auf den Woblitzsee und die Stellplätze im Bereich „J".

Verpflegung

Im Restaurant können schmackhafte Gerichte genossen werden. Das ansprechend eingerichtete Restaurant hat 80 Sitzplätze. Die Buchung von Frühstück, Halb- oder Vollpension ist problemlos möglich. Vorzugsweise genießt man sein Essen oder Kaffee und Kuchen auf der großen Seeterrasse mit 100 Plätzen und einem einmaligen Blick auf den Woblitzsee. Frische Brötchen, Lebensmittel, Zeitungen und viele weitere Artikel des täglichen Bedarfs können im platzeigenen Campingshop erworben werden.

Freizeit

Die Badestelle mit Badeinsel, ein Lagerfeuerplatz, das Tipi-Dorf, eine Sportwiese, Bogenschießen, Trampolin, Fahrradverleih und das Kanuzentrum – bei diesem Angebot steigt die Vorfreude auf den Sommer. Für Kinder, Jugendliche und Erwachsene gibt es außerdem ein umfangreiches Animations- und Veranstaltungsprogramm. Und weil Wassersport unweigerlich zur Mecklenburgischen Seenplatte gehört, sind die Aktivitäten mit Baden, Paddeln, Segeln und Tauchen besonders vielfältig. Ein weiteres Highlight für Groß und Klein ist der Waldseilgarten mit Café – hier geht es hoch hinaus.

5.0

Auf dem Platz werden den ganzen Tag für Jung und Alt verschiedene Aktivitäten angeboten. Abends oft eine Show oder Musical. Langeweile unmöglich! Aber keine Zwangsbespaßung. Für Naturfreunde eine grandiose Landschaft, ob zu Wasser oder zu Land herrlich zu erkunden. Fazit: Wir werden immer wieder kommen!

Thorsten H.

Thorsten betreibt mit seiner Familie seit vielen Jahren Aktivcamping. Neben Mountainbiken genießen sie mehrtägige Kanuwanderungen. Camping ist für sie Freiheit und Entspannung. Sie waren im Juli 2022 auf dem Platz.

Finnische Blockhaussauna.

Show-Bühne.

4.4 **SEHR GUT**
321 Bewertungen

Lage	4.5
Ruhe	4.1
Sanitäranlagen	4.3
Sauberkeit Ø	4.5
Freundlichkeit	4.5
Stellplatz	4.2
Verpflegung	3.8
Freizeit	4.6
Preis-Leistung	4.2
Mietunterkünfte	4.1

Geeignet für

Kinder b. 12 J.	4.7
Gäste mit Zelt	4.6
Gäste mit Hund	4.5
Paare	4.3
Kinder b. 6 J.	4.5
Kinder b. 18 J.	4.4
Senioren	3.9

Empfohlene Aktivitäten

Kayak/Kanu · Schwimmen · Radfahren · Angeln

Mehr Infos

Karte auf Seite 252

	22	23	24
	Camping Am Kluger See	**Ihr Familienpark**	**Kanustation Mirow**
	Klein Trebbow 17235 Neustrelitz +49 3981 4899389 53.29438 | 13.07995	Am Labus 1 B 17255 Wesenberg +49 39832 20 5 25 53.29184 | 12.94807	An der Clön 1 17252 Mirow +49 39833 22098 53.28929 | 12.79406
Infos			
Öffnungszeiten	01.03. - 31.10.	01.05. - 30.09.	01.04. - 28.10.
Vergleichspreis	HS: 25,00 € | NS: 25,00 €	HS: 20,00 € | NS: 20,00 €	HS: 19,00 €
Link	**Mehr Infos & Anfrage:** www.camping.info/25062	**Mehr Infos & Anfrage:** www.camping.info/22959	**Mehr Infos & Anfrage:** www.camping.info/25966
Ausstattung			
Freizeit	Baden im See am Platz ✓ Pool & Hallenbad ✗ Spielplatz am Platz ✓	Baden im See 1km Pool/Hallenbad 30km Spielplatz am Platz ✓	Baden in nat. Gewässer k. A. Pool & Hallenbad ✗ Spielplatz keine Angabe
Campingplatz	Hunde willkommen ✓ wenig Schatten ✓ WLAN ✗	Hunde willkommen ✓ zur Hälfte Schatten ✓ WLAN ✓	Hunde willkommen ✓ viel Schatten ✓ WLAN keine Angabe
Versorgung	Lebensmittel 7km Brötchen am Platz ✓ Restaurant/Imbiss 7km Ver-/Entsorgung Womo ✓ in den Ort 5km	Lebensmittel ✓ Brötchen am Platz ✓ Restaurant/Imbiss 1km/✓ Ver-/Entsorgung Womo ✓ in den Ort 3km	Lebensmittel 2km Brötchen keine Angabe Restaurant/Imbiss 1km/✓ Ver-/Entsorgung Womo ✗ in den Ort keine Angabe
Anzahl der Plätze	Gesamt/Touristen 90/80 Mietunterkünfte ✓ Stellplätze vor Schranke ✗	Touristenplätze 40 Mietunterkünfte ✓ Stellplätze vor Schranke ✗	Touristenplätze 75 Mietunterkünfte ✓ Stellplätze vor Schranke ✗

	22	23	24
Gesamt	4.8 SEHR GUT, 31 Bewertungen	4.1 SEHR GUT, 15 Bewertungen	4.8 SEHR GUT, 5 Bewertungen
Lage	4.7	4.2	4.6
Ruhe	4.9	4.0	4.8
Sanitäranlagen	4.9	4.4	4.2
Sauberkeit Ø	5.0	4.4	4.4
Freundlichkeit	5.0	3.9	4.8
Stellplatz	4.7	3.9	4.4
Verpflegung	3.2	3.2	4.2
Freizeit	4.0	4.1	4.6
Preis-Leistung	4.7	3.6	4.6
Mietunterkünfte	4.6	2.3	4.5
Geeignet für			
Kinder b. 6 J.	4.6	4.0	4.0
Kinder b. 12 J.	4.5	4.3	4.8
Kinder b. 18 J.	4.1	3.5	4.4
Paare	4.9	4.0	4.4
Senioren	4.7	3.3	3.6
Gäste mit Zelt	4.8	3.9	4.6
Gäste mit Hund	4.8	3.0	4.7
Empfohlene Aktivitäten	Schwimmen Entspannen Radfahren	Radfahren Angeln Kayak/Kanu	Kayak/Kanu Schwimmen Radfahren

25 Campingpark am Weißen See

17255 Wesenberg
+49 3981 24790
www.haveltourist.de
info@haveltourist.de

01.04. - 31.10.

HS: 29,10 € | NS: 17,50 €

Mehr Infos & Anfrage:
www.camping.info/18070

Baden im See	100m
Hallenbad	30km
Spielplatz am Platz	✓
Hunde willkommen	✓
Schatten	✗
WLAN (gegen Gebühr)	✓
Lebensmittel	✓
Brötchen am Platz	✓
Restaurant/Imbiss	50m
Ver-/Entsorgung Womo	✓
in den Ort	2km
Gesamt/Touristen	150/25
Mietunterkünfte	✓
Stellplätze vor Schranke	✓

53.28426 | 12.94712

Das Naturfreibad liegt direkt neben dem Campingpark am Weißen See.

Lage & Stellplatz

Der familienfreundliche Campingplatz liegt direkt am Weißen See und hat alles, was sich Naturfreunde und Camper wünschen. Direkt vor dem Platz befindet sich das „Naturfreibad am Weißen See". WLAN ist auf fast allen Stellplätzen verfügbar.

Sanitär

Die modernen und gepflegten Sanitäranlagen sind mit Toiletten, Einzelwaschkabinen und Duschkabinen ausgestattet. Außerdem stehen den Campinggästen Waschmaschinen und Wäschetrockner zur Verfügung.

Verpflegung

Der Minimarkt auf dem Campingplatz, in direkter Nähe zur Rezeption, ist mit den wichtigsten Dingen des täglichen Lebens ausgestattet. Die platzeigene Gaststätte sorgt für das leibliche Wohl und begeistert mit einmaligem Blick auf den Weißen See.

Freizeit

Der angrenzende See lädt zum Sonnen, Baden und Toben ein. Auch der Spielplatz und der Bolzplatz lassen Kinderherzen höherschlagen. Gemütliches Beisammensein mit der Familie und Freunden gehört genauso zur Tagesordnung wie Grillen in fröhlicher Runde.

Restaurant mit Seeblick.

Badespaß am Strand.

4.1 SEHR GUT
20 Bewertungen

Lage	4.5
Ruhe	4.3
Sanitäranlagen	3.9
Sauberkeit Ø	4.2
Freundlichkeit	4.2
Stellplatz	4.0
Verpflegung	3.6
Freizeit	3.8
Preis-Leistung	4.2
Mietunterkünfte	4.5

Geeignet für

4.6	Gäste mit Zelt
4.5	Paare
4.3	Senioren
4.1	Gäste mit Hund
4.4	Kinder b. 12 J.
4.2	Kinder b. 6 J.
4.0	Kinder b. 18 J.

Empfohlene Aktivitäten

Schwimmen · Entspannen · Radfahren · Wandern

Mehr Infos

Karte auf Seite 252

	28	29	30
	FKK Campingplatz am Rätzsee	**Campingplatz am Wangnitzsee**	**Campingplatz am Gobenowsee**
	FKK Zum Campingplatz 1 17255 Drosedow +49 39828 266191	17237 Düsterforde	Am Gobenowsee 1 17255 Drosedow +49 39828 20355
	53.25227 | 12.90875	53.24676 | 13.08624	53.22722 | 12.92111
Infos			
Öffnungszeiten	01.04. - 31.10.	keine Angabe	01.04. - 07.10.
Vergleichspreis	HS: 32,80 € | NS: 27,00 €	keine Angabe	HS: 20,50 € | NS: 17,50 €
Link	**Mehr Infos & Anfrage:** www.camping.info/18068	**Mehr Infos & Anfrage:** www.camping.info/24663	**Mehr Infos & Anfrage:** www.camping.info/18067
Ausstattung			
Freizeit	Baden im See am Platz ✓ Hallenbad 25km Spielplatz am Platz ✓	Baden in nat. Gewässer k. A. Pool & Hallenbad ✗ Spielplatz keine Angabe	Baden im See am Platz ✓ Pool/Hallenbad 10/30km Spielplatz am Platz ✓
Campingplatz	Hunde erlaubt nur NS zur Hälfte Schatten ✓ WLAN (gegen Gebühr) teilweise	Hunde ✗ Schatten ✗ WLAN keine Angabe	Hunde willkommen ✓ zur Hälfte Schatten ✓ WLAN ✗
Versorgung	Lebensmittel ✓ Brötchen am Platz ✓ Restaurant/Imbiss 4km/✓ Ver-/Entsorgung Womo ✓ in den Ort 1km	Lebensmittel k.A. Brötchen keine Angabe Restaurant & Imbiss ✗ Ver-/Entsorgung Womo ✗ in den Ort keine Angabe	Lebensmittel ✓ Brötchen am Platz ✓ Restaurant/Imbiss 7km/✓ Ver-/Entsorgung Womo ✓ in den Ort 2km
Anzahl der Plätze	Gesamt/Touristen 130/45 Mietunterkünfte ✓ Stellplätze vor Schranke ✓	Gesamt keine Angabe Mietunterkünfte ✗ Stellplätze vor Schranke ✗	Gesamt/Touristen 200/140 Mietunterkünfte ✓ Stellplätze vor Schranke ✗

28		29		30	
3.9	**GUT** 51 Bewertungen	**4.4**	**SEHR GUT** 5 Bewertungen	**4.4**	**SEHR GUT** 46 Bewertungen
Lage	4.6	Lage	4.4	Lage	4.7
Ruhe	4.5	Ruhe	4.8	Ruhe	4.8
Sanitäranlagen	3.4	Sanitäranlagen	4.2	Sanitäranlagen	4.1
Sauberkeit Ø	4.0	Sauberkeit Ø	4.2	Sauberkeit Ø	4.6
Freundlichkeit	4.5	Freundlichkeit	4.8	Freundlichkeit	4.9
Stellplatz	3.9	Stellplatz	3.8	Stellplatz	4.0
Verpflegung	3.4	Verpflegung	3.3	Verpflegung	3.9
Freizeit	4.0	Freizeit	3.5	Freizeit	4.1
Preis-Leistung	4.3	Preis-Leistung	5.0	Preis-Leistung	4.7
Mietunterkünfte	4.4	Mietunterkünfte	-	Mietunterkünfte	5.0
Geeignet für		**Geeignet für**		**Geeignet für**	
Kinder b. 6 J.	4.4	Kinder b. 6 J.	2.0	Kinder b. 6 J.	4.3
Kinder b. 12 J.	4.4	Kinder b. 12 J.	3.0	Kinder b. 12 J.	4.4
Kinder b. 18 J.	4.0	Kinder b. 18 J.	3.0	Kinder b. 18 J.	4.1
Paare	4.8	Paare	4.8	Paare	4.7
Senioren	4.6	Senioren	4.8	Senioren	4.6
Gäste mit Zelt	4.5	Gäste mit Zelt	4.6	Gäste mit Zelt	4.8
Gäste mit Hund	2.5	Hunde n. erlaubt	-	Gäste mit Hund	5.0
Empfohlene Aktivitäten		**Empfohlene Aktivitäten**		**Empfohlene Aktivitäten**	
Schwimmen		Radfahren		Kayak/Kanu	
Kayak/Kanu		Wandern		Schwimmen	
Wandern		Kayak/Kanu		Angeln	

26 Campingplatz am Dreetzsee

Am Dreetzsee 1 OT Thomsdorf
17268 Boitzenburger Land-Thomsdorf
+49 39889 746
www.dreetzseecamping.de
dreetzseecamping@t-online.de

01.04. - 31.10.

HS: 40,50 € | NS: 28,00 €

Mehr Infos & Anfrage:
www.camping.info/18071

Baden im See am Platz	✓
Hallenbad	40km
Spielplatz am Platz	✓
Hunde willkommen	✓
zur Hälfte Schatten	✓
WLAN	✓
Lebensmittel	✓
Brötchen am Platz	✓
Restaurant & Imbiss	✓
Ver-/Entsorgung Womo	✓
in den Ort	6km
Gesamt/Touristen	350/200
Mietunterkünfte	✓
Stellplätze vor Schranke	✗

1 km
53.28305 | 13.42916

Luftaufnahme vom Campingplatz am Dreetzsee.

Lage & Stellplatz

Am Südufer des Dreetzsees im Naturpark Uckermärkische Seen und unmittelbar an der Grenze zur Feldberger Seenlandschaft befindet sich der schöne Naturcampingplatz am Dreetzsee. Unter hohen Kiefern und Birken findet jeder seinen Lieblingsstellplatz am See – ob sonnig oder schattig.

Verpflegung

Möglichkeiten zur Verpflegung gibt es reichlich, denn eine Gaststätte, ein Imbiss und ein Laden für den kleinen Lebensmittelbedarf befinden sich direkt am Platz. Des Weiteren gibt es wöchentliche Spezialitäten aus dem platzeigenen Steinbackofen und frischen Fisch aus dem Räucherofen.

Sanitär

Die drei Sanitärgebäude sind sauber und nach modernem Standard ausgestattet. In jedem der Gebäude befinden sich abschließbare Waschkabinen, Duschen, Toiletten und ein Haarföhn. Auf dem Platz ist ebenfalls ein barrierefreies WC sowie Babywickelräume vorhanden.

Freizeit

Die eiszeitgeprägte Landschaft, in der glasklare Seen durch viele kleine Bäche verbunden sind, lässt sich am besten zu Fuß oder mit dem Fahrrad erkunden. Außerdem können die Gäste dank professioneller Unterstützung auch Tauchgänge und Tauchkurse in einem der schönsten Tauchseen Deutschlands erleben.

Zeltstellplätze am Ufer.

Komfortstellplätze im Grünen.

4.8 SEHR GUT
209 Bewertungen

Lage	4.9
Ruhe	4.7
Sanitäranlagen	4.7
Sauberkeit Ø	4.9
Freundlichkeit	4.8
Stellplatz	4.7
Verpflegung	4.5
Freizeit	4.6
Preis-Leistung	4.8
Mietunterkünfte	4.8

Geeignet für

Gäste mit Zelt	4.9
Kinder b. 12 J.	4.8
Kinder b. 6 J.	4.7
Paare	4.7
Senioren	4.7
Kinder b. 18 J.	4.6
Gäste mit Hund	4.6

Empfohlene Aktivitäten

Schwimmen · Kayak/Kanu · Radfahren · Wandern

Mehr Infos

Familiencampingplatz. In der Hauptsaison Haustiere nur begrenzt möglich.

Karte auf Seite 252

	31	32	33
	Ferienidyll am Rätzsee - Camping bei Motte	**Waldcamping Zethner See**	**Campingplatz am Ziernsee**
	FKK ❄	❄	
	Fleether Mühle 4 17252 Mirow / Diemitz +49 39833 22095	Ab Schwarz 1.5 km Richtung Diemitz Schwarzer Hof 6 17252 Schwarz b. Mirow +49 39827 796 10	17255 Priepert +49 3981 24790
	53.22178 | 12.86391	53.20875 | 12.78847	53.20857 | 13.07271
Infos			
Öffnungszeiten	ganzjährig	ganzjährig	30.03. - 13.10.
Vergleichspreis	HS: 22,50 € | NS: 22,50 €	keine Angabe	HS: 26,30 € | NS: 16,30 €
Link	**Mehr Infos & Anfrage:** www.camping.info/23977	**Mehr Infos & Anfrage:** www.camping.info/23406	**Mehr Infos & Anfrage:** www.camping.info/18069
Ausstattung			
Freizeit	Baden im See am Platz ✓ Hallenbad 25km Spielplatz am Platz ✓	Baden im See am Platz ✓ Hallenbad 27km Spielplatz am Platz ✓	Baden im See am Platz ✓ Hallenbad 25km Spielplatz am Platz ✓
Campingplatz	Hunde willkommen ✓ zur Hälfte Schatten ✓ WLAN (gegen Gebühr) ✓	Hunde willkommen ✓ zur Hälfte Schatten ✓ WLAN (gratis) teilweise	Hunde willkommen ✓ Schatten ✗ WLAN (gegen Gebühr) ✓
Versorgung	Lebensmittel ✓ Brötchen am Platz nur HS Restaurant/Imbiss 3km/✓ Ver-/Entsorgung Womo ✓ in den Ort 5km	Lebensmittel ✗ Brötchen am Platz ✓ Restaurant & Imbiss ✗ Ver-/Entsorgung Womo ✓ in den Ort keine Angabe	Lebensmittel ✓ Brötchen am Platz ✓ Restaurant 4km Ver-/Entsorgung Womo ✗ in den Ort 4km
Anzahl der Plätze	Gesamt/Touristen 300/240 Mietunterkünfte ✓ Stellplätze vor Schranke ✓	Gesamt/Touristen 80/40 Mietunterkünfte ✓ Stellplätze vor Schranke ✗	Gesamt/Touristen 120/40 Mietunterkünfte ✗ Stellplätze vor Schranke ✗

	31	32	33
Bewertung	4.4 SEHR GUT 15 Bewertungen	4.7 SEHR GUT 27 Bewertungen	3.8 GUT 9 Bewertungen
Lage	4.4	4.5	4.2
Ruhe	4.8	4.9	4.4
Sanitäranlagen	3.9	4.8	3.6
Sauberkeit Ø	4.6	4.8	3.5
Freundlichkeit	4.9	4.8	3.9
Stellplatz	4.4	4.4	3.4
Verpflegung	4.1	3.4	3.3
Freizeit	4.3	4.3	2.8
Preis-Leistung	4.5	4.8	3.9
Mietunterkünfte	3.5	4.2	-
Geeignet für			
Kinder b. 6 J.	4.5	4.5	3.8
Kinder b. 12 J.	4.3	4.5	3.7
Kinder b. 18 J.	4.1	4.4	3.0
Paare	4.7	4.6	4.4
Senioren	4.3	4.7	3.7
Gäste mit Zelt	4.7	4.8	3.6
Gäste mit Hund	4.2	4.8	3.3
Empfohlene Aktivitäten	Kayak/Kanu Radfahren Entspannen	Kayak/Kanu Schwimmen Radfahren	Kayak/Kanu Motorboot Schwimmen

27 Campingplatz am Drewensee

Klätnower Weg 1
17255 Ahrensberg
+49 3981 24790
www.havelltourist.de
info@haveltourist.de

01.04. - 31.10.

HS: 33,90 € | NS: 18,50 €

Mehr Infos & Anfrage:
www.camping.info/18065

Baden im See am Platz	✓
Hallenbad	25km
Spielplatz am Platz	✓
Hunde willkommen	✓
zur Hälfte Schatten	✓
WLAN (gegen Gebühr)	✓
Lebensmittel	✓
Brötchen am Platz	✓
Restaurant/Imbiss	4km/✓
Ver-/Entsorgung Womo	✓
in den Ort	2km
Gesamt/Touristen	220/140
Mietunterkünfte	✓
Stellplätze vor Schranke	✓

Idyllisch am Drewensee, inmitten eines Waldgebietes gelegen.

Lage & Stellplatz

Zwischen Wald und Seeufer liegt der Campingplatz direkt am Drewensee. Über eine Anbindung durch die Havel gelangt man von hier in ein umfangreiches Seengebiet. Die großzügig angelegten Stellplätze und Mobilheime verfügen allesamt über einen WLAN-, Wasser- und Stromanschluss.

Verpflegung

Direkt auf dem Campingplatz befinden sich ein Minimarkt und ein Imbiss, in dem Getränke, Speisen und Gebrauchsartikel erworben werden können. Für den großen Einkauf sind Supermärkte sowie Gaststätten im nahe gelegenen Ahrensberg oder Wesenberg erreichbar.

Sanitär

Das Sanitärgebäude in direkter Nähe zur Rezeption wurde nach Kriterien des ADAC mit „außergewöhnlich" bewertet. Darüber hinaus verfügen die Sanitäranlagen über einen barrierefreien Bereich, Waschmaschinen und Wäschetrockner.

Freizeit

Der Campingplatz hat sich mit einer Steganlage und einem Bootsverleih perfekt auf Wasserwanderer eingestellt. Ein idealer Ausgangspunkt für Sportboot-, Kanu- und Wandertouren. Außerdem verfügt der Platz über eine Grill- und Feuerstelle sowie einen Volleyball- und Kinderspielplatz.

Badespaß im Drewensee.

Rezeption, Minimarkt & Sanitär.

4.0 SEHR GUT
36 Bewertungen

Lage	4.6
Ruhe	4.2
Sanitäranlagen	3.8
Sauberkeit Ø	3.9
Freundlichkeit	4.3
Stellplatz	3.9
Verpflegung	3.3
Freizeit	3.7
Preis-Leistung	3.8
Mietunterkünfte	4.2

Geeignet für

4.3 Kinder b. 12 J.
4.3 Paare
4.3 Senioren
4.3 Gäste mit Zelt
3.9 Kinder b. 6 J.
3.9 Kinder b. 18 J.
3.9 Gäste mit Hund

Empfohlene Aktivitäten

Kayak/Kanu
Schwimmen
Angeln
Entspannen

Mehr Infos

MECKLENBURG-VORPOMMERN

5 Schwerin

	Platz	Seite	Bewertung	Öffnungszeiten	
1	Campingplatz Schwaan	274	4.4	saisonal	
2	Kanuclub Bützow 52 e.V. Kanustation	274	5.0	saisonal	
3	NFP - Natur-und Ferienpark Am Groß Labenzer See	274	4.3	ganzjährig	✻
4	Seecamping Flessenow	275	4.0	saisonal	
5	Naturcamping Retgendorf	275	4.1	saisonal	
6	Camping und Naherholung Roter See	275	-	k. A.	
7	Campingplatz Sternberger Seenland	275	4.4	saisonal	
8	Ferienpark Seehof	276	4.5	saisonal	👍
9	Campingplatz am Garder See GmbH	276	4.3	ganzjährig	✻
10	Krakow am See	276	4.2	ganzjährig	✻
11	Campingplatz Klein Pritz	277	-	k. A.	
12	Campingplatz am Dobbertiner See	277	4.6	k. A.	
13	Camping Hubert	277	3.8	saisonal	
14	Campingplatz Süduferperle	277	3.6	saisonal	
15	Campingoase Waldsee	278	4.6	saisonal	
16	Camping am See Alt Schwerin	278	4.2	saisonal	
17	Heidepark Silz	278	4.5	saisonal	
18	Camping- und Wohnmobilpark Naturcamping Malchow	279	4.0	ganzjährig	✻
19	Inselcamping Werder	279	4.2	saisonal	FKK ✻
20	Naturcamping Zwei Seen	279	3.9	saisonal	
21	Wald- und Seeblick Camp ZISLOW	279	4.1	ganzjährig	
22	Campingpark Zuruf	281	3.9	saisonal	
23	Barracuda Beach Naturcamping am Neustädter See	283	4.3	saisonal	
24	Campingplatz Bad Stuer	280	4.2	k. A.	✻
25	Camping am Blanksee	280	4.3	saisonal	
26	Camping und Bootshafen Eldena	280	4.7	saisonal	
27	Bootsanleger & Camping Neu Göhren	282	4.3	k. A.	✻
28	Campingplatz am Wiesengrund	282	4.9	saisonal	

✻ Wintercamping FKK Textilfrei (ganz/teilweise) Ecocamping 👍 Award Onlinebuchung

Karte auf Seite 272

	1	2	3
	Campingplatz Schwaan	**Kanuclub Bützow 52 e.V. Kanustation**	**NFP - Natur- und Ferienpark Am Groß Labenzer See** *
	Sandgarten 17 18258 Schwaan +49 3844 813716 53.92076 | 12.10628	An der Bleiche/Bützower See 18246 Bützow +49 1744735598 53.85278 | 11.98008	Seepromenade 13 19417 Klein Labenz 038482 221515 53.78852 | 11.7455
Infos			
Öffnungszeiten	01.03. - 31.10.	01.05. - 30.09.	ganzjährig
Vergleichspreis	HS: 22,50 € | NS: 18,50 €	HS: 12,00 €	HS: 28,00 € | NS: 13,00 €
Link	**Mehr Infos & Anfrage:** www.camping.info/17890	**Mehr Infos & Anfrage:** www.camping.info/26842	**Mehr Infos & Anfrage:** www.camping.info/30111
Ausstattung			
Freizeit	Baden im Fluss am Platz ✓ Hallenbad 15km Spielplatz am Platz ✓	Baden im See am Platz ✓ Pool & Hallenbad ✗ Spielplatz ✗	Baden im See 100m Pool & Hallenbad ✗ Spielplatz am Platz ✓
Campingplatz	Hunde erlaubt ✓ zur Hälfte Schatten ✓ WLAN ✓	Hunde willkommen ✓ zur Hälfte Schatten ✓ WLAN ✗	Hunde erlaubt ✓ wenig Schatten ✓ WLAN ✓
Versorgung	Lebensmittel 1km Brötchen am Platz nur HS Restaurant/Imbiss 3km/✓ Ver-/Entsorgung Womo ✓ in den Ort 1km	Lebensmittel 500m Brötchen am Platz nur HS Restaurant/Imbiss 500/100m Ver-/Entsorgung Womo ✓ in den Ort 2km	Lebensmittel 3km Brötchen am Platz nur HS Restaurant/Imbiss 3km/200m Ver-/Entsorgung Womo ✓ in den Ort 3km
Anzahl der Plätze	Gesamt/Touristen 280/150 Mietunterkünfte ✓ Stellplätze vor Schranke ✗	Touristenplätze 5 Mietunterkünfte ✗ Stellplätze vor Schranke ✗	Gesamt/Touristen 16/4 Mietunterkünfte ✓ Stellplätze vor Schranke ✓

Bewertung	1	2	3
Gesamt	4.4 SEHR GUT, 35 Bewertungen	5.0 AUSGEZEICHNET, 3 Bewertungen	4.3 SEHR GUT, 3 Bewertungen
Lage	4.5	5.0	5.0
Ruhe	4.7	5.0	5.0
Sanitäranlagen	4.3	4.7	4.0
Sauberkeit Ø	4.7	4.7	4.6
Freundlichkeit	4.8	5.0	5.0
Stellplatz	4.3	5.0	4.3
Verpflegung	3.6	5.0	3.0
Freizeit	4.1	5.0	4.3
Preis-Leistung	4.7	5.0	4.5
Mietunterkünfte	4.5	-	-
Geeignet für			
Kinder b. 6 J.	4.5	5.0	5.0
Kinder b. 12 J.	4.5	5.0	5.0
Kinder b. 18 J.	4.0	5.0	4.5
Paare	4.6	5.0	5.0
Senioren	4.7	5.0	5.0
Gäste mit Zelt	4.7	5.0	5.0
Gäste mit Hund	4.4	5.0	5.0
Empfohlene Aktivitäten	Schwimmen Kayak/Kanu Radfahren	Radfahren Wandern Kayak/Kanu	Radfahren Wandern Entspannen

keine WOMOs ab 8 m; Jugendgruppen nur beschränkt zugelassen

4 Seecamping Flessenow

Am Schweriner See 1a
19067 Flessenow
+49 3866 81491
53.74921 | 11.49842

01.04. - 14.10.
HS: 29,00 € | NS: 25,00 €
Mehr Infos & Anfrage:
www.camping.info/18116

Baden im See am Platz	✓
Hallenbad	24km
Spielplatz	keine Angabe
Hunde willkommen	✓
zur Hälfte Schatten	✓
WLAN	✓
Lebensmittel	✓
Brötchen am Platz	✓
Restaurant/Imbiss	500m/✓
Ver-/Entsorgung Womo	✓
in den Ort	500m
Gesamt/Touristen	250/180
Mietunterkünfte	✓
Stellplätze vor Schranke	✗

4.0 SEHR GUT
31 Bewertungen

Lage	4.2
Ruhe	4.3
Sanitäranlagen	3.5
Sauberkeit Ø	4.2
Freundlichkeit	4.9
Stellplatz	3.9
Verpflegung	3.2
Freizeit	3.8
Preis-Leistung	4.2
Mietunterkünfte	4.3

Geeignet für

Kinder b. 6 J.	4.1
Kinder b. 12 J.	4.1
Kinder b. 18 J.	3.7
Paare	4.2
Senioren	4.2
Gäste mit Zelt	4.2
Gäste mit Hund	4.2

Empfohlene Aktivitäten

- Radfahren
- Schwimmen
- Entspannen

5 Naturcamping Retgendorf

Seestraße 7a
19067 Retgendorf
+49 3866 400 040
53.72776 | 11.50001

01.04. - 30.09.
HS: 26,00 € | NS: 21,00 €
Mehr Infos & Anfrage:
www.camping.info/25030

Baden im See am Platz	✓
Hallenbad	30km
Spielplatz am Platz	✓
Hunde willkommen	✓
zur Hälfte Schatten	✓
WLAN	✓
Lebensmittel	9km
Brötchen am Platz	✓
Restaurant/Imbiss	500m/✓
Ver-/Entsorgung Womo	✓
in den Ort	9km
Gesamt/Touristen	200/100
Mietunterkünfte	✓
Stellplätze vor Schranke	✗

4.1 SEHR GUT
37 Bewertungen

Lage	4.8
Ruhe	4.1
Sanitäranlagen	3.2
Sauberkeit Ø	4.3
Freundlichkeit	4.7
Stellplatz	3.9
Verpflegung	3.2
Freizeit	4.0
Preis-Leistung	4.5
Mietunterkünfte	4.6

Geeignet für

Kinder b. 6 J.	4.4
Kinder b. 12 J.	4.4
Kinder b. 18 J.	4.3
Paare	4.6
Senioren	4.3
Gäste mit Zelt	4.4
Gäste mit Hund	4.6

Empfohlene Aktivitäten

- Schwimmen
- Kayak/Kanu
- Radfahren

6 Camping und Naherholung Roter See

Weg zum Roten See 65
19412 Brüel
53.71726 | 11.7249

keine Angabe
keine Angabe
Mehr Infos & Anfrage:
www.camping.info/24044

Baden in nat. Gewässer	k. A.
Pool & Hallenbad	✗
Spielplatz	keine Angabe
Hunde	✗
Schatten	✗
WLAN	keine Angabe
Lebensmittel	k.A.
Brötchen	keine Angabe
Restaurant & Imbiss	✗
Ver-/Entsorgung Womo	✗
in den Ort	keine Angabe
Gesamt	keine Angabe
Mietunterkünfte	✗
Stellplätze vor Schranke	✗

- JETZT BEWERTEN!

Für diese Auswertung liegen leider noch nicht genugend Bewertungen vor.

Sei einer der Ersten, der diesen Campingplatz bewertet.

Mit einer guten Campingplatz-Bewertung unterstützt du nicht nur deinen Lieblingsplatz, sondern hilfst auch anderen Campern bei der Platzwahl.

7 Campingplatz Sternberger Seenland

Maikamp 11
19406 Sternberg
+49 3847 2534
53.71333 | 11.81277

01.04. - 31.10.
HS: 38,00 € | NS: 26,00 €
Mehr Infos & Anfrage:
www.camping.info/18124

Baden im See am Platz	✓
Pool/Hallenbad	1/25km
Spielplatz am Platz	✓
Hunde willkommen	✓
zur Hälfte Schatten	✓
WLAN	✓
Lebensmittel	✓
Brötchen am Platz	✓
Restaurant & Imbiss	✓
Ver-/Entsorgung Womo	✓
in den Ort	100m
Gesamt/Touristen	140/135
Mietunterkünfte	✓
Stellplätze vor Schranke	✓

4.4 SEHR GUT
110 Bewertungen

Lage	4.5
Ruhe	4.2
Sanitäranlagen	4.3
Sauberkeit Ø	4.7
Freundlichkeit	4.7
Stellplatz	4.3
Verpflegung	4.0
Freizeit	4.3
Preis-Leistung	4.3
Mietunterkünfte	4.5

Geeignet für

Kinder b. 6 J.	4.5
Kinder b. 12 J.	4.6
Kinder b. 18 J.	4.1
Paare	4.5
Senioren	4.5
Gäste mit Zelt	4.4
Gäste mit Hund	4.6

Empfohlene Aktivitäten

- Schwimmen
- Kayak/Kanu
- Radfahren

keine WOMOs ab 10 m; Gruppen nur in Nebensaison und mit Reservierung

Karte auf Seite 272

	8	9	10
	Ferienpark Seehof	**Campingplatz am Garder See GmbH**	**Krakow am See**
	Am Zeltplatz 1 19069 Seehof bei Schwerin +49 385 51 25 40 53.69778 | 11.43778	Am See 3 18276 Lohmen +49 38458-20722 53.68364 | 12.09543	Windfang 1 18292 Krakow am See +49 38457 50774 53.67008 | 12.27522
Infos			
Öffnungszeiten	01.03. - 31.10.	ganzjährig	ganzjährig
Vergleichspreis	HS: 52,00 € | NS: 35,00 €	HS: 19,20 € | NS: 17,50 €	HS: 27,50 € | NS: 23,50 €
Link	**Mehr Infos & Anfrage:** www.camping.info/18117	**Mehr Infos & Anfrage:** www.camping.info/18094	**Mehr Infos & Anfrage:** www.camping.info/18095
Ausstattung			
Freizeit	Baden im See am Platz ✓ Pool/Hallenbad 25/10km Spielplatz am Platz ✓	Baden im See am Platz ✓ Pool/Hallenbad 20km Spielplatz am Platz ✓	Baden im See am Platz ✓ Pool/Hallenbad 2/21km Spielplatz am Platz ✓
Campingplatz	Hunde willkommen ✓ zur Hälfte Schatten ✓ WLAN ✗	Hunde erlaubt ✓ zur Hälfte Schatten ✓ WLAN (gegen Gebühr) ✓	Hunde willkommen ✓ Schatten ✗ WLAN ✗
Versorgung	Lebensmittel ✓ Brötchen am Platz ✓ Restaurant am P. ✓ Ver-/Entsorgung Womo ✓ in den Ort 5km	Lebensmittel ✓ Brötchen am Platz ✓ Restaurant/Imbiss 100m/✓ Ver-/Entsorgung Womo ✓ in den Ort 3km	Lebensmittel ✓ Brötchen am Platz nur HS Restaurant/Imbiss 2km/✓ Ver-/Entsorgung Womo ✓ in den Ort 2km
Anzahl der Plätze	Gesamt/Touristen 360/230 Mietunterkünfte ✓ Stellplätze vor Schranke ✓	Gesamt/Touristen 400/150 Mietunterkünfte ✓ Stellplätze vor Schranke ✗	Gesamt keine Angabe Mietunterkünfte ✓ Stellplätze vor Schranke ✓

	8	9	10
Gesamt	4.5 SEHR GUT, 691 Bewertungen	4.3 SEHR GUT, 10 Bewertungen	4.2 SEHR GUT, 30 Bewertungen
Lage	4.5	4.7	4.5
Ruhe	4.4	4.9	4.4
Sanitäranlagen	4.5	4.3	4.2
Sauberkeit Ø	4.2	4.8	4.6
Freundlichkeit	4.6	4.6	4.8
Stellplatz	4.4	4.0	3.9
Verpflegung	4.2	3.6	3.2
Freizeit	4.4	4.0	4.0
Preis-Leistung	4.2	4.5	4.2
Mietunterkünfte	3.4	4.8	3.8
Geeignet für			
Kinder b. 6 J.	4.5	4.2	4.4
Kinder b. 12 J.	4.6	4.6	4.6
Kinder b. 18 J.	4.0	4.4	4.3
Paare	4.6	4.9	4.5
Senioren	4.5	5.0	4.5
Gäste mit Zelt	4.4	4.3	4.5
Gäste mit Hund	3.9	4.3	4.6
Empfohlene Aktivitäten	Schwimmen Radfahren Entspannen	Entspannen Angeln Wandern	Schwimmen Radfahren Entspannen

AWARD 2022 (Ferienpark Seehof)

11 Campingplatz Klein Pritz

Kastanienallee 10
19406 Klein Pritz

53.64139 | 11.94715

keine Angabe

keine Angabe
Mehr Infos & Anfrage:
www.camping.info/24043

Baden in nat. Gewässer	k. A.
Pool & Hallenbad	✗
Spielplatz	keine Angabe
Hunde	✗
Schatten	✗
WLAN	keine Angabe
Lebensmittel	k.A.
Brötchen	keine Angabe
Restaurant & Imbiss	✗
Ver-/Entsorgung Womo	✗
in den Ort	keine Angabe
Gesamt	keine Angabe
Mietunterkünfte	✗
Stellplätze vor Schranke	✗

- JETZT BEWERTEN!

Für diese Auswertung liegen leider noch nicht genügend Bewertungen vor.

Sei einer der Ersten, der diesen Campingplatz bewertet.

Mit einer guten Campingplatz-Bewertung unterstützt du nicht nur deinen Lieblingsplatz, sondern hilfst auch anderen Campern bei der Platzwahl.

12 Campingplatz am Dobbertiner See

Am Zeltplatz 1
19399 Dobbertin
+49 174 7378937

53.61825 | 12.06477

keine Angabe

HS: 19,60 € | NS: 18,40 €
Mehr Infos & Anfrage:
www.camping.info/18122

Baden im See am Platz	✓
Pool & Hallenbad	✗
Spielplatz am Platz	✓
Hunde willkommen	✓
zur Hälfte Schatten	✓
WLAN	teilweise
Lebensmittel	400m
Brötchen	keine Angabe
Restaurant	400m
Ver-/Entsorgung Womo	✓
in den Ort	400m
Gesamt/Touristen	100/75
Mietunterkünfte	✓
Stellplätze vor Schranke	✗

4.6 SEHR GUT
30 Bewertungen

Lage	4.9
Ruhe	4.8
Sanitäranlagen	4.0
Sauberkeit Ø	4.7
Freundlichkeit	4.8
Stellplatz	4.3
Verpflegung	3.5
Freizeit	4.3
Preis-Leistung	4.8
Mietunterkünfte	4.5

Geeignet für

Kinder b. 6 J.	4.4
Kinder b. 12 J.	4.5
Kinder b. 18 J.	4.2
Paare	4.8
Senioren	4.6
Gäste mit Zelt	4.8
Gäste mit Hund	4.8

Empfohlene Aktivitäten

- Kayak/Kanu
- Schwimmen
- Radfahren

13 Camping Hubert

Badestrand 6
19399 Goldberg
+49 38736 43940

53.60533 | 12.10473

01.04. - 31.10.

HS: 13,00 € | NS: 13,00 €
Mehr Infos & Anfrage:
www.camping.info/23740

Baden im See	200m
Pool & Hallenbad	✗
Spielplatz	500m
Hunde willkommen	✓
Schatten	✗
WLAN	✗
Lebensmittel	1km
Brötchen am Platz	✗
Restaurant/Imbiss	✓/500m
Ver-/Entsorgung Womo	✓
in den Ort	1km
Touristenplätze	50
Mietunterkünfte	✗
Stellplätze vor Schranke	✗

3.8 GUT
11 Bewertungen

Lage	4.0
Ruhe	5.0
Sanitäranlagen	3.7
Sauberkeit Ø	4.3
Freundlichkeit	4.5
Stellplatz	3.8
Verpflegung	2.1
Freizeit	2.9
Preis-Leistung	4.7
Mietunterkünfte	-

Geeignet für

Kinder b. 6 J.	3.1
Kinder b. 12 J.	2.9
Kinder b. 18 J.	2.1
Paare	4.2
Senioren	4.4
Gäste mit Zelt	4.1
Gäste mit Hund	4.1

Empfohlene Aktivitäten

- Entspannen
- Schwimmen
- Radfahren

14 Campingplatz Süduferperle

Forststraße 19
19065 Raben-Steinfeld
+49 3860 312

53.60432 | 11.49719

14.04. - 20.10.

HS: 27,00 € | NS: 27,00 €
Mehr Infos & Anfrage:
www.camping.info/17898

Baden im See am Platz	✓
Hallenbad	3km
Spielplatz	✗
Hunde	✗
Schatten	✗
WLAN (gratis)	teilweise
Lebensmittel	2km
Brötchen am Platz	✓
Restaurant am P.	✓
Ver-/Entsorgung Womo	✓
in den Ort	700m
Gesamt/Touristen	90/60
Mietunterkünfte	✓
Stellplätze vor Schranke	✗

3.6 GUT
43 Bewertungen

Lage	4.5
Ruhe	4.2
Sanitäranlagen	2.8
Sauberkeit Ø	3.5
Freundlichkeit	3.8
Stellplatz	3.3
Verpflegung	2.8
Freizeit	3.6
Preis-Leistung	3.2
Mietunterkünfte	3.1

Geeignet für

Kinder b. 6 J.	2.5
Kinder b. 12 J.	2.8
Kinder b. 18 J.	2.8
Paare	3.8
Senioren	4.1
Gäste mit Zelt	4.0
Hunde n. erlaubt	-

Empfohlene Aktivitäten

- Schwimmen
- Tauchen
- Radfahren

Karte auf Seite 272

	15 Campingoase Waldsee	16 Camping am See Alt Schwerin	17 Heidepark Silz
	Köhlerweg 9 19399 Neu Poserin OT Wooster Teerofen	An den Schaftannen 1 17214 Alt Schwerin +49 39932 42073	Am Fleesensee 5 17214 Silz +49 399 27 70 22 9
	53.59021 | 12.21332	53.5228 | 12.3194	53.50809 | 12.45038
Infos			
Öffnungszeiten	14.04. - 31.10.	01.04. - 31.10.	01.04. - 30.09.
Vergleichspreis	HS: 22,00 €	HS: 28,00 € | NS: 24,00 €	HS: 22,00 €
Link	**Mehr Infos & Anfrage:** www.camping.info/24278	**Mehr Infos & Anfrage:** www.camping.info/22864	**Mehr Infos & Anfrage:** www.camping.info/18057
Ausstattung			
Freizeit	Baden in nat. Gewässer k. A. Pool & Hallenbad ✗ Spielplatz am Platz ✓	Baden im See am Platz ✓ Pool/Hallenbad 15/12km Spielplatz am Platz ✓	Baden in nat. Gewässer k. A. Hallenbad 23km Spielplatz am Platz ✓
Campingplatz	Hunde erlaubt ✓ zur Hälfte Schatten ✓ WLAN ✗	Hunde willkommen ✓ wenig Schatten ✓ WLAN (gegen Gebühr) ✓	Hunde willkommen ✓ Schatten ✗ WLAN ✓
Versorgung	Lebensmittel 12km Brötchen am Platz ✓ Restaurant/Imbiss 8km/✓ Ver-/Entsorgung Womo ✓ in den Ort 100m	Lebensmittel 5km Brötchen am Platz ✓ Restaurant/Imbiss ✓/5km Ver-/Entsorgung Womo ✓ in den Ort 2km	Lebensmittel ✓ Brötchen keine Angabe Restaurant am P. ✓ Ver-/Entsorgung Womo ✓ in den Ort 1km
Anzahl der Plätze	Gesamt/Touristen 80/40 Mietunterkünfte ✓ Stellplätze vor Schranke ✓	Gesamt/Touristen 187/142 Mietunterkünfte ✓ Stellplätze vor Schranke ✗	Gesamt/Touristen 320/25 Mietunterkünfte ✓ Stellplätze vor Schranke ✗

	15	16	17
Gesamt	4.6 SEHR GUT, 7 Bewertungen	4.2 SEHR GUT, 78 Bewertungen	4.5 SEHR GUT, 11 Bewertungen
Lage	4.7	4.4	4.6
Ruhe	4.6	4.0	4.3
Sanitäranlagen	4.0	3.9	4.3
Sauberkeit Ø	4.8	4.3	4.8
Freundlichkeit	5.0	4.5	4.9
Stellplatz	4.0	4.1	4.4
Verpflegung	2.8	3.4	3.9
Freizeit	4.2	3.8	4.1
Preis-Leistung	4.7	4.2	4.5
Mietunterkünfte	3.0	3.6	3.0
Geeignet für			
Kinder b. 6 J.	4.6	4.1	4.6
Kinder b. 12 J.	4.7	4.2	4.6
Kinder b. 18 J.	4.0	3.9	3.9
Paare	4.6	4.6	4.2
Senioren	4.6	4.4	4.3
Gäste mit Zelt	4.8	4.2	4.3
Gäste mit Hund	4.5	4.4	3.8
Empfohlene Aktivitäten	Schwimmen Angeln Entspannen	Schwimmen Radfahren Entspannen	Radfahren Schwimmen Entspannen

18 Camping- und Wohnmobilpark Naturcamping Malchow

❄

Zum Plauer See 1
17213 Malchow
+49 39932 49907

53.49294 | 12.37335

ganzjährig

HS: 30,90 € | NS: 22,60 €

Mehr Infos & Anfrage:
www.camping.info/18055

Baden im See am Platz	✓
Pool/Hallenbad	10km
Spielplatz am Platz	✓
Hunde willkommen	✓
zur Hälfte Schatten	✓
WLAN	✓
Lebensmittel	✓
Brötchen am Platz	✓
Restaurant/Imbiss	✓/2km
Ver-/Entsorgung Womo	✓
in den Ort	2km
Gesamt/Touristen	200/120
Mietunterkünfte	✓
Stellplätze vor Schranke	✓

4.0 SEHR GUT
95 Bewertungen

Lage	4.4
Ruhe	4.1
Sanitäranlagen	3.9
Sauberkeit Ø	4.0
Freundlichkeit	4.6
Stellplatz	3.9
Verpflegung	3.9
Freizeit	4.0
Preis-Leistung	4.1
Mietunterkünfte	3.9

Geeignet für

Kinder b. 6 J.	4.4
Kinder b. 12 J.	4.4
Kinder b. 18 J.	3.7
Paare	4.5
Senioren	4.5
Gäste mit Zelt	4.5
Gäste mit Hund	4.6

Empfohlene Aktivitäten

- Schwimmen
- Radfahren
- Angeln

keine WOMOs ab 12 m

19 Inselcamping Werder

FKK ❄

Insel Werder 8
17214 Alt-Schwerin
+49 39932 42074

53.48558 | 12.32257

01.04. - 31.10.
15.12. - 31.03.

HS: 29,00 € | NS: 21,80 €

Mehr Infos & Anfrage:
www.camping.info/18056

Baden im See am Platz	✓
Pool/Hallenbad	18km
Spielplatz am Platz	✓
Hunde willkommen	✓
wenig Schatten	✓
WLAN	✓
Lebensmittel	5km
Brötchen am Platz	✓
Restaurant/Imbiss	2km/✓
Ver-/Entsorgung Womo	✓
in den Ort	5km
Gesamt/Touristen	200/30
Mietunterkünfte	✓
Stellplätze vor Schranke	✓

4.2 SEHR GUT
32 Bewertungen

Lage	4.7
Ruhe	4.6
Sanitäranlagen	4.5
Sauberkeit Ø	4.8
Freundlichkeit	4.9
Stellplatz	4.5
Verpflegung	3.8
Freizeit	4.1
Preis-Leistung	4.6
Mietunterkünfte	4.5

Geeignet für

Kinder b. 6 J.	4.6
Kinder b. 12 J.	4.5
Kinder b. 18 J.	4.1
Paare	4.9
Senioren	5.0
Gäste mit Zelt	4.2
Gäste mit Hund	4.5

Empfohlene Aktivitäten

- Schwimmen
- Radfahren
- Wandern

20 Naturcamping Zwei Seen

Waldchaussee 2
17209 Zislow
03992429018

53.4475 | 12.31056

01.04. - 15.10.

HS: 32,00 € | NS: 21,00 €

Mehr Infos & Anfrage:
www.camping.info/18053

Baden im See am Platz	✓
Pool & Hallenbad	✗
Spielplatz am Platz	✓
Hunde willkommen	✓
zur Hälfte Schatten	✓
WLAN (begrenzt gratis)	✓
Lebensmittel	✓
Brötchen am Platz	✓
Restaurant am P.	✓
Ver-/Entsorgung Womo	✓
in den Ort	2km
Gesamt/Touristen	400/250
Mietunterkünfte	✓
Stellplätze vor Schranke	✗

3.9 GUT
95 Bewertungen

Lage	4.6
Ruhe	4.3
Sanitäranlagen	3.9
Sauberkeit Ø	4.2
Freundlichkeit	4.1
Stellplatz	3.7
Verpflegung	3.5
Freizeit	3.9
Preis-Leistung	3.8
Mietunterkünfte	4.2

Geeignet für

Kinder b. 6 J.	4.1
Kinder b. 12 J.	4.2
Kinder b. 18 J.	3.7
Paare	4.3
Senioren	3.9
Gäste mit Zelt	4.3
Gäste mit Hund	4.3

Empfohlene Aktivitäten

- Schwimmen
- Radfahren
- Wandern

keine Truck-WOMOs (Gewicht) und alleinr. Jugendliche; Jugendgr. mit Betreuer

21 Wald- und Seeblick Camp ZISLOW

Waldchaussee 1
17209 Zislow
+49 39924 2002

53.44199 | 12.31322

ganzjährig

HS: 25,00 € | NS: 21,00 €

Mehr Infos & Anfrage:
www.camping.info/17896

Baden im See am Platz	✓
Hallenbad	30km
Spielplatz am Platz	✓
Hunde willkommen	✓
wenig Schatten	✓
WLAN	✓
Lebensmittel	✓
Brötchen am Platz	nur HS
Restaurant/Imbiss	600m/✓
Ver-/Entsorgung Womo	✓
in den Ort	1km
Gesamt/Touristen	388/193
Mietunterkünfte	✓
Stellplätze vor Schranke	✗

4.1 SEHR GUT
33 Bewertungen

Lage	4.7
Ruhe	4.4
Sanitäranlagen	4.0
Sauberkeit Ø	4.3
Freundlichkeit	4.3
Stellplatz	4.0
Verpflegung	3.4
Freizeit	3.7
Preis-Leistung	3.8
Mietunterkünfte	3.5

Geeignet für

Kinder b. 6 J.	4.0
Kinder b. 12 J.	3.7
Kinder b. 18 J.	3.2
Paare	4.4
Senioren	4.4
Gäste mit Zelt	4.1
Gäste mit Hund	4.3

Empfohlene Aktivitäten

- Radfahren
- Entspannen
- Schwimmen

Karte auf Seite 272

	24	25	26
	Campingplatz Bad Stuer	**Camping am Blanksee**	**Camping und Bootshafen Eldena**
	❄ Seeufer 20 17209 Bad Stuer +49 39924 791370 53.38881 | 12.31092	Am Blanksee 1 19376 Klein-Pankow +49 387 242 2590 53.38874 | 12.01802	Am Bootshafen 1 19294 Eldena +49 387 552 0020 53.23149 | 11.42566
Infos			
Öffnungszeiten	keine Angabe	01.04. - 31.10.	13.04. - 15.10.
Vergleichspreis	HS: 27,00 € | NS: 25,00 €	HS: 27,50 € | NS: 17,00 €	HS: 16,00 € | NS: 16,00 €
Link	**Mehr Infos & Anfrage:** www.camping.info/18052	**Mehr Infos & Anfrage:** www.camping.info/23152	**Mehr Infos & Anfrage:** www.camping.info/26196
Ausstattung			
Freizeit	Baden im See 200m Pool & Hallenbad ✗ Spielplatz am Platz ✓	Baden im See am Platz ✓ Pool & Hallenbad ✗ Spielplatz am Platz ✓	Baden im Fluss am Platz ✓ Pool & Hallenbad ✗ Spielplatz 800m
Campingplatz	Hunde willkommen ✓ wenig Schatten ✓ WLAN (gratis) teilweise	Hunde willkommen ✓ zur Hälfte Schatten ✓ WLAN (gegen Gebühr) ✓	Hunde willkommen ✓ zur Hälfte Schatten ✓ WLAN ✓
Versorgung	Lebensmittel ✓ Brötchen am Platz ✓ Imbiss ✓ Ver-/Entsorgung Womo ✓ in den Ort 1km	Lebensmittel ✓ Brötchen am Platz ✓ Restaurant/Imbiss 10km/✓ Ver-/Entsorgung Womo ✗ in den Ort 1km	Lebensmittel 700m Brötchen am Platz ✓ Imbiss 700m Ver-/Entsorgung Womo ✗ in den Ort 300m
Anzahl der Plätze	Gesamt/Touristen 150/100 Mietunterkünfte ✓ Stellplätze vor Schranke ✓	Gesamt/Touristen 70/60 Mietunterkünfte ✓ Stellplätze vor Schranke ✗	Gesamt/Touristen 40/25 Mietunterkünfte ✗ Stellplätze vor Schranke ✗

	24	25	26
Gesamt	4.2 SEHR GUT, 40 Bewertungen	4.3 SEHR GUT, 30 Bewertungen	4.7 SEHR GUT, 19 Bewertungen
Lage	4.4	4.4	4.5
Ruhe	4.6	4.8	4.8
Sanitäranlagen	4.3	4.1	4.2
Sauberkeit Ø	4.5	4.5	4.9
Freundlichkeit	4.4	4.6	5.0
Stellplatz	3.9	4.1	4.5
Verpflegung	3.7	3.9	4.1
Freizeit	4.1	4.1	4.1
Preis-Leistung	4.4	4.1	4.9
Mietunterkünfte	4.9	4.5	-
Geeignet für			
Kinder b. 6 J.	4.5	4.7	4.1
Kinder b. 12 J.	4.5	4.7	4.2
Kinder b. 18 J.	4.2	3.5	4.0
Paare	4.6	4.5	4.9
Senioren	4.3	4.6	5.0
Gäste mit Zelt	4.5	4.6	4.9
Gäste mit Hund	4.2	4.8	4.7
Empfohlene Aktivitäten	Radfahren Kayak/Kanu Schwimmen	Entspannen Schwimmen Radfahren	Kayak/Kanu Radfahren Motorboot

22 Campingpark Zuruf

Seestraße 38 D
19395 Plau am See - Plötzenhöhe
+49 38735 45878
www.campingpark-zuruf.de
campingpark-zuruf@t-online.de

01.03. - 31.10.

HS: 33,90 € | NS: 30,60 €

Mehr Infos & Anfrage:
www.camping.info/18120

Baden im See am Platz	✓
Hallenbad	1km
Spielplatz am Platz	✓
Hunde willkommen	✓
wenig Schatten	✓
WLAN	✓
Lebensmittel	✓
Brötchen am Platz	✓
Restaurant/Imbiss	1km/✓
Ver-/Entsorgung Womo	✓
in den Ort	2km
Gesamt/Touristen	260/150
Mietunterkünfte	✓
Stellplätze vor Schranke	✓

53.43653 | 12.28887

Der Badestrand bietet Badevergnügen, Naturerlebnis und Entspannung.

Lage & Stellplatz

Traumhafte Lage mit eigenem Badestrand direkt am Ufer des Plauer Sees, nur 2,5 km vom malerischen Plau am See entfernt. Stellplätze sind naturbelassen gestaltet, vielfältige Büsche und Bäume bieten erholsamen Urlaub im Grünen. Komfortplätze mit Wasser-/Abwasseranschluss. Finnhütten & Mietwohnwagen.

Verpflegung

Das Bistro „Schilfhütte" und der Burgerwagen bieten frisch gezapfte Getränke, Kaffee & Kuchen, Eis sowie leckere Pizza und Burger – mit überdachter Sonnenterrasse. In der Rezeption gibt es täglich frische, leckere Brötchen vom Handwerksbäcker sowie Artikel für den Urlaubs- und Frühstücksbedarf.

Sanitär

Die modernen Sanitärgebäude mit Solaranlage entsprechen allen Anforderungen eines 4-Sterne-Campingplatzes mit Ecocamping-Auszeichnung. Sauberkeit steht dabei absolut im Vordergrund. Ein rollstuhlgerechtes Behindertenbad und ein Kinderbad mit Wickelplatz gehören ebenfalls zum Campingpark.

Freizeit

Radtouren in die idyllische Umgebung der Mecklenb. Seenplatte sowie Bootstouren über den Plauer See bis zur Müritz sind beliebte Urlaubsvergnügen. Bootssteg für Gäste mit eigenem Boot sowie Boots- und Fahrradverleih vorhanden. Badestrand mit Naturspielplatz. Animationsprogramm für Kinder im Sommer.

Stellplätze direkt am See.

Idyllische Lage am Plauer See.

3.9 GUT
105 Bewertungen

Lage	4.6
Ruhe	4.1
Sanitäranlagen	4.1
Sauberkeit Ø	4.3
Freundlichkeit	4.3
Stellplatz	3.9
Verpflegung	3.2
Freizeit	3.9
Preis-Leistung	3.9
Mietunterkünfte	4.1

Geeignet für

4.4 Paare

4.3	Senioren
4.3	Gäste mit Zelt
4.1	Kinder b. 6 J.
4.1	Kinder b. 12 J.
3.7	Gäste mit Hund
3.4	Kinder b. 18 J.

Empfohlene Aktivitäten

Schwimmen · Radfahren · Entspannen · Wandern

Mehr Infos

Eigener Stellplatzbereich für Gäste mit Hund. Ecocamping-zertifiziert.

Karte auf Seite 272

	27	28
	Bootsanleger & Camping Neu Göhren ❄	**Campingplatz am Wiesengrund**
	Neue Straße 9 19294 Neu Göhren +49 38755 20309 53.22324 | 11.3921	Am Kanal 4 19294 Malliß bei Ludwigslust +49 38750 21060 53.19555 | 11.34202
Infos		
Öffnungszeiten	keine Angabe	01.03. - 31.10.
Vergleichspreis	HS: 12,00 € | NS: 12,00 €	HS: 20,00 € | NS: 25,00 €
Link	**Mehr Infos & Anfrage:** www.camping.info/17893	**Mehr Infos & Anfrage:** www.camping.info/18118
Ausstattung		
Freizeit	Baden in nat. Gewässer k. A. Pool/Hallenbad 23/32km Spielplatz am Platz ✓	Baden im Fluss am Platz ✓ Pool & Hallenbad ✗ Spielplatz am Platz ✓
Campingplatz	Hunde willkommen ✓ Schatten ✗ WLAN teilweise	Hunde willkommen ✓ zur Hälfte Schatten ✓ WLAN (gegen Gebühr) ✓
Versorgung	Lebensmittel 5km Brötchen am Platz ✓ Restaurant am P. ✓ Ver-/Entsorgung Womo ✓ in den Ort 3km	Lebensmittel 3km Brötchen am Platz ✓ Restaurant & Imbiss ✓ Ver-/Entsorgung Womo ✓ in den Ort 3km
Anzahl der Plätze	Gesamt/Touristen 100/30 Mietunterkünfte ✓ Stellplätze vor Schranke ✗	Gesamt/Touristen 100/60 Mietunterkünfte ✓ Stellplätze vor Schranke ✓

	27	28
Bewertung	4.3 SEHR GUT, 7 Bewertungen	4.9 SEHR GUT, 38 Bewertungen
Lage	4.6	4.8
Ruhe	4.9	4.9
Sanitäranlagen	4.0	4.5
Sauberkeit Ø	4.0	4.9
Freundlichkeit	4.7	5.0
Stellplatz	3.8	4.5
Verpflegung	3.8	4.4
Freizeit	4.2	4.4
Preis-Leistung	4.3	4.8
Mietunterkünfte	3.7	4.8
Geeignet für		
Kinder b. 6 J.	4.8	4.8
Kinder b. 12 J.	4.6	4.8
Kinder b. 18 J.	4.4	4.1
Paare	5.0	5.0
Senioren	4.8	5.0
Gäste mit Zelt	5.0	4.9
Gäste mit Hund	4.8	4.9
Empfohlene Aktivitäten	Motorboot Kayak/Kanu Radfahren	Radfahren Kayak/Kanu Angeln

Campingplatz am Wiesengrund: keine WOMOs ab 12 m; Jugendgruppen nur beschränkt zugelassen

23 Barracuda Beach - Naturcamping am Neustädter See

Schäferkamp 4
19306 Neustadt-Glewe
038757-595424
www.barracuda-beach.de
camping@barracuda-beach.de

01.04. - 31.10.

HS: 32,50 € | NS: 22,50 €

Mehr Infos & Anfrage:
www.camping.info/26877

Baden im See am Platz	✓
Pool am Platz	✓
Spielplatz am Platz	✓
Hunde willkommen	✓
zur Hälfte Schatten	✓
WLAN	✗
Lebensmittel	1km
Brötchen am Platz	✓
Restaurant/Imbiss	1km/✓
Ver-/Entsorgung Womo	✓
in den Ort	1km
Touristenplätze	150
Mietunterkünfte	✗
Stellplätze vor Schranke	✓

53.39179 | 11.58018

Seeblick im „Laguneneck" mit Sonnenuntergang.

Lage & Stellplatz

Direkt am Neustädter See, inmitten der Mecklenburger Naturlandschaft, liegt der Natur-Campingplatz „Barracuda Beach". Seine zentrale Lage zwischen Berlin und Hamburg, direkt an der Nordachse A14 und A24, sowie die Nähe zu Schwerin macht ihn zum optimalen Ausgangspunkt für Ausflüge in MV.

Verpflegung

An der Beachbar mit angrenzendem Freibad gibt es eine kleine Auswahl von verschiedenen Speisen, Fingerfood, Cocktails, Eis und vielem mehr. Im Mini-Shop bekommen die Gäste neben einem Brötchenservice ebenfalls Getränke, Eis und verschiedenste Artikel des täglichen Bedarfs.

Sanitär

Die Sanitäranlagen sind durchgehend für die Camper geöffnet und im Übernachtungspreis bereits mit inbegriffen. Neben einem Waschraum mit Waschmaschinen und Trockner sind mehrere Entsorgungsmöglichkeiten für Abwassertanks und eine Entsorgung für Kassettentoiletten vorhanden.

Freizeit

Der Barracuda Beach hat nicht nur den schönsten Strand im Binnenland – mit seinen Ausleihmöglichkeiten für SUPs und Tretboote bietet er auch Spaß für die ganze Familie. Die „Halli-Galli-Pagode" und die „Beach-Arena" laden zu sportlichen Aktivitäten und z. B. einem gemeinsamen Public Viewing ein.

Strandbad mit Beachbar.

Naturcamping & Erholung pur.

4.3 **SEHR GUT**
95 Bewertungen

Lage	4.3
Ruhe	4.0
Sanitäranlagen	4.2
Sauberkeit Ø	4.5
Freundlichkeit	4.7
Stellplatz	4.1
Verpflegung	3.3
Freizeit	4.2
Preis-Leistung	4.3
Mietunterkünfte	-

Geeignet für

- 4.5 Kinder b. 12 J.
- 4.5 Gäste mit Zelt
- 4.5 Gäste mit Hund
- 4.4 Kinder b. 6 J.
- 4.4 Kinder b. 18 J.
- 4.4 Paare
- 4.0 Senioren

Empfohlene Aktivitäten

Schwimmen · Entspannen · Radfahren · Spazieren

Mehr Infos

Jugendliche und Kinder nur in Begleitung eines Erziehungsberechtigten.

Brandenburg und Berlin

Regionen

TIPP DER REDAKTION

Blütencamping Riegelspitze

Berlin | Nr. 17 | Seite 307

Laut Gästen ideal geeignet zum:

- Schwimmen
- Radfahren
- Entspannen

4.5

Natur, Kultur und Metropole

3.000 Seen, 15 Naturschutzgebiete sowie jede Menge Kultur und Geschichte machen Brandenburg zu einem begehrten Ziel für den idealen Campingtrip. Dabei erlebt ihr hier nicht nur Tiefenentspannung und Natur pur, sondern auch echtes Großstadtfeeling: Die deutsche Hauptstadt Berlin mit ihren mehr als 3 Millionen Einwohnern ist vollständig von Brandenburg umgeben. Während eines Campingurlaubs im grünen Brandenburg lohnt ein Ausflug in die Metropole, um das internationale Flair der größten Stadt des Landes zu erleben. Ein Bummel über den „Ku'damm" oder den „Alex" stehen dann ebenso auf dem Sightseeing-Programm wie die quasi obligatorische Besichtigung des Brandenburger Tors, des Regierungsviertels oder der Museumsinsel.

Nur wenige Kilometer von Berlin entfernt liegt die Hauptstadt von Brandenburg: Potsdam, die ehemalige Residenzstadt der preußischen Könige, lockt nicht nur mit ihren zahlreichen Schlössern und Parks, unter denen das Weltkulturerbe Schloss Sanssouci sicherlich das berühmteste ist, sondern auch mit spannenden Freizeitangeboten wie dem Filmpark Babelsberg.

Alexanderplatz © Wolfgang Scholvien

Seen und Flüsse – ein Wasserland

Neben einer langen und wechselvollen Geschichte kann Brandenburg außerdem mit einer beeindruckenden Natur punkten. Außergewöhnlich und europaweit einzigartig präsentiert sich der Spreewald. Die Landschaft ist geprägt von idyllischen Lagunen und 970 Kilometern fließenden Gewässern, die das Biosphärenreservat durchziehen. Eine Bootsfahrt durch das

Dorfkirche in Ribbeck im Havelland © Steffen Lehmann

verwirrende Labyrinth aus Wasserläufen und kleinen Inseln gehört zu jenen Dingen, die man sich bei einem Urlaub in Brandenburg nicht entgehen lassen sollte.
Die vielen Seen und Flussläufe Brandenburgs sind bei Kanu-Wanderern ebenso beliebt wie bei Radfahrern, denn entlang der Kanäle und Flüsse ziehen sich gut ausgebaute Radwege. Der Dahme-Radweg etwa führt direkt aus der deutschen Hauptstadt in das idyllische Umland und in interessante Städte wie Königs Wusterhausen, das nicht nur als Wiege des Rundfunks in Deutschland gilt, sondern auch mit einer schicken Altstadt punkten kann. Eindrucksvoll restaurierte historische Stadtkerne haben auch andere Städte Brandenburgs zu bieten: Neben der Spreewaldstadt Luckau, die mit ihrer Blumenpracht lockt, ist auch Lübbenau mit seinem Schloss ein lohnenswertes Ausflugsziel. Auf die Liste der Städte, die man in Brandenburg besuchen sollte, gehören sicherlich auch Nauen, Templin und Jüterbog, wo noch heute die mächtigen Stadtmauern und Wachtürme von einstiger Größe zeugen.

Schloss Ribbeck © Yorck Maecke

Boote am Werbellinsee © Steffen Lehmann

Sonnenuntergang am Oberuckersee © Steffen Lehmann

Schlösser und Südseeparadiese

Architektur- und Geschichtsliebhaber finden in Brandenburg zahlreiche Schlösser, Landsitze und Herrenhäuser, die interessante Geschichten zu erzählen haben und auf eine Reise in die Vergangenheit einladen. Ob das Schloss Marquardt im Havelland, die Streleburgen in Storkow und Beeskow oder das Schlossgut Altlandsberg im Oderbruch – sehenswert sind sie alle. Falls während des Heimaturlaubs doch mal Fernweh aufkommen sollte: Bei Briesen in der Gemeinde Halbe ist in der größten freitragenden Halle der Welt ein tropischer Freizeitpark entstanden, der nicht nur mit einer Badelagune, Wasserrutschen und einem Tropendorf aufwarten kann, sondern auch mit einem Regenwald, einer Minigolfanlage und zahlreichen weiteren Attraktionen – hier kommt garantiert echtes Südseefeeling auf.

❶ Brandenburg Nord & Havelland

	Platz	Seite	Bewertung	Öffnungszeiten	
1	Campingplatz Sonnenkap	290	4.0	saisonal	
2	Camping am Glambecksee	290	3.8	ganzjährig	FKK *
3	Campingplatz am Oderstrom	290	4.1	saisonal	
4	Naturcampingpark Rehberge	291	4.7	saisonal	FKK
5	Wurlsee Camping Lychen	291	4.2	saisonal	
6	Campingplatz am Röblinsee	291	3.9	k. A.	
7	Camping am Oberuckersee	293	4.5	saisonal	
8	Camping Schlaborn-halbinsel	291	4.3	k. A.	
9	Camping am Reiherholz	292	4.2	k. A.	
10	Campingplatz Schüler	292	4.0	k. A.	
11	Naturcampingplatz am Rudower See	292	4.3	saisonal	
12	Campingplatz am Großen Wentowsee	294	4.6	saisonal	
13	Campingplatz Am Rottstielfliess	294	4.4	ganzjährig	
14	Campingplatz Stendenitz	294	4.6	saisonal	
15	Knattercamping in Bantikow am See	295	4.4	saisonal	FKK
16	Camping Wusterhausen	295	4.1	saisonal	*
17	Campingplatz am Ruppiner See	295	4.7	saisonal	
18	Triangel Camping Niederfinow	295	3.8	saisonal	
19	Campingpark Buntspecht	297	4.5	saisonal	
20	Campingplatz "am STEGGEL" RATHENOW	296	4.3	saisonal	
21	Stadtmarina Brandenburg	296	4.7	ganzjährig	*
22	Buhnenhaus	296	4.0	saisonal	

Karte auf Seite 288

	1	2	3
	Campingplatz Sonnenkap	**Camping am Glambecksee**	**Campingplatz am Oderstrom**
		FKK	
	Uckerpromenade 85 17291 Prenzlau +49 3984 8629180 53.29232 | 13.87154	Glambeckweg 1 16909 Wittstock OT Berlinchen +49 33966 60273 53.25138 | 12.62555	Obere Dorfstraße 17 16307 Mescherin +49 33332 870044 53.24202 | 14.42662
Infos			
Öffnungszeiten	01.04. - 31.10.	ganzjährig	01.04. - 31.10.
Vergleichspreis	HS: k.A. | NS: k.A.	HS: 19,00 €	HS: 25,50 € | NS: 25,50 €
Link	**Mehr Infos & Anfrage:** www.camping.info/30128	**Mehr Infos & Anfrage:** www.camping.info/18046	**Mehr Infos & Anfrage:** www.camping.info/23967
Ausstattung			
Freizeit	Baden im See am Platz ✓ Pool/Hallenbad 800m/35km Spielplatz am Platz ✓	Baden in nat. Gewässer k. A. Pool & Hallenbad ✗ Spielplatz am Platz ✓	Baden in nat. Gewässer k. A. Hallenbad 6km Spielplatz am Platz ✓
Campingplatz	Hunde erlaubt ✓ wenig Schatten ✓ WLAN ✓	Hunde willkommen ✓ zur Hälfte Schatten ✓ WLAN ✓	Hunde willkommen ✓ wenig Schatten ✓ WLAN (gratis) teilweise
Versorgung	Lebensmittel 1km Brötchen am Platz ✓ Restaurant/Imbiss 100m/✓ Ver-/Entsorgung Womo ✓ im Ort ✓	Lebensmittel ✓ Brötchen keine Angabe Restaurant & Imbiss ✓ Ver-/Entsorgung Womo ✓ in den Ort 2km	Lebensmittel 10km Brötchen am Platz ✓ Restaurant am P. ✓ Ver-/Entsorgung Womo ✓ in den Ort keine Angabe
Anzahl der Plätze	Touristenplätze 242 Mietunterkünfte ✓ Stellplätze vor Schranke ✗	Gesamt/Touristen 100/50 Mietunterkünfte ✓ Stellplätze vor Schranke ✗	Gesamt/Touristen 50/40 Mietunterkünfte ✓ Stellplätze vor Schranke ✓

	1	2	3
Gesamt	4.0 SEHR GUT, 8 Bewertungen	3.8 GUT, 9 Bewertungen	4.1 SEHR GUT, 22 Bewertungen
Lage	4.9	4.4	4.5
Ruhe	4.8	4.9	4.5
Sanitäranlagen	5.0	3.4	3.3
Sauberkeit Ø	5.0	3.8	4.2
Freundlichkeit	4.5	4.6	4.5
Stellplatz	3.9	3.7	3.8
Verpflegung	3.9	4.0	3.6
Freizeit	4.3	3.8	3.5
Preis-Leistung	3.9	4.1	4.2
Mietunterkünfte	5.0	4.5	3.6
Geeignet für			
Kinder b. 6 J.	5.0	5.0	3.7
Kinder b. 12 J.	4.7	5.0	3.5
Kinder b. 18 J.	4.0	3.5	3.2
Paare	4.8	4.7	4.6
Senioren	4.9	4.5	4.7
Gäste mit Zelt	4.8	5.0	4.7
Gäste mit Hund	4.8	4.9	4.2
Empfohlene Aktivitäten	Radfahren Wandern Entspannen	Schwimmen Angeln Radfahren	Radfahren Angeln Kayak/Kanu

Hauptsaison: 25.05.-07.06. und 27.06.-28.08.2022

4 Naturcampingpark Rehberge

FKK

Lychener Str. 8
17279 Lychen OT Retzow
+49 39888 2604
53.22408 | 13.28292

01.04. - 31.10.
HS: 26,00 € | NS: 22,00 €
Mehr Infos & Anfrage:
www.camping.info/22294

Baden im See am Platz	✓
Pool/Hallenbad	20km
Spielplatz am Platz	✓
Hunde willkommen	✓
zur Hälfte Schatten	✓
WLAN (gratis)	teilweise
Lebensmittel	1km
Brötchen am Platz	nur HS
Restaurant/Imbiss	1/2km
Ver-/Entsorgung Womo	✓
in den Ort	1km
Gesamt/Touristen	135/50
Mietunterkünfte	✓
Stellplätze vor Schranke	✗

4.7 SEHR GUT
249 Bewertungen

Lage	4.8
Ruhe	4.7
Sanitäranlagen	4.7
Sauberkeit Ø	4.8
Freundlichkeit	4.8
Stellplatz	4.4
Verpflegung	3.1
Freizeit	4.3
Preis-Leistung	4.5
Mietunterkünfte	4.8

Geeignet für

Kinder b. 6 J.	4.6
Kinder b. 12 J.	4.6
Kinder b. 18 J.	4.2
Paare	4.8
Senioren	4.6
Gäste mit Zelt	4.8
Gäste mit Hund	4.7

Empfohlene Aktivitäten

- Schwimmen
- Kayak/Kanu
- Radfahren

Keine Aufnahme von Gruppen (maximal 4 Erwachsene).

5 Wurlsee Camping Lychen

Strelitzer Straße 5b
17279 Lychen
+49 398 88 2509 (01.05.06 - 30.09.06)
53.21897 | 13.30617

01.04. - 31.10.
HS: 26,50 € | NS: 22,00 €
Mehr Infos & Anfrage:
www.camping.info/18074

Baden in nat. Gewässer	k. A.
Pool/Hallenbad	1/2km
Spielplatz am Platz	✓
Hunde erlaubt	✓
Schatten	✗
WLAN	✗
Lebensmittel	✗
Brötchen am Platz	nur HS
Restaurant	300m
Ver-/Entsorgung Womo	✓
in den Ort	500m
Gesamt/Touristen	120/40
Mietunterkünfte	✗
Stellplätze vor Schranke	✗

4.2 SEHR GUT
13 Bewertungen

Lage	4.7
Ruhe	4.8
Sanitäranlagen	4.1
Sauberkeit Ø	4.2
Freundlichkeit	3.9
Stellplatz	3.5
Verpflegung	2.1
Freizeit	3.9
Preis-Leistung	4.3
Mietunterkünfte	-

Geeignet für

Kinder b. 6 J.	4.3
Kinder b. 12 J.	4.8
Kinder b. 18 J.	4.3
Paare	4.9
Senioren	4.6
Gäste mit Zelt	4.9
Gäste mit Hund	4.0

Empfohlene Aktivitäten

- Angeln
- Schwimmen
- Radfahren

6 Campingplatz am Röblinsee

Röblinsee Nord 1
16798 Fürstenberg
53.18639 | 13.13111

keine Angabe
keine Angabe
Mehr Infos & Anfrage:
www.camping.info/22293

Baden in nat. Gewässer	k. A.
Pool & Hallenbad	✗
Spielplatz	keine Angabe
Hunde	✗
Schatten	✗
WLAN	keine Angabe
Lebensmittel	k.A.
Brötchen	keine Angabe
Restaurant & Imbiss	✗
Ver-/Entsorgung Womo	✗
in den Ort	keine Angabe
Gesamt	keine Angabe
Mietunterkünfte	✗
Stellplätze vor Schranke	✗

3.9 GUT
7 Bewertungen

Lage	4.6
Ruhe	4.5
Sanitäranlagen	3.3
Sauberkeit Ø	3.8
Freundlichkeit	4.6
Stellplatz	3.4
Verpflegung	2.9
Freizeit	3.7
Preis-Leistung	3.8
Mietunterkünfte	-

Geeignet für

Kinder b. 6 J.	3.7
Kinder b. 12 J.	3.8
Kinder b. 18 J.	3.0
Paare	4.0
Senioren	3.3
Gäste mit Zelt	4.8
Hunde n. erlaubt	-

Empfohlene Aktivitäten

- Schwimmen
- Angeln
- Kayak/Kanu

8 Camping Schlaborn-halbinsel

Winkelstr. 11
16831 Zechlinerhütte bei Rheinsberg
+49 339 217 0295
53.155 | 12.87444

keine Angabe
keine Angabe
Mehr Infos & Anfrage:
www.camping.info/18041

Baden in nat. Gewässer	k. A.
Pool & Hallenbad	✗
Spielplatz	keine Angabe
Hunde	✗
Schatten	✗
WLAN	keine Angabe
Lebensmittel	k.A.
Brötchen	keine Angabe
Restaurant & Imbiss	✗
Ver-/Entsorgung Womo	✗
in den Ort	keine Angabe
Gesamt	keine Angabe
Mietunterkünfte	✗
Stellplätze vor Schranke	✗

4.3 SEHR GUT
6 Bewertungen

Lage	4.5
Ruhe	4.3
Sanitäranlagen	4.0
Sauberkeit Ø	4.5
Freundlichkeit	4.7
Stellplatz	4.2
Verpflegung	2.8
Freizeit	4.2
Preis-Leistung	4.3
Mietunterkünfte	-

Geeignet für

Kinder b. 6 J.	4.0
Kinder b. 12 J.	4.0
Kinder b. 18 J.	3.0
Paare	4.0
Senioren	3.7
Gäste mit Zelt	3.7
Hunde n. erlaubt	-

Empfohlene Aktivitäten

- Kayak/Kanu
- Schwimmen
- Wandern

Karte auf Seite 288

	9	10	11
	Camping am Reiherholz	**Campingplatz Schüler**	**Naturcampingplatz am Rudower See**
	Zechlinerhütter Str. 2 16837 Kagar bei Rheinsberg +49 33923 70363	Seestraße 11 16775 Altglobsow	Leuengarten 9 19309 Lenzen +49 387 928 0075
	53.13563 | 12.81955	53.13022 | 13.11557	53.11028 | 11.54083
Infos			
Öffnungszeiten	keine Angabe	keine Angabe	01.04. - 31.10.
Vergleichspreis	keine Angabe	keine Angabe	HS: 18,00 € | NS: 16,00 €
Link	**Mehr Infos & Anfrage:** www.camping.info/18043	**Mehr Infos & Anfrage:** www.camping.info/17877	**Mehr Infos & Anfrage:** www.camping.info/18119
Ausstattung			
Freizeit	Baden im See 300m Pool & Hallenbad ✗ Spielplatz am Platz ✓	Baden in nat. Gewässer k. A. Pool & Hallenbad ✗ Spielplatz keine Angabe	Baden im See am Platz ✓ Pool & Hallenbad ✗ Spielplatz am Platz ✓
Campingplatz	Hunde erlaubt ✓ Schatten ✗ WLAN ✗	Hunde ✗ Schatten ✗ WLAN keine Angabe	Hunde willkommen ✓ wenig Schatten ✓ WLAN ✗
Versorgung	Lebensmittel 300m Brötchen keine Angabe Restaurant am P. ✓ Ver-/Entsorgung Womo ✗ in den Ort 700m	Lebensmittel k.A. Brötchen keine Angabe Restaurant & Imbiss ✗ Ver-/Entsorgung Womo ✗ in den Ort keine Angabe	Lebensmittel 5km Brötchen am Platz ✓ Restaurant am P. ✓ Ver-/Entsorgung Womo ✗ in den Ort 6km
Anzahl der Plätze	Gesamt/Touristen 110/70 Mietunterkünfte ✓ Stellplätze vor Schranke ✗	Gesamt keine Angabe Mietunterkünfte ✗ Stellplätze vor Schranke ✗	Gesamt/Touristen 100/60 Mietunterkünfte ✗ Stellplätze vor Schranke ✗

	9	10	11
Gesamt	4.2 SEHR GUT, 8 Bewertungen	4.0 SEHR GUT, 5 Bewertungen	4.3 SEHR GUT, 13 Bewertungen
Lage	4.1	4.2	4.7
Ruhe	4.9	4.6	4.9
Sanitäranlagen	4.4	4.2	4.8
Sauberkeit Ø	4.8	4.2	4.9
Freundlichkeit	4.9	4.2	5.0
Stellplatz	4.1	3.8	4.4
Verpflegung	3.1	4.8	4.1
Freizeit	3.6	3.6	4.0
Preis-Leistung	4.4	4.5	4.9
Mietunterkünfte	4.7	-	-
Geeignet für			
Kinder b. 6 J.	4.0	4.5	4.7
Kinder b. 12 J.	4.7	4.5	4.7
Kinder b. 18 J.	4.5	3.5	4.2
Paare	5.0	4.2	4.9
Senioren	5.0	4.8	4.9
Gäste mit Zelt	5.0	3.7	4.7
Gäste mit Hund	5.0		4.4
Hunde n. erlaubt		-	
Empfohlene Aktivitäten	Radfahren Wandern Entspannen	Radfahren Wandern Entspannen	Radfahren Entspannen Angeln

7 Camping am Oberuckersee

Lindenallee 2
17291 Warnitz
+49 39863 459
www.camping-oberuckersee.de
info@camping-oberuckersee.de

01.04. - 05.10.

HS: 31,50 € | NS: 31,50 €

Mehr Infos & Anfrage:
www.camping.info/17882

Baden im See am Platz	✓
Pool & Hallenbad	✗
Spielplatz am Platz	✓
Hunde willkommen	✓
zur Hälfte Schatten	✓
WLAN (gegen Gebühr)	✓
Lebensmittel	500m
Brötchen am Platz	✓
Restaurant/Imbiss	800/200m
Ver-/Entsorgung Womo	✓
in den Ort	500m
Gesamt/Touristen	180/100
Mietunterkünfte	✗
Stellplätze vor Schranke	✗

Der Oberuckersee mit Burgwallinsel.

Lage & Stellplatz

Der Naturplatz liegt idyllisch am Oberuckersee, einem der größten Seen im Biosphärenreservat Schorfheide-Chorin. Auf weiträumigem, terrassiertem Gelände im lichten Kiefernwald gibt es parzellierte Plätze und einen unparzellierten Bereich. Eine Seebadestelle mit Steganlage ist ebenfalls vorhanden.

Verpflegung

Neben einem Brötchenservice gibt es am Campingplatz einen Getränke- und Eisverkauf sowie einen kleinen Shop für den täglichen Bedarf. Im Dorf findet man einen Imbiss, einen Landmarkt und einen Tourist-Info-Point mit Café und dem Verkauf regionaler Produkte.

Sanitär

Die sanitären Anlagen sind modern und freundlich gestaltet. Es gibt Wasch- und Duschkabinen, Kinderwaschbecken, Wickeltische, Haarföhn, Geschirrspülbecken im Außenbereich sowie ein Wäschewaschbecken. Waschmaschine und Trockner sind ebenfalls vorhanden.

Freizeit

Es gibt einen Kinderspielplatz, ein Volleyballfeld, Tischtennis und WLAN (kostenpflichtig). Zudem können die Gäste im See hervorragend baden und sich abkühlen. Aufgrund der günstigen Lage bieten sich Ausflüge nach Berlin, an die Ostsee oder nach Szczecin (dt. Stettin/Polen) an.

Camperhöhe (z. T. parzelliert).

Modernes Sanitärgebäude.

4.5 SEHR GUT
85 Bewertungen

Lage	4.6
Ruhe	4.6
Sanitäranlagen	4.5
Sauberkeit Ø	4.7
Freundlichkeit	4.8
Stellplatz	4.1
Verpflegung	3.6
Freizeit	4.1
Preis-Leistung	4.6
Mietunterkünfte	-

Geeignet für

- 4.8 Gäste mit Zelt
- 4.6 Kinder b. 12 J.
- 4.4 Kinder b. 6 J.
- 4.3 Gäste mit Hund
- 4.6 Paare
- 4.3 Senioren
- 3.9 Kinder b. 18 J.

Empfohlene Aktivitäten

Schwimmen · Radfahren · Entspannen · Kayak/Kanu

Mehr Infos

WOMOs und Wohnwagen ab 7,50 m auf Anfrage.

Karte auf Seite 288

	12	13	14
	Campingplatz am Großen Wentowsee	**Campingplatz Am Rottstielfliess**	**Campingplatz Stendenitz**
	Ringslebenerstrasse 2 16798 Fürstenberg +49 176 390 583 83	Forsthaus Rottstielfließ 16827 Neuruppin OT Stendenitz +49 33929 - 70644 & +49 33929 - 50990 (ganzjährig)	Stendenitz 16827 Neuruppin OT Stendenitz +49 33929 - 70644 & +4933929 - 50990 (ganzjährig)
	53.06256 | 13.27307	53.01944 | 12.81388	53.00776 | 12.81952
Infos			
Öffnungszeiten	27.04. - 03.10.	ganzjährig	01.04. - 31.10.
Vergleichspreis	HS: 30,50 € | NS: 30,50 €	HS: 25,50 €	HS: 27,80 € | NS: 25,80 €
Link	**Mehr Infos & Anfrage:** www.camping.info/26235	**Mehr Infos & Anfrage:** www.camping.info/17880	**Mehr Infos & Anfrage:** www.camping.info/17881
Ausstattung			
Freizeit	Baden im See am Platz ✓ Pool & Hallenbad ✗ Spielplatz ✗	Baden in nat. Gewässer k. A. Pool/Hallenbad 12km Spielplatz am Platz ✓	Baden im See am Platz ✓ Pool/Hallenbad 12km Spielplatz am Platz ✓
Campingplatz	Hunde willkommen ✓ zur Hälfte Schatten ✓ WLAN ✓	Hunde willkommen ✓ wenig Schatten ✓ WLAN ✓	Hunde willkommen ✓ wenig Schatten ✓ WLAN (gegen Gebühr) ✓
Versorgung	Lebensmittel 2km Brötchen am Platz ✓ Restaurant 2km Ver-/Entsorgung Womo ✓ in den Ort 1km	Lebensmittel ✓ Brötchen am Platz ✓ Restaurant/Imbiss 2km/✓ Ver-/Entsorgung Womo ✓ in den Ort 5km	Lebensmittel ✓ Brötchen am Platz ✓ Restaurant/Imbiss ✓/50m Ver-/Entsorgung Womo ✓ in den Ort 8km
Anzahl der Plätze	Gesamt/Touristen 60/40 Mietunterkünfte ✓ Stellplätze vor Schranke ✗	Gesamt/Touristen 100/80 Mietunterkünfte ✓ Stellplätze vor Schranke ✗	Gesamt/Touristen 80/60 Mietunterkünfte ✗ Stellplätze vor Schranke ✗

	12	13	14
Gesamt	4.6 SEHR GUT, 46 Bewertungen	4.4 SEHR GUT, 67 Bewertungen	4.6 SEHR GUT, 39 Bewertungen
Lage	4.7	4.0	4.5
Ruhe	4.9	4.1	4.6
Sanitäranlagen	4.5	4.7	4.8
Sauberkeit Ø	4.8	4.7	4.8
Freundlichkeit	4.6	4.7	4.6
Stellplatz	4.3	4.5	4.4
Verpflegung	3.7	3.0	3.6
Freizeit	4.2	4.1	4.0
Preis-Leistung	4.6	4.3	4.3
Mietunterkünfte	4.4	4.0	-
Geeignet für			
Kinder b. 6 J.	1.0	4.1	4.6
Kinder b. 12 J.	1.0	4.2	4.6
Kinder b. 18 J.	3.9	3.6	3.9
Paare	5.0	4.6	4.7
Senioren	4.9	4.5	4.6
Gäste mit Zelt	4.9	4.7	4.3
Gäste mit Hund	4.6	5.0	4.3
Empfohlene Aktivitäten	Kayak/Kanu Entspannen Schwimmen	Kayak/Kanu Entspannen Schwimmen	Schwimmen Radfahren Kayak/Kanu

(12) keine WOMOs ab 12 m; keine Jugendgruppen und Gäste unter 14 Jahren

15 Knattercamping in Bantikow am See

FKK

Wusterhauser Straße 14
16868 Bantikow
+49 33979 14361
52.93119 | 12.44974

01.04. - 15.10.
HS: 23,00 € | NS: 23,00 €
Mehr Infos & Anfrage: www.camping.info/18044

Baden im See am Platz	✓
Hallenbad	3km
Spielplatz am Platz	✓
Hunde willkommen	✓
zur Hälfte Schatten	✓
WLAN	teilweise
Lebensmittel	✓
Brötchen am Platz	✓
Restaurant/Imbiss	500m/4km
Ver-/Entsorgung Womo	✓
in den Ort	3km
Gesamt/Touristen	150/70
Mietunterkünfte	✓
Stellplätze vor Schranke	✗

4.4 SEHR GUT – 45 Bewertungen

Lage	4.7
Ruhe	4.3
Sanitäranlagen	4.3
Sauberkeit Ø	4.5
Freundlichkeit	4.7
Stellplatz	4.3
Verpflegung	3.6
Freizeit	3.9
Preis-Leistung	4.4
Mietunterkünfte	4.5

Geeignet für

Kinder b. 6 J.	4.7
Kinder b. 12 J.	4.6
Kinder b. 18 J.	4.0
Paare	4.7
Senioren	4.7
Gäste mit Zelt	4.9
Gäste mit Hund	4.8

Empfohlene Aktivitäten

- Schwimmen
- Entspannen
- Radfahren

16 Camping Wusterhausen

*

Seestraße 42
16868 Wusterhausen / Dosse
+49 339 791 4274
52.90725 | 12.45845

01.04. - 31.10.
HS: 32,00 € | NS: 32,00 €
Mehr Infos & Anfrage: www.camping.info/18045

Baden im See am Platz	✓
Pool	300m
Spielplatz am Platz	✓
Hunde willkommen	✓
zur Hälfte Schatten	✓
WLAN (begrenzt gratis)	teilweise
Lebensmittel	300m
Brötchen am Platz	nur HS
Restaurant & Imbiss	✓
Ver-/Entsorgung Womo	✓
im Ort	✓
Gesamt/Touristen	330/80
Mietunterkünfte	✓
Stellplätze vor Schranke	✓

4.1 SEHR GUT – 44 Bewertungen

Lage	4.1
Ruhe	4.6
Sanitäranlagen	4.3
Sauberkeit Ø	4.5
Freundlichkeit	4.5
Stellplatz	4.1
Verpflegung	3.8
Freizeit	4.0
Preis-Leistung	4.3
Mietunterkünfte	4.5

Geeignet für

Kinder b. 6 J.	4.3
Kinder b. 12 J.	4.2
Kinder b. 18 J.	3.9
Paare	4.5
Senioren	4.4
Gäste mit Zelt	4.3
Gäste mit Hund	4.2

Empfohlene Aktivitäten

- Schwimmen
- Radfahren
- Angeln

17 Campingplatz am Ruppiner See

Hohes Ende 6
16818 Wustrau
+49 33925 28971
52.85135 | 12.86069

01.04. - 31.10.
HS: 20,60 €
Mehr Infos & Anfrage: www.camping.info/23250

Baden in nat. Gewässer	k. A.
Pool & Hallenbad	✗
Spielplatz	✗
Hunde willkommen	✓
viel Schatten	✓
WLAN	✓
Lebensmittel	500m
Brötchen am Platz	✗
Restaurant/Imbiss	450/500m
Ver-/Entsorgung Womo	✓
in den Ort	keine Angabe
Gesamt/Touristen	18/10
Mietunterkünfte	✓
Stellplätze vor Schranke	✗

4.7 SEHR GUT – 9 Bewertungen

Lage	4.5
Ruhe	4.9
Sanitäranlagen	4.1
Sauberkeit Ø	5.0
Freundlichkeit	5.0
Stellplatz	4.1
Verpflegung	2.0
Freizeit	4.0
Preis-Leistung	5.0
Mietunterkünfte	-

Geeignet für

Kinder b. 6 J.	5.0
Kinder b. 12 J.	4.7
Kinder b. 18 J.	3.3
Paare	5.0
Senioren	4.6
Gäste mit Zelt	5.0
Gäste mit Hund	5.0

Empfohlene Aktivitäten

- Radfahren
- Schwimmen
- Kayak/Kanu

18 Triangel Camping Niederfinow

Dorfstraße 31
16248 Niederfinow
+49 33362 70 437
52.84104 | 13.90096

17.04. - 03.10.
HS: 21,00 € | NS: 21,00 €
Mehr Infos & Anfrage: www.camping.info/18033

Baden im Fluss am Platz	✓
Pool/Hallenbad	13km
Spielplatz	✗
Hunde willkommen	✓
zur Hälfte Schatten	✓
WLAN	✓
Lebensmittel	✓
Brötchen am Platz	✓
Restaurant/Imbiss	2km/✓
Ver-/Entsorgung Womo	✓
in den Ort	2km
Gesamt/Touristen	8/48
Mietunterkünfte	✓
Stellplätze vor Schranke	✗

3.8 GUT – 13 Bewertungen

Lage	4.4
Ruhe	4.8
Sanitäranlagen	3.2
Sauberkeit Ø	4.4
Freundlichkeit	4.5
Stellplatz	4.2
Verpflegung	3.2
Freizeit	4.0
Preis-Leistung	4.3
Mietunterkünfte	4.5

Geeignet für

Kinder b. 6 J.	4.0
Kinder b. 12 J.	4.0
Kinder b. 18 J.	3.5
Paare	4.5
Senioren	4.3
Gäste mit Zelt	4.6
Gäste mit Hund	4.0

Empfohlene Aktivitäten

- Radfahren
- Kayak/Kanu
- Entspannen

Karte auf Seite 288

	20	21	22
	Campingplatz "am STEGGEL" RATHENOW	**Stadtmarina Brandenburg** ❄	**Buhnenhaus**
	Hauptstraße 72 14712 Rathenow bei Brandenburg +49 3385 499510	Am Hafen 7 14770 Brandenburg an der Havel +49 338 189 081 00	Buhnenhaus 1 14776 Brandenburg / Havel
	52.60792 | 12.27547	52.42445 | 12.55366	52.38743 | 12.49715
Infos			
Öffnungszeiten	15.04. - 15.10.	ganzjährig	01.04. - 15.10.
Vergleichspreis	HS: 27,00 € | NS: 24,60 €	HS: 18,00 € | NS: 14,00 €	HS: 14,00 €
Link	**Mehr Infos & Anfrage:** www.camping.info/17996	**Mehr Infos & Anfrage:** www.camping.info/26639	**Mehr Infos & Anfrage:** www.camping.info/25205
Ausstattung			
Freizeit	Baden im See am Platz ✓ Hallenbad 4km Spielplatz am Platz ✓	Baden im Fluss am Platz ✓ Pool/Hallenbad ✓/3km Spielplatz am Platz ✓	Baden im See am Platz ✓ Pool & Hallenbad ✗ Spielplatz am Platz ✓
Campingplatz	Hunde willkommen ✓ Schatten ✗ WLAN (gegen Gebühr) ✓	Hunde willkommen ✓ zur Hälfte Schatten ✓ WLAN ✓	Hunde erlaubt Nur HS zur Hälfte Schatten ✓ WLAN keine Angabe
Versorgung	Lebensmittel ✓ Brötchen am Platz ✓ Restaurant & Imbiss ✓ Ver-/Entsorgung Womo ✓ in den Ort 100m	Lebensmittel ✓ Brötchen am Platz ✗ Restaurant/Imbiss 500m/✓ Ver-/Entsorgung Womo ✓ im Ort ✓	Lebensmittel 2km Brötchen am Platz ✗ Restaurant & Imbiss ✓ Ver-/Entsorgung Womo ✓ in den Ort 2km
Anzahl der Plätze	Gesamt/Touristen 150/100 Mietunterkünfte ✓ Stellplätze vor Schranke ✗	Touristenplätze 33 Mietunterkünfte ✗ Stellplätze vor Schranke ✗	Gesamt keine Angabe Mietunterkünfte ✗ Stellplätze vor Schranke ✗

	20	21	22
Gesamt	4.3 SEHR GUT, 46 Bewertungen	4.7 SEHR GUT, 16 Bewertungen	4.0 SEHR GUT, 5 Bewertungen
Lage	4.4	4.3	4.4
Ruhe	4.5	4.6	3.8
Sanitäranlagen	4.4	4.7	3.6
Sauberkeit Ø	4.6	4.8	4.1
Freundlichkeit	4.4	4.7	4.6
Stellplatz	4.4	4.2	3.8
Verpflegung	3.5	3.8	3.8
Freizeit	3.9	3.7	3.8
Preis-Leistung	4.1	4.4	5.0
Mietunterkünfte	4.3	-	-
Geeignet für			
Kinder b. 6 J.	4.5	4.2	2.6
Kinder b. 12 J.	4.3	4.0	3.2
Kinder b. 18 J.	3.7	4.3	3.8
Paare	4.7	4.7	4.6
Senioren	4.5	4.8	5.0
Gäste mit Zelt	4.2	3.4	4.3
Gäste mit Hund	4.1	4.1	5.0
Empfohlene Aktivitäten	Schwimmen Radfahren Entspannen	Motorboot Sightseeing Radfahren	Kayak/Kanu Radfahren Motorboot

19 Campingpark Buntspecht

Weg zum Zeltplatz 1
14715 Stechow-Ferchesar im Naturpark Westhavelland
+49 33874 90072
www.campingpark-buntspecht.de
campingpark-buntspecht@web.de

01.04. - 15.10.

HS: 36,50 € | NS: 32,50 €

Mehr Infos & Anfrage:
www.camping.info/23129

Baden im See am Platz	✓
Pool/Hallenbad	10km
Spielplatz am Platz	✓
Hunde willkommen	✓
zur Hälfte Schatten	✓
WLAN (gegen Gebühr)	✓
Lebensmittel	✓
Brötchen am Platz	✓
Restaurant & Imbiss	✓
Ver-/Entsorgung Womo	✓
in den Ort	1km
Gesamt/Touristen	240/170
Mietunterkünfte	✓
Stellplätze vor Schranke	✗

1 km
52.6556 | 12.43445

Luftaufnahme mit Blick auf den Campingpark und den Ferchesarer See.

Lage & Stellplatz

Der ruhig gelegene Campingpark mit familiärer Atmosphäre befindet sich eingebettet in herrliche märkische Wälder und dem Ferchesarer See im Herzen des Naturparks Westhavelland – dem ersten Sternenpark Deutschlands. Ein Ort zum Entspannen und Relaxen, aber auch für Ausflüge nach Potsdam und Berlin.

Verpflegung

Im „Buntspecht" finden Gäste einen kleinen, aber gut ausgestatteten Minimarkt für Waren des täglichen Bedarfs, täglich frische Brötchen, Backwaren, Zeitschriften u. v. m. Das benachbarte Ristorante Pizzeria Don Carlo mit Sonnenterrasse bietet gute Küche, Kaffee- und Eisspezialitäten.

Sanitär

Der Campingpark verfügt über zwei moderne und gepflegte Sanitärgebäude mit Fußbodenheizung (Duschen sind inklusive). Zur Ausstattung gehören ein Babybad, Kleinkinderduschen, ein barrierefreies Bad sowie Familienbäder. Des Weiteren sind Küchen, Spülräume, Waschmaschinen und Trockner vorhanden.

Freizeit

Neben Sport- und Spielanlagen findet man hier einen Abenteuerspielplatz mit Goldwäsche, den beliebten Streichelzoo oder den lustigen Kids-Trecker. Außerdem gibt es einen Badestrand mit Bootsvermietung sowie eine tägliche Kinderanimation während der Hauptsaison. Neu ab 2021: Original Thaimassage.

Brunnenplatz und Gaststätte.

Abenteuer-Spielplatz.

4.5 SEHR GUT
158 Bewertungen

Lage	4.6
Ruhe	4.7
Sanitäranlagen	4.7
Sauberkeit Ø	4.8
Freundlichkeit	4.8
Stellplatz	4.6
Verpflegung	4.2
Freizeit	4.2
Preis-Leistung	4.4
Mietunterkünfte	4.6

Geeignet für

- 4.8 Gäste mit Zelt
- 4.8 Gäste mit Hund
- 4.7 Paare
- 4.6 Kinder b. 6 J.
- 4.6 Kinder b. 12 J.
- 4.6 Senioren
- 3.9 Kinder b. 18 J.

Empfohlene Aktivitäten

Schwimmen · Wandern · Entspannen · Radfahren

Mehr Infos

Stellplätze von 100-160 m² mit & ohne Seeblick, sowie eine Gruppenwiese.

2 Berlin & Umgebung

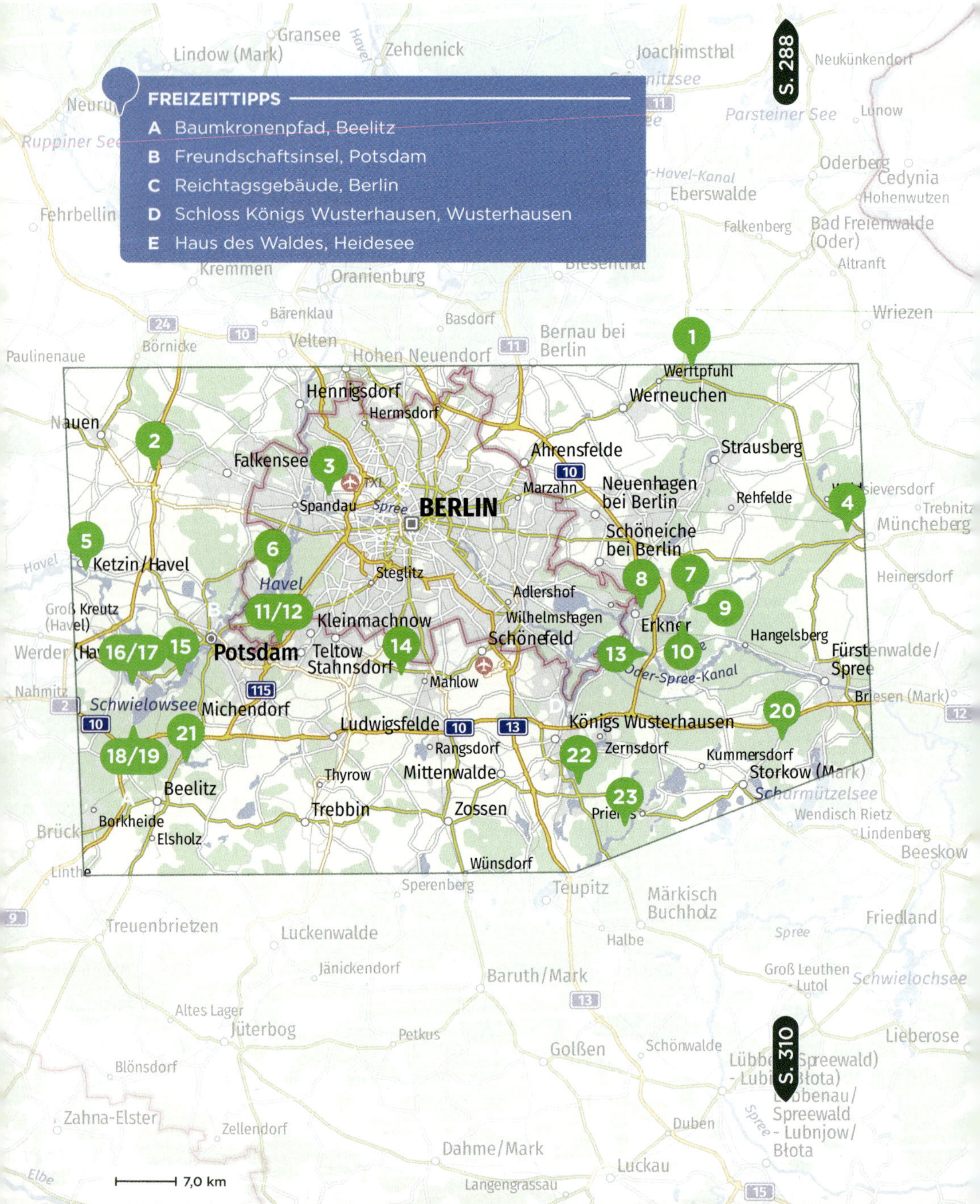

	Platz	Seite	Bewertung	Öffnungszeiten	
1	Country Camping Tiefensee Voß e.K.	300	4.0	ganzjährig	FKK ✻
2	Camping am Havelkanal	300	3.5	ganzjährig	✻
3	Hotel & City Camping Nord	300	3.5	ganzjährig	✻
4	Campingpark Grosser Klobichsee	301	3.5	k. A.	✻
5	Campingplatz "An der Havel"	301	4.5	saisonal	
6	Camping Gatow	301	3.7	ganzjährig	✻
7	Campingplatz "Möllensee Nord" - Grünheide (Mark)	301	4.3	saisonal	FKK ✻
8	Campingplatz Flakensee (bei Berlin)	303	3.8	saisonal	
9	Naturcampingplatz Mölle - Süd-Camp	302	4.2	saisonal	
10	Camping Peetzsee Südufer	302	4.4	ganzjährig	✻
11	Hotel City Camping Süd	302	3.6	ganzjährig	✻
12	Camping-Freunde-Berlin e.V.	306	-	saisonal	
13	Camping Jägerbude	306	3.5	ganzjährig	✻
14	CAMPING BEI BERLIN Am Mahlower See	304	4.6	saisonal	
15	Camping Sanssouci zu Potsdam/Berlin	306	4.5	saisonal	Award
16	Camping Glindowsee	308	4.0	ganzjährig	✻
17	Blütencamping Riegelspitze	307	4.5	saisonal	Award
18	Campigplatz Neue Scheune	308	4.2	saisonal	
19	Schwielowsee Camping	308	4.7	saisonal	
20	Camping Waldsee	309	4.3	k. A.	
21	Campingplatz Icanos	309	3.4	saisonal	
22	Camping-Tonsee FKK	309	3.6	ganzjährig	FKK ✻
23	Campingplatz D66 - Am Schmöldesee bei Prieros	309	4.3	saisonal	

✻ Wintercamping FKK Textilfrei (ganz/teilweise) Ecocamping Award Onlinebuchung

Karte auf Seite 298

	1	2	3
	Country Camping Tiefensee Voß e.K.	**Camping am Havelkanal**	**Hotel & City Camping Nord**
	FKK ❄	❄	❄
	Schmiedeweg 1 16356 Werneuchen OT Tiefensee +49 333 989 0514	Brieselanger Straße 11 14656 Brieselang, OT Zeestow +49 33234 88634	Gartenfelder Straße 1 13599 Berlin-Siemensstadt +49 30 33503633
	52.67978 | 13.85045	52.57173 | 12.96611	52.54888 | 13.25638
Infos			
Öffnungszeiten	ganzjährig	ganzjährig	ganzjährig
Vergleichspreis	HS: 25,00 €	keine Angabe	HS: 26,00 € | NS: 26,00 €
Link	**Mehr Infos & Anfrage:** www.camping.info/18034	**Mehr Infos & Anfrage:** www.camping.info/17995	**Mehr Infos & Anfrage:** www.camping.info/17983
Ausstattung			
Freizeit	Baden im See am Platz ✓ Hallenbad 15km Spielplatz am Platz ✓	Baden im Fluss am Platz ✓ Pool & Hallenbad ✗ Spielplatz keine Angabe	Baden im Fluss am Platz ✓ Pool/Hallenbad 1km Spielplatz am Platz ✓
Campingplatz	Hunde willkommen ✓ zur Hälfte Schatten ✓ WLAN ✗	Hunde willkommen ✓ zur Hälfte Schatten ✓ WLAN keine Angabe	Hunde willkommen ✓ viel Schatten ✓ WLAN ✓
Versorgung	Lebensmittel ✓ Brötchen am Platz ✓ Restaurant & Imbiss ✓ Ver-/Entsorgung Womo ✓ in den Ort 500m	Lebensmittel 1km Brötchen am Platz ✓ Restaurant am P. ✓ Ver-/Entsorgung Womo ✓ in den Ort 2km	Lebensmittel 1km Brötchen am Platz ✓ Imbiss ✓ Ver-/Entsorgung Womo ✓ im Ort ✓
Anzahl der Plätze	Gesamt/Touristen 350/100 Mietunterkünfte ✓ Stellplätze vor Schranke ✓	Gesamt/Touristen 185/40 Mietunterkünfte ✗ Stellplätze vor Schranke ✓	Touristenplätze 40 Mietunterkünfte ✓ Stellplätze vor Schranke ✗

	1	2	3
Gesamt	4.0 SEHR GUT, 43 Bewertungen	3.5 GUT, 11 Bewertungen	3.5 GUT, 59 Bewertungen
Lage	4.2	3.7	3.9
Ruhe	4.3	3.6	2.3
Sanitäranlagen	4.1	2.9	3.5
Sauberkeit Ø	4.3	3.1	3.7
Freundlichkeit	4.4	4.3	4.2
Stellplatz	3.8	3.5	3.3
Verpflegung	3.9	2.8	2.9
Freizeit	3.5	3.2	3.3
Preis-Leistung	4.0	4.0	3.8
Mietunterkünfte	4.1	-	3.6
Geeignet für			
Kinder b. 6 J.	3.6	3.2	2.8
Kinder b. 12 J.	3.9	3.2	3.4
Kinder b. 18 J.	3.5	2.9	3.8
Paare	4.1	4.2	4.1
Senioren	3.9	4.2	3.6
Gäste mit Zelt	4.0	3.7	3.6
Gäste mit Hund	3.8	4.2	4.1
Empfohlene Aktivitäten	Schwimmen Wandern Entspannen	Entspannen Sightseeing Kultur	Sightseeing Kultur Radfahren

4 Campingpark Grosser Klobichsee

❄

Alte Seestraße 13
15374 Münchehofe bei Müncheberg
03343272266 0174 3828335
52.51361 | 14.10833

keine Angabe

keine Angabe

Mehr Infos & Anfrage: www.camping.info/18037

Baden in nat. Gewässer	k. A.
Pool & Hallenbad	✗
Spielplatz	keine Angabe
Hunde erlaubt	✓
zur Hälfte Schatten	✓
WLAN	keine Angabe
Lebensmittel	k.A.
Brötchen	keine Angabe
Restaurant & Imbiss	✗
Ver-/Entsorgung Womo	✗
in den Ort	keine Angabe
Gesamt/Touristen	140/50
Mietunterkünfte	✗
Stellplätze vor Schranke	✓

3.5 GUT – 4 Bewertungen

Lage	5.0
Ruhe	3.5
Sanitäranlagen	2.8
Sauberkeit Ø	3.5
Freundlichkeit	5.0
Stellplatz	4.0
Verpflegung	3.0
Freizeit	4.2
Preis-Leistung	3.5
Mietunterkünfte	-

Geeignet für

Kinder b. 6 J.	3.7
Kinder b. 12 J.	4.3
Kinder b. 18 J.	3.7
Paare	4.0
Senioren	3.0
Gäste mit Zelt	5.0
Gäste mit Hund	5.0

Empfohlene Aktivitäten

- Radfahren
- Wandern
- Entspannen

5 Campingplatz "An der Havel"

Friedrich-Ludwig-Jahn Weg 33
14669 Ketzin
+49 33233 21150
52.46998 | 12.84972

08.04. - 23.10.

HS: 29,00 € | NS: 25,00 €

Mehr Infos & Anfrage: www.camping.info/23147

Baden im Fluss	100m
Pool/Hallenbad	100m/20km
Spielplatz am Platz	✓
Hunde willkommen	✓
wenig Schatten	✓
WLAN	✓
Lebensmittel	1km
Brötchen am Platz	✓
Restaurant/Imbiss	1km/500m
Ver-/Entsorgung Womo	✓
in den Ort	500m
Gesamt/Touristen	100/50
Mietunterkünfte	✓
Stellplätze vor Schranke	✗

4.5 SEHR GUT – 47 Bewertungen

Lage	4.5
Ruhe	4.6
Sanitäranlagen	4.6
Sauberkeit Ø	4.9
Freundlichkeit	5.0
Stellplatz	4.2
Verpflegung	3.2
Freizeit	4.1
Preis-Leistung	4.8
Mietunterkünfte	5.0

Geeignet für

Kinder b. 6 J.	4.2
Kinder b. 12 J.	4.1
Kinder b. 18 J.	3.7
Paare	4.9
Senioren	4.9
Gäste mit Zelt	4.4
Gäste mit Hund	4.6

Empfohlene Aktivitäten

- Radfahren
- Entspannen
- Kayak/Kanu

6 Camping Gatow

❄

Kladower Damm 207-213
14089 Berlin - Spandau
+49 303 654 340
52.46528 | 13.16469

ganzjährig

HS: 24,00 € | NS: 24,00 €

Mehr Infos & Anfrage: www.camping.info/17985

Baden in nat. Gewässer	k. A.
Pool & Hallenbad	✗
Spielplatz am Platz	✓
Hunde willkommen	✓
wenig Schatten	✓
WLAN (gegen Gebühr)	✓
Lebensmittel	700m
Brötchen am Platz	nur HS
Restaurant/Imbiss	200m/✓
Ver-/Entsorgung Womo	✓
im Ort	✓
Gesamt/Touristen	200/120
Mietunterkünfte	✗
Stellplätze vor Schranke	✗

3.7 GUT – 50 Bewertungen

Lage	4.0
Ruhe	3.5
Sanitäranlagen	3.8
Sauberkeit Ø	4.5
Freundlichkeit	4.6
Stellplatz	3.7
Verpflegung	2.8
Freizeit	3.5
Preis-Leistung	3.9
Mietunterkünfte	-

Geeignet für

Kinder b. 6 J.	3.0
Kinder b. 12 J.	3.1
Kinder b. 18 J.	3.6
Paare	4.2
Senioren	4.2
Gäste mit Zelt	4.0
Gäste mit Hund	4.2

Empfohlene Aktivitäten

- Sightseeing
- Kultur
- Wandern

7 Campingplatz "Möllensee Nord" Grünheide (Mark)

FKK ❄

Hubertusstrasse / Alt Buchhorst E37
15537 Grünheide (Mark)
+49 3362 50 30 69
52.43814 | 13.84923

01.04. - 31.10.

keine Angabe

Mehr Infos & Anfrage: www.camping.info/24638

Baden im See am Platz	✓
Pool & Hallenbad	✗
Spielplatz	keine Angabe
Hunde willkommen	✓
zur Hälfte Schatten	✓
WLAN	keine Angabe
Lebensmittel	1km
Brötchen am Platz	✗
Restaurant	800m
Ver-/Entsorgung Womo	✗
in den Ort	1km
Gesamt/Touristen	77/13
Mietunterkünfte	✗
Stellplätze vor Schranke	✗

4.3 SEHR GUT – 3 Bewertungen

Lage	5.0
Ruhe	4.3
Sanitäranlagen	4.0
Sauberkeit Ø	4.3
Freundlichkeit	4.7
Stellplatz	4.0
Verpflegung	3.0
Freizeit	3.7
Preis-Leistung	5.0
Mietunterkünfte	-

Geeignet für

Kinder b. 6 J.	4.3
Kinder b. 12 J.	5.0
Kinder b. 18 J.	4.0
Paare	5.0
Senioren	4.5
Gäste mit Zelt	5.0
Gäste mit Hund	4.0

Empfohlene Aktivitäten

- Angeln
- Schwimmen
- Radfahren

Karte auf Seite 298

	9	10	11
	Naturcampingplatz Mölle- Süd-Camp	**Camping Peetzsee Südufer**	**Hotel City Camping Süd**
		❄	❄
	Möllensee Südufer 15537 Grünheide Altbuchhorst +49 336 263 45 52.43434 | 13.85476	Am Schlangenluch 15537 Grünheide bei Berlin +49 3362 6120 52.42292 | 13.83704	Bäkehang 9 A 14532 Kleinmachnow +49 33203 79684 52.40055 | 13.18055
Infos			
Öffnungszeiten	01.04. - 31.10.	ganzjährig	ganzjährig
Vergleichspreis	HS: 20,00 € | NS: 20,00 €	HS: 21,00 € | NS: 21,00 €	HS: 24,50 € | NS: 24,50 €
Link	**Mehr Infos & Anfrage:** www.camping.info/18011	**Mehr Infos & Anfrage:** www.camping.info/18009	**Mehr Infos & Anfrage:** www.camping.info/17989
Ausstattung			
Freizeit	Baden im See am Platz ✓ Hallenbad 20km Spielplatz am Platz ✓	Baden im See am Platz ✓ Hallenbad 20km Spielplatz ✗	Baden in nat. Gewässer k. A. Pool/Hallenbad 3/5km Spielplatz am Platz ✓
Campingplatz	Hunde willkommen ✓ zur Hälfte Schatten ✓ WLAN (gegen Gebühr) ✓	Hunde erlaubt ✓ Schatten ✗ WLAN ✗	Hunde erlaubt ✓ Schatten ✗ WLAN ✓
Versorgung	Lebensmittel 3km Brötchen keine Angabe Restaurant/Imbiss 3km Ver-/Entsorgung Womo ✓ in den Ort 3km	Lebensmittel ✗ Brötchen keine Angabe Imbiss ✓ Ver-/Entsorgung Womo ✓ in den Ort 500m	Lebensmittel 2km Brötchen am Platz ✓ Restaurant/Imbiss 2km/✓ Ver-/Entsorgung Womo ✓ in den Ort 3km
Anzahl der Plätze	Gesamt/Touristen 120/25 Mietunterkünfte ✓ Stellplätze vor Schranke ✗	Gesamt/Touristen 300/50 Mietunterkünfte ✓ Stellplätze vor Schranke ✗	Touristenplätze 80 Mietunterkünfte ✓ Stellplätze vor Schranke ✓

	9	10	11
Gesamt	4.2 SEHR GUT 6 Bewertungen	4.4 SEHR GUT 5 Bewertungen	3.6 GUT 74 Bewertungen
Lage	4.5	4.4	4.0
Ruhe	4.5	4.6	3.7
Sanitäranlagen	3.8	4.2	3.7
Sauberkeit Ø	4.7	3.8	3.7
Freundlichkeit	5.0	4.5	4.3
Stellplatz	3.7	3.8	3.5
Verpflegung	2.3	2.3	3.2
Freizeit	3.2	3.3	3.2
Preis-Leistung	4.0	4.5	3.7
Mietunterkünfte	3.0	-	3.2

Geeignet für	9	10	11
Kinder b. 6 J.	3.4	3.0	2.7
Kinder b. 12 J.	3.8	3.3	3.0
Kinder b. 18 J.	3.4	3.0	3.3
Paare	4.8	4.8	4.3
Senioren	4.5	5.0	4.0
Gäste mit Zelt	5.0	5.0	3.6
Gäste mit Hund	5.0	3.0	3.8
Empfohlene Aktivitäten	Entspannen Schwimmen Radfahren	Radfahren Entspannen Wandern	Sightseeing Radfahren Entspannen

8 Campingplatz Flakensee (bei Berlin)

Fangschleusenstrasse 40
15569 Woltersdorf bei Berlin
+49 3362 888357
www.campingplatz-flakensee.de
info@campingplatz-flakensee.de

01.04. - 31.10.

HS: 30,00 € | NS: 30,00 €

Mehr Infos & Anfrage:
www.camping.info/23871

Baden im See am Platz	✓
Pool & Hallenbad	✗
Spielplatz am Platz	✓
Hunde willkommen	✓
zur Hälfte Schatten	✓
WLAN	✗
Lebensmittel	2km
Brötchen am Platz	nur HS
Restaurant/Imbiss	1km
Ver-/Entsorgung Womo	✓
in den Ort	1km
Gesamt/Touristen	120/50
Mietunterkünfte	✓
Stellplätze vor Schranke	✗

52.43466 | 13.7687

Der idyllische Campingplatz direkt am Flakensee mit Strand.

Lage & Stellplatz

Hier genießt man den Urlaub! Durch die schöne Lage vor den Toren Berlins und direkt am Ostufer des Flakensees mit eigenem Badesandstrand bietet der Campingplatz ideale Bedingungen für einen individuellen, entspannten und ungezwungenen Urlaub. Der Platz ist auch besonders für Dauercamper geeignet.

Sanitär

Highlight: Das neue Sanitärgebäude ist auf dem neuesten Stand der Technik. Dem römisch-griechischen Stil nachempfunden, besticht das Gebäude als wahres Glanzstück in der Campinganlage. Auch an Wohnmobile ist gedacht: Wasseraufnahme und Abwasserentsorgung sind garantiert.

Verpflegung

Zu empfehlen ist der etwas andere Imbiss „Pavillon an der Schleuse“ etwa 1 km entfernt. Auch erwähnenswert ist das „Hummelchen-Geschenkekaffee“ mit einem schmackhaften Angebot, das nach kurzem Fußweg erreichbar ist. Und nicht zu vergessen ist die Gaststätte „Schleusenstübchen“ ganz in der Nähe.

Freizeit

Sehenswürdigkeiten in der Umgebung wie der „Woltersdorfer Aussichtsturm“ und der „Museumspark“ in Rüdersdorf sind zu empfehlen. Ein Boots- und Fahrradverleih sowie ein Fitness- und Wellnesszentrum sind ebenfalls ganz in der Nähe. Auch die Hauptstadt Berlin ist schnell mit der S-Bahn zu erreichen.

Der Zugang zum Campingplatz.

Das moderne Sanitärhaus.

3.8 GUT
47 Bewertungen

Lage	4.2
Ruhe	3.9
Sanitäranlagen	4.3
Sauberkeit Ø	4.4
Freundlichkeit	4.4
Stellplatz	3.7
Verpflegung	2.1
Freizeit	3.7
Preis-Leistung	4.1
Mietunterkünfte	4.2

Geeignet für

- 4.1 Paare
- 4.1 Senioren
- 3.8 Kinder b. 18 J.
- 3.6 Kinder b. 12 J.
- 4.1 Gäste mit Zelt
- 3.8 Gäste mit Hund
- 3.5 Kinder b. 6 J.

Empfohlene Aktivitäten

Schwimmen · Wandern · Radfahren · Kayak/Kanu

Mehr Infos

14 CAMPING BEI BERLIN Am Mahlower See

Teltower Straße 56
15831 Blankenfelde-Mahlow
+49 (0) 3379 3128920
www.camping-bei-berlin.de
campingbeiberlin@t-online.de

01.04. - 05.11.

HS: 65,00 € | NS: 65,00 €

Mehr Infos & Anfrage:
www.camping.info/22295

Baden im See	1km
Pool/Hallenbad	13/8km
Spielplatz am Platz	✓
Hunde willkommen	✓
wenig Schatten	✓
WLAN	✓
Lebensmittel	100m
Brötchen am Platz	✗
Restaurant/Imbiss	1km/100m
Ver-/Entsorgung Womo	✓
in den Ort	500m
Gesamt/Touristen	75/70
Mietunterkünfte	✓
Stellplätze vor Schranke	✓

Blick auf die Zeltwiese und Komfort-Stellplätze mit Hecken und Rasen.

Lage & Stellplatz

Ein Besuch auf dem Campingplatz in ländlicher Idylle am südlichen Stadtrand der Hauptstadt Berlin lohnt sich immer. Am Ortsausgang von Mahlow, in unmittelbarer Nähe des Platzes, befindet sich ein kleiner Badesee. Der ländliche Charakter des Dorfes bietet die Möglichkeit der Entspannung durch Baden, Radfahren oder Angeln. Hier hat man den idealen Ausgangspunkt für Ausflüge nach Berlin und Potsdam. Alle Komfort-Stellplätze verfügen über Strom,- Wasser,- Abwasseranschlüsse, Internet-Zugang über WLAN, sind mit Hecken bepflanzt und bieten den Gästen eine Fläche zwischen 100 m² bis 140 m².

Sanitär

Im komfortabel eingerichteten Sanitärgebäude kann man sich wohlfühlen und die entspannte Atmosphäre bei wohlig warmer Fußbodenheizung und abwechslungsreicher Musik genießen. Hier finden die Gäste Einzelwaschkabinen und Duschen für Männer und Frauen mit abschließbaren Türen, ohne lästige Duschmünzen/Duschkarten. Es gibt eigene Duschen und Waschbecken für Kinder, separate Sanitäreinrichtung für Menschen mit Handicap und Rollstuhlfahrer. Zusätzlich steht den Campern ein Mietbad mit WC, Bidet, Dusche und einer Badewanne zur Verfügung, ebenso wie zwei Waschmaschinen und ein Trockner.

Hier geht's zum Sanitärgebäude.

Komfortabler Sanitärbereich.

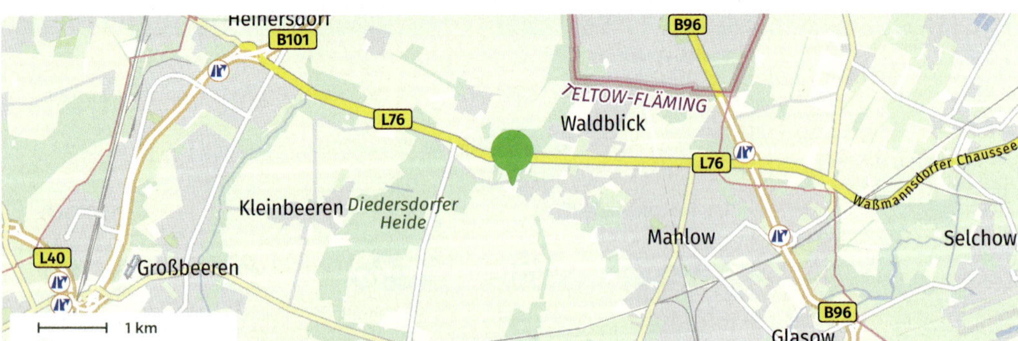

WOMO über 12 Meter lang? Kein Problem! KEINE Duschmünzen!

Willkommen beim Camping Bei Berlin Am Mahlower See.

Verpflegung

Der in Berlin erfundene Döner, griechische Spezialitäten und Ouzo, im Steinofen gebackene Pizza, echtes argentinisches Rinderfilet, feuriges indisches Chicken Curry, chinesische Peking-Ente oder ein deftiges Schnitzel mit einem Glas Bier – jeden Abend kann man die Spezialitäten der unterschiedlichsten Länder in Restaurants im Ort Mahlow probieren. Wer lieber selbst kocht, findet nur fünf Autominuten entfernt einige große Supermärkte wie LIDL oder REWE. Auch im Kiosk direkt auf dem Campingplatz gibt es kühle Getränke und allerlei kleine Naschereien.

Freizeit

Hier genießen die Camper den Kontrast zwischen der ländlichen Idylle des Campingplatzes und dem Großstadterlebnis in Berlin. Vom nahe liegenden Bahnhof Mahlow (2,5 km), wo Parken kostenlos möglich ist, können die Gäste ohne Umsteigen binnen 25 Minuten die Haltestelle Brandenburger Tor erreichen. Mit dem Bus geht es stündlich bis zum Bahnhof. Tagsüber taucht man in die Millionen-Metropole Berlin ein, in der zu jeder Jahreszeit stets etwas zu erleben ist. Abends findet man im Grünen vor den Toren Berlins wieder Entschleunigung. Bis zur Altstadt von Potsdam sind es ebenfalls nur 30 Autominuten.

5.0

Ruhiger Campingplatz bei Berlin. Die Anreise war schön unkompliziert. Man kann außerhalb der Öffnungszeiten auf die vorher reservierte Parzelle fahren und sich am nächsten Morgen anmelden. Das Personal ist sehr freundlich und hilfsbereit. Die Anlage war stets sauber. Die Strom-, Wasser- und Abwasserentsorgung direkt am Platz war gut. Der Platz liegt in der Nähe des Mahlower Sees. Die gute Lage und Verkehrsanbindung zur Hauptstadt Berlin ist unschlagbar.

Christoph L.

Christoph ist seit Anfang 2020 das ganze Jahr über mit Wohnwagen Dolly unterwegs. Seitdem hat er besonders die Freiheit und die Ungezwungenheit lieben gelernt. Er war im April 2022 auf dem Platz.

Neuer Spielplatz für die Kinder.

Komfort-Stellplatz im Grünen.

4.6 SEHR GUT
132 Bewertungen

Lage	4.2
Ruhe	3.9
Sanitäranlagen	4.9
Sauberkeit Ø	4.9
Freundlichkeit	4.8
Stellplatz	4.5
Verpflegung	3.4
Freizeit	3.9
Preis-Leistung	4.1
Mietunterkünfte	4.6

Geeignet für

Paare	4.7
Senioren	4.7
Gäste mit Zelt	4.7
Gäste mit Hund	4.6
Kinder b. 12 J.	4.0
Kinder b. 18 J.	4.0
Kinder b. 6 J.	3.9

Empfohlene Aktivitäten

Sightseeing · Radfahren · Kultur · Entspannen

Mehr Infos

Karte auf Seite 298

	12 Camping-Freunde-Berlin e.V.	13 Camping Jägerbude	15 Camping Sanssouci zu Potsdam/Berlin
	Albrechts Teerofen 20 14109 Berlin 01726990626 52.39546 | 13.16295	Jägerbude 3 15537 Erkner bei Berlin +49 336 288 8084 52.38596 | 13.77848	An der Pirschheide / Templiner See 41 14471 Berlin/Potsdam +49 331 951 0 988 52.36139 | 13.00694
Infos			
Öffnungszeiten	01.04. - 30.09.	ganzjährig	27.03. - 03.02.
Vergleichspreis	keine Angabe	HS: 18,50 € | NS: 18,50 €	HS: 35,90 €
Link	**Mehr Infos & Anfrage:** www.camping.info/23818	**Mehr Infos & Anfrage:** www.camping.info/18010	**Mehr Infos & Anfrage:** www.camping.info/17988
Ausstattung			
Freizeit	Baden in nat. Gewässer k. A. Pool & Hallenbad ✗ Spielplatz ✗	Baden im Fluss am Platz ✓ Hallenbad 18km Spielplatz am Platz ✓	Baden im Fluss am Platz ✓ Hallenbad 300m Spielplatz am Platz ✓
Campingplatz	Hunde erlaubt ✓ Schatten ✗ WLAN ✗	Hunde erlaubt ✓ Schatten ✗ WLAN ✓	Hunde erlaubt ✓ zur Hälfte Schatten ✓ WLAN ✓
Versorgung	Lebensmittel 4km Brötchen am Platz ✗ Restaurant & Imbiss ✗ Ver-/Entsorgung Womo ✗ in den Ort keine Angabe	Lebensmittel 6km Brötchen keine Angabe Restaurant/Imbiss ✓/1km Ver-/Entsorgung Womo ✓ in den Ort 1km	Lebensmittel ✓ Brötchen am Platz ✓ Restaurant am P. ✓ Ver-/Entsorgung Womo ✓ im Ort ✓
Anzahl der Plätze	Gesamt/Touristen 28/2 Mietunterkünfte ✗ Stellplätze vor Schranke ✗	Gesamt/Touristen 120/100 Mietunterkünfte ✓ Stellplätze vor Schranke ✗	Gesamt/Touristen 240/170 Mietunterkünfte ✓ Stellplätze vor Schranke ✗

Camping-Freunde-Berlin e.V.

- **JETZT BEWERTEN!**

Für diese Auswertung liegen leider noch nicht genügend Bewertungen vor.

Sei einer der Ersten, der diesen Campingplatz bewertet.

Mit einer guten Campingplatz-Bewertung unterstützt du nicht nur deinen Lieblingsplatz, sondern hilfst auch anderen Campern bei der Platzwahl.

Camping Jägerbude

3.5 **GUT** 13 Bewertungen

Lage	3.8
Ruhe	3.0
Sanitäranlagen	3.9
Sauberkeit Ø	4.2
Freundlichkeit	4.2
Stellplatz	4.1
Verpflegung	3.5
Freizeit	3.6
Preis-Leistung	4.2
Mietunterkünfte	1.0

Geeignet für

Kinder b. 6 J.	2.7
Kinder b. 12 J.	3.3
Kinder b. 18 J.	3.6
Paare	3.6
Senioren	3.5
Gäste mit Zelt	4.0
Gäste mit Hund	3.2

Empfohlene Aktivitäten

- Kayak/Kanu
- Radfahren
- Angeln

Camping Sanssouci zu Potsdam/Berlin

4.5 **SEHR GUT** 1077 Bewertungen

Lage	4.6
Ruhe	4.1
Sanitäranlagen	4.5
Sauberkeit Ø	4.5
Freundlichkeit	4.7
Stellplatz	4.3
Verpflegung	4.4
Freizeit	4.6
Preis-Leistung	4.1
Mietunterkünfte	4.5

Geeignet für

Kinder b. 6 J.	4.1
Kinder b. 12 J.	4.3
Kinder b. 18 J.	4.3
Paare	4.7
Senioren	4.6
Gäste mit Zelt	4.3
Gäste mit Hund	4.4

Empfohlene Aktivitäten

- Radfahren
- Sightseeing
- Kayak/Kanu

AWARD 2022

17 Blütencamping Riegelspitze

Fercher Straße 9 / Ecke B1
14542 Werder-Petzow bei Potsdam
+49 3327 42397
www.bluetencamping.de
info@bluetencamping.de

31.03. - 15.10.

HS: 44,50 € | NS: 38,50 €

Mehr Infos & Anfrage:
www.camping.info/17991

Baden im See am Platz	✓
Hallenbad	10km
Spielplatz am Platz	✓
Hunde willkommen	✓
zur Hälfte Schatten	✓
WLAN (gegen Gebühr)	✓
Lebensmittel	✓
Brötchen am Platz	✓
Restaurant & Imbiss	✓
Ver-/Entsorgung Womo	✓
in den Ort	2km
Gesamt/Touristen	250/130
Mietunterkünfte	✓
Stellplätze vor Schranke	✗

52.3601 | 12.94584

Luftaufnahme vom Blütencamping Riegelspitze.

Lage & Stellplatz

Das Blütencamping Riegelspitze liegt eingebettet als Halbinsel an einem der saubersten Seen im Land Brandenburg, dem Glindowsee. Der Platz verfügt über 250 Stellplätze – zum Teil direkte Wasserplätze – und bietet weitere verschiedene Übernachtungsmöglichkeiten (z. B. Ferienhäuser, Fässer u. a.).

Verpflegung

Direkt am See befinden sich ein gemütliches Restaurant und ein Biergarten. Im Backshop „Apfelblüte" werden die Gäste täglich mit frischen Backwaren verwöhnt. Die nächsten Einkaufsmöglichkeiten befinden sich etwa 700 m entfernt.

Sanitär

Der Campingplatz verfügt über drei moderne und stets saubere Sanitäranlagen. Im beheizten Sanitär finden sich zwei Mietbäder, ein Kinderbad und ein barrierefreies WC. Außerdem stehen Waschmaschinen und Wäschetrockner sowie eine Küche mit Sitzgelegenheiten und Bücherecke zur Verfügung.

Freizeit

Unmittelbar vor Ort sind Sportaktivitäten wie Beachvolleyball und Tischtennis möglich. Der Platz ist außerdem ein idealer Ausgangspunkt für Radtouren (Fahrradverleih vorhanden) oder um die Umgebung auf den zahlreichen Wasserwegen (Kanuverleih am Platz) zu erkunden. Eine Steganlage ist vorhanden.

Camping am Strand.

Stellplätze.

4.5 SEHR GUT
645 Bewertungen

Lage	4.7
Ruhe	4.3
Sanitäranlagen	4.6
Sauberkeit Ø	4.7
Freundlichkeit	4.8
Stellplatz	4.4
Verpflegung	4.3
Freizeit	4.5
Preis-Leistung	4.3
Mietunterkünfte	4.6

Geeignet für

Paare	4.7
Kinder b. 12 J.	4.6
Kinder b. 6 J.	4.5
Kinder b. 18 J.	4.2
Senioren	4.6
Gäste mit Zelt	4.4
Gäste mit Hund	4.1

Empfohlene Aktivitäten

Radfahren, Schwimmen, Motorboot, Kayak/Kanu

Mehr Infos

Hunde nur im vorderen Bereich erlaubt; keine Jugendgruppen.

AWARD 2022

Karte auf Seite 298

	16	18	19
	Camping Glindowsee	**Campigplatz Neue Scheune**	**Schwielowsee Camping**
	❄		
	Jahnufer 41 14542 Werder (H) OT: Glindow +49 3327 40855	Eugen-Bracht-Weg 1 14548 Schwielowsee +49 33209 70957	Dorfstr. 50 14548 Schwielowsee OT Ferch +49 33209 70295
	52.36061 | 12.91717	52.31894 | 12.92494	52.3149 | 12.94428
Infos			
Öffnungszeiten	ganzjährig	01.04. - 31.10.	14.04. - 20.10.
Vergleichspreis	HS: 29,00 €	HS: 22,80 € | NS: 22,80 €	HS: 33,50 €
Link	**Mehr Infos & Anfrage:** www.camping.info/17992	**Mehr Infos & Anfrage:** www.camping.info/25839	**Mehr Infos & Anfrage:** www.camping.info/17993
Ausstattung			
Freizeit	Baden in nat. Gewässer k. A.	Baden im See 1km	Baden im See 30m
	Pool & Hallenbad ✗	Hallenbad 5km	Pool/Hallenbad 200m/12km
	Spielplatz 100m	Spielplatz am Platz ✓	Spielplatz am Platz ✓
Campingplatz	Hunde willkommen ✓	Hunde willkommen ✓	Hunde willkommen ✓
	wenig Schatten ✓	wenig Schatten ✓	zur Hälfte Schatten ✓
	WLAN (gegen Gebühr) ✓	WLAN ✓	WLAN ✓
Versorgung	Lebensmittel 1km	Lebensmittel 5km	Lebensmittel 5km
	Brötchen am Platz ✓	Brötchen am Platz ✓	Brötchen am Platz ✓
	Restaurant & Imbiss ✓	Restaurant/Imbiss ✓/500m	Restaurant/Imbiss 200m
	Ver-/Entsorgung Womo ✓	Ver-/Entsorgung Womo ✓	Ver-/Entsorgung Womo ✓
	in den Ort 1km	im Ort ✓	in den Ort 100m
Anzahl der Plätze	Gesamt/Touristen 135/20	Gesamt/Touristen 120/25	Gesamt/Touristen 120/80
	Mietunterkünfte ✓	Mietunterkünfte ✓	Mietunterkünfte ✗
	Stellplätze vor Schranke ✗	Stellplätze vor Schranke ✗	Stellplätze vor Schranke ✗

	16	18	19
Bewertung	**4.0** SEHR GUT, 8 Bewertungen	**4.2** SEHR GUT, 13 Bewertungen	**4.7** SEHR GUT, 47 Bewertungen
Lage	5.0	4.4	4.8
Ruhe	5.0	4.3	4.7
Sanitäranlagen	3.3	3.3	4.8
Sauberkeit Ø	4.4	4.2	5.0
Freundlichkeit	4.8	4.7	4.7
Stellplatz	3.8	3.9	4.7
Verpflegung	3.9	3.2	4.3
Freizeit	4.6	4.2	4.7
Preis-Leistung	4.3	4.4	4.6
Mietunterkünfte	4.5	5.0	-
Geeignet für			
Kinder b. 6 J.	3.8	3.9	4.6
Kinder b. 12 J.	4.2	3.9	4.7
Kinder b. 18 J.	4.5	3.7	4.5
Paare	4.9	4.7	4.8
Senioren	5.0	4.9	4.8
Gäste mit Zelt	4.0	4.7	4.8
Gäste mit Hund	4.5	4.0	4.6
Empfohlene Aktivitäten	Radfahren Angeln Kayak/Kanu	Radfahren Entspannen Wandern	Radfahren Kayak/Kanu Schwimmen
		keine WOMOs ab 12 m; Jugendgruppen nur beschränkt zugelassen	keine WOMOs ab 12 m; Hunde nur auf Anfrage

20 Camping Waldsee

Alt Kolpin 4
15526 Kolpin bei Fürstenwalde

52.29944 | 13.99917

keine Angabe

keine Angabe

Mehr Infos & Anfrage:
www.camping.info/18007

Baden in nat. Gewässer	k. A.
Pool & Hallenbad	✗
Spielplatz	keine Angabe
Hunde	✗
Schatten	✗
WLAN	keine Angabe
Lebensmittel	k.A.
Brötchen	keine Angabe
Restaurant & Imbiss	✗
Ver-/Entsorgung Womo	✗
in den Ort	keine Angabe
Gesamt	keine Angabe
Mietunterkünfte	✗
Stellplätze vor Schranke	✗

4.3 SEHR GUT
7 Bewertungen

Lage	4.0
Ruhe	3.7
Sanitäranlagen	3.8
Sauberkeit Ø	4.0
Freundlichkeit	4.6
Stellplatz	3.5
Verpflegung	3.2
Freizeit	4.0
Preis-Leistung	4.0
Mietunterkünfte	-

Geeignet für

Kinder b. 6 J.	4.7
Kinder b. 12 J.	5.0
Kinder b. 18 J.	3.5
Paare	5.0
Senioren	4.5
Gäste mit Zelt	4.3
Hunde n. erlaubt	-

Empfohlene Aktivitäten

- Radfahren
- Angeln
- Wandern

21 Campingplatz Icanos

Campingplatz am Nordufer
14554 Seddiner See
+49 33205 62967

52.27741 | 13.0178

01.04. - 31.10.

HS: 19,40 € | NS: 19,40 €

Mehr Infos & Anfrage:
www.camping.info/17994

Baden im See am Platz	✓
Pool	5km
Spielplatz am Platz	✓
Hunde willkommen	✓
zur Hälfte Schatten	✓
WLAN (gegen Gebühr)	✓
Lebensmittel	1km
Brötchen am Platz	✓
Imbiss	✓
Ver-/Entsorgung Womo	✗
in den Ort	1km
Gesamt/Touristen	99/54
Mietunterkünfte	✓
Stellplätze vor Schranke	✗

3.4 GUT
17 Bewertungen

Lage	4.0
Ruhe	4.1
Sanitäranlagen	3.9
Sauberkeit Ø	3.8
Freundlichkeit	3.6
Stellplatz	3.4
Verpflegung	2.5
Freizeit	3.5
Preis-Leistung	4.5
Mietunterkünfte	5.0

Geeignet für

Kinder b. 6 J.	4.1
Kinder b. 12 J.	3.8
Kinder b. 18 J.	3.2
Paare	3.8
Senioren	4.2
Gäste mit Zelt	3.8
Gäste mit Hund	4.2

Empfohlene Aktivitäten

- Schwimmen
- Radfahren
- Wandern

22 Camping-Tonsee FKK

FKK

Freudenthal 25
15741 Bestensee
+49 337 636 5005

52.25476 | 13.66508

ganzjährig

HS: 18,00 € | NS: 18,00 €

Mehr Infos & Anfrage:
www.camping.info/18015

Baden in nat. Gewässer	k. A.
Pool & Hallenbad	✗
Spielplatz am Platz	✓
Hunde erlaubt	Nur HS
wenig Schatten	✓
WLAN	✓
Lebensmittel	800m
Brötchen am Platz	✗
Imbiss	✓
Ver-/Entsorgung Womo	✓
in den Ort	800m
Gesamt/Touristen	200/100
Mietunterkünfte	✓
Stellplätze vor Schranke	✗

3.6 GUT
25 Bewertungen

Lage	4.3
Ruhe	4.3
Sanitäranlagen	3.9
Sauberkeit Ø	4.0
Freundlichkeit	3.8
Stellplatz	3.3
Verpflegung	3.0
Freizeit	3.0
Preis-Leistung	4.3
Mietunterkünfte	4.2

Geeignet für

Kinder b. 6 J.	3.7
Kinder b. 12 J.	3.6
Kinder b. 18 J.	3.6
Paare	4.5
Senioren	4.6
Gäste mit Zelt	4.0
Gäste mit Hund	3.7

Empfohlene Aktivitäten

- Schwimmen
- Entspannen
- Radfahren

23 Campingplatz D66 - Am Schmöldesee bei Prieros

Urlauberstr. PF 63
15754 Heidesee OT Gräbendorf
+49 33768 50 253

52.21239 | 13.7442

01.04. - 31.10.

HS: 23,00 € | NS: 18,00 €

Mehr Infos & Anfrage:
www.camping.info/18012

Baden im See am Platz	✓
Hallenbad	17km
Spielplatz am Platz	✓
Hunde willkommen	✓
viel Schatten	✓
WLAN (gegen Gebühr)	✓
Lebensmittel	3km
Brötchen am Platz	✓
Restaurant/Imbiss	4km/✓
Ver-/Entsorgung Womo	✗
in den Ort	3km
Gesamt/Touristen	140/60
Mietunterkünfte	✓
Stellplätze vor Schranke	✗

4.3 SEHR GUT
38 Bewertungen

Lage	4.7
Ruhe	4.8
Sanitäranlagen	4.4
Sauberkeit Ø	4.5
Freundlichkeit	4.7
Stellplatz	4.2
Verpflegung	3.7
Freizeit	3.8
Preis-Leistung	4.5
Mietunterkünfte	4.6

Geeignet für

Kinder b. 6 J.	4.4
Kinder b. 12 J.	4.5
Kinder b. 18 J.	4.4
Paare	4.6
Senioren	4.5
Gäste mit Zelt	4.7
Gäste mit Hund	4.4

Empfohlene Aktivitäten

- Wandern
- Radfahren
- Schwimmen

❸ Brandenburg Süd & Spreewald

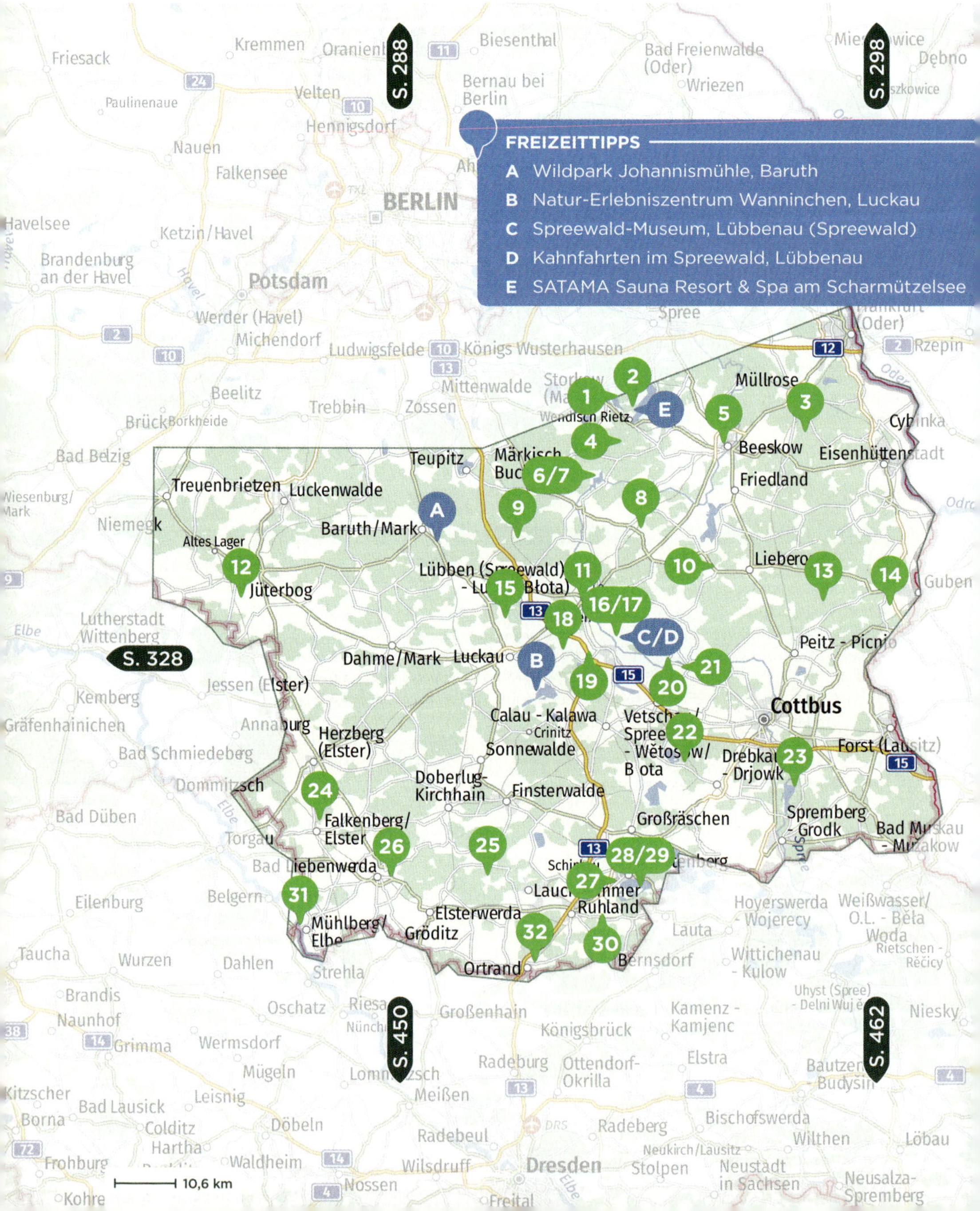

	Platz	Seite	Bewertung	Öffnungszeiten	
1	Campingplatz Dahmsdorf	312	4.3	saisonal	
2	Campingplatz Schwarzhorn	312	4.1	ganzjährig	❄
3	Schlaubetal Camping Schervenzsee	312	4.7	saisonal	
4	Naturcampingplatz am Springsee	313	3.8	ganzjährig	FKK ❄
5	Camping Spreepark	313	4.0	saisonal	
6	Spreewald Camping Nord GmbH	313	3.7	saisonal	
7	Campingpark Halbinsel Raatsch	313	4.0	saisonal	
8	Eurocamp Spreewaldtor	314	4.5	ganzjährig	❄
9	Tropical Islands Camping	314	4.4	ganzjährig	❄
10	Camping am Grossen Mochowsee	314	3.7	k. A.	
11	Spreewald-Camping Lübben	315	4.1	saisonal	
12	Flaeming Camping Oehna	316	4.6	saisonal	
13	Waldcamping Am Großsee	316	4.2	saisonal	
14	Campingplatz Deulowitzer See	316	4.3	ganzjährig	❄
15	Campingplatz Sonnenberg	317	4.7	k. A.	
16	Spreewald-Natur-Campingplatz "Am Schlosspark"	317	4.5	ganzjährig	❄
17	Spreewald Caravan- und Wohnmobilpark Dammstrasse	317	4.2	saisonal	
18	Spreewald-Natur Camping am See	317	3.8	k. A.	
19	Camping "Am Mühlberg"	318	3.4	ganzjährig	
20	Zeltplatz am Ostgraben	318	3.5	saisonal	
21	Kneipp- und ErlebnisCamping an den Spreewaldfließen	319	4.5	saisonal	❄
22	Camp Casel - Das Feriendorf für Camping und Wohnen am Gräbendorfer See	318	5.0	ganzjährig	FKK ❄
23	SpreeCamp Bagenz	320	3.4	k. A.	
24	Erholungsgebiet Kiebitz Campingplatz	320	4.3	saisonal	
25	Themencamping Grünewalder Lauch	320	4.4	saisonal	FKK
26	Campingplatz Waldbad Zeischa	321	4.3	saisonal	
27	Komfortcamping Senftenberger See	321	4.5	saisonal	👍
28	Familienpark Senftenberger See	321	4.6	ganzjährig	❄ 👍
29	Hafencamp Senftenberger See	321	4.5	saisonal	👍
30	Waldcamping Lausitzer Seenland	322	4.8	ganzjährig	❄
31	Wasserwanderraststation	322	4.7	saisonal	
32	Erlebniscamping Lausitz	323	4.9	ganzjährig	❄

❄ Wintercamping FKK Textilfrei (ganz/teilweise) Ecocamping 👍 Award Onlinebuchung

Karte auf Seite 310

	1	2	3
	Campingplatz Dahmsdorf	**Campingplatz Schwarzhorn**	**Schlaubetal Camping Schervenzsee**
		❄	
	Storkower Weg 10 15526 Reichenwalde	Schwarzhornerweg 15864 Wendisch Rietz +49 3367 9401	Am Schervenzsee 1 15890 Schernsdorf +49 33606 770 800
	52.23746 | 13.98558	52.22125 | 14.01734	52.18437 | 14.44244
Infos			
Öffnungszeiten	01.04. - 04.10.	ganzjährig	15.04. - 15.10.
Vergleichspreis	HS: 14,50 €	HS: 17,00 € | NS: 17,00 €	HS: 22,50 € | NS: 22,50 €
Link	**Mehr Infos & Anfrage:** www.camping.info/23963	**Mehr Infos & Anfrage:** www.camping.info/17878	**Mehr Infos & Anfrage:** www.camping.info/18021
Ausstattung			
Freizeit	Baden in nat. Gewässer k. A. Pool & Hallenbad ✗ Spielplatz keine Angabe	Baden in nat. Gewässer k. A. Pool & Hallenbad ✗ Spielplatz keine Angabe	Baden im See am Platz ✓ Hallenbad 15km Spielplatz am Platz ✓
Campingplatz	Hunde ✗ Schatten ✗ WLAN keine Angabe	Hunde erlaubt ✓ Schatten ✗ WLAN ✗	Hunde erlaubt ✓ zur Hälfte Schatten ✓ WLAN (gegen Gebühr) ✓
Versorgung	Lebensmittel 3km Brötchen am Platz nur HS Restaurant 500m Ver-/Entsorgung Womo ✗ in den Ort 3km	Lebensmittel ✓ Brötchen am Platz ✓ Restaurant/Imbiss 30m/✓ Ver-/Entsorgung Womo ✓ in den Ort 1km	Lebensmittel ✓ Brötchen am Platz ✓ Restaurant & Imbiss ✓ Ver-/Entsorgung Womo ✓ in den Ort 1km
Anzahl der Plätze	Gesamt/Touristen 150/20 Mietunterkünfte ✓ Stellplätze vor Schranke ✗	Gesamt/Touristen 500/250 Mietunterkünfte ✓ Stellplätze vor Schranke ✗	Gesamt/Touristen 88/80 Mietunterkünfte ✓ Stellplätze vor Schranke ✗

	Campingplatz Dahmsdorf	Campingplatz Schwarzhorn	Schlaubetal Camping Schervenzsee
Gesamt	4.3 SEHR GUT, 12 Bewertungen	4.1 SEHR GUT, 24 Bewertungen	4.7 SEHR GUT, 73 Bewertungen
Lage	4.6	4.7	4.5
Ruhe	4.9	4.5	4.7
Sanitäranlagen	4.6	3.8	4.8
Sauberkeit Ø	4.9	4.6	4.8
Freundlichkeit	5.0	4.9	4.7
Stellplatz	4.4	4.0	4.5
Verpflegung	3.3	2.9	4.0
Freizeit	4.4	3.8	4.4
Preis-Leistung	4.9	4.6	4.6
Mietunterkünfte	5.0	4.0	4.2
Geeignet für			
Kinder b. 6 J.	4.6	3.7	4.8
Kinder b. 12 J.	4.7	4.0	4.8
Kinder b. 18 J.	4.6	3.7	4.2
Paare	5.0	4.5	4.7
Senioren	4.6	4.5	4.7
Gäste mit Zelt	4.6	4.4	4.6
Hunde n. erlaubt / Gäste mit Hund	-	4.3	4.4
Empfohlene Aktivitäten	Schwimmen Kayak/Kanu Entspannen	Schwimmen Radfahren Wandern	Schwimmen Wandern Radfahren

4 Naturcampingplatz am Springsee

FKK ❄

Am Springsee 1
15859 Storkow OT Limsdorf
+49 3367 7440
52.17116 | 13.9936

ganzjährig
HS: 22,00 € | NS: 22,00 €
Mehr Infos & Anfrage:
www.camping.info/18020

Baden im See am Platz	✓
Hallenbad	25km
Spielplatz am Platz	✓
Hunde willkommen	✓
viel Schatten	✓
WLAN (gegen Gebühr)	✓
Lebensmittel	✓
Brötchen am Platz	nur HS
Restaurant & Imbiss	✓
Ver-/Entsorgung Womo	✓
in den Ort	3km
Gesamt/Touristen	300/50
Mietunterkünfte	✓
Stellplätze vor Schranke	✗

3.8 GUT
34 Bewertungen

Lage	4.4
Ruhe	4.4
Sanitäranlagen	3.5
Sauberkeit Ø	4.0
Freundlichkeit	4.3
Stellplatz	3.8
Verpflegung	3.7
Freizeit	3.7
Preis-Leistung	4.1
Mietunterkünfte	3.7

Geeignet für

Kinder b. 6 J.	4.4
Kinder b. 12 J.	4.3
Kinder b. 18 J.	4.1
Paare	4.5
Senioren	4.4
Gäste mit Zelt	4.5
Gäste mit Hund	4.7

Empfohlene Aktivitäten
- Schwimmen
- Wandern
- Entspannen

5 Camping Spreepark

Bertholdplatz 6
15848 Beeskow
+49 3366 520640
52.16464 | 14.2407

01.04. - 31.10.
HS: 14,00 € | NS: 14,00 €
Mehr Infos & Anfrage:
www.camping.info/22296

Baden im Fluss am Platz	✓
Hallenbad	25km
Spielplatz am Platz	✓
Hunde erlaubt	✓
Schatten	✗
WLAN (gegen Gebühr)	✓
Lebensmittel	800m
Brötchen am Platz	✓
Restaurant/Imbiss	500m
Ver-/Entsorgung Womo	✓
in den Ort	800m
Gesamt	48
Mietunterkünfte	✓
Stellplätze vor Schranke	✗

4.0 SEHR GUT
7 Bewertungen

Lage	3.9
Ruhe	4.0
Sanitäranlagen	4.3
Sauberkeit Ø	3.8
Freundlichkeit	3.8
Stellplatz	3.9
Verpflegung	2.8
Freizeit	3.6
Preis-Leistung	3.7
Mietunterkünfte	-

Geeignet für

Kinder b. 6 J.	3.6
Kinder b. 12 J.	3.8
Kinder b. 18 J.	3.6
Paare	4.2
Senioren	4.1
Gäste mit Zelt	3.7
Gäste mit Hund	5.0

Empfohlene Aktivitäten
- Schwimmen
- Kayak/Kanu
- Radfahren

6 Spreewald Camping Nord GmbH

Lindenstr. 31
15913 Märkische Heide OT Alt-Schadow
+49 3547 3621
52.1252 | 13.94352

01.04. - 31.10.
HS: 22,00 € | NS: 22,00 €
Mehr Infos & Anfrage:
www.camping.info/18023

Baden im See am Platz	✓
Pool & Hallenbad	✗
Spielplatz am Platz	✓
Hunde erlaubt	✓
Schatten	✗
WLAN	teilweise
Lebensmittel	✓
Brötchen am Platz	✓
Restaurant & Imbiss	✓
Ver-/Entsorgung Womo	✓
in den Ort	750m
Gesamt/Touristen	220/100
Mietunterkünfte	✓
Stellplätze vor Schranke	✗

3.7 GUT
14 Bewertungen

Lage	4.4
Ruhe	4.3
Sanitäranlagen	3.4
Sauberkeit Ø	4.0
Freundlichkeit	4.0
Stellplatz	3.8
Verpflegung	3.8
Freizeit	3.4
Preis-Leistung	3.6
Mietunterkünfte	2.5

Geeignet für

Kinder b. 6 J.	3.7
Kinder b. 12 J.	3.6
Kinder b. 18 J.	3.2
Paare	4.1
Senioren	4.1
Gäste mit Zelt	3.9
Gäste mit Hund	3.0

Empfohlene Aktivitäten
- Schwimmen
- Radfahren
- Kayak/Kanu

7 Campingpark Halbinsel Raatsch

Halbinsel Raatsch 1
15913 Märkische Heide
+49 35473 600
52.11583 | 13.9275

05.04. - 31.10.
HS: 25,00 € | NS: 23,00 €
Mehr Infos & Anfrage:
www.camping.info/18026

Baden in nat. Gewässer	k. A.
Pool & Hallenbad	✗
Spielplatz	keine Angabe
Hunde willkommen	✓
zur Hälfte Schatten	✓
WLAN	✓
Lebensmittel	1km
Brötchen am Platz	✓
Restaurant am P.	✓
Ver-/Entsorgung Womo	✗
in den Ort	2km
Gesamt/Touristen	350/200
Mietunterkünfte	✓
Stellplätze vor Schranke	✓

4.0 SEHR GUT
37 Bewertungen

Lage	4.5
Ruhe	4.7
Sanitäranlagen	3.8
Sauberkeit Ø	4.3
Freundlichkeit	4.2
Stellplatz	3.9
Verpflegung	3.3
Freizeit	3.8
Preis-Leistung	3.9
Mietunterkünfte	4.1

Geeignet für

Kinder b. 6 J.	4.4
Kinder b. 12 J.	4.3
Kinder b. 18 J.	3.9
Paare	4.7
Senioren	4.7
Gäste mit Zelt	4.4
Gäste mit Hund	4.6

Empfohlene Aktivitäten
- Schwimmen
- Kayak/Kanu
- Radfahren

Karte auf Seite 310

	8	9	10
	Eurocamp Spreewaldtor	**Tropical Islands Camping**	**Camping am Grossen Mochowsee**
	✻ Neue Straße 11 15913 Groß Leuthen +49 3547 1303	✻ Tropical-Islands-Allee 1 15910 Krausnick +49 354 776 050 50	15913 Lamsfeld
	52.04809 | 14.03864	52.03169 | 13.73614	51.98083 | 14.21778
Infos			
Öffnungszeiten	ganzjährig	ganzjährig	keine Angabe
Vergleichspreis	HS: 26,00 € | NS: 31,00 €	HS: 35,90 € | NS: 35,90 €	keine Angabe
Link	**Mehr Infos & Anfrage:** www.camping.info/18025	**Mehr Infos & Anfrage:** www.camping.info/23110	**Mehr Infos & Anfrage:** www.camping.info/18028
Ausstattung			
Freizeit	Baden im See 150m Pool/Hallenbad ✓/30km Spielplatz am Platz ✓	Baden im See 22km Hallenbad 1km Spielplatz am Platz ✓	Baden in nat. Gewässer k. A. Pool & Hallenbad ✗ Spielplatz keine Angabe
Campingplatz	Hunde willkommen ✓ zur Hälfte Schatten ✓ WLAN ✓	Hunde willkommen ✓ wenig Schatten ✓ WLAN ✓	Hunde ✗ Schatten ✗ WLAN keine Angabe
Versorgung	Lebensmittel ✓ Brötchen am Platz ✓ Restaurant am P. ✓ Ver-/Entsorgung Womo ✓ in den Ort 1km	Lebensmittel ✓ Brötchen am Platz ✓ Restaurant/Imbiss 1km/✓ Ver-/Entsorgung Womo ✓ in den Ort 2km	Lebensmittel k.A. Brötchen keine Angabe Restaurant & Imbiss ✗ Ver-/Entsorgung Womo ✗ in den Ort keine Angabe
Anzahl der Plätze	Gesamt/Touristen 250/150 Mietunterkünfte ✓ Stellplätze vor Schranke ✗	Touristenplätze 92 Mietunterkünfte ✓ Stellplätze vor Schranke ✗	Gesamt keine Angabe Mietunterkünfte ✗ Stellplätze vor Schranke ✗

	8	9	10
Gesamt	4.5 SEHR GUT 159 Bewertungen	4.4 SEHR GUT 96 Bewertungen	3.7 GUT 7 Bewertungen
Lage	4.2	4.0	4.1
Ruhe	4.7	4.1	4.0
Sanitäranlagen	4.4	4.5	3.7
Sauberkeit Ø	4.4	4.5	4.4
Freundlichkeit	4.8	4.7	4.3
Stellplatz	4.4	4.3	3.4
Verpflegung	3.8	3.7	2.8
Freizeit	4.2	4.3	3.7
Preis-Leistung	4.4	4.3	4.0
Mietunterkünfte	4.7	4.4	-
Geeignet für			
Kinder b. 6 J.	4.5	4.5	4.0
Kinder b. 12 J.	4.4	4.6	4.0
Kinder b. 18 J.	3.9	4.6	3.3
Paare	4.5	4.4	3.6
Senioren	4.5	3.8	4.0
Gäste mit Zelt	4.6	4.2	4.0
Gäste mit Hund / Hunde n. erlaubt	4.6	3.8	-
Empfohlene Aktivitäten	Radfahren Wandern Entspannen	Schwimmen Wellness Entspannen	Schwimmen Wandern Entspannen

NEU 2019: Wellness-bereich und beheiztes Schwimmbad.

11 Spreewald-Camping Lübben

Am Burglehn 10
15907 Lübben
+49 3546 7053
www.spreewald-camping-luebben.de
info@spreewald-camping-luebben.de

15.03. - 31.10.

HS: 36,00 € | NS: 36,00 €

Mehr Infos & Anfrage:
www.camping.info/18022

Baden im Fluss	200m
Pool/Hallenbad	10km
Spielplatz am Platz	✓
Hunde willkommen	✓
zur Hälfte Schatten	✓
WLAN (gegen Gebühr)	✓
Lebensmittel	500m
Brötchen am Platz	✓
Restaurant & Imbiss	✓
Ver-/Entsorgung Womo	✓
in den Ort	500m
Gesamt/Touristen	140/120
Mietunterkünfte	✓
Stellplätze vor Schranke	✗

1 km
51.93708 | 13.89516

Ein Campingplatz im Grünen direkt an der Spree gelegen.

Lage & Stellplatz

Spreewald-Camping Lübben liegt am Stadtrand, dennoch zentral. In wenigen Gehminuten erreichen die Gäste das Zentrum Lübbens. So genießt man Ruhe und Entspannung, aber auch das bunte Leben der Kreisstadt. Die 120 Stellplätze verfügen über Strom- und teils TV-Anschluss. Auch WLAN ist vorhanden.

Verpflegung

Zum Service des Campingplatzes gehört eine gastronomische Einrichtung, die mit freundlicher Bedienung, guter Küche und fairen Preisen begeistert. Morgens werden frische Brötchen und Backwaren vom Bäcker geliefert. Wer gern länger schläft, erreicht in wenigen Gehminuten eine Bäckerei und Fleischerei.

Sanitär

Eine moderne Sanitäreinrichtung garantiert höchsten Komfort auf dem Platz. Die beiden beheizten Sanitärgebäude sind mit Warmduschen, Waschkabinen, Küche, Waschmaschine, Trockner und einem Bad für Menschen mit Behinderung ausgestattet.

Freizeit

Kahnfährhäfen und Bootsverleih sind zu Fuß in 5 Minuten erreichbar. Für Wasserwanderer gibt es einen eigenen Anlegesteg. Die SpreeLagune ist nur wenige Meter entfernt. Badegäste und Sonnenhungrige lieben die neu angelegte Badestelle. Auch ist eine Tischtennisplatte und ein Kinderspielplatz am Platz.

Camping-Idylle.

Erkundungen im Spreewald.

4.1 SEHR GUT
91 Bewertungen

Lage	4.6
Ruhe	4.1
Sanitäranlagen	3.7
Sauberkeit Ø	4.2
Freundlichkeit	4.2
Stellplatz	4.1
Verpflegung	3.7
Freizeit	4.4
Preis-Leistung	4.0
Mietunterkünfte	4.4

Geeignet für

4.5 Paare

- 4.4 Senioren
- 4.4 Gäste mit Hund
- 4.3 Gäste mit Zelt
- 4.2 Kinder b. 12 J.
- 4.1 Kinder b. 6 J.
- 3.8 Kinder b. 18 J.

Empfohlene Aktivitäten

Radfahren · Kayak/Kanu · Wandern · Entspannen

Mehr Infos

Karte auf Seite 310

	12	13	14
	Flaeming Camping Oehna	**Waldcamping Am Großsee**	**Campingplatz Deulowitzer See**
			✱
	Am Freibad 2 14913 Niedergörsdorf/Oehna +49 337 426 1632 51.93267 | 13.06068	Teerofen 9A 03185 Tauer 035601 89 44 88 51.93244 | 14.48046	Am See 4 03172 Schenkendöbern +49 356 926 695 25 51.92114 | 14.64708
Infos			
Öffnungszeiten	01.04. - 31.10.	15.04. - 16.10.	ganzjährig
Vergleichspreis	HS: 25,00 € | NS: 25,00 €	HS: 29,50 € | NS: 25,50 €	HS: 19,50 € | NS: 9,50 €
Link	**Mehr Infos & Anfrage:** www.camping.info/23154	**Mehr Infos & Anfrage:** www.camping.info/30043	**Mehr Infos & Anfrage:** www.camping.info/17876
Ausstattung			
Freizeit	Baden in nat. Gewässer k. A. Pool am Platz ✓ Spielplatz am Platz ✓	Baden im See am Platz ✓ Pool & Hallenbad ✗ Spielplatz 100m	Baden in nat. Gewässer k. A. Pool/Hallenbad 6/3km Spielplatz am Platz ✓
Campingplatz	Hunde willkommen ✓ zur Hälfte Schatten ✓ WLAN ✓	Hunde erlaubt ✓ zur Hälfte Schatten ✓ WLAN (begrenzt gratis) teilweise	Hunde willkommen ✓ zur Hälfte Schatten ✓ WLAN (begrenzt gratis) ✓
Versorgung	Lebensmittel 8km Brötchen am Platz ✓ Restaurant/Imbiss 2km/✓ Ver-/Entsorgung Womo ✓ in den Ort 1km	Lebensmittel 10km Brötchen am Platz nur HS Restaurant/Imbiss 4km/✓ Ver-/Entsorgung Womo ✗ in den Ort 6km	Lebensmittel 1km Brötchen am Platz nur HS Restaurant & Imbiss ✓ Ver-/Entsorgung Womo ✓ in den Ort 1km
Anzahl der Plätze	Gesamt/Touristen 70/40 Mietunterkünfte ✓ Stellplätze vor Schranke ✗	Gesamt/Touristen 3/15 Mietunterkünfte ✓ Stellplätze vor Schranke ✗	Gesamt/Touristen 60/40 Mietunterkünfte ✓ Stellplätze vor Schranke ✗

	12	13	14
Gesamt	**4.6** SEHR GUT, 16 Bewertungen	**4.2** SEHR GUT, 6 Bewertungen	**4.3** SEHR GUT, 22 Bewertungen
Lage	4.3	4.8	4.3
Ruhe	4.4	4.7	4.8
Sanitäranlagen	4.3	4.0	4.3
Sauberkeit Ø	4.8	4.4	4.8
Freundlichkeit	4.9	4.3	4.8
Stellplatz	4.1	4.2	4.0
Verpflegung	3.5	2.8	3.9
Freizeit	4.8	4.2	4.0
Preis-Leistung	4.6	4.7	4.7
Mietunterkünfte	4.6	-	4.8
Geeignet für			
Kinder b. 6 J.	4.4	4.7	4.7
Kinder b. 12 J.	4.6	5.0	4.5
Kinder b. 18 J.	4.1	4.8	4.1
Paare	4.7	5.0	4.9
Senioren	4.2	4.4	4.8
Gäste mit Zelt	4.6	5.0	4.7
Gäste mit Hund	4.1	3.3	4.4
Empfohlene Aktivitäten	Radfahren Schwimmen Entspannen	Entspannen Schwimmen Radfahren	Entspannen Radfahren Schwimmen

15

Campingplatz Sonnenberg

Zur Schafsbrücke 7
15926 Kreblitz/Luckau

51.8995 | 13.70912

keine Angabe

keine Angabe

Mehr Infos & Anfrage:
www.camping.info/17874

Baden in nat. Gewässer	k. A.
Pool & Hallenbad	✗
Spielplatz	keine Angabe
Hunde	✗
Schatten	✗
WLAN	keine Angabe
Lebensmittel	k.A.
Brötchen	keine Angabe
Restaurant & Imbiss	✗
Ver-/Entsorgung Womo	✗
in den Ort	keine Angabe
Gesamt	keine Angabe
Mietunterkünfte	✗
Stellplätze vor Schranke	✗

4.7 SEHR GUT
6 Bewertungen

Lage	4.3
Ruhe	5.0
Sanitäranlagen	4.7
Sauberkeit Ø	4.8
Freundlichkeit	5.0
Stellplatz	4.3
Verpflegung	3.0
Freizeit	3.8
Preis-Leistung	4.5
Mietunterkünfte	-

Geeignet für

Kinder b. 6 J.	4.0
Kinder b. 12 J.	3.8
Kinder b. 18 J.	2.8
Paare	4.5
Senioren	4.4
Gäste mit Zelt	4.6
Hunde n. erlaubt	-

Empfohlene Aktivitäten

- Radfahren
- Entspannen
- Wandern

16

Spreewald-Natur-Campingplatz "Am Schlosspark"

*

Schloßbezirk 20
03222 Lübbenau
+49 3542 3533

51.86972 | 13.97889

ganzjährig

HS: 35,00 € | NS: 35,00 €

Mehr Infos & Anfrage:
www.camping.info/17933

Baden im See	10km
Pool/Hallenbad	2/2km
Spielplatz am Platz	✓
Hunde erlaubt	✓
zur Hälfte Schatten	✓
WLAN (begrenzt gratis)	✓
Lebensmittel	✓
Brötchen am Platz	nur HS
Restaurant/Imbiss	200m/✓
Ver-/Entsorgung Womo	✓
im Ort	✓
Touristenplätze	100
Mietunterkünfte	✓
Stellplätze vor Schranke	✗

4.5 SEHR GUT
222 Bewertungen

Lage	4.9
Ruhe	4.5
Sanitäranlagen	4.5
Sauberkeit Ø	4.7
Freundlichkeit	4.7
Stellplatz	4.4
Verpflegung	3.9
Freizeit	4.6
Preis-Leistung	4.3
Mietunterkünfte	4.5

Geeignet für

Kinder b. 6 J.	4.0
Kinder b. 12 J.	4.4
Kinder b. 18 J.	4.4
Paare	4.8
Senioren	4.7
Gäste mit Zelt	4.5
Gäste mit Hund	4.5

Empfohlene Aktivitäten

- Kayak/Kanu
- Radfahren
- Entspannen

Gruppenbuchungen nur beschränkt möglich. Haustiere sind willkommen.

17

Spreewald Caravan- und Wohnmobilpark Dammstrasse

Dammstraße 62 d
03222 Lübbenau
+49 3542 2921

51.86227 | 13.97102

01.04. - 15.10.

HS: 26,00 € | NS: 26,00 €

Mehr Infos & Anfrage:
www.camping.info/17931

Baden im See	5km
Pool/Hallenbad	1/2km
Spielplatz	✗
Hunde willkommen	✓
wenig Schatten	✓
WLAN	✓
Lebensmittel	500m
Brötchen am Platz	✓
Restaurant/Imbiss	100/400m
Ver-/Entsorgung Womo	✓
in den Ort	100m
Touristenplätze	30
Mietunterkünfte	✗
Stellplätze vor Schranke	✓

4.2 SEHR GUT
39 Bewertungen

Lage	4.6
Ruhe	4.4
Sanitäranlagen	4.2
Sauberkeit Ø	4.8
Freundlichkeit	4.9
Stellplatz	4.3
Verpflegung	3.3
Freizeit	4.3
Preis-Leistung	4.6
Mietunterkünfte	-

Geeignet für

Kinder b. 6 J.	2.9
Kinder b. 12 J.	3.3
Kinder b. 18 J.	3.3
Paare	4.7
Senioren	4.7
Gäste mit Zelt	2.7
Gäste mit Hund	4.2

Empfohlene Aktivitäten

- Radfahren
- Wandern
- Kayak/Kanu

keine WOMOs ab 10 m; Zelten nicht möglich

18

Spreewald-Natur Camping am See

Seestraße 1
03222 Hindenberg
+49 3 54 56 6 75 39

51.85784 | 13.85713

keine Angabe

HS: 27,00 € | NS: 27,00 €

Mehr Infos & Anfrage:
www.camping.info/17932

Baden im See am Platz	✓
Pool & Hallenbad	✗
Spielplatz am Platz	✓
Hunde erlaubt	✓
Schatten	✗
WLAN	✓
Lebensmittel	6km
Brötchen am Platz	✓
Restaurant am P.	✓
Ver-/Entsorgung Womo	✗
in den Ort	1km
Gesamt/Touristen	100/80
Mietunterkünfte	✓
Stellplätze vor Schranke	✓

3.8 GUT
52 Bewertungen

Lage	4.0
Ruhe	4.1
Sanitäranlagen	4.0
Sauberkeit Ø	4.1
Freundlichkeit	3.9
Stellplatz	3.7
Verpflegung	3.9
Freizeit	3.6
Preis-Leistung	3.8
Mietunterkünfte	4.4

Geeignet für

Kinder b. 6 J.	4.2
Kinder b. 12 J.	4.2
Kinder b. 18 J.	3.5
Paare	4.3
Senioren	4.4
Gäste mit Zelt	4.0
Gäste mit Hund	4.3

Empfohlene Aktivitäten

- Schwimmen
- Radfahren
- Entspannen

Karte auf Seite 310

	19	20	22
	Camping "Am Mühlberg"	**Zeltplatz am Ostgraben**	**Camp Casel - Das Feriendorf für Camping und Wohnen am Gräbendorfer See** FKK ❄
	Luckauer Landstraße 12 03222 Lübbenau +49 3542 875695 51.85084 | 13.91523	Schwarze Ecke 32 03096 Burg/Spreewald +49 35603 18773 51.84629 | 14.09808	Am See 2 03116 Casel +49 (0) 35602 515532 51.69315 | 14.14008
Infos			
Öffnungszeiten	ganzjährig	17.04. - 04.10.	ganzjährig
Vergleichspreis	HS: 27,00 € | NS: 20,00 €	HS: 32,00 € | NS: 32,00 €	HS: 20,00 € | NS: 20,00 €
Link	**Mehr Infos & Anfrage:** www.camping.info/25841	**Mehr Infos & Anfrage:** www.camping.info/23947	**Mehr Infos & Anfrage:** www.camping.info/30242
Ausstattung			
Freizeit	Baden im See 2km Pool/Hallenbad 2km Spielplatz am Platz ✓	Baden im Fluss am Platz ✓ Pool/Hallenbad 20km Spielplatz am Platz ✓	Baden im See am Platz ✓ Pool & Hallenbad ✗ Spielplatz 100m
Campingplatz	Hunde erlaubt ✓ zur Hälfte Schatten ✓ WLAN ✓	Hunde ✗ zur Hälfte Schatten ✓ WLAN ✗	Hunde erlaubt ✓ Schatten ✗ WLAN keine Angabe
Versorgung	Lebensmittel 2km Brötchen am Platz ✓ Restaurant & Imbiss ✓ Ver-/Entsorgung Womo ✓ im Ort ✓	Lebensmittel ✓ Brötchen am Platz ✓ Restaurant/Imbiss 1km/✓ Ver-/Entsorgung Womo ✓ in den Ort 5km	Lebensmittel 7km Brötchen am Platz ✓ Imbiss ✓ Ver-/Entsorgung Womo ✓ in den Ort 1km
Anzahl der Plätze	Gesamt/Touristen 45/25 Mietunterkünfte ✓ Stellplätze vor Schranke ✓	Touristenplätze 35 Mietunterkünfte ✗ Stellplätze vor Schranke ✗	Gesamt/Touristen 80/70 Mietunterkünfte ✓ Stellplätze vor Schranke ✗

	Camping "Am Mühlberg"	Zeltplatz am Ostgraben	Camp Casel
Gesamt	3.4 GUT, 7 Bewertungen	3.5 GUT, 19 Bewertungen	5.0 AUSGEZEICHNET, 5 Bewertungen
Lage	3.7	4.6	4.6
Ruhe	2.4	4.2	4.8
Sanitäranlagen	3.1	3.2	4.6
Sauberkeit Ø	3.6	4.0	5.0
Freundlichkeit	4.4	3.4	4.8
Stellplatz	4.2	3.9	4.0
Verpflegung	4.2	3.2	3.5
Freizeit	3.4	4.4	4.4
Preis-Leistung	3.7	3.7	4.6
Mietunterkünfte	5.0	-	5.0
Geeignet für			
Kinder b. 6 J.	3.8	4.2	4.3
Kinder b. 12 J.	3.8	4.3	4.3
Kinder b. 18 J.	3.8	3.5	4.0
Paare	4.3	4.4	5.0
Senioren	4.0	4.8	4.8
Gäste mit Zelt	3.3	4.8	4.8
Gäste mit Hund / Hunde n. erlaubt	Gäste mit Hund 3.6	Hunde n. erlaubt -	Gäste mit Hund 5.0
Empfohlene Aktivitäten	Radfahren Wandern Kulinarik	Kayak/Kanu Radfahren Wandern	Radfahren Entspannen Schwimmen

21 Kneipp- und ErlebnisCamping an den Spreewaldfließen

Vetschauer Str. 1a
03096 Burg/Spreewald
+49 356 037 509 66
www.caravan-kurcamping.de
info@caravan-kurcamping.de

01.03. - 31.12.

HS: 34,00 € | NS: 31,00 €

Mehr Infos & Anfrage:
www.camping.info/23293

Baden im Fluss am Platz	✓
Pool/Hallenbad	2km
Spielplatz am Platz	✓
Hunde willkommen	✓
zur Hälfte Schatten	✓
WLAN	✓
Lebensmittel	1km
Brötchen am Platz	✓
Restaurant/Imbiss	✓/1km
Ver-/Entsorgung Womo	✓
in den Ort	1km
Touristenplätze	80
Mietunterkünfte	✓
Stellplätze vor Schranke	✓

51.82538 | 14.13768

Sonnige Stellplätze am Kneipp- und ErlebnisCamping.

Lage & Stellplatz

Kneipp- und ErlebnisCamping liegt am südlichen Rand des Kurortes Burg, direkt an einem der typischen Spreewaldfließe. Auf mehreren idyllischen Wiesenflächen, umsäumt von hohen Bäumen, befinden sich 80 Komfortstellplätze für Caravans und Wohnmobile, je nach Bedarf mit Wasser- und Abwasseranschluss.

Verpflegung

Jeden Morgen frische Brötchen oder Frühstück vom Buffet. Die gemütliche Gaststube „Plon" befindet sich direkt am Platz und hat täglich frische Speisen im Angebot. Für den großen Einkauf sind einige Supermärkte in fußläufig erreichbarer Nähe.

Sanitär

Die Sanitärgebäude sind modern und bieten den Gästen hochwertige Dusch- und Toilettenanlagen (auch behindertengerecht). Ein Waschmaschinenraum mit Trockner, sowie Abwaschräume und Kochgelegenheiten stehen ebenfalls zur Verfügung. Für Kleinkinder gibt es auch eine Wickelmöglichkeit.

Freizeit

Direkt vom platzeigenen Kahn- und Bootsanleger am Nebenarm der Spree können die Urlauber eine Paddeltour durch das UNESCO-Biosphärenreservat Spreewald starten. Gut ausgebaute Radfahrnetze laden zum Erkunden des Spreewaldes per Rad ein. Buchbar sind Wellnessangebote auf dem Heuboden direkt am Platz.

Kleiner Hafen am Morgen.

Restaurant mit Sommerterrasse.

4.5 SEHR GUT
299 Bewertungen

Lage	4.7
Ruhe	4.6
Sanitäranlagen	4.5
Sauberkeit Ø	4.7
Freundlichkeit	4.6
Stellplatz	4.5
Verpflegung	4.4
Freizeit	4.5
Preis-Leistung	4.4
Mietunterkünfte	4.7

Geeignet für

- 4.8 Paare
- 4.7 Senioren
- 4.6 Gäste mit Zelt
- 4.6 Gäste mit Hund
- 4.2 Kinder b. 12 J.
- 4.2 Kinder b. 18 J.
- 4.0 Kinder b. 6 J.

Empfohlene Aktivitäten

Radfahren · Kayak/Kanu · Entspannen · Wandern

Mehr Infos

Gruppen nur beschränkt reservierbar.

Karte auf Seite 310

	23	24	25
	SpreeCamp Bagenz	**Erholungsgebiet Kiebitz Campingplatz**	**Themencamping Grünewalder Lauch**
			FKK
	Stauseestr. 3 03130 Bagenz +49 35697 219	Hörsteweg 2 04895 Falkenberg /Elster +49 3536 5 2135	Lauchstr. 101 01979 Lauchhammer +49 3574 3826
	51.64523 | 14.41327	51.59462 | 13.25818	51.50691 | 13.66694
Infos			
Öffnungszeiten	keine Angabe	01.04. - 31.10.	01.04. - 31.10.
Vergleichspreis	keine Angabe	HS: 26,00 € | NS: 16,00 €	HS: 28,00 € | NS: 28,00 €
Link	**Mehr Infos & Anfrage:** www.camping.info/22297	**Mehr Infos & Anfrage:** www.camping.info/17941	**Mehr Infos & Anfrage:** www.camping.info/17921
Ausstattung			
Freizeit	Baden in nat. Gewässer k. A. Pool & Hallenbad ✗ Spielplatz keine Angabe	Baden in nat. Gewässer k. A. Hallenbad 15km Spielplatz am Platz ✓	Baden im See am Platz ✓ Hallenbad 7km Spielplatz am Platz ✓
Campingplatz	Hunde ✗ Schatten ✗ WLAN keine Angabe	Hunde erlaubt ✓ Schatten ✗ WLAN ✓	Hunde willkommen ✓ zur Hälfte Schatten ✓ WLAN (gegen Gebühr) ✓
Versorgung	Lebensmittel k.A. Brötchen keine Angabe Restaurant & Imbiss ✗ Ver-/Entsorgung Womo ✗ in den Ort keine Angabe	Lebensmittel ✓ Brötchen am Platz ✓ Restaurant & Imbiss ✓ Ver-/Entsorgung Womo ✓ in den Ort 2km	Lebensmittel ✓ Brötchen am Platz ✓ Restaurant & Imbiss ✓ Ver-/Entsorgung Womo ✓ in den Ort 3km
Anzahl der Plätze	Gesamt keine Angabe Mietunterkünfte ✗ Stellplätze vor Schranke ✗	Gesamt/Touristen 150/80 Mietunterkünfte ✓ Stellplätze vor Schranke ✗	Gesamt/Touristen 180/80 Mietunterkünfte ✓ Stellplätze vor Schranke ✓

	SpreeCamp Bagenz	Erholungsgebiet Kiebitz Campingplatz	Themencamping Grünewalder Lauch
Gesamt	3.4 GUT, 12 Bewertungen	4.3 SEHR GUT, 11 Bewertungen	4.4 SEHR GUT, 106 Bewertungen
Lage	3.8	4.1	4.5
Ruhe	4.3	3.9	4.5
Sanitäranlagen	2.8	4.0	4.2
Sauberkeit Ø	3.2	4.2	4.3
Freundlichkeit	3.3	4.4	4.5
Stellplatz	3.2	4.3	4.3
Verpflegung	2.7	3.6	4.3
Freizeit	2.5	4.0	4.1
Preis-Leistung	3.0	4.2	4.3
Mietunterkünfte	-	5.0	4.1
Geeignet für			
Kinder b. 6 J.	4.4	4.0	4.4
Kinder b. 12 J.	4.2	4.0	4.5
Kinder b. 18 J.	3.6	3.4	4.2
Paare	4.4	4.3	4.6
Senioren	3.2	4.4	4.6
Gäste mit Zelt	4.6	4.3	4.4
Hunde n. erlaubt / Gäste mit Hund	Hunde n. erlaubt -	Gäste mit Hund 3.8	Gäste mit Hund 4.6
Empfohlene Aktivitäten	Radfahren Angeln Entspannen	Schwimmen Angeln Radfahren	Schwimmen Radfahren Entspannen

26 Campingplatz Waldbad Zeischa

Waldbadstr. 29
04924 Zeischa
+49 35341 10398
51.50147 | 13.43151

15.04. - 31.10.
HS: 20,40 € | NS: 19,30 €
Mehr Infos & Anfrage:
www.camping.info/23951

Baden im See am Platz	✓
Pool/Hallenbad	5km
Spielplatz am Platz	✓
Hunde willkommen	✓
zur Hälfte Schatten	✓
WLAN (gratis)	teilweise
Lebensmittel	✓
Brötchen am Platz	nur HS
Restaurant & Imbiss	✓
Ver-/Entsorgung Womo	✓
in den Ort	3km
Gesamt/Touristen	142/42
Mietunterkünfte	✓
Stellplätze vor Schranke	✗

4.3 SEHR GUT
6 Bewertungen

Lage	4.7
Ruhe	4.8
Sanitäranlagen	4.3
Sauberkeit Ø	5.0
Freundlichkeit	5.0
Stellplatz	4.2
Verpflegung	2.7
Freizeit	3.7
Preis-Leistung	4.7
Mietunterkünfte	4.0

Geeignet für

Kinder b. 6 J.	4.6
Kinder b. 12 J.	4.4
Kinder b. 18 J.	4.0
Paare	4.8
Senioren	4.2
Gäste mit Zelt	4.3
Gäste mit Hund	3.7

Empfohlene Aktivitäten

- Schwimmen
- Radfahren
- Angeln

27 Komfortcamping Senftenberger See

Am Senftenberger See 10
01968 Niemtsch/Stadt Senftenberg
+49 3573 800500
51.49894 | 13.98416

01.04. - 31.10.
HS: 39,00 € | NS: 30,00 €
Mehr Infos & Anfrage:
www.camping.info/17920

Baden im See am Platz	✓
Hallenbad	3km
Spielplatz	✗
Hunde willkommen	✓
wenig Schatten	✓
WLAN (gratis)	teilweise
Lebensmittel	✓
Brötchen am Platz	✓
Restaurant & Imbiss	✓
Ver-/Entsorgung Womo	✓
im Ort	✓
Gesamt/Touristen	310/110
Mietunterkünfte	✓
Stellplätze vor Schranke	✗

4.5 SEHR GUT
487 Bewertungen

Lage	4.8
Ruhe	3.9
Sanitäranlagen	4.7
Sauberkeit Ø	4.7
Freundlichkeit	4.8
Stellplatz	4.6
Verpflegung	4.0
Freizeit	4.3
Preis-Leistung	4.3
Mietunterkünfte	4.7

Geeignet für

Kinder b. 6 J.	3.9
Kinder b. 12 J.	4.0
Kinder b. 18 J.	4.0
Paare	4.7
Senioren	4.7
Gäste mit Zelt	4.0
Gäste mit Hund	4.5

Empfohlene Aktivitäten

- Schwimmen
- Radfahren
- Entspannen

Komplett-Preis inkl. Strom, PKW-Standplatz und Duschen.

28 Familienpark Senftenberger See

Straße zur Südsee 1
01968 Großkoschen/Stadt Senftenberg
+49 3573 800 800
51.49384 | 14.04483

ganzjährig
HS: 50,00 € | NS: 42,00 €
Mehr Infos & Anfrage:
www.camping.info/17919

Baden im See am Platz	✓
Hallenbad	8km
Spielplatz am Platz	✓
Hunde	✗
viel Schatten	✓
WLAN	✗
Lebensmittel	✓
Brötchen am Platz	✗
Restaurant & Imbiss	✓
Ver-/Entsorgung Womo	✓
in den Ort	1km
Gesamt/Touristen	500/165
Mietunterkünfte	✓
Stellplätze vor Schranke	✓

4.6 SEHR GUT
659 Bewertungen

Lage	4.8
Ruhe	3.9
Sanitäranlagen	4.6
Sauberkeit Ø	4.7
Freundlichkeit	4.9
Stellplatz	4.7
Verpflegung	4.4
Freizeit	4.8
Preis-Leistung	4.5
Mietunterkünfte	4.8

Geeignet für

Kinder b. 6 J.	4.8
Kinder b. 12 J.	4.8
Kinder b. 18 J.	4.2
Paare	4.3
Senioren	4.1
Gäste mit Zelt	4.4
Hunde n. erlaubt	-

Empfohlene Aktivitäten

- Schwimmen
- Radfahren
- Entspannen

Rezeption im Winter am Wochenende geschlossen

29 Hafencamp Senftenberger See

Straße zur Südsee 2
01968 Großkoschen
+49 3573 800600
51.49022 | 14.0366

01.04. - 31.10.
HS: 36,00 € | NS: 30,00 €
Mehr Infos & Anfrage:
www.camping.info/24648

Baden im See	500m
Hallenbad	10km
Spielplatz am Platz	✓
Hunde erlaubt	✓
viel Schatten	✓
WLAN (gegen Gebühr)	✓
Lebensmittel	500m
Brötchen am Platz	nur HS
Restaurant/Imbiss	500m/✓
Ver-/Entsorgung Womo	✓
in den Ort	1km
Touristenplätze	50
Mietunterkünfte	✓
Stellplätze vor Schranke	✗

4.5 SEHR GUT
194 Bewertungen

Lage	4.7
Ruhe	4.5
Sanitäranlagen	4.3
Sauberkeit Ø	4.6
Freundlichkeit	4.8
Stellplatz	4.6
Verpflegung	4.4
Freizeit	4.5
Preis-Leistung	4.3
Mietunterkünfte	4.6

Geeignet für

Kinder b. 6 J.	4.1
Kinder b. 12 J.	4.4
Kinder b. 18 J.	4.4
Paare	4.7
Senioren	4.4
Gäste mit Zelt	5.0
Gäste mit Hund	4.0

Empfohlene Aktivitäten

- Radfahren
- Segeln
- Wandern

AWARD 2022

Karte auf Seite 310

	30 Waldcamping Lausitzer Seenland	31 Wasserwanderrast-station
	✻ Wiesenstraße 7 01945 Schwarzbach bei Senftenberg 0172 54 14 097 51.4511 | 13.94522	Am Hafen 1c 04931 Mühlberg +49 175 709 3606 51.43427 | 13.20856
Infos		
Öffnungszeiten	ganzjährig	01.04. - 31.10.
Vergleichspreis	HS: 25,00 € | NS: 25,00 €	HS: 26,50 € | NS: 22,50 €
Link	**Mehr Infos & Anfrage:** www.camping.info/17918	**Mehr Infos & Anfrage:** www.camping.info/26108
Ausstattung		
Freizeit	Baden im See 6km Pool & Hallenbad ✗ Spielplatz am Platz ✓	Baden im See am Platz ✓ Pool/Hallenbad 10/20km Spielplatz am Platz ✓
Campingplatz	Hunde willkommen ✓ zur Hälfte Schatten ✓ WLAN ✓	Hunde willkommen ✓ wenig Schatten ✓ WLAN ✗
Versorgung	Lebensmittel 5km Brötchen am Platz ✓ Restaurant/Imbiss 1km Ver-/Entsorgung Womo ✓ in den Ort keine Angabe	Lebensmittel 1km Brötchen am Platz ✗ Restaurant & Imbiss ✓ Ver-/Entsorgung Womo ✓ im Ort ✓
Anzahl der Plätze	Gesamt/Touristen 45/35 Mietunterkünfte ✗ Stellplätze vor Schranke ✗	Touristenplätze 70 Mietunterkünfte ✗ Stellplätze vor Schranke ✗

	30	31
Bewertung	4.8 SEHR GUT 19 Bewertungen	4.7 SEHR GUT 6 Bewertungen
Lage	4.2	4.7
Ruhe	4.8	4.5
Sanitäranlagen	4.6	4.8
Sauberkeit Ø	4.9	4.8
Freundlichkeit	4.9	4.8
Stellplatz	4.7	4.3
Verpflegung	4.1	3.6
Freizeit	4.2	4.0
Preis-Leistung	4.9	4.8
Mietunterkünfte	-	-
Geeignet für		
Kinder b. 6 J.	4.2	4.7
Kinder b. 12 J.	4.2	4.3
Kinder b. 18 J.	4.3	4.0
Paare	4.9	4.8
Senioren	4.7	4.4
Gäste mit Zelt	4.8	4.7
Gäste mit Hund	4.9	4.3
Empfohlene Aktivitäten	Radfahren Wandern Entspannen	Radfahren Schwimmen Entspannen

32 Erlebniscamping Lausitz

*

Am Bad 1
01990 Ortrand
035755/553509
www.erlebniscamping-lausitz.eu
erlebniscamping@t-online.de

ganzjährig

HS: 31,55 € | NS: 26,05 €

Mehr Infos & Anfrage:
www.camping.info/27593

Baden in nat. Gewässer	✗
Pool/Hallenbad	✓/15km
Spielplatz am Platz	✓
Hunde willkommen	✓
wenig Schatten	✓
WLAN	✓
Lebensmittel	✓
Brötchen am Platz	✓
Restaurant am P.	✓
Ver-/Entsorgung Womo	✓
in den Ort	2km
Gesamt/Touristen	95/65
Mietunterkünfte	✓
Stellplätze vor Schranke	✓

51.37271 | 13.77977

Campingerlebnisse in der Lausitz.

Lage & Stellplatz

Herzlich willkommen auf dem liebevoll, familiär geführten Erlebnis-Campingplatz in Ortrand zwischen Dresden und dem Spreewald. Hier genießt man mit der Familie auf großen, komfortablen Stellplätzen oder der Zeltwiese eine Zeit der Ruhe, Erholung und Entspannung im Herzen der schönen Lausitz.

Verpflegung

Mit dem kleinen Parkteich-Bistro ist täglich für das leibliche Wohl gesorgt. Die Gäste genießen ein gut gekühltes Fassbier im Biergarten oder nutzen den Frühstücks- und Brötchen-Service. Weitere Produkte liegen im Minimarkt bereit. Wer mag, findet dort auch Eis oder Slushies.

Sanitär

Die sauberen, gepflegten Sanitäranlagen sind barrierefrei und für Rollstuhlfahrer geeignet. Ein Wickelraum mit Babybadewanne, eine Küche mit Abwasch- und Kochgelegenheiten, Geschirrspüler sowie Waschmaschinen/Wäschetrockner stehen für die Gäste bereit. Im Freibad gibt es weitere Sanitäranlagen.

Freizeit

Ob Kinderparadies mit Freizeitspaß auf dem Campingplatz (Felsenspielplatz, Bodentrampolin, Tischtennis, Freibad mit Wasserrutsche, Volleyball, Sauna), schnell erreichbare Ausflugsziele oder Rad- und Wanderwege für Naturliebhaber – die Lausitz ist der ideale Ausgangspunkt für einen Erholungsurlaub.

Spielplatzabenteuer.

Badespaß für Groß und Klein.

4.9 **SEHR GUT**
27 Bewertungen

Lage	4.2
Ruhe	4.7
Sanitäranlagen	4.8
Sauberkeit Ø	4.7
Freundlichkeit	5.0
Stellplatz	4.7
Verpflegung	4.4
Freizeit	4.3
Preis-Leistung	4.8
Mietunterkünfte	4.9

Geeignet für

4.8 Gäste mit Zelt

4.7 Paare	4.5 Senioren	4.4 Kinder b. 6 J.
4.6 Kinder b. 12 J.	4.5 Gäste mit Hund	4.3 Kinder b. 18 J.

Empfohlene Aktivitäten

Radfahren · Schwimmen · Angeln · Entspannen

Mehr Infos

CP, Zeltwiese, Pension, Sauna, Freibad, Bistro, Spielplatz, Fahrradverleih

Sachsen-Anhalt

Regionen

TIPP DER REDAKTION

Klostercamping Thale

Sachsen-Anhalt | Nr. 16 | Seite 335

Laut Gästen ideal geeignet zum:

- Schwimmen
- Radfahren
- Kayak & Kanu

4.5

Abwechslungsreiche Ferientage in Sachsen-Anhalt

Zwischen Elbe und Harz begeistert Sachsen-Anhalt mit aufregenden Zeugnissen deutscher Geschichte, sehenswerten Städten und beschaulichen Seen- und Flusslandschaften. Heide- und Weinbaugebiete machen das Bundesland für Camper noch attraktiver. Auf der „Straße der Romantik" gelangen Urlauber zu Burgen, Klöstern und Pfalzen.

St.-Nicolai-Kirche in Coswig (Anhalt) © TourismusRegion Anhalt-Dessau-Wittenberg e.V

Landeshauptstadt Magdeburg

Museum Kloster und Kaiserpfalz Memleben © Investitions- und Marketinggesellschaft Sachsen-Anhalt GmbH

Das 230.000 Einwohner zählende Magdeburg hat sich in den letzten Jahrzehnten von einer grauen Industriestadt zu einer lebendigen Elbmetropole mit vielen Grün- und Parkflächen gewandelt. Wahrzeichen ist der mittelalterliche gotische Dom unter dem Kaiser Otto I. begraben liegt. Zu diesem altehrwürdigen Gebäude setzt die Moderne mit der Grünen Zitadelle einen farbenfrohen Kontrast. Das von Friedensreich Hundertwasser entworfene Wohn- und Geschäftshaus beherbergt neben einem kleinen Hotel auch einen Kindergarten. Noch mehr Kunsterlebnisse bietet das Kunstmuseum „Kloster Unser Lieben Frauen" mit einer beeindruckende Sammlung zeitgenössischer Werke und Skulpturen. Für einen Spaziergang oder ein Picknick verabreden sich die Magdeburger gerne im Elbauenpark. Das 90 Hektar große Gelände umfasst eine Seebühne, das sehr anschauliche Technikgeschichtsmuseum und eine Sommerrodelbahn.

Der Nationalpark Harz

Mit dem Harz besitzt Sachsen-Anhalt zusammen mit Niedersachsen den ersten deutschen länderübergreifenden Nationalpark. Die abwechslungsreiche Mittelgebirgslandschaft besteht aus dichten Wäldern, Flussauen, Mooren und Felsbiotopen. Ihre höchste Erhebung ist der 1.141 Meter hohe Brocken, auf dem sich der Sage nach die Hexen zur Walpurgisnacht treffen. Für Geschichtsinteressierte gehört die Reichsburg Kyffhausen als eine der ältesten mittelalterlichen Wehranlagen Deutschlands zu den Highlights im Harz. Am Rande der

Georgium Dessau Mausoleum © Investitions- und Marketinggesellschaft Sachsen-Anhalt GmbH

Biosphärenreservat Mittelelbe © Investitions- und Marketinggesellschaft Sachsen-Anhalt GmbH

beeindruckenden Naturlandschaft liegt Quedlinburg. Mit mehr als 1.200 Fachwerkhäusern aus dem 6. Jahrhundert gehört das pittoreske Städtchen zum Weltkulturerbe der UNESCO.

Halle, Wittenberg und die Elbauen

Großstadtflair erlebt ihr in Halle an der Saale, der größten Stadt Sachsen-Anhalts. Bedingt durch den Lauf der Saale, die die Stadt auf einer Länge von 27 Kilometern durchfließt und sich im Stadtgebiet um einige Kanäle, Nebenarme und Schleusen erweitert, liegt sie auf mehreren Inseln. Halle besitzt eine gut erhaltene Altstadt, ein sehenswertes Beatles-Museum und veranstaltet als Geburtsort von Georg Friedrich Händel alljährlich die zehntägigen Händel-Festspiele. Die Martin-Luther-Universität Halle-Wittenberg in Halle ist eine der ältesten des Landes. Auf den Spuren der Reformation wandeln Besucher auch in Wittenberg: Hier soll Martin Luther im Jahre 1517 seine 95 Thesen an der Schlosskirche angeschlagen haben. Mit dem Gartenreich Dessau-Wörlitz besitzt Sachsen-Anhalt einen der ältesten und bedeutendsten Landschaftsparks nach englischem Vorbild in Europa. Das UNESCO-Weltkulturerbe in den Elbauen setzt sich aus Gartenanlagen verschiedener Stilrichtungen, Schlössern, kleinen Brücken und verschlungenen Pfaden zusammen. Als Kontrastprogramm bietet Dessau nur wenige Kilometer vom Wörlitzer Park entfernt Bauhaus-Architektur par excellence. Das sachliche Bauhaus-Ensemble aus Beton, Glas und Stahl entstand in den 1920er Jahren für die Kunst-, Design- und Architekturschule. Im Krieg schwer beschädigt, wurde das Bauhaus-Gebäude nach der Wende aufwendig restauriert.

Blick auf den Naumburg Dom © Stadt Naumburg-Kultur und Tourismus

❶ Sachsen-Anhalt

FREIZEITTIPPS

- **A** Tierpark Hexentanzplatz, Thale
- **B** Burg Falkenstein
- **C** Kloster Jerichow, Jerichow
- **D** Luthergedenkstätten, Wittenberg

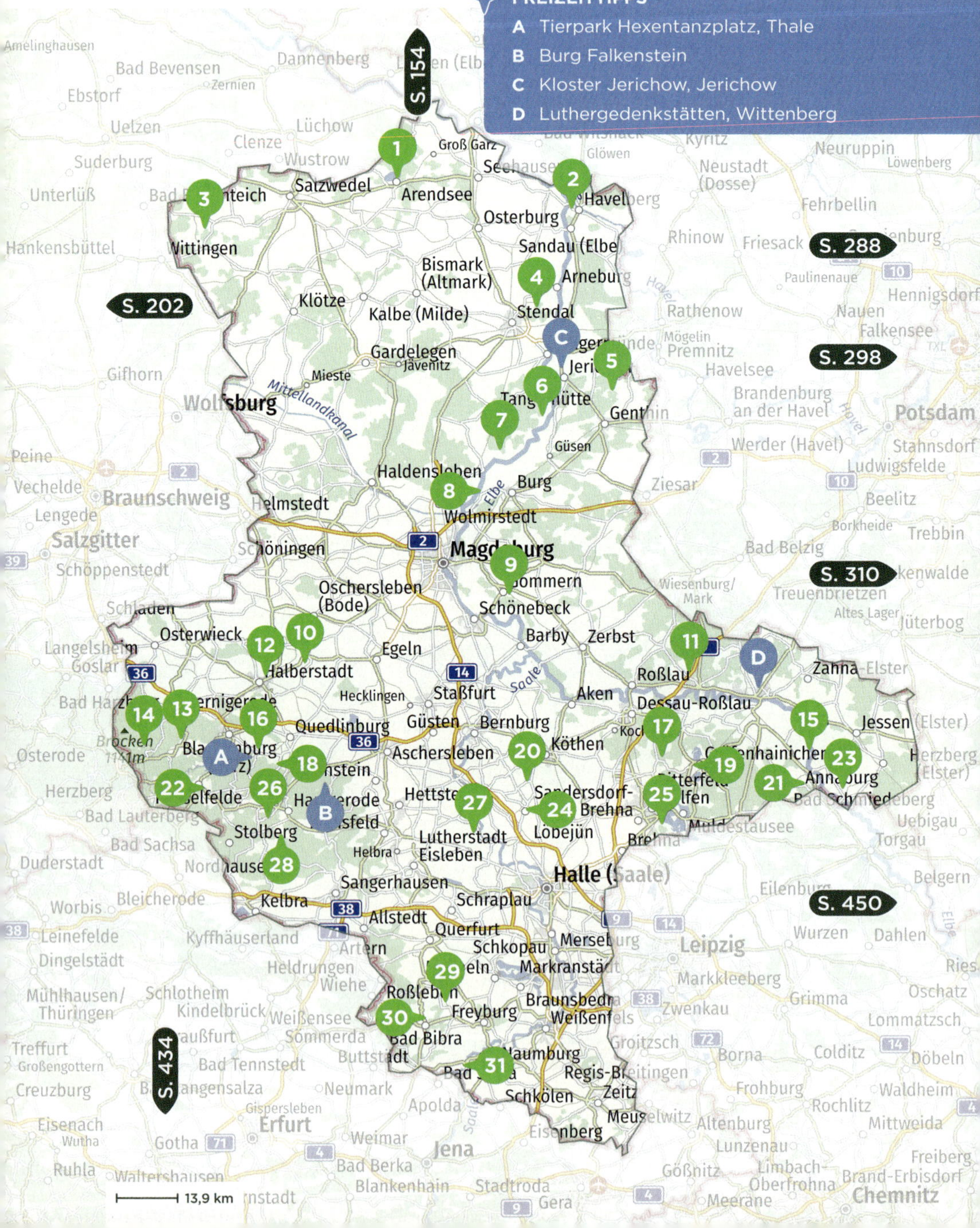

	Platz	Seite	Bewertung	Öffnungszeiten	
1	Camping am See	330	-	k. A.	
2	Camping bei der Ruderriege Havelberg von 1909 e.V.	330	-	saisonal	
3	Campingplatz im Waldbad Dähre	330	4.4	saisonal	
4	Wa-Ca-Wi Waldbad-Campingplatz Wischer	332	4.7	saisonal	FKK ❄
5	Touristenzentrum Zabakuck	332	4.1	saisonal	FKK
6	Family-Camp-Kellerwiehl	331	4.6	saisonal	
7	Campingplatz Bertingen (WoWa, WoMo, Zelter, Tipidorf)	332	4.6	saisonal	
8	Campingplatz Niegripper See	333	4.7	saisonal	
9	Camping Plattensee	333	4.2	saisonal	
10	Campingplatz und Wassersport Gröningen	333	-	k. A.	
11	Waldcamping Olympiasee	333	4.6	saisonal	
12	Camping am See	334	4.2	ganzjährig	FKK ❄
13	Camping am Brocken	334	4.4	ganzjährig	❄
14	Harz Mountain Camp am Schierker Stern	334	-	saisonal	❄
15	Camping Auf der Tenne	335	-	ganzjährig	❄
16	Klostercamping Thale	335	4.5	saisonal	❄
17	Naturcampingplatz Möhlauer See	335	3.9	k. A.	
18	Harzer Feriengarten Kurcamping	335	4.5	saisonal	
19	See- und Waldresort Gröbern	336	-	ganzjährig	
20	Seebad Edderitz	336	4.8	saisonal	FKK
21	Campingpark & Wohnmobilhafen Am Gr. Lausiger Teich	336	4.4	ganzjährig	❄
22	Domäne Stiege Campingplatz & Gästehaus	337	4.0	ganzjährig	❄
23	Campingplatz Prettin	337	4.0	k. A.	
24	Zeltwiese Löbejün	337	5.0	saisonal	
25	Camping und Ferienpark Goitzsche	337	4.0	ganzjährig	❄
26	Ferienpark Birnbaumteich GmbH	338	4.0	ganzjährig	❄
27	Campingplatz Saaletal	338	4.1	saisonal	
28	Komfort-Camping Panoramablick	338	4.0	saisonal	❄
29	OUTTOUR - Stell- & Campingplatz an der Unstrut	339	4.5	saisonal	
30	Campingplatz und Freizeitzentrum Schaepmann	339	4.4	saisonal	
31	Camping an der Rudelsburg	339	4.6	saisonal	

Karte auf Seite 328

	1	2	3
	Camping am See	**Camping bei der Ruderriege Havelberg von 1909 e.V.**	**Campingplatz im Waldbad Dähre**
	Harper Weg 1 39619 Arendsee	Spülinsel 4 39539 Havelberg 01602884987	Eickhorster Weg 20 29413 Dähre +49 39031 337
	52.89309 | 11.50685	52.82734 | 12.0701	52.79392 | 10.88766
Infos			
Öffnungszeiten	keine Angabe	01.03. - 31.10.	01.06. - 31.08.
Vergleichspreis	keine Angabe	HS: 16,00 €	HS: 25,50 € | NS: 25,50 €
Link	**Mehr Infos & Anfrage:** www.camping.info/18600	**Mehr Infos & Anfrage:** www.camping.info/30101	**Mehr Infos & Anfrage:** www.camping.info/25123
Ausstattung			
Freizeit	Baden in nat. Gewässer k. A. Pool & Hallenbad ✗ Spielplatz keine Angabe	Baden im Fluss 500m Pool 1km Spielplatz 1km	Baden in nat. Gewässer ✗ Pool/Hallenbad ✓/20km Spielplatz am Platz ✓
Campingplatz	Hunde ✗ Schatten ✗ WLAN keine Angabe	Hunde ✗ Schatten ✗ WLAN ✗	Hunde willkommen ✓ zur Hälfte Schatten ✓ WLAN ✗
Versorgung	Lebensmittel k.A. Brötchen keine Angabe Restaurant & Imbiss ✗ Ver-/Entsorgung Womo ✗ in den Ort keine Angabe	Lebensmittel 2km Brötchen keine Angabe Restaurant/Imbiss 500m Ver-/Entsorgung Womo ✗ in den Ort 500m	Lebensmittel 1km Brötchen am Platz ✗ Restaurant/Imbiss 6km/✓ Ver-/Entsorgung Womo ✓ in den Ort 1km
Anzahl der Plätze	Gesamt keine Angabe Mietunterkünfte ✗ Stellplätze vor Schranke ✗	Gesamt 16 Mietunterkünfte ✓ Stellplätze vor Schranke ✗	Touristenplätze 40 Mietunterkünfte ✗ Stellplätze vor Schranke ✓

1 – Camping am See

- JETZT BEWERTEN!

Für diese Auswertung liegen leider noch nicht genügend Bewertungen vor.

Sei einer der Ersten, der diesen Campingplatz bewertet.

Mit einer guten Campingplatz-Bewertung unterstützt du nicht nur deinen Lieblingsplatz, sondern hilfst auch anderen Campern bei der Platzwahl.

2 – Camping bei der Ruderriege Havelberg von 1909 e.V.

- JETZT BEWERTEN!

Für diese Auswertung liegen leider noch nicht genügend Bewertungen vor.

Sei einer der Ersten, der diesen Campingplatz bewertet.

Mit einer guten Campingplatz-Bewertung unterstützt du nicht nur deinen Lieblingsplatz, sondern hilfst auch anderen Campern bei der Platzwahl.

3 – Campingplatz im Waldbad Dähre

4.4 SEHR GUT
25 Bewertungen

Lage	4.4
Ruhe	4.8
Sanitäranlagen	3.7
Sauberkeit Ø	4.5
Freundlichkeit	4.7
Stellplatz	3.8
Verpflegung	3.6
Freizeit	4.5
Preis-Leistung	4.3
Mietunterkünfte	-

Geeignet für

Kinder b. 6 J.	4.8
Kinder b. 12 J.	4.9
Kinder b. 18 J.	4.5
Paare	4.5
Senioren	4.1
Gäste mit Zelt	4.6
Gäste mit Hund	3.8

Empfohlene Aktivitäten

- Schwimmen
- Radfahren
- Entspannen

6 Family-Camp-Kellerwiehl

Kellerwiehl 1
39517 Tangerhütte
+49 393 628 1610
www.kellerwiehl.de
info@kellerwiehl.de

01.04. - 30.10.

HS: 29,00 € | NS: 29,00 €

Mehr Infos & Anfrage:
www.camping.info/18597

Baden in nat. Gewässer	k. A.
Pool/Hallenbad	12/17km
Spielplatz am Platz	✓
Hunde willkommen	✓
zur Hälfte Schatten	✓
WLAN (gegen Gebühr)	✓
Lebensmittel	✓
Brötchen am Platz	✓
Restaurant & Imbiss	✓
Ver-/Entsorgung Womo	✓
in den Ort	1km
Gesamt/Touristen	120/80
Mietunterkünfte	✓
Stellplätze vor Schranke	✗

Panoramaaufnahme – Family-Camp Kellerwiehl aus der Vogelperspektive.

52.42348 | 11.97065

Lage & Stellplatz

Das Family-Camp-Kellerwiehl befindet sich direkt zwischen der Elbe und dem Elberadwanderweg. Es handelt sich um ein Wiesengelände, wo Stellplätze wahlweise mit oder ohne Bäume zur Verfügung stehen. Die Stellplätze sind mindestens 100 m² groß und verfügen über Stromversorgung (16 Ampere).

Verpflegung

Die platzeigene Gaststätte hat durchgehend von 8:00 bis 22:00 Uhr geöffnet. Täglich ab 8:00 Uhr werden frische Brötchen und Snack-Bags angeboten. Darüber hinaus gibt es Eis und Getränke zum Mitnehmen. In 12 km Entfernung findet man mehrere Supermärkte, Banken, Apotheken u. v. m.

Sanitär

Die sauberen Sanitäranlagen mit Einzelwaschkabinen verfügen über Duschen mit Aqua-Stop-Anlagen (vier Minuten Wasserzeit). Außerdem gibt es neben den frei zugänglichen Sanitäranlagen auch zwei Mietbäder, die ab einer Woche angemietet werden können sowie zwei Waschmaschinen und Wäschetrockner.

Freizeit

Neben seinen großzügigen Stellplätzen zeichnet sich das Family-Camp-Kellerwiehl vor allem durch ein familiäres Flair aus. Vor Ort existiert ein Kinderspielplatz mit Seilbahn, Karussell, Stehwippe und Tischtennisplatte. Des Weiteren gibt es ein Fußballfeld, ein Volleyballfeld und Angelmöglichkeiten.

Versorgungsgebäude und See.

Gaststätte mit Terrasse.

4.6 SEHR GUT
41 Bewertungen

Lage	4.5
Ruhe	4.8
Sanitäranlagen	4.2
Sauberkeit Ø	4.7
Freundlichkeit	4.9
Stellplatz	4.4
Verpflegung	4.4
Freizeit	3.8
Preis-Leistung	4.7
Mietunterkünfte	4.9

Geeignet für

4.8 Senioren

- 4.8 Gäste mit Zelt
- 4.7 Paare
- 4.7 Gäste mit Hund
- 4.6 Kinder b. 6 J.
- 4.4 Kinder b. 12 J.
- 3.7 Kinder b. 18 J.

Empfohlene Aktivitäten

Entspannen · Radfahren · Wandern · Angeln

Mehr Infos

Auch WOMOs über 10 m möglich. Jugendgruppen nur beschränkt zugelassen.

Karte auf Seite 328

	4 Wa-Ca-Wi Waldbad-Campingplatz Wischer	5 Touristenzentrum Zabakuck	7 Campingplatz Bertingen (WoWa, WoMo, Zelter, Tipidorf)
	FKK ✻	FKK	
	Am Campingplatz 1 39596 Hassel 0172/3165189	Am See 1 39307 Jerichow/ OT Zabakuck +49 39348 9390	Zu den kurzen Enden 1 39517 Bertingen +49 3936 65 10 37
	52.63626 | 11.95166	52.4685 | 12.20179	52.35528 | 11.84028
Infos			
Öffnungszeiten	30.03. - 31.10.	01.04. - 11.10.	15.03. - 31.10.
Vergleichspreis	HS: 20,00 €	HS: 26,00 € | NS: 22,50 €	HS: 21,10 € | NS: 21,10 €
Link	**Mehr Infos & Anfrage:** www.camping.info/28086	**Mehr Infos & Anfrage:** www.camping.info/18593	**Mehr Infos & Anfrage:** www.camping.info/22298
Ausstattung			
Freizeit	Baden im See am Platz ✓ Pool am Platz ✓ Spielplatz am Platz ✓	Baden im See am Platz ✓ Pool/Hallenbad 25/12km Spielplatz am Platz ✓	Baden im See 2km Pool 10km Spielplatz am Platz ✓
Campingplatz	Hunde willkommen ✓ viel Schatten ✓ WLAN keine Angabe	Hunde willkommen ✓ zur Hälfte Schatten ✓ WLAN (gratis) teilweise	Hunde willkommen ✓ zur Hälfte Schatten ✓ WLAN ✓
Versorgung	Lebensmittel 6km Brötchen am Platz ✓ Restaurant & Imbiss ✓ Ver-/Entsorgung Womo ✗ in den Ort keine Angabe	Lebensmittel 12km Brötchen am Platz nur HS Restaurant/Imbiss 5km/✓ Ver-/Entsorgung Womo ✓ in den Ort 2km	Lebensmittel 10km Brötchen am Platz ✓ Restaurant & Imbiss ✓ Ver-/Entsorgung Womo ✓ in den Ort 700m
Anzahl der Plätze	Gesamt/Touristen 120/50 Mietunterkünfte ✓ Stellplätze vor Schranke ✗	Gesamt/Touristen 250/150 Mietunterkünfte ✓ Stellplätze vor Schranke ✓	Gesamt/Touristen 75/50 Mietunterkünfte ✓ Stellplätze vor Schranke ✓

	4	5	7
Gesamt	4.7 SEHR GUT, 9 Bewertungen	4.1 SEHR GUT, 15 Bewertungen	4.6 SEHR GUT, 34 Bewertungen
Lage	4.2	4.6	4.5
Ruhe	4.8	4.4	4.4
Sanitäranlagen	4.1	4.3	4.1
Sauberkeit Ø	4.4	4.7	4.5
Freundlichkeit	5.0	3.9	4.8
Stellplatz	4.1	4.2	4.4
Verpflegung	3.6	3.7	4.7
Freizeit	4.2	3.5	4.4
Preis-Leistung	4.8	4.0	4.8
Mietunterkünfte	5.0	4.6	4.9
Geeignet für			
Kinder b. 6 J.	4.9	4.3	4.5
Kinder b. 12 J.	4.8	4.2	4.7
Kinder b. 18 J.	4.5	4.1	4.3
Paare	4.7	4.3	4.3
Senioren	4.9	4.2	4.2
Gäste mit Zelt	4.7	4.0	4.7
Gäste mit Hund	4.8	4.0	4.7
Empfohlene Aktivitäten	Schwimmen Entspannen Radfahren	Schwimmen Entspannen Radfahren	Radfahren Entspannen Kulinarik

8

Campingplatz Niegripper See

Gossel 22
39288 Burg
+49 3921 5277

52.27311 | 11.79098

01.04. - 07.10.

HS: 22,50 € | NS: 22,50 €

Mehr Infos & Anfrage:
www.camping.info/26593

Baden im See am Platz	✓
Pool & Hallenbad	✗
Spielplatz am Platz	✓
Hunde erlaubt	✓
wenig Schatten	✓
WLAN	✗
Lebensmittel	3km
Brötchen am Platz	✓
Restaurant/Imbiss	2km/✓
Ver-/Entsorgung Womo	✓
in den Ort	2km
Gesamt/Touristen	120/40
Mietunterkünfte	✗
Stellplätze vor Schranke	✗

4.7 SEHR GUT
43 Bewertungen

Lage	4.7
Ruhe	4.6
Sanitäranlagen	4.9
Sauberkeit Ø	4.8
Freundlichkeit	5.0
Stellplatz	4.5
Verpflegung	4.3
Freizeit	4.1
Preis-Leistung	4.7
Mietunterkünfte	-

Geeignet für

Kinder b. 6 J.	4.6
Kinder b. 12 J.	4.6
Kinder b. 18 J.	4.3
Paare	4.8
Senioren	4.8
Gäste mit Zelt	4.6
Gäste mit Hund	4.9

Empfohlene Aktivitäten

- Schwimmen
- Radfahren
- Kayak/Kanu

9

Camping Plattensee

Steinbruch 2
39245 Dannigkow
+49 392 005 1616

52.07083 | 11.87333

01.04. - 31.10.

keine Angabe

Mehr Infos & Anfrage:
www.camping.info/18591

Baden in nat. Gewässer	k. A.
Pool & Hallenbad	✗
Spielplatz	keine Angabe
Hunde	✗
Schatten	✗
WLAN	keine Angabe
Lebensmittel	k.A.
Brötchen	keine Angabe
Restaurant & Imbiss	✗
Ver-/Entsorgung Womo	✗
in den Ort	2km
Gesamt/Touristen	250/50
Mietunterkünfte	✓
Stellplätze vor Schranke	✗

4.2 SEHR GUT
4 Bewertungen

Lage	4.5
Ruhe	3.8
Sanitäranlagen	4.0
Sauberkeit Ø	4.7
Freundlichkeit	4.8
Stellplatz	3.8
Verpflegung	3.3
Freizeit	4.0
Preis-Leistung	4.5
Mietunterkünfte	5.0

Geeignet für

Kinder b. 6 J.	4.3
Kinder b. 12 J.	4.3
Kinder b. 18 J.	3.5
Paare	4.8
Senioren	4.3
Gäste mit Zelt	4.7
Hunde n. erlaubt	-

Empfohlene Aktivitäten

- Schwimmen
- Entspannen
- Spazieren

10

Campingplatz und Wassersport Gröningen

Deesdorferstraße
39397 Gröningen

51.93143 | 11.20631

keine Angabe

keine Angabe

Mehr Infos & Anfrage:
www.camping.info/24999

Baden in nat. Gewässer	k. A.
Pool & Hallenbad	✗
Spielplatz	keine Angabe
Hunde	✗
Schatten	✗
WLAN	keine Angabe
Lebensmittel	k.A.
Brötchen	keine Angabe
Restaurant & Imbiss	✗
Ver-/Entsorgung Womo	✗
in den Ort	keine Angabe
Gesamt	keine Angabe
Mietunterkünfte	✗
Stellplätze vor Schranke	✗

- JETZT BEWERTEN!

Für diese Auswertung liegen leider noch nicht genügend Bewertungen vor.

Sei einer der Ersten, der diesen Campingplatz bewertet.

Mit einer guten Campingplatz-Bewertung unterstützt du nicht nur deinen Lieblingsplatz, sondern hilfst auch anderen Campern bei der Platzwahl.

11

Waldcamping Olympiasee

Waldschlößchen 38
06869 Coswig
+4934903 478180

51.91479 | 12.45419

01.03. - 31.10.

HS: 25,00 € | NS: 20,00 €

Mehr Infos & Anfrage:
www.camping.info/27320

Baden im See am Platz	✓
Pool & Hallenbad	✗
Spielplatz am Platz	✓
Hunde willkommen	✓
zur Hälfte Schatten	✓
WLAN	✓
Lebensmittel	✓
Brötchen am Platz	✓
Restaurant/Imbiss	✓/4km
Ver-/Entsorgung Womo	✓
in den Ort	2km
Gesamt/Touristen	90/65
Mietunterkünfte	✓
Stellplätze vor Schranke	✗

4.6 SEHR GUT
32 Bewertungen

Lage	4.6
Ruhe	4.9
Sanitäranlagen	4.3
Sauberkeit Ø	4.8
Freundlichkeit	4.9
Stellplatz	4.3
Verpflegung	3.7
Freizeit	4.0
Preis-Leistung	4.8
Mietunterkünfte	5.0

Geeignet für

Kinder b. 6 J.	4.4
Kinder b. 12 J.	4.3
Kinder b. 18 J.	3.9
Paare	4.8
Senioren	4.8
Gäste mit Zelt	4.5
Gäste mit Hund	4.8

Empfohlene Aktivitäten

- Entspannen
- Radfahren
- Wandern

Preise inkl. Personen, Strom, Wasser und Müll. TV-Empfang eingeschränkt.

Karte auf Seite 328

	12	13	14
	Camping am See	**Camping am Brocken**	**Harz Mountain Camp am Schierker Stern**
	FKK ❄	❄	❄
	Warmholzberg 70 38820 Halberstadt +49 39 41 / 60 93 08	Schützenring 6 38875 Elbingerode +49 39454 42589	Am Stern 1 38875 Oberharz am Brocken +49 39455 58817
	51.91031 | 11.08447	51.775 | 10.79667	51.75699 | 10.68387
Infos			
Öffnungszeiten	ganzjährig	ganzjährig	01.04. - 05.11. 20.12. - 31.03.
Vergleichspreis	HS: 26,50 € | NS: 26,50 €	HS: 27,00 € | NS: 27,00 €	HS: 35,10 € | NS: 35,10 €
Link	**Mehr Infos & Anfrage:** www.camping.info/18587	**Mehr Infos & Anfrage:** www.camping.info/18588	**Mehr Infos & Anfrage:** www.camping.info/30307
Ausstattung			
Freizeit	Baden im See am Platz ✓ Pool/Hallenbad 3km Spielplatz keine Angabe	Baden im Teich 100m Pool & Hallenbad ✗ Spielplatz am Platz ✓	Baden im See 3km Pool 3km Spielplatz ✗
Campingplatz	Hunde erlaubt ✓ Schatten ✗ WLAN ✓	Hunde erlaubt ✓ Schatten ✗ WLAN ✗	Hunde erlaubt ✓ wenig Schatten ✓ WLAN (gratis) teilweise
Versorgung	Lebensmittel ✓ Brötchen am Platz ✓ Restaurant & Imbiss ✗ Ver-/Entsorgung Womo ✗ in den Ort 2km	Lebensmittel ✓ Brötchen am Platz nur HS Restaurant/Imbiss 100m/1km Ver-/Entsorgung Womo ✓ in den Ort 1km	Lebensmittel 1km Brötchen am Platz ✓ Imbiss ✓ Ver-/Entsorgung Womo ✓ in den Ort 1km
Anzahl der Plätze	Gesamt/Touristen 120/70 Mietunterkünfte ✗ Stellplätze vor Schranke ✓	Touristenplätze 100 Mietunterkünfte ✗ Stellplätze vor Schranke ✗	Gesamt 41 Mietunterkünfte ✓ Stellplätze vor Schranke ✓

Camping am See

4.2 SEHR GUT
34 Bewertungen

Lage	4.4
Ruhe	4.3
Sanitäranlagen	3.7
Sauberkeit Ø	4.7
Freundlichkeit	4.8
Stellplatz	4.0
Verpflegung	3.8
Freizeit	4.1
Preis-Leistung	4.2
Mietunterkünfte	-

Geeignet für

Kinder b. 6 J.	4.1
Kinder b. 12 J.	4.2
Kinder b. 18 J.	3.7
Paare	4.5
Senioren	4.5
Gäste mit Zelt	4.7
Gäste mit Hund	4.3

Empfohlene Aktivitäten

- Schwimmen
- Wandern
- Radfahren

Camping am Brocken

4.4 SEHR GUT
103 Bewertungen

Lage	4.5
Ruhe	4.6
Sanitäranlagen	4.4
Sauberkeit Ø	4.7
Freundlichkeit	4.5
Stellplatz	4.1
Verpflegung	3.5
Freizeit	4.3
Preis-Leistung	4.5
Mietunterkünfte	-

Geeignet für

Kinder b. 6 J.	4.3
Kinder b. 12 J.	4.1
Kinder b. 18 J.	3.9
Paare	4.7
Senioren	4.5
Gäste mit Zelt	4.6
Gäste mit Hund	4.7

Empfohlene Aktivitäten

- Wandern
- Entspannen
- Mountainbiking

Harz Mountain Camp am Schierker Stern

- JETZT BEWERTEN!

Für diese Auswertung liegen leider noch nicht genügend Bewertungen vor.

Sei einer der Ersten, der diesen Campingplatz bewertet.

Mit einer guten Campingplatz-Bewertung unterstützt du nicht nur deinen Lieblingsplatz, sondern hilfst auch anderen Campern bei der Platzwahl.

15

Camping Auf der Tenne

✻

Zur Tenne 1
06917 Jessen, OT Klöden
03538820251

51.75673 | 12.82334

ganzjährig

keine Angabe

Mehr Infos & Anfrage:
www.camping.info/24148

Baden im See	500m
Hallenbad	35km
Spielplatz am Platz	✓
Hunde willkommen	✓
zur Hälfte Schatten	✓
WLAN	✓
Lebensmittel	600m
Brötchen am Platz	✓
Imbiss	✓
Ver-/Entsorgung Womo	✓
in den Ort	keine Angabe
Gesamt/Touristen	30/25
Mietunterkünfte	✓
Stellplätze vor Schranke	✗

- JETZT BEWERTEN!

Für diese Auswertung liegen leider noch nicht genügend Bewertungen vor.

Sei einer der Ersten, der diesen Campingplatz bewertet.

Mit einer guten Campingplatz-Bewertung unterstützt du nicht nur deinen Lieblingsplatz, sondern hilfst auch anderen Campern bei der Platzwahl.

16

Klostercamping Thale

✻

Wendhusenstr. 3
06502 Thale
+49 3947 63185

51.75509 | 11.0504

01.04. - 31.10.

HS: 33,50 € | NS: 33,50 €

Mehr Infos & Anfrage:
www.camping.info/22301

Baden im Teich	1km
Pool/Hallenbad	1km
Spielplatz am Platz	✓
Hunde willkommen	✓
wenig Schatten	✓
WLAN (gegen Gebühr)	✓
Lebensmittel	800m
Brötchen am Platz	✓
Restaurant	500m
Ver-/Entsorgung Womo	✓
in den Ort	100m
Gesamt/Touristen	100/90
Mietunterkünfte	✓
Stellplätze vor Schranke	✗

4.5 SEHR GUT
175 Bewertungen

Lage	4.5
Ruhe	4.5
Sanitäranlagen	4.4
Sauberkeit Ø	4.8
Freundlichkeit	4.8
Stellplatz	4.2
Verpflegung	3.8
Freizeit	4.5
Preis-Leistung	4.4
Mietunterkünfte	4.7

Geeignet für

Kinder b. 6 J.	4.2
Kinder b. 12 J.	4.2
Kinder b. 18 J.	3.9
Paare	4.7
Senioren	4.8
Gäste mit Zelt	4.5
Gäste mit Hund	4.5

Empfohlene Aktivitäten

- Wandern
- Entspannen
- Radfahren

17

Naturcampingplatz Möhlauer See

Campingplatz 1
06772 Gräfenhainichen OT Möhlau
+49 349 5325 0310

51.7429 | 12.35937

keine Angabe

keine Angabe

Mehr Infos & Anfrage:
www.camping.info/24697

Baden in nat. Gewässer	k. A.
Pool & Hallenbad	✗
Spielplatz	keine Angabe
Hunde	✗
Schatten	✗
WLAN	keine Angabe
Lebensmittel	k.A.
Brötchen	keine Angabe
Restaurant & Imbiss	✗
Ver-/Entsorgung Womo	✗
in den Ort	1km
Gesamt	keine Angabe
Mietunterkünfte	✗
Stellplätze vor Schranke	✗

3.9 GUT
10 Bewertungen

Lage	4.2
Ruhe	4.6
Sanitäranlagen	3.6
Sauberkeit Ø	4.2
Freundlichkeit	4.8
Stellplatz	3.9
Verpflegung	3.3
Freizeit	3.8
Preis-Leistung	4.5
Mietunterkünfte	-

Geeignet für

Kinder b. 6 J.	4.4
Kinder b. 12 J.	4.4
Kinder b. 18 J.	4.1
Paare	4.5
Senioren	4.1
Gäste mit Zelt	4.8
Hunde n. erlaubt	-

Empfohlene Aktivitäten

- Wandern
- Schwimmen
- Entspannen

18

Harzer Feriengarten Kurcamping

Am Schwedderberg 30 B
06485 Quedlinburg OT Gernrode
+49 394 856 2446

51.72571 | 11.12583

15.04. - 31.10.

HS: 35,00 € | NS: 34,00 €

Mehr Infos & Anfrage:
www.camping.info/23322

Baden im Teich	3km
Pool/Hallenbad	5/4km
Spielplatz am Platz	✓
Hunde willkommen	✓
wenig Schatten	✓
WLAN	✓
Lebensmittel	1km
Brötchen am Platz	✓
Restaurant/Imbiss	500m
Ver-/Entsorgung Womo	✓
in den Ort	200m
Gesamt	11
Mietunterkünfte	✓
Stellplätze vor Schranke	✗

4.5 SEHR GUT
37 Bewertungen

Lage	4.8
Ruhe	4.9
Sanitäranlagen	4.9
Sauberkeit Ø	4.7
Freundlichkeit	4.7
Stellplatz	4.3
Verpflegung	3.5
Freizeit	4.3
Preis-Leistung	4.5
Mietunterkünfte	4.3

Geeignet für

Kinder b. 6 J.	3.7
Kinder b. 12 J.	3.6
Kinder b. 18 J.	3.3
Paare	4.8
Senioren	4.9
Gäste mit Zelt	3.8
Gäste mit Hund	4.7

Empfohlene Aktivitäten

- Wandern
- Entspannen
- Radfahren

Karte auf Seite 328

	19	20	21
	See- und Waldresort Gröbern	**Seebad Edderitz**	**Campingpark & Wohnmobilhafen Am Gr. Lausiger Teich**
		FKK	❄
	Alte Chausseestraße 1 06774 Muldestausee +49 34955 230 000	Am Flutgraben 1 06388 Südliches Anhalt OT Edde 034976-26349	Lausiger-Teich-Straße 1 06905 Bad Schmiedeberg +49 34926 57 475
	51.69495 | 12.44878	51.69321 | 11.92281	51.68735 | 12.80018
Infos			
Öffnungszeiten	ganzjährig	01.04. - 30.09.	ganzjährig
Vergleichspreis	HS: 30,00 € | NS: 20,00 €	HS: 19,00 € | NS: 19,00 €	HS: 21,10 € | NS: 21,10 €
Link	**Mehr Infos & Anfrage:** www.camping.info/30078	**Mehr Infos & Anfrage:** www.camping.info/27500	**Mehr Infos & Anfrage:** www.camping.info/17900
Ausstattung			
Freizeit	Baden in nat. Gewässer k. A. Pool & Hallenbad ✗ Spielplatz keine Angabe	Baden im See am Platz ✓ Pool am Platz ✓ Spielplatz am Platz ✓	Baden im See 100m Hallenbad 20km Spielplatz am Platz ✓
Campingplatz	Hunde ✗ Schatten ✗ WLAN keine Angabe	Hunde ✗ zur Hälfte Schatten ✓ WLAN keine Angabe	Hunde willkommen ✓ zur Hälfte Schatten ✓ WLAN (gegen Gebühr) ✓
Versorgung	Lebensmittel k.A. Brötchen keine Angabe Restaurant & Imbiss ✗ Ver-/Entsorgung Womo ✗ in den Ort 7km	Lebensmittel 500m Brötchen keine Angabe Restaurant & Imbiss ✓ Ver-/Entsorgung Womo ✓ in den Ort 500m	Lebensmittel 3km Brötchen am Platz ✓ Imbiss ✓ Ver-/Entsorgung Womo ✓ in den Ort 3km
Anzahl der Plätze	Gesamt 24 Mietunterkünfte ✓ Stellplätze vor Schranke ✗	Gesamt 36 Mietunterkünfte ✗ Stellplätze vor Schranke ✓	Gesamt/Touristen 200/120 Mietunterkünfte ✓ Stellplätze vor Schranke ✓

19 – See- und Waldresort Gröbern

- **JETZT BEWERTEN!**

Für diese Auswertung liegen leider noch nicht genügend Bewertungen vor.

Sei einer der Ersten, der diesen Campingplatz bewertet.

Mit einer guten Campingplatz-Bewertung unterstützt du nicht nur deinen Lieblingsplatz, sondern hilfst auch anderen Campern bei der Platzwahl.

20 – Seebad Edderitz

4.8 **SEHR GUT** 5 Bewertungen

Lage	5.0
Ruhe	5.0
Sanitäranlagen	4.4
Sauberkeit Ø	4.9
Freundlichkeit	5.0
Stellplatz	4.4
Verpflegung	4.4
Freizeit	4.2
Preis-Leistung	5.0
Mietunterkünfte	-

Geeignet für

Kinder b. 6 J.	5.0
Kinder b. 12 J.	5.0
Kinder b. 18 J.	4.3
Paare	5.0
Senioren	5.0
Gäste mit Zelt	4.3
Hunde n. erlaubt	-

Empfohlene Aktivitäten

- Entspannen
- Schwimmen
- Radfahren

21 – Campingpark & Wohnmobilhafen Am Gr. Lausiger Teich

4.4 **SEHR GUT** 130 Bewertungen

Lage	4.4
Ruhe	4.7
Sanitäranlagen	3.6
Sauberkeit Ø	4.7
Freundlichkeit	4.9
Stellplatz	4.3
Verpflegung	3.9
Freizeit	4.0
Preis-Leistung	4.5
Mietunterkünfte	4.4

Geeignet für

Kinder b. 6 J.	4.5
Kinder b. 12 J.	4.4
Kinder b. 18 J.	4.0
Paare	4.7
Senioren	4.6
Gäste mit Zelt	4.6
Gäste mit Hund	4.8

Empfohlene Aktivitäten

- Radfahren
- Wandern
- Entspannen

22

Domäne Stiege Campingplatz & Gästehaus

*

Domäne 1
38899 Stiege/Hasselfelde
03945970333

51.68 | 10.87777

ganzjährig

HS: 25,50 € | NS: 25,50 €

Mehr Infos & Anfrage:
www.camping.info/17899

Baden im See	5km
Pool & Hallenbad	✗
Spielplatz am Platz	✓
Hunde willkommen	✓
zur Hälfte Schatten	✓
WLAN	keine Angabe
Lebensmittel	1km
Brötchen am Platz	✓
Restaurant & Imbiss	✓
Ver-/Entsorgung Womo	✓
in den Ort	1km
Touristenplätze	60
Mietunterkünfte	✓
Stellplätze vor Schranke	✗

4.0 SEHR GUT
14 Bewertungen

Lage	4.4
Ruhe	4.5
Sanitäranlagen	4.6
Sauberkeit Ø	4.8
Freundlichkeit	4.6
Stellplatz	4.2
Verpflegung	3.7
Freizeit	4.2
Preis-Leistung	4.0
Mietunterkünfte	4.9

Geeignet für

Kinder b. 6 J.	4.5
Kinder b. 12 J.	4.4
Kinder b. 18 J.	4.0
Paare	4.3
Senioren	4.1
Gäste mit Zelt	4.2
Gäste mit Hund	4.4

Empfohlene Aktivitäten

- Wandern
- Motorrad
- Radfahren

23

Campingplatz Prettin

Hinterfährstraße 42
06925 Annaburg
+49 35386 22249

51.66857 | 12.90696

keine Angabe

HS: 16,00 €

Mehr Infos & Anfrage:
www.camping.info/27063

Baden im See am Platz	✓
Pool am Platz	✓
Spielplatz am Platz	✓
Hunde erlaubt	✓
viel Schatten	✓
WLAN	✓
Lebensmittel	2km
Brötchen am Platz	✗
Restaurant & Imbiss	✓
Ver-/Entsorgung Womo	✓
in den Ort	2km
Gesamt	keine Angabe
Mietunterkünfte	✗
Stellplätze vor Schranke	✗

4.0 SEHR GUT
3 Bewertungen

Lage	4.0
Ruhe	4.0
Sanitäranlagen	4.3
Sauberkeit Ø	4.0
Freundlichkeit	5.0
Stellplatz	4.0
Verpflegung	2.5
Freizeit	3.3
Preis-Leistung	3.7
Mietunterkünfte	-

Geeignet für

Kinder b. 6 J.	4.0
Kinder b. 12 J.	4.5
Kinder b. 18 J.	3.0
Paare	4.0
Senioren	4.5
Gäste mit Zelt	4.3
Gäste mit Hund	2.7

Empfohlene Aktivitäten

- Radfahren
- Entspannen
- Kulinarik

24

Zeltwiese Löbejün

Merbitzer Berg 1
06193 Wettin-Löbejün
+49 171 317 6554

51.631 | 11.8994

01.04. - 31.10.

HS: 20,00 € | NS: 20,00 €

Mehr Infos & Anfrage:
www.camping.info/26634

Baden im See	6km
Pool/Hallenbad	8km
Spielplatz	2km
Hunde willkommen	✓
zur Hälfte Schatten	✓
WLAN	✓
Lebensmittel	2km
Brötchen am Platz	nur HS
Restaurant/Imbiss	2km
Ver-/Entsorgung Womo	✗
in den Ort	2km
Gesamt/Touristen	20/50
Mietunterkünfte	✓
Stellplätze vor Schranke	✗

5.0 AUSGEZEICHNET
34 Bewertungen

Lage	4.8
Ruhe	4.9
Sanitäranlagen	4.5
Sauberkeit Ø	4.8
Freundlichkeit	5.0
Stellplatz	4.7
Verpflegung	4.8
Freizeit	4.9
Preis-Leistung	4.8
Mietunterkünfte	4.8

Geeignet für

Kinder b. 6 J.	4.8
Kinder b. 12 J.	4.9
Kinder b. 18 J.	4.6
Paare	5.0
Senioren	4.0
Gäste mit Zelt	5.0
Gäste mit Hund	4.6

Empfohlene Aktivitäten

- Klettern
- Entspannen
- Radfahren

nur für Zelte geeignet, keine Partygruppen, Gäste unter 18 nur mit Erw.

25

Camping und Ferienpark Goitzsche

*

Niemegker Str. 24
06749 Bitterfeld-Wolfen
+49 3493 9293636

51.61631 | 12.34094

ganzjährig

HS: 24,10 € | NS: 24,10 €

Mehr Infos & Anfrage:
www.camping.info/27087

Baden im See am Platz	✓
Hallenbad	2km
Spielplatz	keine Angabe
Hunde willkommen	✓
wenig Schatten	✓
WLAN	keine Angabe
Lebensmittel	2km
Brötchen am Platz	nur HS
Restaurant	1km
Ver-/Entsorgung Womo	✓
in den Ort	keine Angabe
Gesamt/Touristen	80/50
Mietunterkünfte	✓
Stellplätze vor Schranke	✗

4.0 SEHR GUT
7 Bewertungen

Lage	4.6
Ruhe	4.9
Sanitäranlagen	3.6
Sauberkeit Ø	4.2
Freundlichkeit	5.0
Stellplatz	3.9
Verpflegung	3.2
Freizeit	4.1
Preis-Leistung	4.0
Mietunterkünfte	5.0

Geeignet für

Kinder b. 6 J.	4.7
Kinder b. 12 J.	4.8
Kinder b. 18 J.	5.0
Paare	4.8
Senioren	4.8
Gäste mit Zelt	5.0
Gäste mit Hund	5.0

Empfohlene Aktivitäten

- Radfahren
- Kayak/Kanu
- Entspannen

Karte auf Seite 328

	26	27	28
	Ferienpark Birnbaumteich GmbH	**Campingplatz Saaletal**	**Komfort-Camping Panoramablick**
	✱		✱
	Birnbaumteich 1 06493 Harzgerode OT Neudorf +49 39484 6243	Hauptstraße 9 06198 Kloschwitz	Hinterdorf 79 06493 Dankerode +49 174 716 3877
	51.61217 | 11.09223	51.58868 | 11.75527	51.58785 | 11.14172
Infos			
Öffnungszeiten	ganzjährig	15.04. - 30.10.	01.04. - 03.11. 15.12. - 31.03.
Vergleichspreis	HS: 28,90 € | NS: 28,90 €	HS: 21,40 €	HS: 21,00 € | NS: 19,00 €
Link	**Mehr Infos & Anfrage:** www.camping.info/17945	**Mehr Infos & Anfrage:** www.camping.info/23954	**Mehr Infos & Anfrage:** www.camping.info/17946
Ausstattung			
Freizeit	Baden im See am Platz ✓ Pool/Hallenbad 8/15km Spielplatz am Platz ✓	Baden in nat. Gewässer k. A. Pool & Hallenbad ✗ Spielplatz am Platz ✓	Baden in nat. Gewässer k. A. Pool 3km Spielplatz am Platz ✓
Campingplatz	Hunde willkommen ✓ wenig Schatten ✓ WLAN ✓	Hunde erlaubt ✓ zur Hälfte Schatten ✓ WLAN (gegen Gebühr) ✓	Hunde willkommen ✓ zur Hälfte Schatten ✓ WLAN ✓
Versorgung	Lebensmittel ✓ Brötchen am Platz ✓ Restaurant & Imbiss ✓ Ver-/Entsorgung Womo ✓ in den Ort 1km	Lebensmittel ✓ Brötchen am Platz ✓ Restaurant & Imbiss ✓ Ver-/Entsorgung Womo ✓ in den Ort 1km	Lebensmittel 250m Brötchen am Platz ✗ Restaurant/Imbiss 200m Ver-/Entsorgung Womo ✗ in den Ort 200m
Anzahl der Plätze	Gesamt/Touristen 230/130 Mietunterkünfte ✓ Stellplätze vor Schranke ✓	Gesamt keine Angabe Mietunterkünfte ✗ Stellplätze vor Schranke ✗	Gesamt/Touristen 40/39 Mietunterkünfte ✗ Stellplätze vor Schranke ✓

	26	27	28
Gesamt	4.0 SEHR GUT, 34 Bewertungen	4.1 SEHR GUT, 16 Bewertungen	4.0 SEHR GUT, 27 Bewertungen
Lage	4.5	4.1	4.1
Ruhe	3.9	4.4	4.8
Sanitäranlagen	3.7	4.1	4.2
Sauberkeit Ø	4.0	4.3	4.2
Freundlichkeit	4.1	4.4	4.3
Stellplatz	3.8	3.9	3.8
Verpflegung	3.6	4.2	3.3
Freizeit	4.2	3.4	3.3
Preis-Leistung	3.6	4.1	4.1
Mietunterkünfte	3.2	-	-
Geeignet für			
Kinder b. 6 J.	4.2	3.4	3.2
Kinder b. 12 J.	4.2	3.7	3.1
Kinder b. 18 J.	3.8	3.2	2.8
Paare	4.5	4.1	4.6
Senioren	3.8	4.5	4.5
Gäste mit Zelt	4.5	4.6	3.5
Gäste mit Hund	4.1	4.3	4.6
Empfohlene Aktivitäten	Wandern Schwimmen Entspannen	Radfahren Kayak/Kanu Entspannen	Wandern Entspannen Radfahren

29

OUTTOUR - Stell- & Campingplatz an der Unstrut

Zur Unstrut 55
06636 Laucha / OT Kirchscheidungen
+49 34462 601951
51.24541 | 11.65507

01.04. - 31.10.

HS: 21,00 € | NS: 21,00 €

Mehr Infos & Anfrage:
www.camping.info/24952

Baden im Fluss am Platz	✓
Pool/Hallenbad	3/15km
Spielplatz	400m
Hunde erlaubt	✓
zur Hälfte Schatten	✓
WLAN	✓
Lebensmittel	✓
Brötchen am Platz	✓
Restaurant/Imbiss	1km/✓
Ver-/Entsorgung Womo	✓
in den Ort	4km
Touristenplätze	35
Mietunterkünfte	✓
Stellplätze vor Schranke	✗

4.5 SEHR GUT
11 Bewertungen

Lage	4.8
Ruhe	4.7
Sanitäranlagen	3.6
Sauberkeit Ø	4.4
Freundlichkeit	5.0
Stellplatz	4.1
Verpflegung	4.1
Freizeit	4.9
Preis-Leistung	4.5
Mietunterkünfte	5.0

Geeignet für

Kinder b. 6 J.	3.9
Kinder b. 12 J.	4.6
Kinder b. 18 J.	4.4
Paare	4.8
Senioren	3.5
Gäste mit Zelt	4.4
Gäste mit Hund	4.4

Empfohlene Aktivitäten

- Kayak/Kanu
- Radfahren
- Wandern

30

Campingplatz und Freizeitzentrum Schaepmann

Am Schwimmbad 4
06647 Bad Bibra
51.21301 | 11.60414

01.04. - 30.10.

HS: 20,00 €

Mehr Infos & Anfrage:
www.camping.info/25848

Baden in nat. Gewässer	k. A.
Pool	100m
Spielplatz am Platz	✓
Hunde erlaubt	✓
wenig Schatten	✓
WLAN	✓
Lebensmittel	1km
Brötchen am Platz	✓
Restaurant & Imbiss	✓
Ver-/Entsorgung Womo	✓
in den Ort	1km
Gesamt	keine Angabe
Mietunterkünfte	✗
Stellplätze vor Schranke	✗

4.4 SEHR GUT
7 Bewertungen

Lage	4.1
Ruhe	4.1
Sanitäranlagen	4.4
Sauberkeit Ø	4.8
Freundlichkeit	5.0
Stellplatz	4.0
Verpflegung	4.2
Freizeit	4.1
Preis-Leistung	4.3
Mietunterkünfte	-

Geeignet für

Kinder b. 6 J.	4.4
Kinder b. 12 J.	4.2
Kinder b. 18 J.	2.8
Paare	4.2
Senioren	3.8
Gäste mit Zelt	4.2
Gäste mit Hund	4.2

Empfohlene Aktivitäten

- Wandern
- Schwimmen
- Kultur

31

Camping an der Rudelsburg

Zum Campingplatz 1
06628 Naumburg OT Bad Kösen
0049 34463 28705
51.12237 | 11.71776

26.03. - 01.11.

HS: 33,00 € | NS: 26,50 €

Mehr Infos & Anfrage:
www.camping.info/30124

Baden im Fluss am Platz	✓
Pool am Platz	✓
Spielplatz am Platz	✓
Hunde erlaubt	✓
zur Hälfte Schatten	✓
WLAN	✓
Lebensmittel	✗
Brötchen am Platz	✓
Restaurant am P.	✓
Ver-/Entsorgung Womo	✓
in den Ort	1km
Gesamt/Touristen	120/100
Mietunterkünfte	✓
Stellplätze vor Schranke	✗

4.6 SEHR GUT
7 Bewertungen

Lage	4.6
Ruhe	4.1
Sanitäranlagen	4.4
Sauberkeit Ø	4.8
Freundlichkeit	4.6
Stellplatz	4.4
Verpflegung	3.4
Freizeit	4.3
Preis-Leistung	4.1
Mietunterkünfte	4.5

Geeignet für

Kinder b. 6 J.	4.4
Kinder b. 12 J.	3.8
Kinder b. 18 J.	3.8
Paare	4.5
Senioren	4.4
Gäste mit Zelt	3.0
Gäste mit Hund	4.8

Empfohlene Aktivitäten

- Kayak/Kanu
- Radfahren
- Wandern

Nordrhein-Westfalen

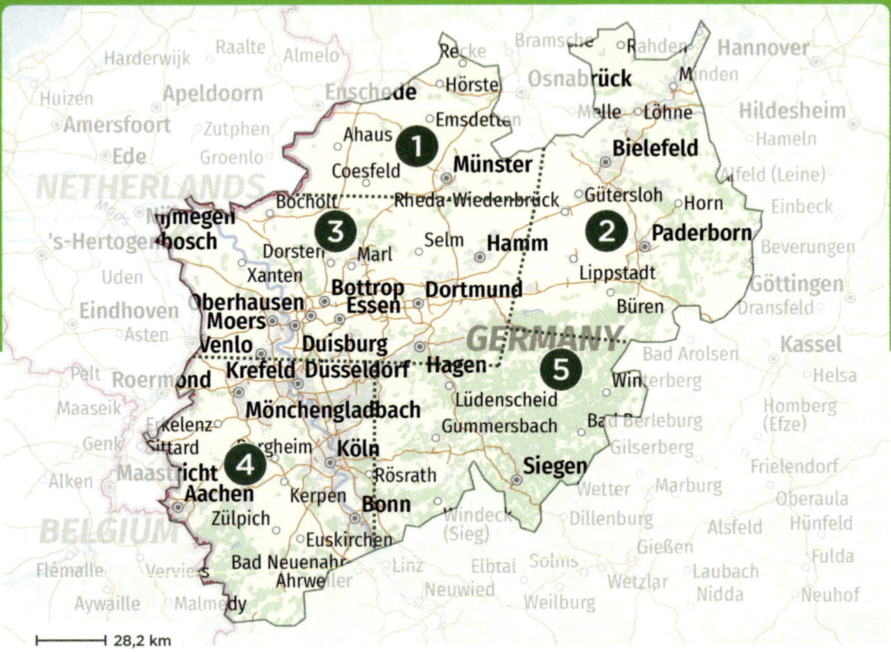

Regionen

TIPP DER REDAKTION

Erholungspark Wehlingsheide

Ruhrgebiet | Nr. 12 | Seite 373

Laut Gästen ideal geeignet zum:

- Radfahren
- Entspannen
- Wandern

4.1

Das Land der tausend Städte

Im Westen Deutschlands liegt Nordrhein-Westfalen, das bevölkerungsreichste Bundesland. Metropolen wie Köln, Düsseldorf, Dortmund oder Essen punkten dabei nicht nur mit hohen Einwohnerzahlen, sondern auch mit einem schier unendlichen kulturellen Angebot und einer ganzen Reihe an Sehenswürdigkeiten. Für erholsame Camping-Stunden außerhalb der Ballungszentren sorgen touristische Attraktionen, abwechslungsreiche Landschaften und beeindruckende Naturwunder.

Die Must-Sees in NRW

Gleich fünf UNESCO-Weltkulturstätten sind in NRW zu finden, mit dem Aachener Dom hat das Bundesland sogar das erste UNESCO-Kulturdenkmal Deutschlands. Das imposante Gotteshaus aus der Zeit Karl des Großen gilt als eines der großen Wunder religiöser Baukunst und beherbergt eine umfangreiche Sammlung sakraler Kulturschätze. Beeindruckend

Rheinufer in Düsseldorf © Düsseldorf Marketing_Tourismus GmbH

Monschauer Altstadt in der Eifel © Tourismus NRW e.V_Oliver Franke

präsentiert sich auch der Kölner Dom, der als wahres Meisterwerk der gotischen Baukunst gilt. Bei der Fertigstellung im 19. Jahrhundert war die Kathedrale das größte Gebäude der Welt. Besondere Beachtung gebührt dem aus dem Mittelalter stammenden Reliquienschrein, in dem die Gebeine der Heiligen Drei Könige untergebracht sein sollen. Nur wenige Autominuten von der Kölner Innenstadt entfernt locken die Rokoko-Schlösser Augustusburg und Falkenlust in Brühl mit imposanten Innenräumen und wunderschönen Gärten. Als besonders bedeutend gilt auch das Karolingische Westwerk und Civitas Corvey in Höxter. Die Benediktinerabtei mit den beeindruckenden Fresken aus dem 9. Jahrhundert ist das einzige vollständig erhaltene Modell seiner Zeit. Einen wunderbaren Einblick in die europäische Bergbaugeschichte gewährt der Industriekomplex Zeche Zollverein in Essen: Das stillgelegte Bergwerk gilt als wichtiges Beispiel für die Entwicklung der Schwerindustrie in Mitteleuropa.

Stadt ist nicht gleich Stadt

Bei fast 400 Städten, 29 davon im Status einer Großstadt mit mehr als 100.000 Einwohnern, ist die Zahl der Sehenswürdigkeiten und kulturellen Möglichkeiten in NRW fast grenzenlos. Einige Städte stechen aber besonders hervor: So etwa Soest, das im frühen Mittelalter die zweitgrößte Stadt des Landes war. Soest liegt inmitten einer herrlich fruchtbaren Landschaft und begeistert mit einem großen mittelalterlichen Stadtkern, dem gut erhaltenen Stadtwall, von Fachwerkhäusern gesäumten Gassen und mehr als 600 denkmalgeschützten Bauwerken. Architektonische Denkmäler und ein historischer Stadtkern warten auch im schönen Münster: Der Dom, das gotische Rathaus oder das Fürstbischöfliche Schloss erzählen von der bewegten Geschichte der Stadt. Düsseldorf punktet mit einer ansprechenden Mischung aus Alt und Modern. Dank der reizvollen Altstadt mit ihren Kneipen, den hochmodernen Bauwerken und dem großen kulturellen Angebot kommt in der Landeshauptstadt garantiert keine Langeweile auf.

Schloss Moyland Bedburg-Hau © Tourismus NRW e.V._Robert van de Sandt

Sauerland, Eifel, Münsterland

So vielfältig wie seine Städte ist auch die Natur Nordrhein-Westfalens. Während im Sauerland felsige Karstlandschaften und eines der größten Waldgebiete Deutschlands darauf warten bei ausgedehnten Wander- und Radtouren entdeckt zu werden, punktet die Eifel mit von Vulkanen geformten Tälern und Hochflächen. In diesen abwechslungsreichen Landschaften bieten sich genauso hervorragende Sport- und Freizeitmöglichkeiten wie im Münsterland. Die Region um die Universitätsstadt zählt mit ihren Wasserschlössern und Parklandschaften zu den attraktivsten Feriengebieten Deutschlands.

Kölle Alaaf

Auch wenn es in eine ruhige Camping-Jahreszeit fällt, eines muss noch erwähnt werden: Der Kölner Karneval, gerne als Fastelovend oder Fasteleer bezeichnet, zählt zu den größten Karnevalsfesten des Landes. Eine knappe Woche, von Weiberfastnacht bis Aschermittwoch, zelebrieren die Kölner die fünfte Jahreszeit. Farbenfrohe Kostüme, Partys bis in die frühen Morgenstunden sowie Bälle und groß angelegte Umzüge stehen auf dem Programm und locken unzählige Jecken an.

Welterbe Zollverein
© Ruhr Tourismus _Jochen Schlutius

NORDRHEIN-WESTFALEN

❶ Münsterland

FREIZEITTIPPS

- **A** NaturZoo Rheine, Rheine
- **B** Allwetterzoo, Münster
- **C** Mühlenhof-Freilichtmuseum, Münster
- **D** Freizeitpark Sommerrodelbahn, Ibbenbühren
- **E** Doppelschloßanlage Harkotten, Sassenberg

	Platz	Seite	Bewertung	Öffnungszeiten	
1	Camping Hertha-See	**346**	**4.1**	saisonal	
2	Camping zur Schönen Aussicht	**346**	**4.7**	k. A.	
3	Campingplatz Bullerby am Attersee	**348**	**3.4**	ganzjährig	*
4	Regenbogen Tecklenburg	**346**	**3.4**	saisonal	
5	Camping Eichengrund	**347**	**4.5**	k. A.	
6	Camping am Knoblauchsberg	**347**	**3.8**	ganzjährig	
7	Camping auf Dem Sonnenhügel	**347**	**3.8**	ganzjährig	*
8	Eurocamp	**347**	**3.9**	saisonal	*
9	Ferienpark Westheide	**350**	**4.1**	ganzjährig	*
10	Ferienhof Wenker	**350**	**4.8**	k. A.	
11	Campingpark Sonnensee	**350**	**4.7**	ganzjährig	*
12	Camping Heidekamp	**352**	**4.6**	saisonal	
13	Campingpark Münsterland Eichenhof	**352**	**4.5**	ganzjährig	*
14	Campingpark Heidewald	**353**	**4.8**	ganzjährig	Award
15	Campingplatz Münster	**352**	**3.8**	k. A.	*

* Wintercamping FKK Textilfrei (ganz/teilweise) Ecocamping Award Onlinebuchung

Karte auf Seite 344

	1	2	4
	Camping Hertha-See	**Camping zur Schönen Aussicht**	**Regenbogen Tecklenburg**
	Herthaseestraße 70 48477 Hörstel +49 5459 1008 52.32773 | 7.60102	Schwarze Straße 73 49497 Mettingen 52.31276 | 7.7626	Grafenstraße 23-25 49545 Tecklenburg +49 540 510 07 52.22917 | 7.88929
Infos			
Öffnungszeiten	01.04. - 03.10.	keine Angabe	09.04. - 05.11.
Vergleichspreis	HS: 31,90 € | NS: 29,60 €	keine Angabe	HS: 37,00 € | NS: 22,00 €
Link	**Mehr Infos & Anfrage:** www.camping.info/18628	**Mehr Infos & Anfrage:** www.camping.info/18640	**Mehr Infos & Anfrage:** www.camping.info/18644
Ausstattung			
Freizeit	Baden im See am Platz ✓	Baden in nat. Gewässer k. A.	Baden im See 16km
	Pool/Hallenbad 6km	Pool & Hallenbad ✗	Pool & Hallenbad ✗
	Spielplatz am Platz ✓	Spielplatz keine Angabe	Spielplatz am Platz ✓
Campingplatz	Hunde ✗	Hunde ✗	Hunde willkommen ✓
	zur Hälfte Schatten ✓	Schatten ✗	zur Hälfte Schatten ✓
	WLAN (gegen Gebühr) ✓	WLAN keine Angabe	WLAN (gratis) teilweise
Versorgung	Lebensmittel ✓	Lebensmittel k.A.	Lebensmittel ✓
	Brötchen am Platz ✓	Brötchen keine Angabe	Brötchen am Platz ✓
	Restaurant & Imbiss ✓	Restaurant & Imbiss ✗	Restaurant & Imbiss ✓
	Ver-/Entsorgung Womo ✓	Ver-/Entsorgung Womo ✗	Ver-/Entsorgung Womo ✓
	in den Ort 1km	in den Ort keine Angabe	in den Ort 5km
Anzahl der Plätze	Gesamt/Touristen 520/150	Gesamt keine Angabe	Touristenplätze 664
	Mietunterkünfte ✓	Mietunterkünfte ✗	Mietunterkünfte ✓
	Stellplätze vor Schranke ✗	Stellplätze vor Schranke ✗	Stellplätze vor Schranke ✓

	Camping Hertha-See	Camping zur Schönen Aussicht	Regenbogen Tecklenburg
Bewertung	4.1 SEHR GUT, 50 Bewertungen	4.7 SEHR GUT, 7 Bewertungen	3.4 GUT, 88 Bewertungen
Lage	4.4	4.8	3.9
Ruhe	4.1	4.8	3.1
Sanitäranlagen	3.8	4.8	3.3
Sauberkeit Ø	4.0	5.0	3.2
Freundlichkeit	4.2	4.8	4.2
Stellplatz	4.2	4.6	3.3
Verpflegung	3.5	3.6	3.2
Freizeit	4.0	4.8	3.5
Preis-Leistung	3.9	4.5	3.3
Mietunterkünfte	3.3	-	3.7
Geeignet für			
Kinder b. 6 J.	4.5	3.0	4.2
Kinder b. 12 J.	4.4	4.5	4.2
Kinder b. 18 J.	3.6	4.5	3.2
Paare	4.2	5.0	3.7
Senioren	4.0	5.0	3.6
Gäste mit Zelt	4.4	5.0	3.9
Hunde n. erlaubt / Gäste mit Hund	Hunde n. erlaubt -	Hunde n. erlaubt -	Gäste mit Hund 4.0
Empfohlene Aktivitäten	Schwimmen	Wandern	Wandern
	Entspannen	Schwimmen	Schwimmen
	Radfahren	Radfahren	Entspannen

5 Camping Eichengrund

Im Brook 2
49479 Ibbenbüren
+49 54 55 5 21
52.21933 | 7.66598

keine Angabe
keine Angabe
Mehr Infos & Anfrage: www.camping.info/18638

Baden in nat. Gewässer	k. A.
Pool & Hallenbad	✗
Spielplatz	keine Angabe
Hunde	✗
Schatten	✗
WLAN	keine Angabe
Lebensmittel	k.A.
Brötchen	keine Angabe
Restaurant & Imbiss	✗
Ver-/Entsorgung Womo	✗
in den Ort	keine Angabe
Gesamt	keine Angabe
Mietunterkünfte	✗
Stellplätze vor Schranke	✗

4.5 SEHR GUT – 10 Bewertungen

Lage	4.2
Ruhe	4.4
Sanitäranlagen	4.0
Sauberkeit Ø	4.5
Freundlichkeit	4.9
Stellplatz	4.2
Vorpflegung	3.0
Freizeit	4.4
Preis-Leistung	4.4
Mietunterkünfte	-

Geeignet für

Kinder b. 6 J.	4.6
Kinder b. 12 J.	4.4
Kinder b. 18 J.	4.1
Paare	4.8
Senioren	4.7
Gäste mit Zelt	4.7
Hunde n. erlaubt	-

Empfohlene Aktivitäten

- Radfahren
- Wandern
- Entspannen

6 Camping am Knoblauchsberg

Königsstraße 8
49545 Tecklenburg
+49 5482 396
52.2145 | 7.82081

ganzjährig
HS: 14,00 € | NS: 14,00 €
Mehr Infos & Anfrage: www.camping.info/18643

Baden in nat. Gewässer	k. A.
Pool am Platz	✓
Spielplatz am Platz	✓
Hunde erlaubt	✓
Schatten	✗
WLAN	keine Angabe
Lebensmittel	✗
Brötchen am Platz	✓
Restaurant & Imbiss	✓
Ver-/Entsorgung Womo	✓
in den Ort	1km
Gesamt	keine Angabe
Mietunterkünfte	✗
Stellplätze vor Schranke	✗

3.8 GUT – 12 Bewertungen

Lage	4.2
Ruhe	4.1
Sanitäranlagen	3.8
Sauberkeit Ø	4.2
Freundlichkeit	4.7
Stellplatz	3.0
Verpflegung	3.1
Freizeit	3.6
Preis-Leistung	4.5
Mietunterkünfte	-

Geeignet für

Kinder b. 6 J.	3.0
Kinder b. 12 J.	3.3
Kinder b. 18 J.	3.0
Paare	4.2
Senioren	4.0
Gäste mit Zelt	4.0
Gäste mit Hund	4.4

Empfohlene Aktivitäten

- Wandern
- Radfahren
- Entspannen

7 Camping auf Dem Sonnenhügel

Zur Sandgrube 40
49525 Lengerich
+49 5481 6216
52.18858 | 7.80414

ganzjährig
HS: 19,50 € | NS: 19,50 €
Mehr Infos & Anfrage: www.camping.info/18642

Baden im See am Platz	✓
Pool/Hallenbad	4km
Spielplatz am Platz	✓
Hunde erlaubt	✓
Schatten	✗
WLAN (gegen Gebühr)	✓
Lebensmittel	✓
Brötchen am Platz	✓
Restaurant/Imbiss	2km/✓
Ver-/Entsorgung Womo	✗
in den Ort	4km
Gesamt/Touristen	220/180
Mietunterkünfte	✓
Stellplätze vor Schranke	✗

3.8 GUT – 11 Bewertungen

Lage	4.0
Ruhe	3.4
Sanitäranlagen	3.9
Sauberkeit Ø	4.2
Freundlichkeit	4.3
Stellplatz	3.6
Verpflegung	3.0
Freizeit	3.8
Preis-Leistung	4.2
Mietunterkünfte	-

Geeignet für

Kinder b. 6 J.	3.9
Kinder b. 12 J.	3.9
Kinder b. 18 J.	3.0
Paare	4.2
Senioren	4.8
Gäste mit Zelt	4.0
Gäste mit Hund	4.0

Empfohlene Aktivitäten

- Schwimmen
- Radfahren
- Entspannen

8 Eurocamp

Holperdorp 44
49536 Lienen
+49 5483 290
52.16756 | 7.98016

10.01. - 20.12.
HS: 23,00 € | NS: 23,00 €
Mehr Infos & Anfrage: www.camping.info/19564

Baden in nat. Gewässer	k. A.
Pool/Hallenbad	4km
Spielplatz am Platz	✓
Hunde willkommen	✓
wenig Schatten	✓
WLAN	✓
Lebensmittel	5km
Brötchen am Platz	✗
Restaurant am P.	✓
Ver-/Entsorgung Womo	✗
in den Ort	5km
Gesamt/Touristen	230/60
Mietunterkünfte	✓
Stellplätze vor Schranke	✗

3.9 GUT – 14 Bewertungen

Lage	4.1
Ruhe	4.4
Sanitäranlagen	4.2
Sauberkeit Ø	4.3
Freundlichkeit	4.4
Stellplatz	3.8
Verpflegung	3.7
Freizeit	3.3
Preis-Leistung	4.5
Mietunterkünfte	4.3

Geeignet für

Kinder b. 6 J.	3.7
Kinder b. 12 J.	4.3
Kinder b. 18 J.	3.4
Paare	4.4
Senioren	4.3
Gäste mit Zelt	4.3
Gäste mit Hund	4.5

Empfohlene Aktivitäten

- Wandern
- Entspannen
- Radfahren

ANZEIGE

3 Campingplatz Bullerby am Attersee

*

Zum Attersee 50
49076 Osnabrück
+49541124147
www.campbullerby.de
info@campbullerby.de

ganzjährig

HS: 23,50 € | NS: 23,50 €

Mehr Infos & Anfrage:
www.camping.info/25044

Baden im See am Platz	✓
Pool & Hallenbad	✗
Spielplatz am Platz	✓
Hunde willkommen	✓
wenig Schatten	✓
WLAN	✗
Lebensmittel	6km
Brötchen am Platz	✓
Restaurant	1km
Ver-/Entsorgung Womo	✓
in den Ort	2km
Gesamt/Touristen	210/60
Mietunterkünfte	✓
Stellplätze vor Schranke	✗

Campingplatz Bullerby am Attersee in Osnabrück.

Lage & Stellplatz

Campen am Attersee mitten in der Natur. Der Attersee ist ein beliebtes Freizeit- und Erholungsgebiet und liegt im westlichen Zipfel von Osnabrück, umgeben vom Tecklenburger Land. Der See ist kein natürliches Gewässer, sondern durch die Sandgewinnung für den Bau der A1 entstanden. Das Attersee-Areal ist 20 Hektar und die Seefläche 6 Hektar groß. Rund 150 Stellplätze für Jahrescamper und ca. 60 Stellplätze für Urlaubs-, Tages- und Feriencamper stehen in einer großzügig angelegten Grünanlage, eingebettet zwischen Wald und Wasser, zur Verfügung.

Sanitär

Für die Gäste des Platzes stehen zwei moderne und komfortable Sanitäreinrichtungen bereit, die stets sauber und gepflegt gehalten werden. Die beiden beheizten Sanitärgebäude sind mit Warmduschen, Waschmaschinen und Trockner ausgestattet.

Stellplätze mit Seeblick.

Einfahrt zum Campingplatz.

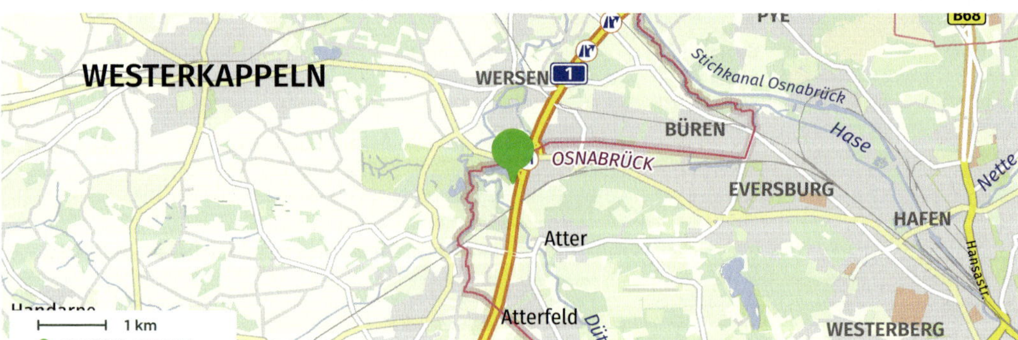

1 km
52.30021 | 7.94117

Herrlicher Blick auf den Attersee.

Verpflegung

Für das leibliche Wohl der Campinggäste sorgt das 600 m entfernte Restaurant „Busch-Atter“ mit lokalen Spezialitäten. Der Shop in der Rezeption bietet während der Öffnungszeiten einfache Campingartikel und Grundlebensmittel für die Gäste. Außerdem gibt es auf Bestellung täglich frische Brötchen.

Freizeit

Der Campingplatz Bullerby am Attersee bietet vielfältige Aktivitäten für Jung und Alt. Dazu gehören im Sommer das Baden im naturklaren Wasser sowie Sonnenbaden auf der Liegewiese oder am Sandstrand. Es werden regelmäßige Untersuchungen der Badewasserqualität nach EG-Richtlinien durchgeführt. Das Attersee-Freizeitgelände ist sehr kinderfreundlich. Die Kinder können sich nach Herzenslust auf dem groß angelegten Spielplatz austoben.

5.0

Die ersten Tage haben wir den DCC Rabatt genossen und auf einem Standardplatz gestanden. Nach Ostern sind wir umgezogen auf einen Premiumplatz, erste Reihe am See. Der Coppenrath & Wiese Werksverkauf ist 5 min mit dem Fahrrad entfernt. Perfekt für Kuchenjunkies. Osnabrücks Innenstadt ist in 30 min mit dem Rad erreichbar.

Sabine F.

Sabine, ihr Mann und ihre Kinder waren bis vor Kurzem noch mit Wohnwagen unterwegs, campen nun aber im Campervan. Sie waren im April 2022 zu Gast auf dem Campingplatz Bullerby am Attersee.

Stellplätze für alle Camper.

Gemütliche Fässer.

3.4 GUT
17 Bewertungen

Lage	3.1
Ruhe	2.9
Sanitäranlagen	3.2
Sauberkeit Ø	3.5
Freundlichkeit	3.6
Stellplatz	3.3
Verpflegung	2.5
Freizeit	3.5
Preis-Leistung	3.3
Mietunterkünfte	2.5

Geeignet für

Paare	3.7
Senioren	3.5
Kinder b. 6 J.	3.3
Kinder b. 18 J.	3.2
Kinder b. 12 J.	3.4
Gäste mit Hund	3.3
Gäste mit Zelt	3.0

Empfohlene Aktivitäten

Schwimmen · Radfahren · Wandern · Angeln

Mehr Infos

Karte auf Seite 344

	9	10	11
	Ferienpark Westheide	**Ferienhof Wenker**	**Campingpark Sonnensee**
	❄		❄
	Altenberger Straße 23 48268 Greven +49 2571 560 701	Ramsberg 76 48624 Schöppingen	Seenstraße 25 33775 Versmold-Peckeloh +49 (0) 5423-6471
	52.0833 | 7.5579	52.07948 | 7.1301	52.01396 | 8.08905
Infos			
Öffnungszeiten	ganzjährig	keine Angabe	ganzjährig
Vergleichspreis	HS: 25,00 € | NS: 25,00 €	keine Angabe	HS: 24,90 €
Link	**Mehr Infos & Anfrage:** www.camping.info/22236	**Mehr Infos & Anfrage:** www.camping.info/25209	**Mehr Infos & Anfrage:** www.camping.info/18466
Ausstattung			
Freizeit	Baden im See am Platz ✓ Pool/Hallenbad 4/4km Spielplatz am Platz ✓	Baden in nat. Gewässer k. A. Pool & Hallenbad ✗ Spielplatz keine Angabe	Baden im See am Platz ✓ Pool/Hallenbad 3/6km Spielplatz am Platz ✓
Campingplatz	Hunde willkommen ✓ wenig Schatten ✓ WLAN ✓	Hunde ✗ Schatten ✗ WLAN keine Angabe	Hunde erlaubt ✓ wenig Schatten ✓ WLAN (gegen Gebühr) teilweise
Versorgung	Lebensmittel 4km Brötchen am Platz nur HS Restaurant/Imbiss 1km Ver-/Entsorgung Womo ✓ in den Ort 4km	Lebensmittel k.A. Brötchen keine Angabe Restaurant & Imbiss ✗ Ver-/Entsorgung Womo ✗ in den Ort keine Angabe	Lebensmittel 3km Brötchen am Platz ✓ Restaurant & Imbiss ✓ Ver-/Entsorgung Womo ✓ in den Ort 3km
Anzahl der Plätze	Gesamt/Touristen 230/40 Mietunterkünfte ✓ Stellplätze vor Schranke ✗	Gesamt keine Angabe Mietunterkünfte ✗ Stellplätze vor Schranke ✗	Gesamt/Touristen 340/95 Mietunterkünfte ✓ Stellplätze vor Schranke ✓

	9	10	11
Gesamt	4.1 SEHR GUT, 19 Bewertungen	4.8 SEHR GUT, 5 Bewertungen	4.7 SEHR GUT, 131 Bewertungen
Lage	4.3	4.2	4.5
Ruhe	4.3	5.0	4.5
Sanitäranlagen	4.0	4.2	4.9
Sauberkeit Ø	4.2	5.0	4.9
Freundlichkeit	4.2	5.0	4.7
Stellplatz	4.1	4.5	4.7
Verpflegung	3.3	5.0	3.8
Freizeit	3.9	4.3	4.1
Preis-Leistung	4.3	5.0	4.5
Mietunterkünfte	4.2	-	4.5
Geeignet für			
Kinder b. 6 J.	4.3	5.0	4.5
Kinder b. 12 J.	4.2	5.0	4.5
Kinder b. 18 J.	3.5	3.5	3.8
Paare	4.5	5.0	4.6
Senioren	4.4	5.0	4.6
Gäste mit Zelt	4.5	5.0	4.6
Gäste mit Hund / Hunde n. erlaubt	Gäste mit Hund 4.6	Hunde n. erlaubt -	Gäste mit Hund 3.7
Empfohlene Aktivitäten	Radfahren Reiten Entspannen	Radfahren Wandern Mountainbiking	Radfahren Schwimmen Entspannen

Karte auf Seite 344

	12	13	15
	Camping Heidekamp	**Campingpark Münsterland Eichenhof**	**Campingplatz Münster**
	Strängerstr. 59 33775 Versmold +49 171 6725328	Feldmark 3 48336 Sassenberg +49 2583 1585	Laerer Werseufer 7 48157 Münster +49 251 311982
	52.00438 | 8.09565	52.00402 | 8.06471	51.94658 | 7.69135
Infos			
Öffnungszeiten	15.03. - 21.10.	ganzjährig	keine Angabe
Vergleichspreis	keine Angabe	HS: 20,90 € | NS: 17,50 €	HS: 29,30 € | NS: 29,30 €
Link	**Mehr Infos & Anfrage:** www.camping.info/24504	**Mehr Infos & Anfrage:** www.camping.info/18627	**Mehr Infos & Anfrage:** www.camping.info/18623
Ausstattung			
Freizeit	Baden im Teich am Platz ✓ Pool/Hallenbad 3/5km Spielplatz am Platz ✓	Baden im See am Platz ✓ Pool/Hallenbad 2/10km Spielplatz am Platz ✓	Baden in nat. Gewässer ✗ Pool/Hallenbad 100m/3km Spielplatz am Platz ✓
Campingplatz	Hunde erlaubt ✓ zur Hälfte Schatten ✓ WLAN (gratis) teilweise	Hunde willkommen ✓ zur Hälfte Schatten ✓ WLAN (begrenzt gratis) ✓	Hunde willkommen ✓ zur Hälfte Schatten ✓ WLAN (gegen Gebühr) ✓
Versorgung	Lebensmittel 200m Brötchen keine Angabe Restaurant/Imbiss 200m Ver-/Entsorgung Womo ✓ in den Ort keine Angabe	Lebensmittel ✓ Brötchen am Platz ✓ Restaurant/Imbiss ✓/500m Ver-/Entsorgung Womo ✓ in den Ort 1km	Lebensmittel ✓ Brötchen am Platz nur HS Restaurant am P. ✓ Ver-/Entsorgung Womo ✓ in den Ort keine Angabe
Anzahl der Plätze	Gesamt/Touristen 150/22 Mietunterkünfte ✓ Stellplätze vor Schranke ✓	Gesamt/Touristen 290/90 Mietunterkünfte ✓ Stellplätze vor Schranke ✓	Gesamt/Touristen 450/120 Mietunterkünfte ✓ Stellplätze vor Schranke ✓

	12	13	15
Bewertung	4.6 SEHR GUT, 23 Bewertungen	4.5 SEHR GUT, 158 Bewertungen	3.8 GUT, 143 Bewertungen
Lage	4.6	4.4	4.2
Ruhe	4.9	4.4	3.5
Sanitäranlagen	4.2	4.2	4.3
Sauberkeit Ø	4.6	4.3	4.4
Freundlichkeit	4.8	4.7	3.9
Stellplatz	4.6	4.3	3.9
Verpflegung	4.0	4.3	3.8
Freizeit	4.6	4.2	4.0
Preis-Leistung	4.8	4.4	3.4
Mietunterkünfte	4.9	4.7	3.3
Geeignet für			
Kinder b. 6 J.	4.6	4.3	3.9
Kinder b. 12 J.	4.7	4.2	3.8
Kinder b. 18 J.	4.3	3.7	3.5
Paare	4.7	4.6	4.4
Senioren	4.5	4.6	4.5
Gäste mit Zelt	4.7	4.0	4.1
Gäste mit Hund	4.6	4.5	4.0
Empfohlene Aktivitäten	Radfahren Schwimmen Angeln	Radfahren Wandern Entspannen	Radfahren Sightseeing Kultur

14 Campingpark Heidewald

Versmolder Straße 44
48336 Sassenberg
+49 2583 1394
www.campingpark-heidewald.de
campheidewald@web.de

ganzjährig

HS: 34,00 € | NS: 30,00 €

Mehr Infos & Anfrage:
www.camping.info/18626

Baden im See	400m
Pool/Hallenbad	1/8km
Spielplatz am Platz	✓
Hunde willkommen	✓
wenig Schatten	✓
WLAN (gegen Gebühr)	✓
Lebensmittel	1km
Brötchen am Platz	✓
Restaurant/Imbiss	✓/400m
Ver-/Entsorgung Womo	✓
in den Ort	1km
Gesamt/Touristen	300/100
Mietunterkünfte	✓
Stellplätze vor Schranke	✓

51.99972 | 8.06555

Idyllische Stellplätze mitten im Grünen.

Lage & Stellplatz

Der 5-Sterne-Campingplatz liegt im Münsterland, mitten im Fahrradgebiet des Kreises Warendorf. Direkt vom Platz aus finden die Gäste die 100-Schlösser-Route oder den Ems-Radweg. Fußläufig kann man den Feldmarksee erreichen. Ganz neu: Privatsanitär und ein italienisches Restaurant!

Sanitär

In den vier Sanitärgebäuden des Campingparks Heidewald finden die Gäste moderne und hygienische Waschräume vor. Im Sanitärhaus III befindet sich das „Kinderwaschland", passend eingerichtet für alle Gäste bis 6 Jahre (Wickeltisch inklusive). Die Duschen sind für alle Gäste gratis. Neu: Privatsanitär!

Verpflegung

An der Rezeption gibt es frisch gebackene Brötchen, kühle Getränke und Eis. Zusätzlich ist ab sofort das kleine italienische Restaurant „Campino" auf dem Platz ganzjährig geöffnet. Im nahen Sassenberg (1,5 km entfernt) gibt es ein breites Angebot guter Restaurants und viele Einkaufsmöglichkeiten.

Freizeit

Direkt am Platz gibt es für Kids einen großen Spielbereich mit Streichelzoo und ein großes, neues Hüpfkissen. Ein Netz von Fahrrad-, Wander- und Nordic-Walking-Strecken startet direkt vom Platz aus. Der nahe Feldmarksee bietet Badefreuden und spaßige Wassersportaktivitäten.

Kuscheliges Iglu-Camp!

Blick auf den Feldmarksee

4.8 SEHR GUT
605 Bewertungen

Lage	4.6
Ruhe	4.5
Sanitäranlagen	4.6
Sauberkeit Ø	4.8
Freundlichkeit	4.9
Stellplatz	4.8
Verpflegung	3.8
Freizeit	4.4
Preis-Leistung	4.7
Mietunterkünfte	4.5

Geeignet für

4.7 Paare

- 4.7 Senioren
- 4.7 Gäste mit Hund
- 4.6 Kinder b. 6 J.
- 4.6 Kinder b. 12 J.
- 4.6 Gäste mit Zelt
- 3.9 Kinder b. 18 J.

Empfohlene Aktivitäten

Radfahren | Wandern | Entspannen | Schwimmen

Mehr Infos

Jugendgruppen nur beschränkt zugelassen, da kein Jugendzeltplatz vorhanden.

AWARD 2022

NORDRHEIN-WESTFALEN

2 Teutoburger Wald

FREIZEITTIPPS

- **A** Safariland Stukenbrok
- **B** VitaSol Therme GmbH, Bad Salzuflen
- **C** Gartenschau, Bad Lippspringe
- **D** LWL-Freilichtmuseum, Detmold
- **E** Externsteine, Horn-Bad Meinberg

	Platz	Seite	Bewertung	Öffnungszeiten	
1	Camping Osterwald	356	3.7	k. A.	
2	Campingpark Großer Weserbogen	356	4.0	k. A.	
3	Julianna Campingplatz Kalletal	356	-	saisonal	
4	Campingpark Kalletal	357	4.7	saisonal	Award
5	Camping Sonnenwiese	357	3.6	ganzjährig	*
6	Naturcamp an der Weser	357	3.8	saisonal	
7	Campingplatz Elisabeth-See	357	3.0	ganzjährig	*
8	Camping Buschhof	358	4.4	ganzjährig	*
9	Camping Bambi	358	3.3	ganzjährig	*
10	Campingpark Bielefeld	358	3.9	ganzjährig	*
11	Campingplatz Waldesruh	359	-	ganzjährig	
12	Campingplatz Ferienpark Teutoburgerwald Barntrup	359	3.9	saisonal	
13	Campingplatz Quellental	359	4.3	saisonal	
14	Campingplatz Schieder See	359	3.3	ganzjährig	*
15	Camping Jägerkrug	360	3.2	k. A.	
16	Campingplatz "Am Furlbach"	361	4.1	ganzjährig	*
17	Camping Eggewald	360	3.7	ganzjährig	*
18	Camping Apelhof am Haustenbach	360	3.9	k. A.	
19	Wesercamping Höxter	362	4.3	ganzjährig	*
20	Campingplatz Am Waldsee	362	3.0	k. A.	
21	Campingparadies Lippstädter Seenplatte	363	4.3	saisonal	
22	Camping Axelsee	362	3.1	ganzjährig	*
23	Camping Caravaning Bad Karlshafen	364	3.7	ganzjährig	*
24	Kur-Camping Rumkerhof	364	3.8	ganzjährig	
25	Camping Eversburg	364	3.5	ganzjährig	*
26	Camping Delecke Süd	365	3.6	ganzjährig	*
27	Camping Wannetal	365	4.3	ganzjährig	*
28	Camping Wiggeshoff	365	4.9	ganzjährig	*
29	Camping Kallenhardt-Heide	365	4.2	k. A.	*

Karte auf Seite 354

	1	2	3
	Camping Osterwald	**Campingpark Großer Weserbogen**	**Julianna Campingplatz Kalletal**
	DiepenauerStr. 11 32339 Espelkamp +49 5775 505 52.39 | 8.70417	Zum Südlichen See 1 32457 Porta Westfalica +49 (0)5731 6188 52.22181 | 8.83871	An der Weser 7a 32689 Kalletal 01607477087 52.18394 | 8.9337
Infos			
Öffnungszeiten	keine Angabe	keine Angabe	01.04. - 31.10.
Vergleichspreis	keine Angabe	HS: 33,50 € | NS: 29,00 €	HS: 30,00 €
Link	**Mehr Infos & Anfrage:** www.camping.info/18449	**Mehr Infos & Anfrage:** www.camping.info/30123	**Mehr Infos & Anfrage:** www.camping.info/30227
Ausstattung			
Freizeit	Baden in nat. Gewässer: k. A. Pool & Hallenbad: ✗ Spielplatz: keine Angabe	Baden in nat. Gewässer: k. A. Pool & Hallenbad: ✗ Spielplatz: keine Angabe	Baden in nat. Gewässer: k. A. Pool & Hallenbad: ✗ Spielplatz: keine Angabe
Campingplatz	Hunde: ✗ Schatten: ✗ WLAN: keine Angabe	Hunde: ✗ Schatten: ✗ WLAN: keine Angabe	Hunde erlaubt: ✓ Schatten: ✗ WLAN: keine Angabe
Versorgung	Lebensmittel: k.A. Brötchen: keine Angabe Restaurant & Imbiss: ✗ Ver-/Entsorgung Womo: ✗ in den Ort: keine Angabe	Lebensmittel: k.A. Brötchen: keine Angabe Restaurant & Imbiss: ✗ Ver-/Entsorgung Womo: ✗ in den Ort: keine Angabe	Lebensmittel: k.A. Brötchen am Platz: ✓ Restaurant & Imbiss: ✗ Ver-/Entsorgung Womo: ✓ im Ort: ✓
Anzahl der Plätze	Gesamt: keine Angabe Mietunterkünfte: ✗ Stellplätze vor Schranke: ✗	Gesamt/Touristen: 301/110 Mietunterkünfte: ✗ Stellplätze vor Schranke: ✗	Touristenplätze: 40 Mietunterkünfte: ✓ Stellplätze vor Schranke: ✗

	Camping Osterwald	Campingpark Großer Weserbogen	Julianna Campingplatz Kalletal
Bewertung	3.7 GUT, 6 Bewertungen	4.0 SEHR GUT, 5 Bewertungen	- JETZT BEWERTEN!
Lage	4.2	4.2	
Ruhe	4.6	4.0	
Sanitäranlagen	3.6	4.2	
Sauberkeit Ø	4.5	3.9	
Freundlichkeit	4.3	4.4	
Stellplatz	3.8	3.8	
Verpflegung	2.3	2.5	
Freizeit	2.5	4.0	
Preis-Leistung	4.0	3.3	
Mietunterkünfte	-	-	
Geeignet für			
Kinder b. 6 J.	3.2	4.5	
Kinder b. 12 J.	3.4	4.0	
Kinder b. 18 J.	2.3	3.0	
Paare	3.8	4.3	
Senioren	4.8	5.0	
Gäste mit Zelt	3.5	5.0	
Hunde n. erlaubt	-	-	
Empfohlene Aktivitäten	Radfahren Entspannen Wandern	Radfahren Schwimmen Wandern	

Julianna Campingplatz Kalletal:

Für diese Auswertung liegen leider noch nicht genügend Bewertungen vor.

Sei einer der Ersten, der diesen Campingplatz bewertet.

Mit einer guten Campingplatz-Bewertung unterstützt du nicht nur deinen Lieblingsplatz, sondern hilfst auch anderen Campern bei der Platzwahl.

4 Campingpark Kalletal

Seeweg 1
32689 Kalletal-Stemmen
+49 5755 444

52.17606 | 8.99896

25.03. - 31.10.

HS: 43,00 € | NS: 29,00 €

Mehr Infos & Anfrage:
www.camping.info/18458

Baden im See am Platz	✓
Pool/Hallenbad	8km
Spielplatz am Platz	✓
Hunde willkommen	✓
zur Hälfte Schatten	✓
WLAN	✓
Lebensmittel	✓
Brötchen am Platz	✓
Restaurant & Imbiss	✓
Ver-/Entsorgung Womo	✓
in den Ort	500m
Gesamt/Touristen	600/480
Mietunterkünfte	✓
Stellplätze vor Schranke	✗

4.7 SEHR GUT
1523 Bewertungen

Lage	4.6
Ruhe	4.3
Sanitäranlagen	4.8
Sauberkeit Ø	4.7
Freundlichkeit	4.8
Stellplatz	4.6
Verpflegung	3.9
Freizeit	4.4
Preis-Leistung	4.3
Mietunterkünfte	4.5

Geeignet für

Kinder b. 6 J.	4.7
Kinder b. 12 J.	4.8
Kinder b. 18 J.	4.3
Paare	4.5
Senioren	4.3
Gäste mit Zelt	4.5
Gäste mit Hund	4.5

Empfohlene Aktivitäten

- Schwimmen
- Radfahren
- Entspannen

Keine Partygruppen.

5 Camping Sonnenwiese

Borlefzen 1
32602 Vlotho
+49 5733 8217

52.17417 | 8.90472

ganzjährig

HS: 30,00 € | NS: 30,00 €

Mehr Infos & Anfrage:
www.camping.info/18454

Baden im See am Platz	✓
Pool & Hallenbad	✓
Spielplatz am Platz	✓
Hunde willkommen	✓
wenig Schatten	✓
WLAN (gegen Gebühr)	teilweise
Lebensmittel	✓
Brötchen am Platz	✓
Restaurant & Imbiss	✓
Ver-/Entsorgung Womo	✓
in den Ort	3km
Gesamt/Touristen	400/80
Mietunterkünfte	✓
Stellplätze vor Schranke	✓

3.6 GUT
139 Bewertungen

Lage	4.0
Ruhe	4.0
Sanitäranlagen	4.0
Sauberkeit Ø	4.2
Freundlichkeit	3.4
Stellplatz	3.7
Verpflegung	3.7
Freizeit	3.7
Preis-Leistung	3.3
Mietunterkünfte	3.2

Geeignet für

Kinder b. 6 J.	4.0
Kinder b. 12 J.	4.1
Kinder b. 18 J.	3.3
Paare	4.1
Senioren	4.3
Gäste mit Zelt	3.9
Gäste mit Hund	4.2

Empfohlene Aktivitäten

- Radfahren
- Entspannen
- Schwimmen

6 Naturcamp an der Weser

Weserstraße 110
32602 Vlotho
+49 5733 18708

52.16632 | 8.90598

01.04. - 15.10.

HS: 18,30 € | NS: 18,30 €

Mehr Infos & Anfrage:
www.camping.info/18455

Baden im Fluss am Platz	✓
Pool & Hallenbad	✗
Spielplatz am Platz	✓
Hunde erlaubt	✓
Schatten	✗
WLAN (gegen Gebühr)	✓
Lebensmittel	✗
Brötchen am Platz	✓
Imbiss	✓
Ver-/Entsorgung Womo	✓
in den Ort	3km
Gesamt/Touristen	100/70
Mietunterkünfte	✗
Stellplätze vor Schranke	✗

3.8 GUT
8 Bewertungen

Lage	4.4
Ruhe	4.1
Sanitäranlagen	2.9
Sauberkeit Ø	4.5
Freundlichkeit	4.2
Stellplatz	3.7
Verpflegung	2.5
Freizeit	4.0
Preis-Leistung	4.1
Mietunterkünfte	-

Geeignet für

Kinder b. 6 J.	3.8
Kinder b. 12 J.	3.6
Kinder b. 18 J.	3.4
Paare	4.1
Senioren	4.3
Gäste mit Zelt	4.3
Gäste mit Hund	5.0

Empfohlene Aktivitäten

- Wandern
- Kayak/Kanu
- Entspannen

7 Campingplatz Elisabeth-See

Reitweg 16
32051 Herford-Eickum
+49 5221 33411

52.10891 | 8.57647

ganzjährig

keine Angabe

Mehr Infos & Anfrage:
www.camping.info/24066

Baden im See am Platz	✓
Pool/Hallenbad	2km
Spielplatz am Platz	✓
Hunde erlaubt	✓
Schatten	✗
WLAN	✓
Lebensmittel	✓
Brötchen am Platz	nur HS
Restaurant am P.	✓
Ver-/Entsorgung Womo	✗
in den Ort	keine Angabe
Gesamt/Touristen	350/50
Mietunterkünfte	✓
Stellplätze vor Schranke	✓

3.0 GUT
26 Bewertungen

Lage	3.5
Ruhe	4.1
Sanitäranlagen	3.1
Sauberkeit Ø	3.6
Freundlichkeit	3.9
Stellplatz	3.3
Verpflegung	2.8
Freizeit	3.5
Preis-Leistung	3.5
Mietunterkünfte	2.7

Geeignet für

Kinder b. 6 J.	3.1
Kinder b. 12 J.	3.6
Kinder b. 18 J.	2.7
Paare	3.6
Senioren	3.8
Gäste mit Zelt	3.3
Gäste mit Hund	3.5

Empfohlene Aktivitäten

- Wandern
- Radfahren
- Entspannen

Karte auf Seite 354

	8 Camping Buschhof	9 Camping Bambi	10 Campingpark Bielefeld
	Meierberger Straße 15 32699 Extertal +49 52 62 / 25 75 52.10485 | 9.11838	Hölmkeweg 1 - 2 32699 Extertal +49 5262 4343 52.08293 | 9.15885	Vogelweide 9 33649 Bielefeld-Quelle +49 5214592233 52.00551 | 8.45771
Infos			
Öffnungszeiten	ganzjährig	ganzjährig	ganzjährig
Vergleichspreis	HS: 19,50 € | NS: 19,50 €	HS: 15,50 € | NS: 15,50 €	HS: 33,50 € | NS: 29,00 €
Link	**Mehr Infos & Anfrage:** www.camping.info/18461	**Mehr Infos & Anfrage:** www.camping.info/18459	**Mehr Infos & Anfrage:** www.camping.info/22333
Ausstattung			
Freizeit	Baden in nat. Gewässer am P. ✓ Pool 5km Spielplatz am Platz ✓	Baden in nat. Gewässer k. A. Pool 4km Spielplatz am Platz ✓	Baden im See am Platz ✓ Pool/Hallenbad 5/8km Spielplatz am Platz ✓
Campingplatz	Hunde willkommen ✓ zur Hälfte Schatten ✓ WLAN (gratis) teilweise	Hunde ✗ Schatten ✗ WLAN ✓	Hunde willkommen ✓ wenig Schatten ✓ WLAN ✓
Versorgung	Lebensmittel 5km Brötchen am Platz ✗ Restaurant am P. ✓ Ver-/Entsorgung Womo ✓ in den Ort 5km	Lebensmittel ✗ Brötchen am Platz ✓ Restaurant & Imbiss ✗ Ver-/Entsorgung Womo ✗ in den Ort 3km	Lebensmittel ✓ Brötchen am Platz ✓ Restaurant/Imbiss 1km/✓ Ver-/Entsorgung Womo ✓ in den Ort 2km
Anzahl der Plätze	Gesamt/Touristen 100/35 Mietunterkünfte ✓ Stellplätze vor Schranke ✓	Gesamt keine Angabe Mietunterkünfte ✗ Stellplätze vor Schranke ✗	Gesamt/Touristen 300/100 Mietunterkünfte ✓ Stellplätze vor Schranke ✗

	Camping Buschhof	Camping Bambi	Campingpark Bielefeld
Gesamt	4.4 SEHR GUT, 108 Bewertungen	3.3 GUT, 10 Bewertungen	3.9 GUT, 14 Bewertungen
Lage	4.4	3.7	4.2
Ruhe	4.7	4.5	3.9
Sanitäranlagen	4.3	2.7	3.0
Sauberkeit Ø	4.7	3.4	3.8
Freundlichkeit	4.9	4.0	4.6
Stellplatz	4.2	3.3	3.5
Verpflegung	3.7	2.4	3.7
Freizeit	4.1	3.2	4.2
Preis-Leistung	4.8	4.0	4.0
Mietunterkünfte	4.5	-	2.3
Geeignet für			
Kinder b. 6 J.	4.7	2.7	4.1
Kinder b. 12 J.	4.5	2.3	3.8
Kinder b. 18 J.	3.4	1.8	3.1
Paare	4.6	4.1	4.2
Senioren	4.5	4.0	3.9
Gäste mit Zelt	4.5	3.2	4.2
Gäste mit Hund / Hunde n. erlaubt	Gäste mit Hund 4.8	Hunde n. erlaubt -	Gäste mit Hund 4.1
Empfohlene Aktivitäten	Wandern Entspannen Radfahren	Entspannen Radfahren Wandern	Entspannen Radfahren Wandern

11 Campingplatz Waldesruh

Pottenhauser Heide 19
32791 Lage
05232 - 62063
52.00121 | 8.73713

ganzjährig
keine Angabe
Mehr Infos & Anfrage:
www.camping.info/23768

Baden in nat. Gewässer	k. A.
Pool am Platz	✓
Spielplatz am Platz	✓
Hunde	✗
Schatten	✗
WLAN	keine Angabe
Lebensmittel	k.A.
Brötchen	keine Angabe
Restaurant & Imbiss	✗
Ver-/Entsorgung Womo	✗
in den Ort	keine Angabe
Gesamt	keine Angabe
Mietunterkünfte	✗
Stellplätze vor Schranke	✗

- **JETZT BEWERTEN!**

Für diese Auswertung liegen leider noch nicht genügend Bewertungen vor.

Sei einer der Ersten, der diesen Campingplatz bewertet.

Mit einer guten Campingplatz-Bewertung unterstützt du nicht nur deinen Lieblingsplatz, sondern hilfst auch anderen Campern bei der Platzwahl.

12 Campingplatz Ferienpark Teutoburgerwald Barntrup

Badeanstaltsweg 4
32683 Barntrup
+49 526 322 21
51.98694 | 9.10805

23.03. - 07.10.
HS: 28,50 € | NS: 23,50 €
Mehr Infos & Anfrage:
www.camping.info/19563

Baden im See	10km
Pool/Hallenbad	✓/20km
Spielplatz am Platz	✓
Hunde willkommen	✓
zur Hälfte Schatten	✓
WLAN	✓
Lebensmittel	400m
Brötchen	keine Angabe
Restaurant/Imbiss	400m
Ver-/Entsorgung Womo	✓
in den Ort	400m
Gesamt/Touristen	105/100
Mietunterkünfte	✓
Stellplätze vor Schranke	✓

3.9 GUT
24 Bewertungen

Lage	4.3
Ruhe	4.5
Sanitäranlagen	3.9
Sauberkeit Ø	4.3
Freundlichkeit	3.9
Stellplatz	3.7
Verpflegung	2.0
Freizeit	3.8
Preis-Leistung	4.1
Mietunterkünfte	3.0

Geeignet für

Kinder b. 6 J.	4.1
Kinder b. 12 J.	4.0
Kinder b. 18 J.	3.1
Paare	4.8
Senioren	4.6
Gäste mit Zelt	3.9
Gäste mit Hund	4.7

Empfohlene Aktivitäten

- Radfahren
- Wandern
- Entspannen

13 Campingplatz Quellental

Quellenstr. 55
32758 Detmold
+49 151 55903499
51.93298 | 8.76967

13.04. - 23.10.
HS: 24,00 €
Mehr Infos & Anfrage:
www.camping.info/23767

Baden in nat. Gewässer	k. A.
Pool/Hallenbad	1/5km
Spielplatz am Platz	✓
Hunde willkommen	✓
wenig Schatten	✓
WLAN (gegen Gebühr)	✓
Lebensmittel	1km
Brötchen am Platz	✓
Restaurant/Imbiss	2/1km
Ver-/Entsorgung Womo	✗
in den Ort	1km
Touristenplätze	30
Mietunterkünfte	✓
Stellplätze vor Schranke	✗

4.3 SEHR GUT
26 Bewertungen

Lage	4.5
Ruhe	4.8
Sanitäranlagen	3.7
Sauberkeit Ø	4.9
Freundlichkeit	4.7
Stellplatz	4.0
Verpflegung	2.7
Freizeit	4.0
Preis-Leistung	4.9
Mietunterkünfte	4.0

Geeignet für

Kinder b. 6 J.	3.9
Kinder b. 12 J.	3.8
Kinder b. 18 J.	3.2
Paare	4.7
Senioren	4.8
Gäste mit Zelt	4.7
Gäste mit Hund	4.7

Empfohlene Aktivitäten

- Wandern
- Radfahren
- Entspannen

14 Campingplatz Schieder See

✻

Kronenbruch 3
32816 Schieder
+49 5282 411
51.92182 | 9.16551

ganzjährig
HS: 15,00 € | NS: 15,00 €
Mehr Infos & Anfrage:
www.camping.info/24385

Baden in nat. Gewässer	✗
Pool	1km
Spielplatz	500m
Hunde willkommen	✓
Schatten	✗
WLAN	✓
Lebensmittel	1km
Brötchen am Platz	✓
Restaurant & Imbiss	✓
Ver-/Entsorgung Womo	✓
in den Ort	keine Angabe
Touristenplätze	250
Mietunterkünfte	✓
Stellplätze vor Schranke	✗

3.3 GUT
12 Bewertungen

Lage	4.0
Ruhe	3.5
Sanitäranlagen	2.7
Sauberkeit Ø	3.7
Freundlichkeit	3.8
Stellplatz	3.5
Verpflegung	3.3
Freizeit	4.0
Preis-Leistung	4.2
Mietunterkünfte	2.0

Geeignet für

Kinder b. 6 J.	4.4
Kinder b. 12 J.	4.4
Kinder b. 18 J.	2.9
Paare	3.9
Senioren	3.8
Gäste mit Zelt	3.2
Gäste mit Hund	4.4

Empfohlene Aktivitäten

- Wandern
- Radfahren
- Reiten

Karte auf Seite 354

	15	17	18
	Camping Jägerkrug	**Camping Eggewald**	**Camping Apelhof am Haustenbach**
		❄	
	Am Furlbach 59 33758 Schloß Holte-Stukenbrock	Kempenerstraße 33 32805 Horn-Bad Meinberg-Kempen +49 5255 236	Paderbornerstr. 172 33161 Hövelhof
	51.90333 | 8.61639	51.80312 | 8.94267	51.80138 | 8.6761
Infos			
Öffnungszeiten	keine Angabe	ganzjährig	keine Angabe
Vergleichspreis	keine Angabe	HS: 18,00 € | NS: 16,00 €	keine Angabe
Link	**Mehr Infos & Anfrage:** www.camping.info/18464	**Mehr Infos & Anfrage:** www.camping.info/18462	**Mehr Infos & Anfrage:** www.camping.info/23763
Ausstattung			
Freizeit	Baden in nat. Gewässer k. A. Pool & Hallenbad × Spielplatz keine Angabe	Baden in nat. Gewässer k. A. Pool/Hallenbad ✓/4km Spielplatz am Platz ✓	Baden in nat. Gewässer k. A. Pool & Hallenbad × Spielplatz keine Angabe
Campingplatz	Hunde × Schatten × WLAN keine Angabe	Hunde erlaubt ✓ Schatten × WLAN ✓	Hunde × Schatten × WLAN keine Angabe
Versorgung	Lebensmittel k.A. Brötchen keine Angabe Restaurant & Imbiss × Ver-/Entsorgung Womo × in den Ort keine Angabe	Lebensmittel 4km Brötchen am Platz nur HS Restaurant/Imbiss 4km Ver-/Entsorgung Womo ✓ in den Ort 4km	Lebensmittel k.A. Brötchen keine Angabe Restaurant & Imbiss × Ver-/Entsorgung Womo × in den Ort keine Angabe
Anzahl der Plätze	Gesamt keine Angabe Mietunterkünfte × Stellplätze vor Schranke ×	Gesamt/Touristen 70/30 Mietunterkünfte ✓ Stellplätze vor Schranke ×	Gesamt keine Angabe Mietunterkünfte × Stellplätze vor Schranke ×

	Camping Jägerkrug	Camping Eggewald	Camping Apelhof am Haustenbach
Gesamt	3.2 GUT, 4 Bewertungen	3.7 GUT, 18 Bewertungen	3.9 GUT, 8 Bewertungen
Lage	4.2	3.9	3.9
Ruhe	3.0	4.6	3.9
Sanitäranlagen	2.5	3.0	4.4
Sauberkeit Ø	3.4	3.8	4.5
Freundlichkeit	3.8	4.3	5.0
Stellplatz	2.5	3.6	3.6
Verpflegung	3.2	2.2	3.4
Freizeit	3.5	3.5	3.2
Preis-Leistung	4.0	3.9	4.3
Mietunterkünfte	-	3.0	-
Geeignet für			
Kinder b. 6 J.	3.5	4.0	4.4
Kinder b. 12 J.	2.7	3.7	4.1
Kinder b. 18 J.	2.3	3.4	3.5
Paare	3.5	3.8	4.8
Senioren	4.0	4.0	4.8
Gäste mit Zelt	3.3	3.9	3.6
Hunde n. erlaubt / Gäste mit Hund	Hunde n. erlaubt -	Gäste mit Hund 4.3	Hunde n. erlaubt -
Empfohlene Aktivitäten	Radfahren Wandern Entspannen	Entspannen Radfahren Wandern	Schwimmen Radfahren Entspannen

16 Campingplatz "Am Furlbach"

*

Am Furlbach 33
33758 Schloß Holte-Stukenbrock
+49 5257 3373
www.campingplatzamfurlbach.de
info@campingplatzamfurlbach.de

ganzjährig

HS: 24,50 € | NS: 24,50 €

Mehr Infos & Anfrage:
www.camping.info/18463

Baden in nat. Gewässer	k. A.
Pool/Hallenbad	8/5km
Spielplatz am Platz	✓
Hunde erlaubt	✓
zur Hälfte Schatten	✓
WLAN	✓
Lebensmittel	✓
Brötchen am Platz	nur HS
Restaurant/Imbiss	2/5km
Ver-/Entsorgung Womo	✓
in den Ort	5km
Gesamt/Touristen	250/50
Mietunterkünfte	✓
Stellplätze vor Schranke	✗

1 km

51.87117 | 8.67142

Herzlich willkommen auf dem Campingplatz Am Furlbach.

Lage & Stellplatz

Der Campingplatz liegt idyllisch in der waldreichen Sennelandschaft nahe des Teutoburger Waldes. Er verfügt über 200 Dauer- und 50 Touristenstellplätze. Darüber hinaus stehen den Gästen drei Schlaffässer und fünf Ferienwohnungen als Mietobjekte zur Verfügung.

Sanitär

Auf dem Platzgelände stehen zwei gepflegte Sanitärgebäude zur Verfügung. Beide Gebäude sind geräumig und hell. Eine behindertengerechte Sanitäreinheit und ein Babybad sind ebenfalls vorhanden sowie Waschmaschine und Trockner.

Verpflegung

Am Campingplatz ist ein Lädchen mit regionalen Produkten für den täglichen Bedarf vorhanden.

Freizeit

Am Platz erwartet die Gäste: Boulebahn, Tischtennis, Volleyballnetz, Spielplätze, Schaukeln, Matschanlage, Rutsche u. v. m. Im Umfeld finden die Camper das Safariland, das Furlbachtal, die Emsquelle, ein großes Rad- und Wanderwegenetz sowie den Teutoburger Wald mit Hermannsdenkmal und Externsteinen.

Touristenstellplatz im Grünen.

Spaß auf dem Kinderspielplatz.

4.1 SEHR GUT
38 Bewertungen

Lage	4.0
Ruhe	4.3
Sanitäranlagen	3.6
Sauberkeit Ø	4.5
Freundlichkeit	4.8
Stellplatz	4.0
Verpflegung	3.4
Freizeit	3.8
Preis-Leistung	4.4
Mietunterkünfte	4.2

Geeignet für

4.6	Gäste mit Hund
4.5	Gäste mit Zelt
4.3	Paare
4.1	Kinder b. 12 J.
4.4	Kinder b. 6 J.
4.3	Senioren
3.4	Kinder b. 18 J.

Empfohlene Aktivitäten

Wandern
Radfahren
Entspannen
Sightseeing

Mehr Infos

Freies WLAN auf Terrasse. Ladestationen für E-Bikes und Elektroautos.

Karte auf Seite 354

	19	20	22
	Wesercamping Höxter	**Campingplatz Am Waldsee**	**Camping Axelsee**
	❄		❄
	Sportzentrum 4 37671 Höxter +49 5271 2589	Husarenstr. 130 33104 Paderborn	Axelsee 1 37688 Beverungen +49 5723 88818
	51.76608 | 9.38301	51.76552 | 8.74799	51.64583 | 9.3825
Infos			
Öffnungszeiten	ganzjährig	keine Angabe	ganzjährig
Vergleichspreis	HS: 23,00 € | NS: 20,00 €	keine Angabe	HS: 22,00 € | NS: 20,00 €
Link	**Mehr Infos & Anfrage:** www.camping.info/18566	**Mehr Infos & Anfrage:** www.camping.info/23765	**Mehr Infos & Anfrage:** www.camping.info/18567
Ausstattung			
Freizeit	Baden im Fluss am Platz ✓ Pool/Hallenbad ✓/1km Spielplatz am Platz ✓	Baden in nat. Gewässer k. A. Pool & Hallenbad ✗ Spielplatz keine Angabe	Baden in nat. Gewässer k. A. Pool & Hallenbad ✗ Spielplatz am Platz ✓
Campingplatz	Hunde willkommen ✓ zur Hälfte Schatten ✓ WLAN ✓	Hunde ✗ Schatten ✗ WLAN keine Angabe	Hunde willkommen ✓ zur Hälfte Schatten ✓ WLAN teilweise
Versorgung	Lebensmittel ✓ Brötchen am Platz nur HS Restaurant/Imbiss 500m/✓ Ver-/Entsorgung Womo ✓ in den Ort 800m	Lebensmittel k.A. Brötchen keine Angabe Restaurant & Imbiss ✗ Ver-/Entsorgung Womo ✗ in den Ort keine Angabe	Lebensmittel 2km Brötchen am Platz nur HS Restaurant/Imbiss ✓/2km Ver-/Entsorgung Womo ✓ in den Ort 2km
Anzahl der Plätze	Gesamt/Touristen 150/80 Mietunterkünfte ✓ Stellplätze vor Schranke ✗	Gesamt keine Angabe Mietunterkünfte ✗ Stellplätze vor Schranke ✗	Gesamt/Touristen 200/40 Mietunterkünfte ✓ Stellplätze vor Schranke ✗

	Wesercamping Höxter	Campingplatz Am Waldsee	Camping Axelsee
Gesamt	4.3 SEHR GUT, 104 Bewertungen	3.0 GUT, 7 Bewertungen	3.1 GUT, 28 Bewertungen
Lage	4.5	3.9	3.9
Ruhe	4.2	3.9	3.6
Sanitäranlagen	4.1	2.3	3.0
Sauberkeit Ø	4.4	3.1	3.4
Freundlichkeit	4.6	4.7	3.1
Stellplatz	4.2	2.9	3.0
Verpflegung	3.8	3.2	2.5
Freizeit	4.1	3.0	3.2
Preis-Leistung	4.5	4.1	3.0
Mietunterkünfte	4.2	-	3.8
Geeignet für			
Kinder b. 6 J.	3.7	3.8	3.1
Kinder b. 12 J.	3.8	3.5	3.2
Kinder b. 18 J.	3.6	3.8	2.8
Paare	4.6	3.3	3.0
Senioren	4.6	2.7	3.2
Gäste mit Zelt	4.3	4.0	3.5
Gäste mit Hund / Hunde n. erlaubt	Gäste mit Hund 4.3	Hunde n. erlaubt -	Gäste mit Hund 3.6
Empfohlene Aktivitäten	Radfahren Kayak/Kanu Wandern	Schwimmen Entspannen Radfahren	Radfahren Schwimmen Wandern

21 Campingparadies Lippstädter Seenplatte

Seeuferstr. 14
59558 Lippstadt-Niederdedinghausen
+49 2948 2253
www.camping-lippstadt.de
info@camping-lippstadt.de

01.03. - 31.10.

HS: 27,50 € | NS: 21,00 €

Mehr Infos & Anfrage:
www.camping.info/23155

Baden im See am Platz	✓
Pool/Hallenbad	5km
Spielplatz am Platz	✓
Hunde erlaubt	✓
zur Hälfte Schatten	✓
WLAN	✓
Lebensmittel	2km
Brötchen am Platz	✓
Restaurant & Imbiss	✓
Ver-/Entsorgung Womo	✓
in den Ort	2km
Gesamt/Touristen	88/67
Mietunterkünfte	✗
Stellplätze vor Schranke	✗

51.70156 | 8.4083

Der Campingplatz liegt idyllisch inmitten der Lippstädter Seen.

Lage & Stellplatz

Der Campingplatz liegt inmitten der Lippstädter Seenplatte im Osten der Stadt Lippstadt. Der Platz ist teilweise parzelliert und alle Stellplätze verfügen über einen 16 A Strom- sowie einen Wasser- und Abwasseranschluss. Direkt angrenzend liegt ein großer Badesee sowie ein Angelgewässer.

Verpflegung

Zum Angebot des Hofladens gehören u. a. ein Brötchenservice, Getränke, Eis und landwirtschaftliche Erzeugnisse. Von Freitag bis Sonntag ist die Kaffeescheune geöffnet und bietet z. B. selbstgemachten Kuchen und Eisbecher. Am Badesee kann man den Abend auf der schönen Seeterrasse ausklingen lassen.

Sanitär

Den Campinggästen steht ein sauberes, modern eingerichtetes Sanitärgebäude zur Verfügung. Neben Einzelwasch- und Duschkabinen sind auch ein Wickelraum, eine Waschmaschine, ein Wäschetrockner und ein behindertengerechtes Badezimmer vorhanden.

Freizeit

Das Gebiet rund um Lippstadt verfügt über ein hervorragend ausgebautes Radwegnetz. Am angrenzenden Badesee gibt es einen großen Sandstrand, einen Nichtschwimmerbereich und einen großen Spielplatz. Am Campingareal finden Kinder neben dem tollen Spielplatz auch viele kostenlose Kinderspielzeuge vor.

Badespaß am Albersee.

Die Kaffeescheune.

4.3 SEHR GUT
44 Bewertungen

Lage	4.4
Ruhe	4.0
Sanitäranlagen	4.3
Sauberkeit Ø	4.3
Freundlichkeit	4.7
Stellplatz	4.2
Verpflegung	3.4
Freizeit	4.1
Preis-Leistung	4.1
Mietunterkünfte	-

Geeignet für

4.8 Gäste mit Hund

4.6	Paare
4.6	Gäste mit Zelt
4.5	Senioren
4.4	Kinder b. 6 J.
4.2	Kinder b. 12 J.
3.8	Kinder b. 18 J.

Empfohlene Aktivitäten

Schwimmen
Radfahren
Entspannen
Wandern

Mehr Infos

Karte auf Seite 354

	23	24	25
	Camping Caravaning Bad Karlshafen	**Kur-Camping Rumkerhof**	**Camping Eversburg**
	❄		❄
	Am rechten Weserufer 2 34385 Bad Karlshafen +49 5672 710	Weslarner Str. 30 59505 Bad Saßendorf +49 2921 53118	Zum Anger 1 34414 Warburg
	51.64441 | 9.44622	51.59592 | 8.17907	51.48607 | 9.16543
Infos			
Öffnungszeiten	ganzjährig	ganzjährig	ganzjährig
Vergleichspreis	HS: 23,00 € | NS: 23,00 €	HS: 19,40 € | NS: 19,40 €	HS: 18,00 €
Link	**Mehr Infos & Anfrage:** www.camping.info/18479	**Mehr Infos & Anfrage:** www.camping.info/24664	**Mehr Infos & Anfrage:** www.camping.info/18486
Ausstattung			
Freizeit	Baden im Fluss am Platz ✓ Pool/Hallenbad ✓/500m Spielplatz am Platz ✓	Baden in nat. Gewässer k. A. Pool/Hallenbad 10km Spielplatz am Platz ✓	Baden in nat. Gewässer k. A. Pool & Hallenbad ✗ Spielplatz ✗
Campingplatz	Hunde willkommen ✓ wenig Schatten ✓ WLAN (gegen Gebühr) ✓	Hunde willkommen ✓ wenig Schatten ✓ WLAN ✓	Hunde erlaubt ✓ zur Hälfte Schatten ✓ WLAN keine Angabe
Versorgung	Lebensmittel ✓ Brötchen am Platz ✓ Restaurant & Imbiss ✓ Ver-/Entsorgung Womo ✓ in den Ort 100m	Lebensmittel 1km Brötchen am Platz ✓ Restaurant/Imbiss 1km Ver-/Entsorgung Womo ✓ in den Ort 1km	Lebensmittel ✗ Brötchen am Platz ✗ Restaurant & Imbiss ✓ Ver-/Entsorgung Womo ✓ in den Ort keine Angabe
Anzahl der Plätze	Gesamt/Touristen 350/200 Mietunterkünfte ✓ Stellplätze vor Schranke ✓	Touristenplätze 90 Mietunterkünfte ✗ Stellplätze vor Schranke ✗	Gesamt keine Angabe Mietunterkünfte ✗ Stellplätze vor Schranke ✗

	23	24	25
Gesamt	3.7 GUT 74 Bewertungen	3.8 GUT 22 Bewertungen	3.5 GUT 4 Bewertungen
Lage	4.4	3.9	3.3
Ruhe	3.8	3.9	4.3
Sanitäranlagen	3.1	4.7	5.0
Sauberkeit Ø	3.6	4.7	4.9
Freundlichkeit	4.2	4.1	4.7
Stellplatz	3.7	3.8	2.3
Verpflegung	3.9	2.6	1.7
Freizeit	3.7	3.4	3.0
Preis-Leistung	3.7	3.9	4.0
Mietunterkünfte	2.3	-	-
Geeignet für			
Kinder b. 6 J.	3.4	2.5	1.0
Kinder b. 12 J.	3.6	2.5	1.0
Kinder b. 18 J.	3.3	2.5	2.0
Paare	4.3	4.2	4.5
Senioren	4.2	4.7	3.5
Gäste mit Zelt	3.9	2.0	3.0
Gäste mit Hund	4.1	4.3	5.0
Empfohlene Aktivitäten	Wandern Entspannen Radfahren	Radfahren Wandern Entspannen	Radfahren Wandern Entspannen

26 Camping Delecke Süd

*

Arnsberger Straße 8
59519 Möhnesee-Delecke
+49 2924 8784210

51.4776 | 8.10198

ganzjährig

HS: 25,20 € | NS: 25,20 €

Mehr Infos & Anfrage:
www.camping.info/18804

Baden im See am Platz	✓
Pool & Hallenbad	✗
Spielplatz am Platz	✓
Hunde	✗
wenig Schatten	✓
WLAN	✗
Lebensmittel	✓
Brötchen am Platz	✓
Imbiss	✓
Ver-/Entsorgung Womo	✓
in den Ort	1km
Gesamt/Touristen	190/70
Mietunterkünfte	✗
Stellplätze vor Schranke	✗

3.6 GUT – 19 Bewertungen

Lage	4.6
Ruhe	3.6
Sanitäranlagen	3.3
Sauberkeit Ø	3.5
Freundlichkeit	4.2
Stellplatz	3.5
Verpflegung	2.7
Freizeit	3.5
Preis-Leistung	3.3
Mietunterkünfte	-

Geeignet für

Kinder b. 6 J.	2.6
Kinder b. 12 J.	3.4
Kinder b. 18 J.	3.1
Paare	4.2
Senioren	4.4
Gäste mit Zelt	3.7
Hunde n. erlaubt	-

Empfohlene Aktivitäten

- Schwimmen
- Radfahren
- Wandern

Gruppen nur auf Anfrage

27 Camping Wannetal

*

Wanndickerweg 2
59581 Warstein-Niederbergheim
+49 2925 3859

51.47083 | 8.24028

ganzjährig

HS: 17,00 € | NS: 17,00 €

Mehr Infos & Anfrage:
www.camping.info/18805

Baden in nat. Gewässer	k. A.
Pool	4km
Spielplatz am Platz	✓
Hunde erlaubt	✓
Schatten	✗
WLAN	✓
Lebensmittel	2km
Brötchen	keine Angabe
Restaurant am P.	✓
Ver-/Entsorgung Womo	✓
in den Ort	1km
Gesamt/Touristen	200/60
Mietunterkünfte	✗
Stellplätze vor Schranke	✗

4.3 SEHR GUT – 9 Bewertungen

Lage	4.2
Ruhe	4.6
Sanitäranlagen	3.9
Sauberkeit Ø	4.3
Freundlichkeit	4.7
Stellplatz	3.7
Verpflegung	3.4
Freizeit	3.9
Preis-Leistung	4.3
Mietunterkünfte	-

Geeignet für

Kinder b. 6 J.	4.1
Kinder b. 12 J.	4.0
Kinder b. 18 J.	3.5
Paare	4.2
Senioren	3.9
Gäste mit Zelt	4.2
Gäste mit Hund	4.8

Empfohlene Aktivitäten

- Wandern
- Entspannen
- Radfahren

28 Camping Wiggeshoff

*

Sauerlandstraße 168
59581 Warstein-Niederbergheim
+49 292 581 157

51.46768 | 8.24121

ganzjährig

HS: 12,60 €

Mehr Infos & Anfrage:
www.camping.info/18806

Baden in nat. Gewässer	k. A.
Pool & Hallenbad	✗
Spielplatz am Platz	✓
Hunde erlaubt	✓
wenig Schatten	✓
WLAN (gratis)	teilweise
Lebensmittel	✓
Brötchen am Platz	✓
Imbiss	✓
Ver-/Entsorgung Womo	✓
in den Ort	2km
Gesamt/Touristen	100/20
Mietunterkünfte	✗
Stellplätze vor Schranke	✗

4.9 SEHR GUT – 11 Bewertungen

Lage	4.7
Ruhe	4.9
Sanitäranlagen	4.5
Sauberkeit Ø	5.0
Freundlichkeit	5.0
Stellplatz	4.5
Verpflegung	3.5
Freizeit	4.3
Preis-Leistung	5.0
Mietunterkünfte	-

Geeignet für

Kinder b. 6 J.	4.8
Kinder b. 12 J.	4.6
Kinder b. 18 J.	3.7
Paare	5.0
Senioren	5.0
Gäste mit Zelt	4.7
Gäste mit Hund	4.3

Empfohlene Aktivitäten

- Entspannen
- Wandern
- Radfahren

29 Camping Kallenhardt-Heide

*

Provinzialstraße 8
59602 Rüthen-Kallenhardt
+49 (0) 160 256 496 9

51.4504 | 8.43821

keine Angabe

HS: 16,50 €

Mehr Infos & Anfrage:
www.camping.info/18807

Baden im Fluss am Platz	✓
Pool & Hallenbad	✗
Spielplatz am Platz	✓
Hunde willkommen	✓
wenig Schatten	✓
WLAN	keine Angabe
Lebensmittel	✗
Brötchen am Platz	✗
Restaurant & Imbiss	✗
Ver-/Entsorgung Womo	✓
in den Ort	1km
Gesamt/Touristen	50/10
Mietunterkünfte	✗
Stellplätze vor Schranke	✗

4.2 SEHR GUT – 6 Bewertungen

Lage	4.0
Ruhe	4.3
Sanitäranlagen	4.3
Sauberkeit Ø	4.7
Freundlichkeit	5.0
Stellplatz	3.8
Verpflegung	1.4
Freizeit	3.5
Preis-Leistung	5.0
Mietunterkünfte	-

Geeignet für

Kinder b. 6 J.	3.2
Kinder b. 12 J.	3.0
Kinder b. 18 J.	2.6
Paare	4.6
Senioren	4.8
Gäste mit Zelt	3.8
Gäste mit Hund	4.2

Empfohlene Aktivitäten

- Wandern
- Entspannen
- Radfahren

NORDRHEIN-WESTFALEN

❸ Ruhrgebiet

	Platz	Seite	Bewertung	Öffnungszeiten	
1	Erholungsgebiet Waldvelen	368	4.6	ganzjährig	✻
2	Campingplatz u. Reiterpark Brockmühle	368	3.6	saisonal	✻
3	Schöne Freizeit KranenCamp	368	3.8	ganzjährig	✻
4	Campingpark Groß-Reken	370	4.0	ganzjährig	✻
5	Ferienpark Dülmener See	370	4.6	k. A.	
6	Campingplatz Tannenwiese	370	3.1	saisonal	
7	Erholungsgebiet Dingdener Heide	369	4.8	saisonal	👍
8	Naturpott Borkenberge	372	4.5	ganzjährig	
9	Ferien- und Campingpark Wisseler See	371	3.6	ganzjährig	✻
10	Seepark Ternsche	372	4.5	saisonal	👍
11	Campingplatz Uentrop	372	3.7	ganzjährig	
12	Erholungspark Wehlingsheide	373	4.1	ganzjährig	✻
13	Haard-Camping - Familie Weber	374	4.3	ganzjährig	✻
14	Campingplatz Lippetal	374	4.0	ganzjährig	✻
15	Freizeitpark Klaukenhof	374	3.9	ganzjährig	✻
16	Erholungszentrum Grav-Insel	375	3.2	saisonal	
17	Campingpark Kerstgenshof	375	4.7	ganzjährig	✻ 👍
18	Waldcamping "Speetenkath" Xanten	375	4.2	ganzjährig	✻
19	Camping Hohensyburg	375	3.3	ganzjährig	✻
20	Camping Ruhrbrücke	376	3.6	saisonal	
21	KNAUS Campingpark Essen-Werden****	376	3.5	saisonal	✻
22	Campingplatz Am Entenfangsee	376	3.1	k. A.	

✻ Wintercamping FKK Textilfrei (ganz/teilweise) Ecocamping 👍 Award Onlinebuchung

Karte auf Seite 366

	1	2	3
	Erholungsgebiet Waldvelen	**Campingplatz u. Reiterpark Brockmühle**	**Schöne Freizeit KranenCamp**
	*	*	*
	Klyer Damm 8 - 10 46342 Velen +49 2863 3450	Am Heubach 1 48249 Dülmen +49 2864 7759	Industriestraße 14 48308 Senden-Gettrup +49 2597 239
	51.90231 | 7.01056	51.84667 | 7.10083	51.84504 | 7.47193

Infos

	1	2	3
Öffnungszeiten	ganzjährig	01.03. - 31.10.	ganzjährig
Vergleichspreis	HS: 22,00 € | NS: 20,00 €	HS: 33,00 € | NS: 33,00 €	HS: 21,50 € | NS: 21,50 €
Link	**Mehr Infos & Anfrage:** www.camping.info/22240	**Mehr Infos & Anfrage:** www.camping.info/19562	**Mehr Infos & Anfrage:** www.camping.info/18625

Ausstattung

	1	2	3
Freizeit	Baden im See 18km Pool/Hallenbad 3/15km Spielplatz am Platz ✓	Baden im Fluss 1km Pool am Platz ✓ Spielplatz am Platz ✓	Baden im Fluss am Platz ✓ Pool/Hallenbad 1km Spielplatz am Platz ✓
Campingplatz	Hunde ✗ wenig Schatten ✓ WLAN ✓	Hunde willkommen ✓ wenig Schatten ✓ WLAN (gegen Gebühr) ✓	Hunde willkommen ✓ zur Hälfte Schatten ✓ WLAN ✗
Versorgung	Lebensmittel 1km Brötchen am Platz ✓ Restaurant/Imbiss 1/1km Ver-/Entsorgung Womo ✓ in den Ort 1km	Lebensmittel ✓ Brötchen am Platz ✗ Restaurant/Imbiss 1km Ver-/Entsorgung Womo ✗ in den Ort 1km	Lebensmittel 1km Brötchen keine Angabe Restaurant/Imbiss ✓/1km Ver-/Entsorgung Womo ✗ in den Ort 1km
Anzahl der Plätze	Touristenplätze 30 Mietunterkünfte ✓ Stellplätze vor Schranke ✗	Gesamt/Touristen 200/15 Mietunterkünfte ✗ Stellplätze vor Schranke ✗	Gesamt/Touristen 175/25 Mietunterkünfte ✓ Stellplätze vor Schranke ✗

Bewertungen

	1	2	3
Gesamt	4.6 SEHR GUT, 11 Bewertungen	3.6 GUT, 18 Bewertungen	3.8 GUT, 19 Bewertungen
Lage	4.6	3.9	4.1
Ruhe	4.7	3.7	4.2
Sanitäranlagen	4.7	3.1	3.4
Sauberkeit Ø	4.6	3.7	4.1
Freundlichkeit	5.0	4.2	4.8
Stellplatz	4.2	3.4	3.6
Verpflegung	3.7	2.4	3.9
Freizeit	3.9	3.6	3.6
Preis-Leistung	4.8	4.0	4.5
Mietunterkünfte	5.0	-	5.0

Geeignet für

	1	2	3
Kinder b. 6 J.	4.0	4.3	3.7
Kinder b. 12 J.	3.9	4.4	3.8
Kinder b. 18 J.	3.0	3.4	2.8
Paare	4.8	3.4	4.3
Senioren	4.8	3.6	4.3
Gäste mit Zelt	4.8	4.2	4.3
Hunde n. erlaubt / Gäste mit Hund	Hunde n. erlaubt -	Gäste mit Hund 4.7	Gäste mit Hund 4.2

Empfohlene Aktivitäten

1	2	3
Radfahren	Reiten	Radfahren
Entspannen	Radfahren	Motorboot
Wandern	Wandern	Entspannen

7 Erholungsgebiet Dingdener Heide

Busster Weg 100
46499 Hamminkeln
+49 2852 2405
www.dingdener-heide.de
info@dingdener-heide.de

01.04. - 31.10.

HS: 27,90 € | NS: 25,30 €

Mehr Infos & Anfrage:
www.camping.info/25809

Baden in nat. Gewässer	✗
Pool/Hallenbad	3/15km
Spielplatz am Platz	✓
Hunde willkommen	✓
wenig Schatten	✓
WLAN	✓
Lebensmittel	✓
Brötchen am Platz	✓
Restaurant/Imbiss	3km/✓
Ver-/Entsorgung Womo	✓
in den Ort	3km
Gesamt/Touristen	435/35
Mietunterkünfte	✓
Stellplätze vor Schranke	✗

51.783 | 6.63418

Stellplätze am See mit schönen Seehäusern.

Lage & Stellplatz

Im Naturschutzgebiet der Dingdener Heide, in Hamminkeln am Niederrhein, liegt das Ferien- und Erholungsgebiet. Mit seinen beiden Freizeitseen, den Sandstränden mit Spielplätzen, den vielen Rad- und Wanderwegen bietet es dem ruhe- und erholungsuchenden Gast ein ideales Ferien- und Kurzurlaubsziel.

Verpflegung

Ob Radfahrer, Wanderer, Spaziergänger, Besucher oder Kunde des Campingplatzes – sie sind alle herzlich willkommen zu einem leckeren Gericht, Eis oder einfach einem gemütlichen Beisammensein in der Gaststätte Waldschänke.

Sanitär

In der hellen und großzügigen Sanitäranlage befinden sich großräumige Dusch- und Toilettenräume sowie spezielle Bäder für Kinder und Menschen mit Einschränkungen. Ein Wäsche- und Trockenraum steht ebenfalls zur Verfügung, wie auch eine kleine Küche mit Herd, Spülen und Sitzgelegenheiten.

Freizeit

Die herrlichen Seen wie auch das umliegende Naturschutzgebiet laden zum Genießen ein. Naturerlebnisse & Naturbeobachtungen bringen Groß und Klein zum Staunen. Für Aktivitäten direkt am Platz stehen zwei Spielplätze am See, ein Spielraum, Gokarts, Volleyball, Tischtennis und vieles mehr bereit.

Die „Höhlen" am kleinen See.

Innenhof der Sanitäranlage.

4.8 SEHR GUT
278 Bewertungen

Lage	4.6
Ruhe	4.3
Sanitäranlagen	4.7
Sauberkeit Ø	4.9
Freundlichkeit	4.9
Stellplatz	4.7
Verpflegung	4.3
Freizeit	4.6
Preis-Leistung	4.5
Mietunterkünfte	4.7

Geeignet für

- 4.7 Kinder b. 12 J.
- 4.7 Paare
- 4.6 Kinder b. 6 J.
- 4.5 Senioren
- 4.4 Gäste mit Zelt
- 4.1 Gäste mit Hund
- 4.0 Kinder b. 18 J.

Empfohlene Aktivitäten

Radfahren | Wandern | Entspannen | Schwimmen

Mehr Infos

AWARD 2022

Karte auf Seite 366

4 Campingpark Groß-Reken

❄

Berge 4
48734 Groß Reken
+49 28 64 44 94
51.82707 | 7.06246

5 Ferienpark Dülmener See

Ferienpark Dülmener See 51
84249 Dülmen
+4925942125
51.80486 | 7.23544

6 Campingplatz Tannenwiese

Borkenbergestraße 217
48249 Dülmen-Hausdülmen
+49 2594 991759
51.78784 | 7.27224

	4 Campingpark Groß-Reken	5 Ferienpark Dülmener See	6 Campingplatz Tannenwiese
Infos			
Öffnungszeiten	ganzjährig	keine Angabe	01.03. - 31.10.
Vergleichspreis	HS: 20,00 € | NS: 20,00 €	keine Angabe	HS: 16,70 € | NS: 16,70 €
Link	**Mehr Infos & Anfrage:** www.camping.info/22335	**Mehr Infos & Anfrage:** www.camping.info/26548	**Mehr Infos & Anfrage:** www.camping.info/18624
Ausstattung			
Freizeit	Baden in nat. Gewässer k. A. Pool/Hallenbad 300m Spielplatz am Platz ✓	Baden in nat. Gewässer k. A. Pool & Hallenbad ✗ Spielplatz keine Angabe	Baden in nat. Gewässer k. A. Pool/Hallenbad 8km Spielplatz am Platz ✓
Campingplatz	Hunde willkommen ✓ wenig Schatten ✓ WLAN ✓	Hunde ✗ Schatten ✗ WLAN keine Angabe	Hunde erlaubt ✓ Schatten ✗ WLAN ✓
Versorgung	Lebensmittel 1km Brötchen am Platz nur HS Restaurant & Imbiss ✓ Ver-/Entsorgung Womo ✓ in den Ort 3km	Lebensmittel k.A. Brötchen keine Angabe Restaurant & Imbiss ✗ Ver-/Entsorgung Womo ✗ in den Ort keine Angabe	Lebensmittel 4km Brötchen keine Angabe Restaurant/Imbiss 2/4km Ver-/Entsorgung Womo ✗ in den Ort 4km
Anzahl der Plätze	Gesamt/Touristen 495/100 Mietunterkünfte ✗ Stellplätze vor Schranke ✗	Gesamt/Touristen 250/80 Mietunterkünfte ✓ Stellplätze vor Schranke ✓	Gesamt/Touristen 135/50 Mietunterkünfte ✗ Stellplätze vor Schranke ✗

Campingpark Groß-Reken: 4.0 SEHR GUT, 27 Bewertungen

Lage	4.6
Ruhe	4.5
Sanitäranlagen	3.7
Sauberkeit Ø	4.0
Freundlichkeit	4.2
Stellplatz	3.7
Verpflegung	3.7
Freizeit	4.2
Preis-Leistung	4.4
Mietunterkünfte	-
Geeignet für	
Kinder b. 6 J.	4.0
Kinder b. 12 J.	4.2
Kinder b. 18 J.	3.5
Paare	4.1
Senioren	4.2
Gäste mit Zelt	4.1
Gäste mit Hund	4.6

Empfohlene Aktivitäten
- Wandern
- Radfahren
- Entspannen

Ferienpark Dülmener See: 4.6 SEHR GUT, 8 Bewertungen

Lage	4.5
Ruhe	4.6
Sanitäranlagen	4.2
Sauberkeit Ø	4.5
Freundlichkeit	4.9
Stellplatz	4.4
Verpflegung	3.7
Freizeit	3.9
Preis-Leistung	4.8
Mietunterkünfte	4.7
Geeignet für	
Kinder b. 6 J.	4.8
Kinder b. 12 J.	4.6
Kinder b. 18 J.	3.6
Paare	4.5
Senioren	4.0
Gäste mit Zelt	4.7
Hunde n. erlaubt	-

Empfohlene Aktivitäten
- Schwimmen
- Entspannen
- Radfahren

Campingplatz Tannenwiese: 3.1 GUT, 10 Bewertungen

Lage	3.2
Ruhe	3.2
Sanitäranlagen	3.5
Sauberkeit Ø	4.2
Freundlichkeit	4.2
Stellplatz	3.2
Verpflegung	1.6
Freizeit	3.0
Preis-Leistung	3.9
Mietunterkünfte	-
Geeignet für	
Kinder b. 6 J.	3.7
Kinder b. 12 J.	3.8
Kinder b. 18 J.	3.0
Paare	4.2
Senioren	3.8
Gäste mit Zelt	4.7
Gäste mit Hund	4.7

Empfohlene Aktivitäten
- Radfahren
- Entspannen
- Radfahren

ℹ Es gibt regelmäßig Musikveranstaltungen auf dem Campingplatz.

ANZEIGE

9 Ferien- und Campingpark Wisseler See

*

Zum Wisseler See 15
47546 Kalkar-Wissel
+49 2824 9631 0
www.wisseler-see.de
info@wisseler-see.de

ganzjährig

HS: 32,00 € | NS: 24,00 €

Mehr Infos & Anfrage:
www.camping.info/18620

Baden im See am Platz	✓
Pool/Hallenbad	✓/15km
Spielplatz am Platz	✓
Hunde willkommen	✓
zur Hälfte Schatten	✓
WLAN (begrenzt gratis)	✓
Lebensmittel	✓
Brötchen am Platz	✓
Restaurant & Imbiss	✓
Ver-/Entsorgung Womo	✓
in den Ort	5km
Gesamt/Touristen	800/200
Mietunterkünfte	✓
Stellplätze vor Schranke	✗

51.76125 | 6.28524

Freizeit mit Erholung, Sport, Spaß, Schwimmen und viel Natur.

Lage & Stellplatz

Der moderne 4-Sterne-Campingpark befindet sich am schönen Niederrhein direkt am Wisseler See, der mit dem Siegel „Blaue Flagge" ausgezeichnet ist. Die Anlage bietet vielfältige Erholungs- und Sportangebote. Für das leibliche Wohl steht ein Restaurant und ein Lebensmittelmarkt zur Verfügung.

Verpflegung

Das platzeigene Restaurant „Campino" bietet ausgezeichnete Küche mit regionalen und saisonalen Angeboten. Die Strandbude „SunSeaBar" versorgt die Gäste mit kleinen Snacks. Ein Shop mit frischen Bäckerbrötchen, Kaffee und Kuchen, Lebensmitteln, Obst/Gemüse und Drogerieartikeln ist auch vorhanden.

Sanitär

Der Campingplatz verfügt über sieben moderne, saubere und gepflegte Sanitäranlagen mit Duschen, Waschbecken, WC, Babypflegebereichen, fünf barrierefreien Bädern, Spülküchen, Waschmaschinenräumen und Wäschetrocknern. Zusätzlich gibt es zwei Parzellen mit eigenem Sanitärhäuschen auf Anfrage.

Freizeit

Auf dem Campinggelände: Segeln, Surfen, Schwimmen, Aquapark, SUP, Angeln, Beachvolleyball, Bowling, Kegeln, Badminton, Volleyball, Billard, Kicker. Die Umgebung verfügt über wunderschöne Rad- und Wanderwege, Museen, nette kleine Städte und Dörfer. Bis zur niederländischen Grenze sind es 12 km.

Komfortstellplätze für Familien.

Exklusives Glamping in Chalets.

3.6 GUT
136 Bewertungen

Lage	4.0
Ruhe	3.7
Sanitäranlagen	3.7
Sauberkeit Ø	3.9
Freundlichkeit	4.3
Stellplatz	3.6
Verpflegung	3.7
Freizeit	3.8
Preis-Leistung	3.6
Mietunterkünfte	4.3

Geeignet für

4.3 Gäste mit Zelt

4.2 Kinder b. 12 J.
4.1 Paare
3.8 Kinder b. 18 J.
4.1 Kinder b. 6 J.
3.9 Senioren
2.5 Gäste mit Hund

Empfohlene Aktivitäten

Radfahren
Schwimmen
Entspannen
Wandern

Mehr Infos

Kostenlose Parkbuchten, Gruppenanfragen per E-Mail, Hunde auf Anfrage.

Karte auf Seite 366

	8	10	11
	Naturpott Borkenberge	**Seepark Ternsche**	**Campingplatz Uentrop**
	Leversum 85 59348 Lüdinghausen 02594 7979561 51.78233 | 7.28244	Strandweg 7 59379 Selm +49 2592 917210 51.71262 | 7.43402	Dolberger Straße 80e 59510 Lippetal +49 238 8437 51.69378 | 7.97023
Infos			
Öffnungszeiten	ganzjährig	15.03. - 31.10.	ganzjährig
Vergleichspreis	HS: 21,00 € | NS: 19,00 €	HS: 23,50 € | NS: 22,00 €	HS: 22,00 €
Link	**Mehr Infos & Anfrage:** www.camping.info/28160	**Mehr Infos & Anfrage:** www.camping.info/22238	**Mehr Infos & Anfrage:** www.camping.info/24869
Ausstattung			
Freizeit	Baden im Teich am Platz ✓ Pool am Platz ✓ Spielplatz am Platz ✓	Baden im See am Platz ✓ Pool am Platz ✓ Spielplatz am Platz ✓	Baden im Fluss am Platz ✓ Pool/Hallenbad 10km Spielplatz am Platz ✓
Campingplatz	Hunde willkommen ✓ Schatten ✗ WLAN ✓	Hunde ✗ viel Schatten ✓ WLAN (gegen Gebühr) ✓	Hunde willkommen ✓ wenig Schatten ✓ WLAN (gratis) teilweise
Versorgung	Lebensmittel 5km Brötchen am Platz ✓ Restaurant & Imbiss ✓ Ver-/Entsorgung Womo ✓ in den Ort 6km	Lebensmittel ✓ Brötchen am Platz ✓ Restaurant/Imbiss 3km/✓ Ver-/Entsorgung Womo ✗ in den Ort 2km	Lebensmittel ✓ Brötchen am Platz nur HS Restaurant am P. ✓ Ver-/Entsorgung Womo ✓ in den Ort 2km
Anzahl der Plätze	Gesamt/Touristen 250/100 Mietunterkünfte ✓ Stellplätze vor Schranke ✗	Gesamt/Touristen 450/70 Mietunterkünfte ✓ Stellplätze vor Schranke ✗	Gesamt/Touristen 300/60 Mietunterkünfte ✗ Stellplätze vor Schranke ✗

	Naturpott Borkenberge	Seepark Ternsche	Campingplatz Uentrop
Gesamt	4.5 SEHR GUT, 32 Bewertungen	4.5 SEHR GUT, 162 Bewertungen	3.7 GUT, 10 Bewertungen
Lage	4.4	4.3	3.2
Ruhe	4.2	3.7	3.1
Sanitäranlagen	4.7	4.3	3.4
Sauberkeit Ø	4.6	3.5	4.2
Freundlichkeit	4.8	4.7	4.7
Stellplatz	4.3	3.4	3.6
Verpflegung	4.3	3.6	3.2
Freizeit	4.1	4.3	3.0
Preis-Leistung	4.4	3.6	4.5
Mietunterkünfte	4.8	3.0	-
Geeignet für			
Kinder b. 6 J.	4.3	4.4	3.5
Kinder b. 12 J.	4.6	4.5	3.5
Kinder b. 18 J.	3.6	4.0	3.5
Paare	4.4	4.4	4.4
Senioren	3.9	3.9	4.6
Gäste mit Zelt	4.5	3.6	4.2
Gäste mit Hund / Hunde n. erlaubt	Gäste mit Hund 4.7	Hunde n. erlaubt -	Gäste mit Hund 4.7
Empfohlene Aktivitäten	Radfahren Entspannen Schwimmen	Schwimmen Radfahren Wandern	Angeln Kayak/Kanu Radfahren

AWARD 2022

12 Erholungspark Wehlingsheide

*

Im Wehling 26
45711 Datteln
+49 2363 33404
www.wehlingsheide.de
info@wehlingsheide.de

ganzjährig

HS: 25,50 € | NS: 25,50 €

Mehr Infos & Anfrage:
www.camping.info/23142

Baden im See	10km
Pool/Hallenbad	6km
Spielplatz am Platz	✓
Hunde willkommen	✓
wenig Schatten	✓
WLAN (gratis)	teilweise
Lebensmittel	2km
Brötchen am Platz	✓
Restaurant & Imbiss	✓
Ver-/Entsorgung Womo	✓
in den Ort	2km
Gesamt/Touristen	160/50
Mietunterkünfte	✓
Stellplätze vor Schranke	✓

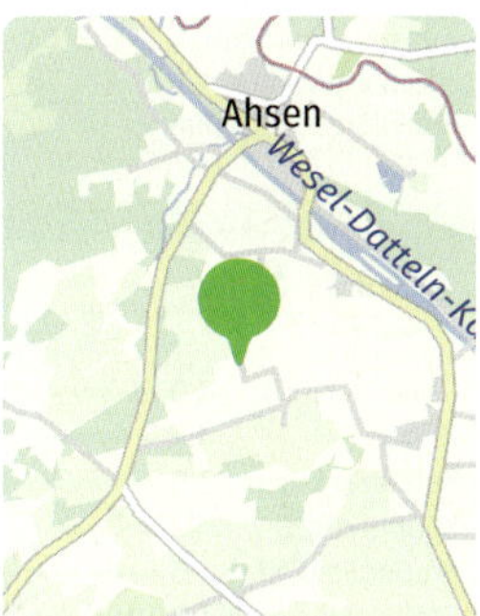

1 km
51.6826 | 7.3057

Idyllische Teichlandschaft auf dem Platz.

Lage & Stellplatz

Der Standort Wehlingsheide bietet den Gästen vielfältige Möglichkeiten zur Freizeitgestaltung. Geografisch liegt Wehlingsheide zwischen dem Münsterland mit Schlössern und Wasserburgen und dem Ruhrgebiet mit seiner alten Industriekultur. Die Halterner Seen sind von hier aus schnell zu erreichen.

Verpflegung

Das platzeigene Restaurant „Zum Wehling" hat ein breites Angebot an Speisen und Getränken. In der Saison bietet der Platz einen Brötchenservice, der die frischen Backwaren direkt zur Parzelle oder zur Mietunterkunft liefert.

Sanitär

Der Platz bietet helle, moderne und zentral gelegene Sanitäranlagen. Auf vielen Parzellen haben Urlauber die Möglichkeit, ein privates Badezimmer zu mieten. Die Sanitärkabinen sind mit Dusche, Waschtisch und Toilette ausgestattet, teilweise auch mit separatem Geschirrspül- oder Abstellraum.

Freizeit

In der unmittelbaren Nähe zu Wehlingsheide gibt es viele Möglichkeiten zur Freizeitgestaltung. Ein besonderes Erlebnis sind Radtouren an den Wasserstraßen von Datteln und Haltern am See. Auf dem Platz können die Gäste E-Bikes ausleihen oder den schönen Saunagarten genießen.

Kleiner Strandbereich.

Saunalandschaft.

4.1 SEHR GUT
92 Bewertungen

Lage	4.1
Ruhe	4.3
Sanitäranlagen	4.0
Sauberkeit Ø	4.4
Freundlichkeit	4.3
Stellplatz	4.0
Verpflegung	3.0
Freizeit	3.4
Preis-Leistung	4.0
Mietunterkünfte	4.4

Geeignet für

Senioren	4.7
Paare	4.6
Gäste mit Hund	4.4
Gäste mit Zelt	3.9
Kinder b. 6 J.	3.7
Kinder b. 12 J.	3.5
Kinder b. 18 J.	2.8

Empfohlene Aktivitäten

Radfahren
Entspannen
Wandern
Wellness

Mehr Infos

Preis: 29,50 € am Wochenende; 25,50 € in der Woche.

Karte auf Seite 366

	13	14	15
	Haard-Camping - Familie Weber	**Campingplatz Lippetal**	**Freizeitpark Klaukenhof**
	*	*	*
	In den Wellen 30 45711 Datteln +49 2363 361391	Gahlener Str. 159 46569 Hünxe +49 2853 4134	Pelkumer Weg 51 45711 Datteln 02363 365033
	51.67781 | 7.2845	51.6707 | 6.84293	51.66861 | 7.36886
Infos			
Öffnungszeiten	ganzjährig	ganzjährig	ganzjährig
Vergleichspreis	HS: 14,00 € | NS: 14,00 €	HS: 17,00 € | NS: 17,00 €	HS: 25,00 € | NS: 25,00 €
Link	**Mehr Infos & Anfrage:** www.camping.info/18614	**Mehr Infos & Anfrage:** www.camping.info/22334	**Mehr Infos & Anfrage:** www.camping.info/22235

Ausstattung

	Haard-Camping - Familie Weber		Campingplatz Lippetal		Freizeitpark Klaukenhof	
Freizeit	Baden im See	8km	Baden in nat. Gewässer	k. A.	Baden im Fluss	500m
	Pool/Hallenbad	1km	Pool/Hallenbad	3km	Pool/Hallenbad	5/10km
	Spielplatz am Platz	✓	Spielplatz am Platz	✓	Spielplatz am Platz	✓
Campingplatz	Hunde willkommen	✓	Hunde willkommen	✓	Hunde willkommen	✓
	wenig Schatten	✓	wenig Schatten	✓	zur Hälfte Schatten	✓
	WLAN (begrenzt gratis)	teilweise	WLAN	✓	WLAN	✓
Versorgung	Lebensmittel	4km	Lebensmittel	✗	Lebensmittel	2km
	Brötchen am Platz	nur HS	Brötchen am Platz	nur HS	Brötchen am Platz	✓
	Restaurant & Imbiss	✓	Restaurant & Imbiss	✓	Restaurant & Imbiss	✓
	Ver-/Entsorgung Womo	✓	Ver-/Entsorgung Womo	✓	Ver-/Entsorgung Womo	✓
	in den Ort	4km	in den Ort	1km	in den Ort	4km
Anzahl der Plätze	Gesamt/Touristen	195/20	Gesamt/Touristen	152/22	Gesamt/Touristen	180/20
	Mietunterkünfte	✓	Mietunterkünfte	✓	Mietunterkünfte	✓
	Stellplätze vor Schranke	✓	Stellplätze vor Schranke	✗	Stellplätze vor Schranke	✓

	Haard-Camping - Familie Weber	Campingplatz Lippetal	Freizeitpark Klaukenhof
Gesamt	4.3 SEHR GUT, 17 Bewertungen	4.0 SEHR GUT, 22 Bewertungen	3.9 GUT, 35 Bewertungen
Lage	4.6	4.1	4.3
Ruhe	4.4	4.2	4.4
Sanitäranlagen	3.5	3.9	3.9
Sauberkeit Ø	4.6	4.2	4.2
Freundlichkeit	4.8	4.6	4.5
Stellplatz	4.3	4.1	3.9
Verpflegung	4.1	4.2	3.4
Freizeit	4.2	4.1	3.9
Preis-Leistung	4.9	4.5	4.0
Mietunterkünfte	4.0	4.8	4.7
Geeignet für			
Kinder b. 6 J.	4.2	3.9	4.2
Kinder b. 12 J.	4.0	4.2	4.2
Kinder b. 18 J.	3.6	3.7	3.8
Paare	4.6	4.2	4.3
Senioren	4.7	4.6	4.4
Gäste mit Zelt	4.2	4.2	4.4
Gäste mit Hund	4.8	4.4	4.3
Empfohlene Aktivitäten	Wandern Radfahren Entspannen	Radfahren Wandern Schwimmen	Radfahren Entspannen Wandern

16

Erholungszentrum Grav-Insel

Gravinsel 1
46487 Wesel-Flüren
+49 281 97283 0
51.66778 | 6.55556

01.04. - 31.10.
HS: 20,00 € | NS: 20,00 €
Mehr Infos & Anfrage:
www.camping.info/18619

Baden im Fluss am Platz	✓
Pool/Hallenbad	3/6km
Spielplatz am Platz	✓
Hunde willkommen	✓
wenig Schatten	✓
WLAN (gegen Gebühr)	✓
Lebensmittel	✓
Brötchen am Platz	✓
Restaurant & Imbiss	✓
Ver-/Entsorgung Womo	✓
in den Ort	2km
Gesamt/Touristen	2000/500
Mietunterkünfte	✓
Stellplätze vor Schranke	✗

3.2 GUT
95 Bewertungen

Lage	3.9
Ruhe	3.0
Sanitäranlagen	3.5
Sauberkeit Ø	3.4
Freundlichkeit	3.3
Stellplatz	3.1
Verpflegung	3.8
Freizeit	3.4
Preis-Leistung	3.4
Mietunterkünfte	3.4

Geeignet für

Kinder b. 6 J.	3.7
Kinder b. 12 J.	3.9
Kinder b. 18 J.	3.6
Paare	3.4
Senioren	3.3
Gäste mit Zelt	3.3
Gäste mit Hund	3.6

Empfohlene Aktivitäten

- Radfahren
- Angeln
- Schwimmen

17

Campingpark Kerstgenshof

Marienbaumer Straße 158
47665 Sonsbeck-Labbeck
+49 2801 43 08
51.66028 | 6.37222

ganzjährig
HS: 28,80 € | NS: 26,30 €
Mehr Infos & Anfrage:
www.camping.info/18621

Baden im See	7km
Pool/Hallenbad	7/23km
Spielplatz am Platz	✓
Hunde willkommen	✓
zur Hälfte Schatten	✓
WLAN	✓
Lebensmittel	4km
Brötchen am Platz	✓
Restaurant/Imbiss	200m/✓
Ver-/Entsorgung Womo	✓
in den Ort	2km
Gesamt/Touristen	342/100
Mietunterkünfte	✓
Stellplätze vor Schranke	✓

4.7 SEHR GUT
786 Bewertungen

Lage	4.1
Ruhe	4.1
Sanitäranlagen	4.8
Sauberkeit Ø	4.7
Freundlichkeit	4.8
Stellplatz	4.8
Verpflegung	3.9
Freizeit	4.6
Preis-Leistung	4.5
Mietunterkünfte	4.7

Geeignet für

Kinder b. 6 J.	4.7
Kinder b. 12 J.	4.7
Kinder b. 18 J.	4.0
Paare	4.6
Senioren	4.6
Gäste mit Zelt	4.4
Gäste mit Hund	4.5

Empfohlene Aktivitäten

- Radfahren
- Entspannen
- Wandern

AWARD 2022

18

Waldcamping "Speetenkath" Xanten

Urseler Straße 18a
46509 Xanten
+49 2801 1769
51.65824 | 6.38455

ganzjährig
HS: 22,00 € | NS: 22,00 €
Mehr Infos & Anfrage:
www.camping.info/24134

Baden im Teich am Platz	✓
Pool/Hallenbad	3km
Spielplatz am Platz	✓
Hunde	✗
zur Hälfte Schatten	✓
WLAN	✓
Lebensmittel	✓
Brötchen am Platz	nur HS
Restaurant & Imbiss	✓
Ver-/Entsorgung Womo	✓
in den Ort	2km
Gesamt/Touristen	300/50
Mietunterkünfte	✓
Stellplätze vor Schranke	✗

4.2 SEHR GUT
49 Bewertungen

Lage	4.5
Ruhe	4.7
Sanitäranlagen	3.8
Sauberkeit Ø	4.1
Freundlichkeit	4.6
Stellplatz	4.0
Verpflegung	4.3
Freizeit	4.2
Preis-Leistung	4.2
Mietunterkünfte	4.3

Geeignet für

Kinder b. 6 J.	4.3
Kinder b. 12 J.	4.4
Kinder b. 18 J.	4.3
Paare	4.5
Senioren	4.6
Gäste mit Zelt	4.4
Hunde n. erlaubt	-

Empfohlene Aktivitäten

- Wandern
- Radfahren
- Entspannen

19

Camping Hohensyburg

Syburger Dorfstraße 69
44265 Dortmund-Hohensyburg
+49 231 774 374
51.41972 | 7.49444

ganzjährig
HS: 26,50 € | NS: 26,50 €
Mehr Infos & Anfrage:
www.camping.info/18609

Baden in nat. Gewässer	✗
Pool/Hallenbad	500m/2km
Spielplatz am Platz	✓
Hunde willkommen	✓
wenig Schatten	✓
WLAN	✓
Lebensmittel	✓
Brötchen am Platz	✓
Restaurant & Imbiss	✓
Ver-/Entsorgung Womo	✓
in den Ort	1km
Gesamt/Touristen	350/100
Mietunterkünfte	✓
Stellplätze vor Schranke	✗

3.3 GUT
31 Bewertungen

Lage	3.7
Ruhe	3.3
Sanitäranlagen	3.5
Sauberkeit Ø	3.7
Freundlichkeit	3.9
Stellplatz	3.3
Verpflegung	3.3
Freizeit	3.5
Preis-Leistung	3.3
Mietunterkünfte	3.0

Geeignet für

Kinder b. 6 J.	3.4
Kinder b. 12 J.	3.6
Kinder b. 18 J.	2.9
Paare	3.9
Senioren	3.7
Gäste mit Zelt	3.6
Gäste mit Hund	3.9

Empfohlene Aktivitäten

- Wandern
- Radfahren
- Mountainbiking

kein Party-Campingplatz

Karte auf Seite 366

	20	21	22
	Camping Ruhrbrücke	**KNAUS Campingpark Essen-Werden****** ❄	**Campingplatz Am Entenfangsee**
	Ruhrstraße 6 45529 Hattingen +49 2324 80038	Im Löwental 67 45239 Essen-Werden +49 201 492 978	Am Entenfang 7 45481 Mülheim a. d. Ruhr +49 203 76 01 11
	51.39123 | 7.15026	51.38105 | 6.99238	51.37215 | 6.81787
Infos			
Öffnungszeiten	01.04. - 20.10.	18.04. - 31.12.	keine Angabe
Vergleichspreis	HS: 20,50 € | NS: 20,50 €	HS: 35,00 € | NS: 35,00 €	keine Angabe
Link	**Mehr Infos & Anfrage:** www.camping.info/18613	**Mehr Infos & Anfrage:** www.camping.info/18610	**Mehr Infos & Anfrage:** www.camping.info/24947
Ausstattung			
Freizeit	Baden in nat. Gewässer k. A. Pool & Hallenbad ✗ Spielplatz keine Angabe	Baden im See 2km Hallenbad 4km Spielplatz am Platz ✓	Baden in nat. Gewässer k. A. Pool & Hallenbad ✗ Spielplatz keine Angabe
Campingplatz	Hunde erlaubt ✓ Schatten ✗ WLAN keine Angabe	Hunde willkommen ✓ zur Hälfte Schatten ✓ WLAN (gegen Gebühr) ✓	Hunde ✗ Schatten ✗ WLAN keine Angabe
Versorgung	Lebensmittel k.A. Brötchen keine Angabe Restaurant & Imbiss ✗ Ver-/Entsorgung Womo ✗ in den Ort 1km	Lebensmittel ✗ Brötchen am Platz ✓ Restaurant/Imbiss 1km/✓ Ver-/Entsorgung Womo ✓ in den Ort 800m	Lebensmittel k.A. Brötchen keine Angabe Restaurant & Imbiss ✗ Ver-/Entsorgung Womo ✗ in den Ort 2km
Anzahl der Plätze	Gesamt keine Angabe Mietunterkünfte ✗ Stellplätze vor Schranke ✗	Gesamt/Touristen 250/100 Mietunterkünfte ✓ Stellplätze vor Schranke ✗	Gesamt keine Angabe Mietunterkünfte ✗ Stellplätze vor Schranke ✗

	20	21	22
Gesamt	3.6 GUT – 29 Bewertungen	3.5 GUT – 239 Bewertungen	3.1 GUT – 10 Bewertungen
Lage	4.2	3.9	3.1
Ruhe	3.3	3.1	2.5
Sanitäranlagen	3.2	3.7	3.4
Sauberkeit Ø	4.4	4.0	3.5
Freundlichkeit	4.4	4.2	3.6
Stellplatz	3.4	3.7	3.2
Verpflegung	2.2	3.5	3.3
Freizeit	4.0	3.4	2.9
Preis-Leistung	3.7	3.5	2.8
Mietunterkünfte	-	3.6	-
Geeignet für			
Kinder b. 6 J.	3.0	3.4	3.2
Kinder b. 12 J.	3.6	3.4	3.0
Kinder b. 18 J.	3.6	3.4	2.6
Paare	4.4	4.0	3.3
Senioren	4.2	4.0	3.7
Gäste mit Zelt	3.8	2.9	2.7
Gäste mit Hund / Hunde n. erlaubt	Gäste mit Hund 4.5	Gäste mit Hund 3.3	Hunde n. erlaubt -
Empfohlene Aktivitäten	Kayak/Kanu Radfahren Sightseeing	Sightseeing Radfahren Kultur	Wandern Radfahren Entspannen

Preise aus 2019

NORDRHEIN-WESTFALEN

❹ Eifel

FREIZEITTIPPS

- **A** Rotes Haus, Monschau
- **B** Nationalpark Eifel
- **C** Schloss Benrath, Düsseldorf
- **D** Phantasialand, Brühl
- **E** Kölner Dom, Köln

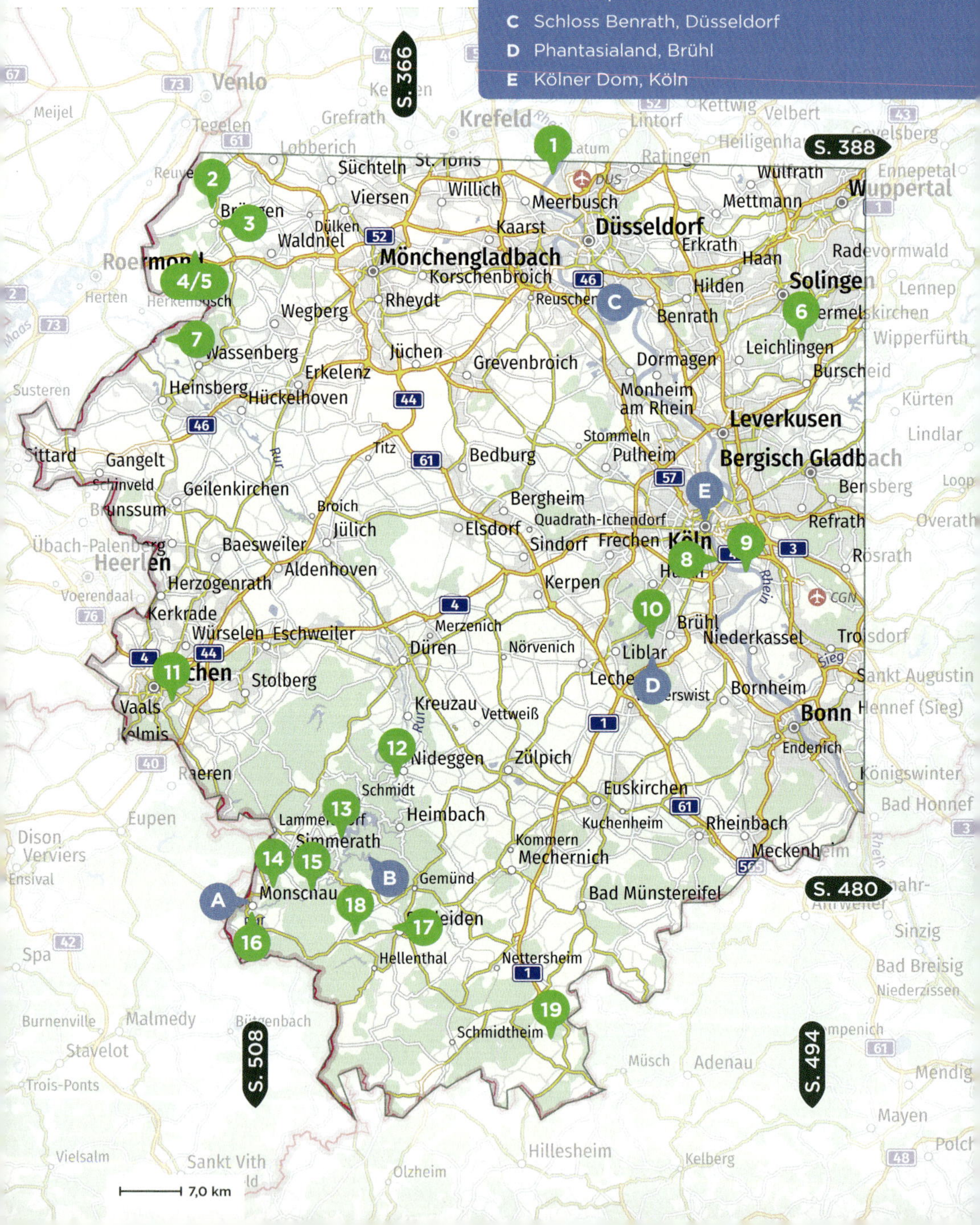

	Platz	Seite	Bewertung	Öffnungszeiten	
1	Rheincamping Meerbusch	**380**	**4.4**	saisonal	
2	Heide Camp Brüggen	**380**	**3.6**	ganzjährig	✱
3	Campingplatz Dilborner Mühle	**380**	**4.6**	ganzjährig	✱
4	Campingplatz Graskamp	**381**	**4.5**	ganzjährig	✱
5	Camping Lelefeld	**382**	**3.9**	ganzjährig	✱
6	Waldcamping-Glüder	**382**	**3.8**	ganzjährig	✱
7	Campingplatz Amici Lodges	**382**	**3.5**	ganzjährig	✱
8	Camping Stadt Köln	**384**	**3.1**	saisonal	
9	Camping Berger	**383**	**3.8**	saisonal	✱
10	Camping Heider Bergsee	**384**	**3.7**	ganzjährig	✱
11	Stellplatz Aachen	**384**	**3.8**	ganzjährig	✱
12	Campingplatz Hetzingen	**385**	**4.6**	ganzjährig	✱
13	Camping Rursee	**386**	**3.1**	k. A.	
14	Camping Zum Jone Bur	**386**	**3.5**	ganzjährig	✱
15	Camp Hammer	**386**	**4.4**	ganzjährig	✱
16	Waldcamping Perlenau	**387**	**3.2**	saisonal	
17	Campingplatz + Erlebnisbad Dieffenbachtal	**387**	**3.9**	ganzjährig	✱
18	Camping Schafbachmühle	**387**	**3.6**	saisonal	✱
19	Eifel-Camp Freilinger See	**387**	**4.3**	ganzjährig	✱

Karte auf Seite 378

	1	2	3
	Rheincamping Meerbusch	**Heide Camp Brüggen**	**Campingplatz Dilborner Mühle**
		*	*
	Zur Rheinfähre 21 40668 Meerbusch / Langst-Kierst +49 215 091 1817	St.-barbara-straße 38 41379 Brüggen +49 2157 873622	Dilbornerstraße 133 41372 Niederkrüchten 02163 82763
	51.30056 | 6.725	51.25667 | 6.17444	51.2337 | 6.16475
Infos			
Öffnungszeiten	06.04. - 04.10.	ganzjährig	ganzjährig
Vergleichspreis	HS: 29,20 € | NS: 26,20 €	HS: 20,00 € | NS: 20,00 €	HS: 14,00 € | NS: 14,00 €
Link	**Mehr Infos & Anfrage:** www.camping.info/18604	**Mehr Infos & Anfrage:** www.camping.info/19565	**Mehr Infos & Anfrage:** www.camping.info/25075
Ausstattung			
Freizeit	Baden im Fluss am Platz ✓ Pool/Hallenbad 5/8km Spielplatz ✗	Baden in nat. Gewässer k. A. Pool & Hallenbad ✗ Spielplatz keine Angabe	Baden in nat. Gewässer k. A. Pool/Hallenbad 3/2km Spielplatz am Platz ✓
Campingplatz	Hunde willkommen ✓ wenig Schatten ✓ WLAN ✗	Hunde erlaubt ✓ Schatten ✗ WLAN keine Angabe	Hunde willkommen ✓ zur Hälfte Schatten ✓ WLAN ✓
Versorgung	Lebensmittel ✓ Brötchen am Platz ✓ Restaurant & Imbiss ✓ Ver-/Entsorgung Womo ✓ in den Ort 3km	Lebensmittel k.A. Brötchen keine Angabe Restaurant am P. ✓ Ver-/Entsorgung Womo ✓ in den Ort 2km	Lebensmittel 2km Brötchen am Platz ✗ Restaurant 300m Ver-/Entsorgung Womo ✓ in den Ort 2km
Anzahl der Plätze	Gesamt/Touristen 300/150 Mietunterkünfte ✓ Stellplätze vor Schranke ✗	Touristenplätze 80 Mietunterkünfte ✗ Stellplätze vor Schranke ✗	Gesamt/Touristen 230/33 Mietunterkünfte ✓ Stellplätze vor Schranke ✗

	Rheincamping Meerbusch	Heide Camp Brüggen	Campingplatz Dilborner Mühle
Gesamt	4.4 SEHR GUT 166 Bewertungen	3.6 GUT 15 Bewertungen	4.6 SEHR GUT 47 Bewertungen
Lage	4.8	3.9	4.7
Ruhe	4.3	4.1	4.8
Sanitäranlagen	4.2	3.1	4.4
Sauberkeit Ø	4.6	3.4	4.7
Freundlichkeit	4.6	5.0	4.9
Stellplatz	4.3	2.9	4.1
Verpflegung	4.0	1.8	3.0
Freizeit	4.2	3.5	4.3
Preis-Leistung	4.3	4.4	4.7
Mietunterkünfte	4.8	-	4.3
Geeignet für			
Kinder b. 6 J.	3.8	3.1	4.4
Kinder b. 12 J.	4.1	3.3	4.4
Kinder b. 18 J.	4.3	3.4	3.9
Paare	4.7	3.9	4.7
Senioren	4.6	3.9	4.8
Gäste mit Zelt	4.6	3.7	4.2
Gäste mit Hund	4.8	4.7	4.6
Empfohlene Aktivitäten	Radfahren Entspannen Sightseeing	Radfahren Entspannen Wandern	Radfahren Wandern Entspannen

4 Campingplatz Graskamp

Graskamp 16
41372 Niederkrüchten
+49 216 381 696
www.campingplatzgraskamp.de
info@campingplatzgraskamp.de

ganzjährig

HS: 18,50 € | NS: 18,50 €

Mehr Infos & Anfrage:
www.camping.info/22233

Baden in nat. Gewässer	k. A.
Pool & Hallenbad	✗
Spielplatz am Platz	✓
Hunde erlaubt	✓
Schatten	✗
WLAN	✗
Lebensmittel	✗
Brötchen am Platz	nur HS
Restaurant am P.	✓
Ver-/Entsorgung Womo	✓
in den Ort	1km
Gesamt/Touristen	280/10
Mietunterkünfte	✓
Stellplätze vor Schranke	✓

51.22281 | 6.15901

Großzügige Stellplätze im Grünen.

Lage & Stellplatz

Der Campingplatz Graskamp befindet sich im Naturpark Maas-Schwalm-Nette. Inmitten von malerischen Feldern, Wäldern und kleinen Seen bietet der Campingplatz jede Menge Raum für erholsame und ruhige Urlaubstage. Die Stellplätze sind großzügig gehalten und mit Wasser- und Stromanschluss ausgestattet.

Verpflegung

Auf dem Campingareal befindet sich eine gemütliche, an Wochenenden geöffnete Gaststätte mit sonniger Terrasse. Die Gaststätte bietet mehrere Gerichte sowie die Möglichkeit, am Wochenende Brötchen vorzubestellen. Für größere Einkäufe ist das nur wenige Hundert Meter entfernte Elmpt bestens geeignet.

Sanitär

Der Platz verfügt über drei große Sanitärgebäude, von denen zwei renoviert wurden und eines ganzjährig geöffnet ist. Alle Sanitäranlagen werden täglich gereinigt, ein gepflegter Zustand genießt oberste Priorität. Waschmaschinen, Trockner und ein behindertengerechtes Bad sind ebenfalls vorhanden.

Freizeit

Ob Fahrradtouren über endlose Felder, durch dichte Wälder und die malerische Wacholderheide oder doch Shoppen im Outlet-Center Roermond und im alten Stadtkern Brüggens – hier gibt es allerhand zu tun. Kinder vergnügen sich im Graskamp besonders gerne auf dem Spielplatz oder am Kindertreff mit Pool.

Kleiner Pool am Platz.

Blick auf die Dauerstellplätze.

4.5 SEHR GUT
13 Bewertungen

Lage	4.5
Ruhe	4.8
Sanitäranlagen	3.9
Sauberkeit Ø	4.3
Freundlichkeit	5.0
Stellplatz	4.3
Verpflegung	4.2
Freizeit	4.0
Preis-Leistung	4.7
Mietunterkünfte	4.7

Geeignet für

4.7 Paare

4.7	Gäste mit Hund
4.5	Senioren
4.4	Kinder b. 6 J.
4.1	Kinder b. 12 J.
3.6	Kinder b. 18 J.
3.5	Gäste mit Zelt

Empfohlene Aktivitäten

Radfahren · Entspannen · Wandern · Angeln

Mehr Infos

Karte auf Seite 378

	5	6	7
	Camping Lelefeld	**Waldcamping-Glüder**	**Campingplatz Amici Lodges**
	❄	❄	❄
	Lelefeld 4 41372 Niederkrüchten-Elmpt +49 2163 81203 51.21789 | 6.14628	Balkhauserweg 240 42659 Solingen-Glüder +49 212 242120 51.13375 | 7.11674	Waldseestraße 7 41849 Wassenberg-Effeld +49 2432 8969 281 51.13047 | 6.10021
Infos			
Öffnungszeiten	ganzjährig	ganzjährig	ganzjährig
Vergleichspreis	HS: 13,00 € | NS: 13,00 €	HS: 22,50 € | NS: 22,50 €	keine Angabe
Link	**Mehr Infos & Anfrage:** www.camping.info/18606	**Mehr Infos & Anfrage:** www.camping.info/18608	**Mehr Infos & Anfrage:** www.camping.info/26117
Ausstattung			
Freizeit	Baden in nat. Gewässer k. A. Pool/Hallenbad 3km/500m Spielplatz 500m	Baden im Fluss am Platz ✓ Pool/Hallenbad 6km Spielplatz am Platz ✓	Baden im See am Platz ✓ Pool & Hallenbad ✗ Spielplatz am Platz ✓
Campingplatz	Hunde willkommen ✓ zur Hälfte Schatten ✓ WLAN ✓	Hunde willkommen ✓ wenig Schatten ✓ WLAN ✓	Hunde willkommen ✓ zur Hälfte Schatten ✓ WLAN (gegen Gebühr) ✓
Versorgung	Lebensmittel 1km Brötchen am Platz ✓ Restaurant/Imbiss 1/1km Ver-/Entsorgung Womo ✓ in den Ort 1km	Lebensmittel 3km Brötchen am Platz nur HS Restaurant & Imbiss ✓ Ver-/Entsorgung Womo ✓ in den Ort 3km	Lebensmittel 500m Brötchen am Platz nur HS Restaurant/Imbiss 500m Ver-/Entsorgung Womo ✓ in den Ort 100m
Anzahl der Plätze	Gesamt/Touristen 90/20 Mietunterkünfte ✓ Stellplätze vor Schranke ✓	Gesamt/Touristen 100/20 Mietunterkünfte ✗ Stellplätze vor Schranke ✗	Gesamt/Touristen 100/35 Mietunterkünfte ✓ Stellplätze vor Schranke ✗

	5	6	7
Gesamt	3.9 GUT, 14 Bewertungen	3.8 GUT, 13 Bewertungen	3.5 GUT, 16 Bewertungen
Lage	4.6	4.2	3.7
Ruhe	5.0	3.8	3.6
Sanitäranlagen	3.3	3.9	3.3
Sauberkeit Ø	4.4	4.3	3.9
Freundlichkeit	4.9	4.2	4.2
Stellplatz	3.5	3.6	4.3
Verpflegung	2.8	2.9	2.3
Freizeit	4.2	4.0	3.6
Preis-Leistung	4.4	3.4	3.8
Mietunterkünfte	5.0	-	4.7
Geeignet für			
Kinder b. 6 J.	2.7	4.3	4.2
Kinder b. 12 J.	2.7	4.0	4.0
Kinder b. 18 J.	3.0	3.3	3.5
Paare	4.1	4.6	4.3
Senioren	4.6	4.2	4.1
Gäste mit Zelt	4.8	3.8	4.6
Gäste mit Hund	5.0	3.8	4.5
Empfohlene Aktivitäten	Radfahren Entspannen Wandern	Wandern Mountainbiking Entspannen	Schwimmen Radfahren Angeln

9 Camping Berger

Uferstraße 71-73
50996 Köln-Rodenkirchen
+49 221 9355240
www.camping-berger.koeln
anfrage@camping-berger.koeln

03.01. - 22.11.

HS: 29,25 € | NS: 29,25 €

Mehr Infos & Anfrage:
www.camping.info/18658

Baden im Fluss	100m
Pool/Hallenbad	2km
Spielplatz am Platz	✓
Hunde erlaubt	✓
zur Hälfte Schatten	✓
WLAN	✓
Lebensmittel	✓
Brötchen am Platz	✓
Restaurant & Imbiss	✓
Ver-/Entsorgung Womo	✓
in den Ort	1km
Gesamt/Touristen	250/125
Mietunterkünfte	✓
Stellplätze vor Schranke	✗

Der Campingplatz direkt am Rheinkilometer 681.

Lage & Stellplatz

Der Campingplatz liegt direkt am Rhein – bei Rheinkilometer 681 – im Kölner Ortsteil Rodenkirchen. Der moderne 4-Sterne-Stadtcampingplatz mit 250 Stellplätzen ist der älteste Platz Deutschlands und befindet sich im Landschaftsschutzgebiet, nur 7 km vom Kölner Dom entfernt.

Sanitär

Moderne Wasch-, Dusch- und Toilettenanlagen stehen den Gästen kostenlos zur Verfügung. Ebenso gibt es auch barrierefreie Sanitäreinrichtungen.

Verpflegung

Vor Ort ist für das leibliche Wohl der Gäste natürlich gesorgt. Es gibt ein Restaurant mit Biergarten sowie einen Kiosk mit Artikeln für den täglichen Bedarf am Platz.

Freizeit

Mit dem Fahrrad bieten sich wunderschöne Touren am Rheinradwanderweg und der direkten Umgebung an. In Köln können Schiffstouren mit den KD-Schiffen gebucht werden und das Phantasialand sowie das Schloss Augustusburg in Brühl sind nur 15 km entfernt.

Schöne Stellplätze im Grünen.

Blick aus der 1. Reihe.

3.8 GUT
108 Bewertungen

Lage	4.5
Ruhe	3.6
Sanitäranlagen	4.0
Sauberkeit Ø	4.0
Freundlichkeit	4.2
Stellplatz	3.6
Verpflegung	3.6
Freizeit	4.0
Preis-Leistung	3.7
Mietunterkünfte	2.6

Geeignet für

Paare	4.4
Gäste mit Hund	4.3
Gäste mit Zelt	4.2
Senioren	4.1
Kinder b. 12 J.	3.8
Kinder b. 6 J.	3.7
Kinder b. 18 J.	3.7

Empfohlene Aktivitäten

Radfahren · Sightseeing · Entspannen · Kultur

Mehr Infos

Im Winter (Nov.-März) nur mit telefonischer Voranmeldung.

Karte auf Seite 378

	8 Camping Stadt Köln	10 Camping Heider Bergsee	11 Stellplatz Aachen
	Weidenweg 35 51105 Köln-Poll +49 221 831966	50321 Brühl bei Köln +49 2232 27040	Branderhofer Weg 11 52066 Bad Aachen 0241 - 99000 991
	50.90279 | 6.99061	50.82939 | 6.8763	50.76184 | 6.10238
Infos			
Öffnungszeiten	22.03. - 24.10.	ganzjährig	ganzjährig
Vergleichspreis	HS: 33,10 € | NS: 33,10 €	HS: 21,00 € | NS: 21,00 €	HS: 23,00 € | NS: 23,00 €
Link	**Mehr Infos & Anfrage:** www.camping.info/18660	**Mehr Infos & Anfrage:** www.camping.info/18657	**Mehr Infos & Anfrage:** www.camping.info/22237
Ausstattung			
Freizeit	Baden in nat. Gewässer k. A. Pool & Hallenbad ✗ Spielplatz am Platz ✓	Baden im See am Platz ✓ Hallenbad 3km Spielplatz keine Angabe	Baden in nat. Gewässer k. A. Pool & Hallenbad ✗ Spielplatz keine Angabe
Campingplatz	Hunde erlaubt ✓ Schatten ✗ WLAN ✗	Hunde willkommen ✓ Schatten ✗ WLAN (gegen Gebühr) ✓	Hunde willkommen ✓ Schatten ✗ WLAN ✓
Versorgung	Lebensmittel ✓ Brötchen keine Angabe Restaurant/Imbiss 500m/✓ Ver-/Entsorgung Womo ✓ in den Ort 1km	Lebensmittel k.A. Brötchen am Platz ✓ Restaurant & Imbiss ✓ Ver-/Entsorgung Womo ✓ in den Ort 1km	Lebensmittel ✗ Brötchen am Platz ✓ Restaurant & Imbiss ✗ Ver-/Entsorgung Womo ✗ im Ort ✓
Anzahl der Plätze	Touristenplätze 140 Mietunterkünfte ✗ Stellplätze vor Schranke ✗	Gesamt/Touristen 230/50 Mietunterkünfte ✗ Stellplätze vor Schranke ✗	Touristenplätze 47 Mietunterkünfte ✗ Stellplätze vor Schranke ✗

	Camping Stadt Köln	Camping Heider Bergsee	Stellplatz Aachen
Gesamt	3.1 GUT, 63 Bewertungen	3.7 GUT, 40 Bewertungen	3.8 GUT, 33 Bewertungen
Lage	3.8	4.3	4.0
Ruhe	2.6	3.7	3.6
Sanitäranlagen	3.2	3.4	3.2
Sauberkeit Ø	3.5	3.6	3.9
Freundlichkeit	4.0	4.3	4.4
Stellplatz	3.0	3.4	3.9
Verpflegung	2.7	3.3	2.7
Freizeit	3.3	4.0	3.3
Preis-Leistung	3.0	4.1	4.0
Mietunterkünfte	-	-	-
Geeignet für			
Kinder b. 6 J.	2.5	4.1	2.5
Kinder b. 12 J.	2.7	4.2	2.7
Kinder b. 18 J.	3.0	3.7	3.2
Paare	3.8	4.2	4.3
Senioren	3.3	4.1	4.4
Gäste mit Zelt	4.0	4.2	3.3
Gäste mit Hund	3.8	4.1	3.6
Empfohlene Aktivitäten	Sightseeing Radfahren Kultur	Schwimmen Radfahren Entspannen	Sightseeing Kultur Entspannen

12 Campingplatz Hetzingen

Campingweg 1
52385 Nideggen-Brück
+49 2427 508
www.campingplatz-hetzingen.de
info@campingplatz-hetzingen.de

ganzjährig

HS: k.A. | NS: k.A.

Mehr Infos & Anfrage:
www.camping.info/18669

Baden im Fluss am Platz	✓
Pool/Hallenbad	3/9km
Spielplatz am Platz	✓
Hunde willkommen	✓
wenig Schatten	✓
WLAN (gegen Gebühr)	✓
Lebensmittel	✓
Brötchen am Platz	✓
Restaurant am P.	✓
Ver-/Entsorgung Womo	✓
im Ort	✓
Gesamt/Touristen	300/80
Mietunterkünfte	✓
Stellplätze vor Schranke	✗

Campingplatz Hetzingen mit fantastischer Aussicht auf die Burg Nideggen.

Lage & Stellplatz

Der Campingplatz liegt direkt an der Rur mit Blick auf die Burg Nideggen. Es gibt ebene Stellplätze, Komfortplätze und Rurplätze mit Blick auf den Fluss – größtenteils mit Vollausstattung. 16 verschiedene Mietobjekte – teilweise in uriger Lage.

Sanitär

Die neuwertigen, sauberen Sanitäranlagen sind immer top gepflegt und erhalten von den Gästen großes Lob. Es gibt zwei Sanitärgebäude mit Waschkabinen und Duschen. In beiden Sanitärgebäuden werden smarte Waschmaschinen und Trockner bereitgehalten – zu betreiben mit der WeWash-App.

Verpflegung

Auf dem Platz gibt es ein eigenständiges Restaurant Hetzinger Stüffgen, auch mit Außengastronomie. Die Küche ist kroatisch/deutsch. Im selbständigen SB & Café Hetzingen gibt es frische Brötchen, Frühstück, kalte und warme Getränke und wechselnde Snacks. Dinge des täglichen Bedarfs sind verfügbar.

Freizeit

Vom Platz aus bieten sich viele Freizeitaktivitäten in der Umgebung an: Hier kann man Wandern, die Burg Nideggen besuchen, Mountainbike fahren, Kanu fahren und die Natur genießen. Sehr gerne berät auch das Team die Gäste in Hinblick auf die Freizeitaktivitäten oder organisiert die Teilnahme.

Gemütliche Fässer auch am Fluss.

Highlight der Region: die Burg.

4.6 SEHR GUT
79 Bewertungen

Lage	4.6
Ruhe	4.2
Sanitäranlagen	4.4
Sauberkeit Ø	4.7
Freundlichkeit	4.9
Stellplatz	4.4
Verpflegung	4.4
Freizeit	4.1
Preis-Leistung	4.5
Mietunterkünfte	4.7

Geeignet für

4.7 Paare

4.6	Senioren
4.6	Gäste mit Hund
4.4	Gäste mit Zelt
4.3	Kinder b. 12 J.
4.1	Kinder b. 6 J.
3.7	Kinder b. 18 J.

Empfohlene Aktivitäten

Wandern
Entspannen
Radfahren
Mountainbiking

Mehr Infos

Wir haben begrenzt Platz für Fahrzeuge größer als 8 m. Bitte anfragen!

Karte auf Seite 378

	13	14	15
	Camping Rursee	**Camping Zum Jone Bur**	**Camp Hammer**
		❄	❄
	Seerandweg 26 52152 Simmerath-Rurberg	Grünentalstraße 34-36 52156 Monschau-Imgenbroich +49 2472 3931	An der Streng 07 52152 Simmerath-Hammer +49 2473 929041
	50.61697 | 6.38024	50.56615 | 6.26735	50.56396 | 6.33347
Infos			
Öffnungszeiten	keine Angabe	ganzjährig	ganzjährig
Vergleichspreis	keine Angabe	keine Angabe	HS: 28,10 € | NS: 22,90 €
Link	**Mehr Infos & Anfrage:** www.camping.info/24144	**Mehr Infos & Anfrage:** www.camping.info/18665	**Mehr Infos & Anfrage:** www.camping.info/18664
Ausstattung			
Freizeit	Baden in nat. Gewässer k. A. Pool & Hallenbad ✗ Spielplatz keine Angabe	Baden in nat. Gewässer k. A. Pool/Hallenbad 400m/3km Spielplatz am Platz ✓	Baden im Fluss am Platz ✓ Pool/Hallenbad 8km Spielplatz am Platz ✓
Campingplatz	Hunde ✗ Schatten ✗ WLAN keine Angabe	Hunde erlaubt ✓ Schatten ✗ WLAN (gegen Gebühr) ✓	Hunde erlaubt ✓ wenig Schatten ✓ WLAN (gegen Gebühr) ✓
Versorgung	Lebensmittel k.A. Brötchen keine Angabe Restaurant & Imbiss ✗ Ver-/Entsorgung Womo ✗ in den Ort keine Angabe	Lebensmittel 500m Brötchen keine Angabe Restaurant am P. ✓ Ver-/Entsorgung Womo ✗ in den Ort 500m	Lebensmittel k.A. Brötchen am Platz nur HS Restaurant & Imbiss ✓ Ver-/Entsorgung Womo ✗ in den Ort 2km
Anzahl der Plätze	Gesamt keine Angabe Mietunterkünfte ✗ Stellplätze vor Schranke ✗	Gesamt/Touristen 210/60 Mietunterkünfte ✗ Stellplätze vor Schranke ✗	Gesamt/Touristen 165/80 Mietunterkünfte ✓ Stellplätze vor Schranke ✗

	Camping Rursee	Camping Zum Jone Bur	Camp Hammer
Bewertung	3.1 GUT 10 Bewertungen	3.5 GUT 22 Bewertungen	4.4 SEHR GUT 59 Bewertungen
Lage	4.2	4.1	4.5
Ruhe	3.7	4.5	4.6
Sanitäranlagen	2.8	3.6	4.7
Sauberkeit Ø	3.7	4.3	4.7
Freundlichkeit	3.4	4.8	4.5
Stellplatz	3.0	3.7	4.2
Verpflegung	2.0	3.8	3.8
Freizeit	3.8	3.9	4.1
Preis-Leistung	3.2	4.0	4.2
Mietunterkünfte	-	-	3.8
Geeignet für			
Kinder b. 6 J.	3.7	2.8	4.5
Kinder b. 12 J.	3.5	3.2	4.4
Kinder b. 18 J.	2.8	2.7	3.5
Paare	3.8	4.5	4.7
Senioren	3.6	4.3	4.5
Gäste mit Zelt	3.7	3.4	4.4
Hunde n. erlaubt / Gäste mit Hund	Hunde n. erlaubt -	Gäste mit Hund 4.7	Gäste mit Hund 1.7
Empfohlene Aktivitäten	Wandern Kayak/Kanu Entspannen	Wandern Entspannen Radfahren	Wandern Entspannen Mountainbiking

Camp Hammer: keine WOMOs ab 8 m; keine Jugend- und Party-gruppen

16 Waldcamping Perlenau

Perlenau 7
52156 Monschau
+49 2472 4136
50.54388 | 6.23685

01.04. - 31.10.
HS: 23,00 € | NS: 23,00 €
Mehr Infos & Anfrage:
www.camping.info/18666

Baden in nat. Gewässer	k. A.
Pool/Hallenbad	✓/1km
Spielplatz am Platz	✓
Hunde erlaubt	✓
Schatten	✗
WLAN	teilweise
Lebensmittel	✓
Brötchen am Platz	nur HS
Restaurant & Imbiss	✓
Ver-/Entsorgung Womo	✗
in den Ort	1km
Touristenplätze	75
Mietunterkünfte	✓
Stellplätze vor Schranke	✗

3.2 GUT – 56 Bewertungen

Lage	4.3
Ruhe	3.6
Sanitäranlagen	3.0
Sauberkeit Ø	3.5
Freundlichkeit	3.2
Stellplatz	3.2
Verpflegung	2.5
Freizeit	3.7
Preis-Leistung	3.3
Mietunterkünfte	3.3

Geeignet für

Kinder b. 6 J.	3.8
Kinder b. 12 J.	4.1
Kinder b. 18 J.	3.6
Paare	4.1
Senioren	3.9
Gäste mit Zelt	4.2
Gäste mit Hund	4.0

Empfohlene Aktivitäten

- Wandern
- Mountainbiking
- Entspannen

17 Campingplatz + Erlebnisbad Dieffenbachtal

Im Wiesengrund 39
53937 Schleiden
+49 2445 7030
50.52823 | 6.46353

ganzjährig
HS: 20,00 € | NS: 20,00 €
Mehr Infos & Anfrage:
www.camping.info/24453

Baden in nat. Gewässer	k. A.
Pool/Hallenbad	200m/4km
Spielplatz am Platz	✓
Hunde willkommen	✓
wenig Schatten	✓
WLAN	✓
Lebensmittel	1km
Brötchen am Platz	✗
Restaurant/Imbiss	1km
Ver-/Entsorgung Womo	✓
in den Ort	keine Angabe
Gesamt/Touristen	225/40
Mietunterkünfte	✓
Stellplätze vor Schranke	✗

3.9 GUT – 10 Bewertungen

Lage	4.2
Ruhe	3.9
Sanitäranlagen	3.8
Sauberkeit Ø	3.9
Freundlichkeit	4.8
Stellplatz	3.6
Verpflegung	3.7
Freizeit	3.3
Preis-Leistung	4.4
Mietunterkünfte	5.0

Geeignet für

Kinder b. 6 J.	4.2
Kinder b. 12 J.	4.4
Kinder b. 18 J.	3.6
Paare	4.3
Senioren	3.7
Gäste mit Zelt	4.6
Gäste mit Hund	4.6

Empfohlene Aktivitäten

- Radfahren
- Wandern
- Schwimmen

18 Camping Schafbachmühle

Schafbachmühle
53937 Schleiden-Harperscheid
+49 2485 268
50.5275 | 6.41164

01.04. - 31.12.
HS: 23,00 € | NS: 23,00 €
Mehr Infos & Anfrage:
www.camping.info/18686

Baden in nat. Gewässer	k. A.
Pool	3km
Spielplatz am Platz	✓
Hunde erlaubt	✓
zur Hälfte Schatten	✓
WLAN	teilweise
Lebensmittel	800m
Brötchen am Platz	nur HS
Restaurant/Imbiss	1/6km
Ver-/Entsorgung Womo	✓
in den Ort	6km
Gesamt/Touristen	120/50
Mietunterkünfte	✓
Stellplätze vor Schranke	✗

3.6 GUT – 17 Bewertungen

Lage	4.3
Ruhe	4.8
Sanitäranlagen	2.9
Sauberkeit Ø	3.8
Freundlichkeit	3.5
Stellplatz	3.4
Verpflegung	2.1
Freizeit	3.5
Preis-Leistung	3.8
Mietunterkünfte	4.0

Geeignet für

Kinder b. 6 J.	3.9
Kinder b. 12 J.	3.8
Kinder b. 18 J.	2.5
Paare	4.6
Senioren	4.2
Gäste mit Zelt	4.6
Gäste mit Hund	4.5

Empfohlene Aktivitäten

- Wandern
- Entspannen
- Radfahren

19 Eifel-Camp Freilinger See

Am Freilinger See 1
53945 Blankenheim-Freilingen
+49 269 7282
50.41417 | 6.71889

ganzjährig
HS: 36,00 € | NS: 33,00 €
Mehr Infos & Anfrage:
www.camping.info/18690

Baden im See	200m
Pool/Hallenbad	20km
Spielplatz am Platz	✓
Hunde willkommen	✓
wenig Schatten	✓
WLAN (gegen Gebühr)	✓
Lebensmittel	✓
Brötchen am Platz	✓
Restaurant/Imbiss	✓/200m
Ver-/Entsorgung Womo	✓
in den Ort	8km
Gesamt/Touristen	512/209
Mietunterkünfte	✓
Stellplätze vor Schranke	✓

4.3 SEHR GUT – 107 Bewertungen

Lage	4.4
Ruhe	4.2
Sanitäranlagen	4.6
Sauberkeit Ø	4.5
Freundlichkeit	4.6
Stellplatz	4.2
Verpflegung	3.5
Freizeit	3.9
Preis-Leistung	3.9
Mietunterkünfte	4.1

Geeignet für

Kinder b. 6 J.	4.4
Kinder b. 12 J.	4.4
Kinder b. 18 J.	3.5
Paare	4.4
Senioren	4.3
Gäste mit Zelt	4.0
Gäste mit Hund	4.3

Empfohlene Aktivitäten

- Wandern
- Entspannen
- Schwimmen

5 Sauerland

FREIZEITTIPPS
A Biggesee. Attendorn
B Atta-Höhle, Attendorn
C Naturpark Homert, Eslohe
D PanoramaPark, Kirchhundem
S. 366
S. 354
S. 378
S. 402
S. 494
S. 480
7,4 km
Olfen
Selm
Datteln
Werne
Hamm
Lippborg
Lippstadt
Recklinghausen
Lünen
Bergkamen
Kamen
Welver
Erwitte
Geseke
Salzkotten
Borchen
Herten
Herne
Unna
Werl
Soest
Anröchte
Brenken
Büren
Haaren
Bochum
Dortmund
Bad Wünnenberg
Rüthen
Wattenscheid
Schwerte
Fröndenberg/ Ruhr
Möhnesee
Neheim
Hüsten
Menden
Lendringsen
Warstein
Hirschberg
Witten
Hattingen
Wetter (Ruhr)
Iserlohn
Arnsberg
Freienohl
Olsberg
Hoppecke
Sprockhövel
Hagen
Balve
Sundern
Meschede
Gevelsberg
Altena
Willingen (Upland)
Usseln
Wuppertal
Allendorf
Eslohe (Sauerland)
Werdohl
Lüdenscheid
Eiringhausen
Plettenberg
Cobbenrode
Halver
Herscheid
Finnentrop
Bad Fredeburg
Schmallenberg
Medebach
Wermelskirchen
Kierspe
Lennestadt
Züschen
Hallenberg
Wipperfürth
Meinerzhagen
Scherl
Marienheide
Kürten
Olpe
Gummersbach
Bad Berleburg
Raumland
Allendorf (Eder)
Littfeld
Hilchenbach
Hatzfeld
Engelskirchen
Bergneustadt
Erndtebrück
Oberbantenberg
Loope
Wenden
Kreuztal
Münchhausen
Wiehl
Overath
Hünsborn
Bad Laasphe
Rösrath
Much
Nümbrecht
Netphen
Freudenberg
Wallau (Lahn)
Wetter
Neunkirchen-Seelscheid
Waldbröl
Siegen
Buchenau
Morsbach
Dietzhölztal
Dautphetal
Troisdorf
Ruppichteroth
Rudersdorf
Eschenburg
Marburg
Mudersbach
Angelburg
Sankt Augustin
Windeck (Sieg)
Rosbach
Betzdorf
Wissen
Herdorf
Gladenbach
Hennef (Sieg)
Hamm (Sieg)
Daaden
Dillenburg
Bad Endbach
Helmenzen
Altenkirchen
Asbach
Hachenburg
Remagen
Raubach
Leun
Wetzlar
Fernwald
Sinzig
Dierdorf
Solms
Hüttenberg
Bad Breisig
Selters (Westerwald)
Siershahn
Wirges
Dornburg
Weilburg
Braunfels
Langgöns
Ruhr
Lenne
Eder
Sieg
Rhein
Lippe

	Platz	Seite	Bewertung	Öffnungszeiten	
1	Camping und Ferienpark Brilon	**390**	**4.1**	saisonal	❄
2	Camping Susewind	**390**	**4.2**	ganzjährig	❄
3	KNAUS Campingpark Hennesee****	**390**	**3.8**	saisonal	
4	Haus am Einberg	**391**	**4.8**	k. A.	
5	Seemers Campingplatz im Grünen	**391**	**4.9**	ganzjährig	❄
6	Campingplatz Valmetal	**391**	**4.7**	ganzjährig	❄
7	Campingplatz Ennepetal	**391**	**4.3**	ganzjährig	
8	Camping Vossmecke	**392**	**4.0**	ganzjährig	❄
9	Opperland Camping	**392**	**4.6**	ganzjährig	❄
10	Camping Schliprüthener Mühle	**392**	**4.2**	k. A.	❄
11	Familien-Campingclub Glörfeld e.V.	**393**	**5.0**	saisonal	
12	Ferienhof & Camping Zur Hasenkammer	**393**	**4.2**	saisonal	❄
13	Campingplatz Winterberg	**393**	**4.0**	ganzjährig	❄
14	Freizeitparadies Beverblick	**393**	**-**	saisonal	❄
15	Camping Ahretal	**394**	**3.8**	ganzjährig	❄
16	Campingplatz Hof Biggen	**395**	**3.9**	ganzjährig	❄
17	Familiencamping Biggesee Waldenburg	**394**	**4.0**	ganzjährig	❄
18	Campingplatz Bruchersee	**394**	**4.8**	saisonal	
19	Camping Gut Kalberschnacke	**396**	**4.8**	saisonal	❄ 👍
20	Campingpark im Bergischen Land	**396**	**4.5**	ganzjährig	❄
21	Wiesengrund Camping	**396**	**3.8**	ganzjährig	❄
22	Campingplatz An der Ringmauer	**397**	**-**	k. A.	
23	Campingplatz Laasphetal	**397**	**4.1**	ganzjährig	❄
24	Camping im Siebengebirge	**397**	**4.0**	ganzjährig	❄
25	Camping Jillieshof	**397**	**4.4**	ganzjährig	❄

❄ Wintercamping **FKK** Textilfrei (ganz/teilweise) Ecocamping 👍 Award Onlinebuchung

Karte auf Seite 388

	1	2	3
	Camping und Ferienpark Brilon	**Camping Susewind**	**KNAUS Camping-park Hennesee******
	❄	❄	
	Hoppecker Straße 75 59929 Brilon +49 2961 977423	Franz-Hoffmeister-Straße 18 59939 Olsberg-Antfeld 0049 (0)2962880868	Mielinghausen 7 59872 Meschede +49 291 952720
	51.37959 | 8.58685	51.3735 | 8.46654	51.29833 | 8.26444
Infos			
Öffnungszeiten	01.01. - 22.10. 21.12. - 31.12.	ganzjährig	18.04. - 07.11. 22.12. - 09.01.
Vergleichspreis	HS: 24,80 € | NS: 24,70 €	keine Angabe	HS: 38,60 € | NS: 35,80 €
Link	**Mehr Infos & Anfrage:** www.camping.info/23157	**Mehr Infos & Anfrage:** www.camping.info/28085	**Mehr Infos & Anfrage:** www.camping.info/18808
Ausstattung			
Freizeit	Baden im See 10km Pool/Hallenbad 1/2km Spielplatz am Platz ✓	Baden im See 15km Pool/Hallenbad 3km Spielplatz am Platz ✓	Baden im See am Platz ✓ Hallenbad ✓ Spielplatz am Platz ✓
Campingplatz	Hunde willkommen ✓ kein Schatten ✓ WLAN ✓	Hunde willkommen ✓ wenig Schatten ✓ WLAN keine Angabe	Hunde willkommen ✓ zur Hälfte Schatten ✓ WLAN (gegen Gebühr) ✓
Versorgung	Lebensmittel 3km Brötchen am Platz ✓ Restaurant/Imbiss 300m/3km Ver-/Entsorgung Womo ✓ in den Ort 3km	Lebensmittel 4km Brötchen am Platz ✓ Restaurant & Imbiss ✓ Ver-/Entsorgung Womo ✗ in den Ort 3km	Lebensmittel ✓ Brötchen am Platz ✓ Restaurant & Imbiss ✓ Ver-/Entsorgung Womo ✓ in den Ort 8km
Anzahl der Plätze	Touristenplätze 106 Mietunterkünfte ✓ Stellplätze vor Schranke ✗	Touristenplätze 15 Mietunterkünfte ✓ Stellplätze vor Schranke ✗	Gesamt/Touristen 498/181 Mietunterkünfte ✓ Stellplätze vor Schranke ✓

	1	2	3
Gesamt	4.1 SEHR GUT 60 Bewertungen	4.2 SEHR GUT 4 Bewertungen	3.8 GUT 222 Bewertungen
Lage	4.5	2.8	4.0
Ruhe	4.1	2.5	3.8
Sanitäranlagen	3.8	4.8	3.5
Sauberkeit Ø	4.6	4.8	3.8
Freundlichkeit	4.5	5.0	4.2
Stellplatz	4.3	3.7	3.8
Verpflegung	2.3	4.0	3.1
Freizeit	4.0	4.0	3.9
Preis-Leistung	4.1	4.0	3.1
Mietunterkünfte	4.3	4.0	4.0
Geeignet für			
Kinder b. 6 J.	3.6	2.5	4.1
Kinder b. 12 J.	3.3	4.0	4.2
Kinder b. 18 J.	3.1	4.0	3.5
Paare	4.4	4.0	4.1
Senioren	4.2	2.5	3.9
Gäste mit Zelt	3.9	3.5	3.7
Gäste mit Hund	4.6	4.0	3.9
Empfohlene Aktivitäten	Wandern Entspannen Mountainbiking	Wandern Tauchen Motorrad	Wandern Schwimmen Radfahren

weitere NS: 20.09. - 18.12. Winter: 18.12. - 10.01.Preise aus 2019

4 Haus am Einberg

Am Einberg 1
59872 Meschede
+49 2934 351
51.29389 | 8.14573

keine Angabe

HS: 23,00 € | NS: 23,00 €

Mehr Infos & Anfrage:
www.camping.info/25211

Baden in nat. Gewässer	k. A.
Pool/Hallenbad	2/6km
Spielplatz am Platz	✓
Hunde willkommen	✓
zur Hälfte Schatten	✓
WLAN	keine Angabe
Lebensmittel	3km
Brötchen am Platz	nur HS
Restaurant/Imbiss	3km
Ver-/Entsorgung Womo	✗
in den Ort	keine Angabe
Touristenplätze	8
Mietunterkünfte	✓
Stellplätze vor Schranke	✗

4.8 SEHR GUT
4 Bewertungen

Lage	4.8
Ruhe	4.5
Sanitäranlagen	3.8
Sauberkeit Ø	4.0
Freundlichkeit	4.8
Stellplatz	4.0
Verpflegung	4.5
Freizeit	4.5
Preis-Leistung	4.0
Mietunterkünfte	-

Geeignet für

Kinder b. 6 J.	4.0
Kinder b. 12 J.	4.3
Kinder b. 18 J.	3.0
Paare	4.8
Senioren	4.3
Gäste mit Zelt	4.5
Gäste mit Hund	4.8

Empfohlene Aktivitäten

- Wandern
- Entspannen
- Motorrad

5 Seemers Camping-platz im Grünen

❄

Südstraße 4
59889 Eslohe-Wenholthausen
+49 2973 570
51.28846 | 8.17771

ganzjährig

HS: 27,00 € | NS: 27,00 €

Mehr Infos & Anfrage:
www.camping.info/24422

Baden im See	2km
Pool/Hallenbad	5km
Spielplatz	100m
Hunde willkommen	✓
wenig Schatten	✓
WLAN	✓
Lebensmittel	6km
Brötchen am Platz	✓
Restaurant am P.	✓
Ver-/Entsorgung Womo	✗
im Ort	✓
Gesamt	11
Mietunterkünfte	✓
Stellplätze vor Schranke	✗

4.9 SEHR GUT
52 Bewertungen

Lage	4.8
Ruhe	4.7
Sanitäranlagen	4.7
Sauberkeit Ø	4.8
Freundlichkeit	5.0
Stellplatz	4.1
Verpflegung	4.9
Freizeit	4.8
Preis-Leistung	4.6
Mietunterkünfte	4.0

Geeignet für

Kinder b. 6 J.	4.3
Kinder b. 12 J.	4.2
Kinder b. 18 J.	4.1
Paare	5.0
Senioren	4.8
Gäste mit Zelt	4.3
Gäste mit Hund	4.8

Empfohlene Aktivitäten

- Wandern
- Radfahren
- Entspannen

6 Campingplatz Valmetal

❄

Valme 2a
59909 Bestwig-Valme
+ 49 2905 253
51.28667 | 8.40639

ganzjährig

HS: 22,00 € | NS: 22,00 €

Mehr Infos & Anfrage:
www.camping.info/18811

Baden im See	15km
Pool/Hallenbad	10/7km
Spielplatz am Platz	✓
Hunde willkommen	✓
wenig Schatten	✓
WLAN	✓
Lebensmittel	✓
Brötchen am Platz	✓
Restaurant	300m
Ver-/Entsorgung Womo	✓
in den Ort	1km
Gesamt/Touristen	120/20
Mietunterkünfte	✗
Stellplätze vor Schranke	✗

4.7 SEHR GUT
31 Bewertungen

Lage	4.7
Ruhe	4.8
Sanitäranlagen	4.4
Sauberkeit Ø	5.0
Freundlichkeit	5.0
Stellplatz	4.2
Verpflegung	3.7
Freizeit	4.5
Preis-Leistung	4.9
Mietunterkünfte	

Geeignet für

Kinder b. 6 J.	4.2
Kinder b. 12 J.	4.3
Kinder b. 18 J.	3.9
Paare	4.8
Senioren	4.9
Gäste mit Zelt	4.8
Gäste mit Hund	4.9

Empfohlene Aktivitäten

- Wandern
- Entspannen
- Mountainbiking

keine WOMOs ab 10 m

7 Campingplatz Ennepetal

Severinghauser Str. 72A
58256 Ennepetal
+49 163 816 3302
51.26341 | 7.37377

ganzjährig

keine Angabe

Mehr Infos & Anfrage:
www.camping.info/22460

Baden in nat. Gewässer	k. A.
Pool & Hallenbad	✗
Spielplatz	keine Angabe
Hunde erlaubt	✓
Schatten	✗
WLAN (gegen Gebühr)	✓
Lebensmittel	k.A.
Brötchen	keine Angabe
Restaurant & Imbiss	✗
Ver-/Entsorgung Womo	✗
in den Ort	500m
Gesamt	keine Angabe
Mietunterkünfte	✓
Stellplätze vor Schranke	✗

4.3 SEHR GUT
13 Bewertungen

Lage	4.5
Ruhe	4.2
Sanitäranlagen	4.3
Sauberkeit Ø	4.6
Freundlichkeit	5.0
Stellplatz	3.8
Verpflegung	2.1
Freizeit	4.3
Preis-Leistung	4.4
Mietunterkünfte	1.0

Geeignet für

Kinder b. 6 J.	4.0
Kinder b. 12 J.	4.4
Kinder b. 18 J.	4.3
Paare	4.4
Senioren	4.4
Gäste mit Zelt	4.2
Gäste mit Hund	4.7

Empfohlene Aktivitäten

- Wandern
- Mountainbiking
- Radfahren

Karte auf Seite 388

	8	9	10
	Camping Vossmecke	**Opperland Camping**	**Camping Schliprüthener Mühle**
	✻	✻	✻
	Am Eschenberg 1a 59955 Winterberg-Niedersfeld +49 2985 8418	Wissinghauer Strasse 22 59964 Deifeld +49 5632 7361	Schliprüthener Mühle 1 57413 Finnentrop-Schliprüthen
	51.24027 | 8.52474	51.23616 | 8.65388	51.23528 | 8.08417
Infos			
Öffnungszeiten	ganzjährig	ganzjährig	keine Angabe
Vergleichspreis	HS: 23,90 € | NS: 23,90 €	HS: 31,50 € | NS: 26,50 €	HS: 15,50 € | NS: 15,50 €
Link	**Mehr Infos & Anfrage:** www.camping.info/18816	**Mehr Infos & Anfrage:** www.camping.info/24133	**Mehr Infos & Anfrage:** www.camping.info/18792
Ausstattung			
Freizeit	Baden in nat. Gewässer k. A. Pool/Hallenbad 8/2km Spielplatz am Platz ✓	Baden im See 12km Pool/Hallenbad 8/11km Spielplatz am Platz ✓	Baden im See 8km Pool & Hallenbad ✗ Spielplatz am Platz ✓
Campingplatz	Hunde willkommen ✓ wenig Schatten ✓ WLAN (gegen Gebühr) ✓	Hunde erlaubt ✓ zur Hälfte Schatten ✓ WLAN ✓	Hunde willkommen ✓ viel Schatten ✓ WLAN teilweise
Versorgung	Lebensmittel 2km Brötchen am Platz ✓ Restaurant & Imbiss ✓ Ver-/Entsorgung Womo ✗ in den Ort 2km	Lebensmittel 5km Brötchen am Platz ✓ Restaurant 1km Ver-/Entsorgung Womo ✓ in den Ort 500m	Lebensmittel 8km Brötchen am Platz nur HS Restaurant/Imbiss 4km Ver-/Entsorgung Womo ✓ in den Ort 1km
Anzahl der Plätze	Gesamt/Touristen 250/30 Mietunterkünfte ✓ Stellplätze vor Schranke ✗	Gesamt/Touristen 35/20 Mietunterkünfte ✓ Stellplätze vor Schranke ✗	Gesamt/Touristen 46/20 Mietunterkünfte ✗ Stellplätze vor Schranke ✓
	4.0 SEHR GUT 15 Bewertungen	**4.6** SEHR GUT 42 Bewertungen	**4.2** SEHR GUT 4 Bewertungen
Lage	4.4	4.5	4.7
Ruhe	4.6	4.8	4.8
Sanitäranlagen	3.7	4.8	3.0
Sauberkeit Ø	4.3	4.9	3.8
Freundlichkeit	4.9	4.9	5.0
Stellplatz	3.8	4.6	3.8
Verpflegung	3.4	3.8	1.7
Freizeit	4.3	4.0	3.5
Preis-Leistung	4.2	4.7	4.2
Mietunterkünfte	4.5	5.0	-
Geeignet für			
Kinder b. 6 J.	3.9	4.2	3.8
Kinder b. 12 J.	4.0	4.0	2.7
Kinder b. 18 J.	4.0	3.1	3.0
Paare	4.5	4.8	4.7
Senioren	4.1	4.8	4.7
Gäste mit Zelt	3.8	4.4	4.5
Gäste mit Hund	4.6	4.7	4.7
Empfohlene Aktivitäten	Wandern Ski Mountainbiking	Wandern Entspannen Mountainbiking	Entspannen Wandern Radfahren
	keine WOMOs ab 7,5 m; Gruppen bis max. 20 Personen möglich		

11 Familien-Camping-club Glörfeld e.V.

Glörfeld 33 a
58553 Halver
01721579873
51.22772 | 7.49277

01.04. - 31.10.
HS: 13,50 € | NS: 13,50 €
Mehr Infos & Anfrage:
www.camping.info/27677

Baden im Teich	5km
Pool/Hallenbad	8km
Spielplatz am Platz	✓
Hunde willkommen	✓
wenig Schatten	✓
WLAN	✗
Lebensmittel	8km
Brötchen am Platz	✗
Restaurant/Imbiss	8km
Ver-/Entsorgung Womo	✗
in den Ort	keine Angabe
Gesamt/Touristen	78/6
Mietunterkünfte	✗
Stellplätze vor Schranke	✗

5.0 AUSGEZEICHNET
4 Bewertungen

Lage	4.2
Ruhe	5.0
Sanitäranlagen	4.0
Sauberkeit Ø	5.0
Freundlichkeit	5.0
Stellplatz	4.2
Verpflegung	3.5
Freizeit	4.0
Preis Leistung	4.5
Mietunterkünfte	-

Geeignet für

Kinder b. 6 J.	4.7
Kinder b. 12 J.	4.7
Kinder b. 18 J.	3.0
Paare	5.0
Senioren	5.0
Gäste mit Zelt	4.0
Gäste mit Hund	4.8

Empfohlene Aktivitäten

- Radfahren
- Wandern
- Mountainbiking

12 Ferienhof & Camping Zur Hasenkammer

Hasenkammer 4
59964 Medebach
+49 2982 8302
51.21339 | 8.69443

01.04. - 04.11.
30.11. - 31.03.
HS: 40,00 € | NS: 30,00 €
Mehr Infos & Anfrage:
www.camping.info/24735

Baden im See	12km
Pool/Hallenbad	12km/500m
Spielplatz am Platz	✓
Hunde willkommen	✓
Schatten	✗
WLAN	✓
Lebensmittel	500m
Brötchen am Platz	✓
Restaurant/Imbiss	500m
Ver-/Entsorgung Womo	✓
in den Ort	1km
Touristenplätze	40
Mietunterkünfte	✓
Stellplätze vor Schranke	✗

4.2 SEHR GUT
64 Bewertungen

Lage	4.5
Ruhe	4.0
Sanitäranlagen	4.2
Sauberkeit Ø	4.2
Freundlichkeit	4.5
Stellplatz	4.0
Verpflegung	4.1
Freizeit	4.4
Preis Leistung	3.9
Mietunterkünfte	4.7

Geeignet für

Kinder b. 6 J.	4.8
Kinder b. 12 J.	4.5
Kinder b. 18 J.	3.2
Paare	3.1
Senioren	3.0
Gäste mit Zelt	4.6
Gäste mit Hund	4.4

Empfohlene Aktivitäten

- Wandern
- Reiten
- Radfahren

13 Campingplatz Winterberg

Kapperunderweg 1
59955 Winterberg
+49 2981 1776
51.1856 | 8.50433

ganzjährig
HS: 22,00 € | NS: 17,00 €
Mehr Infos & Anfrage:
www.camping.info/18817

Baden im See	4km
Hallenbad	3km
Spielplatz am Platz	✓
Hunde erlaubt	✓
wenig Schatten	✓
WLAN	✓
Lebensmittel	2km
Brötchen am Platz	✓
Restaurant am P.	✓
Ver-/Entsorgung Womo	✗
in den Ort	2km
Gesamt/Touristen	160/40
Mietunterkünfte	✓
Stellplätze vor Schranke	✗

4.0 SEHR GUT
12 Bewertungen

Lage	4.4
Ruhe	3.3
Sanitäranlagen	3.8
Sauberkeit Ø	4.7
Freundlichkeit	4.8
Stellplatz	3.3
Verpflegung	2.8
Freizeit	4.5
Preis-Leistung	3.6
Mietunterkünfte	5.0

Geeignet für

Kinder b. 6 J.	3.2
Kinder b. 12 J.	3.8
Kinder b. 18 J.	4.2
Paare	4.1
Senioren	3.8
Gäste mit Zelt	3.2
Gäste mit Hund	4.4

Empfohlene Aktivitäten

- Wandern
- Mountainbiking
- Ski

14 Freizeitparadies Beverblick

Wochenendplatz Beverblick 1
42499 Hückeswagen
0219283389
51.15215 | 7.3659

01.02. - 31.12.
HS: 17,00 € | NS: 17,00 €
Mehr Infos & Anfrage:
www.camping.info/28113

Baden im See am Platz	✓
Pool & Hallenbad	✗
Spielplatz am Platz	✓
Hunde willkommen	✓
wenig Schatten	✓
WLAN (gegen Gebühr)	✓
Lebensmittel	✓
Brötchen am Platz	✓
Restaurant am P.	✓
Ver-/Entsorgung Womo	✓
in den Ort	2km
Gesamt/Touristen	110/8
Mietunterkünfte	✓
Stellplätze vor Schranke	✗

- JETZT BEWERTEN!

Für diese Auswertung liegen leider noch nicht genügend Bewertungen vor.

Sei einer der Ersten, der diesen Campingplatz bewertet.

Mit einer guten Campingplatz-Bewertung unterstützt du nicht nur deinen Lieblingsplatz, sondern hilfst auch anderen Campern bei der Platzwahl.

Karte auf Seite 388

	15	17	18
	Camping Ahretal	**Familiencamping Biggesee Waldenburg**	**Campingplatz Bruchersee**
	❄	❄	
	Zum Homberg 8 59955 Winterberg-Züschen +49 2981 1652 51.14737 | 8.54916	Waldenburger Bucht 11 57439 Attendorn +49 2722 95500 51.11028 | 7.90167	Eberg 4a 51709 Marienheide +491756564333 51.07834 | 7.55196
Infos			
Öffnungszeiten	ganzjährig	ganzjährig	01.04. - 31.10.
Vergleichspreis	keine Angabe	HS: 25,10 € | NS: 22,30 €	HS: 18,00 € | NS: 18,00 €
Link	**Mehr Infos & Anfrage:** www.camping.info/18814	**Mehr Infos & Anfrage:** www.camping.info/18793	**Mehr Infos & Anfrage:** www.camping.info/23872
Ausstattung			
Freizeit	Baden in nat. Gewässer k. A. Pool/Hallenbad 7km Spielplatz am Platz ✓	Baden im See 100m Pool/Hallenbad 15/1km Spielplatz am Platz ✓	Baden im See am Platz ✓ Pool/Hallenbad 12km Spielplatz am Platz ✓
Campingplatz	Hunde willkommen ✓ zur Hälfte Schatten ✓ WLAN ✓	Hunde willkommen ✓ wenig Schatten ✓ WLAN (gegen Gebühr) ✓	Hunde willkommen ✓ wenig Schatten ✓ WLAN (gratis) teilweise
Versorgung	Lebensmittel 1km Brötchen am Platz ✓ Restaurant & Imbiss ✓ Ver-/Entsorgung Womo ✓ in den Ort 1km	Lebensmittel ✓ Brötchen am Platz ✓ Restaurant/Imbiss 1km/✓ Ver-/Entsorgung Womo ✓ in den Ort 2km	Lebensmittel 1km Brötchen am Platz ✗ Restaurant/Imbiss 500m/1km Ver-/Entsorgung Womo ✗ in den Ort 2km
Anzahl der Plätze	Gesamt/Touristen 170/15 Mietunterkünfte ✓ Stellplätze vor Schranke ✗	Gesamt/Touristen 300/200 Mietunterkünfte ✓ Stellplätze vor Schranke ✗	Gesamt/Touristen 41/4 Mietunterkünfte ✗ Stellplätze vor Schranke ✗

	15	17	18
Gesamt	3.8 GUT 4 Bewertungen	4.0 SEHR GUT 92 Bewertungen	4.8 SEHR GUT 11 Bewertungen
Lage	4.2	4.4	4.7
Ruhe	5.0	4.1	4.9
Sanitäranlagen	3.2	4.2	4.9
Sauberkeit Ø	3.5	4.2	5.0
Freundlichkeit	4.0	4.1	4.9
Stellplatz	3.0	3.7	4.3
Verpflegung	2.0	3.4	3.0
Freizeit	3.0	3.9	4.5
Preis-Leistung	3.5	4.0	4.8
Mietunterkünfte	-	4.4	-
Geeignet für			
Kinder b. 6 J.	2.8	4.4	4.4
Kinder b. 12 J.	3.3	4.3	4.0
Kinder b. 18 J.	3.7	3.5	3.3
Paare	4.0	4.3	4.9
Senioren	4.3	4.1	4.8
Gäste mit Zelt	5.0	4.3	3.8
Gäste mit Hund	4.3	4.4	4.7
Empfohlene Aktivitäten	Wandern Radfahren Mountainbiking	Wandern Schwimmen Radfahren	Entspannen Schwimmen Wandern

17: keine WOMOs ab 9 m

16 Campingplatz Hof Biggen

❄

Finnentroper Straße 131
57439 Attendorn
+49 2722 95530
www.biggen.de
info@biggen.de

ganzjährig

HS: 31,00 € | NS: 31,00 €

Mehr Infos & Anfrage:
www.camping.info/18794

Baden im See	4km
Pool/Hallenbad	20/4km
Spielplatz am Platz	✓
Hunde willkommen	✓
wenig Schatten	✓
WLAN	✗
Lebensmittel	✓
Brötchen am Platz	✓
Restaurant/Imbiss	✓/4km
Ver-/Entsorgung Womo	✓
in den Ort	4km
Gesamt/Touristen	350/50
Mietunterkünfte	✓
Stellplätze vor Schranke	✓

51.137 | 7.93928

Campingplatz Hof Biggen aus der Vogelperspektive.

Lage & Stellplatz

Nur ca. 4 km vom Biggesee entfernt, befindet sich der Campingplatz Hof Biggen. Die Panoramawiese mit herrlicher Aussicht lädt Gäste mit eigenem Wohnwagen, Wohnmobil und Zelt ein. Gäste ohne eigenen Wohnwagen/-mobil können einen komfortablen Wohnwagen mieten. Wohnmobilhafen 24h-Anreise.

Verpflegung

Direkt am Platz befindet sich ein gemütliches Restaurant. Der kleine Supermarkt hat täglich geöffnet und frische Brötchen kommen jeden Tag direkt vom regionalen Bäcker. Die nächste Stadt Attendorn bietet neben ihrer berühmten Atta-Höhle auch zahlreiche Einkaufsmöglichkeiten, Restaurants und Lokale.

Sanitär

Der Campingplatz ist mit insgesamt drei sauberen Sanitäranlagen ausgestattet. Zusätzlich gibt es ein barrierefreies Bad, Kinderbadewannen, Waschmaschinen und Trockner. Im mittleren Teil des Geländes befindet sich das größte Sanitärgebäude.

Freizeit

Während der Ferien in Nordrhein-Westfalen wird ein Kinderanimationsprogramm für die Kleinen angeboten. Zu diversen Ausflugsmöglichkeiten werden die Gäste vor Ort gerne beraten. Für Wohnmobilfahrer stehen jeweils für einen Tag zwei kostenlose Leihwagen zur Verfügung.

Stellplatz mit Panoramaaussicht.

Wohnmobilhafen 24h-Anreise.

3.9 GUT
37 Bewertungen

Lage	4.1
Ruhe	4.4
Sanitäranlagen	3.6
Sauberkeit Ø	4.2
Freundlichkeit	4.5
Stellplatz	3.7
Verpflegung	3.8
Freizeit	3.9
Preis-Leistung	4.1
Mietunterkünfte	4.9

Geeignet für

- 4.5 Kinder b. 12 J.
- 4.5 Gäste mit Hund
- 4.3 Kinder b. 6 J.
- 3.8 Senioren
- 4.4 Paare
- 3.9 Gäste mit Zelt
- 3.7 Kinder b. 18 J.

Empfohlene Aktivitäten

Wandern · Entspannen · Radfahren · Motorrad

Mehr Infos

Karte auf Seite 388

	19	20	21
	Camping Gut Kalberschnacke	**Campingpark im Bergischen Land**	**Wiesengrund Camping**
	Kalberschnacke 8 57489 Drolshagen +49 2763 6171 51.07174 | 7.8163	Oberbüschem 45 51789 Lindlar +49 2266 6652 51.06768 | 7.38178	Im Scheurengarten 9 a 51789 Lindlar-Brochhagen +49 2266 8978 51.04416 | 7.40404
Infos			
Öffnungszeiten	01.03. - 12.12.	ganzjährig	ganzjährig
Vergleichspreis	HS: 36,00 € | NS: 29,00 €	HS: 24,00 € | NS: 24,00 €	HS: 16,60 € | NS: 16,60 €
Link	**Mehr Infos & Anfrage:** www.camping.info/18797	**Mehr Infos & Anfrage:** www.camping.info/24829	**Mehr Infos & Anfrage:** www.camping.info/18662
Ausstattung			
Freizeit	Baden im See 250m Pool/Hallenbad 12km Spielplatz am Platz ✓	Baden im See 10km Pool/Hallenbad 15/10km Spielplatz am Platz ✓	Baden im See 10km Pool/Hallenbad 4km Spielplatz am Platz ✓
Campingplatz	Hunde willkommen ✓ zur Hälfte Schatten ✓ WLAN (gratis) teilweise	Hunde willkommen ✓ wenig Schatten ✓ WLAN ✓	Hunde erlaubt ✓ zur Hälfte Schatten ✓ WLAN ✓
Versorgung	Lebensmittel ✓ Brötchen am Platz ✓ Restaurant/Imbiss 700/500m Ver-/Entsorgung Womo ✓ in den Ort 1km	Lebensmittel 2km Brötchen am Platz ✓ Restaurant & Imbiss ✓ Ver-/Entsorgung Womo ✓ in den Ort 2km	Lebensmittel 2km Brötchen am Platz ✓ Restaurant am P. ✓ Ver-/Entsorgung Womo ✓ in den Ort 100m
Anzahl der Plätze	Gesamt/Touristen 500/150 Mietunterkünfte ✓ Stellplätze vor Schranke ✗	Gesamt/Touristen 250/50 Mietunterkünfte ✓ Stellplätze vor Schranke ✗	Gesamt/Touristen 230/30 Mietunterkünfte ✗ Stellplätze vor Schranke ✓

	19	20	21
Gesamt	4.8 SEHR GUT – 390 Bewertungen	4.5 SEHR GUT – 60 Bewertungen	3.8 GUT – 10 Bewertungen
Lage	4.7	4.6	4.2
Ruhe	4.5	4.6	4.4
Sanitäranlagen	4.7	4.7	3.2
Sauberkeit Ø	4.9	4.8	4.2
Freundlichkeit	4.9	4.9	4.7
Stellplatz	4.6	4.3	3.6
Verpflegung	4.1	3.5	2.8
Freizeit	4.5	4.0	3.0
Preis-Leistung	4.6	4.7	4.5
Mietunterkünfte	4.7	4.8	-
Geeignet für			
Kinder b. 6 J.	4.5	4.5	3.3
Kinder b. 12 J.	4.7	4.5	3.4
Kinder b. 18 J.	4.3	3.5	2.9
Paare	4.7	4.5	4.2
Senioren	4.2	4.3	4.4
Gäste mit Zelt	4.6	4.6	4.0
Gäste mit Hund	4.7	4.9	4.0
Empfohlene Aktivitäten	Wandern Schwimmen Entspannen	Wandern Entspannen Mountainbiking	Wandern Entspannen Radfahren
Hinweis	keine WOMOs ab 9m; schmale Zufahrt; Bereich für Gruppen	Keine Jugendgruppen.	

22 Campingplatz An der Ringmauer

An der Ringmauer 33 b
51491 Overath
022062226
50.9373 | 7.2963

keine Angabe

keine Angabe

Mehr Infos & Anfrage:
www.camping.info/24380

Baden in nat. Gewässer	k. A.
Pool/Hallenbad	15/2km
Spielplatz	800m
Hunde	✗
Schatten	✗
WLAN	keine Angabe
Lebensmittel	1km
Brötchen	keine Angabe
Restaurant/Imbiss	1km
Ver-/Entsorgung Womo	✗
in den Ort	1km
Gesamt	keine Angabe
Mietunterkünfte	✗
Stellplätze vor Schranke	✗

- **JETZT BEWERTEN!**

Für diese Auswertung liegen leider noch nicht genügend Bewertungen vor.

Sei einer der Ersten, der diesen Campingplatz bewertet.

Mit einer guten Campingplatz-Bewertung unterstützt du nicht nur deinen Lieblingsplatz, sondern hilfst auch anderen Campern bei der Platzwahl.

23 Campingplatz Laasphetal

*

Wasserstraße 66
57334 Bad Laasphe
+49 2752 6490
50.93187 | 8.40239

ganzjährig

HS: 22,00 € | NS: 22,00 €

Mehr Infos & Anfrage:
www.camping.info/18791

Baden im See	6km
Pool/Hallenbad	1/1km
Spielplatz am Platz	✓
Hunde erlaubt	✓
zur Hälfte Schatten	✓
WLAN	✓
Lebensmittel	1km
Brötchen am Platz	✗
Restaurant/Imbiss	500m
Ver-/Entsorgung Womo	✓
in den Ort	500m
Gesamt/Touristen	30/15
Mietunterkünfte	✗
Stellplätze vor Schranke	✗

4.1 **SEHR GUT** 17 Bewertungen

Lage	4.2
Ruhe	4.4
Sanitäranlagen	3.9
Sauberkeit Ø	4.5
Freundlichkeit	4.7
Stellplatz	3.7
Verpflegung	2.4
Freizeit	3.6
Preis-Leistung	4.1
Mietunterkünfte	-

Geeignet für

Kinder b. 6 J.	2.4
Kinder b. 12 J.	2.5
Kinder b. 18 J.	2.5
Paare	4.2
Senioren	4.8
Gäste mit Zelt	4.6
Gäste mit Hund	4.6

Empfohlene Aktivitäten

- Wandern
- Entspannen
- Radfahren

24 Camping im Siebengebirge

*

Theodor-Storm-Straße 37
53639 Königswinter-Oberpleis
+49 2244 6418
50.70835 | 7.2654

ganzjährig

HS: 23,10 € | NS: 23,10 €

Mehr Infos & Anfrage:
www.camping.info/18684

Baden in nat. Gewässer	k. A.
Pool/Hallenbad	500m/10km
Spielplatz am Platz	✓
Hunde willkommen	✓
zur Hälfte Schatten	✓
WLAN (gegen Gebühr)	✓
Lebensmittel	500m
Brötchen am Platz	✓
Restaurant/Imbiss	500m/1km
Ver-/Entsorgung Womo	✓
in den Ort	500m
Gesamt/Touristen	20/14
Mietunterkünfte	✓
Stellplätze vor Schranke	✗

4.0 **SEHR GUT** 32 Bewertungen

Lage	4.1
Ruhe	4.2
Sanitäranlagen	3.7
Sauberkeit Ø	4.5
Freundlichkeit	4.6
Stellplatz	3.9
Verpflegung	3.4
Freizeit	4.0
Preis-Leistung	4.2
Mietunterkünfte	3.8

Geeignet für

Kinder b. 6 J.	3.5
Kinder b. 12 J.	3.4
Kinder b. 18 J.	3.0
Paare	4.5
Senioren	4.2
Gäste mit Zelt	4.2
Gäste mit Hund	4.7

Empfohlene Aktivitäten

- Wandern
- Sightseeing
- Schwimmen

25 Camping Jillieshof

*

Ginsterbergweg 6
53604 Bad Honnef-Aegidienberg
+49 2224 972066
50.65056 | 7.30056

ganzjährig

HS: 23,00 € | NS: 21,50 €

Mehr Infos & Anfrage:
www.camping.info/18683

Baden in nat. Gewässer	k. A.
Pool/Hallenbad	8km
Spielplatz am Platz	✓
Hunde willkommen	✓
zur Hälfte Schatten	✓
WLAN	✓
Lebensmittel	✓
Brötchen am Platz	✓
Restaurant/Imbiss	100m
Ver-/Entsorgung Womo	✓
in den Ort	1km
Gesamt/Touristen	230/40
Mietunterkünfte	✓
Stellplätze vor Schranke	✗

4.4 **SEHR GUT** 37 Bewertungen

Lage	4.4
Ruhe	4.2
Sanitäranlagen	4.2
Sauberkeit Ø	4.6
Freundlichkeit	4.7
Stellplatz	4.1
Verpflegung	4.0
Freizeit	3.9
Preis-Leistung	4.5
Mietunterkünfte	3.7

Geeignet für

Kinder b. 6 J.	4.1
Kinder b. 12 J.	3.9
Kinder b. 18 J.	3.6
Paare	4.6
Senioren	4.7
Gäste mit Zelt	4.3
Gäste mit Hund	4.7

Empfohlene Aktivitäten

- Wandern
- Entspannen
- Radfahren

HESSEN

Regionen

TIPP DER REDAKTION

Campingplatz Affolderner See

Nordhessen | Nr. 18 | Seite 411

Laut Gästen ideal geeignet zum:

- Radfahren
- Wandern
- Entspannen

4.6

Höhenzüge und Hochhäuser

Frankfurt Skyline © Tourismus+Congress GmbH Frankfurt am Main

Natur pur erleben oder den Blick auf die beeindruckendste Skyline Deutschlands genießen – in Hessen, der Region der Gegensätze, ist beides möglich. Mit seinen Mittelgebirgslandschaften stellt Hessen das ideale Terrain für naturnahe Campingausflüge dar. Städte wie Frankfurt, Wiesbaden oder Kassel lassen hingegen das Herz von Kultur-Liebhabern höherschlagen und halten bekannte Sehenswürdigkeiten bereit.

Hessische Stadtluft schnuppern

Im Südwesten des Bundeslandes liegt die facettenreiche Landeshauptstadt Wiesbaden, mit fünfzehn salzhaltigen Thermalquellen eines der ältesten Kurbäder Europas. Neben dem Kurhaus aus dem Jahre 1807 ist insbesondere das Rathaus mit seiner schmucken Renaissance-Fassade sehenswert. Einen liebenswerten historischen Kern besitzt auch die Main-Metropole Frankfurt. Ein Bummel durch die Altstadt auf dem Römerberg führt an sorgfältig restaurierten Fachwerkhäusern vorbei zum bekannten Rathaus. Literatur-Fans entdecken an vielen Ecken die Spuren von Johann Wolfgang von Goethe, Geschichtsinteressierte zieht es zur Paulskirche, der Wiege der deutschen Demokratie. Den Beinamen „Mainhattan" verdankt Frankfurt seinem modernen Bankenviertel, in dem Glas und Stahl die Architektur dominieren. Über dreißig Wolkenkratzer ragen hier mehr als 100 Meter in den Himmel.

Brezel ©Tourismus+Congress GmbH Frankfurt am Main

Am Ufer der Fulda liegt Kassel. Die mehr als 1.000 Jahre alte Stadt, in der die Gebrüder Grimm ihre Jugend verbrachten, wurde im Krieg stark zerstört. Moderne Zweckbauten bestimmen daher heute das Gesicht Kassels, welches insbesondere auf seine hochkarätige Museumslandschaft und seinen regen Kulturbetrieb stolz ist. Mit der documenta veranstaltet Kassel alle fünf Jahre die bedeutendste Weltausstellung für zeitgenössische Kunst. Das Wahrzeichen der Stadt, der Oktogon mit Herkules, befindet sich im weitläufigen Bergpark Wilhelmshöhe, dessen Wasserspiele zu den wichtigsten Sehenswürdigkeiten von Kassel zählen.

Kanu Lahn bei Runkel © Lahntal Tourismus Verband

Taunus und Rhön

Seine landschaftliche Vielfalt macht Hessen zu einem beliebten Ziel von Outdoor-Fans und Aktiv-Campern. Den Taunus mit seinen Höhenzügen und tiefen Wäldern hob sogar der weit gereiste Naturforscher Alexander von Humboldt für seine Schönheit hervor. Ein für Wanderer, Rad- und Mountainbikefahrer nicht weniger interessantes Gebiet tut sich in der Rhön auf: hier wechseln sich steile Berge mit sanften Kuppen ab. Die höchste Erhebung ist mit 950 Metern Seehöhe die Wasserkuppe. Wo im Sommer Segelflieger starten und Familien die Sommerrodelbahn hinuntersausen, kommen im Winter Ski- und Snowboardfahrer auf ihre Kosten.

Odenwald und Rheingau

Den Charakter des Odenwaldes bestimmen lichte Mischwälder, schroffe Berghänge und enge Täler, darunter der Neckar-Durchbruch. Schöne Wanderungen führen zu Burgen und Schlössern. Am höchsten geht es auf dem 626 Meter hohen Katzenbuckel hinaus. Einen unvergesslichen Einblick in 50 Millionen Jahre Erdgeschichte bietet die Grube Messel, die zum Weltnaturerbe der UNESCO zählt.
Als „Genussregion" lässt sich das Rheingau bezeichnen – das bedeutendste Weinbaugebiet Deutschlands erstreckt sich von Flörsheim am Main bis nach Lorch am Rhein. Schon im 8. Jahrhundert soll Karl der Große an den klimatisch begünstigten Schieferhängen das Pflanzen von Reben befohlen haben. Die Winzer bauen hier überwiegend Riesling an.

Kletterwald Langen © Tourismus+Congress GmbH Frankfurt am Main

Hessens kulinarische Seite

Das „Nationalgericht" der Hessen ist Handkäs mit Musik, ein Sauermilchkäse, der zusammen mit marinierten Zwiebeln serviert wird. Dazu trinkt man traditionell Apfelwein – oder „Ebbelwoi", wie die Einheimischen sagen. Zu hartgekochten Eiern schmeckt Frankfurter Grüne Sauce und die Frankfurter Würstchen sind weit über die Landesgrenzen hinaus bekannt. Zum Nachmittagskaffee vor dem Wohnwagen serviert man in Hessen gerne Frankfurter Kranz, eine ringförmige Buttercremetorte.

HESSEN

1 Nordhessen

	Platz	Seite	Bewertung	Öffnungszeiten	
1	Camping Gieselwerder	404	4.6	saisonal	
2	Campingplatz Trendelburg	404	4.3	ganzjährig	✻
3	Camping Hofgeismar	404	3.6	ganzjährig	✻
4	Terrassencamping Ahletal	405	4.1	ganzjährig	✻
5	Campingplatz Fulda-Freizeitzentrum	405	4.3	ganzjährig	✻
6	Campingplatz zur Warme	405	4.1	ganzjährig	✻
7	Camping Hohes Rad	405	3.6	ganzjährig	✻
8	Camping Seeblick	406	4.0	ganzjährig	✻
9	Campingplatz Kassel	406	3.9	saisonal	
10	Ferienanlage Erzeberg (Bad Emstal / bei Kassel)	406	4.5	ganzjährig	✻
11	Camping in Naumburg	407	4.5	ganzjährig	✻
12	Werra-Meissner-Camping	407	4.1	saisonal	
13	KNAUS Campingpark Eschwege*****	407	4.0	saisonal	
14	Campingplatz-Bettenhagen	407	3.6	ganzjährig	✻
15	Campingplatz an der Bringhäuser-Bucht	408	3.8	ganzjährig	✻
16	Camping Fuldaschleife	408	3.5	saisonal	
17	Camping- & Ferienpark Teichmann	409	4.4	ganzjährig	✻
18	Campingplatz Affolderner See	411	4.6	ganzjährig	✻ 👍
19	Campingplatz - Altenburschla	408	4.4	saisonal	
20	Campingplatz Beiseförth	410	4.0	k. A.	
21	Waldcamping Bad Zwesten	410	3.9	saisonal	
22	Camping am Bauernhof	410	4.0	saisonal	
23	Ferienpark Neuenhainer See	412	3.8	saisonal	✻
24	Campingplatz Rotenburg an der Fulda	412	4.0	saisonal	
25	Campingplatz Frielendorf	412	4.0	ganzjährig	✻
26	Campingplatz Aumühle	413	3.6	k. A.	✻
27	Campingplatz Auenland	413	4.5	saisonal	
28	Camping Kernbach	413	3.4	ganzjährig	✻
29	Waldcamp Meerbornsheide	413	3.7	ganzjährig	✻

✻ Wintercamping FKK Textilfrei (ganz/teilweise) Ecocamping 👍 Award Onlinebuchung

Karte auf Seite 402

	1	2	3
	Camping Gieselwerder	**Campingplatz Trendelburg**	**Camping Hofgeismar**
	In der Klappe 21 34399 Oberweser-Gieselwerder +49 5572 7611	Zur alten Mühle 10 34388 Trendelburg +49 5675 301	Schönebergerstr. 16 34369 Hofgeismar +49 5671 1215
	51.59925 | 9.55836	51.57232 | 9.42391	51.50884 | 9.4042
Infos			
Öffnungszeiten	25.03. - 31.10.	ganzjährig	ganzjährig
Vergleichspreis	HS: 22,00 € | NS: 17,00 €	HS: 17,00 € | NS: 17,00 €	HS: 18,00 €
Link	**Mehr Infos & Anfrage:** www.camping.info/18485	**Mehr Infos & Anfrage:** www.camping.info/18480	**Mehr Infos & Anfrage:** www.camping.info/17884
Ausstattung			
Freizeit	Baden im Fluss am Platz ✓ Pool/Hallenbad ✓/3km Spielplatz am Platz ✓	Baden im Fluss am Platz ✓ Pool/Hallenbad 800m/10km Spielplatz am Platz ✓	Baden in nat. Gewässer k. A. Pool & Hallenbad ✓ Spielplatz am Platz ✓
Campingplatz	Hunde willkommen ✓ wenig Schatten ✓ WLAN ✓	Hunde erlaubt ✓ zur Hälfte Schatten ✓ WLAN ✓	Hunde erlaubt ✓ zur Hälfte Schatten ✓ WLAN ✓
Versorgung	Lebensmittel 200m Brötchen keine Angabe Restaurant & Imbiss ✓ Ver-/Entsorgung Womo ✗ in den Ort 300m	Lebensmittel 500m Brötchen am Platz ✓ Restaurant & Imbiss ✓ Ver-/Entsorgung Womo ✓ im Ort ✓	Lebensmittel 1km Brötchen keine Angabe Restaurant 1km Ver-/Entsorgung Womo ✓ in den Ort keine Angabe
Anzahl der Plätze	Gesamt/Touristen 240/75 Mietunterkünfte ✓ Stellplätze vor Schranke ✗	Gesamt/Touristen 90/45 Mietunterkünfte ✓ Stellplätze vor Schranke ✓	Gesamt/Touristen 104/35 Mietunterkünfte ✓ Stellplätze vor Schranke ✗

	Camping Gieselwerder	Campingplatz Trendelburg	Camping Hofgeismar
Gesamt	4.6 SEHR GUT 25 Bewertungen	4.3 SEHR GUT 29 Bewertungen	3.6 GUT 7 Bewertungen
Lage	4.6	4.6	3.4
Ruhe	4.4	4.1	4.3
Sanitäranlagen	4.3	4.2	3.8
Sauberkeit Ø	4.7	4.5	4.5
Freundlichkeit	4.9	4.7	3.4
Stellplatz	4.2	4.1	3.3
Verpflegung	4.0	3.9	2.8
Freizeit	4.2	4.3	3.2
Preis-Leistung	4.6	4.8	3.8
Mietunterkünfte	4.4	4.8	5.0
Geeignet für			
Kinder b. 6 J.	3.7	4.0	3.7
Kinder b. 12 J.	3.7	4.3	3.0
Kinder b. 18 J.	3.4	4.3	2.7
Paare	4.7	4.6	4.0
Senioren	4.6	4.4	4.8
Gäste mit Zelt	4.5	4.7	4.0
Gäste mit Hund	4.3	4.8	2.3
Empfohlene Aktivitäten	Radfahren Wandern Kayak/Kanu	Kayak/Kanu Wandern Entspannen	Wandern Schwimmen Radfahren

4 Terrassencamping Ahletal

❄

Ahletal 6
34359 Reinhardshagen-Vaake
+49 5544 8990051
51.4728 | 9.62134

ganzjährig

HS: 12,60 € | NS: 12,60 €

Mehr Infos & Anfrage:
www.camping.info/18478

Baden in nat. Gewässer	✗
Pool/Hallenbad	1km/✓
Spielplatz am Platz	✓
Hunde willkommen	✓
zur Hälfte Schatten	✓
WLAN	✗
Lebensmittel	2km
Brötchen am Platz	✓
Restaurant/Imbiss	500m/2km
Ver-/Entsorgung Womo	✓
in den Ort	500m
Gesamt/Touristen	180/50
Mietunterkünfte	✓
Stellplätze vor Schranke	✗

4.1 SEHR GUT
7 Bewertungen

Lage	3.6
Ruhe	4.7
Sanitäranlagen	3.4
Sauberkeit Ø	4.0
Freundlichkeit	4.8
Stellplatz	3.6
Verpflegung	2.5
Freizeit	3.1
Preis-Leistung	4.7
Mietunterkünfte	3.5

Geeignet für

Kinder b. 6 J.	2.8
Kinder b. 12 J.	3.0
Kinder b. 18 J.	2.5
Paare	4.8
Senioren	4.0
Gäste mit Zelt	4.5
Gäste mit Hund	4.8

Empfohlene Aktivitäten

- Wandern
- Entspannen
- Radfahren

5 Campingplatz Fulda-Freizeit-zentrum

❄

FULDA FREIZEITZENTRUM 1
34233 Fuldatal-Knickhagen
+49 5607 340
51.4008 | 9.54854

ganzjährig

HS: 19,00 € | NS: 19,00 €

Mehr Infos & Anfrage:
www.camping.info/22337

Baden in nat. Gewässer	✗
Pool/Hallenbad	10km
Spielplatz am Platz	✓
Hunde erlaubt	✓
zur Hälfte Schatten	✓
WLAN	✓
Lebensmittel	2km
Brötchen am Platz	✓
Restaurant & Imbiss	✓
Ver-/Entsorgung Womo	✗
in den Ort	1km
Gesamt/Touristen	120/40
Mietunterkünfte	✓
Stellplätze vor Schranke	✗

4.3 SEHR GUT
7 Bewertungen

Lage	4.3
Ruhe	4.8
Sanitäranlagen	3.4
Sauberkeit Ø	3.7
Freundlichkeit	4.2
Stellplatz	3.5
Verpflegung	4.4
Freizeit	3.2
Preis-Leistung	4.3
Mietunterkünfte	1.0

Geeignet für

Kinder b. 6 J.	2.7
Kinder b. 12 J.	3.0
Kinder b. 18 J.	2.7
Paare	4.2
Senioren	4.2
Gäste mit Zelt	2.0
Gäste mit Hund	2.5

Empfohlene Aktivitäten

- Radfahren
- Wandern
- Mountainbiking

6 Campingplatz zur Warme

❄

Im Nordbruch 2
34289 Zierenberg
+49 5606 3966
51.3659 | 9.31494

ganzjährig

HS: 20,00 € | NS: 20,00 €

Mehr Infos & Anfrage:
www.camping.info/18470

Baden in nat. Gewässer	k. A.
Pool	500m
Spielplatz am Platz	✓
Hunde erlaubt	✓
wenig Schatten	✓
WLAN	✓
Lebensmittel	1km
Brötchen am Platz	nur HS
Restaurant am P.	✓
Ver-/Entsorgung Womo	✓
in den Ort	500m
Gesamt/Touristen	100/30
Mietunterkünfte	✗
Stellplätze vor Schranke	✗

4.1 SEHR GUT
13 Bewertungen

Lage	4.4
Ruhe	4.3
Sanitäranlagen	3.8
Sauberkeit Ø	4.3
Freundlichkeit	4.6
Stellplatz	4.0
Verpflegung	4.3
Freizeit	3.6
Preis-Leistung	4.5
Mietunterkünfte	-

Geeignet für

Kinder b. 6 J.	3.8
Kinder b. 12 J.	4.0
Kinder b. 18 J.	3.4
Paare	4.5
Senioren	4.6
Gäste mit Zelt	4.2
Gäste mit Hund	4.2

Empfohlene Aktivitäten

- Wandern
- Entspannen
- Mountainbiking

7 Camping Hohes Rad

❄

Hohes Rad 1
34519 Diemelsee-Heringhausen
+49 5633 99099
51.36462 | 8.71693

ganzjährig

HS: 19,00 € | NS: 19,00 €

Mehr Infos & Anfrage:
www.camping.info/18495

Baden im See	30m
Hallenbad	1km
Spielplatz am Platz	✓
Hunde erlaubt	✓
Schatten	✗
WLAN (gegen Gebühr)	✓
Lebensmittel	6km
Brötchen am Platz	✓
Imbiss	1km
Ver-/Entsorgung Womo	✓
in den Ort	1km
Gesamt	keine Angabe
Mietunterkünfte	✗
Stellplätze vor Schranke	✓

3.6 GUT
21 Bewertungen

Lage	4.5
Ruhe	4.8
Sanitäranlagen	3.4
Sauberkeit Ø	4.2
Freundlichkeit	3.6
Stellplatz	3.6
Verpflegung	2.4
Freizeit	4.0
Preis-Leistung	3.8
Mietunterkünfte	-

Geeignet für

Kinder b. 6 J.	4.0
Kinder b. 12 J.	4.0
Kinder b. 18 J.	3.5
Paare	4.5
Senioren	4.1
Gäste mit Zelt	3.6
Gäste mit Hund	4.2

Empfohlene Aktivitäten

- Schwimmen
- Wandern
- Radfahren

Karte auf Seite 402

	8	9	10
	Camping Seeblick	**Campingplatz Kassel**	**Ferienanlage Erzeberg (Bad Emstal / bei Kassel)**
	❄ Auf dem Kampe 3a 34519 Diemelsee-Heringhausen +49 563 399 3096 51.36418 | 8.72935	Giesenallee 9 34121 Kassel +49 (0)561 7077 170 51.29072 | 9.48767	❄ Birkenstraße 21 34308 Bad Emstal-Balhorn +49 5625 5274 51.26902 | 9.25322
Infos			
Öffnungszeiten	ganzjährig	25.03. - 06.11.	ganzjährig
Vergleichspreis	HS: 21,00 € | NS: 21,00 €	HS: ab 19,00 € | NS: ab 21,00 €	HS: 23,00 € | NS: 23,00 €
Link	**Mehr Infos & Anfrage:** www.camping.info/18494	**Mehr Infos & Anfrage:** www.camping.info/27059	**Mehr Infos & Anfrage:** www.camping.info/18473
Ausstattung			
Freizeit	Baden im See am Platz ✓ Pool/Hallenbad 100m Spielplatz am Platz ✓	Baden in nat. Gewässer k. A. Pool/Hallenbad 1km Spielplatz 1km	Baden im See 15km Pool & Hallenbad ✓ Spielplatz am Platz ✓
Campingplatz	Hunde willkommen ✓ wenig Schatten ✓ WLAN ✓	Hunde erlaubt ✓ wenig Schatten ✓ WLAN (gratis) teilweise	Hunde willkommen ✓ zur Hälfte Schatten ✓ WLAN ✓
Versorgung	Lebensmittel 5km Brötchen am Platz ✓ Restaurant/Imbiss ✓/200m Ver-/Entsorgung Womo ✗ im Ort ✓	Lebensmittel 1km Brötchen am Platz ✓ Restaurant/Imbiss 800m Ver-/Entsorgung Womo ✓ im Ort ✓	Lebensmittel 800m Brötchen am Platz nur HS Restaurant & Imbiss ✓ Ver-/Entsorgung Womo ✓ in den Ort 800m
Anzahl der Plätze	Touristenplätze 16 Mietunterkünfte ✗ Stellplätze vor Schranke ✗	Gesamt/Touristen 90/65 Mietunterkünfte ✗ Stellplätze vor Schranke ✓	Gesamt/Touristen 140/65 Mietunterkünfte ✓ Stellplätze vor Schranke ✓

	8	9	10
Gesamt	4.0 SEHR GUT, 10 Bewertungen	3.9 GUT, 17 Bewertungen	4.5 SEHR GUT, 139 Bewertungen
Lage	4.3	4.5	4.5
Ruhe	3.9	3.1	4.9
Sanitäranlagen	4.3	2.9	4.8
Sauberkeit Ø	4.8	4.2	4.8
Freundlichkeit	4.7	4.6	4.5
Stellplatz	3.4	3.9	4.4
Verpflegung	3.9	2.8	4.3
Freizeit	4.0	3.5	4.0
Preis-Leistung	4.7	3.9	4.6
Mietunterkünfte	-	-	4.5
Geeignet für			
Kinder b. 6 J.	3.8	2.8	3.9
Kinder b. 12 J.	3.9	3.9	3.7
Kinder b. 18 J.	3.3	4.0	3.4
Paare	4.4	4.6	4.7
Senioren	4.6	4.5	4.8
Gäste mit Zelt	3.4	4.2	4.3
Gäste mit Hund	4.5	3.9	4.8
Empfohlene Aktivitäten	Wandern Schwimmen Angeln	Kultur Sightseeing Radfahren	Wandern Entspannen Wellness

keine WOMOs ab 10 m; keine Jugendgruppen

11 Camping in Naumburg

✱

Am Schwimmbad 12
34311 Naumburg
+49 5625 9239670

51.25055 | 9.15991

ganzjährig

HS: 26,50 € | NS: 24,00 €

Mehr Infos & Anfrage:
www.camping.info/18474

Baden im See	15km
Pool/Hallenbad	100m/1km
Spielplatz am Platz	✓
Hunde willkommen	✓
wenig Schatten	✓
WLAN	✓
Lebensmittel	200m
Brötchen am Platz	✓
Restaurant/Imbiss	700m/✓
Ver-/Entsorgung Womo	✓
in den Ort	200m
Gesamt/Touristen	200/150
Mietunterkünfte	✓
Stellplätze vor Schranke	✗

4.5 SEHR GUT
80 Bewertungen

Lage	4.5
Ruhe	4.5
Sanitäranlagen	4.6
Sauberkeit Ø	4.6
Freundlichkeit	4.8
Stellplatz	4.4
Verpflegung	3.5
Freizeit	3.9
Preis-Leistung	4.6
Mietunterkünfte	4.5

Geeignet für

Kinder b. 6 J.	4.2
Kinder b. 12 J.	4.3
Kinder b. 18 J.	3.4
Paare	4.6
Senioren	4.7
Gäste mit Zelt	4.7
Gäste mit Hund	4.8

Empfohlene Aktivitäten

- Wandern
- Entspannen
- Schwimmen

12 Werra-Meissner-Camping

Freizeitzentrum 2
37276 Meinhard-Grebendorf
+49 5651 6200

51.20685 | 10.0426

01.04. - 31.10.

HS: 21,80 € | NS: 19,30 €

Mehr Infos & Anfrage:
www.camping.info/18548

Baden im See am Platz	✓
Hallenbad	4km
Spielplatz am Platz	✓
Hunde	✗
Schatten	✗
WLAN	✓
Lebensmittel	✓
Brötchen am Platz	✓
Restaurant & Imbiss	✓
Ver-/Entsorgung Womo	✓
in den Ort	500m
Gesamt/Touristen	730/300
Mietunterkünfte	✓
Stellplätze vor Schranke	✗

4.1 SEHR GUT
9 Bewertungen

Lage	4.4
Ruhe	3.7
Sanitäranlagen	3.6
Sauberkeit Ø	4.0
Freundlichkeit	4.6
Stellplatz	3.8
Verpflegung	3.6
Freizeit	4.2
Preis-Leistung	4.1
Mietunterkünfte	-

Geeignet für

Kinder b. 6 J.	4.2
Kinder b. 12 J.	4.6
Kinder b. 18 J.	4.1
Paare	4.4
Senioren	4.2
Gäste mit Zelt	3.7
Hunde n. erlaubt	-

Empfohlene Aktivitäten

- Radfahren
- Wandern
- Schwimmen

13 KNAUS Camping-park Eschwege*****

Am Werratalsee 2
37269 Eschwege
+49 5651 338883

51.19161 | 10.06861

17.04. - 07.11.

HS: 41,80 € | NS: 38,30 €

Mehr Infos & Anfrage:
www.camping.info/18547

Baden im See am Platz	✓
Hallenbad	3km
Spielplatz am Platz	✓
Hunde willkommen	✓
zur Hälfte Schatten	✓
WLAN (gegen Gebühr)	✓
Lebensmittel	✗
Brötchen am Platz	✓
Restaurant & Imbiss	✓
Ver-/Entsorgung Womo	✓
in den Ort	500m
Gesamt/Touristen	261/168
Mietunterkünfte	✓
Stellplätze vor Schranke	✓

4.0 SEHR GUT
348 Bewertungen

Lage	4.5
Ruhe	4.1
Sanitäranlagen	3.7
Sauberkeit Ø	4.2
Freundlichkeit	3.9
Stellplatz	4.0
Verpflegung	3.1
Freizeit	4.2
Preis-Leistung	3.8
Mietunterkünfte	4.2

Geeignet für

Kinder b. 6 J.	4.1
Kinder b. 12 J.	4.2
Kinder b. 18 J.	3.9
Paare	4.3
Senioren	4.4
Gäste mit Zelt	3.8
Gäste mit Hund	4.0

Empfohlene Aktivitäten

- Radfahren
- Wandern
- Schwimmen

weitere NS: 20.09. - 08.11.
Preise aus 2019

14 Campingplatz-Bettenhagen

✱

Am Bettenhagen 1
34513 Waldeck-Scheid
+49 5634 7883

51.18716 | 9.01117

ganzjährig

HS: 13,00 €

Mehr Infos & Anfrage:
www.camping.info/18489

Baden im See am Platz	✓
Pool & Hallenbad	✗
Spielplatz	✗
Hunde erlaubt	✓
Schatten	✗
WLAN	✗
Lebensmittel	✓
Brötchen	keine Angabe
Restaurant/Imbiss	800m
Ver-/Entsorgung Womo	✗
in den Ort	3km
Gesamt/Touristen	150/20
Mietunterkünfte	✗
Stellplätze vor Schranke	✗

3.6 GUT
11 Bewertungen

Lage	4.6
Ruhe	4.2
Sanitäranlagen	3.4
Sauberkeit Ø	4.0
Freundlichkeit	3.7
Stellplatz	3.5
Verpflegung	2.9
Freizeit	3.5
Preis-Leistung	3.9
Mietunterkünfte	-

Geeignet für

Kinder b. 6 J.	2.5
Kinder b. 12 J.	3.0
Kinder b. 18 J.	3.6
Paare	3.9
Senioren	3.8
Gäste mit Zelt	3.2
Gäste mit Hund	3.7

Empfohlene Aktivitäten

- Angeln
- Segeln
- Schwimmen

Karte auf Seite 402

	15	16	19
	Campingplatz an der Bringhäuser-Bucht	**Camping Fuldaschleife**	**Campingplatz - Altenburschla**
	✻		
	Seestraße 3 34549 Edertal +49 56 23 93 05 75	Zum Bruch 6 34302 Guxhagen-Büchenwerra +49 5665 9610 44	Am Rasen 3 37281 Wanfried-Altenburschla +31 6 26 58 48 22
	51.18004 | 8.99425	51.17777 | 9.47733	51.15067 | 10.17284
Infos			
Öffnungszeiten	ganzjährig	01.03. - 31.10.	10.04. - 01.10.
Vergleichspreis	HS: 20,00 € | NS: 20,00 €	HS: 25,00 € | NS: 25,00 €	HS: 27,00 € | NS: 27,00 €
Link	**Mehr Infos & Anfrage:** www.camping.info/24795	**Mehr Infos & Anfrage:** www.camping.info/18471	**Mehr Infos & Anfrage:** www.camping.info/23418
Ausstattung			
Freizeit	Baden im See am Platz ✓ Pool & Hallenbad ✗ Spielplatz keine Angabe	Baden in nat. Gewässer k. A. Pool 3km Spielplatz am Platz ✓	Baden in nat. Gewässer k. A. Pool 4km Spielplatz am Platz ✓
Campingplatz	Hunde erlaubt ✓ Schatten ✗ WLAN keine Angabe	Hunde willkommen ✓ zur Hälfte Schatten ✓ WLAN (gegen Gebühr) ✓	Hunde willkommen ✓ zur Hälfte Schatten ✓ WLAN ✗
Versorgung	Lebensmittel ✗ Brötchen keine Angabe Restaurant & Imbiss ✗ Ver-/Entsorgung Womo ✗ in den Ort 500m	Lebensmittel 3km Brötchen am Platz ✗ Restaurant am P. ✓ Ver-/Entsorgung Womo ✓ in den Ort 100m	Lebensmittel 4km Brötchen am Platz ✗ Restaurant 200m Ver-/Entsorgung Womo ✓ im Ort ✓
Anzahl der Plätze	Gesamt keine Angabe Mietunterkünfte ✗ Stellplätze vor Schranke ✗	Gesamt/Touristen 130/50 Mietunterkünfte ✓ Stellplätze vor Schranke ✗	Touristenplätze 35 Mietunterkünfte ✓ Stellplätze vor Schranke ✓

	15	16	19
Gesamt	3.8 GUT (6 Bewertungen)	3.5 GUT (55 Bewertungen)	4.4 SEHR GUT (17 Bewertungen)
Lage	4.0	4.1	4.7
Ruhe	3.8	3.7	4.6
Sanitäranlagen	4.2	3.1	3.5
Sauberkeit Ø	4.4	4.0	4.4
Freundlichkeit	4.2	4.2	4.9
Stellplatz	3.3	3.5	4.1
Verpflegung	2.8	3.0	3.3
Freizeit	4.0	3.5	4.1
Preis-Leistung	4.3	3.8	4.6
Mietunterkünfte	-	2.9	4.0
Geeignet für			
Kinder b. 6 J.	1.0	3.6	3.3
Kinder b. 12 J.	2.5	3.6	3.6
Kinder b. 18 J.	3.0	3.3	3.6
Paare	4.3	4.2	4.6
Senioren	4.5	4.1	4.0
Gäste mit Zelt	3.8	4.1	4.7
Gäste mit Hund	5.0	4.1	4.8
Empfohlene Aktivitäten	Surfen Wandern Segeln	Radfahren Kayak/Kanu Wandern	Kayak/Kanu Wandern Entspannen

17 Camping- & Ferienpark Teichmann

Zum Träumen 1A
34516 Vöhl-Herzhausen
05635-245
www.camping-teichmann.de
info@camping-teichmann.de

ganzjährig

HS: 40,00 € | NS: 32,00 €

Mehr Infos & Anfrage:
www.camping.info/18491

Baden im See am Platz	✓
Pool/Hallenbad	6/14km
Spielplatz am Platz	✓
Hunde willkommen	✓
zur Hälfte Schatten	✓
WLAN	✓
Lebensmittel	✓
Brötchen am Platz	✓
Restaurant & Imbiss	✓
Ver-/Entsorgung Womo	✓
in den Ort	1km
Gesamt/Touristen	500/250
Mietunterkünfte	✓
Stellplätze vor Schranke	✓

1 km
51.17478 | 8.89157

Camping-& Ferienpark mit Badesee direkt am Nationalpark Kellerwald-Edersee.

Lage & Stellplatz

Der Camping- & Ferienpark Teichmann liegt mitten im Herzen Deutschlands, am Beginn des Edersees und direkt am NationalparkZentrum „Kellerwald-Edersee“. Egal ob mit Zelt, Wohnwagen oder Reisemobil – die Ferienanlage bietet für jede Variante des Campingurlaubs oder im Ferienhaus das passende Angebot.

Verpflegung

Auf dem Gelände der Ferienanlage findet man alles, was für einen schönen und erholsamen Urlaub benötigt wird. Das Restaurant „Seehütte“, der Schnellimbiss „Strandhütte“, das Restaurant „GastRaum“ im NationalparkZentrum und ein gut sortierter Minimarkt sorgen stets für kulinarische Abwechslung.

Sanitär

Der gepflegte Campingplatz verfügt über mehrere liebevoll gestaltete und moderne Waschhäuser. Hier gibt es Waschräume, Duschen, Toiletten, Familienbäder, Kindertoiletten und Wickelräume. Waschmaschinen und Trockner sowie Abwasserausgüsse und Koch- bzw. Kühlmöglichkeiten sind ebenfalls vorhanden.

Freizeit

Ob auf dem weitläufigen Gelände, inmitten der traumhaften Natur oder auch im platzeigenen Badesee – auf dem Camping- & Ferienpark gibt es viel zu entdecken und zu erleben. Die Ferienregion Edersee ist reich an wunderbaren Naturschätzen, die sich am besten beim Wandern oder Biken erkunden lassen.

Zeit zum Träumen.

Detailverliebte Sanitäranlagen.

4.4 SEHR GUT
242 Bewertungen

Lage	4.6
Ruhe	3.9
Sanitäranlagen	4.3
Sauberkeit Ø	4.4
Freundlichkeit	4.6
Stellplatz	4.4
Verpflegung	4.2
Freizeit	4.6
Preis-Leistung	4.2
Mietunterkünfte	4.6

Geeignet für

4.7	Kinder b. 6 J.
4.7	Kinder b. 12 J.
4.7	Gäste mit Zelt
4.6	Gäste mit Hund
4.5	Paare
4.4	Kinder b. 18 J.
4.3	Senioren

Empfohlene Aktivitäten

Schwimmen · Wandern · Radfahren · Entspannen

Mehr Infos

Karte auf Seite 402

	20 Campingplatz Beiseförth	21 Waldcamping Bad Zwesten	22 Camping am Bauernhof
	Brückenstr. 34323 Malsfeld - Beiseförth 05664 770 9885 51.07825 | 9.54848	Am Campingplatz 1 34596 Bad Zwesten +49 5626 379 51.04734 | 9.19021	Zum Lierloch 1 34593 Knüllwald-Niederbeisheim +49 5685 228 51.0336 | 9.5354
Infos			
Öffnungszeiten	keine Angabe	01.04. - 31.10.	01.03. - 31.10.
Vergleichspreis	HS: 19,00 € | NS: 19,00 €	HS: 22,00 € | NS: 22,00 €	HS: 18,50 € | NS: 18,50 €
Link	**Mehr Infos & Anfrage:** www.camping.info/30082	**Mehr Infos & Anfrage:** www.camping.info/18501	**Mehr Infos & Anfrage:** www.camping.info/18500
Ausstattung			
Freizeit	Baden in nat. Gewässer k. A. Pool & Hallenbad ✗ Spielplatz keine Angabe	Baden im Fluss am Platz ✓ Pool/Hallenbad ✓/1km Spielplatz am Platz ✓	Baden in nat. Gewässer k. A. Pool 400m Spielplatz am Platz ✓
Campingplatz	Hunde ✗ Schatten ✗ WLAN keine Angabe	Hunde willkommen ✓ wenig Schatten ✓ WLAN ✓	Hunde willkommen ✓ zur Hälfte Schatten ✓ WLAN keine Angabe
Versorgung	Lebensmittel k.A. Brötchen keine Angabe Restaurant & Imbiss ✗ Ver-/Entsorgung Womo ✗ in den Ort 500m	Lebensmittel 1km Brötchen am Platz ✗ Restaurant & Imbiss ✓ Ver-/Entsorgung Womo ✓ in den Ort 1km	Lebensmittel 800m Brötchen am Platz ✓ Restaurant/Imbiss 800/400m Ver-/Entsorgung Womo ✓ in den Ort 1km
Anzahl der Plätze	Gesamt keine Angabe Mietunterkünfte ✗ Stellplätze vor Schranke ✗	Gesamt/Touristen 156/35 Mietunterkünfte ✓ Stellplätze vor Schranke ✗	Gesamt/Touristen 60/30 Mietunterkünfte ✓ Stellplätze vor Schranke ✓

	20	21	22
Gesamt	4.0 SEHR GUT, 7 Bewertungen	3.9 GUT, 30 Bewertungen	4.0 SEHR GUT, 18 Bewertungen
Lage	4.4	4.3	3.8
Ruhe	4.3	4.5	4.5
Sanitäranlagen	4.0	3.6	3.9
Sauberkeit Ø	4.6	4.3	4.3
Freundlichkeit	4.7	4.5	4.9
Stellplatz	3.8	3.6	3.6
Verpflegung	4.0	3.0	2.4
Freizeit	4.4	3.5	3.4
Preis-Leistung	4.3	4.1	4.3
Mietunterkünfte	-	3.0	5.0
Geeignet für			
Kinder b. 6 J.	4.5	3.6	4.7
Kinder b. 12 J.	3.8	3.6	4.3
Kinder b. 18 J.	4.2	3.0	3.1
Paare	4.7	4.2	4.1
Senioren	5.0	4.5	4.4
Gäste mit Zelt	4.6	4.4	4.1
Hunde n. erlaubt / Gäste mit Hund	Hunde n. erlaubt -	Gäste mit Hund 4.4	Gäste mit Hund 4.9
Empfohlene Aktivitäten	Radfahren Kayak/Kanu Entspannen	Entspannen Wandern Radfahren	Entspannen Wandern Radfahren

18 Campingplatz Affolderner See

Am Mühlengraben 15
34549 Edertal-Affoldern
+49 (0) 5623 4290
www.campingplatz-affoldernersee.com
info@campingplatz-affoldernersee.com

ganzjährig

HS: 29,00 € | NS: 29,00 €

Mehr Infos & Anfrage:
www.camping.info/18497

Baden im Fluss am Platz	✓
Pool/Hallenbad	5/9km
Spielplatz am Platz	✓
Hunde willkommen	✓
zur Hälfte Schatten	✓
WLAN (gegen Gebühr)	✓
Lebensmittel	4km
Brötchen am Platz	nur HS
Restaurant & Imbiss	✓
Ver-/Entsorgung Womo	✓
in den Ort	4km
Gesamt/Touristen	120/80
Mietunterkünfte	✓
Stellplätze vor Schranke	✓

51.1654 | 9.08574

Luftbild vom Campingplatz.

Lage & Stellplatz

Der Campingplatz Affolderner See liegt im Herzen der bemerkenswerten Landschaft im Nationalpark Kellerwald-Edersee, nur wenige Minuten vom schönen Edersee entfernt. Zu jeder Jahreszeit können die Gäste hier regionale Kultur und Natur pur erleben. Es gibt 120 Stellplätze und 70 Zeltplätze für Camper.

Verpflegung

Für das leibliche Wohl der Gäste sorgt das Team vom platzeigenen Restaurant und Biergarten. Um eine stets frische, regionale und saisonale Küche zu bieten, lautet das Motto „Weniger ist mehr", weshalb hauptsächlich qualitativ hochwertige Lebensmittel, möglichst aus der Region verwendet werden.

Sanitär

Die Sanitäranlage wurde erst kürzlich umfassend renoviert und umgestaltet. Für den Komfort der Gäste wurde die Technik komplett ausgewechselt sowie sämtliche Keramik, Armaturen und Sichtschutze neu gestaltet. So erstrahlen die sanitären Anlagen nun in neuem Glanz und modernster Technik.

Freizeit

Von „A" wie Angeln bis „W" wie Windsurfen – das Freizeitangebot in Affoldern lässt Urlaubs-Träume in Erfüllung gehen. Einige der schönsten Radwege Deutschlands (R5 und R6) führen direkt am Platz vorbei. Der Edersee, einer der größten europäischen Stauseen mit Trinkwasserqualität, ist 6 km entfernt.

Sonnenaufgang über dem Platz.

Hier bleibt kein Wunsch offen.

4.6 SEHR GUT
146 Bewertungen

Lage	4.6
Ruhe	4.5
Sanitäranlagen	4.7
Sauberkeit Ø	4.8
Freundlichkeit	4.9
Stellplatz	4.5
Verpflegung	4.5
Freizeit	4.6
Preis-Leistung	4.6
Mietunterkünfte	4.9

Geeignet für

Gäste mit Zelt	4.8
Gäste mit Hund	4.8
Kinder b. 12 J.	4.7
Senioren	4.7
Kinder b. 6 J.	4.7
Paare	4.7
Kinder b. 18 J.	4.4

Empfohlene Aktivitäten

Radfahren
Wandern
Entspannen
Kayak/Kanu

Mehr Infos

Der Campingplatz ist nach vierjähriger Bauzeit auf dem allerneuesten Stand.

AWARD 2022

Karte auf Seite 402

	23	24	25
	Ferienpark Neuenhainer See	**Campingplatz Rotenburg an der Fulda**	**Campingplatz Frielendorf**
	❄		❄
	Seeblick 14 34599 Neuental +49 6693 1287	Campingweg 4 36199 Rotenburg +49 66 23 55 56	Stettiner Str. 14 34621 Frielendorf +49 568 492 2856
	50.99472 | 9.26611	50.99312 | 9.74312	50.97111 | 9.31722
Infos			
Öffnungszeiten	01.02. - 30.11.	28.03. - 31.10.	ganzjährig
Vergleichspreis	HS: 17,10 € | NS: 17,10 €	keine Angabe	HS: 19,90 € | NS: 19,90 €
Link	**Mehr Infos & Anfrage:** www.camping.info/18502	**Mehr Infos & Anfrage:** www.camping.info/18530	**Mehr Infos & Anfrage:** www.camping.info/17883
Ausstattung			
Freizeit	Baden im See am Platz ✓ Pool & Hallenbad ✗ Spielplatz am Platz ✓	Baden in nat. Gewässer k. A. Hallenbad 300m Spielplatz am Platz ✓	Baden im See 1km Pool/Hallenbad ✓/1km Spielplatz am Platz ✓
Campingplatz	Hunde erlaubt ✓ zur Hälfte Schatten ✓ WLAN (begrenzt gratis) ✓	Hunde ✗ zur Hälfte Schatten ✓ WLAN ✗	Hunde erlaubt ✓ zur Hälfte Schatten ✓ WLAN ✓
Versorgung	Lebensmittel 5km Brötchen am Platz nur HS Restaurant & Imbiss ✓ Ver-/Entsorgung Womo ✓ in den Ort 1km	Lebensmittel k.A. Brötchen am Platz ✗ Restaurant & Imbiss ✗ Ver-/Entsorgung Womo ✗ in den Ort 500m	Lebensmittel 300m Brötchen am Platz ✓ Restaurant/Imbiss 300m/✓ Ver-/Entsorgung Womo ✓ in den Ort 200m
Anzahl der Plätze	Gesamt/Touristen 315/167 Mietunterkünfte ✓ Stellplätze vor Schranke ✓	Touristenplätze 55 Mietunterkünfte ✗ Stellplätze vor Schranke ✗	Gesamt/Touristen 150/60 Mietunterkünfte ✗ Stellplätze vor Schranke ✗

	23	24	25
Gesamt	3.8 GUT, 24 Bewertungen	4.0 SEHR GUT, 21 Bewertungen	4.0 SEHR GUT, 10 Bewertungen
Lage	4.4	4.5	3.8
Ruhe	3.7	3.5	3.5
Sanitäranlagen	3.6	3.9	3.5
Sauberkeit Ø	3.8	4.8	4.2
Freundlichkeit	4.2	4.9	4.6
Stellplatz	3.7	4.0	3.8
Verpflegung	3.4	3.8	3.9
Freizeit	3.7	3.7	4.2
Preis-Leistung	4.3	4.5	4.4
Mietunterkünfte	3.8	-	-
Geeignet für			
Kinder b. 6 J.	4.5	3.6	4.4
Kinder b. 12 J.	4.5	3.9	4.5
Kinder b. 18 J.	4.0	4.0	4.3
Paare	4.1	4.8	4.4
Senioren	3.7	4.7	4.1
Gäste mit Zelt	3.8	4.7	4.1
Gäste mit Hund	3.7	Hunde n. erlaubt -	4.0
Empfohlene Aktivitäten	Schwimmen Radfahren Angeln	Kayak/Kanu Radfahren Wandern	Schwimmen Radfahren Wandern

26 Campingplatz Aumühle

❄

Auestraße 26
35285 Gemünden-Wohra
064537286

50.96898 | 8.97499

keine Angabe

HS: 14,00 €

Mehr Infos & Anfrage:
www.camping.info/18508

Baden in nat. Gewässer	k. A.
Pool am Platz	✓
Spielplatz	1km
Hunde erlaubt	✓
zur Hälfte Schatten	✓
WLAN	teilweise
Lebensmittel	1km
Brötchen am Platz	✗
Restaurant & Imbiss	✓
Ver-/Entsorgung Womo	✓
im Ort	✓
Gesamt/Touristen	80/30
Mietunterkünfte	✗
Stellplätze vor Schranke	✓

3.6 GUT
7 Bewertungen

Lage	4.2
Ruhe	3.3
Sanitäranlagen	3.8
Sauberkeit Ø	4.2
Freundlichkeit	3.2
Stellplatz	3.6
Verpflegung	3.4
Freizeit	2.8
Preis-Leistung	3.4
Mietunterkünfte	-

Geeignet für

Kinder b. 6 J.	4.3
Kinder b. 12 J.	4.0
Kinder b. 18 J.	2.7
Paare	4.2
Senioren	3.6
Gäste mit Zelt	4.0
Gäste mit Hund	3.5

Empfohlene Aktivitäten

- Wandern
- Radfahren
- Mountainbiking

27 Campingplatz Auenland

Zum Dammhammer 2
35094 Lahntal-Brungershausen
+49 6420 7172

50.86231 | 8.62735

30.03. - 31.10.

HS: 29,50 € | NS: 28,00 €

Mehr Infos & Anfrage:
www.camping.info/22340

Baden im Fluss am Platz	✓
Pool/Hallenbad	✓/15km
Spielplatz am Platz	✓
Hunde willkommen	✓
zur Hälfte Schatten	✓
WLAN (gratis)	teilweise
Lebensmittel	3km
Brötchen am Platz	✓
Restaurant am P.	✓
Ver-/Entsorgung Womo	✓
in den Ort	3km
Gesamt/Touristen	110/56
Mietunterkünfte	✓
Stellplätze vor Schranke	✓

4.5 SEHR GUT
157 Bewertungen

Lage	4.4
Ruhe	4.4
Sanitäranlagen	4.7
Sauberkeit Ø	4.6
Freundlichkeit	4.8
Stellplatz	4.3
Verpflegung	4.0
Freizeit	4.2
Preis-Leistung	4.2
Mietunterkünfte	4.6

Geeignet für

Kinder b. 6 J.	4.5
Kinder b. 12 J.	4.5
Kinder b. 18 J.	3.7
Paare	4.5
Senioren	4.5
Gäste mit Zelt	4.5
Gäste mit Hund	4.6

Empfohlene Aktivitäten

- Wandern
- Radfahren
- Entspannen

28 Camping Kernbach

❄

Zum Campingplatz 4
35094 Lahntal-Kernbach
+49 6420 7494

50.85363 | 8.65256

ganzjährig

HS: 15,00 € | NS: 15,00 €

Mehr Infos & Anfrage:
www.camping.info/18506

Baden im Fluss am Platz	✓
Pool & Hallenbad	✗
Spielplatz am Platz	✓
Hunde erlaubt	nur NS
Schatten	✗
WLAN	keine Angabe
Lebensmittel	1km
Brötchen	keine Angabe
Restaurant/Imbiss	1km
Ver-/Entsorgung Womo	✓
in den Ort	keine Angabe
Gesamt/Touristen	204/120
Mietunterkünfte	✗
Stellplätze vor Schranke	✗

3.4 GUT
14 Bewertungen

Lage	4.2
Ruhe	4.7
Sanitäranlagen	2.5
Sauberkeit Ø	3.2
Freundlichkeit	4.2
Stellplatz	3.4
Verpflegung	2.5
Freizeit	3.8
Preis-Leistung	4.4
Mietunterkünfte	-

Geeignet für

Kinder b. 6 J.	3.2
Kinder b. 12 J.	3.1
Kinder b. 18 J.	3.1
Paare	4.2
Senioren	4.2
Gäste mit Zelt	4.2
Gäste mit Hund	4.2

Empfohlene Aktivitäten

- Wandern
- Radfahren
- Entspannen

29 Waldcamp Meerbornsheide

❄

Meerbornsheide 1-2
35683 Dillenburg
+49 2771 3305022

50.73095 | 8.26269

ganzjährig

HS: 24,50 € | NS: 23,10 €

Mehr Infos & Anfrage:
www.camping.info/18516

Baden im Teich	5km
Pool/Hallenbad	5/2km
Spielplatz	1km
Hunde willkommen	✓
wenig Schatten	✓
WLAN	✓
Lebensmittel	2km
Brötchen am Platz	✓
Restaurant/Imbiss	2km/✓
Ver-/Entsorgung Womo	✓
in den Ort	2km
Gesamt/Touristen	60/56
Mietunterkünfte	✓
Stellplätze vor Schranke	✗

3.7 GUT
39 Bewertungen

Lage	4.3
Ruhe	4.8
Sanitäranlagen	4.0
Sauberkeit Ø	3.8
Freundlichkeit	4.4
Stellplatz	3.3
Verpflegung	3.4
Freizeit	3.5
Preis-Leistung	3.5
Mietunterkünfte	3.9

Geeignet für

Kinder b. 6 J.	3.4
Kinder b. 12 J.	3.3
Kinder b. 18 J.	2.8
Paare	4.4
Senioren	4.4
Gäste mit Zelt	3.9
Gäste mit Hund	4.5

Empfohlene Aktivitäten

- Wandern
- Entspannen
- Kultur

HESSEN

2 Südhessen

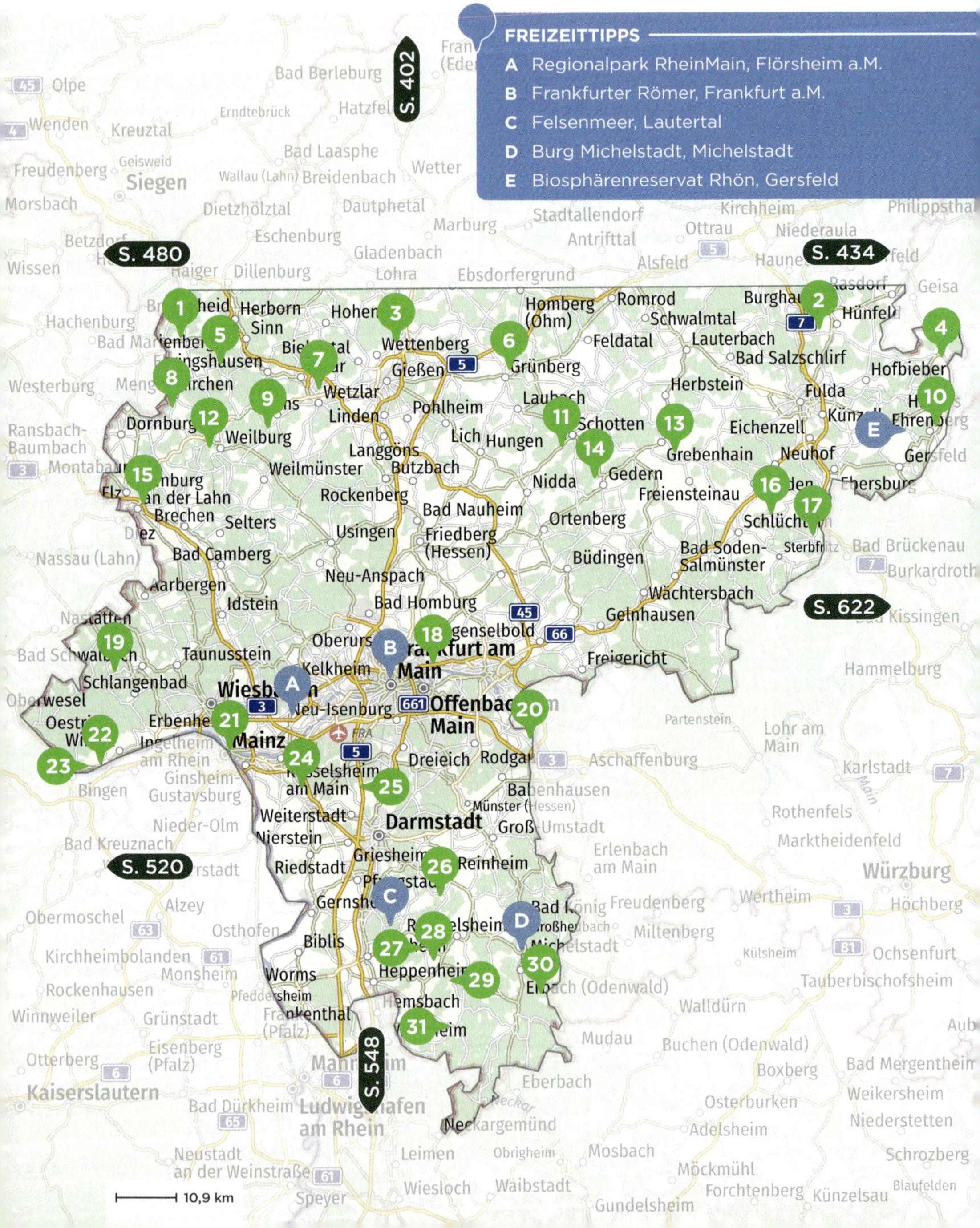

	Platz	Seite	Bewertung	Öffnungszeiten	
1	Campingplatz Heisterberger Weiher	416	4.2	saisonal	❄
2	KNAUS Campingpark Hünfeld*****	416	4.3	saisonal	❄
3	Campingpark Wißmarer See	417	2.6	saisonal	
4	Camping Ulstertal	416	4.0	ganzjährig	❄
5	Camping Ulmbachtalsperre	420	3.9	ganzjährig	
6	Camping Spitzer Stein	420	3.7	saisonal	
7	Campingplatz Wetzlar	420	3.6	saisonal	
8	Wäller Camp	418	4.8	saisonal	
9	Campingpark Braunfels	421	3.4	ganzjährig	❄
10	Rhön Camping-Park	421	4.6	saisonal	
11	Camping Nidda-Stausee	421	3.8	ganzjährig	❄
12	Camping Odersbach	421	3.4	saisonal	
13	Erlebnis- und Freizeitwelt Nieder-Mooser See	422	4.3	ganzjährig	❄
14	Campingpark Am Gederner See	422	3.4	ganzjährig	❄
15	Camping Resort Limburg GmbH	422	4.0	k. A.	
16	Camping Hutten	424	4.0	ganzjährig	
17	Campingplatz-Sinntal-Oberzell	424	4.0	saisonal	
18	Campingplatz Mainkur	424	3.7	saisonal	
19	Camping Wisperpark	423	4.4	ganzjährig	❄
20	Seecamping Mainflingen	425	3.3	ganzjährig	FKK ❄
21	Campingplatz Maaraue	425	3.4	saisonal	
22	Rheingaucamping Geisenheim	425	3.8	saisonal	
23	Campingplatz Rüdesheim am Rhein	426	4.3	saisonal	
24	Campingplatz Nauheim	426	4.7	ganzjährig	❄
25	Campingplatz am Steinrodsee	426	3.5	ganzjährig	❄
26	Camping Odenwaldidyll	428	4.2	saisonal	
27	Terrassencamping Schlierbach	427	4.6	saisonal	❄
28	Nibelungen-Camping am Schwimmbad	428	4.7	saisonal	
29	Camping Park Hammelbach	428	4.8	saisonal	
30	Campingplatz Safari	429	3.6	ganzjährig	❄
31	Camping Schöner Odenwald	429	4.8	ganzjährig	❄

Karte auf Seite 414

	1	2	4
	Campingplatz Heisterberger Weiher	**KNAUS Campingpark Hünfeld*****	**Camping Ulstertal**
	*	*	*
	Am Weiher 3 35759 Driedorf 02775458	Dr.-Detlev-Rudelsdorff-Allee 6 36088 Hünfeld +49 6652 749090	Dippach 4 36142 Tann-Dippach +49 6682 8292
	50.65315 | 8.16285	50.65306 | 9.7253	50.61434 | 10.03121
Infos			
Öffnungszeiten	01.04. - 31.10.	01.01. - 09.01. 18.04. - 31.12.	ganzjährig
Vergleichspreis	HS: 26,00 €	HS: 36,20 € | NS: 33,10 €	HS: 14,50 €
Link	**Mehr Infos & Anfrage:** www.camping.info/27691	**Mehr Infos & Anfrage:** www.camping.info/18520	**Mehr Infos & Anfrage:** www.camping.info/18524
Ausstattung			
Freizeit	Baden im See am Platz ✓ Hallenbad 10km Spielplatz am Platz ✓	Baden in nat. Gewässer k. A. Pool/Hallenbad 4km Spielplatz am Platz ✓	Baden in nat. Gewässer k. A. Pool/Hallenbad 3/6km Spielplatz am Platz ✓
Campingplatz	Hunde willkommen ✓ zur Hälfte Schatten ✓ WLAN ✗	Hunde willkommen ✓ zur Hälfte Schatten ✓ WLAN (gegen Gebühr) ✓	Hunde willkommen ✓ zur Hälfte Schatten ✓ WLAN ✗
Versorgung	Lebensmittel 3km Brötchen am Platz ✓ Restaurant & Imbiss ✓ Ver-/Entsorgung Womo ✓ in den Ort 1km	Lebensmittel ✓ Brötchen am Platz ✓ Restaurant/Imbiss 200m/✓ Ver-/Entsorgung Womo ✓ in den Ort 4km	Lebensmittel 3km Brötchen keine Angabe Restaurant am P. ✓ Ver-/Entsorgung Womo ✓ in den Ort 3km
Anzahl der Plätze	Gesamt/Touristen 520/150 Mietunterkünfte ✗ Stellplätze vor Schranke ✗	Gesamt/Touristen 129/109 Mietunterkünfte ✓ Stellplätze vor Schranke ✓	Gesamt/Touristen 160/120 Mietunterkünfte ✗ Stellplätze vor Schranke ✗

	Campingplatz Heisterberger Weiher	KNAUS Campingpark Hünfeld	Camping Ulstertal
Gesamt	4.2 SEHR GUT, 6 Bewertungen	4.3 SEHR GUT, 220 Bewertungen	4.0 SEHR GUT, 11 Bewertungen
Lage	4.3	4.3	4.2
Ruhe	3.7	4.5	4.9
Sanitäranlagen	4.2	4.5	3.8
Sauberkeit Ø	4.0	4.5	4.2
Freundlichkeit	4.8	4.4	4.4
Stellplatz	4.0	4.3	3.9
Verpflegung	4.0	3.4	3.0
Freizeit	4.4	3.8	3.3
Preis-Leistung	4.6	3.8	4.3
Mietunterkünfte	-	4.2	-
Geeignet für			
Kinder b. 6 J.	4.8	3.7	3.9
Kinder b. 12 J.	4.8	3.7	3.5
Kinder b. 18 J.	4.8	3.5	3.5
Paare	4.0	4.5	4.4
Senioren	4.7	4.6	4.6
Gäste mit Zelt	4.8	4.2	4.3
Gäste mit Hund	4.2	4.4	4.2
Empfohlene Aktivitäten	Wandern Schwimmen Mountainbiking	Wandern Radfahren Golf	Radfahren Wandern Entspannen

	Campingplatz Heisterberger Weiher	KNAUS Campingpark Hünfeld	Camping Ulstertal
Info	Stromanschluss auf Gruppenzeltwiesen. Grillen am Stellplatz erlaubt.	weitere NS: 20.09. - 31.12. Preise aus 2019	

3 Campingpark Wißmarer See

Ruttershausener Straße Ausserorts
35435 Wettenberg-Wißmar
+49 6406 75697
www.wissmarer-see.de
kontakt@wissmarer-see.com

01.04. - 15.10.

HS: 17,50 € | NS: k. A.

Mehr Infos & Anfrage:
www.camping.info/18512

Baden im See am Platz	✓
Pool/Hallenbad	9km
Spielplatz am Platz	✓
Hunde willkommen	✓
wenig Schatten	✓
WLAN	✗
Lebensmittel	1km
Brötchen am Platz	nur HS
Restaurant & Imbiss	✓
Ver-/Entsorgung Womo	✓
in den Ort	1km
Gesamt/Touristen	350/150
Mietunterkünfte	✓
Stellplätze vor Schranke	✗

Gerade für Familien mit Kindern ist der Wißmarer See bestens geeignet.

Lage & Stellplatz

Der Vorteil des Wißmarer Sees mit 278 Dauer- und 150 Kurzzeitcampingplätzen ist seine geografische Lage: Die hervorragende Autobahnanbindung bietet eine schnelle Anreisemöglichkeit aus der weiteren Umgebung. Der See selbst liegt idyllisch eingebettet in einer Flussschleife der Lahn.

Sanitär

Auf dem Gelände gibt es zwei moderne Sanitäranlagen mit WCs, Duschen, Umkleiden, Waschmaschinen und Trockner, die stets gepflegt und sauber gehalten werden.

Verpflegung

Das Team freut sich, die Gäste im Restaurant „Zum Kormoran" am Campingpark Wißmarer See zu begrüßen. Hier genießt man in gemütlichen Räumlichkeiten gemeinsame Stunden oder lässt an einem lauen Sommerabend im Biergarten den Blick über den naturnahen Wißmarer See schweifen.

Freizeit

Mitten im Gleiberger Land ist der See in die einzigartige Kulturlandschaft Mittelhessens eingebettet und hält vielfältige Ausflugsziele bereit: Burg Gleiberg, Holz-Technikmuseum, Mathematikum, Märchenschloss Braunfels, Dünsberg (Berg der Kelten), historische Altstädte, Besucherbergwerk und mehr.

Stehpaddeln und Tretbootfahren.

Biergarten und Restaurant.

2.6 UNBEFRIEDIGEND
47 Bewertungen

Lage	3.9
Ruhe	3.5
Sanitäranlagen	2.5
Sauberkeit Ø	2.8
Freundlichkeit	3.1
Stellplatz	2.9
Verpflegung	2.8
Freizeit	3.1
Preis-Leistung	2.9
Mietunterkünfte	2.0

Geeignet für

- 3.6 Senioren
- 3.5 Paare
- 3.2 Kinder b. 18 J.
- 3.1 Kinder b. 12 J.
- 3.4 Gäste mit Zelt
- 3.2 Gäste mit Hund
- 2.9 Kinder b. 6 J.

Empfohlene Aktivitäten

Schwimmen · Radfahren · Entspannen · Kayak/Kanu

Mehr Infos

Hunde dürfen nicht auf die Liegewiese, den Strand und ins Wasser.

8 Wäller Camp

Am Seeweiher 1
35794 Mengerskirchen
+49 (0) 6476 4190160
www.waeller-camp.de
info@waeller-camp.de

01.04. - 30.09.

HS: k.A. | NS: k.A.

Mehr Infos & Anfrage:
www.camping.info/30228

Baden im See am Platz	✓
Pool	15km
Spielplatz am Platz	✓
Hunde erlaubt	✓
zur Hälfte Schatten	✓
WLAN	✓
Lebensmittel	1km
Brötchen am Platz	✓
Imbiss	✓
Ver-/Entsorgung Womo	✓
in den Ort	1km
Gesamt/Touristen	150/125
Mietunterkünfte	✓
Stellplätze vor Schranke	✗

Ein Stellplatz am Womo-Hafen mit 16A Anschluss und Seezugang für Hunde.

Lage & Stellplatz

Im Wäller Camp am Badesee im Westerwald kommt man in den Genuss eines neuen Campingplatzes (125 Stpl.) mit Wohnmobilhafen (25 Stpl.), umrahmt von toller Uferlandschaft. Moderne Sanitäranlagen, schicke Mietzelte & bald ein Bistro im Loft-Stil bringen Komfort in das Westerwalderlebnis. Es gibt für jeden etwas: z.B. Terrassenplätze mit Seepanorama oder Komfortplätze mit Parzellengrößen um die 150m² für Mobile bis 12 m. Zudem lockt das Naturcamp mit Wildcampingflair & Uferplätzen. Für Zelte, Fahrzeuge bis 7 m und Gruppen sei die Community-Wiese empfohlen. Alle Stellplätze sind befestigt & begrünt.

Sanitär

Zwei Sanitärhäuser punkten mit großzügig gestalteten Wasch- und Duschkabinen, einem Babywickeltisch, einem Waschraum mit Waschmaschinen, Trocknern und vielem mehr. Die sanitären Anlagen sind barrierefrei und bieten jeglichen Komfort, den man beim Campen braucht. Es gibt sogar eine Hundedusche sowie eine Ver- und Entsorgungsstation samt CamperClean-Automat.

Der Sonnenaufgang im Naturcamp.

Schicke Strandbar.

Womo-Hafen ganzjährig.
Auf/Umbau: Bauzeit bis 2023. Teilbereiche fertig.

Community-Wiese für gemischte Gruppen und Zelte.

Verpflegung

Direkt am Platz gibt es einen Imbiss mit deftigen Klassikern und schöner Terrasse sowie bald auch ein Bistro. Wer gerne zünftig essen geht, findet diverse Restaurants in Spazierweg-Entfernung in einem Radius von einem Kilometer um den Platz. Auf dem Campingplatz selbst gibt es natürlich einen Brötchenservice sowie einen Mini-Shop für Dinge des täglichen Bedarfs. An der schicken Strandbar gibt es alkoholische und alkoholfreie Getränke bis hin zu erfrischenden Cocktails.

Freizeit

Im Wäller Camp wird viel geboten: zum Beispiel baden im Natursee mit DLRG-Aufsicht, Stand-up-Paddling (mit mitgebrachten SUPs), ein Dschungel-Spielplatz, ein Beachvolleyballfeld und ein Kinderspielhaus. Für Hunde stehen ein Freilauf und ein extra Seezugang zur Verfügung. Angeln ist ebenfalls möglich. Es grenzen zudem viele Rad- und Wanderwege durch den schönen Westerwald sowie das Erholungsgebiet Knoten an. Dort kann man wandern, Rad fahren und spazieren gehen sowie im Winter auch Skilaufen oder Rodeln. In einer Broschüre (zu finden auf www.waeller-camp.de) werden weitere Ausflugstipps gegeben.

5.0

Eine erstklassige, neue Anlage. Alles wird mit viel Personal gepflegt und sauber gehalten. Alle sehr freundlich und entgegenkommend. Wir waren begeistert, dass wir unseren Wohnwagen direkt neben unserer Bekannten im Zelthaus platzieren durften. Badestrand mit Sand und Sonnenschirmchen, Getränkebude und Imbiss. Auch ein tolles Bistro gibt es.

Cordula L.

Cordula und ihr Partner waren ursprünglich immer mit Mietwohnwagen unterwegs. Seit 2022 sind sie jedoch stolze Besitzer eines eigenen Wohnwagens. Sie waren im Mai 2022 zu Gast im Wäller Camp.

Sonnige Terrassenstellplätze.

Badesee, Strand und Liegewiese.

4.8 **SEHR GUT**
27 Bewertungen

Lage	4.7
Ruhe	4.8
Sanitäranlagen	4.9
Sauberkeit Ø	4.9
Freundlichkeit	4.9
Stellplatz	4.8
Verpflegung	4.5
Freizeit	4.6
Preis-Leistung	4.8
Mietunterkünfte	5.0

Geeignet für

Paare	5.0
Gäste mit Zelt	5.0
Gäste mit Hund	5.0
Kinder b. 6 J.	4.9
Kinder b. 12 J.	4.8
Kinder b. 18 J.	4.8
Senioren	4.8

Empfohlene Aktivitäten

Schwimmen · Wandern · Entspannen · Radfahren

Mehr Infos

Karte auf Seite 414

	5	6	7
	Camping Ulmbachtalsperre	**Camping Spitzer Stein**	**Campingplatz Wetzlar**
	Ulmbachtalsperre 1 35753 Greifenstein-Beilstein +49 2779 349	Alsfelder Straße 57 35305 Grünberg +49 6401 6553	Dammstraße 52 & 54 35576 Wetzlar (Niedergirmes) +49 644 134 103
	50.60664 | 8.26941	50.59139 | 8.97306	50.57266 | 8.50925
Infos			
Öffnungszeiten	ganzjährig	01.03. - 31.10.	01.03. - 31.10.
Vergleichspreis	HS: 23,00 € | NS: 23,00 €	HS: 14,80 € | NS: 14,80 €	HS: 22,90 € | NS: 22,90 €
Link	**Mehr Infos & Anfrage:** www.camping.info/18517	**Mehr Infos & Anfrage:** www.camping.info/18509	**Mehr Infos & Anfrage:** www.camping.info/18514
Ausstattung			
Freizeit	Baden im See am Platz ✓ Pool/Hallenbad 5/13km Spielplatz am Platz ✓	Baden in nat. Gewässer k. A. Pool/Hallenbad ✓/10km Spielplatz am Platz ✓	Baden im Fluss 100m Pool/Hallenbad 2/3km Spielplatz 500m
Campingplatz	Hunde willkommen ✓ zur Hälfte Schatten ✓ WLAN (gegen Gebühr) ✓	Hunde willkommen ✓ wenig Schatten ✓ WLAN teilweise	Hunde willkommen ✓ wenig Schatten ✓ WLAN ✓
Versorgung	Lebensmittel 2km Brötchen am Platz nur HS Restaurant & Imbiss ✓ Ver-/Entsorgung Womo ✓ in den Ort 2km	Lebensmittel 1km Brötchen am Platz nur HS Restaurant/Imbiss 500m/✓ Ver-/Entsorgung Womo ✓ in den Ort 500m	Lebensmittel 500m Brötchen am Platz ✓ Restaurant am P. ✓ Ver-/Entsorgung Womo ✓ im Ort ✓
Anzahl der Plätze	Gesamt/Touristen 463/80 Mietunterkünfte ✓ Stellplätze vor Schranke ✗	Gesamt/Touristen 320/70 Mietunterkünfte ✗ Stellplätze vor Schranke ✗	Gesamt/Touristen 33/30 Mietunterkünfte ✓ Stellplätze vor Schranke ✗

	5	6	7
Gesamt	3.9 GUT, 23 Bewertungen	3.7 GUT, 10 Bewertungen	3.6 GUT, 30 Bewertungen
Lage	4.3	4.0	4.1
Ruhe	4.6	3.4	3.2
Sanitäranlagen	3.7	3.4	3.2
Sauberkeit Ø	4.6	3.5	4.0
Freundlichkeit	4.5	4.4	4.6
Stellplatz	3.5	3.3	3.6
Verpflegung	3.3	2.8	4.1
Freizeit	3.7	2.9	3.9
Preis-Leistung	4.2	4.2	4.0
Mietunterkünfte	5.0	-	4.8
Geeignet für			
Kinder b. 6 J.	3.8	3.1	3.4
Kinder b. 12 J.	3.9	3.3	3.7
Kinder b. 18 J.	3.4	2.9	3.6
Paare	4.0	3.3	4.0
Senioren	3.9	3.3	3.8
Gäste mit Zelt	4.4	3.4	4.2
Gäste mit Hund	4.5	3.4	4.3

	5	6	7
Empfohlene Aktivitäten	Wandern Schwimmen Radfahren	Schwimmen Radfahren Sightseeing	Kayak/Kanu Radfahren Wandern

im Winter geschlossen

9 Campingpark Braunfels

❄

Weihermühle 1
35619 Braunfels bei Wetzlar
02771 800513
50.51043 | 8.38273

ganzjährig

HS: 17,50 €

Mehr Infos & Anfrage:
www.camping.info/18515

Baden in nat. Gewässer	k. A.
Pool	1km
Spielplatz am Platz	✓
Hunde willkommen	✓
zur Hälfte Schatten	✓
WLAN (gegen Gebühr)	teilweise
Lebensmittel	1km
Brötchen am Platz	✗
Restaurant & Imbiss	✓
Ver-/Entsorgung Womo	✓
in den Ort	1km
Gesamt	35
Mietunterkünfte	✗
Stellplätze vor Schranke	✗

3.4 GUT
9 Bewertungen

Lage	4.0
Ruhe	3.0
Sanitäranlagen	2.4
Sauberkeit Ø	3.2
Freundlichkeit	4.4
Stellplatz	3.0
Verpflegung	3.0
Freizeit	3.5
Preis-Leistung	3.3
Mietunterkünfte	-

Geeignet für

Kinder b. 6 J.	3.3
Kinder b. 12 J.	3.7
Kinder b. 18 J.	3.6
Paare	4.2
Senioren	3.8
Gäste mit Zelt	4.0
Gäste mit Hund	4.2

Empfohlene Aktivitäten

- Wandern
- Radfahren
- Kultur

10 Rhön Camping-Park

An der Ulster 1
36115 Ehrenberg
+49 6683 1268
50.50662 | 10.01125

01.01. - 08.01.
08.04. - 08.11.

HS: 36,50 € | NS: 36,50 €

Mehr Infos & Anfrage:
www.camping.info/18521

Baden in nat. Gewässer	k. A.
Pool/Hallenbad	800m/9km
Spielplatz am Platz	✓
Hunde willkommen	✓
zur Hälfte Schatten	✓
WLAN	✓
Lebensmittel	k.A.
Brötchen am Platz	✓
Restaurant/Imbiss	300m/1km
Ver-/Entsorgung Womo	✓
in den Ort	300m
Gesamt/Touristen	145/95
Mietunterkünfte	✗
Stellplätze vor Schranke	✗

4.6 SEHR GUT
68 Bewertungen

Lage	4.4
Ruhe	4.4
Sanitäranlagen	4.6
Sauberkeit Ø	4.8
Freundlichkeit	4.9
Stellplatz	4.6
Verpflegung	3.6
Freizeit	4.4
Preis-Leistung	4.4
Mietunterkünfte	-

Geeignet für

Kinder b. 6 J.	4.4
Kinder b. 12 J.	4.7
Kinder b. 18 J.	3.9
Paare	4.7
Senioren	4.7
Gäste mit Zelt	4.6
Gäste mit Hund	4.6

Empfohlene Aktivitäten

- Wandern
- Entspannen
- Mountainbiking

keine WOMOs ab 8 m

11 Camping Nidda-Stausee

❄

Ausserhalb 13
63679 Schotten-Rainrod
+49 6044 1418
50.48238 | 9.09667

ganzjährig

HS: 18,00 € | NS: 18,00 €

Mehr Infos & Anfrage:
www.camping.info/18822

Baden im See am Platz	✓
Pool/Hallenbad	2/15km
Spielplatz am Platz	✓
Hunde willkommen	✓
viel Schatten	✓
WLAN	✓
Lebensmittel	1km
Brötchen am Platz	✓
Restaurant & Imbiss	✓
Ver-/Entsorgung Womo	✓
in den Ort	2km
Gesamt/Touristen	250/60
Mietunterkünfte	✗
Stellplätze vor Schranke	✗

3.8 GUT
19 Bewertungen

Lage	4.2
Ruhe	3.8
Sanitäranlagen	3.5
Sauberkeit Ø	4.2
Freundlichkeit	4.7
Stellplatz	3.4
Verpflegung	3.6
Freizeit	4.0
Preis-Leistung	4.3
Mietunterkünfte	-

Geeignet für

Kinder b. 6 J.	3.9
Kinder b. 12 J.	4.5
Kinder b. 18 J.	3.8
Paare	4.3
Senioren	4.1
Gäste mit Zelt	3.5
Gäste mit Hund	4.2

Empfohlene Aktivitäten

- Wandern
- Schwimmen
- Entspannen

12 Camping Odersbach

Runkeler Straße 5a
35781 Weilburg-Odersbach
+49 6471 7620
50.47613 | 8.23764

01.04. - 31.10.

HS: 17,00 € | NS: 17,00 €

Mehr Infos & Anfrage:
www.camping.info/18518

Baden im Fluss am Platz	✓
Pool/Hallenbad	✓/3km
Spielplatz am Platz	✓
Hunde erlaubt	✓
zur Hälfte Schatten	✓
WLAN (gegen Gebühr)	✓
Lebensmittel	✓
Brötchen am Platz	✓
Restaurant/Imbiss	100m/✓
Ver-/Entsorgung Womo	✓
in den Ort	100m
Gesamt/Touristen	310/75
Mietunterkünfte	✓
Stellplätze vor Schranke	✗

3.4 GUT
49 Bewertungen

Lage	4.0
Ruhe	3.7
Sanitäranlagen	3.4
Sauberkeit Ø	3.8
Freundlichkeit	4.0
Stellplatz	3.2
Verpflegung	3.0
Freizeit	3.8
Preis-Leistung	3.8
Mietunterkünfte	3.0

Geeignet für

Kinder b. 6 J.	3.1
Kinder b. 12 J.	3.6
Kinder b. 18 J.	3.3
Paare	3.6
Senioren	3.5
Gäste mit Zelt	4.1
Gäste mit Hund	3.4

Empfohlene Aktivitäten

- Kayak/Kanu
- Radfahren
- Wandern

Karte auf Seite 414

	13	14	15
	Erlebnis- und Freizeitwelt Nieder-Mooser See ❄	**Campingpark Am Gederner See** ❄	**Camping Resort Limburg GmbH**
	Am Camping 1 36399 Nieder-Moos +49 6644 1433 50.46639 | 9.37639	Am Gederner See 19 63688 Gedern +49 604 595 2643 50.42917 | 9.18028	Schleusenweg 16 65549 Limburg an der Lahn 0160-91996659 50.3885 | 8.0741
Infos			
Öffnungszeiten	ganzjährig	ganzjährig	keine Angabe
Vergleichspreis	HS: 26,00 € | NS: 26,00 €	HS: 24,00 € | NS: 24,00 €	keine Angabe
Link	**Mehr Infos & Anfrage:** www.camping.info/18537	**Mehr Infos & Anfrage:** www.camping.info/18823	**Mehr Infos & Anfrage:** www.camping.info/30122
Ausstattung			
Freizeit	Baden im See am Platz ✓ Pool/Hallenbad 10/20km Spielplatz am Platz ✓	Baden im See am Platz ✓ Hallenbad 1km Spielplatz am Platz ✓	Baden in nat. Gewässer k. A. Pool & Hallenbad ✗ Spielplatz keine Angabe
Campingplatz	Hunde erlaubt ✓ Schatten ✗ WLAN keine Angabe	Hunde willkommen ✓ wenig Schatten ✓ WLAN ✗	Hunde ✗ Schatten ✗ WLAN keine Angabe
Versorgung	Lebensmittel ✓ Brötchen am Platz ✓ Restaurant & Imbiss ✓ Ver-/Entsorgung Womo ✗ in den Ort 1km	Lebensmittel 1km Brötchen am Platz ✓ Restaurant & Imbiss ✓ Ver-/Entsorgung Womo ✓ in den Ort 1km	Lebensmittel k.A. Brötchen keine Angabe Restaurant & Imbiss ✗ Ver-/Entsorgung Womo ✗ in den Ort keine Angabe
Anzahl der Plätze	Gesamt/Touristen 600/150 Mietunterkünfte ✓ Stellplätze vor Schranke ✗	Gesamt/Touristen 657/157 Mietunterkünfte ✓ Stellplätze vor Schranke ✓	Touristenplätze 125 Mietunterkünfte ✓ Stellplätze vor Schranke ✓

	13	14	15
Bewertung	4.3 SEHR GUT, 61 Bewertungen	3.4 GUT, 33 Bewertungen	4.0 SEHR GUT, 7 Bewertungen
Lage	4.4	4.3	4.4
Ruhe	4.1	3.6	3.6
Sanitäranlagen	3.9	2.7	3.5
Sauberkeit Ø	4.2	3.4	4.0
Freundlichkeit	4.6	4.1	4.3
Stellplatz	4.0	3.5	4.0
Verpflegung	4.3	3.9	3.0
Freizeit	4.4	4.0	4.0
Preis-Leistung	4.2	3.6	3.7
Mietunterkünfte	4.6	3.8	5.0
Geeignet für			
Kinder b. 6 J.	4.6	3.6	4.0
Kinder b. 12 J.	4.4	3.9	4.0
Kinder b. 18 J.	4.1	3.6	4.0
Paare	4.6	3.6	4.3
Senioren	4.6	3.5	5.0
Gäste mit Zelt	4.7	3.9	4.5
Gäste mit Hund	3.9	3.9	Hunde n. erlaubt -
Empfohlene Aktivitäten	Schwimmen Surfen Wandern	Schwimmen Wandern Radfahren	Radfahren Spazieren Kulinarik

19 Camping Wisperpark

*

An der Wisperstraße
65307 Bad Schwalbach
+49 6124 9297
www.wisperpark.de
info@wisperpark.de

ganzjährig

HS: 25,80 € | NS: 25,80 €

Mehr Infos & Anfrage:
www.camping.info/17885

Baden in nat. Gewässer	k. A.
Pool/Hallenbad	10/15km
Spielplatz am Platz	✓
Hunde willkommen	✓
zur Hälfte Schatten	✓
WLAN (gegen Gebühr)	teilweise
Lebensmittel	8km
Brötchen am Platz	nur HS
Restaurant/Imbiss	✓/10km
Ver-/Entsorgung Womo	✓
in den Ort	3km
Gesamt/Touristen	60/15
Mietunterkünfte	✗
Stellplätze vor Schranke	✗

1 km
50.13035 | 8.00058

Ob Caravan, Wohnmobil oder Zelt – im Wispertal sind alle willkommen.

Lage & Stellplatz

Zwischen den Weltkulturerben Limes und Mittelrhein liegt der Wisperpark im waldreichen Taunus. Stellplätze für Caravans/Wohnmobile sind wasserdurchlässig befestigt, verschiedene Zeltwiesen und eine Lagerfeuerstelle vorhanden. Wohnwagen und ein Campingfass können gemietet werden. Grillen ist erlaubt.

Verpflegung

An den Wochenenden werden Kleinigkeiten zum Essen angeboten. Die Karte des Gasthauses ist klein, aber fein. Brötchen können bis freitags, 17.30 Uhr bestellt und morgens am Haus abgeholt werden. Getränke und die wichtigsten Lebensmittel sind vorrätig. Ein Hofladen bietet regionale Spezialitäten an.

Sanitär

Es gibt Toiletten mit WC-Papier, 2 Duschräume mit je 2 Duschen und 3 Waschtischen mit Warmwasser. Duschen und Warmwasser sind frei. Beide Räume verfügen über einen Föhn u. Steckdosen, Waschmaschine u. Wickeltisch sind im Damenwaschraum. Chemie-WC wird über einen Automaten kostenpflichtig entsorgt.

Freizeit

Die Lage am Wald lädt Naturliebhaber ein, die Ruhe genießen wollen. Kinder können im nahen Wald spielen. Auf dem Campingplatz befinden sich zwei Spielplätze, eine Tischtennisplatte, Billard, Dart und Tischkicker und das „Mucki-Büdchen" zur kostenfreien Nutzung. Ideal als Ausgangspunkt für Ausflüge.

Eingebettet im Wispertaunus.

Sonnige, großzügige Stellplätze.

4.4 SEHR GUT
24 Bewertungen

Lage	4.4
Ruhe	4.7
Sanitäranlagen	4.2
Sauberkeit Ø	4.4
Freundlichkeit	5.0
Stellplatz	4.2
Verpflegung	4.0
Freizeit	3.8
Preis-Leistung	5.0
Mietunterkünfte	-

Geeignet für

4.9 Gäste mit Zelt

4.9 Gäste mit Hund
4.8 Paare
4.7 Senioren
4.1 Kinder b. 6 J.
3.8 Kinder b. 12 J.
3.1 Kinder b. 18 J.

Empfohlene Aktivitäten

Wandern
Entspannen
Mountainbiking
Radfahren

Mehr Infos

Handy-Empfang nicht flächendeckend! Keine Zusatzkosten für WLAN & Duschen.

Karte auf Seite 414

	16	17	18
	Camping Hutten	**Campingplatz-Sinntal-Oberzell**	**Campingplatz Mainkur**
	Am Heiligenborn 6 36381 Schlüchtern-Hutten +49 6661 24 24 50.36845 | 9.60792	Alfred-Kühnertstr. 36391 Sinnthal-Oberzell + 49 666 461 61 50.33918 | 9.71018	Frankfurter Landstraße 107 63477 Maintal/Frankfurt am Main +49 69 412193 50.13837 | 8.78301
Infos			
Öffnungszeiten	ganzjährig	01.04. - 31.10.	01.04. - 30.09.
Vergleichspreis	HS: 21,00 € | NS: 21,00 €	HS: 16,00 € | NS: 16,00 €	HS: 28,00 € | NS: 28,00 €
Link	**Mehr Infos & Anfrage:** www.camping.info/18535	**Mehr Infos & Anfrage:** www.camping.info/18536	**Mehr Infos & Anfrage:** www.camping.info/18821
Ausstattung			
Freizeit	Baden in nat. Gewässer ✗ Pool/Hallenbad 100m/7km Spielplatz am Platz ✓	Baden im Teich am Platz ✓ Pool/Hallenbad 9/10km Spielplatz am Platz ✓	Baden im Fluss am Platz ✓ Pool/Hallenbad 3km Spielplatz am Platz ✓
Campingplatz	Hunde willkommen ✓ wenig Schatten ✓ WLAN (gegen Gebühr) ✓	Hunde willkommen ✓ wenig Schatten ✓ WLAN (gegen Gebühr) ✓	Hunde willkommen ✓ wenig Schatten ✓ WLAN (gegen Gebühr) ✓
Versorgung	Lebensmittel 1km Brötchen am Platz ✓ Restaurant 1km Ver-/Entsorgung Womo ✗ in den Ort 1km	Lebensmittel 7km Brötchen am Platz ✗ Restaurant/Imbiss 900m Ver-/Entsorgung Womo ✓ in den Ort 500m	Lebensmittel 1km Brötchen am Platz ✓ Restaurant/Imbiss 800m Ver-/Entsorgung Womo ✓ in den Ort 2km
Anzahl der Plätze	Gesamt/Touristen 160/40 Mietunterkünfte ✓ Stellplätze vor Schranke ✗	Gesamt/Touristen 66/50 Mietunterkünfte ✗ Stellplätze vor Schranke ✗	Gesamt/Touristen 84/40 Mietunterkünfte ✗ Stellplätze vor Schranke ✗

	16	17	18
Gesamt	4.0 SEHR GUT, 9 Bewertungen	4.0 SEHR GUT, 13 Bewertungen	3.7 GUT, 37 Bewertungen
Lage	4.3	4.1	3.9
Ruhe	4.8	4.6	2.8
Sanitäranlagen	3.9	3.5	4.5
Sauberkeit Ø	4.2	4.1	4.8
Freundlichkeit	4.7	4.8	4.5
Stellplatz	3.2	3.7	4.0
Verpflegung	2.7	2.7	2.6
Freizeit	3.5	3.4	3.3
Preis-Leistung	4.3	4.2	3.6
Mietunterkünfte	1.0	-	-
Geeignet für			
Kinder b. 6 J.	3.6	3.2	2.9
Kinder b. 12 J.	4.0	3.0	3.1
Kinder b. 18 J.	2.8	2.5	3.3
Paare	4.3	4.4	4.5
Senioren	4.5	4.5	4.5
Gäste mit Zelt	4.6	3.7	4.2
Gäste mit Hund	4.3	4.3	4.4
Empfohlene Aktivitäten	Wandern Entspannen Radfahren	Wandern Entspannen Radfahren	Sightseeing Radfahren Kultur

20 Seecamping Mainflingen

FKK

Seestraße 11
63533 Mainhausen
+49 6182 825 052
50.02375 | 9.02015

ganzjährig
HS: 25,00 € | NS: 17,00 €
Mehr Infos & Anfrage:
www.camping.info/24462

Baden im See am Platz	✓
Pool/Hallenbad	5/6km
Spielplatz am Platz	✓
Hunde erlaubt	✓
zur Hälfte Schatten	✓
WLAN (gegen Gebühr)	✓
Lebensmittel	500m
Brötchen am Platz	✓
Restaurant/Imbiss	500m/✓
Ver-/Entsorgung Womo	✓
in den Ort	1km
Gesamt/Touristen	385/85
Mietunterkünfte	✓
Stellplätze vor Schranke	✗

3.3 GUT – 19 Bewertungen

Lage	3.7
Ruhe	3.0
Sanitäranlagen	3.5
Sauberkeit Ø	3.5
Freundlichkeit	4.3
Stellplatz	3.1
Verpflegung	2.8
Freizeit	3.6
Preis-Leistung	3.9
Mietunterkünfte	1.0

Geeignet für

Kinder b. 6 J.	3.6
Kinder b. 12 J.	3.6
Kinder b. 18 J.	3.1
Paare	3.3
Senioren	2.7
Gäste mit Zelt	2.3
Gäste mit Hund	2.6

Empfohlene Aktivitäten

- Schwimmen
- Radfahren
- Entspannen

keine WOMOs ab 7 m

21 Campingplatz Maaraue

Maaraustr. 48
55246 Mainz/Kostheim
+49 6134 2575922
50.00222 | 8.28611

01.04. - 31.10.
HS: 27,50 €
Mehr Infos & Anfrage:
www.camping.info/17888

Baden in nat. Gewässer	k. A.
Pool/Hallenbad	500m/2km
Spielplatz am Platz	✓
Hunde erlaubt	✓
Schatten	✗
WLAN	teilweise
Lebensmittel	1km
Brötchen am Platz	✓
Restaurant/Imbiss	50m/1km
Ver-/Entsorgung Womo	✓
in den Ort	keine Angabe
Gesamt/Touristen	122/22
Mietunterkünfte	✗
Stellplätze vor Schranke	✗

3.4 GUT – 61 Bewertungen

Lage	4.4
Ruhe	3.3
Sanitäranlagen	2.9
Sauberkeit Ø	3.5
Freundlichkeit	3.5
Stellplatz	3.3
Verpflegung	2.9
Freizeit	3.8
Preis-Leistung	3.4
Mietunterkünfte	-

Geeignet für

Kinder b. 6 J.	3.3
Kinder b. 12 J.	3.4
Kinder b. 18 J.	3.7
Paare	4.3
Senioren	4.2
Gäste mit Zelt	4.3
Gäste mit Hund	3.9

Empfohlene Aktivitäten

- Radfahren
- Sightseeing
- Kultur

22 Rheingaucamping Geisenheim

Am Campingplatz 1
65366 Geisenheim
+49 672 275 600
49.98028 | 7.95778

01.03. - 31.10.
HS: 27,80 € | NS: 27,80 €
Mehr Infos & Anfrage:
www.camping.info/18838

Baden im Fluss am Platz	✓
Hallenbad	500m
Spielplatz	300m
Hunde erlaubt	✓
wenig Schatten	✓
WLAN	✗
Lebensmittel	1km
Brötchen	keine Angabe
Restaurant am P.	✓
Ver-/Entsorgung Womo	✓
in den Ort	keine Angabe
Gesamt/Touristen	160/100
Mietunterkünfte	✗
Stellplätze vor Schranke	✗

3.8 GUT – 46 Bewertungen

Lage	4.3
Ruhe	3.6
Sanitäranlagen	3.5
Sauberkeit Ø	4.5
Freundlichkeit	4.6
Stellplatz	3.8
Verpflegung	3.8
Freizeit	4.0
Preis-Leistung	3.9
Mietunterkünfte	-

Geeignet für

Kinder b. 6 J.	3.1
Kinder b. 12 J.	3.3
Kinder b. 18 J.	3.7
Paare	4.6
Senioren	4.5
Gäste mit Zelt	4.1
Gäste mit Hund	4.3

Empfohlene Aktivitäten

- Radfahren
- Wandern
- Sightseeing

Karte auf Seite 414

	23	24	25
	Campingplatz Rüdesheim am Rhein	**Campingplatz Nauheim**	**Campingplatz am Steinrodsee**
		❄	❄
	Kastanienallee 4 65385 Rüdesheim am Rhein +49 6722 2528 49.9778 | 7.94006	Seeweg 2 64569 Nauheim 017660494430 49.9501 | 8.4729	Triftweg 33 64331 Gräfenhausen-Weiterstadt +49 6150-53593 49.94441 | 8.60563
Infos			
Öffnungszeiten	01.05. - 03.10.	ganzjährig	ganzjährig
Vergleichspreis	HS: 40,00 € | NS: 38,00 €	HS: 25,00 €	HS: 23,50 € | NS: 23,50 €
Link	**Mehr Infos & Anfrage:** www.camping.info/18840	**Mehr Infos & Anfrage:** www.camping.info/27292	**Mehr Infos & Anfrage:** www.camping.info/18830
Ausstattung			
Freizeit	Baden in nat. Gewässer k. A. Pool/Hallenbad 100/600m Spielplatz am Platz ✓	Baden in nat. Gewässer k. A. Pool & Hallenbad ✗ Spielplatz 500m	Baden im See 7km Pool/Hallenbad 10/6km Spielplatz am Platz ✓
Campingplatz	Hunde erlaubt ✓ zur Hälfte Schatten ✓ WLAN (gratis) teilweise	Hunde willkommen ✓ wenig Schatten ✓ WLAN ✗	Hunde willkommen ✓ Schatten ✗ WLAN (gegen Gebühr) ✓
Versorgung	Lebensmittel ✓ Brötchen am Platz ✓ Restaurant/Imbiss 800m/✓ Ver-/Entsorgung Womo ✓ in den Ort 600m	Lebensmittel 1km Brötchen am Platz nur HS Restaurant am P. ✓ Ver-/Entsorgung Womo ✓ in den Ort 1km	Lebensmittel 2km Brötchen am Platz ✓ Restaurant/Imbiss 500/100m Ver-/Entsorgung Womo ✓ in den Ort 1km
Anzahl der Plätze	Touristenplätze 180 Mietunterkünfte ✗ Stellplätze vor Schranke ✗	Touristenplätze 25 Mietunterkünfte ✗ Stellplätze vor Schranke ✗	Gesamt/Touristen 176/50 Mietunterkünfte ✓ Stellplätze vor Schranke ✗

	23	24	25
Gesamt	4.3 SEHR GUT, 108 Bewertungen	4.7 SEHR GUT, 7 Bewertungen	3.5 GUT, 34 Bewertungen
Lage	4.7	4.9	3.3
Ruhe	4.1	3.5	2.5
Sanitäranlagen	4.5	3.2	3.9
Sauberkeit Ø	4.8	4.5	4.2
Freundlichkeit	4.6	5.0	3.9
Stellplatz	4.1	4.6	3.7
Verpflegung	3.4	4.5	2.9
Freizeit	4.3	4.0	3.3
Preis-Leistung	4.0	4.5	3.7
Mietunterkünfte	-	-	3.0
Geeignet für			
Kinder b. 6 J.	3.7	3.7	3.4
Kinder b. 12 J.	3.9	4.7	3.4
Kinder b. 18 J.	3.8	4.6	3.1
Paare	4.7	5.0	4.0
Senioren	4.7	4.8	4.3
Gäste mit Zelt	4.3	4.5	3.7
Gäste mit Hund	4.4	5.0	3.8
Empfohlene Aktivitäten	Radfahren Wandern Entspannen	Radfahren Schwimmen Sightseeing	Radfahren Wandern Kultur

27 Terrassencamping Schlierbach

*

Am Zentbuckel 11
64678 Lindenfels-Schlierbach
+49 6255 630
www.terra-camp.de
booking@terra-camp.de

01.04. - 31.10.

HS: k. A. | NS: k. A.

Mehr Infos & Anfrage:
www.camping.info/18835

Baden im See	20km
Pool/Hallenbad	800m/2km
Spielplatz am Platz	✓
Hunde willkommen	✓
wenig Schatten	✓
WLAN	✓
Lebensmittel	2km
Brötchen am Platz	✓
Restaurant/Imbiss	200m
Ver-/Entsorgung Womo	✓
in den Ort	100m
Gesamt/Touristen	155/35
Mietunterkünfte	✓
Stellplätze vor Schranke	✗

49.682 | 8.7703

Schöner Blick über den Platz und das Schlierbachtal.

Lage & Stellplatz

Büsche, Bäume und Hecken schaffen eine wunderschöne Idylle auf dem 45.000 m^2 großen Terrassencampingplatz in Schlierbach. Umgeben von Wäldern und Wiesen schlängelt sich ein kleiner Bach durch das Gelände mitten im Odenwald. Neben großzügigen Stellplätzen gibt es luxuriöse Bubble-Tents mit Weitblick.

Verpflegung

Das malerische Dörfchen Schlierbach lädt zum verweilen ein, der Römische Kaiser (Speisegaststätte) und das Hofcafé Meister verwöhnen ihre Gäste mit Odenwälder Speisen und Kuchenspezialitäten. Die Crêperie La Chouette ist im Nachbarort fußläufig zu erreichen und bietet ein ganz besonderes Flair.

Sanitär

Auf dem Gelände befinden sich zwei Sanitärhäuser. Das neuere, moderne Gebäude ist zentral gelegen im Bereich der Rezeption, etwas abseits befindet sich das 2. Sanitärhaus, das aus den Anfängen des Campingplatzes stammt, aber stets sauber und gepflegt gehalten wird.

Freizeit

Nahezu endlos erscheinende Wander- und Mountainbikewege, sowie ein Startplatz für Gleitschirmflieger sind direkt vor dem Campingplatz. Perfekt als Basislager zum Klettern und Bouldern im Odenwald, aber auch ein beheiztes Freibad und Sportanlage mit Tennisplatz sind nahe zum Campingplatz gelegen.

Eingang zu Sanitärbereich.

Eines der Bubble Tents.

4.6 SEHR GUT
30 Bewertungen

Lage	4.5
Ruhe	4.7
Sanitäranlagen	4.6
Sauberkeit Ø	4.8
Freundlichkeit	4.7
Stellplatz	4.4
Verpflegung	3.5
Freizeit	4.2
Preis-Leistung	4.4
Mietunterkünfte	5.0

Geeignet für

Paare	4.6
Senioren	4.5
Gäste mit Zelt	4.5
Kinder b. 6 J.	4.4
Kinder b. 12 J.	4.4
Gäste mit Hund	4.4
Kinder b. 18 J.	3.8

Empfohlene Aktivitäten

Wandern · Entspannen · Mountainbiking · Spazieren

Mehr Infos

Karte auf Seite 414

	26	28	29
	Camping Odenwaldidyll	**Nibelungen-Camping am Schwimmbad**	**Camping Park Hammelbach**
	Campingplatz 1 64405 Fischbachtal-Niedernhausen +49 6166 8577 49.77601 | 8.80925	Tiefertswinkel 20 64658 Fürth +49 6253 5804 49.65937 | 8.78379	Gasse 17 64689 Grasellenbach-Hammelbach +49 6253 3831 49.6325 | 8.82888
Infos			
Öffnungszeiten	24.03. - 30.10.	30.04. - 17.10.	01.04. - 31.10.
Vergleichspreis	HS: 22,00 € | NS: 22,00 €	HS: 31,00 € | NS: 31,00 €	HS: 28,10 € | NS: 26,70 €
Link	**Mehr Infos & Anfrage:** www.camping.info/18831	**Mehr Infos & Anfrage:** www.camping.info/18834	**Mehr Infos & Anfrage:** www.camping.info/18836
Ausstattung			
Freizeit	Baden im Teich am Platz ✓ Pool & Hallenbad ✗ Spielplatz am Platz ✓	Baden im See 18km Pool/Hallenbad 100m/14km Spielplatz am Platz ✓	Baden im See 15km Pool/Hallenbad 300m/22km Spielplatz am Platz ✓
Campingplatz	Hunde willkommen ✓ zur Hälfte Schatten ✓ WLAN ✗	Hunde ✗ zur Hälfte Schatten ✓ WLAN ✓	Hunde willkommen ✓ zur Hälfte Schatten ✓ WLAN (gegen Gebühr) ✓
Versorgung	Lebensmittel ✓ Brötchen am Platz ✓ Restaurant/Imbiss 50m/✓ Ver-/Entsorgung Womo ✓ in den Ort 500m	Lebensmittel 100m Brötchen am Platz nur HS Restaurant/Imbiss 400/100m Ver-/Entsorgung Womo ✓ in den Ort 100m	Lebensmittel 5km Brötchen am Platz ✓ Restaurant/Imbiss 300m Ver-/Entsorgung Womo ✓ in den Ort 300m
Anzahl der Plätze	Gesamt/Touristen 208/48 Mietunterkünfte ✓ Stellplätze vor Schranke ✓	Gesamt/Touristen 140/45 Mietunterkünfte ✗ Stellplätze vor Schranke ✓	Gesamt/Touristen 125/35 Mietunterkünfte ✗ Stellplätze vor Schranke ✗

	26	28	29
Gesamt	4.2 SEHR GUT, 20 Bewertungen	4.7 SEHR GUT, 57 Bewertungen	4.8 SEHR GUT, 88 Bewertungen
Lage	4.4	4.6	4.6
Ruhe	4.0	4.8	4.9
Sanitäranlagen	3.7	4.8	4.8
Sauberkeit Ø	3.8	4.8	5.0
Freundlichkeit	4.4	4.8	5.0
Stellplatz	3.8	4.4	4.6
Verpflegung	4.0	3.5	3.2
Freizeit	4.2	4.4	4.1
Preis-Leistung	4.4	4.5	4.6
Mietunterkünfte	4.3	-	-
Geeignet für			
Kinder b. 6 J.	4.1	4.5	3.9
Kinder b. 12 J.	4.3	4.6	3.7
Kinder b. 18 J.	3.3	3.6	3.1
Paare	4.1	4.6	4.9
Senioren	3.8	4.7	4.9
Gäste mit Zelt	3.9	4.6	4.6
Gäste mit Hund	4.2	Hunde n. erlaubt -	4.3
Empfohlene Aktivitäten	Wandern Entspannen Schwimmen	Wandern Schwimmen Entspannen	Wandern Entspannen Radfahren
		keine WOMOs ab 12 m; keine Jugend- und Party-gruppen	NS: 01.04. - 30.06.

30 Campingplatz Safari

Gelbe Heide 24
64711 Erbach
+49 6062 266984
49.61345 | 9.04239

ganzjährig

HS: 24,00 € | NS: 24,00 €

Mehr Infos & Anfrage:
www.camping.info/18837

Baden im See	5km
Pool/Hallenbad	✓/9km
Spielplatz am Platz	✓
Hunde willkommen	✓
zur Hälfte Schatten	✓
WLAN	✓
Lebensmittel	8km
Brötchen am Platz	✓
Restaurant/Imbiss	800m/✓
Ver-/Entsorgung Womo	✓
in den Ort	500m
Gesamt/Touristen	70/40
Mietunterkünfte	✓
Stellplätze vor Schranke	✗

3.6 GUT – 9 Bewertungen

Lage	4.3
Ruhe	5.0
Sanitäranlagen	4.0
Sauberkeit Ø	4.8
Freundlichkeit	5.0
Stellplatz	3.3
Verpflegung	3.0
Freizeit	3.0
Preis-Leistung	3.8
Mietunterkünfte	-

Geeignet für

Kinder b. 6 J.	1.8
Kinder b. 12 J.	2.0
Kinder b. 18 J.	2.4
Paare	4.0
Senioren	4.0
Gäste mit Zelt	4.3
Gäste mit Hund	4.5

Empfohlene Aktivitäten

- Radfahren
- Wandern
- Entspannen

keine WOMOs ab 9 m

31 Camping Schöner Odenwald

Spechtbach 35
69483 Wald-Michelbach
+49 6207 2237
49.56167 | 8.8275

ganzjährig

HS: 16,90 € | NS: 16,90 €

Mehr Infos & Anfrage:
www.camping.info/18882

Baden in nat. Gewässer	k. A.
Pool	300m
Spielplatz am Platz	✓
Hunde erlaubt	✓
Schatten	✗
WLAN (gegen Gebühr)	✓
Lebensmittel	800m
Brötchen am Platz	✗
Restaurant/Imbiss	800m
Ver-/Entsorgung Womo	✗
in den Ort	800m
Gesamt/Touristen	150/30
Mietunterkünfte	✗
Stellplätze vor Schranke	✗

4.8 SEHR GUT – 9 Bewertungen

Lage	4.6
Ruhe	4.8
Sanitäranlagen	4.9
Sauberkeit Ø	4.8
Freundlichkeit	4.9
Stellplatz	4.3
Verpflegung	2.1
Freizeit	3.7
Preis-Leistung	4.9
Mietunterkünfte	-

Geeignet für

Kinder b. 6 J.	4.2
Kinder b. 12 J.	4.5
Kinder b. 18 J.	4.8
Paare	4.9
Senioren	4.9
Gäste mit Zelt	4.3
Gäste mit Hund	4.6

Empfohlene Aktivitäten

- Radfahren
- Wandern
- Entspannen

Thüringen

Regionen

TIPP DER REDAKTION

Camping Drei Gleichen

Thüringen | Nr. 15 | Seite 441

Laut Gästen ideal geeignet zum:

- Radfahren
- Wandern
- Sightseeing

4.6

Vielfalt im Herzen Deutschlands

Thüringen-Jena-Saale-Horizontale © Frits Meyest

Abwechslungsreiche Landschaftsformen, blühende Parkanlagen, historische Städte und zahlreiche Schlösser und Burgen machen Thüringen zu einem ansprechenden Campingziel. Das ist aber noch nicht alles: ebenso bekannt wie die Sehenswürdigkeiten des Bundeslandes sind auch seine (Wahl-)Söhne. Persönlichkeiten wie Johann Wolfgang von Goethe, Martin Luther oder die Mitglieder der Bach-Dynastie haben die Region nachhaltig geprägt und Thüringen eine höchst interessante Kulturlandschaft hinterlassen.

Aktiv im Winter © Andreas Weise

Weimar und Eisenach

Weimar ist Thüringens Kulturstadt Nummer eins. Die Liste der Sehenswürdigkeiten ist schier endlos, die Stadt beherbergt gleich zwei UNESCO-Weltkulturstätten mit insgesamt 16 Objekten. Beim Kulturdenkmal „Klassisches Weimar" dreht sich alles um die gleichnamige Kunstepoche, die mit Goethe und Schiller die wohl bekanntesten Literaten Deutschlands hervorgebracht hat. Goethes Wohnhaus, das Stadtschloss und die Herzogin-Anna-Amalia-Bibliothek zählen zu den Höhepunkten Weimars. Oberhalb der Stadt Eisenach befindet sich eine der bekanntesten Sehenswürdigkeiten des Landes: Die Wartburg, seit 1999 UNESCO-Weltkulturerbe, ist untrennbar mit der Geschichte Deutschlands verknüpft. Hier kümmerte sich im 13. Jahrhundert die Heilige Elisabeth um die Armen und Kranken und begann im 16. Jahrhundert der Reformator Martin Luther mit der Übersetzung der Bibel. Herzstück der Anlage ist der Festsaal im Palast, der jenem im Schloss Neuschwanstein als Vorbild galt.

Schmalkalden Fachwerkhäuser © Wolfgang Benkert

Erfurt, Mühlhausen und Treffurt

Erfurt ist die Hauptstadt Thüringens und gilt als eine der schönsten Städte Deutschlands. Der hervorragend erhaltene mittelalterliche Stadtkern, die ansprechenden Herrschaftshäuser und die mit viel Liebe rekonstruierten Fachwerkhäuser machen einen Spaziergang durch die Stadt zu einem Erlebnis. Besonders sehenswert ist die Krämerbrücke: Mit 32 Gebäuden auf 120 Metern Länge handelt es sich dabei um die längste komplett bebaute Brückenstraße Europas. Etwa eine Autostunde weiter westlich liegt die ehemalige freie Reichsstadt Mühlhausen, einst Wirkungsstätte von Johann Sebastian Bach. Das mittelalterliche Stadtbild, das von der gut erhaltenen Stadtmauer dominiert wird, erinnert an längst vergangene Tage. Die Befestigungsanlage kann zum Teil besichtigt werden, vom Rabenturm bietet sich ein traumhaftes Panorama über die Stadt. Nahe der hessischen Grenze begeistert ein weiteres Städtchen: Treffurt liegt abseits der üblichen Verkehrswege und hat sich nicht zuletzt deshalb seine Ursprünglichkeit bewahrt. Mit der Lage im wildromantischen Werratal und den originalgetreu restaurierten Fachwerkhäusern lohnt ein Abstecher in den Ort.

Thüringer Wald, Rennsteig und Werratel-Radweg

Die Mittelgebirgslandschaft des Thüringer Waldes ist ein wahres Naturparadies. Der Rennsteig, der auf 168 Kilometern von der Werra zur Saale verläuft, zählt zu den berühmtesten Wanderwegen Deutschlands. Es ist die einmalige Kombination aus Natur und Kultur, die für Campen und Wandern am Rennsteig spricht. Entlang der Strecke warten unberührte Landschaften, historische Orte und zahlreiche Burgen und Schlösser. Für Radfreunde sind viele Routen durch die schönsten Regionen des Landes ausgeschildert. Ein Highlight entlang des Werratal-Radweges, der 200 Kilometer durch Thüringen führt, ist das Erlebnisbergwerk Merkers. Neben der Tour durch die ehemaligen Stollen steht die Besichtigung einer Salzkristallgrotte 750 Meter unter der Erde auf dem Programm.

Mountainbiking © Lars Schneider

Wartburg © Wartburg Stiftung Eisenach

8 Thüringen

S. 402
S. 202
S. 328
S. 450
S. 414
S. 622
S. 636
Göttingen
Halle (Saale)
Leipzig
Erfurt
Jena
Gera
Eisenach
Nordhausen
Mühlhausen/Thüringen
Bad Langensalza
Weimar
Arnstadt
Ilmenau
Suhl
Meiningen
Schmalkalden
Rudolstadt
Saalfeld
Altenburg
Schmölln
Hildburghausen
Sonneberg
Coburg
Bamberg
Schweinfurt
Würzburg
Saale
Main
Elbe
13,6 km
FREIZEITTIPPS
A Wartburg, Eisenach
B Kloster Veßra
C Erfurter Dom, Erfurt
D Luthersee, Erfurt
E Saale-Horizontale

	Platz	Seite	Bewertung	Öffnungszeiten	
1	Campingplatz am Waldbad	436	4.1	ganzjährig	✻
2	Campingplatz Am Hünstein	436	4.0	ganzjährig	
3	Camping Bergwiese-thüringen	436	4.1	saisonal	
4	Camping Oase	437	4.1	ganzjährig	✻
5	Campingplatz Weißensee	437	3.9	saisonal	
6	Campingplatz am Tor zum Hainich	437	4.3	ganzjährig	✻
7	Werratal Camping	437	3.6	saisonal	
8	See-Camping Altenburg-Pahna	438	3.8	ganzjährig	✻
9	Bad-Camp Ettersburg	438	3.8	saisonal	
10	Camping & Ferienpark Bei Jena, Olga Wakker	438	4.1	saisonal	
11	Campingpark Erfurt	439	4.8	ganzjährig	✻ 👍
12	Campingplatz Jena Unter dem Jenzig	439	4.2	saisonal	
13	Im Grünen	439	4.9	ganzjährig	
14	Campingpark Eisenach	439	3.7	ganzjährig	✻
15	Camping Drei Gleichen	441	4.6	saisonal	👍
16	Rennsteig-Caravaning Valentinsteich	440	4.6	ganzjährig	✻
17	Camping Georgenthal	440	4.5	saisonal	
18	Freizeit u. Tourismuseinrichtungen Paulfeld GmbH	440	4.5	ganzjährig	✻
19	Naturcampingplatz Weida	442	4.4	saisonal	
20	Campingplatz Strandbad Breitungen	442	4.0	saisonal	
21	Oberhof Camping	442	4.0	ganzjährig	FKK ✻
22	Waldcampingplatz Meyersgrund	443	3.6	ganzjährig	✻
23	Camping Plothener Teiche	443	3.6	saisonal	FKK
24	Camping Linkenmühle	443	4.1	saisonal	
25	Camping Rohrer Stirn	443	4.6	k. A.	
26	Campingplatz Am Waldbad	444	3.7	ganzjährig	✻
27	Saalburg Beach	444	3.5	saisonal	
28	Campingplatz Saalburg-Bad	444	3.9	ganzjährig	✻

✻ Wintercamping FKK Textilfrei (ganz/teilweise) Ecocamping 👍 Award Onlinebuchung

Karte auf Seite 434

	1	2	3
	Campingplatz am Waldbad	**Campingplatz Am Hünstein**	**Camping Berg-wiese-thüringen**
	❄		
	An der Burg 3 99768 Harztor OT Neustadt/Harz +49 36331 479891	Wollerslebener Landstrasse 1 99735 Nohra +49 363 345 3807	Trift 73b 37318 Thalwenden +49 36083 149956
	51.56868 | 10.82825	51.43137 | 10.71759	51.35416 | 10.04166
Infos			
Öffnungszeiten	ganzjährig	ganzjährig	01.05. - 10.10.
Vergleichspreis	HS: 21,90 € | NS: 21,90 €	HS: 20,30 € | NS: 20,30 €	keine Angabe
Link	**Mehr Infos & Anfrage:** www.camping.info/23126	**Mehr Infos & Anfrage:** www.camping.info/24324	**Mehr Infos & Anfrage:** www.camping.info/18550
Ausstattung			
Freizeit	Baden in nat. Gewässer k. A. Pool/Hallenbad ✓/12km Spielplatz am Platz ✓	Baden im Teich 2km Pool/Hallenbad ✓/8km Spielplatz am Platz ✓	Baden in nat. Gewässer k. A. Pool & Hallenbad ✗ Spielplatz keine Angabe
Campingplatz	Hunde willkommen ✓ wenig Schatten ✓ WLAN ✓	Hunde willkommen ✓ zur Hälfte Schatten ✓ WLAN teilweise	Hunde willkommen ✓ zur Hälfte Schatten ✓ WLAN keine Angabe
Versorgung	Lebensmittel ✓ Brötchen am Platz ✓ Restaurant/Imbiss 500m/✓ Ver-/Entsorgung Womo ✓ in den Ort 400m	Lebensmittel 1km Brötchen am Platz ✓ Restaurant/Imbiss 1km/300m Ver-/Entsorgung Womo ✓ in den Ort 1km	Lebensmittel k.A. Brötchen keine Angabe Restaurant & Imbiss ✗ Ver-/Entsorgung Womo ✗ in den Ort keine Angabe
Anzahl der Plätze	Gesamt 110 Mietunterkünfte ✓ Stellplätze vor Schranke ✗	Gesamt/Touristen 70/40 Mietunterkünfte ✓ Stellplätze vor Schranke ✗	Gesamt/Touristen 40/35 Mietunterkünfte ✓ Stellplätze vor Schranke ✗

	Campingplatz am Waldbad	Campingplatz Am Hünstein	Camping Berg-wiese-thüringen
Bewertung	4.1 **SEHR GUT** 29 Bewertungen	4.0 **SEHR GUT** 9 Bewertungen	4.1 **SEHR GUT** 15 Bewertungen
Lage	4.3	4.3	4.5
Ruhe	4.6	4.3	4.9
Sanitäranlagen	4.3	3.2	3.1
Sauberkeit Ø	4.6	4.2	4.2
Freundlichkeit	4.6	4.8	4.7
Stellplatz	4.0	3.8	3.7
Verpflegung	3.8	3.0	3.1
Freizeit	4.0	3.9	4.0
Preis-Leistung	4.3	4.6	4.1
Mietunterkünfte	4.2	5.0	5.0
Geeignet für			
Kinder b. 6 J.	4.5	4.1	2.7
Kinder b. 12 J.	4.2	4.3	3.0
Kinder b. 18 J.	3.9	3.7	2.9
Paare	4.5	4.5	4.6
Senioren	4.4	4.3	4.2
Gäste mit Zelt	4.2	4.6	4.3
Gäste mit Hund	4.8	4.7	4.6
Empfohlene Aktivitäten	Wandern Entspannen Schwimmen	Radfahren Schwimmen Angeln	Wandern Radfahren Entspannen

4 Camping Oase

❄

Kreisstraße 32
37318 Wahlhausen bei Allendorf
+49 36087 98671
51.28859 | 9.9767

ganzjährig

HS: 18,00 € | NS: 18,00 €

Mehr Infos & Anfrage:
www.camping.info/18549

Baden in nat. Gewässer	k. A.
Pool/Hallenbad	3km
Spielplatz	✗
Hunde erlaubt	✓
Schatten	✗
WLAN	✗
Lebensmittel	1km
Brötchen am Platz	nur HS
Restaurant am P.	✓
Ver-/Entsorgung Womo	✗
in den Ort	200m
Gesamt/Touristen	100/80
Mietunterkünfte	✓
Stellplätze vor Schranke	✗

4.1 SEHR GUT
18 Bewertungen

Lage	3.8
Ruhe	3.3
Sanitäranlagen	4.4
Sauberkeit Ø	4.9
Freundlichkeit	4.5
Stellplatz	3.8
Verpflegung	4.1
Freizeit	4.0
Preis-Leistung	4.3
Mietunterkünfte	-

Geeignet für

Kinder b. 6 J.	2.2
Kinder b. 12 J.	2.0
Kinder b. 18 J.	2.7
Paare	4.4
Senioren	4.6
Gäste mit Zelt	4.3
Gäste mit Hund	4.1

Empfohlene Aktivitäten

- Kayak/Kanu
- Radfahren
- Wandern

5 Campingplatz Weißensee

Günstedter Straße 4
99631 Weissensee
+49 363 743 6936
51.20473 | 11.06563

01.04. - 30.09.

HS: 21,00 € | NS: 0,00 €

Mehr Infos & Anfrage:
www.camping.info/19262

Baden in nat. Gewässer	k. A.
Pool/Hallenbad	✓/5km
Spielplatz am Platz	✓
Hunde erlaubt	✓
wenig Schatten	✓
WLAN	✓
Lebensmittel	✓
Brötchen am Platz	✓
Restaurant am P.	✓
Ver-/Entsorgung Womo	✓
im Ort	✓
Gesamt/Touristen	80/40
Mietunterkünfte	✓
Stellplätze vor Schranke	✗

3.9 GUT
8 Bewertungen

Lage	4.5
Ruhe	4.4
Sanitäranlagen	3.6
Sauberkeit Ø	4.2
Freundlichkeit	4.3
Stellplatz	3.6
Verpflegung	2.5
Freizeit	3.8
Preis-Leistung	4.1
Mietunterkünfte	2.5

Geeignet für

Kinder b. 6 J.	4.5
Kinder b. 12 J.	4.0
Kinder b. 18 J.	3.4
Paare	4.7
Senioren	4.8
Gäste mit Zelt	4.5
Gäste mit Hund	4.5

Empfohlene Aktivitäten

- Radfahren
- Entspannen
- Schwimmen

6 Campingplatz am Tor zum Hainich

❄

Hainichstraße
99947 Weberstedt
+49 36022 98690
51.10266 | 10.50846

ganzjährig

keine Angabe

Mehr Infos & Anfrage:
www.camping.info/24272

Baden in nat. Gewässer	k. A.
Pool	1km
Spielplatz am Platz	✓
Hunde	✗
Schatten	✗
WLAN	✓
Lebensmittel	✓
Brötchen am Platz	✓
Restaurant/Imbiss	1km
Ver-/Entsorgung Womo	✗
in den Ort	keine Angabe
Gesamt/Touristen	85/50
Mietunterkünfte	✓
Stellplätze vor Schranke	✗

4.3 SEHR GUT
64 Bewertungen

Lage	4.4
Ruhe	4.5
Sanitäranlagen	4.7
Sauberkeit Ø	4.8
Freundlichkeit	3.9
Stellplatz	4.0
Verpflegung	2.7
Freizeit	3.8
Preis-Leistung	4.3
Mietunterkünfte	3.9

Geeignet für

Kinder b. 6 J.	3.8
Kinder b. 12 J.	3.6
Kinder b. 18 J.	3.2
Paare	4.5
Senioren	4.6
Gäste mit Zelt	4.4
Hunde n. erlaubt	-

Empfohlene Aktivitäten

- Wandern
- Radfahren
- Entspannen

7 Werratal Camping

Am Trockenbagger 1
99831 Creuzburg
+49 369 267 2464
51.05044 | 10.23302

15.04. - 15.10.

HS: 17,00 €

Mehr Infos & Anfrage:
www.camping.info/22243

Baden in nat. Gewässer	k. A.
Pool/Hallenbad	10/12km
Spielplatz	keine Angabe
Hunde willkommen	✓
zur Hälfte Schatten	✓
WLAN	keine Angabe
Lebensmittel	400m
Brötchen am Platz	nur HS
Restaurant/Imbiss	1km/100m
Ver-/Entsorgung Womo	✓
in den Ort	400m
Touristenplätze	50
Mietunterkünfte	✗
Stellplätze vor Schranke	✗

3.6 GUT
7 Bewertungen

Lage	3.8
Ruhe	4.3
Sanitäranlagen	2.9
Sauberkeit Ø	4.3
Freundlichkeit	4.3
Stellplatz	3.1
Verpflegung	3.2
Freizeit	3.0
Preis-Leistung	4.4
Mietunterkünfte	-

Geeignet für

Kinder b. 6 J.	3.8
Kinder b. 12 J.	3.2
Kinder b. 18 J.	3.0
Paare	5.0
Senioren	4.8
Gäste mit Zelt	4.6
Gäste mit Hund	4.7

Empfohlene Aktivitäten

- Radfahren
- Kayak/Kanu
- Wandern

Karte auf Seite 434

	8	9	10
	See-Camping Altenburg-Pahna	**Bad-Camp Ettersburg**	**Camping & Ferienpark Bei Jena, Olga Wakker**
	❄		
	04617 Fockendorf +49 34343 51914 51.04574 | 12.50172	Badweg 1 99439 Ettersburg + 49 176 / 22 84 14 64 51.03544 | 11.28666	Rabeninsel , OT Porstendorf 3 07778 Neuengönna, bei Jena +49 36427 22556 50.9731 | 11.6494
Infos			
Öffnungszeiten	ganzjährig	01.04. - 31.10.	01.04. - 31.10.
Vergleichspreis	HS: 23,50 € | NS: 23,50 €	HS: 19,00 € | NS: 19,00 €	HS: 18,50 € | NS: 18,50 €
Link	**Mehr Infos & Anfrage:** www.camping.info/17851	**Mehr Infos & Anfrage:** www.camping.info/17854	**Mehr Infos & Anfrage:** www.camping.info/17964
Ausstattung			
Freizeit	Baden in nat. Gewässer k. A. Hallenbad 12km Spielplatz am Platz ✓	Baden in nat. Gewässer k. A. Pool/Hallenbad ✓/7km Spielplatz 300m	Baden im See am Platz ✓ Pool/Hallenbad ✓/12km Spielplatz am Platz ✓
Campingplatz	Hunde erlaubt ✓ Schatten ✗ WLAN ✗	Hunde willkommen ✓ wenig Schatten ✓ WLAN ✓	Hunde willkommen ✓ zur Hälfte Schatten ✓ WLAN (begrenzt gratis) ✓
Versorgung	Lebensmittel ✓ Brötchen am Platz nur HS Restaurant & Imbiss ✓ Ver-/Entsorgung Womo ✓ in den Ort 1km	Lebensmittel 5km Brötchen am Platz ✓ Restaurant/Imbiss 1km/✓ Ver-/Entsorgung Womo ✓ in den Ort 1km	Lebensmittel 5km Brötchen am Platz ✓ Restaurant/Imbiss 200m/✓ Ver-/Entsorgung Womo ✓ in den Ort 500m
Anzahl der Plätze	Gesamt/Touristen 500/100 Mietunterkünfte ✓ Stellplätze vor Schranke ✗	Touristenplätze 50 Mietunterkünfte ✓ Stellplätze vor Schranke ✗	Gesamt/Touristen 100/80 Mietunterkünfte ✓ Stellplätze vor Schranke ✗

	8	9	10
Bewertung	3.8 GUT, 58 Bewertungen	3.8 GUT, 27 Bewertungen	4.1 SEHR GUT, 24 Bewertungen
Lage	4.4	4.1	4.5
Ruhe	4.0	4.6	4.6
Sanitäranlagen	3.5	3.6	3.3
Sauberkeit Ø	3.9	4.2	3.9
Freundlichkeit	4.1	4.5	4.8
Stellplatz	4.1	3.6	3.9
Verpflegung	3.9	3.0	3.5
Freizeit	3.9	3.4	4.1
Preis-Leistung	3.8	3.7	4.4
Mietunterkünfte	3.0	5.0	3.9
Geeignet für			
Kinder b. 6 J.	4.3	3.4	4.1
Kinder b. 12 J.	4.4	3.6	3.9
Kinder b. 18 J.	4.0	2.9	3.9
Paare	4.1	4.4	4.3
Senioren	4.0	4.1	4.0
Gäste mit Zelt	4.3	3.9	4.2
Gäste mit Hund	4.1	4.2	4.5
Empfohlene Aktivitäten	Schwimmen Wandern Radfahren	Kultur Wandern Entspannen	Schwimmen Radfahren Wandern

11 Campingpark Erfurt

Rudolstädter Straße 83c
99099 Erfurt
0176 95531746

50.96734 | 11.06754

ganzjährig

HS: 39,00 € | NS: 37,00 €

Mehr Infos & Anfrage:
www.camping.info/30009

Baden im See	5km
Pool	5km
Spielplatz	✗
Hunde willkommen	✓
kein Schatten	✓
WLAN	keine Angabe
Lebensmittel	600m
Brötchen am Platz	✓
Restaurant	200m
Ver-/Entsorgung Womo	✓
in den Ort	500m
Touristenplätze	100
Mietunterkünfte	✓
Stellplätze vor Schranke	✗

4.8 SEHR GUT
66 Bewertungen

Lage	4.6
Ruhe	4.5
Sanitäranlagen	4.9
Sauberkeit Ø	4.9
Freundlichkeit	4.9
Stellplatz	4.6
Verpflegung	4.0
Freizeit	4.0
Preis-Leistung	4.3
Mietunterkünfte	5.0

Geeignet für

Kinder b. 6 J.	3.8
Kinder b. 12 J.	3.8
Kinder b. 18 J.	4.0
Paare	4.8
Senioren	4.8
Gäste mit Zelt	4.2
Gäste mit Hund	4.6

Empfohlene Aktivitäten

- Kultur
- Sightseeing
- Radfahren

AWARD 2022

12 Campingplatz Jena Unter dem Jenzig

Am Erlkönig 3
07749 Jena
+49 3641 6666 88

50.93654 | 11.6079

01.03. - 30.10.

HS: 19,50 € | NS: 19,50 €

Mehr Infos & Anfrage:
www.camping.info/17963

Baden im Fluss	300m
Pool/Hallenbad	✓/8km
Spielplatz am Platz	✓
Hunde willkommen	✓
zur Hälfte Schatten	✓
WLAN	✓
Lebensmittel	300m
Brötchen am Platz	✓
Restaurant/Imbiss	200m/✓
Ver-/Entsorgung Womo	✓
in den Ort	500m
Touristenplätze	50
Mietunterkünfte	✓
Stellplätze vor Schranke	✗

4.2 SEHR GUT
61 Bewertungen

Lage	4.5
Ruhe	4.3
Sanitäranlagen	3.2
Sauberkeit Ø	4.3
Freundlichkeit	4.7
Stellplatz	3.9
Verpflegung	3.7
Freizeit	4.0
Preis-Leistung	4.6
Mietunterkünfte	4.2

Geeignet für

Kinder b. 6 J.	3.8
Kinder b. 12 J.	4.0
Kinder b. 18 J.	4.1
Paare	4.6
Senioren	4.4
Gäste mit Zelt	4.5
Gäste mit Hund	4.5

Empfohlene Aktivitäten

- Wandern
- Radfahren
- Sightseeing

13 Im Grünen

Auf dem Butterberge 1
99438 Oettern bei Weimar
036453/ 80264

50.92435 | 11.34757

ganzjährig

HS: 28,00 € | NS: 28,00 €

Mehr Infos & Anfrage:
www.camping.info/27723

Baden in nat. Gewässer	k. A.
Pool/Hallenbad	4/20km
Spielplatz am Platz	✓
Hunde willkommen	✓
zur Hälfte Schatten	✓
WLAN (gratis)	teilweise
Lebensmittel	4km
Brötchen am Platz	nur HS
Restaurant & Imbiss	✓
Ver-/Entsorgung Womo	✗
in den Ort	4km
Gesamt/Touristen	70/35
Mietunterkünfte	✓
Stellplätze vor Schranke	✗

4.9 SEHR GUT
27 Bewertungen

Lage	4.8
Ruhe	4.9
Sanitäranlagen	4.4
Sauberkeit Ø	4.8
Freundlichkeit	5.0
Stellplatz	4.4
Verpflegung	4.8
Freizeit	4.5
Preis-Leistung	4.8
Mietunterkünfte	4.8

Geeignet für

Kinder b. 6 J.	4.4
Kinder b. 12 J.	4.6
Kinder b. 18 J.	4.1
Paare	4.9
Senioren	4.8
Gäste mit Zelt	4.7
Gäste mit Hund	4.8

Empfohlene Aktivitäten

- Radfahren
- Wandern
- Entspannen

14 Campingpark Eisenach

Am Altenberger See
99834 Wilhelmsthal bei Eisenach
+49 36929-798007

50.9097 | 10.3008

ganzjährig

HS: 29,00 € | NS: 29,00 €

Mehr Infos & Anfrage:
www.camping.info/19265

Baden im See am Platz	✓
Pool/Hallenbad	10km
Spielplatz am Platz	✓
Hunde willkommen	✓
zur Hälfte Schatten	✓
WLAN	✗
Lebensmittel	✓
Brötchen am Platz	nur HS
Restaurant & Imbiss	✓
Ver-/Entsorgung Womo	✓
in den Ort	1km
Gesamt/Touristen	160/80
Mietunterkünfte	✓
Stellplätze vor Schranke	✗

3.7 GUT
47 Bewertungen

Lage	4.5
Ruhe	4.4
Sanitäranlagen	3.7
Sauberkeit Ø	4.0
Freundlichkeit	4.6
Stellplatz	3.4
Verpflegung	3.7
Freizeit	3.8
Preis-Leistung	4.0
Mietunterkünfte	3.0

Geeignet für

Kinder b. 6 J.	3.7
Kinder b. 12 J.	3.9
Kinder b. 18 J.	3.6
Paare	4.5
Senioren	4.2
Gäste mit Zelt	3.9
Gäste mit Hund	4.5

Empfohlene Aktivitäten

- Wandern
- Kultur
- Entspannen

Karte auf Seite 434

16 Rennsteig-Caravaning Valentinsteich

✻

Friedrichrodaer Weg 3a
99894 Friedrichroda OT Finsterbergen
+49 3623 310 775
50.84051 | 10.58148

Infos

Öffnungszeiten	ganzjährig
Vergleichspreis	HS: 24,20 € | NS: 24,20 €
Link	**Mehr Infos & Anfrage:** www.camping.info/23379

Ausstattung

Freizeit	Baden in nat. Gewässer	k. A.
	Pool/Hallenbad	100m/12km
	Spielplatz	500m
Campingplatz	Hunde willkommen	✓
	zur Hälfte Schatten	✓
	WLAN	✓
Versorgung	Lebensmittel	800m
	Brötchen am Platz	✓
	Restaurant/Imbiss	500/200m
	Ver-/Entsorgung Womo	✓
	in den Ort	500m
Anzahl der Plätze	Gesamt/Touristen	35/30
	Mietunterkünfte	✓
	Stellplätze vor Schranke	✗

4.6 SEHR GUT
29 Bewertungen

Lage	4.3
Ruhe	4.9
Sanitäranlagen	4.6
Sauberkeit Ø	4.7
Freundlichkeit	4.8
Stellplatz	4.0
Verpflegung	3.4
Freizeit	4.1
Preis-Leistung	4.6
Mietunterkünfte	5.0

Geeignet für

Kinder b. 6 J.	3.7
Kinder b. 12 J.	3.8
Kinder b. 18 J.	3.6
Paare	4.6
Senioren	4.6
Gäste mit Zelt	4.6
Gäste mit Hund	4.9

Empfohlene Aktivitäten

- Wandern
- Entspannen
- Schwimmen

17 Camping Georgenthal

Am Schwimmbad
99887 Georgenthal
+49 36253 469936
50.82807 | 10.64839

Infos

Öffnungszeiten	01.03. - 31.10.
Vergleichspreis	HS: 24,50 € | NS: 20,00 €
Link	**Mehr Infos & Anfrage:** www.camping.info/19267

Ausstattung

Freizeit	Baden in nat. Gewässer	k. A.
	Pool/Hallenbad	✓/7km
	Spielplatz am Platz	✓
Campingplatz	Hunde erlaubt	✓
	wenig Schatten	✓
	WLAN	✓
Versorgung	Lebensmittel	500m
	Brötchen am Platz	✓
	Restaurant/Imbiss	500m/✓
	Ver-/Entsorgung Womo	✓
	in den Ort	200m
Anzahl der Plätze	Gesamt/Touristen	50/35
	Mietunterkünfte	✓
	Stellplätze vor Schranke	✗

4.5 SEHR GUT
31 Bewertungen

Lage	4.5
Ruhe	4.1
Sanitäranlagen	4.3
Sauberkeit Ø	4.6
Freundlichkeit	4.8
Stellplatz	4.4
Verpflegung	4.1
Freizeit	4.4
Preis-Leistung	4.7
Mietunterkünfte	5.0

Geeignet für

Kinder b. 6 J.	4.7
Kinder b. 12 J.	4.5
Kinder b. 18 J.	4.3
Paare	4.5
Senioren	4.3
Gäste mit Zelt	4.3
Gäste mit Hund	4.6

Empfohlene Aktivitäten

- Wandern
- Schwimmen
- Radfahren

18 Freizeit u. Tourismuseinrichtungen Paulfeld GmbH

✻

Straße am Steinbühl 3
99894 Leinatal OT Catterfeld
+49 362 532 5171
50.8245 | 10.60923

Infos

Öffnungszeiten	ganzjährig
Vergleichspreis	HS: 23,00 € | NS: 23,00 €
Link	**Mehr Infos & Anfrage:** www.camping.info/17850

Ausstattung

Freizeit	Baden im Teich am Platz	✓
	Pool/Hallenbad	3/7km
	Spielplatz am Platz	✓
Campingplatz	Hunde willkommen	✓
	Schatten	✗
	WLAN (gegen Gebühr)	✓
Versorgung	Lebensmittel	✓
	Brötchen am Platz	✓
	Restaurant am P.	✓
	Ver-/Entsorgung Womo	✓
	in den Ort	3km
Anzahl der Plätze	Gesamt/Touristen	140/80
	Mietunterkünfte	✓
	Stellplätze vor Schranke	✗

4.5 SEHR GUT
66 Bewertungen

Lage	4.7
Ruhe	4.7
Sanitäranlagen	4.4
Sauberkeit Ø	4.7
Freundlichkeit	4.4
Stellplatz	4.3
Verpflegung	4.2
Freizeit	4.1
Preis-Leistung	4.6
Mietunterkünfte	4.4

Geeignet für

Kinder b. 6 J.	4.4
Kinder b. 12 J.	4.5
Kinder b. 18 J.	4.0
Paare	4.8
Senioren	4.8
Gäste mit Zelt	4.6
Gäste mit Hund	4.7

Empfohlene Aktivitäten

- Wandern
- Entspannen
- Radfahren

15 Camping Drei Gleichen

Campingplatz 1
99869 Drei Gleichen OT Mühlberg
+49 362 56 22715
www.camping-drei-gleichen.de
info@camping-drei-gleichen.de

01.04. - 31.10.

HS: 30,00 € | NS: 28,00 €

Mehr Infos & Anfrage:
www.camping.info/19266

Baden in nat. Gewässer	k. A.
Pool/Hallenbad	8km
Spielplatz am Platz	✓
Hunde willkommen	✓
zur Hälfte Schatten	✓
WLAN	✓
Lebensmittel	2km
Brötchen am Platz	✓
Restaurant/Imbiss	300m/1km
Ver-/Entsorgung Womo	✓
in den Ort	500m
Gesamt/Touristen	150/120
Mietunterkünfte	✓
Stellplätze vor Schranke	✗

1 km
50.87472 | 10.8093

Willkommen auf Camping Drei Gleichen.

Lage & Stellplatz

Wer ursprüngliches, naturnahes Camping sucht, ist hier genau richtig. Inmitten des Thüringer Burgenlandes warten Abenteuer am Lagerfeuer, Camping ohne Animationsstress und Natur pur auf alle. 150 Stellplätze für Zelte, Wohnmobile und Wohnwagen verteilen sich auf 3 ha. Strom ist mit 16A verfügbar.

Sanitär

Die Dusch- und Waschkabinen der Sanitäranlagen sind modern. Die Duschkabinen sind sowohl mit Hand- als auch mit Deckenbrausen ausgestattet. Alle Anlagen sind sehr sauber, funktional und barrierefrei.

Verpflegung

Der Platz verfügt über einen Rezeptions-Kiosk mit Eis und Getränken. Zwischen April und Oktober wird ein Brötchen- und Bratwurstservice angeboten. Das nächste Restaurant ist in der direkten Nachbarschaft – in nur 300 m Entfernung – auf dem „Gut Ringhofen“ zu finden.

Freizeit

Rad- und Wanderwege beginnen direkt am Platz. Das Burgenensemble „Drei Gleichen“ ist nur eines der möglichen Ziele. In unmittelbarer Nachbarschaft liegt das „Gut Ringhofen“ mit Reiterhof und öffentlichem Golfplatz. Für kulturelle Ausflüge bieten sich Arnstadt, Gotha, Erfurt oder Weimar an.

Große Plätze ohne Parzellierung.

Toller Lagerfeuerplatz.

4.6 SEHR GUT
219 Bewertungen

Lage	4.3
Ruhe	3.7
Sanitäranlagen	4.5
Sauberkeit Ø	4.6
Freundlichkeit	4.8
Stellplatz	4.6
Verpflegung	3.9
Freizeit	4.3
Preis-Leistung	4.1
Mietunterkünfte	4.6

Geeignet für

- 4.7 Paare
- 4.6 Senioren
- 4.4 Gäste mit Hund
- 4.2 Gäste mit Zelt
- 4.0 Kinder b. 6 J.
- 4.0 Kinder b. 12 J.
- 3.8 Kinder b. 18 J.

Empfohlene Aktivitäten

Radfahren, Wandern, Kultur, Sightseeing

Mehr Infos

Drei(n)schlag Festival im August 2023 – frühzeitige Buchung empfohlen!

AWARD 2022

Karte auf Seite 434

	19 Naturcampingplatz Weida	20 Campingplatz Strandbad Breitungen	21 Oberhof Camping
			FKK ❄
	An der Aumatalsperre 1 07570 Weida +49 36603 62561 50.77017 | 12.0283	Salzunger Straße 24a 98597 Breitungen +49 36848-409512 50.76056 | 10.32251	Am Stausee 9 99330 Frankenhain +49 36205 76518 50.7306 | 10.75544
Infos			
Öffnungszeiten	01.03. - 31.10.	01.04. - 31.10.	ganzjährig
Vergleichspreis	HS: 19,80 €	HS: 23,00 € | NS: 23,00 €	HS: 26,00 € | NS: 26,00 €
Link	**Mehr Infos & Anfrage:** www.camping.info/17962	**Mehr Infos & Anfrage:** www.camping.info/23427	**Mehr Infos & Anfrage:** www.camping.info/19259
Ausstattung			
Freizeit	Baden im See am Platz ✓ Pool/Hallenbad 2/15km Spielplatz am Platz ✓	Baden in nat. Gewässer k. A. Pool & Hallenbad ✗ Spielplatz am Platz ✓	Baden im See am Platz ✓ Pool/Hallenbad 5/20km Spielplatz am Platz ✓
Campingplatz	Hunde willkommen ✓ zur Hälfte Schatten ✓ WLAN (gegen Gebühr) ✓	Hunde willkommen ✓ Schatten ✗ WLAN (gratis) teilweise	Hunde willkommen ✓ Schatten ✗ WLAN ✓
Versorgung	Lebensmittel ✓ Brötchen am Platz ✓ Restaurant/Imbiss 2km/✓ Ver-/Entsorgung Womo ✓ in den Ort 3km	Lebensmittel 900m Brötchen am Platz ✓ Imbiss ✓ Ver-/Entsorgung Womo ✓ in den Ort 1km	Lebensmittel ✓ Brötchen am Platz ✓ Restaurant & Imbiss ✓ Ver-/Entsorgung Womo ✓ in den Ort 5km
Anzahl der Plätze	Gesamt/Touristen 100/51 Mietunterkünfte ✓ Stellplätze vor Schranke ✗	Gesamt/Touristen 72/24 Mietunterkünfte ✓ Stellplätze vor Schranke ✗	Gesamt/Touristen 300/150 Mietunterkünfte ✓ Stellplätze vor Schranke ✗

	19	20	21
Bewertung	4.4 SEHR GUT, 26 Bewertungen	4.0 SEHR GUT, 16 Bewertungen	4.0 SEHR GUT, 78 Bewertungen
Lage	4.4	4.6	4.5
Ruhe	4.6	4.2	4.4
Sanitäranlagen	4.5	4.6	3.9
Sauberkeit Ø	4.8	4.6	4.0
Freundlichkeit	4.8	4.8	4.4
Stellplatz	4.1	4.0	3.7
Verpflegung	3.4	2.8	3.6
Freizeit	3.4	3.9	3.8
Preis-Leistung	4.6	4.1	4.1
Mietunterkünfte	3.5	3.5	3.3
Geeignet für			
Kinder b. 6 J.	3.9	3.9	4.0
Kinder b. 12 J.	3.9	4.1	4.1
Kinder b. 18 J.	3.3	3.9	3.4
Paare	4.5	4.3	4.5
Senioren	4.5	4.4	4.6
Gäste mit Zelt	3.4	4.6	4.2
Gäste mit Hund	4.7	3.9	4.6
Empfohlene Aktivitäten	Wandern Entspannen Angeln	Schwimmen Wandern Radfahren	Wandern Schwimmen Entspannen

22 Waldcampingplatz Meyersgrund

❄

Schmücker Straße 91
98693 Manebach

50.66788 | 10.85697

ganzjährig

HS: 21,50 € | NS: 21,50 €

Mehr Infos & Anfrage:
www.camping.info/19257

Baden im Teich am Platz	✓
Hallenbad	7km
Spielplatz am Platz	✓
Hunde erlaubt	✓
Schatten	✗
WLAN	✗
Lebensmittel	✓
Brötchen	keine Angabe
Restaurant/Imbiss	1km/✓
Ver-/Entsorgung Womo	✓
in den Ort	1km
Gesamt/Touristen	120/60
Mietunterkünfte	✓
Stellplätze vor Schranke	✗

3.6 GUT
25 Bewertungen

Lage	3.9
Ruhe	4.2
Sanitäranlagen	3.4
Sauberkeit Ø	3.8
Freundlichkeit	3.8
Stellplatz	3.5
Verpflegung	3.3
Freizeit	3.6
Preis-Leistung	4.0
Mietunterkünfte	3.0

Geeignet für

Kinder b. 6 J.	3.6
Kinder b. 12 J.	3.8
Kinder b. 18 J.	3.9
Paare	4.4
Senioren	4.2
Gäste mit Zelt	3.9
Gäste mit Hund	4.1

Empfohlene Aktivitäten

- Wandern
- Radfahren
- Mountainbiking

23 Camping Plothener Teiche

FKK

Ortsstraße
07806 Dreba
+49 36484 62860

50.65237 | 11.77036

01.05. - 30.10.

HS: 16,30 € | NS: 16,30 €

Mehr Infos & Anfrage:
www.camping.info/22947

Baden im Teich am Platz	✓
Hallenbad	12km
Spielplatz am Platz	✓
Hunde erlaubt	Nur HS
Schatten	✗
WLAN	✗
Lebensmittel	3km
Brötchen	keine Angabe
Restaurant/Imbiss	3km/✓
Ver-/Entsorgung Womo	✗
in den Ort	3km
Gesamt/Touristen	254/30
Mietunterkünfte	✗
Stellplätze vor Schranke	✗

3.6 GUT
18 Bewertungen

Lage	4.2
Ruhe	4.5
Sanitäranlagen	2.8
Sauberkeit Ø	3.8
Freundlichkeit	4.1
Stellplatz	3.5
Verpflegung	2.8
Freizeit	3.7
Preis-Leistung	4.1
Mietunterkünfte	-

Geeignet für

Kinder b. 6 J.	4.8
Kinder b. 12 J.	4.6
Kinder b. 18 J.	3.4
Paare	4.7
Senioren	4.5
Gäste mit Zelt	4.3
Gäste mit Hund	4.5

Empfohlene Aktivitäten

- Radfahren
- Schwimmen
- Wandern

24 Camping Linkenmühle

Linkenmühle/ Campingplatz 1
07381 Paska
+49 36483 22548

50.6075 | 11.61167

12.04. - 13.10.

HS: 22,40 € | NS: 22,40 €

Mehr Infos & Anfrage:
www.camping.info/22347

Baden im See am Platz	✓
Pool/Hallenbad	15km
Spielplatz am Platz	✓
Hunde erlaubt	nur NS
zur Hälfte Schatten	✓
WLAN (gegen Gebühr)	✓
Lebensmittel	✓
Brötchen am Platz	✓
Restaurant/Imbiss	✓/2km
Ver-/Entsorgung Womo	✓
in den Ort	3km
Gesamt/Touristen	210/50
Mietunterkünfte	✗
Stellplätze vor Schranke	✓

4.1 SEHR GUT
27 Bewertungen

Lage	4.4
Ruhe	4.4
Sanitäranlagen	3.9
Sauberkeit Ø	4.6
Freundlichkeit	4.7
Stellplatz	4.0
Verpflegung	4.0
Freizeit	4.0
Preis-Leistung	4.6
Mietunterkünfte	-

Geeignet für

Kinder b. 6 J.	4.3
Kinder b. 12 J.	4.5
Kinder b. 18 J.	4.2
Paare	4.8
Senioren	4.4
Gäste mit Zelt	4.2
Gäste mit Hund	3.7

Empfohlene Aktivitäten

- Schwimmen
- Wandern
- Kayak/Kanu

keine WOMOs ab 7 m;
keine Gruppen

25 Camping Rohrer Stirn

98617 Meiningen

50.57 | 10.43556

keine Angabe

keine Angabe

Mehr Infos & Anfrage:
www.camping.info/19256

Baden in nat. Gewässer	k. A.
Pool & Hallenbad	✗
Spielplatz	keine Angabe
Hunde	✗
Schatten	✗
WLAN	keine Angabe
Lebensmittel	k.A.
Brötchen	keine Angabe
Restaurant & Imbiss	✗
Ver-/Entsorgung Womo	✗
in den Ort	keine Angabe
Gesamt	keine Angabe
Mietunterkünfte	✗
Stellplätze vor Schranke	✗

4.6 SEHR GUT
28 Bewertungen

Lage	4.3
Ruhe	4.5
Sanitäranlagen	4.9
Sauberkeit Ø	4.9
Freundlichkeit	5.0
Stellplatz	4.4
Verpflegung	3.9
Freizeit	4.1
Preis-Leistung	4.6
Mietunterkünfte	-

Geeignet für

Kinder b. 6 J.	4.0
Kinder b. 12 J.	3.8
Kinder b. 18 J.	3.3
Paare	4.8
Senioren	4.5
Gäste mit Zelt	3.9
Hunde n. erlaubt	-

Empfohlene Aktivitäten

- Schwimmen
- Wandern
- Sightseeing

Karte auf Seite 434

	26	27	28
	Campingplatz Am Waldbad	**Saalburg Beach**	**Campingplatz Saalburg-Bad**
	❄		❄
	Campingplatz 1 98553 Breitenbach +49 36841 41153	Wetteraweg 2 07929 Saalburg Ebersdorf +49 (0)1523 8443984	Am Strandbad 07929 Saalburg-Ebersdorf +49 36647 22457
	50.54735 | 10.77872	50.50808 | 11.71978	50.50194 | 11.73139
Infos			
Öffnungszeiten	ganzjährig	14.04. - 31.07. 24.08. - 31.10.	ganzjährig
Vergleichspreis	HS: 20,00 € | NS: 20,00 €	HS: 35,00 € | NS: 31,00 €	HS: 23,50 €
Link	**Mehr Infos & Anfrage:** www.camping.info/22346	**Mehr Infos & Anfrage:** www.camping.info/30059	**Mehr Infos & Anfrage:** www.camping.info/17967
Ausstattung			
Freizeit	Baden in nat. Gewässer k. A. Pool am Platz ✓ Spielplatz am Platz ✓	Baden im See am Platz ✓ Pool & Hallenbad ✗ Spielplatz ✗	Baden im See am Platz ✓ Pool/Hallenbad 10km Spielplatz am Platz ✓
Campingplatz	Hunde erlaubt ✓ Schatten ✗ WLAN ✓	Hunde erlaubt ✓ kein Schatten ✓ WLAN ✓	Hunde willkommen ✓ kein Schatten ✓ WLAN (gegen Gebühr) ✓
Versorgung	Lebensmittel ✓ Brötchen am Platz nur HS Restaurant 500m Ver-/Entsorgung Womo ✗ in den Ort 500m	Lebensmittel 1km Brötchen am Platz ✗ Imbiss ✓ Ver-/Entsorgung Womo ✓ in den Ort 1km	Lebensmittel ✗ Brötchen am Platz nur HS Restaurant 100m Ver-/Entsorgung Womo ✓ in den Ort 1km
Anzahl der Plätze	Gesamt/Touristen 100/60 Mietunterkünfte ✗ Stellplätze vor Schranke ✗	Gesamt/Touristen 300/500 Mietunterkünfte ✓ Stellplätze vor Schranke ✗	Gesamt/Touristen 210/40 Mietunterkünfte ✓ Stellplätze vor Schranke ✗

	26	27	28
Gesamt	3.7 GUT – 9 Bewertungen	3.5 GUT – 20 Bewertungen	3.9 GUT – 9 Bewertungen
Lage	4.6	4.6	4.4
Ruhe	4.9	3.3	3.9
Sanitäranlagen	2.6	2.7	4.4
Sauberkeit Ø	3.7	3.8	4.3
Freundlichkeit	4.6	4.5	4.6
Stellplatz	3.8	3.5	3.6
Verpflegung	2.6	3.6	3.0
Freizeit	3.8	4.2	3.4
Preis-Leistung	4.1	3.0	4.5
Mietunterkünfte	-	5.0	3.0
Geeignet für			
Kinder b. 6 J.	2.9	4.3	5.0
Kinder b. 12 J.	3.1	4.5	4.6
Kinder b. 18 J.	3.0	4.5	4.2
Paare	4.3	4.1	4.3
Senioren	4.3	3.6	3.8
Gäste mit Zelt	3.3	3.0	3.5
Gäste mit Hund	4.5	4.1	4.3
Empfohlene Aktivitäten	Wandern Radfahren Mountainbiking	Schwimmen Radfahren Wandern	Schwimmen Radfahren Angeln

Sachsen

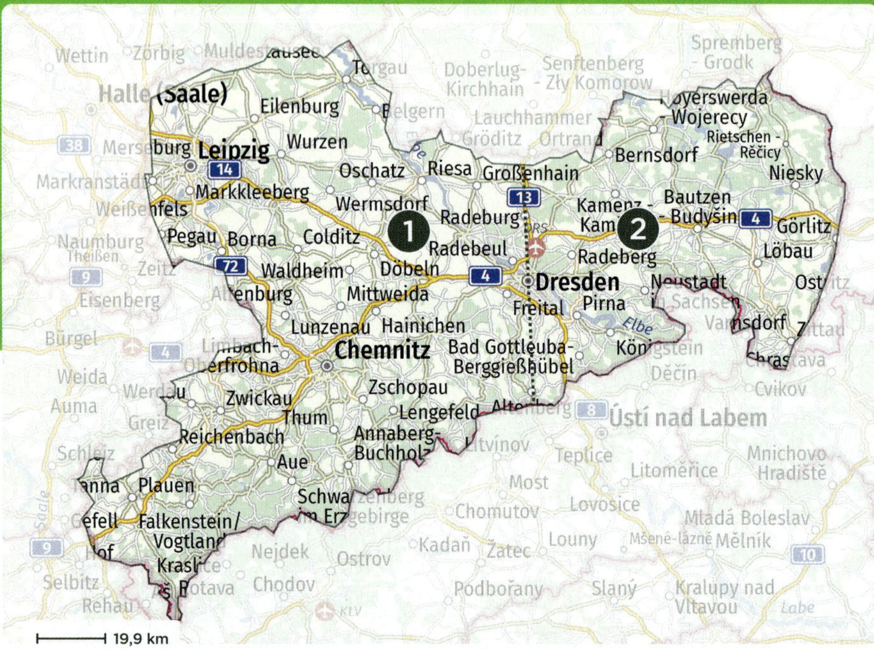

Regionen

TIPP DER REDAKTION

SeeCamping Zittauer Gebirge OHG

Sachsen-Ost | Nr. 27 | Seite 474

Laut Gästen ideal geeignet zum:

- Wandern
- Schwimmen
- Radfahren

4.9

Bauliche und landschaftliche Schmuckstücke

Marktplatz in Zittau © Thomas Glaubitz

Im Freistaat Sachsen treffen Camper auf Kulturgeschichte, einzigartige Landschaften und traditionsreiche Handwerkskunst. Das Bundesland im östlichen Mitteldeutschland stellt ganzjährig ein beliebtes Reiseziel dar: Im Sommer durchziehen die abwechslungsreichen Urlaubsregionen schöne Wander- und Radwege, in der kalten Jahreszeit nehmen die Skilifte in den Wintersportregionen ihren Betrieb auf. Noch attraktiver wird Sachsen durch das abwechslungsreiche Sightseeing- und Kulturangebot der Städte.

Dresden, Leipzig und Chemnitz

Die überbordende barocke Pracht hat Dresden, der sächsischen Landeshauptstadt, den Beinamen „Elbflorenz" eingebracht. Bei einem Stadtrundgang reihen sich weltberühmte Sehenswürdigkeiten wie der Zwinger, die Semperoper und die Frauenkirche wie Perlen einer Kette aneinander. Einen herrlichen Blick über das Elbtal genießt man beim Flanieren auf den Brühlschen Terrassen. Nur wenige Kilometer außerhalb sind Schloss Pillnitz, Schloss Moritzburg und die Porzellanstadt Meißen einen Besuch wert. In Radebeul steht das einstige Wohnhaus von Karl May für Besucher offen und in der Vorweihnachtszeit lockt der traditionelle Striezelmarkt mit kulinarischen Köstlichkeiten und Handwerkskunst aus der Region. Ebenfalls reich an Sehenswürdigkeiten ist die Messe- und Universitätsstadt Leipzig im Norden Sachsens. Auf der To-do-Liste stehen hier Auerbachs Keller in der Mädlerpassage, der durch Goethes Faust Berühmtheit erlangt hat, und die Thomaskirche, in der Johann Sebastian Bach viele Jahre als Kantor wirkte. Das Wahrzeichen Leipzigs, das Völkerschlachtdenkmal, ragt 91 Meter in den Himmel. Chemnitz, die drittgrößte Stadt Sachsens, liegt am Fuße des Erzgebirges und zählt 240.000 Einwohner. Einst als Karl-Marx-Stadt bekannt, zählt Chemnitz den Roten Turm, das alte und neue Rathaus sowie das Industriemuseum zu seinen größten Attraktionen.

Lausitzer Seenland © Peter Radke

Sächsiche Schweiz und Erzgebirge

Eine spektakuläre Felslandschaft prägt das Antlitz des Elbsandsteingebirges in der bei den Campinggästen sehr beliebten Sächsischen Schweiz. Diese breitet sich entlang der Elbe südöstlich von Dresden aus und stellt ein Eldorado für Wanderer, Kletterer und Freeclimber dar. Die bekannteste Felsformation ist die Bastei, die direkt am Felswanderweg Eisenach-Budapest liegt. An der Grenze zu Tschechien bietet das Erzgebirge ganzjährig zahlreiche attraktive Outdoor-Aktivitäten. Schöne Wanderungen führen im Sommer beispielsweise auf den 1.215 Meter hohen Fichtelberg, die höchste Erhebung des Bundeslandes. Im Winter bieten mehrere Wintersportorte, darunter Oberwiesenthal, Ski- und Snowboardfahrern gute Bedingungen. Souvenirjäger werden im Spielzeugdorf Seiffen fündig, wo kleine Handwerksbetriebe traditionelle Holzgegenstände wie Räuchermännchen, Bergmannfiguren und Schwibbögen fertigen.

Loipe im Erzgebirge © Rainer Weisflog

Bärwalder See bei Boxberg © Frank Stäbler

Festung Königstein © Bernd Walther

Eine weitere attraktive Mittelgebirgsregion in Sachsen ist das Vogtland. Wander- und Radrouten führen hier rund um den 974 Meter hohen Schneehübel und entlang der Weißen Elster. In der Schaustickerei Plauen, einer lebendigen Museumsfabrik, erfahren Interessierte mehr über die jahrhundertealte Tradition der filigranen Plauener Spitze. Ganz im Osten von Sachsen liegt die Oberlausitz mit Heide- und Teichgebieten und dem Zittauer Gebirge, deren Naturlandschaften einer einzigartigen Tier- und Pflanzenwelt Lebensraum bieten. An der Grenze zu Polen gilt Görlitz, die östlichste Stadt Deutschlands, als städtebauliches Kleinod. Mehr als 3.500 Einzeldenkmäler machen aus der sorgfältig restaurierten Altstadt ein historisches Ensemble, das den Bogen von der Gotik über die Renaissance bis in die Gründerzeit spannt.

SACHSEN

❶ Sachsen-West

	Platz	Seite	Bewertung	Öffnungszeiten	
1	Freizeit- und Erholungszentrum Eilenburg GmbH	452	4.3	k. A.	FKK *
2	Camping Dammmühlenteich	452	4.8	saisonal	
3	Camping Lübschützer Teiche	453	2.8	saisonal	*
4	Campingplatz im Nixenbad Strehla	452	4.2	saisonal	
5	Campingfreunde Mutzschen/Roda e.V.	454	4.2	saisonal	
6	Campinghof Bartl	454	4.1	ganzjährig	
7	LAGOVIDA - Das Ferienresort am Störmthaler See	454	3.8	saisonal	*
8	Campingplatz Waldbad Oberau	455	4.5	saisonal	
9	Camping Hain - Campingplatz am Hainer See	455	3.8	ganzjährig	FKK *
10	Campingplatz Landidyll	455	4.5	ganzjährig	*
11	Campingplatz Waldteichfreunde Moritzburg e.V.	455	4.7	saisonal	FKK
12	Bad Sonnenland Ferienpark und Campingplatz	456	3.9	saisonal	
13	Camping Rehbocktal	456	4.5	saisonal	
14	Campingplatz am Waldbad	456	4.2	saisonal	
15	Campingplatz am Badesee Coswig-Kötitz	457	4.2	saisonal	FKK
16	CaravaningPark schaffer-mobil	457	4.2	ganzjährig	*
17	Camping Mockritz	457	4.0	ganzjährig	*
18	Campingplatz Reinsberg	457	4.7	saisonal	
19	MiO-Minicamping Ottendorf	458	4.5	saisonal	*
20	Campingplatz Talsperre Malter	458	4.0	ganzjährig	*
21	Camping Galgenteich	458	3.8	ganzjährig	*
22	Erzgebirgscamp Neuclausnitz	459	4.7	ganzjährig	*
23	Minicamping Hoheneck am Bauernhof	459	4.8	ganzjährig	*
24	Campingpark Greifensteine	459	3.9	ganzjährig	*
25	Ferienpark Seiffen	459	4.2	ganzjährig	*
26	Camping und Ferienhäuser von Tailleur	460	3.8	ganzjährig	
27	Camping Silberbach	460	4.8	saisonal	*
28	Campingplatz Lindenau an der Silberstrasse	460	4.5	ganzjährig	*
29	****Campingplatz Gunzenberg Talsperre Pöhl	461	4.1	saisonal	
30	Campingplatz Zum Forstmeister	461	5.0	saisonal	
31	Campingplatz am Hofladen Grünheide	461	4.8	k. A.	*
32	Campingplatz Dürrenbach	461	3.9	saisonal	

* Wintercamping FKK Textilfrei (ganz/teilweise) Ecocamping Award Onlinebuchung

Karte auf Seite 450

	1	2	4
	Freizeit- und Erholungszentrum Eilenburg GmbH FKK ❄	**Camping Dammmühlenteich**	**Campingplatz im Nixenbad Strehla**
	Zum See 1 04838 Eilenburg +49 342 365 9933	Hauptweg 1 04774 Dahlen / OT Ochsensaal	Torgauer Strasse 01616 Strehla 03 52 64 - 9 07 54
	51.47094 | 12.68037	51.40559 | 12.94032	51.362 | 13.22343
Infos			
Öffnungszeiten	keine Angabe	18.04. - 16.10.	01.05. - 30.09.
Vergleichspreis	HS: 18,50 €	keine Angabe	keine Angabe
Link	**Mehr Infos & Anfrage:** www.camping.info/26662	**Mehr Infos & Anfrage:** www.camping.info/17938	**Mehr Infos & Anfrage:** www.camping.info/27037
Ausstattung			
Freizeit	Baden im See am Platz ✓ Pool/Hallenbad ✓/1km Spielplatz am Platz ✓	Baden in nat. Gewässer k. A. Pool & Hallenbad ✗ Spielplatz ✗	Baden in nat. Gewässer k. A. Pool am Platz ✓ Spielplatz am Platz ✓
Campingplatz	Hunde erlaubt ✓ wenig Schatten ✓ WLAN keine Angabe	Hunde erlaubt ✓ Schatten ✗ WLAN ✗	Hunde erlaubt Nur HS zur Hälfte Schatten ✓ WLAN keine Angabe
Versorgung	Lebensmittel ✓ Brötchen keine Angabe Restaurant/Imbiss 1km/✓ Ver-/Entsorgung Womo ✓ in den Ort 1km	Lebensmittel 5km Brötchen keine Angabe Restaurant & Imbiss ✗ Ver-/Entsorgung Womo ✓ in den Ort 3km	Lebensmittel ✗ Brötchen am Platz ✗ Restaurant/Imbiss 300m/✓ Ver-/Entsorgung Womo ✗ in den Ort keine Angabe
Anzahl der Plätze	Gesamt keine Angabe Mietunterkünfte ✗ Stellplätze vor Schranke ✗	Gesamt 350 Mietunterkünfte ✓ Stellplätze vor Schranke ✗	Gesamt keine Angabe Mietunterkünfte ✓ Stellplätze vor Schranke ✗

	1	2	4
Bewertung	4.3 SEHR GUT, 3 Bewertungen	4.8 SEHR GUT, 4 Bewertungen	4.2 SEHR GUT, 6 Bewertungen
Lage	3.7	5.0	4.2
Ruhe	3.0	5.0	3.5
Sanitäranlagen	3.7	3.7	3.7
Sauberkeit Ø	4.3	5.0	4.4
Freundlichkeit	5.0	5.0	4.8
Stellplatz	4.3	4.3	4.0
Verpflegung	4.0	3.0	3.6
Freizeit	4.7	4.3	4.2
Preis-Leistung	4.7	5.0	4.7
Mietunterkünfte	-	-	-
Geeignet für			
Kinder b. 6 J.	4.5	4.3	4.5
Kinder b. 12 J.	4.5	5.0	4.5
Kinder b. 18 J.	4.0	5.0	4.0
Paare	3.0	5.0	4.0
Senioren	2.0	5.0	4.0
Gäste mit Zelt	4.7	5.0	4.5
Gäste mit Hund	4.0	5.0	4.0
Empfohlene Aktivitäten	Schwimmen Angeln Segeln	Radfahren Wandern Schwimmen	Radfahren Schwimmen Wandern

3 Camping Lübschützer Teiche

Lübschützer Teiche 1
04827 Machern
+49 3425 814720
www.gaststaette-luebschuetzer-teiche.de
meding@gaststaette-luebschuetzer-teiche.de

01.04. - 31.10.

HS: 21,00 € | NS: 21,00 €

Mehr Infos & Anfrage:
www.camping.info/17939

Baden im Teich am Platz	✓
Pool/Hallenbad	6/15km
Spielplatz am Platz	✓
Hunde erlaubt	✓
Schatten	✗
WLAN	keine Angabe
Lebensmittel	✓
Brötchen am Platz	✓
Restaurant & Imbiss	✓
Ver-/Entsorgung Womo	✓
in den Ort	2km
Gesamt/Touristen	200/120
Mietunterkünfte	✓
Stellplätze vor Schranke	✗

51.37935 | 12.63602

Stellplatz mit Seeblick.

Lage & Stellplatz

Naturbelassener Campingplatz, zum Teil mit Birkenwald an einem kleinen See. Der Campingplatz befindet sich ruhig gelegen am Rand vom Dorf Machern. Es liegt eine S-Bahn Anbindung vor, ca. 2 km zu Fuß entfernt. Es gibt ca. 120 Stellplätze für Kurz- und Dauercamper. Extra: Bungalow/Zimmervermietung.

Sanitär

Im gepflegten Sanitärhäuschen sind saubere und komfortable Duschräume und Toilettenbereiche gegeben.

Verpflegung

Direkt am Campingplatz ist für das leibliche Wohl der Gäste gesorgt, die sich in der Gaststätte mit deutscher Küche verwöhnen lassen können. Morgens gibt es einen Brötchenservice für das Frühstück.

Freizeit

Es ist ein Spielplatz vorhanden. Zudem gibt es einen Volleyballplatz, Tischtennisplatten, Bolzplatz, Tretbootverleih und ein großes Freiluftschachbrett. 1 km entfernt gibt es einen Golfplatz und ca. 2 km entfernt befindet sich eine Sportanlage mit einer Bowlingbahn, Squashplatz und Tennisplatz.

Eingangsbereich Campingplatz.

Gaststätte mit Spielplatz.

2.8 UNBEFRIEDIGEND
10 Bewertungen

Lage	4.2
Ruhe	4.2
Sanitäranlagen	2.2
Sauberkeit Ø	2.9
Freundlichkeit	4.5
Stellplatz	2.8
Verpflegung	3.0
Freizeit	3.3
Preis-Leistung	3.2
Mietunterkünfte	1.0

Geeignet für

- 4.5 Gäste mit Hund
- 4.0 Kinder b. 12 J.
- 4.0 Gäste mit Zelt
- 3.4 Kinder b. 6 J.
- 4.0 Paare
- 3.8 Kinder b. 18 J.
- 2.8 Senioren

Empfohlene Aktivitäten

Radfahren · Wandern · Entspannen · Schwimmen

Mehr Infos

Guter Ausgangspunkt für Städtetourismus nach Leipzig oder Dresden.

Karte auf Seite 450

	5	6	7
	Campingfreunde Mutzschen/Roda e.V.	**Campinghof Bartl**	**LAGOVIDA – Das Ferienresort am Störmthaler See** ❄
	Nerchauerstraße 04688 Mutzschen	Bornaer Chaussee 36 04416 Markkleeberg	Hafenstraße 1 04463 Großpösna (Störmthaler See) +49 34206 7750
	51.27281 | 12.89365	51.27034 | 12.4318	51.22656 | 12.44975
Infos			
Öffnungszeiten	15.04. - 21.10.	ganzjährig	01.04. - 31.10.
Vergleichspreis	HS: 15,00 €	HS: 25,00 € | NS: 25,00 €	HS: 29,00 € | NS: 29,00 €
Link	**Mehr Infos & Anfrage:** www.camping.info/23264	**Mehr Infos & Anfrage:** www.camping.info/25173	**Mehr Infos & Anfrage:** www.camping.info/25653
Ausstattung			
Freizeit	Baden im See am Platz ✓ Pool & Hallenbad ✗ Spielplatz am Platz ✓	Baden im See 1km Pool & Hallenbad ✗ Spielplatz am Platz ✓	Baden im See am Platz ✓ Pool/Hallenbad 11/25km Spielplatz am Platz ✓
Campingplatz	Hunde willkommen ✓ zur Hälfte Schatten ✓ WLAN ✗	Hunde willkommen ✓ zur Hälfte Schatten ✓ WLAN ✓	Hunde willkommen ✓ kein Schatten ✓ WLAN ✓
Versorgung	Lebensmittel 2km Brötchen am Platz ✗ Restaurant & Imbiss ✗ Ver-/Entsorgung Womo ✗ in den Ort keine Angabe	Lebensmittel 1km Brötchen am Platz ✗ Restaurant/Imbiss 1km Ver-/Entsorgung Womo ✓ im Ort ✓	Lebensmittel 10km Brötchen am Platz ✓ Restaurant/Imbiss ✓/500m Ver-/Entsorgung Womo ✓ in den Ort 2km
Anzahl der Plätze	Gesamt/Touristen 85/40 Mietunterkünfte ✓ Stellplätze vor Schranke ✗	Gesamt 8 Mietunterkünfte ✓ Stellplätze vor Schranke ✗	Touristenplätze 45 Mietunterkünfte ✓ Stellplätze vor Schranke ✗

	5	6	7
Gesamt	4.2 SEHR GUT, 6 Bewertungen	4.1 SEHR GUT, 28 Bewertungen	3.8 GUT, 22 Bewertungen
Lage	4.7	4.1	4.2
Ruhe	4.8	4.5	4.3
Sanitäranlagen	3.7	3.6	3.9
Sauberkeit Ø	4.2	4.7	4.1
Freundlichkeit	4.2	4.8	4.0
Stellplatz	4.0	3.8	3.5
Verpflegung	3.0	2.8	2.9
Freizeit	3.2	4.1	3.7
Preis-Leistung	4.5	4.5	3.3
Mietunterkünfte	-	4.0	5.0
Geeignet für			
Kinder b. 6 J.	4.6	3.5	3.6
Kinder b. 12 J.	4.2	3.6	3.8
Kinder b. 18 J.	3.8	3.1	3.5
Paare	4.4	4.7	4.3
Senioren	4.2	4.5	4.1
Gäste mit Zelt	4.8	4.0	1.9
Gäste mit Hund	4.8	4.5	3.5
Empfohlene Aktivitäten	Radfahren Wandern Entspannen	Radfahren Sightseeing Schwimmen	Schwimmen Radfahren Kayak/Kanu
		keine WOMOs ab 9 m	Wintercamping möglich, allerdings ohne Wasser und Entsorgungsmöglichkeit

8 Campingplatz Waldbad Oberau

Am Gemeindebad 2
01689 Niederau bei Meissen
+49 35243 36012
51.18562 | 13.57518

01.04. - 31.10.
HS: 26,50 € | NS: 26,50 €
Mehr Infos & Anfrage:
www.camping.info/17909

Baden im See am Platz	✓
Pool am Platz	✓
Spielplatz am Platz	✓
Hunde	✗
zur Hälfte Schatten	✓
WLAN	✗
Lebensmittel	10km
Brötchen am Platz	✗
Restaurant & Imbiss	✓
Ver-/Entsorgung Womo	✓
in den Ort	1km
Gesamt/Touristen	150/30
Mietunterkünfte	✓
Stellplätze vor Schranke	✗

4.5 SEHR GUT
32 Bewertungen

Lage	4.6
Ruhe	4.3
Sanitäranlagen	4.5
Sauberkeit Ø	4.8
Freundlichkeit	4.9
Stellplatz	4.3
Verpflegung	3.3
Freizeit	4.1
Preis-Leistung	4.6
Mietunterkünfte	4.2

Geeignet für

Kinder b. 6 J.	4.6
Kinder b. 12 J.	4.6
Kinder b. 18 J.	4.4
Paare	4.4
Senioren	4.4
Gäste mit Zelt	4.8
Hunde n. erlaubt	-

Empfohlene Aktivitäten

- Schwimmen
- Wandern
- Entspannen

9 Camping Hain - Campingplatz am Hainer See

FKK

Hainweg 1
04575 Neukieritzsch OT Kahnsdorf
+49 34206 75 87 70
51.17534 | 12.45333

ganzjährig
HS: 25,00 € | NS: 25,00 €
Mehr Infos & Anfrage:
www.camping.info/26792

Baden im See am Platz	✓
Pool/Hallenbad	10km
Spielplatz am Platz	✓
Hunde willkommen	✓
wenig Schatten	✓
WLAN	✗
Lebensmittel	5km
Brötchen am Platz	✓
Restaurant/Imbiss	5km/✓
Ver-/Entsorgung Womo	✓
in den Ort	5km
Gesamt/Touristen	100/50
Mietunterkünfte	✓
Stellplätze vor Schranke	✗

3.8 GUT
21 Bewertungen

Lage	4.1
Ruhe	4.2
Sanitäranlagen	4.0
Sauberkeit Ø	4.2
Freundlichkeit	4.3
Stellplatz	3.3
Verpflegung	2.6
Freizeit	3.6
Preis-Leistung	3.5
Mietunterkünfte	2.8

Geeignet für

Kinder b. 6 J.	3.9
Kinder b. 12 J.	3.9
Kinder b. 18 J.	3.9
Paare	4.3
Senioren	4.2
Gäste mit Zelt	3.6
Gäste mit Hund	4.1

Empfohlene Aktivitäten

- Schwimmen
- Radfahren
- Surfen

10 Campingplatz Landidyll

Beuchaer Oberweg 7
04651 Bad Lausick bei Leipzig
+49 152 025 337 96
51.15206 | 12.62364

ganzjährig
HS: 24,00 € | NS: 18,00 €
Mehr Infos & Anfrage:
www.camping.info/17935

Baden im See	300m
Hallenbad	3km
Spielplatz am Platz	✓
Hunde willkommen	✓
zur Hälfte Schatten	✓
WLAN (gratis)	teilweise
Lebensmittel	✓
Brötchen am Platz	✓
Restaurant & Imbiss	✗
Ver-/Entsorgung Womo	✓
in den Ort	1km
Gesamt/Touristen	80/25
Mietunterkünfte	✓
Stellplätze vor Schranke	✓

4.5 SEHR GUT
17 Bewertungen

Lage	4.2
Ruhe	4.9
Sanitäranlagen	4.3
Sauberkeit Ø	4.6
Freundlichkeit	5.0
Stellplatz	4.2
Verpflegung	3.8
Freizeit	3.8
Preis-Leistung	4.7
Mietunterkünfte	5.0

Geeignet für

Kinder b. 6 J.	4.4
Kinder b. 12 J.	4.3
Kinder b. 18 J.	3.8
Paare	4.8
Senioren	4.8
Gäste mit Zelt	4.6
Gäste mit Hund	4.8

Empfohlene Aktivitäten

- Radfahren
- Entspannen
- Wandern

11 Campingplatz Waldteichfreunde Moritzburg e.V.

FKK

Moritzburger Straße 15
01471 Radeburg (OT Volkersdorf)
+49 1520 9883468
51.14581 | 13.72212

01.05. - 30.09.
HS: 28,00 € | NS: 28,00 €
Mehr Infos & Anfrage:
www.camping.info/26485

Baden in nat. Gewässer	k. A.
Pool & Hallenbad	✗
Spielplatz am Platz	✓
Hunde willkommen	✓
viel Schatten	✓
WLAN	✓
Lebensmittel	3km
Brötchen am Platz	✓
Imbiss	✓
Ver-/Entsorgung Womo	✓
in den Ort	1km
Gesamt	keine Angabe
Mietunterkünfte	✓
Stellplätze vor Schranke	✗

4.7 SEHR GUT
3 Bewertungen

Lage	4.3
Ruhe	4.7
Sanitäranlagen	3.3
Sauberkeit Ø	3.9
Freundlichkeit	4.3
Stellplatz	4.5
Verpflegung	3.0
Freizeit	5.0
Preis-Leistung	3.7
Mietunterkünfte	3.0

Geeignet für

Kinder b. 6 J.	5.0
Kinder b. 12 J.	5.0
Kinder b. 18 J.	3.5
Paare	5.0
Senioren	5.0
Gäste mit Zelt	4.7
Gäste mit Hund	4.0

Empfohlene Aktivitäten

- Schwimmen
- Radfahren
- Entspannen

Karte auf Seite 450

	12	13	14
	Bad Sonnenland Ferienpark und Campingplatz	**Camping Rehbocktal**	**Campingplatz am Waldbad**
	Dresdner Straße 115 01468 Moritzburg bei Dresden +49 351 830 5495 51.14306 | 13.67949	Rehbocktal 4 01665 Klipphausen +49 352 140 4827 51.13884 | 13.49705	ImTiergarten 5 04680 Colditz +49 177 754 0741 51.13083 | 12.83222
Infos			
Öffnungszeiten	01.04. - 31.10.	14.04. - 14.10.	01.04. - 30.09.
Vergleichspreis	HS: 28,50 € | NS: 24,50 €	HS: 32,00 € | NS: 32,00 €	HS: 18,00 € | NS: 18,00 €
Link	**Mehr Infos & Anfrage:** www.camping.info/17907	**Mehr Infos & Anfrage:** www.camping.info/17908	**Mehr Infos & Anfrage:** www.camping.info/17937
Ausstattung			
Freizeit	Baden im See am Platz ✓ Pool/Hallenbad 7/10km Spielplatz am Platz ✓	Baden in nat. Gewässer ✗ Pool/Hallenbad 7km Spielplatz 3km	Baden in nat. Gewässer k. A. Pool 100m Spielplatz am Platz ✓
Campingplatz	Hunde willkommen ✓ zur Hälfte Schatten ✓ WLAN (begrenzt gratis) ✓	Hunde willkommen ✓ zur Hälfte Schatten ✓ WLAN ✓	Hunde erlaubt ✓ Schatten ✗ WLAN ✓
Versorgung	Lebensmittel 50m Brötchen am Platz ✓ Restaurant am P. ✓ Ver-/Entsorgung Womo ✓ in den Ort 1km	Lebensmittel 2km Brötchen am Platz ✓ Restaurant 2km Ver-/Entsorgung Womo ✓ in den Ort 2km	Lebensmittel 1km Brötchen am Platz ✓ Imbiss ✓ Ver-/Entsorgung Womo ✗ in den Ort 1km
Anzahl der Plätze	Touristenplätze 150 Mietunterkünfte ✓ Stellplätze vor Schranke ✗	Touristenplätze 46 Mietunterkünfte ✓ Stellplätze vor Schranke ✗	Gesamt/Touristen 90/30 Mietunterkünfte ✓ Stellplätze vor Schranke ✗
Bewertung	3.9 GUT 45 Bewertungen	4.5 SEHR GUT 58 Bewertungen	4.2 SEHR GUT 9 Bewertungen
Lage	4.2	4.6	4.7
Ruhe	4.1	4.7	4.9
Sanitäranlagen	3.5	4.3	3.6
Sauberkeit Ø	3.4	4.8	4.8
Freundlichkeit	4.2	4.9	4.8
Stellplatz	3.7	4.2	4.2
Verpflegung	3.2	3.4	3.4
Freizeit	4.1	4.0	3.9
Preis-Leistung	2.9	4.5	4.6
Mietunterkünfte	4.1	4.4	4.0
Geeignet für			
Kinder b. 6 J.	4.0	3.5	4.1
Kinder b. 12 J.	4.0	3.7	4.3
Kinder b. 18 J.	4.0	3.3	4.0
Paare	4.2	4.6	4.8
Senioren	4.0	4.6	4.8
Gäste mit Zelt	4.1	4.7	4.8
Gäste mit Hund	3.9	4.7	4.8
Empfohlene Aktivitäten	Wandern Radfahren Sightseeing	Radfahren Wandern Entspannen	Radfahren Schwimmen Wandern

15 Campingplatz am Badesee Coswig-Kötitz

FKK

Brockwitzer Str. 33
01640 Coswig-Kötitz
+49 3523 700220

51.12002 | 13.56423

01.04. - 31.10.

HS: 24,70 € | NS: 29,90 €

Mehr Infos & Anfrage:
www.camping.info/22350

Baden im See am Platz	✓
Pool/Hallenbad	✓/10km
Spielplatz am Platz	✓
Hunde willkommen	✓
zur Hälfte Schatten	✓
WLAN	✓
Lebensmittel	2km
Brötchen am Platz	✓
Restaurant & Imbiss	✓
Ver-/Entsorgung Womo	✓
in den Ort	4km
Gesamt/Touristen	100/75
Mietunterkünfte	✓
Stellplätze vor Schranke	✗

4.2 SEHR GUT
33 Bewertungen

Lage	4.4
Ruhe	4.1
Sanitäranlagen	3.9
Sauberkeit Ø	4.4
Freundlichkeit	3.9
Stellplatz	3.9
Verpflegung	3.4
Freizeit	4.2
Preis-Leistung	4.3
Mietunterkünfte	4.5

Geeignet für

Kinder b. 6 J.	4.5
Kinder b. 12 J.	4.3
Kinder b. 18 J.	3.7
Paare	4.5
Senioren	4.5
Gäste mit Zelt	4.4
Gäste mit Hund	4.3

Empfohlene Aktivitäten

- Schwimmen
- Radfahren
- Wandern

16 CaravaningPark schaffer-mobil

Kötzschenbroder Str. 125
01139 Dresden
+49 351 837 480

51.08545 | 13.6822

ganzjährig

HS: 20,00 € | NS: 20,00 €

Mehr Infos & Anfrage:
www.camping.info/24753

Baden im Teich	7km
Pool/Hallenbad	7/3km
Spielplatz	✗
Hunde willkommen	✓
wenig Schatten	✓
WLAN	✓
Lebensmittel	1km
Brötchen am Platz	✓
Restaurant/Imbiss	1km/500m
Ver-/Entsorgung Womo	✓
im Ort	✓
Touristenplätze	100
Mietunterkünfte	✗
Stellplätze vor Schranke	✗

4.2 SEHR GUT
30 Bewertungen

Lage	4.2
Ruhe	3.9
Sanitäranlagen	4.0
Sauberkeit Ø	4.2
Freundlichkeit	4.1
Stellplatz	4.0
Verpflegung	3.3
Freizeit	3.8
Preis-Leistung	4.3
Mietunterkünfte	-

Geeignet für

Kinder b. 6 J.	2.9
Kinder b. 12 J.	3.2
Kinder b. 18 J.	3.5
Paare	4.5
Senioren	4.4
Gäste mit Zelt	2.5
Gäste mit Hund	4.3

Empfohlene Aktivitäten

- Sightseeing
- Radfahren
- Kultur

17 Camping Mockritz

Boderitzerstraße 30
01217 Dresden-Mockritz
+49 351 4715250

51.01479 | 13.74729

ganzjährig

HS: 22,70 € | NS: 22,70 €

Mehr Infos & Anfrage:
www.camping.info/17904

Baden im See am Platz	✓
Pool am Platz	✓
Spielplatz am Platz	✓
Hunde willkommen	✓
zur Hälfte Schatten	✓
WLAN	✓
Lebensmittel	✓
Brötchen am Platz	✓
Restaurant am P.	✓
Ver-/Entsorgung Womo	✓
in den Ort	3km
Touristenplätze	120
Mietunterkünfte	✓
Stellplätze vor Schranke	✓

4.0 SEHR GUT
114 Bewertungen

Lage	4.4
Ruhe	3.9
Sanitäranlagen	3.8
Sauberkeit Ø	4.1
Freundlichkeit	4.7
Stellplatz	3.9
Verpflegung	4.0
Freizeit	3.7
Preis-Leistung	4.1
Mietunterkünfte	4.1

Geeignet für

Kinder b. 6 J.	3.6
Kinder b. 12 J.	3.7
Kinder b. 18 J.	4.0
Paare	4.4
Senioren	4.3
Gäste mit Zelt	3.9
Gäste mit Hund	4.2

Empfohlene Aktivitäten

- Sightseeing
- Kultur
- Radfahren

18 Campingplatz Reinsberg

Badstraße 15
09629 Reinsberg bei Freiberg
+49 373 248 2268

51.00309 | 13.36004

01.04. - 31.10.

HS: 25,00 € | NS: 23,00 €

Mehr Infos & Anfrage:
www.camping.info/17979

Baden im Fluss	500m
Pool/Hallenbad	✓/15km
Spielplatz am Platz	✓
Hunde willkommen	✓
zur Hälfte Schatten	✓
WLAN (gegen Gebühr)	✓
Lebensmittel	2km
Brötchen am Platz	✓
Restaurant am P.	✓
Ver-/Entsorgung Womo	✗
im Ort	✓
Gesamt/Touristen	70/50
Mietunterkünfte	✓
Stellplätze vor Schranke	✗

4.7 SEHR GUT
21 Bewertungen

Lage	4.8
Ruhe	5.0
Sanitäranlagen	4.7
Sauberkeit Ø	4.8
Freundlichkeit	4.9
Stellplatz	4.6
Verpflegung	4.2
Freizeit	4.5
Preis-Leistung	4.9
Mietunterkünfte	4.7

Geeignet für

Kinder b. 6 J.	4.6
Kinder b. 12 J.	4.7
Kinder b. 18 J.	4.4
Paare	4.8
Senioren	4.9
Gäste mit Zelt	4.9
Gäste mit Hund	4.9

Empfohlene Aktivitäten

- Entspannen
- Wandern
- Schwimmen

Jugendgruppen bis max. 15 Personen

Karte auf Seite 450

	19	20	21
	MiO-Minicamping Ottendorf	**Campingplatz Talsperre Malter**	**Camping Galgenteich**
	❄	❄	❄
	Hohe Strasse 28 09244 Lichtenau +49 15153989361	Am Bad 1a 01744 Dippoldiswalde +49 3504 612169 (Rezeption Campingplatz)	Galgenteich 3 01773 Altenberg +49 35056 31995
	50.93657 | 12.98442	50.915 | 13.65192	50.76536 | 13.74514
Infos			
Öffnungszeiten	01.04. - 31.10.	ganzjährig	ganzjährig
Vergleichspreis	HS: 31,00 € | NS: 25,00 €	HS: 22,50 € | NS: 22,50 €	HS: 22,50 € | NS: 22,50 €
Link	**Mehr Infos & Anfrage:** www.camping.info/23139	**Mehr Infos & Anfrage:** www.camping.info/17910	**Mehr Infos & Anfrage:** www.camping.info/22351
Ausstattung			
Freizeit	Baden in nat. Gewässer k. A. Pool/Hallenbad 4/15km Spielplatz am Platz ✓	Baden im See am Platz ✓ Pool & Hallenbad ✓ Spielplatz am Platz ✓	Baden im See am Platz ✓ Pool & Hallenbad ✗ Spielplatz am Platz ✓
Campingplatz	Hunde erlaubt ✓ wenig Schatten ✓ WLAN (gegen Gebühr) ✓	Hunde erlaubt nur NS wenig Schatten ✓ WLAN (gegen Gebühr) ✓	Hunde willkommen ✓ zur Hälfte Schatten ✓ WLAN ✗
Versorgung	Lebensmittel 3km Brötchen am Platz ✓ Restaurant/Imbiss 1/3km Ver-/Entsorgung Womo ✓ in den Ort 1km	Lebensmittel ✓ Brötchen am Platz nur HS Restaurant/Imbiss 100m/✓ Ver-/Entsorgung Womo ✓ in den Ort 3km	Lebensmittel 1km Brötchen am Platz ✓ Restaurant & Imbiss ✓ Ver-/Entsorgung Womo ✓ in den Ort keine Angabe
Anzahl der Plätze	Touristenplätze 40 Mietunterkünfte ✓ Stellplätze vor Schranke ✗	Gesamt/Touristen 600/130 Mietunterkünfte ✓ Stellplätze vor Schranke ✗	Gesamt/Touristen 190/100 Mietunterkünfte ✗ Stellplätze vor Schranke ✓

	19	20	21
Gesamt	4.5 SEHR GUT, 28 Bewertungen	4.0 SEHR GUT, 9 Bewertungen	3.8 GUT, 20 Bewertungen
Lage	4.0	4.7	4.4
Ruhe	4.7	4.3	4.6
Sanitäranlagen	4.7	3.4	3.7
Sauberkeit Ø	4.3	4.3	4.3
Freundlichkeit	4.6	4.8	4.4
Stellplatz	4.3	4.0	3.6
Verpflegung	3.8	3.4	3.2
Freizeit	3.4	4.7	4.0
Preis-Leistung	4.4	4.8	3.9
Mietunterkünfte	4.1	5.0	-
Geeignet für			
Kinder b. 6 J.	4.4	4.6	3.7
Kinder b. 12 J.	4.2	4.7	3.8
Kinder b. 18 J.	3.3	4.5	3.8
Paare	4.8	4.6	4.3
Senioren	4.7	4.2	4.4
Gäste mit Zelt	4.5	4.8	4.0
Gäste mit Hund	4.5	3.5	4.2
Empfohlene Aktivitäten	Wandern Entspannen Radfahren	Schwimmen Wandern Entspannen	Wandern Schwimmen Ski

keine WOMOs ab 9m

22 Erzgebirgscamp Neuclausnitz

❄

Hauptstraße 25
09623 Rechenberg-Bienenmühle
+49 373 278 306 90

50.74078 | 13.52172

ganzjährig

HS: 26,50 € | NS: 25,00 €

Mehr Infos & Anfrage:
www.camping.info/24885

Baden in nat. Gewässer	k. A.
Pool/Hallenbad	2/25km
Spielplatz am Platz	✓
Hunde willkommen	✓
wenig Schatten	✓
WLAN	✓
Lebensmittel	300m
Brötchen am Platz	✓
Restaurant am P.	✓
Ver-/Entsorgung Womo	✓
in den Ort	1km
Touristenplätze	40
Mietunterkünfte	✗
Stellplätze vor Schranke	✓

4.7 SEHR GUT – 7 Bewertungen

Lage	4.7
Ruhe	4.1
Sanitäranlagen	5.0
Sauberkeit Ø	5.0
Freundlichkeit	5.0
Stellplatz	4.7
Verpflegung	4.8
Freizeit	4.8
Preis-Leistung	5.0
Mietunterkünfte	-

Geeignet für

Kinder b. 6 J.	5.0
Kinder b. 12 J.	5.0
Kinder b. 18 J.	4.5
Paare	5.0
Senioren	4.8
Gäste mit Zelt	5.0
Gäste mit Hund	5.0

Empfohlene Aktivitäten

- Radfahren
- Wandern
- Entspannen

23 Minicamping Hoheneck am Bauernhof

❄

Karl-Claus-Str. 13
09366 Stollberg/Erzgebirge
01782336113

50.70226 | 12.78587

ganzjährig

HS: 14,00 € | NS: 14,00 €

Mehr Infos & Anfrage:
www.camping.info/23808

Baden im See	2km
Pool/Hallenbad	5/20km
Spielplatz am Platz	✓
Hunde erlaubt	✓
zur Hälfte Schatten	✓
WLAN (gratis)	teilweise
Lebensmittel	1km
Brötchen am Platz	✗
Restaurant/Imbiss	1/2km
Ver-/Entsorgung Womo	✓
in den Ort	400m
Touristenplätze	12
Mietunterkünfte	✓
Stellplätze vor Schranke	✗

4.8 SEHR GUT – 4 Bewertungen

Lage	4.5
Ruhe	5.0
Sanitäranlagen	4.7
Sauberkeit Ø	5.0
Freundlichkeit	5.0
Stellplatz	5.0
Verpflegung	5.0
Freizeit	5.0
Preis-Leistung	5.0
Mietunterkünfte	5.0

Geeignet für

Kinder b. 6 J.	5.0
Kinder b. 12 J.	5.0
Kinder b. 18 J.	5.0
Paare	5.0
Senioren	5.0
Gäste mit Zelt	5.0
Gäste mit Hund	5.0

Empfohlene Aktivitäten

- Radfahren
- Entspannen
- Spazieren

24 Campingpark Greifensteine

❄

Thumer Straße 65
09468 Geyer
+49 37346 1303

50.64199 | 12.9116

ganzjährig

HS: 22,00 € | NS: 20,00 €

Mehr Infos & Anfrage:
www.camping.info/17975

Baden im See am Platz	✓
Hallenbad	1km
Spielplatz am Platz	✓
Hunde erlaubt	✓
wenig Schatten	✓
WLAN	✗
Lebensmittel	✗
Brötchen am Platz	nur HS
Restaurant/Imbiss	1km/✓
Ver-/Entsorgung Womo	✓
in den Ort	5km
Gesamt/Touristen	750/150
Mietunterkünfte	✓
Stellplätze vor Schranke	✗

3.9 GUT – 29 Bewertungen

Lage	4.7
Ruhe	4.1
Sanitäranlagen	3.4
Sauberkeit Ø	3.8
Freundlichkeit	4.0
Stellplatz	3.6
Verpflegung	3.7
Freizeit	4.4
Preis-Leistung	4.1
Mietunterkünfte	3.7

Geeignet für

Kinder b. 6 J.	4.1
Kinder b. 12 J.	4.5
Kinder b. 18 J.	3.9
Paare	4.4
Senioren	4.1
Gäste mit Zelt	3.8
Gäste mit Hund	2.8

Empfohlene Aktivitäten

- Wandern
- Schwimmen
- Radfahren

25 Ferienpark Seiffen

❄

Deutschneudorfer Straße 57
09548 Seiffen
+49 37362 150

50.62673 | 13.45727

ganzjährig

HS: 24,50 € | NS: 24,50 €

Mehr Infos & Anfrage:
www.camping.info/17978

Baden im See	10km
Pool/Hallenbad	10/15km
Spielplatz am Platz	✓
Hunde willkommen	✓
wenig Schatten	✓
WLAN	✓
Lebensmittel	2km
Brötchen am Platz	✓
Restaurant/Imbiss	✓/2km
Ver-/Entsorgung Womo	✓
in den Ort	2km
Gesamt	120
Mietunterkünfte	✓
Stellplätze vor Schranke	✓

4.2 SEHR GUT – 26 Bewertungen

Lage	4.6
Ruhe	4.7
Sanitäranlagen	4.2
Sauberkeit Ø	4.3
Freundlichkeit	4.6
Stellplatz	4.1
Verpflegung	3.9
Freizeit	3.7
Preis-Leistung	4.2
Mietunterkünfte	1.0

Geeignet für

Kinder b. 6 J.	3.4
Kinder b. 12 J.	3.7
Kinder b. 18 J.	3.7
Paare	4.4
Senioren	4.2
Gäste mit Zelt	3.6
Gäste mit Hund	4.1

Empfohlene Aktivitäten

- Wandern
- Entspannen
- Cross Country

Karte auf Seite 450

	26	27	28
	Camping und Ferienhäuser von Tailleur	**Camping Silberbach**	**Campingplatz Lindenau an der Silberstrasse**
		❄	❄
	Irfersgrüner Bahnhofstraße 17 08485 Lengenfeld/ OT Irfersgrün +49 37606 2787	Silberbachstr. 11 08301 Bad Schlema +49 3772 372032	Am Forstteich 2 08289 Schneeberg / Lindenau +49 3772 28102
	50.60719 | 12.40909	50.60625 | 12.65936	50.59335 | 12.59894
Infos			
Öffnungszeiten	ganzjährig	04.03. - 02.11. 27.11. - 05.01.	ganzjährig
Vergleichspreis	HS: 18,60 € | NS: 18,60 €	HS: 21,70 € | NS: 21,70 €	HS: 30,00 € | NS: 30,00 €
Link	**Mehr Infos & Anfrage:** www.camping.info/17971	**Mehr Infos & Anfrage:** www.camping.info/23799	**Mehr Infos & Anfrage:** www.camping.info/17970
Ausstattung			
Freizeit	Baden im Teich 2km Pool/Hallenbad 1/6km Spielplatz ✗	Baden im See 5km Pool/Hallenbad 3/1km Spielplatz 1km	Baden im See am Platz ✓ Pool/Hallenbad 4/3km Spielplatz am Platz ✓
Campingplatz	Hunde erlaubt ✓ zur Hälfte Schatten ✓ WLAN ✗	Hunde willkommen ✓ wenig Schatten ✓ WLAN (begrenzt gratis) teilweise	Hunde willkommen ✓ wenig Schatten ✓ WLAN ✗
Versorgung	Lebensmittel 1km Brötchen am Platz nur HS Restaurant/Imbiss 1km Ver-/Entsorgung Womo ✓ in den Ort 1km	Lebensmittel 1km Brötchen am Platz ✓ Restaurant 1km Ver-/Entsorgung Womo ✗ in den Ort 800m	Lebensmittel 2km Brötchen am Platz nur HS Restaurant am P. ✓ Ver-/Entsorgung Womo ✓ in den Ort 200m
Anzahl der Plätze	Gesamt/Touristen 30/25 Mietunterkünfte ✓ Stellplätze vor Schranke ✗	Touristenplätze 40 Mietunterkünfte ✓ Stellplätze vor Schranke ✓	Touristenplätze 25 Mietunterkünfte ✓ Stellplätze vor Schranke ✗

	26	27	28
Gesamt	3.8 GUT, 13 Bewertungen	4.8 SEHR GUT, 121 Bewertungen	4.5 SEHR GUT, 38 Bewertungen
Lage	3.6	4.5	4.8
Ruhe	4.0	4.8	4.7
Sanitäranlagen	3.4	4.9	4.6
Sauberkeit Ø	4.1	4.9	4.9
Freundlichkeit	4.3	4.9	4.9
Stellplatz	3.5	4.5	4.3
Verpflegung	3.0	3.7	4.3
Freizeit	3.5	4.2	4.1
Preis-Leistung	4.3	4.9	4.5
Mietunterkünfte	-	4.7	4.7
Geeignet für			
Kinder b. 6 J.	2.9	3.6	4.4
Kinder b. 12 J.	3.1	3.8	4.4
Kinder b. 18 J.	2.3	3.6	3.6
Paare	4.7	4.9	4.9
Senioren	4.5	4.9	4.9
Gäste mit Zelt	4.0	4.8	4.7
Gäste mit Hund	4.3	4.7	4.8
Empfohlene Aktivitäten	Wandern Radfahren Entspannen	Wandern Entspannen Wellness	Wandern Entspannen Schwimmen

keine Gruppen (27)

29

****Campingplatz Gunzenberg Talsperre Pöhl

Möschwitz - Hauptstraße 38
08543 Pöhl
+49 37439 45050

50.53874 | 12.18517

25.03. - 01.11.

HS: 31,00 € | NS: 29,00 €

Mehr Infos & Anfrage:
www.camping.info/17972

Baden im See am Platz	✓
Pool/Hallenbad	6/7km
Spielplatz am Platz	✓
Hunde willkommen	✓
wenig Schatten	✓
WLAN	✓
Lebensmittel	✓
Brötchen am Platz	✓
Restaurant & Imbiss	✓
Ver-/Entsorgung Womo	✓
in den Ort	3km
Gesamt/Touristen	426/126
Mietunterkünfte	✓
Stellplätze vor Schranke	✓

4.1 SEHR GUT
82 Bewertungen

Lage	4.4
Ruhe	4.0
Sanitäranlagen	4.3
Sauberkeit Ø	4.4
Freundlichkeit	4.4
Stellplatz	4.1
Verpflegung	3.7
Freizeit	4.1
Preis-Leistung	4.1
Mietunterkünfte	4.5

Geeignet für

Kinder b. 6 J.	4.2
Kinder b. 12 J.	4.3
Kinder b. 18 J.	4.2
Paare	4.6
Senioren	4.5
Gäste mit Zelt	4.4
Gäste mit Hund	4.6

Empfohlene Aktivitäten

- Schwimmen
- Wandern
- Radfahren

30

Campingplatz Zum Forstmeister

Auerbacher Straße 15
08304 Schönheide
+49 37755 630

50.50357 | 12.49866

01.05. - 31.10.

HS: 18,00 € | NS: 18,00 €

Mehr Infos & Anfrage:
www.camping.info/26443

Baden im See	1km
Pool	6km
Spielplatz	✗
Hunde willkommen	✓
zur Hälfte Schatten	✓
WLAN (gratis)	teilweise
Lebensmittel	1km
Brötchen am Platz	✓
Restaurant am P.	✓
Ver-/Entsorgung Womo	✓
in den Ort	1km
Touristenplätze	10
Mietunterkünfte	✓
Stellplätze vor Schranke	✗

5.0 AUSGEZEICHNET
3 Bewertungen

Lage	4.0
Ruhe	5.0
Sanitäranlagen	4.0
Sauberkeit Ø	5.0
Freundlichkeit	5.0
Stellplatz	4.0
Verpflegung	5.0
Freizeit	4.5
Preis-Leistung	5.0
Mietunterkünfte	5.0

Geeignet für

Kinder b. 6 J.	5.0
Kinder b. 12 J.	5.0
Kinder b. 18 J.	5.0
Paare	5.0
Senioren	5.0
Gäste mit Zelt	3.5
Gäste mit Hund	5.0

Empfohlene Aktivitäten

- Wandern
- Motorrad
- Entspannen

31

Campingplatz am Hofladen Grünheide

❄

Waldhofstr. 27
08209 Grünheide
+49 374 422 4080

50.4815 | 12.45026

keine Angabe

HS: 15,00 € | NS: 15,00 €

Mehr Infos & Anfrage:
www.camping.info/26706

Baden im See	1km
Pool/Hallenbad	3/18km
Spielplatz	800m
Hunde willkommen	✓
wenig Schatten	✓
WLAN	keine Angabe
Lebensmittel	✓
Brötchen am Platz	✓
Restaurant	3km
Ver-/Entsorgung Womo	✗
in den Ort	keine Angabe
Gesamt	4
Mietunterkünfte	✓
Stellplätze vor Schranke	✓

4.8 SEHR GUT
5 Bewertungen

Lage	5.0
Ruhe	5.0
Sanitäranlagen	4.5
Sauberkeit Ø	4.7
Freundlichkeit	5.0
Stellplatz	4.4
Verpflegung	3.8
Freizeit	3.8
Preis-Leistung	4.8
Mietunterkünfte	-

Geeignet für

Kinder b. 6 J.	-
Kinder b. 12 J.	2.0
Kinder b. 18 J.	2.0
Paare	5.0
Senioren	4.5
Gäste mit Zelt	5.0
Gäste mit Hund	5.0

Empfohlene Aktivitäten

- Wandern
- Radfahren
- Entspannen

32

Campingplatz Dürrenbach

Dürrenbachstraße 45
08248 Klingenthal
+49 (0) 1520 659 3202

50.3625 | 12.46111

15.04. - 15.10.

HS: 24,00 € | NS: 24,00 €

Mehr Infos & Anfrage:
www.camping.info/17969

Baden im Teich	300m
Pool/Hallenbad	✓/12km
Spielplatz am Platz	✓
Hunde willkommen	✓
zur Hälfte Schatten	✓
WLAN	✗
Lebensmittel	✓
Brötchen am Platz	nur HS
Restaurant/Imbiss	1km/✓
Ver-/Entsorgung Womo	✓
in den Ort	400m
Gesamt/Touristen	30/29
Mietunterkünfte	✗
Stellplätze vor Schranke	✗

3.9 GUT
7 Bewertungen

Lage	4.1
Ruhe	4.7
Sanitäranlagen	3.0
Sauberkeit Ø	4.0
Freundlichkeit	4.0
Stellplatz	3.3
Verpflegung	3.2
Freizeit	4.2
Preis-Leistung	4.0
Mietunterkünfte	-

Geeignet für

Kinder b. 6 J.	4.2
Kinder b. 12 J.	4.6
Kinder b. 18 J.	3.4
Paare	4.5
Senioren	4.2
Gäste mit Zelt	5.0
Gäste mit Hund	3.8

Empfohlene Aktivitäten

- Wandern
- Entspannen
- Radfahren

SACHSEN

❷ Sachsen-Ost

FREIZEITTIPPS

- **A** Basteibrücke, Lohmen
- **B** Nationalpark Sächsische Schweiz, Bad Schandau
- **C** Saurierpark, Bautzen
- **D** Oberlausitzer Heide- & Teichlandschaft, Bautzen
- **E** Muskauer Park, Bad Muskau

	Platz	Seite	Bewertung	Öffnungszeiten	
1	Camping Halbendorfer See	464	3.8	saisonal	FKK
2	Campingplatz Sternencamp Bärwalder See	464	4.6	saisonal	FKK
3	Marina Camping Bärwalder See	464	3.3	k. A.	
4	Neiße-Camp	465	4.6	saisonal	
5	Campingplatz Deutschbaselitz	465	3.2	saisonal	
6	Geheime Welt von Turisede - Kulturinsel Einsiedel	465	4.0	saisonal	
7	Camping Biehainer See'n e.V.	465	3.8	saisonal	FKK
8	Naturcampingplatz am Olbasee	466	4.7	saisonal	
9	Campingplatz Blaue Adria	466	4.2	ganzjährig	FKK ❄
10	Naturcamping Brettmühlenteich	467	-	ganzjährig	
11	Freizeit- und Campingpark Thräna	466	4.4	saisonal	
12	Natur-und Abenteuercamping Stausee Bautzen	468	4.6	saisonal	
13	Camping- & Freizeitpark LuxOase	468	4.8	saisonal	
14	Volksbadcamp Ruppersdorf	468	4.3	ganzjährig	❄
15	Campingplatz Wostra	470	4.4	saisonal	
16	Camping Pirna	469	4.3	saisonal	
17	Campingplatz "Entenfarm"	470	4.7	saisonal	
18	Camping-Stellplatz Struppen	470	4.8	ganzjährig	❄
19	Aktivhostel Ferdinands Homestay	471	4.6	saisonal	
20	Panorama-Camping Kleine Bergoase	471	4.9	ganzjährig	❄
21	Campingplatz Ostrauer Mühle	471	3.8	ganzjährig	❄
22	Campingplatz am Treidlerweg	471	4.1	saisonal	
23	Camping Thorwaldblick ***	472	4.6	ganzjährig	❄
24	Camping Königstein	472	4.0	saisonal	
25	Caravan Camping "Sächsische Schweiz"	472	4.8	ganzjährig	❄
26	Camping Nikolsdorfer Berg	474	4.4	saisonal	
27	SeeCamping Zittauer Gebirge OHG	474	4.9	saisonal	❄
28	Trixi Ferienpark Zittauer Gebirge	475	4.5	ganzjährig	❄
29	Campinghof Sell	474	4.2	saisonal	

❄ Wintercamping FKK Textilfrei (ganz/teilweise) Ecocamping Award Onlinebuchung

Karte auf Seite 462

	1	2	3
	Camping Halbendorfer See	**Campingplatz Sternencamp Bärwalder See**	**Marina Camping Bärwalder See**
	FKK	FKK	
	02953 Halbendorf bei Weisswasser +49 35773 76413	Zur Strandpromenade 2 02943 Boxberg o.L. +49 35774 552173	Am Hafen 6 02943 Boxberg
	51.545 | 14.56833	51.39583 | 14.57333	51.35751 | 14.55963
Infos			
Öffnungszeiten	01.04. - 14.10.	01.04. - 30.10.	keine Angabe
Vergleichspreis	HS: 20,50 € | NS: 18,00 €	HS: 32,00 € | NS: 25,00 €	HS: 23,00 € | NS: 20,00 €
Link	**Mehr Infos & Anfrage:** www.camping.info/17926	**Mehr Infos & Anfrage:** www.camping.info/24413	**Mehr Infos & Anfrage:** www.camping.info/26719
Ausstattung			
Freizeit	Baden im See am Platz ✓ Pool/Hallenbad ✓/4km Spielplatz am Platz ✓	Baden im See 200m Pool & Hallenbad ✗ Spielplatz am Platz ✓	Baden im See am Platz ✓ Pool & Hallenbad ✗ Spielplatz keine Angabe
Campingplatz	Hunde erlaubt ✓ wenig Schatten ✓ WLAN (gegen Gebühr) ✓	Hunde willkommen ✓ kein Schatten ✓ WLAN (begrenzt gratis) ✓	Hunde erlaubt ✓ Schatten ✗ WLAN keine Angabe
Versorgung	Lebensmittel 2km Brötchen am Platz nur HS Restaurant & Imbiss ✓ Ver-/Entsorgung Womo ✓ in den Ort 2km	Lebensmittel 600m Brötchen keine Angabe Restaurant/Imbiss 500m/✓ Ver-/Entsorgung Womo ✓ in den Ort 500m	Lebensmittel 3km Brötchen am Platz ✓ Imbiss 500m Ver-/Entsorgung Womo ✗ in den Ort 3km
Anzahl der Plätze	Gesamt/Touristen 180/120 Mietunterkünfte ✓ Stellplätze vor Schranke ✗	Gesamt/Touristen 103/82 Mietunterkünfte ✓ Stellplätze vor Schranke ✗	Gesamt keine Angabe Mietunterkünfte ✗ Stellplätze vor Schranke ✗

	1	2	3
Gesamt	3.8 GUT, 28 Bewertungen	4.6 SEHR GUT, 58 Bewertungen	3.3 GUT, 7 Bewertungen
Lage	4.5	4.7	3.8
Ruhe	4.0	4.6	3.8
Sanitäranlagen	4.2	4.7	3.5
Sauberkeit Ø	4.5	4.8	4.2
Freundlichkeit	4.2	4.8	4.3
Stellplatz	3.6	4.5	3.7
Verpflegung	2.8	3.8	3.2
Freizeit	4.0	4.4	3.5
Preis-Leistung	4.2	4.5	3.8
Mietunterkünfte	3.0	4.7	-
Geeignet für			
Kinder b. 6 J.	3.7	4.5	3.7
Kinder b. 12 J.	4.0	4.3	4.4
Kinder b. 18 J.	3.9	4.3	4.0
Paare	4.5	4.8	4.2
Senioren	3.8	4.8	4.2
Gäste mit Zelt	4.4	4.4	4.2
Gäste mit Hund	4.0	4.8	4.3
Empfohlene Aktivitäten	Schwimmen Radfahren Entspannen	Radfahren Schwimmen Entspannen	Radfahren Schwimmen Motorboot

Preise ohne Strom, Abrechnung erfolgt nach Verbrauch

4 Neiße-Camp

Görlitzer Straße 72
02929 Rothenburg/OL
+49 35891 189993
51.32685 | 14.9802

01.05. - 31.10.
HS: 26,00 € | NS: 26,00 €
Mehr Infos & Anfrage:
www.camping.info/23393

Baden in nat. Gewässer	k. A.
Pool/Hallenbad	10/3km
Spielplatz	4km
Hunde willkommen	✓
Schatten	✗
WLAN	✗
Lebensmittel	1km
Brötchen	keine Angabe
Restaurant/Imbiss	1km/✓
Ver-/Entsorgung Womo	✓
in den Ort	1km
Touristenplätze	40
Mietunterkünfte	✗
Stellplätze vor Schranke	✗

4.6 SEHR GUT
7 Bewertungen

Lage	4.7
Ruhe	4.4
Sanitäranlagen	4.7
Sauberkeit Ø	4.9
Freundlichkeit	5.0
Stellplatz	4.4
Verpflegung	2.5
Freizeit	3.7
Preis-Leistung	4.7
Mietunterkünfte	-

Geeignet für

Kinder b. 6 J.	4.5
Kinder b. 12 J.	4.8
Kinder b. 18 J.	4.6
Paare	5.0
Senioren	4.8
Gäste mit Zelt	5.0
Gäste mit Hund	5.0

Empfohlene Aktivitäten
- Kayak/Kanu
- Radfahren
- Wandern

5 Campingplatz Deutschbaselitz

Großteichstraße 30
01917 Kamenz
+49 3578 30 14 89
51.3047 | 14.15264

01.04. - 31.10.
HS: 22,70 € | NS: 20,50 €
Mehr Infos & Anfrage:
www.camping.info/23943

Baden im See am Platz	✓
Pool & Hallenbad	✗
Spielplatz am Platz	✓
Hunde willkommen	✓
zur Hälfte Schatten	✓
WLAN (gegen Gebühr)	✓
Lebensmittel	5km
Brötchen am Platz	✓
Imbiss	✓
Ver-/Entsorgung Womo	✓
in den Ort	keine Angabe
Gesamt/Touristen	160/80
Mietunterkünfte	✓
Stellplätze vor Schranke	✗

3.2 GUT
12 Bewertungen

Lage	4.1
Ruhe	4.5
Sanitäranlagen	4.1
Sauberkeit Ø	3.6
Freundlichkeit	4.1
Stellplatz	3.3
Verpflegung	3.1
Freizeit	3.5
Preis-Leistung	3.5
Mietunterkünfte	4.3

Geeignet für

Kinder b. 6 J.	4.2
Kinder b. 12 J.	4.2
Kinder b. 18 J.	3.0
Paare	4.0
Senioren	4.3
Gäste mit Zelt	4.7
Gäste mit Hund	3.7

Empfohlene Aktivitäten
- Entspannen
- Radfahren
- Wandern

6 Geheime Welt von Turisede - Kulturinsel Einsiedel

Kulturinsel Einsiedel 1
02829 Neißeaue OT Zentendorf
+49 35891 49113
51.29544 | 15.01839

01.04. - 31.10.
HS: 20,50 €
Mehr Infos & Anfrage:
www.camping.info/24956

Baden im Fluss	100m
Pool/Hallenbad	10/5km
Spielplatz am Platz	✓
Hunde willkommen	✓
zur Hälfte Schatten	✓
WLAN	✓
Lebensmittel	3km
Brötchen am Platz	✗
Restaurant/Imbiss	300m
Ver-/Entsorgung Womo	✓
in den Ort	1km
Gesamt/Touristen	70/50
Mietunterkünfte	✓
Stellplätze vor Schranke	✗

4.0 SEHR GUT
4 Bewertungen

Lage	3.8
Ruhe	3.8
Sanitäranlagen	1.8
Sauberkeit Ø	4.2
Freundlichkeit	4.0
Stellplatz	3.5
Verpflegung	3.7
Freizeit	4.2
Preis-Leistung	3.8
Mietunterkünfte	4.0

Geeignet für

Kinder b. 6 J.	4.8
Kinder b. 12 J.	4.8
Kinder b. 18 J.	4.7
Paare	4.0
Senioren	2.3
Gäste mit Zelt	5.0
Gäste mit Hund	3.7

Empfohlene Aktivitäten
- Klettern
- Radfahren
- Wandern

7 Camping Biehainer See'n e.V.

FKK

Zum Waldsee 11
02923 Horka
51.28407 | 14.92318

15.04. - 30.09.
HS: 15,50 €
Mehr Infos & Anfrage:
www.camping.info/23945

Baden im See am Platz	✓
Pool & Hallenbad	✗
Spielplatz am Platz	✓
Hunde erlaubt	✓
zur Hälfte Schatten	✓
WLAN	keine Angabe
Lebensmittel	✗
Brötchen am Platz	✓
Imbiss	✓
Ver-/Entsorgung Womo	✗
in den Ort	keine Angabe
Gesamt	keine Angabe
Mietunterkünfte	✓
Stellplätze vor Schranke	✗

3.8 GUT
6 Bewertungen

Lage	4.0
Ruhe	4.2
Sanitäranlagen	2.5
Sauberkeit Ø	3.9
Freundlichkeit	4.2
Stellplatz	3.0
Verpflegung	2.3
Freizeit	3.8
Preis-Leistung	3.7
Mietunterkünfte	-

Geeignet für

Kinder b. 6 J.	3.4
Kinder b. 12 J.	3.8
Kinder b. 18 J.	3.0
Paare	4.0
Senioren	4.6
Gäste mit Zelt	4.4
Gäste mit Hund	4.2

Empfohlene Aktivitäten
- Schwimmen
- Radfahren
- Wandern

Karte auf Seite 462

	8	9	11
	Naturcampingplatz am Olbasee	**Campingplatz Blaue Adria**	**Freizeit- und Campingpark Thräna**
		FKK ❄	
	Am Olbastrand 1 02694 Malschwitz OT Kleinsaubernitz +49 35932 30 232	Zur Adria 23 02694 Crosta	Zum Wildgehege 1 02906 Hohendubrau +49 35876 41238
	51.27277 | 14.60117	51.26617 | 14.45267	51.23597 | 14.69959
Infos			
Öffnungszeiten	29.04. - 12.10.	ganzjährig	15.04. - 15.10.
Vergleichspreis	HS: 22,50 €	HS: 20,00 € | NS: 20,00 €	HS: 27,00 € | NS: 25,00 €
Link	**Mehr Infos & Anfrage:** www.camping.info/22352	**Mehr Infos & Anfrage:** www.camping.info/23944	**Mehr Infos & Anfrage:** www.camping.info/17924
Ausstattung			
Freizeit	Baden im See am Platz ✓ Hallenbad 15km Spielplatz am Platz ✓	Baden im See am Platz ✓ Pool & Hallenbad ✗ Spielplatz am Platz ✓	Baden im Teich am Platz ✓ Pool/Hallenbad 6/20km Spielplatz am Platz ✓
Campingplatz	Hunde willkommen ✓ zur Hälfte Schatten ✓ WLAN (gegen Gebühr) ✓	Hunde erlaubt ✓ zur Hälfte Schatten ✓ WLAN keine Angabe	Hunde willkommen ✓ zur Hälfte Schatten ✓ WLAN ✓
Versorgung	Lebensmittel 500m Brötchen am Platz ✓ Restaurant/Imbiss 500/200m Ver-/Entsorgung Womo ✓ in den Ort 500m	Lebensmittel 2km Brötchen am Platz ✓ Restaurant & Imbiss ✓ Ver-/Entsorgung Womo ✗ im Ort ✓	Lebensmittel 7km Brötchen am Platz ✓ Imbiss ✓ Ver-/Entsorgung Womo ✓ in den Ort 1km
Anzahl der Plätze	Gesamt/Touristen 275/150 Mietunterkünfte ✓ Stellplätze vor Schranke ✗	Gesamt keine Angabe Mietunterkünfte ✗ Stellplätze vor Schranke ✗	Gesamt/Touristen 50/47 Mietunterkünfte ✓ Stellplätze vor Schranke ✗

	8	9	11
Gesamt	4.7 SEHR GUT, 35 Bewertungen	4.2 SEHR GUT, 6 Bewertungen	4.4 SEHR GUT, 18 Bewertungen
Lage	4.7	4.3	4.6
Ruhe	4.8	4.0	4.8
Sanitäranlagen	4.1	4.2	3.8
Sauberkeit Ø	4.8	4.8	4.7
Freundlichkeit	5.0	4.2	4.9
Stellplatz	4.3	3.5	4.5
Verpflegung	4.0	2.8	4.3
Freizeit	4.4	4.6	4.5
Preis-Leistung	4.8	4.2	4.7
Mietunterkünfte	4.8	-	4.5
Geeignet für			
Kinder b. 6 J.	4.9	4.5	4.9
Kinder b. 12 J.	4.8	4.3	4.8
Kinder b. 18 J.	4.4	2.8	3.9
Paare	4.8	3.8	4.8
Senioren	4.5	5.0	4.6
Gäste mit Zelt	4.8	5.0	5.0
Gäste mit Hund	4.8	4.0	4.6
Empfohlene Aktivitäten	Schwimmen Radfahren Wandern	Schwimmen Entspannen Radfahren	Entspannen Radfahren Wandern

10 Naturcamping Brettmühlenteich

NEZ Zschorna 1
01561 Zschorna
+49 (0)35240-169955
www.naturcamping-brettmühlenteich.de
info@naturcamping-dresden.de

ganzjährig

HS: 27,50 € | NS: 22,50 €

Mehr Infos & Anfrage:
www.camping.info/30352

Baden im See am Platz	✓
Pool & Hallenbad	✗
Spielplatz am Platz	✓
Hunde erlaubt	✓
viel Schatten	✓
WLAN	✗
Lebensmittel	✓
Brötchen	keine Angabe
Restaurant am P.	✓
Ver-/Entsorgung Womo	✓
in den Ort	7km
Gesamt	140
Mietunterkünfte	✓
Stellplätze vor Schranke	✓

51.25142 | 13.75071

Baden am herrlichen Sandstrand vom Naturcamping Brettmühlenteich.

Lage & Stellplatz

Zwischen der Landeshauptstadt Dresden und der "Bierstadt" Radeberg liegt am Rande eines Natur- und Vogelschutzgebietes unsere Anlage für Ihr Naturcamping – mitten in historischem Baumbestand. In dieser Idylle erwarten sie 120 Stellplätze für Wohnwagen/Mobile sowie 50 Tiny-Ferienhäuser und 6 Hütten für Radwanderer.

Verpflegung

Auf unserer schönen Terrasse, direkt am Wasser, steht Ihnen tagsüber ein umfangreiches Imbissangebot zur Verfügung. Zum Abend erwarten Sie im platzeigenen Restaurant heiße Pizzen und leckere Burger. Im Shop gibt es ein täglich frisches Sortiment von Back- und Wurstwaren regionaler Partner. Und Grillplätze? Die gibt's auch.

Sanitär

Komplett neu errichtete Sanitäranlagen, verteilt auf zwei Gebäude, sichern einen komfortablen Aufenthalt. Moderne Einzelwaschräume, Einzelduschen und Babybäder stehen in ausreichender Anzahl zur Verfügung. Alle Stellplätze sind zudem mit Wasser- und Abwasseranschluss ausgestattet, inklusive "Campingbutler" zur Kassettenreinigung.

Freizeit

Wenn Sie eine Auszeit von der Entspannung am See benötigen sind die Möglichkeiten umfangreich – Radtour, Angelausflug, Töpferkurs, Wellnessprogramm oder eine Wanderung in der Königsbrücker Heide, um nur einige zu nennen. Aber auch das Elbsandsteingebirge, Schloss Moritzburg und die Landeshauptstadt sind nah.

Stellplätze mitten in der Natur.

Entspannen in grüner Idylle.

Für diese Auswertung liegen leider noch nicht genügend Bewertungen vor.

Sei einer der Ersten, der diesen Campingplatz bewertet.

Mit einer guten Campingplatz-Bewertung unterstützt du nicht nur deinen Lieblingsplatz, sondern hilfst auch anderen Campern bei der Platzwahl.

Mehr Infos

Karte auf Seite 462

	12	13	14
	Natur-und Abenteuercamping Stausee Bautzen	**Camping- & Freizeitpark LuxOase**	**Volksbadcamp Ruppersdorf**
	Nimschützer Str. 41 02625 Bautzen +49 3591 27 12 67	Arnsdorfer Straße 1 01900 Kleinröhrsdorf bei Dresden +49 359 525 6666	Voksbadstraße 5 02747 Herrnhut/OT Ruppersdorf
	51.20246 | 14.46051	51.12056 | 13.98028	51.00166 | 14.71958
Infos			
Öffnungszeiten	01.04. - 31.10.	01.03. - 26.11.	ganzjährig
Vergleichspreis	HS: 24,60 €	HS: 35,50 € | NS: 25,50 €	HS: 17,00 €
Link	**Mehr Infos & Anfrage:** www.camping.info/22353	**Mehr Infos & Anfrage:** www.camping.info/17917	**Mehr Infos & Anfrage:** www.camping.info/22223
Ausstattung			
Freizeit	Baden im See 500m Pool/Hallenbad 4/2km Spielplatz am Platz ✓	Baden im See am Platz ✓ Pool/Hallenbad 3km/✓ Spielplatz am Platz ✓	Baden in nat. Gewässer k. A. Pool/Hallenbad ✓/6km Spielplatz 100m
Campingplatz	Hunde erlaubt ✓ wenig Schatten ✓ WLAN (gratis) teilweise	Hunde willkommen ✓ zur Hälfte Schatten ✓ WLAN ✓	Hunde erlaubt ✓ Schatten ✗ WLAN ✗
Versorgung	Lebensmittel ✓ Brötchen am Platz ✓ Restaurant/Imbiss 2km/500m Ver-/Entsorgung Womo ✓ im Ort ✓	Lebensmittel ✓ Brötchen am Platz ✓ Restaurant & Imbiss ✓ Ver-/Entsorgung Womo ✓ in den Ort 100m	Lebensmittel 100m Brötchen keine Angabe Restaurant & Imbiss ✓ Ver-/Entsorgung Womo ✓ in den Ort 3km
Anzahl der Plätze	Touristenplätze 100 Mietunterkünfte ✓ Stellplätze vor Schranke ✗	Gesamt/Touristen 277/237 Mietunterkünfte ✓ Stellplätze vor Schranke ✗	Touristenplätze 25 Mietunterkünfte ✓ Stellplätze vor Schranke ✗

	12	13	14
Gesamt	4.6 SEHR GUT, 99 Bewertungen	4.8 SEHR GUT, 371 Bewertungen	4.3 SEHR GUT, 11 Bewertungen
Lage	4.3	4.3	4.5
Ruhe	4.3	4.6	4.9
Sanitäranlagen	4.8	4.9	3.5
Sauberkeit Ø	4.8	4.9	4.0
Freundlichkeit	4.8	4.9	4.9
Stellplatz	4.7	4.6	4.2
Verpflegung	3.5	4.3	3.6
Freizeit	4.4	4.5	4.1
Preis-Leistung	4.5	4.7	4.8
Mietunterkünfte	4.8	4.6	4.0
Geeignet für			
Kinder b. 6 J.	4.7	4.6	4.0
Kinder b. 12 J.	4.7	4.6	4.0
Kinder b. 18 J.	4.3	4.1	3.0
Paare	4.7	4.8	4.3
Senioren	4.7	4.8	4.6
Gäste mit Zelt	4.6	4.6	4.5
Gäste mit Hund	4.5	4.8	4.7
Empfohlene Aktivitäten	Schwimmen Radfahren Entspannen	Wandern Entspannen Radfahren	Wandern Entspannen Radfahren

13: Jugendliche nur mit Eltern, ab 3 Fam. nur in bestimmten Bereichen buchbar.

16 Camping Pirna

Äußere Pillnitzer Straße 19
01796 Pirna
+49 3501 52 37 73
www.camping-pirna.de
info@camping-pirna.de

01.04. - 01.11.

HS: 38,00 € | NS: 38,00 €

Mehr Infos & Anfrage:
www.camping.info/17911

Baden im See am Platz	✓
Pool/Hallenbad	5km
Spielplatz am Platz	✓
Hunde willkommen	✓
zur Hälfte Schatten	✓
WLAN	✓
Lebensmittel	200m
Brötchen am Platz	✗
Restaurant/Imbiss	500/100m
Ver-/Entsorgung Womo	✓
im Ort	✓
Gesamt/Touristen	165/125
Mietunterkünfte	✓
Stellplätze vor Schranke	✗

50.98174 | 13.92503

Luftaufnahme mit Blick auf die Stellplätze.

Lage & Stellplatz

Zwischen der Sächsischen Schweiz und Dresden, am Rande der historischen Stadt Pirna und an einem schönen Natursee gelegen, befindet sich der parkähnlich angelegte Campingplatz. Die Stellplätze sind parzelliert, ca. 100 m^2 groß und bieten teilweise einen schönen Blick auf den See.

Verpflegung

Ein Bäcker, ein Fleischer und ein Supermarkt sind fußläufig in 100 m vom Campingplatz erreichbar. Selbstgebrautes Bier kann man im 1,4 km entfernten Restaurant „Brauhaus Zum Gießer" genießen. In der Innenstadt Pirnas gibt es außerdem viele kleine, gemütliche Cafés und Restaurants zu entdecken.

Sanitär

Die modernen und sauberen Sanitärgebäude sind mit Wickeltischen, barrierefreien WCs, Waschmaschinen und Trockner sowie Möglichkeiten zur Chemietoilettenentsorgung ausgestattet. Das im Jahr 2016 eröffnete Gebäude verfügt zusätzlich über Einzelwaschkabinen und Außenspülplätze.

Freizeit

Der Campingplatz gilt als idealer Ausgangspunkt für Radfahrer (Elberadweg), Wanderer (Malerweg) und Kulturliebhaber (historische Altstädte von Pirna und Dresden). Der angrenzende Natursee eignet sich bestens zum Baden. In den Sommerferien gibt es zusätzlich ein buntes Kinderanimationsprogramm.

Liegewiese am Natursee.

Mobilheime zur Miete.

4.3 SEHR GUT
108 Bewertungen

Lage	4.3
Ruhe	3.9
Sanitäranlagen	4.5
Sauberkeit Ø	4.6
Freundlichkeit	4.7
Stellplatz	4.3
Verpflegung	3.5
Freizeit	4.0
Preis-Leistung	4.1
Mietunterkünfte	4.3

Geeignet für

Paare	4.6
Senioren	4.6
Gäste mit Zelt	4.5
Gäste mit Hund	4.5
Kinder b. 6 J.	4.3
Kinder b. 12 J.	4.2
Kinder b. 18 J.	4.1

Empfohlene Aktivitäten

Wandern · Radfahren · Schwimmen · Entspannen

Mehr Infos

Karte auf Seite 462

	15	17	18
	Campingplatz Wostra	**Campingplatz "Entenfarm"**	**Camping-Stellplatz Struppen**
			❄
	An der Wostra 7 01259 Dresden +49 351 20278678	Schandauer Straße 11 01848 Hohnstein +49 35975 84455	Kirchberg 20 01796 Struppen +49 35020 179602
	50.99893 | 13.86829	50.97592 | 14.13779	50.93794 | 14.01333
Infos			
Öffnungszeiten	06.04. - 01.11.	01.03. - 30.11.	ganzjährig
Vergleichspreis	HS: 27,00 € | NS: 27,00 €	HS: 20,70 € | NS: 19,70 €	HS: 16,00 € | NS: 10,00 €
Link	**Mehr Infos & Anfrage:** www.camping.info/17905	**Mehr Infos & Anfrage:** www.camping.info/22933	**Mehr Infos & Anfrage:** www.camping.info/26076
Ausstattung			
Freizeit	Baden im See 100m Pool 100m Spielplatz am Platz ✓	Baden im Teich 3km Pool/Hallenbad 1/12km Spielplatz am Platz ✓	Baden in nat. Gewässer k. A. Pool/Hallenbad 4/10km Spielplatz ✗
Campingplatz	Hunde willkommen ✓ zur Hälfte Schatten ✓ WLAN ✓	Hunde willkommen ✓ wenig Schatten ✓ WLAN (gegen Gebühr) ✓	Hunde willkommen ✓ wenig Schatten ✓ WLAN ✓
Versorgung	Lebensmittel 1km Brötchen am Platz ✓ Restaurant 1km Ver-/Entsorgung Womo ✓ in den Ort 10km	Lebensmittel ✓ Brötchen am Platz ✓ Restaurant/Imbiss 2km/✓ Ver-/Entsorgung Womo ✓ in den Ort 1km	Lebensmittel 5km Brötchen am Platz ✓ Restaurant/Imbiss 1km/500m Ver-/Entsorgung Womo ✓ in den Ort 300m
Anzahl der Plätze	Gesamt/Touristen 120/100 Mietunterkünfte ✗ Stellplätze vor Schranke ✗	Gesamt/Touristen 100/85 Mietunterkünfte ✓ Stellplätze vor Schranke ✗	Touristenplätze 30 Mietunterkünfte ✗ Stellplätze vor Schranke ✗
Bewertung	**4.4** SEHR GUT – 45 Bewertungen	**4.7** SEHR GUT – 71 Bewertungen	**4.8** SEHR GUT – 34 Bewertungen
Lage	4.7	4.6	4.6
Ruhe	4.6	4.9	4.9
Sanitäranlagen	4.1	4.9	4.9
Sauberkeit Ø	4.7	5.0	5.0
Freundlichkeit	4.9	4.9	5.0
Stellplatz	4.1	4.5	4.3
Verpflegung	3.2	4.4	3.6
Freizeit	4.2	4.5	4.5
Preis-Leistung	4.5	4.8	4.8
Mietunterkünfte	-	4.8	-
Geeignet für			
Kinder b. 6 J.	3.8	4.5	3.6
Kinder b. 12 J.	4.0	4.6	4.1
Kinder b. 18 J.	4.0	4.4	4.3
Paare	4.7	4.8	4.9
Senioren	4.6	4.8	4.9
Gäste mit Zelt	4.4	4.8	4.4
Gäste mit Hund	4.2	4.8	4.9
Empfohlene Aktivitäten	Radfahren Wandern Kultur	Wandern Entspannen Klettern	Wandern Radfahren Entspannen
			keine WOMOs ab 11 m; keine Gruppen

19

Aktivhostel Ferdinands Homestay

Halbestadt 51
01824 Königstein

50.93674 | 14.07254

01.04. - 31.10.

keine Angabe

Mehr Infos & Anfrage:
www.camping.info/24007

Baden im Fluss am Platz	✓
Pool & Hallenbad	✗
Spielplatz	keine Angabe
Hunde willkommen	✓
Schatten	✗
WLAN	✗
Lebensmittel	3km
Brötchen am Platz	nur HS
Restaurant/Imbiss	3km
Ver-/Entsorgung Womo	✗
in den Ort	3km
Gesamt	keine Angabe
Mietunterkünfte	✓
Stellplätze vor Schranke	✗

4.6 SEHR GUT
5 Bewertungen

Lage	4.6
Ruhe	4.0
Sanitäranlagen	3.8
Sauberkeit Ø	4.8
Freundlichkeit	4.7
Stellplatz	4.2
Verpflegung	3.8
Freizeit	4.2
Preis-Leistung	4.8
Mietunterkünfte	5.0

Geeignet für

Kinder b. 6 J.	4.2
Kinder b. 12 J.	4.6
Kinder b. 18 J.	4.4
Paare	4.8
Senioren	2.5
Gäste mit Zelt	5.0
Gäste mit Hund	1.0

Empfohlene Aktivitäten

- Radfahren
- Wandern
- Entspannen

20

Panorama-Camping Kleine Bergoase

❄

Obere Str. 19
01855 Mittelndorf
+49 176 22906538

50.93539 | 14.21111

ganzjährig

HS: 26,90 € | NS: 24,00 €

Mehr Infos & Anfrage:
www.camping.info/23817

Baden in nat. Gewässer	k. A.
Pool/Hallenbad	5km
Spielplatz	500m
Hunde willkommen	✓
zur Hälfte Schatten	✓
WLAN (begrenzt gratis)	✓
Lebensmittel	2km
Brötchen am Platz	✓
Restaurant	500m
Ver-/Entsorgung Womo	✓
in den Ort	500m
Touristenplätze	20
Mietunterkünfte	✓
Stellplätze vor Schranke	✗

4.9 SEHR GUT
78 Bewertungen

Lage	4.9
Ruhe	4.9
Sanitäranlagen	5.0
Sauberkeit Ø	4.9
Freundlichkeit	4.9
Stellplatz	4.4
Verpflegung	3.9
Freizeit	4.6
Preis-Leistung	4.7
Mietunterkünfte	4.8

Geeignet für

Kinder b. 6 J.	4.1
Kinder b. 12 J.	4.3
Kinder b. 18 J.	4.3
Paare	4.9
Senioren	4.5
Gäste mit Zelt	4.9
Gäste mit Hund	4.8

Empfohlene Aktivitäten

- Wandern
- Klettern
- Entspannen

21

Campingplatz Ostrauer Mühle

❄

Ostrauer Mühle im Kirnitzschtal
01814 Bad Schandau
+49 350 224 2742

50.92942 | 14.19251

ganzjährig

HS: 26,50 € | NS: 24,50 €

Mehr Infos & Anfrage:
www.camping.info/17912

Baden im Fluss am Platz	✓
Pool/Hallenbad	4km
Spielplatz am Platz	✓
Hunde willkommen	✓
zur Hälfte Schatten	✓
WLAN (gegen Gebühr)	teilweise
Lebensmittel	✓
Brötchen am Platz	✓
Restaurant am P.	✓
Ver-/Entsorgung Womo	✓
in den Ort	3km
Gesamt/Touristen	120/100
Mietunterkünfte	✓
Stellplätze vor Schranke	✗

3.8 GUT
65 Bewertungen

Lage	4.5
Ruhe	4.0
Sanitäranlagen	4.1
Sauberkeit Ø	4.3
Freundlichkeit	4.0
Stellplatz	3.7
Verpflegung	3.6
Freizeit	4.2
Preis-Leistung	3.9
Mietunterkünfte	3.2

Geeignet für

Kinder b. 6 J.	3.5
Kinder b. 12 J.	3.9
Kinder b. 18 J.	4.1
Paare	4.3
Senioren	4.2
Gäste mit Zelt	4.4
Gäste mit Hund	4.4

Empfohlene Aktivitäten

- Wandern
- Klettern
- Radfahren

22

Campingplatz am Treidlerweg

Am Alten Sägewerk 4
01824 Königstein
+49 35021 9908 211

50.92591 | 14.09417

01.04. - 31.10.

HS: 27,00 € | NS: 27,00 €

Mehr Infos & Anfrage:
www.camping.info/26393

Baden im Fluss am Platz	✓
Pool/Hallenbad	7/8km
Spielplatz	200m
Hunde willkommen	✓
wenig Schatten	✓
WLAN (gratis)	teilweise
Lebensmittel	2km
Brötchen am Platz	✓
Restaurant/Imbiss	300m
Ver-/Entsorgung Womo	✓
in den Ort	1km
Touristenplätze	40
Mietunterkünfte	✓
Stellplätze vor Schranke	✓

4.1 SEHR GUT
50 Bewertungen

Lage	4.3
Ruhe	2.9
Sanitäranlagen	4.3
Sauberkeit Ø	4.5
Freundlichkeit	4.8
Stellplatz	3.9
Verpflegung	3.8
Freizeit	4.5
Preis-Leistung	4.2
Mietunterkünfte	4.5

Geeignet für

Kinder b. 6 J.	3.8
Kinder b. 12 J.	4.0
Kinder b. 18 J.	4.2
Paare	4.6
Senioren	4.4
Gäste mit Zelt	4.3
Gäste mit Hund	4.5

Empfohlene Aktivitäten

- Wandern
- Radfahren
- Klettern

Karte auf Seite 462

	23	24	25
	Camping Thorwaldblick ***	**Camping Königstein**	**Caravan Camping "Sächsische Schweiz"**
	❄		❄
	Schandauer Straße 37 01855 Hinterhermsdorf +49 359 745 0648	Am Alten Sägewerk 1 01824 Königstein +49 350 216 8224	Dorfplatz 181 D 01824 Kurort Gohrisch +49 350 215 9107
	50.92282 | 14.35034	50.92166 | 14.08861	50.91452 | 14.10703
Infos			
Öffnungszeiten	ganzjährig	01.04. - 31.10.	ganzjährig
Vergleichspreis	HS: 23,50 € | NS: 23,50 €	HS: 24,50 € | NS: 21,00 €	HS: 29,10 € | NS: 25,80 €
Link	**Mehr Infos & Anfrage:** www.camping.info/17916	**Mehr Infos & Anfrage:** www.camping.info/17913	**Mehr Infos & Anfrage:** www.camping.info/22880
Ausstattung			
Freizeit	Baden im Teich 500m Pool/Hallenbad 8/10km Spielplatz am Platz ✓	Baden im Fluss am Platz ✓ Pool/Hallenbad 6km Spielplatz 500m	Baden in nat. Gewässer k. A. Pool/Hallenbad ✓/4km Spielplatz am Platz ✓
Campingplatz	Hunde willkommen ✓ zur Hälfte Schatten ✓ WLAN (gegen Gebühr) ✓	Hunde willkommen ✓ zur Hälfte Schatten ✓ WLAN ✓	Hunde willkommen ✓ wenig Schatten ✓ WLAN (gegen Gebühr) ✓
Versorgung	Lebensmittel ✓ Brötchen am Platz ✓ Restaurant 200m Ver-/Entsorgung Womo ✓ in den Ort 300m	Lebensmittel 1km Brötchen am Platz ✓ Restaurant/Imbiss 1km Ver-/Entsorgung Womo ✓ in den Ort 1km	Lebensmittel ✓ Brötchen am Platz ✓ Restaurant am P. ✓ Ver-/Entsorgung Womo ✓ in den Ort 500m
Anzahl der Plätze	Touristenplätze 30 Mietunterkünfte ✓ Stellplätze vor Schranke ✗	Touristenplätze 120 Mietunterkünfte ✓ Stellplätze vor Schranke ✓	Gesamt/Touristen 76/71 Mietunterkünfte ✗ Stellplätze vor Schranke ✓

	23	24	25
Gesamt	4.6 SEHR GUT, 54 Bewertungen	4.0 SEHR GUT, 89 Bewertungen	4.8 SEHR GUT, 141 Bewertungen
Lage	4.5	4.4	4.7
Ruhe	4.7	3.2	4.8
Sanitäranlagen	4.7	4.1	4.7
Sauberkeit Ø	4.9	4.3	4.9
Freundlichkeit	4.8	4.3	4.8
Stellplatz	4.3	4.2	4.6
Verpflegung	4.0	3.4	4.2
Freizeit	4.3	4.3	4.5
Preis-Leistung	4.7	4.0	4.5
Mietunterkünfte	4.3	4.3	-
Geeignet für			
Kinder b. 6 J.	4.3	3.7	4.6
Kinder b. 12 J.	4.3	4.2	4.6
Kinder b. 18 J.	4.1	4.5	4.0
Paare	4.8	4.5	4.9
Senioren	4.7	4.4	4.8
Gäste mit Zelt	4.7	4.5	4.5
Gäste mit Hund	4.4	4.5	4.7
Empfohlene Aktivitäten	Wandern Entspannen Klettern	Wandern Radfahren Kayak/Kanu	Wandern Radfahren Klettern

Camping Königstein: keine WOMOs ab 12 m

Karte auf Seite 462

	26	27	29
	Camping Nikolsdorfer Berg	**SeeCamping Zittauer Gebirge OHG** ❄	**Campinghof Sell**
	Nikolsdorfer Berg 7 01824 Königstein/Leupoldishain +49 350 219 9144 50.90438 | 14.03875	Zur Landesgartenschau 2 02785 Olbersdorf bei Zittau +49 358 369 6292 50.89439 | 14.77135	Saalendorf 5 02799 Großschönau +49 3584136357035 50.86909 | 14.67363
Infos			
Öffnungszeiten	01.04. - 31.10.	01.04. - 31.10.	01.04. - 31.10.
Vergleichspreis	HS: 23,60 € | NS: 23,60 €	HS: 29,50 € | NS: 29,50 €	HS: 22,00 € | NS: 22,00 €
Link	**Mehr Infos & Anfrage:** www.camping.info/17914	**Mehr Infos & Anfrage:** www.camping.info/17923	**Mehr Infos & Anfrage:** www.camping.info/23411
Ausstattung			
Freizeit	Baden im See 10km Pool/Hallenbad 10km Spielplatz keine Angabe	Baden im See 200m Pool/Hallenbad 4km/500m Spielplatz am Platz ✓	Baden in nat. Gewässer k. A. Pool/Hallenbad 1km Spielplatz am Platz ✓
Campingplatz	Hunde willkommen ✓ zur Hälfte Schatten ✓ WLAN (gratis) teilweise	Hunde willkommen ✓ zur Hälfte Schatten ✓ WLAN ✓	Hunde erlaubt ✓ zur Hälfte Schatten ✓ WLAN ✓
Versorgung	Lebensmittel ✓ Brötchen am Platz ✓ Restaurant/Imbiss 4km Ver-/Entsorgung Womo ✓ in den Ort 4km	Lebensmittel 300m Brötchen am Platz nur HS Restaurant/Imbiss 50m Ver-/Entsorgung Womo ✓ in den Ort 1km	Lebensmittel ✓ Brötchen keine Angabe Restaurant/Imbiss 1km Ver-/Entsorgung Womo ✓ in den Ort 1km
Anzahl der Plätze	Touristenplätze 50 Mietunterkünfte ✗ Stellplätze vor Schranke ✗	Gesamt/Touristen 235/185 Mietunterkünfte ✓ Stellplätze vor Schranke ✓	Gesamt/Touristen 40/38 Mietunterkünfte ✓ Stellplätze vor Schranke ✗

	26	27	29
Gesamt	4.4 SEHR GUT, 53 Bewertungen	4.9 SEHR GUT, 235 Bewertungen	4.2 SEHR GUT, 12 Bewertungen
Lage	4.5	4.9	4.9
Ruhe	4.9	4.7	4.1
Sanitäranlagen	4.4	4.8	4.2
Sauberkeit Ø	4.7	4.9	4.4
Freundlichkeit	4.7	5.0	4.2
Stellplatz	3.9	4.7	4.0
Verpflegung	3.2	4.3	3.4
Freizeit	4.0	4.8	4.2
Preis-Leistung	4.5	4.8	4.2
Mietunterkünfte	-	4.8	4.0
Geeignet für			
Kinder b. 6 J.	3.5	4.8	4.6
Kinder b. 12 J.	3.5	4.8	4.4
Kinder b. 18 J.	3.4	4.7	4.2
Paare	4.7	4.9	4.9
Senioren	4.6	4.9	4.9
Gäste mit Zelt	4.7	4.9	5.0
Gäste mit Hund	4.5	4.8	4.7
Empfohlene Aktivitäten	Wandern Entspannen Radfahren	Wandern Schwimmen Radfahren	Wandern Mountainbiking Entspannen

28 Trixi Ferienpark Zittauer Gebirge

*

Jonsdorfer Str. 40
02779 Großschönau
+49 35841 631420
www.trixi-ferienpark.de
info@trixi-ferienpark.de

ganzjährig

HS: 36,80 € | NS: 32,80 €

Mehr Infos & Anfrage:
www.camping.info/22354

Baden im See am Platz	✓
Pool & Hallenbad	✓
Spielplatz am Platz	✓
Hunde willkommen	✓
wenig Schatten	✓
WLAN	✓
Lebensmittel	1km
Brötchen am Platz	✓
Restaurant & Imbiss	✓
Ver-/Entsorgung Womo	✓
in den Ort	1km
Gesamt/Touristen	70/60
Mietunterkünfte	✓
Stellplätze vor Schranke	✗

50.87822 | 14.673

Trixi Ferienpark: 96 Ferienhäuser, 70 Stellplätze und 30 Hotelzimmer.

Lage & Stellplatz

Im Süden der Oberlausitz befindet sich der Trixi Ferienpark im Zittauer Gebirge. Neben dem Gästebetreuungsangebot, der Gastronomie und dem Trixi-Bad finden Campinggäste auf den 81 m² u. 100 m² großen Stellplätzen zahlreiche Angebote bei jedem Wetter – Wohlfühlurlaub in familienfreundlichem Ambiente.

Sanitär

Die sanitäre Anlage lädt in der offenen Küche zum Kochen ein, Gäste können ein Familienbadezimmer buchen oder das Babybad nutzen. Wer das alles nicht braucht, der ist im Duschraum gut versorgt – es werden keine Duschmarken benötigt. Waschmaschine und Wäschetrockner stehen ebenfalls bereit.

Verpflegung

In der „Guten Stube", dem Buffetrestaurant, können sich die Gäste vom kleinen Snack bis zum All-You-Can-Eat Buffet nach Herzenslust versorgen. Zum Einkaufen stehen der Bäcker und ein Gemüselädchen auf dem Trixi-Markt zur Verfügung. Der nächste Supermarkt liegt einen Kilometer entfernt.

Freizeit

Für allgemein gute Laune sorgt das Team der Gästebetreuung. Im Trixi-Club können kleine Gäste malen, basteln oder spielen. Zahlreiche Aktivangebote: Abenteuer-Kletterwald oder Badespaß im Trixi-Bad, Spielen auf den Spielplätzen oder Wandern im Zittauer Gebirge – hier sind alle herzlich willkommen.

Trixi-Bad mit Solebad und Sauna.

Naturbad mit Gebirgsquellwasser.

4.5 SEHR GUT
92 Bewertungen

Lage	4.5
Ruhe	4.3
Sanitäranlagen	4.7
Sauberkeit Ø	4.8
Freundlichkeit	4.7
Stellplatz	4.4
Verpflegung	3.5
Freizeit	4.5
Preis-Leistung	4.2
Mietunterkünfte	4.6

Geeignet für

4.8	Kinder b. 6 J.
4.7	Kinder b. 12 J.
4.4	Paare
4.3	Senioren
4.6	Gäste mit Zelt
4.4	Gäste mit Hund
4.2	Kinder b. 18 J.

Empfohlene Aktivitäten

Schwimmen · Wandern · Radfahren · Entspannen

Mehr Infos

Keine WOMOs ab 10 m; keine Jugendgruppen unter 18 Jahren.

Rheinland-Pfalz

Regionen

TIPP DER REDAKTION

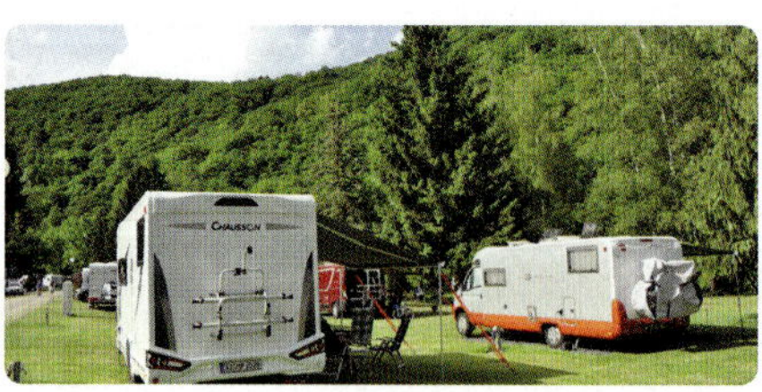

Camping zum stillen Winkel

Westerwald | Nr. 10 | Seite 485

Laut Gästen ideal geeignet zum:

- Wandern
- Entspannen
- Radfahren

4.4

Malerische Landschaften und besondere Spezialitäten

Burg Thurant am Moselsteig © Dominik Ketz

Unberührte Natur, tolle Wander- und Radwege, märchenhafte Burgen, jede Menge köstlicher Wein...und eine große Bandbreite an schönen Campingplätzen – willkommen in Rheinland-Pfalz.

Der grüne Westerwald

Im nördlichen Westerwald genießt du unbeschwerte Campingtage in herrlicher Natur. Als Teil des Rheinischen Schiefergebirges bietet der Westerwald ideale Bedingungen für aktive Radtouren und erlebnisreiche Wanderungen. Die sieben Stauseen der Westerwälder Seenplatte laden zu großem Badespaß ein. Auch ist die märchenhafte Marksburg am Mittelrhein ein Besuch wert – die einzige, nie zerstörte Höhenburg kannst du bei einem geführten Rundgang entdecken.

Die vielfältige Eifelregion

Mit uralten Eichenwäldern und malerischen Heidelandschaften ist die Eifel in Rheinland-Pfalz ein ganzjährig beliebtes Campingziel. Von Bergen wie der Hohen Acht genießt du einen traumhaften Ausblick über grüne Waldgebiete. Kurorte wie Bad Münstereifel laden zum Wellnessvergnügen und zum Schlendern durch historische Altstädte ein.

Burg Are © Dominik Ketz

Das sonnige Moseltal

Das Moseltal lässt sich auf den Fahrrad- und Wanderwegen ebenso gut entdecken wie an Bord eines Ausflugsschiffes. Mit grüner Natur und tollen Fotomotiven lockt der Natur- und Geopark Vulkaneifel. Auch Wein- und insbesondere Riesling-Liebhaber sind an der Mosel bestens aufgehoben: Bei Riesling-Kräutersuppe, Spargel in Rieslingschaum oder Mosel-Zander entdeckst du die regionaltypischen Weine im Feinschmeckermenü. Für einen Stadtbesuch ins nahegelegene Trier empfehlen wir einen Stopp an den römischen Baudenkmälern wie der Porta Nigra, dem beeindruckenden Amphitheater oder der Steinbrücke über die Mosel.

Blick auf die Mosel © Dominik Ketz

Wein genießen in Rheinhessen

Wer nie genug von gutem Wein bekommt, der sollte sich einen Campingplatz in Rheinhessen buchen. Ob Winzermenü oder Weinprobe – in Rheinhessen, dem mit knapp 27.000 Hektar größten und sonnigsten Weinanbaugebiet in Deutschland, kommt jeder Weinliebhaber auf seinen Genuss.

Wandern, Kultur und Saumagen in Hunsrück

Beeindruckende Ausblicke und tolle Pfade entdeckst du bei einer Tour zum höchsten Berg von Rheinland-Pfalz, dem Erbeskopf. Im Winter kannst du die Ski-Pisten runter sausen und dich danach mit dem Hunsrücker Saumagen stärken. Die Spezialität aus Kartoffeln, Fleischstückchen und Schweinemagen ist ein echtes Kultessen, was insgeheim auch die Lieblingsspeise von Helmut Kohl sein soll.

Moselschleife © Dominik Ketz

Sehenswertes in der Pfalz

Das Deutsche Weintor im südlichen Schweigen-Rechtenbach gilt nicht nur als Wahrzeichen der Pfalz, sondern markiert auch den Beginn der Deutschen Weinstraße. Auf einer Strecke von 85 Kilometern quer durch die einzigartigen Weinreben kannst du die Deutsche Weinstraße zu Fuß oder mit dem Rad entdecken. Typische Pfälzer Spezialitäten wie Saumagen, Leberknödel oder weißer Spargel machen deine Tour zum besonderen Erlebnis. Für noch mehr Pfälzer Genuss lohnt sich ein Besuch in Bad Dürkheim – im Rahmen des "Pfälzer Leberwurstwettbewerbs" wurde die Metzgerei Tempel hier zum 4. Mal in Folge für die beste Leberwurst der Pfalz ausgezeichnet.

Moselsteig © Dominik Ketz

RHEINLAND-PFALZ

❶ Westerwald

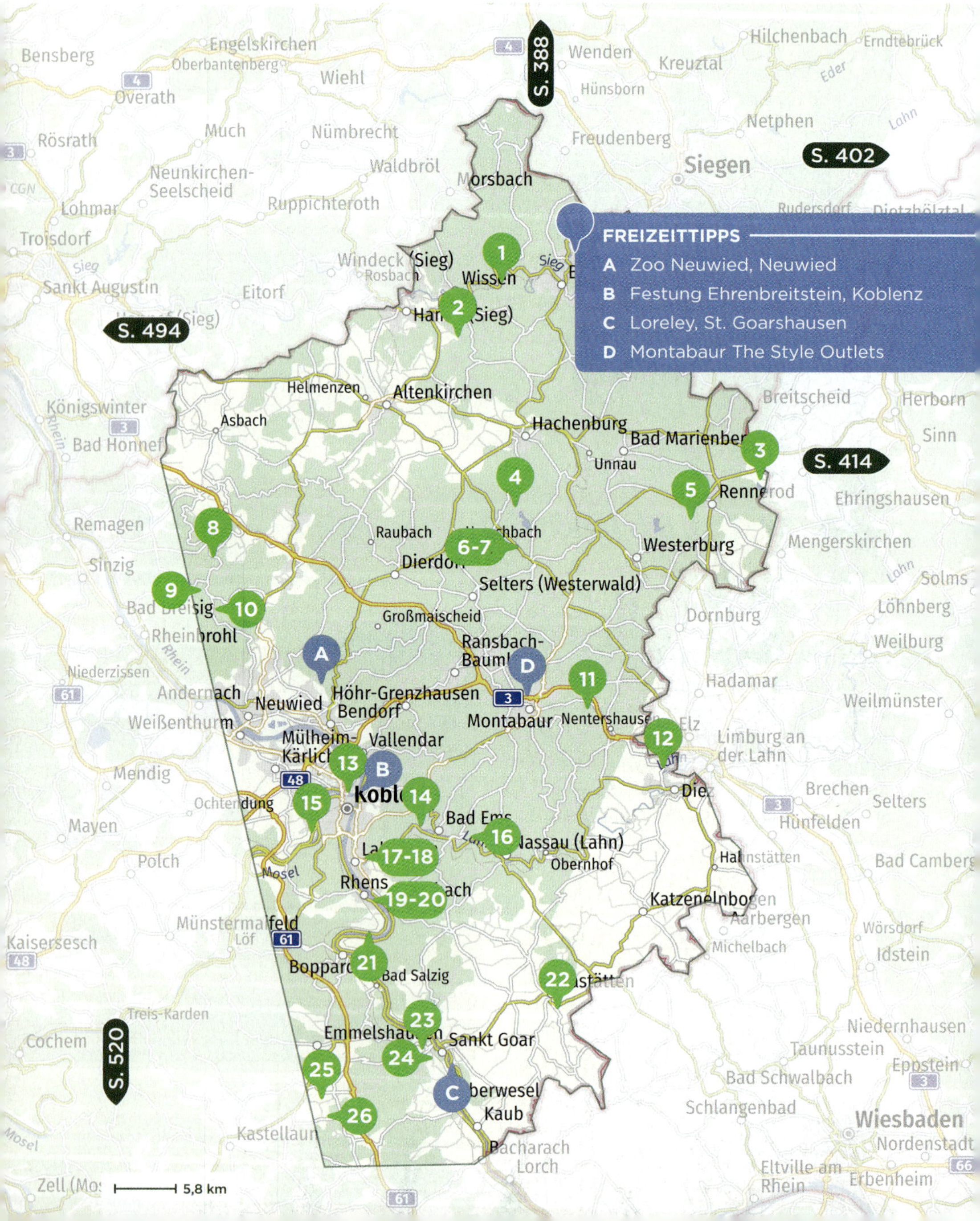

	Platz	Seite	Bewertung	Öffnungszeiten	
1	Camping im Eichenwald	482	4.2	ganzjährig	*
2	Camping Nistertal	482	4.0	saisonal	
3	Welters Camping und Freizeitparadies	482	4.0	ganzjährig	*
4	Camping Haus am See	484	4.0	ganzjährig	*
5	Camping Park Weiherhof am See*****	483	4.7	saisonal	*
6	Campingplatz Freilingen	484	3.6	ganzjährig	*
7	Camping Hofgut Schönerlen	484	4.3	saisonal	*
8	Camping Wiedhof	486	3.8	k. A.	
9	Campingplatz Neuerburg	486	3.8	saisonal	
10	Camping zum stillen Winkel	485	4.4	saisonal	
11	Campingplatz Eisenbachtal	486	4.6	ganzjährig	*
12	Camping Oranienstein an der Lahn	488	3.9	saisonal	
13	KNAUS Campingpark Koblenz/Rhein-Mosel****	488	3.8	saisonal	*
14	Camping & Beachclub Fachbach an der Lahn	487	4.0	ganzjährig	*
15	Campingplatz Gülser Moselbogen	488	4.3	ganzjährig	*
16	Campingplatz Dausenau	489	4.2	saisonal	
17	Camping Wolfsmühle	489	3.8	saisonal	
18	Campingplatz Burg Lahneck	489	3.7	saisonal	
19	Camping - Freizeitzentrum	489	3.7	saisonal	
20	Camping am Rhein - Uferwiese	490	4.1	saisonal	
21	Campingpark Sonneneck Boppard	490	4.0	saisonal	
22	Campingplatz zum Mühlbachtal	490	4.3	k. A.	
23	Camping Friedenau	492	4.3	saisonal	
24	Camping Loreleyblick	492	3.0	ganzjährig	*
25	Country Camping Schinderhannes	491	3.7	ganzjährig	*
26	Campingpark am Mühlenteich	493	4.4	ganzjährig	*

Karte auf Seite 480

	1	2	3
	Camping im Eichenwald	**Camping Nistertal**	**Welters Camping und Freizeitparadies**
	❄		❄
	Roddern 2 57537 Mittelhof +49 2742 910643 50.78027 | 7.79861	Campingplatz 0 57612 Helmeroth +49 2742 912480 50.74018 | 7.74007	Campingplatz 1 56479 Rehe +49 2664 8533 50.61922 | 8.12306
Infos			
Öffnungszeiten	ganzjährig	01.04. - 31.10.	ganzjährig
Vergleichspreis	HS: 26,00 € | NS: 26,00 €	HS: 17,50 €	HS: 26,00 € | NS: 26,00 €
Link	**Mehr Infos & Anfrage:** www.camping.info/26205	**Mehr Infos & Anfrage:** www.camping.info/25165	**Mehr Infos & Anfrage:** www.camping.info/18773
Ausstattung			
Freizeit	Baden im Teich 10km Pool/Hallenbad 5km Spielplatz am Platz ✓	Baden im Fluss am Platz ✓ Pool/Hallenbad 5km Spielplatz am Platz ✓	Baden im See am Platz ✓ Pool/Hallenbad 3/12km Spielplatz am Platz ✓
Campingplatz	Hunde willkommen ✓ zur Hälfte Schatten ✓ WLAN (gegen Gebühr) ✓	Hunde willkommen ✓ wenig Schatten ✓ WLAN teilweise	Hunde erlaubt Nur HS Schatten ✗ WLAN ✗
Versorgung	Lebensmittel ✓ Brötchen am Platz ✓ Restaurant & Imbiss ✓ Ver-/Entsorgung Womo ✓ in den Ort 1km	Lebensmittel 5km Brötchen am Platz ✗ Restaurant & Imbiss ✗ Ver-/Entsorgung Womo ✗ in den Ort 2km	Lebensmittel ✓ Brötchen am Platz nur HS Restaurant am P. ✓ Ver-/Entsorgung Womo ✓ in den Ort 3km
Anzahl der Plätze	Gesamt/Touristen 315/65 Mietunterkünfte ✓ Stellplätze vor Schranke ✗	Touristenplätze 20 Mietunterkünfte ✓ Stellplätze vor Schranke ✗	Gesamt/Touristen 500/100 Mietunterkünfte ✗ Stellplätze vor Schranke ✗

	Camping im Eichenwald	Camping Nistertal	Welters Camping und Freizeitparadies
Gesamt	4.2 SEHR GUT, 19 Bewertungen	4.0 SEHR GUT, 4 Bewertungen	4.0 SEHR GUT, 20 Bewertungen
Lage	4.2	4.8	4.4
Ruhe	4.9	4.2	4.2
Sanitäranlagen	4.6	3.8	4.2
Sauberkeit Ø	4.3	4.0	4.3
Freundlichkeit	4.4	4.5	4.1
Stellplatz	4.2	3.5	4.0
Verpflegung	2.9	2.0	3.5
Freizeit	3.3	4.0	3.7
Preis-Leistung	4.4	4.0	4.3
Mietunterkünfte	4.4	-	-
Geeignet für			
Kinder b. 6 J.	4.1	4.2	4.3
Kinder b. 12 J.	3.3	4.2	4.4
Kinder b. 18 J.	3.2	3.5	3.6
Paare	4.5	3.8	4.3
Senioren	4.3	3.8	4.3
Gäste mit Zelt	4.7	4.5	4.6
Gäste mit Hund	4.5	4.5	4.3
Empfohlene Aktivitäten	Entspannen Wandern Radfahren	Wandern Radfahren Kayak/Kanu	Schwimmen Wandern Segeln

5 Camping Park Weiherhof am See*****

Campingplatz Weiherhof 1
56479 Seck
+49 266 485 55
www.camping-park-weiherhof.de
info@camping-park-weiherhof.de

04.01. - 31.10.

HS: 29,50 € | NS: 29,50 €

Mehr Infos & Anfrage:
www.camping.info/18772

Baden im See am Platz	✓
Pool/Hallenbad	5/10km
Spielplatz am Platz	✓
Hunde willkommen	✓
zur Hälfte Schatten	✓
WLAN (begrenzt gratis)	✓
Lebensmittel	✓
Brötchen am Platz	✓
Restaurant & Imbiss	✓
Ver-/Entsorgung Womo	✓
in den Ort	2km
Gesamt/Touristen	300/130
Mietunterkünfte	✓
Stellplätze vor Schranke	✓

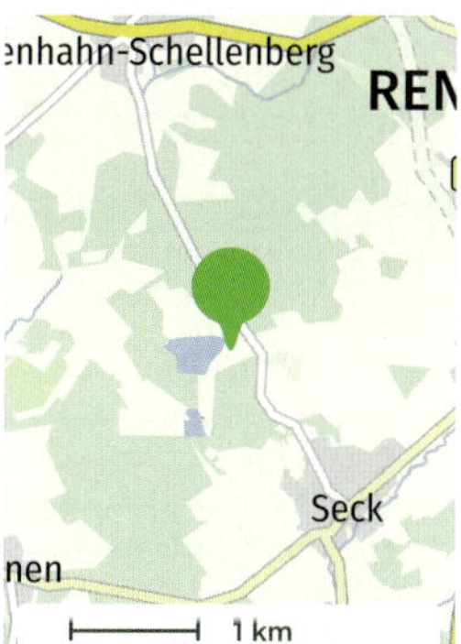

50.58793 | 8.0353

Seekomfortplatz mit Strom-, Wasser- und Abwasser sowie Blick auf den See.

Lage & Stellplatz

Der ganzjährig geöffnete Camping Park Weiherhof liegt in einem ruhigen Naturschutzgebiet direkt an einem See. Neben großzügigen Komfortstellplätzen mit Wasser- und Abwasseranschluss gehören auch Mietwohnwagen, Apartment und Mobilheime zur Ausstattung. Hier findet man Ruhe, Entspannung und Erholung.

Verpflegung

Direkt vor Ort befindet sich ein Restaurant mit Biergarten und Seeblickterrasse. Außerdem gibt es einen Minimarkt, der die Campinggäste von April bis Oktober und über Weihnachten bzw. Silvester mit leckeren Backwaren, Zeitschriften, Getränken und den Dingen des täglichen Lebens versorgt.

Sanitär

Der Camping Park Weiherhof verfügt über mehrere hochwertige und neue Sanitärgebäude mit speziellen Bädern für Kinder sowie Menschen mit Behinderung. Das Duschen ist bereits im Übernachtungspreis inbegriffen. Die Reinigung erfolgt bis zu dreimal täglich und gewährleistet somit ausgezeichnete Hygiene.

Freizeit

Durch die idyllische Lage steht der Aufenthalt in der Natur und das Vergnügen am und um den See im Vordergrund. Aber auch der Besuch der umliegenden Städte Limburg, Montabaur und Koblenz ist lohnenswert. Wer gerne wandert oder Fahrrad fährt, findet ebenfalls eine große Auswahl an Strecken vor.

Entspannen auf der Liegewiese.

Sicht auf den Secker Weiher.

4.7 SEHR GUT
618 Bewertungen

Lage	4.7
Ruhe	4.7
Sanitäranlagen	4.7
Sauberkeit Ø	4.8
Freundlichkeit	4.9
Stellplatz	4.6
Verpflegung	4.3
Freizeit	4.3
Preis-Leistung	4.6
Mietunterkünfte	4.7

Geeignet für

4.8 Gäste mit Hund

Kinder b. 6 J.	4.7
Kinder b. 12 J.	4.7
Paare	4.7
Senioren	4.7
Gäste mit Zelt	4.7
Kinder b. 18 J.	4.1

Empfohlene Aktivitäten

Wandern, Schwimmen, Entspannen, Radfahren

Mehr Infos

Karte auf Seite 480

	4	6	7
	Camping Haus am See	**Campingplatz Freilingen**	**Camping Hofgut Schönerlen**
	✻	✻	✻
	Seeburgerstr. 1 57629 Schmidthahn bei Steinebach +49 2662 7147	Hohe Str. 30 56244 Freilingen +49 2666 242526	Hofgut-Schönerlen 2 56244 Steinen +49 2666 207
	50.59745 | 7.81551	50.56437 | 7.82727	50.56333 | 7.81222
Infos			
Öffnungszeiten	ganzjährig	ganzjährig	01.04. - 31.10. 01.12. - 31.03.
Vergleichspreis	HS: 20,10 € | NS: 20,10 €	HS: 18,50 € | NS: 18,50 €	HS: 20,50 € | NS: 17,50 €
Link	**Mehr Infos & Anfrage:** www.camping.info/18799	**Mehr Infos & Anfrage:** www.camping.info/18755	**Mehr Infos & Anfrage:** www.camping.info/18753
Ausstattung			
Freizeit	Baden im See am Platz ✓ Pool/Hallenbad 7km Spielplatz am Platz ✓	Baden im See am Platz ✓ Pool/Hallenbad 10km Spielplatz am Platz ✓	Baden im See am Platz ✓ Pool/Hallenbad 6/12km Spielplatz am Platz ✓
Campingplatz	Hunde ✗ wenig Schatten ✓ WLAN ✗	Hunde willkommen ✓ wenig Schatten ✓ WLAN ✓	Hunde ✗ Schatten ✗ WLAN ✓
Versorgung	Lebensmittel 7km Brötchen am Platz ✓ Restaurant & Imbiss ✓ Ver-/Entsorgung Womo ✓ in den Ort 1km	Lebensmittel 1km Brötchen am Platz nur HS Restaurant & Imbiss ✓ Ver-/Entsorgung Womo ✓ in den Ort 1km	Lebensmittel ✓ Brötchen am Platz nur HS Restaurant/Imbiss 1km Ver-/Entsorgung Womo ✓ in den Ort 1km
Anzahl der Plätze	Gesamt/Touristen 147/50 Mietunterkünfte ✓ Stellplätze vor Schranke ✗	Gesamt/Touristen 150/80 Mietunterkünfte ✓ Stellplätze vor Schranke ✓	Gesamt/Touristen 200/120 Mietunterkünfte ✓ Stellplätze vor Schranke ✗
Bewertung	**4.0** SEHR GUT, 21 Bewertungen	**3.6** GUT, 19 Bewertungen	**4.3** SEHR GUT, 20 Bewertungen
Lage	4.4	3.8	4.7
Ruhe	4.3	3.7	4.9
Sanitäranlagen	3.8	3.6	4.3
Sauberkeit Ø	4.5	3.9	4.5
Freundlichkeit	4.4	4.5	4.5
Stellplatz	3.8	3.8	4.1
Verpflegung	3.4	3.5	3.3
Freizeit	3.6	3.7	4.0
Preis-Leistung	4.2	3.8	4.2
Mietunterkünfte	4.7	4.5	5.0
Geeignet für			
Kinder b. 6 J.	4.2	4.0	4.7
Kinder b. 12 J.	3.9	4.2	4.7
Kinder b. 18 J.	3.3	3.8	3.3
Paare	4.5	4.4	4.9
Senioren	4.5	4.2	4.7
Gäste mit Zelt	4.6	4.5	4.6
Hunde n. erlaubt / Gäste mit Hund	Hunde n. erlaubt -	Gäste mit Hund 4.1	Hunde n. erlaubt -
Empfohlene Aktivitäten	Wandern Schwimmen Entspannen	Wandern Schwimmen Radfahren	Wandern Radfahren Entspannen
	keine WOMOs ab 7,5 m, keine Partygruppen		

10 Camping zum stillen Winkel

Brunnenweg 1c
56589 Bürder
0049-157 777 222 16
www.camping-zumstillenwinkel.de
info@camping-zumstillenwinkel.de

31.03. - 31.10.

HS: 29,10 € | NS: 29,10 €

Mehr Infos & Anfrage:
www.camping.info/18775

Baden im Fluss am Platz	✓
Pool/Hallenbad	4km
Spielplatz am Platz	✓
Hunde willkommen	✓
zur Hälfte Schatten	✓
WLAN (gegen Gebühr)	✓
Lebensmittel	4km
Brötchen am Platz	✓
Restaurant/Imbiss	2/1km
Ver-/Entsorgung Womo	✓
in den Ort	2km
Gesamt/Touristen	200/100
Mietunterkünfte	✓
Stellplätze vor Schranke	✗

1 km
50.51594 | 7.42969

Idyllische Komfort-Stellplätze mitten im Grünen – ideal zum Ruhe genießen!

Lage & Stellplatz

Sehr schöne, ruhige und idyllische Lage am kleinen Fluss, mitten im Naturpark Rhein-Westerwald, zwischen Köln und Koblenz, nicht weit vom Rhein und Mosel. Komfortable Stellplätze, alle mit Strom, und 95 % mit Wasser- und Abwasseranschluss, teilweise befestigt. Erholung pur, mitten in der Natur!

Verpflegung

Täglicher Brötchenservice frisch vom Bäcker. Eis-, Snacks- und Getränke erhältlich auf dem Campingplatz. Täglicher Restaurant-Lieferservice. Kleine Einkäufe möglich an der Tankstelle 2 km, Bäcker 2 km, Supermarkt Aldi 4 km, weitere Supermärkte, Restaurants, Apotheke & Drogerie 5 km.

Sanitär

Genießen Sie den Komfort der modernen neuen Sanitäranlage mit komfortablen beheizten Badezimmern (Dusche, WC & Waschbecken), Kinderbadezimmer mit Babybad, Wickeltisch, Kinder-WC und Kinderdusche. Behindertensanitär vorhanden. Alles Einzelräume mit dezentralisierter Lüftung, so auch die Toiletten.

Freizeit

Wander- und Radwege direkt vom Platz in wunderschöne Umgebung. Rhein & Mosel per Schiff entdecken oder mittelalterliche Städte und Burgen besuchen. Auch für Kinder gibt es viel zu erleben, z.B. Kletterpark, Zoo, Freizeitpark, Schwimmbäder. Mehr Infos zu weiteren Ausflügen auf der Website vom CP.

Wunderschöne Wanderwege.

Moderne, beheizte Badezimmer.

4.4 SEHR GUT
53 Bewertungen

Lage	4.6
Ruhe	4.9
Sanitäranlagen	4.0
Sauberkeit Ø	4.5
Freundlichkeit	4.5
Stellplatz	4.1
Verpflegung	2.9
Freizeit	3.9
Preis-Leistung	4.4
Mietunterkünfte	3.3

Geeignet für

4.8	Senioren
4.6	Kinder b. 6 J.
4.6	Gäste mit Hund
4.2	Kinder b. 12 J.
4.6	Paare
4.5	Gäste mit Zelt
3.2	Kinder b. 18 J.

Empfohlene Aktivitäten

Wandern · Entspannen · Radfahren · Mountainbiking

Mehr Infos

Anreise ab 14:00 Uhr.

Karte auf Seite 480

	8	9	11
	Camping Wiedhof	**Campingplatz Neuerburg**	**Campingplatz Eisenbachtal**
			❄
	Wiedhof 1 56588 Waldbreitbach	Im Freizeitgelände 1 56589 Niederbreitenbach +49 2638 4254	Im Eisenbachtal 56412 Girod +49 6485 766
	50.55389 | 7.42579	50.52941 | 7.41314	50.43674 | 7.90494
Infos			
Öffnungszeiten	keine Angabe	01.04. - 31.10.	ganzjährig
Vergleichspreis	keine Angabe	HS: 17,00 €	HS: 20,00 € | NS: 20,00 €
Link	**Mehr Infos & Anfrage:** www.camping.info/23146	**Mehr Infos & Anfrage:** www.camping.info/18776	**Mehr Infos & Anfrage:** www.camping.info/22361
Ausstattung			
Freizeit	Baden in nat. Gewässer k. A.	Baden in nat. Gewässer k. A.	Baden in nat. Gewässer k. A.
	Pool & Hallenbad ✗	Pool/Hallenbad 1km	Pool/Hallenbad 5km
	Spielplatz keine Angabe	Spielplatz am Platz ✓	Spielplatz am Platz ✓
Campingplatz	Hunde ✗	Hunde willkommen ✓	Hunde erlaubt ✓
	Schatten ✗	wenig Schatten ✓	Schatten ✗
	WLAN keine Angabe	WLAN (gegen Gebühr) ✓	WLAN ✗
Versorgung	Lebensmittel k.A.	Lebensmittel 2km	Lebensmittel ✓
	Brötchen keine Angabe	Brötchen am Platz ✓	Brötchen am Platz ✓
	Restaurant & Imbiss ✗	Restaurant & Imbiss ✓	Restaurant 50m
	Ver-/Entsorgung Womo ✗	Ver-/Entsorgung Womo ✓	Ver-/Entsorgung Womo ✓
	in den Ort keine Angabe	im Ort ✓	in den Ort 1km
Anzahl der Plätze	Gesamt keine Angabe	Gesamt/Touristen 205/40	Gesamt/Touristen 100/30
	Mietunterkünfte ✗	Mietunterkünfte ✓	Mietunterkünfte ✗
	Stellplätze vor Schranke ✗	Stellplätze vor Schranke ✓	Stellplätze vor Schranke ✓

	Camping Wiedhof	Campingplatz Neuerburg	Campingplatz Eisenbachtal
Bewertung	3.8 GUT, 4 Bewertungen	3.8 GUT, 4 Bewertungen	4.6 SEHR GUT, 16 Bewertungen
Lage	4.0	4.0	4.5
Ruhe	3.7	4.8	4.7
Sanitäranlagen	2.7	3.5	3.4
Sauberkeit Ø	2.5	4.2	4.5
Freundlichkeit	3.0	4.3	5.0
Stellplatz	2.7	3.5	4.2
Verpflegung	2.3	3.2	3.1
Freizeit	2.0	3.0	4.3
Preis-Leistung	3.0	4.2	4.8
Mietunterkünfte	-	-	-
Geeignet für			
Kinder b. 6 J.	3.0	3.0	4.5
Kinder b. 12 J.	2.7	3.3	4.5
Kinder b. 18 J.	2.3	3.0	3.2
Paare	3.0	4.0	4.5
Senioren	3.0	4.0	4.6
Gäste mit Zelt	4.0	3.0	4.2
Hunde n. erlaubt / Gäste mit Hund	Hunde n. erlaubt -	Gäste mit Hund 4.7	Gäste mit Hund 4.6
Empfohlene Aktivitäten		Wandern Radfahren Angeln	Wandern Radfahren Entspannen

14 Camping & Beachclub Fachbach an der Lahn

Furtweg 14
56133 Fachbach
0260313202
www.camping-beachclub.de
camping@camping-beachclub.de

ganzjährig

HS: 37,50 € | NS: 35,50 €

Mehr Infos & Anfrage:
www.camping.info/27360

Baden im Fluss am Platz	✓
Pool/Hallenbad	10/3km
Spielplatz	1km
Hunde willkommen	✓
wenig Schatten	✓
WLAN (gegen Gebühr)	✓
Lebensmittel	2km
Brötchen am Platz	✓
Restaurant & Imbiss	✓
Ver-/Entsorgung Womo	✓
im Ort	✓
Touristenplätze	100
Mietunterkünfte	✓
Stellplätze vor Schranke	✗

50.33735 | 7.69214

Blick auf den Camping-Beachclub in Fachbach zwischen KO und Bad Ems.

Lage & Stellplatz

Fachbach an der Lahn ist ein idyllischer Ort der Erholung mitten in der Natur. Hier haben Urlauber die Möglichkeit, einfach die Ruhe zu genießen, sich sportlich zu betätigen oder kulturelle Erkundungen zu unternehmen. Es gibt großzügige Stellplätze mit direktem Strom-, Wasser- und Abwasseranschluss.

Verpflegung

Die Gäste können sich im Restaurant und auf der Panoramaterrasse mit leckeren Speisen verwöhnen lassen und die herrliche Aussicht auf die Lahn genießen. Das Restaurant verfügt zudem über ein Kiosk. Hier können alle Gerichte der Speisekarte auch „to go" sowie Grillgut bestellt oder erworben werden.

Sanitär

Die neu gestaltete Sanitäranlage überzeugt mit Sauberkeit und komfortablen, großzügigen Duschen. Des Weiteren steht den Gästen eine behindertengerechte Sanitäranlage zur Verfügung, welche leicht zu erreichen ist. Für die vierbeinigen Freunde gibt es eine Hundedusche.

Freizeit

Direkt vor Ort gibt es ein Volleyball-Feld und einen SUP-Verleih. Ein Thermalbad mit Saunalandschaft (Emser Therme), Kanutouren/-verleih, Tennisplätze, ein Golfplatz, sehenswerte Burgen, die Ruppertsklamm, diverse Wanderrouten sowie der Emser Bikepark sind innerhalb von 5 bis 15 Minuten erreichbar.

Großzügige Stellplätze am Fluss.

Beachclub Fachbach.

4.0 SEHR GUT
28 Bewertungen

Lage	4.3
Ruhe	3.7
Sanitäranlagen	3.4
Sauberkeit Ø	4.0
Freundlichkeit	4.6
Stellplatz	3.8
Verpflegung	4.1
Freizeit	4.0
Preis-Leistung	3.8
Mietunterkünfte	4.4

Geeignet für

Gäste mit Zelt	4.5
Gäste mit Hund	4.5
Paare	4.4
Senioren	4.2
Kinder b. 12 J.	4.1
Kinder b. 18 J.	3.9
Kinder b. 6 J.	3.4

Empfohlene Aktivitäten

Wandern · Radfahren · Kayak/Kanu · Schwimmen

Mehr Infos

Hunde sind herzlich willkommen! Hundedusche vorhanden. HS: 30.04. - 01.09.

Karte auf Seite 480

	12	13	15
	Camping Oranienstein an der Lahn	**KNAUS Campingpark Koblenz/ Rhein-Mosel******	**Campingplatz Gülser Moselbogen**
	Strandbadweg 1 65582 Diez +49 6432 2122	Schartwiesenweg 6 56070 Koblenz +49 261 827 19	Am Gülser Moselbogen 20 56072 Koblenz-Güls +49 261 44474
	50.3815 | 8.00106	50.36556 | 7.60389	50.33053 | 7.55381
Infos			
Öffnungszeiten	10.04. - 25.10.	18.04. - 31.12.	ganzjährig
Vergleichspreis	HS: 19,40 € | NS: 19,40 €	HS: 41,80 € | NS: 41,80 €	HS: 26,50 € | NS: 26,50 €
Link	**Mehr Infos & Anfrage:** www.camping.info/18843	**Mehr Infos & Anfrage:** www.camping.info/18748	**Mehr Infos & Anfrage:** www.camping.info/18749
Ausstattung			
Freizeit	Baden im Fluss am Platz ✓ Pool/Hallenbad ✓/2km Spielplatz am Platz ✓	Baden in nat. Gewässer ✗ Pool/Hallenbad 5km Spielplatz am Platz ✓	Baden im Fluss am Platz ✓ Pool/Hallenbad 4/10km Spielplatz am Platz ✓
Campingplatz	Hunde erlaubt ✓ Schatten ✗ WLAN (gegen Gebühr) ✓	Hunde willkommen ✓ zur Hälfte Schatten ✓ WLAN (gegen Gebühr) ✓	Hunde willkommen ✓ zur Hälfte Schatten ✓ WLAN (begrenzt gratis) ✓
Versorgung	Lebensmittel ✓ Brötchen am Platz ✓ Restaurant & Imbiss ✓ Ver-/Entsorgung Womo ✓ in den Ort 1km	Lebensmittel 300m Brötchen am Platz ✓ Restaurant am P. ✓ Ver-/Entsorgung Womo ✓ im Ort ✓	Lebensmittel 500m Brötchen am Platz ✓ Restaurant & Imbiss ✓ Ver-/Entsorgung Womo ✓ in den Ort 1km
Anzahl der Plätze	Gesamt/Touristen 300/150 Mietunterkünfte ✓ Stellplätze vor Schranke ✗	Touristenplätze 201 Mietunterkünfte ✓ Stellplätze vor Schranke ✓	Gesamt/Touristen 250/120 Mietunterkünfte ✓ Stellplätze vor Schranke ✗
Bewertung	3.9 GUT 33 Bewertungen	3.8 GUT 305 Bewertungen	4.3 SEHR GUT 122 Bewertungen
Lage	4.1	4.7	4.4
Ruhe	3.6	3.2	3.6
Sanitäranlagen	3.2	3.9	4.5
Sauberkeit Ø	4.2	4.0	4.8
Freundlichkeit	4.2	3.8	4.7
Stellplatz	4.0	3.7	4.1
Verpflegung	3.8	3.4	4.0
Freizeit	4.0	3.9	4.0
Preis-Leistung	4.3	3.0	4.1
Mietunterkünfte	4.5	4.0	2.5
Geeignet für			
Kinder b. 6 J.	4.1	3.2	3.9
Kinder b. 12 J.	4.0	3.4	4.0
Kinder b. 18 J.	3.5	3.7	3.5
Paare	4.4	4.5	4.6
Senioren	4.5	4.5	4.6
Gäste mit Zelt	4.2	3.6	4.3
Gäste mit Hund	4.4	3.9	4.6
Empfohlene Aktivitäten	Kayak/Kanu Radfahren Wandern	Sightseeing Radfahren Kultur	Radfahren Wandern Entspannen
		Preise aus 2019	keine WOMOs ab 12 m

16

Campingplatz Dausenau

Hallgarten 16
56132 Dausenau
+49 2603 13 964
50.32783 | 7.75532

01.04. - 31.10.
HS: 27,00 € | NS: 27,00 €
Mehr Infos & Anfrage:
www.camping.info/22362

Baden im Fluss am Platz	✓
Pool/Hallenbad	4km
Spielplatz am Platz	✓
Hunde willkommen	✓
wenig Schatten	✓
WLAN (gegen Gebühr)	teilweise
Lebensmittel	4km
Brötchen am Platz	✓
Restaurant am P.	✓
Ver-/Entsorgung Womo	✓
in den Ort	4km
Gesamt/Touristen	120/80
Mietunterkünfte	✓
Stellplätze vor Schranke	✗

4.2 SEHR GUT
25 Bewertungen

Lage	4.2
Ruhe	3.2
Sanitäranlagen	3.8
Sauberkeit Ø	4.2
Freundlichkeit	4.5
Stellplatz	4.0
Verpflegung	3.5
Freizeit	4.0
Preis-Leistung	3.9
Mietunterkünfte	4.7

Geeignet für

Kinder b. 6 J.	3.5
Kinder b. 12 J.	4.0
Kinder b. 18 J.	4.1
Paare	4.4
Senioren	4.4
Gäste mit Zelt	4.2
Gäste mit Hund	4.3

Empfohlene Aktivitäten

- Radfahren
- Kayak/Kanu
- Wandern

17

Camping Wolfsmühle

Hohenrhein 79
56112 Lahnstein
+492621 2589
50.31515 | 7.63301

15.03. - 31.10.
HS: 24,00 € | NS: 22,50 €
Mehr Infos & Anfrage:
www.camping.info/18750

Baden im Fluss am Platz	✓
Pool/Hallenbad	2km
Spielplatz am Platz	✓
Hunde willkommen	✓
zur Hälfte Schatten	✓
WLAN (gegen Gebühr)	teilweise
Lebensmittel	✓
Brötchen am Platz	✓
Restaurant & Imbiss	✓
Ver-/Entsorgung Womo	✓
in den Ort	1km
Gesamt/Touristen	120/50
Mietunterkünfte	✓
Stellplätze vor Schranke	✗

3.8 GUT
25 Bewertungen

Lage	4.0
Ruhe	3.1
Sanitäranlagen	3.6
Sauberkeit Ø	4.2
Freundlichkeit	4.6
Stellplatz	3.6
Verpflegung	3.3
Freizeit	3.9
Preis-Leistung	3.8
Mietunterkünfte	5.0

Geeignet für

Kinder b. 6 J.	3.2
Kinder b. 12 J.	3.8
Kinder b. 18 J.	2.8
Paare	4.3
Senioren	4.4
Gäste mit Zelt	4.2
Gäste mit Hund	4.2

Empfohlene Aktivitäten

- Radfahren
- Wandern
- Kayak/Kanu

18

Campingplatz Burg Lahneck

Burgweg
56112 Lahnstein
+49 2621 2765
50.30512 | 7.61261

18.03. - 31.10.
HS: 30,00 € | NS: 30,00 €
Mehr Infos & Anfrage:
www.camping.info/22363

Baden in nat. Gewässer	k. A.
Pool/Hallenbad	800m/4km
Spielplatz am Platz	✓
Hunde erlaubt	✓
Schatten	✗
WLAN	✓
Lebensmittel	500m
Brötchen am Platz	✗
Restaurant/Imbiss	200m
Ver-/Entsorgung Womo	✗
in den Ort	2km
Gesamt/Touristen	102/100
Mietunterkünfte	✗
Stellplätze vor Schranke	✗

3.7 GUT
33 Bewertungen

Lage	4.8
Ruhe	3.8
Sanitäranlagen	3.5
Sauberkeit Ø	4.5
Freundlichkeit	4.2
Stellplatz	3.7
Verpflegung	3.1
Freizeit	3.1
Preis-Leistung	3.4
Mietunterkünfte	-

Geeignet für

Kinder b. 6 J.	2.5
Kinder b. 12 J.	2.5
Kinder b. 18 J.	2.1
Paare	3.9
Senioren	4.7
Gäste mit Zelt	3.6
Gäste mit Hund	3.2

Empfohlene Aktivitäten

- Entspannen
- Wandern
- Sightseeing

19

Camping - Freizeitzentrum

Am Rhein 1
56321 Brey
+49 2628 8860
50.275 | 7.62944

01.05. - 31.10.
HS: 13,10 €
Mehr Infos & Anfrage:
www.camping.info/18759

Baden im Fluss am Platz	✓
Pool & Hallenbad	✗
Spielplatz am Platz	✓
Hunde willkommen	✓
Schatten	✗
WLAN	✗
Lebensmittel	300m
Brötchen am Platz	✓
Restaurant/Imbiss	200/350m
Ver-/Entsorgung Womo	✗
in den Ort	1km
Gesamt/Touristen	120/60
Mietunterkünfte	✓
Stellplätze vor Schranke	✗

3.7 GUT
7 Bewertungen

Lage	4.3
Ruhe	3.4
Sanitäranlagen	3.6
Sauberkeit Ø	4.2
Freundlichkeit	4.9
Stellplatz	3.7
Verpflegung	3.2
Freizeit	3.6
Preis-Leistung	4.7
Mietunterkünfte	5.0

Geeignet für

Kinder b. 6 J.	2.2
Kinder b. 12 J.	3.3
Kinder b. 18 J.	3.2
Paare	4.4
Senioren	4.5
Gäste mit Zelt	4.0
Gäste mit Hund	4.4

Empfohlene Aktivitäten

- Radfahren
- Wandern
- Entspannen

Karte auf Seite 480

	20	21	22
	Camping am Rhein - Uferwiese	**Campingpark Sonneneck Boppard**	**Campingplatz zum Mühlbachtal**
	Am Campingplatz 1 56338 Braubach +49 171 839 9809 50.27471 | 7.6393	An der B 9 56154 Boppard +49 6742 2121 50.24863 | 7.62595	Campingplatz 0 56355 Nastätten 06772-94349 50.18678 | 7.86304

Infos

	20	21	22
Öffnungszeiten	15.03. - 04.10. 05.10. - 20.12.	15.04. - 16.10.	keine Angabe
Vergleichspreis	HS: 28,00 € | NS: 24,00 €	HS: 24,00 € | NS: 22,00 €	keine Angabe
Link	**Mehr Infos & Anfrage:** www.camping.info/18765	**Mehr Infos & Anfrage:** www.camping.info/18752	**Mehr Infos & Anfrage:** www.camping.info/27236

Ausstattung

	20		21		22	
Freizeit	Baden im Fluss am Platz	✓	Baden im Fluss am Platz	✓	Baden in nat. Gewässer	k. A.
	Pool/Hallenbad	3km	Pool am Platz	✓	Pool & Hallenbad	✗
	Spielplatz	100m	Spielplatz am Platz	✓	Spielplatz	keine Angabe
Campingplatz	Hunde willkommen	✓	Hunde erlaubt	✓	Hunde	✗
	kein Schatten	✓	Schatten	✗	Schatten	✗
	WLAN	✓	WLAN	✓	WLAN	keine Angabe
Versorgung	Lebensmittel	500m	Lebensmittel	✓	Lebensmittel	k.A.
	Brötchen am Platz	✗	Brötchen am Platz	✓	Brötchen	keine Angabe
	Restaurant/Imbiss	250/600m	Restaurant & Imbiss	✓	Restaurant & Imbiss	✗
	Ver-/Entsorgung Womo	✓	Ver-/Entsorgung Womo	✓	Ver-/Entsorgung Womo	✗
	in den Ort	500m	in den Ort	1km	in den Ort	keine Angabe
Anzahl der Plätze	Touristenplätze	45	Gesamt/Touristen	300/240	Gesamt	keine Angabe
	Mietunterkünfte	✗	Mietunterkünfte	✓	Mietunterkünfte	✗
	Stellplätze vor Schranke	✗	Stellplätze vor Schranke	✗	Stellplätze vor Schranke	✗

Bewertungen

	20		21		22	
	4.1 SEHR GUT	43 Bewertungen	**4.0** SEHR GUT	137 Bewertungen	**4.3** SEHR GUT	3 Bewertungen
	Lage	4.8	Lage	4.5	Lage	4.7
	Ruhe	3.5	Ruhe	2.9	Ruhe	5.0
	Sanitäranlagen	3.6	Sanitäranlagen	3.7	Sanitäranlagen	4.7
	Sauberkeit Ø	4.6	Sauberkeit Ø	4.0	Sauberkeit Ø	4.7
	Freundlichkeit	4.6	Freundlichkeit	4.6	Freundlichkeit	4.7
	Stellplatz	3.8	Stellplatz	4.0	Stellplatz	4.3
	Verpflegung	2.9	Verpflegung	3.7	Verpflegung	-
	Freizeit	4.0	Freizeit	4.0	Freizeit	3.7
	Preis-Leistung	4.1	Preis-Leistung	4.1	Preis-Leistung	5.0
	Mietunterkünfte	-	Mietunterkünfte	4.0	Mietunterkünfte	-
Geeignet für	Kinder b. 6 J.	3.1	Kinder b. 6 J.	4.0	Kinder b. 6 J.	3.5
	Kinder b. 12 J.	3.5	Kinder b. 12 J.	4.1	Kinder b. 12 J.	4.3
	Kinder b. 18 J.	3.4	Kinder b. 18 J.	3.6	Kinder b. 18 J.	3.5
	Paare	4.5	Paare	4.4	Paare	4.7
	Senioren	4.4	Senioren	4.3	Senioren	4.3
	Gäste mit Zelt	4.5	Gäste mit Zelt	4.2	Gäste mit Zelt	5.0
	Gäste mit Hund	4.6	Gäste mit Hund	4.4	Hunde n. erlaubt	-
Empfohlene Aktivitäten	Radfahren		Radfahren		Wandern	
	Wandern		Wandern		Entspannen	
	Entspannen		Schwimmen		Schwimmen	

25 Country Camping Schinderhannes

*

Campingplatz 1
56291 Hausbay
+49 6746 3889797
www.countrycamping.de
info@countrycamping.de

ganzjährig

HS: 31,00 € | NS: 26,00 €

Mehr Infos & Anfrage:
www.camping.info/18757

Baden im See am Platz	✓
Pool/Hallenbad	12/8km
Spielplatz am Platz	✓
Hunde willkommen	✓
zur Hälfte Schatten	✓
WLAN	✓
Lebensmittel	✓
Brötchen am Platz	✓
Restaurant & Imbiss	✓
Ver-/Entsorgung Womo	✓
in den Ort	800m
Gesamt/Touristen	300/200
Mietunterkünfte	✗
Stellplätze vor Schranke	✓

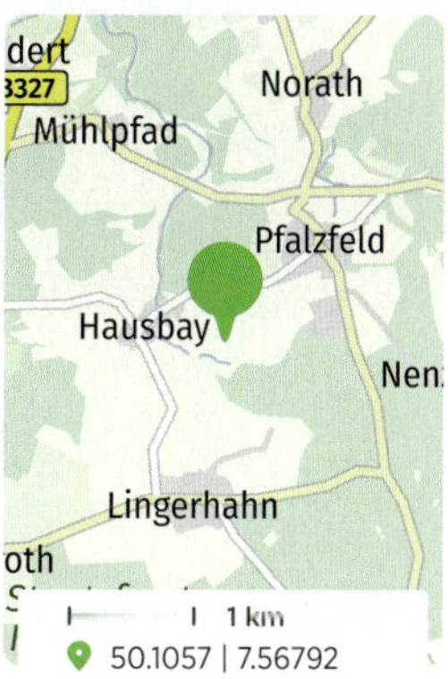

Großzügige Stellplätze auf der Wiese.

Lage & Stellplatz

Der ruhige Campingplatz liegt an einem Südhang im waldreichen Hunsrück. Zwischen Rhein und Mosel ca. 35 km südlich von Koblenz, nur 3 km bis zur A61. Ganzjährig geöffnet, alle Plätze mit Stromanschluss, ca. 200 Plätze mit Wasser- und Abwasseranschluss. Ver- und Entsorgung auch für Durchreisende.

Sanitär

Der Platz verfügt über drei saubere Sanitärgebäude inklusive Babywickelraum und barrierefreien WCs. Für besonderen Komfort und mehr Privatsphäre können sich die Gäste für private Mietbadezimmer entscheiden. Waschmaschinen und Trockner sind ebenfalls vorhanden.

Verpflegung

Der idyllische Campingplatz mit Urlaubsplätzen von 80 bis 150 m² Stellfläche verfügt über ein leckeres, platzeigenes Restaurant. Alle Artikel des täglichen Bedarfs finden die Gäste im kleinen Lebensmittelshop ebenfalls direkt am Platz. Die gemütliche Grillhütte lädt zu gemeinsamen Grillabenden ein.

Freizeit

Bade-, Angel- und Bootsteich mit Badestrand in Südlage. Feiner Sand und ausgezeichnete Wasserqualität. Kinderspielplatz und Spielwiese, Veranstaltungszelt, Tischtennis, Basketball-, Beachvolleyball-, Boule- und Tennisplätze sowie die große Zeltwiese mit Feuerstelle lassen keine Langeweile aufkommen.

Restaurant direkt am Platz.

Blick auf den See.

3.7 GUT
24 Bewertungen

Lage	4.4
Ruhe	4.6
Sanitäranlagen	3.9
Sauberkeit Ø	4.3
Freundlichkeit	4.6
Stellplatz	3.9
Verpflegung	4.0
Freizeit	3.5
Preis-Leistung	4.3
Mietunterkünfte	-

Geeignet für

Gäste mit Zelt	4.3
Kinder b. 6 J.	4.2
Paare	4.2
Senioren	4.2
Gäste mit Hund	4.0
Kinder b. 12 J.	3.9
Kinder b. 18 J.	2.9

Empfohlene Aktivitäten

Wandern · Radfahren · Entspannen · Mountainbiking

Mehr Infos

Karte auf Seite 480

	23	24
	Camping Friedenau	**Camping Loreleyblick**
		❄
	Gründelbach 103 56329 St. Goar-Gründelbach +49 6741 368 50.14985 | 7.69475	An der Loreley 49-50 56329 St. Goar +49 6741 2066 50.14232 | 7.72179
Infos		
Öffnungszeiten	15.03. - 31.10.	ganzjährig
Vergleichspreis	HS: 22,90 € | NS: 22,90 €	HS: 23,20 € | NS: 23,20 €
Link	**Mehr Infos & Anfrage:** www.camping.info/18760	**Mehr Infos & Anfrage:** www.camping.info/18761
Ausstattung		
Freizeit	Baden in nat. Gewässer k. A.	Baden in nat. Gewässer k. A.
	Pool 2km	Pool/Hallenbad 2/25km
	Spielplatz am Platz ✓	Spielplatz am Platz ✓
Campingplatz	Hunde erlaubt ✓	Hunde erlaubt ✓
	Schatten ✗	Schatten ✗
	WLAN ✓	WLAN (gegen Gebühr) ✓
Versorgung	Lebensmittel 1km	Lebensmittel ✓
	Brötchen am Platz ✓	Brötchen am Platz ✓
	Restaurant am P. ✓	Restaurant am P. ✓
	Ver-/Entsorgung Womo ✓	Ver-/Entsorgung Womo ✓
	in den Ort 1km	in den Ort 1km
Anzahl der Plätze	Touristenplätze 40	Touristenplätze 360
	Mietunterkünfte ✓	Mietunterkünfte ✓
	Stellplätze vor Schranke ✓	Stellplätze vor Schranke ✓

	Camping Friedenau	Camping Loreleyblick
Gesamt	4.3 SEHR GUT (43 Bewertungen)	3.6 GUT (117 Bewertungen)
Lage	4.6	4.5
Ruhe	4.8	2.1
Sanitäranlagen	3.6	3.6
Sauberkeit Ø	4.5	3.7
Freundlichkeit	4.8	3.9
Stellplatz	4.1	3.5
Verpflegung	4.4	3.5
Freizeit	4.0	3.6
Preis-Leistung	4.6	3.5
Mietunterkünfte	4.8	2.8
Geeignet für		
Kinder b. 6 J.	3.5	2.6
Kinder b. 12 J.	3.5	2.9
Kinder b. 18 J.	3.5	3.1
Paare	4.9	4.1
Senioren	4.8	4.2
Gäste mit Zelt	4.8	3.5
Gäste mit Hund	4.8	4.1
Empfohlene Aktivitäten	Wandern Radfahren Entspannen	Wandern Radfahren Sightseeing

Camping Friedenau: keine WOMOs ab 8 m; Anreise über B9 empfohlen

26 Campingpark am Mühlenteich

*

Am Mühlenteich 1
56291 Lingerhahn
+49 6746 533
www.muehlenteich.de
info@muehlenteich.de

ganzjährig

HS: 39,00 € | NS: 29,00 €

Mehr Infos & Anfrage:
www.camping.info/18758

Baden im Teich am Platz	✓
Pool/Hallenbad	10km
Spielplatz am Platz	✓
Hunde willkommen	✓
zur Hälfte Schatten	✓
WLAN (gegen Gebühr)	✓
Lebensmittel	1km
Brötchen am Platz	✓
Restaurant & Imbiss	✓
Ver-/Entsorgung Womo	✓
in den Ort	1km
Gesamt/Touristen	250/100
Mietunterkünfte	✗
Stellplätze vor Schranke	✗

Die Campinganlage Am Mühlenteich von oben.

Lage & Stellplatz

Der großzügig angelegte Campingplatz liegt am Rande eines duftenden Kiefern- und Fichtenwaldes mit großen, nicht parzellierten Stellplätzen im Grünen, die mit viel Liebe angelegt sind. Naturfreunde und Wanderer finden hier reizvolle Wanderwege zum Pilze suchen, Beeren sammeln, Rad fahren u. v. m.

Verpflegung

Bei einem kühlen Glas im herrlich gelegenen Biergarten oder in geselliger Runde in der rustikalen Gaststätte – hier findet jeder etwas für sein leibliches Wohl. Die Küche verwöhnt die Gäste täglich mit preisgünstigen Gerichten in den neu gestalteten Gast- und Verkaufsräumen.

Sanitär

Zwei top gepflegte Sanitärhäuser erwarten die Gäste auf dem Campingpark am Mühlenteich. Auf Sauberkeit wird großer Wert gelegt, was sich in den durchweg positiven Bewertungen der Besucher widerspiegelt.

Freizeit

Neben einem schönen Schwimmteich warten allerhand spannende und interessante Events und Aktionen auf die Gäste! Kinder kommen auf dem großen Spielplatz und bei den angebotenen Kinderspielen voll auf ihre Kosten. Auch Grillabende für Kinder, Schaumpartys u. v. m. stehen auf dem Programm.

Der Naturbadeteich bei Nacht.

Für besinnliche Stunden!

4.4 SEHR GUT
34 Bewertungen

Lage	4.4
Ruhe	4.8
Sanitäranlagen	3.7
Sauberkeit Ø	4.3
Freundlichkeit	4.8
Stellplatz	4.1
Verpflegung	3.7
Freizeit	4.0
Preis-Leistung	4.3
Mietunterkünfte	-

Geeignet für

Senioren	4.7
Gäste mit Hund	4.7
Paare	4.5
Gäste mit Zelt	4.5
Kinder b. 6 J.	4.3
Kinder b. 12 J.	4.3
Kinder b. 18 J.	3.5

Empfohlene Aktivitäten

Wandern | Entspannen | Radfahren | Schwimmen

Mehr Infos

Keine Jugendgruppen zugelassen.

RHEINLAND-PFALZ

❷ Mosel-Saar

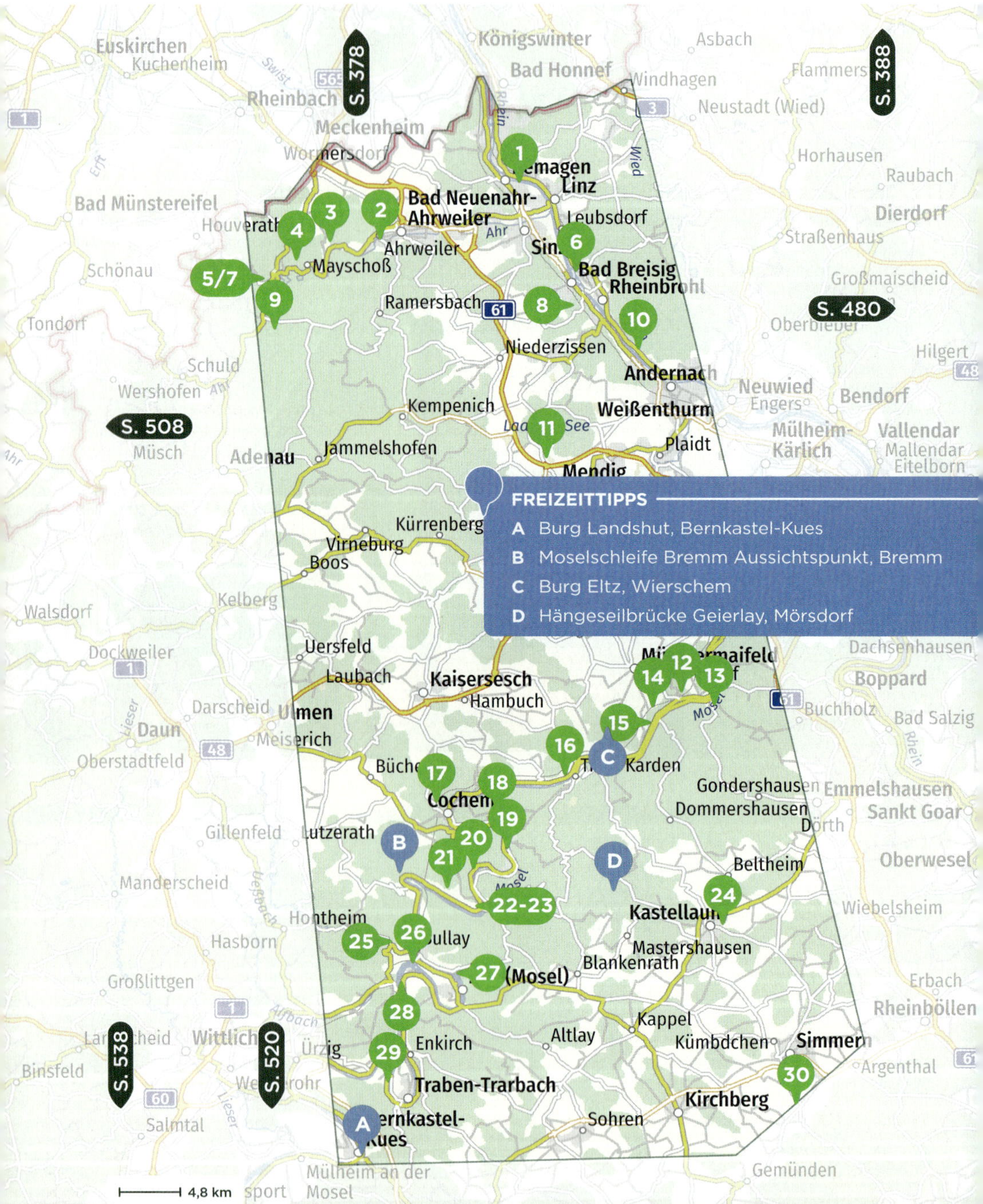

	Platz	Seite	Bewertung	Öffnungszeiten	
1	Campingplatz Goldene Meile	496	3.7	ganzjährig	✻
2	Campingplatz "Am Ahrtor"	496	4.6	ganzjährig	✻
3	Campingplatz Dernau	496	4.5	saisonal	
4	Camping Zur Burgwiese	497	3.5	k. A.	
5	Camping Schulz Altenahr	497	3.8	saisonal	
6	Wellness-Rheinpark-Camping	497	3.6	ganzjährig	✻
7	Camping Viktoria Station	497	3.8	saisonal	
8	Camping Rheineck	498	3.9	ganzjährig	✻
9	Camping Denntal	498	3.8	ganzjährig	✻
10	Campingplatz Leutesdorf & Biergarten OASE	498	4.6	saisonal	
11	Siesta Camping	499	3.7	saisonal	
12	Campinginsel Sonnenwerth	499	3.6	saisonal	
13	Historische Mühle Vogelsang	499	4.0	ganzjährig	✻
14	Camping-Burgen	499	4.2	saisonal	
15	KNAUS Campingpark Burgen/Mosel****	502	3.7	saisonal	
16	Campingplatz Mosel Islands	500	3.6	saisonal	
17	Camping-Schausten	502	4.2	ganzjährig	✻
18	Campingplatz Bruttig-Fankel	502	3.9	k. A.	
19	Camping Happy Holiday	503	4.1	saisonal	
20	Family Camping Club	503	4.5	saisonal	
21	Camping Zum Feuerberg	503	3.6	saisonal	
22	Camping Holländischer Hof	503	4.4	saisonal	
23	Camping Nehren	506	4.5	saisonal	
24	BurgStadt CampingPark	504	4.5	saisonal	
25	Moselcampingplatz Alf	506	3.8	ganzjährig	✻
26	Moselcampingplatz Pünderich	506	4.4	saisonal	
27	Campingpark Zell-Mosel	507	4.2	ganzjährig	✻
28	Camping Moselland	507	3.6	saisonal	
29	Moselcampingplatz Rissbach	507	4.1	saisonal	✻
30	Höhenhof	507	3.5	ganzjährig	✻

✻ Wintercamping FKK Textilfrei (ganz/teilweise) Ecocamping Award Onlinebuchung

Karte auf Seite 494

	1	2	3
	Campingplatz Goldene Meile	**Campingplatz "Am Ahrtor"**	**Campingplatz Dernau**
	Simrockweg 9-13 53424 Remagen +49 2642 22222 50.57639 | 7.25056	Kalvarienbergstr. 1 53474 Bad Neuenahr +49 2641 26539 50.53628 | 7.10223	Ahreweg 2 53507 Dernau +49 (0)2643/8517 50.5339 | 7.0476
Infos			
Öffnungszeiten	ganzjährig	ganzjährig	01.04. - 31.10.
Vergleichspreis	HS: 27,50 € | NS: 20,00 €	keine Angabe	keine Angabe
Link	**Mehr Infos & Anfrage:** www.camping.info/18673	**Mehr Infos & Anfrage:** www.camping.info/23313	**Mehr Infos & Anfrage:** www.camping.info/27179
Ausstattung			
Freizeit	Baden in nat. Gewässer k. A. Pool/Hallenbad 100m/5km Spielplatz am Platz ✓	Baden in nat. Gewässer k. A. Pool & Hallenbad ✗ Spielplatz keine Angabe	Baden in nat. Gewässer k. A. Pool & Hallenbad ✗ Spielplatz keine Angabe
Campingplatz	Hunde willkommen ✓ zur Hälfte Schatten ✓ WLAN ✓	Hunde erlaubt ✓ Schatten ✗ WLAN keine Angabe	Hunde ✗ Schatten ✗ WLAN keine Angabe
Versorgung	Lebensmittel ✓ Brötchen am Platz nur HS Restaurant & Imbiss ✓ Ver-/Entsorgung Womo ✓ in den Ort 2km	Lebensmittel k.A. Brötchen keine Angabe Restaurant & Imbiss ✗ Ver-/Entsorgung Womo ✗ in den Ort keine Angabe	Lebensmittel k.A. Brötchen keine Angabe Restaurant & Imbiss ✗ Ver-/Entsorgung Womo ✗ in den Ort keine Angabe
Anzahl der Plätze	Gesamt/Touristen 500/200 Mietunterkünfte ✗ Stellplätze vor Schranke ✓	Touristenplätze 30 Mietunterkünfte ✗ Stellplätze vor Schranke ✗	Gesamt keine Angabe Mietunterkünfte ✗ Stellplätze vor Schranke ✗

	Goldene Meile	"Am Ahrtor"	Dernau
Gesamt	3.7 GUT, 97 Bewertungen	4.6 SEHR GUT, 22 Bewertungen	4.5 SEHR GUT, 8 Bewertungen
Lage	4.3	4.8	4.9
Ruhe	3.5	4.1	2.7
Sanitäranlagen	3.6	4.8	4.5
Sauberkeit Ø	3.9	4.8	4.9
Freundlichkeit	3.8	4.9	4.9
Stellplatz	3.8	4.3	4.3
Verpflegung	3.2	3.3	2.8
Freizeit	3.8	4.1	4.7
Preis-Leistung	3.5	4.5	4.8
Mietunterkünfte	-	-	-
Geeignet für			
Kinder b. 6 J.	3.6	3.4	2.8
Kinder b. 12 J.	3.7	3.5	3.0
Kinder b. 18 J.	3.4	3.5	2.5
Paare	4.2	4.9	4.8
Senioren	4.2	4.9	4.8
Gäste mit Zelt	3.9	3.5	3.8
Gäste mit Hund	4.0	4.4	
Hunde n. erlaubt			-
Empfohlene Aktivitäten	Radfahren Wandern Entspannen	Wandern Radfahren Entspannen	Radfahren Wandern Entspannen

4 Camping Zur Burgwiese

Sonnscheidstr. 35
53508 Mayschoß
+49 2643 7652
50.52124 | 7.0149

keine Angabe

keine Angabe
Mehr Infos & Anfrage:
www.camping.info/24182

Baden in nat. Gewässer	k. A.
Pool & Hallenbad	✗
Spielplatz	keine Angabe
Hunde	✗
Schatten	✗
WLAN	keine Angabe
Lebensmittel	k.A.
Brötchen	keine Angabe
Restaurant & Imbiss	✗
Ver-/Entsorgung Womo	✗
in den Ort	1km
Gesamt	keine Angabe
Mietunterkünfte	✗
Stellplätze vor Schranke	✗

3.5 GUT
18 Bewertungen

Lage	4.4
Ruhe	4.5
Sanitäranlagen	2.9
Sauberkeit Ø	3.6
Freundlichkeit	4.6
Stellplatz	3.4
Verpflegung	2.9
Freizeit	3.6
Preis-Leistung	3.8
Mietunterkünfte	-

Geeignet für

Kinder b. 6 J.	3.0
Kinder b. 12 J.	2.8
Kinder b. 18 J.	2.8
Paare	4.1
Senioren	4.1
Gäste mit Zelt	3.3
Hunde n. erlaubt	-

Empfohlene Aktivitäten

- Wandern
- Radfahren
- Entspannen

5 Camping Schulz Altenahr

53505 Altenahr-Altenburg
+49 2643 85 03
50.51333 | 6.98667

01.04. - 31.10.

HS: 22,00 € | NS: 22,00 €
Mehr Infos & Anfrage:
www.camping.info/18676

Baden in nat. Gewässer	k. A.
Pool & Hallenbad	✗
Spielplatz am Platz	✓
Hunde	✗
Schatten	✗
WLAN (gratis)	teilweise
Lebensmittel	✓
Brötchen am Platz	✓
Restaurant & Imbiss	✓
Ver-/Entsorgung Womo	✗
in den Ort	1km
Gesamt/Touristen	230/180
Mietunterkünfte	✗
Stellplätze vor Schranke	✗

3.8 GUT
21 Bewertungen

Lage	4.1
Ruhe	3.4
Sanitäranlagen	3.6
Sauberkeit Ø	4.3
Freundlichkeit	4.4
Stellplatz	3.8
Verpflegung	2.9
Freizeit	3.8
Preis-Leistung	4.0
Mietunterkünfte	-

Geeignet für

Kinder b. 6 J.	3.4
Kinder b. 12 J.	3.1
Kinder b. 18 J.	2.5
Paare	4.2
Senioren	4.5
Gäste mit Zelt	4.3
Hunde n. erlaubt	-

Empfohlene Aktivitäten

- Radfahren
- Wandern
- Entspannen

6 Wellness-Rheinpark-Camping

❄

Allée St. Pierre les Nemours 1
53557 Bad Hönningen
+49 2635 952 114
50.51118 | 7.30972

ganzjährig

HS: 24,60 € | NS: 15,90 €
Mehr Infos & Anfrage:
www.camping.info/22356

Baden im Fluss	500m
Pool & Hallenbad	✓
Spielplatz am Platz	✓
Hunde willkommen	✓
wenig Schatten	✓
WLAN	✓
Lebensmittel	✓
Brötchen am Platz	nur HS
Restaurant & Imbiss	✓
Ver-/Entsorgung Womo	✓
in den Ort	500m
Gesamt/Touristen	500/220
Mietunterkünfte	✗
Stellplätze vor Schranke	✗

3.6 GUT
128 Bewertungen

Lage	4.4
Ruhe	3.6
Sanitäranlagen	3.3
Sauberkeit Ø	3.8
Freundlichkeit	4.4
Stellplatz	3.4
Verpflegung	3.8
Freizeit	3.9
Preis-Leistung	4.0
Mietunterkünfte	-

Geeignet für

Kinder b. 6 J.	2.8
Kinder b. 12 J.	3.0
Kinder b. 18 J.	3.0
Paare	4.2
Senioren	4.3
Gäste mit Zelt	3.2
Gäste mit Hund	3.7

Empfohlene Aktivitäten

- Wellness
- Radfahren
- Wandern

Schranke 22:30 - 7 Uhr geschlossen

7 Camping Viktoria Station

Alte Mühle 1
53505 Kreuzberg-Altenahr
+49 2643 8338
50.50666 | 6.97972

15.04. - 31.10.

HS: 22,30 € | NS: 22,30 €
Mehr Infos & Anfrage:
www.camping.info/18678

Baden im Fluss am Platz	✓
Hallenbad	13km
Spielplatz am Platz	✓
Hunde erlaubt	✓
Schatten	✗
WLAN	✓
Lebensmittel	500m
Brötchen am Platz	✓
Restaurant am P.	✓
Ver-/Entsorgung Womo	✓
in den Ort	500m
Gesamt/Touristen	350/230
Mietunterkünfte	✗
Stellplätze vor Schranke	✓

3.8 GUT
39 Bewertungen

Lage	3.6
Ruhe	2.7
Sanitäranlagen	4.5
Sauberkeit Ø	4.5
Freundlichkeit	4.2
Stellplatz	3.9
Verpflegung	3.6
Freizeit	3.9
Preis-Leistung	3.9
Mietunterkünfte	-

Geeignet für

Kinder b. 6 J.	3.9
Kinder b. 12 J.	3.8
Kinder b. 18 J.	3.5
Paare	4.1
Senioren	4.2
Gäste mit Zelt	4.3
Gäste mit Hund	4.1

Empfohlene Aktivitäten

- Wandern
- Radfahren
- Motorrad

Karte auf Seite 494

	8 Camping Rheineck	9 Camping Denntal	10 Campingplatz Leutesdorf & Biergarten OASE
Adresse	Mühlenstrasse 53498 Bad Breisig +49 2633 95645 50.49166 | 7.31	Denntalstraße 49 53506 Ahrbrück +49 2643 6905 50.47613 | 6.98676	Campingplatz 1 56599 Leutesdorf am Rhein 02631/978737 50.46149 | 7.36759
Infos			
Öffnungszeiten	ganzjährig	ganzjährig	01.04. - 15.10. 01.12. - 10.01.
Vergleichspreis	HS: 27,00 € | NS: 27,00 €	HS: 27,00 € | NS: 27,00 €	HS: 28,90 €
Link	**Mehr Infos & Anfrage:** www.camping.info/18675	**Mehr Infos & Anfrage:** www.camping.info/18680	**Mehr Infos & Anfrage:** www.camping.info/30066

Ausstattung

	Camping Rheineck		Camping Denntal		Campingplatz Leutesdorf	
Freizeit	Baden in nat. Gewässer	k. A.	Baden in nat. Gewässer	k. A.	Baden in nat. Gewässer	k. A.
	Pool/Hallenbad	1km	Pool & Hallenbad	✗	Pool & Hallenbad	✗
	Spielplatz am Platz	✓	Spielplatz am Platz	✓	Spielplatz	keine Angabe
Campingplatz	Hunde willkommen	✓	Hunde willkommen	✓	Hunde	✗
	zur Hälfte Schatten	✓	wenig Schatten	✓	Schatten	✗
	WLAN	✓	WLAN	✓	WLAN	keine Angabe
Versorgung	Lebensmittel	✓	Lebensmittel	2km	Lebensmittel	k.A.
	Brötchen am Platz	✗	Brötchen am Platz	nur HS	Brötchen	keine Angabe
	Imbiss	✓	Restaurant/Imbiss	✓/1km	Restaurant & Imbiss	✗
	Ver-/Entsorgung Womo	✓	Ver-/Entsorgung Womo	✓	Ver-/Entsorgung Womo	✗
	in den Ort	100m	in den Ort	1km	in den Ort	1km
Anzahl der Plätze	Gesamt/Touristen	250/50	Gesamt/Touristen	200/100	Gesamt/Touristen	99/60
	Mietunterkünfte	✓	Mietunterkünfte	✓	Mietunterkünfte	✗
	Stellplätze vor Schranke	✓	Stellplätze vor Schranke	✗	Stellplätze vor Schranke	✗

Bewertungen

	Camping Rheineck	Camping Denntal	Campingplatz Leutesdorf
Gesamt	3.9 GUT, 9 Bewertungen	3.8 GUT, 51 Bewertungen	4.6 SEHR GUT, 11 Bewertungen
Lage	4.2	4.2	4.4
Ruhe	4.7	4.6	3.2
Sanitäranlagen	3.4	4.3	4.8
Sauberkeit Ø	4.1	4.2	4.8
Freundlichkeit	4.5	4.2	4.8
Stellplatz	4.3	3.9	4.6
Verpflegung	3.7	2.8	4.1
Freizeit	3.8	3.5	4.6
Preis-Leistung	4.2	4.0	4.1
Mietunterkünfte	5.0	4.3	-
Geeignet für			
Kinder b. 6 J.	3.8	3.6	3.5
Kinder b. 12 J.	3.8	3.6	3.0
Kinder b. 18 J.	3.4	3.0	3.0
Paare	4.1	4.3	4.9
Senioren	4.4	4.6	4.9
Gäste mit Zelt	4.8	3.9	4.7
Gäste mit Hund	4.8	4.3	
Hunde n. erlaubt			-
Empfohlene Aktivitäten	Radfahren Wandern Motorrad	Wandern Entspannen Radfahren	Radfahren Wandern Spazieren

11 Siesta Camping

Laacher Seestraße 6a
56743 Mendig
+49 2652 1432
50.38781 | 7.27153

15.03. - 31.10.
HS: 21,00 € | NS: 21,00 €
Mehr Infos & Anfrage:
www.camping.info/18778

Baden im See	2km
Pool/Hallenbad	500m/5km
Spielplatz am Platz	✓
Hunde erlaubt	✓
wenig Schatten	✓
WLAN	✓
Lebensmittel	✓
Brötchen am Platz	✓
Restaurant & Imbiss	✗
Ver-/Entsorgung Womo	✓
in den Ort	1km
Gesamt/Touristen	100/40
Mietunterkünfte	✗
Stellplätze vor Schranke	✗

3.7 GUT
16 Bewertungen

Lage	3.6
Ruhe	2.8
Sanitäranlagen	4.0
Sauberkeit Ø	4.3
Freundlichkeit	4.0
Stellplatz	3.8
Verpflegung	2.9
Freizeit	3.4
Preis-Leistung	4.1
Mietunterkünfte	-

Geeignet für

Kinder b. 6 J.	3.0
Kinder b. 12 J.	3.2
Kinder b. 18 J.	3.2
Paare	4.0
Senioren	3.6
Gäste mit Zelt	4.0
Gäste mit Hund	4.3

Empfohlene Aktivitäten

- Radfahren
- Wandern
- Kultur

12 Campinginsel Sonnenwerth

Hatzenporter Werth 1
56332 Hatzenport
+49 2605 2151
50.22479 | 7.40959

01.04. - 02.10.
HS: 18,50 € | NS: 18,50 €
Mehr Infos & Anfrage:
www.camping.info/22994

Baden im Fluss am Platz	✓
Pool/Hallenbad	5/20km
Spielplatz am Platz	✓
Hunde willkommen	✓
Schatten	✗
WLAN (gratis)	teilweise
Lebensmittel	4km
Brötchen am Platz	✓
Restaurant am P.	✓
Ver-/Entsorgung Womo	✓
in den Ort	500m
Gesamt/Touristen	300/100
Mietunterkünfte	✗
Stellplätze vor Schranke	✗

3.6 GUT
19 Bewertungen

Lage	4.1
Ruhe	3.4
Sanitäranlagen	3.2
Sauberkeit Ø	3.3
Freundlichkeit	4.1
Stellplatz	3.2
Verpflegung	2.8
Freizeit	3.9
Preis-Leistung	4.2
Mietunterkünfte	-

Geeignet für

Kinder b. 6 J.	3.2
Kinder b. 12 J.	3.6
Kinder b. 18 J.	3.5
Paare	4.2
Senioren	3.5
Gäste mit Zelt	4.1
Gäste mit Hund	4.2

Empfohlene Aktivitäten

- Wandern
- Radfahren
- Motorboot

13 Historische Mühle Vogelsang

*

Rhein-Mosel-Str. 63
56332 Brodenbach
+49 2605 1437
50.22112 | 7.44572

ganzjährig
HS: 19,60 € | NS: 19,60 €
Mehr Infos & Anfrage:
www.camping.info/22357

Baden in nat. Gewässer	k. A.
Pool/Hallenbad	15/25km
Spielplatz am Platz	✓
Hunde willkommen	✓
wenig Schatten	✓
WLAN	✗
Lebensmittel	✓
Brötchen am Platz	nur HS
Restaurant am P.	✓
Ver-/Entsorgung Womo	✓
in den Ort	500m
Gesamt/Touristen	180/100
Mietunterkünfte	✓
Stellplätze vor Schranke	✓

4.0 SEHR GUT
58 Bewertungen

Lage	4.4
Ruhe	4.5
Sanitäranlagen	4.1
Sauberkeit Ø	4.0
Freundlichkeit	4.5
Stellplatz	3.5
Verpflegung	4.1
Freizeit	3.9
Preis-Leistung	4.2
Mietunterkünfte	4.2

Geeignet für

Kinder b. 6 J.	3.8
Kinder b. 12 J.	3.6
Kinder b. 18 J.	3.1
Paare	4.5
Senioren	4.3
Gäste mit Zelt	4.4
Gäste mit Hund	4.7

Empfohlene Aktivitäten

- Wandern
- Entspannen
- Radfahren

14 Camping-Burgen

Am Moselufer
56332 Burgen
+49 2605 2396
50.21516 | 7.38982

10.04. - 13.10.
HS: 23,00 € | NS: 23,00 €
Mehr Infos & Anfrage:
www.camping.info/18762

Baden im Fluss am Platz	✓
Pool/Hallenbad	✓/20km
Spielplatz am Platz	✓
Hunde erlaubt	✓
wenig Schatten	✓
WLAN (gegen Gebühr)	✓
Lebensmittel	✓
Brötchen am Platz	✓
Restaurant	300m
Ver-/Entsorgung Womo	✓
in den Ort	300m
Gesamt/Touristen	180/120
Mietunterkünfte	✓
Stellplätze vor Schranke	✗

4.2 SEHR GUT
51 Bewertungen

Lage	4.3
Ruhe	3.4
Sanitäranlagen	4.2
Sauberkeit Ø	4.8
Freundlichkeit	4.8
Stellplatz	4.2
Verpflegung	3.5
Freizeit	4.0
Preis-Leistung	4.5
Mietunterkünfte	4.5

Geeignet für

Kinder b. 6 J.	4.0
Kinder b. 12 J.	4.1
Kinder b. 18 J.	3.7
Paare	4.6
Senioren	4.6
Gäste mit Zelt	4.6
Gäste mit Hund	4.7

Empfohlene Aktivitäten

- Radfahren
- Wandern
- Kayak/Kanu

ANZEIGE

16 Campingplatz Mosel Islands

Am Laach
56253 Treis-Karden
+49 2672 2613
www.mosel-islands.de
campingplatz@mosel-islands.de

01.04. - 29.10.

HS: 42,00 € | NS: 42,00 €

Mehr Infos & Anfrage:
www.camping.info/18756

Baden im Fluss am Platz	✓
Pool/Hallenbad	500m/11km
Spielplatz am Platz	✓
Hunde willkommen	✓
zur Hälfte Schatten	✓
WLAN (begrenzt gratis)	✓
Lebensmittel	500m
Brötchen am Platz	✓
Restaurant/Imbiss	✓/500m
Ver-/Entsorgung Womo	✓
in den Ort	500m
Gesamt/Touristen	250/140
Mietunterkünfte	✓
Stellplätze vor Schranke	✓

Idyllische Stellplätze direkt an der Mosel.

Lage & Stellplatz

An der Mosel lässt sich der Urlaub ausgezeichnet genießen, denn nicht umsonst wurde der Platz mit 5 Sternen prämiert. Die wunderbare Lage auf einer Insel inmitten der Mosel ist nur ein Aspekt von vielen, warum der Urlaub hier besonders erholsam ist. Die Campingplatzgestaltung überzeugt durch ihre Großzügigkeit und die konsequente Umsetzung des Leitgedankens: Der Schaffung eines landschaftsgerechten Campingareals mit genügend Platz für 110 Dauer- und 140 Freizeitcamper. Jeder Stellplatz ist mit Strom- und Wasseranschluss ausgestattet und die Anlage verfügt über flächendeckendes WLAN.

Sanitär

Die Ausstattung und Sauberkeit der Sanitäreinrichtungen ist eine der wichtigsten Säulen für die Zufriedenheit der Gäste. Das Bestreben des gesamten Teams liegt nicht nur darin, den Gästen ein selbstverständlich sauberes Sanitärgebäude zu bieten, sondern zugleich ein echtes Wohlfühlambiente zu schaffen, welches auch höheren Komfortansprüchen gerecht wird. Für Kleidung und Geschirr stehen den Gästen auch Wasch- und Spülräume zur Verfügung. Ebenfalls erwähnenswert: Die Warmwasseraufbereitung wird von einer Solaranlage unterstützt, die sich auf dem Dach des Duschhauses befindet.

CAMPINGPLATZ KLASSIFIZIERUNG ★★★★★ BVCD DTV

Blick auf den Campingplatz.

Eingang zum Campingplatz.

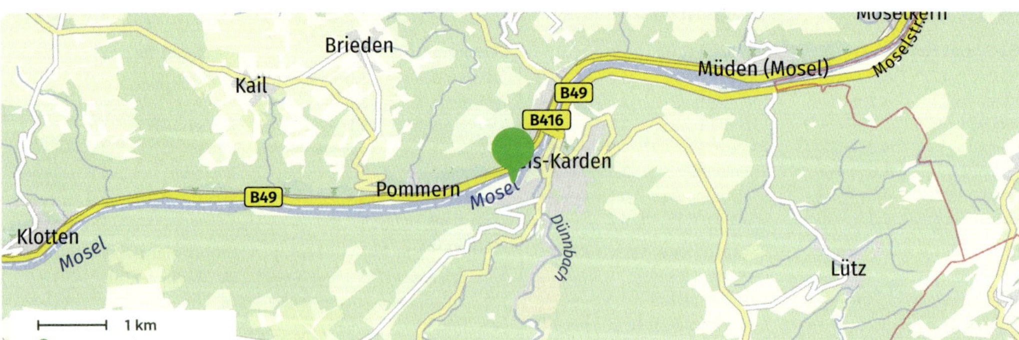

1 km
50.17083 | 7.29277

Gruppen auf Anfrage möglich.

Luftaufnahme vom Campingplatz auf der Freizeitinsel „Mosel Island" in Treis-Karden.

Verpflegung

Für das leibliche Wohl der Campinggäste bietet das außergewöhnliche Bootsrestaurant ganzjährig regionale Spezialitäten mit mediterraner Note. Eine Vielzahl an Serviceleistungen sorgt auf der herrlichen Freizeitinsel dafür, dass die Gäste einen angenehmen und komfortablen Urlaub genießen. Dazu gehört zum Beispiel der Brötchenservice, der einen entspannten Start in den Tag garantiert. Darüber hinaus ist die gesamte Freizeitinsel flächendeckend mit WLAN ausgestattet.

Freizeit

Wer Lust auf die Verkostung regionaler Speisen hat, kann sich in den umgebenden Weinlokalen von allerhand Spezialitäten der Mosel mit dem passenden Wein verwöhnen lassen. Um die Sommertage so richtig genießen zu können, empfiehlt sich ein längerer Spaziergang in den wundervollen Weinbergen. Falls es doch einmal zu heiß sein sollte, bietet das nahe gelegene Freibad eine spritzige Abkühlung. Für Aktivitäten außerhalb des Ortes ist ein Besuch der Stadt Cochem mit der Reichsburg empfehlenswert. Ein weiteres interessantes Ziel ist der Wanderweg von Moselkern zur weltweit bekannten Burg Eltz.

5.0

Erholung pur. Ich habe mich sehr wohlgefühlt und konnte mich richtig gut erholen. Das Personal ist sehr freundlich und zuvorkommend. Da ich nicht wusste, ob mein alter Hund den Campingurlaub noch schafft, durfte ich täglich für den nächsten Tag verlängern. Ich fand es auch gut, dass man am Bäckerwagen, der täglich kam, Brötchen kaufen konnte, ohne sie vorher zu bestellen.

Christine S.

Christine war mit ihrem Hund im Juni 2022 zu Gast auf dem Campingplatz Mosel Islands.

Treiser-Bootshaus mit Terrasse.

Jachthafen mit 120 Liegeplätzen.

3.6 **GUT**
104 Bewertungen

Lage	4.4
Ruhe	3.0
Sanitäranlagen	3.8
Sauberkeit Ø	3.9
Freundlichkeit	3.5
Stellplatz	3.8
Verpflegung	3.3
Freizeit	3.6
Preis-Leistung	3.3
Mietunterkünfte	3.4

Geeignet für

4.2 Paare

4.1	Senioren
4.0	Gäste mit Zelt
3.7	Gäste mit Hund
3.6	Kinder b. 12 J.
3.5	Kinder b. 6 J.
3.2	Kinder b. 18 J.

Empfohlene Aktivitäten

Wandern
Radfahren
Motorboot
Angeln

Mehr Infos

Karte auf Seite 494

	15	17	18
	KNAUS Campingpark Burgen/ Mosel****	**Camping-Schausten** ❄	**Campingplatz Bruttig-Fankel**
	Am Bootshafen 56332 Burgen/Mosel +49 2605 952176 50.20453 | 7.38126	Endert 124 56812 Cochem-Enderttal +49 2671 7528 50.1516 | 7.15502	Am Moselufer 1 56814 Bruttig-Fankel 50.13257 | 7.2294
Infos			
Öffnungszeiten	18.04. - 31.12.	ganzjährig	keine Angabe
Vergleichspreis	HS: 38,80 € | NS: 36,20 €	HS: 22,00 € | NS: 22,00 €	HS: 17,00 €
Link	**Mehr Infos & Anfrage:** www.camping.info/18763	**Mehr Infos & Anfrage:** www.camping.info/18781	**Mehr Infos & Anfrage:** www.camping.info/25825
Ausstattung			
Freizeit	Baden im Fluss am Platz ✓ Pool am Platz ✓ Spielplatz am Platz ✓	Baden in nat. Gewässer k. A. Hallenbad 1km Spielplatz am Platz ✓	Baden im Fluss am Platz ✓ Pool/Hallenbad 7km Spielplatz am Platz ✓
Campingplatz	Hunde willkommen ✓ wenig Schatten ✓ WLAN (gegen Gebühr) ✓	Hunde willkommen ✓ zur Hälfte Schatten ✓ WLAN (begrenzt gratis) ✓	Hunde willkommen ✓ wenig Schatten ✓ WLAN ✗
Versorgung	Lebensmittel ✗ Brötchen am Platz ✓ Restaurant/Imbiss ✓/1km Ver-/Entsorgung Womo ✓ im Ort ✓	Lebensmittel ✓ Brötchen am Platz ✓ Restaurant & Imbiss ✓ Ver-/Entsorgung Womo ✓ in den Ort 700m	Lebensmittel ✓ Brötchen am Platz ✗ Restaurant & Imbiss ✓ Ver-/Entsorgung Womo ✗ im Ort ✓
Anzahl der Plätze	Gesamt/Touristen 220/120 Mietunterkünfte ✗ Stellplätze vor Schranke ✓	Gesamt/Touristen 100/80 Mietunterkünfte ✓ Stellplätze vor Schranke ✗	Gesamt keine Angabe Mietunterkünfte ✗ Stellplätze vor Schranke ✗

	15	17	18
Bewertung	3.7 GUT	4.2 SEHR GUT	3.9 GUT
Bewertungen	269 Bewertungen	76 Bewertungen	20 Bewertungen
Lage	4.0	4.4	4.7
Ruhe	3.1	3.9	3.3
Sanitäranlagen	3.8	3.8	3.6
Sauberkeit Ø	3.9	4.3	3.5
Freundlichkeit	4.0	4.7	4.2
Stellplatz	3.9	4.0	4.0
Verpflegung	3.3	4.3	3.5
Freizeit	3.5	4.2	3.8
Preis-Leistung	3.7	4.4	4.3
Mietunterkünfte	-	4.6	-
Geeignet für			
Kinder b. 6 J.	3.7	4.2	3.1
Kinder b. 12 J.	3.8	4.2	3.3
Kinder b. 18 J.	3.5	4.1	3.2
Paare	4.2	4.3	4.2
Senioren	4.0	4.2	4.1
Gäste mit Zelt	4.0	4.6	3.9
Gäste mit Hund	4.2	4.6	4.0
Empfohlene Aktivitäten	Radfahren Wandern Motorboot	Wandern Radfahren Entspannen	Radfahren Wandern Entspannen

weitere NS: 20.09. - 18.10.
Preise aus 2019

19 Camping Happy Holiday

Moselweinstr.
56821 Ellenz-Poltersdorf
+49 2673 1272
50.11984 | 7.22853

15.04. - 31.10.
HS: 19,00 € | NS: 19,00 €
Mehr Infos & Anfrage:
www.camping.info/23972

Baden in nat. Gewässer	k. A.
Pool	400m
Spielplatz	✗
Hunde erlaubt	✓
Schatten	✗
WLAN	✓
Lebensmittel	✓
Brötchen am Platz	✓
Restaurant & Imbiss	✓
Ver-/Entsorgung Womo	✓
in den Ort	keine Angabe
Gesamt/Touristen	100/30
Mietunterkünfte	✗
Stellplätze vor Schranke	✗

4.1 SEHR GUT
15 Bewertungen

Lage	4.7
Ruhe	3.3
Sanitäranlagen	3.3
Sauberkeit Ø	3.8
Freundlichkeit	4.4
Stellplatz	3.7
Verpflegung	4.3
Freizeit	3.4
Preis-Leistung	4.2
Mietunterkünfte	-

Geeignet für

Kinder b. 6 J.	3.6
Kinder b. 12 J.	3.3
Kinder b. 18 J.	3.3
Paare	4.6
Senioren	4.6
Gäste mit Zelt	3.7
Gäste mit Hund	4.6

Empfohlene Aktivitäten

- Radfahren
- Wandern
- Motorboot

20 Family Camping Club

Wiesenweg 25
56820 Mesenich
+49 2673 4556
50.10076 | 7.19404

18.04. - 06.10.
HS: 20,00 € | NS: 20,00 €
Mehr Infos & Anfrage:
www.camping.info/18787

Baden in nat. Gewässer	k. A.
Pool/Hallenbad	✓/15km
Spielplatz am Platz	✓
Hunde erlaubt	nur NS
Schatten	✗
WLAN	✓
Lebensmittel	✓
Brötchen am Platz	nur HS
Restaurant/Imbiss	300m/✓
Ver-/Entsorgung Womo	✗
in den Ort	300m
Touristenplätze	98
Mietunterkünfte	✓
Stellplätze vor Schranke	✗

4.5 SEHR GUT
29 Bewertungen

Lage	4.6
Ruhe	4.4
Sanitäranlagen	4.3
Sauberkeit Ø	4.8
Freundlichkeit	4.7
Stellplatz	4.4
Verpflegung	3.8
Freizeit	4.2
Preis-Leistung	4.5
Mietunterkünfte	4.0

Geeignet für

Kinder b. 6 J.	4.1
Kinder b. 12 J.	4.1
Kinder b. 18 J.	3.3
Paare	4.7
Senioren	4.6
Gäste mit Zelt	4.5
Gäste mit Hund	4.7

Empfohlene Aktivitäten

- Radfahren
- Wandern
- Entspannen

21 Camping Zum Feuerberg

Moselweinstraße
56814 Ediger-Eller
+49 2675 701
50.09122 | 7.164

01.04. - 31.10.
HS: 24,50 € | NS: 21,00 €
Mehr Infos & Anfrage:
www.camping.info/18783

Baden im Fluss am Platz	✓
Pool/Hallenbad	✓/16km
Spielplatz	1km
Hunde willkommen	✓
wenig Schatten	✓
WLAN (gegen Gebühr)	✓
Lebensmittel	200m
Brötchen am Platz	✗
Restaurant	200m
Ver-/Entsorgung Womo	✗
in den Ort	200m
Gesamt/Touristen	170/95
Mietunterkünfte	✗
Stellplätze vor Schranke	✗

3.6 GUT
26 Bewertungen

Lage	4.5
Ruhe	3.5
Sanitäranlagen	3.4
Sauberkeit Ø	4.2
Freundlichkeit	4.1
Stellplatz	3.5
Verpflegung	2.8
Freizeit	3.7
Preis-Leistung	3.8
Mietunterkünfte	-

Geeignet für

Kinder b. 6 J.	3.4
Kinder b. 12 J.	3.7
Kinder b. 18 J.	3.3
Paare	4.0
Senioren	4.3
Gäste mit Zelt	4.3
Gäste mit Hund	4.5

Empfohlene Aktivitäten

- Wandern
- Radfahren
- Entspannen

22 Camping Holländischer Hof

Am Campingplatz 1
56820 Senheim
+49 2673 4660
50.08223 | 7.20699

12.04. - 27.10.
HS: 22,10 € | NS: 19,20 €
Mehr Infos & Anfrage:
www.camping.info/18786

Baden im Fluss am Platz	✓
Pool/Hallenbad	5/15km
Spielplatz am Platz	✓
Hunde	✗
zur Hälfte Schatten	✓
WLAN (gegen Gebühr)	✓
Lebensmittel	✓
Brötchen am Platz	✓
Restaurant & Imbiss	✓
Ver-/Entsorgung Womo	✓
im Ort	✓
Gesamt/Touristen	214/209
Mietunterkünfte	✓
Stellplätze vor Schranke	✗

4.4 SEHR GUT
72 Bewertungen

Lage	4.5
Ruhe	4.3
Sanitäranlagen	4.3
Sauberkeit Ø	4.7
Freundlichkeit	4.8
Stellplatz	4.0
Verpflegung	3.8
Freizeit	4.0
Preis-Leistung	4.6
Mietunterkünfte	3.5

Geeignet für

Kinder b. 6 J.	3.4
Kinder b. 12 J.	3.2
Kinder b. 18 J.	2.9
Paare	4.6
Senioren	4.5
Gäste mit Zelt	3.8
Hunde n. erlaubt	-

Empfohlene Aktivitäten

- Radfahren
- Wandern
- Entspannen

24 BurgStadt CampingPark

Südstrasse 34
56288 Kastellaun
+49 6762 40800
www.burgstadt.de
info@burgstadt.de

01.03. - 31.10.

HS: 30,00 € | NS: 30,00 €

Mehr Infos & Anfrage:
www.camping.info/22364

Baden in nat. Gewässer	k. A.
Hallenbad	500m
Spielplatz	✗
Hunde willkommen	✓
wenig Schatten	✓
WLAN	✓
Lebensmittel	500m
Brötchen am Platz	✓
Restaurant am P.	✓
Ver-/Entsorgung Womo	✓
in den Ort	500m
Touristenplätze	100
Mietunterkünfte	✓
Stellplätze vor Schranke	✗

BurgStadt CampingPark und BurgStadt-Hotel mit griechischem Restaurant.

Lage & Stellplatz

Direkt am Waldrand über der mittelalterlichen Burgstadt Kastellaun werden auf dem Platz Ruhe und Erholung großgeschrieben: Kinder erst ab 14 Jahre, keine Musik im Freien – allerfeinstes Rotwein-Feeling. Der Platz gehört zum angrenzenden 4-Sterne BurgStadt-Hotel mit griechischem Restaurant und wunderschöner Gartenterrasse. Der Check-in im Hotel ermöglicht eine durchgehend geöffnete Rezeption (24/7) für den CampingPark. Alle Parzellen sind mit Strom (16 A), Wasser- und Abwasseranschlüssen versehen. Sehr gutes WLAN mit neuester Funktechnik (2018) gratis. Gemeinschaftsraum mit Sat-TV.

Sanitär

Mit 4,7 von 5 Sternen sind die Sanitäranlagen hier bewertet! Diese sind besonders sauber, modern und ohne lästige Duschmünzen – d. h. Warmwasser bei Duschen und Spülen ist inklusive. Darüber hinaus verfügt das barrierefreie Sanitär- und Aufenthaltsgebäude über drei Mietbadezimmer, wovon eines rollstuhlgerecht ist. Auch das benachbarte Hotel ist barrierefrei und verfügt über Rollstuhl-WCs. Große Reisemobile mit fest eingebauten Tanks können bequem über zwei Edelstahlschächten entsorgen, kleinere Fahrzeuge werden das Abwasser direkt an der Parzelle über einen Gully unter der Stromsäule los.

Blick von der oberen Terrasse.

Sitzbereich am Sanitärgebäude.

50.0675 | 7.45389

Erst ab 14 Jahre. Strom 80 ct/KWh. 35 € & drei Mindestnächte an Feiertagen.

Terrassiertes, sehr ebenes Gelände. Schotterrasen ohne Pfützen und Matsch. Strom, Wasser & Abwasser an jeder Parzelle.

Verpflegung

Direkt am Platz finden die Gäste ein gepflegtes griechisches Restaurant mit einem ordentlichen Preis-Leistungs-Verhältnis vor. Genießer-Frühstücksbuffet gegen Aufpreis im Hotel. Nächster Discounter (Aldi) ca. 500 m, nächstes Einkaufscenter mit Edeka, dm, Deichmann etc. in 700 m – beides bequem über den Schinderhannes-Radweg erreichbar. Auf dem Weg passiert man ein tolles Eiscafé mit einer ebenfalls vorzüglichen Speisekarte. In der Stadt befinden sich weitere Restaurants (deutsche, italienische und chinesische Küche sowie ein Asia- und zwei Döner-Läden) sowie Kneipen und Bars (10 Gehminuten).

Freizeit

Die Gäste des CampingParks mit 99 Parzellen sind „Best-Ager“, die gerne genießen, wandern oder ausgedehnte Radtouren unternehmen. Mehrere Premium-Wanderwege („Traumschleifen“) befinden sich in unmittelbarer Nähe, der Saar-Hunsrück-Steig und der 40 km lange Schinderhannes-Radweg liegen fast direkt am Platz. Es gibt Stadtführungen mit dem Nachtwächter, mittelalterliches Kerkeressen auf der Burg Kastellaun oder die Hängeseilbrücke „Geierlay“ (10 km) u. v. m. – Besonderer Clou: Eine Boeing 737 samt Passagierkabine und eine Cessna 172 als semiprofessionelle Flugsimulatoren im benachbarten Hotel.

5.0

Ein sehr ruhig gelegener Campingplatz, man ist sehr schnell in Kastellaun. Ideal, wenn man Ruhe und Entspannung sucht. Sehr freundliches Personal. Unkomplizierter Brötchenservice. Sehr gutes griechisches Restaurant mit freundlichem Personal.

Marianne M.

Marianne reist gemeinsam mit ihrem Mann mit dem Wohnwagen. Die beiden sind seit 1983 aktive Camper und schätzen es, ihre Tage so strukturieren zu können, wie sie es möchten. Sie waren im Juni 2022 auf dem Platz.

Barrierefreies Sanitärhaus.

Griech. Restaurant „Afroditi“.

4.5 **SEHR GUT**
75 Bewertungen

Lage	4.6
Ruhe	4.7
Sanitäranlagen	4.6
Sauberkeit Ø	4.5
Freundlichkeit	4.8
Stellplatz	4.6
Verpflegung	4.1
Freizeit	4.2
Preis-Leistung	4.4
Mietunterkünfte	4.3

Geeignet für

4.8 Paare

4.8 Senioren
4.7 Gäste mit Hund
3.6 Kinder b. 12 J.
3.6 Gäste mit Zelt
3.4 Kinder b. 6 J.
3.0 Kinder b. 18 J.

Empfohlene Aktivitäten

Wandern
Entspannen
Radfahren
Mountainbiking

Mehr Infos

Karte auf Seite 494

	23	25	26
	Camping Nehren	**Moselcampingplatz Alf**	**Moselcampingplatz Pünderich**
	Moselufer 1 56820 Nehren +49 2673 9621 155 50.08038 | 7.19358	Am Mühlenteich 56859 Alf/ Mosel 06541-3111 50.05258 | 7.11322	Moselallee 3 56862 Pünderich +49 06541-3111 50.03766 | 7.12581
Infos			
Öffnungszeiten	27.03. - 31.10.	ganzjährig	01.04. - 01.11.
Vergleichspreis	HS: 26,80 € | NS: 20,00 €	HS: 25,00 € | NS: 16,00 €	HS: 25,00 € | NS: 20,00 €
Link	**Mehr Infos & Anfrage:** www.camping.info/18785	**Mehr Infos & Anfrage:** www.camping.info/27647	**Mehr Infos & Anfrage:** www.camping.info/30115
Ausstattung			
Freizeit	Baden im Fluss am Platz ✓ Pool/Hallenbad 5/15km Spielplatz am Platz ✓	Baden im Fluss am Platz ✓ Pool/Hallenbad 8km Spielplatz am Platz ✓	Baden im Fluss am Platz ✓ Pool/Hallenbad 5km Spielplatz 300m
Campingplatz	Hunde willkommen ✓ Schatten ✗ WLAN (gegen Gebühr) ✓	Hunde ✗ wenig Schatten ✓ WLAN ✓	Hunde erlaubt ✓ wenig Schatten ✓ WLAN ✓
Versorgung	Lebensmittel ✓ Brötchen am Platz ✓ Restaurant/Imbiss 4km/✓ Ver-/Entsorgung Womo ✓ in den Ort 3km	Lebensmittel ✓ Brötchen am Platz ✓ Restaurant/Imbiss 500m/✓ Ver-/Entsorgung Womo ✓ im Ort ✓	Lebensmittel 300m Brötchen am Platz ✗ Restaurant & Imbiss ✓ Ver-/Entsorgung Womo ✓ im Ort ✓
Anzahl der Plätze	Touristenplätze 83 Mietunterkünfte ✗ Stellplätze vor Schranke ✗	Touristenplätze 100 Mietunterkünfte ✓ Stellplätze vor Schranke ✗	Touristenplätze 50 Mietunterkünfte ✗ Stellplätze vor Schranke ✗

	Camping Nehren	Moselcampingplatz Alf	Moselcampingplatz Pünderich
Gesamt	4.5 SEHR GUT, 22 Bewertungen	3.8 GUT, 18 Bewertungen	4.4 SEHR GUT, 16 Bewertungen
Lage	4.7	3.6	4.7
Ruhe	4.5	3.5	4.5
Sanitäranlagen	4.2	3.7	3.9
Sauberkeit Ø	4.6	4.0	4.4
Freundlichkeit	4.7	4.1	4.7
Stellplatz	4.1	4.1	4.1
Verpflegung	3.8	3.6	3.8
Freizeit	4.0	3.6	3.9
Preis-Leistung	4.5	3.8	4.0
Mietunterkünfte	-	3.7	-
Geeignet für			
Kinder b. 6 J.	3.6	3.6	3.3
Kinder b. 12 J.	4.1	3.4	3.2
Kinder b. 18 J.	3.8	1.4	3.2
Paare	4.6	4.1	4.6
Senioren	3.9	4.1	4.6
Gäste mit Zelt	4.4	3.2	5.0
Gäste mit Hund / Hunde n. erlaubt	Gäste mit Hund 4.5	Hunde n. erlaubt -	Gäste mit Hund 4.6
Empfohlene Aktivitäten	Radfahren Wandern Motorboot	Radfahren Wandern Spazieren	Radfahren Wandern Entspannen

27 Campingpark Zell-Mosel

❄

Moselufer
56856 Zell-Kaimt / Mosel
+49 6542 96 12 16
📍 50.0335 | 7.17483

🕓 ganzjährig

HS: 29,00 € | NS: 23,10 €

Mehr Infos & Anfrage:
www.camping.info/22358

Baden im Fluss am Platz	✓
Pool/Hallenbad	1km
Spielplatz am Platz	✓
Hunde erlaubt	✓
Schatten	✗
WLAN	✓
Lebensmittel	✓
Brötchen am Platz	✓
Restaurant/Imbiss	500m
Ver-/Entsorgung Womo	✓
in den Ort	100m
Gesamt/Touristen	95/70
Mietunterkünfte	✗
Stellplätze vor Schranke	✗

4.2 SEHR GUT
118 Bewertungen

Lage	4.7
Ruhe	4.3
Sanitäranlagen	4.1
Sauberkeit Ø	4.4
Freundlichkeit	4.6
Stellplatz	4.1
Verpflegung	3.7
Freizeit	4.1
Preis-Leistung	4.1
Mietunterkünfte	-

Geeignet für

Kinder b. 6 J.	3.6
Kinder b. 12 J.	3.7
Kinder b. 18 J.	3.4
Paare	4.5
Senioren	4.5
Gäste mit Zelt	4.1
Gäste mit Hund	4.5

Empfohlene Aktivitäten

- Wandern
- Radfahren
- Kayak/Kanu

28 Camping Moselland

Im Planters 1
56862 Pünderich
+49 6542 2618
📍 50.0325 | 7.115

🕓 30.03. - 28.10.

HS: 23,10 € | NS: 23,10 €

Mehr Infos & Anfrage:
www.camping.info/22359

Baden im Fluss am Platz	✓
Pool/Hallenbad	3/8km
Spielplatz am Platz	✓
Hunde willkommen	✓
zur Hälfte Schatten	✓
WLAN (gratis)	teilweise
Lebensmittel	✓
Brötchen am Platz	✓
Restaurant/Imbiss	2km/✓
Ver-/Entsorgung Womo	✓
in den Ort	1km
Gesamt/Touristen	200/130
Mietunterkünfte	✓
Stellplätze vor Schranke	✗

3.6 GUT
34 Bewertungen

Lage	4.5
Ruhe	4.1
Sanitäranlagen	3.2
Sauberkeit Ø	3.7
Freundlichkeit	3.6
Stellplatz	3.9
Verpflegung	3.0
Freizeit	3.9
Preis-Leistung	4.2
Mietunterkünfte	3.3

Geeignet für

Kinder b. 6 J.	3.6
Kinder b. 12 J.	3.6
Kinder b. 18 J.	3.2
Paare	4.5
Senioren	4.7
Gäste mit Zelt	3.6
Gäste mit Hund	4.5

Empfohlene Aktivitäten

- Radfahren
- Wandern
- Entspannen

29 Moselcampingplatz Rissbach

❄

Rissbacherstrasse 155
56841 Traben-Trarbach
+49 6541 3111
📍 49.96336 | 7.10386

🕓 29.03. - 01.11.
02.11. - 03.01.

HS: 33,00 € | NS: 25,00 €

Mehr Infos & Anfrage:
www.camping.info/18708

Baden im Fluss am Platz	✓
Pool/Hallenbad	✓/3km
Spielplatz am Platz	✓
Hunde willkommen	✓
wenig Schatten	✓
WLAN	✓
Lebensmittel	✓
Brötchen am Platz	✓
Restaurant & Imbiss	✓
Ver-/Entsorgung Womo	✓
im Ort	✓
Gesamt/Touristen	100/80
Mietunterkünfte	✓
Stellplätze vor Schranke	✗

4.1 SEHR GUT
110 Bewertungen

Lage	4.5
Ruhe	3.6
Sanitäranlagen	3.9
Sauberkeit Ø	4.2
Freundlichkeit	4.4
Stellplatz	4.0
Verpflegung	4.0
Freizeit	4.0
Preis-Leistung	3.8
Mietunterkünfte	4.5

Geeignet für

Kinder b. 6 J.	4.1
Kinder b. 12 J.	4.0
Kinder b. 18 J.	3.5
Paare	4.5
Senioren	4.6
Gäste mit Zelt	4.2
Gäste mit Hund	4.5

Empfohlene Aktivitäten

- Radfahren
- Wandern
- Entspannen

30 Höhenhof

❄

Höhenhof
55469 Holzbach
+49 6761 6290
📍 49.94696 | 7.53456

🕓 ganzjährig

HS: 21,00 €

Mehr Infos & Anfrage:
www.camping.info/23123

Baden in nat. Gewässer	k. A.
Pool/Hallenbad	5km
Spielplatz am Platz	✓
Hunde erlaubt	✓
Schatten	✗
WLAN	✓
Lebensmittel	5km
Brötchen	keine Angabe
Restaurant	2km
Ver-/Entsorgung Womo	✓
in den Ort	1km
Touristenplätze	3
Mietunterkünfte	✓
Stellplätze vor Schranke	✗

3.5 GUT
12 Bewertungen

Lage	4.0
Ruhe	4.3
Sanitäranlagen	3.6
Sauberkeit Ø	4.0
Freundlichkeit	3.9
Stellplatz	3.2
Verpflegung	3.3
Freizeit	4.0
Preis-Leistung	3.3
Mietunterkünfte	3.0

Geeignet für

Kinder b. 6 J.	4.2
Kinder b. 12 J.	4.3
Kinder b. 18 J.	2.4
Paare	2.8
Senioren	2.8
Gäste mit Zelt	4.0
Gäste mit Hund	3.7

Empfohlene Aktivitäten

- Reiten
- Wandern
- Entspannen

RHEINLAND-PFALZ

3 Eifel

FREIZEITTIPPS

- **A** Sommerrodelbahn „Saar-Rodel" Saarburg
- **B** Porta Nigra, Trier
- **C** Eifel-Vulkanmuseum, Daun
- **D** Nürburgring, Nürburg

	Platz	Seite	Bewertung	Öffnungszeiten	
1	Campingpark Kronenburger See / Eifel	510	4.3	ganzjährig	❄
2	Landal Wirfttal	510	3.5	ganzjährig	❄
3	Campingpark Dockweiler Mühle	510	3.6	ganzjährig	❄
4	Waldcamping Prüm	511	4.0	ganzjährig	❄
5	Campingplatz Jungferweiher	511	4.5	saisonal	❄
6	Feriendorf Pulvermaar	511	3.8	ganzjährig	❄
7	Naturcamping Vulkaneifel	511	4.0	saisonal	
8	Camping In der Enz	513	5.0	saisonal	
9	Campingplatz Erden	512	4.3	saisonal	
10	Prümtal Camping Oberweis (Eifel)	515	4.8	saisonal	👍
11	MoselCamping Bernkastel (ehemals CampingSchenk)	512	4.2	saisonal	
12	Eifelcamping Reles-Mühle	512	4.5	ganzjährig	❄
13	Camping Georgshof	514	4.3	saisonal	❄
14	Camping Südeifel	514	4.0	ganzjährig	❄
15	Camping Im Grünen Trittenheim	514	4.6	saisonal	
16	Campingpark Echternacherbrück	517	4.0	saisonal	
17	Landal Sonnenberg	516	4.3	saisonal	
18	Campingplatz Moselhöhe	516	4.3	saisonal	
19	Camping Alter Bahnhof-Metzdorf	516	3.8	saisonal	❄
20	Campingpark Treviris	518	3.4	saisonal	
21	Campingplatz Igel	518	4.5	saisonal	
22	Campingpark Reinsfeld	518	3.6	ganzjährig	❄
23	Landal Warsberg	519	4.1	saisonal	
24	Camping Waldfrieden	519	4.0	saisonal	
25	Camping Leukbachtal	519	4.1	saisonal	

❄ Wintercamping   FKK Textilfrei (ganz/teilweise)   Ecocamping   👍 Award   Onlinebuchung

Karte auf Seite 508

	1	2	3
	Campingpark Kronenburger See / Eifel	**Landal Wirfttal**	**Campingpark Dockweiler Mühle**
	❄	❄	❄
	Bahnhofstr. 19 54611 Hallschlag +49 6557 900110	Wirftstraße 81 54589 Stadtkyll +49 6597 9292 10	Mühlenweg 1 54552 Dockweiler +49 6595 961130
	50.36055 | 6.45472	50.33765 | 6.53883	50.25494 | 6.78057
Infos			
Öffnungszeiten	ganzjährig	ganzjährig	ganzjährig
Vergleichspreis	HS: 30,50 € | NS: 20,80 €	HS: 31,00 €	HS: 29,00 € | NS: 20,00 €
Link	**Mehr Infos & Anfrage:** www.camping.info/19566	**Mehr Infos & Anfrage:** www.camping.info/18718	**Mehr Infos & Anfrage:** www.camping.info/18715
Ausstattung			
Freizeit	Baden im See 700m Hallenbad 10km Spielplatz am Platz ✓	Baden in nat. Gewässer k. A. Pool/Hallenbad 500m/✓ Spielplatz am Platz ✓	Baden im See 8km Pool/Hallenbad 9km Spielplatz am Platz ✓
Campingplatz	Hunde willkommen ✓ wenig Schatten ✓ WLAN ✓	Hunde willkommen ✓ zur Hälfte Schatten ✓ WLAN (begrenzt gratis) ✓	Hunde willkommen ✓ zur Hälfte Schatten ✓ WLAN ✓
Versorgung	Lebensmittel ✗ Brötchen am Platz ✓ Restaurant/Imbiss 1/2km Ver-/Entsorgung Womo ✓ in den Ort 1km	Lebensmittel ✓ Brötchen am Platz ✓ Restaurant am P. ✓ Ver-/Entsorgung Womo ✓ in den Ort 1km	Lebensmittel 8km Brötchen am Platz ✗ Restaurant 900m Ver-/Entsorgung Womo ✓ in den Ort 300m
Anzahl der Plätze	Gesamt/Touristen 240/48 Mietunterkünfte ✓ Stellplätze vor Schranke ✗	Gesamt 160 Mietunterkünfte ✓ Stellplätze vor Schranke ✗	Gesamt/Touristen 250/120 Mietunterkünfte ✓ Stellplätze vor Schranke ✓

	1	2	3
Gesamt	4.3 SEHR GUT – 89 Bewertungen	3.5 GUT – 37 Bewertungen	3.6 GUT – 16 Bewertungen
Lage	4.4	3.9	4.2
Ruhe	4.4	4.1	4.4
Sanitäranlagen	4.5	3.2	3.6
Sauberkeit Ø	4.5	3.4	3.9
Freundlichkeit	4.2	4.0	3.4
Stellplatz	4.2	3.3	3.6
Verpflegung	3.5	3.5	2.2
Freizeit	4.0	3.6	3.4
Preis-Leistung	4.4	3.6	4.1
Mietunterkünfte	4.3	2.7	4.0
Geeignet für			
Kinder b. 6 J.	4.4	4.0	3.6
Kinder b. 12 J.	4.3	4.0	3.8
Kinder b. 18 J.	3.5	3.1	2.9
Paare	4.4	3.9	4.2
Senioren	4.4	3.7	4.5
Gäste mit Zelt	4.1	3.6	4.0
Gäste mit Hund	4.4	3.8	4.0
Empfohlene Aktivitäten	Wandern Entspannen Radfahren	Wandern Schwimmen Entspannen	Wandern Motorrad Entspannen

4 Waldcamping Prüm

❄

Prümtalstraße
54595 Prüm
+49 6551 2481
50.21882 | 6.43827

ganzjährig

HS: 28,20 € | NS: 28,20 €

Mehr Infos & Anfrage:
www.camping.info/18719

Baden im See	6km
Pool/Hallenbad	✓/1km
Spielplatz am Platz	✓
Hunde willkommen	✓
zur Hälfte Schatten	✓
WLAN	✓
Lebensmittel	1km
Brötchen am Platz	✓
Restaurant/Imbiss	1km/✓
Ver-/Entsorgung Womo	✓
in den Ort	1km
Gesamt/Touristen	200/100
Mietunterkünfte	✓
Stellplätze vor Schranke	✓

4.0 SEHR GUT
23 Bewertungen

Lage	4.3
Ruhe	3.7
Sanitäranlagen	3.8
Sauberkeit Ø	4.2
Freundlichkeit	4.6
Stellplatz	4.2
Verpflegung	3.6
Freizeit	4.2
Preis-Leistung	4.4
Mietunterkünfte	4.5

Geeignet für

Kinder b. 6 J.	4.3
Kinder b. 12 J.	4.1
Kinder b. 18 J.	3.9
Paare	4.3
Senioren	4.3
Gäste mit Zelt	4.4
Gäste mit Hund	4.7

Empfohlene Aktivitäten

- Wandern
- Schwimmen
- Radfahren

5 Campingplatz Jungferweiher

❄

Am Jungferweiher 4
56766 Ulmen
+49 267 695 191 13
50.21777 | 6.97343

01.03. - 14.03.
15.11. - 14.11.

HS: 15,00 €

Mehr Infos & Anfrage:
www.camping.info/18779

Baden in nat. Gewässer	k. A.
Hallenbad	10km
Spielplatz	keine Angabe
Hunde willkommen	✓
zur Hälfte Schatten	✓
WLAN	keine Angabe
Lebensmittel	300m
Brötchen	keine Angabe
Restaurant am P.	✓
Ver-/Entsorgung Womo	✓
in den Ort	300m
Gesamt/Touristen	61/30
Mietunterkünfte	✓
Stellplätze vor Schranke	✗

4.5 SEHR GUT
10 Bewertungen

Lage	4.8
Ruhe	4.7
Sanitäranlagen	3.1
Sauberkeit Ø	4.3
Freundlichkeit	5.0
Stellplatz	4.4
Verpflegung	4.1
Freizeit	4.2
Preis-Leistung	4.5
Mietunterkünfte	5.0

Geeignet für

Kinder b. 6 J.	4.3
Kinder b. 12 J.	4.3
Kinder b. 18 J.	3.8
Paare	5.0
Senioren	5.0
Gäste mit Zelt	5.0
Gäste mit Hund	4.9

Empfohlene Aktivitäten

- Entspannen
- Radfahren
- Wandern

6 Feriendorf Pulvermaar

❄

Vulkanstraße / Hinterm Pulvermaar -
54558 Gillenfeld
+49 6573 287
50.13124 | 6.93275

ganzjährig

HS: 17,00 € | NS: 13,00 €

Mehr Infos & Anfrage:
www.camping.info/18716

Baden im See	300m
Pool/Hallenbad	300m/15km
Spielplatz am Platz	✓
Hunde erlaubt	✓
zur Hälfte Schatten	✓
WLAN	✗
Lebensmittel	2km
Brötchen am Platz	✓
Restaurant/Imbiss	2km/✓
Ver-/Entsorgung Womo	✓
in den Ort	2km
Gesamt/Touristen	160/40
Mietunterkünfte	✓
Stellplätze vor Schranke	✓

3.8 GUT
19 Bewertungen

Lage	4.6
Ruhe	4.3
Sanitäranlagen	3.1
Sauberkeit Ø	4.0
Freundlichkeit	4.4
Stellplatz	3.4
Verpflegung	3.6
Freizeit	4.1
Preis-Leistung	4.1
Mietunterkünfte	2.8

Geeignet für

Kinder b. 6 J.	4.3
Kinder b. 12 J.	4.2
Kinder b. 18 J.	3.7
Paare	4.3
Senioren	4.4
Gäste mit Zelt	4.0
Gäste mit Hund	4.4

Empfohlene Aktivitäten

- Wandern
- Entspannen
- Schwimmen

7 Naturcamping Vulkaneifel

Herbstwiese
54531 Manderscheid
+49 6572 9211 0
50.09635 | 6.79804

01.04. - 31.10.

HS: 28,00 € | NS: 25,00 €

Mehr Infos & Anfrage:
www.camping.info/18712

Baden im See	3km
Pool/Hallenbad	1/16km
Spielplatz am Platz	✓
Hunde erlaubt	✓
zur Hälfte Schatten	✓
WLAN	teilweise
Lebensmittel	1km
Brötchen am Platz	✓
Restaurant/Imbiss	800m/✓
Ver-/Entsorgung Womo	✓
in den Ort	500m
Gesamt/Touristen	90/85
Mietunterkünfte	✓
Stellplätze vor Schranke	✓

4.0 SEHR GUT
16 Bewertungen

Lage	4.6
Ruhe	3.6
Sanitäranlagen	3.3
Sauberkeit Ø	4.0
Freundlichkeit	4.4
Stellplatz	3.6
Verpflegung	2.7
Freizeit	3.8
Preis-Leistung	4.1
Mietunterkünfte	-

Geeignet für

Kinder b. 6 J.	4.4
Kinder b. 12 J.	4.4
Kinder b. 18 J.	3.2
Paare	3.9
Senioren	2.5
Gäste mit Zelt	4.7
Gäste mit Hund	4.3

Empfohlene Aktivitäten

- Wandern
- Mountainbiking
- Motorrad

Karte auf Seite 508

	9	11	12
	Campingplatz Erden	**MoselCamping Bernkastel (ehemals CampingSchenk)**	**Eifelcamping Reles-Mühle** ❄
	Am Moselufer 2 54492 Erden +49 6532 4060 49.98002 | 7.02111	Hauptstraße 165 54470 Bernkastel-Wehlen +49 6531 8176 49.9376 | 7.04867	Kapellenweg 3 54675 Körperich-Obersgegen +49 6566 1465 49.9342 | 6.25067
Infos			
Öffnungszeiten	24.03. - 28.10.	28.03. - 06.11.	ganzjährig
Vergleichspreis	HS: 23,00 € | NS: 21,00 €	HS: 32,00 € | NS: 26,00 €	HS: 25,00 € | NS: 25,00 €
Link	**Mehr Infos & Anfrage:** www.camping.info/18711	**Mehr Infos & Anfrage:** www.camping.info/18707	**Mehr Infos & Anfrage:** www.camping.info/18731
Ausstattung			
Freizeit	Baden in nat. Gewässer ✗ Pool/Hallenbad 5/12km Spielplatz am Platz ✓	Baden in nat. Gewässer k. A. Pool/Hallenbad ✓/2km Spielplatz am Platz ✓	Baden im Fluss am Platz ✓ Pool/Hallenbad ✓/25km Spielplatz am Platz ✓
Campingplatz	Hunde willkommen ✓ zur Hälfte Schatten ✓ WLAN ✓	Hunde ✗ Schatten ✗ WLAN (gegen Gebühr) ✓	Hunde willkommen ✓ zur Hälfte Schatten ✓ WLAN ✓
Versorgung	Lebensmittel 5km Brötchen am Platz ✓ Restaurant & Imbiss ✓ Ver-/Entsorgung Womo ✓ in den Ort keine Angabe	Lebensmittel 500m Brötchen am Platz ✓ Restaurant/Imbiss 150m/1km Ver-/Entsorgung Womo ✓ in den Ort 100m	Lebensmittel 200m Brötchen keine Angabe Restaurant/Imbiss 200m/1km Ver-/Entsorgung Womo ✓ in den Ort 200m
Anzahl der Plätze	Gesamt/Touristen 130/70 Mietunterkünfte ✓ Stellplätze vor Schranke ✗	Gesamt/Touristen 146/93 Mietunterkünfte ✓ Stellplätze vor Schranke ✗	Gesamt/Touristen 110/35 Mietunterkünfte ✓ Stellplätze vor Schranke ✓

	9	11	12
Bewertung	4.3 SEHR GUT, 63 Bewertungen	4.2 SEHR GUT, 86 Bewertungen	4.5 SEHR GUT, 13 Bewertungen
Lage	4.7	4.3	4.8
Ruhe	3.8	4.5	5.0
Sanitäranlagen	3.8	4.2	3.8
Sauberkeit Ø	4.5	4.5	4.7
Freundlichkeit	4.6	4.8	5.0
Stellplatz	4.1	4.0	4.5
Verpflegung	4.2	3.1	4.0
Freizeit	4.1	4.1	4.8
Preis-Leistung	4.4	4.5	4.8
Mietunterkünfte	4.1	4.4	4.9
Geeignet für			
Kinder b. 6 J.	3.6	4.2	5.0
Kinder b. 12 J.	3.7	3.9	5.0
Kinder b. 18 J.	3.6	3.4	4.5
Paare	4.6	4.6	4.9
Senioren	4.6	4.4	4.9
Gäste mit Zelt	4.3	4.1	5.0
Gäste mit Hund / Hunde n. erlaubt	Gäste mit Hund 4.8	Hunde n. erlaubt -	Gäste mit Hund 5.0
Empfohlene Aktivitäten	Radfahren Wandern Entspannen	Radfahren Wandern Entspannen	Wandern Motorrad Mountainbiking

keine WOMOs ab 8 m

8 Camping In der Enz

In der Enz 25
54673 Neuerburg
+49 6564 2660
www.camping-inderenz.com
info@camping-inderenz.com

01.04. - 31.10.

HS: 38,00 € | NS: 29,50 €

Mehr Infos & Anfrage:
www.camping.info/18729

Baden in nat. Gewässer	k. A.
Pool/Hallenbad	✓/25km
Spielplatz am Platz	✓
Hunde willkommen	✓
wenig Schatten	✓
WLAN	✓
Lebensmittel	1km
Brötchen am Platz	✓
Restaurant & Imbiss	✓
Ver-/Entsorgung Womo	✓
in den Ort	1km
Touristenplätze	100
Mietunterkünfte	✓
Stellplätze vor Schranke	✗

50.0285 | 6.27224

Die Campinggäste genießen ihren Aufenthalt beim Camping in der Enz.

Lage & Stellplatz

Camping In der Enz liegt in der Nähe der Stadt Neuerburg, im Naturpark Südeifel. Inmitten der Waldlandschaft sind Ruhe und Natur Ausgangspunkt für einen erholsamen Aufenthalt. Der Campingplatz verfügt über 88 Standard- und Komfortstellplätze, 6 komfortable Mietunterkünfte und 6 Wohnmobilstellplätze.

Verpflegung

Wer gerne gutes Essen und Trinken genießt, ist im gemütlichen Esslokal-Enztal-Treff herzlich willkommen. Für alle, die ihr Essen lieber selbst zubereiten oder grillen möchten, gibt es drei Supermärkte in unmittelbarer Nähe des Campingplatzes. Brötchen gibt es täglich frisch auf dem Campingplatz.

Sanitär

Duschen und Toiletten sowie ein barrierefreies Badezimmer, ein Babyraum, Waschmaschine und Trockner befinden sich im Hauptgebäude. Ein kleineres Gebäude an der Schwimmbadseite hat ebenfalls noch zwei Toiletten. Drei Stellplätze haben ein privates Badezimmer zur Verfügung.

Freizeit

Die Südeifel bietet direkt vom Campingplatz viele Möglichkeiten zum Wandern und Radfahren. Neben dem Platz befindet sich das beheizte Freibad Aqua-Fun mit verschiedenen Becken, Sprungtürmen und Wasserrutsche. Es gibt jede Menge Ausflüge wie Freizeit- und Tierparks und schöne Städte zu entdecken.

Ein schönes, beheiztes Freibad.

Ruhe und Natur zum Entspannen.

Für diese Auswertung liegen leider noch nicht genügend Bewertungen vor.

Sei einer der Ersten, der diesen Campingplatz bewertet.

Mit einer guten Campingplatz-Bewertung unterstützt du nicht nur deinen Lieblingsplatz, sondern hilfst auch anderen Campern bei der Platzwahl.

Mehr Infos

Exklusiv sind die 3 komfortablen Mietwohnwagen, Buchung über die Website.

Karte auf Seite 508

	13	14	15
	Camping Georgshof	**Camping Südeifel**	**Camping Im Grünen Trittenheim**
	❄	❄	
	Kurfürstenstraße 25 54487 Wintrich +49 6534 93266	Hofstraße 19 54666 Irrel +49 6525 510	Moselpromenade 54349 Trittenheim +49 6507 2148
	49.89184 | 6.95486	49.8425 | 6.45694	49.8208 | 6.90296
Infos			
Öffnungszeiten	01.04. - 15.11.	ganzjährig	15.04. - 18.10.
Vergleichspreis	HS: 20,00 € | NS: 20,00 €	HS: 20,60 € | NS: 17,10 €	HS: 29,80 € | NS: 29,80 €
Link	**Mehr Infos & Anfrage:** www.camping.info/18709	**Mehr Infos & Anfrage:** www.camping.info/18726	**Mehr Infos & Anfrage:** www.camping.info/18700
Ausstattung			
Freizeit	Baden in nat. Gewässer k. A. Pool & Hallenbad ✗ Spielplatz am Platz ✓	Baden im Fluss am Platz ✓ Pool/Hallenbad 5km/500m Spielplatz am Platz ✓	Baden im Fluss am Platz ✓ Pool/Hallenbad 2/5km Spielplatz ✗
Campingplatz	Hunde erlaubt ✓ Schatten ✗ WLAN teilweise	Hunde willkommen ✓ Schatten ✗ WLAN (gegen Gebühr) ✓	Hunde willkommen ✓ zur Hälfte Schatten ✓ WLAN ✓
Versorgung	Lebensmittel 500m Brötchen am Platz ✓ Restaurant am P. ✓ Ver-/Entsorgung Womo ✗ in den Ort keine Angabe	Lebensmittel 200m Brötchen am Platz nur HS Restaurant/Imbiss 200m Ver-/Entsorgung Womo ✓ in den Ort 200m	Lebensmittel 400m Brötchen am Platz ✓ Restaurant/Imbiss 100/300m Ver-/Entsorgung Womo ✗ in den Ort 300m
Anzahl der Plätze	Gesamt/Touristen 100/50 Mietunterkünfte ✗ Stellplätze vor Schranke ✗	Gesamt/Touristen 180/80 Mietunterkünfte ✗ Stellplätze vor Schranke ✗	Gesamt/Touristen 46/40 Mietunterkünfte ✗ Stellplätze vor Schranke ✗

	13	14	15
Gesamt	4.3 SEHR GUT, 21 Bewertungen	4.0 SEHR GUT, 20 Bewertungen	4.6 SEHR GUT, 62 Bewertungen
Lage	4.2	4.3	4.7
Ruhe	4.7	4.3	4.2
Sanitäranlagen	4.3	4.0	4.6
Sauberkeit Ø	4.5	4.6	4.9
Freundlichkeit	4.9	4.7	4.8
Stellplatz	4.1	3.9	4.3
Verpflegung	2.8	3.2	3.4
Freizeit	3.5	3.8	4.0
Preis-Leistung	4.5	4.4	4.6
Mietunterkünfte	-	-	-
Geeignet für			
Kinder b. 6 J.	3.5	4.2	3.0
Kinder b. 12 J.	3.4	4.3	2.8
Kinder b. 18 J.	2.9	3.1	3.3
Paare	4.3	4.4	4.7
Senioren	4.6	4.6	4.7
Gäste mit Zelt	3.9	4.4	4.3
Gäste mit Hund	4.4	4.8	4.7
Empfohlene Aktivitäten	Radfahren Wandern Entspannen	Wandern Entspannen Radfahren	Wandern Radfahren Entspannen

10 Prümtal Camping Oberweis (Eifel)

In der Klaus 17
54636 Oberweis
+49 6527 92920
www.pruemtal.de
info@pruemtal.de

01.03. - 31.10.

HS: 36,60 € | NS: 23,00 €

Mehr Infos & Anfrage:
www.camping.info/18721

Baden im See	30km
Pool/Hallenbad	✓/9km
Spielplatz am Platz	✓
Hunde willkommen	✓
zur Hälfte Schatten	✓
WLAN	✓
Lebensmittel	✓
Brötchen am Platz	✓
Restaurant & Imbiss	✓
Ver-/Entsorgung Womo	✓
in den Ort	100m
Gesamt/Touristen	252/248
Mietunterkünfte	✓
Stellplätze vor Schranke	×

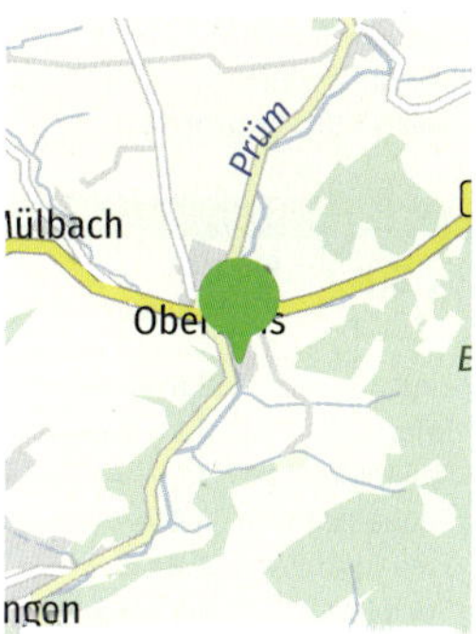

1 km
49.95818 | 6.42359

Beheiztes Freibad mit Blick ins Prümtal.

Lage & Stellplatz

Umgeben von der landschaftlich wunderschönen, waldreichen Eifel entlang des Flusses Prüm, bietet Prümtal Camping die besten Voraussetzungen, um vom Alltag abzuschalten. Die Stellplätze verfügen größtenteils über Wasser- und Abwasseranschlüsse. WLAN ist auf dem gesamten Platz gratis.

Verpflegung

Das familieneigene Restaurant „Köhler-Stuben" liegt direkt am Campingplatz. Alle Speisen, auch einfache Gerichte, gibt es zusätzlich zum Mitnehmen. Morgens gibt es frische Brötchen im Lebensmittelladen. Der nächste Supermarkt befindet sich in 3 km Entfernung.

Sanitär

Prümtal Camping verfügt über zwei neue Sanitärgebäude mit erstklassiger Ausstattung. Neben einigen Einzelwaschkabinen gibt es einen neuen Kinder- und Kleinkinderbereich, eine Hundedusche sowie kostenlos nutzbare Kochgelegenheiten und Spülmaschinen und gegen Gebühr Waschmaschinen und Trockner.

Freizeit

Wer Bewegungsdrang verspürt, kann sich im platzeigenen, beheizten Freibad, auf dem Sportplatz oder dem neuen Spielplatz nach Herzenslust austoben. Darüber hinaus findet man in der Umgebung sehr schöne Wanderwege und verschiedene Freizeitparks. Für ausgedehnte Radtouren empfiehlt sich ein E-Bike.

Der neue Spielplatz.

Restaurant „Köhler-Stuben".

4.8 SEHR GUT
480 Bewertungen

Lage	4.5
Ruhe	4.2
Sanitäranlagen	4.8
Sauberkeit Ø	4.8
Freundlichkeit	4.9
Stellplatz	4.7
Verpflegung	4.6
Freizeit	4.7
Preis-Leistung	4.6
Mietunterkünfte	4.4

Geeignet für

- 4.8 Kinder b. 12 J.
- 4.7 Kinder b. 6 J.
- 4.6 Paare
- 4.6 Gäste mit Hund
- 4.5 Senioren
- 4.5 Gäste mit Zelt
- 4.2 Kinder b. 18 J.

Empfohlene Aktivitäten

Wandern · Schwimmen · Entspannen · Radfahren

Mehr Infos

Jugendgruppen nur sehr beschränkt zugelassen.

AWARD 2022

Karte auf Seite 508

	17	18	19
	Landal Sonnenberg	**Campingplatz Moselhöhe**	**Camping Alter Bahnhof-Metzdorf**
			❄
	Sonnenberg 1 54340 Leiwen +49 6507 93690 49.80278 | 6.89028	Bucherweg 1 54426 Heidenburg +49 6509 99016 49.79966 | 6.92692	Uferstraße 42 54308 Langsur-Metzdorf +49 065 011 2626 49.75404 | 6.50374
Infos			
Öffnungszeiten	29.03. - 04.11.	01.04. - 01.11.	01.03. - 01.10. 02.10. - 31.12.
Vergleichspreis	HS: 46,00 € | NS: 23,00 €	HS: 20,50 € | NS: 19,60 €	HS: 21,00 € | NS: 19,80 €
Link	**Mehr Infos & Anfrage:** www.camping.info/18698	**Mehr Infos & Anfrage:** www.camping.info/18701	**Mehr Infos & Anfrage:** www.camping.info/18692
Ausstattung			
Freizeit	Baden in nat. Gewässer ✗ Pool/Hallenbad 3km/✓ Spielplatz am Platz ✓	Baden in nat. Gewässer k. A. Pool/Hallenbad ✓/9km Spielplatz am Platz ✓	Baden im Fluss am Platz ✓ Pool/Hallenbad 10/15km Spielplatz am Platz ✓
Campingplatz	Hunde willkommen ✓ zur Hälfte Schatten ✓ WLAN (gegen Gebühr) ✓	Hunde willkommen ✓ wenig Schatten ✓ WLAN (begrenzt gratis) ✓	Hunde willkommen ✓ Schatten ✗ WLAN (gegen Gebühr) ✓
Versorgung	Lebensmittel ✓ Brötchen keine Angabe Restaurant & Imbiss ✓ Ver-/Entsorgung Womo ✓ in den Ort 5km	Lebensmittel 10km Brötchen am Platz ✓ Restaurant am P. ✓ Ver-/Entsorgung Womo ✓ in den Ort 400m	Lebensmittel 5km Brötchen am Platz ✓ Restaurant am P. ✓ Ver-/Entsorgung Womo ✓ in den Ort 100m
Anzahl der Plätze	Gesamt 128 Mietunterkünfte ✓ Stellplätze vor Schranke ✗	Gesamt/Touristen 103/65 Mietunterkünfte ✗ Stellplätze vor Schranke ✗	Gesamt/Touristen 130/55 Mietunterkünfte ✓ Stellplätze vor Schranke ✗

	17	18	19
Bewertung	**4.3** SEHR GUT 59 Bewertungen	**4.3** SEHR GUT 32 Bewertungen	**3.8** GUT 17 Bewertungen
Lage	4.1	4.6	3.9
Ruhe	4.1	4.7	4.1
Sanitäranlagen	4.0	4.0	3.1
Sauberkeit Ø	4.2	4.2	4.0
Freundlichkeit	4.7	4.6	4.8
Stellplatz	3.9	4.2	3.4
Verpflegung	3.9	3.7	3.0
Freizeit	4.6	3.7	3.7
Preis-Leistung	4.2	4.4	4.2
Mietunterkünfte	3.4	-	4.0
Geeignet für			
Kinder b. 6 J.	4.8	4.1	3.6
Kinder b. 12 J.	4.8	3.5	3.8
Kinder b. 18 J.	3.6	3.3	3.3
Paare	3.5	4.6	4.5
Senioren	3.1	4.5	4.2
Gäste mit Zelt	3.0	4.2	4.4
Gäste mit Hund	4.3	4.2	4.1
Empfohlene Aktivitäten	Wandern Schwimmen Entspannen	Wandern Entspannen Mountainbiking	Radfahren Kayak/Kanu Angeln

16 Campingpark Echternacherbrück

Mindenerstraße 18
54668 Echternacherbrück
+49 6525 340
www.echternacherbrueck.de
info@echternacherbrueck.de

01.04. - 31.10.

HS: 36,30 € | NS: 26,20 €

Mehr Infos & Anfrage:
www.camping.info/18727

Baden im Fluss am Platz	✓
Pool/Hallenbad	✓/500m
Spielplatz am Platz	✓
Hunde willkommen	✓
zur Hälfte Schatten	✓
WLAN	✓
Lebensmittel	300m
Brötchen am Platz	✓
Restaurant & Imbiss	✓
Ver-/Entsorgung Womo	✓
in den Ort	100m
Gesamt/Touristen	400/300
Mietunterkünfte	✓
Stellplätze vor Schranke	✓

49.81207 | 6.43149

Baden am Fluss, große Freibadanlage, Spielplätze am Platz.

Lage & Stellplatz

Der Campingpark liegt im „Naturpark Südeifel" und erstreckt sich entlang der Sauer an der Grenze zu Luxemburg – das Gebiet ist auch bekannt als „Kleine Luxemburger Schweiz". Die Stellplätze befinden sich am Fluss. Zur Anlage gehört auch ein modernes, großes Freibad. Entree/WLAN sind kostenfrei.

Sanitär

Vier moderne Sanitärgebäude bieten Hygiene und Komfort für alle Gäste. Neben behindertengerechten Duschen und WCs stehen Babywickel- und Waschräume zur Verfügung. Wer sich Extra-Komfort gönnen möchte, der kann sich ein privates Bad mit Dusche, Toilette und Waschbecken mieten.

Verpflegung

Das Camping-Bistro sorgt für das leibliche Wohl der Gäste. Hier und im angrenzenden Biergarten kann man die Mahlzeit genießen. Ein Bäcker bringt morgens frische Brötchen, ein Discounter ist ca. 300 m entfernt. Diverse Restaurants in der Nähe bieten neben deutscher Küche auch internationale Küche an.

Freizeit

Das große Freibad sorgt für Badespaß und Erfrischung. In der Hochsaison ist ein umfangreiches Animationsprogramm vorbereitet. Der „Campertreff" bietet Billard, Dart, Kicker, Air-Hockey und den Kids-Club. Minigolf, Tennis, Kanu, Rad- und Wanderwege u. v. m. befinden sich in unmittelbarer Nähe.

Spaß im platzeigenen Freibad.

Die Zeltwiese direkt am Fluss.

4.0 SEHR GUT
82 Bewertungen

Lage	4.4
Ruhe	3.5
Sanitäranlagen	3.9
Sauberkeit Ø	4.0
Freundlichkeit	4.6
Stellplatz	3.9
Verpflegung	4.0
Freizeit	4.2
Preis-Leistung	4.1
Mietunterkünfte	4.0

Geeignet für

4.3 Kinder b. 12 J.

4.3	Gäste mit Zelt
4.3	Gäste mit Hund
4.2	Paare
4.2	Senioren
4.1	Kinder b. 6 J.
3.9	Kinder b. 18 J.

Empfohlene Aktivitäten

Wandern · Kayak/Kanu · Radfahren · Schwimmen

Mehr Infos

Karte auf Seite 508

	20	21	22
	Campingpark Treviris	**Campingplatz Igel**	**Campingpark Reinsfeld**
			✻
	Luxemburger Straße 81 54294 Trier +49 651 86921	Moselstraße 54298 Igel +49 6501 12944	Parkstraße 1 54421 Reinsfeld +49 6503 95123
	49.74388 | 6.62472	49.70487 | 6.55399	49.68696 | 6.86944
Infos			
Öffnungszeiten	01.04. - 31.10.	01.04. - 31.10.	ganzjährig
Vergleichspreis	HS: 25,20 € | NS: 23,40 €	HS: 19,00 € | NS: 19,00 €	HS: 38,00 € | NS: 34,00 €
Link	**Mehr Infos & Anfrage:** www.camping.info/18691	**Mehr Infos & Anfrage:** www.camping.info/19572	**Mehr Infos & Anfrage:** www.camping.info/19569
Ausstattung			
Freizeit	Baden im Fluss am Platz ✓ Pool/Hallenbad 2km Spielplatz am Platz ✓	Baden im Fluss am Platz ✓ Pool/Hallenbad 8km Spielplatz am Platz ✓	Baden im See 10km Pool/Hallenbad ✓/5km Spielplatz am Platz ✓
Campingplatz	Hunde erlaubt ✓ zur Hälfte Schatten ✓ WLAN ✓	Hunde willkommen ✓ Schatten ✗ WLAN ✓	Hunde willkommen ✓ Schatten ✗ WLAN ✓
Versorgung	Lebensmittel 1km Brötchen am Platz ✓ Restaurant & Imbiss ✓ Ver-/Entsorgung Womo ✓ in den Ort 2km	Lebensmittel 3km Brötchen keine Angabe Restaurant & Imbiss ✓ Ver-/Entsorgung Womo ✗ in den Ort 500m	Lebensmittel ✓ Brötchen am Platz ✓ Imbiss ✓ Ver-/Entsorgung Womo ✓ in den Ort 1km
Anzahl der Plätze	Touristenplätze 75 Mietunterkünfte ✗ Stellplätze vor Schranke ✗	Gesamt/Touristen 80/40 Mietunterkünfte ✗ Stellplätze vor Schranke ✗	Gesamt/Touristen 986/600 Mietunterkünfte ✓ Stellplätze vor Schranke ✓

	20	21	22
Gesamt	3.4 GUT, 123 Bewertungen	4.5 SEHR GUT, 30 Bewertungen	3.6 GUT, 17 Bewertungen
Lage	4.0	4.6	4.4
Ruhe	3.2	4.2	4.2
Sanitäranlagen	3.8	4.1	3.6
Sauberkeit Ø	3.8	4.5	4.0
Freundlichkeit	3.2	4.7	4.3
Stellplatz	3.5	4.0	3.4
Verpflegung	3.0	3.9	2.7
Freizeit	3.2	4.1	3.8
Preis-Leistung	3.5	4.6	3.3
Mietunterkünfte	-	-	4.0
Geeignet für			
Kinder b. 6 J.	2.9	3.2	4.1
Kinder b. 12 J.	3.1	3.4	4.1
Kinder b. 18 J.	3.3	3.4	3.8
Paare	4.1	4.6	3.9
Senioren	4.2	4.5	3.4
Gäste mit Zelt	4.0	4.3	4.1
Gäste mit Hund	4.1	4.1	3.9
Empfohlene Aktivitäten	Radfahren Sightseeing Kultur	Radfahren Entspannen Wandern	Wandern Radfahren Entspannen

23 Landal Warsberg

Ferienpark
54439 Saarburg
+49 6581 914610
49.61972 | 6.5425

24.03. - 05.11.
HS: 30,00 € | NS: 30,00 €
Mehr Infos & Anfrage:
www.camping.info/18705

Baden im See	30km
Pool/Hallenbad	5km/✓
Spielplatz am Platz	✓
Hunde willkommen	✓
wenig Schatten	✓
WLAN (gegen Gebühr)	✓
Lebensmittel	✓
Brötchen am Platz	✓
Restaurant & Imbiss	✓
Ver-/Entsorgung Womo	✓
in den Ort	3km
Touristenplätze	460
Mietunterkünfte	✓
Stellplätze vor Schranke	✗

4.1 SEHR GUT
51 Bewertungen

Lage	4.6
Ruhe	4.5
Sanitäranlagen	3.6
Sauberkeit Ø	4.1
Freundlichkeit	4.7
Stellplatz	3.8
Verpflegung	4.0
Freizeit	4.5
Preis-Leistung	4.2
Mietunterkünfte	4.4

Geeignet für

Kinder b. 6 J.	4.7
Kinder b. 12 J.	4.7
Kinder b. 18 J.	3.7
Paare	4.3
Senioren	4.2
Gäste mit Zelt	4.1
Gäste mit Hund	4.3

Empfohlene Aktivitäten

- Wandern
- Entspannen
- Sightseeing

24 Camping Waldfrieden

Im Fichtenhain 4
54439 Saarburg
+49 6581 2255
49.60097 | 6.52811

01.03. - 03.11.
HS: 23,50 € | NS: 23,50 €
Mehr Infos & Anfrage:
www.camping.info/18704

Baden in nat. Gewässer	k. A.
Pool/Hallenbad	1km
Spielplatz am Platz	✓
Hunde willkommen	✓
zur Hälfte Schatten	✓
WLAN	✓
Lebensmittel	1km
Brötchen am Platz	✓
Restaurant & Imbiss	✓
Ver-/Entsorgung Womo	✓
in den Ort	500m
Gesamt/Touristen	96/66
Mietunterkünfte	✗
Stellplätze vor Schranke	✗

4.0 SEHR GUT
43 Bewertungen

Lage	4.3
Ruhe	4.4
Sanitäranlagen	3.9
Sauberkeit Ø	4.2
Freundlichkeit	4.2
Stellplatz	3.9
Verpflegung	3.3
Freizeit	3.7
Preis-Leistung	4.3
Mietunterkünfte	-

Geeignet für

Kinder b. 6 J.	3.7
Kinder b. 12 J.	3.5
Kinder b. 18 J.	3.0
Paare	4.3
Senioren	4.3
Gäste mit Zelt	3.9
Gäste mit Hund	4.7

Empfohlene Aktivitäten

- Wandern
- Radfahren
- Entspannen

25 Camping Leukbachtal

Leukbachtal 1
54439 Saarburg
+49 6581 2228
49.59917 | 6.54091

19.03. - 02.11.
HS: 31,00 € | NS: 24,00 €
Mehr Infos & Anfrage:
www.camping.info/18703

Baden in nat. Gewässer	k. A.
Pool/Hallenbad	1km
Spielplatz am Platz	✓
Hunde willkommen	✓
zur Hälfte Schatten	✓
WLAN	✓
Lebensmittel	100m
Brötchen am Platz	✗
Restaurant/Imbiss	1km/100m
Ver-/Entsorgung Womo	✓
in den Ort	1km
Gesamt/Touristen	100/70
Mietunterkünfte	✗
Stellplätze vor Schranke	✗

4.1 SEHR GUT
18 Bewertungen

Lage	4.1
Ruhe	3.6
Sanitäranlagen	4.1
Sauberkeit Ø	4.5
Freundlichkeit	4.3
Stellplatz	3.8
Verpflegung	3.1
Freizeit	3.7
Preis-Leistung	4.0
Mietunterkünfte	-

Geeignet für

Kinder b. 6 J.	3.4
Kinder b. 12 J.	3.4
Kinder b. 18 J.	3.2
Paare	4.2
Senioren	4.3
Gäste mit Zelt	3.9
Gäste mit Hund	4.6

Empfohlene Aktivitäten

- Wandern
- Radfahren
- Entspannen

RHEINLAND-PFALZ

❹ Pfalz

	Platz	Seite	Bewertung	Öffnungszeiten	
1	Camping Sonnenstrand	522	3.3	saisonal	
2	Camping Marienort	522	3.8	ganzjährig	*
3	Camping Aumühle	522	3.7	saisonal	
4	Campingplatz am Weißenfels	524	4.3	saisonal	
5	KNAUS Campingpark Bernkastel-Kues****	524	3.9	saisonal	
6	Campingpark Lindelgrund	523	4.5	saisonal	
7	Camping Bockenauer Schweiz	524	4.1	saisonal	
8	Camping Harfenmühle	526	4.5	ganzjährig	*
9	Camping Nahemühle GmbH	526	4.2	saisonal	*
10	Campingplatz Nahetal	525	4.3	ganzjährig	
11	Camping Sensweiler-Mühle	526	3.8	ganzjährig	
12	Camping Gutenbornerhof	527	4.6	saisonal	
13	Camping am Königsberg	527	4.8	saisonal	
14	Naturresort Waldglück	527	4.2	ganzjährig	*
15	Campingplatz Gänsedell	527	3.5	k. A.	*
16	KNAUS Campingpark Bad Dürkheim****	528	3.9	saisonal	*
17	Camping im Burgtal	528	3.9	saisonal	
18	Camping "Blaue Adria"	528	3.9	saisonal	
19	Campingplatz Am Gelterswoog	529	3.3	ganzjährig	*
20	Camping-Freizeitzentrum Sägmühle	529	3.3	saisonal	*
21	Campingplatz Gut Thomashof	529	3.6	saisonal	
22	Caravanpark am Technik Museum	529	3.4	ganzjährig	*
23	Campingplatz Wappenschmiede	530	4.3	saisonal	
24	Camping Clausensee	531	4.2	saisonal	*
25	Camping Hengstbacher-Mühle	530	3.8	k. A.	
26	Naturfreunde Annweiler	530	4.0	saisonal	
27	Camping Neudahner Weiher	532	3.6	ganzjährig	*
28	Campingplatz Moosbachtal	532	3.5	ganzjährig	*
29	Camping Büttelwoog	532	3.8	saisonal	
30	Camping im Klingbachtal	533	4.3	saisonal	
31	Camping Bethof	533	4.2	saisonal	
32	Naturcampingplatz Am Berwartstein	533	4.3	saisonal	
33	Waldcamping Schöntal	533	4.8	saisonal	

* Wintercamping FKK Textilfrei (ganz/teilweise) Ecocamping Award Onlinebuchung

Karte auf Seite 520

	1 Camping Sonnenstrand	2 Camping Marienort	3 Camping Aumühle
		✱	
	Strandweg 9 55422 Bacharach +49 6743 1752	Am Morgenbach 1A 55413 Trechtingshausen +49 6721 6133	Naheweinstraße 65 55444 Schweppenhausen +49 6724 602392
	50.05367 | 7.77266	50.0041 | 7.85644	49.93352 | 7.7917
Infos			
Öffnungszeiten	01.04. - 31.10.	ganzjährig	01.04. - 31.10.
Vergleichspreis	HS: 20,50 € | NS: 20,50 €	HS: 18,00 € | NS: 18,00 €	HS: 22,50 € | NS: 22,50 €
Link	**Mehr Infos & Anfrage:** www.camping.info/18738	**Mehr Infos & Anfrage:** www.camping.info/18737	**Mehr Infos & Anfrage:** www.camping.info/23464
Ausstattung			
Freizeit	Baden im Fluss am Platz ✓ Pool/Hallenbad 14/8km Spielplatz am Platz ✓	Baden in nat. Gewässer k. A. Hallenbad 15km Spielplatz am Platz ✓	Baden in nat. Gewässer k. A. Pool/Hallenbad 2/15km Spielplatz am Platz ✓
Campingplatz	Hunde willkommen ✓ Schatten ✗ WLAN (gratis) teilweise	Hunde willkommen ✓ zur Hälfte Schatten ✓ WLAN ✓	Hunde willkommen ✓ zur Hälfte Schatten ✓ WLAN (begrenzt gratis) ✓
Versorgung	Lebensmittel ✓ Brötchen am Platz ✓ Restaurant am P. ✓ Ver-/Entsorgung Womo ✓ in den Ort 500m	Lebensmittel 5km Brötchen am Platz ✓ Restaurant am P. ✓ Ver-/Entsorgung Womo ✓ in den Ort 5km	Lebensmittel 2km Brötchen am Platz ✓ Restaurant & Imbiss ✓ Ver-/Entsorgung Womo ✓ in den Ort 1km
Anzahl der Plätze	Gesamt/Touristen 75/60 Mietunterkünfte ✗ Stellplätze vor Schranke ✗	Gesamt/Touristen 170/70 Mietunterkünfte ✓ Stellplätze vor Schranke ✗	Gesamt/Touristen 65/50 Mietunterkünfte ✓ Stellplätze vor Schranke ✗

	Camping Sonnenstrand	Camping Marienort	Camping Aumühle
Bewertung	3.3 GUT, 24 Bewertungen	3.8 GUT, 21 Bewertungen	3.7 GUT, 24 Bewertungen
Lage	4.0	4.5	4.0
Ruhe	2.4	2.8	3.6
Sanitäranlagen	3.1	2.8	4.0
Sauberkeit Ø	3.8	3.5	4.2
Freundlichkeit	4.2	4.3	4.0
Stellplatz	3.3	3.4	3.7
Verpflegung	3.5	3.4	3.8
Freizeit	3.4	3.8	2.9
Preis-Leistung	3.5	4.1	3.9
Mietunterkünfte	-	4.2	4.7
Geeignet für			
Kinder b. 6 J.	2.7	2.8	3.3
Kinder b. 12 J.	3.1	3.6	3.2
Kinder b. 18 J.	3.2	3.8	2.7
Paare	4.1	4.4	4.4
Senioren	4.1	4.4	4.2
Gäste mit Zelt	3.8	4.3	4.0
Gäste mit Hund	4.0	4.8	4.1
Empfohlene Aktivitäten	Radfahren Kultur Wandern	Radfahren Wandern Angeln	Wandern Entspannen Radfahren

6 Campingpark Lindelgrund

Im Lindelgrund 1
55452 Guldental
+49 6707 633
www.lindelgrund.de
info@lindelgrund.de

15.03. - 15.11.
HS: 29,00 € | NS: 29,00 €
Mehr Infos & Anfrage:
www.camping.info/19571

Baden in nat. Gewässer	k. A.
Pool/Hallenbad	2/5km
Spielplatz am Platz	✓
Hunde erlaubt	✓
wenig Schatten	✓
WLAN (gegen Gebühr)	teilweise
Lebensmittel	2km
Brötchen am Platz	✓
Restaurant am P.	✓
Ver-/Entsorgung Womo	✓
in den Ort	600m
Gesamt/Touristen	150/44
Mietunterkünfte	✓
Stellplätze vor Schranke	✗

Individuell gestaltete Plätze für WW, WOMOs, Zeltcaravane, Zelte.

Lage & Stellplatz

Campingpark Lindelgrund ist schnell von der Autobahn erreichbar, liegt aber sehr ruhig in einem Seitental der Nahe zwischen Bingen und Bad Kreuznach. Einige Stellplätze sind terrassiert mit Blick auf Wald und Weinberge, andere befinden sich beim großen Spielplatz bzw. Kiosk und Restaurant.

Sanitär

Die Camping-Gäste loben das Design, die Großzügigkeit & Sauberkeit der Sanitäranlagen. Im Sommer locken die erfrischenden Outdoor-Duschen (blickdicht, warmes Wasser). Waschmaschine, Trockner und Wickeltisch stehen bereit.

Verpflegung

Das Restaurant „Feldbahndepot" hat zwischen Ostern und Mitte Oktober täglich für die Gäste geöffnet. Hier kann man Schnitzel, italienische Pasta oder indisches Curry genießen. Der Kiosk bietet einen Brötchenservice, Eis sowie Kaffee und selbstgebackenen Kuchen.

Freizeit

Wasserspielplatz, Trampolin, Kletterbaum, Minizoo: Der Lindelgrund ist ein Paradies für Kinder. Im Sommer fährt samstags die historische Feldbahn. Die Umgebung lädt zum Wandern, Radfahren, Schwimmen sowie zum Einkehren in Weinstuben und Straußwirtschaften ein.

Sanitär: großzügig & modern.

Kletterbaum am Naturteich.

4.5 SEHR GUT
58 Bewertungen

Lage	4.4
Ruhe	4.4
Sanitäranlagen	4.3
Sauberkeit Ø	4.7
Freundlichkeit	4.7
Stellplatz	4.2
Verpflegung	4.0
Freizeit	4.0
Preis-Leistung	4.4
Mietunterkünfte	4.2

Geeignet für

4.7 Paare
4.7 Senioren
4.4 Gäste mit Hund
4.2 Gäste mit Zelt
4.4 Kinder b. 6 J.
4.2 Kinder b. 12 J.
3.2 Kinder b. 18 J.

Empfohlene Aktivitäten

Wandern
Radfahren
Entspannen
Sightseeing

Mehr Infos

An Wochenenden gelegentlich Weinproben oder Winzer-Planwagenfahrten.

Karte auf Seite 520

	4	5	7
	Campingplatz am Weißenfels	**KNAUS Campingpark Bernkastel-Kues******	**Camping Bockenauer Schweiz**
	55595 Sparbrücken +49 6 70 6 86 30	Am Hafen 2 54470 Bernkastel-Kues +49 6531 8200	Daubacherbrucke 3 55595 Bockenau
	49.90973 | 7.71289	49.90825 | 7.05768	49.83518 | 7.6821
Infos			
Öffnungszeiten	01.04. - 31.10.	18.04. - 07.11.	01.04. - 31.10.
Vergleichspreis	HS: 23,00 € | NS: 23,00 €	HS: 38,50 € | NS: 35,90 €	HS: 20,00 € | NS: 15,00 €
Link	**Mehr Infos & Anfrage:** www.camping.info/22365	**Mehr Infos & Anfrage:** www.camping.info/27060	**Mehr Infos & Anfrage:** www.camping.info/26457
Ausstattung			
Freizeit	Baden im Teich 300m Pool/Hallenbad 3/15km Spielplatz am Platz ✓	Baden in nat. Gewässer k. A. Pool & Hallenbad ✗ Spielplatz keine Angabe	Baden in nat. Gewässer ✗ Pool & Hallenbad ✗ Spielplatz am Platz ✓
Campingplatz	Hunde willkommen ✓ zur Hälfte Schatten ✓ WLAN ✓	Hunde ✗ Schatten ✗ WLAN keine Angabe	Hunde willkommen ✓ zur Hälfte Schatten ✓ WLAN (begrenzt gratis) ✓
Versorgung	Lebensmittel 1km Brötchen am Platz ✓ Restaurant & Imbiss ✓ Ver-/Entsorgung Womo ✓ in den Ort 1km	Lebensmittel k.A. Brötchen keine Angabe Restaurant & Imbiss ✗ Ver-/Entsorgung Womo ✗ in den Ort keine Angabe	Lebensmittel ✓ Brötchen am Platz nur HS Restaurant & Imbiss ✓ Ver-/Entsorgung Womo ✗ in den Ort 2km
Anzahl der Plätze	Gesamt/Touristen 140/60 Mietunterkünfte ✗ Stellplätze vor Schranke ✓	Gesamt keine Angabe Mietunterkünfte ✗ Stellplätze vor Schranke ✗	Gesamt/Touristen 60/58 Mietunterkünfte ✓ Stellplätze vor Schranke ✓

	4	5	7
Gesamt	4.3 SEHR GUT, 20 Bewertungen	3.9 GUT, 219 Bewertungen	4.1 SEHR GUT, 7 Bewertungen
Lage	4.7	4.4	4.4
Ruhe	5.0	4.1	5.0
Sanitäranlagen	3.9	4.1	4.1
Sauberkeit Ø	4.3	4.2	4.8
Freundlichkeit	4.9	4.2	5.0
Stellplatz	4.1	3.8	4.3
Verpflegung	4.3	2.8	4.0
Freizeit	3.7	3.6	4.0
Preis-Leistung	4.7	3.2	4.9
Mietunterkünfte	-	-	5.0
Geeignet für			
Kinder b. 6 J.	2.2	3.3	4.6
Kinder b. 12 J.	2.0	3.5	3.8
Kinder b. 18 J.	2.1	3.3	2.8
Paare	4.9	4.4	4.7
Senioren	4.9	4.3	4.8
Gäste mit Zelt	4.4	4.1	4.7
Gäste mit Hund / Hunde n. erlaubt	Gäste mit Hund 4.8	Hunde n. erlaubt -	Gäste mit Hund 5.0
Empfohlene Aktivitäten	Wandern Entspannen Kulinarik	Radfahren Wandern Entspannen	Wandern Entspannen Radfahren

weitere NS: 20.09. - 08.11.
Preise aus 2019

10 Campingplatz Nahetal

Bahnhofstr. 34
55585 Oberhausen
+49 6755 96001
www.camping-nahetal.de
info@camping-nahetal.de

ganzjährig

HS: 28,00 € | NS: 28,00 €

Mehr Infos & Anfrage:
www.camping.info/23160

Baden im Fluss	100m
Pool/Hallenbad	8/10km
Spielplatz am Platz	✓
Hunde willkommen	✓
zur Hälfte Schatten	✓
WLAN	✓
Lebensmittel	7km
Brötchen am Platz	✓
Restaurant & Imbiss	✓
Ver-/Entsorgung Womo im Ort	✓
Gesamt/Touristen	98/85
Mietunterkünfte	✓
Stellplätze vor Schranke	✗

49.79484 | 7.75458

Ansicht Campingplatz Nahetal.

Lage & Stellplatz

Camping Nahetal ist idyllisch gelegen direkt am Ortsrand des Weindorfes Oberhausen in einer der wärmsten Regionen Deutschlands. Sowohl für Wohnwagen und Reisemobile als auch für Zeltcamper werden viele Möglichkeiten angeboten. Zusätzlich stehen 2 Mobilheime und 2 Holzhütten zur Vermietung bereit.

Verpflegung

Der ehemalige Güterschuppen wurde zu einem Kiosk umgebaut, in dem kleine, holländische Gerichte verkauft werden. Außerdem gibt es einen Laden mit Brötchenservice sowie ganz neu einen Biergarten mit Grillhütte. Auch umliegende Gaststätten bieten leckere nationale und internationale Speisen an.

Sanitär

Camping Nahetal verfügt über ein modernes Sanitärgebäude. Zur Ausstattung gehören u. a. Duschen, Toiletten, private Badezimmer, eine Entsorgungsmöglichkeit für Chemietoiletten und Waschbecken zum Geschirrspülen. Ein Waschmaschinenraum mit Trockner ist ebenfalls vorhanden.

Freizeit

Da es in der Umgebung viele Winzer mit hervorragenden Weinen gibt, finden jede Woche Wein- und Likörproben statt. Darüber hinaus starten viele attraktive Wander- und Fahrradrouten direkt am Campingplatz, beispielsweise zum Schmittenstollen Lemberg und zur Ruine Montfort.

Stellplätze und Weg.

Urige Holzhütte.

4.3 SEHR GUT
54 Bewertungen

Lage	4.5
Ruhe	4.6
Sanitäranlagen	4.3
Sauberkeit Ø	4.6
Freundlichkeit	4.8
Stellplatz	4.0
Verpflegung	3.2
Freizeit	3.7
Preis-Leistung	4.2
Mietunterkünfte	4.8

Geeignet für

Senioren	4.8
Paare	4.6
Gäste mit Hund	4.5
Gäste mit Zelt	4.3
Kinder b. 6 J.	3.0
Kinder b. 12 J.	2.7
Kinder b. 18 J.	2.4

Empfohlene Aktivitäten

Wandern · Radfahren · Entspannen · Kayak/Kanu

Mehr Infos

Mitglied Charme Camping ANWB, und SVR. Es gibt nur wenig Kinder am Platz.

Karte auf Seite 520

	8 Camping Harfenmühle	9 Camping Nahemühle GmbH	11 Camping Sensweiler-Mühle
	❄	❄	
	Harfenmühle 2 55758 Mörschied +49 6786 1304 49.80432 | 7.26957	Nahemühle 1 55569 Monzingen +49 6751 7475 49.79628 | 7.57622	Sensweiler Mühle 2 55758 Sensweiler +49 6786 2395 49.76972 | 7.20472
Infos			
Öffnungszeiten	ganzjährig	01.03. - 31.10.	ganzjährig
Vergleichspreis	HS: 32,80 € | NS: 27,80 €	HS: 27,00 € | NS: 27,00 €	HS: 26,00 € | NS: 26,00 €
Link	**Mehr Infos & Anfrage:** www.camping.info/18743	**Mehr Infos & Anfrage:** www.camping.info/18739	**Mehr Infos & Anfrage:** www.camping.info/18746
Ausstattung			
Freizeit	Baden im Teich am Platz ✓ Pool 12km Spielplatz am Platz ✓	Baden im Fluss am Platz ✓ Pool/Hallenbad 5km Spielplatz am Platz ✓	Baden in nat. Gewässer k. A. Pool/Hallenbad 4/8km Spielplatz am Platz ✓
Campingplatz	Hunde willkommen ✓ wenig Schatten ✓ WLAN ✓	Hunde willkommen ✓ wenig Schatten ✓ WLAN (gratis) teilweise	Hunde erlaubt ✓ Schatten ✗ WLAN ✗
Versorgung	Lebensmittel ✓ Brötchen am Platz ✓ Restaurant & Imbiss ✓ Ver-/Entsorgung Womo ✓ in den Ort 3km	Lebensmittel 5km Brötchen am Platz ✓ Restaurant/Imbiss ✓/1km Ver-/Entsorgung Womo ✓ in den Ort 2km	Lebensmittel 1km Brötchen keine Angabe Restaurant & Imbiss ✓ Ver-/Entsorgung Womo ✓ in den Ort 2km
Anzahl der Plätze	Gesamt/Touristen 200/120 Mietunterkünfte ✓ Stellplätze vor Schranke ✓	Gesamt/Touristen 350/150 Mietunterkünfte ✓ Stellplätze vor Schranke ✗	Gesamt/Touristen 120/45 Mietunterkünfte ✓ Stellplätze vor Schranke ✗

	Camping Harfenmühle	Camping Nahemühle GmbH	Camping Sensweiler-Mühle
Gesamt	4.5 SEHR GUT, 178 Bewertungen	4.2 SEHR GUT, 37 Bewertungen	3.8 GUT, 4 Bewertungen
Lage	4.5	4.3	4.2
Ruhe	4.3	3.9	3.8
Sanitäranlagen	4.4	4.0	3.2
Sauberkeit Ø	4.7	4.5	4.5
Freundlichkeit	4.8	4.6	4.5
Stellplatz	4.3	4.0	4.0
Verpflegung	4.3	3.5	1.0
Freizeit	4.4	4.0	3.2
Preis-Leistung	4.3	4.6	3.5
Mietunterkünfte	4.4	4.2	-
Geeignet für			
Kinder b. 6 J.	4.7	4.1	3.2
Kinder b. 12 J.	4.7	4.3	3.0
Kinder b. 18 J.	3.8	3.5	1.0
Paare	4.3	4.4	3.8
Senioren	4.1	4.4	3.5
Gäste mit Zelt	4.5	4.4	4.0
Gäste mit Hund	4.7	4.2	4.5
Empfohlene Aktivitäten	Wandern Entspannen Mountainbiking	Wandern Radfahren Entspannen	Radfahren Wandern Angeln

12 Camping Gutenbornerhof

Gutenbornerhof
55232 Alzey-Weinheim
+49 6731 41400

49.73305 | 8.06718

01.04. - 30.10.

HS: 18,00 € | NS: 18,00 €

Mehr Infos & Anfrage:
www.camping.info/23085

Baden in nat. Gewässer	k. A.
Pool/Hallenbad	4/10km
Spielplatz am Platz	✓
Hunde erlaubt	✓
kein Schatten	✓
WLAN (gegen Gebühr)	✓
Lebensmittel	1km
Brötchen am Platz	✗
Restaurant	500m
Ver-/Entsorgung Womo	✓
in den Ort	200m
Touristenplätze	24
Mietunterkünfte	✗
Stellplätze vor Schranke	✗

4.6 SEHR GUT
34 Bewertungen

Lage	4.2
Ruhe	4.7
Sanitäranlagen	4.5
Sauberkeit Ø	4.9
Freundlichkeit	5.0
Stellplatz	4.2
Verpflegung	3.2
Freizeit	3.5
Preis-Leistung	4.9
Mietunterkünfte	-

Geeignet für

Kinder b. 6 J.	3.8
Kinder b. 12 J.	3.7
Kinder b. 18 J.	3.1
Paare	4.8
Senioren	4.9
Gäste mit Zelt	4.6
Gäste mit Hund	4.9

Empfohlene Aktivitäten

- Wandern
- Radfahren
- Entspannen

13 Camping am Königsberg

am Schwimmbad 1
67752 Wolfstein
+49 6304 4143

49.58056 | 7.61806

01.03. - 31.10.

HS: 27,00 € | NS: 23,00 €

Mehr Infos & Anfrage:
www.camping.info/18875

Baden im Fluss am Platz	✓
Pool/Hallenbad	200m/15km
Spielplatz am Platz	✓
Hunde willkommen	✓
zur Hälfte Schatten	✓
WLAN (begrenzt gratis)	✓
Lebensmittel	2km
Brötchen am Platz	✓
Restaurant & Imbiss	✓
Ver-/Entsorgung Womo	✓
in den Ort	500m
Gesamt/Touristen	99/90
Mietunterkünfte	✓
Stellplätze vor Schranke	✗

4.8 SEHR GUT
98 Bewertungen

Lage	4.5
Ruhe	4.6
Sanitäranlagen	4.9
Sauberkeit Ø	4.9
Freundlichkeit	4.9
Stellplatz	4.6
Verpflegung	4.4
Freizeit	4.4
Preis-Leistung	4.7
Mietunterkünfte	4.8

Geeignet für

Kinder b. 6 J.	4.8
Kinder b. 12 J.	4.7
Kinder b. 18 J.	4.2
Paare	4.8
Senioren	4.8
Gäste mit Zelt	4.8
Gäste mit Hund	4.8

Empfohlene Aktivitäten

- Wandern
- Radfahren
- Entspannen

keine WOMOs ab 12 m;
keine Jugendgruppen

14 Naturresort Waldglück

Pfrimmerhof 3
67729 Sippersfeld
+49 (0) 6357 9753 - 80

49.55171 | 7.96293

ganzjährig

HS: 31,00 € | NS: 31,00 €

Mehr Infos & Anfrage:
www.camping.info/30275

Baden in nat. Gewässer am P.	✓
Pool & Hallenbad	✗
Spielplatz am Platz	✓
Hunde erlaubt	✓
Schatten	✗
WLAN	keine Angabe
Lebensmittel	k.A.
Brötchen am Platz	✓
Restaurant am P.	✓
Ver-/Entsorgung Womo	✗
in den Ort	2km
Gesamt/Touristen	200/130
Mietunterkünfte	✓
Stellplätze vor Schranke	✓

4.2 SEHR GUT
4 Bewertungen

Lage	5.0
Ruhe	4.5
Sanitäranlagen	3.3
Sauberkeit Ø	4.2
Freundlichkeit	5.0
Stellplatz	3.8
Verpflegung	4.5
Freizeit	3.8
Preis-Leistung	4.3
Mietunterkünfte	5.0

Geeignet für

Kinder b. 6 J.	4.5
Kinder b. 12 J.	3.0
Kinder b. 18 J.	2.0
Paare	5.0
Senioren	4.0
Gäste mit Zelt	5.0
Gäste mit Hund	4.7

Empfohlene Aktivitäten

- Wandern
- Mountainbiking
- Entspannen

15 Campingplatz Gänsedell

Gänsedell 1
67697 Otterberg

49.50389 | 7.77167

keine Angabe

HS: 24,00 € | NS: 20,00 €

Mehr Infos & Anfrage:
www.camping.info/18871

Baden in nat. Gewässer	k. A.
Pool/Hallenbad	500m/8km
Spielplatz am Platz	✓
Hunde willkommen	✓
zur Hälfte Schatten	✓
WLAN (gratis)	teilweise
Lebensmittel	1km
Brötchen am Platz	nur HS
Restaurant/Imbiss	1km/✓
Ver-/Entsorgung Womo	✓
in den Ort	1km
Gesamt/Touristen	100/20
Mietunterkünfte	✓
Stellplätze vor Schranke	✗

3.5 GUT
4 Bewertungen

Lage	4.2
Ruhe	4.0
Sanitäranlagen	3.5
Sauberkeit Ø	3.0
Freundlichkeit	3.5
Stellplatz	3.2
Verpflegung	3.0
Freizeit	3.5
Preis-Leistung	4.2
Mietunterkünfte	-

Geeignet für

Kinder b. 6 J.	3.0
Kinder b. 12 J.	3.3
Kinder b. 18 J.	3.3
Paare	3.7
Senioren	3.0
Gäste mit Zelt	1.0
Gäste mit Hund	3.0

Empfohlene Aktivitäten

- Kultur
- Radfahren
- Wandern

Karte auf Seite 520

	16	17	18
	KNAUS Campingpark Bad Dürkheim****	**Camping im Burgtal**	**Camping "Blaue Adria"**
	In den Almen 1 67098 Bad Dürkheim +49 6322 61356 49.47417 | 8.1925	Waldstraße 105 67157 Wachenheim +49 6322 2689 49.4326 | 8.16337	Adriastraße 67122 Altrip +49 6236 3831 49.42619 | 8.4677
Infos			
Öffnungszeiten	18.04. - 31.12.	15.03. - 10.11.	01.04. - 30.09.
Vergleichspreis	HS: 43,20 € | NS: 39,90 €	HS: 26,50 € | NS: 26,50 €	HS: 14,70 € | NS: 14,70 €
Link	**Mehr Infos & Anfrage:** www.camping.info/18868	**Mehr Infos & Anfrage:** www.camping.info/18869	**Mehr Infos & Anfrage:** www.camping.info/23932
Ausstattung			
Freizeit	Baden im See am Platz ✓ Pool/Hallenbad 2km Spielplatz am Platz ✓	Baden in nat. Gewässer k. A. Pool/Hallenbad 500m/5km Spielplatz am Platz ✓	Baden im See am Platz ✓ Pool & Hallenbad ✗ Spielplatz am Platz ✓
Campingplatz	Hunde willkommen ✓ wenig Schatten ✓ WLAN (gegen Gebühr) ✓	Hunde willkommen ✓ zur Hälfte Schatten ✓ WLAN teilweise	Hunde erlaubt ✓ Schatten ✗ WLAN keine Angabe
Versorgung	Lebensmittel ✓ Brötchen am Platz ✓ Restaurant & Imbiss ✓ Ver-/Entsorgung Womo ✓ in den Ort 2km	Lebensmittel 1km Brötchen am Platz ✗ Restaurant 500m Ver-/Entsorgung Womo ✓ in den Ort 500m	Lebensmittel ✗ Brötchen am Platz ✓ Restaurant & Imbiss ✗ Ver-/Entsorgung Womo ✓ in den Ort 1km
Anzahl der Plätze	Gesamt/Touristen 516/238 Mietunterkünfte ✓ Stellplätze vor Schranke ✓	Gesamt/Touristen 100/55 Mietunterkünfte ✗ Stellplätze vor Schranke ✗	Gesamt 200 Mietunterkünfte ✗ Stellplätze vor Schranke ✗

	16	17	18
Gesamt	3.9 GUT, 513 Bewertungen	3.9 GUT, 38 Bewertungen	3.9 GUT, 14 Bewertungen
Lage	4.1	4.1	4.1
Ruhe	3.2	3.9	4.0
Sanitäranlagen	3.8	3.6	2.8
Sauberkeit Ø	3.9	4.4	4.0
Freundlichkeit	4.0	4.6	4.7
Stellplatz	4.0	3.7	3.8
Verpflegung	3.6	2.3	3.0
Freizeit	3.9	3.9	3.7
Preis-Leistung	3.4	4.1	4.3
Mietunterkünfte	4.1	-	-
Geeignet für			
Kinder b. 6 J.	4.1	3.1	4.2
Kinder b. 12 J.	4.2	3.1	4.3
Kinder b. 18 J.	3.8	2.7	4.7
Paare	4.2	4.6	4.8
Senioren	4.2	4.6	4.4
Gäste mit Zelt	3.6	4.5	4.5
Gäste mit Hund	3.4	4.8	5.0
Empfohlene Aktivitäten	Radfahren Wandern Schwimmen	Wandern Radfahren Entspannen	Schwimmen Entspannen Radfahren

16: weitere NS: 20.09. - 31.12.
Preise aus 2019

19 Campingplatz Am Gelterswoog

✻

Am Gelterswoog 2
67661 Kaiserslautern

49.39425 | 7.69002

ganzjährig

HS: 19,00 € | NS: 16,00 €

Mehr Infos & Anfrage:
www.camping.info/23338

Baden im See am Platz	✓
Pool	500m
Spielplatz am Platz	✓
Hunde erlaubt	✓
viel Schatten	✓
WLAN	✗
Lebensmittel	✗
Brötchen am Platz	✗
Restaurant & Imbiss	✓
Ver-/Entsorgung Womo	✓
in den Ort	keine Angabe
Gesamt	keine Angabe
Mietunterkünfte	✗
Stellplätze vor Schranke	✗

3.3 GUT
3 Bewertungen

Lage	5.0
Ruhe	5.0
Sanitäranlagen	3.0
Sauberkeit Ø	4.5
Freundlichkeit	5.0
Stellplatz	4.5
Verpflegung	4.5
Freizeit	4.0
Preis-Leistung	4.5
Mietunterkünfte	-

Geeignet für

Kinder b. 6 J.	-
Kinder b. 12 J.	-
Kinder b. 18 J.	-
Paare	5.0
Senioren	-
Gäste mit Zelt	2.0
Gäste mit Hund	5.0

20 Camping-Freizeitzentrum Sägmühle

✻

Sägmühle 1
67705 Trippstadt
+49 6306 92190

49.35138 | 7.78083

01.01. - 31.10.
16.12. - 31.12.

HS: 26,40 € | NS: 21,80 €

Mehr Infos & Anfrage:
www.camping.info/18872

Baden im See am Platz	✓
Pool/Hallenbad	1/16km
Spielplatz am Platz	✓
Hunde erlaubt	✓
Schatten	✗
WLAN (gegen Gebühr)	teilweise
Lebensmittel	1km
Brötchen am Platz	nur HS
Restaurant am P.	✓
Ver-/Entsorgung Womo	✓
in den Ort	1km
Gesamt/Touristen	305/154
Mietunterkünfte	✓
Stellplätze vor Schranke	✗

3.3 GUT
72 Bewertungen

Lage	4.3
Ruhe	4.3
Sanitäranlagen	2.8
Sauberkeit Ø	3.1
Freundlichkeit	3.7
Stellplatz	3.5
Verpflegung	3.4
Freizeit	3.7
Preis-Leistung	3.3
Mietunterkünfte	3.2

Geeignet für

Kinder b. 6 J.	3.6
Kinder b. 12 J.	3.7
Kinder b. 18 J.	3.2
Paare	4.0
Senioren	4.2
Gäste mit Zelt	4.0
Gäste mit Hund	4.0

Empfohlene Aktivitäten

- Wandern
- Mountainbiking
- Entspannen

21 Campingplatz Gut Thomashof

Gut Thomashof 1
67346 Speyer
06232 32249

49.343 | 8.441

01.04. - 30.09.

keine Angabe

Mehr Infos & Anfrage:
www.camping.info/24507

Baden in nat. Gewässer	k. A.
Pool/Hallenbad	7/6km
Spielplatz am Platz	✓
Hunde willkommen	✓
Schatten	✗
WLAN	teilweise
Lebensmittel	5km
Brötchen	keine Angabe
Restaurant/Imbiss	2km
Ver-/Entsorgung Womo	✗
in den Ort	keine Angabe
Gesamt	keine Angabe
Mietunterkünfte	✓
Stellplätze vor Schranke	✗

3.6 GUT
8 Bewertungen

Lage	3.9
Ruhe	4.3
Sanitäranlagen	3.6
Sauberkeit Ø	4.6
Freundlichkeit	4.7
Stellplatz	3.1
Verpflegung	1.8
Freizeit	3.0
Preis-Leistung	3.2
Mietunterkünfte	-

Geeignet für

Kinder b. 6 J.	2.2
Kinder b. 12 J.	2.2
Kinder b. 18 J.	1.6
Paare	3.4
Senioren	3.6
Gäste mit Zelt	4.0
Gäste mit Hund	-

Empfohlene Aktivitäten

- Radfahren
- Angeln
- Schwimmen

22 Caravanpark am Technik Museum

✻

Am Technik Museum 1
67346 Speyer
+49 6232 67100

49.31092 | 8.45052

ganzjährig

HS: 24,00 € | NS: 24,00 €

Mehr Infos & Anfrage:
www.camping.info/22249

Baden im See	2km
Pool/Hallenbad	100m
Spielplatz	200m
Hunde willkommen	✓
zur Hälfte Schatten	✓
WLAN	✓
Lebensmittel	1km
Brötchen am Platz	✓
Restaurant & Imbiss	✓
Ver-/Entsorgung Womo	✓
im Ort	✓
Touristenplätze	90
Mietunterkünfte	✓
Stellplätze vor Schranke	✗

3.4 GUT
44 Bewertungen

Lage	4.1
Ruhe	2.7
Sanitäranlagen	3.4
Sauberkeit Ø	3.3
Freundlichkeit	3.6
Stellplatz	3.1
Verpflegung	2.4
Freizeit	4.0
Preis-Leistung	3.1
Mietunterkünfte	1.7

Geeignet für

Kinder b. 6 J.	2.9
Kinder b. 12 J.	3.5
Kinder b. 18 J.	4.0
Paare	4.0
Senioren	3.8
Gäste mit Zelt	1.7
Gäste mit Hund	2.9

Empfohlene Aktivitäten

- Sightseeing
- Spazieren
- Kultur

Karte auf Seite 520

	23	25	26
	Campingplatz Wappenschmiede	**Camping Hengstbacher-Mühle**	**Naturfreunde Annweiler**
	Talstraße 60 67487 St. Martin	Hengstbacher Mühle 1 66482 Zweibrücken	Victor-von-Scheffel-Straße 18 76855 Annweiler am Trifels 06346/3870 Campingplatz
	49.3015 | 8.08891	49.20606 | 7.33106	49.20162 | 7.97279
Infos			
Öffnungszeiten	01.04. - 31.10.	keine Angabe	01.04. - 31.10.
Vergleichspreis	HS: 28,00 € | NS: 28,00 €	HS: 21,00 € | NS: 21,00 €	HS: 20,00 €
Link	**Mehr Infos & Anfrage:** www.camping.info/18870	**Mehr Infos & Anfrage:** www.camping.info/18849	**Mehr Infos & Anfrage:** www.camping.info/24805
Ausstattung			
Freizeit	Baden in nat. Gewässer: k. A. Pool: 2km Spielplatz am Platz: ✓	Baden in nat. Gewässer: k. A. Pool/Hallenbad: 8/9km Spielplatz: ✗	Baden in nat. Gewässer: k. A. Pool & Hallenbad: ✗ Spielplatz am Platz: ✓
Campingplatz	Hunde willkommen: ✓ Schatten: ✗ WLAN: ✓	Hunde erlaubt: ✓ zur Hälfte Schatten: ✓ WLAN: keine Angabe	Hunde willkommen: ✓ wenig Schatten: ✓ WLAN: ✓
Versorgung	Lebensmittel: ✓ Brötchen: keine Angabe Restaurant & Imbiss: ✓ Ver-/Entsorgung Womo: ✓ in den Ort: keine Angabe	Lebensmittel: 3km Brötchen am Platz: ✗ Restaurant: 1km Ver-/Entsorgung Womo: ✗ in den Ort: 7km	Lebensmittel: ✓ Brötchen: keine Angabe Restaurant & Imbiss: ✓ Ver-/Entsorgung Womo: ✓ im Ort: ✓
Anzahl der Plätze	Gesamt: 25 Mietunterkünfte: ✗ Stellplätze vor Schranke: ✗	Gesamt: keine Angabe Mietunterkünfte: ✗ Stellplätze vor Schranke: ✗	Touristenplätze: 25 Mietunterkünfte: ✗ Stellplätze vor Schranke: ✗

	23	25	26
Gesamtbewertung	4.3 SEHR GUT, 3 Bewertungen	3.8 GUT, 4 Bewertungen	4.0 SEHR GUT, 3 Bewertungen
Lage	4.7	4.0	4.7
Ruhe	4.7	3.8	4.3
Sanitäranlagen	3.7	3.5	4.7
Sauberkeit Ø	4.7	4.5	5.0
Freundlichkeit	5.0	5.0	5.0
Stellplatz	3.7	3.0	4.3
Verpflegung	5.0	2.0	3.5
Freizeit	4.5	3.0	4.0
Preis-Leistung	4.3	3.2	4.3
Mietunterkünfte	-	-	-
Geeignet für			
Kinder b. 6 J.	-	2.0	3.0
Kinder b. 12 J.	-	2.0	3.5
Kinder b. 18 J.	-	1.5	3.5
Paare	4.3	4.2	5.0
Senioren	4.0	4.0	5.0
Gäste mit Zelt	5.0	4.2	5.0
Gäste mit Hund	5.0	4.0	5.0
Empfohlene Aktivitäten	Wandern Kulinarik Mountainbiking	Entspannen Wandern Kultur	Wandern Entspannen Radfahren

24 Camping Clausensee

❄

67714 Waldfischbach-Burgalben
+49 6333 5744
www.campingclausensee.de
info@campingclausensee.de

01.03. - 31.10.

HS: 37,50 € | NS: 33,50 €

Mehr Infos & Anfrage:
www.camping.info/26310

Baden im See am Platz	✓
Pool/Hallenbad	7km
Spielplatz am Platz	✓
Hunde willkommen	✓
zur Hälfte Schatten	✓
WLAN (gegen Gebühr)	✓
Lebensmittel	✓
Brötchen am Platz	✓
Restaurant & Imbiss	✓
Ver-/Entsorgung Womo	✓
in den Ort	7km
Gesamt/Touristen	200/120
Mietunterkünfte	✓
Stellplätze vor Schranke	✗

49.27538 | 7.72115

Einfahrt zum Campinggelände und Badesee.

Lage & Stellplatz

Der Campingplatz Clausensee liegt mitten in einem Tal im schönen Pfälzer Wald. Die Stellplätze sind allesamt Rasenflächen im Grünen. Die Komfortplätze sind jeweils mit Anschlüssen für Strom, Wasser und Abwasser ausgestattet.

Sanitär

Auf dem Campinggelände finden sich mehrere gepflegte Sanitärgebäude. Alle davon sind behindertengerecht und bieten mehrere Toiletten und Duschen sowie eine Familiendusche. Zudem gibt es dort Waschmaschinen und Trockner. Für das Geschirr gibt es Spülbecken oder auch eine Geschirrspülmaschine.

Verpflegung

Neben dem Kiosk, in dem sich alltägliche Lebensmittel finden, gibt es auch das Restaurant „Fischerhaus" direkt am Platz. Dort können die Gäste eine abwechslungsreiche Speisekarte mit saisonalen Gerichten genießen. Der dazugehörige Biergarten bietet einen schönen Ausblick auf den See.

Freizeit

Mitten im Wald liegt der Campingplatz an einem großen See, wo die Gäste baden, angeln oder Tretboot fahren können. Kids toben auf dem Spielplatz. Gleich am Campingplatz starten Wege ins Wander- und Radparadies Pfälzerwald, Ausflüge in die Umgebung, zu Burgen oder ins Elsass runden den Urlaub ab.

Eine der Blockhütten.

Blick auf den Clausensee.

4.2 SEHR GUT
63 Bewertungen

Lage	4.5
Ruhe	4.3
Sanitäranlagen	3.8
Sauberkeit Ø	4.2
Freundlichkeit	4.4
Stellplatz	4.0
Verpflegung	3.9
Freizeit	4.3
Preis-Leistung	4.1
Mietunterkünfte	4.5

Geeignet für

4.6	Kinder b. 6 J.
4.6	Kinder b. 12 J.
4.6	Gäste mit Hund
4.5	Paare
4.5	Senioren
4.5	Gäste mit Zelt
4.4	Kinder b. 18 J.

Empfohlene Aktivitäten

Schwimmen
Wandern
Entspannen
Radfahren

Mehr Infos

Keine Partygruppen. WOMOs über 8 m bekommen Sonderplätze.

Karte auf Seite 520

	27	28	29
	Camping Neudahner Weiher	**Campingplatz Moosbachtal**	**Camping Büttelwoog**
	❄	❄	
	Neudahner Weiher 5 66994 Dahn +49 6391 13 26	Neudahner Weiher 12 66994 Dahn	Am Campingplatz 1 66994 Dahn +49 6391 5622
	49.1649 | 7.75419	49.1624 | 7.75171	49.14453 | 7.76755
Infos			
Öffnungszeiten	ganzjährig	ganzjährig	05.04. - 03.11.
Vergleichspreis	HS: 24,50 € | NS: 24,50 €	HS: 18,00 € | NS: 18,00 €	HS: 24,00 € | NS: 24,00 €
Link	**Mehr Infos & Anfrage:** www.camping.info/18865	**Mehr Infos & Anfrage:** www.camping.info/27061	**Mehr Infos & Anfrage:** www.camping.info/18864
Ausstattung			
Freizeit	Baden im See am Platz ✓	Baden in nat. Gewässer k. A.	Baden in nat. Gewässer k. A.
	Pool & Hallenbad ✗	Pool 3km	Pool/Hallenbad 500m
	Spielplatz ✗	Spielplatz am Platz ✓	Spielplatz am Platz ✓
Campingplatz	Hunde erlaubt ✓	Hunde willkommen ✓	Hunde willkommen ✓
	Schatten ✗	wenig Schatten ✓	wenig Schatten ✓
	WLAN ✓	WLAN keine Angabe	WLAN (gegen Gebühr) ✓
Versorgung	Lebensmittel 3km	Lebensmittel 3km	Lebensmittel ✓
	Brötchen am Platz ✓	Brötchen am Platz ✗	Brötchen am Platz ✓
	Restaurant am P. ✓	Imbiss ✓	Restaurant am P. ✓
	Ver-/Entsorgung Womo ✓	Ver-/Entsorgung Womo ✓	Ver-/Entsorgung Womo ✓
	in den Ort 2km	in den Ort 3km	in den Ort keine Angabe
Anzahl der Plätze	Gesamt/Touristen 120/60	Gesamt/Touristen 120/40	Touristenplätze 200
	Mietunterkünfte ✗	Mietunterkünfte ✓	Mietunterkünfte ✗
	Stellplätze vor Schranke ✗	Stellplätze vor Schranke ✓	Stellplätze vor Schranke ✗

	27	28	29
Gesamt	3.6 GUT, 22 Bewertungen	3.5 GUT, 6 Bewertungen	3.8 GUT, 55 Bewertungen
Lage	4.3	4.3	4.8
Ruhe	4.3	4.2	4.6
Sanitäranlagen	3.7	3.0	3.0
Sauberkeit Ø	4.0	3.5	4.0
Freundlichkeit	4.1	4.3	4.0
Stellplatz	3.5	3.7	3.8
Verpflegung	2.9	3.2	3.6
Freizeit	4.0	3.6	4.4
Preis-Leistung	3.4	3.8	4.1
Mietunterkünfte	-	3.0	-
Geeignet für			
Kinder b. 6 J.	1.8	4.0	3.9
Kinder b. 12 J.	1.9	4.0	4.2
Kinder b. 18 J.	2.3	4.2	3.6
Paare	4.0	4.2	4.5
Senioren	4.5	4.4	4.4
Gäste mit Zelt	4.2	4.2	4.5
Gäste mit Hund	3.9	4.2	4.6
Empfohlene Aktivitäten	Wandern Radfahren Entspannen	Wandern Mountainbiking Entspannen	Wandern Radfahren Mountainbiking

30 Camping im Klingbachtal

Klingener Straße
76831 Billigheim-Ingenheim
+49 6349 6145

49.13676 | 8.07225

01.04. - 31.10.

HS: 27,50 € | NS: 27,50 €

Mehr Infos & Anfrage:
www.camping.info/18940

Baden in nat. Gewässer	k. A.
Pool/Hallenbad	✓/7km
Spielplatz am Platz	✓
Hunde willkommen	✓
wenig Schatten	✓
WLAN	✓
Lebensmittel	1km
Brötchen am Platz	✓
Restaurant & Imbiss	✓
Ver-/Entsorgung Womo	✓
im Ort	✓
Touristenplätze	76
Mietunterkünfte	✓
Stellplätze vor Schranke	✓

4.3 SEHR GUT
67 Bewertungen

Lage	4.3
Ruhe	4.4
Sanitäranlagen	4.4
Sauberkeit Ø	4.6
Freundlichkeit	4.6
Stellplatz	4.3
Verpflegung	3.3
Freizeit	4.2
Preis-Leistung	4.2
Mietunterkünfte	4.1

Geeignet für

Kinder b. 6 J.	3.8
Kinder b. 12 J.	4.0
Kinder b. 18 J.	3.1
Paare	4.6
Senioren	4.6
Gäste mit Zelt	3.9
Gäste mit Hund	4.2

Empfohlene Aktivitäten

- Radfahren
- Schwimmen
- Wandern

31 Camping Bethof

Bethof 1
76889 Vorderweidenthal
+49 6398 993011

49.12021 | 7.90041

24.03. - 04.11.

HS: 18,40 € | NS: 18,40 €

Mehr Infos & Anfrage:
www.camping.info/18942

Baden im See	5km
Pool/Hallenbad	10km
Spielplatz am Platz	✓
Hunde erlaubt	✓
Schatten	✗
WLAN	✗
Lebensmittel	2km
Brötchen	keine Angabe
Restaurant am P.	✓
Ver-/Entsorgung Womo	✓
in den Ort	4km
Gesamt/Touristen	100/50
Mietunterkünfte	✓
Stellplätze vor Schranke	✗

4.2 SEHR GUT
14 Bewertungen

Lage	4.4
Ruhe	4.9
Sanitäranlagen	4.4
Sauberkeit Ø	4.7
Freundlichkeit	4.7
Stellplatz	3.6
Verpflegung	3.8
Freizeit	3.8
Preis-Leistung	4.1
Mietunterkünfte	4.0

Geeignet für

Kinder b. 6 J.	4.1
Kinder b. 12 J.	3.8
Kinder b. 18 J.	2.9
Paare	4.6
Senioren	4.7
Gäste mit Zelt	4.8
Gäste mit Hund	5.0

Empfohlene Aktivitäten

- Wandern
- Entspannen
- Radfahren

32 Naturcampingplatz Am Berwartstein

Im Laichfeld 1
76891 Erlenbach bei Dahn
+49 173 6844532

49.10219 | 7.8644

01.04. - 01.11.

HS: 24,00 € | NS: 24,00 €

Mehr Infos & Anfrage:
www.camping.info/25033

Baden im See	300m
Pool/Hallenbad	10km
Spielplatz am Platz	✓
Hunde willkommen	✓
zur Hälfte Schatten	✓
WLAN (gegen Gebühr)	✓
Lebensmittel	3km
Brötchen	keine Angabe
Restaurant & Imbiss	✗
Ver-/Entsorgung Womo	✗
in den Ort	1km
Gesamt/Touristen	160/85
Mietunterkünfte	✗
Stellplätze vor Schranke	✗

4.3 SEHR GUT
10 Bewertungen

Lage	4.3
Ruhe	5.0
Sanitäranlagen	4.2
Sauberkeit Ø	4.7
Freundlichkeit	4.9
Stellplatz	3.7
Verpflegung	3.3
Freizeit	4.2
Preis-Leistung	4.6
Mietunterkünfte	-

Geeignet für

Kinder b. 6 J.	3.9
Kinder b. 12 J.	3.9
Kinder b. 18 J.	2.7
Paare	4.6
Senioren	4.5
Gäste mit Zelt	4.1
Gäste mit Hund	4.7

Empfohlene Aktivitäten

- Wandern
- Entspannen
- Radfahren

33 Waldcamping Schöntal

Schöntalstraße 11
66996 Ludwigswinkel
+49 6393 1793

49.07463 | 7.66063

01.05. - 30.09.

HS: 17,00 € | NS: 17,00 €

Mehr Infos & Anfrage:
www.camping.info/18867

Baden im Teich am Platz	✓
Pool & Hallenbad	✗
Spielplatz	250m
Hunde	✗
Schatten	✗
WLAN	keine Angabe
Lebensmittel	✗
Brötchen am Platz	✗
Restaurant & Imbiss	✗
Ver-/Entsorgung Womo	✗
in den Ort	250m
Gesamt/Touristen	150/40
Mietunterkünfte	✗
Stellplätze vor Schranke	✗

4.8 SEHR GUT
9 Bewertungen

Lage	4.8
Ruhe	4.8
Sanitäranlagen	4.9
Sauberkeit Ø	4.8
Freundlichkeit	4.7
Stellplatz	4.0
Verpflegung	3.9
Freizeit	3.9
Preis-Leistung	4.8
Mietunterkünfte	-

Geeignet für

Kinder b. 6 J.	3.8
Kinder b. 12 J.	4.4
Kinder b. 18 J.	4.0
Paare	4.4
Senioren	4.9
Gäste mit Zelt	4.8
Hunde n. erlaubt	-

Empfohlene Aktivitäten

- Wandern
- Entspannen
- Radfahren

Saarland

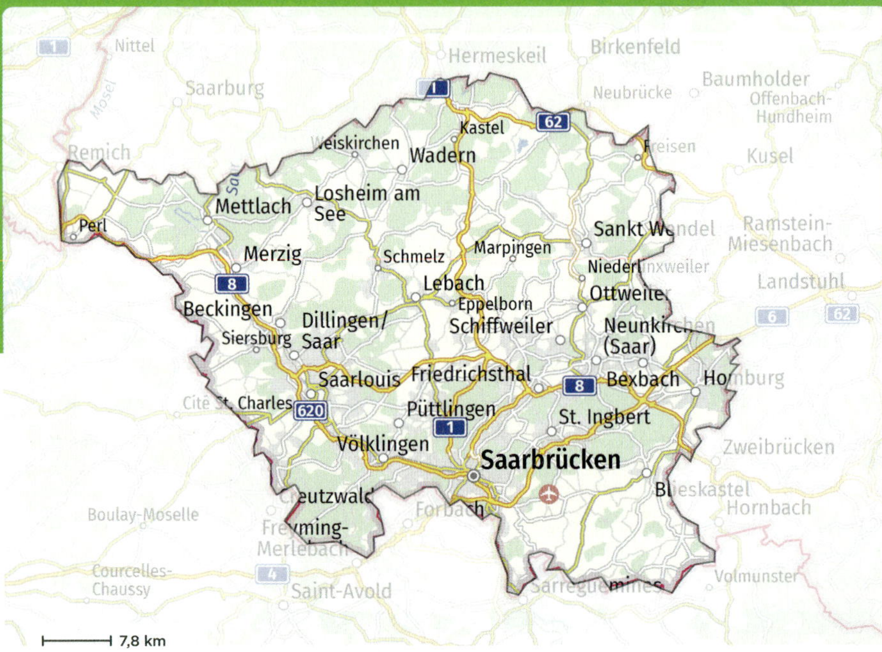

Regionen

TIPP DER REDAKTION

LandGut Girtenmühle

Saarland | Nr. 5 | Seite 541

Laut Gästen ideal geeignet zum:
- Wandern
- Mountainbiking
- Entspannen

4.7

klein, aber oho!

Mit nur knapp 2.600 Quadratkilometern Fläche ist das Saarland das kleinste der deutschen Flächenländer. Dennoch steht die Region ihren Nachbarländern in puncto Attraktivität in nichts nach. Camper verbringen erholsame Tage im landschaftlich so reizvollen Saar-Nahe-Bergland und besuchen charmante Städte, historische Bauten oder die Kulturdenkmäler, die von der langen Geschichte des Bergbaus zeugen.

Saarschleife und Eisenwerk

Das Wahrzeichen des Bundeslandes ist unbestritten die Saarschleife zwischen den Orten Merzig und Mettlach. Zehn Kilometer legt die Saar in diesem Bereich zurück, während die Luftlinie nur etwa zwei Kilometer beträgt. Vom Aussichtspunkt Cloef bieten sich atemberaubende Blicke auf das imposante Naturdenkmal – fast 200 Meter über dem Fluss wird die Kraft des Wassers mehr als deutlich. Ein Highlight der besonderen Art ist auch das ehemalige Eisenwerk in Völklingen. Die Industrieanlage war einst eine der modernsten Stahlproduktionsstätten Europas und wurde als wichtiges Denkmal für die Geschichte der Roheisenerzeugung von der UNESCO zum Weltkulturerbe ernannt. Das Areal begeistert mit

Erlebnisort Reden © Klaus Peter Kappest

seiner gigantischen Stahlarchitektur und gewährt auf dem rund sieben Kilometer langen Rundweg faszinierende Einblicke in die Welt der Stahlverarbeitung. Das ehemalige Rohstofflager, die imposanten Hochöfen, die Kokerei, die Gebläsehalle und das ScienceCenter Ferrodrom lassen keine Fragen offen. Dank wechselnder Ausstellungen, Konzerte und Veranstaltungen ist die Völklinger Hütte auch ein wichtiges Kulturzentrum der Region.

Europäischer Kulturpark Reinheim-Bliesbruck
© Klaus Peter Kappest

Kleine Städtchen und lässige Hauptstadt

Saarbrücken ist Landeshauptstadt und die einzige Großstadt des Saarlandes. Seinen Gästen präsentiert sich die Stadt nahe der französischen Grenze mit einem erfrischenden Mix aus modernen und historischen Gebäuden. Wahrzeichen ist das barocke Schloss, von dessen Mauer sich ein schöner Ausblick auf die Stadt bietet. In den altehrwürdigen Hallen ist das Historische Museum Saar untergebracht, von dem aus die unterirdische Burganlage besichtigt werden kann. Am anderen Ufer der Saar lockt die Fröschengasse, die mit ihren historischen Handwerkerhäusern im barocken Stil und den ansprechenden Läden zum Bummeln einlädt. Nur rund 30 Kilometer entfernt liegt das besonders reizvolle Städtchen Ottweiler: Die kleine Altstadt begeistert mit zahlreichen Bauwerken aus der Renaissance und dem Barock. Einen Besuch lohnt das originelle Schulmuseum, in dem über 1.000 Jahre

Keltischer-Ringwall © Tourismus Zentrale Saarland

Die Saarschleife am frühen Morgen © Eike Duboi

Schulgeschichte unterhaltsam aufbereitet wurden. Französisches Flair erleben Urlauber in Saarlouis, das einst vom Sonnenkönig Louis XIV. gegründet wurde. Die Festungsstadt lädt mit historischen Bauwerken wie der Ludwigskirche oder der Kommandantur sowie seiner charmanten Altstadt zum Verweilen ein.

Natur pur im Saarland

Durch das Saarland verläuft einer der schönsten Wanderwege Deutschlands. Der Saar-Hunsrück-Steig führt auf einer Strecke von 410 Kilometern von Perl am Moselgrenzübergang bis nach Boppard in Rheinland-Pfalz. Entlang der Strecke dürfen sich Wanderbegeisterte auf herrliche Naturlandschaften freuen: Waldreiche Höhenzüge, eindrucksvolle Täler, weite Wiesenlandschaften und idyllische Flussläufe versprechen unvergessliche Stunden in einer faszinierenden Umgebung. Im UNESCO-Biosphärenreservat Bliesgau finden Naturliebhaber Ruhe und Erholung. Die Region im Südosten des Bundeslandes beheimatet eine Vielzahl an Tier- und Pflanzenarten. Zertifizierte Naturführer nehmen Gäste mit in die abwechslungsreiche Landschaft aus Streuobstwiesen, Trockenrasen, Buchenwäldern und Auenlandschaften. Mit etwas Glück kann dabei sogar der vom Aussterben bedrohte Steinkauz entdeckt werden. Neben der ursprünglichen Natur bietet die Region mehrere Kulturdenkmäler wie das Römermuseum Schwarzenacker, die historischen Baudenkmäler an der Barockstraße SaarPfalz oder die Schlossberghöhlen in Homburg.

SAARLAND

1 Saarland

	Platz	Seite	Bewertung	Öffnungszeiten	
1	Schwarzwälder Hochwald	**540**	**3.8**	ganzjährig	❄
2	Campingplatz Bostalsee	**540**	**3.9**	ganzjährig	❄
3	Camping Mosella am Rothaus	**540**	**3.7**	saisonal	
4	Mosel-Camping-Dreiländereck	**541**	**3.4**	saisonal	
5	LandGut Girtenmühle	**541**	**4.7**	saisonal	
6	Campingplatz Weierweiler Mühle	**541**	**4.5**	k. A.	
7	wellnester Camping Losheim am See	**541**	**3.1**	ganzjährig	❄
8	Theeltal-Camping Lebach	**542**	**5.0**	ganzjährig	❄
9	Camping Volkssonnengarten	**542**	**3.3**	k. A.	❄
10	Campingpark Wallerfangen	**542**	**4.0**	k. A.	
11	Campingplatz "Dr. Ernst Dadder"	**543**	**4.0**	saisonal	
12	Campingplatz am Polygon	**543**	**-**	k. A.	
13	Caravanplatz Mühlenweiher	**543**	**4.3**	ganzjährig	❄
14	Camping am Spicherer Berg	**543**	**3.5**	saisonal	

Karte auf Seite 538

	1	2	3
	Schwarzwälder Hochwald	**Campingplatz Bostalsee**	**Camping Mosella am Rothaus**
	❄	❄	
	Zum Campingplatz 10 66709 Weiskirchen +49 6876 366	Am Campingplatz 1 66625 Nohfelden-Bosen +49 6851 801 8050	Zur Moselbrücke 2 A 66706 Perl - Nennig +49 6866 510
	49.564 | 6.8138	49.56081 | 7.06063	49.54392 | 6.37344
Infos			
Öffnungszeiten	ganzjährig	ganzjährig	15.03. - 31.10.
Vergleichspreis	HS: 21,80 € | NS: 21,80 €	HS: 32,00 € | NS: 20,00 €	HS: 17,50 € | NS: 17,50 €
Link	**Mehr Infos & Anfrage:** www.camping.info/18857	**Mehr Infos & Anfrage:** www.camping.info/18851	**Mehr Infos & Anfrage:** www.camping.info/24838
Ausstattung			
Freizeit	Baden im See 300m Pool/Hallenbad 300/500m Spielplatz am Platz ✓	Baden im See 500m Pool/Hallenbad 3km Spielplatz am Platz ✓	Baden im See 3km Pool/Hallenbad 1/7km Spielplatz 1km
Campingplatz	Hunde erlaubt ✓ Schatten ✗ WLAN ✓	Hunde willkommen ✓ zur Hälfte Schatten ✓ WLAN (begrenzt gratis) ✓	Hunde willkommen ✓ zur Hälfte Schatten ✓ WLAN (gegen Gebühr) ✓
Versorgung	Lebensmittel 1km Brötchen am Platz nur HS Restaurant am P. ✓ Ver-/Entsorgung Womo ✓ in den Ort 1km	Lebensmittel ✓ Brötchen am Platz ✓ Restaurant & Imbiss ✓ Ver-/Entsorgung Womo ✓ in den Ort 1km	Lebensmittel 1km Brötchen am Platz ✓ Restaurant/Imbiss 100m Ver-/Entsorgung Womo ✓ in den Ort 300m
Anzahl der Plätze	Gesamt/Touristen 212/38 Mietunterkünfte ✗ Stellplätze vor Schranke ✗	Gesamt/Touristen 438/100 Mietunterkünfte ✓ Stellplätze vor Schranke ✓	Gesamt/Touristen 140/60 Mietunterkünfte ✓ Stellplätze vor Schranke ✗
Bewertung	3.8 GUT – 18 Bewertungen	3.9 GUT – 69 Bewertungen	3.7 GUT – 10 Bewertungen
Lage	4.3	4.1	4.5
Ruhe	4.7	3.3	3.4
Sanitäranlagen	4.2	4.4	3.3
Sauberkeit Ø	4.1	4.2	3.9
Freundlichkeit	4.4	4.4	4.1
Stellplatz	3.9	3.9	3.8
Verpflegung	3.2	3.6	3.0
Freizeit	3.4	4.3	3.6
Preis-Leistung	4.0	4.1	4.1
Mietunterkünfte	-	3.5	5.0
Geeignet für			
Kinder b. 6 J.	2.9	4.2	2.7
Kinder b. 12 J.	2.8	4.3	2.9
Kinder b. 18 J.	2.6	4.0	2.9
Paare	4.3	4.0	3.9
Senioren	4.4	3.8	4.1
Gäste mit Zelt	3.8	4.3	3.7
Gäste mit Hund	3.9	4.4	4.3
Empfohlene Aktivitäten	Wandern Entspannen Mountainbiking	Radfahren Wandern Schwimmen	Radfahren Wandern Motorboot

4 Mosel-Camping-Dreiländereck

Zur Moselbrücke 15
66706 Perl-Nennig
+49 6866 322
49.54207 | 6.37117

01.04. - 15.10.
HS: 19,40 € | NS: 17,90 €
Mehr Infos & Anfrage: www.camping.info/18856

Baden im Fluss am Platz	✓
Pool/Hallenbad	1/8km
Spielplatz	700m
Hunde willkommen	✓
wenig Schatten	✓
WLAN (gegen Gebühr)	✓
Lebensmittel	700m
Brötchen am Platz	✓
Restaurant/Imbiss	✓/300m
Ver-/Entsorgung Womo	✓
in den Ort	300m
Gesamt/Touristen	110/45
Mietunterkünfte	×
Stellplätze vor Schranke	✓

3.4 GUT – 19 Bewertungen

Lage	4.2
Ruhe	3.6
Sanitäranlagen	2.2
Sauberkeit Ø	2.9
Freundlichkeit	4.0
Stellplatz	3.4
Verpflegung	2.8
Freizeit	3.4
Preis-Leistung	3.5
Mietunterkünfte	-

Geeignet für

Kinder b. 6 J.	3.0
Kinder b. 12 J.	3.1
Kinder b. 18 J.	3.2
Paare	3.8
Senioren	3.7
Gäste mit Zelt	3.7
Gäste mit Hund	3.3

Empfohlene Aktivitäten

- Radfahren
- Wandern
- Angeln

5 LandGut Girtenmühle

Girtenmühle 1
66679 Losheim-Britten
+49 (0) 6872 4089581
49.5324 | 6.68799

15.04. - 30.09.
HS: 36,00 € | NS: 32,00 €
Mehr Infos & Anfrage: www.camping.info/26906

Baden im Fluss am Platz	✓
Pool & Hallenbad	×
Spielplatz	×
Hunde willkommen	✓
zur Hälfte Schatten	✓
WLAN	✓
Lebensmittel	5km
Brötchen am Platz	✓
Restaurant & Imbiss	✓
Ver-/Entsorgung Womo	✓
in den Ort	1km
Touristenplätze	80
Mietunterkünfte	✓
Stellplätze vor Schranke	×

4.7 SEHR GUT – 9 Bewertungen

Lage	4.6
Ruhe	4.6
Sanitäranlagen	3.4
Sauberkeit Ø	4.4
Freundlichkeit	4.6
Stellplatz	4.4
Verpflegung	3.9
Freizeit	4.0
Preis-Leistung	4.4
Mietunterkünfte	4.7

Geeignet für

Kinder b. 6 J.	4.0
Kinder b. 12 J.	4.1
Kinder b. 18 J.	4.3
Paare	4.8
Senioren	4.5
Gäste mit Zelt	5.0
Gäste mit Hund	4.9

Empfohlene Aktivitäten

- Wandern
- Mountainbiking
- Entspannen

6 Campingplatz Weierweiler Mühle

Dorfstraße 2
66709 Weierweiler
+49 6874 845
49.53133 | 6.81741

keine Angabe
keine Angabe
Mehr Infos & Anfrage: www.camping.info/26507

Baden in nat. Gewässer	k. A.
Pool & Hallenbad	×
Spielplatz	keine Angabe
Hunde	×
Schatten	×
WLAN	keine Angabe
Lebensmittel	k.A.
Brötchen	keine Angabe
Restaurant & Imbiss	×
Ver-/Entsorgung Womo	×
in den Ort	keine Angabe
Gesamt	keine Angabe
Mietunterkünfte	×
Stellplätze vor Schranke	×

4.5 SEHR GUT – 4 Bewertungen

Lage	4.8
Ruhe	5.0
Sanitäranlagen	4.5
Sauberkeit Ø	5.0
Freundlichkeit	5.0
Stellplatz	4.5
Verpflegung	2.0
Freizeit	3.7
Preis-Leistung	5.0
Mietunterkünfte	-

Geeignet für

Kinder b. 6 J.	4.5
Kinder b. 12 J.	4.5
Kinder b. 18 J.	4.5
Paare	4.8
Senioren	4.5
Gäste mit Zelt	4.7
Hunde n. erlaubt	-

Empfohlene Aktivitäten

- Wandern
- Entspannen
- Radfahren

7 wellnester Camping Losheim am See

Zum Stausee 210
66679 Losheim
+49 6872 4770
49.52389 | 6.72917

ganzjährig
HS: 23,50 € | NS: 18,50 €
Mehr Infos & Anfrage: www.camping.info/18854

Baden im See am Platz	✓
Hallenbad	10km
Spielplatz am Platz	✓
Hunde willkommen	✓
zur Hälfte Schatten	✓
WLAN	✓
Lebensmittel	50m
Brötchen am Platz	nur HS
Restaurant & Imbiss	✓
Ver-/Entsorgung Womo	✓
in den Ort	2km
Gesamt/Touristen	730/430
Mietunterkünfte	✓
Stellplätze vor Schranke	×

3.1 GUT – 66 Bewertungen

Lage	4.2
Ruhe	3.1
Sanitäranlagen	2.7
Sauberkeit Ø	3.0
Freundlichkeit	3.4
Stellplatz	3.3
Verpflegung	2.8
Freizeit	3.8
Preis-Leistung	3.3
Mietunterkünfte	3.4

Geeignet für

Kinder b. 6 J.	3.3
Kinder b. 12 J.	3.5
Kinder b. 18 J.	3.4
Paare	3.5
Senioren	3.2
Gäste mit Zelt	3.4
Gäste mit Hund	3.8

Empfohlene Aktivitäten

- Schwimmen
- Wandern
- Radfahren

Karte auf Seite 538

	8	9	10
	Theeltal-Camping Lebach	**Camping Volkssonnengarten**	**Campingpark Wallerfangen**
	❄	❄	
	Dillinger Straße 81 66822 Lebach +49 6881 2764	Kirkeler Straße 66539 Neunkirchen +49 160 94 75 36 13	Blaulochstraße 102 66798 Wallerfangen
	49.41083 | 6.91138	49.32737 | 7.19447	49.32733 | 6.68971
Infos			
Öffnungszeiten	ganzjährig	keine Angabe	keine Angabe
Vergleichspreis	HS: 12,60 €	HS: 14,00 €	keine Angabe
Link	**Mehr Infos & Anfrage:** www.camping.info/18861	**Mehr Infos & Anfrage:** www.camping.info/18850	**Mehr Infos & Anfrage:** www.camping.info/28155
Ausstattung			
Freizeit	Baden in nat. Gewässer k. A. Pool/Hallenbad 6/2km Spielplatz am Platz ✓	Baden in nat. Gewässer k. A. Pool/Hallenbad 500m Spielplatz am Platz ✓	Baden in nat. Gewässer k. A. Pool & Hallenbad ✗ Spielplatz keine Angabe
Campingplatz	Hunde erlaubt ✓ Schatten ✗ WLAN ✗	Hunde willkommen ✓ viel Schatten ✓ WLAN ✓	Hunde ✗ Schatten ✗ WLAN keine Angabe
Versorgung	Lebensmittel 2km Brötchen keine Angabe Imbiss 2km Ver-/Entsorgung Womo ✗ in den Ort keine Angabe	Lebensmittel 500m Brötchen keine Angabe Imbiss 500m Ver-/Entsorgung Womo ✓ in den Ort 1km	Lebensmittel k.A. Brötchen keine Angabe Restaurant & Imbiss ✗ Ver-/Entsorgung Womo ✗ in den Ort keine Angabe
Anzahl der Plätze	Gesamt/Touristen 75/20 Mietunterkünfte ✗ Stellplätze vor Schranke ✗	Gesamt keine Angabe Mietunterkünfte ✗ Stellplätze vor Schranke ✓	Gesamt keine Angabe Mietunterkünfte ✗ Stellplätze vor Schranke ✗
Bewertung	**5.0** AUSGEZEICHNET 3 Bewertungen	**3.3** GUT 3 Bewertungen	**4.0** SEHR GUT 4 Bewertungen
Lage	4.3	3.3	4.5
Ruhe	5.0	2.7	4.8
Sanitäranlagen	5.0	2.7	3.8
Sauberkeit Ø	4.7	3.5	3.0
Freundlichkeit	5.0	4.0	5.0
Stellplatz	4.7	3.0	3.5
Verpflegung	4.5	1.7	1.5
Freizeit	3.3	3.0	3.7
Preis-Leistung	5.0	4.0	4.0
Mietunterkünfte	-	-	-
Geeignet für			
Kinder b. 6 J.	5.0	5.0	4.0
Kinder b. 12 J.	5.0	5.0	4.0
Kinder b. 18 J.	5.0	5.0	4.5
Paare	5.0	5.0	4.7
Senioren	5.0	5.0	5.0
Gäste mit Zelt	5.0	5.0	5.0
Gäste mit Hund	5.0	5.0	
Hunde n. erlaubt			-
Empfohlene Aktivitäten	Wandern Entspannen Kulinarik		Radfahren Wandern Schwimmen

11 Campingplatz "Dr. Ernst Dadder"

Marschall-Ney-Weg 2
66740 Saarlouis
+49 6831 3691

49.31732 | 6.74032

15.03. - 13.10.

keine Angabe

Mehr Infos & Anfrage:
www.camping.info/18858

Baden in nat. Gewässer	k. A.
Pool & Hallenbad	✗
Spielplatz	keine Angabe
Hunde willkommen	✓
wenig Schatten	✓
WLAN	keine Angabe
Lebensmittel	k.A.
Brötchen	keine Angabe
Restaurant & Imbiss	✗
Ver-/Entsorgung Womo	✓
in den Ort	1km
Gesamt/Touristen	90/50
Mietunterkünfte	✗
Stellplätze vor Schranke	✗

4.0 SEHR GUT
20 Bewertungen

Lage	4.5
Ruhe	4.3
Sanitäranlagen	4.5
Sauberkeit Ø	4.7
Freundlichkeit	4.6
Stellplatz	4.0
Verpflegung	2.6
Freizeit	4.1
Preis-Leistung	4.0
Mietunterkünfte	-

Geeignet für

Kinder b. 6 J.	3.9
Kinder b. 12 J.	3.8
Kinder b. 18 J.	3.7
Paare	4.7
Senioren	4.7
Gäste mit Zelt	4.1
Gäste mit Hund	4.2

Empfohlene Aktivitäten

- Radfahren
- Sightseeing
- Entspannen

12 Campingplatz am Polygon

Prälat-Anheier-Straße 60
66806 Ensdorf

49.3118 | 6.79086

keine Angabe

keine Angabe

Mehr Infos & Anfrage:
www.camping.info/28157

Baden in nat. Gewässer	✗
Pool	200m
Spielplatz	200m
Hunde	✗
wenig Schatten	✓
WLAN	✓
Lebensmittel	1km
Brötchen am Platz	✗
Restaurant/Imbiss	✓/1km
Ver-/Entsorgung Womo	✗
in den Ort	keine Angabe
Touristenplätze	8
Mietunterkünfte	✗
Stellplätze vor Schranke	✗

- JETZT BEWERTEN!

Für diese Auswertung liegen leider noch nicht genügend Bewertungen vor.

Sei einer der Ersten, der diesen Campingplatz bewertet.

Mit einer guten Campingplatz-Bewertung unterstützt du nicht nur deinen Lieblingsplatz, sondern hilfst auch anderen Campern bei der Platzwahl.

13 Caravanplatz Mühlenweiher

*

Unnerweg 5c
66459 Kirkel
+49 6849 1810555

49.28189 | 7.2294

ganzjährig

HS: 25,00 € | NS: 20,00 €

Mehr Infos & Anfrage:
www.camping.info/18848

Baden im Teich am Platz	✓
Pool/Hallenbad	✓/8km
Spielplatz am Platz	✓
Hunde willkommen	✓
zur Hälfte Schatten	✓
WLAN	✓
Lebensmittel	500m
Brötchen am Platz	nur HS
Restaurant & Imbiss	✓
Ver-/Entsorgung Womo	✓
in den Ort	1km
Gesamt/Touristen	115/35
Mietunterkünfte	✓
Stellplätze vor Schranke	✓

4.3 SEHR GUT
51 Bewertungen

Lage	4.5
Ruhe	4.5
Sanitäranlagen	3.8
Sauberkeit Ø	4.3
Freundlichkeit	4.8
Stellplatz	4.2
Verpflegung	4.3
Freizeit	4.1
Preis-Leistung	4.5
Mietunterkünfte	3.6

Geeignet für

Kinder b. 6 J.	4.4
Kinder b. 12 J.	4.2
Kinder b. 18 J.	3.6
Paare	4.7
Senioren	4.7
Gäste mit Zelt	4.5
Gäste mit Hund	4.8

Empfohlene Aktivitäten

- Schwimmen
- Wandern
- Entspannen

14 Camping am Spicherer Berg

Spicherer Weg 10
66119 Saarbrücken
+49 681 51780

49.21 | 6.975

19.03. - 15.10.

HS: 24,00 € | NS: 24,00 €

Mehr Infos & Anfrage:
www.camping.info/18846

Baden in nat. Gewässer	k. A.
Pool/Hallenbad	2km
Spielplatz	keine Angabe
Hunde erlaubt	✓
Schatten	✗
WLAN	✗
Lebensmittel	1km
Brötchen	keine Angabe
Restaurant/Imbiss	500m/✓
Ver-/Entsorgung Womo	✗
in den Ort	keine Angabe
Gesamt/Touristen	130/50
Mietunterkünfte	✗
Stellplätze vor Schranke	✓

3.5 GUT
19 Bewertungen

Lage	3.3
Ruhe	3.5
Sanitäranlagen	2.9
Sauberkeit Ø	3.9
Freundlichkeit	4.6
Stellplatz	3.3
Verpflegung	3.3
Freizeit	3.1
Preis-Leistung	3.6
Mietunterkünfte	-

Geeignet für

Kinder b. 6 J.	3.5
Kinder b. 12 J.	3.4
Kinder b. 18 J.	3.1
Paare	4.1
Senioren	4.2
Gäste mit Zelt	4.3
Gäste mit Hund	4.5

Empfohlene Aktivitäten

- Sightseeing
- Wandern
- Kultur

Baden-Württemberg

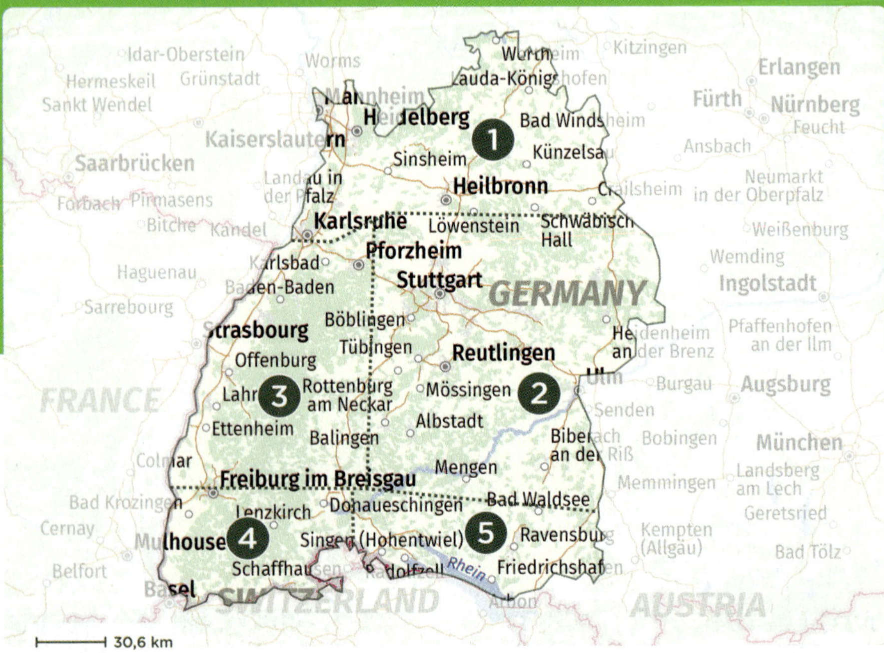

Regionen

TIPP DER REDAKTION

Campingplatz Kirchzarten

Südschwarzwald | Nr. 5 | Seite 592

Laut Gästen ideal geeignet zum:

- Wandern
- Radfahren
- Schwimmen

4.5

das „Camping-Ländle“

Insel Mainau © Mainau GmbH

Das „Ländle" im Südwesten Deutschlands zählt zu Recht zu den attraktivsten Campingregionen Deutschlands. Mit seinen vielfältigen Landschafts- und Kulturregionen macht Baden-Württemberg Naturliebhaber, Aktivurlauber und Genussmenschen glücklich. Interessante Städte wie Stuttgart oder Mannheim begeistern sowohl mit einem aufregenden Nachtleben, tollen Shopping-Möglichkeiten und hochkarätigen Museen, als auch mit Schlemmer-Geheimtipps in Form von gemütlichen Restaurants und modernen Cafés.

Sommerwiese im Hochschwarzwald
© Tourismus Marketing GmbH Baden-Württemberg

Sasbachwalden © Steffen Egly

Wo Baden-Württemberg am schönsten ist

Eine der bekanntesten Camping-Destinationen ist der Schwarzwald, der sich von Karlsruhe bis an die Grenze zur Schweiz erstreckt. Deutschlands höchstes Mittelgebirge, die Heimat der Kuckucksuhr, präsentiert sich reizvoll und abwechslungsreich mit dichten Wäldern, tiefen Schluchten und Wasserfällen. Ein tausende Kilometer langes Wanderwegenetz verbindet die zahlreichen Kurorte und im Winter finden Skifahrer hier ideale Bedingungen vor. Klettern und Kanufahren zählen in der Schwäbischen Alb mit ihren schroffen Felsen zu den beliebtesten Outdoor-Aktivitäten; außerdem gibt es mehr als 2.000 Höhlen zu erkunden. Und die Staufer und Hohenzollern haben mit den weithin sichtbaren Burgen und Schlössern unübersehbare Spuren im ganzen Land hinterlassen.

Ganz im Süden Baden-Württembergs breitet sich vor der Kulisse der Alpen das „schwäbische Meer" aus: Der Bodensee ist ein Camping-Hotspot, in kaum einer Region tummeln sich im Sommer mehr Camper als hier. Das Eldorado für Wassersportler verströmt an seinen Ufern in Orten wie Meersburg oder Lindau beinahe mediterranes Flair. Dank der vielen Ausflugsziele – darunter die Blumeninsel Mainau und die 4.000 Jahre alten Pfahlbausiedlungen in Unteruhldingen – kommt in der Bodenseeregion nie Langeweile auf. Erholung pur verspricht das liebliche Heilbronner Land im nördlichen Baden-Württemberg. In Deutschlands Rotweinregion Nr. 1 wechseln sich bewaldete Höhenzüge mit Terrassenweinbergen ab. Nach einer Wanderung, Radtour oder Golf-Partie laden traditionelle Wirtschaften in schmucken Fachwerkdörfern zum geselligen Zusammensein ein.

Städte für jeden Geschmack

In der Landeshauptstadt Stuttgart trifft herrschaftliche Architektur auf Weinberge, die bis ins Zentrum der Stadt der tausend Hügel reichen. Als Traditionssitz großer deutscher Autobauer besitzt „Schtuagerd", wie die Einheimischen sagen, das Mercedes-Benz-Museum und ein Porsche-Museum. Im SI-Centrum lassen sich Musical-Fans von weltbekannten Produktionen und spektakulären Bühnenshows in ihren Bann ziehen.

Sasbachwalden © Steffen Egly

In Heidelberg wandelt man auf den Spuren der deutschen Romantik. Die Alte Brücke, die hoch über der Altstadt thronende Schlossruine und verwinkelte Gassen machen die prestigereiche Universitätsstadt zur Perle des Neckartals.

Ebenso liebenswert mutet die Innenstadt von Freiburg im Breisgau an. Die Wahrzeichen der Studentenstadt sind die kleinen „Bächle" im historischen Zentrum und ihr Hausberg Schauinsland. In unmittelbarer Umgebung finden sich einige hübsche Campingplätze. In Baden-Baden am Fuße des Schwarzwalds tragen mehrere Heilbäder, das Festspielhaus und das Casino zum mondänen Charakter der Kurstadt bei. Erkennungszeichen von Mannheim, der drittgrößten Stadt Baden-Württembergs, ist die Aufteilung des historischen Kerns in Quadrate. Hier zwischen Rhein und Neckar, wo das Spaghetti-Eis erfunden wurde, flaniert man durch die älteste und größte Fußgängerzone Deutschlands.

Nicht verpassen

Zu einem perfekten Urlaub in Baden-Württemberg gehört ein Besuch im Europapark Rust: Auf 95 Hektar bietet er in 14 Themenbereichen Platz für mehr als 100 Attraktionen und faszinierende Shows. Ebenfalls nicht fehlen darf ein gutes Glas Wein aus Baden, genau wie regionale Spezialitäten wie Käsespätzle, Maultaschen oder fangfrische Felchen aus dem Bodensee.

Burg Hohenzollern auf der Schwäbischen Alb im Winter © Tourismus Marketing GmbH

BADEN-WÜRTTEMBERG

❶ Rhein-Neckar

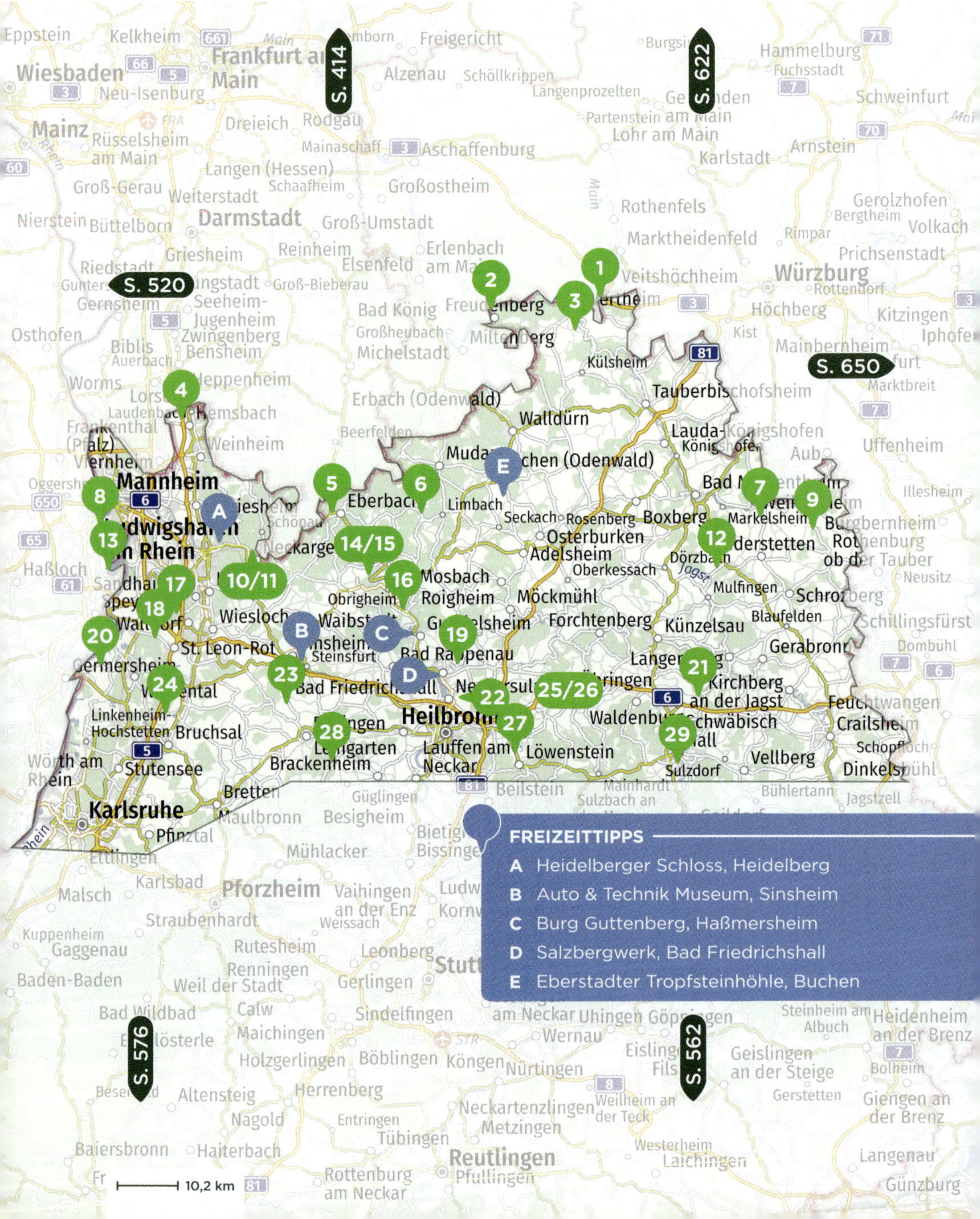

	Platz	Seite	Bewertung	Öffnungszeiten	
1	Campingpark Wertheim-Bettingen	550	3.9	saisonal	
2	Seecamping Freudenberg	550	3.9	ganzjährig	✻
3	Camping Forelle	550	4.1	saisonal	
4	Camping Wiesensee	551	4.0	ganzjährig	✻
5	Campingpark Eberbach	551	3.8	saisonal	
6	Odenwald Camping	551	4.0	ganzjährig	✻
7	Camping Schwabenmühle	551	4.8	saisonal	
8	Camping am Strandbad	552	3.7	saisonal	
9	Camping Romantische Strasse	552	4.3	saisonal	
10	Campingplatz Haide	552	3.3	saisonal	
11	Campingplatz Friedensbrücke	554	3.3	saisonal	
12	Waldcamping Hollenbacher See	554	3.9	saisonal	
13	Inselcamping Kollersee	553	3.3	saisonal	
14	Fortuna Camping am Neckar	554	4.3	saisonal	
15	Waldcampingplatz Germania	555	3.7	saisonal	
16	Campingplatz Cimbria	555	3.4	saisonal	
17	Camping Walldorf Astoria	555	3.2	saisonal	
18	Erholungsanlage St. Leoner See	555	4.2	ganzjährig	✻
19	Sperrfechter Freizeitpark	557	4.1	ganzjährig	✻
20	Campingplatz Freyersee	556	4.5	saisonal	
21	Naturcamping Braunsbach	556	4.7	saisonal	
22	Camping Reisachmühle	556	3.2	ganzjährig	✻
23	FKK Camping Hilsbachtal GmbH	558	4.4	saisonal	FKK
24	Freizeitzentrum Hardtsee	558	3.8	ganzjährig	✻
25	Camping-Club Ludwigsburg	558	4.0	k. A.	
26	Camping Seewiese	559	3.5	ganzjährig	✻
27	Campingpark Breitenauer See	560	4.4	ganzjährig	✻
28	Campingplatz Oberes Leintal	559	4.2	ganzjährig	✻
29	Campingplatz Schwäbisch Hall-Steinbach	559	4.1	saisonal	

✻ Wintercamping FKK Textilfrei (ganz/teilweise) Ecocamping Award Onlinebuchung

Karte auf Seite 548

	1	2	3
	Campingpark Wertheim-Bettingen	**Seecamping Freudenberg** ✻	**Camping Forelle**
	Geiselbrunnweg 31 97877 Wertheim-Bettingen +49 9342 7077 49.78155 | 9.56628	Mühlgrundweg 10 97896 Freudenberg am Main +49 9375 8389 49.7624 | 9.31927	Zum Ottersberg 14 97877 Wertheim-Reicholzheim +49 9342 4435 49.7327 | 9.51755
Infos			
Öffnungszeiten	01.04. - 01.11.	ganzjährig	01.04. - 01.10.
Vergleichspreis	HS: 23,00 € | NS: 23,00 €	HS: 21,10 € | NS: 19,60 €	HS: 14,00 € | NS: 14,00 €
Link	**Mehr Infos & Anfrage:** www.camping.info/19249	**Mehr Infos & Anfrage:** www.camping.info/19252	**Mehr Infos & Anfrage:** www.camping.info/19250
Ausstattung			
Freizeit	Baden im Fluss am Platz ✓ Pool/Hallenbad 8km Spielplatz am Platz ✓	Baden im See 100m Hallenbad 8km Spielplatz am Platz ✓	Baden im Fluss am Platz ✓ Pool 11km Spielplatz am Platz ✓
Campingplatz	Hunde erlaubt ✓ wenig Schatten ✓ WLAN (begrenzt gratis) ✓	Hunde willkommen ✓ Schatten ✗ WLAN (gegen Gebühr) ✓	Hunde erlaubt ✓ Schatten ✗ WLAN ✗
Versorgung	Lebensmittel ✓ Brötchen am Platz ✓ Restaurant & Imbiss ✓ Ver-/Entsorgung Womo ✓ in den Ort 600m	Lebensmittel ✓ Brötchen am Platz ✓ Restaurant 200m Ver-/Entsorgung Womo ✓ in den Ort 2km	Lebensmittel 1km Brötchen keine Angabe Restaurant am P. ✓ Ver-/Entsorgung Womo ✗ in den Ort 1km
Anzahl der Plätze	Gesamt/Touristen 250/120 Mietunterkünfte ✓ Stellplätze vor Schranke ✗	Gesamt/Touristen 300/50 Mietunterkünfte ✓ Stellplätze vor Schranke ✗	Gesamt/Touristen 135/85 Mietunterkünfte ✗ Stellplätze vor Schranke ✗

	1	2	3
Bewertung	3.9 GUT – 73 Bewertungen	3.9 GUT – 16 Bewertungen	4.1 SEHR GUT – 22 Bewertungen
Lage	4.2	4.6	4.5
Ruhe	3.5	4.2	4.3
Sanitäranlagen	3.6	3.3	3.0
Sauberkeit Ø	4.2	4.2	4.6
Freundlichkeit	4.6	4.7	4.9
Stellplatz	3.8	3.6	3.7
Verpflegung	3.9	3.1	3.7
Freizeit	3.7	4.0	3.8
Preis-Leistung	4.2	4.4	4.4
Mietunterkünfte	3.9	-	-
Geeignet für			
Kinder b. 6 J.	3.4	4.4	3.7
Kinder b. 12 J.	3.6	4.2	3.6
Kinder b. 18 J.	3.2	4.0	3.3
Paare	4.3	4.5	4.8
Senioren	4.3	4.4	4.6
Gäste mit Zelt	4.1	4.2	4.6
Gäste mit Hund	4.3	4.8	4.5
Empfohlene Aktivitäten	Radfahren Motorboot Angeln	Schwimmen Radfahren Angeln	Radfahren Wandern Kayak/Kanu

4 Camping Wiesensee

❄

Ulmenweg 7
69502 Hemsbach
+49 620 172 619

49.59806 | 8.64028

ganzjährig

HS: 23,50 € | NS: 23,50 €

Mehr Infos & Anfrage:
www.camping.info/18883

Baden im See am Platz	✓
Pool/Hallenbad	✓/7km
Spielplatz am Platz	✓
Hunde willkommen	✓
wenig Schatten	✓
WLAN (gegen Gebühr)	✓
Lebensmittel	500m
Brötchen am Platz	nur HS
Restaurant & Imbiss	✓
Ver-/Entsorgung Womo	✓
im Ort	✓
Gesamt/Touristen	235/60
Mietunterkünfte	✗
Stellplätze vor Schranke	✗

4.0 SEHR GUT – 56 Bewertungen

Lage	4.0
Ruhe	3.5
Sanitäranlagen	4.4
Sauberkeit Ø	4.5
Freundlichkeit	4.4
Stellplatz	4.0
Verpflegung	3.5
Freizeit	4.0
Preis-Leistung	4.1
Mietunterkünfte	-

Geeignet für

Kinder b. 6 J.	3.9
Kinder b. 12 J.	4.0
Kinder b. 18 J.	3.4
Paare	4.5
Senioren	4.5
Gäste mit Zelt	3.2
Gäste mit Hund	4.0

Empfohlene Aktivitäten

- Schwimmen
- Radfahren
- Wandern

5 Campingpark Eberbach

Alte Pleutersbacherstr. 8
69412 Eberbach
+49 6271 1071

49.46055 | 8.98231

01.04. - 31.10.

HS: 29,40 € | NS: 26,91 €

Mehr Infos & Anfrage:
www.camping.info/19275

Baden im Fluss am Platz	✓
Pool/Hallenbad	100m
Spielplatz am Platz	✓
Hunde erlaubt	✓
wenig Schatten	✓
WLAN	✓
Lebensmittel	✓
Brötchen am Platz	✓
Restaurant/Imbiss	✓/500m
Ver-/Entsorgung Womo	✓
in den Ort	500m
Gesamt/Touristen	110/90
Mietunterkünfte	✗
Stellplätze vor Schranke	✗

3.8 GUT – 50 Bewertungen

Lage	4.5
Ruhe	3.3
Sanitäranlagen	3.1
Sauberkeit Ø	4.2
Freundlichkeit	4.3
Stellplatz	3.5
Verpflegung	3.5
Freizeit	3.9
Preis-Leistung	4.0
Mietunterkünfte	-

Geeignet für

Kinder b. 6 J.	3.2
Kinder b. 12 J.	3.3
Kinder b. 18 J.	3.2
Paare	4.6
Senioren	4.3
Gäste mit Zelt	4.3
Gäste mit Hund	4.3

Empfohlene Aktivitäten

- Radfahren
- Entspannen
- Wandern

Vor- und Nachsaison ab 7 Nächte 10% Rabatt

6 Odenwald Camping

❄

Alte Mühle 1
74838 Limbach Krumbach
+49 628 714 85

49.458 | 9.1769

ganzjährig

HS: 29,00 € | NS: 18,50 €

Mehr Infos & Anfrage:
www.camping.info/19270

Baden in nat. Gewässer	k. A.
Pool & Hallenbad	✓
Spielplatz am Platz	✓
Hunde willkommen	✓
zur Hälfte Schatten	✓
WLAN (begrenzt gratis)	✓
Lebensmittel	✓
Brötchen am Platz	✓
Restaurant & Imbiss	✓
Ver-/Entsorgung Womo	✓
in den Ort	200m
Gesamt/Touristen	360/80
Mietunterkünfte	✗
Stellplätze vor Schranke	✗

4.0 SEHR GUT – 89 Bewertungen

Lage	4.3
Ruhe	4.4
Sanitäranlagen	3.7
Sauberkeit Ø	4.0
Freundlichkeit	4.6
Stellplatz	3.8
Verpflegung	4.1
Freizeit	4.3
Preis-Leistung	4.2
Mietunterkünfte	-

Geeignet für

Kinder b. 6 J.	4.4
Kinder b. 12 J.	4.4
Kinder b. 18 J.	3.9
Paare	4.3
Senioren	4.3
Gäste mit Zelt	4.4
Gäste mit Hund	4.6

Empfohlene Aktivitäten

- Schwimmen
- Wandern
- Entspannen

7 Camping Schwabenmühle

Weikersheimer Straße 21
97990 Weikersheim-Laudenbach
+49 7934 992223

49.4573 | 9.92616

09.04. - 09.10.

HS: 27,00 € | NS: 25,00 €

Mehr Infos & Anfrage:
www.camping.info/22264

Baden im See	5km
Pool/Hallenbad	4km
Spielplatz am Platz	✓
Hunde willkommen	✓
zur Hälfte Schatten	✓
WLAN	✓
Lebensmittel	3km
Brötchen am Platz	✓
Restaurant/Imbiss	200m
Ver-/Entsorgung Womo	✓
im Ort	✓
Touristenplätze	70
Mietunterkünfte	✓
Stellplätze vor Schranke	✓

4.8 SEHR GUT – 140 Bewertungen

Lage	4.5
Ruhe	4.6
Sanitäranlagen	4.9
Sauberkeit Ø	5.0
Freundlichkeit	5.0
Stellplatz	4.6
Verpflegung	3.8
Freizeit	4.2
Preis-Leistung	4.7
Mietunterkünfte	4.8

Geeignet für

Kinder b. 6 J.	4.2
Kinder b. 12 J.	3.9
Kinder b. 18 J.	3.3
Paare	4.8
Senioren	4.9
Gäste mit Zelt	4.6
Gäste mit Hund	4.8

Empfohlene Aktivitäten

- Radfahren
- Wandern
- Entspannen

Karte auf Seite 548

	8	9	10
	Camping am Strandbad	**Camping Romantische Strasse**	**Campingplatz Haide**
	Strandbadweg 1 68199 Mannheim-Neckarau +49 176 554 222 68 49.44889 | 8.44675	Münster 67 97993 Creglingen +49 793 320 289 49.43861 | 10.04194	Ziegelhäuser Strasse 91 69151 Neckargemünd +49 6223 2111 49.40141 | 8.77918
Infos			
Öffnungszeiten	01.04. - 30.09.	15.03. - 15.11.	01.04. - 31.10.
Vergleichspreis	HS: 24,00 € | NS: 24,00 €	HS: 24,50 € | NS: 21,30 €	keine Angabe
Link	**Mehr Infos & Anfrage:** www.camping.info/22367	**Mehr Infos & Anfrage:** www.camping.info/17845	**Mehr Infos & Anfrage:** www.camping.info/19276
Ausstattung			
Freizeit	Baden im Fluss am Platz ✓ Pool/Hallenbad 1/3km Spielplatz 200m	Baden im See am Platz ✓ Hallenbad ✓ Spielplatz am Platz ✓	Baden in nat. Gewässer k. A. Pool/Hallenbad 3km Spielplatz am Platz ✓
Campingplatz	Hunde willkommen ✓ wenig Schatten ✓ WLAN ✓	Hunde willkommen ✓ zur Hälfte Schatten ✓ WLAN (gegen Gebühr) teilweise	Hunde erlaubt ✓ wenig Schatten ✓ WLAN ✓
Versorgung	Lebensmittel 2km Brötchen am Platz ✗ Restaurant & Imbiss ✓ Ver-/Entsorgung Womo ✓ in den Ort 2km	Lebensmittel 3km Brötchen am Platz ✓ Restaurant am P. ✓ Ver-/Entsorgung Womo ✓ in den Ort 500m	Lebensmittel 2km Brötchen keine Angabe Restaurant 2km Ver-/Entsorgung Womo ✗ in den Ort 2km
Anzahl der Plätze	Gesamt/Touristen 62/22 Mietunterkünfte ✗ Stellplätze vor Schranke ✗	Gesamt/Touristen 140/100 Mietunterkünfte ✓ Stellplätze vor Schranke ✗	Gesamt/Touristen 175/170 Mietunterkünfte ✓ Stellplätze vor Schranke ✗

	Camping am Strandbad	Camping Romantische Strasse	Campingplatz Haide
Gesamt	3.7 GUT, 27 Bewertungen	4.3 SEHR GUT, 33 Bewertungen	3.3 GUT, 21 Bewertungen
Lage	4.5	4.3	3.6
Ruhe	4.4	4.2	2.4
Sanitäranlagen	3.2	4.2	3.0
Sauberkeit Ø	4.2	4.7	3.6
Freundlichkeit	4.1	4.9	4.2
Stellplatz	3.6	4.2	3.1
Verpflegung	3.2	3.9	2.2
Freizeit	3.9	4.3	2.8
Preis-Leistung	3.8	4.4	3.5
Mietunterkünfte	-	4.5	2.7
Geeignet für			
Kinder b. 6 J.	3.6	4.2	2.7
Kinder b. 12 J.	3.8	4.2	3.1
Kinder b. 18 J.	3.8	3.3	3.4
Paare	4.5	4.6	3.9
Senioren	4.7	4.7	3.5
Gäste mit Zelt	4.8	4.7	3.6
Gäste mit Hund	4.6	4.8	3.7
Empfohlene Aktivitäten	Radfahren Entspannen Wandern	Wandern Entspannen Radfahren	Radfahren Wandern Sightseeing

13 Inselcamping Kollersee

Kollerinsel 2
68782 Brühl
+49 (0)6202 7601674
www.inselcamping-kollersee.de
info@inselcamping-kollersee.de

01.04. - 31.10.

HS: 29,80 € | NS: 29,80 €

Mehr Infos & Anfrage:
www.camping.info/26279

Baden im See am Platz	✓
Pool/Hallenbad	9km
Spielplatz	✗
Hunde willkommen	✓
kein Schatten	✓
WLAN (gegen Gebühr)	✓
Lebensmittel	✓
Brötchen am Platz	✓
Restaurant am P.	✓
Ver-/Entsorgung Womo	✓
in den Ort	4km
Gesamt/Touristen	130/60
Mietunterkünfte	✓
Stellplätze vor Schranke	✗

1 km
49.37978 | 8.47986

Camping am See mit tollem Sandstrand.

Lage & Stellplatz

Die schönste Auszeit in der Metropolregion Rhein-Neckar. Ohne ins Flugzeug zu steigen, können die Gäste ihre Inselträume wahrmachen. Der Campingplatz liegt inmitten des Landschaftsschutzgebietes Kollerinsel direkt am Kollersee. Die Region bietet vielfältige Wassersport- und Erholungsmöglichkeiten.

Sanitär

Die barrierefreien Sanitäranlagen sind neu erbaut und komfortabel gestaltet. Für die Gäste stehen ein Familienbad, ein Babywickelraum, Waschmaschine und Trockner zur Verfügung.

Verpflegung

Ein Bistro auf dem Platz verwöhnt die Camper beim Ausblick auf den See. Brötchenservice und Campingartikel gibt es im kleinen Supermarkt auf dem Platz. Nach Speyer sind es 10 Minuten, dort finden die Gäste eine große Auswahl an Restaurants und Einkaufsmöglichkeiten.

Freizeit

Direkt am Platz können Kanus und Stand-up-Paddle Boards gemietet werden. Fahrräder gibt es an mehreren Stationen im ca. 9 km entfernten Speyer. Abwechslungsreiche Ausflugsziele wie die Pfalz, Speyer (mit Technikmuseum), Heidelberg und Schwetzingen befinden sich in der Nähe.

Kanuverleih direkt am Platz.

Zeltlodges mit Seeblick.

3.3 GUT
46 Bewertungen

Lage	4.3
Ruhe	3.7
Sanitäranlagen	4.0
Sauberkeit Ø	3.6
Freundlichkeit	3.5
Stellplatz	3.2
Verpflegung	2.7
Freizeit	3.7
Preis-Leistung	3.0
Mietunterkünfte	3.8

Geeignet für

- 4.2 Paare
- 4.0 Gäste mit Zelt
- 3.9 Gäste mit Hund
- 3.8 Senioren
- 3.6 Kinder b. 18 J.
- 3.5 Kinder b. 12 J.
- 3.4 Kinder b. 6 J.

Empfohlene Aktivitäten

Schwimmen · Kayak/Kanu · Radfahren · Entspannen

Mehr Infos

Karte auf Seite 548

	11	12	14
	Campingplatz Friedensbrücke	**Waldcamping Hollenbacher See**	**Fortuna Camping am Neckar**
	Falltorstr. 4 69151 Neckargemünd +49 6223 2178 49.39596 | 8.79159	Mönchswald 1 74673 Mulfingen - Hollenbach +49 7938 7272 49.38307 | 9.8301	Neckarstraße 6 74862 Binau bei Mosbach +49 6263 669 49.36481 | 9.05767
Infos			
Öffnungszeiten	01.04. - 15.10.	15.03. - 15.11.	01.04. - 30.10.
Vergleichspreis	HS: 24,50 € | NS: 24,50 €	HS: 21,00 € | NS: 21,00 €	HS: 27,00 € | NS: 27,00 €
Link	**Mehr Infos & Anfrage:** www.camping.info/17842	**Mehr Infos & Anfrage:** www.camping.info/23391	**Mehr Infos & Anfrage:** www.camping.info/19272
Ausstattung			
Freizeit	Baden im Fluss am Platz ✓ Pool/Hallenbad 900m/3km Spielplatz am Platz ✓	Baden im See am Platz ✓ Pool/Hallenbad 8/15km Spielplatz am Platz ✓	Baden im Fluss am Platz ✓ Pool/Hallenbad ✓/7km Spielplatz am Platz ✓
Campingplatz	Hunde ✗ Schatten ✗ WLAN (gegen Gebühr) ✓	Hunde willkommen ✓ zur Hälfte Schatten ✓ WLAN ✗	Hunde erlaubt ✓ zur Hälfte Schatten ✓ WLAN ✓
Versorgung	Lebensmittel ✓ Brötchen am Platz ✓ Restaurant & Imbiss ✓ Ver-/Entsorgung Womo ✓ in den Ort 200m	Lebensmittel 2km Brötchen am Platz nur HS Restaurant/Imbiss 3km/✓ Ver-/Entsorgung Womo ✓ in den Ort 2km	Lebensmittel ✓ Brötchen am Platz ✓ Restaurant & Imbiss ✓ Ver-/Entsorgung Womo ✓ in den Ort 200m
Anzahl der Plätze	Touristenplätze 120 Mietunterkünfte ✗ Stellplätze vor Schranke ✗	Gesamt/Touristen 255/55 Mietunterkünfte ✓ Stellplätze vor Schranke ✓	Gesamt/Touristen 135/125 Mietunterkünfte ✓ Stellplätze vor Schranke ✗

	Campingplatz Friedensbrücke	Waldcamping Hollenbacher See	Fortuna Camping am Neckar
Gesamt	3.3 GUT – 45 Bewertungen	3.9 GUT – 7 Bewertungen	4.3 SEHR GUT – 192 Bewertungen
Lage	4.2	4.1	4.4
Ruhe	3.0	4.3	4.0
Sanitäranlagen	3.0	2.7	4.1
Sauberkeit Ø	3.7	2.8	4.6
Freundlichkeit	4.0	4.5	4.8
Stellplatz	3.6	3.7	4.1
Verpflegung	3.1	4.0	3.9
Freizeit	3.5	3.7	4.0
Preis-Leistung	3.3	4.0	4.3
Mietunterkünfte	-	-	4.4
Geeignet für			
Kinder b. 6 J.	2.9	5.0	4.1
Kinder b. 12 J.	3.1	4.5	4.3
Kinder b. 18 J.	3.0	3.0	3.8
Paare	4.2	3.7	4.6
Senioren	4.2	3.8	4.6
Gäste mit Zelt	4.1	4.5	4.5
Hunde n. erlaubt / Gäste mit Hund	Hunde n. erlaubt -	Gäste mit Hund 4.0	Gäste mit Hund 4.5
Empfohlene Aktivitäten	Sightseeing Radfahren Kayak/Kanu	Schwimmen Radfahren Wandern	Radfahren Wandern Kayak/Kanu

Jedes Jahr, März-Jun, Frühjahrsangebot: 7 Nächte bleiben & nur 6 bezahlen!

15 Waldcampingplatz Germania

Mühlwiese 1
74847 Obrigheim-Mörtelstein
+49 6262 1795
49.36421 | 9.05082

01.04. - 30.09.
HS: 26,00 € | NS: 26,00 €
Mehr Infos & Anfrage:
www.camping.info/23926

Baden im Fluss am Platz	✓
Pool	9km
Spielplatz am Platz	✓
Hunde erlaubt	✓
Schatten	✗
WLAN	✓
Lebensmittel	4km
Brötchen am Platz	✓
Imbiss	✓
Ver-/Entsorgung Womo	✓
in den Ort	keine Angabe
Gesamt/Touristen	65/25
Mietunterkünfte	✗
Stellplätze vor Schranke	✗

3.7 GUT
7 Bewertungen

Lage	4.6
Ruhe	4.1
Sanitäranlagen	2.8
Sauberkeit Ø	3.8
Freundlichkeit	4.8
Stellplatz	3.5
Verpflegung	4.6
Freizeit	3.5
Preis-Leistung	3.9
Mietunterkünfte	-

Geeignet für

Kinder b. 6 J.	3.3
Kinder b. 12 J.	3.8
Kinder b. 18 J.	3.4
Paare	3.8
Senioren	3.6
Gäste mit Zelt	3.7
Gäste mit Hund	3.7

Empfohlene Aktivitäten
- Motorboot
- Radfahren
- Angeln

16 Campingplatz Cimbria

Wiesenweg 1
74865 Neckarzimmern
+49 6261 2562
49.31859 | 9.12546

01.04. - 31.10.
HS: 25,00 € | NS: 23,70 €
Mehr Infos & Anfrage:
www.camping.info/17849

Baden in nat. Gewässer	k. A.
Pool am Platz	✓
Spielplatz am Platz	✓
Hunde erlaubt	✓
Schatten	✗
WLAN	✓
Lebensmittel	500m
Brötchen	keine Angabe
Restaurant am P.	✓
Ver-/Entsorgung Womo	✗
in den Ort	500m
Gesamt/Touristen	140/100
Mietunterkünfte	✗
Stellplätze vor Schranke	✗

3.4 GUT
56 Bewertungen

Lage	4.3
Ruhe	3.7
Sanitäranlagen	2.9
Sauberkeit Ø	3.5
Freundlichkeit	3.2
Stellplatz	3.6
Verpflegung	3.3
Freizeit	3.5
Preis-Leistung	3.5
Mietunterkünfte	-

Geeignet für

Kinder b. 6 J.	3.3
Kinder b. 12 J.	3.4
Kinder b. 18 J.	3.2
Paare	4.1
Senioren	4.1
Gäste mit Zelt	4.1
Gäste mit Hund	4.1

Empfohlene Aktivitäten
- Radfahren
- Wandern
- Entspannen

17 Camping Walldorf Astoria

Schwetzinger Straße 98
69190 Walldorf
+49 6227 9195
49.31728 | 8.635

15.04. - 15.10.
HS: 22,50 € | NS: 22,50 €
Mehr Infos & Anfrage:
www.camping.info/18880

Baden in nat. Gewässer	k. A.
Pool/Hallenbad	500m
Spielplatz	✗
Hunde	✗
Schatten	✗
WLAN (gratis)	teilweise
Lebensmittel	✓
Brötchen am Platz	✓
Restaurant am P.	✓
Ver-/Entsorgung Womo	✗
in den Ort	1km
Gesamt/Touristen	90/40
Mietunterkünfte	✗
Stellplätze vor Schranke	✗

3.2 GUT
24 Bewertungen

Lage	3.8
Ruhe	3.5
Sanitäranlagen	3.3
Sauberkeit Ø	4.0
Freundlichkeit	4.2
Stellplatz	3.4
Verpflegung	3.8
Freizeit	3.7
Preis-Leistung	3.7
Mietunterkünfte	-

Geeignet für

Kinder b. 6 J.	2.0
Kinder b. 12 J.	2.2
Kinder b. 18 J.	2.3
Paare	3.5
Senioren	3.6
Gäste mit Zelt	3.3
Hunde n. erlaubt	-

Empfohlene Aktivitäten
- Sightseeing
- Radfahren
- Kultur

18 Erholungsanlage St. Leoner See

Am St.Leoner See 1
68789 St. Leon-Rot
+49 6227 59009
49.2827 | 8.58478

ganzjährig
HS: 32,00 € | NS: 25,00 €
Mehr Infos & Anfrage:
www.camping.info/18878

Baden im See am Platz	✓
Pool/Hallenbad	8/2km
Spielplatz am Platz	✓
Hunde willkommen	✓
zur Hälfte Schatten	✓
WLAN	✓
Lebensmittel	✓
Brötchen am Platz	✓
Restaurant & Imbiss	✓
Ver-/Entsorgung Womo	✓
in den Ort	2km
Gesamt/Touristen	634/208
Mietunterkünfte	✓
Stellplätze vor Schranke	✗

4.2 SEHR GUT
138 Bewertungen

Lage	4.2
Ruhe	3.6
Sanitäranlagen	3.7
Sauberkeit Ø	4.2
Freundlichkeit	4.3
Stellplatz	3.9
Verpflegung	3.9
Freizeit	4.3
Preis-Leistung	3.8
Mietunterkünfte	4.0

Geeignet für

Kinder b. 6 J.	4.2
Kinder b. 12 J.	4.4
Kinder b. 18 J.	4.3
Paare	4.2
Senioren	4.1
Gäste mit Zelt	3.8
Gäste mit Hund	2.7

Empfohlene Aktivitäten
- Schwimmen
- Tauchen
- Radfahren

Karte auf Seite 548

	20	21	22
	Campingplatz Freyersee	**Naturcamping Braunsbach**	**Camping Reisachmühle**
	Tullastr. 11 76661 Philippsburg +49 7256 1372	Im Brühl 1 74542 Braunsbach +49 790 694 0673	Reisachmühle 6 74172 Neckarsulm +49 7132/2169
	49.24155 | 8.46076	49.19685 | 9.79164	49.18733 | 9.24713
Infos			
Öffnungszeiten	15.04. - 15.09.	01.04. - 31.10.	ganzjährig
Vergleichspreis	HS: 26,00 € | NS: 26,00 €	HS: 22,30 € | NS: 22,30 €	HS: 20,00 € | NS: 20,00 €
Link	**Mehr Infos & Anfrage:** www.camping.info/23722	**Mehr Infos & Anfrage:** www.camping.info/18913	**Mehr Infos & Anfrage:** www.camping.info/18910
Ausstattung			
Freizeit	Baden im See am Platz ✓	Baden im Fluss am Platz ✓	Baden im See 11km
	Pool 500m	Pool/Hallenbad 12/15km	Pool/Hallenbad 200m
	Spielplatz am Platz ✓	Spielplatz am Platz ✓	Spielplatz am Platz ✓
Campingplatz	Hunde ✗	Hunde erlaubt ✓	Hunde erlaubt ✓
	zur Hälfte Schatten ✓	zur Hälfte Schatten ✓	Schatten ✗
	WLAN ✓	WLAN ✓	WLAN ✓
Versorgung	Lebensmittel 100m	Lebensmittel 800m	Lebensmittel 1km
	Brötchen am Platz ✗	Brötchen am Platz ✓	Brötchen am Platz ✓
	Restaurant 200m	Restaurant/Imbiss 800m/✓	Restaurant/Imbiss 200m
	Ver-/Entsorgung Womo ✓	Ver-/Entsorgung Womo ✓	Ver-/Entsorgung Womo ✗
	in den Ort 100m	in den Ort 500m	in den Ort 1km
Anzahl der Plätze	Touristenplätze 18	Gesamt/Touristen 100/80	Gesamt/Touristen 200/100
	Mietunterkünfte ✗	Mietunterkünfte ✓	Mietunterkünfte ✗
	Stellplätze vor Schranke ✗	Stellplätze vor Schranke ✗	Stellplätze vor Schranke ✗

20	21	22
4.5 SEHR GUT 20 Bewertungen	**4.7** SEHR GUT 59 Bewertungen	**3.2** GUT 20 Bewertungen
Lage 4.7	Lage 4.7	Lage 3.7
Ruhe 4.6	Ruhe 4.8	Ruhe 3.4
Sanitäranlagen 4.2	Sanitäranlagen 4.2	Sanitäranlagen 3.5
Sauberkeit Ø 4.5	Sauberkeit Ø 4.7	Sauberkeit Ø 4.1
Freundlichkeit 4.7	Freundlichkeit 4.8	Freundlichkeit 3.7
Stellplatz 4.3	Stellplatz 4.5	Stellplatz 2.8
Verpflegung 3.9	Verpflegung 3.7	Verpflegung 2.3
Freizeit 4.1	Freizeit 4.2	Freizeit 3.4
Preis-Leistung 4.4	Preis-Leistung 4.7	Preis-Leistung 3.5
Mietunterkünfte -	Mietunterkünfte 4.4	Mietunterkünfte -
Geeignet für	**Geeignet für**	**Geeignet für**
Kinder b. 6 J. 4.3	Kinder b. 6 J. 4.3	Kinder b. 6 J. 3.1
Kinder b. 12 J. 4.6	Kinder b. 12 J. 4.3	Kinder b. 12 J. 2.9
Kinder b. 18 J. 4.0	Kinder b. 18 J. 3.5	Kinder b. 18 J. 3.3
Paare 4.8	Paare 4.8	Paare 4.1
Senioren 4.7	Senioren 4.7	Senioren 4.0
Gäste mit Zelt 4.9	Gäste mit Zelt 4.6	Gäste mit Zelt 3.7
Hunde n. erlaubt -	Gäste mit Hund 4.7	Gäste mit Hund 4.2
Empfohlene Aktivitäten	**Empfohlene Aktivitäten**	**Empfohlene Aktivitäten**
Schwimmen	Radfahren	Wandern
Radfahren	Wandern	Radfahren
Entspannen	Kayak/Kanu	Schwimmen

Anreise nur bis 19 Uhr möglich

19 Sperrfechter Freizeitpark

Hirschfeld 3
74229 Oedheim
+49 7136 22653
www.sperrfechter-freizeit.de
info@sperrfechter-freizeitpark.de

ganzjährig

HS: 30,00 € | NS: 24,00 €

Mehr Infos & Anfrage:
www.camping.info/22245

Baden im See am Platz	✓
Pool/Hallenbad	2km
Spielplatz am Platz	✓
Hunde willkommen	✓
zur Hälfte Schatten	✓
WLAN (gegen Gebühr)	✓
Lebensmittel	✓
Brötchen am Platz	✓
Restaurant & Imbiss	✓
Ver-/Entsorgung Womo	✓
in den Ort	2km
Gesamt/Touristen	450/100
Mietunterkünfte	✓
Stellplätze vor Schranke	×

Stellplätze am Angelsee.

Lage & Stellplatz

Landschaftlich reizvoll gelegen, befindet sich der Sperrfechter Freizeitpark inmitten der Kocherschleife mit separatem Angel- und Badesee. Gäste finden hier größtenteils parzellierte Stellplätze, z. T. mit Fahrspur und angelegter Terrasse. Einige Stellplätze haben einen direkten Zugang zum Badesee.

Sanitär

Die gepflegten Sanitärgebäude entsprechen einem guten 3-Sterne-Niveau. Es gibt ausreichend Duschen und Toiletten für alle Gäste und auf Sauberkeit wird großer Wert gelegt.

Verpflegung

Direkt vor Ort gibt es einen Brötchenservice sowie eine Selbstbedienungsgaststätte, die meist am Wochenende geöffnet hat. Zusätzlich halten die Nachbarorte viele gastronomische Angebote bereit (u. a. auch einen Pizzaservice). Verschiedene Supermärkte befinden sich in 1,5 km Entfernung.

Freizeit

Neben dem Badesee mit Wasserrutsche und Sprungsteg verfügt der Angelsee über einen ausgezeichneten Fischbestand. Bei mehreren Spielplätzen, einem Multifunktionssportplatz, einer Schwefelheilquelle sowie zahlreichen interessanten Ausflugszielen in der Region kommt garantiert keine Langeweile auf.

Ideal zum Angeln.

Baden im Hirschfeldsee.

4.1 SEHR GUT
239 Bewertungen

Lage	4.3
Ruhe	4.0
Sanitäranlagen	3.9
Sauberkeit Ø	4.0
Freundlichkeit	4.6
Stellplatz	4.1
Verpflegung	3.4
Freizeit	3.9
Preis-Leistung	3.8
Mietunterkünfte	4.4

Geeignet für

4.4 Senioren

4.3	Kinder b. 12 J.
4.3	Gäste mit Hund
4.0	Gäste mit Zelt
4.3	Paare
4.0	Kinder b. 6 J.
3.9	Kinder b. 18 J.

Empfohlene Aktivitäten

Schwimmen · Angeln · Radfahren · Entspannen

Mehr Infos

Keine WOMOs über 8 m; keine Holzkohle; unter 18 nur mit Eltern.

Karte auf Seite 548

	23	24	25
	FKK Camping Hilsbachtal GmbH	**Freizeitzentrum Hardtsee**	**Camping-Club Ludwigsburg**
	FKK Eichmühle 1 74889 Sinsheim-Hilsbach +49 7260 250 49.17726 | 8.86993	Seeweg 1 76698 Ubstadt-Weiher +49 7251 961394 49.17028 | 8.60861	Am Wasserturm 22 74629 Pfedelbach-Buchhorn am See 49.15602 | 9.50158
Infos			
Öffnungszeiten	01.04. - 15.10.	ganzjährig	keine Angabe
Vergleichspreis	HS: 24,00 € | NS: 24,00 €	HS: 23,50 € | NS: 19,50 €	keine Angabe
Link	**Mehr Infos & Anfrage:** www.camping.info/17848	**Mehr Infos & Anfrage:** www.camping.info/18938	**Mehr Infos & Anfrage:** www.camping.info/24811
Ausstattung			
Freizeit	Baden in nat. Gewässer k. A. Pool/Hallenbad ✓/12km Spielplatz am Platz ✓	Baden im See am Platz ✓ Pool/Hallenbad ✓/8km Spielplatz am Platz ✓	Baden in nat. Gewässer k. A. Pool & Hallenbad ✗ Spielplatz keine Angabe
Campingplatz	Hunde ✗ zur Hälfte Schatten ✓ WLAN (gegen Gebühr) ✓	Hunde ✗ zur Hälfte Schatten ✓ WLAN ✓	Hunde ✗ Schatten ✗ WLAN keine Angabe
Versorgung	Lebensmittel 3km Brötchen am Platz nur HS Restaurant am P. ✓ Ver-/Entsorgung Womo ✗ in den Ort 3km	Lebensmittel 600m Brötchen keine Angabe Restaurant am P. ✓ Ver-/Entsorgung Womo ✓ in den Ort 500m	Lebensmittel k.A. Brötchen keine Angabe Restaurant & Imbiss ✗ Ver-/Entsorgung Womo ✗ in den Ort keine Angabe
Anzahl der Plätze	Gesamt/Touristen 300/50 Mietunterkünfte ✗ Stellplätze vor Schranke ✓	Gesamt/Touristen 360/50 Mietunterkünfte ✗ Stellplätze vor Schranke ✗	Gesamt keine Angabe Mietunterkünfte ✗ Stellplätze vor Schranke ✗

	23	24	25
Gesamt	4.4 SEHR GUT 28 Bewertungen	3.8 GUT 16 Bewertungen	4.0 SEHR GUT 6 Bewertungen
Lage	4.5	4.5	4.5
Ruhe	4.7	3.9	4.2
Sanitäranlagen	3.8	4.4	3.8
Sauberkeit Ø	4.0	3.7	4.2
Freundlichkeit	4.5	4.2	4.7
Stellplatz	4.0	3.9	4.2
Verpflegung	3.4	3.7	3.8
Freizeit	3.8	4.2	4.2
Preis-Leistung	4.2	4.4	4.5
Mietunterkünfte	-	-	-
Geeignet für			
Kinder b. 6 J.	4.3	4.3	4.0
Kinder b. 12 J.	4.1	4.5	4.5
Kinder b. 18 J.	3.6	4.2	4.0
Paare	4.8	4.4	4.0
Senioren	4.8	4.7	4.0
Gäste mit Zelt	4.7	3.6	4.0
Hunde n. erlaubt	-	-	-
Empfohlene Aktivitäten	Entspannen Schwimmen Radfahren	Schwimmen Segeln Surfen	Radfahren Wandern Entspannen

26 Camping Seewiese

Seestraße 11
74629 Pfedelbach-Buchhorn
+49 794 161 568
49.15556 | 9.49806

ganzjährig

HS: 22,50 € | NS: 22,50 €

Mehr Infos & Anfrage:
www.camping.info/18916

Baden im See am Platz	✓
Pool/Hallenbad	✓/3km
Spielplatz am Platz	✓
Hunde willkommen	✓
wenig Schatten	✓
WLAN (gegen Gebühr)	✓
Lebensmittel	✓
Brötchen am Platz	nur HS
Restaurant & Imbiss	✓
Ver-/Entsorgung Womo	✓
in den Ort	3km
Gesamt/Touristen	330/30
Mietunterkünfte	✓
Stellplätze vor Schranke	✗

3.5 GUT
20 Bewertungen

Lage	3.7
Ruhe	4.2
Sanitäranlagen	3.6
Sauberkeit Ø	3.9
Freundlichkeit	3.9
Stellplatz	3.1
Verpflegung	3.2
Freizeit	3.9
Preis-Leistung	3.7
Mietunterkünfte	3.7

Geeignet für

Kinder b. 6 J.	4.1
Kinder b. 12 J.	4.2
Kinder b. 18 J.	3.4
Paare	4.1
Senioren	4.0
Gäste mit Zelt	3.5
Gäste mit Hund	4.4

Empfohlene Aktivitäten

- Wandern
- Radfahren
- Entspannen

28 Campingplatz Oberes Leintal

Heugele 2
74193 Schwaigern-Niederhofen
07138/6178
49.10345 | 8.98123

ganzjährig

HS: 20,00 €

Mehr Infos & Anfrage:
www.camping.info/26546

Baden in nat. Gewässer	k. A.
Pool & Hallenbad	✗
Spielplatz am Platz	✓
Hunde willkommen	✓
viel Schatten	✓
WLAN	✗
Lebensmittel	✓
Brötchen am Platz	✗
Imbiss	✓
Ver-/Entsorgung Womo	✓
in den Ort	keine Angabe
Gesamt/Touristen	80/10
Mietunterkünfte	✓
Stellplätze vor Schranke	✗

4.2 SEHR GUT
18 Bewertungen

Lage	4.4
Ruhe	4.7
Sanitäranlagen	4.2
Sauberkeit Ø	4.4
Freundlichkeit	4.9
Stellplatz	3.8
Verpflegung	2.8
Freizeit	3.6
Preis-Leistung	4.5
Mietunterkünfte	4.3

Geeignet für

Kinder b. 6 J.	4.3
Kinder b. 12 J.	4.2
Kinder b. 18 J.	4.1
Paare	4.7
Senioren	4.8
Gäste mit Zelt	4.6
Gäste mit Hund	4.0

Empfohlene Aktivitäten

- Radfahren
- Wandern
- Entspannen

29 Campingplatz Schwäbisch Hall-Steinbach

Mühlsteige 26
74523 Schwäbisch Hall-Steinbach
+49 791-2984
49.09741 | 9.74203

01.03. - 15.10.

HS: 25,00 €

Mehr Infos & Anfrage:
www.camping.info/18912

Baden in nat. Gewässer	k. A.
Pool/Hallenbad	3km
Spielplatz am Platz	✓
Hunde willkommen	✓
zur Hälfte Schatten	✓
WLAN	✓
Lebensmittel	✗
Brötchen am Platz	✓
Restaurant	200m
Ver-/Entsorgung Womo	✓
in den Ort	500m
Gesamt/Touristen	90/50
Mietunterkünfte	✗
Stellplätze vor Schranke	✗

4.1 SEHR GUT
21 Bewertungen

Lage	4.2
Ruhe	4.3
Sanitäranlagen	3.6
Sauberkeit Ø	4.6
Freundlichkeit	4.5
Stellplatz	3.8
Verpflegung	3.0
Freizeit	3.7
Preis-Leistung	4.2
Mietunterkünfte	-

Geeignet für

Kinder b. 6 J.	3.6
Kinder b. 12 J.	3.6
Kinder b. 18 J.	3.2
Paare	4.4
Senioren	4.5
Gäste mit Zelt	4.3
Gäste mit Hund	3.9

Empfohlene Aktivitäten

- Radfahren
- Kultur
- Sightseeing

27 Campingpark Breitenauer See

✻

Breitenauer See 2
74245 Löwenstein
+49 7130 8558
www.breitenauer-see.de
info@breitenauer-see.de

ganzjährig

HS: 35,00 € | NS: 31,00 €

Mehr Infos & Anfrage:
www.camping.info/18911

Baden im See	200m
Pool	4km
Spielplatz am Platz	✓
Hunde willkommen	✓
viel Schatten	✓
WLAN (gegen Gebühr)	✓
Lebensmittel	✓
Brötchen am Platz	✓
Restaurant/Imbiss	✓/300m
Ver-/Entsorgung Womo	✓
in den Ort	3km
Gesamt/Touristen	600/300
Mietunterkünfte	✓
Stellplätze vor Schranke	✗

Der Campingpark direkt am See.

Lage & Stellplatz

Der Campingpark Breitenauer See liegt landschaftlich reizvoll und ruhig im Naturpark Schwäbisch-Fränkischer-Wald und an der Württembergischen Wein- und Dichterstraße. Es sind ca. 600 Stellplätze (300 Dauercamper) vorhanden. Alle Komfortstandplätze bieten 100 m² Stellfläche sowie einen Wasser- und Stromanschluss. Weiterhin gibt es Zeltwiesen, Schlaffässer, Mobilheime und vollausgestattete Ferienblockhäuser. Der Campingpark hat einen direkten Zugang zum Breitenauer See.

Sanitär

Alle vier Sanitärgebäude, die nach modernsten Anforderungen entwickelt wurden, bieten erstklassigen Komfort für alle Gäste. Kinderspaßbäder, Familienduschen, Babywickelräume, barrierefreie Einrichtungen, Kochgelegenheiten, Waschmaschinen und Wäschetrockner sind vorhanden.

Viele Spielplatzmöglichkeiten.

Eines der vier Sanitärgebäude.

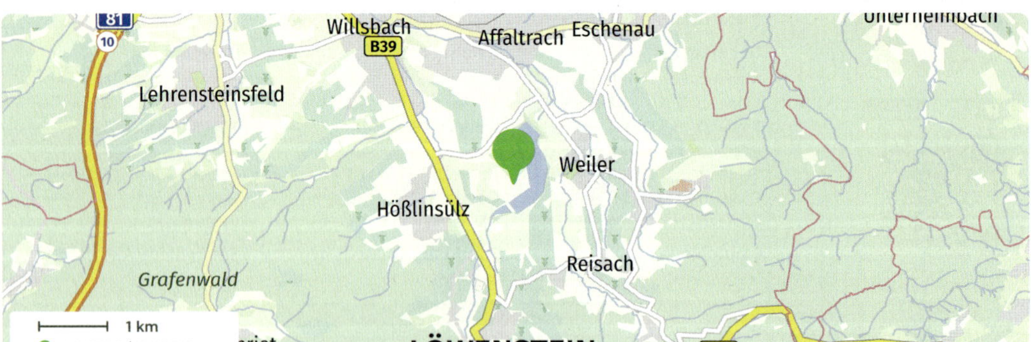

ADAC Tipp 2021 - ANWB Top 2021.

Der Breitenauer See bietet zahlreiche Möglichkeiten am und im Wasser. Der nahegelegene Kiosk sorgt für das leibliche Wohl der Gäste.

Verpflegung

Das Seerestaurant liegt direkt am Campingplatz und bietet eine gemütliche Atmosphäre. Die Terrasse erlaubt einen herrlichen Blick auf die Löwensteiner Berge. Die Gäste werden hier mit griechischer Küche, frisch gezapften Bieren und typischen regionalen Weinen verwöhnt. Am Seerundweg steht der Seekiosk mit Terrasse zur Verfügung, die zum Verweilen einlädt und einen ungestörten Panoramablick auf den Breitenauer See bietet. Im Campingpark verfügt der Shop über sämtliche Waren des täglichen Bedarfs, frischen Brötchen und ein Frühstücksangebot. Der Biergarten ist während der Hauptsaison geöffnet.

Freizeit

Baden, Segeln, Surfen, Tretbootfahren, Stand-Up-Paddling, Rudern, Angeln, Walking, Radeln, Inlineskaten, Joggen oder einfach Spazieren gehen – im und rund um das Naherholungsgebiet Breitenauer See gibt es unzählige Möglichkeiten. Ausflüge durch die Weinberge rund um den See sind besonders empfehlenswert. Für Kinder gibt es viel Platz zum Toben und Spielen. Der breite Sandstrand und weitläufige, gepflegte Liegewiesen laden zum Sonnenbad oder Relaxen im Schatten der Bäume ein. Hier kommen Badenixen voll auf ihre Kosten. Wer das Wasser scheut, findet auf den Spielplätzen allerlei Möglichkeiten.

5.0

Waren kurzfristig über das Wochenende hier. Reservierung hat geklappt, trotz 3 Nächte Mindestreservierungszeit. Wir wurden freundlich empfangen, die Anlage ist sehr groß und sehr sauber. Das Ganze hat einen gepflegten Eindruck hinterlassen. Die sanitären Anlagen in unserem Bereich waren vom absolut Feinsten, es gab aber auch gar nichts auszusetzen. Die Gegend ist sehr schön und wenn der See wieder voll ist und das Wetter warm, kommen wir wieder her.

Thomas W.

Thomas und seine Frau campen seit 2009. Unterwegs im Wohnmobil liebt er besonders die Freiheit wann immer möglich draußen zu sein und trotzdem im eigenen Bett zu schlafen. Sie waren im Februar 2022 auf dem Platz.

Seerestaurant am Campingpark.

Rezeption im Campingpark.

4.4 **SEHR GUT**
181 Bewertungen

Lage	4.6
Ruhe	4.5
Sanitäranlagen	4.8
Sauberkeit Ø	4.7
Freundlichkeit	4.2
Stellplatz	4.5
Verpflegung	4.1
Freizeit	4.2
Preis-Leistung	4.3
Mietunterkünfte	4.6

Geeignet für

4.6	Kinder b. 6 J.
4.6	Kinder b. 12 J.
4.6	Senioren
4.0	Kinder b. 18 J.
4.6	Paare
4.4	Gäste mit Zelt
3.7	Gäste mit Hund

Empfohlene Aktivitäten

Schwimmen · Wandern · Entspannen · Radfahren

Mehr Infos

BADEN-WÜRTTEMBERG

2 Schwäbische Alb

	Platz	Seite	Bewertung	Öffnungszeiten	
1	Stromberg Camping	564	3.9	ganzjährig	✻
2	Camping Häsle	564	3.3	saisonal	
3	Campingplatz Waldeck am Häslesee	564	4.2	k. A.	✻
4	Campingplatz Sonneneck	565	4.6	saisonal	
5	Camping am Sonnenbach	565	4.2	saisonal	
6	Campingplatz Sonnenhof	565	4.4	k. A.	
7	Waldcamping Hüttenhof	565	3.2	ganzjährig	FKK ✻
8	Natur & City Camping Ellwangen	566	4.4	saisonal	
9	Natursportbund Schwäbischer Wald e.V.	567	5.0	saisonal	FKK
10	Camping Hammerschmiede-see	566	3.7	saisonal	
11	Campingplatz Götzenbachsee	566	4.6	k. A.	✻
12	Campingplatz Ringlesmühle	568	3.9	saisonal	
13	Campingplatz Hirtenteich	568	4.4	ganzjährig	✻
14	Campingplatz Amalienhof	568	4.3	ganzjährig	✻
15	Camping Schurrenhof GmbH	569	3.2	ganzjährig	✻
16	Camping Aichelberg	569	3.8	saisonal	
17	Camping Waldpark Hohenstadt	569	4.1	saisonal	
18	ALBCAMPING Westerheim	569	4.6	ganzjährig	✻
19	Neckarcamping	570	3.9	saisonal	
20	Campingplatz Pfählhof GmbH	570	4.1	ganzjährig	✻
21	Camping Lauberg	570	4.6	k. A.	✻
22	Heidehof Camping	572	3.7	ganzjährig	✻
23	Camping Paul Walther	572	4.4	ganzjährig	✻
24	Hofgut Hopfenburg GmbH	571	4.3	ganzjährig	✻
25	AZUR Camping Schwäbische Alb	572	3.4	ganzjährig	✻
26	Zollernalbcamping	573	4.7	saisonal	
27	Sonnencamping Albstadt	573	3.6	ganzjährig	✻
28	Camping beim Stausee Schömberg	573	3.5	ganzjährig	✻
29	Camping Christophorus	575	4.6	ganzjährig	✻ 👍
30	Campingplatz Sigmaringen	573	3.7	saisonal	
31	Camping Wagenburg	574	4.3	saisonal	
32	Campinggarten Leibertingen	574	4.8	saisonal	
33	Park-Camping Iller / Allgäu	574	4.4	saisonal	

✻ Wintercamping FKK Textilfrei (ganz/teilweise) Ecocamping 👍 Award Onlinebuchung

Karte auf Seite 562

	1 Stromberg Camping	2 Camping Häsle	3 Campingplatz Waldeck am Häslesee
	Diefenbacher Straße 70 75438 Knittlingen-Freudenstein +49 7043 2160	Häsle 7 73488 Ellenberg +49 7965 359	Häsle 9 73488 Ellenberg +49 7962/2714
	49.03528 | 8.83278	48.98766 | 10.2255	48.98742 | 10.22357
Infos			
Öffnungszeiten	ganzjährig	01.04. - 31.10.	keine Angabe
Vergleichspreis	HS: 24,50 € | NS: 19,50 €	HS: 16,50 €	HS: 26,00 € | NS: 26,00 €
Link	**Mehr Infos & Anfrage:** www.camping.info/18931	**Mehr Infos & Anfrage:** www.camping.info/24994	**Mehr Infos & Anfrage:** www.camping.info/23779
Ausstattung			
Freizeit	Baden im See 5km Pool/Hallenbad ✓/9km Spielplatz am Platz ✓	Baden im See am Platz ✓ Pool/Hallenbad 3/10km Spielplatz am Platz ✓	Baden im See am Platz ✓ Pool & Hallenbad ✗ Spielplatz am Platz ✓
Campingplatz	Hunde erlaubt ✓ zur Hälfte Schatten ✓ WLAN (begrenzt gratis) ✓	Hunde willkommen ✓ zur Hälfte Schatten ✓ WLAN (gegen Gebühr) ✓	Hunde willkommen ✓ zur Hälfte Schatten ✓ WLAN (gegen Gebühr) ✓
Versorgung	Lebensmittel ✗ Brötchen am Platz ✓ Restaurant am P. ✓ Ver-/Entsorgung Womo ✓ in den Ort 1km	Lebensmittel ✗ Brötchen am Platz nur HS Restaurant 500m Ver-/Entsorgung Womo ✓ in den Ort 3km	Lebensmittel ✗ Brötchen am Platz nur HS Restaurant/Imbiss 500m Ver-/Entsorgung Womo ✗ in den Ort 4km
Anzahl der Plätze	Gesamt/Touristen 480/50 Mietunterkünfte ✓ Stellplätze vor Schranke ✗	Gesamt/Touristen 130/25 Mietunterkünfte ✓ Stellplätze vor Schranke ✗	Gesamt/Touristen 120/4 Mietunterkünfte ✗ Stellplätze vor Schranke ✗

	Stromberg Camping	Camping Häsle	Campingplatz Waldeck am Häslesee
Gesamt	3.9 GUT, 49 Bewertungen	3.3 GUT, 6 Bewertungen	4.2 SEHR GUT, 6 Bewertungen
Lage	4.1	3.8	4.4
Ruhe	4.3	3.8	4.2
Sanitäranlagen	3.3	3.5	3.8
Sauberkeit Ø	4.0	3.6	3.8
Freundlichkeit	4.5	3.8	3.8
Stellplatz	3.8	3.7	3.8
Verpflegung	2.8	2.8	3.4
Freizeit	3.8	3.2	3.4
Preis-Leistung	4.3	4.6	4.2
Mietunterkünfte	3.5	3.0	-
Geeignet für			
Kinder b. 6 J.	4.3	3.3	3.5
Kinder b. 12 J.	4.1	3.5	3.0
Kinder b. 18 J.	3.2	2.8	3.0
Paare	4.3	4.8	4.8
Senioren	4.5	3.8	5.0
Gäste mit Zelt	4.4	3.0	4.0
Gäste mit Hund	4.2	4.8	3.7
Empfohlene Aktivitäten	Wandern Schwimmen Radfahren	Wandern Radfahren Entspannen	Radfahren Wandern Schwimmen

4 Campingplatz Sonneneck

Haselbach 12
73488 Ellenberg - Haselbach
+49 7965 2359
48.98699 | 10.21658

01.04. - 31.10.
HS: 26,00 € | NS: 26,00 €
Mehr Infos & Anfrage:
www.camping.info/18907

Baden im See am Platz	✓
Pool/Hallenbad	8km
Spielplatz am Platz	✓
Hunde willkommen	✓
zur Hälfte Schatten	✓
WLAN (gegen Gebühr)	✓
Lebensmittel	4km
Brötchen am Platz	✗
Restaurant & Imbiss	✓
Ver-/Entsorgung Womo	✓
in den Ort	3km
Gesamt/Touristen	120/20
Mietunterkünfte	✓
Stellplätze vor Schranke	✓

4.6 SEHR GUT
36 Bewertungen

Lage	4.8
Ruhe	4.6
Sanitäranlagen	4.6
Sauberkeit Ø	4.8
Freundlichkeit	4.9
Stellplatz	4.3
Vorpflegung	3.8
Freizeit	4.2
Preis-Leistung	4.8
Mietunterkünfte	4.9

Geeignet für

Kinder b. 6 J.	4.6
Kinder b. 12 J.	4.6
Kinder b. 18 J.	4.1
Paare	4.7
Senioren	4.5
Gäste mit Zelt	4.3
Gäste mit Hund	4.7

Empfohlene Aktivitäten
- Schwimmen
- Wandern
- Entspannen

5 Camping am Sonnenbach

Sonnenbach 1
73479 Ellwangen-Pfahlheim
+49 7964 1232
48.9745 | 10.2517

01.04. - 01.10.
HS: 17,00 € | NS: 17,00 €
Mehr Infos & Anfrage:
www.camping.info/18905

Baden im See am Platz	✓
Pool/Hallenbad	1/10km
Spielplatz am Platz	✓
Hunde erlaubt	✓
zur Hälfte Schatten	✓
WLAN (gratis)	teilweise
Lebensmittel	1km
Brötchen am Platz	nur HS
Restaurant & Imbiss	✓
Ver-/Entsorgung Womo	✓
in den Ort	keine Angabe
Gesamt/Touristen	150/20
Mietunterkünfte	✓
Stellplätze vor Schranke	✓

4.2 SEHR GUT
12 Bewertungen

Lage	4.3
Ruhe	4.7
Sanitäranlagen	4.3
Sauberkeit Ø	4.6
Freundlichkeit	4.6
Stellplatz	3.9
Verpflegung	3.9
Freizeit	3.8
Preis-Leistung	4.7
Mietunterkünfte	5.0

Geeignet für

Kinder b. 6 J.	4.3
Kinder b. 12 J.	4.2
Kinder b. 18 J.	3.8
Paare	4.4
Senioren	4.4
Gäste mit Zelt	4.4
Gäste mit Hund	4.3

Empfohlene Aktivitäten
- Entspannen
- Schwimmen
- Radfahren

6 Campingplatz Sonnenhof

Sonnenhof 1
73479 Ellwangen-Pfahlheim
+49 7964 566
48.97435 | 10.24952

keine Angabe
HS: 19,00 € | NS: 19,00 €
Mehr Infos & Anfrage:
www.camping.info/23334

Baden im See am Platz	✓
Pool/Hallenbad	1/12km
Spielplatz am Platz	✓
Hunde erlaubt	✓
Schatten	✗
WLAN	✓
Lebensmittel	k.A.
Brötchen am Platz	nur HS
Restaurant & Imbiss	✓
Ver-/Entsorgung Womo	✗
in den Ort	1km
Gesamt	keine Angabe
Mietunterkünfte	✗
Stellplätze vor Schranke	✓

4.4 SEHR GUT
11 Bewertungen

Lage	4.7
Ruhe	4.5
Sanitäranlagen	3.4
Sauberkeit Ø	3.9
Freundlichkeit	4.8
Stellplatz	4.3
Verpflegung	4.5
Freizeit	4.3
Preis-Leistung	4.8
Mietunterkünfte	-

Geeignet für

Kinder b. 6 J.	4.9
Kinder b. 12 J.	4.8
Kinder b. 18 J.	4.5
Paare	4.8
Senioren	4.7
Gäste mit Zelt	4.8
Gäste mit Hund	4.9

Empfohlene Aktivitäten
- Schwimmen
- Wandern
- Entspannen

7 Waldcamping Hüttenhof

FKK ❄

Hüttenhof 1
73494 Rosenberg
+49 7963 203
48.97333 | 10.02577

ganzjährig
HS: 17,50 € | NS: 17,50 €
Mehr Infos & Anfrage:
www.camping.info/17847

Baden im See am Platz	✓
Pool/Hallenbad	9km
Spielplatz am Platz	✓
Hunde erlaubt	✓
Schatten	✗
WLAN	✓
Lebensmittel	✓
Brötchen am Platz	✓
Restaurant & Imbiss	✓
Ver-/Entsorgung Womo	✓
in den Ort	5km
Gesamt/Touristen	140/60
Mietunterkünfte	✓
Stellplätze vor Schranke	✗

3.2 GUT
14 Bewertungen

Lage	4.3
Ruhe	4.5
Sanitäranlagen	3.2
Sauberkeit Ø	3.1
Freundlichkeit	4.1
Stellplatz	3.5
Verpflegung	2.1
Freizeit	3.3
Preis-Leistung	3.3
Mietunterkünfte	2.5

Geeignet für

Kinder b. 6 J.	4.3
Kinder b. 12 J.	4.1
Kinder b. 18 J.	3.4
Paare	4.1
Senioren	4.2
Gäste mit Zelt	4.4
Gäste mit Hund	4.7

Empfohlene Aktivitäten
- Entspannen
- Wandern
- Radfahren

Karte auf Seite 562

	8	10	11
	Natur & City Camping Ellwangen	**Camping Hammer-schmiede-see**	**Campingplatz Götzenbachsee**
	Rotenbacher Str. 45 73479 Ellwangen an der Jagst +49 7961 7921	Hammerschmiede 2 73453 Abtsgmünd +49 7963 369	Götzenbach 2 73571 Göggingen +49 7175 8541
	48.95932 | 10.12113	48.9461 | 9.97669	48.85849 | 9.87287
Infos			
Öffnungszeiten	02.04. - 31.10.	01.05. - 30.09.	keine Angabe
Vergleichspreis	HS: 31,00 € | NS: 25,00 €	HS: 18,10 € | NS: 18,10 €	HS: 20,50 €
Link	**Mehr Infos & Anfrage:** www.camping.info/18904	**Mehr Infos & Anfrage:** www.camping.info/18902	**Mehr Infos & Anfrage:** www.camping.info/18909
Ausstattung			
Freizeit	Baden in nat. Gewässer k. A.	Baden im See am Platz ✓	Baden im See 500m
	Pool/Hallenbad 200m	Hallenbad 8km	Pool/Hallenbad 3/11km
	Spielplatz keine Angabe	Spielplatz am Platz ✓	Spielplatz am Platz ✓
Campingplatz	Hunde willkommen ✓	Hunde erlaubt ✓	Hunde willkommen ✓
	zur Hälfte Schatten ✓	Schatten ✗	wenig Schatten ✓
	WLAN ✓	WLAN ✓	WLAN ✗
Versorgung	Lebensmittel 1km	Lebensmittel 2km	Lebensmittel 1km
	Brötchen am Platz ✓	Brötchen am Platz ✓	Brötchen am Platz ✗
	Restaurant am P. ✓	Restaurant/Imbiss 2km/✓	Restaurant/Imbiss 1km
	Ver-/Entsorgung Womo ✓	Ver-/Entsorgung Womo ✓	Ver-/Entsorgung Womo ✓
	in den Ort 1km	in den Ort 2km	in den Ort 1km
Anzahl der Plätze	Gesamt/Touristen 110/95	Gesamt/Touristen 250/100	Gesamt/Touristen 125/30
	Mietunterkünfte ✓	Mietunterkünfte ✗	Mietunterkünfte ✓
	Stellplätze vor Schranke ✓	Stellplätze vor Schranke ✗	Stellplätze vor Schranke ✗

	8	10	11
Gesamt	4.4 SEHR GUT, 18 Bewertungen	3.7 GUT, 23 Bewertungen	4.6 SEHR GUT, 8 Bewertungen
Lage	4.9	4.4	4.1
Ruhe	4.7	3.9	4.8
Sanitäranlagen	3.8	3.6	4.2
Sauberkeit Ø	4.6	4.0	5.0
Freundlichkeit	4.7	4.0	5.0
Stellplatz	4.2	3.7	4.1
Verpflegung	4.0	3.6	4.0
Freizeit	4.3	3.7	3.9
Preis-Leistung	4.3	4.5	4.8
Mietunterkünfte	5.0	-	5.0
Geeignet für			
Kinder b. 6 J.	3.4	4.3	4.4
Kinder b. 12 J.	4.0	4.6	4.5
Kinder b. 18 J.	4.1	4.4	3.8
Paare	5.0	4.6	4.7
Senioren	4.8	4.1	4.7
Gäste mit Zelt	4.9	4.4	4.3
Gäste mit Hund	4.7	4.5	4.3
Empfohlene Aktivitäten	Radfahren Wandern Kultur	Schwimmen Entspannen Wandern	Radfahren Wandern Entspannen

ANZEIGE

9 Natursportbund Schwäbischer Wald e.V.

FKK

(Postadresse) Tiefenmad 22
71540 Murrhardt-Kirchenkirnberg
+49 7184 302

www.nsb-murrhardt.de
info@nsb-murrhardt.de

01.05. - 31.08.

HS: 27,00 € | NS: 27,00 €

Mehr Infos & Anfrage:
www.camping.info/25649

Baden im See	8km
Pool/Hallenbad	✓/7km
Spielplatz am Platz	✓
Hunde	✗
wenig Schatten	✓
WLAN	✓
Lebensmittel	7km
Brötchen am Platz	✗
Restaurant	1km
Ver-/Entsorgung Womo	✗
in den Ort	7km
Gesamt/Touristen	110/15
Mietunterkünfte	✗
Stellplätze vor Schranke	✗

48.95525 | 9.66714

Das Schwimmbad, im Hintergrund die oberen Gästeplätze.

Lage & Stellplatz

Hier können die Gäste bei einem FKK-Familiensportverein in familiärer Atmosphäre auf einem sehr schönen und ruhigen Gelände campen. Auf dem Platz befindet sich ein Schwimmbad mit Solarbeheizung. Die Stellplätze liegen auf einer terrassenförmig angelegten Rasenfläche an einem schönen Südhang.

Sanitär

Die Sanitäranlagen sind sauber und werden von vielen Gästen positiv bewertet. Waschmaschine und Wäschetrockner sind vorhanden.

Verpflegung

Das Gelände ist für Selbstversorger ausgelegt. In ca. 7 km Entfernung sind mehrere Ortschaften mit guten Einkaufsmöglichkeiten vorhanden.

Freizeit

Hier gibt es Bogenschießen, Boule, Schwimmen, Outdoor-Billard, Tischtennis, Volleyballplätze und Freilandschach. Am Wochenende leitet eine Sportlehrerin Gymnastik, im Sommer auch Wassergymnastik. Samstags ist (außer im Juli/August) die Sauna in Betrieb. Ein Hallenbad gibt es in 7 km Entfernung.

Die Bouler sind aktiv.

Der Bogenschießplatz.

5.0 **AUSGEZEICHNET**
3 Bewertungen

Lage	4.3
Ruhe	4.3
Sanitäranlagen	4.7
Sauberkeit Ø	4.8
Freundlichkeit	5.0
Stellplatz	4.3
Verpflegung	3.0
Freizeit	3.3
Preis-Leistung	4.3
Mietunterkünfte	-

Geeignet für

- 5.0 Senioren
- 5.0 Gäste mit Zelt
- 4.7 Paare
- 3.0 Kinder b. 18 J.
- 4.7 Kinder b. 6 J.
- 4.3 Kinder b. 12 J.
- - Gäste mit Hund nicht erlaubt

Empfohlene Aktivitäten

Wandern | Entspannen | Schwimmen | Kultur

Mehr Infos

Außerhalb der genannten Saison auf Anfrage geöffnet.

Karte auf Seite 562

	12	13	14
	Campingplatz Ringlesmühle	**Campingplatz Hirtenteich** ❄	**Campingplatz Amalienhof** ❄
	Ringlesmühle 73469 Utzmemmingen	Hasenweide 2 73457 Essingen-Lauterburg +49 7365 296	Haflingerstraße 15 73566 Bartholomä +49 7173 7542
	48.82607 | 10.4098	48.78634 | 9.98048	48.75041 | 9.9991
Infos			
Öffnungszeiten	01.04. - 30.10.	ganzjährig	ganzjährig
Vergleichspreis	HS: 15,50 €	HS: 21,90 € | NS: 21,40 €	HS: 12,00 €
Link	**Mehr Infos & Anfrage:** www.camping.info/23913	**Mehr Infos & Anfrage:** www.camping.info/18903	**Mehr Infos & Anfrage:** www.camping.info/18908
Ausstattung			
Freizeit	Baden im See am Platz ✓ Pool & Hallenbad ✗ Spielplatz am Platz ✓	Baden im See 20km Pool/Hallenbad ✓/10km Spielplatz am Platz ✓	Baden in nat. Gewässer k. A. Pool/Hallenbad 10km Spielplatz am Platz ✓
Campingplatz	Hunde willkommen ✓ wenig Schatten ✓ WLAN ✗	Hunde willkommen ✓ wenig Schatten ✓ WLAN ✓	Hunde erlaubt ✓ Schatten ✗ WLAN ✓
Versorgung	Lebensmittel ✗ Brötchen am Platz ✓ Restaurant & Imbiss ✗ Ver-/Entsorgung Womo ✓ in den Ort keine Angabe	Lebensmittel ✓ Brötchen am Platz ✓ Restaurant am P. ✓ Ver-/Entsorgung Womo ✓ in den Ort 1km	Lebensmittel 500m Brötchen keine Angabe Restaurant/Imbiss 500m Ver-/Entsorgung Womo ✓ in den Ort 500m
Anzahl der Plätze	Gesamt keine Angabe Mietunterkünfte ✗ Stellplätze vor Schranke ✗	Gesamt/Touristen 230/70 Mietunterkünfte ✓ Stellplätze vor Schranke ✓	Gesamt/Touristen 200/80 Mietunterkünfte ✓ Stellplätze vor Schranke ✗

	12	13	14
Bewertung	3.9 GUT, 11 Bewertungen	4.4 SEHR GUT, 49 Bewertungen	4.3 SEHR GUT, 6 Bewertungen
Lage	4.1	4.3	4.3
Ruhe	4.8	4.6	4.8
Sanitäranlagen	3.7	4.5	4.2
Sauberkeit Ø	4.5	4.7	4.7
Freundlichkeit	4.6	4.9	4.8
Stellplatz	3.7	4.1	4.2
Verpflegung	2.3	3.8	2.0
Freizeit	3.4	3.9	3.6
Preis-Leistung	4.9	4.6	4.5
Mietunterkünfte	-	4.6	-
Geeignet für			
Kinder b. 6 J.	4.0	3.8	4.0
Kinder b. 12 J.	4.1	4.0	4.0
Kinder b. 18 J.	3.4	3.5	4.0
Paare	4.8	4.6	4.6
Senioren	4.5	4.5	4.6
Gäste mit Zelt	4.6	4.5	4.7
Gäste mit Hund	3.6	4.5	5.0
Empfohlene Aktivitäten	Entspannen Radfahren Wandern	Wandern Entspannen Radfahren	Wandern Entspannen Radfahren

Gruppenpreise auf Anfrage.

15 Camping Schurrenhof GmbH

❄

Schurrenhof 3
73072 Schurrenhof
+49 1733009990
48.72797 | 9.77035

ganzjährig

HS: 18,00 € | NS: 14,50 €

Mehr Infos & Anfrage:
www.camping.info/18899

Baden in nat. Gewässer	k. A.
Pool/Hallenbad	✓/6km
Spielplatz am Platz	✓
Hunde willkommen	✓
wenig Schatten	✓
WLAN	✗
Lebensmittel	✓
Brötchen am Platz	✓
Restaurant/Imbiss	500m/✓
Ver-/Entsorgung Womo	✓
in den Ort	4km
Gesamt/Touristen	100/25
Mietunterkünfte	✓
Stellplätze vor Schranke	✗

3.2 GUT
15 Bewertungen

Lage	4.3
Ruhe	4.2
Sanitäranlagen	2.6
Sauberkeit Ø	3.5
Freundlichkeit	4.0
Stellplatz	3.5
Verpflegung	3.2
Freizeit	3.8
Preis-Leistung	4.0
Mietunterkünfte	3.0

Geeignet für

Kinder b. 6 J.	4.2
Kinder b. 12 J.	3.8
Kinder b. 18 J.	3.1
Paare	3.6
Senioren	4.0
Gäste mit Zelt	4.1
Gäste mit Hund	3.0

Empfohlene Aktivitäten

- Wandern
- Reiten
- Entspannen

16 Camping Aichelberg

Bunzenberg 1
73101 Aichelberg
+49 7164 2700
48.64011 | 9.55481

08.04. - 03.10.

HS: 25,00 € | NS: 21,50 €

Mehr Infos & Anfrage:
www.camping.info/22371

Baden in nat. Gewässer	k. A.
Pool/Hallenbad	3/5km
Spielplatz	✗
Hunde willkommen	✓
wenig Schatten	✓
WLAN	✓
Lebensmittel	1km
Brötchen am Platz	✓
Restaurant & Imbiss	✓
Ver-/Entsorgung Womo	✓
in den Ort	1km
Gesamt/Touristen	150/70
Mietunterkünfte	✓
Stellplätze vor Schranke	✗

3.8 GUT
31 Bewertungen

Lage	3.7
Ruhe	3.7
Sanitäranlagen	4.6
Sauberkeit Ø	4.6
Freundlichkeit	4.6
Stellplatz	3.4
Verpflegung	3.0
Freizeit	2.8
Preis-Leistung	4.5
Mietunterkünfte	3.0

Geeignet für

Kinder b. 6 J.	3.3
Kinder b. 12 J.	2.9
Kinder b. 18 J.	2.8
Paare	4.1
Senioren	3.8
Gäste mit Zelt	3.9
Gäste mit Hund	4.4

Empfohlene Aktivitäten

- Wandern
- Radfahren
- Entspannen

17 Camping Waldpark Hohenstadt

Waldpark 1
73345 Hohenstadt
+49 7335 6754
48.54952 | 9.66773

01.03. - 31.10.

HS: 24,50 € | NS: 23,00 €

Mehr Infos & Anfrage:
www.camping.info/22203

Baden in nat. Gewässer	k. A.
Hallenbad	5km
Spielplatz am Platz	✓
Hunde willkommen	✓
wenig Schatten	✓
WLAN	✓
Lebensmittel	5km
Brötchen am Platz	nur HS
Restaurant & Imbiss	✓
Ver-/Entsorgung Womo	✓
in den Ort	500m
Gesamt/Touristen	190/60
Mietunterkünfte	✗
Stellplätze vor Schranke	✗

4.1 SEHR GUT
39 Bewertungen

Lage	4.2
Ruhe	4.2
Sanitäranlagen	3.8
Sauberkeit Ø	4.3
Freundlichkeit	4.7
Stellplatz	4.0
Verpflegung	3.8
Freizeit	3.8
Preis-Leistung	4.2
Mietunterkünfte	-

Geeignet für

Kinder b. 6 J.	3.9
Kinder b. 12 J.	4.0
Kinder b. 18 J.	3.5
Paare	4.4
Senioren	4.6
Gäste mit Zelt	4.2
Gäste mit Hund	4.8

Empfohlene Aktivitäten

- Wandern
- Entspannen
- Radfahren

keine WOMOs ab 10 m; Jugendgruppen in HS nur beschränkt zugelassen

18 ALBCAMPING Westerheim

❄

Beim Campingplatz 1
72589 Westerheim
+49 7333 6140
48.51046 | 9.60823

ganzjährig

HS: 28,60 € | NS: 25,60 €

Mehr Infos & Anfrage:
www.camping.info/18897

Baden in nat. Gewässer	k. A.
Pool/Hallenbad	✓/500m
Spielplatz am Platz	✓
Hunde willkommen	✓
wenig Schatten	✓
WLAN (gegen Gebühr)	✓
Lebensmittel	✓
Brötchen am Platz	✓
Restaurant & Imbiss	✓
Ver-/Entsorgung Womo	✓
in den Ort	1km
Gesamt/Touristen	900/60
Mietunterkünfte	✓
Stellplätze vor Schranke	✗

4.6 SEHR GUT
77 Bewertungen

Lage	4.4
Ruhe	3.8
Sanitäranlagen	4.6
Sauberkeit Ø	4.0
Freundlichkeit	4.7
Stellplatz	4.3
Verpflegung	4.4
Freizeit	4.6
Preis-Leistung	4.3
Mietunterkünfte	4.6

Geeignet für

Kinder b. 6 J.	4.4
Kinder b. 12 J.	4.6
Kinder b. 18 J.	4.1
Paare	4.3
Senioren	4.4
Gäste mit Zelt	4.0
Gäste mit Hund	4.7

Empfohlene Aktivitäten

- Wandern
- Mountainbiking
- Schwimmen

keine WOMOs ab 9 m

Karte auf Seite 562

	19	20	21
	Neckarcamping	**Campingplatz Pfählhof GmbH**	**Camping Lauberg**
	Rappenberghalde 61 72070 Tübingen +49 7071 43145	Pfählhof 1 72574 Bad Urach +49 7125 8098	72587 Römerstein-böhringen
	48.51014 | 9.03568	48.50378 | 9.42448	48.48694 | 9.50639
Infos			
Öffnungszeiten	30.03. - 31.10.	ganzjährig	keine Angabe
Vergleichspreis	HS: 33,50 €	HS: 31,00 € | NS: 31,00 €	keine Angabe
Link	**Mehr Infos & Anfrage:** www.camping.info/18886	**Mehr Infos & Anfrage:** www.camping.info/18895	**Mehr Infos & Anfrage:** www.camping.info/18896
Ausstattung			
Freizeit	Baden im Fluss am Platz ✓ Pool/Hallenbad 1/2km Spielplatz am Platz ✓	Baden in nat. Gewässer k. A. Pool 3km Spielplatz am Platz ✓	Baden in nat. Gewässer k. A. Pool & Hallenbad ✗ Spielplatz keine Angabe
Campingplatz	Hunde willkommen ✓ zur Hälfte Schatten ✓ WLAN ✓	Hunde willkommen ✓ zur Hälfte Schatten ✓ WLAN (gratis) teilweise	Hunde ✗ Schatten ✗ WLAN keine Angabe
Versorgung	Lebensmittel 2km Brötchen am Platz nur HS Restaurant & Imbiss ✓ Ver-/Entsorgung Womo ✓ in den Ort 1km	Lebensmittel 2km Brötchen am Platz ✓ Restaurant am P. ✓ Ver-/Entsorgung Womo ✓ in den Ort 2km	Lebensmittel k.A. Brötchen keine Angabe Restaurant & Imbiss ✗ Ver-/Entsorgung Womo ✗ in den Ort keine Angabe
Anzahl der Plätze	Gesamt/Touristen 90/60 Mietunterkünfte ✓ Stellplätze vor Schranke ✗	Gesamt/Touristen 230/50 Mietunterkünfte ✓ Stellplätze vor Schranke ✗	Gesamt keine Angabe Mietunterkünfte ✗ Stellplätze vor Schranke ✗

	Neckarcamping	Campingplatz Pfählhof GmbH	Camping Lauberg
Gesamt	3.9 GUT (38 Bewertungen)	4.1 SEHR GUT (41 Bewertungen)	4.6 SEHR GUT (5 Bewertungen)
Lage	4.1	4.3	4.5
Ruhe	4.1	4.5	5.0
Sanitäranlagen	4.3	3.7	4.0
Sauberkeit Ø	4.5	4.3	4.7
Freundlichkeit	4.2	4.2	5.0
Stellplatz	3.6	4.0	3.8
Verpflegung	3.8	3.4	4.5
Freizeit	3.6	4.0	4.0
Preis-Leistung	3.4	4.0	4.8
Mietunterkünfte	3.3	4.0	-
Geeignet für			
Kinder b. 6 J.	3.8	3.8	3.7
Kinder b. 12 J.	3.8	4.0	4.3
Kinder b. 18 J.	3.9	3.5	4.3
Paare	4.5	4.5	5.0
Senioren	4.7	4.5	4.7
Gäste mit Zelt	4.4	4.2	4.7
Gäste mit Hund / Hunde n. erlaubt	Gäste mit Hund 4.1	Gäste mit Hund 4.6	Hunde n. erlaubt -
Empfohlene Aktivitäten	Sightseeing Radfahren Wandern	Wandern Entspannen Radfahren	Radfahren Wandern Entspannen

Neckarcamping: keine WOMOs ab 7 m; keine Partygäste und Schulklassen

24 Hofgut Hopfenburg GmbH

Hopfenburg 12
72525 Münsingen
+49 738 193 119 311
www.hofgut-hopfenburg.de
info@hofgut-hopfenburg.de

ganzjährig

HS: 37,60 € | NS: 31,30 €

Mehr Infos & Anfrage:
www.camping.info/24292

Baden im Fluss	8km
Pool/Hallenbad	2km/900m
Spielplatz am Platz	✓
Hunde willkommen	✓
wenig Schatten	✓
WLAN	✓
Lebensmittel	✓
Brötchen am Platz	✓
Restaurant/Imbiss	1km
Ver-/Entsorgung Womo	✓
in den Ort	500m
Touristenplätze	80
Mietunterkünfte	✓
Stellplätze vor Schranke	✗

1 km

48.40322 | 9.50764

Abendstimmung auf dem Campingplatz.

Lage & Stellplatz

Die 80 touristischen Stellplätze (teilweise parzelliert, der größte Teil mit Stromanschluss) bieten einen wunderschönen Blick auf Münsingen und das Biosphärengebiet Schwäbische Alb. Zelt-Fans campen auf einer naturnah gestalteten Fläche bei den bunten Schäfer- und Zirkuswagen.

Verpflegung

Der Hofladen versorgt Campinggäste mit leckeren regionalen Produkten. In ca. 500 m Entfernung bietet das Münsinger Einkaufzentrum eine breite Angebotspalette. Neben dem täglichen Brötchenservice wird auf Wunsch auch ein Frühstücksbuffet mit hochwertigen Produkten angeboten.

Sanitär

Der gepflegte Sanitärbereich bietet barrierefreie Zugänge zu einer großen Anzahl an Duschen und Waschbecken. Außerdem gibt es abschließbare Familienbäder mit Dusche, Waschbecken und WC. Ein Trockenraum, Waschmaschinen sowie kleine Kochgelegenheiten mit Spüle und Herd runden das sanitäre Angebot ab.

Freizeit

Am Gelände des Hofguts Hopfenburg locken Spielplätze, eine Spielscheune, Grillhütten und ein Beachvolleyballfeld. Die Umgebung lädt zu Fahrradtouren, Wanderungen und Ausflügen in die nahe Umgebung ein (z. B. das Schloss Lichtenstein, die Bärenhöhle oder das Lautertal mit romantischen Burgruinen).

Die Esel Beppo und Robin.

Zirkuswagen und Tipis.

4.3 SEHR GUT
84 Bewertungen

Lage	4.5
Ruhe	4.0
Sanitäranlagen	4.5
Sauberkeit Ø	4.7
Freundlichkeit	4.7
Stellplatz	4.2
Verpflegung	3.8
Freizeit	4.2
Preis-Leistung	4.2
Mietunterkünfte	4.6

Geeignet für

4.7	Kinder b. 6 J.
4.5	Kinder b. 12 J.
4.5	Gäste mit Zelt
4.5	Gäste mit Hund
4.3	Paare
4.1	Senioren
3.7	Kinder b. 18 J.

Empfohlene Aktivitäten

Wandern · Entspannen · Radfahren · Mountainbiking

Mehr Infos

Karte auf Seite 562

	22	23	25
	Heidehof Camping	**Camping Paul Walther**	**AZUR Camping Schwäbische Alb**
	❄	❄	❄
	Heidehofstraße 50 89150 Laichingen-Machtolsheim +49 7333 6408	Schadenweiler Straße 133 72108 Rottenburg +49 74 72 73 01	Hardtweg 82 72820 Sonnenbühl-Erpfingen +49 7128 466
	48.47714 | 9.74472	48.45447 | 8.94601	48.3625 | 9.18388
Infos			
Öffnungszeiten	ganzjährig	ganzjährig	ganzjährig
Vergleichspreis	HS: 29,50 € | NS: 27,50 €	HS: 17,80 € | NS: 17,80 €	HS: 38,00 € | NS: 25,00 €
Link	**Mehr Infos & Anfrage:** www.camping.info/19131	**Mehr Infos & Anfrage:** www.camping.info/18887	**Mehr Infos & Anfrage:** www.camping.info/18898
Ausstattung			
Freizeit	Baden in nat. Gewässer k. A. Pool/Hallenbad ✓/5km Spielplatz am Platz ✓	Baden im See 5km Pool/Hallenbad 3km Spielplatz am Platz ✓	Baden im Teich 6km Pool/Hallenbad ✓/15km Spielplatz am Platz ✓
Campingplatz	Hunde willkommen ✓ zur Hälfte Schatten ✓ WLAN ✓	Hunde erlaubt ✓ Schatten ✗ WLAN ✓	Hunde willkommen ✓ Schatten ✗ WLAN (gratis) teilweise
Versorgung	Lebensmittel ✓ Brötchen am Platz ✓ Restaurant & Imbiss ✓ Ver-/Entsorgung Womo ✓ in den Ort 3km	Lebensmittel 3km Brötchen keine Angabe Restaurant/Imbiss 3km Ver-/Entsorgung Womo ✓ in den Ort 3km	Lebensmittel 8km Brötchen am Platz nur HS Restaurant & Imbiss ✗ Ver-/Entsorgung Womo ✓ in den Ort 3km
Anzahl der Plätze	Gesamt/Touristen 1000/200 Mietunterkünfte ✓ Stellplätze vor Schranke ✗	Gesamt/Touristen 85/20 Mietunterkünfte ✓ Stellplätze vor Schranke ✗	Gesamt/Touristen 500/150 Mietunterkünfte ✓ Stellplätze vor Schranke ✗

	Heidehof Camping	Camping Paul Walther	AZUR Camping Schwäbische Alb
Gesamt	3.7 GUT, 54 Bewertungen	4.4 SEHR GUT, 14 Bewertungen	3.4 GUT, 48 Bewertungen
Lage	4.1	4.5	4.4
Ruhe	3.7	4.6	4.1
Sanitäranlagen	3.7	4.8	3.3
Sauberkeit Ø	3.8	4.8	3.9
Freundlichkeit	4.0	5.0	4.1
Stellplatz	3.5	4.2	3.5
Verpflegung	4.0	2.2	2.7
Freizeit	4.0	3.4	3.9
Preis-Leistung	3.7	4.8	3.5
Mietunterkünfte	4.6	3.5	2.5
Geeignet für			
Kinder b. 6 J.	4.2	4.3	4.1
Kinder b. 12 J.	4.2	3.4	4.0
Kinder b. 18 J.	3.5	3.2	3.4
Paare	4.4	4.6	3.9
Senioren	4.3	4.9	4.2
Gäste mit Zelt	4.7	4.2	4.2
Gäste mit Hund	4.5	4.5	4.2
Empfohlene Aktivitäten	Wandern Radfahren Schwimmen	Entspannen Wandern Radfahren	Wandern Radfahren Entspannen

26 Zollernalbcamping

Niederhechinger Straße 41
72379 Hechingen
+49 7471 9897980
48.35956 | 8.95893

01.01. - 15.12.
HS: 25,50 € | NS: 25,50 €
Mehr Infos & Anfrage:
www.camping.info/26143

Baden im See	8km
Pool/Hallenbad	100m
Spielplatz	100m
Hunde willkommen	✓
wenig Schatten	✓
WLAN	keine Angabe
Lebensmittel	400m
Brötchen am Platz	✓
Restaurant & Imbiss	✓
Ver-/Entsorgung Womo	✓
im Ort	✓
Gesamt/Touristen	70/60
Mietunterkünfte	✓
Stellplätze vor Schranke	✓

4.7 SEHR GUT
9 Bewertungen

Lage	4.6
Ruhe	4.4
Sanitäranlagen	4.8
Sauberkeit Ø	4.8
Freundlichkeit	5.0
Stellplatz	4.7
Verpflegung	4.0
Freizeit	4.6
Preis-Leistung	4.3
Mietunterkünfte	5.0

Geeignet für

Kinder b. 6 J.	3.8
Kinder b. 12 J.	3.6
Kinder b. 18 J.	4.2
Paare	4.6
Senioren	4.7
Gäste mit Zelt	4.4
Gäste mit Hund	5.0

Empfohlene Aktivitäten
- Wandern
- Schwimmen
- Radfahren

27 Sonnencamping Albstadt

❄

Beibruck 54
72458 Albstadt
+49 7431 9370348
48.21442 | 8.97833

ganzjährig
HS: 38,50 € | NS: 35,00 €
Mehr Infos & Anfrage:
www.camping.info/26212

Baden im See	26km
Pool/Hallenbad	100m
Spielplatz am Platz	✓
Hunde willkommen	✓
wenig Schatten	✓
WLAN (gegen Gebühr)	✓
Lebensmittel	✓
Brötchen am Platz	✓
Restaurant/Imbiss	100m/✓
Ver-/Entsorgung Womo	✓
in den Ort	4km
Gesamt/Touristen	73/64
Mietunterkünfte	✓
Stellplätze vor Schranke	✓

3.6 GUT
20 Bewertungen

Lage	4.1
Ruhe	3.7
Sanitäranlagen	4.3
Sauberkeit Ø	4.2
Freundlichkeit	4.8
Stellplatz	3.9
Verpflegung	3.0
Freizeit	3.7
Preis-Leistung	3.8
Mietunterkünfte	4.7

Geeignet für

Kinder b. 6 J.	3.9
Kinder b. 12 J.	3.5
Kinder b. 18 J.	3.1
Paare	4.1
Senioren	3.8
Gäste mit Zelt	3.5
Gäste mit Hund	4.5

Empfohlene Aktivitäten
- Wandern
- Schwimmen
- Radfahren

28 Camping beim Stausee Schömberg

❄

Beim Stausee 2
72355 Schömberg
+49 7427 91111
48.2118 | 8.76892

ganzjährig
HS: 22,00 € | NS: 22,00 €
Mehr Infos & Anfrage:
www.camping.info/18893

Baden im See am Platz	✓
Hallenbad	1km
Spielplatz	300m
Hunde willkommen	✓
wenig Schatten	✓
WLAN (gegen Gebühr)	✓
Lebensmittel	1km
Brötchen am Platz	nur HS
Restaurant/Imbiss	✓/500m
Ver-/Entsorgung Womo	✓
in den Ort	700m
Gesamt/Touristen	100/40
Mietunterkünfte	✗
Stellplätze vor Schranke	✗

3.5 GUT
23 Bewertungen

Lage	4.1
Ruhe	3.8
Sanitäranlagen	3.5
Sauberkeit Ø	3.9
Freundlichkeit	3.8
Stellplatz	3.3
Verpflegung	3.2
Freizeit	3.6
Preis-Leistung	3.9
Mietunterkünfte	-

Geeignet für

Kinder b. 6 J.	3.9
Kinder b. 12 J.	3.9
Kinder b. 18 J.	3.4
Paare	3.8
Senioren	3.9
Gäste mit Zelt	3.9
Gäste mit Hund	4.0

Empfohlene Aktivitäten
- Schwimmen
- Wandern
- Radfahren

30 Campingplatz Sigmaringen

Georg-Zimmerer-Straße 6
72488 Sigmaringen
+49 757 150 411
48.08492 | 9.20869

01.04. - 31.10.
HS: 24,00 € | NS: 24,00 €
Mehr Infos & Anfrage:
www.camping.info/18894

Baden im Fluss am Platz	✓
Pool	200m
Spielplatz	100m
Hunde willkommen	✓
zur Hälfte Schatten	✓
WLAN (gegen Gebühr)	✓
Lebensmittel	✓
Brötchen am Platz	✓
Restaurant/Imbiss	✓/200m
Ver-/Entsorgung Womo	✓
in den Ort	200m
Gesamt/Touristen	52/48
Mietunterkünfte	✓
Stellplätze vor Schranke	✓

3.7 GUT
43 Bewertungen

Lage	4.1
Ruhe	3.3
Sanitäranlagen	3.5
Sauberkeit Ø	4.0
Freundlichkeit	4.2
Stellplatz	3.6
Verpflegung	3.6
Freizeit	4.5
Preis-Leistung	3.7
Mietunterkünfte	4.0

Geeignet für

Kinder b. 6 J.	3.7
Kinder b. 12 J.	3.9
Kinder b. 18 J.	3.9
Paare	4.4
Senioren	4.2
Gäste mit Zelt	3.8
Gäste mit Hund	4.2

Empfohlene Aktivitäten
- Radfahren
- Kayak/Kanu
- Wandern

Karte auf Seite 562

	31	32	33
	Camping Wagenburg	**Campinggarten Leibertingen**	**Park-Camping Iller / Allgäu**
	Kirchstraße 24 88631 Beuron-Hausen +49 7579 559	Beim Freibad 1/ Vogelsang 88637 Leibertingen – Thalheim +49 7575 209171	Illerstraße 57 88319 Aitrach +49 7565 5419
	48.08479 | 9.04091	48.00753 | 9.0275	47.94909 | 10.08552
Infos			
Öffnungszeiten	01.05. - 17.09.	27.03. - 07.11.	01.04. - 15.10.
Vergleichspreis	HS: 24,50 € | NS: 22,00 €	HS: 28,00 € | NS: 24,50 €	HS: 28,00 € | NS: 25,00 €
Link	**Mehr Infos & Anfrage:** www.camping.info/19123	**Mehr Infos & Anfrage:** www.camping.info/26078	**Mehr Infos & Anfrage:** www.camping.info/19121
Ausstattung			
Freizeit	Baden im Fluss am Platz ✓ Pool & Hallenbad ✗ Spielplatz 300m	Baden in nat. Gewässer k. A. Pool am Platz ✓ Spielplatz keine Angabe	Baden im See 1km Pool/Hallenbad ✓/9km Spielplatz am Platz ✓
Campingplatz	Hunde willkommen ✓ zur Hälfte Schatten ✓ WLAN (gratis) teilweise	Hunde willkommen ✓ wenig Schatten ✓ WLAN ✓	Hunde willkommen ✓ zur Hälfte Schatten ✓ WLAN (begrenzt gratis) ✓
Versorgung	Lebensmittel 200m Brötchen am Platz ✗ Restaurant/Imbiss 100/400m Ver-/Entsorgung Womo ✓ in den Ort 100m	Lebensmittel 6km Brötchen am Platz ✓ Restaurant 3km Ver-/Entsorgung Womo ✓ in den Ort 6km	Lebensmittel ✓ Brötchen am Platz ✓ Restaurant & Imbiss ✓ Ver-/Entsorgung Womo ✓ in den Ort 500m
Anzahl der Plätze	Touristenplätze 100 Mietunterkünfte ✓ Stellplätze vor Schranke ✗	Touristenplätze 44 Mietunterkünfte ✗ Stellplätze vor Schranke ✗	Gesamt/Touristen 180/80 Mietunterkünfte ✓ Stellplätze vor Schranke ✗

	31	32	33
Gesamt	4.3 SEHR GUT 37 Bewertungen	4.8 SEHR GUT 38 Bewertungen	4.4 SEHR GUT 61 Bewertungen
Lage	4.6	4.5	4.3
Ruhe	4.2	4.7	4.1
Sanitäranlagen	3.6	4.8	4.2
Sauberkeit Ø	4.3	4.8	4.5
Freundlichkeit	4.9	5.0	4.8
Stellplatz	4.0	4.5	4.1
Verpflegung	3.5	4.1	3.7
Freizeit	4.5	4.4	4.1
Preis-Leistung	4.6	4.8	4.5
Mietunterkünfte	4.7	-	4.6
Geeignet für			
Kinder b. 6 J.	4.3	4.7	4.7
Kinder b. 12 J.	4.8	4.6	4.8
Kinder b. 18 J.	4.2	3.8	3.8
Paare	4.7	4.8	4.1
Senioren	4.5	4.5	4.1
Gäste mit Zelt	4.9	4.5	4.6
Gäste mit Hund	4.7	4.9	4.6
Empfohlene Aktivitäten	Wandern Kayak/Kanu Radfahren	Schwimmen Wandern Entspannen	Radfahren Schwimmen Wandern

keine Jugendgruppen

29 Camping Christophorus

Werte 6
88486 Kirchberg an der Iller
+49 735 4663
www.camping-christophorus.de
info@camping-christophorus.de

ganzjährig

HS: 39,00 € | NS: 39,00 €

Mehr Infos & Anfrage:
www.camping.info/19122

Baden im See am Platz	✓
Hallenbad	✓
Spielplatz am Platz	✓
Hunde	✗
wenig Schatten	✓
WLAN (gegen Gebühr)	✓
Lebensmittel	✓
Brötchen am Platz	nur HS
Restaurant & Imbiss	✓
Ver-/Entsorgung Womo	✓
in den Ort	1km
Gesamt/Touristen	600/200
Mietunterkünfte	✓
Stellplätze vor Schranke	✗

48.13914 | 10.10325

Camping Christophorus direkt an drei herrlichen Seen.

Lage & Stellplatz

Der Campingplatz Christophorus liegt umgeben von drei herrlichen Seen im Illertal am Rande von Oberschwaben, zwischen Schwäbischer Alb und dem Allgäu. In zentraler Lage erleben die Gäste hier Erholung zwischen Badespaß und Freizeitvergnügen. Die Stellplätze sind ca. 100 m² groß und ruhig gelegen.

Verpflegung

Restaurant Christophorus – Gastronomie zum Verwöhnen und Erholen. Die Speisekarte zeichnet sich durch ein mediterranes Angebot mit frischen, griechischen Zutaten aus. Der Kiosk mit Minigolf ist während der Sommersaison geöffnet.

Sanitär

Zwei helle und modern gestaltete Sanitärhäuser stehen mit Waschbecken und Einzelwaschkabinen, modernen Duschen und Toiletten, großzügigem Geschirrspülbereich, Waschmaschinen und Wäschetrocknern, barrierefreiem Waschraum und Toilette sowie Babywasch-/Wickelraum bereit.

Freizeit

Ideal ist der angrenzende Badesee zum Schwimmen und Stand-up-Paddling. Zudem gibt es einen Wellnessbereich mit Hallenbad und Sauna, Freizeitparks in unmittelbarer Nähe (Legoland und Skylinepark), schöne Wanderwege und ebene Radwege mit Ausflugszielen nach Memmingen, Babenhausen, Illertissen und Ulm.

Badespaß am See.

Wellnessbereich mit Pool.

4.6 SEHR GUT
166 Bewertungen

Lage	4.4
Ruhe	4.0
Sanitäranlagen	4.6
Sauberkeit Ø	4.7
Freundlichkeit	4.8
Stellplatz	4.5
Verpflegung	3.7
Freizeit	4.2
Preis-Leistung	4.5
Mietunterkünfte	4.8

Geeignet für

- 4.6 Paare
- 4.6 Senioren
- 4.6 Gäste mit Hund
- 4.4 Kinder b. 6 J.
- 4.6 Gäste mit Zelt
- 4.5 Kinder b. 12 J.
- - Gäste mit Hund nicht erlaubt

Empfohlene Aktivitäten

Schwimmen · Radfahren · Entspannen · Wandern

Mehr Infos

Hunde sind insbesondere in der Ferienzeit nicht erlaubt.

AWARD 2022

BADEN-WÜRTTEMBERG

3 Schwarzwald Mitte / Nord

FREIZEITTIPPS

- **A** Europa-Park, Rust
- **B** Allerheiligen-Wasserfälle, Oppenau
- **C** Vogtsbauernhöfe, Gutach
- **D** Wolf- & Bärenpark Schwarzwald
- **E** Baumwipfelpfad Schwarzwald, Bad Wildbad

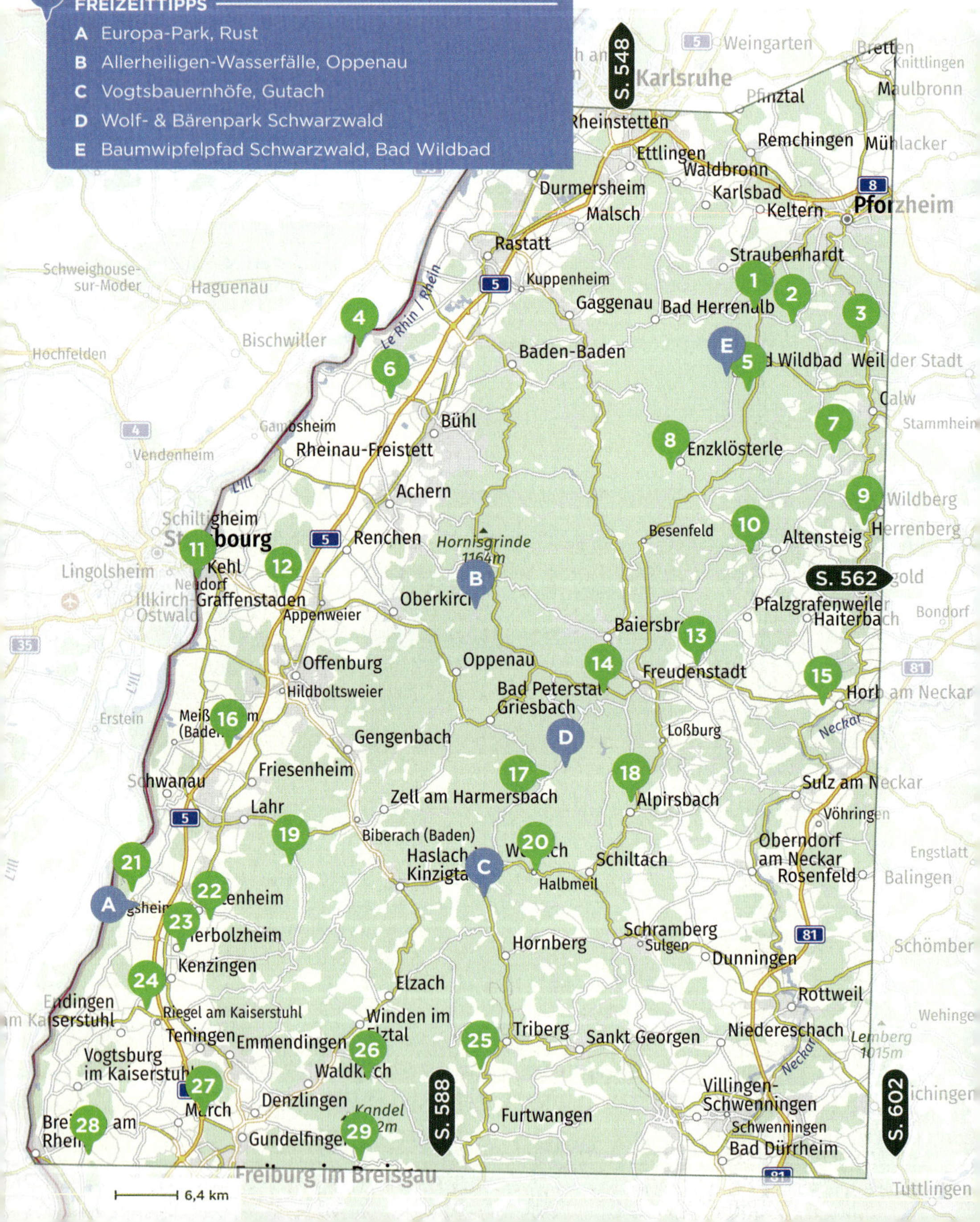

	Platz	Seite	Bewertung	Öffnungszeiten	
1	Campingplatz Quellgrund	578	4.4	ganzjährig	*
2	Höhen-Camping Langenbrand	578	3.9	ganzjährig	*
3	Campingpark Bad Liebenzell	578	3.7	ganzjährig	*
4	Freizeitcenter Oberrhein	579	3.9	ganzjährig	*
5	Family - Resort Kleinenzhof	579	4.2	ganzjährig	*
6	Camping Adam	579	3.5	ganzjährig	
7	Camping-Erbenwald im Schwarzwald	579	4.4	ganzjährig	*
8	Schwarzwald Campingplatz Müllerwiese	580	4.5	saisonal	
9	Zelt & Campingplatz Carpe Diem	580	3.5	saisonal	
10	Schwarzwald Camping Altensteig	580	3.8	ganzjährig	*
11	DCC Campingpark Kehl-Strassburg	582	4.1	saisonal	
12	Europacamping Sand	582	3.8	saisonal	
13	Höhencamping Königskanzel	582	4.6	saisonal	
14	Natur-Camping Langenwald	581	4.8	saisonal	
15	Camping Schüttehof	584	4.0	ganzjährig	*
16	Campingplatz Baggersee Schuttern	584	3.8	saisonal	
17	Schwarzwaldcamping Alisehof	583	4.6	saisonal	*
18	Camping Alpirsbach	584	4.3	saisonal	
19	Schwarzwälder Hof	585	4.3	ganzjährig	*
20	Schwarzwald Trendcamping Familie Blum	585	4.7	saisonal	
21	Camping Europa-Park	585	3.7	saisonal	*
22	Campingpark Oase	585	4.3	saisonal	
23	Terrassen-Camping-Herbolzheim	586	4.4	saisonal	
24	Campingplatz Müller-See	586	4.1	saisonal	
25	Lynx Camp	586	4.7	ganzjährig	*
26	Camping Schwarzwaldhorn	587	4.6	saisonal	
27	Camping Tunisee	587	3.4	saisonal	
28	Kaiserstuhl-Camping GmbH&CoKG	587	4.0	saisonal	
29	Camping Steingrubenhof	587	4.4	saisonal	*

* Wintercamping FKK Textilfrei (ganz/teilweise) Ecocamping Award Onlinebuchung

Karte auf Seite 576

	1	2	3
	Campingplatz Quellgrund	**Höhen-Camping Langenbrand**	**Campingpark Bad Liebenzell**
	✻	✻	✻
	Sägmühleweg 10-1 75339 Höfen +49 70 81 69 84 48.80791 | 8.58383	Schömbergerstr. 32 75328 Schömberg +49 7084 6131 48.7984 | 8.63537	Pforzheimer Straße 34 75378 Bad Liebenzell +49 7052 934060 48.77918 | 8.73095
Infos			
Öffnungszeiten	ganzjährig	ganzjährig	ganzjährig
Vergleichspreis	HS: 32,60 € | NS: 25,00 €	HS: 25,20 € | NS: 25,20 €	HS: 32,90 € | NS: 24,90 €
Link	**Mehr Infos & Anfrage:** www.camping.info/18926	**Mehr Infos & Anfrage:** www.camping.info/18923	**Mehr Infos & Anfrage:** www.camping.info/18929
Ausstattung			
Freizeit	Baden im Fluss am Platz ✓ Pool/Hallenbad 500m/5km Spielplatz am Platz ✓	Baden im See 30km Pool/Hallenbad 4/10km Spielplatz am Platz ✓	Baden in nat. Gewässer k. A. Pool/Hallenbad ✓/800m Spielplatz am Platz ✓
Campingplatz	Hunde willkommen ✓ zur Hälfte Schatten ✓ WLAN ✓	Hunde willkommen ✓ zur Hälfte Schatten ✓ WLAN (gegen Gebühr) ✓	Hunde willkommen ✓ wenig Schatten ✓ WLAN (gegen Gebühr) ✓
Versorgung	Lebensmittel 500m Brötchen am Platz ✓ Restaurant & Imbiss ✓ Ver-/Entsorgung Womo ✓ im Ort ✓	Lebensmittel k.A. Brötchen am Platz ✓ Restaurant/Imbiss 500/200m Ver-/Entsorgung Womo ✓ in den Ort 200m	Lebensmittel 100m Brötchen am Platz ✗ Restaurant & Imbiss ✓ Ver-/Entsorgung Womo ✓ in den Ort 500m
Anzahl der Plätze	Gesamt/Touristen 150/70 Mietunterkünfte ✗ Stellplätze vor Schranke ✗	Gesamt/Touristen 80/40 Mietunterkünfte ✗ Stellplätze vor Schranke ✗	Gesamt/Touristen 210/130 Mietunterkünfte ✓ Stellplätze vor Schranke ✓

	1	2	3
Gesamt	4.4 SEHR GUT – 53 Bewertungen	3.9 GUT – 14 Bewertungen	3.7 GUT – 38 Bewertungen
Lage	4.5	4.3	3.9
Ruhe	4.5	4.5	3.4
Sanitäranlagen	4.7	4.2	3.4
Sauberkeit Ø	4.7	4.5	3.7
Freundlichkeit	4.6	4.6	3.6
Stellplatz	4.4	4.1	3.7
Verpflegung	4.2	2.9	3.0
Freizeit	4.4	4.2	3.8
Preis-Leistung	4.3	4.2	3.7
Mietunterkünfte	-	-	3.1
Geeignet für			
Kinder b. 6 J.	4.5	3.5	4.0
Kinder b. 12 J.	4.4	3.3	4.0
Kinder b. 18 J.	3.8	3.0	3.5
Paare	4.7	4.4	4.1
Senioren	4.7	4.6	4.1
Gäste mit Zelt	4.5	4.3	3.7
Gäste mit Hund	4.7	4.3	3.9
Empfohlene Aktivitäten	Wandern Radfahren Wellness	Wandern Entspannen Radfahren	Wandern Schwimmen Radfahren

keine WOMOs ab 8 m

4 Freizeitcenter Oberrhein

❄

Am Campingpark 1
77836 Rheinmünster
+49 7227 2500

48.77388 | 8.03944

ganzjährig

HS: 29,50 € | NS: 21,50 €

Mehr Infos & Anfrage:
www.camping.info/18951

Baden im See am Platz	✓
Pool/Hallenbad	4/12km
Spielplatz am Platz	✓
Hunde erlaubt	✓
zur Hälfte Schatten	✓
WLAN (gegen Gebühr)	✓
Lebensmittel	✓
Brötchen am Platz	✓
Restaurant & Imbiss	✓
Ver-/Entsorgung Womo	✓
in den Ort	900m
Gesamt/Touristen	745/285
Mietunterkünfte	✓
Stellplätze vor Schranke	✓

3.9 GUT
242 Bewertungen

Lage	4.3
Ruhe	3.2
Sanitäranlagen	4.4
Sauberkeit Ø	4.3
Freundlichkeit	4.0
Stellplatz	3.9
Verpflegung	3.7
Freizeit	4.0
Preis-Leistung	3.7
Mietunterkünfte	3.8

Geeignet für

Kinder b. 6 J.	4.1
Kinder b. 12 J.	4.2
Kinder b. 18 J.	3.7
Paare	4.0
Senioren	3.8
Gäste mit Zelt	4.2
Gäste mit Hund	4.3

Empfohlene Aktivitäten

- Schwimmen
- Radfahren
- Angeln

keine WOMOs ab 12 m; keine Personen unter 21 Jahren die allein reisen

5 Family - Resort Kleinenzhof

❄

Kleinenzhof 1
75323 Bad Wildbad
+49 7081 3435

48.73833 | 8.57527

ganzjährig

HS: 38,00 € | NS: 35,00 €

Mehr Infos & Anfrage:
www.camping.info/18921

Baden im Fluss am Platz	✓
Pool & Hallenbad	✓
Spielplatz am Platz	✓
Hunde willkommen	✓
wenig Schatten	✓
WLAN (gegen Gebühr)	✓
Lebensmittel	✓
Brötchen am Platz	✓
Restaurant am P.	✓
Ver-/Entsorgung Womo	✓
in den Ort	3km
Gesamt/Touristen	300/150
Mietunterkünfte	✓
Stellplätze vor Schranke	✗

4.2 SEHR GUT
126 Bewertungen

Lage	4.1
Ruhe	4.0
Sanitäranlagen	4.4
Sauberkeit Ø	4.2
Freundlichkeit	3.8
Stellplatz	4.0
Verpflegung	4.1
Freizeit	4.4
Preis-Leistung	3.9
Mietunterkünfte	3.9

Geeignet für

Kinder b. 6 J.	4.5
Kinder b. 12 J.	4.5
Kinder b. 18 J.	3.8
Paare	4.3
Senioren	4.3
Gäste mit Zelt	4.3
Gäste mit Hund	4.4

Empfohlene Aktivitäten

- Wandern
- Schwimmen
- Entspannen

6 Camping Adam

Campingstraße 1
77815 Bühl-Oberbruch
+49 722 323 1 94

48.72854 | 8.08118

ganzjährig

HS: 28,50 € | NS: 18,00 €

Mehr Infos & Anfrage:
www.camping.info/18950

Baden im See am Platz	✓
Hallenbad	6km
Spielplatz am Platz	✓
Hunde willkommen	✓
zur Hälfte Schatten	✓
WLAN (gegen Gebühr)	✓
Lebensmittel	✓
Brötchen am Platz	✓
Restaurant & Imbiss	✓
Ver-/Entsorgung Womo	✓
in den Ort	500m
Gesamt/Touristen	450/150
Mietunterkünfte	✓
Stellplätze vor Schranke	✗

3.5 GUT
58 Bewertungen

Lage	3.9
Ruhe	3.4
Sanitäranlagen	3.3
Sauberkeit Ø	3.5
Freundlichkeit	3.3
Stellplatz	3.6
Verpflegung	3.3
Freizeit	3.5
Preis-Leistung	3.2
Mietunterkünfte	2.8

Geeignet für

Kinder b. 6 J.	3.6
Kinder b. 12 J.	3.7
Kinder b. 18 J.	3.6
Paare	3.9
Senioren	4.0
Gäste mit Zelt	3.6
Gäste mit Hund	3.7

Empfohlene Aktivitäten

- Schwimmen
- Radfahren
- Angeln

7 Camping-Erbenwald im Schwarzwald

❄

Camping-Erbenwald 1
75387 Neubulach-Liebelsberg
+49 7053 7382

48.67786 | 8.68986

ganzjährig

HS: 40,00 € | NS: 35,00 €

Mehr Infos & Anfrage:
www.camping.info/18930

Baden im See	22km
Pool/Hallenbad	✓/10km
Spielplatz am Platz	✓
Hunde willkommen	✓
viel Schatten	✓
WLAN (begrenzt gratis)	✓
Lebensmittel	✓
Brötchen am Platz	✓
Restaurant & Imbiss	✓
Ver-/Entsorgung Womo	✓
in den Ort	400m
Gesamt/Touristen	365/65
Mietunterkünfte	✓
Stellplätze vor Schranke	✓

4.4 SEHR GUT
45 Bewertungen

Lage	4.5
Ruhe	4.6
Sanitäranlagen	4.2
Sauberkeit Ø	4.5
Freundlichkeit	4.7
Stellplatz	4.3
Verpflegung	3.8
Freizeit	4.2
Preis-Leistung	4.2
Mietunterkünfte	4.7

Geeignet für

Kinder b. 6 J.	4.7
Kinder b. 12 J.	4.7
Kinder b. 18 J.	4.2
Paare	4.7
Senioren	4.5
Gäste mit Zelt	4.6
Gäste mit Hund	4.8

Empfohlene Aktivitäten

- Wandern
- Schwimmen
- Radfahren

Karte auf Seite 576

	8	9	10
	Schwarzwald Campingplatz Müllerwiese	**Zelt & Campingplatz Carpe Diem**	**Schwarzwald Camping Altensteig**
			*
	Hirschtalstrasse 3 75337 Enzklösterle +49 7085 7485	Martinshölzle 6-8 72218 Wildberg +49 7054 931851	Im Oberen Tal 3-5 72213 Altensteig +49 7453 8415
	48.66489 | 8.46659	48.61249 | 8.73499	48.58476 | 8.57878
Infos			
Öffnungszeiten	14.04. - 09.10.	01.04. - 06.11.	ganzjährig
Vergleichspreis	HS: 31,00 € | NS: 31,00 €	HS: 31,00 € | NS: 21,00 €	HS: 25,00 € | NS: 25,00 €
Link	**Mehr Infos & Anfrage:** www.camping.info/24716	**Mehr Infos & Anfrage:** www.camping.info/19277	**Mehr Infos & Anfrage:** www.camping.info/18889
Ausstattung			
Freizeit	Baden in nat. Gewässer k. A. Pool/Hallenbad 12km Spielplatz am Platz ✓	Baden im See 25km Pool/Hallenbad ✓/12km Spielplatz am Platz ✓	Baden in nat. Gewässer k. A. Pool/Hallenbad 1/4km Spielplatz am Platz ✓
Campingplatz	Hunde erlaubt ✓ zur Hälfte Schatten ✓ WLAN keine Angabe	Hunde willkommen ✓ wenig Schatten ✓ WLAN ✓	Hunde willkommen ✓ zur Hälfte Schatten ✓ WLAN (gegen Gebühr) ✓
Versorgung	Lebensmittel 300m Brötchen am Platz ✗ Restaurant 50m Ver-/Entsorgung Womo ✓ in den Ort 100m	Lebensmittel 2km Brötchen am Platz nur HS Restaurant & Imbiss ✓ Ver-/Entsorgung Womo ✓ in den Ort 2km	Lebensmittel ✓ Brötchen am Platz ✓ Restaurant & Imbiss ✓ Ver-/Entsorgung Womo ✓ in den Ort 1km
Anzahl der Plätze	Gesamt/Touristen 75/45 Mietunterkünfte ✓ Stellplätze vor Schranke ✗	Touristenplätze 100 Mietunterkünfte ✓ Stellplätze vor Schranke ✗	Gesamt/Touristen 300/150 Mietunterkünfte ✓ Stellplätze vor Schranke ✗

	8	9	10
Gesamt	4.5 SEHR GUT, 20 Bewertungen	3.5 GUT, 20 Bewertungen	3.8 GUT, 28 Bewertungen
Lage	4.5	3.9	4.6
Ruhe	4.5	3.2	4.1
Sanitäranlagen	3.9	3.0	3.7
Sauberkeit Ø	4.8	4.5	3.8
Freundlichkeit	4.6	4.3	4.0
Stellplatz	4.2	3.9	3.8
Verpflegung	3.0	3.4	3.3
Freizeit	4.1	4.1	3.7
Preis-Leistung	4.0	3.8	4.0
Mietunterkünfte	4.5	3.0	3.8
Geeignet für			
Kinder b. 6 J.	3.9	4.0	3.9
Kinder b. 12 J.	3.9	4.1	4.0
Kinder b. 18 J.	3.1	3.0	3.4
Paare	4.4	4.3	4.5
Senioren	4.5	4.4	4.4
Gäste mit Zelt	4.5	4.3	4.4
Gäste mit Hund	3.8	4.4	4.7
Empfohlene Aktivitäten	Wandern Entspannen Radfahren	Radfahren Wandern Entspannen	Angeln Wandern Entspannen

Zelt & Campingplatz Carpe Diem: keine WOMOs ab 8 m; keine Partygruppen

14 Natur-Camping Langenwald

Strassburger Straße 167
72250 Freudenstadt
+49 7441 2862
www.camping-langenwald.de
info@camping-langenwald.de

05.04. - 05.11.

HS: 39,50 € | NS: 39,50 €

Mehr Infos & Anfrage:
www.camping.info/18890

Baden in nat. Gewässer	k. A.
Pool/Hallenbad	✓/5km
Spielplatz am Platz	✓
Hunde willkommen	✓
zur Hälfte Schatten	✓
WLAN	✓
Lebensmittel	✓
Brötchen am Platz	✓
Restaurant & Imbiss	✓
Ver-/Entsorgung Womo	✓
in den Ort	3km
Gesamt/Touristen	100/90
Mietunterkünfte	✓
Stellplätze vor Schranke	✗

48.45867 | 8.37299

Naturnahe Platzgestaltung der Stellplätze umgeben von Wald.

Lage & Stellplatz

Der Campingplatz befindet sich zwischen Freudenstadt und dem wunderschönen Nationalpark Schwarzwald. Neben den großzügig angelegten Stellplätzen können Campinggäste hier eines der Blockhäuser mieten. Die Plätze liegen zum Teil idyllisch direkt am Bach und verfügen alle über einen Stromanschluss.

Verpflegung

Im kleinen, platzeigenen Restaurant gibt es von 18:00 bis 20:00 Uhr Abendessen. Des Weiteren erhält man im Kiosk Brötchen und die wichtigsten Lebensmittel. Das nächstgelegene Restaurant liegt 1,5 km entfernt. Einkaufsmöglichkeiten und weitere Restaurants befinden sich in Freudenstadt (3,5 km).

Sanitär

Die sehr gepflegten Sanitäranlagen sind geräumig und modern ausgestattet. Die Waschkabinen bieten Platz und Komfort für die gesamte Familie – Gäste können sich hier wie zu Hause fühlen. Zudem gibt es einen barrierefreien Waschraum sowie einen Kinderwaschraum für die kleinen Gäste.

Freizeit

Freudenstadt und der Nationalpark sind durch das angrenzende Wanderwegenetz und per Bus gut erreichbar. Mit der KONUS-Gästekarte nutzen Campinggäste Bus und Bahn kostenfrei. Der Wald, das Schwimmbad und weitere Attraktionen bieten viele Möglichkeiten, sich auf dem Campingplatzgelände zu vergnügen.

Entspannen am Pool.

Urige Blockhäuser.

4.8 SEHR GUT
74 Bewertungen

Lage	4.6
Ruhe	4.3
Sanitäranlagen	4.8
Sauberkeit Ø	4.9
Freundlichkeit	5.0
Stellplatz	4.6
Verpflegung	4.1
Freizeit	4.5
Preis-Leistung	4.7
Mietunterkünfte	4.6

Geeignet für

4.9 Paare

- 4.9 Gäste mit Hund
- 4.8 Gäste mit Zelt
- 4.5 Kinder b. 6 J.
- 4.8 Senioren
- 4.6 Kinder b. 12 J.
- 4.1 Kinder b. 18 J.

Empfohlene Aktivitäten

Wandern · Entspannen · Mountainbiking · Radfahren

Mehr Infos

Familien- & hundefreundlich, jedoch nicht für Gruppen geeignet.

Karte auf Seite 576

	11	12	13
	DCC Campingpark Kehl-Strassburg	**Europacamping Sand**	**Höhencamping Königskanzel**
	Rheindammstraße 1 77694 Kehl am Rhein +49 7851 2603 48.56167 | 7.80861	Waldstraße 32 77731 Willstädt-Sand +49 7852 2311 48.54341 | 7.9356	Freizeitweg 1 72280 Dornstetten-Hallwangen +49 7443 6730 48.48027 | 8.50055
Infos			
Öffnungszeiten	15.03. - 31.10.	15.03. - 01.11.	01.03. - 31.10.
Vergleichspreis	HS: 25,00 € | NS: 25,00 €	HS: 22,00 € | NS: 20,00 €	HS: 31,30 € | NS: 28,30 €
Link	**Mehr Infos & Anfrage:** www.camping.info/18943	**Mehr Infos & Anfrage:** www.camping.info/18946	**Mehr Infos & Anfrage:** www.camping.info/18892
Ausstattung			
Freizeit	Baden im Fluss 300m Pool/Hallenbad 300m/1km Spielplatz am Platz ✓	Baden im See 5km Pool/Hallenbad 7/8km Spielplatz ✗	Baden in nat. Gewässer k. A. Pool/Hallenbad ✓/7km Spielplatz am Platz ✓
Campingplatz	Hunde willkommen ✓ zur Hälfte Schatten ✓ WLAN (gegen Gebühr) ✓	Hunde willkommen ✓ zur Hälfte Schatten ✓ WLAN ✓	Hunde willkommen ✓ zur Hälfte Schatten ✓ WLAN (gegen Gebühr) ✓
Versorgung	Lebensmittel 1km Brötchen am Platz ✓ Restaurant & Imbiss ✓ Ver-/Entsorgung Womo ✓ in den Ort 1km	Lebensmittel 3km Brötchen am Platz ✓ Restaurant/Imbiss ✓/2km Ver-/Entsorgung Womo ✗ in den Ort 200m	Lebensmittel ✓ Brötchen am Platz ✓ Restaurant/Imbiss 2km/✓ Ver-/Entsorgung Womo ✓ in den Ort 1km
Anzahl der Plätze	Gesamt/Touristen 135/130 Mietunterkünfte ✗ Stellplätze vor Schranke ✗	Gesamt/Touristen 65/40 Mietunterkünfte ✓ Stellplätze vor Schranke ✗	Gesamt/Touristen 150/60 Mietunterkünfte ✓ Stellplätze vor Schranke ✗

	11	12	13
Gesamt	**4.1** SEHR GUT 144 Bewertungen	**3.8** GUT 20 Bewertungen	**4.6** SEHR GUT 33 Bewertungen
Lage	4.5	3.8	4.7
Ruhe	4.1	3.6	4.6
Sanitäranlagen	3.9	3.5	4.6
Sauberkeit Ø	4.5	4.5	4.7
Freundlichkeit	4.6	5.0	4.7
Stellplatz	4.2	4.0	4.5
Verpflegung	4.2	3.5	3.5
Freizeit	4.3	3.5	4.2
Preis-Leistung	4.4	4.1	4.2
Mietunterkünfte	-	3.0	4.1
Geeignet für			
Kinder b. 6 J.	3.8	3.0	4.5
Kinder b. 12 J.	3.9	3.1	4.5
Kinder b. 18 J.	3.8	3.1	3.6
Paare	4.6	4.3	4.5
Senioren	4.6	4.3	4.5
Gäste mit Zelt	4.3	4.3	4.6
Gäste mit Hund	4.4	4.2	4.7
Empfohlene Aktivitäten	Radfahren Entspannen Sightseeing	Radfahren Wandern Sightseeing	Wandern Entspannen Radfahren

17 Schwarzwaldcamping Alisehof

Rippoldsauer Str. 2
77776 Bad Rippoldsau-Schapbach
+49 7839 203
www.alisehof.de
camping@alisehof.de

01.04. - 05.11.
15.12. - 31.12.
HS: 35,20 € | NS: 35,20 €
Mehr Infos & Anfrage:
www.camping.info/18945

Baden im Fluss am Platz	✓
Pool/Hallenbad	1/15km
Spielplatz am Platz	✓
Hunde willkommen	✓
wenig Schatten	✓
WLAN (begrenzt gratis)	✓
Lebensmittel	✓
Brötchen am Platz	✓
Restaurant/Imbiss	800m/✓
Ver-/Entsorgung Womo	✓
in den Ort	1km
Gesamt/Touristen	150/100
Mietunterkünfte	✓
Stellplätze vor Schranke	✗

48.38325 | 8.2997

Zufahrt zum Campingplatz.

Lage & Stellplatz

Der Campingplatz Alisehof liegt im romantischen Wolftal, einem der schönsten Täler im südlichen Nordschwarzwald. Egal ob die Gäste mit Wohnwagen, Wohnmobil oder Zelt anreisen – hier gibt es für jeden den richtigen Stellplatz.

Sanitär

Auf den sauberen Sanitäreinrichtungen ist das Duschen mit Warmwasser natürlich frei. Zusätzlich gibt es ein behindertengerechtes Bad, ein Kinderbad sowie komfortable Privatbäder zum Mieten.

Verpflegung

Auf dem Platz gibt es einen Kiosk mit Getränken, Pizza und Flammkuchen für den kleinen Hunger. Wer lieber selbst kocht, findet einen Shop mit Lebensmitteln, Getränken, Postkarten, Souvenirs, kleinem Campingbedarf und natürlich einem Brötchenservice vor.

Freizeit

Die Umgebung in direkter Nachbarschaft zum Nationalpark bietet für jeden Gast vielfältige Möglichkeiten: ob Wandern, Mountainbiken, Motorbiken, Angeln oder nur ausruhen – hier kann man den Stress des Alltags vergessen.

Stellplätze für jeden.

Campingplatz direkt am Fluss.

4.6 **SEHR GUT**
90 Bewertungen

Lage	4.4
Ruhe	4.3
Sanitäranlagen	4.7
Sauberkeit Ø	4.8
Freundlichkeit	4.8
Stellplatz	4.3
Verpflegung	4.1
Freizeit	4.4
Preis-Leistung	4.6
Mietunterkünfte	4.9

Geeignet für

4.8 Paare

4.8	Senioren
4.8	Gäste mit Zelt
4.8	Gäste mit Hund
4.5	Kinder b. 6 J.
4.5	Kinder b. 12 J.
4.1	Kinder b. 18 J.

Empfohlene Aktivitäten

Wandern
Mountainbiking
Radfahren
Entspannen

Mehr Infos

Für Gruppen ab 12 Personen große, abseits gelegene Zeltwiese buchbar.

Karte auf Seite 576

	15	16	18
	Camping Schüttehof	**Campingplatz Baggersee Schuttern**	**Camping Alpirsbach**
	❄		
	Schütteberg 7 - 9 72160 Horb am Neckar +49 7451 3951	In der Kruttenau 10 77948 Friesenheim +49 7821 6337460	Grezenbühlerweg 18 72275 Alpirsbach +49 7444 6313
	48.44591 | 8.67607	48.401 | 7.85854	48.3568 | 8.41202
Infos			
Öffnungszeiten	ganzjährig	01.04. - 30.09.	15.03. - 11.11.
Vergleichspreis	HS: 24,00 € | NS: 21,00 €	HS: 20,00 € | NS: 20,00 €	HS: 26,50 € | NS: 23,00 €
Link	**Mehr Infos & Anfrage:** www.camping.info/18888	**Mehr Infos & Anfrage:** www.camping.info/18953	**Mehr Infos & Anfrage:** www.camping.info/18891
Ausstattung			
Freizeit	Baden im Fluss 1km Pool/Hallenbad ✓/4km Spielplatz am Platz ✓	Baden im See am Platz ✓ Pool & Hallenbad ✗ Spielplatz keine Angabe	Baden in nat. Gewässer k. A. Pool/Hallenbad 5/8km Spielplatz am Platz ✓
Campingplatz	Hunde willkommen ✓ Schatten ✗ WLAN (gegen Gebühr) ✓	Hunde erlaubt ✓ Schatten ✗ WLAN (gratis) teilweise	Hunde willkommen ✓ wenig Schatten ✓ WLAN ✓
Versorgung	Lebensmittel ✓ Brötchen am Platz ✓ Restaurant am P. ✓ Ver-/Entsorgung Womo ✓ in den Ort 2km	Lebensmittel ✓ Brötchen am Platz ✓ Restaurant & Imbiss ✓ Ver-/Entsorgung Womo ✗ in den Ort keine Angabe	Lebensmittel ✓ Brötchen am Platz ✓ Restaurant & Imbiss ✓ Ver-/Entsorgung Womo ✓ in den Ort 1km
Anzahl der Plätze	Gesamt/Touristen 300/100 Mietunterkünfte ✓ Stellplätze vor Schranke ✗	Gesamt/Touristen 430/115 Mietunterkünfte ✗ Stellplätze vor Schranke ✗	Gesamt/Touristen 90/80 Mietunterkünfte ✓ Stellplätze vor Schranke ✗
	4.0 SEHR GUT, 22 Bewertungen	**3.8** GUT, 30 Bewertungen	**4.3** SEHR GUT, 54 Bewertungen
Lage	4.3	3.7	4.4
Ruhe	4.3	3.4	4.6
Sanitäranlagen	4.1	3.8	4.1
Sauberkeit Ø	4.2	4.0	4.5
Freundlichkeit	4.4	4.6	4.8
Stellplatz	3.7	3.5	4.3
Verpflegung	3.3	3.7	4.1
Freizeit	3.9	3.7	4.0
Preis-Leistung	4.2	4.4	4.5
Mietunterkünfte	3.2	-	4.5
Geeignet für			
Kinder b. 6 J.	4.1	3.8	4.0
Kinder b. 12 J.	4.0	4.1	4.2
Kinder b. 18 J.	3.0	3.8	3.6
Paare	4.0	4.0	4.8
Senioren	4.1	3.9	4.7
Gäste mit Zelt	4.2	4.1	4.6
Gäste mit Hund	4.5	4.1	4.7
Empfohlene Aktivitäten	Wandern Entspannen Radfahren	Schwimmen Entspannen Radfahren	Wandern Entspannen Radfahren

19 Schwarzwälder Hof

Tretenhofstraße 76
77960 Seelbach
+49 7823 96095 0
48.29917 | 7.94333

ganzjährig

HS: 45,40 € | NS: 45,40 €

Mehr Infos & Anfrage:
www.camping.info/18955

Baden im Teich am Platz	✓
Pool & Hallenbad	✓
Spielplatz am Platz	✓
Hunde erlaubt	✓
zur Hälfte Schatten	✓
WLAN	✓
Lebensmittel	✓
Brötchen am Platz	✓
Restaurant am P.	✓
Ver-/Entsorgung Womo	✓
in den Ort	1km
Gesamt/Touristen	200/180
Mietunterkünfte	✓
Stellplätze vor Schranke	✗

4.3 SEHR GUT
388 Bewertungen

Lage	4.3
Ruhe	4.2
Sanitäranlagen	4.5
Sauberkeit Ø	4.5
Freundlichkeit	4.2
Stellplatz	4.2
Verpflegung	3.9
Freizeit	4.3
Preis-Leistung	4.0
Mietunterkünfte	4.1

Geeignet für

Kinder b. 6 J.	4.1
Kinder b. 12 J.	4.3
Kinder b. 18 J.	3.8
Paare	4.6
Senioren	4.6
Gäste mit Zelt	3.8
Gäste mit Hund	4.4

Empfohlene Aktivitäten

- Wellness
- Wandern
- Entspannen

Rabatte ab 4 Nächten Aufenthalt in der Nebensaison.

20 Schwarzwald Trendcamping Familie Blum

Schiltacher Straße 80
77709 Wolfach-Halbmeil
+49 7834 859309
48.29126 | 8.27818

08.04. - 23.10.

HS: 35,80 € | NS: 32,90 €

Mehr Infos & Anfrage:
www.camping.info/23347

Baden im Fluss	200m
Pool/Hallenbad	6km
Spielplatz am Platz	✓
Hunde willkommen	✓
zur Hälfte Schatten	✓
WLAN (gratis)	teilweise
Lebensmittel	5km
Brötchen am Platz	✓
Restaurant & Imbiss	✓
Ver-/Entsorgung Womo	✓
in den Ort	400m
Gesamt/Touristen	60/50
Mietunterkünfte	✓
Stellplätze vor Schranke	✓

4.7 SEHR GUT
226 Bewertungen

Lage	4.6
Ruhe	4.6
Sanitäranlagen	4.8
Sauberkeit Ø	4.8
Freundlichkeit	4.9
Stellplatz	4.4
Verpflegung	4.1
Freizeit	4.2
Preis-Leistung	4.4
Mietunterkünfte	4.6

Geeignet für

Kinder b. 6 J.	3.7
Kinder b. 12 J.	3.8
Kinder b. 18 J.	3.6
Paare	4.8
Senioren	4.6
Gäste mit Zelt	4.6
Gäste mit Hund	4.7

Empfohlene Aktivitäten

- Wandern
- Radfahren
- Entspannen

keine WOMOs ab 9 m

21 Camping Europa-Park

Rheinweg 5
77977 Rust
+49 7822 860-5566
48.27162 | 7.71729

25.03. - 06.11.
07.11. - 15.01.

keine Angabe

Mehr Infos & Anfrage:
www.camping.info/26926

Baden im See am Platz	✓
Pool & Hallenbad	✗
Spielplatz am Platz	✓
Hunde willkommen	✓
kein Schatten	✓
WLAN	✓
Lebensmittel	✓
Brötchen am Platz	✓
Restaurant & Imbiss	✓
Ver-/Entsorgung Womo	✓
in den Ort	1km
Touristenplätze	220
Mietunterkünfte	✗
Stellplätze vor Schranke	✗

3.7 GUT
38 Bewertungen

Lage	4.7
Ruhe	2.5
Sanitäranlagen	4.0
Sauberkeit Ø	4.0
Freundlichkeit	3.9
Stellplatz	3.4
Verpflegung	3.8
Freizeit	4.5
Preis-Leistung	3.6
Mietunterkünfte	-

Geeignet für

Kinder b. 6 J.	4.1
Kinder b. 12 J.	4.4
Kinder b. 18 J.	4.3
Paare	3.8
Senioren	2.8
Gäste mit Zelt	4.0
Gäste mit Hund	3.8

Empfohlene Aktivitäten

- Radfahren
- Entspannen
- Sightseeing

am 24. und 25. Dezember geschlossen

22 Campingpark Oase

Mühlenweg 34
77955 Ettenheim
+49 7822 44 59 18
48.2475 | 7.82833

08.04. - 03.10.

HS: 36,00 € | NS: 32,00 €

Mehr Infos & Anfrage:
www.camping.info/18954

Baden im See	4km
Pool/Hallenbad	1/30km
Spielplatz am Platz	✓
Hunde willkommen	✓
wenig Schatten	✓
WLAN (gegen Gebühr)	✓
Lebensmittel	✓
Brötchen am Platz	✓
Restaurant & Imbiss	✓
Ver-/Entsorgung Womo	✓
in den Ort	1km
Gesamt/Touristen	229/174
Mietunterkünfte	✗
Stellplätze vor Schranke	✗

4.3 SEHR GUT
47 Bewertungen

Lage	4.4
Ruhe	4.2
Sanitäranlagen	4.0
Sauberkeit Ø	4.6
Freundlichkeit	4.9
Stellplatz	4.4
Verpflegung	3.9
Freizeit	4.4
Preis-Leistung	4.2
Mietunterkünfte	-

Geeignet für

Kinder b. 6 J.	4.5
Kinder b. 12 J.	4.5
Kinder b. 18 J.	4.0
Paare	4.5
Senioren	4.5
Gäste mit Zelt	4.6
Gäste mit Hund	4.3

Empfohlene Aktivitäten

- Radfahren
- Wandern
- Schwimmen

Karte auf Seite 576

	23	24	25
	Terrassen-Camping-Herbolzheim	**Campingplatz Müller-See**	**Lynx Camp**
	Im Laue 1 79336 Herbolzheim +49 7643 1460	Müller-See 1 79359 Riegel +49 7642 3694	Friedhofstr. 18 78141 Schönwald im Schwarzwald +49 7722 86 86 786
	48.2165 | 7.78901	48.16472 | 7.74056	48.10999 | 8.2016
Infos			
Öffnungszeiten	02.04. - 03.10.	01.04. - 31.10.	ganzjährig
Vergleichspreis	HS: 31,00 € | NS: 31,00 €	HS: 23,00 € | NS: 23,00 €	HS: 31,00 € | NS: 29,00 €
Link	**Mehr Infos & Anfrage:** www.camping.info/18990	**Mehr Infos & Anfrage:** www.camping.info/18991	**Mehr Infos & Anfrage:** www.camping.info/27080
Ausstattung			
Freizeit	Baden im See 1km Pool/Hallenbad ✓/10km Spielplatz am Platz ✓	Baden im See am Platz ✓ Pool & Hallenbad ✗ Spielplatz am Platz ✓	Baden im See 1km Pool/Hallenbad 1/1km Spielplatz keine Angabe
Campingplatz	Hunde erlaubt nur NS zur Hälfte Schatten ✓ WLAN (gegen Gebühr) ✓	Hunde ✗ zur Hälfte Schatten ✓ WLAN ✗	Hunde willkommen ✓ wenig Schatten ✓ WLAN ✓
Versorgung	Lebensmittel 500m Brötchen am Platz ✓ Restaurant & Imbiss ✓ Ver-/Entsorgung Womo ✓ in den Ort 1km	Lebensmittel ✓ Brötchen keine Angabe Imbiss ✓ Ver-/Entsorgung Womo ✓ in den Ort 1km	Lebensmittel 1km Brötchen am Platz ✓ Restaurant/Imbiss 1km Ver-/Entsorgung Womo ✓ in den Ort 200m
Anzahl der Plätze	Gesamt/Touristen 200/70 Mietunterkünfte ✗ Stellplätze vor Schranke ✗	Touristenplätze 40 Mietunterkünfte ✗ Stellplätze vor Schranke ✗	Touristenplätze 40 Mietunterkünfte ✓ Stellplätze vor Schranke ✗

	23	24	25
Gesamt	4.4 SEHR GUT, 41 Bewertungen	4.1 SEHR GUT, 32 Bewertungen	4.7 SEHR GUT, 59 Bewertungen
Lage	4.5	4.3	4.8
Ruhe	4.6	4.2	4.8
Sanitäranlagen	4.2	3.8	4.3
Sauberkeit Ø	4.8	4.3	4.8
Freundlichkeit	4.7	4.3	4.9
Stellplatz	4.3	3.9	4.4
Verpflegung	4.0	3.9	3.8
Freizeit	4.1	4.0	4.5
Preis-Leistung	4.5	4.2	4.4
Mietunterkünfte	-	-	4.5
Geeignet für			
Kinder b. 6 J.	3.6	3.9	4.7
Kinder b. 12 J.	3.7	4.0	4.7
Kinder b. 18 J.	3.6	3.8	4.2
Paare	4.6	4.3	4.9
Senioren	4.8	4.5	4.6
Gäste mit Zelt	4.6	4.2	4.5
Gäste mit Hund / Hunde n. erlaubt	Gäste mit Hund 4.6	Hunde n. erlaubt -	Gäste mit Hund 4.9
Empfohlene Aktivitäten	Wandern Radfahren Entspannen	Schwimmen Radfahren Wandern	Wandern Entspannen Mountainbiking

keine Jugendgruppen

26 Camping Schwarzwaldhorn

Ettersbach 4b
79263 Simonswald
+49 7683 477
48.10079 | 8.05148

20.03. - 20.10.
HS: 32,90 € | NS: 27,90 €
Mehr Infos & Anfrage:
www.camping.info/18986

Baden in nat. Gewässer	k. A.
Pool/Hallenbad	600m/12km
Spielplatz am Platz	✓
Hunde willkommen	✓
wenig Schatten	✓
WLAN	✓
Lebensmittel	✓
Brötchen am Platz	✓
Restaurant & Imbiss	✓
Ver-/Entsorgung Womo	✓
in den Ort	500m
Gesamt/Touristen	90/75
Mietunterkünfte	✓
Stellplätze vor Schranke	✗

4.6 SEHR GUT
18 Bewertungen

Lage	4.5
Ruhe	4.4
Sanitäranlagen	4.6
Sauberkeit Ø	4.5
Freundlichkeit	4.9
Stellplatz	4.3
Verpflegung	3.7
Freizeit	4.1
Preis-Leistung	4.4
Mietunterkünfte	5.0

Geeignet für

Kinder b. 6 J.	4.5
Kinder b. 12 J.	4.3
Kinder b. 18 J.	3.9
Paare	4.8
Senioren	4.5
Gäste mit Zelt	4.0
Gäste mit Hund	4.5

Empfohlene Aktivitäten

- Wandern
- Entspannen
- Radfahren

27 Camping Tunisee

Seestraße 30
79108 Freiburg
+49 7665 2249
48.06489 | 7.81687

01.04. - 31.10.
HS: 25,20 € | NS: 25,20 €
Mehr Infos & Anfrage:
www.camping.info/18977

Baden im See am Platz	✓
Pool & Hallenbad	✗
Spielplatz am Platz	✓
Hunde willkommen	✓
zur Hälfte Schatten	✓
WLAN (gegen Gebühr)	✓
Lebensmittel	2km
Brötchen am Platz	✓
Restaurant & Imbiss	✓
Ver-/Entsorgung Womo	✓
in den Ort	1km
Gesamt/Touristen	500/150
Mietunterkünfte	✓
Stellplätze vor Schranke	✗

3.4 GUT
51 Bewertungen

Lage	3.7
Ruhe	2.9
Sanitäranlagen	3.0
Sauberkeit Ø	3.6
Freundlichkeit	3.6
Stellplatz	3.6
Verpflegung	3.7
Freizeit	4.0
Preis-Leistung	3.8
Mietunterkünfte	4.1

Geeignet für

Kinder b. 6 J.	3.8
Kinder b. 12 J.	4.2
Kinder b. 18 J.	4.0
Paare	4.3
Senioren	3.9
Gäste mit Zelt	4.1
Gäste mit Hund	2.9

Empfohlene Aktivitäten

- Schwimmen
- Radfahren
- Wandern

28 Kaiserstuhl-Camping GmbH&CoKG

Nachtwaid 5
79241 Ihringen am Kaiserstuhl
+49 7668 950065
48.02916 | 7.66027

20.03. - 30.10.
HS: 31,00 € | NS: 28,00 €
Mehr Infos & Anfrage:
www.camping.info/18983

Baden im See	2km
Pool/Hallenbad	10m/2km
Spielplatz am Platz	✓
Hunde willkommen	✓
zur Hälfte Schatten	✓
WLAN (gegen Gebühr)	✓
Lebensmittel	✓
Brötchen am Platz	✓
Restaurant/Imbiss	100m/✓
Ver-/Entsorgung Womo	✓
in den Ort	600m
Gesamt/Touristen	230/200
Mietunterkünfte	✗
Stellplätze vor Schranke	✓

4.0 SEHR GUT
92 Bewertungen

Lage	4.2
Ruhe	3.9
Sanitäranlagen	3.7
Sauberkeit Ø	4.5
Freundlichkeit	4.4
Stellplatz	4.0
Verpflegung	2.0
Freizeit	4.1
Preis-Leistung	3.6
Mietunterkünfte	-

Geeignet für

Kinder b. 6 J.	3.7
Kinder b. 12 J.	3.9
Kinder b. 18 J.	3.5
Paare	4.4
Senioren	4.5
Gäste mit Zelt	4.2
Gäste mit Hund	4.3

Empfohlene Aktivitäten

- Radfahren
- Wandern
- Schwimmen

keine Jugend- und Motorradgruppen

29 Camping Steingrubenhof

Haldenweg 3
79271 St. Peter
+49 7660 210
48.02328 | 8.03242

20.03. - 20.10.
20.12. - 15.01.
HS: 24,20 € | NS: 24,20 €
Mehr Infos & Anfrage:
www.camping.info/18987

Baden im See	7km
Pool/Hallenbad	7/1km
Spielplatz am Platz	✓
Hunde willkommen	✓
zur Hälfte Schatten	✓
WLAN (gegen Gebühr)	✓
Lebensmittel	1km
Brötchen am Platz	✓
Restaurant/Imbiss	✓/1km
Ver-/Entsorgung Womo	✓
in den Ort	1km
Gesamt/Touristen	160/60
Mietunterkünfte	✓
Stellplätze vor Schranke	✗

4.4 SEHR GUT
25 Bewertungen

Lage	4.7
Ruhe	4.4
Sanitäranlagen	4.4
Sauberkeit Ø	4.8
Freundlichkeit	4.5
Stellplatz	3.9
Verpflegung	3.5
Freizeit	3.9
Preis-Leistung	4.5
Mietunterkünfte	4.0

Geeignet für

Kinder b. 6 J.	2.1
Kinder b. 12 J.	2.2
Kinder b. 18 J.	2.0
Paare	4.7
Senioren	4.7
Gäste mit Zelt	4.6
Gäste mit Hund	4.8

Empfohlene Aktivitäten

- Wandern
- Entspannen
- Mountainbiking

BADEN-WÜRTTEMBERG

4 Südschwarzwald

	Platz	Seite	Bewertung	Öffnungszeiten	
1	Camping Münsterblick	590	3.8	saisonal	
2	Natur-Camping Bad Dürrheim	590	3.7	ganzjährig	*
3	Camping am Hirzberg Freiburg	590	4.0	ganzjährig	*
4	Busses Camping am Möslepark, Freiburg	592	4.6	saisonal	
5	Camping Kirchzarten	592	4.5	ganzjährig	* Award
6	Riedsee-Camping	592	4.3	ganzjährig	*
7	Camping Kirnermarteshof	591	4.1	ganzjährig	*
8	Campingplatz Kirnbergsee	594	4.2	saisonal	*
9	Campingplatz Bühlhof	594	4.2	k. A.	*
10	Naturcamping Weiherhof am Titiseeufer	594	3.8	saisonal	
11	Terrassencamping Sandbank	595	4.0	saisonal	
12	Camping Bankenhof GmbH	593	4.6	ganzjährig	* Award
13	Camping Hochschwarzwald	595	4.1	ganzjährig	*
14	Kur-Camping Kreuzhof	595	4.4	ganzjährig	* Award
15	Camping Münstertal	595	4.6	ganzjährig	*
16	Camping Sulzbachtal	597	4.5	ganzjährig	*
17	Camping Schluchsee	596	3.8	ganzjährig	*
18	Feriencamping Badenweiler	596	4.2	saisonal	*
19	Dreiländer-Camping- und Freizeitpark Gugel	599	3.7	ganzjährig	*
20	Rothaus Camping	596	4.0	ganzjährig	*
21	Camping Schönenbuchen	598	4.2	ganzjährig	*
22	Dreiländereck Ferienpark der Naturisten	598	3.9	saisonal	FKK
23	Schlüchttal-Camping	598	4.4	ganzjährig	*
24	Terrassen Camping Kandern	600	3.4	saisonal	
25	Campingpark Lug ins Land	600	4.5	ganzjährig	* Award
26	Schlüchttal Naturcamping	600	4.3	saisonal	*
27	Camping Rüttehof	601	4.7	saisonal	
28	Camping Lörrach - Drei-Länder-Camp	601	4.2	saisonal	
29	Rhein Camping Waldshut	601	3.7	ganzjährig	*

* Wintercamping FKK Textilfrei (ganz/teilweise) Ecocamping Award Onlinebuchung

Karte auf Seite 588

	1	2	3
	Camping Münsterblick	**Natur-Camping Bad Dürrheim**	**Camping am Hirzberg Freiburg**
		❄	❄
	Hochstetterstraße 11 79206 Breisach-Hochstetten +49 7667 93930	Am Steigle 1 78073 Bad Dürrheim-Sunthausen +49 7706 712	Kartäuserstraße 99 79104 Freiburg im Breisgau +49 761 35054
	48.0194 | 7.60829	48.00444 | 8.58278	47.99222 | 7.87389
Infos			
Öffnungszeiten	19.03. - 31.10.	ganzjährig	ganzjährig
Vergleichspreis	HS: 25,50 € | NS: 25,50 €	HS: 27,20 € | NS: 22,00 €	HS: 33,00 € | NS: 33,00 €
Link	**Mehr Infos & Anfrage:** www.camping.info/18981	**Mehr Infos & Anfrage:** www.camping.info/18957	**Mehr Infos & Anfrage:** www.camping.info/18975
Ausstattung			
Freizeit	Baden in nat. Gewässer k. A. Pool/Hallenbad 3/5km Spielplatz ✗	Baden im See am Platz ✓ Pool/Hallenbad 4km Spielplatz am Platz ✓	Baden im Fluss 200m Pool/Hallenbad 1km Spielplatz am Platz ✓
Campingplatz	Hunde erlaubt ✓ Schatten ✗ WLAN (gegen Gebühr) ✓	Hunde willkommen ✓ zur Hälfte Schatten ✓ WLAN ✓	Hunde willkommen ✓ zur Hälfte Schatten ✓ WLAN (begrenzt gratis) ✓
Versorgung	Lebensmittel 2km Brötchen am Platz ✓ Restaurant am P. ✓ Ver-/Entsorgung Womo ✗ in den Ort 2km	Lebensmittel ✓ Brötchen am Platz ✓ Restaurant/Imbiss 500m/✓ Ver-/Entsorgung Womo ✓ in den Ort 500m	Lebensmittel ✓ Brötchen am Platz nur HS Restaurant/Imbiss 50m/✓ Ver-/Entsorgung Womo ✓ in den Ort 1km
Anzahl der Plätze	Gesamt/Touristen 50/45 Mietunterkünfte ✗ Stellplätze vor Schranke ✗	Gesamt/Touristen 325/175 Mietunterkünfte ✓ Stellplätze vor Schranke ✗	Gesamt/Touristen 80/75 Mietunterkünfte ✓ Stellplätze vor Schranke ✗

	Camping Münsterblick	Natur-Camping Bad Dürrheim	Camping am Hirzberg Freiburg
Gesamt	3.8 GUT, 16 Bewertungen	3.7 GUT, 49 Bewertungen	4.0 SEHR GUT, 63 Bewertungen
Lage	3.9	4.2	4.6
Ruhe	4.3	4.5	4.2
Sanitäranlagen	4.0	3.7	4.1
Sauberkeit Ø	4.3	4.3	4.3
Freundlichkeit	4.3	4.2	4.2
Stellplatz	3.8	3.7	3.5
Verpflegung	3.5	3.1	3.4
Freizeit	3.7	3.9	4.4
Preis-Leistung	3.7	3.5	4.0
Mietunterkünfte	-	4.0	4.8
Geeignet für			
Kinder b. 6 J.	2.6	4.1	3.4
Kinder b. 12 J.	2.4	4.0	3.7
Kinder b. 18 J.	2.6	3.5	4.0
Paare	4.5	4.2	4.3
Senioren	4.3	4.1	4.5
Gäste mit Zelt	4.0	4.4	3.9
Gäste mit Hund	3.3	4.6	4.3
Empfohlene Aktivitäten	Radfahren Wandern Entspannen	Schwimmen Radfahren Wandern	Sightseeing Wandern Radfahren

7 Camping Kirnermarteshof

*

Vörlinsbach 19a
79254 Oberried
+49 7661 4727
www.kirnermarteshof.de
urlaub@kirnermartes.de

ganzjährig

HS: 39,20 € | NS: 40,70 €

Mehr Infos & Anfrage:
www.camping.info/18985

Baden im See	15km
Pool/Hallenbad	3/8km
Spielplatz am Platz	✓
Hunde willkommen	✓
wenig Schatten	✓
WLAN	✓
Lebensmittel	500m
Brötchen am Platz	nur HS
Restaurant & Imbiss	✓
Ver-/Entsorgung Womo	✓
in den Ort	500m
Gesamt/Touristen	100/40
Mietunterkünfte	✓
Stellplätze vor Schranke	✓

47.92963 | 7.95911

Camping auf dem Bauernhof.

Lage & Stellplatz

Idyllischer Terrassencampingplatz mit komfortablen Ferienwohnungen und kuscheligen Holzhäuschen auf einem echten Bauernhof mit vielen Tieren, Obstbäumen, Schnapsbrennerei und privat mietbarem Wellness- und Saunabereich. Sonnige Panoramalage im Rad- und Wanderparadies des Naturparks Südschwarzwald.

Verpflegung

Apfelsaft und selbstgemachte Marmelade von Früchten eigener Bäume, selbstgebrannte Schnäpse, „HOFStüble" mit Flammkuchen aus dem Steinofen und anderen leckeren Kleinigkeiten. Honig, Eier, Wurst usw. von benachbarten Höfen. Berghütten in Wander- und Radentfernung, Laden und Gasthöfe im Ort.

Sanitär

Geschmackvoll eingerichtete Sanitäranlagen, von allen Standplätzen bequem erreichbar, mit Babywickelraum, Babybadewanne, Familienbädern, Waschmaschine und Wäschetrockner. Privat mietbarer Wohlfühl- und Saunabereich mit großer Holzwanne, in der man in Milch und Honig baden kann.

Freizeit

Natürlich erholen: echte Landluft schnuppern, Tiere streicheln, Schnapsprobe machen, Wandern, Radfahren, Ponyreiten, Skifahren, Stadtbummeln, Schlemmen oder in der Wohlfühloase entspannen. Mit dabei: die Konus-Gästekarte für freie Fahrt im gesamten Schwarzwald für alle Mitreisenden.

Eigene Schnappsbrennerei.

Saunabereich / Milch & Honigbad.

4.1 SEHR GUT
32 Bewertungen

Lage	4.5
Ruhe	4.5
Sanitäranlagen	3.6
Sauberkeit Ø	4.0
Freundlichkeit	4.6
Stellplatz	3.6
Verpflegung	3.0
Freizeit	4.1
Preis-Leistung	4.1
Mietunterkünfte	4.4

Geeignet für

4.6	Kinder b. 12 J.
4.5	Kinder b. 6 J.
4.3	Paare
4.2	Gäste mit Hund
4.1	Gäste mit Zelt
4.0	Senioren
3.5	Kinder b. 18 J.

Empfohlene Aktivitäten

Wandern
Entspannen
Radfahren
Mountainbiking

Mehr Infos

Gruppen nur auf Anfrage.

Karte auf Seite 588

	4	5	6
	Busses Camping am Möslepark, Freiburg	**Camping Kirchzarten**	**Riedsee-Camping**
	Waldseestraße 77 79117 Freiburg im Breisgau +49 761 767 9333 47.98122 | 7.88147	Dietenbacherstraße 17 79199 Kirchzarten +49 7661 90 40 910 47.95958 | 7.95203	Am Riedsee 11 78166 Donaueschingen +49 771 5511 47.93669 | 8.53448
Infos			
Öffnungszeiten	01.03. - 20.12.	ganzjährig	ganzjährig
Vergleichspreis	HS: 30,80 € | NS: 27,60 €	HS: 40,70 € | NS: 27,70 €	HS: 27,00 € | NS: 22,00 €
Link	**Mehr Infos & Anfrage:** www.camping.info/18978	**Mehr Infos & Anfrage:** www.camping.info/18980	**Mehr Infos & Anfrage:** www.camping.info/18958
Ausstattung			
Freizeit	Baden im Fluss 1km Pool/Hallenbad 1/1km Spielplatz am Platz ✓	Baden im See 20km Pool/Hallenbad ✓/12km Spielplatz am Platz ✓	Baden im See am Platz ✓ Pool/Hallenbad 5km Spielplatz am Platz ✓
Campingplatz	Hunde willkommen ✓ zur Hälfte Schatten ✓ WLAN ✓	Hunde willkommen ✓ zur Hälfte Schatten ✓ WLAN keine Angabe	Hunde willkommen ✓ wenig Schatten ✓ WLAN (gegen Gebühr) ✓
Versorgung	Lebensmittel ✓ Brötchen am Platz ✓ Restaurant/Imbiss 200m/✓ Ver-/Entsorgung Womo ✓ in den Ort 500m	Lebensmittel ✓ Brötchen am Platz ✓ Restaurant & Imbiss ✓ Ver-/Entsorgung Womo ✓ in den Ort 300m	Lebensmittel ✓ Brötchen am Platz ✓ Restaurant & Imbiss ✓ Ver-/Entsorgung Womo ✓ in den Ort 1km
Anzahl der Plätze	Touristenplätze 80 Mietunterkünfte ✓ Stellplätze vor Schranke ✓	Gesamt/Touristen 495/365 Mietunterkünfte ✓ Stellplätze vor Schranke ✗	Gesamt/Touristen 450/60 Mietunterkünfte ✗ Stellplätze vor Schranke ✗

	4	5	6
Gesamt	4.6 SEHR GUT, 216 Bewertungen	4.5 SEHR GUT, 755 Bewertungen	4.3 SEHR GUT, 40 Bewertungen
Lage	4.6	4.6	4.5
Ruhe	4.2	3.9	4.4
Sanitäranlagen	4.6	4.5	4.0
Sauberkeit Ø	4.9	4.4	4.5
Freundlichkeit	4.9	4.7	4.7
Stellplatz	4.2	4.3	4.2
Verpflegung	4.0	4.2	4.2
Freizeit	4.3	4.4	4.2
Preis-Leistung	4.4	4.3	4.6
Mietunterkünfte	4.4	4.5	-
Geeignet für			
Kinder b. 6 J.	4.0	4.5	4.7
Kinder b. 12 J.	4.1	4.6	4.5
Kinder b. 18 J.	4.1	4.0	3.7
Paare	4.8	4.5	4.8
Senioren	4.7	4.5	4.8
Gäste mit Zelt	4.5	4.1	4.7
Gäste mit Hund	4.5	4.0	4.9
Empfohlene Aktivitäten	Wandern Radfahren Sightseeing	Wandern Radfahren Schwimmen	Radfahren Schwimmen Wandern
	keine WOMOs ab 8 m; keine Jugendgruppen	AWARD 2022	

12 Camping Bankenhof GmbH

Bruderhalde 31a
79856 Hinterzarten am Titisee
+49 7652 1351
www.camping-bankenhof.de
info@camping-bankenhof.de

ganzjährig

HS: 35,00 € | NS: 28,50 €

Mehr Infos & Anfrage:
www.camping.info/19003

Baden im See	1km
Pool/Hallenbad	3/2km
Spielplatz am Platz	✓
Hunde willkommen	✓
zur Hälfte Schatten	✓
WLAN	✓
Lebensmittel	✓
Brötchen am Platz	✓
Restaurant & Imbiss	✓
Ver-/Entsorgung Womo	✓
in den Ort	2km
Touristenplätze	180
Mietunterkünfte	✓
Stellplätze vor Schranke	✓

1 km
47.88535 | 8.13063

Camping Bankenhof – das ganze Jahr ein Urlaubsparadies!

Lage & Stellplatz

Urlaub auf dem Bankenhof bietet garantierte Erholung. Die idyllische Lage im Naturpark nahe des Titisees machen den Campingplatz zu einem der beliebtesten im Schwarzwald. Die Stellplätze mit einer Größe von 75–100 m², sind umgeben von Sträuchern, Hecken und zum Teil von Bäumen überdacht.

Sanitär

Die Sanitäranlagen sind liebevoll gestaltet und modern eingerichtet, private Mietbäder, Kindersanitär und ein behindertengerechtes Bad sind vorhanden. Seit 2021 gibt es drei kostenlose Spülmaschinen für die Gäste.

Verpflegung

Die Gäste genießen regionale, saisonale Spezialitäten im Restaurant und auf der Terrasse. Täglich frische Brötchen sind im Shop mit Stehcafé erhältlich sowie Frühstück auf Vorbestellung. Darüber hinaus verfügt der Laden über ausgewählte Lebensmittel, Zeitschriften, Hygieneartikel, Getränke und mehr.

Freizeit

Der Bankenhof bietet: Spielplatz, GoKartverleih, Tischtennis, Spielzimmer, WLAN am Stellplatz, 5 Gehminuten zum Titisee, Liegewiese am Bach, Grillplatz, Wellnessangebot, Ausgangspunkt für Wanderwege. Im Winter: eigene Langlaufloipe, Rodelhang, direkte Busverbindung zum nahen Skigebiet.

Der moderne Sanitärbereich.

Wintercamping: Urlaub im Schnee.

4.6 SEHR GUT
756 Bewertungen

Lage	4.5
Ruhe	4.6
Sanitäranlagen	4.7
Sauberkeit Ø	4.8
Freundlichkeit	4.9
Stellplatz	4.4
Verpflegung	4.0
Freizeit	4.4
Preis-Leistung	4.6
Mietunterkünfte	4.5

Geeignet für

4.8 Paare

4.7 Senioren
4.7 Gäste mit Hund
4.6 Gäste mit Zelt
4.4 Kinder b. 6 J.
4.4 Kinder b. 12 J.
4.1 Kinder b. 18 J.

Empfohlene Aktivitäten

Wandern
Radfahren
Entspannen
Mountainbiking

Mehr Infos

Wohnmobilstellplätze vor der Schranke. FeWo, Mietwohnwagen, kl. Miethütten

AWARD 2022

Karte auf Seite 588

	8	9	10
	Campingplatz Kirnbergsee	**Campingplatz Bühlhof**	**Naturcamping Weiherhof am Titiseeufer**
	❄	❄	
	Seestraße 15 78199 Bräunlingen-Unterbränd +49 7654 7510	Bühlhofweg 13 79856 Hinterzarten am Titisee	Bruderhalde 25 79856 Hinterzarten +49 7652 1468
	47.92951 | 8.36467	47.8961 | 8.1373	47.88947 | 8.13372
Infos			
Öffnungszeiten	01.04. - 31.10.	keine Angabe	01.05. - 15.10.
Vergleichspreis	HS: 25,90 € | NS: 25,90 €	HS: 27,00 € | NS: 24,00 €	HS: 27,20 € | NS: 26,20 €
Link	**Mehr Infos & Anfrage:** www.camping.info/18959	**Mehr Infos & Anfrage:** www.camping.info/27266	**Mehr Infos & Anfrage:** www.camping.info/19005
Ausstattung			
Freizeit	Baden im See am Platz ✓	Baden im See 3km	Baden im See am Platz ✓
	Pool & Hallenbad ✗	Pool & Hallenbad ✗	Pool/Hallenbad 1/5km
	Spielplatz am Platz ✓	Spielplatz am Platz ✓	Spielplatz am Platz ✓
Campingplatz	Hunde willkommen ✓	Hunde willkommen ✓	Hunde willkommen ✓
	Schatten ✗	zur Hälfte Schatten ✓	viel Schatten ✓
	WLAN (gratis) teilweise	WLAN (gegen Gebühr) ✓	WLAN (gegen Gebühr) ✓
Versorgung	Lebensmittel ✗	Lebensmittel 5km	Lebensmittel ✓
	Brötchen am Platz ✓	Brötchen keine Angabe	Brötchen am Platz ✓
	Restaurant & Imbiss ✓	Restaurant & Imbiss ✗	Restaurant & Imbiss ✓
	Ver-/Entsorgung Womo ✗	Ver-/Entsorgung Womo ✓	Ver-/Entsorgung Womo ✓
	in den Ort 1km	in den Ort keine Angabe	in den Ort 2km
Anzahl der Plätze	Gesamt/Touristen 132/40	Gesamt/Touristen 280/200	Touristenplätze 150
	Mietunterkünfte ✓	Mietunterkünfte ✗	Mietunterkünfte ✓
	Stellplätze vor Schranke ✗	Stellplätze vor Schranke ✗	Stellplätze vor Schranke ✗

	8	9	10
Gesamt	**4.2** SEHR GUT, 12 Bewertungen	**4.2** SEHR GUT, 14 Bewertungen	**3.8** GUT, 38 Bewertungen
Lage	4.8	4.5	4.6
Ruhe	4.8	4.8	4.0
Sanitäranlagen	4.0	3.4	3.2
Sauberkeit Ø	4.5	4.8	3.6
Freundlichkeit	4.4	4.6	4.4
Stellplatz	4.2	3.9	3.7
Verpflegung	4.1	2.5	3.5
Freizeit	4.0	3.8	3.9
Preis-Leistung	4.0	3.9	3.4
Mietunterkünfte	4.2	-	3.7
Geeignet für			
Kinder b. 6 J.	3.5	4.5	4.1
Kinder b. 12 J.	3.6	4.6	4.4
Kinder b. 18 J.	3.7	4.3	4.3
Paare	4.3	4.8	4.7
Senioren	3.9	4.3	4.2
Gäste mit Zelt	4.1	4.4	4.4
Gäste mit Hund	4.6	4.7	4.5
Empfohlene Aktivitäten	Schwimmen Wandern Entspannen	Wandern Entspannen Radfahren	Wandern Schwimmen Entspannen

11 Terrassencamping Sandbank

Seerundweg 9
79822 Titisee

47.88694 | 8.13778

01.04. - 20.10.
HS: 25,70 € | NS: 22,80 €
Mehr Infos & Anfrage: www.camping.info/19004

Baden im See am Platz	✓
Pool/Hallenbad	2/3km
Spielplatz am Platz	✓
Hunde erlaubt	✓
Schatten	✗
WLAN (gegen Gebühr)	teilweise
Lebensmittel	✓
Brötchen am Platz	✓
Restaurant am P.	✓
Ver-/Entsorgung Womo	✓
in den Ort	1km
Gesamt/Touristen	200/190
Mietunterkünfte	✗
Stellplätze vor Schranke	✓

4.0 SEHR GUT – 83 Bewertungen

Lage	4.6
Ruhe	4.1
Sanitäranlagen	3.8
Sauberkeit Ø	4.2
Freundlichkeit	4.5
Stellplatz	3.6
Verpflegung	3.3
Freizeit	4.0
Preis-Leistung	4.1
Mietunterkünfte	-

Geeignet für

Kinder b. 6 J.	3.8
Kinder b. 12 J.	3.8
Kinder b. 18 J.	3.5
Paare	4.4
Senioren	4.2
Gäste mit Zelt	4.0
Gäste mit Hund	4.1

Empfohlene Aktivitäten

- Wandern
- Schwimmen
- Radfahren

13 Camping Hochschwarzwald

Oberhäuserstraße 6
79674 Todtnau-Muggenbrunn
+49 7671 1288

47.86478 | 7.91598

ganzjährig
HS: 27,90 € | NS: 26,40 €
Mehr Infos & Anfrage: www.camping.info/18998

Baden im See	35km
Pool/Hallenbad	7/1km
Spielplatz am Platz	✓
Hunde willkommen	✓
wenig Schatten	✓
WLAN (gegen Gebühr)	✓
Lebensmittel	7km
Brötchen am Platz	✓
Restaurant & Imbiss	✓
Ver-/Entsorgung Womo	✓
in den Ort	1km
Gesamt/Touristen	80/50
Mietunterkünfte	✗
Stellplätze vor Schranke	✗

4.1 SEHR GUT – 15 Bewertungen

Lage	4.4
Ruhe	4.1
Sanitäranlagen	4.1
Sauberkeit Ø	4.5
Freundlichkeit	4.4
Stellplatz	3.9
Verpflegung	3.3
Freizeit	4.1
Preis-Leistung	4.4
Mietunterkünfte	-

Geeignet für

Kinder b. 6 J.	3.8
Kinder b. 12 J.	3.9
Kinder b. 18 J.	3.9
Paare	4.5
Senioren	4.6
Gäste mit Zelt	4.5
Gäste mit Hund	4.5

Empfohlene Aktivitäten

- Wandern
- Entspannen
- Ski

14 Kur-Camping Kreuzhof

Bonndorfer Straße 63
79853 Lenzkirch
+49 7653 1450

47.86175 | 8.22427

ganzjährig
HS: 35,00 € | NS: 33,00 €
Mehr Infos & Anfrage: www.camping.info/19006

Baden im Teich am Platz	✓
Pool/Hallenbad	3km/✓
Spielplatz am Platz	✓
Hunde willkommen	✓
zur Hälfte Schatten	✓
WLAN	✓
Lebensmittel	✓
Brötchen am Platz	✓
Restaurant/Imbiss	✓/2km
Ver-/Entsorgung Womo	✓
in den Ort	1km
Gesamt/Touristen	120/80
Mietunterkünfte	✓
Stellplätze vor Schranke	✗

4.4 SEHR GUT – 373 Bewertungen

Lage	4.5
Ruhe	4.5
Sanitäranlagen	4.2
Sauberkeit Ø	4.4
Freundlichkeit	4.7
Stellplatz	4.1
Verpflegung	4.3
Freizeit	4.5
Preis-Leistung	4.2
Mietunterkünfte	4.6

Geeignet für

Kinder b. 6 J.	4.5
Kinder b. 12 J.	4.5
Kinder b. 18 J.	4.0
Paare	4.5
Senioren	4.5
Gäste mit Zelt	4.4
Gäste mit Hund	4.7

Empfohlene Aktivitäten

- Wandern
- Entspannen
- Radfahren

AWARD 2022

15 Camping Münstertal

Dietzelbachstraße 6
79244 Münstertal
+49 7636 7080

47.85972 | 7.76333

ganzjährig
HS: 38,00 € | NS: 35,00 €
Mehr Infos & Anfrage: www.camping.info/18984

Baden im See	12km
Pool & Hallenbad	✓
Spielplatz am Platz	✓
Hunde willkommen	✓
zur Hälfte Schatten	✓
WLAN (gegen Gebühr)	✓
Lebensmittel	✓
Brötchen am Platz	✓
Restaurant & Imbiss	✓
Ver-/Entsorgung Womo	✓
in den Ort	1km
Gesamt/Touristen	322/310
Mietunterkünfte	✓
Stellplätze vor Schranke	✓

4.6 SEHR GUT – 290 Bewertungen

Lage	4.5
Ruhe	4.1
Sanitäranlagen	4.8
Sauberkeit Ø	4.8
Freundlichkeit	4.3
Stellplatz	4.6
Verpflegung	4.7
Freizeit	4.6
Preis-Leistung	4.2
Mietunterkünfte	4.4

Geeignet für

Kinder b. 6 J.	4.5
Kinder b. 12 J.	4.6
Kinder b. 18 J.	4.0
Paare	4.7
Senioren	4.7
Gäste mit Zelt	3.8
Gäste mit Hund	4.5

Empfohlene Aktivitäten

- Wandern
- Schwimmen
- Radfahren

Karte auf Seite 588

	17	18	20
	Camping Schluchsee	**Feriencamping Badenweiler**	**Rothaus Camping**
	❄	❄	❄
	Gewann Zeltplatz 1 79859 Schluchsee +49 7656 573 47.82172 | 8.16093	Weilertalstraße 73 79410 Badenweiler +49 7632 1550 47.81033 | 7.67646	Mettmatalstraße 2 79865 Grafenhausen-Rothaus +49 7748 800 47.79445 | 8.2357
Infos			
Öffnungszeiten	ganzjährig	29.01. - 01.12.	ganzjährig
Vergleichspreis	HS: 35,60 €	HS: 30,70 € | NS: 28,70 €	HS: 29,40 € | NS: 26,60 €
Link	**Mehr Infos & Anfrage:** www.camping.info/19273	**Mehr Infos & Anfrage:** www.camping.info/18995	**Mehr Infos & Anfrage:** www.camping.info/19007
Ausstattung			
Freizeit	Baden im See am Platz ✓ Pool/Hallenbad 1/12km Spielplatz am Platz ✓	Baden in nat. Gewässer k. A. Pool/Hallenbad 50/800m Spielplatz am Platz ✓	Baden im See 3km Hallenbad 3km Spielplatz am Platz ✓
Campingplatz	Hunde erlaubt ✓ zur Hälfte Schatten ✓ WLAN (gratis) teilweise	Hunde willkommen ✓ Schatten ✗ WLAN ✓	Hunde willkommen ✓ zur Hälfte Schatten ✓ WLAN (gegen Gebühr) ✓
Versorgung	Lebensmittel ✓ Brötchen am Platz nur HS Restaurant & Imbiss ✓ Ver-/Entsorgung Womo ✓ in den Ort 1km	Lebensmittel ✓ Brötchen am Platz ✓ Restaurant/Imbiss 200m/✓ Ver-/Entsorgung Womo ✓ in den Ort 100m	Lebensmittel ✓ Brötchen am Platz ✓ Restaurant & Imbiss ✓ Ver-/Entsorgung Womo ✓ in den Ort 3km
Anzahl der Plätze	Touristenplätze 200 Mietunterkünfte ✗ Stellplätze vor Schranke ✗	Gesamt/Touristen 99/94 Mietunterkünfte ✗ Stellplätze vor Schranke ✗	Gesamt/Touristen 120/40 Mietunterkünfte ✓ Stellplätze vor Schranke ✗

	Camping Schluchsee	Feriencamping Badenweiler	Rothaus Camping
Gesamt	3.8 GUT 108 Bewertungen	4.2 SEHR GUT 39 Bewertungen	4.0 SEHR GUT 32 Bewertungen
Lage	4.4	4.5	4.3
Ruhe	3.7	4.3	4.1
Sanitäranlagen	3.9	4.5	3.7
Sauberkeit Ø	4.0	4.7	4.6
Freundlichkeit	3.8	4.0	4.8
Stellplatz	3.7	4.3	3.6
Verpflegung	3.3	3.4	4.0
Freizeit	4.3	4.0	4.2
Preis-Leistung	3.7	4.0	4.4
Mietunterkünfte	-	-	3.3
Geeignet für			
Kinder b. 6 J.	3.8	3.0	3.6
Kinder b. 12 J.	4.1	2.7	3.6
Kinder b. 18 J.	3.9	2.9	3.3
Paare	4.2	4.5	4.7
Senioren	4.0	4.7	4.7
Gäste mit Zelt	4.0	3.4	4.2
Gäste mit Hund	4.2	4.2	4.4
Empfohlene Aktivitäten	Wandern Schwimmen Radfahren	Wandern Entspannen Wellness	Wandern Radfahren Entspannen

ANZEIGE

16 Camping Sulzbachtal

Sonnmatt 4
79295 Sulzburg
+49 763 459 2568
www.camping-sulzbachtal.de
a-z@camping-sulzbachtal.de

ganzjährig

HS: 33,70 € | NS: 31,90 €

Mehr Infos & Anfrage:
www.camping.info/18989

Baden in nat. Gewässer	k. A.
Pool/Hallenbad	✓/10km
Spielplatz am Platz	✓
Hunde willkommen	✓
zur Hälfte Schatten	✓
WLAN (gegen Gebühr)	✓
Lebensmittel	500m
Brötchen am Platz	✓
Restaurant/Imbiss	1km/✓
Ver-/Entsorgung Womo	✓
in den Ort	1km
Gesamt/Touristen	95/85
Mietunterkünfte	✓
Stellplätze vor Schranke	✓

Willkommen in der Toskana Deutschlands: mit Naturbadesee und Weinbergblick.

Lage & Stellplatz

Idyllische Lage am Fuße der Weinberge mit platzeigenem Naturbadesee mitten in der „Toskana Deutschlands" – dem Markgräflerland im südlichen Schwarzwald. Das milde Klima lockt mit 2.000 Sonnenstunden im Jahr. Großzügige, in Terrassen angelegte Komfort-Standplätze mit Panoramablick auf die Weinberge.

Verpflegung

Die Camper genießen in der platzeigenen Vesperstube mit Sonnenterrasse am See einen typischen Flammkuchen und ein Viertele Gutedel. In direkter Umgebung gibt es viele Weingüter, Straußenwirtschaften und Feinschmecker-Restaurants, sogar mit Michelin-Sternen ausgezeichnet. Brötchenservice am Platz.

Sanitär

Großzügige, komfortable, gepflegte Sanitäranlagen mit barrierefreier Ausstattung, privaten Mietbädern, Babywickelraum, Waschmaschine und Wäschetrockner. Zentrale Lage, dadurch sehr bequem in kurzen Wegen von jedem der 115 Standplätze aus erreichbar.

Freizeit

Ob aktiv oder geruhsam, kulturell oder kulinarisch, entspannend oder geschichtsträchtig – hier gibt es für jeden Geschmack den passenden Freizeittipp: Baden, Wandern, Radfahren, Schlemmen, ein Ausflug in die sehenswerten Städte des Dreiländerecks und danach eine wohltuende Massage direkt am Platz.

Wohltuende Massage.

Genussvolle Weinbergs-Wanderung.

4.5 SEHR GUT
93 Bewertungen

Lage	4.4
Ruhe	4.3
Sanitäranlagen	4.4
Sauberkeit Ø	4.8
Freundlichkeit	4.7
Stellplatz	4.3
Verpflegung	3.4
Freizeit	4.1
Preis-Leistung	4.3
Mietunterkünfte	4.6

Geeignet für

- 4.8 Senioren
- 4.7 Paare
- 4.4 Gäste mit Hund
- 3.8 Gäste mit Zelt
- 3.5 Kinder b. 12 J.
- 3.4 Kinder b. 6 J.
- 3.2 Kinder b. 18 J.

Empfohlene Aktivitäten

Wandern · Radfahren · Entspannen · Mountainbiking

Mehr Infos

Keine Jugendgruppen möglich. ECOCAMPING-Umweltmanagement.

Karte auf Seite 588

	21	22	23
	Camping Schönenbuchen	**Dreiländereck Ferienpark der Naturisten**	**Schlüchttal-Camping**
	*	FKK	*
	Friedrichstraße 58 79677 Schönau +49 7673 7610	Baslerköpfle 150 79395 Neuenburg / Steinenstadt +49 7635 9576	Im Tal 10 79777 Ühlingen-Birkendorf +49 77 43 53 73
	47.78639 | 7.89444	47.7611 | 7.54949	47.75162 | 8.29281
Infos			
Öffnungszeiten	ganzjährig	01.03. - 30.10.	ganzjährig
Vergleichspreis	HS: 26,40 €	keine Angabe	HS: 17,80 € | NS: 17,80 €
Link	**Mehr Infos & Anfrage:** www.camping.info/18999	**Mehr Infos & Anfrage:** www.camping.info/22373	**Mehr Infos & Anfrage:** www.camping.info/19001
Ausstattung			
Freizeit	Baden in nat. Gewässer k. A. Pool 100m Spielplatz am Platz ✓	Baden im See am Platz ✓ Pool/Hallenbad ✓/4km Spielplatz am Platz ✓	Baden im See 700m Hallenbad 1km Spielplatz am Platz ✓
Campingplatz	Hunde erlaubt ✓ Schatten ✗ WLAN ✓	Hunde willkommen ✓ Schatten ✗ WLAN ✓	Hunde erlaubt ✓ Schatten ✗ WLAN teilweise
Versorgung	Lebensmittel 500m Brötchen keine Angabe Restaurant & Imbiss ✓ Ver-/Entsorgung Womo ✓ im Ort ✓	Lebensmittel ✓ Brötchen am Platz ✓ Imbiss ✓ Ver-/Entsorgung Womo ✓ in den Ort 1km	Lebensmittel ✓ Brötchen am Platz ✓ Restaurant am P. ✓ Ver-/Entsorgung Womo ✓ in den Ort 1km
Anzahl der Plätze	Gesamt/Touristen 80/40 Mietunterkünfte ✓ Stellplätze vor Schranke ✗	Touristenplätze 120 Mietunterkünfte ✓ Stellplätze vor Schranke ✗	Gesamt/Touristen 150/65 Mietunterkünfte ✓ Stellplätze vor Schranke ✗

	21	22	23
Gesamt	4.2 SEHR GUT, 4 Bewertungen	3.9 GUT, 39 Bewertungen	4.4 SEHR GUT, 7 Bewertungen
Lage	3.8	4.2	4.1
Ruhe	3.8	4.2	4.7
Sanitäranlagen	3.8	4.2	3.6
Sauberkeit Ø	3.9	4.3	4.5
Freundlichkeit	4.7	4.2	5.0
Stellplatz	4.0	3.9	3.7
Verpflegung	4.0	3.9	4.7
Freizeit	4.5	4.1	3.9
Preis-Leistung	4.0	3.5	4.4
Mietunterkünfte	3.0	4.2	4.0
Geeignet für			
Kinder b. 6 J.	4.0	4.4	3.4
Kinder b. 12 J.	4.0	4.2	3.9
Kinder b. 18 J.	3.7	3.5	3.9
Paare	4.5	4.6	4.7
Senioren	4.5	4.8	4.6
Gäste mit Zelt	5.0	4.2	4.2
Gäste mit Hund	5.0	3.8	5.0
Empfohlene Aktivitäten	Wandern Schwimmen Radfahren	Radfahren Schwimmen Entspannen	Wandern Radfahren Mountainbiking

19 Dreiländer-Camping- und Freizeitpark Gugel

*

Oberer Wald 1
79395 Neuenburg
+49 7631 7719
www.camping-gugel.de
info@camping-gugel.de

ganzjährig

HS: 39,50 € | NS: 35,50 €

Mehr Infos & Anfrage:
www.camping.info/18993

Baden im Fluss	3km
Pool & Hallenbad	✓
Spielplatz am Platz	✓
Hunde willkommen	✓
zur Hälfte Schatten	✓
WLAN	✓
Lebensmittel	✓
Brötchen am Platz	✓
Restaurant & Imbiss	✓
Ver-/Entsorgung Womo	✓
in den Ort	2km
Gesamt/Touristen	420/260
Mietunterkünfte	✓
Stellplätze vor Schranke	✓

47.79667 | 7.55028

Schwimmbad mit Sauna, Solarium, Fitness, Massage, Sonnenterrasse und Bar.

Lage & Stellplatz

Im sonnenverwöhnten Markgräflerland, zwischen Freiburg, Basel, Schwarzwald und Rhein, liegt der schöne Campingpark Gugel inmitten des Rheinwaldes. Hier findet man großzügige Komfortplätze (mit Strom, Wasser-/Abwasser-, SAT-TV-Anschluss), Ferienplatz plus; Ferienplatz oder komfortable Mietmobilheime.

Verpflegung

Das Restaurant mit sehr guter italienischer Küche und mediterraner Terrasse verführt mit leckeren Gerichten – alles auch „to go". Der bestens ausgestattete Campingshop bietet ganzjährig alles für den täglichen Bedarf. Die Beachbar (Mai-August) am Pool an der Showbühne bietet Cocktails und Musik.

Sanitär

Auf dem Gelände befinden sich drei bestens ausgestattete, gepflegte Sanitärgebäude. Darüber hinaus gibt es behindertengerechte Kabinen, Babybad/-wickelraum, Waschmaschinen und Trockner. Individuelle Mietsanitärkabinen mit Dusche, Waschbecken und WC komplettieren das Angebot. Neu: „Campingbutler".

Freizeit

Schwimmbad, Spielplatz, Tennis, Beachvolleyball, Minigolf, Streichelzoo, Leihräder, Showbühne, Animationsprogramm, Schach, gratis WLAN etc. sorgen für Spaß und Unterhaltung. Entspannung findet man bei Sauna, Solarium oder einer Massage. Besonders beliebt sind die Kinovorführungen auf Großleinwand.

Neu: Komfortable Mietmobilheime.

Ferienplätze plus im Fuchswald.

3.7 GUT
215 Bewertungen

Lage	3.8
Ruhe	3.6
Sanitäranlagen	3.6
Sauberkeit Ø	3.8
Freundlichkeit	4.2
Stellplatz	3.7
Verpflegung	3.6
Freizeit	3.9
Preis-Leistung	3.5
Mietunterkünfte	4.1

Geeignet für

Kinder b. 12 J.	4.1
Paare	4.1
Senioren	4.1
Gäste mit Hund	4.1
Kinder b. 6 J.	4.0
Gäste mit Zelt	3.9
Kinder b. 18 J.	3.6

Empfohlene Aktivitäten

Schwimmen
Radfahren
Entspannen
Wandern

Mehr Infos

Angebot Ü55: 7 für 6 u.a.; Weihnachtspauschale; keine Jugendgruppen.

Karte auf Seite 588

	24	25	26
	Terrassen-Camping-Kandern	**Campingpark Lug ins Land**	**Schlüchttal Naturcamping**
	Schwimmbadweg 2 79400 Kandern +49 7626 7874	Römerstraße 3 79415 Bad Bellingen-Bamlach +49 7635 8277708	Neubergweg 39 79761 Waldshut-Tiengen 07741/3366
	47.72077 | 7.66013	47.71236 | 7.54652	47.64662 | 8.24848
Infos			
Öffnungszeiten	15.03. - 15.10.	ganzjährig	15.04. - 15.10.
Vergleichspreis	HS: 27,50 €	HS: 37,50 € | NS: 30,00 €	HS: 28,00 € | NS: 28,00 €
Link	**Mehr Infos & Anfrage:** www.camping.info/18994	**Mehr Infos & Anfrage:** www.camping.info/18996	**Mehr Infos & Anfrage:** www.camping.info/27984
Ausstattung			
Freizeit	Baden im Fluss 8km	Baden im Fluss 2km	Baden in nat. Gewässer k. A.
	Pool/Hallenbad ✓/7km	Pool & Hallenbad ✓	Pool/Hallenbad 2/5km
	Spielplatz am Platz ✓	Spielplatz am Platz ✓	Spielplatz ✗
Campingplatz	Hunde willkommen ✓	Hunde willkommen ✓	Hunde willkommen ✓
	zur Hälfte Schatten ✓	wenig Schatten ✓	viel Schatten ✓
	WLAN ✓	WLAN (gegen Gebühr) ✓	WLAN (gratis) teilweise
Versorgung	Lebensmittel 500m	Lebensmittel ✓	Lebensmittel 200m
	Brötchen am Platz ✓	Brötchen am Platz ✓	Brötchen am Platz nur HS
	Restaurant/Imbiss 500/50m	Restaurant & Imbiss ✓	Restaurant & Imbiss ✗
	Ver-/Entsorgung Womo ✓	Ver-/Entsorgung Womo ✓	Ver-/Entsorgung Womo ✗
	in den Ort 200m	in den Ort 500m	in den Ort 200m
Anzahl der Plätze	Gesamt/Touristen 90/45	Gesamt/Touristen 340/200	Gesamt/Touristen 60/30
	Mietunterkünfte ✗	Mietunterkünfte ✓	Mietunterkünfte ✗
	Stellplätze vor Schranke ✗	Stellplätze vor Schranke ✓	Stellplätze vor Schranke ✗
Bewertung	3.4 GUT, 24 Bewertungen	4.5 SEHR GUT, 659 Bewertungen	4.3 SEHR GUT, 13 Bewertungen
Lage	3.8	4.1	3.9
Ruhe	3.4	3.9	3.0
Sanitäranlagen	3.4	4.5	4.3
Sauberkeit Ø	3.9	4.5	4.7
Freundlichkeit	3.6	4.7	4.7
Stellplatz	3.4	4.5	3.8
Verpflegung	2.6	4.1	3.7
Freizeit	3.6	4.2	3.9
Preis-Leistung	3.1	4.0	4.5
Mietunterkünfte	-	4.5	-
Geeignet für			
Kinder b. 6 J.	3.5	4.4	3.8
Kinder b. 12 J.	3.5	4.5	3.8
Kinder b. 18 J.	2.9	3.9	3.4
Paare	3.7	4.5	4.7
Senioren	3.6	4.5	4.5
Gäste mit Zelt	3.8	4.0	4.2
Gäste mit Hund	4.1	4.0	4.3
Empfohlene Aktivitäten	Wandern Schwimmen Entspannen	Wandern Radfahren Entspannen	Radfahren Wandern Entspannen
		AWARD 2022	

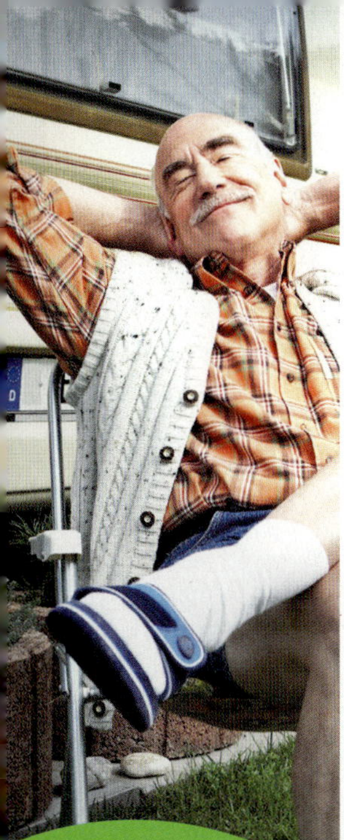

27 Camping Rüttehof

Rüttehof 5
79736 Rickenbach-Rüttehof
+49 7765 1064
47.64 | 7.94

15.04. - 15.10.

HS: 21,50 € | NS: 21,50 €

Mehr Infos & Anfrage:
www.camping.info/24408

Baden im Fluss	8km
Pool/Hallenbad	✓/7km
Spielplatz am Platz	✓
Hunde willkommen	✓
wenig Schatten	✓
WLAN	✓
Lebensmittel	5km
Brötchen am Platz	✓
Restaurant	500m
Ver-/Entsorgung Womo	✓
in den Ort	5km
Touristenplätze	10
Mietunterkünfte	✓
Stellplätze vor Schranke	✗

4.7 SEHR GUT
10 Bewertungen

Lage	4.7
Ruhe	5.0
Sanitäranlagen	3.6
Sauberkeit Ø	4.9
Freundlichkeit	5.0
Stellplatz	4.2
Verpflegung	3.0
Freizeit	4.1
Preis-Leistung	4.8
Mietunterkünfte	-

Geeignet für

Kinder b. 6 J.	4.9
Kinder b. 12 J.	4.9
Kinder b. 18 J.	4.2
Paare	4.7
Senioren	4.9
Gäste mit Zelt	4.4
Gäste mit Hund	5.0

Empfohlene Aktivitäten

- Entspannen
- Wandern
- Radfahren

28 Camping Lörrach - Drei-Länder-Camp

Grüttweg 8
79539 Lörrach (nahe Basel)
+49 7621 82588
47.62471 | 7.66154

15.03. - 30.10.

HS: 35,40 € | NS: 31,40 €

Mehr Infos & Anfrage:
www.camping.info/18997

Baden im Fluss	9km
Pool/Hallenbad	500m/5km
Spielplatz am Platz	✓
Hunde willkommen	✓
zur Hälfte Schatten	✓
WLAN	✓
Lebensmittel	250m
Brötchen am Platz	nur HS
Restaurant/Imbiss	✓/300m
Ver-/Entsorgung Womo	✓
in den Ort	1km
Gesamt/Touristen	180/173
Mietunterkünfte	✓
Stellplätze vor Schranke	✓

4.2 SEHR GUT
127 Bewertungen

Lage	4.5
Ruhe	4.3
Sanitäranlagen	4.4
Sauberkeit Ø	4.5
Freundlichkeit	4.6
Stellplatz	4.3
Verpflegung	3.9
Freizeit	4.3
Preis-Leistung	4.1
Mietunterkünfte	4.6

Geeignet für

Kinder b. 6 J.	4.2
Kinder b. 12 J.	4.3
Kinder b. 18 J.	4.4
Paare	4.5
Senioren	4.5
Gäste mit Zelt	4.6
Gäste mit Hund	4.6

Empfohlene Aktivitäten

- Radfahren
- Wandern
- Entspannen

weitere HS: 05.04. - 30.04.
weitere NS: 01.05. - 25.05. + 10.09. - 30.10.

29 Rhein Camping Waldshut

❄

Jahnweg 22
79761 Waldshut bei Tiengen
+49 7751 3152
47.61081 | 8.22514

ganzjährig

HS: 31,00 € | NS: 31,00 €

Mehr Infos & Anfrage:
www.camping.info/19000

Baden im Fluss am Platz	✓
Pool/Hallenbad	500m/1km
Spielplatz	100m
Hunde willkommen	✓
wenig Schatten	✓
WLAN	✓
Lebensmittel	1km
Brötchen am Platz	✓
Restaurant am P.	✓
Ver-/Entsorgung Womo	✓
in den Ort	1km
Gesamt/Touristen	78/29
Mietunterkünfte	✓
Stellplätze vor Schranke	✓

3.7 GUT
20 Bewertungen

Lage	4.4
Ruhe	3.9
Sanitäranlagen	4.1
Sauberkeit Ø	4.4
Freundlichkeit	3.4
Stellplatz	3.8
Verpflegung	4.0
Freizeit	3.8
Preis-Leistung	3.6
Mietunterkünfte	3.5

Geeignet für

Kinder b. 6 J.	3.1
Kinder b. 12 J.	3.1
Kinder b. 18 J.	3.3
Paare	4.3
Senioren	3.9
Gäste mit Zelt	4.0
Gäste mit Hund	3.8

Empfohlene Aktivitäten

- Radfahren
- Wandern
- Entspannen

keine WOMOs ab 11 m; keine großen Jugendgruppen

BADEN-WÜRTTEMBERG

5 Bodensee

	Platz	Seite	Bewertung	Öffnungszeiten	
1	Buchseehof	604	4.1	ganzjährig	❄
2	Camping Sonnental	604	3.9	ganzjährig	❄
3	Camping Seewiese Illmensee	605	3.6	saisonal	
4	Camping- und Ferienpark Orsingen	604	4.5	saisonal	❄
5	Campinggarten Wahlwies	606	4.6	saisonal	❄
6	Campinghof Salem	606	4.4	saisonal	
7	Camping am Badsee	606	4.7	saisonal	
8	Campingplatz Nell	607	4.7	saisonal	
9	Campingplatz Brändle-Köhne	607	4.6	saisonal	
10	Camping Birnau-Maurach	607	4.4	k. A.	
11	Camping am Bauernhof	607	4.5	saisonal	
12	Camping Fliesshorn	610	4.6	saisonal	
13	Camping Röhrenmoos	610	3.4	saisonal	
14	Camping Wirthshof beim Bodensee	608	4.4	saisonal	❄ 👍
15	Campingplatz Allensbach	610	3.8	saisonal	
16	Camping Hegne	611	4.0	saisonal	
17	Campingplatz Sandseele OHG	612	3.6	saisonal	
18	Camping Horn	612	3.9	saisonal	
19	Waldbad Camping Isny	612	4.3	saisonal	
20	Camping Alpenblick	614	3.7	saisonal	
21	CEG Schloss Kirchberg	614	4.2	k. A.	
22	Camping Fischbach	614	3.9	saisonal	
23	Schloss Helmsdorf OHG	616	4.2	saisonal	
24	Cap Rotach	616	4.3	saisonal	
25	Gutshof Camping Badhütten	616	3.3	saisonal	
26	Camping Park Gohren am Bodensee	615	3.2	saisonal	
27	Campingplatz Iriswiese	617	3.2	saisonal	

❄ Wintercamping FKK Textilfrei (ganz/teilweise) Ecocamping 👍 Award Onlinebuchung

Karte auf Seite 602

	1	2	4
	Buchseehof	**Camping Sonnental**	**Camping- und Ferienpark Orsingen**
	❄	❄	❄
	Buchsee 1 88273 Fronreute +49 7502 1339	Im Doggenhardt 1 78234 Engen +49 77 33 / 75 29	Am Alten Sportplatz 8 78359 Orsingen-Nenzingen +49 7774 99 99 100
	47.88037 | 9.57119	47.86146 | 8.7608	47.84234 | 8.93673
Infos			
Öffnungszeiten	ganzjährig	ganzjährig	01.03. - 18.12.
Vergleichspreis	HS: 21,00 € | NS: 21,00 €	HS: 29,00 € | NS: 19,50 €	HS: 37,20 € | NS: 33,20 €
Link	**Mehr Infos & Anfrage:** www.camping.info/25214	**Mehr Infos & Anfrage:** www.camping.info/18960	**Mehr Infos & Anfrage:** www.camping.info/23445
Ausstattung			
Freizeit	Baden im See 1km Pool/Hallenbad 10km Spielplatz am Platz ✓	Baden im See 8km Pool/Hallenbad 500m/15km Spielplatz am Platz ✓	Baden im See 4km Pool/Hallenbad ✓/20km Spielplatz am Platz ✓
Campingplatz	Hunde willkommen ✓ viel Schatten ✓ WLAN ✗	Hunde willkommen ✓ zur Hälfte Schatten ✓ WLAN ✓	Hunde willkommen ✓ wenig Schatten ✓ WLAN (begrenzt gratis) ✓
Versorgung	Lebensmittel 3km Brötchen am Platz ✗ Restaurant/Imbiss 2/1km Ver-/Entsorgung Womo ✓ in den Ort 2km	Lebensmittel 1km Brötchen am Platz ✓ Restaurant am P. ✓ Ver-/Entsorgung Womo ✓ in den Ort 1km	Lebensmittel 100m Brötchen am Platz ✓ Restaurant & Imbiss ✓ Ver-/Entsorgung Womo ✓ in den Ort 200m
Anzahl der Plätze	Gesamt 10 Mietunterkünfte ✓ Stellplätze vor Schranke ✗	Gesamt/Touristen 180/90 Mietunterkünfte ✗ Stellplätze vor Schranke ✗	Gesamt/Touristen 173/143 Mietunterkünfte ✓ Stellplätze vor Schranke ✗

	Buchseehof	Camping Sonnental	Camping- und Ferienpark Orsingen
Bewertung	4.1 SEHR GUT	3.9 GUT	4.5 SEHR GUT
	10 Bewertungen	14 Bewertungen	195 Bewertungen
Lage	4.3	4.1	4.3
Ruhe	4.4	4.0	4.5
Sanitäranlagen	3.8	4.2	4.5
Sauberkeit Ø	4.3	4.4	4.6
Freundlichkeit	5.0	3.9	4.7
Stellplatz	3.4	3.9	4.3
Verpflegung	2.3	3.2	4.3
Freizeit	3.2	3.8	4.3
Preis-Leistung	3.5	4.2	4.3
Mietunterkünfte	2.7	-	4.5
Geeignet für			
Kinder b. 6 J.	4.1	4.0	4.6
Kinder b. 12 J.	4.0	4.2	4.6
Kinder b. 18 J.	3.7	4.4	4.0
Paare	4.0	4.6	4.5
Senioren	3.8	4.8	4.5
Gäste mit Zelt	4.7	4.8	4.6
Gäste mit Hund	4.9	4.8	4.5
Empfohlene Aktivitäten	Wandern Schwimmen Radfahren	Wandern Radfahren Schwimmen	Schwimmen Radfahren Wandern

3 Camping Seewiese Illmensee

Kirchplatz 2/1
88636 Illmensee
+49 7558 466
www.camping-illmensee.de
info@camping-illmensee.de

28.04. - 03.10.

HS: 29,00 € | NS: 29,00 €

Mehr Infos & Anfrage:
www.camping.info/19124

Baden im See am Platz	✓
Hallenbad	7km
Spielplatz am Platz	✓
Hunde willkommen	✓
zur Hälfte Schatten	✓
WLAN	✓
Lebensmittel	400m
Brötchen am Platz	✗
Restaurant/Imbiss	✓/100m
Ver-/Entsorgung Womo	✓
in den Ort	100m
Gesamt/Touristen	125/60
Mietunterkünfte	✓
Stellplätze vor Schranke	✗

47.86066 | 9.37465

Luftaufnahme mit Blick auf den Illmensee.

Lage & Stellplatz

Naturnaher, kleiner Campingplatz am schönen Illmensee inmitten des Erholungsgebiets der Ferienregion „Nördlicher Bodensee“. Stellplätze für Wohnwagen und Wohnmobile mit Stromanschluss, z.T. parzelliert sowie eine autofreie Zeltwiese. Eigener Badestrand am Illmensee. Campingschlaffass und Schlafkota.

Verpflegung

Im Kiosk können die Gäste Getränke und Eis kaufen. Im Dorf gibt es vier Gasthäuser, einen Pizza-Service, eine Bäckerei und einen kleinen Lebensmittelmarkt – alles entspannt zu Fuß erreichbar. Weitere Einkaufsmöglichkeiten befinden sich in 5 km Entfernung.

Sanitär

Die sanitäre Ausstattung besteht aus Toiletten, Wasch- und Duschräumen sowie Einzelwaschkabinen. Des Weiteren gibt es zwei Waschmaschinen, zwei Trockner, einen Gästekochplatz sowie Kühlfächer. Entsorgungsstelle für Chemietoilette sowie eine Ver- und Entsorgungsstelle für Wohnmobile vorhanden.

Freizeit

Der familienfreundliche und naturnahe Campingplatz verfügt über einen eigenen Badeplatz am Illmensee, einen kleinen Spielplatz, Beachvolleyballfeld, Tischtennisplatte, Grillstelle mit Holz u. v. m. Zentrale Lage, ideal für Freizeitaktivitäten, Radtouren, Wandern und Tagesausflüge in der Region.

Ideal zum Baden.

Freitzeitspaß für Kinder.

3.6 GUT
49 Bewertungen

Lage	4.3
Ruhe	3.3
Sanitäranlagen	2.4
Sauberkeit Ø	3.6
Freundlichkeit	4.3
Stellplatz	3.5
Verpflegung	3.3
Freizeit	3.8
Preis-Leistung	3.6
Mietunterkünfte	3.5

Geeignet für

4.3	Gäste mit Zelt
4.2	Kinder b. 6 J.
4.1	Kinder b. 12 J.
3.7	Kinder b. 18 J.
4.2	Gäste mit Hund
3.8	Paare
3.6	Senioren

Empfohlene Aktivitäten

Schwimmen · Wandern · Angeln · Radfahren

Mehr Infos

Reservierung möglich.
Gruppen nur auf Anfrage.
Keine Jugendgruppen.

Karte auf Seite 602

	5	6	7
	Campinggarten Wahlwies	**Campinghof Salem**	**Camping am Badsee**
	Stahringer Str. 50 78333 Stockach-Wahlwies +49 77 71 35 11	Weildorferstraße 46 88682 Salem +49 755 3829695	Allmisried 1 88316 Isny-Beuren +49 7567 1026
	47.80883 | 8.96968	47.77006 | 9.30812	47.75389 | 10.00528
Infos			
Öffnungszeiten	17.02. - 15.11.	01.04. - 31.10.	15.04. - 15.10.
Vergleichspreis	HS: 34,00 € | NS: 32,00 €	HS: 29,50 € | NS: 29,50 €	HS: 25,40 € | NS: 25,40 €
Link	**Mehr Infos & Anfrage:** www.camping.info/18964	**Mehr Infos & Anfrage:** www.camping.info/17843	**Mehr Infos & Anfrage:** www.camping.info/19119
Ausstattung			
Freizeit	Baden im See 5km Pool/Hallenbad 5km Spielplatz am Platz ✓	Baden im See 1km Pool/Hallenbad 5km Spielplatz am Platz ✓	Baden im See am Platz ✓ Pool/Hallenbad 10/15km Spielplatz am Platz ✓
Campingplatz	Hunde willkommen ✓ wenig Schatten ✓ WLAN ✓	Hunde erlaubt ✓ zur Hälfte Schatten ✓ WLAN ✓	Hunde erlaubt ✓ zur Hälfte Schatten ✓ WLAN ✓
Versorgung	Lebensmittel ✓ Brötchen am Platz ✓ Restaurant/Imbiss 500m/✓ Ver-/Entsorgung Womo ✓ in den Ort 500m	Lebensmittel ✓ Brötchen am Platz ✓ Restaurant & Imbiss ✓ Ver-/Entsorgung Womo ✓ in den Ort 500m	Lebensmittel 2km Brötchen am Platz ✓ Restaurant & Imbiss ✓ Ver-/Entsorgung Womo ✓ in den Ort 2km
Anzahl der Plätze	Gesamt/Touristen 75/60 Mietunterkünfte ✓ Stellplätze vor Schranke ✗	Gesamt/Touristen 90/80 Mietunterkünfte ✓ Stellplätze vor Schranke ✗	Gesamt/Touristen 300/100 Mietunterkünfte ✓ Stellplätze vor Schranke ✗
Bewertung	4.6 SEHR GUT, 97 Bewertungen	4.4 SEHR GUT, 49 Bewertungen	4.7 SEHR GUT, 47 Bewertungen
Lage	4.5	4.4	4.6
Ruhe	4.6	4.3	4.7
Sanitäranlagen	4.2	4.2	4.6
Sauberkeit Ø	4.8	4.5	4.8
Freundlichkeit	4.9	4.6	4.7
Stellplatz	4.5	4.2	4.2
Verpflegung	3.8	4.1	4.1
Freizeit	4.2	4.4	4.2
Preis-Leistung	4.7	4.7	4.5
Mietunterkünfte	4.8	4.3	4.5
Geeignet für			
Kinder b. 6 J.	4.1	4.6	4.7
Kinder b. 12 J.	3.6	4.6	4.6
Kinder b. 18 J.	3.1	3.9	3.9
Paare	4.8	4.6	4.6
Senioren	4.8	4.5	4.6
Gäste mit Zelt	4.5	4.5	4.5
Gäste mit Hund	4.9	4.6	4.5
Empfohlene Aktivitäten	Radfahren Wandern Entspannen	Radfahren Wandern Entspannen	Wandern Schwimmen Radfahren
	keine WOMOs ab 9 m; keine Gruppen		keine WOMOs ab 10 m; Gruppen nur beschränkt zugelassen

8 Campingplatz Nell

Zur Barbe 5
88662 Überlingen-Nußdorf
+49 7551/4254
47.75222 | 9.1925

01.04. - 15.10.
HS: 27,00 € | NS: 27,00 €
Mehr Infos & Anfrage:
www.camping.info/19126

Baden im See am Platz	✓
Pool & Hallenbad	✗
Spielplatz	400m
Hunde	✗
Schatten	✗
WLAN	✗
Lebensmittel	200m
Brötchen am Platz	✗
Restaurant/Imbiss	100/200m
Ver-/Entsorgung Womo	✓
im Ort	✓
Gesamt/Touristen	50/20
Mietunterkünfte	✗
Stellplätze vor Schranke	✗

4.7 SEHR GUT
15 Bewertungen

Lage	4.7
Ruhe	4.7
Sanitäranlagen	4.1
Sauberkeit Ø	4.8
Freundlichkeit	4.9
Stellplatz	4.3
Verpflegung	3.3
Freizeit	4.3
Preis-Leistung	4.4
Mietunterkünfte	-

Geeignet für

Kinder b. 6 J.	3.4
Kinder b. 12 J.	3.7
Kinder b. 18 J.	4.1
Paare	4.6
Senioren	4.9
Gäste mit Zelt	3.9
Hunde n. erlaubt	-

Empfohlene Aktivitäten
- Radfahren
- Schwimmen
- Entspannen

9 Campingplatz Brändle-Köhne

Untermaurach 4
88662 Überlingen
+49 7551 8328888
47.7467 | 9.213

30.03. - 13.10.
HS: 28,40 € | NS: 28,40 €
Mehr Infos & Anfrage:
www.camping.info/26286

Baden im See am Platz	✓
Pool/Hallenbad	1/6km
Spielplatz	500m
Hunde erlaubt	✓
zur Hälfte Schatten	✓
WLAN	✗
Lebensmittel	1km
Brötchen am Platz	✗
Restaurant/Imbiss	1km
Ver-/Entsorgung Womo	✗
in den Ort	1km
Gesamt/Touristen	50/10
Mietunterkünfte	✗
Stellplätze vor Schranke	✗

4.6 SEHR GUT
14 Bewertungen

Lage	4.8
Ruhe	4.9
Sanitäranlagen	4.2
Sauberkeit Ø	4.8
Freundlichkeit	4.8
Stellplatz	4.2
Verpflegung	3.4
Freizeit	4.3
Preis-Leistung	4.4
Mietunterkünfte	-

Geeignet für

Kinder b. 6 J.	3.5
Kinder b. 12 J.	4.4
Kinder b. 18 J.	4.6
Paare	4.6
Senioren	4.8
Gäste mit Zelt	4.7
Gäste mit Hund	4.3

Empfohlene Aktivitäten
- Schwimmen
- Radfahren
- Kayak/Kanu

10 Camping Birnau-Maurach

88690 Uhldingen-Mühlhofen
+49 7556 6699
47.74139 | 9.22583

keine Angabe
keine Angabe
Mehr Infos & Anfrage:
www.camping.info/19128

Baden in nat. Gewässer	k. A.
Pool & Hallenbad	✗
Spielplatz am Platz	✓
Hunde	✗
Schatten	✗
WLAN	✓
Lebensmittel	k.A.
Brötchen am Platz	✓
Restaurant & Imbiss	✓
Ver-/Entsorgung Womo	✗
in den Ort	keine Angabe
Gesamt	keine Angabe
Mietunterkünfte	✗
Stellplätze vor Schranke	✗

4.4 SEHR GUT
90 Bewertungen

Lage	4.6
Ruhe	4.2
Sanitäranlagen	4.6
Sauberkeit Ø	4.8
Freundlichkeit	4.6
Stellplatz	4.2
Verpflegung	3.9
Freizeit	4.3
Preis-Leistung	4.0
Mietunterkünfte	-

Geeignet für

Kinder b. 6 J.	4.1
Kinder b. 12 J.	4.0
Kinder b. 18 J.	3.5
Paare	4.5
Senioren	4.5
Gäste mit Zelt	4.1
Hunde n. erlaubt	-

Empfohlene Aktivitäten
- Radfahren
- Schwimmen
- Wandern

11 Camping am Bauernhof

Sankt Georg Straße 8
88094 Oberteuringen
+49 7546 24 46
47.74017 | 9.47172

13.04. - 15.09.
HS: 27,50 € | NS: 27,50 €
Mehr Infos & Anfrage:
www.camping.info/17844

Baden im Teich am Platz	✓
Pool/Hallenbad	5/10km
Spielplatz am Platz	✓
Hunde	✗
wenig Schatten	✓
WLAN	✓
Lebensmittel	500m
Brötchen am Platz	✓
Restaurant/Imbiss	1km/500m
Ver-/Entsorgung Womo	✓
in den Ort	2km
Touristenplätze	45
Mietunterkünfte	✓
Stellplätze vor Schranke	✗

4.5 SEHR GUT
36 Bewertungen

Lage	4.0
Ruhe	4.2
Sanitäranlagen	4.2
Sauberkeit Ø	4.5
Freundlichkeit	4.6
Stellplatz	4.5
Verpflegung	3.1
Freizeit	4.3
Preis-Leistung	4.5
Mietunterkünfte	4.2

Geeignet für

Kinder b. 6 J.	4.9
Kinder b. 12 J.	4.7
Kinder b. 18 J.	2.8
Paare	3.7
Senioren	3.6
Gäste mit Zelt	4.4
Hunde n. erlaubt	-

Empfohlene Aktivitäten
- Radfahren
- Schwimmen
- Wandern

14 Camping Wirthshof beim Bodensee

Steibensteg 10
88677 Markdorf-Steibensteg
+49 7544 96 270
www.wirthshof.de
post@wirthshof.de

15.01. - 15.12.

HS: k.A. | NS: k.A.

Mehr Infos & Anfrage:
www.camping.info/19127

Baden im See	7km
Pool/Hallenbad	✓/6km
Spielplatz am Platz	✓
Hunde willkommen	✓
zur Hälfte Schatten	✓
WLAN	✓
Lebensmittel	✓
Brötchen am Platz	✓
Restaurant & Imbiss	✓
Ver-/Entsorgung Womo	✓
in den Ort	1km
Gesamt/Touristen	256/156
Mietunterkünfte	✓
Stellplätze vor Schranke	✗

Camping Wirthshof beim Bodensee – 5-Sterne-Camping, 4-Sterne-Hotel, Chalets

Lage & Stellplatz

Der Campingplatz Wirthshof liegt am Ortsrand der malerischen Kleinstadt Markdorf, die nur ca. 7 km vom Bodenseeufer entfernt ist. Durch die zentrale Lage in der Bodenseeregion ist der Wirthshof der ideale Ausgangspunkt, um die umliegenden Sehenswürdigkeiten zu erkunden. Direkt am Platz startet einer von drei Premiumwanderwegen und ein Radweg Richtung Bodensee. Die 256 Stellplätze bestehen überwiegend aus großzügigen Rasenflächen. Es gibt Standard-, Komfort- und Premium-Stellplätze, die zwischen 70 und 140 m^2 groß sind und über Strom-, Wasser- und Abwasseranschlüsse verfügen.

Sanitär

Die modernen und gepflegten Sanitäranlagen verfügen über großzügige Duschen, Einzelwaschkabinen und Kinderwaschräume. Des Weiteren gibt es zwei behindertengerechte Duschen und Toiletten. Auch mehrere Waschmaschinen, Wäschetrockner und Geschirrspülmaschinen sowie ein Automat zur Leerung und Reinigung der Camping-Kassette stehen den Gästen des Campingplatzes zur Verfügung. In zwei Sanitärgebäuden besteht außerdem die Möglichkeit, ein Mietbadezimmer für die Dauer des Aufenthalts zu buchen.

Naturerlebnis

AWARD 2020 · Premium Camps · camping.info

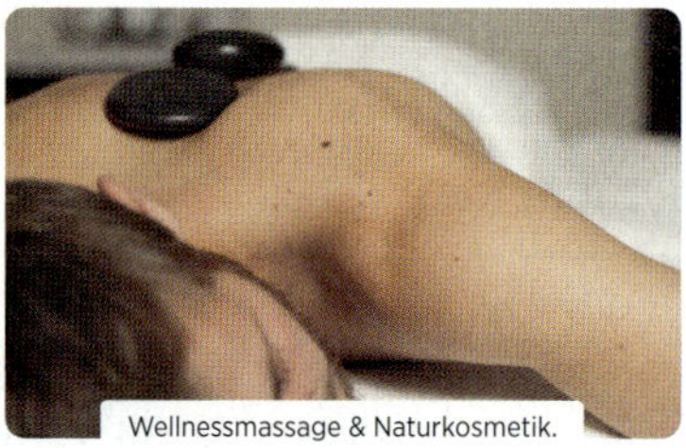
Wellnessmassage & Naturkosmetik.

Abenteuerspielplatz für Kids.

Preise und Verfügbarkeiten immer aktuell unter www.wirthshof.de/buchen.

AWARD 2022

Freischwimmbad mit Wasserspielplatz für warme Tage.

Verpflegung

Das Restaurant „Hofschenke“ am Wirthshof bietet eine gutbürgerliche Küche und verwöhnt seine Gäste mit frischen, saisonalen Produkten und Weinen aus der Region. Heimische Erzeugnisse und täglich frische Brötchen sowie ein kleines Frühstück können im HofLaden erworben werden. Im dazugehörigen Hotel gibt es die Möglichkeit, viele Leckereien am Frühstücks-Buffet zu genießen. Im Umkreis von 2 km befinden sich mehrere Lebensmittelgeschäfte sowie diverse Restaurants und Bars, die auch gut zu Fuß erreichbar sind.

Freizeit

Vom beheizten Freibad bis zum Abenteuerspielplatz bietet der Wirthshof ein vielfältiges Angebot an Freizeiteinrichtungen. Ein abwechslungsreiches Bewegungsangebot unter professioneller Anleitung findet täglich statt (z. B. Slow Jogging oder Yoga). Für die kleinen Gäste gibt es in den Ferienzeiten spannende und spaßige Programmpunkte wie Basteln & Co. Bei schlechtem Wetter steht eine Indoor-Spielscheune zur Verfügung. Die Saunalandschaft und das Wirthshof-Spa laden zum Entspannen und Wohlfühlen ein. In der Nebensaison werden kulinarische Genuss-Events wie Weinproben und Feste vor Ort angeboten.

5.0

Wir haben uns sehr wohlgefühlt auf diesem 5 Sterne Campingplatz, den wir sehr gerne weiterempfehlen können! Es ist alles vorhanden, was das Herz begehrt. Die Sanitäranlagen sind groß und sehr sauber. Überrascht waren wir von den sehr großen Parzellen und dem großen Pool. Gerne kommen wir wieder, denn von diesem schönen Ort kann man sehr vieles erkunden.

Fredy K.

Fredy und Silvia sind pensionierte Vielcamper und besuchen mit ihrem Hund jährlich circa 20 Campingplätze. Seit 2018 fahren sie im eigenen Wohnmobil. Im Mai 2022 waren sie auf dem Wirthshof.

Kulinarische Genüsse.

Modernes Sanitärgebäude.

4.4 **SEHR GUT**
425 Bewertungen

Lage	3.9
Ruhe	3.8
Sanitäranlagen	4.5
Sauberkeit Ø	4.3
Freundlichkeit	4.6
Stellplatz	4.4
Verpflegung	4.2
Freizeit	4.5
Preis-Leistung	4.2
Mietunterkünfte	4.6

Geeignet für

4.6	Kinder b. 6 J.
4.6	Kinder b. 12 J.
4.5	Gäste mit Zelt
3.9	Kinder b. 18 J.
4.5	Paare
4.4	Senioren
3.7	Gäste mit Hund

Empfohlene Aktivitäten

Radfahren
Wandern
Schwimmen
Entspannen

Mehr Infos

Karte auf Seite 602

	12	13	15
	Camping Fliesshorn	**Camping Röhrenmoos**	**Campingplatz Allensbach**
	Am Fliesshorn 1 78465 Konstanz-Dingelsdorf +49 7533 5262 47.73382 | 9.1724	Röhrenmoos 1 88239 Wangen +49 7522 21413 47.72179 | 9.8277	Strandweg 30 78476 Allensbach +49 7533 9976565 47.71075 | 9.07976
Infos			
Öffnungszeiten	30.03. - 07.10.	15.04. - 15.10.	15.03. - 15.10.
Vergleichspreis	HS: 35,50 € | NS: 35,50 €	HS: 20,60 €	HS: 29,70 € | NS: 29,70 €
Link	**Mehr Infos & Anfrage:** www.camping.info/18971	**Mehr Infos & Anfrage:** www.camping.info/26459	**Mehr Infos & Anfrage:** www.camping.info/25067
Ausstattung			
Freizeit	Baden im See am Platz ✓ Pool/Hallenbad 9km Spielplatz am Platz ✓	Baden im See am Platz ✓ Pool & Hallenbad ✗ Spielplatz am Platz ✓	Baden im See am Platz ✓ Pool & Hallenbad ✗ Spielplatz am Platz ✓
Campingplatz	Hunde erlaubt ✓ Schatten ✗ WLAN ✓	Hunde willkommen ✓ viel Schatten ✓ WLAN (begrenzt gratis) ✓	Hunde erlaubt nur NS zur Hälfte Schatten ✓ WLAN ✓
Versorgung	Lebensmittel ✓ Brötchen am Platz ✓ Restaurant am P. ✓ Ver-/Entsorgung Womo ✓ in den Ort 2km	Lebensmittel ✓ Brötchen am Platz ✓ Restaurant & Imbiss ✓ Ver-/Entsorgung Womo ✓ in den Ort keine Angabe	Lebensmittel 800m Brötchen am Platz ✓ Restaurant & Imbiss ✓ Ver-/Entsorgung Womo ✓ in den Ort 500m
Anzahl der Plätze	Gesamt/Touristen 120/40 Mietunterkünfte ✓ Stellplätze vor Schranke ✗	Gesamt keine Angabe Mietunterkünfte ✗ Stellplätze vor Schranke ✓	Gesamt/Touristen 160/137 Mietunterkünfte ✓ Stellplätze vor Schranke ✓

	Camping Fliesshorn	Camping Röhrenmoos	Campingplatz Allensbach
Bewertung	4.6 SEHR GUT, 54 Bewertungen	3.4 GUT, 10 Bewertungen	3.8 GUT, 49 Bewertungen
Lage	4.6	4.2	4.6
Ruhe	4.5	3.1	3.7
Sanitäranlagen	4.8	2.9	3.5
Sauberkeit Ø	4.8	3.5	3.8
Freundlichkeit	4.9	4.4	4.2
Stellplatz	4.4	3.2	3.7
Verpflegung	4.2	3.6	3.8
Freizeit	4.4	3.2	4.1
Preis-Leistung	4.3	3.8	3.6
Mietunterkünfte	4.0	-	4.0
Geeignet für			
Kinder b. 6 J.	4.5	3.4	4.5
Kinder b. 12 J.	4.4	3.9	4.4
Kinder b. 18 J.	3.8	3.3	4.2
Paare	4.7	3.3	4.2
Senioren	4.9	2.9	4.2
Gäste mit Zelt	4.5	4.3	4.4
Gäste mit Hund	4.4	4.0	4.3
Empfohlene Aktivitäten	Schwimmen Radfahren Kayak/Kanu	Schwimmen Wandern Entspannen	Schwimmen Radfahren Kayak/Kanu

Camping Fliesshorn: keine WOMOs ab 9 m; schmale Einfahrt mit Einbahnverkehr

16 Camping Hegne

Nachtwaid 1
78476 Allensbach-Hegne
+49 7533 9493913
www.camping-hegne.de
info@camping-hegne.de

15.03. - 03.10.

HS: 40,20 € | NS: 40,20 €

Mehr Infos & Anfrage:
www.camping.info/18973

Baden im See am Platz	✓
Pool/Hallenbad	5km
Spielplatz am Platz	✓
Hunde willkommen	✓
zur Hälfte Schatten	✓
WLAN	✓
Lebensmittel	2km
Brötchen am Platz	✓
Restaurant & Imbiss	✓
Ver-/Entsorgung Womo	✓
in den Ort	1km
Gesamt/Touristen	160/110
Mietunterkünfte	✓
Stellplätze vor Schranke	✗

47.7039 | 9.09764

Luftaufnahme mit Blick auf das nahe gelegene Naturschutzgebiet.

Lage & Stellplatz

Der Campingplatz Hegne liegt direkt am Bodensee. Inmitten eines Naturschutzgebietes und gegenüber der Insel Reichenau erstreckt sich die moderne Anlage in 400 Höhenmetern auf einer Wiesenfläche von gut 2 ha. Das grüne Gelände ist mit einigen Laubbäumen und Hecken bewachsen.

Verpflegung

Das schicke, platzeigene Restaurant verfügt über eine Terrasse mit Seeblick. Auf der Speisekarte finden sich gutbürgerliche Gerichte sowie ein täglich wechselndes Mittagsgericht.

Sanitär

Die Anlage wurde im Jahr 2013 umfangreich modernisiert. In den Sanitäranlagen, die über eine Fußbodenheizung für die kalten Tage verfügen, werden keine Münzen oder Jetons zum Duschen benötigt. Außerdem gibt es eine Entsorgungsstation für Chemietoiletten und ein Geschirrspülbecken mit Warmwasser.

Freizeit

Das eigene Strandbad direkt am Bodensee bietet ausgiebige Schwimmmöglichkeiten sowie einen Kinderspielplatz. Aufgrund der unmittelbaren Bahnanbindung (ca. 150 m entfernt) ist der Platz der optimale Ausgangspunkt für interessante Ausflüge, z. B. nach Konstanz oder auf die Insel Mainau.

Campingplatzgebäude.

Strandbad am See.

4.0 SEHR GUT
111 Bewertungen

Lage	4.6
Ruhe	3.9
Sanitäranlagen	4.4
Sauberkeit Ø	4.2
Freundlichkeit	4.2
Stellplatz	3.7
Verpflegung	4.0
Freizeit	4.1
Preis-Leistung	3.9
Mietunterkünfte	4.1

Geeignet für

4.2	Paare
4.1	Kinder b. 6 J.
4.1	Kinder b. 12 J.
4.0	Gäste mit Zelt
3.9	Senioren
3.7	Kinder b. 18 J.
3.2	Gäste mit Hund

Empfohlene Aktivitäten

Schwimmen · Radfahren · Kayak/Kanu · Entspannen

Mehr Infos

Hunde im eigenen Wohnwagen und Wohnmobil erlaubt.

Karte auf Seite 602

	17 Campingplatz Sandseele OHG	18 Camping Horn	19 Waldbad Camping Isny
	Zum Sandseele 1 78479 Insel Reichenau +49 7534 7384 47.69819 | 9.04512	Strandweg 18 78343 Gaienhofen-Horn +49 7735 685 47.68774 | 8.99485	Lohbauerstraße 59 - 69 88316 Isny +49 7562 2389 47.67782 | 10.0301
Infos			
Öffnungszeiten	16.03. - 07.10.	01.04. - 03.10.	01.04. - 16.10.
Vergleichspreis	HS: 36,10 € | NS: 36,10 €	HS: 24,00 € | NS: 24,00 €	HS: 35,00 € | NS: 33,00 €
Link	**Mehr Infos & Anfrage:** www.camping.info/18974	**Mehr Infos & Anfrage:** www.camping.info/18965	**Mehr Infos & Anfrage:** www.camping.info/19120
Ausstattung			
Freizeit	Baden im See am Platz ✓ Pool/Hallenbad ✓/15km Spielplatz am Platz ✓	Baden im See am Platz ✓ Hallenbad 4km Spielplatz am Platz ✓	Baden im See am Platz ✓ Pool/Hallenbad 15/5km Spielplatz am Platz ✓
Campingplatz	Hunde ✗ Schatten ✗ WLAN (gratis) teilweise	Hunde erlaubt nur NS zur Hälfte Schatten ✓ WLAN ✓	Hunde willkommen ✓ zur Hälfte Schatten ✓ WLAN (gegen Gebühr) ✓
Versorgung	Lebensmittel ✓ Brötchen am Platz ✓ Restaurant & Imbiss ✓ Ver-/Entsorgung Womo ✓ in den Ort 1km	Lebensmittel k.A. Brötchen am Platz ✓ Restaurant am P. ✓ Ver-/Entsorgung Womo ✓ in den Ort 400m	Lebensmittel 1km Brötchen am Platz ✓ Restaurant & Imbiss ✓ Ver-/Entsorgung Womo ✓ in den Ort 1km
Anzahl der Plätze	Gesamt/Touristen 220/136 Mietunterkünfte ✓ Stellplätze vor Schranke ✗	Gesamt/Touristen 255/150 Mietunterkünfte ✓ Stellplätze vor Schranke ✗	Touristenplätze 50 Mietunterkünfte ✓ Stellplätze vor Schranke ✗

	17	18	19
Gesamt	3.6 GUT – 46 Bewertungen	3.9 GUT – 60 Bewertungen	4.3 SEHR GUT – 55 Bewertungen
Lage	4.6	4.3	4.6
Ruhe	3.4	3.7	4.6
Sanitäranlagen	4.2	3.3	4.0
Sauberkeit Ø	3.9	3.8	4.4
Freundlichkeit	3.5	4.0	4.4
Stellplatz	3.2	3.8	4.2
Verpflegung	3.8	3.2	3.3
Freizeit	4.0	3.9	3.9
Preis-Leistung	3.5	3.9	4.2
Mietunterkünfte	3.2	4.0	4.2
Geeignet für			
Kinder b. 6 J.	4.3	4.3	4.4
Kinder b. 12 J.	4.2	4.4	4.5
Kinder b. 18 J.	3.5	3.6	3.8
Paare	4.3	3.8	4.6
Senioren	4.2	3.9	4.6
Gäste mit Zelt	3.4	3.6	4.4
Gäste mit Hund	Hunde n. erlaubt -	3.3	4.7
Empfohlene Aktivitäten	Schwimmen Radfahren Kayak/Kanu	Schwimmen Radfahren Wandern	Wandern Schwimmen Radfahren

Karte auf Seite 602

	20 Camping Alpenblick	21 CEG Schloss Kirchberg	22 Camping Fischbach
	Strandbadstr. 13 88090 Hagnau +49 7532 495760 47.67218 | 9.32681	Schloss Kirchberg 1 88090 Immenstaad +49 7545 6413 47.67 | 9.33056	Grenzösch 3 88048 Friedrichshafen-Fischbach +49 7541 42059 47.66944 | 9.40278
Infos			
Öffnungszeiten	01.04. - 25.10.	keine Angabe	24.03. - 09.10.
Vergleichspreis	HS: 32,00 € | NS: 27,50 €	keine Angabe	HS: 25,20 € | NS: 22,60 €
Link	**Mehr Infos & Anfrage:** www.camping.info/22377	**Mehr Infos & Anfrage:** www.camping.info/19112	**Mehr Infos & Anfrage:** www.camping.info/19108
Ausstattung			
Freizeit	Baden im See am Platz ✓ Pool/Hallenbad 50m/3km Spielplatz 50m	Baden in nat. Gewässer k. A. Pool & Hallenbad ✗ Spielplatz am Platz ✓	Baden im See am Platz ✓ Pool 500m Spielplatz am Platz ✓
Campingplatz	Hunde willkommen ✓ Schatten ✗ WLAN (gegen Gebühr) ✓	Hunde willkommen ✓ Schatten ✗ WLAN ✓	Hunde ✗ Schatten ✗ WLAN teilweise
Versorgung	Lebensmittel ✓ Brötchen am Platz ✓ Restaurant & Imbiss ✓ Ver-/Entsorgung Womo ✓ in den Ort 500m	Lebensmittel ✓ Brötchen am Platz ✓ Restaurant & Imbiss ✓ Ver-/Entsorgung Womo ✗ in den Ort keine Angabe	Lebensmittel 500m Brötchen am Platz ✓ Restaurant am P. ✓ Ver-/Entsorgung Womo ✓ in den Ort 500m
Anzahl der Plätze	Gesamt/Touristen 180/50 Mietunterkünfte ✓ Stellplätze vor Schranke ✗	Gesamt 333 Mietunterkünfte ✗ Stellplätze vor Schranke ✗	Gesamt/Touristen 120/80 Mietunterkünfte ✗ Stellplätze vor Schranke ✗

	Camping Alpenblick	CEG Schloss Kirchberg	Camping Fischbach
Gesamt	3.7 GUT, 123 Bewertungen	4.2 SEHR GUT, 52 Bewertungen	3.9 GUT, 51 Bewertungen
Lage	4.1	4.7	4.1
Ruhe	3.2	3.8	3.3
Sanitäranlagen	4.3	4.0	4.1
Sauberkeit Ø	4.2	4.6	3.9
Freundlichkeit	3.7	4.6	3.9
Stellplatz	3.7	4.1	4.0
Verpflegung	3.5	3.3	3.7
Freizeit	3.9	4.2	4.0
Preis-Leistung	3.7	4.0	4.0
Mietunterkünfte	3.1	-	-
Geeignet für			
Kinder b. 6 J.	3.2	4.3	4.1
Kinder b. 12 J.	3.6	4.4	4.0
Kinder b. 18 J.	3.7	4.1	3.6
Paare	4.2	4.7	4.4
Senioren	4.2	4.6	4.2
Gäste mit Zelt	3.4	4.3	4.2
Gäste mit Hund / Hunde n. erlaubt	3.8	4.5	-

Empfohlene Aktivitäten (alle drei Plätze): Schwimmen, Radfahren, Entspannen

ANZEIGE

26 Camping Park Gohren am Bodensee

Zum Seglerhafen -
88079 Kressbronn
+49 7543 60590
www.campingpark-gohren.de
info@campingplatz-gohren.de

31.03. - 15.10.

HS: 48,00 € | NS: 39,75 €

Mehr Infos & Anfrage:
www.camping.info/19269

Baden im See am Platz	✓
Pool/Hallenbad	2km
Spielplatz am Platz	✓
Hunde willkommen	✓
zur Hälfte Schatten	✓
WLAN (gegen Gebühr)	✓
Lebensmittel	✓
Brötchen am Platz	✓
Restaurant & Imbiss	✓
Ver-/Entsorgung Womo	✓
in den Ort	2km
Gesamt/Touristen	1100/600
Mietunterkünfte	✓
Stellplätze vor Schranke	✓

47.58754 | 9.56525

Direkt am Wasser wohnen, das wär's? Im Camping Park Gohren ist das möglich!

Lage & Stellplatz

Erste Lage direkt am deutschen Bodensee-Ufer bei Kressbronn, das Paradies am Wasser – einer der schönsten Campingplätze der Region mit direktem Bodenseezugang. Inmitten eines Naturschutzgebietes mit ausgedehnten Grünflächen und altem Baumbestand, ruhigen Zonen und Blick auf die Berge am Horizont.

Verpflegung

Gemütliches Restaurant, durchgehend von Frühstück bis spät, im Stil eines Landgasthofs, mit frischer Küche, preiswerten Tages-Gerichten und Feinem aus der Region, fangfrischem Bodenseefisch, hausgemachten Kuchen und Eis, großzügige Sonnenterrasse. Gut sortierter Supermarkt mit tagesfrischer Ware.

Sanitär

4-Sterne-Platz, beheizte und gepflegte Sanitärgebäude mit Dusche und WC, komfortable Ausstattung, teilweise behindertengerecht und barrierefrei, Wickelraum, Kinder-Waschland, Familienbad mit Wickeltisch und Badewanne. Waschmaschinen und Trockenautomaten. Entsorgungsstation für Wohnmobile.

Freizeit

Paddeln, Schwimmen, Sonnenbaden, Tauchen, SUP und Segeln – neben Radeln und Wandern ist Wassersport ein ganz großes Thema – mit dem Bodensee als idealer Outdoor-Arena, dem benachbarten Hafen und der Bergwelt am Horizont. Riesiges Kinder-Ferienprogramm, Massage und Sauna, Grillplatz, Fahrradverleih.

Verschiedene Stellplatz-Typen.

Urlaubsfeeling wie am Meer.

3.2 GUT
142 Bewertungen

Lage	4.3
Ruhe	3.2
Sanitäranlagen	3.3
Sauberkeit Ø	3.8
Freundlichkeit	3.3
Stellplatz	3.1
Verpflegung	3.7
Freizeit	3.9
Preis-Leistung	2.9
Mietunterkünfte	3.2

Geeignet für

4.2	Gäste mit Hund
3.9	Kinder b. 12 J.
3.6	Kinder b. 18 J.
3.5	Senioren
3.8	Kinder b. 6 J.
3.5	Paare
3.3	Gäste mit Zelt

Empfohlene Aktivitäten

Schwimmen · Radfahren · Segeln · Motorboot

Mehr Infos

Vom 16.4.–17.5. und vom 10.9.–15.10.23 gibt es besondere Angebote!

Karte auf Seite 602

	23	24	25
	Schloss Helmsdorf OHG	**Cap Rotach**	**Gutshof Camping Badhütten**
	Schloss Helmsdorf 1 88090 Immenstaad +49 7545 6252 47.66583 | 9.3775	Lindauer Straße 2 88046 Friedrichshafen +49 7541 700 777 77 47.64991 | 9.49633	Badhütten 1 88069 Laimnau bei Tettnang +49 7543 9633 0 47.63389 | 9.64722
Infos			
Öffnungszeiten	25.03. - 09.10.	24.03. - 30.10.	26.03. - 04.11.
Vergleichspreis	HS: 45,40 € | NS: 36,40 €	HS: 28,00 € | NS: 28,00 €	HS: 33,90 € | NS: 30,50 €
Link	**Mehr Infos & Anfrage:** www.camping.info/19111	**Mehr Infos & Anfrage:** www.camping.info/26287	**Mehr Infos & Anfrage:** www.camping.info/19109
Ausstattung			
Freizeit	Baden im See am Platz ✓ Pool/Hallenbad 2km Spielplatz am Platz ✓	Baden in nat. Gewässer k. A. Pool & Hallenbad ✗ Spielplatz am Platz ✓	Baden im Fluss 1km Pool/Hallenbad ✓/8km Spielplatz am Platz ✓
Campingplatz	Hunde ✗ zur Hälfte Schatten ✓ WLAN ✓	Hunde erlaubt ✓ Schatten ✗ WLAN (gegen Gebühr) ✓	Hunde willkommen ✓ zur Hälfte Schatten ✓ WLAN ✓
Versorgung	Lebensmittel ✓ Brötchen am Platz ✓ Restaurant am P. ✓ Ver-/Entsorgung Womo ✓ in den Ort 1km	Lebensmittel ✓ Brötchen am Platz ✓ Restaurant am P. ✓ Ver-/Entsorgung Womo ✗ in den Ort 1km	Lebensmittel ✓ Brötchen am Platz ✓ Restaurant/Imbiss ✓/8km Ver-/Entsorgung Womo ✓ in den Ort 1km
Anzahl der Plätze	Gesamt/Touristen 300/80 Mietunterkünfte ✓ Stellplätze vor Schranke ✗	Gesamt/Touristen 75/65 Mietunterkünfte ✓ Stellplätze vor Schranke ✗	Gesamt/Touristen 550/250 Mietunterkünfte ✓ Stellplätze vor Schranke ✗

	23	24	25
Gesamt	4.2 SEHR GUT, 73 Bewertungen	4.3 SEHR GUT, 21 Bewertungen	3.3 GUT, 80 Bewertungen
Lage	4.5	4.6	3.8
Ruhe	3.7	4.2	4.1
Sanitäranlagen	4.4	4.4	3.2
Sauberkeit Ø	4.7	4.6	3.5
Freundlichkeit	4.7	4.7	3.2
Stellplatz	4.1	3.8	3.4
Verpflegung	4.2	3.7	3.0
Freizeit	4.0	4.1	3.4
Preis-Leistung	4.0	4.0	3.1
Mietunterkünfte	5.0	4.0	3.5
Geeignet für			
Kinder b. 6 J.	3.6	3.7	4.0
Kinder b. 12 J.	3.7	3.5	3.9
Kinder b. 18 J.	3.5	3.3	3.3
Paare	4.6	4.5	4.0
Senioren	4.6	4.7	4.3
Gäste mit Zelt	3.5	4.1	3.9
Hunde n. erlaubt / Gäste mit Hund	Hunde n. erlaubt -	Gäste mit Hund 3.7	Gäste mit Hund 4.3
Empfohlene Aktivitäten	Schwimmen Radfahren Segeln	Radfahren Schwimmen Kultur	Wandern Radfahren Schwimmen

27 Campingplatz Iriswiese

Tunau 16
88079 Kressbronn
+49 7543 8010
www.campingplatz-iriswiese.de
info@Campingplatz-Iriswiese.de

31.03. - 22.10.

HS: 41,60 € | NS: 32,10 €

Mehr Infos & Anfrage:
www.camping.info/19110

Baden im See am Platz	✓
Hallenbad	2km
Spielplatz am Platz	✓
Hunde willkommen	✓
zur Hälfte Schatten	✓
WLAN (gegen Gebühr)	✓
Lebensmittel	✓
Brötchen am Platz	✓
Restaurant & Imbiss	✓
Ver-/Entsorgung Womo	✓
in den Ort	2km
Gesamt/Touristen	400/200
Mietunterkünfte	✗
Stellplätze vor Schranke	✓

Der weitläufige, platzeigene Naturbadestrand direkt am Bodensee.

Lage & Stellplatz

Ein nahezu mediterranes Klima, sauberes Wasser, Naturstrand, Ruhe und noch dazu das Allgäu und die Alpen als direkte Nachbarn: Auf dem Campingplatz Iriswiese – herrlich gelegen in einem Naturschutzgebiet am Bodenseeufer – finden die Gäste alles, was man für einen rundum erholsamen Urlaub braucht.

Sanitär

Die gepflegte Sanitäranlage ist in einem modernen, beheizbaren Wasch-/Dusch- und WC-Gebäude untergebracht. Mit Kinderwaschland und Toilette, Einzelwaschkabinen, Kochstellen, Wickelraum, behindertengerechtem Bad und Warmwasser natürlich generell inklusive.

Verpflegung

Ob Frühstück, Mittag- und Abendkarte, Bar, Imbiss oder (ofenfrische) Pizza: Im gemütlichen Restaurant Irisstüble gibt es Leckeres zu schmausen – auch zum Mitnehmen. Oder im Supermarkt – vielfältige Produkte des täglichen Bedarfs, Campingzubehör, Campinggas u. v. m.

Freizeit

Für Spaß ist gesorgt: Kinderspielplatz, Naturbadestrand, Segel-, Surf-, Tauch-, Wasserskischule sowie Motorboot-Charter im nahen Wassersport-Zentrum, platzeigene Slipanlage. Idealer Ausgangspunkt für Familienausflüge – mit sehenswerten Orten und schönen Optionen für jede Entfernung und Wetterlage.

Erholsam & herrlich gelegen.

Modernes Sanitärgebäude.

3.2 GUT
49 Bewertungen

Lage	4.2
Ruhe	3.4
Sanitäranlagen	4.1
Sauberkeit Ø	4.0
Freundlichkeit	3.9
Stellplatz	3.2
Verpflegung	3.6
Freizeit	3.6
Preis-Leistung	3.4
Mietunterkünfte	-

Geeignet für

3.9 Senioren

3.9	Gäste mit Hund
3.8	Paare
3.5	Kinder b. 6 J.
3.5	Kinder b. 12 J.
3.4	Kinder b. 18 J.
3.4	Gäste mit Zelt

Empfohlene Aktivitäten

Schwimmen
Radfahren
Entspannen
Segeln

Mehr Infos

Vom 16.4.–17.5. & vom 10.9.–22.10.23 gibt es besondere Angebote & Rabatte

Bayern

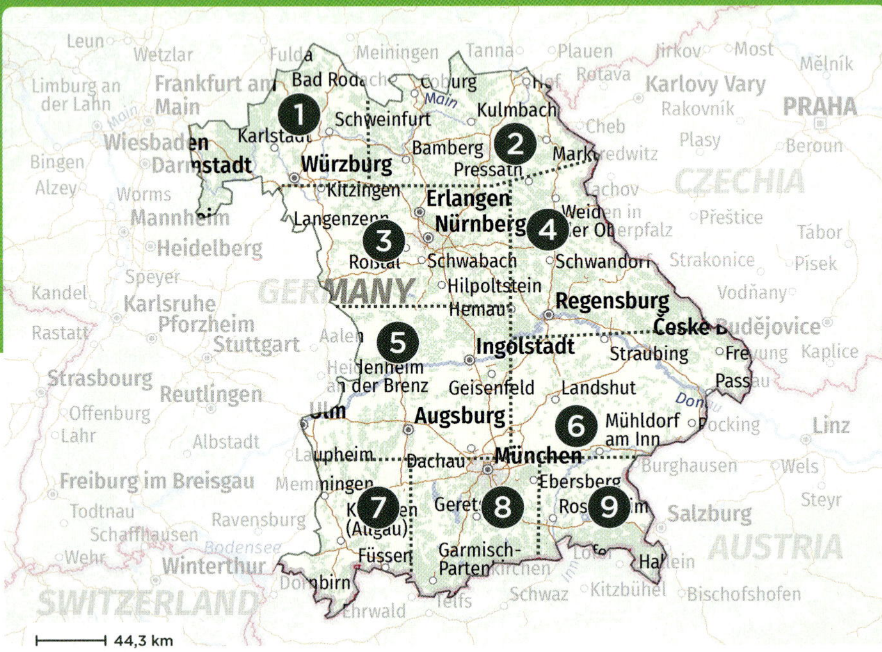

Regionen

TIPP DER REDAKTION

Camping Schwanenplatz

Chiemgau | Nr. 6 | Seite 731

Laut Gästen ideal geeignet zum:

- Schwimmen
- Radfahren
- Wandern

4.8

Alpenländisches Brauchtum & geschichtsträchtige Städte

Bayern, das größte Bundesland Deutschlands, empfängt Urlauber mit herzlicher Gastlichkeit, landschaftlicher Schönheit und interessanten Städten. Hier ist traditionelles Brauchtum noch lebendig und die Liste interessanter Freizeitaktivitäten lang. Wintercamper zieht es in die Skiorte der Alpen und des Bayerischen Waldes.

Urbane Hotspots

Kulturelles und wirtschaftliches Zentrum ist die Landeshauptstadt München. Hier zählen der Besuch des Marienplatzes mit dem Rathaus-Glockenspiel und ein Bummel über den bunten Viktualienmarkt zum Pflichtprogramm. Im Englischen Garten lädt der schattige Biergarten am Chinesischen Turm zur Brotzeit ein – während man davon träumt, welch tolles Campingareal man auf diesen riesigen Grünflächen errichten könnte. In ausgelassener Feierlaune präsentiert sich München alljährlich während des weltberühmten Oktoberfestes.
In der Frankenmetropole Nürnberg liegen mit dem Albrecht-Dürer-Haus und dem Reichsparteitagsgelände künstlerische Höhenflüge und dunkle Kapitel der deutschen Geschichte nah beieinander. Die mächtige Kaiserburg thront wie ein Wächter über der Stadt. Zu ihren Füßen weht im Advent der Duft von Glühwein und Nürnberger Lebkuchen über dem traditionsreichen Christkindlmarkt.

Ammerbach bei Lengenloh
© Clemens Zahn

Wanderer am Höhenglücksteig in Hirschbach
© Clemens Zahn

Ebenfalls in Franken befindet sich die Weltkulturerbe-Stadt Bamberg. Wunderschöne Einblicke in die tausendjährige Stadtgeschichte geben hier die hervorragend erhaltene Altstadt mit ihren romantischen Gassen, der Dom mit dem Bamberger Reiter und die Neue Residenz. Den Titel „UNESCO-Welterbe" verdankt auch Regensburg seinen 1.500 denkmalgeschützten Gebäuden. Wahrzeichen der von den Römern als „Castra Regina" gegründeten Stadt sind die Steinerne Brücke und der Dom. Nur wenige Schritte davon entfernt lockt am Ufer der Donau die 500 Jahre alte historische Wurstkuchl, wo sich schon im Mittelalter die Steinmetze und Hafenarbeiter stärkten.

Land mit vielen Gesichtern

Bayern verdankt seine Attraktivität als Campingziel seiner landschaftlichen Vielfalt: In den Bayerischen Alpen sind Wanderer, Bergsteiger und Mountainbiker auf weiten Almböden und im hochalpinen Gelände unterwegs. Am nächsten kommen sie dem Himmel auf der 2.960 Meter hohen Zugspitze, Deutschlands höchstem Gipfel. Deutlich sanfter bergauf und bergab geht es im Bayerischen Wald. Zahlreiche beschauliche Campingplätze erwarten euch hier mit attraktiven Freizeitmöglichkeiten. Schöne Wanderungen führen in die

Rotwandhaus © Bayern Tourismus Marketing GmbH

Bamberg altes Rathaus © www.Fotolia.com

Saußbachklamm, auf den Lusen oder den Großen Arber. Im Freigehege des Nationalparkzentrums Lusen sind einheimische Wildtiere wie Braunbären, Biber und Wölfe zu Hause. Wassersportler finden auf dem Bodensee oder im von eiszeitlichen Gletschern geschaffenen Fünf-Seen-Land südlich von München ideale Bedingungen vor.

Kulturelle Highlights

Seinen Reichtum an schmucken Schlössern verdankt Bayern dem sagenumwobenen Märchenkönig Ludwig II. Sein bekanntestes Erbe ist Schloss Neuschwanstein bei Füssen. Ein weiteres Kleinod hat der Monarch nach dem Vorbild von Versailles auf der Insel Herrenchiemsee erschaffen. Ähnlich berühmt ist die Walhalla bei Regensburg: In der Ruhmeshalle erhalten verdiente Persönlichkeiten seit 1842 in Form von Marmorbüsten besondere Ehre. Mit dem ältesten Volksschauspiel Deutschlands zieht das oberpfälzische Furth im Wald Jahr für Jahr im August tausende Besucher an: Seit mehr als 500 Jahren wälzt sich anlässlich des Drachenstichs ein mächtiges Ungeheuer durch die Straßen des kleinen Ortes.

Insider-Tipps für „Zuagroaste“

Typisch bayerisches Brauchtum wie Goaßlschnalzen und Schuhplattler sowie fesche Dirndl und Lederhosen gibt es bei den zahlreichen bayerischen Volksfesten zu bewundern. Weißwürste werden traditionell nur vor zwölf Uhr gegessen! In viele Biergärten dürfen die Gäste ihre Brotzeit noch immer selbst mitbringen, nur die Getränke müssen vor Ort gekauft werden.

BAYERN

❶ Unterfranken

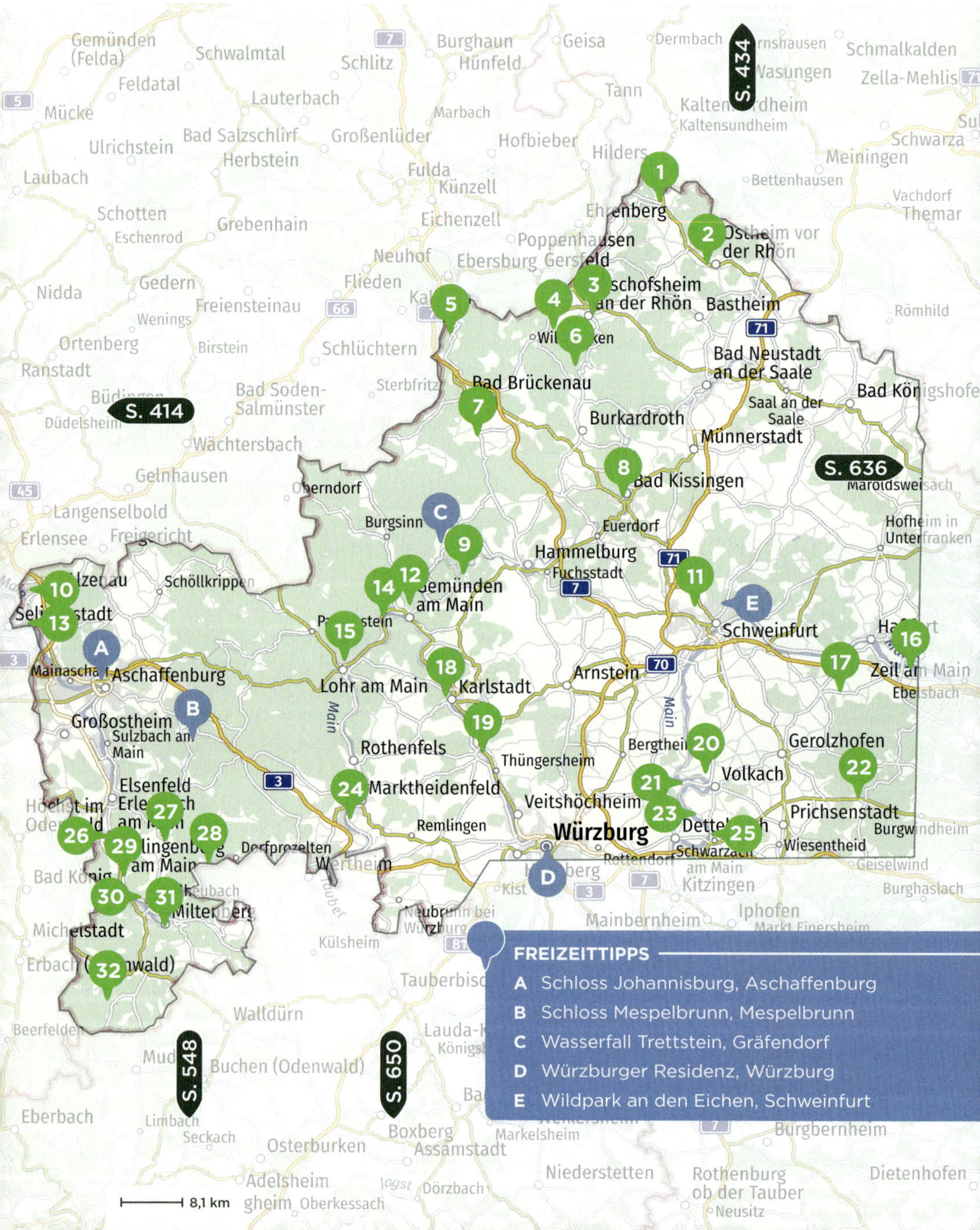

	Platz	Seite	Bewertung	Öffnungszeiten	
1	Campingplatz Fladungen	624	-	ganzjährig	✻
2	Schmidts-Ferienhof	624	-	k. A.	✻
3	Rhöncamping	624	4.4	saisonal	✻
4	Camping Kreuzberg	625	3.9	ganzjährig	✻
5	Camping Rhoenperle	625	4.0	saisonal	
6	Camping Waldberg	625	4.7	saisonal	✻
7	Campingplatz Aspenmühle	625	-	saisonal	
8	KNAUS Campingpark Bad Kissingen****	626	3.7	saisonal	✻
9	Campingplatz Rossmühle	626	3.5	ganzjährig	✻
10	Campingplatz Kahl	626	3.6	saisonal	
11	Stadtcamping Schweinfurt	627	4.6	ganzjährig	
12	Campingplatz "Saaleinsel" Gemünden	627	3.9	saisonal	
13	Camping-Freizeitgebiet Grosswelzheim	627	3.6	ganzjährig	✻
14	Spessart-Camping Schönrain	627	4.3	saisonal	
15	Campingplatz Mainufer	628	4.1	saisonal	
16	Camping am See	628	3.5	saisonal	
17	Camping Schmittn - Hof	628	4.8	saisonal	
18	Camping Karlstadt am Schwimmbad	630	4.1	saisonal	
19	Main Camp Resort	629	4.0	saisonal	
20	Campingplatz Ankergrund	631	4.7	saisonal	
21	Campingplatz Escherndorf	630	4.6	saisonal	
22	Campingplatz Weihersee	630	3.9	saisonal	
23	Camping Katzenkopf	632	4.1	saisonal	
24	Camping Main-Spessart-Park	632	4.4	ganzjährig	
25	Campingplatz Mainblick	632	3.4	k. A.	
26	Campingplatz Mainruh	633	3.8	saisonal	
27	Campingplatz Heiter	633	3.9	saisonal	✻
28	Maintal Resort - Camping Maintal	633	4.7	ganzjährig	✻
29	Campingplatz Mainwiese	633	3.9	k. A.	
30	Camping am Leinritt	634	3.7	k. A.	
31	Camping Mainwiese	634	3.5	saisonal	
32	Campingpark Kirchzell GmbH	634	4.4	ganzjährig	✻

Karte auf Seite 622

	1 Campingplatz Fladungen	2 Schmidts-Ferienhof	3 Rhöncamping
Adresse	Flurstraße 16-18 97650 Fladungen 09778-919111 50.52102 | 10.1376	Grundweg 4 97645 Ostheim vor der Rhön +49 9777 358844 50.4533 | 10.22149	Kissinger Straße 53 97653 Bischofsheim +49 9772 1350 50.39583 | 10.02055
Infos			
Öffnungszeiten	ganzjährig	keine Angabe	01.01. - 28.10. 17.12. - 31.12.
Vergleichspreis	HS: 19,50 € | NS: 19,50 €	HS: 14,00 €	HS: 28,00 € | NS: 28,00 €
Link	**Mehr Infos & Anfrage:** www.camping.info/27128	**Mehr Infos & Anfrage:** www.camping.info/25225	**Mehr Infos & Anfrage:** www.camping.info/19239
Ausstattung			
Freizeit	Baden in nat. Gewässer k. A. Pool/Hallenbad ✓/8km Spielplatz am Platz ✓	Baden im See 4km Pool/Hallenbad 7/2km Spielplatz am Platz ✓	Baden im See 5km Pool/Hallenbad ✓/2km Spielplatz am Platz ✓
Campingplatz	Hunde willkommen ✓ zur Hälfte Schatten ✓ WLAN ✗	Hunde willkommen ✓ wenig Schatten ✓ WLAN ✓	Hunde willkommen ✓ zur Hälfte Schatten ✓ WLAN (gegen Gebühr) ✓
Versorgung	Lebensmittel 1km Brötchen keine Angabe Restaurant/Imbiss 1km/400m Ver-/Entsorgung Womo ✓ in den Ort 500m	Lebensmittel 500m Brötchen am Platz ✓ Restaurant/Imbiss 1km/500m Ver-/Entsorgung Womo ✓ in den Ort 500m	Lebensmittel ✓ Brötchen am Platz ✓ Restaurant/Imbiss 500m Ver-/Entsorgung Womo ✓ in den Ort 500m
Anzahl der Plätze	Gesamt/Touristen 45/10 Mietunterkünfte ✗ Stellplätze vor Schranke ✗	Touristenplätze 3 Mietunterkünfte ✓ Stellplätze vor Schranke ✗	Gesamt/Touristen 160/70 Mietunterkünfte ✗ Stellplätze vor Schranke ✗

Campingplatz Fladungen

- **JETZT BEWERTEN!**

Für diese Auswertung liegen leider noch nicht genügend Bewertungen vor.

Sei einer der Ersten, der diesen Campingplatz bewertet.

Mit einer guten Campingplatz-Bewertung unterstützt du nicht nur deinen Lieblingsplatz, sondern hilfst auch anderen Campern bei der Platzwahl.

Schmidts-Ferienhof

- **JETZT BEWERTEN!**

Für diese Auswertung liegen leider noch nicht genügend Bewertungen vor.

Sei einer der Ersten, der diesen Campingplatz bewertet.

Mit einer guten Campingplatz-Bewertung unterstützt du nicht nur deinen Lieblingsplatz, sondern hilfst auch anderen Campern bei der Platzwahl.

Rhöncamping

4.4 **SEHR GUT**
62 Bewertungen

Lage	4.5
Ruhe	4.3
Sanitäranlagen	4.6
Sauberkeit Ø	4.7
Freundlichkeit	4.8
Stellplatz	4.4
Verpflegung	3.2
Freizeit	4.5
Preis-Leistung	4.7
Mietunterkünfte	-

Geeignet für

Kinder b. 6 J.	4.2
Kinder b. 12 J.	4.3
Kinder b. 18 J.	4.0
Paare	4.8
Senioren	4.8
Gäste mit Zelt	4.5
Gäste mit Hund	4.5

Empfohlene Aktivitäten

- Wandern
- Schwimmen
- Radfahren

keine WOMOs ab 10 m

4 Camping Kreuzberg

❄

Schulstraße 7
97772 Oberwildflecken
+49 9745 2294

50.37947 | 9.95267

ganzjährig

HS: 12,50 € | NS: 12,50 €

Mehr Infos & Anfrage:
www.camping.info/19245

Baden im See	20km
Pool/Hallenbad	8/6km
Spielplatz am Platz	✓
Hunde willkommen	✓
wenig Schatten	✓
WLAN	✗
Lebensmittel	3km
Brötchen am Platz	✗
Restaurant/Imbiss	3km
Ver-/Entsorgung Womo	✓
in den Ort	200m
Gesamt/Touristen	120/50
Mietunterkünfte	✓
Stellplätze vor Schranke	✗

3.9 GUT
16 Bewertungen

Lage	4.6
Ruhe	4.8
Sanitäranlagen	3.3
Sauberkeit Ø	4.3
Freundlichkeit	4.9
Stellplatz	3.3
Verpflegung	1.8
Freizeit	3.8
Preis-Leistung	4.4
Mietunterkünfte	5.0

Geeignet für

Kinder b. 6 J.	2.7
Kinder b. 12 J.	2.9
Kinder b. 18 J.	3.1
Paare	4.2
Senioren	4.3
Gäste mit Zelt	4.3
Gäste mit Hund	4.2

Empfohlene Aktivitäten

- Wandern
- Entspannen
- Mountainbiking

5 Camping Rhoenperle

Zum Schmelzhof 36
97786 Motten-Kothen
+49 9748 450

50.37362 | 9.77038

01.03. - 28.10.

HS: 25,00 € | NS: 25,00 €

Mehr Infos & Anfrage:
www.camping.info/19247

Baden im See am Platz	✓
Pool/Hallenbad	11km
Spielplatz	300m
Hunde willkommen	✓
wenig Schatten	✓
WLAN (gegen Gebühr)	✓
Lebensmittel	✗
Brötchen am Platz	✓
Restaurant	10m
Ver-/Entsorgung Womo	✓
im Ort	✓
Gesamt/Touristen	90/50
Mietunterkünfte	✗
Stellplätze vor Schranke	✗

4.0 SEHR GUT
52 Bewertungen

Lage	4.1
Ruhe	4.3
Sanitäranlagen	4.3
Sauberkeit Ø	4.7
Freundlichkeit	4.3
Stellplatz	3.8
Verpflegung	3.8
Freizeit	3.7
Preis-Leistung	4.2
Mietunterkünfte	-

Geeignet für

Kinder b. 6 J.	3.9
Kinder b. 12 J.	3.9
Kinder b. 18 J.	3.3
Paare	4.3
Senioren	4.5
Gäste mit Zelt	4.2
Gäste mit Hund	4.5

Empfohlene Aktivitäten

- Schwimmen
- Wandern
- Entspannen

6 Camping Waldberg

❄

Dr.-Bühner-Straße 1
97657 Sandberg OTWaldberg
09701 906 7186

50.33808 | 9.99

01.04. - 31.10.

HS: 21,00 €

Mehr Infos & Anfrage:
www.camping.info/28194

Baden im Teich am Platz	✓
Pool & Hallenbad	✗
Spielplatz am Platz	✓
Hunde erlaubt	✓
zur Hälfte Schatten	✓
WLAN (gratis)	teilweise
Lebensmittel	1km
Brötchen am Platz	✓
Restaurant & Imbiss	✓
Ver-/Entsorgung Womo	✓
in den Ort	500m
Gesamt/Touristen	150/120
Mietunterkünfte	✓
Stellplätze vor Schranke	✓

4.7 SEHR GUT
3 Bewertungen

Lage	5.0
Ruhe	4.5
Sanitäranlagen	4.0
Sauberkeit Ø	5.0
Freundlichkeit	5.0
Stellplatz	4.3
Verpflegung	3.3
Freizeit	4.7
Preis-Leistung	5.0
Mietunterkünfte	-

Geeignet für

Kinder b. 6 J.	5.0
Kinder b. 12 J.	5.0
Kinder b. 18 J.	5.0
Paare	5.0
Senioren	5.0
Gäste mit Zelt	5.0
Gäste mit Hund	5.0

Empfohlene Aktivitäten

- Mountainbiking
- Radfahren
- Wandern

7 Campingplatz Aspenmühle

Waldstraße 1
97789 Unterleichtersbach
+49(0)9741 2058

50.25647 | 9.81722

01.05. - 31.10.

keine Angabe

Mehr Infos & Anfrage:
www.camping.info/23223

Baden in nat. Gewässer	k. A.
Pool & Hallenbad	✗
Spielplatz am Platz	✓
Hunde willkommen	✓
zur Hälfte Schatten	✓
WLAN	✗
Lebensmittel	✗
Brötchen am Platz	✗
Restaurant & Imbiss	✓
Ver-/Entsorgung Womo	✓
in den Ort	keine Angabe
Gesamt/Touristen	60/20
Mietunterkünfte	✗
Stellplätze vor Schranke	✗

- JETZT BEWERTEN!

Für diese Auswertung liegen leider noch nicht genügend Bewertungen vor.

Sei einer der Ersten, der diesen Campingplatz bewertet.

Mit einer guten Campingplatz-Bewertung unterstützt du nicht nur deinen Lieblingsplatz, sondern hilfst auch anderen Campern bei der Platzwahl.

Karte auf Seite 622

	8	9	10
	KNAUS Campingpark Bad Kissingen****	**Campingplatz Rossmühle**	**Campingplatz Kahl**
	❄	❄	
	Euerdorfer Straße 1 97688 Bad Kissingen 0971 78 51 39 66	Rossmühle 7 97782 Gräfendorf-Weickersgrüben +49 9357 1210	63796 Kahl +49 618 844 9268
	50.1896 | 10.07197	50.10734 | 9.78191	50.08375 | 9.01137
Infos			
Öffnungszeiten	18.04. - 31.12.	ganzjährig	01.05. - 15.09.
Vergleichspreis	HS: 39,80 € | NS: 39,80 €	HS: 22,00 € | NS: 22,00 €	HS: 27,00 € | NS: 27,00 €
Link	**Mehr Infos & Anfrage:** www.camping.info/27430	**Mehr Infos & Anfrage:** www.camping.info/19246	**Mehr Infos & Anfrage:** www.camping.info/22379
Ausstattung			
Freizeit	Baden im See 7km Pool/Hallenbad 1km/800m Spielplatz am Platz ✓	Baden in nat. Gewässer k. A. Pool/Hallenbad 12km Spielplatz am Platz ✓	Baden im See am Platz ✓ Pool & Hallenbad ✗ Spielplatz am Platz ✓
Campingplatz	Hunde willkommen ✓ zur Hälfte Schatten ✓ WLAN keine Angabe	Hunde erlaubt ✓ Schatten ✗ WLAN ✗	Hunde ✗ Schatten ✗ WLAN ✓
Versorgung	Lebensmittel 900m Brötchen am Platz ✓ Restaurant/Imbiss 600/500m Ver-/Entsorgung Womo ✓ in den Ort 1km	Lebensmittel ✓ Brötchen am Platz ✓ Restaurant & Imbiss ✓ Ver-/Entsorgung Womo ✓ in den Ort 1km	Lebensmittel ✓ Brötchen am Platz ✓ Restaurant & Imbiss ✓ Ver-/Entsorgung Womo ✓ in den Ort 1km
Anzahl der Plätze	Gesamt/Touristen 104/83 Mietunterkünfte ✓ Stellplätze vor Schranke ✗	Gesamt/Touristen 400/100 Mietunterkünfte ✓ Stellplätze vor Schranke ✗	Gesamt/Touristen 1000/65 Mietunterkünfte ✓ Stellplätze vor Schranke ✗

	8	9	10
Gesamt	3.7 GUT, 35 Bewertungen	3.5 GUT, 24 Bewertungen	3.6 GUT, 17 Bewertungen
Lage	4.1	4.3	4.1
Ruhe	3.6	3.1	2.8
Sanitäranlagen	4.0	3.5	3.1
Sauberkeit Ø	4.3	4.2	3.7
Freundlichkeit	4.2	3.5	3.6
Stellplatz	3.6	3.4	3.8
Verpflegung	2.8	3.5	3.6
Freizeit	4.1	3.7	3.6
Preis-Leistung	3.1	3.7	3.4
Mietunterkünfte	4.7	3.6	2.8
Geeignet für			
Kinder b. 6 J.	3.2	2.5	3.7
Kinder b. 12 J.	3.5	3.3	3.9
Kinder b. 18 J.	3.5	3.6	4.2
Paare	4.7	3.8	3.0
Senioren	4.7	3.3	3.2
Gäste mit Zelt	4.0	4.2	3.6
Gäste mit Hund / Hunde n. erlaubt	Gäste mit Hund 4.4	Gäste mit Hund 4.0	Hunde n. erlaubt -
Empfohlene Aktivitäten	Radfahren Wellness Wandern	Wandern Kayak/Kanu Radfahren	Schwimmen Entspannen Spazieren

Preise aus 2019

11 Stadtcamping Schweinfurt

Gretel-Baumbach-Straße 33
97424 Schweinfurt
+49 9721 4998060
50.06335 | 10.1984

ganzjährig
HS: 29,00 € | NS: 29,00 €
Mehr Infos & Anfrage:
www.camping.info/25171

Baden in nat. Gewässer	k. A.
Pool/Hallenbad	2km
Spielplatz	✗
Hunde erlaubt	✓
Schatten	✗
WLAN	✓
Lebensmittel	300m
Brötchen am Platz	✗
Restaurant	300m
Ver-/Entsorgung Womo	✓
in den Ort	3km
Touristenplätze	100
Mietunterkünfte	✗
Stellplätze vor Schranke	✗

4.6 SEHR GUT 88 Bewertungen

Lage	4.3
Ruhe	4.6
Sanitäranlagen	4.9
Sauberkeit Ø	4.8
Freundlichkeit	4.7
Stellplatz	4.6
Verpflegung	2.8
Freizeit	3.5
Preis-Leistung	4.3
Mietunterkünfte	-

Geeignet für

Kinder b. 6 J.	2.9
Kinder b. 12 J.	3.0
Kinder b. 18 J.	3.1
Paare	4.6
Senioren	4.7
Gäste mit Zelt	4.1
Gäste mit Hund	4.2

Empfohlene Aktivitäten
- Radfahren
- Entspannen
- Sightseeing

Keine Wohnmobile über 3,5 t.

12 Campingplatz "Saaleinsel" Gemünden

Duivenallee
97737 Gemünden
+49 9351 8574
50.06121 | 9.69354

01.04. - 15.10.
HS: 23,50 € | NS: 23,50 €
Mehr Infos & Anfrage:
www.camping.info/19243

Baden in nat. Gewässer	k. A.
Pool/Hallenbad	✓/1km
Spielplatz am Platz	✓
Hunde willkommen	✓
wenig Schatten	✓
WLAN	✓
Lebensmittel	✓
Brötchen am Platz	✓
Restaurant/Imbiss	500m/✓
Ver-/Entsorgung Womo	✓
in den Ort	1km
Gesamt/Touristen	350/150
Mietunterkünfte	✗
Stellplätze vor Schranke	✓

3.9 GUT 34 Bewertungen

Lage	4.4
Ruhe	3.5
Sanitäranlagen	3.6
Sauberkeit Ø	3.9
Freundlichkeit	4.1
Stellplatz	3.7
Verpflegung	2.5
Freizeit	4.1
Preis-Leistung	3.8
Mietunterkünfte	-

Geeignet für

Kinder b. 6 J.	3.9
Kinder b. 12 J.	4.0
Kinder b. 18 J.	3.7
Paare	4.2
Senioren	4.2
Gäste mit Zelt	3.9
Gäste mit Hund	4.4

Empfohlene Aktivitäten
- Radfahren
- Schwimmen
- Wandern

13 Camping-Freizeitgebiet Grosswelzheim

✻

Kirchweg 1
63791 Karlstein am Main
+49 6188 5094
50.05851 | 9.0127

ganzjährig
HS: 27,50 € | NS: 27,50 €
Mehr Infos & Anfrage:
www.camping.info/18824

Baden im See am Platz	✓
Pool/Hallenbad	6/1km
Spielplatz am Platz	✓
Hunde	✗
wenig Schatten	✓
WLAN	✓
Lebensmittel	1km
Brötchen am Platz	✗
Restaurant & Imbiss	✓
Ver-/Entsorgung Womo	✓
in den Ort	500m
Gesamt/Touristen	400/150
Mietunterkünfte	✗
Stellplätze vor Schranke	✗

3.6 GUT 14 Bewertungen

Lage	4.1
Ruhe	3.1
Sanitäranlagen	4.2
Sauberkeit Ø	4.2
Freundlichkeit	4.0
Stellplatz	3.8
Verpflegung	2.0
Freizeit	4.0
Preis-Leistung	4.2
Mietunterkünfte	-

Geeignet für

Kinder b. 6 J.	3.9
Kinder b. 12 J.	4.2
Kinder b. 18 J.	4.0
Paare	4.0
Senioren	4.0
Gäste mit Zelt	4.5
Hunde n. erlaubt	-

Empfohlene Aktivitäten
- Schwimmen
- Radfahren
- Entspannen

NS: 01.10. - 31.03.

14 Spessart-Camping Schönrain

Schönrainstraße 4 - 18
97737 Hofstetten bei Gemünden
+49 9351 8645
50.05165 | 9.65572

01.04. - 05.10.
HS: 22,40 € | NS: 22,40 €
Mehr Infos & Anfrage:
www.camping.info/19242

Baden im See	5km
Pool/Hallenbad	✓/3km
Spielplatz am Platz	✓
Hunde willkommen	✓
Schatten	✗
WLAN (begrenzt gratis)	✓
Lebensmittel	✓
Brötchen am Platz	✓
Imbiss	✓
Ver-/Entsorgung Womo	✓
in den Ort	300m
Gesamt/Touristen	100/70
Mietunterkünfte	✓
Stellplätze vor Schranke	✓

4.3 SEHR GUT 27 Bewertungen

Lage	4.3
Ruhe	4.7
Sanitäranlagen	4.8
Sauberkeit Ø	4.8
Freundlichkeit	4.8
Stellplatz	4.4
Verpflegung	3.5
Freizeit	4.1
Preis-Leistung	4.2
Mietunterkünfte	5.0

Geeignet für

Kinder b. 6 J.	4.2
Kinder b. 12 J.	4.0
Kinder b. 18 J.	3.6
Paare	4.6
Senioren	4.6
Gäste mit Zelt	4.8
Gäste mit Hund	4.8

Empfohlene Aktivitäten
- Radfahren
- Wandern
- Entspannen

Karte auf Seite 622

	15	16	17
	Campingplatz Mainufer	**Camping am See**	**Camping Schmittn - Hof**
	Jahnstraße 12 97816 Lohr am Main 01637301846 49.99822 | 9.58254	Pappelallee 7 97522 Sand am Main +49 9524 82 22 70 49.99144 | 10.57966	Zabelsteinstraße 15 97478 Knetzgau-Wohnau 09528 - 1285 49.96361 | 10.45677
Infos			
Öffnungszeiten	15.04. - 16.10.	01.04. - 30.09.	01.05. - 31.10.
Vergleichspreis	HS: 25,00 € | NS: 23,00 €	HS: 18,00 € | NS: 18,00 €	HS: 25,00 € | NS: 25,00 €
Link	**Mehr Infos & Anfrage:** www.camping.info/17857	**Mehr Infos & Anfrage:** www.camping.info/19238	**Mehr Infos & Anfrage:** www.camping.info/23824
Ausstattung			
Freizeit	Baden im Fluss am Platz ✓ Pool/Hallenbad 1km Spielplatz ✗	Baden im See am Platz ✓ Pool/Hallenbad 3km Spielplatz am Platz ✓	Baden in nat. Gewässer k. A. Pool & Hallenbad ✗ Spielplatz am Platz ✓
Campingplatz	Hunde willkommen ✓ wenig Schatten ✓ WLAN (gratis) teilweise	Hunde willkommen ✓ Schatten ✗ WLAN ✗	Hunde erlaubt ✓ zur Hälfte Schatten ✓ WLAN keine Angabe
Versorgung	Lebensmittel 500m Brötchen am Platz ✗ Restaurant/Imbiss 500/200m Ver-/Entsorgung Womo ✓ in den Ort 500m	Lebensmittel 500m Brötchen am Platz ✓ Restaurant/Imbiss 500m/✓ Ver-/Entsorgung Womo ✓ in den Ort 500m	Lebensmittel 8km Brötchen am Platz ✓ Restaurant 5km Ver-/Entsorgung Womo ✗ in den Ort 2km
Anzahl der Plätze	Gesamt/Touristen 115/70 Mietunterkünfte ✗ Stellplätze vor Schranke ✗	Gesamt/Touristen 550/120 Mietunterkünfte ✗ Stellplätze vor Schranke ✗	Gesamt/Touristen 10/6 Mietunterkünfte ✗ Stellplätze vor Schranke ✗

	15	16	17
Bewertung	**4.1** SEHR GUT 25 Bewertungen	**3.5** GUT 43 Bewertungen	**4.8** SEHR GUT 4 Bewertungen
Lage	4.7	3.8	4.8
Ruhe	4.1	3.8	5.0
Sanitäranlagen	3.2	4.1	4.2
Sauberkeit Ø	4.2	4.2	4.8
Freundlichkeit	4.6	3.1	4.8
Stellplatz	4.1	3.5	4.8
Verpflegung	3.7	2.5	4.2
Freizeit	4.3	3.5	4.0
Preis-Leistung	4.2	4.4	5.0
Mietunterkünfte	-	-	-
Geeignet für			
Kinder b. 6 J.	4.1	2.8	4.5
Kinder b. 12 J.	3.9	3.1	4.0
Kinder b. 18 J.	3.8	3.0	4.5
Paare	4.5	4.2	5.0
Senioren	4.6	4.3	5.0
Gäste mit Zelt	4.5	3.9	4.7
Gäste mit Hund	4.6	4.2	5.0
Empfohlene Aktivitäten	Radfahren Entspannen Wandern	Radfahren Wandern Schwimmen	Wandern Radfahren Mountainbiking

19 Main Camp Resort

Badstraße 7
97225 Zellingen
+49 9364 812 1323
www.maincampresort.de
info@maincampresort.de

01.04. - 31.10.

HS: 28,00 € | NS: 28,00 €

Mehr Infos & Anfrage:
www.camping.info/30212

Baden im See	5km
Pool	100m
Spielplatz am Platz	✓
Hunde erlaubt	✓
wenig Schatten	✓
WLAN	✓
Lebensmittel	500m
Brötchen am Platz	✓
Restaurant/Imbiss	100m
Ver-/Entsorgung Womo	✓
in den Ort	15km
Gesamt/Touristen	75/58
Mietunterkünfte	✓
Stellplätze vor Schranke	✓

49.89662 | 9.82566

Der Campingplatz noch unausgebaut, bitte auf die Homepage schauen.

Lage & Stellplatz

Auf dem Campingplatz in Mainfranken fühlt sich wirklich jeder pudelwohl! Das Main Camp Resort liegt idyllisch im Maintal direkt gegenüber der schroffen Kalksteinfelsen der Retzbacher Benediktushöhe und den Weinbergen auf der Retzbacher Seite sowie Streuobstwiesen auf der Zellinger Seite.

Verpflegung

Das Main Camp Resort wird erweitert und ausgebaut, es entsteht ein „neues" Sanitär und Rezeptionsgebäude mit Einkaufsmarkt. Des Weiteren finden die Gäste im Ort verschiedene Lebensmittelmärkte, Tankstelle sowie Gastronomien.

Sanitär

Das Main Camp Resort baut für die Urlaubsgäste „neue", komfortable Sanitäranlagen und bringt sie so auf den neuesten Standard. Wer den Baufortschritt verfolgen möchte, kann auf der Webseite unter www.maincampresort.de den neuesten Stand mitverfolgen.

Freizeit

Direkt am Campingplatz befindet sich der Einstieg auf dem Mainradweg, der mit dem Fahrrad nach Würzburg oder Karlstadt führt. Auch der Wanderweg startet direkt am Campingplatz. Das Zellinger Freibad sorgt nach einem anstrengenden Tag für Abkühlung – mit direktem Zugang vom Campingplatz aus!

Die grüne Zeltwiese...

Gemütliche Weinfässer.

4.0 SEHR GUT
3 Bewertungen

Lage	4.0
Ruhe	1.0
Sanitäranlagen	2.5
Sauberkeit Ø	3.5
Freundlichkeit	4.5
Stellplatz	4.0
Verpflegung	-
Freizeit	3.5
Preis-Leistung	3.0
Mietunterkünfte	-

Geeignet für

Gäste mit Hund	5.0
Kinder b. 6 J.	4.0
Kinder b. 12 J.	4.0
Kinder b. 18 J.	4.0
Paare	4.0
Gäste mit Zelt	4.0
Senioren	-

Mehr Infos

Der Platz wird mit einem Wohnmobilstellplatz erweitert.

Karte auf Seite 622

	18	21	22
	Camping Karlstadt am Schwimmbad	**Campingplatz Escherndorf**	**Campingplatz Weihersee**
	Baggertsweg 6 97753 Karlstadt +49 9353 99 61 07 49.95861 | 9.76254	An der Güß 9A 97332 Volkach-Escherndorf +49 9381 2889 49.85949 | 10.17643	Schwimmbadweg 21 96157 Ebrach +49 9553 9890579 49.84564 | 10.48246
Infos			
Öffnungszeiten	06.04. - 15.10.	01.04. - 31.10.	23.03. - 14.10.
Vergleichspreis	HS: 15,70 € | NS: 15,70 €	HS: 25,50 € | NS: 25,50 €	HS: 29,00 € | NS: 29,00 €
Link	**Mehr Infos & Anfrage:** www.camping.info/19244	**Mehr Infos & Anfrage:** www.camping.info/19235	**Mehr Infos & Anfrage:** www.camping.info/24393
Ausstattung			
Freizeit	Baden in nat. Gewässer k. A. Pool am Platz ✓ Spielplatz am Platz ✓	Baden im Fluss am Platz ✓ Pool/Hallenbad 4km Spielplatz keine Angabe	Baden in nat. Gewässer k. A. Pool/Hallenbad 500m/15km Spielplatz am Platz ✓
Campingplatz	Hunde erlaubt ✓ Schatten ✗ WLAN ✓	Hunde ✗ Schatten ✗ WLAN ✓	Hunde willkommen ✓ wenig Schatten ✓ WLAN (gegen Gebühr) ✓
Versorgung	Lebensmittel 500m Brötchen am Platz ✓ Restaurant & Imbiss ✓ Ver-/Entsorgung Womo ✓ in den Ort 500m	Lebensmittel 500m Brötchen am Platz ✓ Restaurant & Imbiss ✓ Ver-/Entsorgung Womo ✓ in den Ort 500m	Lebensmittel 1km Brötchen am Platz ✓ Restaurant/Imbiss 1km/500m Ver-/Entsorgung Womo ✓ in den Ort 1km
Anzahl der Plätze	Gesamt/Touristen 120/40 Mietunterkünfte ✗ Stellplätze vor Schranke ✗	Gesamt/Touristen 100/75 Mietunterkünfte ✗ Stellplätze vor Schranke ✓	Gesamt/Touristen 140/80 Mietunterkünfte ✓ Stellplätze vor Schranke ✗
Bewertung	**4.1** SEHR GUT, 26 Bewertungen	**4.6** SEHR GUT, 91 Bewertungen	**3.9** GUT, 33 Bewertungen
Lage	4.5	4.8	4.2
Ruhe	3.4	4.5	4.3
Sanitäranlagen	3.2	4.6	4.3
Sauberkeit Ø	4.3	4.8	4.2
Freundlichkeit	5.0	4.9	4.3
Stellplatz	3.5	4.1	3.8
Verpflegung	3.9	4.3	2.1
Freizeit	4.2	4.0	3.9
Preis-Leistung	4.6	4.3	3.9
Mietunterkünfte	-	-	4.7
Geeignet für			
Kinder b. 6 J.	4.0	3.4	4.0
Kinder b. 12 J.	4.2	3.5	4.2
Kinder b. 18 J.	3.8	3.6	3.5
Paare	4.4	4.9	4.2
Senioren	4.1	4.9	4.2
Gäste mit Zelt	3.4	4.3	4.6
Gäste mit Hund	3.6	Hunde n. erlaubt -	4.7
Empfohlene Aktivitäten	Schwimmen Radfahren Wandern	Radfahren Wandern Entspannen	Wandern Radfahren Schwimmen

20 Campingplatz Ankergrund

Fahrerstraße 7
97332 Volkach
+49 9381 6713
www.campingplatz-ankergrund.de
info@campingplatz-ankergrund.de

01.04. - 22.10.

HS: 30,50 € | NS: 30,50 €

Mehr Infos & Anfrage:
www.camping.info/19234

Baden im Fluss am Platz	✓
Pool/Hallenbad	500m/2km
Spielplatz am Platz	✓
Hunde willkommen	✓
zur Hälfte Schatten	✓
WLAN (gegen Gebühr)	✓
Lebensmittel	✓
Brötchen am Platz	✓
Restaurant/Imbiss	800m/✓
Ver-/Entsorgung Womo	✓
in den Ort	800m
Gesamt/Touristen	150/100
Mietunterkünfte	✗
Stellplätze vor Schranke	✗

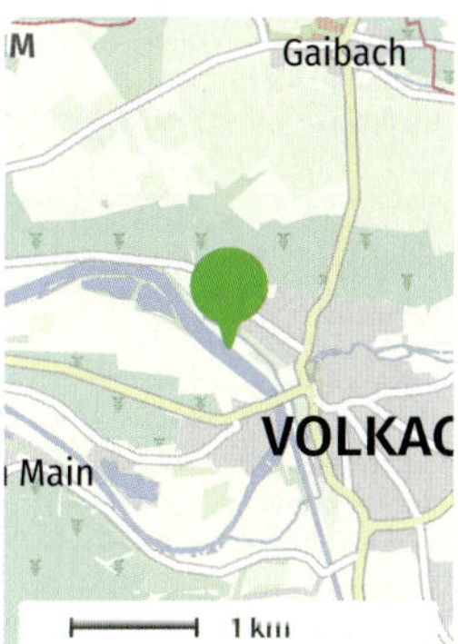

Schöner Campen am Main.

Lage & Stellplatz

Direkt am Main und eingebettet in die malerischen fränkischen Weinberge liegt der Familienbetrieb Camping Ankergrund mit seinen 120 Stellplätzen (je 100 - 140 m²). Die Komfort- und Premiumstellplätze sind mit direktem Zu- und Abwasseranschluss sowie teilweise Satellitenanschluss ausgestattet.

Verpflegung

Der Ankergrund-Shop versorgt die Gäste nicht nur mit dem kleinen Lebensmittelbedarf, sondern auch mit Gasflaschen. Frische Brötchen können täglich vorbestellt werden. Ein eigener Biergarten sorgt mit Kaffee, Brotzeit und Snacks für gemütliche Stunden. Gasthäuser sind zu Fuß in 10 Minuten erreichbar.

Sanitär

Die sanitären Anlagen wurden im Jahr 2014 durch ein zweites Gebäude erweitert. Sie bieten nun ausreichend Duschen und Waschkabinen und punkten mit größtem Komfort, Privatsphäre und äußerster Sauberkeit. Für Gäste mit Beeinträchtigungen ist ein separater Bereich via Aufzug barrierefrei erreichbar.

Freizeit

Von romantischen Rad- und Wanderwegen über diverse Wassersportmöglichkeiten, einer Floßfahrt am Main, dem Beachvolleyballplatz und Sandstrand am Platz bis hin zu kulturellen Ausflügen oder Wein- und Winzerfesten: In und um Volkach wird Spaß und Erholung für die gesamte Familie großgeschrieben.

Campingidylle Ankergrund.

Neues, modernes Sanitärgebäude.

4.7 SEHR GUT
321 Bewertungen

Lage	4.8
Ruhe	4.5
Sanitäranlagen	4.8
Sauberkeit Ø	4.8
Freundlichkeit	4.7
Stellplatz	4.6
Verpflegung	3.8
Freizeit	4.5
Preis-Leistung	4.5
Mietunterkünfte	-

Geeignet für

4.8 Paare

4.8	Senioren
4.6	Gäste mit Hund
4.5	Gäste mit Zelt
4.4	Kinder b. 12 J.
4.3	Kinder b. 6 J.
4.3	Kinder b. 18 J.

Empfohlene Aktivitäten

Radfahren | Entspannen | Wandern | Motorboot

Mehr Infos

Keine Aufnahme von Guppen.

Karte auf Seite 622

	23	24	25
	Camping Katzenkopf	**Camping Main-Spessart-Park**	**Campingplatz Mainblick**
	Am See 7 97334 Sommerach am Main 09381 9215 49.82667 | 10.20111	Spessartstraße 30 97855 Triefenstein-Lengfurt +49 9395 1079 49.8187 | 9.58841	Mainstraße 2 97359 Schwarzach a. Main 49.8034 | 10.21696
Infos			
Öffnungszeiten	01.04. - 31.10.	ganzjährig	keine Angabe
Vergleichspreis	HS: 27,50 € | NS: 26,50 €	HS: 29,00 € | NS: 29,00 €	keine Angabe
Link	**Mehr Infos & Anfrage:** www.camping.info/19236	**Mehr Infos & Anfrage:** www.camping.info/19248	**Mehr Infos & Anfrage:** www.camping.info/28056
Ausstattung			
Freizeit	Baden im Fluss am Platz ✓ Pool/Hallenbad 6km Spielplatz am Platz ✓	Baden im See 3km Pool 300m Spielplatz am Platz ✓	Baden in nat. Gewässer k. A. Pool & Hallenbad ✗ Spielplatz keine Angabe
Campingplatz	Hunde erlaubt ✓ zur Hälfte Schatten ✓ WLAN (gratis) teilweise	Hunde willkommen ✓ Schatten ✗ WLAN ✓	Hunde ✗ Schatten ✗ WLAN keine Angabe
Versorgung	Lebensmittel ✓ Brötchen am Platz ✓ Restaurant/Imbiss ✓/300m Ver-/Entsorgung Womo ✓ in den Ort 200m	Lebensmittel ✓ Brötchen am Platz nur HS Restaurant am P. ✓ Ver-/Entsorgung Womo ✓ in den Ort 1km	Lebensmittel k.A. Brötchen keine Angabe Restaurant & Imbiss ✗ Ver-/Entsorgung Womo ✗ in den Ort keine Angabe
Anzahl der Plätze	Gesamt/Touristen 300/220 Mietunterkünfte ✗ Stellplätze vor Schranke ✗	Gesamt/Touristen 360/180 Mietunterkünfte ✓ Stellplätze vor Schranke ✓	Gesamt keine Angabe Mietunterkünfte ✗ Stellplätze vor Schranke ✗

	23	24	25
Gesamt	4.1 SEHR GUT, 126 Bewertungen	4.4 SEHR GUT, 109 Bewertungen	3.4 GUT, 11 Bewertungen
Lage	4.7	4.2	4.3
Ruhe	4.3	4.2	3.1
Sanitäranlagen	4.1	4.4	4.3
Sauberkeit Ø	4.2	4.7	4.2
Freundlichkeit	4.3	4.6	4.2
Stellplatz	4.0	4.3	3.0
Verpflegung	3.7	4.0	3.9
Freizeit	4.1	4.1	3.0
Preis-Leistung	4.2	4.4	2.9
Mietunterkünfte	-	4.6	-
Geeignet für			
Kinder b. 6 J.	3.9	4.2	2.7
Kinder b. 12 J.	3.9	4.2	2.7
Kinder b. 18 J.	3.5	3.9	3.3
Paare	4.6	4.6	3.8
Senioren	4.6	4.5	3.1
Gäste mit Zelt	4.0	4.3	3.6
Gäste mit Hund / Hunde n. erlaubt	Gäste mit Hund 4.1	Gäste mit Hund 4.5	Hunde n. erlaubt -
Empfohlene Aktivitäten	Radfahren Wandern Entspannen	Radfahren Wandern Entspannen	Radfahren Motorboot Angeln

keine WOMOs ab 8 m

26 Campingplatz Mainruh

Landstraße 85a
63939 Wörth
+49 9372 73359
49.79342 | 9.1656

01.04. - 31.10.
HS: 14,00 € | NS: 14,00 €
Mehr Infos & Anfrage:
www.camping.info/23222

Baden im Fluss am Platz	✓
Pool & Hallenbad	✗
Spielplatz	keine Angabe
Hunde erlaubt	✓
Schatten	✗
WLAN	keine Angabe
Lebensmittel	✗
Brötchen am Platz	✓
Restaurant am P.	✓
Ver-/Entsorgung Womo	✓
in den Ort	keine Angabe
Gesamt	keine Angabe
Mietunterkünfte	✓
Stellplätze vor Schranke	✗

3.8 GUT
8 Bewertungen

Lage	4.9
Ruhe	4.2
Sanitäranlagen	3.4
Sauberkeit Ø	4.0
Freundlichkeit	4.6
Stellplatz	4.0
Verpflegung	3.6
Freizeit	3.9
Preis-Leistung	4.2
Mietunterkünfte	5.0

Geeignet für

Kinder b. 6 J.	3.0
Kinder b. 12 J.	3.0
Kinder b. 18 J.	2.0
Paare	4.4
Senioren	4.2
Gäste mit Zelt	2.0
Gäste mit Hund	4.0

Empfohlene Aktivitäten

- Radfahren
- Wandern
- Entspannen

27 Campingplatz Heiter

❄

Campingstrasse 2
63933 Mönchberg
+49 9374 1330
49.78967 | 9.26304

01.04. - 31.10.
01.10. - 31.10.
HS: 19,20 € | NS: 19,20 €
Mehr Infos & Anfrage:
www.camping.info/25961

Baden im See	19km
Pool/Hallenbad	400m/9km
Spielplatz	300m
Hunde willkommen	✓
wenig Schatten	✓
WLAN (gegen Gebühr)	teilweise
Lebensmittel	400m
Brötchen am Platz	✗
Restaurant/Imbiss	200/390m
Ver-/Entsorgung Womo	✓
in den Ort	10m
Gesamt/Touristen	40/30
Mietunterkünfte	✓
Stellplätze vor Schranke	✗

3.9 GUT
7 Bewertungen

Lage	3.9
Ruhe	3.9
Sanitäranlagen	3.7
Sauberkeit Ø	4.0
Freundlichkeit	4.3
Stellplatz	4.0
Verpflegung	3.8
Freizeit	3.4
Preis-Leistung	3.9
Mietunterkünfte	5.0

Geeignet für

Kinder b. 6 J.	4.2
Kinder b. 12 J.	4.2
Kinder b. 18 J.	3.6
Paare	5.0
Senioren	4.8
Gäste mit Zelt	5.0
Gäste mit Hund	5.0

Empfohlene Aktivitäten

- Wandern
- Radfahren
- Motorrad

28 Maintal Resort - Camping Maintal

❄

Schloßstr. 42
97903 Collenberg
+49 9376 1270
49.76951 | 9.3418

ganzjährig
HS: 28,00 € | NS: 28,00 €
Mehr Infos & Anfrage:
www.camping.info/19253

Baden im Fluss am Platz	✓
Pool/Hallenbad	5/10km
Spielplatz am Platz	✓
Hunde erlaubt	✓
zur Hälfte Schatten	✓
WLAN	✓
Lebensmittel	500m
Brötchen am Platz	✗
Restaurant am P.	✓
Ver-/Entsorgung Womo	✓
in den Ort	100m
Gesamt/Touristen	101/50
Mietunterkünfte	✗
Stellplätze vor Schranke	✓

4.7 SEHR GUT
15 Bewertungen

Lage	4.7
Ruhe	4.5
Sanitäranlagen	4.4
Sauberkeit Ø	4.8
Freundlichkeit	5.0
Stellplatz	4.7
Verpflegung	4.7
Freizeit	4.2
Preis-Leistung	4.8
Mietunterkünfte	-

Geeignet für

Kinder b. 6 J.	4.1
Kinder b. 12 J.	4.4
Kinder b. 18 J.	4.3
Paare	4.9
Senioren	4.9
Gäste mit Zelt	4.9
Gäste mit Hund	5.0

Empfohlene Aktivitäten

- Radfahren
- Motorboot
- Wandern

29 Campingplatz Mainwiese

Ringstr. 24
63911 Klingenberg
49.76035 | 9.18081

keine Angabe
keine Angabe
Mehr Infos & Anfrage:
www.camping.info/25144

Baden in nat. Gewässer	k. A.
Pool & Hallenbad	✗
Spielplatz	keine Angabe
Hunde	✗
Schatten	✗
WLAN	keine Angabe
Lebensmittel	k.A.
Brötchen	keine Angabe
Restaurant & Imbiss	✗
Ver-/Entsorgung Womo	✗
in den Ort	keine Angabe
Gesamt	keine Angabe
Mietunterkünfte	✗
Stellplätze vor Schranke	✗

3.9 GUT
12 Bewertungen

Lage	4.5
Ruhe	3.5
Sanitäranlagen	2.9
Sauberkeit Ø	3.6
Freundlichkeit	4.6
Stellplatz	3.9
Verpflegung	2.1
Freizeit	4.3
Preis-Leistung	4.2
Mietunterkünfte	-

Geeignet für

Kinder b. 6 J.	3.4
Kinder b. 12 J.	4.0
Kinder b. 18 J.	3.0
Paare	4.0
Senioren	3.7
Gäste mit Zelt	3.6
Hunde n. erlaubt	-

Empfohlene Aktivitäten

- Radfahren
- Wandern
- Motorboot

Karte auf Seite 622

	30	31	32
	Camping am Leinritt	**Camping Mainwiese**	**Campingpark Kirchzell GmbH**
	Kirchstraße 25 63920 Großheubach +49 9371 8387 49.72639 | 9.21722	Josef-Wirth-Straße 7 63897 Miltenberg +49 9371 3985 49.70344 | 9.2538	Am Campingplatz 1 63931 Kirchzell 09373-566 49.6073 | 9.15876
Infos			
Öffnungszeiten	keine Angabe	01.04. - 30.09.	ganzjährig
Vergleichspreis	keine Angabe	HS: 18,50 € | NS: 18,50 €	HS: 16,50 € | NS: 16,50 €
Link	**Mehr Infos & Anfrage:** www.camping.info/18828	**Mehr Infos & Anfrage:** www.camping.info/18826	**Mehr Infos & Anfrage:** www.camping.info/27231
Ausstattung			
Freizeit	Baden in nat. Gewässer k. A. Pool & Hallenbad × Spielplatz keine Angabe	Baden in nat. Gewässer k. A. Pool/Hallenbad 400m Spielplatz am Platz ✓	Baden in nat. Gewässer × Hallenbad ✓ Spielplatz am Platz ✓
Campingplatz	Hunde × Schatten × WLAN keine Angabe	Hunde erlaubt ✓ Schatten × WLAN ×	Hunde willkommen ✓ wenig Schatten ✓ WLAN (gratis) teilweise
Versorgung	Lebensmittel k.A. Brötchen keine Angabe Restaurant & Imbiss × Ver-/Entsorgung Womo × in den Ort keine Angabe	Lebensmittel ✓ Brötchen am Platz ✓ Restaurant 100m Ver-/Entsorgung Womo ✓ im Ort ✓	Lebensmittel 1km Brötchen am Platz ✓ Restaurant/Imbiss 5/1km Ver-/Entsorgung Womo ✓ in den Ort 2km
Anzahl der Plätze	Gesamt keine Angabe Mietunterkünfte × Stellplätze vor Schranke ×	Gesamt/Touristen 140/80 Mietunterkünfte × Stellplätze vor Schranke ×	Gesamt/Touristen 340/200 Mietunterkünfte × Stellplätze vor Schranke ×

Bewertung	Camping am Leinritt	Camping Mainwiese	Campingpark Kirchzell GmbH
Gesamt	3.7 GUT (6 Bewertungen)	3.5 GUT (24 Bewertungen)	4.4 SEHR GUT (31 Bewertungen)
Lage	4.7	4.7	4.4
Ruhe	4.3	3.3	4.7
Sanitäranlagen	3.4	2.2	3.7
Sauberkeit Ø	3.1	4.2	4.8
Freundlichkeit	4.3	4.5	5.0
Stellplatz	3.2	3.3	4.0
Verpflegung	2.0	2.9	3.5
Freizeit	3.0	3.9	4.2
Preis-Leistung	2.8	3.9	4.8
Mietunterkünfte	-	-	-
Geeignet für			
Kinder b. 6 J.	3.0	3.4	4.5
Kinder b. 12 J.	1.5	3.8	4.4
Kinder b. 18 J.	2.5	3.6	3.9
Paare	3.7	4.4	4.9
Senioren	4.0	4.5	4.9
Gäste mit Zelt	3.5	4.2	4.6
Hunde n. erlaubt / Gäste mit Hund	Hunde n. erlaubt -	Gäste mit Hund 3.9	Gäste mit Hund 4.8

Empfohlene Aktivitäten	Camping am Leinritt	Camping Mainwiese	Campingpark Kirchzell GmbH
1	Radfahren	Radfahren	Wandern
2	Wandern	Wandern	Schwimmen
3	Entspannen	Sightseeing	Entspannen

BAYERN

❷ Oberfranken

	Platz	Seite	Bewertung		Öffnungszeiten	
1	Campingplatz Auensee	**638**	**4.1**	◯	ganzjährig	✻
2	Höllental Camping	**638**	**3.6**	◯	ganzjährig	✻
3	Hotel & Camping Schloss Issigau	**639**	**4.3**	◯	saisonal	✻
4	Camping Sonnland	**638**	**3.9**	◯	ganzjährig	
5	Campingplatz Stadtsteinach	**641**	**4.6**	◯	saisonal	
6	Maincampingplatz Lichtenfels	**640**	**4.3**	◯	saisonal	
7	Camping am Weissenstädter See	**640**	**3.8**	◯	ganzjährig	✻
8	Schlosscamping Kleinziegenfeld	**640**	**3.6**	◯	k. A.	
9	Campingplatz Fichtelsee	**643**	**4.4**	◯	saisonal	✻
10	Campingplatz Ebing	**642**	**3.6**	◯	saisonal	
11	Camping Holderbach	**642**	**4.0**	◯	ganzjährig	✻
12	Panorama & Wellness-Campingplatz Großbüchlberg	**644**	**4.7**	◯	ganzjährig	✻
13	Camping Platzermühle - am Sibyllenbad	**647**	**4.5**	◯	ganzjährig	✻
14	Camping Waldmühle	**642**	**4.3**	◯	saisonal	
15	Marina Trosdorf TWF E.V.	**646**	**4.5**	◯	saisonal	
16	DKV-Kanustation Bamberger Faltboot-Club	**646**	**4.4**	◯	saisonal	
17	Camping Insel	**646**	**4.3**	◯	ganzjährig	✻
18	Campingplatz "Steinerner Beutel" Waischenfeld	**648**	**4.2**	◯	k. A.	
19	Camping Jurahöhe	**648**	**3.6**	◯	ganzjährig	✻
20	Campingplatz Rothenbühl	**648**	**3.6**	◯	k. A.	
21	Campingplatz Moritz	**649**	**3.4**	◯	saisonal	✻
22	Camping Bärenschlucht	**649**	**3.8**	◯	ganzjährig	✻

Karte auf Seite 636

	1	2	4
	Campingplatz Auensee	**Höllental Camping**	**Camping Sonnland**
	❄	❄	
	Am Auensee 1 95189 Joditz-Köditz +49 9295 381	Seestraße 161a 95192 Lichtenberg +49 9288 6870	Bahnhofstrasse 154 96145 Sesslach +49 9569 220
	50.375 | 11.8381	50.37423 | 11.66907	50.19432 | 10.83763
Infos			
Öffnungszeiten	ganzjährig	ganzjährig	ganzjährig
Vergleichspreis	HS: 23,30 € | NS: 21,30 €	HS: 20,50 € | NS: 20,50 €	HS: 22,50 € | NS: 20,00 €
Link	**Mehr Infos & Anfrage:** www.camping.info/19213	**Mehr Infos & Anfrage:** www.camping.info/19212	**Mehr Infos & Anfrage:** www.camping.info/19222
Ausstattung			
Freizeit	Baden im See am Platz ✓ Pool/Hallenbad 10km Spielplatz am Platz ✓	Baden im See am Platz ✓ Pool/Hallenbad 3km Spielplatz 100m	Baden im Teich am Platz ✓ Pool/Hallenbad ✓/10km Spielplatz ✗
Campingplatz	Hunde willkommen ✓ zur Hälfte Schatten ✓ WLAN ✓	Hunde erlaubt ✓ zur Hälfte Schatten ✓ WLAN (gratis) teilweise	Hunde erlaubt ✓ zur Hälfte Schatten ✓ WLAN (begrenzt gratis) ✓
Versorgung	Lebensmittel 500m Brötchen am Platz ✓ Restaurant/Imbiss 200m Ver-/Entsorgung Womo ✓ in den Ort 500m	Lebensmittel 2km Brötchen am Platz ✓ Restaurant 2km Ver-/Entsorgung Womo ✓ in den Ort 2km	Lebensmittel 500m Brötchen am Platz ✗ Restaurant/Imbiss 500m Ver-/Entsorgung Womo ✓ in den Ort 750m
Anzahl der Plätze	Gesamt/Touristen 200/25 Mietunterkünfte ✗ Stellplätze vor Schranke ✗	Gesamt/Touristen 196/105 Mietunterkünfte ✗ Stellplätze vor Schranke ✗	Gesamt/Touristen 75/50 Mietunterkünfte ✓ Stellplätze vor Schranke ✗

	Campingplatz Auensee	Höllental Camping	Camping Sonnland
Gesamt	4.1 SEHR GUT, 45 Bewertungen	3.6 GUT, 5 Bewertungen	3.9 GUT, 37 Bewertungen
Lage	4.2	4.2	4.2
Ruhe	4.5	4.6	4.0
Sanitäranlagen	3.8	3.2	4.0
Sauberkeit Ø	4.5	4.0	4.2
Freundlichkeit	4.9	4.3	3.8
Stellplatz	3.7	3.6	3.9
Verpflegung	3.6	2.0	2.2
Freizeit	3.8	3.8	3.6
Preis-Leistung	4.5	4.4	4.2
Mietunterkünfte	-	-	3.2
Geeignet für			
Kinder b. 6 J.	4.2	3.0	3.8
Kinder b. 12 J.	4.1	3.2	4.0
Kinder b. 18 J.	4.0	3.4	3.4
Paare	4.5	4.6	4.5
Senioren	4.5	4.8	4.7
Gäste mit Zelt	4.4	4.0	3.8
Gäste mit Hund	4.5	4.7	4.3
Empfohlene Aktivitäten	Wandern Schwimmen Entspannen	Wandern Motorrad Radfahren	Radfahren Wandern Entspannen

ANZEIGE

3 Hotel & Camping Schloss Issigau

Altes Schloß 3
95188 Issigau
+49 9293 7173
www.schloss-issigau.de
info@schloss-issigau.de

01.04. - 31.10.

HS: 37,85 € | NS: 36,35 €

Mehr Infos & Anfrage:
www.camping.info/19211

Baden im See	3km
Pool/Hallenbad	6km
Spielplatz am Platz	✓
Hunde willkommen	✓
zur Hälfte Schatten	✓
WLAN	✓
Lebensmittel	800m
Brötchen am Platz	✓
Restaurant & Imbiss	✓
Ver-/Entsorgung Womo	✓
in den Ort	300m
Touristenplätze	40
Mietunterkünfte	✓
Stellplätze vor Schranke	✗

50.37415 | 11.72138

Blick von der Terrasse zum Sanitärgebäude.

Lage & Stellplatz

Der Campingplatz liegt am Ortsrand von Issigau, ca. 5 km von der A9, Abfahrt 31 Berg/Bad-Steben, entfernt. Die Stellplätze liegen im und rund um den Schlosshof. Es werden auch 1- bis 4-Bett-Zimmer und Ferienwohnungen angeboten. Zudem gibt es WLAN, Brötchenservice, Frühstück, Tischtennis u. v. m.

Sanitär

Der im Frühjahr 2020 sanierte Sanitärbereich verfügt über Warm-/Kaltwasser, Einzelwasch- und Duschkabinen. Die Waschküche ist mit Waschmaschine, Trockner, Bügelstation und Handwaschbecken ausgestattet. Ebenfalls vorhanden: Chemie WC-Entsorgungsstation und Ver- und Entsorgungsstation für Wohnmobile.

Verpflegung

Die Gaststätte bietet eine reichhaltige Auswahl an regionalen und überregionalen Speisen sowie Getränken an. Nachmittags gibt es hausgemachten Kuchen und Eisbecher. Ob in der Weinstube (Gewölbe aus dem 16. Jahrhundert), auf der Terrasse oder im gemütlichen Gastraum – ein Abend vergeht wie im Fluge.

Freizeit

Das zentral gelegene Schloss Issigau bietet sich nicht nur als Durchgangsplatz an, sondern auch um den schönen Frankenwald zu erkunden. In der Nähe befinden sich etliche Ausflugsziele wie das Besucherbergwerk im Naturpark Frankenwald, der Friedrich-Wilhelm-Stollen oder das wildromantische Höllental.

Stellplätze im Grünen.

Blick auf das Schloss.

4.3 SEHR GUT
63 Bewertungen

Lage	4.4
Ruhe	4.7
Sanitäranlagen	3.7
Sauberkeit Ø	4.6
Freundlichkeit	4.8
Stellplatz	3.9
Verpflegung	4.3
Freizeit	3.5
Preis-Leistung	4.4
Mietunterkünfte	4.5

Geeignet für

4.8 Senioren

Paare	4.7
Gäste mit Hund	4.5
Gäste mit Zelt	4.3
Kinder b. 6 J.	3.6
Kinder b. 12 J.	3.6
Kinder b. 18 J.	3.1

Empfohlene Aktivitäten

Wandern
Entspannen
Radfahren
Mountainbiking

Mehr Infos

HS: 01.06. - 01.10.

Karte auf Seite 636

	6	7	8
	Maincampingplatz Lichtenfels	**Camping am Weissenstädter See**	**Schlosscamping Kleinziegenfeld**
		❄	
	Krösswehrstraße 52 96215 Lichtenfels +49 9571 71729	Badstrasse 91 95163 Weißenstadt +49 9253 288	Schlossweg 16 96260 Weismain +49 95049237460
	50.15583 | 11.08694	50.10917 | 11.87694	50.01813 | 11.20555
Infos			
Öffnungszeiten	01.04. - 15.10.	ganzjährig	keine Angabe
Vergleichspreis	HS: 15,10 € | NS: 15,10 €	HS: 26,00 € | NS: 26,00 €	HS: 22,00 €
Link	**Mehr Infos & Anfrage:** www.camping.info/19225	**Mehr Infos & Anfrage:** www.camping.info/19210	**Mehr Infos & Anfrage:** www.camping.info/19226
Ausstattung			
Freizeit	Baden im See am Platz ✓ Hallenbad 2km Spielplatz am Platz ✓	Baden im See am Platz ✓ Pool am Platz ✓ Spielplatz keine Angabe	Baden in nat. Gewässer k. A. Pool & Hallenbad ✗ Spielplatz am Platz ✓
Campingplatz	Hunde erlaubt ✓ zur Hälfte Schatten ✓ WLAN ✓	Hunde erlaubt ✓ Schatten ✗ WLAN ✓	Hunde erlaubt ✓ zur Hälfte Schatten ✓ WLAN keine Angabe
Versorgung	Lebensmittel 1km Brötchen am Platz ✓ Restaurant/Imbiss 400m/✓ Ver-/Entsorgung Womo ✓ in den Ort 2km	Lebensmittel 500m Brötchen keine Angabe Restaurant & Imbiss ✓ Ver-/Entsorgung Womo ✓ in den Ort 1km	Lebensmittel ✗ Brötchen am Platz ✗ Restaurant/Imbiss 500m Ver-/Entsorgung Womo ✓ im Ort ✓
Anzahl der Plätze	Gesamt/Touristen 136/86 Mietunterkünfte ✗ Stellplätze vor Schranke ✗	Gesamt/Touristen 315/200 Mietunterkünfte ✗ Stellplätze vor Schranke ✗	Gesamt keine Angabe Mietunterkünfte ✗ Stellplätze vor Schranke ✗

	6	7	8
Gesamt	4.3 SEHR GUT, 66 Bewertungen	3.8 GUT, 25 Bewertungen	3.6 GUT, 5 Bewertungen
Lage	4.5	4.3	3.8
Ruhe	4.2	4.0	4.4
Sanitäranlagen	3.6	4.0	3.8
Sauberkeit Ø	4.2	3.9	4.0
Freundlichkeit	4.7	4.3	4.4
Stellplatz	4.0	3.4	3.6
Verpflegung	3.2	4.3	3.0
Freizeit	4.2	3.8	4.0
Preis-Leistung	4.7	4.2	4.0
Mietunterkünfte	-	-	-
Geeignet für			
Kinder b. 6 J.	4.0	3.7	5.0
Kinder b. 12 J.	4.3	3.8	5.0
Kinder b. 18 J.	4.3	3.7	5.0
Paare	4.5	4.4	5.0
Senioren	4.5	4.4	3.8
Gäste mit Zelt	4.3	3.7	5.0
Gäste mit Hund	4.3	4.3	5.0
Empfohlene Aktivitäten	Radfahren Wandern Kayak/Kanu	Schwimmen Radfahren Wandern	Wandern Entspannen Radfahren

5 Campingplatz Stadtsteinach

Badstraße 5
95346 Stadtsteinach
+49 922 580 0394
www.camping-stadtsteinach.de
info@camping-stadtsteinach.de

15.03. - 15.11.

HS: 27,60 € | NS: 25,40 €

Mehr Infos & Anfrage:
www.camping.info/19214

Baden in nat. Gewässer	k. A.
Pool am Platz	✓
Spielplatz am Platz	✓
Hunde willkommen	✓
wenig Schatten	✓
WLAN (begrenzt gratis)	✓
Lebensmittel	300m
Brötchen am Platz	✓
Restaurant am P.	✓
Ver-/Entsorgung Womo	✓
in den Ort	500m
Touristenplätze	160
Mietunterkünfte	✓
Stellplätze vor Schranke	✗

50.16113 | 11.51693

Alle Camping-Arten (Zelt, WOMO, Wohnwagen, Bus) sind herzlich willkommen.

Lage & Stellplatz

Dieser Campingplatz steht für Gastfreundschaft und Erholung im Frankenwald auf dem parzellierten Stellplatz, der Zeltwiese mit Spielplatz und großem Bällebad. Drei Schlaffässer und ein Schlafhäuschen für den etwas anderen Aufenthalt werden ebenfalls angeboten. Ferienwohnung oder Zimmer auf Anfrage.

Verpflegung

Der Mittelpunkt der Brauerei-Hochburg: Im Frankenwald bekommt man nicht nur die besten Grillhax'n, Sauerbraten und Klöße, sondern auch das beste Bier. Direkt am Platz können die Gäste im gemütlichen Biergarten verweilen und sich von der Gastronomie überraschen lassen.

Sanitär

Auf dem Platz befinden sich zwei Sanitärgebäude, die mit Ille-Hygiene sowie Desinfektion für Hände und WC-Sitze ausgestattet sind. Ein Waschhaus mit Waschmaschine und Wäschetrockner, sowie eine behindertengerechte Sanitäreinheit ist ebenfalls vorhanden.

Freizeit

Direkt gegenüber befindet sich ein großzügig ausgestattetes Freibad (für Campinggäste reduziert). Viele Wanderrouten durch den Frankenwald beginnen am Campingplatz. Sehenswerte Städte wie Kulmbach sind mit dem Rad erreichbar. Auch ein Ausflug in die nahe gelegene Festspielstadt Bayreuth lohnt sich.

Übernachtung in Fass oder Hütte.

...oder in den eigenen 4 Wänden.

4.6 SEHR GUT
113 Bewertungen

Lage	4.5
Ruhe	4.6
Sanitäranlagen	4.2
Sauberkeit Ø	4.9
Freundlichkeit	4.9
Stellplatz	4.5
Verpflegung	4.4
Freizeit	4.2
Preis-Leistung	4.7
Mietunterkünfte	4.7

Geeignet für

4.8 Paare

- 4.7 Senioren
- 4.7 Gäste mit Zelt
- 4.7 Gäste mit Hund
- 4.5 Kinder b. 6 J.
- 4.5 Kinder b. 12 J.
- 4.0 Kinder b. 18 J.

Empfohlene Aktivitäten

Wandern | Radfahren | Schwimmen | Entspannen

Mehr Infos

Ferienwohnung 100 m², kleines Ferienloft und Wohnwagen auf Anfrage.

Karte auf Seite 636

	10	11	14
	Campingplatz Ebing	**Camping Holderbach** ❄	**Camping Waldmühle**
	Ringstraße 5 96179 Rattelsdorf OT Ebing 09547/7286 50.00602 | 10.9095	Schafgasse 14 95694 Mehlmeisel +49 9272 387 49.97462 | 11.85257	Freienfels 31 96142 Hollfeld-Freienfels +49 9274 255 49.95917 | 11.25017
Infos			
Öffnungszeiten	01.04. - 30.09.	ganzjährig	15.04. - 15.10.
Vergleichspreis	HS: 13,00 €	keine Angabe	HS: 19,00 €
Link	**Mehr Infos & Anfrage:** www.camping.info/24628	**Mehr Infos & Anfrage:** www.camping.info/19217	**Mehr Infos & Anfrage:** www.camping.info/19221
Ausstattung			
Freizeit	Baden im See am Platz ✓ Pool & Hallenbad ✗ Spielplatz am Platz ✓	Baden in nat. Gewässer k. A. Pool & Hallenbad ✗ Spielplatz am Platz ✓	Baden in nat. Gewässer k. A. Pool/Hallenbad 4km Spielplatz am Platz ✓
Campingplatz	Hunde willkommen ✓ wenig Schatten ✓ WLAN ✓	Hunde erlaubt ✓ Schatten ✗ WLAN ✓	Hunde erlaubt ✓ zur Hälfte Schatten ✓ WLAN ✗
Versorgung	Lebensmittel ✗ Brötchen am Platz ✓ Restaurant 1km Ver-/Entsorgung Womo ✓ im Ort ✓	Lebensmittel k.A. Brötchen keine Angabe Restaurant & Imbiss ✗ Ver-/Entsorgung Womo ✗ in den Ort 250m	Lebensmittel 4km Brötchen am Platz ✓ Restaurant & Imbiss ✓ Ver-/Entsorgung Womo ✓ in den Ort 200m
Anzahl der Plätze	Gesamt/Touristen 145/45 Mietunterkünfte ✗ Stellplätze vor Schranke ✗	Touristenplätze 50 Mietunterkünfte ✓ Stellplätze vor Schranke ✗	Gesamt/Touristen 25/23 Mietunterkünfte ✓ Stellplätze vor Schranke ✗
Bewertung	**3.6** GUT 10 Bewertungen	**4.0** SEHR GUT 9 Bewertungen	**4.3** SEHR GUT 13 Bewertungen
Lage	3.9	4.1	4.3
Ruhe	3.1	4.7	3.8
Sanitäranlagen	3.7	3.2	4.0
Sauberkeit Ø	3.9	4.7	4.5
Freundlichkeit	3.6	4.9	4.8
Stellplatz	3.2	3.4	3.8
Verpflegung	2.8	2.4	3.5
Freizeit	3.6	3.8	3.9
Preis-Leistung	4.3	4.9	4.7
Mietunterkünfte	-	4.0	3.0
Geeignet für			
Kinder b. 6 J.	3.0	3.8	3.9
Kinder b. 12 J.	3.6	3.5	3.8
Kinder b. 18 J.	3.3	2.2	3.2
Paare	4.3	4.4	4.9
Senioren	3.9	4.3	4.6
Gäste mit Zelt	3.8	4.0	4.9
Gäste mit Hund	3.6	4.4	5.0
Empfohlene Aktivitäten	Schwimmen Radfahren Wandern	Wandern Entspannen Ski	Wandern Klettern Mountainbiking

9 Campingplatz Fichtelsee

Fichtelseestr. 30
95686 Fichtelberg
+49 9272 801
www.camping-fichtelsee.de
info@camping-fichtelsee.de

01.01. - 31.10.
18.12. - 31.12.
HS: k.A. | NS: k.A.
Mehr Infos & Anfrage:
www.camping.info/19216

Baden im See	100m
Pool/Hallenbad	5/15km
Spielplatz am Platz	✓
Hunde willkommen	✓
zur Hälfte Schatten	✓
WLAN (gegen Gebühr)	✓
Lebensmittel	2km
Brötchen am Platz	nur HS
Restaurant/Imbiss	200m/1km
Ver-/Entsorgung Womo	✓
in den Ort	1km
Gesamt/Touristen	118/100
Mietunterkünfte	✗
Stellplätze vor Schranke	✗

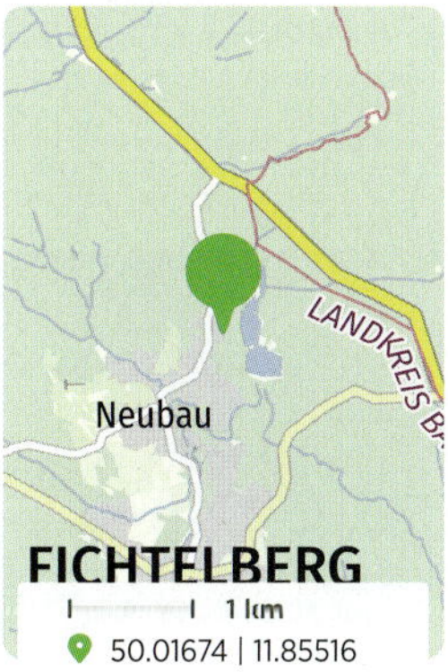

Ruhige, idyllische Lage am Wald nahe dem See – der Campingplatz Fichtelsee.

Lage & Stellplatz

Nordbayerns höchstgelegener Campingplatz liegt inmitten des Naturparks vor einer herrlichen Waldkulisse nur einen Steinwurf vom Fichtelsee entfernt. Die 118 Stellplätze befinden sich in sonniger Lage und sind mit Stromanschluss (16A) und teilweise mit TV-, Wasser- und Abwasseranschluss ausgestattet.

Verpflegung

Während der Saison gibt es einen täglichen Bäckerservice. Im kleinen Kiosk werden Getränke, Eis, Süßigkeiten und Souvenirs angeboten. Im Ortskern (2 km) befindet sich ein gut sortierter Supermarkt. Mehrere Restaurants mit fränkischer Küche liegen in unmittelbarer Nähe des Campingplatzes (ca. 250 m).

Sanitär

Der Platz verfügt über eine gepflegte Sanitärausstattung mit Einzelwaschkabinen, Babywickelraum und rollstuhlgerechter Sanitärkabine. Waschmaschine u. Trockner sind vorhanden. Trockenraum und Hundedusche runden das Angebot ab. Im Obergeschoss des Sanitärgebäudes II befindet sich ein Aufenthaltsraum.

Freizeit

Zahllose Möglichkeiten im Sommer wie im Winter, von Sport bis Kultur: Wandern, Nordic Walking, Schwimmen, SUP, Mountainbiking, Langlauf, Ski Alpin. Felsenlabyrinth, Zipline-Park, Alpin Coaster, Museen, Weltkulturerbe Opernhaus Bayreuth. Luisenburg-Festspiele und Richard-Wagner-Festspiele Bayreuth.

Ruhe genießen, Erholung tanken.

Ausgangspunkt für Wintersport.

4.4 SEHR GUT
128 Bewertungen

Lage	4.6
Ruhe	4.4
Sanitäranlagen	4.5
Sauberkeit Ø	4.7
Freundlichkeit	4.4
Stellplatz	4.2
Verpflegung	3.1
Freizeit	4.2
Preis-Leistung	4.4
Mietunterkünfte	-

Geeignet für

4.8 Senioren

4.7 Paare	4.2 Kinder b. 6 J.	4.1 Gäste mit Zelt
4.6 Gäste mit Hund	4.1 Kinder b. 12 J.	3.6 Kinder b. 18 J.

Empfohlene Aktivitäten

Wandern · Entspannen · Mountainbiking · Schwimmen

Mehr Infos

ANZEIGE

12 Panorama & Wellness-Campingplatz Großbüchlberg

❄

Großbüchlberg 32
95666 Mitterteich
+49 9633 400673
www.freizeithugl.de
camping@freizeithugl.de

ganzjährig

HS: 30,00 € | NS: 30,00 €

Mehr Infos & Anfrage:
www.camping.info/23161

Baden in nat. Gewässer	✗
Pool/Hallenbad	4km
Spielplatz	250m
Hunde willkommen	✓
wenig Schatten	✓
WLAN (gegen Gebühr)	✓
Lebensmittel	3km
Brötchen am Platz	✓
Restaurant/Imbiss	✓/250m
Ver-/Entsorgung Womo	✓
in den Ort	250m
Gesamt/Touristen	105/95
Mietunterkünfte	✗
Stellplätze vor Schranke	✓

camping.info AWARD 2018

camping.info AWARD 2019

AWARD 2020 camping.info

Der Panorama-Ruhepool: Das Herzstück der 300 m² großen Wellness-Oase.

Lage & Stellplatz

„Grüß Gott" aus der Oberpfalz! Gut ausgeschildert und verkehrstechnisch günstig gelegen (5 km von der Autobahn A93 und 15 km von Tschechien entfernt) gelangen Campinggäste schnell zum Platz. In 600 m Höhe bieten ganzjährig auf zwei Terrassen insgesamt 108 Ruheoasen den idealen Urlaubsplatz! 30 Wohnmobile jeglicher Größe finden hier auf 40-60 m² großen Stellplätzen mit wettersicheren Rasengittersteinen Platz. 78 Caravans freuen sich auf die 80-120 m² großen Schotterrasenplätze der Anlage. Hier genießt man ein herrliches Panorama: bis zu 50 km weit reicht der Blick über das schöne Stiftland.

Sanitär

Das saubere und helle Sanitärgebäude punktet mit barrierefreiem Eingang und Bioenergie-Wärme. Wäschewaschen und -trocknen ist genauso möglich wie Geschirrspülen. Auch eigene, abschließbare Sanitärkabinen können die Gäste mieten. Dusch-, Wasch- und Toilettenkabinen sowie Urinale runden das sanitäre Angebot ab. Die 300 m² große Wellness-Oase bietet einen 12 x 6 m großen Panorama-Pool mit bis zu 35 Grad warmen Wasser, einen beheizten Ruheraum hinter großen Glasfronten sowie Außenliegen unter großzügigen Sonnenschirmen, eine Trockensauna und ein Dampfbad mit verschiedenen Aufgüssen bzw. Aromen.

Sonnenaufgang am Großbüchlberg.

Außenbereich des Ruheraums.

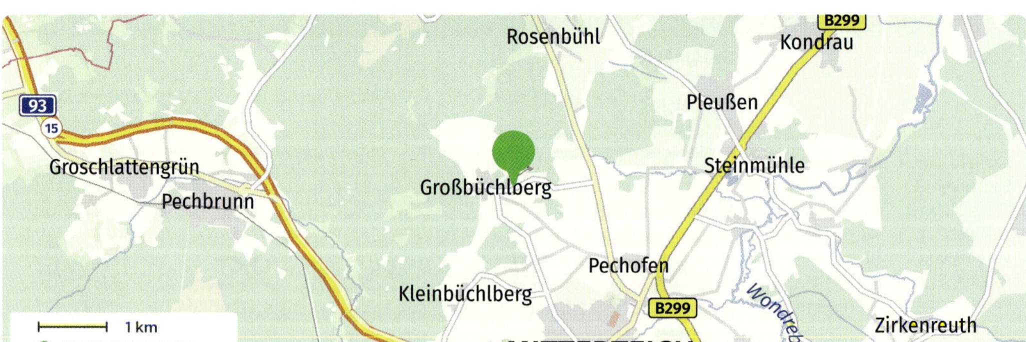

Die Platz- und Wellness-Ordnung des CP klärt im Vorfeld fast alle Fragen.

Herrlich in die Natur eingebetteter Platz mit bis zu 50 km weitem Panoramablick. Nur ein paar Meter entfernt liegt das Restaurant „Petersklause".

Verpflegung

Auf Wunsch werden täglich bis 7:30 Uhr verschiedene Brötchen hausgebacken. Kleine und große Gasflaschen (Stahl und Alu) stehen ebenso zum Verkauf wie diverse Markengetränke, heimische Biere und Weine, regionale Wurst- und Honigspezialitäten sowie bekannte Eissorten und viele weitere Artikel des täglichen Bedarfs. Leckeres Essen wartet nur ein paar Schritte vom Platz entfernt im Restaurant „Petersklause" auf die Gäste: Die Speisekarte verfügt über eine große Auswahl an Fleisch- und Fischgerichten. Für gesundheitsbewusste Camper stehen auch Gerichte mit viel Gemüse und wenig Fett auf der Karte.

Freizeit

Kinder erobern den großen Spielplatz an der Petersklause-Sonnenterrasse oder machen große Sprünge auf den Netz- und Bungee-Trampolins. Beim Minigolf oder Hindernis-Billard ist Zielsicherheit gefragt und die 760 m lange Sommerrodelbahn verspricht rasante Abfahrten. Im Umkreis von 30 km warten einige Attraktionen, z. B. Porzellan- und Fischereimuseum, Dreifaltigkeitskirche Kappl, Stiftsbasilika mit Klosterbibliothek, Naturerlebnisgarten, Teichpfanne (rund 4.600 Fischweiher), Kurmittelhaus Sibyllenbad, Falknerei bzw. Greifvogelpark, Luisenburg-Festspiele und das tiefste Bohrloch der Erde.

5.0 

Schöner Campingplatz mit toller Aussicht! Sehr große Parzelle mit Strom, Wasser, Abwasser am Platz, Schwimmbad inklusive oder Ermäßigung mit Campercard. Hier würden wir wieder hinkommen, am Montag konnte man frisch geräucherten Fisch kaufen – sehr zu empfehlen.

Ralf H.

Ralf H. ist begeisterter Camper und war im Juni 2022 Gast auf dem Campingplatz.

Bezauberndes Panorama am Morgen.

Restaurant und Bimmelbahn.

4.7 **SEHR GUT**
117 Bewertungen

Lage	4.7	
Ruhe	4.7	
Sanitäranlagen	4.8	
Sauberkeit Ø	4.8	
Freundlichkeit	4.9	
Stellplatz	4.6	
Verpflegung	4.3	
Freizeit	4.4	
Preis-Leistung	4.7	
Mietunterkünfte	-	

Geeignet für

4.9 Paare

4.9 Senioren	4.0 Gäste mit Zelt	3.8 Kinder b. 6 J.
4.7 Gäste mit Hund	3.9 Kinder b. 12 J.	3.8 Kinder b. 18 J.

Empfohlene Aktivitäten

Wandern — Entspannen — Wellness — Radfahren

Mehr Infos

Karte auf Seite 636

	15	16	17
	Marina Trosdorf TWF E.V.	**DKV-Kanustation Bamberger Faltboot-Club**	**Camping Insel** ❄
	Wasserwörth 3 96120 Bischberg bei Bamberg 09503-7114 49.91722 | 10.81464	Weidendamm 150 96047 Bamberg +49 9516 8624 (Anrufbeantworter) 49.90357 | 10.87445	Am Campingplatz 1 96049 Bamberg-Bug +49 951 56320 49.86151 | 10.91685
Infos			
Öffnungszeiten	01.04. - 31.10.	01.04. - 20.10.	ganzjährig
Vergleichspreis	keine Angabe	HS: 32,00 € | NS: 32,00 €	HS: 24,00 € | NS: 23,00 €
Link	**Mehr Infos & Anfrage:** www.camping.info/24993	**Mehr Infos & Anfrage:** www.camping.info/26131	**Mehr Infos & Anfrage:** www.camping.info/19220
Ausstattung			
Freizeit	Baden im Fluss am Platz ✓ Pool/Hallenbad 3/5km Spielplatz am Platz ✓	Baden im Fluss 3km Pool/Hallenbad 2/3km Spielplatz 1km	Baden im Fluss am Platz ✓ Pool/Hallenbad 4km Spielplatz am Platz ✓
Campingplatz	Hunde erlaubt ✓ Schatten ✗ WLAN ✓	Hunde erlaubt ✓ wenig Schatten ✓ WLAN ✗	Hunde willkommen ✓ Schatten ✗ WLAN (begrenzt gratis) ✓
Versorgung	Lebensmittel 500m Brötchen am Platz ✗ Restaurant/Imbiss 500m Ver-/Entsorgung Womo ✓ in den Ort 1km	Lebensmittel 1km Brötchen am Platz ✗ Restaurant/Imbiss ✓/500m Ver-/Entsorgung Womo ✗ im Ort ✓	Lebensmittel ✓ Brötchen am Platz ✓ Restaurant & Imbiss ✓ Ver-/Entsorgung Womo ✓ in den Ort keine Angabe
Anzahl der Plätze	Gesamt 70 Mietunterkünfte ✗ Stellplätze vor Schranke ✗	Touristenplätze 8 Mietunterkünfte ✗ Stellplätze vor Schranke ✗	Gesamt/Touristen 170/100 Mietunterkünfte ✗ Stellplätze vor Schranke ✗

	15	16	17
Gesamt	4.5 SEHR GUT, 4 Bewertungen	4.4 SEHR GUT, 14 Bewertungen	4.3 SEHR GUT, 213 Bewertungen
Lage	4.5	4.7	4.5
Ruhe	4.2	4.5	4.2
Sanitäranlagen	4.0	4.5	4.7
Sauberkeit Ø	4.5	4.5	4.6
Freundlichkeit	5.0	4.2	4.5
Stellplatz	5.0	3.7	3.9
Verpflegung	2.5	3.7	3.9
Freizeit	4.3	4.4	4.0
Preis-Leistung	4.5	4.2	4.3
Mietunterkünfte	-	-	-
Geeignet für			
Kinder b. 6 J.	3.0	3.7	3.8
Kinder b. 12 J.	3.0	4.1	4.0
Kinder b. 18 J.	4.0	4.6	3.7
Paare	5.0	4.8	4.6
Senioren	5.0	4.4	4.5
Gäste mit Zelt	5.0	4.4	4.4
Gäste mit Hund	5.0	4.3	4.4
Empfohlene Aktivitäten	Radfahren Kayak/Kanu Motorboot	Kayak/Kanu Radfahren Sightseeing	Radfahren Sightseeing Kultur

13 Camping Platzermühle - am Sibyllenbad

Platzermühle 2
95698 Bad- Neualbenreuth
+49 9638 912200
www.camping-sibyllenbad.de
info@camping-sibyllenbad.de

ganzjährig

HS: 25,00 € | NS: 25,00 €

Mehr Infos & Anfrage:
www.camping.info/23209

Baden im Teich	10km
Pool/Hallenbad	10km
Spielplatz am Platz	✓
Hunde willkommen	✓
zur Hälfte Schatten	✓
WLAN (gegen Gebühr)	✓
Lebensmittel	10km
Brötchen am Platz	✓
Restaurant	400m
Ver-/Entsorgung Womo	✓
in den Ort	1km
Gesamt/Touristen	48/30
Mietunterkünfte	✓
Stellplätze vor Schranke	✓

49.97064 | 12.44454

Camping Platzermühle am Rande des Tillenbergs im Oberpfälzer Wald.

Lage & Stellplatz

Camping Platzermühle liegt in idyllischer Lage am Rande des Tillenbergs im Oberpfälzer Wald an der tschechischen Grenze. Auf vier Terrassen befinden sich die ebenen Komfortstellplätze, die zwischen 100 und 120 m² Größe haben und jeweils mit Strom-, Wasser und Abwasseranschluss ausgestattet sind.

Sanitär

Auf Sauberkeit wird bei den großräumigen, ganzjährig beheizten Sanitäranlagen großer Wert gelegt. Die Gäste finden hier neben einem Wäsche- und Trockenraum ebenfalls einen Küchen- und Geschirrspülraum.

Verpflegung

Die Gäste erfreuen sich am Brötchenservice mit Lieferung direkt zum Stellplatz. In der Rezeption gibt es einen kleinen Getränkeverkauf. Preiswerte und schmackhafte Gastronomie finden die Urlauber fußläufig vom Platz (ca. 300 m entfernt).

Freizeit

Zahlreiche Wander- und Mountainbiketouren führen um den Tillenberg auf deutscher und tschechischer Seite. Nach dem Naturerlebnis bietet das Sibyllenbad Wellness, Sauna, einen orientalischen Badetempel sowie eine Badelandschaft für die verdiente Entspannung. 18-Loch-Golfplatz in 2 km Entfernung.

Die Sanitäranlagen.

Der Stellplatz.

4.5 SEHR GUT
14 Bewertungen

Lage	4.2
Ruhe	4.5
Sanitäranlagen	4.6
Sauberkeit Ø	4.7
Freundlichkeit	4.9
Stellplatz	4.4
Verpflegung	3.6
Freizeit	3.6
Preis-Leistung	4.6
Mietunterkünfte	4.5

Geeignet für

4.9 Gäste mit Hund

4.7 Paare
4.5 Senioren
4.3 Gäste mit Zelt
3.9 Kinder b. 6 J.
3.4 Kinder b. 18 J.
3.0 Kinder b. 12 J.

Empfohlene Aktivitäten

Wandern
Wellness
Entspannen
Schwimmen

Mehr Infos

Strom bis max 4 kwh inkl.

Karte auf Seite 636

	18	19	20
	Campingplatz "Steinerner Beutel" Waischenfeld	**Camping Jurahöhe**	**Campingplatz Rothenbühl**
	Hauptstraße 54 91344 Waischenfeld 09202 359	Kleinlesau 9 91278 Kleinlesau +49 9243 9173	Rothenbühl 3a 91320 Ebermannstadt +49 179 22 38 46 2
	49.85114 | 11.3414	49.79826 | 11.37557	49.79037 | 11.20505
Infos			
Öffnungszeiten	keine Angabe	ganzjährig	keine Angabe
Vergleichspreis	keine Angabe	HS: 20,40 € | NS: 20,40 €	keine Angabe
Link	**Mehr Infos & Anfrage:** www.camping.info/26703	**Mehr Infos & Anfrage:** www.camping.info/19140	**Mehr Infos & Anfrage:** www.camping.info/23207
Ausstattung			
Freizeit	Baden in nat. Gewässer k. A. Pool & Hallenbad ✗ Spielplatz keine Angabe	Baden in nat. Gewässer k. A. Hallenbad 4km Spielplatz am Platz ✓	Baden in nat. Gewässer k. A. Pool 150m Spielplatz keine Angabe
Campingplatz	Hunde willkommen ✓ wenig Schatten ✓ WLAN keine Angabe	Hunde willkommen ✓ wenig Schatten ✓ WLAN keine Angabe	Hunde ✗ Schatten ✗ WLAN keine Angabe
Versorgung	Lebensmittel k.A. Brötchen keine Angabe Restaurant & Imbiss ✗ Ver-/Entsorgung Womo ✗ in den Ort 250m	Lebensmittel 4km Brötchen am Platz ✓ Restaurant am P. ✓ Ver-/Entsorgung Womo ✓ in den Ort keine Angabe	Lebensmittel 1km Brötchen keine Angabe Restaurant & Imbiss ✗ Ver-/Entsorgung Womo ✗ in den Ort 1km
Anzahl der Plätze	Gesamt/Touristen 240/160 Mietunterkünfte ✗ Stellplätze vor Schranke ✓	Gesamt/Touristen 120/90 Mietunterkünfte ✓ Stellplätze vor Schranke ✗	Gesamt keine Angabe Mietunterkünfte ✗ Stellplätze vor Schranke ✗

	18	19	20
Gesamt	4.2 **SEHR GUT** 9 Bewertungen	3.6 **GUT** 28 Bewertungen	3.6 **GUT** 9 Bewertungen
Lage	4.6	4.4	4.1
Ruhe	4.0	4.7	4.2
Sanitäranlagen	3.6	3.2	3.0
Sauberkeit Ø	4.7	3.6	4.0
Freundlichkeit	4.2	3.4	3.9
Stellplatz	4.3	3.8	3.9
Verpflegung	4.9	3.6	2.5
Freizeit	4.4	3.5	4.4
Preis-Leistung	4.2	4.0	3.8
Mietunterkünfte	-	4.4	-
Geeignet für			
Kinder b. 6 J.	4.4	3.4	5.0
Kinder b. 12 J.	4.3	3.6	4.7
Kinder b. 18 J.	4.3	3.0	4.5
Paare	4.0	4.2	4.7
Senioren	4.2	4.3	4.5
Gäste mit Zelt	4.6	4.4	4.5
Gäste mit Hund / Hunde n. erlaubt	Gäste mit Hund 5.0	Gäste mit Hund 4.2	Hunde n. erlaubt -
Empfohlene Aktivitäten	Radfahren Wandern Kayak/Kanu	Wandern Entspannen Klettern	Kayak/Kanu Wandern Radfahren

21

Campingplatz Moritz

*

Moritz 14
91327 Gößweinstein
+49 9242 359

49.78045 | 11.30973

01.04. - 31.10.

HS: 20,50 € | NS: 20,50 €

Mehr Infos & Anfrage:
www.camping.info/26215

Baden in nat. Gewässer	k. A.
Pool/Hallenbad	4/8km
Spielplatz am Platz	✓
Hunde erlaubt	✓
zur Hälfte Schatten	✓
WLAN	✗
Lebensmittel	4km
Brötchen am Platz	nur HS
Restaurant am P.	✓
Ver-/Entsorgung Womo	✓
in den Ort	4km
Touristenplätze	40
Mietunterkünfte	✓
Stellplätze vor Schranke	✗

3.4 GUT
7 Bewertungen

Lage	4.1
Ruhe	4.7
Sanitäranlagen	1.9
Sauberkeit Ø	4.0
Freundlichkeit	5.0
Stellplatz	2.6
Verpflegung	4.3
Freizeit	3.7
Preis-Leistung	4.1
Mietunterkünfte	-

Geeignet für

Kinder b. 6 J.	3.5
Kinder b. 12 J.	3.8
Kinder b. 18 J.	4.0
Paare	4.6
Senioren	3.8
Gäste mit Zelt	4.4
Gäste mit Hund	4.7

Empfohlene Aktivitäten

- Wandern
- Klettern
- Entspannen

22

Camping Bärenschlucht

*

Bärenschlucht 1
91278 Pottenstein
+49 9243 206

49.77917 | 11.38526

ganzjährig

HS: 22,00 € | NS: 22,00 €

Mehr Infos & Anfrage:
www.camping.info/19141

Baden im Fluss am Platz	✓
Pool/Hallenbad	2km
Spielplatz am Platz	✓
Hunde erlaubt	✓
Schatten	✗
WLAN	✗
Lebensmittel	✓
Brötchen am Platz	✓
Restaurant & Imbiss	✓
Ver-/Entsorgung Womo	✓
in den Ort	2km
Gesamt/Touristen	180/120
Mietunterkünfte	✓
Stellplätze vor Schranke	✗

3.8 GUT
113 Bewertungen

Lage	4.1
Ruhe	3.2
Sanitäranlagen	4.0
Sauberkeit Ø	4.3
Freundlichkeit	4.1
Stellplatz	3.6
Verpflegung	4.1
Freizeit	4.1
Preis-Leistung	3.9
Mietunterkünfte	4.1

Geeignet für

Kinder b. 6 J.	3.8
Kinder b. 12 J.	4.1
Kinder b. 18 J.	3.8
Paare	4.1
Senioren	3.9
Gäste mit Zelt	4.3
Gäste mit Hund	4.0

Empfohlene Aktivitäten

- Wandern
- Klettern
- Mountainbiking

BAYERN

❸ Mittelfranken

	Platz	Seite	Bewertung	Öffnungszeiten	
1	Camping Schiefer Turm	652	4.2	saisonal	
2	Campingplatz Betzenstein	652	4.1	saisonal	
3	KNAUS Campingpark Frickenhausen****	652	3.8	saisonal	❄
4	Steigerwald Camping Münchsteinach	653	4.0	ganzjährig	❄
5	Camping Rangau	653	3.8	saisonal	
6	Camping Bergesruh	653	4.2	ganzjährig	❄
7	Naturcamping Uffenheim am Freibad	653	4.4	saisonal	
8	Camping Paradies Franken	654	4.6	ganzjährig	❄
9	Camping Heiligenmühle	654	3.6	k. A.	
10	Camping "Zur Mühle"	654	3.6	saisonal	
11	Camping Tauberromantik	656	4.0	saisonal	❄
12	Camping Tauber Idyll	656	4.1	saisonal	
13	Mohrenhof-Franken	656	4.4	ganzjährig	❄
14	Camping in Berg	655	4.0	saisonal	❄
15	Campingplatz Frankenhöhe	658	3.9	ganzjährig	❄
16	Camping am Hauenstein	658	4.3	ganzjährig	❄
17	Camping Waldsee GmbH & Co. KG	657	3.5	ganzjährig	❄
18	Campingplatz Sippelmühle	658	4.3	ganzjährig	❄
19	Naturcamp Kauerlach	659	3.8	ganzjährig	❄
20	See Camping Langlau	659	3.9	saisonal	
21	Altmühlsee-Camping Herzog	659	4.0	ganzjährig	❄
22	Campingplatz Fischer-Michl	659	4.4	saisonal	

❄ Wintercamping FKK Textilfrei (ganz/teilweise) Ecocamping Award Onlinebuchung

Karte auf Seite 650

	1	2	3
	Camping Schiefer Turm	**Campingplatz Betzenstein**	**KNAUS Campingpark Frickenhausen******
	Marktbreiterstr. 20 97318 Kitzingen-Hohenfeld +49 9321 33125 49.73202 | 10.16871	Hauptstraße 69 91282 Betzenstein +49 9244 7305 49.68552 | 11.40217	Ochsenfurter Straße 49 97252 Frickenhausen +49 9331 3171 49.66921 | 10.07447
Infos			
Öffnungszeiten	01.04. - 09.10.	15.03. - 15.11.	18.04. - 07.11.
Vergleichspreis	HS: 37,00 € | NS: 37,00 €	HS: 21,50 € | NS: 21,50 €	HS: 40,20 € | NS: 37,10 €
Link	**Mehr Infos & Anfrage:** www.camping.info/19233	**Mehr Infos & Anfrage:** www.camping.info/19143	**Mehr Infos & Anfrage:** www.camping.info/19232
Ausstattung			
Freizeit	Baden im Fluss am Platz ✓ Pool/Hallenbad 200m Spielplatz am Platz ✓	Baden in nat. Gewässer k. A. Pool/Hallenbad 500m/15km Spielplatz keine Angabe	Baden im Fluss am Platz ✓ Pool/Hallenbad ✓/15km Spielplatz am Platz ✓
Campingplatz	Hunde willkommen ✓ zur Hälfte Schatten ✓ WLAN ✓	Hunde willkommen ✓ wenig Schatten ✓ WLAN (gegen Gebühr) teilweise	Hunde willkommen ✓ zur Hälfte Schatten ✓ WLAN (gegen Gebühr) ✓
Versorgung	Lebensmittel 300m Brötchen am Platz ✓ Restaurant & Imbiss ✓ Ver-/Entsorgung Womo ✓ in den Ort 1km	Lebensmittel ✗ Brötchen am Platz ✗ Restaurant & Imbiss ✗ Ver-/Entsorgung Womo ✓ in den Ort 1km	Lebensmittel ✓ Brötchen am Platz ✓ Restaurant am P. ✓ Ver-/Entsorgung Womo ✓ in den Ort 1km
Anzahl der Plätze	Gesamt/Touristen 140/100 Mietunterkünfte ✗ Stellplätze vor Schranke ✗	Touristenplätze 60 Mietunterkünfte ✓ Stellplätze vor Schranke ✗	Gesamt 148 Mietunterkünfte ✓ Stellplätze vor Schranke ✗

	1	2	3
Gesamt	4.2 SEHR GUT, 100 Bewertungen	4.1 SEHR GUT, 21 Bewertungen	3.8 GUT, 173 Bewertungen
Lage	4.5	4.0	4.0
Ruhe	3.7	3.9	3.5
Sanitäranlagen	4.1	3.6	3.6
Sauberkeit Ø	4.5	4.5	3.8
Freundlichkeit	4.8	4.7	4.1
Stellplatz	4.1	3.6	3.8
Verpflegung	3.6	2.6	3.4
Freizeit	4.1	4.2	3.8
Preis-Leistung	4.3	4.1	3.6
Mietunterkünfte	-	3.0	3.7
Geeignet für			
Kinder b. 6 J.	3.9	3.4	3.5
Kinder b. 12 J.	4.1	3.4	3.7
Kinder b. 18 J.	3.6	3.2	3.3
Paare	4.6	3.6	4.2
Senioren	4.6	3.9	4.3
Gäste mit Zelt	4.1	3.8	3.7
Gäste mit Hund	4.5	4.5	3.6
Empfohlene Aktivitäten	Radfahren Schwimmen Motorboot	Wandern Entspannen Klettern	Radfahren Wandern Entspannen

weitere NS: 20.09. - 31.12.
Preise aus 2019

4 Steigerwald Camping Münchsteinach

❄

Badstraße 10
91481 Münchsteinach
+49 9166 750

49.64018 | 10.59948

ganzjährig

HS: 18,00 € | NS: 18,00 €

Mehr Infos & Anfrage:
www.camping.info/22381

Baden im See	5km
Pool/Hallenbad	8/10km
Spielplatz am Platz	✓
Hunde willkommen	✓
wenig Schatten	✓
WLAN	✗
Lebensmittel	200m
Brötchen am Platz	✗
Restaurant	500m
Ver-/Entsorgung Womo	✓
in den Ort	100m
Gesamt/Touristen	180/60
Mietunterkünfte	✗
Stellplätze vor Schranke	✗

4.0 SEHR GUT
8 Bewertungen

Lage	4.3
Ruhe	4.8
Sanitäranlagen	3.4
Sauberkeit Ø	4.2
Freundlichkeit	4.6
Stellplatz	3.9
Verpflegung	3.5
Freizeit	3.8
Preis-Leistung	4.0
Mietunterkünfte	-

Geeignet für

Kinder b. 6 J.	3.3
Kinder b. 12 J.	3.5
Kinder b. 18 J.	3.5
Paare	4.6
Senioren	4.0
Gäste mit Zelt	4.3
Gäste mit Hund	4.3

Empfohlene Aktivitäten

- Wandern
- Radfahren
- Entspannen

5 Camping Rangau

Campingstraße 44
91056 Erlangen-Dechsendorf
+49 91 35 88 66

49.63148 | 10.94782

01.04. - 30.09.

HS: 25,50 € | NS: 25,50 €

Mehr Infos & Anfrage:
www.camping.info/19136

Baden im See am Platz	✓
Pool	2km
Spielplatz am Platz	✓
Hunde erlaubt	✓
Schatten	✗
WLAN (gegen Gebühr)	✓
Lebensmittel	✓
Brötchen am Platz	✓
Restaurant am P.	✓
Ver-/Entsorgung Womo	✗
in den Ort	1km
Gesamt/Touristen	170/100
Mietunterkünfte	✗
Stellplätze vor Schranke	✗

3.8 GUT
58 Bewertungen

Lage	4.1
Ruhe	3.6
Sanitäranlagen	3.9
Sauberkeit Ø	4.2
Freundlichkeit	4.4
Stellplatz	3.5
Verpflegung	3.0
Freizeit	3.6
Preis-Leistung	3.8
Mietunterkünfte	-

Geeignet für

Kinder b. 6 J.	3.7
Kinder b. 12 J.	3.6
Kinder b. 18 J.	3.4
Paare	4.0
Senioren	3.9
Gäste mit Zelt	3.3
Gäste mit Hund	4.4

Empfohlene Aktivitäten

- Wandern
- Radfahren
- Entspannen

6 Camping Bergesruh

❄

Illhof 3
90542 Eckental Illhof
+49 9126 8956

49.5825 | 11.2725

ganzjährig

HS: 26,00 € | NS: 26,00 €

Mehr Infos & Anfrage:
www.camping.info/19135

Baden in nat. Gewässer	k. A.
Pool/Hallenbad	7/5km
Spielplatz am Platz	✓
Hunde erlaubt	✓
zur Hälfte Schatten	✓
WLAN	✓
Lebensmittel	6km
Brötchen am Platz	nur HS
Restaurant/Imbiss	700m/6km
Ver-/Entsorgung Womo	✓
in den Ort	1km
Gesamt/Touristen	100/15
Mietunterkünfte	✓
Stellplätze vor Schranke	✗

4.2 SEHR GUT
59 Bewertungen

Lage	4.4
Ruhe	4.8
Sanitäranlagen	4.4
Sauberkeit Ø	4.6
Freundlichkeit	4.7
Stellplatz	3.9
Verpflegung	2.0
Freizeit	3.7
Preis-Leistung	4.4
Mietunterkünfte	5.0

Geeignet für

Kinder b. 6 J.	4.1
Kinder b. 12 J.	4.0
Kinder b. 18 J.	3.3
Paare	4.7
Senioren	4.8
Gäste mit Zelt	4.5
Gäste mit Hund	4.6

Empfohlene Aktivitäten

- Wandern
- Entspannen
- Radfahren

keine WOMOs ab 9 m;
keine Jugendgruppen

7 Naturcamping Uffenheim am Freibad

Sportstraße 3
97215 Uffenheim
+49 9842 1568

49.54318 | 10.22451

01.04. - 07.10.

HS: 23,00 €

Mehr Infos & Anfrage:
www.camping.info/19229

Baden in nat. Gewässer	k. A.
Pool/Hallenbad	✓/300m
Spielplatz am Platz	✓
Hunde erlaubt	✓
zur Hälfte Schatten	✓
WLAN	✓
Lebensmittel	1km
Brötchen am Platz	✓
Restaurant/Imbiss	300m/✓
Ver-/Entsorgung Womo	✓
im Ort	✓
Touristenplätze	50
Mietunterkünfte	✓
Stellplätze vor Schranke	✓

4.4 SEHR GUT
25 Bewertungen

Lage	4.3
Ruhe	4.2
Sanitäranlagen	4.0
Sauberkeit Ø	4.6
Freundlichkeit	4.8
Stellplatz	4.2
Verpflegung	3.7
Freizeit	4.1
Preis-Leistung	4.5
Mietunterkünfte	4.5

Geeignet für

Kinder b. 6 J.	4.1
Kinder b. 12 J.	4.2
Kinder b. 18 J.	4.1
Paare	4.4
Senioren	4.5
Gäste mit Zelt	4.7
Gäste mit Hund	4.6

Empfohlene Aktivitäten

- Schwimmen
- Wandern
- Radfahren

Karte auf Seite 650

	8	9	10
	Camping Paradies Franken	**Camping Heiligenmühle**	**Camping "Zur Mühle"**
	❄		
	Walkershofen 40 97215 Simmershofen +49 9848 969633	Heiligenmühle 1 91227 Leinburg +49 9120 222	Seewaldstr. 75 90513 Zirndorf-Leichendorf +49 911 693801
	49.52208 | 10.12304	49.44268 | 11.30312	49.43179 | 10.92536
Infos			
Öffnungszeiten	ganzjährig	keine Angabe	01.04. - 15.11.
Vergleichspreis	HS: 24,00 € | NS: 24,00 €	keine Angabe	HS: 23,00 € | NS: 23,00 €
Link	**Mehr Infos & Anfrage:** www.camping.info/23087	**Mehr Infos & Anfrage:** www.camping.info/23101	**Mehr Infos & Anfrage:** www.camping.info/19134
Ausstattung			
Freizeit	Baden im See 12km Pool/Hallenbad 6/10km Spielplatz am Platz ✓	Baden in nat. Gewässer k. A. Pool & Hallenbad ✗ Spielplatz keine Angabe	Baden in nat. Gewässer k. A. Pool/Hallenbad 2/9km Spielplatz am Platz ✓
Campingplatz	Hunde willkommen ✓ wenig Schatten ✓ WLAN ✓	Hunde ✗ Schatten ✗ WLAN keine Angabe	Hunde willkommen ✓ wenig Schatten ✓ WLAN (begrenzt gratis) ✓
Versorgung	Lebensmittel 5km Brötchen am Platz ✓ Restaurant am P. ✓ Ver-/Entsorgung Womo ✓ in den Ort 300m	Lebensmittel k.A. Brötchen keine Angabe Restaurant & Imbiss ✗ Ver-/Entsorgung Womo ✗ in den Ort keine Angabe	Lebensmittel ✓ Brötchen am Platz ✓ Restaurant am P. ✓ Ver-/Entsorgung Womo ✓ in den Ort 1km
Anzahl der Plätze	Gesamt/Touristen 87/75 Mietunterkünfte ✓ Stellplätze vor Schranke ✗	Gesamt keine Angabe Mietunterkünfte ✗ Stellplätze vor Schranke ✗	Gesamt/Touristen 120/50 Mietunterkünfte ✗ Stellplätze vor Schranke ✗

	8	9	10
Gesamt	4.6 SEHR GUT, 152 Bewertungen	3.6 GUT, 7 Bewertungen	3.6 GUT, 67 Bewertungen
Lage	4.4	3.1	3.8
Ruhe	4.9	4.1	3.5
Sanitäranlagen	4.6	3.0	3.3
Sauberkeit Ø	4.8	3.3	4.0
Freundlichkeit	4.7	4.0	4.3
Stellplatz	4.4	2.9	3.6
Verpflegung	4.4	3.7	3.6
Freizeit	3.7	2.8	3.9
Preis-Leistung	4.8	3.3	4.0
Mietunterkünfte	4.2	-	-
Geeignet für			
Kinder b. 6 J.	4.1	2.7	3.9
Kinder b. 12 J.	3.6	3.0	3.8
Kinder b. 18 J.	3.1	2.7	2.9
Paare	4.8	3.7	3.8
Senioren	4.8	4.3	3.8
Gäste mit Zelt	4.6	3.7	4.1
Gäste mit Hund	4.8	Hunde n. erlaubt -	3.7
Empfohlene Aktivitäten	Entspannen Radfahren Wandern	Entspannen Wandern Motorrad	Sightseeing Radfahren Wandern

14 Camping in Berg

Hausheimer Str. 31
92348 Berg
+49 9189 1581
www.camping-in-berg.de
camping-in-berg@t-online.de

01.04. - 31.10.

HS: 24,00 € | NS: 19,00 €

Mehr Infos & Anfrage:
www.camping.info/22386

Baden im Fluss	300m
Pool/Hallenbad	6/1km
Spielplatz am Platz	✓
Hunde willkommen	✓
wenig Schatten	✓
WLAN	✓
Lebensmittel	900m
Brötchen	keine Angabe
Restaurant/Imbiss	500m/2km
Ver-/Entsorgung Womo	✓
in den Ort	500m
Gesamt/Touristen	63/35
Mietunterkünfte	✓
Stellplätze vor Schranke	✓

49.33028 | 11.42806

Mitten in der Natur – ideal zum Ausruhen, Wandern und Radfahren.

Lage & Stellplatz

„Camping in Berg" ist ein sehr schöner, sonniger und frei gelegener Platz, der mit 4 Sternen ausgezeichnet wurde. Inmitten einer reizvollen Landschaft, nahe der Gemeinde Berg in der Oberpfalz und direkt am „Fünf-Flüsse-Radweg", eignet sich die Anlage perfekt für den erholsamen Urlaub in der Natur.

Verpflegung

In der unmittelbaren Umgebung befinden sich zahlreiche Gaststätten, die für kulinarische Genussmomente sorgen. Diverse Einkaufsmöglichkeiten liegen direkt im Ort Berg, der auch zu Fuß problemlos zu erreichen ist.

Sanitär

Moderne und saubere Sanitäranlagen mit warmen Duschen, Wickelraum und Kindertoilette stehen den Gästen ganzjährig zur Verfügung. Reinigungsmöglichkeiten für Campingtoiletten sind ebenfalls vorhanden. Außerdem kann der Aufenthaltsraum mit vollausgestatteter Küche, Fernseher und WLAN genutzt werden.

Freizeit

Radfahrer und Wanderer genießen die reizvolle Landschaft direkt am Ludwig-Donau-Main-Kanal. Neben dem Besuch im Freibad in Neumarkt können auch zahlreiche Museen im Umkreis besichtigt werden. Angelfreunde können direkt am Kanal ihrem Hobby nachgehen. Im Winter stehen auch Langlaufloipen bereit.

Die Zeltwiese mit Feuerstelle.

Sanitär und Rezeption.

4.0 SEHR GUT
47 Bewertungen

Lage	4.3
Ruhe	4.3
Sanitäranlagen	4.3
Sauberkeit Ø	4.5
Freundlichkeit	4.4
Stellplatz	3.8
Verpflegung	2.9
Freizeit	3.7
Preis-Leistung	3.9
Mietunterkünfte	4.2

Geeignet für

- 4.4 Paare
- 4.3 Gäste mit Hund
- 4.2 Senioren
- 4.2 Gäste mit Zelt
- 3.8 Kinder b. 6 J.
- 3.7 Kinder b. 12 J.
- 3.5 Kinder b. 18 J.

Empfohlene Aktivitäten

Radfahren · Wandern · Entspannen · Mountainbiking

Mehr Infos

Karte auf Seite 650

	11	12	13
	Camping Tauberromantik	**Camping Tauber Idyll**	**Mohrenhof-Franken**
	Detwang 39 91541 Rothenburg ob der Tauber-Detwang +49 9861 6191 49.38768 | 10.16793	Detwang 28a 91541 Rothenburg ob der Tauber-Detwang +49 9861 3177 49.3875 | 10.16583	Lauterbach 3 91608 Geslau +49 9867 978 609 49.34592 | 10.32303
Infos			
Öffnungszeiten	15.03. - 01.11.	23.03. - 19.10.	ganzjährig
Vergleichspreis	HS: 30,00 € | NS: 28,00 €	HS: 21,00 € | NS: 20,00 €	HS: 34,20 € | NS: 32,20 €
Link	**Mehr Infos & Anfrage:** www.camping.info/19146	**Mehr Infos & Anfrage:** www.camping.info/19145	**Mehr Infos & Anfrage:** www.camping.info/22267
Ausstattung			
Freizeit	Baden im See 3km Pool/Hallenbad 5km Spielplatz am Platz ✓	Baden im Fluss 100m Pool/Hallenbad 3km Spielplatz 100m	Baden im See am Platz ✓ Pool/Hallenbad 6/10km Spielplatz am Platz ✓
Campingplatz	Hunde willkommen ✓ zur Hälfte Schatten ✓ WLAN ✓	Hunde willkommen ✓ zur Hälfte Schatten ✓ WLAN ✓	Hunde willkommen ✓ wenig Schatten ✓ WLAN ✓
Versorgung	Lebensmittel ✓ Brötchen am Platz ✓ Restaurant/Imbiss 100/200m Ver-/Entsorgung Womo ✓ in den Ort 1km	Lebensmittel ✓ Brötchen am Platz ✓ Restaurant/Imbiss 100m Ver-/Entsorgung Womo ✓ in den Ort 1km	Lebensmittel 2km Brötchen am Platz ✓ Restaurant & Imbiss ✓ Ver-/Entsorgung Womo ✓ in den Ort 300m
Anzahl der Plätze	Touristenplätze 100 Mietunterkünfte ✓ Stellplätze vor Schranke ✗	Touristenplätze 50 Mietunterkünfte ✗ Stellplätze vor Schranke ✗	Gesamt/Touristen 289/211 Mietunterkünfte ✓ Stellplätze vor Schranke ✓

	Camping Tauberromantik	Camping Tauber Idyll	Mohrenhof-Franken
Gesamt	4.0 SEHR GUT, 73 Bewertungen	4.1 SEHR GUT, 65 Bewertungen	4.4 SEHR GUT, 343 Bewertungen
Lage	4.3	4.4	4.3
Ruhe	3.8	4.4	4.2
Sanitäranlagen	3.8	3.5	4.1
Sauberkeit Ø	4.3	4.6	4.5
Freundlichkeit	4.4	4.8	4.6
Stellplatz	4.0	3.8	4.3
Verpflegung	3.5	3.6	4.2
Freizeit	3.8	3.8	4.3
Preis-Leistung	4.2	4.4	4.4
Mietunterkünfte	3.5	-	4.5
Geeignet für			
Kinder b. 6 J.	3.6	3.3	4.8
Kinder b. 12 J.	3.5	3.2	4.7
Kinder b. 18 J.	3.3	3.3	3.7
Paare	4.6	4.6	4.0
Senioren	4.5	4.6	3.8
Gäste mit Zelt	4.3	4.3	4.6
Gäste mit Hund	4.6	4.3	4.5
Empfohlene Aktivitäten	Wandern Sightseeing Radfahren	Sightseeing Radfahren Wandern	Radfahren Entspannen Wandern

17 Camping Waldsee GmbH & Co. KG

Badstraße 37
91154 Roth-Wallesau
+49 9171 5570
www.camping-waldsee.de
info@camping-waldsee.de

ganzjährig

HS: 28,20 € | NS: 24,00 €

Mehr Infos & Anfrage:
www.camping.info/19137

Baden im Teich am Platz	✓
Pool/Hallenbad	10/13km
Spielplatz am Platz	✓
Hunde willkommen	✓
zur Hälfte Schatten	✓
WLAN (gegen Gebühr)	✓
Lebensmittel	✓
Brötchen am Platz	✓
Restaurant am P.	✓
Ver-/Entsorgung Womo	✓
in den Ort	1km
Gesamt/Touristen	250/75
Mietunterkünfte	✓
Stellplätze vor Schranke	✗

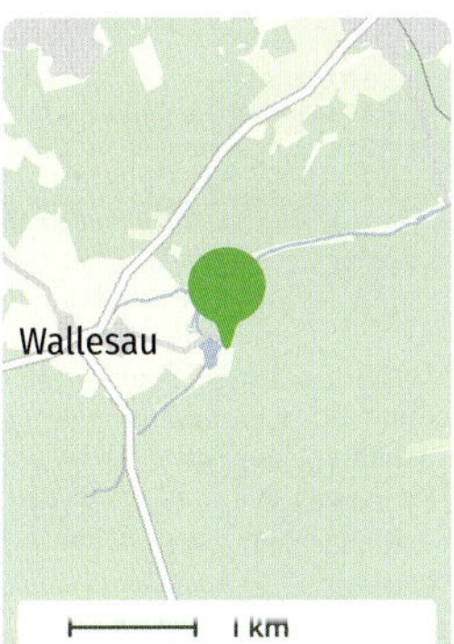

49.18916 | 11.12444

Panoramablick über den Campingplatz.

Lage & Stellplatz

Camping Waldsee befindet sich direkt an einem Badeweiher, unmittelbar an einem malerischen Waldrand gelegen. Insgesamt gibt es 250 Stellplätze, davon 59 Standard-Stellplätze (ca. 100 m^2) mit Stromanschluss und 16 Komfortstellplätze (ca. 100 m^2) mit Strom-, Wasser- und Abwasser- sowie TV-Anschlüssen.

Sanitär

Der Campingplatz verfügt über zwei komplett ausgestattete, saubere Sanitärhäuser sowie einen eigenen Wickelraum mit Kinderbad. Darüber hinaus steht ein behindertengerechtes Bad mit Dusche zur Verfügung. Jeweils zwei Waschmaschinen und Wäschetrockner können kostenpflichtig genutzt werden.

Verpflegung

In zwei Gaststätten können die Gäste die fränkische Küche sowie den Ausblick von der Terrasse genießen. Einen täglichen Brötchenservice bietet die platzeigene Gaststätte „Waldsee Stuben". Im Minimarkt ist eine kleine Auswahl an Lebensmittel erhältlich (nächste Supermarkt ist ca. 5 km entfernt).

Freizeit

Erholsame Urlaubstage inmitten der Natur sind auf Camping Waldsee ganzjährig möglich. Neben Wander- und Radtouren durch die attraktive Landschaft des fränkischen Seenlandes gibt es auch die Möglichkeit, den eigenen Natur-Badeweiher via Schlauchboot zu erkunden oder darin zu angeln.

Stellplätze am Wald.

Ein Urlaub zum Genießen!

3.5 GUT
80 Bewertungen

Lage	4.1
Ruhe	4.0
Sanitäranlagen	3.7
Sauberkeit Ø	3.9
Freundlichkeit	4.2
Stellplatz	3.4
Verpflegung	3.3
Freizeit	3.5
Preis-Leistung	3.9
Mietunterkünfte	3.2

Geeignet für

4.2	Senioren
4.2	Gäste mit Hund
3.8	Kinder b. 6 J.
3.6	Kinder b. 12 J.
4.0	Paare
3.7	Gäste mit Zelt
2.9	Kinder b. 18 J.

Empfohlene Aktivitäten

Wandern · Radfahren · Entspannen · Schwimmen

Mehr Infos

Karte auf Seite 650

	15	16	18
	Campingplatz Frankenhöhe	**Camping am Hauenstein**	**Campingplatz Sippelmühle**
	✻	✻	✻
	Fischhaus 2 91583 Schillingsfürst +49 9868 5111	Seestraße 9-11, Altenveldorf 92355 Velburg +49 9182 454	Sippelmühle 1 92364 Deining +49 9184 1646
	49.27363 | 10.2655	49.2175 | 11.66889	49.1805 | 11.53783
Infos			
Öffnungszeiten	ganzjährig	ganzjährig	ganzjährig
Vergleichspreis	HS: 23,00 € | NS: 18,00 €	HS: 24,30 € | NS: 20,30 €	HS: 24,50 € | NS: 24,50 €
Link	**Mehr Infos & Anfrage:** www.camping.info/19148	**Mehr Infos & Anfrage:** www.camping.info/19161	**Mehr Infos & Anfrage:** www.camping.info/23164
Ausstattung			
Freizeit	Baden im See 100m Pool/Hallenbad 100m/15km Spielplatz am Platz ✓	Baden im See 200m Pool/Hallenbad 10km Spielplatz am Platz ✓	Baden im See am Platz ✓ Pool/Hallenbad 7/17km Spielplatz am Platz ✓
Campingplatz	Hunde willkommen ✓ zur Hälfte Schatten ✓ WLAN (gegen Gebühr) ✓	Hunde willkommen ✓ zur Hälfte Schatten ✓ WLAN ✓	Hunde willkommen ✓ zur Hälfte Schatten ✓ WLAN (gegen Gebühr) ✓
Versorgung	Lebensmittel ✓ Brötchen am Platz nur HS Restaurant & Imbiss ✓ Ver-/Entsorgung Womo ✓ in den Ort 2km	Lebensmittel ✓ Brötchen am Platz nur HS Restaurant/Imbiss 200m Ver-/Entsorgung Womo ✓ in den Ort 1km	Lebensmittel 7km Brötchen am Platz nur HS Imbiss 7km Ver-/Entsorgung Womo ✓ in den Ort 7km
Anzahl der Plätze	Gesamt/Touristen 110/50 Mietunterkünfte ✗ Stellplätze vor Schranke ✗	Gesamt/Touristen 200/120 Mietunterkünfte ✓ Stellplätze vor Schranke ✗	Gesamt/Touristen 200/40 Mietunterkünfte ✗ Stellplätze vor Schranke ✗

	15	16	18
Bewertung	3.9 GUT 36 Bewertungen	4.3 SEHR GUT 20 Bewertungen	4.3 SEHR GUT 27 Bewertungen
Lage	4.1	4.7	4.7
Ruhe	4.0	4.8	4.7
Sanitäranlagen	4.0	4.5	4.5
Sauberkeit Ø	4.4	4.7	4.5
Freundlichkeit	4.5	5.0	4.5
Stellplatz	3.8	4.3	4.4
Verpflegung	3.3	4.1	3.7
Freizeit	3.5	4.0	4.0
Preis-Leistung	4.3	4.3	4.3
Mietunterkünfte	-	3.7	-
Geeignet für			
Kinder b. 6 J.	3.2	4.3	4.3
Kinder b. 12 J.	3.3	4.2	4.7
Kinder b. 18 J.	2.8	3.2	3.8
Paare	4.1	4.8	4.6
Senioren	4.1	4.8	4.7
Gäste mit Zelt	3.9	4.6	4.8
Gäste mit Hund	4.4	4.4	4.9
Empfohlene Aktivitäten	Wandern Radfahren Entspannen	Entspannen Wandern Radfahren	Wandern Entspannen Radfahren

Camping am Hauenstein: Jugendgruppen nur beschränkt zugelassen

19 Naturcamp Kauerlach

❄

Kauerlach 4
91161 Hilpoltstein
09179 965091
49.15169 | 11.31364

ganzjährig

HS: 28,50 €

Mehr Infos & Anfrage: www.camping.info/24665

Baden in nat. Gewässer	✗
Pool am Platz	✓
Spielplatz am Platz	✓
Hunde willkommen	✓
wenig Schatten	✓
WLAN (gegen Gebühr)	✓
Lebensmittel	k.A.
Brötchen	keine Angabe
Restaurant am P.	✓
Ver-/Entsorgung Womo	✗
in den Ort	2km
Gesamt/Touristen	250/100
Mietunterkünfte	✓
Stellplätze vor Schranke	✓

3.8 GUT – 27 Bewertungen

Lage	4.1
Ruhe	4.5
Sanitäranlagen	3.6
Sauberkeit Ø	3.9
Freundlichkeit	4.5
Stellplatz	3.5
Verpflegung	3.5
Freizeit	3.1
Preis-Leistung	4.0
Mietunterkünfte	3.7

Geeignet für

Kinder b. 6 J.	3.6
Kinder b. 12 J.	3.1
Kinder b. 18 J.	2.5
Paare	4.4
Senioren	4.5
Gäste mit Zelt	4.2
Gäste mit Hund	4.4

Empfohlene Aktivitäten

- Radfahren
- Entspannen
- Wandern

20 See Camping Langlau

Seestraße 30
91738 Pfofeld-Langlau
+49 9834 96969
49.12702 | 10.86528

01.03. - 15.11.

HS: 25,90 € | NS: 22,40 €

Mehr Infos & Anfrage: www.camping.info/19152

Baden im See	100m
Pool/Hallenbad	8km
Spielplatz am Platz	✓
Hunde willkommen	✓
zur Hälfte Schatten	✓
WLAN (gegen Gebühr)	✓
Lebensmittel	✓
Brötchen am Platz	✓
Restaurant/Imbiss	100m/✓
Ver-/Entsorgung Womo	✓
in den Ort	800m
Gesamt/Touristen	425/325
Mietunterkünfte	✓
Stellplätze vor Schranke	✗

3.9 GUT – 120 Bewertungen

Lage	4.5
Ruhe	4.0
Sanitäranlagen	3.9
Sauberkeit Ø	4.0
Freundlichkeit	3.9
Stellplatz	3.9
Verpflegung	3.7
Freizeit	4.2
Preis-Leistung	4.0
Mietunterkünfte	3.9

Geeignet für

Kinder b. 6 J.	4.2
Kinder b. 12 J.	4.3
Kinder b. 18 J.	3.8
Paare	4.3
Senioren	4.4
Gäste mit Zelt	3.9
Gäste mit Hund	4.1

Empfohlene Aktivitäten

- Radfahren
- Schwimmen
- Wandern

21 Altmühlsee-Camping Herzog

❄

Seestraße 12
91710 Gunzenhausen-Schlungenhof
+49 983 190 33
49.12694 | 10.7425

ganzjährig

HS: 24,90 € | NS: 24,90 €

Mehr Infos & Anfrage: www.camping.info/19150

Baden im See am Platz	✓
Pool & Hallenbad	✗
Spielplatz	keine Angabe
Hunde erlaubt	✓
Schatten	✗
WLAN	teilweise
Lebensmittel	k.A.
Brötchen	keine Angabe
Restaurant & Imbiss	✗
Ver-/Entsorgung Womo	✗
in den Ort	keine Angabe
Gesamt/Touristen	250/180
Mietunterkünfte	✓
Stellplätze vor Schranke	✗

4.0 SEHR GUT – 94 Bewertungen

Lage	4.3
Ruhe	3.9
Sanitäranlagen	3.9
Sauberkeit Ø	4.2
Freundlichkeit	3.7
Stellplatz	4.1
Verpflegung	4.0
Freizeit	4.4
Preis-Leistung	4.2
Mietunterkünfte	3.9

Geeignet für

Kinder b. 6 J.	3.9
Kinder b. 12 J.	4.0
Kinder b. 18 J.	3.9
Paare	4.4
Senioren	4.4
Gäste mit Zelt	4.2
Gäste mit Hund	4.6

Empfohlene Aktivitäten

- Radfahren
- Schwimmen
- Entspannen

22 Campingplatz Fischer-Michl

Wald Seezentrum 4
91710 Gunzenhausen
+49 9831 2784
49.12556 | 10.71611

01.04. - 31.10.

keine Angabe

Mehr Infos & Anfrage: www.camping.info/19151

Baden im See am Platz	✓
Pool/Hallenbad	4km
Spielplatz am Platz	✓
Hunde willkommen	✓
wenig Schatten	✓
WLAN (gratis)	teilweise
Lebensmittel	✓
Brötchen am Platz	✓
Restaurant am P.	✓
Ver-/Entsorgung Womo	✓
in den Ort	1km
Touristenplätze	120
Mietunterkünfte	✗
Stellplätze vor Schranke	✗

4.4 SEHR GUT – 76 Bewertungen

Lage	4.6
Ruhe	4.6
Sanitäranlagen	4.1
Sauberkeit Ø	4.6
Freundlichkeit	4.4
Stellplatz	4.4
Verpflegung	3.7
Freizeit	4.5
Preis-Leistung	4.5
Mietunterkünfte	-

Geeignet für

Kinder b. 6 J.	4.4
Kinder b. 12 J.	4.4
Kinder b. 18 J.	3.9
Paare	4.8
Senioren	4.7
Gäste mit Zelt	4.0
Gäste mit Hund	4.5

Empfohlene Aktivitäten

- Radfahren
- Schwimmen
- Wandern

BAYERN

4 Oberpfalz

	Platz	Seite	Bewertung		Öffnungszeiten	
1	Ferienhof & Campingplatz Schweinmühle	662	4.1		ganzjährig	✻
2	Der Birkholmhof "Urlaub und Natur"	662	4.3		saisonal	
3	Campingplatz am Rußweiher	662	3.5		k. A.	
4	Freizeit und Camping Gaisweiher	663	3.8		ganzjährig	✻
5	Camping Monte Kaolino-Hirschau	663	4.1		ganzjährig	✻
6	Camping Trausnitz	663	4.4		saisonal	✻
7	Ferienpark Perlsee Camping	663	4.3		ganzjährig	✻
8	CampingPark Murner See	664	4.1		saisonal	
9	Camping Haus Seeblick	664	4.0		ganzjährig	✻
10	Campingplatz Rieden	664	3.3		saisonal	
11	Camping Einberg	665	3.8		saisonal	
12	Camping Waldesruh	665	4.7		saisonal	
13	See-Camping Weichselbrunn	666	4.7		saisonal	
14	Camping Ludwigsheide	665	5.0		saisonal	
15	See-Campingpark- Neubäuer See	665	4.6		saisonal	✻
16	Campingplatz Hohenwarth	669	3.9		saisonal	✻
17	Campingplatz Stadt Nittenau	668	4.5		saisonal	
18	Adventure Camp Bad Kötzting	668	3.9		saisonal	✻
19	Kanu&Camping Blaibach	668	4.4		saisonal	
20	Camping Hastreiter	670	5.0		k. A.	
21	Camping Höllensteinsee	670	3.7		saisonal	
22	KNAUS Campingpark Viechtach****	670	4.2		saisonal	✻
23	Naturcamping Perlbach	671	4.6		ganzjährig	✻
24	Camping Heiner	671	3.4		k. A.	
25	Internationaler Campingplatz Naabtal-Pielenhofen	671	3.8		ganzjährig	✻
26	Camping Hartlmühle	671	3.8		saisonal	
27	Camping Resort Bodenmais	672	4.0		ganzjährig	✻
28	AZUR Camping Regensburg in Bayern	672	3.7		ganzjährig	✻
29	Camping Green Village	672	3.8		saisonal	
30	Regental Aktiv Camping	673	3.9		saisonal	
31	Campingplatz Freizeitinsel	673	4.7		saisonal	
32	Camping auf dem Bauernhof	673	3.2		ganzjährig	✻

✻ Wintercamping FKK Textilfrei (ganz/teilweise) Ecocamping Award Onlinebuchung

Karte auf Seite 660

1	2	3
Ferienhof & Campingplatz Schweinmühle ❄	**Der Birkholmhof "Urlaub und Natur"**	**Campingplatz am Rußweiher**
Schweinmühle 1 92670 Windischeschenbach +49 09681 1359	Iglersreuth 12 95671 Bärnau +49 9635 441	Kleinkotzenreuth 7 92676 Eschenbach
49.81984 | 12.14454	49.81636 | 12.39053	49.76352 | 11.79459

Infos	1	2	3
Öffnungszeiten	ganzjährig	23.03. - 08.11.	keine Angabe
Vergleichspreis	HS: 33,00 € | NS: 33,00 €	keine Angabe	keine Angabe
Link	**Mehr Infos & Anfrage:** www.camping.info/19171	**Mehr Infos & Anfrage:** www.camping.info/24835	**Mehr Infos & Anfrage:** www.camping.info/23225

Ausstattung	1		2		3	
Freizeit	Baden im Teich am Platz	✓	Baden im Teich am Platz	✓	Baden in nat. Gewässer	k. A.
	Pool/Hallenbad	3/20km	Pool am Platz	✓	Pool & Hallenbad	✗
	Spielplatz am Platz	✓	Spielplatz am Platz	✓	Spielplatz	keine Angabe
Campingplatz	Hunde willkommen	✓	Hunde	✗	Hunde	✗
	Schatten	✗	wenig Schatten	✓	Schatten	✗
	WLAN	✓	WLAN	✓	WLAN	keine Angabe
Versorgung	Lebensmittel	✓	Lebensmittel	5km	Lebensmittel	k.A.
	Brötchen am Platz	✓	Brötchen am Platz	✓	Brötchen	keine Angabe
	Restaurant & Imbiss	✓	Restaurant/Imbiss	5km	Restaurant & Imbiss	✗
	Ver-/Entsorgung Womo	✓	Ver-/Entsorgung Womo	✗	Ver-/Entsorgung Womo	✗
	in den Ort	3km	in den Ort	1km	in den Ort	keine Angabe
Anzahl der Plätze	Gesamt/Touristen	130/70	Touristenplätze	4	Gesamt	keine Angabe
	Mietunterkünfte	✓	Mietunterkünfte	✓	Mietunterkünfte	✗
	Stellplätze vor Schranke	✗	Stellplätze vor Schranke	✗	Stellplätze vor Schranke	✗

Bewertung	1	2	3
Gesamt	4.1 SEHR GUT, 17 Bewertungen	4.3 SEHR GUT, 6 Bewertungen	3.5 GUT, 4 Bewertungen
Lage	4.1	4.5	4.2
Ruhe	4.6	5.0	4.0
Sanitäranlagen	3.4	4.2	3.3
Sauberkeit Ø	4.1	5.0	4.5
Freundlichkeit	4.8	4.8	3.7
Stellplatz	3.8	4.5	3.7
Verpflegung	3.8	4.0	3.7
Freizeit	3.9	4.8	3.7
Preis-Leistung	4.1	4.0	5.0
Mietunterkünfte	5.0	5.0	-
Geeignet für			
Kinder b. 6 J.	4.6	4.6	5.0
Kinder b. 12 J.	4.5	4.8	5.0
Kinder b. 18 J.	3.0	4.0	5.0
Paare	4.6	5.0	5.0
Senioren	4.6	3.0	5.0
Gäste mit Zelt	4.8	-	5.0
Gäste mit Hund / Hunde n. erlaubt	Gäste mit Hund 4.4	Hunde n. erlaubt -	Hunde n. erlaubt -
Empfohlene Aktivitäten	Wandern Radfahren Entspannen	Radfahren Entspannen Schwimmen	Schwimmen Radfahren Angeln

keine WOMOs ab 12 m

4 Freizeit und Camping Gaisweiher

Gaisweiher 1
92696 Flossenbürg
09603/644
49.74444 | 12.34556

ganzjährig
HS: 24,70 € | NS: 24,70 €
Mehr Infos & Anfrage:
www.camping.info/19172

Baden im See am Platz	✓
Pool/Hallenbad	4/20km
Spielplatz am Platz	✓
Hunde willkommen	✓
zur Hälfte Schatten	✓
WLAN	keine Angabe
Lebensmittel	1km
Brötchen am Platz	✓
Restaurant & Imbiss	✓
Ver-/Entsorgung Womo	✗
in den Ort	1km
Gesamt/Touristen	200/100
Mietunterkünfte	✓
Stellplätze vor Schranke	✗

3.8 GUT
13 Bewertungen

Lage	4.6
Ruhe	4.5
Sanitäranlagen	3.5
Sauberkeit Ø	4.3
Freundlichkeit	3.9
Stellplatz	3.7
Verpflegung	2.8
Freizeit	3.6
Preis-Leistung	3.6
Mietunterkünfte	4.3

Geeignet für

Kinder b. 6 J.	4.1
Kinder b. 12 J.	3.8
Kinder b. 18 J.	3.6
Paare	4.0
Senioren	4.6
Gäste mit Zelt	3.8
Gäste mit Hund	4.3

Empfohlene Aktivitäten

- Wandern
- Schwimmen
- Radfahren

5 Camping Monte Kaolino-Hirschau

Wolfgang Droßbachstr. 114
92242 Hirschau
+49 9622 81 502
49.53066 | 11.96628

ganzjährig
HS: 25,50 €
Mehr Infos & Anfrage:
www.camping.info/19156

Baden in nat. Gewässer	k. A.
Pool/Hallenbad	✓/15km
Spielplatz am Platz	✓
Hunde willkommen	✓
zur Hälfte Schatten	✓
WLAN	✓
Lebensmittel	✓
Brötchen am Platz	✓
Restaurant & Imbiss	✓
Ver-/Entsorgung Womo	✓
in den Ort	2km
Touristenplätze	200
Mietunterkünfte	✓
Stellplätze vor Schranke	✗

4.1 SEHR GUT
42 Bewertungen

Lage	4.4
Ruhe	3.1
Sanitäranlagen	4.1
Sauberkeit Ø	4.1
Freundlichkeit	4.0
Stellplatz	4.0
Verpflegung	3.8
Freizeit	4.8
Preis-Leistung	4.4
Mietunterkünfte	4.0

Geeignet für

Kinder b. 6 J.	4.5
Kinder b. 12 J.	4.6
Kinder b. 18 J.	4.5
Paare	4.0
Senioren	3.3
Gäste mit Zelt	4.4
Gäste mit Hund	4.4

Empfohlene Aktivitäten

- Schwimmen
- Ski
- Wandern

6 Camping Trausnitz

Campingplatz 1
92555 Trausnitz
+49 9655 1304
49.51999 | 12.27745

01.03. - 31.12.
HS: 21,00 € | NS: 21,00 €
Mehr Infos & Anfrage:
www.camping.info/19169

Baden im See am Platz	✓
Hallenbad	10km
Spielplatz am Platz	✓
Hunde willkommen	✓
zur Hälfte Schatten	✓
WLAN (begrenzt gratis)	teilweise
Lebensmittel	✓
Brötchen am Platz	nur HS
Restaurant & Imbiss	✓
Ver-/Entsorgung Womo	✓
in den Ort	1km
Gesamt/Touristen	100/40
Mietunterkünfte	✗
Stellplätze vor Schranke	✗

4.4 SEHR GUT
16 Bewertungen

Lage	4.7
Ruhe	4.9
Sanitäranlagen	4.4
Sauberkeit Ø	4.5
Freundlichkeit	4.9
Stellplatz	3.9
Verpflegung	4.4
Freizeit	3.8
Preis-Leistung	4.4
Mietunterkünfte	-

Geeignet für

Kinder b. 6 J.	4.2
Kinder b. 12 J.	4.0
Kinder b. 18 J.	4.0
Paare	4.6
Senioren	4.1
Gäste mit Zelt	4.8
Gäste mit Hund	5.0

Empfohlene Aktivitäten

- Wandern
- Angeln
- Entspannen

7 Ferienpark Perlsee Camping

Alte Ziegelhütte 6
93449 Waldmünchen
+49 9972 1469
49.39528 | 12.69833

ganzjährig
HS: 21,70 € | NS: 19,00 €
Mehr Infos & Anfrage:
www.camping.info/19182

Baden in nat. Gewässer	k. A.
Pool & Hallenbad	✗
Spielplatz am Platz	✓
Hunde erlaubt	✓
wenig Schatten	✓
WLAN	✓
Lebensmittel	2km
Brötchen am Platz	nur HS
Restaurant & Imbiss	✓
Ver-/Entsorgung Womo	✓
in den Ort	2km
Gesamt/Touristen	230/150
Mietunterkünfte	✓
Stellplätze vor Schranke	✗

4.3 SEHR GUT
41 Bewertungen

Lage	4.5
Ruhe	4.6
Sanitäranlagen	4.1
Sauberkeit Ø	4.2
Freundlichkeit	4.5
Stellplatz	4.0
Verpflegung	4.0
Freizeit	4.1
Preis-Leistung	4.4
Mietunterkünfte	4.3

Geeignet für

Kinder b. 6 J.	4.4
Kinder b. 12 J.	4.4
Kinder b. 18 J.	3.6
Paare	4.3
Senioren	4.6
Gäste mit Zelt	4.4
Gäste mit Hund	3.9

Empfohlene Aktivitäten

- Schwimmen
- Wandern
- Radfahren

Karte auf Seite 660

	8	9	10
	CampingPark Murner See	**Camping Haus Seeblick**	**Campingplatz Rieden**
		❄	
	Sonnenriederstraße 1 92442 Wackersdorf +49 9431 999 6822	Gütenland 16 92431 Neunburg vorm Wald +49 9672 612	Vilshofener Straße 23 92286 Rieden +49 172 8988482
	49.34472 | 12.20861	49.33681 | 12.44249	49.31955 | 11.94868
Infos			
Öffnungszeiten	01.04. - 31.10.	ganzjährig	01.04. - 15.10.
Vergleichspreis	HS: 27,50 € | NS: 19,60 €	HS: 20,00 € | NS: 18,00 €	HS: 28,00 € | NS: 28,00 €
Link	**Mehr Infos & Anfrage:** www.camping.info/19167	**Mehr Infos & Anfrage:** www.camping.info/19163	**Mehr Infos & Anfrage:** www.camping.info/19159
Ausstattung			
Freizeit	Baden im See am Platz ✓ Pool/Hallenbad 4/10km Spielplatz 1km	Baden im See 200m Pool/Hallenbad 4km Spielplatz am Platz ✓	Baden im Fluss am Platz ✓ Hallenbad 18km Spielplatz am Platz ✓
Campingplatz	Hunde willkommen ✓ zur Hälfte Schatten ✓ WLAN ✓	Hunde willkommen ✓ zur Hälfte Schatten ✓ WLAN (gegen Gebühr) ✓	Hunde erlaubt ✓ zur Hälfte Schatten ✓ WLAN ✓
Versorgung	Lebensmittel ✓ Brötchen am Platz ✓ Restaurant & Imbiss ✓ Ver-/Entsorgung Womo ✓ in den Ort 5km	Lebensmittel 3km Brötchen am Platz ✓ Restaurant 200m Ver-/Entsorgung Womo ✓ in den Ort 1km	Lebensmittel 500m Brötchen am Platz ✓ Restaurant/Imbiss 200m/✓ Ver-/Entsorgung Womo ✓ in den Ort 1km
Anzahl der Plätze	Gesamt/Touristen 210/100 Mietunterkünfte ✓ Stellplätze vor Schranke ✓	Gesamt/Touristen 90/45 Mietunterkünfte ✗ Stellplätze vor Schranke ✗	Gesamt/Touristen 150/30 Mietunterkünfte ✗ Stellplätze vor Schranke ✗

	CampingPark Murner See	Camping Haus Seeblick	Campingplatz Rieden
Gesamt	4.1 SEHR GUT, 94 Bewertungen	4.0 SEHR GUT, 20 Bewertungen	3.3 GUT, 15 Bewertungen
Lage	4.6	4.5	3.9
Ruhe	4.3	4.4	3.5
Sanitäranlagen	4.2	4.0	3.7
Sauberkeit Ø	4.3	4.5	3.5
Freundlichkeit	4.6	4.5	3.0
Stellplatz	4.0	3.8	3.3
Verpflegung	3.5	3.4	2.2
Freizeit	4.2	3.7	3.9
Preis-Leistung	4.1	4.5	3.6
Mietunterkünfte	4.2	-	-
Geeignet für			
Kinder b. 6 J.	3.8	4.2	3.3
Kinder b. 12 J.	4.0	4.2	3.8
Kinder b. 18 J.	3.9	3.7	3.0
Paare	4.6	4.7	3.8
Senioren	4.5	4.8	4.0
Gäste mit Zelt	4.3	4.5	3.4
Gäste mit Hund	4.5	4.4	3.7
Empfohlene Aktivitäten	Schwimmen Radfahren Entspannen	Wandern Radfahren Schwimmen	Schwimmen Wandern Kayak/Kanu

Camping Haus Seeblick: keine WOMOs ab 12 m

11

Camping Einberg

Dabergerstraße 33
93437 Furth im Wald
+49 9973 1811
49.31092 | 12.85879

01.04. - 31.10.
HS: 22,00 € | NS: 19,00 €
Mehr Infos & Anfrage:
www.camping.info/19180

Baden in nat. Gewässer	k. A.
Pool	100m
Spielplatz am Platz	✓
Hunde erlaubt	✓
Schatten	✗
WLAN	✓
Lebensmittel	k.A.
Brötchen	keine Angabe
Imbiss	✓
Ver-/Entsorgung Womo	✗
in den Ort	keine Angabe
Gesamt/Touristen	55/50
Mietunterkünfte	✗
Stellplätze vor Schranke	✗

3.8 GUT
12 Bewertungen

Lage	4.2
Ruhe	4.0
Sanitäranlagen	3.6
Sauberkeit Ø	4.1
Freundlichkeit	3.7
Stellplatz	3.7
Verpflegung	3.6
Freizeit	3.8
Preis-Leistung	4.2
Mietunterkünfte	-

Geeignet für

Kinder b. 6 J.	3.3
Kinder b. 12 J.	3.3
Kinder b. 18 J.	3.2
Paare	4.0
Senioren	3.9
Gäste mit Zelt	3.5
Gäste mit Hund	4.0

Empfohlene Aktivitäten

- Wandern
- Radfahren
- Entspannen

12

Camping Waldesruh

Kühberg 14
93437 Furth im Wald
+49 9973 1083
49.30002 | 12.7764

01.04. - 31.10.
HS: 17,00 €
Mehr Infos & Anfrage:
www.camping.info/19181

Baden im See	5km
Pool/Hallenbad	5km
Spielplatz am Platz	✓
Hunde willkommen	✓
zur Hälfte Schatten	✓
WLAN	✓
Lebensmittel	5km
Brötchen am Platz	✓
Restaurant & Imbiss	✓
Ver-/Entsorgung Womo	✓
in den Ort	1km
Touristenplätze	20
Mietunterkünfte	✓
Stellplätze vor Schranke	✗

4.7 SEHR GUT
7 Bewertungen

Lage	4.6
Ruhe	4.9
Sanitäranlagen	4.4
Sauberkeit Ø	5.0
Freundlichkeit	5.0
Stellplatz	4.1
Verpflegung	4.7
Freizeit	3.0
Preis-Leistung	5.0
Mietunterkünfte	5.0

Geeignet für

Kinder b. 6 J.	4.2
Kinder b. 12 J.	3.8
Kinder b. 18 J.	3.5
Paare	5.0
Senioren	5.0
Gäste mit Zelt	5.0
Gäste mit Hund	5.0

Empfohlene Aktivitäten

- Wandern
- Entspannen
- Radfahren

14

Camping Ludwigsheide

Ludwigsheide 44
92439 Bodenwöhr
49.27578 | 12.30217

22.03. - 03.11.
keine Angabe
Mehr Infos & Anfrage:
www.camping.info/19165

Baden in nat. Gewässer	k. A.
Pool/Hallenbad	15/40km
Spielplatz	500m
Hunde willkommen	✓
wenig Schatten	✓
WLAN	keine Angabe
Lebensmittel	✓
Brötchen am Platz	✓
Restaurant/Imbiss	500m/✓
Ver-/Entsorgung Womo	✓
im Ort	✓
Gesamt/Touristen	107/50
Mietunterkünfte	✓
Stellplätze vor Schranke	✗

5.0 AUSGEZEICHNET
4 Bewertungen

Lage	4.5
Ruhe	4.5
Sanitäranlagen	4.0
Sauberkeit Ø	5.0
Freundlichkeit	5.0
Stellplatz	4.8
Verpflegung	4.5
Freizeit	4.3
Preis-Leistung	4.8
Mietunterkünfte	-

Geeignet für

Kinder b. 6 J.	4.5
Kinder b. 12 J.	4.5
Kinder b. 18 J.	4.3
Paare	5.0
Senioren	4.8
Gäste mit Zelt	4.0
Gäste mit Hund	5.0

Empfohlene Aktivitäten

- Radfahren
- Entspannen
- Schwimmen

15

See-Campingpark-Neubäuer See

Seestraße 4
93426 Roding-Neubäu am See
+49 9469 331
49.23555 | 12.42388

01.04. - 01.11.
01.12. - 31.03.
HS: 26,00 € | NS: 19,00 €
Mehr Infos & Anfrage:
www.camping.info/19179

Baden im See am Platz	✓
Pool/Hallenbad	8km
Spielplatz am Platz	✓
Hunde willkommen	✓
zur Hälfte Schatten	✓
WLAN (begrenzt gratis)	✓
Lebensmittel	✓
Brötchen am Platz	nur HS
Restaurant & Imbiss	✓
Ver-/Entsorgung Womo	✓
in den Ort	300m
Gesamt/Touristen	220/80
Mietunterkünfte	✓
Stellplätze vor Schranke	✗

4.6 SEHR GUT
134 Bewertungen

Lage	4.8
Ruhe	4.7
Sanitäranlagen	4.8
Sauberkeit Ø	4.8
Freundlichkeit	4.8
Stellplatz	4.4
Verpflegung	4.6
Freizeit	4.2
Preis-Leistung	4.6
Mietunterkünfte	4.9

Geeignet für

Kinder b. 6 J.	4.7
Kinder b. 12 J.	4.7
Kinder b. 18 J.	3.9
Paare	4.8
Senioren	4.8
Gäste mit Zelt	4.5
Gäste mit Hund	4.6

Empfohlene Aktivitäten

- Schwimmen
- Wandern
- Entspannen

13 See-Camping Weichselbrunn

Ludwigsheide 50
92439 Bodenwöhr
+49 943 490 070
www.campingweichselbrunn.de
info@campingweichselbrunn.de

28.04. - 22.10.

HS: 38,00 € | NS: 38,00 €

Mehr Infos & Anfrage:
www.camping.info/19164

Baden im See am Platz	✓
Pool/Hallenbad	10/23km
Spielplatz am Platz	✓
Hunde willkommen	✓
viel Schatten	✓
WLAN	✓
Lebensmittel	✓
Brötchen am Platz	✓
Restaurant/Imbiss	500/400m
Ver-/Entsorgung Womo	✓
in den Ort	1km
Gesamt/Touristen	130/81
Mietunterkünfte	✓
Stellplätze vor Schranke	✗

See-Camping Weichselbrunn von oben.

Lage & Stellplatz

See-Camping Weichselbrunn liegt in Nordbayern im Oberpfälzer Wald, idyllisch am Rande des Erholungsortes Bodenwöhr und direkt am Südufer des Hammersees. Der Platz ist 15 km von Autobahnausfahrten der A93 entfernt und grenzt direkt an den See, den Wald und eine Siedlung. Die Stellplätze liegen auf einer leicht geneigten, parkartigen Wiese mit großen Bäumen. Eine begehrte Reihe hat Blick direkt auf den See. Die meisten Stellplätze haben Rasen als Untergrund und trocknen schnell bei Regen. Die Plätze haben Strom- und Satellitenanschluss. Wasser und Abwasser sind am Stellplatz nicht verfügbar.

Sanitär

Die zentrale Sanitäreinrichtung und ein kleines Nebengebäude enthalten alle nötigen Einrichtungen. Das mit seinem geschwungenen Dach sehr einladende Hauptgebäude bietet u. a. stets warme Duschen ohne Wertmarken oder Stop-Einrichtungen für ungestörtes Duschen. Für gehbehinderte Gäste wird ein ansprechendes, barrierefreies Badezimmer angeboten. Eine innovative Dachkonstruktion sorgt für frische Luft ohne Lüftungskanäle und viel natürliches Licht. Toilettenpapier, Seifenspender bei den Toiletten und Händetrockner oder Haarfön vor den Duschen umsorgen auch im Detail.

Blick auf den Platz.

Wassertrampolin.

Ruhe für die Gäste ist sehr wichtig. Onlinebuchung möglich.

Idylle am See – schattige Stellplätze in wunderbarer Natur.

Verpflegung

In 1 km Entfernung, am wunderschönen Uferrundweg, liegen vier Gastwirtschaften mit solidem und preiswertem Angebot, darunter die bekannte „Brauereigaststätte Jacob" mit dem weltmeisterlichen Bier und mit Seeblick. Der Kiosk direkt am Platz bietet einen morgendlichen Brötchenservice, Getränke, Eis und einige wichtige Lebensmittel. In 1,5 km Entfernung gibt es einen großen Supermarkt, der bis 20 Uhr geöffnet ist. Mit dem Fahrrad erreicht man viele weitere Gastwirtschaften mit qualitativ hochwertigen Speisen für wenig Geld.

Freizeit

Das Wassertrampolin mitten im See und ein großer Spielplatz sind absolute Highlights. Wandern und Radfahren ist in der direkten Umgebung vielfältig möglich, auch direkt um den idyllischen See, der in den Sommermonaten zum Schwimmen einlädt. Wunderschöne Strecken entlang von Flüssen und sogar in Kombination mit der Bahn laden zu ausgedehnteren Radtouren ein. Fahrradvermietung (auch E-Bikes) am Platz. Die Weltkulturerbe-Stadt Regensburg in 40 km Entfernung ist immer einen Besuch wert. Mehrere Erlebnisbäder in der Umgebung bieten auch bei Regenwetter Abwechslung.

5.0

Wir waren schon einige Male auf dem Platz und freuen uns immer wieder darauf. Sehr familiärer Campingplatz mit herzlicher Führung. Die Stellplätze mit Seeblick sind die Wucht. Die Ausstattung des Platzes lässt sich sehen und ist sehr gepflegt und sauber. Die Umgebung bietet viel Natur und lässt für Wanderer, Jogger und Radfahrer keine Wünsche offen. Der See ist schon im Mai warm genug zum Baden. Unser nächster Aufenthalt ist schon gebucht.

Stefan M.

Stefan ist seit 2017 mit Frau und Hund im Wohnmobil unterwegs. Sie sind selten länger als drei Tage an einem Ort und üben gerne ihre sportlichen Hobbys beim Campen aus. Im Juni 2022 waren sie Gast auf dem Platz.

Sanitärgebäude von außen.

Spielplatz für die Kids.

4.7 **SEHR GUT**
188 Bewertungen

Lage	4.8
Ruhe	4.7
Sanitäranlagen	4.6
Sauberkeit Ø	4.8
Freundlichkeit	4.8
Stellplatz	4.5
Verpflegung	4.1
Freizeit	4.5
Preis-Leistung	4.6
Mietunterkünfte	4.9

Geeignet für

4.8 Kinder b. 12 J.

- 4.8 Paare
- 4.8 Senioren
- 4.8 Gäste mit Zelt
- 4.8 Gäste mit Hund
- 4.6 Kinder b. 6 J.
- 4.2 Kinder b. 18 J.

Empfohlene Aktivitäten

Schwimmen · Wandern · Entspannen · Radfahren

Mehr Infos

Karte auf Seite 660

	17	18	19
	Campingplatz Stadt Nittenau	**Adventure Camp Bad Kötzting**	**Kanu&Camping Blaibach**
		❄	
	Lärchenweg 13 93149 Nittenau +49 172 7 86 07 29	Jahnstraße 42 93444 Bad Kötzting 0175/8625201	Oberes Dorf 7 93476 Blaibach +49 9941 4128
	49.20145 | 12.27207	49.17953 | 12.86377	49.15944 | 12.80944
Infos			
Öffnungszeiten	01.04. - 15.10.	01.03. - 31.10.	01.05. - 03.10.
Vergleichspreis	HS: 26,50 € | NS: 26,50 €	HS: 32,00 € | NS: 32,00 €	HS: 20,00 € | NS: 20,00 €
Link	**Mehr Infos & Anfrage:** www.camping.info/19175	**Mehr Infos & Anfrage:** www.camping.info/17873	**Mehr Infos & Anfrage:** www.camping.info/19184
Ausstattung			
Freizeit	Baden im Fluss am Platz ✓ Pool am Platz ✓ Spielplatz ✗	Baden im Fluss am Platz ✓ Pool/Hallenbad 500m Spielplatz am Platz ✓	Baden im Fluss am Platz ✓ Pool/Hallenbad 4/5km Spielplatz am Platz ✓
Campingplatz	Hunde erlaubt Nur HS zur Hälfte Schatten ✓ WLAN ✓	Hunde willkommen ✓ zur Hälfte Schatten ✓ WLAN ✓	Hunde willkommen ✓ zur Hälfte Schatten ✓ WLAN ✓
Versorgung	Lebensmittel 500m Brötchen keine Angabe Restaurant/Imbiss 500m/✓ Ver-/Entsorgung Womo ✓ in den Ort 300m	Lebensmittel 1km Brötchen am Platz ✓ Restaurant & Imbiss ✓ Ver-/Entsorgung Womo ✓ in den Ort 500m	Lebensmittel 500m Brötchen am Platz ✓ Imbiss ✓ Ver-/Entsorgung Womo ✓ im Ort ✓
Anzahl der Plätze	Gesamt/Touristen 42/10 Mietunterkünfte ✓ Stellplätze vor Schranke ✗	Gesamt/Touristen 100/60 Mietunterkünfte ✓ Stellplätze vor Schranke ✗	Gesamt/Touristen 80/50 Mietunterkünfte ✓ Stellplätze vor Schranke ✓

	17	18	19
Bewertung	**4.5** SEHR GUT, 11 Bewertungen	**3.9** GUT, 17 Bewertungen	**4.4** SEHR GUT, 9 Bewertungen
Lage	4.5	4.6	4.9
Ruhe	4.5	4.2	4.2
Sanitäranlagen	3.5	3.3	4.2
Sauberkeit Ø	4.4	3.8	4.2
Freundlichkeit	4.4	4.4	4.8
Stellplatz	4.2	3.8	4.1
Verpflegung	3.7	4.1	3.4
Freizeit	4.2	4.2	4.6
Preis-Leistung	4.5	4.0	4.4
Mietunterkünfte	4.7	4.0	5.0
Geeignet für			
Kinder b. 6 J.	3.8	4.0	4.0
Kinder b. 12 J.	4.4	4.3	4.7
Kinder b. 18 J.	3.8	3.9	4.1
Paare	4.8	4.5	4.4
Senioren	4.6	4.3	3.9
Gäste mit Zelt	4.4	4.7	4.3
Gäste mit Hund	4.3	4.2	3.8
Empfohlene Aktivitäten	Schwimmen Kayak/Kanu Radfahren	Wandern Radfahren Entspannen	Kayak/Kanu Radfahren Wandern

16 Campingplatz Hohenwarth

*

Ferienzentrum 3
93480 Hohenwarth
+49 9946 367
www.campingplatz-hohenwarth.de
info@campingplatz-hohenwarth.de

01.01. - 05.11.
11.12. - 31.12.
HS: 27,95 € | NS: 27,95 €
Mehr Infos & Anfrage:
www.camping.info/19185

Baden im See am Platz	✓
Pool/Hallenbad	3km/✓
Spielplatz am Platz	✓
Hunde willkommen	✓
zur Hälfte Schatten	✓
WLAN (gegen Gebühr)	✓
Lebensmittel	✓
Brötchen am Platz	✓
Imbiss	✓
Ver-/Entsorgung Womo	✓
in den Ort	1km
Gesamt/Touristen	400/280
Mietunterkünfte	✓
Stellplätze vor Schranke	✗

49.20619 | 12.92356

Camping Hohenwarth in der herrlichen Natur des Bayerischen Waldes.

Lage & Stellplatz

In der herrlichen Landschaft des Naturparks Oberer Bayerischer Wald liegt der Campingplatz Hohenwarth eingebettet zwischen zwei Bergen. Auf rund 10 ha werden 400 großzügige Stellplätze, eine idyllische Zeltwiese, ein eigener Freizeit-Badesee sowie ein Campingzubehör-Shop angeboten.

Verpflegung

Zur Versorgung dient der Backshop mit Frühstückraum, Backwaren, Getränken, Zeitschriften, Wurst, Käse, Eis etc. Im Camper-Imbiss erhalten die Gäste Imbissgerichte und hausgemachte Tagesgerichte. Bayerische Gaststätten und Biergärten finden sich im nahe gelegenen Ort und in der Umgebung.

Sanitär

Zwei neu renovierte, großzügige Sanitärgebäude mit umfassender Ausstattung. Neben kostenlosen Warmwasser-Duschen sind Toiletten, Einzelwaschkabinen, Wickelkabinen, ein barrierefreier Waschraum und Geschirrspülräume vorhanden. Außerdem Waschmaschinen u. Trockner, zwei separate Chemie-WC-Räume etc.

Freizeit

Am Campingplatz Hohenwarth werden Natur, Erholung & Aktivurlaub vereint. Er ist ein idealer Ausgangspunkt für Wanderungen (z. B. zum Arber), Radtouren, Wintersport oder Ausflüge ins benachbarte Tschechien. Tolle Gästekarte: zahlreiche Ermäßigungen & kostenlos Bus-/Bahnfahren im Landkreis Cham (VLC).

Campingleben in Hohenwarth.

Renovierte Sanitärgebäude.

3.9 GUT
29 Bewertungen

Lage	4.4
Ruhe	4.4
Sanitäranlagen	3.6
Sauberkeit Ø	4.2
Freundlichkeit	4.5
Stellplatz	3.8
Verpflegung	3.1
Freizeit	4.1
Preis-Leistung	4.1
Mietunterkünfte	4.0

Geeignet für

- 4.6 Gäste mit Hund
- 4.3 Paare
- 4.3 Senioren
- 3.9 Kinder b. 12 J.
- 3.8 Kinder b. 6 J.
- 3.6 Gäste mit Zelt
- 3.2 Kinder b. 18 J.

Empfohlene Aktivitäten

Wandern · Entspannen · Radfahren · Schwimmen

Mehr Infos

Tolle Wochen-Angebote; Hallenbad/Sauna eingeschränkte Öffnungszeiten.

Karte auf Seite 660

	20	21	22
	Camping Hastreiter	**Camping Höllensteinsee**	**KNAUS Campingpark Viechtach******
	Dorfstraße 6 94267 Krailing bei Prackenbach	Leitenweg 12 94234 Viechtach	Waldfrieden 22 94234 Viechtach +49 9942 1095
	49.1176 | 12.8324	49.10075 | 12.87852	49.08222 | 12.85389
Infos			
Öffnungszeiten	keine Angabe	27.04. - 07.10.	18.04. - 07.11. 22.12. - 09.01.
Vergleichspreis	keine Angabe	HS: 27,00 € | NS: 22,00 €	HS: 40,40 € | NS: 37,90 €
Link	**Mehr Infos & Anfrage:** www.camping.info/19199	**Mehr Infos & Anfrage:** www.camping.info/23218	**Mehr Infos & Anfrage:** www.camping.info/22140
Ausstattung			
Freizeit	Baden in nat. Gewässer: k. A. Pool & Hallenbad: ✗ Spielplatz: keine Angabe	Baden im See am Platz: ✓ Pool/Hallenbad: 3km Spielplatz am Platz: ✓	Baden in nat. Gewässer: k. A. Pool/Hallenbad: 700m/✓ Spielplatz am Platz: ✓
Campingplatz	Hunde: ✗ Schatten: ✗ WLAN: keine Angabe	Hunde willkommen: ✓ zur Hälfte Schatten: ✓ WLAN: ✓	Hunde willkommen: ✓ zur Hälfte Schatten: ✓ WLAN (gegen Gebühr): ✓
Versorgung	Lebensmittel: k.A. Brötchen: keine Angabe Restaurant & Imbiss: ✗ Ver-/Entsorgung Womo: ✗ in den Ort: keine Angabe	Lebensmittel: ✓ Brötchen am Platz: ✓ Restaurant/Imbiss: 3km Ver-/Entsorgung Womo: ✓ in den Ort: 700m	Lebensmittel: 2km Brötchen am Platz: ✓ Restaurant/Imbiss: ✓/1km Ver-/Entsorgung Womo: ✓ in den Ort: 3km
Anzahl der Plätze	Gesamt: keine Angabe Mietunterkünfte: ✗ Stellplätze vor Schranke: ✗	Gesamt/Touristen: 140/130 Mietunterkünfte: ✓ Stellplätze vor Schranke: ✗	Gesamt/Touristen: 255/180 Mietunterkünfte: ✓ Stellplätze vor Schranke: ✗

	20	21	22
Bewertung	5.0 AUSGEZEICHNET 5 Bewertungen	3.7 GUT 13 Bewertungen	4.2 SEHR GUT 237 Bewertungen
Lage	4.8	4.7	4.2
Ruhe	4.8	4.8	4.3
Sanitäranlagen	3.7	2.9	4.0
Sauberkeit Ø	4.6	3.9	4.4
Freundlichkeit	5.0	4.2	4.6
Stellplatz	4.8	3.6	4.1
Verpflegung	4.0	2.9	3.4
Freizeit	5.0	4.2	4.1
Preis-Leistung	5.0	3.6	4.2
Mietunterkünfte	-	-	4.3
Geeignet für			
Kinder b. 6 J.	5.0	3.3	4.1
Kinder b. 12 J.	5.0	3.3	4.3
Kinder b. 18 J.	4.7	2.9	4.0
Paare	4.7	4.3	4.5
Senioren	5.0	4.0	4.4
Gäste mit Zelt	5.0	4.0	4.2
Hunde n. erlaubt / Gäste mit Hund	Hunde n. erlaubt -	Gäste mit Hund 4.3	Gäste mit Hund 4.8
Empfohlene Aktivitäten	Wandern Entspannen Radfahren	Kayak/Kanu Wandern Angeln	Wandern Schwimmen Entspannen

Winter: 18.12. - 10.01.Preise aus 2019

23 Naturcamping Perlbach

❄

Unterholzen 7
94371 Rattenberg
+49 9963 701

49.07938 | 12.74931

ganzjährig

HS: 16,00 € | NS: 15,00 €

Mehr Infos & Anfrage: www.camping.info/19201

Baden im Fluss	100m
Pool/Hallenbad	10/5km
Spielplatz am Platz	✓
Hunde willkommen	✓
zur Hälfte Schatten	✓
WLAN	✗
Lebensmittel	1km
Brötchen am Platz	✓
Restaurant	100m
Ver-/Entsorgung Womo	✓
in den Ort	1km
Gesamt/Touristen	22/18
Mietunterkünfte	✓
Stellplätze vor Schranke	✗

4.6 SEHR GUT
11 Bewertungen

Lage	4.8
Ruhe	4.8
Sanitäranlagen	4.8
Sauberkeit Ø	5.0
Freundlichkeit	5.0
Stellplatz	4.4
Verpflegung	4.4
Freizeit	4.4
Preis-Leistung	5.0
Mietunterkünfte	4.5

Geeignet für

Kinder b. 6 J.	4.3
Kinder b. 12 J.	4.6
Kinder b. 18 J.	4.4
Paare	5.0
Senioren	5.0
Gäste mit Zelt	4.9
Gäste mit Hund	5.0

Empfohlene Aktivitäten

- Wandern
- Radfahren
- Motorrad

24 Camping Heiner

Arberseestrasse 6
94252 Bayerisch Eisenstein

49.07905 | 13.20651

keine Angabe

keine Angabe

Mehr Infos & Anfrage: www.camping.info/24325

Baden in nat. Gewässer	k. A.
Pool & Hallenbad	✗
Spielplatz	keine Angabe
Hunde	✗
Schatten	✗
WLAN	keine Angabe
Lebensmittel	k.A.
Brötchen	keine Angabe
Restaurant & Imbiss	✗
Ver-/Entsorgung Womo	✗
in den Ort	keine Angabe
Gesamt	keine Angabe
Mietunterkünfte	✗
Stellplätze vor Schranke	✗

3.4 GUT
9 Bewertungen

Lage	4.0
Ruhe	4.2
Sanitäranlagen	2.3
Sauberkeit Ø	4.0
Freundlichkeit	4.8
Stellplatz	3.4
Verpflegung	2.3
Freizeit	4.0
Preis-Leistung	3.9
Mietunterkünfte	-

Geeignet für

Kinder b. 6 J.	3.6
Kinder b. 12 J.	4.2
Kinder b. 18 J.	4.0
Paare	4.5
Senioren	4.5
Gäste mit Zelt	4.4
Hunde n. erlaubt	-

Empfohlene Aktivitäten

- Wandern
- Mountainbiking
- Radfahren

25 Internationaler Campingplatz Naabtal-Pielenhofen

❄

Distelhausen 2
93188 Pielenhofen bei Regensburg
+49 9409 373

49.05833 | 11.95889

ganzjährig

HS: 32,00 € | NS: 32,00 €

Mehr Infos & Anfrage: www.camping.info/19177

Baden im Fluss am Platz	✓
Pool/Hallenbad	15km
Spielplatz am Platz	✓
Hunde willkommen	✓
zur Hälfte Schatten	✓
WLAN	✓
Lebensmittel	✓
Brötchen am Platz	✓
Restaurant & Imbiss	✓
Ver-/Entsorgung Womo	✓
in den Ort	1km
Gesamt/Touristen	270/100
Mietunterkünfte	✓
Stellplätze vor Schranke	✗

3.8 GUT
51 Bewertungen

Lage	4.0
Ruhe	3.2
Sanitäranlagen	3.8
Sauberkeit Ø	4.0
Freundlichkeit	4.0
Stellplatz	3.9
Verpflegung	3.9
Freizeit	4.0
Preis-Leistung	3.9
Mietunterkünfte	4.0

Geeignet für

Kinder b. 6 J.	3.9
Kinder b. 12 J.	4.3
Kinder b. 18 J.	3.9
Paare	4.3
Senioren	4.4
Gäste mit Zelt	4.4
Gäste mit Hund	4.4

Empfohlene Aktivitäten

- Radfahren
- Kayak/Kanu
- Wandern

keine WOMOs ab 10 m

26 Camping Hartlmühle

Hartlmühle 1
93164 Laaber
+49 9498 533

49.05796 | 11.90436

01.04. - 31.10.

HS: 21,00 € | NS: 21,00 €

Mehr Infos & Anfrage: www.camping.info/19176

Baden in nat. Gewässer	k. A.
Pool am Platz	✓
Spielplatz am Platz	✓
Hunde	✗
Schatten	✗
WLAN	keine Angabe
Lebensmittel	✓
Brötchen am Platz	✓
Restaurant am P.	✓
Ver-/Entsorgung Womo	✗
in den Ort	1km
Gesamt	180
Mietunterkünfte	✓
Stellplätze vor Schranke	✗

3.8 GUT
32 Bewertungen

Lage	4.2
Ruhe	3.7
Sanitäranlagen	3.8
Sauberkeit Ø	4.1
Freundlichkeit	4.0
Stellplatz	4.1
Verpflegung	3.9
Freizeit	3.8
Preis-Leistung	3.9
Mietunterkünfte	3.5

Geeignet für

Kinder b. 6 J.	3.8
Kinder b. 12 J.	4.1
Kinder b. 18 J.	3.6
Paare	4.6
Senioren	4.5
Gäste mit Zelt	4.4
Hunde n. erlaubt	-

Empfohlene Aktivitäten

- Radfahren
- Wandern
- Sightseeing

Karte auf Seite 660

	27	28	29
	Camping Resort Bodenmais	**AZUR Camping Regensburg in Bayern**	**Camping Green Village**
	❄	❄	
	Regener Straße 45 94249 Bodenmais +49 9924 943208-0	Weinweg 40 93049 Regensburg - Bayern +49 711 4093510	Zwieselau 16a 94258 Frauenau +49 9922 6475
	49.05749 | 13.10523	49.02778 | 12.05861	49.00849 | 13.27647
Infos			
Öffnungszeiten	ganzjährig	ganzjährig	01.05. - 31.10.
Vergleichspreis	HS: 53,00 € | NS: 44,00 €	HS: 41,00 € | NS: 32,00 €	HS: 12,50 € | NS: 12,50 €
Link	**Mehr Infos & Anfrage:** www.camping.info/30003	**Mehr Infos & Anfrage:** www.camping.info/19174	**Mehr Infos & Anfrage:** www.camping.info/22388
Ausstattung			
Freizeit	Baden in nat. Gewässer ✗ Pool/Hallenbad ✓/1km Spielplatz am Platz ✓	Baden im Fluss 100m Pool/Hallenbad 600m Spielplatz ✗	Baden in nat. Gewässer k. A. Pool & Hallenbad ✗ Spielplatz am Platz ✓
Campingplatz	Hunde willkommen ✓ wenig Schatten ✓ WLAN ✓	Hunde willkommen ✓ zur Hälfte Schatten ✓ WLAN (gratis) teilweise	Hunde ✗ Schatten ✗ WLAN keine Angabe
Versorgung	Lebensmittel ✓ Brötchen am Platz ✓ Restaurant am P. ✓ Ver-/Entsorgung Womo ✓ in den Ort 1km	Lebensmittel ✓ Brötchen am Platz ✓ Restaurant & Imbiss ✓ Ver-/Entsorgung Womo ✓ in den Ort 500m	Lebensmittel 3km Brötchen keine Angabe Restaurant/Imbiss 500m/3km Ver-/Entsorgung Womo ✓ in den Ort keine Angabe
Anzahl der Plätze	Touristenplätze 139 Mietunterkünfte ✓ Stellplätze vor Schranke ✓	Touristenplätze 141 Mietunterkünfte ✓ Stellplätze vor Schranke ✗	Gesamt/Touristen 37/35 Mietunterkünfte ✗ Stellplätze vor Schranke ✗

	27	28	29
Gesamt	4.0 SEHR GUT – 40 Bewertungen	3.7 GUT – 316 Bewertungen	3.8 GUT – 22 Bewertungen
Lage	4.1	4.5	3.9
Ruhe	4.0	4.0	3.5
Sanitäranlagen	4.9	3.6	4.1
Sauberkeit Ø	4.9	4.0	4.5
Freundlichkeit	4.5	4.1	4.7
Stellplatz	4.5	3.7	3.5
Verpflegung	3.8	3.5	2.6
Freizeit	4.2	3.9	3.7
Preis-Leistung	3.8	3.1	3.9
Mietunterkünfte	4.8	3.9	-
Geeignet für			
Kinder b. 6 J.	3.4	3.3	3.6
Kinder b. 12 J.	3.7	3.5	3.4
Kinder b. 18 J.	3.2	3.7	3.0
Paare	4.7	4.3	4.2
Senioren	4.7	4.2	4.4
Gäste mit Zelt	2.6	4.2	4.6
Gäste mit Hund / Hunde n. erlaubt	Gäste mit Hund 4.4	Gäste mit Hund 4.2	Hunde n. erlaubt -
Empfohlene Aktivitäten	Wandern Entspannen Wellness	Radfahren Sightseeing Kultur	Wandern Radfahren Entspannen

30

Regental Aktiv Camping

Badstraße 18
94209 Regen
+49 9921 9603470
48.96661 | 13.11274

01.04. - 31.10.
HS: 23,20 € | NS: 23,20 €
Mehr Infos & Anfrage:
www.camping.info/23162

Baden in nat. Gewässer	k. A.
Pool/Hallenbad	✓/11km
Spielplatz am Platz	✓
Hunde erlaubt	✓
Schatten	✗
WLAN	✓
Lebensmittel	1km
Brötchen	keine Angabe
Imbiss	✓
Ver-/Entsorgung Womo	✓
in den Ort	1km
Gesamt/Touristen	53/50
Mietunterkünfte	✓
Stellplätze vor Schranke	✗

3.9 GUT
30 Bewertungen

Lage	4.1
Ruhe	3.4
Sanitäranlagen	4.5
Sauberkeit Ø	4.6
Freundlichkeit	4.4
Stellplatz	4.0
Verpflegung	3.6
Freizeit	4.1
Preis-Leistung	4.1
Mietunterkünfte	4.6

Geeignet für

Kinder b. 6 J.	3.8
Kinder b. 12 J.	3.8
Kinder b. 18 J.	3.6
Paare	4.2
Senioren	4.0
Gäste mit Zelt	4.1
Gäste mit Hund	4.1

Empfohlene Aktivitäten

- Wandern
- Kayak/Kanu
- Radfahren

31

Campingplatz Freizeitinsel

Inselstr. 1A
93077 Bad Abbach bei Regensburg
+49 9405 9570401
48.93693 | 12.02027

20.03. - 08.11.
HS: 31,00 € | NS: 28,00 €
Mehr Infos & Anfrage:
www.camping.info/25179

Baden im Fluss	300m
Pool/Hallenbad	500m/15km
Spielplatz am Platz	✓
Hunde willkommen	✓
kein Schatten	✓
WLAN	✓
Lebensmittel	2km
Brötchen am Platz	✓
Restaurant/Imbiss	1km/✓
Ver-/Entsorgung Womo	✓
in den Ort	500m
Gesamt/Touristen	96/76
Mietunterkünfte	✓
Stellplätze vor Schranke	✓

4.7 SEHR GUT
95 Bewertungen

Lage	4.3
Ruhe	4.7
Sanitäranlagen	4.8
Sauberkeit Ø	4.9
Freundlichkeit	4.9
Stellplatz	4.4
Verpflegung	3.2
Freizeit	4.1
Preis-Leistung	4.6
Mietunterkünfte	4.1

Geeignet für

Kinder b. 6 J.	3.8
Kinder b. 12 J.	3.7
Kinder b. 18 J.	3.4
Paare	4.8
Senioren	4.8
Gäste mit Zelt	4.5
Gäste mit Hund	4.7

Empfohlene Aktivitäten

- Radfahren
- Entspannen
- Wandern

HS: 20.04. - 20.09.

32

Camping auf dem Bauernhof

❄

Herrnsaaler Ring 26
93309 Kelheim / Herrnsaal
+49 9441 9607
48.90875 | 11.94316

ganzjährig
HS: 17,00 € | NS: 17,00 €
Mehr Infos & Anfrage:
www.camping.info/25223

Baden in nat. Gewässer	k. A.
Pool/Hallenbad	4km
Spielplatz am Platz	✓
Hunde willkommen	✓
zur Hälfte Schatten	✓
WLAN	✗
Lebensmittel	4km
Brötchen am Platz	✓
Restaurant/Imbiss	2km
Ver-/Entsorgung Womo	✗
im Ort	✓
Gesamt/Touristen	20/15
Mietunterkünfte	✗
Stellplätze vor Schranke	✗

3.2 GUT
5 Bewertungen

Lage	3.2
Ruhe	3.4
Sanitäranlagen	2.6
Sauberkeit Ø	3.7
Freundlichkeit	3.4
Stellplatz	2.8
Verpflegung	4.0
Freizeit	2.7
Preis-Leistung	3.4
Mietunterkünfte	-

Geeignet für

Kinder b. 6 J.	4.2
Kinder b. 12 J.	4.2
Kinder b. 18 J.	2.7
Paare	4.0
Senioren	3.0
Gäste mit Zelt	4.2
Gäste mit Hund	4.5

Empfohlene Aktivitäten

- Radfahren
- Angeln
- Wandern

BAYERN

❺ Bayerisch Schwaben

	Platz	Seite	Bewertung	Öffnungszeiten	
1	DCC SeeCamp Dinkelsbühl	676	4.5	ganzjährig	*
2	Jura-Camping	676	3.3	ganzjährig	*
3	Hotel, Restaurant & Camping Bauer-Keller	676	3.8	saisonal	*
4	7 Täler Campingplatz, Altmühltal	677	4.0	saisonal	
5	Altmühltaler Naturpark Camping Beilngries	677	4.0	ganzjährig	*
6	Camping Kratzmühle	677	3.7	ganzjährig	*
7	Campingplatz Hasenmühle	677	4.6	saisonal	
8	AZUR Camping Altmühltal	678	3.4	saisonal	
9	Camping Kastlhof	678	3.8	saisonal	
10	Naturcamping Pappenheim	678	3.8	saisonal	
11	Campingpark Waldsee Wemding	679	3.5	saisonal	
12	Camping Dollnstein	679	3.9	saisonal	
13	Camping Felbermühle	679	4.7	ganzjährig	*
14	Donau-Lech Camping	679	3.2	ganzjährig	*
15	Goldberg-Camping Mörslingen	680	3.9	ganzjährig	*
16	Donaucamping - Eichwaldstuben	680	3.5	ganzjährig	*
17	Campingplatz Paartal	680	3.2	ganzjährig	*
18	Camping Gutshof Donauried	681	3.6	saisonal	*
19	Campingplatz Schwarzfelder Hof	681	4.3	ganzjährig	*
20	Lech Camping	681	4.6	saisonal	
21	Campingplatz Ludwigshof am See	681	4.3	saisonal	
22	LEGOLAND® Feriendorf Campingplatz	682	3.9	saisonal	
23	Campingplatz Bella Augusta	682	3.1	ganzjährig	*
24	Waldcamping Stubenweiher	682	3.9	saisonal	*
25	Camping Ampersee	683	3.1	saisonal	
26	See Camping Günztal	683	3.9	saisonal	
27	Camping Illertissen	683	4.1	saisonal	

Karte auf Seite 674

	1	2	3
	DCC SeeCamp Dinkelsbühl	**Jura-Camping**	**Hotel, Restaurant & Camping Bauer-Keller**
	❄	❄	❄
	Kobeltsmühle 6 91550 Dinkelsbühl +49 98 51 78 17	Badstraße 4 92363 Breitenbrunn +49 9495 337	Kraftsbucher Straße 1 91171 Greding +49 8463 64000
	49.08118 | 10.33267	49.07822 | 11.62187	49.0407 | 11.34972
Infos			
Öffnungszeiten	ganzjährig	ganzjährig	01.01. - 01.11. 27.12. - 31.12.
Vergleichspreis	HS: 28,70 €	HS: 17,00 € | NS: 17,00 €	HS: 17,50 € | NS: 17,50 €
Link	**Mehr Infos & Anfrage:** www.camping.info/30291	**Mehr Infos & Anfrage:** www.camping.info/19162	**Mehr Infos & Anfrage:** www.camping.info/19138
Ausstattung			
Freizeit	Baden im See am Platz ✓ Pool/Hallenbad 2/4km Spielplatz am Platz ✓	Baden im Teich 50m Pool/Hallenbad ✓/12km Spielplatz am Platz ✓	Baden im Fluss 500m Hallenbad 500m Spielplatz am Platz ✓
Campingplatz	Hunde erlaubt ✓ wenig Schatten ✓ WLAN ✓	Hunde erlaubt ✓ zur Hälfte Schatten ✓ WLAN ✓	Hunde willkommen ✓ wenig Schatten ✓ WLAN ✓
Versorgung	Lebensmittel ✓ Brötchen am Platz ✓ Restaurant am P. ✓ Ver-/Entsorgung Womo ✓ in den Ort 2km	Lebensmittel ✓ Brötchen am Platz ✓ Restaurant/Imbiss 100m/✓ Ver-/Entsorgung Womo ✓ in den Ort 500m	Lebensmittel 500m Brötchen am Platz ✓ Restaurant am P. ✓ Ver-/Entsorgung Womo ✗ in den Ort 500m
Anzahl der Plätze	Gesamt/Touristen 430/270 Mietunterkünfte ✗ Stellplätze vor Schranke ✗	Gesamt/Touristen 150/70 Mietunterkünfte ✓ Stellplätze vor Schranke ✗	Touristenplätze 80 Mietunterkünfte ✗ Stellplätze vor Schranke ✗

	DCC SeeCamp Dinkelsbühl	Jura-Camping	Hotel, Restaurant & Camping Bauer-Keller
Gesamt	4.5 SEHR GUT (6 Bewertungen)	3.3 GUT (12 Bewertungen)	3.8 GUT (55 Bewertungen)
Lage	4.5	4.0	4.0
Ruhe	5.0	3.6	2.4
Sanitäranlagen	4.2	3.2	4.0
Sauberkeit Ø	4.6	3.6	4.5
Freundlichkeit	5.0	4.0	4.7
Stellplatz	4.2	3.4	3.4
Verpflegung	4.6	2.4	4.4
Freizeit	4.2	3.9	1.9
Preis-Leistung	4.5	4.0	4.4
Mietunterkünfte	-	4.0	-
Geeignet für			
Kinder b. 6 J.	4.2	2.6	3.8
Kinder b. 12 J.	4.0	3.4	4.0
Kinder b. 18 J.	3.5	2.8	4.0
Paare	5.0	3.7	4.4
Senioren	5.0	4.6	4.3
Gäste mit Zelt	4.0	3.8	3.3
Gäste mit Hund	4.8	4.2	4.3
Empfohlene Aktivitäten	Radfahren Wandern Entspannen	Radfahren Wandern Entspannen	Wandern Kulinarik Sightseeing

4 7 Täler Campingplatz, Altmühltal

Ottmaring 11
92345 Dietfurt
+49 8464 605 212
49.03565 | 11.54526

01.04. - 15.10.

HS: 27,90 € | NS: 27,90 €

Mehr Infos & Anfrage:
www.camping.info/25491

Baden im See	10km
Pool/Hallenbad	2/5km
Spielplatz	✗
Hunde	✗
zur Hälfte Schatten	✓
WLAN (gegen Gebühr)	✓
Lebensmittel	2km
Brötchen am Platz	nur HS
Restaurant & Imbiss	✗
Ver-/Entsorgung Womo	✓
in den Ort	4km
Touristenplätze	33
Mietunterkünfte	✓
Stellplätze vor Schranke	✗

4.0 SEHR GUT
24 Bewertungen

Lage	4.1
Ruhe	4.3
Sanitäranlagen	4.4
Sauberkeit Ø	4.5
Freundlichkeit	4.5
Stellplatz	3.8
Verpflegung	2.5
Freizeit	3.7
Preis-Leistung	3.8
Mietunterkünfte	3.8

Geeignet für

Kinder b. 6 J.	3.4
Kinder b. 12 J.	3.3
Kinder b. 18 J.	3.2
Paare	4.4
Senioren	4.4
Gäste mit Zelt	4.1
Hunde n. erlaubt	-

Empfohlene Aktivitäten

- Radfahren
- Wandern
- Entspannen

5 Altmühltaler Naturpark Camping Beilngries

❄

An der Altmühl 24
92339 Beilngries
+49 8461 606730
49.02627 | 11.46991

ganzjährig

HS: 25,50 € | NS: 25,50 €

Mehr Infos & Anfrage:
www.camping.info/19160

Baden im See	3km
Pool/Hallenbad	✓/500m
Spielplatz am Platz	✓
Hunde willkommen	✓
Schatten	✗
WLAN	✓
Lebensmittel	✓
Brötchen am Platz	✓
Restaurant	500m
Ver-/Entsorgung Womo	✗
in den Ort	keine Angabe
Gesamt/Touristen	160/106
Mietunterkünfte	✓
Stellplätze vor Schranke	✓

4.0 SEHR GUT
160 Bewertungen

Lage	4.6
Ruhe	4.1
Sanitäranlagen	3.8
Sauberkeit Ø	4.0
Freundlichkeit	4.1
Stellplatz	3.9
Verpflegung	3.7
Freizeit	4.3
Preis-Leistung	3.9
Mietunterkünfte	4.7

Geeignet für

Kinder b. 6 J.	4.3
Kinder b. 12 J.	4.4
Kinder b. 18 J.	4.3
Paare	4.3
Senioren	4.2
Gäste mit Zelt	4.2
Gäste mit Hund	4.5

Empfohlene Aktivitäten

- Radfahren
- Wandern
- Kayak/Kanu

6 Camping Kratzmühle

❄

Mühlweg 2
85125 Kinding-Kratzmühle
+49 8461 64170
49.00361 | 11.45167

ganzjährig

HS: 26,00 €

Mehr Infos & Anfrage:
www.camping.info/19080

Baden im See am Platz	✓
Hallenbad	10km
Spielplatz am Platz	✓
Hunde erlaubt	✓
zur Hälfte Schatten	✓
WLAN (begrenzt gratis)	✓
Lebensmittel	✓
Brötchen am Platz	nur HS
Restaurant am P.	✓
Ver-/Entsorgung Womo	✓
in den Ort	4km
Gesamt/Touristen	480/260
Mietunterkünfte	✓
Stellplätze vor Schranke	✗

3.7 GUT
134 Bewertungen

Lage	4.4
Ruhe	4.0
Sanitäranlagen	3.5
Sauberkeit Ø	3.8
Freundlichkeit	4.0
Stellplatz	3.6
Verpflegung	3.3
Freizeit	4.1
Preis-Leistung	3.7
Mietunterkünfte	4.0

Geeignet für

Kinder b. 6 J.	3.9
Kinder b. 12 J.	4.0
Kinder b. 18 J.	3.6
Paare	4.2
Senioren	4.2
Gäste mit Zelt	3.9
Gäste mit Hund	3.4

Empfohlene Aktivitäten

- Radfahren
- Wandern
- Kayak/Kanu

7 Campingplatz Hasenmühle

Hasenmühle 1
91719 Hechlingen am See
+49 9833 1696
48.97146 | 10.72673

01.03. - 15.11.
15.05. - 15.09.

HS: 24,00 € | NS: 21,50 €

Mehr Infos & Anfrage:
www.camping.info/17862

Baden im See	250m
Pool/Hallenbad	5/18km
Spielplatz am Platz	✓
Hunde willkommen	✓
zur Hälfte Schatten	✓
WLAN (gegen Gebühr)	✓
Lebensmittel	5km
Brötchen am Platz	nur HS
Restaurant/Imbiss	800/500m
Ver-/Entsorgung Womo	✓
in den Ort	1km
Gesamt/Touristen	72/33
Mietunterkünfte	✗
Stellplätze vor Schranke	✗

4.6 SEHR GUT
25 Bewertungen

Lage	4.6
Ruhe	4.5
Sanitäranlagen	3.9
Sauberkeit Ø	4.5
Freundlichkeit	4.8
Stellplatz	4.2
Verpflegung	3.1
Freizeit	4.3
Preis-Leistung	4.6
Mietunterkünfte	-

Geeignet für

Kinder b. 6 J.	4.1
Kinder b. 12 J.	3.9
Kinder b. 18 J.	3.8
Paare	4.8
Senioren	4.9
Gäste mit Zelt	4.6
Gäste mit Hund	4.8

Empfohlene Aktivitäten

- Wandern
- Entspannen
- Schwimmen

keine WOMOs ab 12 m

Karte auf Seite 674

	8	9	10
	AZUR Camping Altmühltal	**Camping Kastlhof**	**Naturcamping Pappenheim**
	Campingstraße 1 85110 Kipfenberg +49 8465 905167	Pillhausen 1 93339 Riedenburg +49 9447 698	Badweg 1 91788 Pappenheim +49 9143 1275
	48.94829 | 11.38846	48.94096 | 11.75627	48.93469 | 10.96935
Infos			
Öffnungszeiten	01.04. - 06.11.	01.03. - 31.10.	01.04. - 31.10.
Vergleichspreis	HS: 38,00 € | NS: 29,00 €	HS: 14,50 € | NS: 14,50 €	HS: 20,00 € | NS: 20,00 €
Link	**Mehr Infos & Anfrage:** www.camping.info/19079	**Mehr Infos & Anfrage:** www.camping.info/24790	**Mehr Infos & Anfrage:** www.camping.info/19154
Ausstattung			
Freizeit	Baden im Fluss am Platz ✓ Pool 500m Spielplatz am Platz ✓	Baden in nat. Gewässer k. A. Pool & Hallenbad ✗ Spielplatz keine Angabe	Baden im Fluss am Platz ✓ Pool/Hallenbad 800m/7km Spielplatz am Platz ✓
Campingplatz	Hunde willkommen ✓ Schatten ✗ WLAN keine Angabe	Hunde erlaubt ✓ Schatten ✗ WLAN keine Angabe	Hunde erlaubt ✓ Schatten ✗ WLAN keine Angabe
Versorgung	Lebensmittel ✓ Brötchen am Platz ✓ Restaurant/Imbiss 300m/✓ Ver-/Entsorgung Womo ✗ in den Ort keine Angabe	Lebensmittel ✗ Brötchen am Platz ✓ Restaurant am P. ✓ Ver-/Entsorgung Womo ✗ in den Ort 1km	Lebensmittel 500m Brötchen am Platz ✓ Restaurant 500m Ver-/Entsorgung Womo ✗ in den Ort 500m
Anzahl der Plätze	Gesamt/Touristen 480/450 Mietunterkünfte ✓ Stellplätze vor Schranke ✓	Touristenplätze 25 Mietunterkünfte ✗ Stellplätze vor Schranke ✗	Gesamt/Touristen 100/80 Mietunterkünfte ✗ Stellplätze vor Schranke ✗

	AZUR Camping Altmühltal	Camping Kastlhof	Naturcamping Pappenheim
Gesamt	3.4 GUT, 95 Bewertungen	3.8 GUT, 12 Bewertungen	3.8 GUT, 24 Bewertungen
Lage	4.2	4.7	4.5
Ruhe	4.3	3.5	4.2
Sanitäranlagen	3.2	2.4	2.8
Sauberkeit Ø	3.8	3.5	4.2
Freundlichkeit	3.8	4.6	3.9
Stellplatz	3.6	3.5	3.5
Verpflegung	3.4	3.8	2.4
Freizeit	3.7	4.0	4.1
Preis-Leistung	2.9	4.8	4.2
Mietunterkünfte	4.5	-	-
Geeignet für			
Kinder b. 6 J.	3.5	3.0	2.9
Kinder b. 12 J.	3.7	3.5	3.3
Kinder b. 18 J.	3.3	3.5	3.2
Paare	4.2	4.0	4.3
Senioren	4.3	4.2	3.8
Gäste mit Zelt	4.1	4.1	4.2
Gäste mit Hund	3.9	4.1	4.5
Empfohlene Aktivitäten	Kayak/Kanu Radfahren Wandern	Wandern Radfahren Angeln	Radfahren Kayak/Kanu Entspannen

11 Campingpark Waldsee Wemding

Wolferstädter Str. 100
86650 Wemding
+49 9092 90101
48.88454 | 10.73785

01.04. - 31.10.
HS: 27,00 € | NS: 24,00 €
Mehr Infos & Anfrage: www.camping.info/17865

Baden im See am Platz	✓
Hallenbad	11km
Spielplatz am Platz	✓
Hunde willkommen	✓
zur Hälfte Schatten	✓
WLAN	✓
Lebensmittel	1km
Brötchen am Platz	nur HS
Restaurant & Imbiss	✓
Ver-/Entsorgung Womo	✓
in den Ort	1km
Gesamt/Touristen	330/210
Mietunterkünfte	✓
Stellplätze vor Schranke	✗

3.5 GUT – 50 Bewertungen

Lage	4.3
Ruhe	4.4
Sanitäranlagen	3.5
Sauberkeit Ø	4.0
Freundlichkeit	3.7
Stellplatz	3.5
Verpflegung	2.7
Freizeit	3.7
Preis-Leistung	3.8
Mietunterkünfte	4.1

Geeignet für

Kinder b. 6 J.	3.9
Kinder b. 12 J.	4.2
Kinder b. 18 J.	3.6
Paare	4.0
Senioren	3.9
Gäste mit Zelt	3.9
Gäste mit Hund	3.8

Empfohlene Aktivitäten

- Schwimmen
- Wandern
- Radfahren

12 Camping Dollnstein

Brückenstraße 11a
91795 Dollnstein
+49 8422 846
48.87369 | 11.07647

20.03. - 31.10.
HS: 15,00 € | NS: 15,00 €
Mehr Infos & Anfrage: www.camping.info/19155

Baden im Fluss am Platz	✓
Pool/Hallenbad	15/20km
Spielplatz am Platz	✓
Hunde willkommen	✓
wenig Schatten	✓
WLAN (gratis)	teilweise
Lebensmittel	300m
Brötchen am Platz	nur HS
Restaurant/Imbiss	300m/✓
Ver-/Entsorgung Womo	✗
im Ort	✓
Gesamt/Touristen	90/70
Mietunterkünfte	✓
Stellplätze vor Schranke	✗

3.9 GUT – 47 Bewertungen

Lage	4.5
Ruhe	4.4
Sanitäranlagen	3.2
Sauberkeit Ø	4.0
Freundlichkeit	4.4
Stellplatz	3.9
Verpflegung	3.4
Freizeit	4.4
Preis-Leistung	4.3
Mietunterkünfte	4.6

Geeignet für

Kinder b. 6 J.	4.4
Kinder b. 12 J.	4.5
Kinder b. 18 J.	4.1
Paare	4.7
Senioren	4.6
Gäste mit Zelt	4.8
Gäste mit Hund	4.6

Empfohlene Aktivitäten

- Wandern
- Kayak/Kanu
- Radfahren

13 Camping Felbermühle

✻

Felbermühle 1
93333 Neustadt an der Donau
+49 9445 516
48.81667 | 11.77056

ganzjährig
HS: 24,00 € | NS: 19,80 €
Mehr Infos & Anfrage: www.camping.info/19178

Baden im See	6km
Pool/Hallenbad	1km
Spielplatz	1km
Hunde willkommen	✓
zur Hälfte Schatten	✓
WLAN	✓
Lebensmittel	1km
Brötchen am Platz	✓
Restaurant/Imbiss	1km
Ver-/Entsorgung Womo	✓
in den Ort	1km
Gesamt/Touristen	66/64
Mietunterkünfte	✗
Stellplätze vor Schranke	✗

4.7 SEHR GUT – 101 Bewertungen

Lage	4.4
Ruhe	4.5
Sanitäranlagen	4.9
Sauberkeit Ø	4.9
Freundlichkeit	4.8
Stellplatz	4.6
Verpflegung	3.4
Freizeit	4.0
Preis-Leistung	4.4
Mietunterkünfte	-

Geeignet für

Kinder b. 6 J.	2.8
Kinder b. 12 J.	3.0
Kinder b. 18 J.	3.2
Paare	4.7
Senioren	4.8
Gäste mit Zelt	4.5
Gäste mit Hund	4.6

Empfohlene Aktivitäten

- Radfahren
- Entspannen
- Wandern

14 Donau-Lech Camping

✻

Campingweg 1
86698 Eggelstetten
+49 9090 4046
48.67553 | 10.8424

ganzjährig
keine Angabe
Mehr Infos & Anfrage: www.camping.info/22390

Baden im See am Platz	✓
Hallenbad	1km
Spielplatz	✗
Hunde willkommen	✓
Schatten	✗
WLAN (gratis)	teilweise
Lebensmittel	5km
Brötchen am Platz	✗
Restaurant/Imbiss	300m/1km
Ver-/Entsorgung Womo	✓
in den Ort	1km
Gesamt/Touristen	130/100
Mietunterkünfte	✗
Stellplätze vor Schranke	✗

3.2 GUT – 31 Bewertungen

Lage	3.6
Ruhe	4.0
Sanitäranlagen	3.4
Sauberkeit Ø	3.5
Freundlichkeit	3.6
Stellplatz	3.7
Verpflegung	2.1
Freizeit	3.2
Preis-Leistung	3.8
Mietunterkünfte	-

Geeignet für

Kinder b. 6 J.	3.3
Kinder b. 12 J.	3.4
Kinder b. 18 J.	3.0
Paare	3.6
Senioren	3.8
Gäste mit Zelt	3.6
Gäste mit Hund	3.9

Empfohlene Aktivitäten

- Radfahren
- Entspannen
- Schwimmen

Karte auf Seite 674

	15	16	17
	Goldberg-Camping Mörslingen	**Donaucamping - Eichwaldstuben**	**Campingplatz Paartal**
	✻	✻	✻
	Deisenhofer Straße 30 89435 Mörslingen 090749583260	Georg-Schmid-Ring 45 89407 Dillingen +49 907 172 8445	Am Badesee 1 86556 Radersdorf +49 8257 997767
	48.62266 | 10.51675	48.56913 | 10.5019	48.50946 | 11.15841
Infos			
Öffnungszeiten	ganzjährig	ganzjährig	ganzjährig
Vergleichspreis	keine Angabe	HS: 17,70 € | NS: 17,70 €	HS: 20,50 € | NS: 20,50 €
Link	**Mehr Infos & Anfrage:** www.camping.info/27662	**Mehr Infos & Anfrage:** www.camping.info/22384	**Mehr Infos & Anfrage:** www.camping.info/24654
Ausstattung			
Freizeit	Baden im See 200m Pool/Hallenbad ✓/5km Spielplatz 200m	Baden in nat. Gewässer k. A. Pool/Hallenbad 200m/1km Spielplatz ✗	Baden im See am Platz ✓ Pool & Hallenbad ✗ Spielplatz am Platz ✓
Campingplatz	Hunde ✗ viel Schatten ✓ WLAN keine Angabe	Hunde erlaubt ✓ Schatten ✗ WLAN ✗	Hunde erlaubt ✓ Schatten ✗ WLAN (gegen Gebühr) ✓
Versorgung	Lebensmittel 200m Brötchen am Platz ✗ Restaurant/Imbiss 100/200m Ver-/Entsorgung Womo ✗ in den Ort 5km	Lebensmittel 500m Brötchen keine Angabe Restaurant am P. ✓ Ver-/Entsorgung Womo ✓ in den Ort 1km	Lebensmittel ✓ Brötchen am Platz nur HS Restaurant am P. ✓ Ver-/Entsorgung Womo ✓ in den Ort keine Angabe
Anzahl der Plätze	Gesamt 49 Mietunterkünfte ✓ Stellplätze vor Schranke ✗	Gesamt/Touristen 75/70 Mietunterkünfte ✗ Stellplätze vor Schranke ✗	Gesamt keine Angabe Mietunterkünfte ✗ Stellplätze vor Schranke ✗

	15	16	17
Bewertung	3.9 GUT (10 Bewertungen)	3.5 GUT (4 Bewertungen)	3.2 GUT (14 Bewertungen)
Lage	3.8	3.2	3.5
Ruhe	4.4	3.0	3.5
Sanitäranlagen	3.5	4.2	3.9
Sauberkeit Ø	4.6	4.3	4.0
Freundlichkeit	4.7	4.7	4.0
Stellplatz	3.7	3.0	3.2
Verpflegung	2.8	4.0	3.4
Freizeit	3.8	3.8	3.3
Preis-Leistung	4.2	3.8	3.8
Mietunterkünfte	3.0	-	-
Geeignet für			
Kinder b. 6 J.	4.0	2.3	3.5
Kinder b. 12 J.	2.8	2.7	4.0
Kinder b. 18 J.	2.0	3.0	3.2
Paare	4.5	4.2	3.3
Senioren	5.0	4.2	4.0
Gäste mit Zelt	4.8	4.5	3.0
Hunde n. erlaubt / Gäste mit Hund	Hunde n. erlaubt -	Gäste mit Hund 4.3	Gäste mit Hund 3.9
Empfohlene Aktivitäten	Radfahren Wandern Entspannen	Radfahren Wandern Kayak/Kanu	Schwimmen Wandern Entspannen

18 Camping Gutshof Donauried

Heidenheimer Str. 115
89312 Günzburg
+49 8221 2076946
48.48729 | 10.25656

01.04. - 30.10.
HS: 19,00 € | NS: 19,00 €
Mehr Infos & Anfrage:
www.camping.info/26257

Baden im See am Platz	✓
Pool/Hallenbad	3/10km
Spielplatz am Platz	✓
Hunde willkommen	✓
wenig Schatten	✓
WLAN	✓
Lebensmittel	6km
Brötchen am Platz	✓
Restaurant/Imbiss	1km/✓
Ver-/Entsorgung Womo	✓
in den Ort	6km
Gesamt/Touristen	25/20
Mietunterkünfte	✓
Stellplätze vor Schranke	✗

3.6 GUT
12 Bewertungen

Lage	3.8
Ruhe	3.5
Sanitäranlagen	3.0
Sauberkeit Ø	3.9
Freundlichkeit	4.4
Stellplatz	3.3
Verpflegung	3.5
Freizeit	3.7
Preis-Leistung	3.8
Mietunterkünfte	4.4

Geeignet für

Kinder b. 6 J.	3.8
Kinder b. 12 J.	3.8
Kinder b. 18 J.	4.0
Paare	3.8
Senioren	3.6
Gäste mit Zelt	3.8
Gäste mit Hund	4.0

Empfohlene Aktivitäten

- Radfahren
- Schwimmen
- Entspannen

19 Campingplatz Schwarzfelder Hof

Schwarzfelder Weg 1-3
89340 Leipheim-Riedheim
+49 822172628
48.46583 | 10.20305

ganzjährig
HS: 26,30 € | NS: 23,30 €
Mehr Infos & Anfrage:
www.camping.info/17870

Baden im See am Platz	✓
Pool/Hallenbad	7/3km
Spielplatz am Platz	✓
Hunde willkommen	✓
wenig Schatten	✓
WLAN (gegen Gebühr)	✓
Lebensmittel	1km
Brötchen am Platz	✓
Restaurant/Imbiss	1km/✓
Ver-/Entsorgung Womo	✓
in den Ort	1km
Gesamt/Touristen	80/60
Mietunterkünfte	✓
Stellplätze vor Schranke	✗

4.3 SEHR GUT
105 Bewertungen

Lage	4.4
Ruhe	4.2
Sanitäranlagen	3.7
Sauberkeit Ø	4.3
Freundlichkeit	4.7
Stellplatz	4.0
Verpflegung	3.4
Freizeit	4.4
Preis-Leistung	4.3
Mietunterkünfte	4.6

Geeignet für

Kinder b. 6 J.	4.8
Kinder b. 12 J.	4.6
Kinder b. 18 J.	3.6
Paare	3.5
Senioren	3.3
Gäste mit Zelt	4.5
Gäste mit Hund	4.5

Empfohlene Aktivitäten

- Schwimmen
- Radfahren
- Reiten

20 Lech Camping

Seeweg 6
86444 Affing-Mühlhausen bei Augsburg
+49 8207 2200
48.43745 | 10.9301

01.05. - 14.09.
HS: 41,00 € | NS: 34,50 €
Mehr Infos & Anfrage:
www.camping.info/17863

Baden im See am Platz	✓
Pool/Hallenbad	5km
Spielplatz am Platz	✓
Hunde willkommen	✓
zur Hälfte Schatten	✓
WLAN	✓
Lebensmittel	100m
Brötchen am Platz	✓
Restaurant	700m
Ver-/Entsorgung Womo	✓
in den Ort	100m
Touristenplätze	50
Mietunterkünfte	✓
Stellplätze vor Schranke	✗

4.6 SEHR GUT
232 Bewertungen

Lage	4.1
Ruhe	3.7
Sanitäranlagen	4.7
Sauberkeit Ø	4.8
Freundlichkeit	4.9
Stellplatz	4.6
Verpflegung	4.0
Freizeit	4.4
Preis-Leistung	4.2
Mietunterkünfte	4.7

Geeignet für

Kinder b. 6 J.	4.6
Kinder b. 12 J.	4.5
Kinder b. 18 J.	3.9
Paare	4.7
Senioren	4.7
Gäste mit Zelt	4.6
Gäste mit Hund	4.5

Empfohlene Aktivitäten

- Entspannen
- Sightseeing
- Radfahren

Zwischensaison: 29.05. - 30.06., 36,20 €

21 Campingplatz Ludwigshof am See

Augsburgerstr. 36
86444 Affing-Mühlhausen bei Augsburg
+49 8207 9621500
48.43113 | 10.91826

01.06. - 31.08.
HS: 43,50 € | NS: 0,00 €
Mehr Infos & Anfrage:
www.camping.info/17869

Baden im See am Platz	✓
Pool/Hallenbad	5km
Spielplatz am Platz	✓
Hunde erlaubt	✓
zur Hälfte Schatten	✓
WLAN	✓
Lebensmittel	500m
Brötchen	keine Angabe
Restaurant & Imbiss	✓
Ver-/Entsorgung Womo	✓
in den Ort	500m
Gesamt/Touristen	50/40
Mietunterkünfte	✗
Stellplätze vor Schranke	✗

4.3 SEHR GUT
74 Bewertungen

Lage	4.4
Ruhe	4.3
Sanitäranlagen	4.1
Sauberkeit Ø	4.5
Freundlichkeit	4.5
Stellplatz	3.9
Verpflegung	4.3
Freizeit	4.0
Preis-Leistung	4.2
Mietunterkünfte	-

Geeignet für

Kinder b. 6 J.	4.2
Kinder b. 12 J.	4.3
Kinder b. 18 J.	3.9
Paare	4.6
Senioren	4.7
Gäste mit Zelt	4.5
Gäste mit Hund	4.2

Empfohlene Aktivitäten

- Schwimmen
- Entspannen
- Radfahren

Jugendgruppen nur mit Erwachsenen und nicht in der Hauptsaison

Karte auf Seite 674

	22	23	24
	LEGOLAND® Feriendorf Campingplatz	**Campingplatz Bella Augusta**	**Waldcamping Stubenweiher**
		❄	❄
	LEGOLAND Allee 3 89312 Günzburg	Mühlhauser Str. 54b 86169 Augsburg-Ost +49 821 707575	Am Stubenweiher 89331 Limbach +49 8223 797
	48.42565 | 10.30203	48.41168 | 10.92081	48.41047 | 10.34079
Infos			
Öffnungszeiten	02.04. - 06.11.	ganzjährig	01.04. - 31.10.
Vergleichspreis	HS: 42,00 € | NS: 34,00 €	HS: 27,40 € | NS: 27,40 €	HS: 26,30 € | NS: 26,30 €
Link	**Mehr Infos & Anfrage:** www.camping.info/23009	**Mehr Infos & Anfrage:** www.camping.info/22392	**Mehr Infos & Anfrage:** www.camping.info/22391
Ausstattung			
Freizeit	Baden im See 5km Pool/Hallenbad 5/11km Spielplatz am Platz ✓	Baden im See am Platz ✓ Pool & Hallenbad ✗ Spielplatz 500m	Baden im Teich am Platz ✓ Pool & Hallenbad ✗ Spielplatz am Platz ✓
Campingplatz	Hunde ✗ wenig Schatten ✓ WLAN ✓	Hunde erlaubt ✓ zur Hälfte Schatten ✓ WLAN ✓	Hunde erlaubt ✓ zur Hälfte Schatten ✓ WLAN (gegen Gebühr) teilweise
Versorgung	Lebensmittel 5km Brötchen am Platz ✓ Restaurant & Imbiss ✓ Ver-/Entsorgung Womo ✓ in den Ort 5km	Lebensmittel ✓ Brötchen am Platz nur HS Restaurant & Imbiss ✓ Ver-/Entsorgung Womo ✓ in den Ort 1km	Lebensmittel 2km Brötchen keine Angabe Restaurant am P. ✓ Ver-/Entsorgung Womo ✓ in den Ort 2km
Anzahl der Plätze	Touristenplätze 165 Mietunterkünfte ✓ Stellplätze vor Schranke ✗	Gesamt/Touristen 160/65 Mietunterkünfte ✓ Stellplätze vor Schranke ✗	Gesamt/Touristen 120/55 Mietunterkünfte ✗ Stellplätze vor Schranke ✗

	22	23	24
Gesamt	3.9 GUT, 101 Bewertungen	3.1 GUT, 28 Bewertungen	3.9 GUT, 18 Bewertungen
Lage	4.4	3.4	4.1
Ruhe	3.4	2.6	4.9
Sanitäranlagen	4.2	2.9	3.7
Sauberkeit Ø	4.3	3.2	4.0
Freundlichkeit	4.6	4.0	3.9
Stellplatz	3.5	3.4	3.3
Verpflegung	3.0	2.9	3.8
Freizeit	4.5	3.3	3.4
Preis-Leistung	3.9	2.9	3.9
Mietunterkünfte	4.3	4.2	-
Geeignet für			
Kinder b. 6 J.	4.6	3.1	2.6
Kinder b. 12 J.	4.6	3.1	2.7
Kinder b. 18 J.	3.7	2.6	2.1
Paare	2.9	3.5	4.2
Senioren	2.5	3.6	4.5
Gäste mit Zelt	3.0	3.5	3.2
Hunde n. erlaubt / Gäste mit Hund	Hunde n. erlaubt -	Gäste mit Hund 3.7	Gäste mit Hund 4.8
Empfohlene Aktivitäten	Klettern Radfahren Wandern	Sightseeing Radfahren Schwimmen	Wandern Radfahren Schwimmen

25 Camping Ampersee

Josef-Kistler-Weg 5
82140 Olching bei München
+49 814 212 786
48.22939 | 11.35881

01.05. - 01.10.

HS: 24,40 € | NS: 24,40 €

Mehr Infos & Anfrage:
www.camping.info/19013

Baden im See am Platz	✓
Hallenbad	3km
Spielplatz am Platz	✓
Hunde willkommen	✓
wenig Schatten	✓
WLAN	✗
Lebensmittel	3km
Brötchen am Platz	nur HS
Restaurant & Imbiss	✓
Ver-/Entsorgung Womo	✓
in den Ort	3km
Gesamt/Touristen	100/35
Mietunterkünfte	✗
Stellplätze vor Schranke	✗

3.1 GUT – 48 Bewertungen

Lage	3.2
Ruhe	2.3
Sanitäranlagen	3.7
Sauberkeit Ø	4.0
Freundlichkeit	3.4
Stellplatz	3.1
Verpflegung	3.0
Freizeit	3.0
Preis-Leistung	3.2
Mietunterkünfte	-

Geeignet für

Kinder b. 6 J.	2.6
Kinder b. 12 J.	2.7
Kinder b. 18 J.	2.6
Paare	3.3
Senioren	3.6
Gäste mit Zelt	3.1
Gäste mit Hund	3.2

Empfohlene Aktivitäten

- Schwimmen
- Radfahren
- Angeln

26 See Camping Günztal

Oberrieder Weiherstraße 5
86488 Breitenthal
+49 8282 881870
48.22748 | 10.29444

14.04. - 23.10.

HS: 26,50 € | NS: 22,50 €

Mehr Infos & Anfrage:
www.camping.info/22167

Baden im See am Platz	✓
Pool/Hallenbad	8km
Spielplatz am Platz	✓
Hunde erlaubt	✓
wenig Schatten	✓
WLAN (gegen Gebühr)	✓
Lebensmittel	✓
Brötchen am Platz	✓
Restaurant/Imbiss	1km/✓
Ver-/Entsorgung Womo	✓
in den Ort	1km
Gesamt/Touristen	120/100
Mietunterkünfte	✓
Stellplätze vor Schranke	✓

3.9 GUT – 39 Bewertungen

Lage	4.5
Ruhe	4.3
Sanitäranlagen	4.2
Sauberkeit Ø	4.0
Freundlichkeit	4.2
Stellplatz	3.9
Verpflegung	3.4
Freizeit	3.9
Preis-Leistung	4.2
Mietunterkünfte	4.7

Geeignet für

Kinder b. 6 J.	4.2
Kinder b. 12 J.	4.2
Kinder b. 18 J.	3.5
Paare	4.5
Senioren	4.6
Gäste mit Zelt	4.5
Gäste mit Hund	4.3

Empfohlene Aktivitäten

- Schwimmen
- Segeln
- Surfen

27 Camping Illertissen

Dietenheimerstr. 91
D-89257 Illertissen
+49 7303 7888
48.21212 | 10.08724

01.04. - 31.10.

HS: 33,00 € | NS: 33,00 €

Mehr Infos & Anfrage:
www.camping.info/19132

Baden im See	3km
Pool/Hallenbad	✓/400m
Spielplatz am Platz	✓
Hunde willkommen	✓
zur Hälfte Schatten	✓
WLAN (gegen Gebühr)	✓
Lebensmittel	✓
Brötchen am Platz	✓
Restaurant & Imbiss	✓
Ver-/Entsorgung Womo	✓
in den Ort	1km
Gesamt/Touristen	150/50
Mietunterkünfte	✓
Stellplätze vor Schranke	✗

4.1 SEHR GUT – 43 Bewertungen

Lage	4.1
Ruhe	4.4
Sanitäranlagen	4.3
Sauberkeit Ø	4.7
Freundlichkeit	4.4
Stellplatz	4.2
Verpflegung	3.9
Freizeit	3.7
Preis-Leistung	4.4
Mietunterkünfte	1.5

Geeignet für

Kinder b. 6 J.	3.8
Kinder b. 12 J.	3.6
Kinder b. 18 J.	3.2
Paare	4.5
Senioren	4.6
Gäste mit Zelt	4.7
Gäste mit Hund	4.6

Empfohlene Aktivitäten

- Radfahren
- Entspannen
- Wandern

BAYERN

❻ Niederbayern

FREIZEITTIPPS

- **A** Burg Trausnitz, Landshut
- **B** Wildpark Schloß Ortenburg
- **C** Nationalpark Bayerischer Wald, St. Oswald-Riedlhütte
- **D** Veste Oberhaus, Passau
- **E** Baumwipfelpfad Bayerischer Wald, Neuschönau

	Platz	Seite	Bewertung		Öffnungszeiten	
1	Campingland Bernrieder Winkl	686	4.6		ganzjährig	❄
2	Camping Straubing	686	4.2		saisonal	
3	Camping auf dem Kapfelberg	686	4.4		saisonal	
4	KNAUS Campingpark Lackenhäuser****	688	4.4		saisonal	❄
5	Camping Schrottenbaummühle	688	4.1		k. A.	
6	Pullman-Camping	688	4.6		saisonal	
7	Donautal Camping	690	4.2		saisonal	❄
8	Camping Rotbrunn	690	4.4		ganzjährig	
9	Seehaus Mamming	690	4.0		ganzjährig	FKK ❄
10	Ferienhof Schiermeier	687	4.0		ganzjährig	❄
11	Zeltplatz Passau	694	4.4		saisonal	
12	Kur-Gutshof-Camping Arterhof	689	4.5		ganzjährig	❄
13	Kur- & Feriencamping Holmernhof Dreiquellenbad	692	4.7		ganzjährig	❄ 👍
14	Vital CAMP Bayerbach	691	4.8		ganzjährig	❄
15	Seecamp Rottal GmbH	694	4.0		ganzjährig	❄
16	Camping Holmernhof	696	4.8		ganzjährig	❄ 👍
17	Camping Riedlhof	694	4.5		k. A.	
18	Preishof Direkt am Golfplatz Bad Füssing-Kirchham	698	4.0		ganzjährig	❄
19	Kurcamping Fuchs	698	4.1		ganzjährig	❄
20	Kur- und Feriencamping Max 1	699	4.7		ganzjährig	❄ 👍
21	Campingplatz am Marktler Badesee	698	4.7		saisonal	

❄ Wintercamping FKK Textilfrei (ganz/teilweise) Ecocamping 👍 Award Onlinebuchung

Karte auf Seite 684

	1	2	3
	Campingland Bernrieder Winkl	**Camping Straubing**	**Camping auf dem Kapfelberg**
	❄ Grub 6 94505 Bernried +49 9905 8574 48.91488 | 12.88662	Wundermühlweg 5 94315 Straubing +49 942 189 794 48.89342 | 12.57562	Kapfelberg 2 94560 Offenberg/Neuhausen +49 9905 645 48.87559 | 12.8803
Infos			
Öffnungszeiten	ganzjährig	01.05. - 15.10.	01.04. - 31.10.
Vergleichspreis	HS: 24,50 € | NS: 23,50 €	HS: 23,50 € | NS: 23,50 €	HS: 24,00 € | NS: 24,00 €
Link	**Mehr Infos & Anfrage:** www.camping.info/19204	**Mehr Infos & Anfrage:** www.camping.info/19200	**Mehr Infos & Anfrage:** www.camping.info/17864
Ausstattung			
Freizeit	Baden in nat. Gewässer k. A. Pool/Hallenbad 1/9km Spielplatz am Platz ✓	Baden im See 3km Pool/Hallenbad 2km Spielplatz am Platz ✓	Baden in nat. Gewässer k. A. Pool/Hallenbad 4/10km Spielplatz am Platz ✓
Campingplatz	Hunde erlaubt ✓ zur Hälfte Schatten ✓ WLAN (gratis) teilweise	Hunde willkommen ✓ Schatten ✗ WLAN ✓	Hunde erlaubt ✓ zur Hälfte Schatten ✓ WLAN ✓
Versorgung	Lebensmittel 1km Brötchen am Platz ✓ Restaurant 50m Ver-/Entsorgung Womo ✓ in den Ort 500m	Lebensmittel 400m Brötchen am Platz ✓ Restaurant & Imbiss ✓ Ver-/Entsorgung Womo ✓ in den Ort 1km	Lebensmittel 2km Brötchen keine Angabe Restaurant 2km Ver-/Entsorgung Womo ✓ in den Ort 1km
Anzahl der Plätze	Gesamt/Touristen 60/30 Mietunterkünfte ✓ Stellplätze vor Schranke ✗	Touristenplätze 74 Mietunterkünfte ✗ Stellplätze vor Schranke ✓	Touristenplätze 33 Mietunterkünfte ✓ Stellplätze vor Schranke ✗
Bewertung	4.6 SEHR GUT 34 Bewertungen	4.2 SEHR GUT 38 Bewertungen	4.4 SEHR GUT 16 Bewertungen
Lage	4.6	4.4	4.6
Ruhe	4.8	4.4	4.7
Sanitäranlagen	4.8	4.2	4.4
Sauberkeit Ø	4.7	4.2	4.8
Freundlichkeit	5.0	4.3	4.6
Stellplatz	4.4	4.3	4.0
Verpflegung	3.6	3.6	2.4
Freizeit	4.1	3.7	3.7
Preis-Leistung	4.8	4.2	4.2
Mietunterkünfte	4.2	-	2.0
Geeignet für			
Kinder b. 6 J.	3.8	3.6	3.8
Kinder b. 12 J.	3.7	3.5	4.2
Kinder b. 18 J.	3.7	3.5	3.7
Paare	4.7	4.6	4.8
Senioren	4.7	4.6	4.9
Gäste mit Zelt	4.4	4.9	4.8
Gäste mit Hund	4.7	4.7	4.8
Empfohlene Aktivitäten	Wandern Entspannen Radfahren	Radfahren Wandern Entspannen	Wandern Entspannen Radfahren
		keine großen Partygruppen	

10 Ferienhof Schiermeier

*

Kelchham 4a
94136 Thyrnau
+49 8501 93110
www.hof-schiermeier.de
konrad.schiermeier@t-online.de

ganzjährig

HS: 18,00 € | NS: 18,00 €

Mehr Infos & Anfrage:
www.camping.info/19194

Baden im See	300m
Pool/Hallenbad	4/15km
Spielplatz am Platz	✓
Hunde willkommen	✓
zur Hälfte Schatten	✓
WLAN (gegen Gebühr)	✓
Lebensmittel	3km
Brötchen am Platz	✓
Restaurant/Imbiss	3km
Ver-/Entsorgung Womo	✓
in den Ort	4km
Touristenplätze	15
Mietunterkünfte	✓
Stellplätze vor Schranke	✗

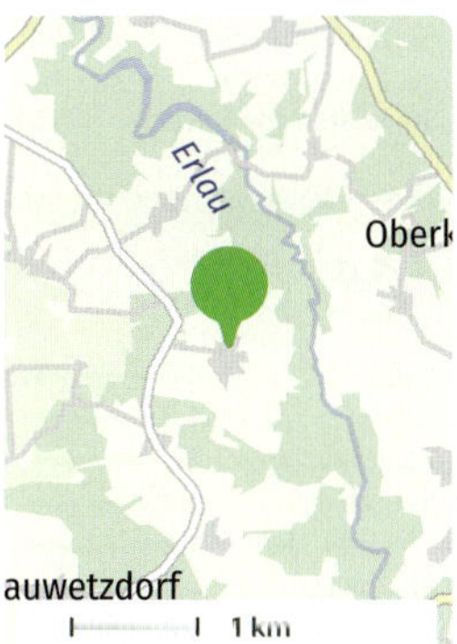

48.64812 | 13.5514

Camping auf dem Ferienhof Schiermeier im Bayerischen Wald.

Lage & Stellplatz

Campingplatz und Zeltplatz liegen ruhig und idyllisch am Hofrand, sind als große Terrassen angelegt und bieten einen traumhaften Panoramablick auf die Landschaft. Insgesamt stehen auf dem Ferienhof 40 Stellplätze für Wohnwagen, Wohnmobile und Zelte zur Verfügung.

Sanitär

Den Camping- und Zeltgästen steht eine komfortable, behindertengerechte Sanitäranlage mit Einzelduschkabinen, Spülbecken, Waschmaschine und Trockner zur Verfügung.

Verpflegung

Eine separate Versorgungshütte (16 m x 10 m) für 90 Personen mit Grillplatz, auf Wunsch auch mit Kühlschrank, E-Herd und Stromanschluss stehen den Gästen zur Verfügung. Einen Imbiss und Restaurants finden die Urlauber in etwa 3 km Entfernung.

Freizeit

Das große Freizeitangebot am Hof bietet alle Möglichkeiten für Sport, Spiel und Spaß für Klein und Groß. Vom Badesee (Naturfreibad) mit Rutsche über Bolzplatz mit zwei Toren bis zum großen Spielplatz mit Kletterburg, Schaukeln, Seilbahn und Tischtennisplatte ist für jeden etwas dabei.

Naturfreibad mit Rutsche.

Großer Spielplatz.

4.0 SEHR GUT
26 Bewertungen

Lage	4.5
Ruhe	3.3
Sanitäranlagen	3.7
Sauberkeit Ø	4.2
Freundlichkeit	4.3
Stellplatz	3.9
Verpflegung	2.9
Freizeit	4.3
Preis-Leistung	4.3
Mietunterkünfte	3.0

Geeignet für

4.6 Gäste mit Zelt

4.5 Kinder b. 6 J.	4.1 Gäste mit Hund	3.6 Paare
4.2 Kinder b. 12 J.	3.7 Kinder b. 18 J.	3.5 Senioren

Empfohlene Aktivitäten

Wandern · Schwimmen · Reiten · Entspannen

Mehr Infos

Ein Aufenthaltsraum mit Internetanschluss ist verfügbar.

Karte auf Seite 684

	4	5	6
	KNAUS Campingpark Lackenhäuser****	**Camping Schrottenbaummühle**	**Pullman-Camping**
	❄		
	Lackenhäuser 127 94089 Neureichenau +49 8583 311	Schrottenbaummühle 1 94142 Fürsteneck +49 8504 1739	Ruberting 35 94535 Eging am See +49 854 491 8167
	48.74917 | 13.81722	48.73424 | 13.43698	48.69556 | 13.26472
Infos			
Öffnungszeiten	18.04. - 07.11. 22.12. - 09.01.	keine Angabe	01.04. - 03.11.
Vergleichspreis	HS: 40,50 € | NS: 37,90 €	keine Angabe	HS: 30,00 € | NS: 30,00 €
Link	**Mehr Infos & Anfrage:** www.camping.info/19190	**Mehr Infos & Anfrage:** www.camping.info/26136	**Mehr Infos & Anfrage:** www.camping.info/19207
Ausstattung			
Freizeit	Baden in nat. Gewässer k. A. Pool & Hallenbad ✓ Spielplatz am Platz ✓	Baden in nat. Gewässer k. A. Pool & Hallenbad ✗ Spielplatz keine Angabe	Baden im See 4km Pool/Hallenbad 4/3km Spielplatz am Platz ✓
Campingplatz	Hunde willkommen ✓ Schatten ✗ WLAN (gegen Gebühr) ✓	Hunde ✗ Schatten ✗ WLAN keine Angabe	Hunde willkommen ✓ wenig Schatten ✓ WLAN (gegen Gebühr) ✓
Versorgung	Lebensmittel ✓ Brötchen am Platz ✓ Restaurant am P. ✓ Ver-/Entsorgung Womo ✓ in den Ort 6km	Lebensmittel k.A. Brötchen keine Angabe Restaurant & Imbiss ✗ Ver-/Entsorgung Womo ✗ in den Ort keine Angabe	Lebensmittel 1km Brötchen am Platz ✓ Restaurant/Imbiss 100m Ver-/Entsorgung Womo ✓ in den Ort 1km
Anzahl der Plätze	Gesamt/Touristen 330/250 Mietunterkünfte ✓ Stellplätze vor Schranke ✓	Gesamt keine Angabe Mietunterkünfte ✗ Stellplätze vor Schranke ✗	Gesamt/Touristen 130/92 Mietunterkünfte ✓ Stellplätze vor Schranke ✓

	4	5	6
Gesamt	4.4 SEHR GUT 220 Bewertungen	4.1 SEHR GUT 14 Bewertungen	4.6 SEHR GUT 88 Bewertungen
Lage	4.6	4.6	4.6
Ruhe	4.7	4.6	4.2
Sanitäranlagen	4.3	3.4	4.6
Sauberkeit Ø	4.4	4.1	4.7
Freundlichkeit	4.6	4.6	4.9
Stellplatz	4.4	3.4	4.2
Verpflegung	4.0	4.2	3.8
Freizeit	4.3	3.9	4.4
Preis-Leistung	4.2	4.5	4.4
Mietunterkünfte	4.4	-	4.6
Geeignet für			
Kinder b. 6 J.	4.3	3.5	4.2
Kinder b. 12 J.	4.4	4.1	4.4
Kinder b. 18 J.	3.8	4.0	4.5
Paare	4.5	4.5	4.5
Senioren	4.3	4.5	4.2
Gäste mit Zelt	4.4	4.5	4.4
	Gäste mit Hund 4.6	Hunde n. erlaubt -	Gäste mit Hund 4.5
Empfohlene Aktivitäten	Wandern Entspannen Schwimmen	Wandern Radfahren Entspannen	Wandern Entspannen Reiten

weitere NS: 20.09. - 18.12.
Winter: 18.12. - 10.01.Preise aus 2019

12 Kur-Gutshof-Camping Arterhof

Hauptstraße 3
84364 Bad Birnbach-Lengham
+49 8563 96130
www.arterhof.de
backoffice@arterhof.de

ganzjährig

HS: 41,10 € | NS: 32,10 €

Mehr Infos & Anfrage:
www.camping.info/19074

Baden im Teich am Platz	✓
Pool & Hallenbad	✓
Spielplatz am Platz	✓
Hunde willkommen	✓
zur Hälfte Schatten	✓
WLAN	✓
Lebensmittel	✓
Brötchen am Platz	✓
Restaurant & Imbiss	✓
Ver-/Entsorgung Womo	✓
in den Ort	1km
Touristenplätze	250
Mietunterkünfte	✓
Stellplätze vor Schranke	✓

48.43761 | 13.10893

Traumlage in Traumumgebung.

Lage & Stellplatz

Der familiengeführte Campingplatz liegt im niederbayrischen Bäderdreieck. Inmitten der Natur genießen die Camper einmalige Urlaubsmomente. Über 100 m² große Stellplätze, Wasser-, Abwasser-, Gas- und TV-Anschluss garantieren Top-Komfort. In den Nostalgiewohnwagen erlebt man romantische Campingnächte.

Verpflegung

Kulinarische Höhepunkte findet man im Nostalgie-Wirtshaus Roßstall. Das urige Gewölbe lädt zu niederbayrischen Gaumenfreuden ein. Im Hofladen gibt es Grundnahrungsmittel und regionale Spezialitäten. Den Nachmittag genießt man bei Kaffee und Kuchen im Hofcafé oder am Morgen beim üppigen Frühstück.

Sanitär

Die beiden modernen Waschhäuser sind mit vielen Extras ausgestattet. Neun Mietbäder, ein Kleinkindbad mit Wanne, eine Hundedusche und 17 geräumige Einzelwaschkabinen bieten viel Platz und gewähren eine angenehme Intimsphäre. Zudem besteht die Möglichkeit von Privat-Badezimmern direkt am Stellplatz.

Freizeit

Entspannung gibt es im Wellnessbereich inkl. Naturhallenbad mit Aquafit, Saunalandschaft und Fitnessraum sowie im Thermalaußenbecken mit Bad Birnbacher Heilwasser. Vom Platz starten Rad- und Wanderwege und auf der Anlage gibt es einen Badesee, Golfübungsanlage, Freiluftschach, Streichelzoo u. v. m.

Entspannung im Thermalbad.

Gemütliches Stadlwaschhaus.

4.5 SEHR GUT
327 Bewertungen

Lage	4.4
Ruhe	4.4
Sanitäranlagen	4.4
Sauberkeit Ø	4.5
Freundlichkeit	4.6
Stellplatz	4.6
Verpflegung	4.6
Freizeit	4.1
Preis-Leistung	4.2
Mietunterkünfte	4.2

Geeignet für

Senioren	4.9
Paare	4.6
Gäste mit Hund	4.3
Gäste mit Zelt	3.4
Kinder b. 6 J.	2.7
Kinder b. 12 J.	2.7
Kinder b. 18 J.	2.6

Empfohlene Aktivitäten

Wellness · Radfahren · Wandern · Entspannen

Mehr Infos

Günstige Pauschalen, Wellness und Gesundheit, Top-Winterstellplätze.

Karte auf Seite 684

	7	8	9
	Donautal Camping	**Camping Rotbrunn**	**Seehaus Mamming**
	❄		FKK ❄
	Schillerstrasse 94577 Neßlbach +49 8545 1233	Pilling 22 94154 Neukirchen vorm Wald 08504920260	Tödinger Straße 2 94437 Mamming 099551062
	48.69416 | 13.11611	48.68611 | 13.37306	48.67088 | 12.57826
Infos			
Öffnungszeiten	01.03. - 30.11.	ganzjährig	ganzjährig
Vergleichspreis	HS: 18,40 € | NS: 15,90 €	HS: 21,00 € | NS: 21,00 €	HS: 23,00 €
Link	**Mehr Infos & Anfrage:** www.camping.info/19208	**Mehr Infos & Anfrage:** www.camping.info/19196	**Mehr Infos & Anfrage:** www.camping.info/28119
Ausstattung			
Freizeit	Baden im See 500m Pool/Hallenbad 2/8km Spielplatz am Platz ✓	Baden im Teich am Platz ✓ Pool & Hallenbad ✗ Spielplatz am Platz ✓	Baden in nat. Gewässer k. A. Pool & Hallenbad ✗ Spielplatz keine Angabe
Campingplatz	Hunde erlaubt ✓ Schatten ✗ WLAN ✗	Hunde erlaubt ✓ Schatten ✗ WLAN ✓	Hunde willkommen ✓ zur Hälfte Schatten ✓ WLAN (begrenzt gratis) teilweise
Versorgung	Lebensmittel 500m Brötchen keine Angabe Restaurant/Imbiss 500m Ver-/Entsorgung Womo ✓ in den Ort 500m	Lebensmittel 1km Brötchen am Platz ✓ Restaurant am P. ✓ Ver-/Entsorgung Womo ✓ in den Ort keine Angabe	Lebensmittel k.A. Brötchen keine Angabe Imbiss ✓ Ver-/Entsorgung Womo ✗ in den Ort 3km
Anzahl der Plätze	Gesamt/Touristen 45/35 Mietunterkünfte ✗ Stellplätze vor Schranke ✗	Gesamt 48 Mietunterkünfte ✗ Stellplätze vor Schranke ✗	Gesamt/Touristen 200/130 Mietunterkünfte ✓ Stellplätze vor Schranke ✗

	7	8	9
Gesamt	4.2 SEHR GUT, 16 Bewertungen	4.4 SEHR GUT, 5 Bewertungen	4.0 SEHR GUT, 6 Bewertungen
Lage	4.3	4.0	4.5
Ruhe	4.5	4.4	3.8
Sanitäranlagen	3.5	4.2	4.0
Sauberkeit Ø	4.4	4.6	3.9
Freundlichkeit	4.4	5.0	4.3
Stellplatz	3.9	3.6	3.6
Verpflegung	3.2	3.2	3.8
Freizeit	3.4	3.2	4.6
Preis-Leistung	4.6	4.2	3.7
Mietunterkünfte	-	-	4.8
Geeignet für			
Kinder b. 6 J.	3.0	4.0	4.5
Kinder b. 12 J.	3.0	3.0	4.0
Kinder b. 18 J.	3.0	3.0	4.0
Paare	4.7	5.0	4.4
Senioren	4.8	4.3	4.0
Gäste mit Zelt	5.0	3.5	4.5
Gäste mit Hund	4.8	5.0	4.7
Empfohlene Aktivitäten	Radfahren Wandern Entspannen	Radfahren Entspannen Wandern	Schwimmen Radfahren Entspannen

14 # Vital CAMP Bayerbach

*

Huckenham 11
94137 Bayerbach
+49 8532 92 78 070
www.vitalcamping-bayerbach.de
info@vitalcamping-bayerbach.de

ganzjährig

HS: 32,90 € | NS: 24,90 €

Mehr Infos & Anfrage:
www.camping.info/24244

Baden im See am Platz	✓
Pool/Hallenbad	4km/✓
Spielplatz am Platz	✓
Hunde willkommen	✓
wenig Schatten	✓
WLAN	✓
Lebensmittel	500m
Brötchen am Platz	✓
Restaurant & Imbiss	✓
Ver-/Entsorgung Womo	✓
in den Ort	600m
Gesamt/Touristen	310/180
Mietunterkünfte	✓
Stellplätze vor Schranke	✓

48.41812 | 13.12898

Natur pur – Badeseen mit Fontänen, Badestegen und gemütlicher Liegewiese.

Lage & Stellplatz

Das ideale Reiseziel für alle Generationen, ob Wellnesscamper, Aktivurlauber oder Familien. Umgeben von weiten Feldern und bewaldeten Hügeln laden drei Seen zum erfrischenden Badespaß ein. Sollte das Wetter nicht passen, verspricht ein Thermalbad mit großzügigem Spa-Bereich Erholung und Entspannung.

Verpflegung

Beim Vital CAMP gibt es niederbayerische Gastfreundschaft in uriger Gemütlichkeit. Ob regionale Schmankerl oder kühle Getränke – der Huckenhamer Stadl lädt zu jeder Tageszeit zum gemütlichen Verweilen ein. Semmelverkauf und Kiosk direkt am Platz. Ein gut sortierter Supermarkt ist ca. 500 m entfernt.

Sanitär

Zwei Sanitärgebäude mit umfassender Innenausstattung: getrennte Dusch-/Waschkabinen, Kinder-/Familienbad, großzügige Mietbäder, ein Babybad, ein behindertengerechtes Bad, eine Spülküche, Wirtschaftsraum mit Waschmaschine u. Trockner, Trockenraum, Fahrradraum, Entsorgungsraum und Hundedusche.

Freizeit

Gäste genießen im eigenen Wellnesszentrum die SaunaWelt und das Thermalhallenbad oder gehen wandern, Rad fahren und golfen: Den Möglichkeiten sind nahezu grenzenlos. Passau ist ein tolles Ausflugsziel und die nahen Orte Bad Birnbach, Bad Füssing und Bad Griesbach sind ein Paradies für Wellnessfans.

Outdoor-Spielplatz für die Kids.

Gratis: 1.500 m² Spa mit Therme.

4.8 SEHR GUT
65 Bewertungen

Lage	4.8
Ruhe	4.8
Sanitäranlagen	4.7
Sauberkeit Ø	4.7
Freundlichkeit	4.8
Stellplatz	4.8
Verpflegung	4.8
Freizeit	4.7
Preis-Leistung	4.8
Mietunterkünfte	4.7

Geeignet für

4.9 Paare

4.9	Senioren
4.8	Kinder b. 12 J.
4.8	Gäste mit Hund
4.8	Kinder b. 6 J.
4.8	Gäste mit Zelt
4.5	Kinder b. 18 J.

Empfohlene Aktivitäten

Wellness · Entspannen · Wandern · Radfahren

Mehr Infos

Umfangreiches Fit- & Vital-Programm, Kids CAMP, NEU: Mobile-Homes, Chalets.

13

Kur- & Feriencamping Holmernhof Dreiquellenbad

ANZEIGE

Singham 40
94086 Bad Griesbach
+49 8532 96130

www.camping-bad-griesbach.de
info@camping-bad-griesbach.de

ganzjährig

HS: 41,20 € | NS: 41,20 €

Mehr Infos & Anfrage:
www.camping.info/19189

Baden im Teich am Platz	✓
Pool & Hallenbad	✓
Spielplatz am Platz	✓
Hunde erlaubt	✓
Schatten	✗
WLAN	✓
Lebensmittel	✓
Brötchen am Platz	✓
Restaurant & Imbiss	✓
Ver-/Entsorgung Womo	✓
in den Ort	500m
Touristenplätze	194
Mietunterkünfte	✓
Stellplätze vor Schranke	✓

Das Thermalhallenbad mit 34° C warmen Wasser lädt zum Entspannen ein.

Lage & Stellplatz

Der Kur- & Feriencamping Holmernhof Dreiquellenbad im niederbayerischen Bäderdreieck ist mehr als nur eine 5-Sterne Campinganlage! Den Tag selbst gestalten, im Grünen leben und den Luxus der eigenen vier Wände genießen. Dass die Gäste diese Philosophie hier voll ausleben können, zeigt das besondere Service-Angebot. Entspannte Ruhe oder aktiver Lifestyle, amüsantes Miteinander oder eine Pause für Solisten – das ist die Vorstellung einer unvergesslichen Urlaubs-Vielfalt am Holmernhof Dreiquellenbad. Ohne Stress und mit kurzen Wegen können die Urlauber ihre Kur oder den Urlaub hier erleben.

Sanitär

Die Optik der Sanitäranlagen spricht eigentlich für sich. Doch auch in puncto Funktionalität und Umweltverträglichkeit lassen sie keine Wünsche offen. Jedenfalls waren sie dem ADAC den Innovationspreis wert. Und wenn die Gäste noch ungestörter sein wollen als in den Einzelwaschkabinen, dann können sie einfach ein privates Bad beziehen – auf dem Holmernhof Dreiquellenbad kein Problem. Beide Sanitärgebäude bieten genügend Platz und Privatsphäre. Sanitärgebäude 1 findet man direkt am unteren Ende der Campinganlage, Sanitärgebäude 2 im mittleren Bereich – so sind kurze Wege garantiert.

AWARD 2021 camping.info

Member of LeadingCampings

Premium Camps

Deutscher Camping-Club e.V. DCC DCC-Vorteilsplatz

EU Ecolabel www.ecolabel.eu

Gasthaus „Zur Leipspeis".

Harmonische Ruheräume.

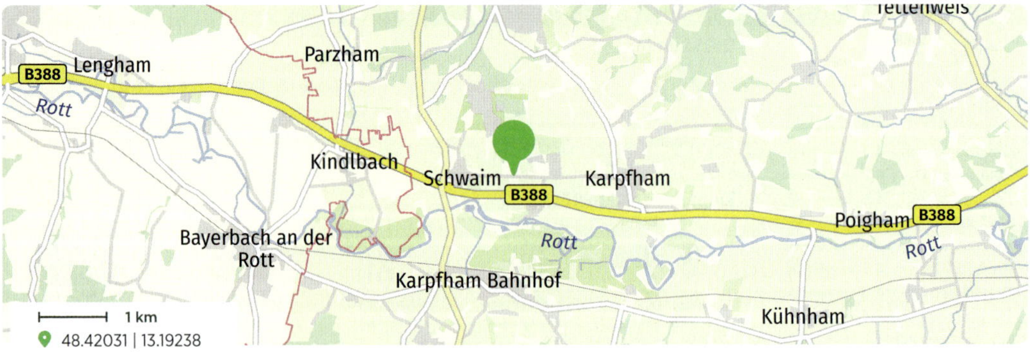

AWARD 2022

Das Sole-Außenbecken mit einer 4 % Salzlösung inmitten der herrlichen Natur des Rottals lädt zum Entspannen oder zur Wassergymnastik ein.

Verpflegung

Das zünftige Gasthaus „Zur Leibspeis" lädt zum Schlemmen ein: Im gemütlichen Gastraum, im Wintergarten, im Jagdhäusl, auf der sonnigen Biergartenterrasse und zeitweise im Erlebnisstadl Tenne werden regionale Spezialitäten und bayerische Schmankerl serviert – hergestellt aus Produkten der Region. Für das Team von Platz gehören Campingurlaub und ein hervorragendes Gastroangebot, gepaart mit regionalen Speisen und Gerichten zusammen. Für Nachhaltigkeit in der Region, zum Schutz und Erhalt der wunderbaren Umgebung und um den Gästen zu zeigen, wie gut Niederbayern schmeckt.

Freizeit

Genießen Sie die wohltuende Wirkung des warmen, mineralhaltigen Thermal-Heilwassers aus der regionalen Vital-Therme Reichersberg, die sich z. B. für Indikationen rund um den Bewegungsapparat sowie für Rheuma eignet. Ein großzügig gestalteter Eingangsbereich mit geräumigen Umkleiden und komfortablen Duschen empfängt die Urlauber und Kurgäste in der Thermal-Vital-Oase. Die Salzgrotte und der Ruheraum mit offenem Kamin komplettieren das breite Angebot und bieten die perfekte Entspannung. Dies alles steht den Gästen zeitlich unbegrenzt und ohne Kosten zur Verfügung.

5.0

Ein super geführter Platz, Sauberkeit im Sanitärbereich sehr gut. Sehr freundliches und hilfsbereites Personal an der Rezeption und auf dem Platz. Toller Wellnessbereich mit Thermalbad. Auch hier wird Sauberkeit großgeschrieben. Das Personal am Platz hilft sofort bei Problemen und Rangieren. Tolles Team im Physiobereich, sehr gut ausgebildet und kompetent. Wir werden im Herbst wiederkommen!

Wulfram K.

Wulfram und seine Frau sind seit 1980 aktive Camper. Die beiden genießen die Ungezwungenheit und Unabhängigkeit, die ihnen das Reisen mit dem Wohnwagen vermittelt. Sie waren im Juni 2022 Gäste auf dem Platz.

Therme und Saunalandschaft inkl.

Thermal-Whirlpool.

4.7 SEHR GUT
722 Bewertungen

Lage	4.1
Ruhe	4.4
Sanitäranlagen	4.7
Sauberkeit Ø	4.7
Freundlichkeit	4.7
Stellplatz	4.6
Verpflegung	4.6
Freizeit	4.5
Preis-Leistung	4.5
Mietunterkünfte	4.6

Geeignet für

4.8	Senioren
4.6	Paare
4.5	Gäste mit Hund
3.5	Gäste mit Zelt
3.2	Kinder b. 12 J.
3.2	Kinder b. 18 J.
3.0	Kinder b. 6 J.

Empfohlene Aktivitäten

Wellness · Entspannen · Schwimmen · Radfahren

Mehr Infos

Karte auf Seite 684

	11	15	17
	Zeltplatz Passau	**Seecamp Rottal GmbH**	**Camping Riedlhof**
		❄	
	Halser Straße 34 94034 Passau +49 85141457	Haid 3a/b 94060 Pocking +49 176 19779012	Bachstraße 23 94072 Bad Füssing-Safferstetten
	48.58199 | 13.47366	48.38378 | 13.30351	48.346 | 13.30873
Infos			
Öffnungszeiten	15.04. - 15.10.	ganzjährig	keine Angabe
Vergleichspreis	keine Angabe	HS: 22,00 € | NS: 13,00 €	keine Angabe
Link	**Mehr Infos & Anfrage:** www.camping.info/26875	**Mehr Infos & Anfrage:** www.camping.info/23144	**Mehr Infos & Anfrage:** www.camping.info/19188
Ausstattung			
Freizeit	Baden im Fluss am Platz ✓ Pool & Hallenbad ✗ Spielplatz 300m	Baden im See 200m Pool 3km Spielplatz ✗	Baden in nat. Gewässer k. A. Pool & Hallenbad ✗ Spielplatz keine Angabe
Campingplatz	Hunde erlaubt ✓ Schatten ✗ WLAN ✓	Hunde willkommen ✓ kein Schatten ✓ WLAN ✓	Hunde ✗ Schatten ✗ WLAN keine Angabe
Versorgung	Lebensmittel 2km Brötchen am Platz ✗ Restaurant am P. ✓ Ver-/Entsorgung Womo ✗ im Ort ✓	Lebensmittel 2km Brötchen am Platz ✓ Restaurant/Imbiss 2/1km Ver-/Entsorgung Womo ✓ in den Ort 1km	Lebensmittel k.A. Brötchen keine Angabe Restaurant & Imbiss ✗ Ver-/Entsorgung Womo ✗ in den Ort keine Angabe
Anzahl der Plätze	Touristenplätze 170 Mietunterkünfte ✗ Stellplätze vor Schranke ✗	Touristenplätze 30 Mietunterkünfte ✓ Stellplätze vor Schranke ✗	Gesamt keine Angabe Mietunterkünfte ✗ Stellplätze vor Schranke ✗

	Zeltplatz Passau	Seecamp Rottal GmbH	Camping Riedlhof
Bewertung	4.4 SEHR GUT – 5 Bewertungen	4.0 SEHR GUT – 12 Bewertungen	4.5 SEHR GUT – 4 Bewertungen
Lage	4.6	3.7	4.5
Ruhe	4.2	4.3	4.5
Sanitäranlagen	4.0	4.5	4.5
Sauberkeit Ø	3.8	4.5	4.7
Freundlichkeit	4.0	4.3	4.7
Stellplatz	3.6	3.5	3.8
Verpflegung	5.0	2.3	4.3
Freizeit	3.7	3.3	3.5
Preis-Leistung	4.2	4.2	4.8
Mietunterkünfte	-	5.0	-
Geeignet für			
Kinder b. 6 J.	5.0	3.3	3.0
Kinder b. 12 J.	5.0	2.9	2.0
Kinder b. 18 J.	5.0	3.1	1.5
Paare	3.0	4.8	4.3
Senioren	4.0	4.5	5.0
Gäste mit Zelt	4.5	3.0	2.0
Gäste mit Hund / Hunde n. erlaubt	Gäste mit Hund 4.0	Gäste mit Hund 4.3	Hunde n. erlaubt -
Empfohlene Aktivitäten	Radfahren Kayak/Kanu Entspannen	Radfahren Wandern Schwimmen	Radfahren Entspannen Spazieren

ANZEIGE

16 Camping Holmernhof

Am Tennispark 10
94072 Bad Füssing
+49 8531 24740
www.holmernhof.de
info@holmernhof-camping.de

ganzjährig

HS: 38,60 € | NS: 37,90 €

Mehr Infos & Anfrage:
www.camping.info/19186

Baden in nat. Gewässer	✗
Pool/Hallenbad	200/350m
Spielplatz am Platz	✓
Hunde erlaubt	✓
Schatten	✗
WLAN	✓
Lebensmittel	✓
Brötchen am Platz	✓
Restaurant/Imbiss	✓/1km
Ver-/Entsorgung Womo	✓
in den Ort	300m
Touristenplätze	160
Mietunterkünfte	✓
Stellplätze vor Schranke	✓

UMWELT MANAGEMENT

AWARD 2021

UM WELT PAKT

Mit kurzen Wegen findet man alles zentral an einem Ort am Holmernhof.

Lage & Stellplatz

Direkt am Ortseingang von Bad Füssing befindet sich die Campinganlage Holmernhof in ruhiger und erholsamer Lage. Fußläufig ist alles Wichtige in Bad Füssing erreichbar. Jeder der 160 touristischen Stellplätze ist ausgerüstet mit frostsicherem Wasser- und Abwasseranschluss, Chemikalientoilettenentleerungs- und -spülmöglichkeit, Stromanschluss, Fernsehanschluss, Telefonanschluss (ISDN und analog) und Gasanschluss (mit jeweils 10 Meter Gasschlauch), Internetanschluss über T-DSL. Als besonderen Service bietet der Platz auf allen Stellplätzen Flüssiggas-Anschlüsse an.

Sanitär

Moderne und optisch wunderschön ausgestattete Sanitärgebäude bieten alles, was man für einen entspannten Campingurlaub in Bad Füssing benötigt. Einzeln abschließbare und geräumige Duschen stehen zur Verfügung wie zusätzlich luxuriöse Einzelwaschplätze, Duschen mit Hotelcharakter, wohnlich eingerichtete Mietbäder und behindertengerechte Toiletten mit Waschbecken und Dusche. Für die Kleinen gibt es ein Kinderbad, Babybad mit Babywannenbrause und Wickeltisch. Ansonsten sind ein Bügelraum, Trockenraum, Wäscheraum mit Waschmaschinen, Wäschetrockner, Wäschespülbecken, Koch- und Spülküche vorhanden.

Der urige Biergarten Seinerzeit.

Gemütliche Sanitäranlagen.

AWARD 2022

Modernste Sanitäranlagen empfangen Campinggäste und lassen keine Wünsche offen, um sich während des Aufenthaltes wohlzufühlen.

Verpflegung

Da auf dem Platz Wert auf Traditionen gelegt wird, wurde der Biergarten aus alten Materialien errichtet: Das Oberteil des Biergartenhäuschens wurde aus einem Blockhaus aus dem Jahre 1837 gefertigt, das liebevoll an einer alten Hofstelle abgetragen und original wieder aufgebaut wurde. Die traditionelle Holzkegelbahn wurde aus mehreren alten Scheunen aus den Baujahren um 1800 errichtet, die per Hand Brett für Brett abgetragen wurden. Im nur ca. 150 m entfernten Tennis-Camping-Restaurant werden den Gästen herzhafte Speisen serviert.

Freizeit

In nur 150 m Entfernung finden Gäste den Camping Tennispark. Ob gutes oder schlechtes Wetter – man kann jederzeit den Vorteil nutzen, in unmittelbarer Nähe ein kleines Match zu spielen. Nur ein paar wenige Schritte sind es, die die Urlauber vom Platz gehen, um ins (für Campinggäste) kostenlose Sportfreibad mit Wasserrutsche, Sport- und Springerbecken sowie Wildbach zu gelangen. Eine naturbelassene Landschaft macht eine Radltour auf dem Holmernhof so besonders. Die Radwege entlang der Flüsse Rott und Inn und das Hügelland des Rottals ist ein ideales Naturparadies für kleine und große Radler.

5.0

Sehr gut gefallen hat uns das überaus nette Personal, welches zu jeder Zeit innerhalb deren Arbeitszeit mit Rat und Tat zur Seite steht, der ruhige Aufenthalt, die neuen Sanitäranlagen, die tollen Versorgungsstationen zu jedem Campingplatz vor Ort, und die Mülltrennungsstation auf der Anlage. Der tägliche Bus-Service zu den einzelnen Punkten in der Stadt, wie zu den Thermalbädern (kostenlos in der Kurtaxe beinhaltet), runden den Aufenthalt mit großer Freude ab.

Harald G.

Harald ist gemeinsam mit seiner Frau seit Septermber 2021 mit dem Wohnmobil unterwegs. Er hat durch das Campen die absolute Freiheit kennengelernt. Sie waren im April 2022 auf dem Campingplatz zu Gast.

Bestens ausgebaute Radwege.

Großzügige Stellplätze.

4.8 **SEHR GUT**
657 Bewertungen

Lage	4.6
Ruhe	4.4
Sanitäranlagen	4.9
Sauberkeit Ø	4.8
Freundlichkeit	4.8
Stellplatz	4.9
Verpflegung	4.3
Freizeit	4.7
Preis-Leistung	4.6
Mietunterkünfte	5.0

Geeignet für

Senioren	4.9
Paare	4.8
Kinder b. 12 J.	3.5
Kinder b. 6 J.	3.4
Kinder b. 18 J.	3.3
Gäste mit Zelt	3.0
Gäste mit Hund	2.5

Empfohlene Aktivitäten

Radfahren · Wellness · Entspannen · Schwimmen

Mehr Infos

Karte auf Seite 684

	18	19	21
	Preishof Direkt am Golfplatz Bad Füssing-Kirchham	**Kurcamping Fuchs**	**Campingplatz am Marktler Badesee**
	*	*	
	Angloh 1 94148 Kirchham +49 8537 9192 00 48.33768 | 13.28265	Falkenstraße 14 94072 Bad Füssing/Egglfing +49 8537 356 48.33208 | 13.31458	Queng 3 84533 Marktl +49 8678 1786 48.26766 | 12.83133
Infos			
Öffnungszeiten	ganzjährig	ganzjährig	01.03. - 15.10.
Vergleichspreis	HS: 22,30 € | NS: 22,30 €	HS: 22,70 € | NS: 22,70 €	HS: 27,50 € | NS: 27,50 €
Link	**Mehr Infos & Anfrage:** www.camping.info/17868	**Mehr Infos & Anfrage:** www.camping.info/17871	**Mehr Infos & Anfrage:** www.camping.info/22230
Ausstattung			
Freizeit	Baden im See 10km Hallenbad 34km Spielplatz am Platz ✓	Baden im See 7km Pool/Hallenbad ✓/2km Spielplatz am Platz ✓	Baden im See 100m Pool/Hallenbad 14km Spielplatz am Platz ✓
Campingplatz	Hunde willkommen ✓ wenig Schatten ✓ WLAN ✓	Hunde willkommen ✓ zur Hälfte Schatten ✓ WLAN ✓	Hunde erlaubt ✓ zur Hälfte Schatten ✓ WLAN ✓
Versorgung	Lebensmittel 2km Brötchen am Platz ✓ Restaurant/Imbiss 200m/1km Ver-/Entsorgung Womo ✓ in den Ort 1km	Lebensmittel ✓ Brötchen keine Angabe Restaurant am P. ✓ Ver-/Entsorgung Womo ✓ in den Ort 300m	Lebensmittel 2km Brötchen am Platz nur HS Restaurant/Imbiss 2km Ver-/Entsorgung Womo ✓ in den Ort 2km
Anzahl der Plätze	Gesamt 220 Mietunterkünfte ✓ Stellplätze vor Schranke ✗	Touristenplätze 100 Mietunterkünfte ✓ Stellplätze vor Schranke ✗	Touristenplätze 15 Mietunterkünfte ✗ Stellplätze vor Schranke ✗
Bewertung	4.0 SEHR GUT, 18 Bewertungen	4.1 SEHR GUT, 27 Bewertungen	4.7 SEHR GUT, 60 Bewertungen
Lage	4.3	4.0	4.5
Ruhe	4.7	4.3	4.3
Sanitäranlagen	3.1	4.3	4.9
Sauberkeit Ø	4.2	4.8	5.0
Freundlichkeit	4.3	4.8	5.0
Stellplatz	4.3	3.9	4.4
Verpflegung	3.1	4.3	3.9
Freizeit	4.0	4.1	4.3
Preis-Leistung	4.1	4.7	4.7
Mietunterkünfte	2.0	5.0	-
Geeignet für			
Kinder b. 6 J.	2.0	2.8	4.7
Kinder b. 12 J.	2.3	3.1	4.6
Kinder b. 18 J.	2.1	3.2	4.2
Paare	3.7	4.5	4.7
Senioren	4.6	4.7	4.6
Gäste mit Zelt	3.8	2.7	4.8
Gäste mit Hund	4.9	4.3	4.4
Empfohlene Aktivitäten	Radfahren Wellness Golf	Radfahren Wellness Entspannen	Schwimmen Radfahren Wandern

20 Kur- und Feriencamping Max 1

Egglfing / Falkenstraße 12
94072 Bad Füssing
+49 8537 96170
www.campingmax.de
info@campingmax.de

ganzjährig

HS: 45,50 € | NS: 41,00 €

Mehr Infos & Anfrage:
www.camping.info/19187

Baden im Teich am Platz	✓
Pool & Hallenbad	✓
Spielplatz am Platz	✓
Hunde willkommen	✓
zur Hälfte Schatten	✓
WLAN	✓
Lebensmittel	✓
Brötchen am Platz	✓
Restaurant & Imbiss	✓
Ver-/Entsorgung Womo	✓
in den Ort	500m
Gesamt/Touristen	164/144
Mietunterkünfte	✓
Stellplätze vor Schranke	✓

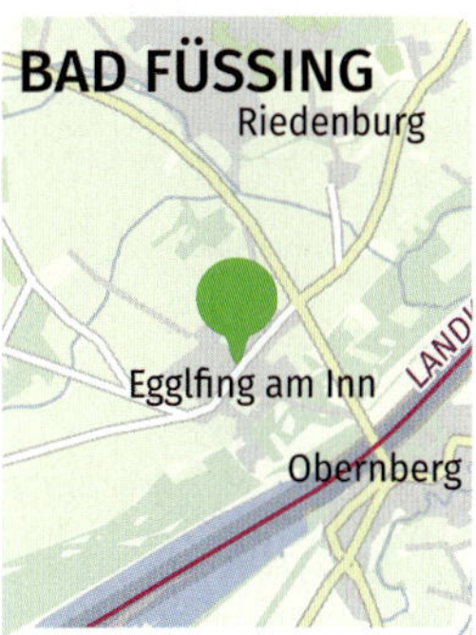

48.32818 | 13.31371

Große Thermal-Bade- und Saunalandschaft mit Innen- & Außenpool.

Lage & Stellplatz

Komfortable Lässigkeit mit einem Quäntchen Luxus: Ebene Stellplätze im gepflegten Grünen am Naturschutzgebiet in Europas beliebtestem Heilbad. Naturbadesee, große Thermal-Bade- und Saunalandschaft mit Innen- & Außenpool, Wellness- & Gesundheitszentrum samt Physiotherapie, Fitness & Kosmetik.

Verpflegung

Mahlzeit im Schmankerlrestaurant Maxwirt & „Servus“ im Minimarkt: Frühstücksbuffet, Halbpension, Schlemmereien à la carte, Genusstermine wie Seefest, Biergartengrillen, Candle-Light-Dinner & Leibgerichte vom Ripperl-BBQ bis zum Beeren-Panna Cotta. Frische-Shop mit Leckereien, Gebäck & Camperbedarf.

Sanitär

Frisch gewaschen und herrlich erfrischt! Drei Sanitärhäuser mit modernen Einzelwaschkabinen und schicken Komfortbädern. Fünf separate Mietbäder für mehr Privatsphäre, behindertengerechte und barrierefreie Sanitärbereiche, alle mit Föhn. Waschsalon mit Waschmaschine & Trockner, Bügeleisen und -brett.

Freizeit

Sanfte Landschaft, die „Bayerische Toskana“: 430 km Radwege durch Naturschutzgebiete und wildromantische Inn-Auen. Ursprüngliche Biergärten und Mostbauern zur Einkehr. Rundum gibts alles: Golfparadies, Kutschfahrten, Bustouren, Gesundheitspfade, Reiten, Tennis, Bootfahren, viel Kultur & Amüsement.

Stellplätze am Naturbadesee.

Schmankerlrestaurant Maxwirt.

4.7 SEHR GUT
385 Bewertungen

Lage	4.4
Ruhe	4.7
Sanitäranlagen	4.6
Sauberkeit Ø	4.8
Freundlichkeit	4.7
Stellplatz	4.5
Verpflegung	4.4
Freizeit	4.2
Preis-Leistung	4.4
Mietunterkünfte	4.5

Geeignet für

4.9 Senioren

4.7	Paare
4.3	Gäste mit Hund
3.0	Gäste mit Zelt
2.8	Kinder b. 18 J.
2.4	Kinder b. 12 J.
2.3	Kinder b. 6 J.

Empfohlene Aktivitäten

Wellness · Radfahren · Entspannen · Schwimmen

Mehr Infos

Für Jugendgruppen leider nicht geeignet.

AWARD 2022

BAYERN

7 Allgäu

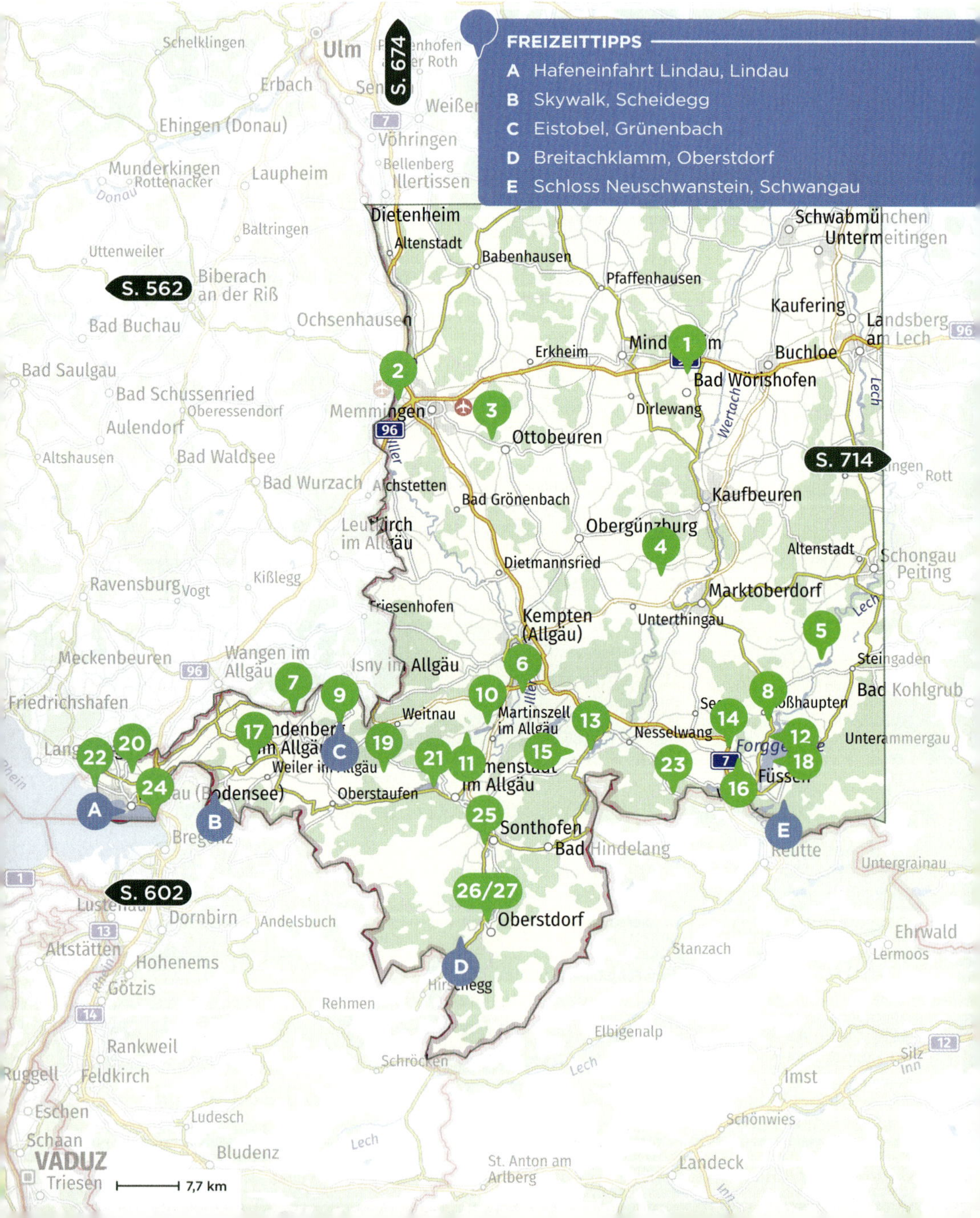

	Platz	Seite	Bewertung	Öffnungszeiten	
1	Kur und Vitalcamping	702	4.0	saisonal	❄
2	Camping am See International	702	3.9	saisonal	
3	Camping Ottobeuren GmbH	702	4.9	saisonal	
4	Camping Elbsee	703	4.5	ganzjährig	❄
5	Via Claudia Camping	704	4.5	ganzjährig	❄ 👍
6	Camping Öschlesee	704	4.0	ganzjährig	❄
7	Ferienhof Maurus	704	4.2	saisonal	
8	Campingplatz Seewang	705	4.5	ganzjährig	❄
9	Camping Sonnenbuckl	705	4.8	ganzjährig	❄
10	Insel Camping am See mit Ferienwohnung / Allgäu	705	4.7	ganzjährig	❄
11	Camping Zeh am See / Allgäu (Bayern)	705	4.4	saisonal	❄
12	Camping Magdalena	706	4.2	saisonal	
13	Camping-Grüntensee-International	706	4.0	ganzjährig	❄
14	Camping Guggemos	706	4.6	saisonal	
15	Camping Waldesruh	708	4.3	saisonal	❄
16	Camping Hopfensee	708	4.8	saisonal	❄ 👍
17	Camping Alpenblick	708	4.2	ganzjährig	❄
18	Camping Brunnen	707	4.4	ganzjährig	❄
19	Campingplatz Wiederhofen	709	4.0	ganzjährig	❄
20	Campingpark Gitzenweiler Hof	709	4.0	saisonal	❄
21	Alpsee Camping	709	3.9	saisonal	❄
22	Camping Eschbach	709	4.0	saisonal	
23	Camping Pfronten	712	4.7	saisonal	
24	Park Camping Lindau	712	4.3	saisonal	
25	IllerCamping	710	4.0	saisonal	❄
26	rubi-camp Oberstdorf	713	4.1	ganzjährig	❄
27	Camping Oberstdorf	712	4.3	ganzjährig	❄

Karte auf Seite 700

	1	2	3
	Kur und Vital-camping	**Camping am See International**	**Camping Ottobeuren GmbH**
	❄		
	Walter-Schulz-Str. 4-6 86825 Bad Wörishofen +49 8247 9973735 48.02484 | 10.59929	Am Weiherhaus 7 a 87740 Buxheim +49 833 171 800 47.99337 | 10.13547	Hawanger Straße 20 87724 Ottobeuren 08332 925 66 20 47.9512 | 10.2871
Infos			
Öffnungszeiten	01.01. - 13.01. 02.03. - 31.12.	01.04. - 30.09.	01.01. - 10.01. 01.03. - 31.12.
Vergleichspreis	HS: 29,50 € | NS: 29,50 €	HS: 23,50 € | NS: 23,50 €	HS: 31,00 € | NS: 31,00 €
Link	**Mehr Infos & Anfrage:** www.camping.info/19081	**Mehr Infos & Anfrage:** www.camping.info/19107	**Mehr Infos & Anfrage:** www.camping.info/27543
Ausstattung			
Freizeit	Baden im Fluss 2km Pool/Hallenbad 1km/500m Spielplatz 500m	Baden im See am Platz ✓ Hallenbad 3km Spielplatz am Platz ✓	Baden in nat. Gewässer k. A. Pool/Hallenbad 1/10km Spielplatz 2km
Campingplatz	Hunde willkommen ✓ zur Hälfte Schatten ✓ WLAN ✓	Hunde erlaubt ✓ Schatten ✗ WLAN ✗	Hunde willkommen ✓ kein Schatten ✓ WLAN ✓
Versorgung	Lebensmittel 100m Brötchen am Platz ✓ Restaurant & Imbiss ✓ Ver-/Entsorgung Womo ✓ in den Ort 2km	Lebensmittel 3km Brötchen am Platz nur HS Restaurant/Imbiss ✓/3km Ver-/Entsorgung Womo ✓ in den Ort 1km	Lebensmittel 2km Brötchen am Platz ✓ Imbiss 2km Ver-/Entsorgung Womo ✓ in den Ort 1km
Anzahl der Plätze	Gesamt/Touristen 60/30 Mietunterkünfte ✓ Stellplätze vor Schranke ✓	Gesamt/Touristen 130/50 Mietunterkünfte ✗ Stellplätze vor Schranke ✗	Touristenplätze 85 Mietunterkünfte ✗ Stellplätze vor Schranke ✗

	1	2	3
Gesamt	**4.0** SEHR GUT 38 Bewertungen	**3.9** GUT 14 Bewertungen	**4.9** SEHR GUT 34 Bewertungen
Lage	3.8	4.0	4.7
Ruhe	4.5	4.0	4.7
Sanitäranlagen	3.9	3.6	5.0
Sauberkeit Ø	4.5	3.8	5.0
Freundlichkeit	4.7	4.3	5.0
Stellplatz	3.9	3.6	4.6
Verpflegung	3.9	4.1	3.7
Freizeit	4.0	3.7	4.3
Preis-Leistung	4.0	3.8	4.7
Mietunterkünfte	4.2	-	-
Geeignet für			
Kinder b. 6 J.	2.9	4.0	3.4
Kinder b. 12 J.	2.9	4.0	3.6
Kinder b. 18 J.	3.0	3.7	3.9
Paare	4.3	4.0	4.9
Senioren	4.7	4.6	4.9
Gäste mit Zelt	3.9	3.2	4.5
Gäste mit Hund	4.4	4.0	4.9
Empfohlene Aktivitäten	Entspannen Wellness Radfahren	Wandern Schwimmen Kulinarik	Radfahren Wandern Entspannen

4 Camping Elbsee

Am Elbsee 3
87648 Aitrang
+49 8343 248
www.elbsee.eu
info@elbsee.de

ganzjährig

HS: 38,10 € | NS: 31,70 €

Mehr Infos & Anfrage:
www.camping.info/19104

Baden im See	200m
Pool/Hallenbad	12km
Spielplatz am Platz	✓
Hunde willkommen	✓
zur Hälfte Schatten	✓
WLAN (gegen Gebühr)	✓
Lebensmittel	✓
Brötchen am Platz	✓
Restaurant/Imbiss	200m/✓
Ver-/Entsorgung Womo	✓
in den Ort	2km
Gesamt/Touristen	300/120
Mietunterkünfte	✓
Stellplätze vor Schranke	✓

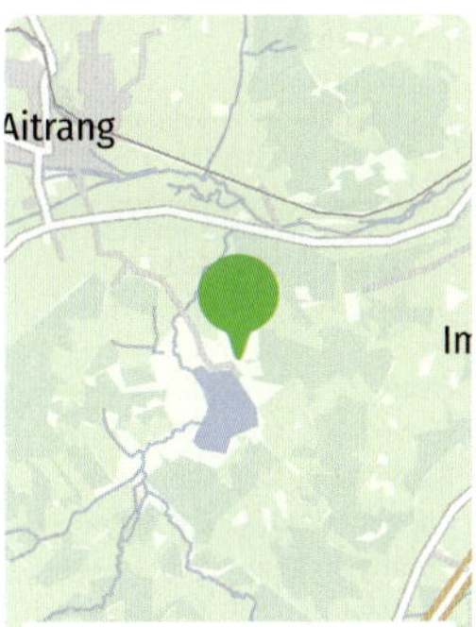

47.80321 | 10.55409

5-Sterne-Camping, Hotel und Ferienwohnungen für Groß, Klein, Jung und Alt.

Lage & Stellplatz

Idyllisch liegt der Campingplatz im Allgäuer Voralpenland in einem Landschaftsschutzgebiet zwischen Wiesen und Wäldern am Ufer des Elbsees. Der Platz mit seinem angrenzenden 3-Sterne-Superior-Hotel und Ferienwohnungen ist teilweise in Terrassen angelegt und die Stellplätze sind naturnah gestaltet.

Verpflegung

Für einen guten Start in den Tag sorgt das angebotene kulinarische Schlemmerfrühstück. Tagsüber und abends gibt es die Möglichkeit, im nahe gelegenen „Elbsee Restaurant" stets frisch zubereitete Köstlichkeiten zu genießen. Der Laden am Platz hat auch regionale Produkte im Sortiment.

Sanitär

Die hochwertigen, komfortablen und modernen Sanitäranlagen in zwei Gebäuden sind mit Mietbädern, einem Kinderbad mit Familienkabine, Wickelraum und Babybadewanne sowie barrierefreien Zugängen ausgestattet. Für Hunde ist auch eine separate Hundedusche vorhanden.

Freizeit

Der Wellnessbereich und die umfangreichen Freizeitmöglichkeiten direkt am Platz bieten genauso viel Spaß wie die Ausflugsziele in der Umgebung (z. B. das Schloss Neuschwanstein oder die Wieskirche Steingaden). Ebenfalls zu empfehlen sind die ausgedehnten Rad- und Wanderwege in der Region.

Entspannen im Wellnessbereich.

3-Sterne-Hotel direkt am Platz.

4.5 SEHR GUT
145 Bewertungen

Lage	4.4
Ruhe	4.7
Sanitäranlagen	4.6
Sauberkeit Ø	4.8
Freundlichkeit	4.7
Stellplatz	4.4
Verpflegung	4.1
Freizeit	4.1
Preis-Leistung	4.3
Mietunterkünfte	4.3

Geeignet für

- 4.8 Senioren
- 4.7 Gäste mit Hund
- 4.6 Paare
- 4.4 Kinder b. 6 J.
- 4.3 Kinder b. 12 J.
- 4.3 Gäste mit Zelt
- 3.6 Kinder b. 18 J.

Empfohlene Aktivitäten

Wandern · Schwimmen · Entspannen · Radfahren

Mehr Infos

Jugendgruppen nur beschränkt zugelassen. Preise sind Ab-Preise.

Karte auf Seite 700

	5	6	7
	Via Claudia Camping	**Camping Öschlesee**	**Ferienhof Maurus**
	Via Claudia 6 86983 Lechbruck +49 8862 8426 47.71198 | 10.81834	Moos 1 87477 Sulzberg +49 8376 93040 47.675 | 10.33444	In der Höll 1 88167 Röthenbach +49 8383 617 47.65248 | 9.96424
Infos			
Öffnungszeiten	ganzjährig	ganzjährig	01.05. - 15.09.
Vergleichspreis	HS: 36,40 € | NS: 29,40 €	HS: 27,00 € | NS: 27,00 €	HS: 15,00 € | NS: 15,00 €
Link	**Mehr Infos & Anfrage:** www.camping.info/19085	**Mehr Infos & Anfrage:** www.camping.info/19089	**Mehr Infos & Anfrage:** www.camping.info/23800
Ausstattung			
Freizeit	Baden im See am Platz ✓ Pool/Hallenbad 12/20km Spielplatz am Platz ✓	Baden im See 250m Pool/Hallenbad 7km Spielplatz am Platz ✓	Baden in nat. Gewässer k. A. Pool/Hallenbad 6/10km Spielplatz keine Angabe
Campingplatz	Hunde willkommen ✓ zur Hälfte Schatten ✓ WLAN (gegen Gebühr) ✓	Hunde willkommen ✓ zur Hälfte Schatten ✓ WLAN ✓	Hunde ✗ zur Hälfte Schatten ✓ WLAN keine Angabe
Versorgung	Lebensmittel ✓ Brötchen am Platz ✓ Restaurant & Imbiss ✓ Ver-/Entsorgung Womo ✓ in den Ort 1km	Lebensmittel 1km Brötchen am Platz nur HS Restaurant & Imbiss ✓ Ver-/Entsorgung Womo ✓ in den Ort 1km	Lebensmittel ✗ Brötchen keine Angabe Restaurant & Imbiss ✗ Ver-/Entsorgung Womo ✗ in den Ort 1km
Anzahl der Plätze	Gesamt/Touristen 800/500 Mietunterkünfte ✓ Stellplätze vor Schranke ✓	Gesamt/Touristen 250/100 Mietunterkünfte ✗ Stellplätze vor Schranke ✗	Touristenplätze 20 Mietunterkünfte ✓ Stellplätze vor Schranke ✗
Bewertung	4.5 SEHR GUT 1013 Bewertungen	4.0 SEHR GUT 43 Bewertungen	4.2 SEHR GUT 8 Bewertungen
Lage	4.6	4.2	4.4
Ruhe	4.5	3.9	4.9
Sanitäranlagen	4.6	4.2	2.9
Sauberkeit Ø	4.6	4.2	3.8
Freundlichkeit	4.7	4.6	4.8
Stellplatz	4.5	3.8	3.9
Verpflegung	3.9	3.6	2.4
Freizeit	4.4	3.8	3.8
Preis-Leistung	4.2	4.0	4.4
Mietunterkünfte	4.5	-	-
Geeignet für			
Kinder b. 6 J.	4.5	4.0	4.8
Kinder b. 12 J.	4.5	4.2	4.4
Kinder b. 18 J.	4.1	3.9	2.7
Paare	4.7	4.5	4.2
Senioren	4.5	4.4	4.0
Gäste mit Zelt	4.5	4.1	4.0
Gäste mit Hund / Hunde n. erlaubt	Gäste mit Hund 4.6	Gäste mit Hund 4.2	Hunde n. erlaubt -
Empfohlene Aktivitäten	Wandern Radfahren Entspannen	Wandern Schwimmen Radfahren	Wandern Mountainbiking Entspannen
	AWARD 2022	Schranke in HS 12-14 Uhr und 22-7 Uhr geschlossen, keine Partygruppen	

8 Campingplatz Seewang

❄

Tiefental 1
87669 Rieden
+49 8367 406
47.64332 | 10.73127

ganzjährig
HS: 31,90 € | NS: 27,90 €
Mehr Infos & Anfrage: www.camping.info/24645

Baden im See am Platz	✓
Pool & Hallenbad	✗
Spielplatz am Platz	✓
Hunde willkommen	✓
zur Hälfte Schatten	✓
WLAN (gegen Gebühr)	✓
Lebensmittel	✓
Brötchen am Platz	✓
Restaurant & Imbiss	✓
Ver-/Entsorgung Womo	✓
in den Ort	1km
Touristenplätze	108
Mietunterkünfte	✓
Stellplätze vor Schranke	✓

4.5 SEHR GUT – 71 Bewertungen

Lage	4.7
Ruhe	4.5
Sanitäranlagen	4.4
Sauberkeit Ø	4.7
Freundlichkeit	4.7
Stellplatz	4.3
Verpflegung	3.6
Freizeit	4.5
Preis-Leistung	4.4
Mietunterkünfte	4.7

Geeignet für

Kinder b. 6 J.	3.8
Kinder b. 12 J.	4.0
Kinder b. 18 J.	3.8
Paare	4.7
Senioren	4.7
Gäste mit Zelt	4.4
Gäste mit Hund	4.2

Empfohlene Aktivitäten

- Schwimmen
- Wandern
- Radfahren

9 Camping Sonnenbuckl

❄

Riedholz 16
88167 Riedholz bei Maierhöfen
+49 8383 383
47.64219 | 10.03915

ganzjährig
HS: 34,00 € | NS: 27,00 €
Mehr Infos & Anfrage: www.camping.info/19116

Baden in nat. Gewässer	k. A.
Pool am Platz	✓
Spielplatz	✗
Hunde willkommen	✓
zur Hälfte Schatten	✓
WLAN	✓
Lebensmittel	✓
Brötchen am Platz	nur HS
Restaurant am P.	✓
Ver-/Entsorgung Womo	✓
in den Ort	3km
Gesamt/Touristen	37/15
Mietunterkünfte	✗
Stellplätze vor Schranke	✓

4.8 SEHR GUT – 17 Bewertungen

Lage	4.8
Ruhe	4.9
Sanitäranlagen	4.2
Sauberkeit Ø	4.9
Freundlichkeit	5.0
Stellplatz	4.4
Verpflegung	4.5
Freizeit	4.7
Preis-Leistung	4.6
Mietunterkünfte	-

Geeignet für

Kinder b. 6 J.	4.1
Kinder b. 12 J.	4.5
Kinder b. 18 J.	4.2
Paare	5.0
Senioren	5.0
Gäste mit Zelt	4.4
Gäste mit Hund	4.7

Empfohlene Aktivitäten

- Wandern
- Entspannen
- Mountainbiking

10 Insel Camping am See mit Ferienwohnung / Allgäu

❄

Insel 32 3/4
87448 Waltenhofen / Memhölz
+49 8379 881
47.6404 | 10.2786

ganzjährig
HS: 23,00 € | NS: 19,00 €
Mehr Infos & Anfrage: www.camping.info/19087

Baden im See am Platz	✓
Pool/Hallenbad	8km
Spielplatz am Platz	✓
Hunde erlaubt	nur NS
zur Hälfte Schatten	✓
WLAN	✓
Lebensmittel	✓
Brötchen am Platz	✓
Restaurant & Imbiss	✓
Ver-/Entsorgung Womo	✓
in den Ort	4km
Gesamt/Touristen	100/60
Mietunterkünfte	✓
Stellplätze vor Schranke	✓

4.7 SEHR GUT – 177 Bewertungen

Lage	4.8
Ruhe	4.7
Sanitäranlagen	4.4
Sauberkeit Ø	4.8
Freundlichkeit	4.9
Stellplatz	4.5
Verpflegung	3.7
Freizeit	4.4
Preis-Leistung	4.7
Mietunterkünfte	4.8

Geeignet für

Kinder b. 6 J.	4.7
Kinder b. 12 J.	4.6
Kinder b. 18 J.	4.1
Paare	4.8
Senioren	4.8
Gäste mit Zelt	4.6
Gäste mit Hund	4.4

Empfohlene Aktivitäten

- Wandern
- Schwimmen
- Entspannen

11 Camping Zeh am See / Allgäu (Bayern)

❄

Burgstraße 27
87448 Niedersonthofen
+49 8379 7077
47.63009 | 10.24572

01.01. - 15.10.
26.12. - 31.12.
HS: 32,00 € | NS: 29,00 €
Mehr Infos & Anfrage: www.camping.info/19086

Baden im See am Platz	✓
Pool/Hallenbad	10/7km
Spielplatz am Platz	✓
Hunde willkommen	✓
zur Hälfte Schatten	✓
WLAN	✓
Lebensmittel	✓
Brötchen am Platz	nur HS
Restaurant & Imbiss	✓
Ver-/Entsorgung Womo	✓
in den Ort	400m
Gesamt/Touristen	110/60
Mietunterkünfte	✗
Stellplätze vor Schranke	✗

4.4 SEHR GUT – 132 Bewertungen

Lage	4.6
Ruhe	4.7
Sanitäranlagen	4.6
Sauberkeit Ø	4.7
Freundlichkeit	4.6
Stellplatz	4.0
Verpflegung	3.8
Freizeit	4.3
Preis-Leistung	4.3
Mietunterkünfte	-

Geeignet für

Kinder b. 6 J.	4.2
Kinder b. 12 J.	4.3
Kinder b. 18 J.	3.8
Paare	4.6
Senioren	4.6
Gäste mit Zelt	4.3
Gäste mit Hund	4.5

Empfohlene Aktivitäten

- Wandern
- Schwimmen
- Radfahren

ℹ keine WOMOs ab 8 m

Karte auf Seite 700

	12	13	14
	Camping Magdalena	**Camping-Grüntensee-International**	**Camping Guggemos**
		✻	
	Bachtalstraße 10 87669 Osterreinen +49 8362 49 31 47.61568 | 10.72371	Grüntenseestraße 41 87497 Wertach +49 8365 375 47.61055 | 10.44611	Uferstr. 42 87629 Füssen +49 8362 3334 47.60947 | 10.66851
Infos			
Öffnungszeiten	01.04. - 31.10.	ganzjährig	01.04. - 01.11.
Vergleichspreis	HS: 25,40 € | NS: 22,90 €	HS: 35,60 € | NS: 35,60 €	HS: 24,40 € | NS: 24,40 €
Link	**Mehr Infos & Anfrage:** www.camping.info/19105	**Mehr Infos & Anfrage:** www.camping.info/19091	**Mehr Infos & Anfrage:** www.camping.info/23801
Ausstattung			
Freizeit	Baden im See am Platz ✓ Pool/Hallenbad 8km Spielplatz am Platz ✓	Baden im See am Platz ✓ Pool/Hallenbad 3km Spielplatz am Platz ✓	Baden im See am Platz ✓ Pool & Hallenbad ✗ Spielplatz keine Angabe
Campingplatz	Hunde willkommen ✓ wenig Schatten ✓ WLAN (begrenzt gratis) ✓	Hunde willkommen ✓ zur Hälfte Schatten ✓ WLAN ✓	Hunde ✗ Schatten ✗ WLAN keine Angabe
Versorgung	Lebensmittel 100m Brötchen am Platz ✓ Restaurant & Imbiss ✓ Ver-/Entsorgung Womo ✓ in den Ort 1km	Lebensmittel ✓ Brötchen am Platz ✓ Restaurant & Imbiss ✓ Ver-/Entsorgung Womo ✓ in den Ort 3km	Lebensmittel ✗ Brötchen am Platz ✓ Restaurant & Imbiss ✗ Ver-/Entsorgung Womo ✓ in den Ort keine Angabe
Anzahl der Plätze	Gesamt/Touristen 120/80 Mietunterkünfte ✓ Stellplätze vor Schranke ✗	Gesamt/Touristen 320/180 Mietunterkünfte ✓ Stellplätze vor Schranke ✓	Gesamt keine Angabe Mietunterkünfte ✓ Stellplätze vor Schranke ✗

	12	13	14
Gesamt	4.2 SEHR GUT, 30 Bewertungen	4.0 SEHR GUT, 117 Bewertungen	4.6 SEHR GUT, 18 Bewertungen
Lage	4.8	4.5	4.7
Ruhe	4.3	4.0	4.5
Sanitäranlagen	4.2	4.3	4.3
Sauberkeit Ø	4.4	4.2	4.7
Freundlichkeit	4.6	4.4	4.8
Stellplatz	3.7	3.8	4.3
Verpflegung	3.9	3.7	3.3
Freizeit	4.3	4.2	4.7
Preis-Leistung	4.3	3.7	4.6
Mietunterkünfte	4.4	3.8	5.0
Geeignet für			
Kinder b. 6 J.	4.1	4.3	4.2
Kinder b. 12 J.	4.2	4.3	4.3
Kinder b. 18 J.	3.8	3.7	3.6
Paare	4.5	4.3	4.9
Senioren	4.0	4.1	4.9
Gäste mit Zelt	4.4	4.2	4.5
Gäste mit Hund	4.3	4.4	
Hunde n. erlaubt			-
Empfohlene Aktivitäten	Schwimmen Wandern Segeln	Wandern Radfahren Schwimmen	Wandern Radfahren Entspannen

Außerdem Wohnmobilstellplatz am Wildbach; Zeltplatz; Ferienwohnungen. (13)

18 Camping Brunnen

*

Seestraße 81
87645 Brunnen
+49 8362 8273
www.camping-brunnen.de
info@camping-brunnen.de

ganzjährig

HS: 47,50 € | NS: 41,50 €

Mehr Infos & Anfrage:
www.camping.info/19103

Baden im See am Platz	✓
Pool/Hallenbad	3km
Spielplatz am Platz	✓
Hunde willkommen	✓
zur Hälfte Schatten	✓
WLAN	✓
Lebensmittel	✓
Brötchen am Platz	✓
Restaurant & Imbiss	✓
Ver-/Entsorgung Womo	✓
in den Ort	2km
Gesamt/Touristen	330/275
Mietunterkünfte	✗
Stellplätze vor Schranke	✗

47.59741 | 10.73741

Campingplatz direkt am Forggensee. Lädt zum Baden und Wassersport ein!

Lage & Stellplatz

Beeindruckende Lage unmittelbar am Forggensee mit Panoramablick zum weltberühmten Königsschloss Neuschwanstein. Das ganze Jahr über geöffnet, bieten die 300 Stellplätze des 5-Sterne-Campingplatzes ideale Urlaubsmöglichkeiten im Königswinkel zu Füßen der Allgäuer Berge.

Verpflegung

Bayerische Gemütlichkeit erwartet die Gäste im Restaurant mit Biergarten! Hier kann man sich mit heimischen Spezialitäten aus dem Allgäu sowie bayerischen Schmankerln herzhaft verwöhnen lassen. Backwaren, Lebensmittel und alle Artikel des täglichen Bedarfs sind im Minimarkt am Platz erhältlich.

Sanitär

Die modernen Sanitärbereiche zeichnen sich durch höchsten Komfort aus und umfassen Fußbodenheizung, Einzelduschen, Mietkabinen mit Endreinigung, behindertengerechte Ausstattung, Babybad, Wickelraum, Waschmaschinen, Trockner, Spülküche mit Spülmaschine und ein Hundebad mit Hundedusche.

Freizeit

Das Allgäu verspricht Freizeitspaß vom Feinsten, das ganze Jahr hindurch für Aktive, Ruhesuchende und Familien: Baden, Stand-up-Paddling, Segeln, Angeln, Radfahren, Bergwandern, Reiten, Gleitschirmfliegen, Golf, Thermal- und Schwimmbäder sowie alle Skisportarten im Winter lassen keine Wünsche offen.

Der neue, spaßige Spielturm.

Schöner, uriger Wellnessbereich.

4.4 **SEHR GUT**
257 Bewertungen

Lage	4.8
Ruhe	4.4
Sanitäranlagen	4.3
Sauberkeit Ø	4.5
Freundlichkeit	4.3
Stellplatz	4.3
Verpflegung	3.8
Freizeit	4.5
Preis-Leistung	3.9
Mietunterkünfte	-

Geeignet für

4.6 Paare

4.6	Senioren
4.5	Gäste mit Hund
4.2	Kinder b. 12 J.
4.1	Kinder b. 6 J.
3.9	Gäste mit Zelt
3.7	Kinder b. 18 J.

Empfohlene Aktivitäten

Wandern · Radfahren · Schwimmen · Entspannen

Mehr Infos

Wellnessbereich, Mietkabinen, Zelthügel, Kinder bis 1 Jahr campen gratis.

Karte auf Seite 700

	15	16	17
	Camping Waldesruh	**Camping Hopfensee**	**Camping Alpenblick**
	✻	✻ 👍	✻
	Bahnhofstraße 19 87497 Wertach +49 8365 1004	Fischerbichl 17 87629 Füssen - Hopfen am See +49 8362 917710	Schreckenmanklitz 18 88171 Weiler-Simmerberg +49 8381 3447
	47.609 | 10.41755	47.5994 | 10.68318	47.59936 | 9.90097
Infos			
Öffnungszeiten	01.01. - 08.11. 25.11. - 31.12.	15.12. - 03.11.	ganzjährig
Vergleichspreis	HS: 29,60 € | NS: 28,10 €	keine Angabe	HS: 26,70 € | NS: 22,10 €
Link	**Mehr Infos & Anfrage:** www.camping.info/19090	**Mehr Infos & Anfrage:** www.camping.info/19101	**Mehr Infos & Anfrage:** www.camping.info/19117
Ausstattung			
Freizeit	Baden im See 1km Pool/Hallenbad 1/7km Spielplatz am Platz ✓	Baden im See am Platz ✓ Hallenbad ✓ Spielplatz am Platz ✓	Baden in nat. Gewässer k. A. Pool/Hallenbad 2/1km Spielplatz am Platz ✓
Campingplatz	Hunde willkommen ✓ zur Hälfte Schatten ✓ WLAN ✓	Hunde willkommen ✓ Schatten ✗ WLAN ✓	Hunde erlaubt ✓ zur Hälfte Schatten ✓ WLAN ✓
Versorgung	Lebensmittel 500m Brötchen am Platz ✓ Restaurant/Imbiss 500m Ver-/Entsorgung Womo ✓ in den Ort 500m	Lebensmittel ✓ Brötchen am Platz ✓ Restaurant & Imbiss ✓ Ver-/Entsorgung Womo ✓ im Ort ✓	Lebensmittel 500m Brötchen am Platz ✓ Restaurant & Imbiss ✓ Ver-/Entsorgung Womo ✓ in den Ort 500m
Anzahl der Plätze	Gesamt/Touristen 150/40 Mietunterkünfte ✓ Stellplätze vor Schranke ✗	Touristenplätze 376 Mietunterkünfte ✓ Stellplätze vor Schranke ✗	Gesamt/Touristen 190/90 Mietunterkünfte ✓ Stellplätze vor Schranke ✗

	15	16	17
Gesamt	4.3 SEHR GUT 23 Bewertungen	4.8 SEHR GUT 628 Bewertungen	4.2 SEHR GUT 72 Bewertungen
Lage	4.5	4.8	4.3
Ruhe	4.7	4.4	4.3
Sanitäranlagen	4.4	4.8	3.6
Sauberkeit Ø	4.8	4.8	4.3
Freundlichkeit	4.9	4.8	4.5
Stellplatz	4.1	4.6	4.0
Verpflegung	3.2	4.1	3.7
Freizeit	4.3	4.7	4.2
Preis-Leistung	4.6	4.3	4.2
Mietunterkünfte	5.0	4.7	4.8
Geeignet für			
Kinder b. 6 J.	4.1	4.8	4.6
Kinder b. 12 J.	4.3	4.8	4.4
Kinder b. 18 J.	3.8	4.4	3.5
Paare	4.7	4.8	4.5
Senioren	4.7	4.7	4.2
Gäste mit Zelt	3.6	2.9	4.1
Gäste mit Hund	4.6	4.7	4.3
Empfohlene Aktivitäten	Wandern Radfahren Entspannen	Wandern Schwimmen Radfahren	Wandern Entspannen Mountainbiking
	keine WOMOs ab 8,5 m; Jugendgruppen nur mit Erwachsenen	AWARD 2022	

19 Campingplatz Wiederhofen

❄

Zur Thaler Höhe 12
87547 Missen-Wilhams

47.58732 | 10.11265

ganzjährig

HS: 21,10 €

Mehr Infos & Anfrage:
www.camping.info/24373

Baden in nat. Gewässer	k. A.
Pool	1km
Spielplatz	✗
Hunde willkommen	✓
zur Hälfte Schatten	✓
WLAN (begrenzt gratis)	✓
Lebensmittel	k.A.
Brötchen am Platz	nur HS
Restaurant & Imbiss	✓
Ver-/Entsorgung Womo	✓
in den Ort	keine Angabe
Gesamt	keine Angabe
Mietunterkünfte	✗
Stellplätze vor Schranke	✓

4.0 SEHR GUT – 6 Bewertungen

Lage	4.8
Ruhe	5.0
Sanitäranlagen	3.7
Sauberkeit Ø	4.6
Freundlichkeit	5.0
Stellplatz	3.7
Verpflegung	3.7
Freizeit	4.2
Preis-Leistung	4.8
Mietunterkünfte	-

Geeignet für

Kinder b. 6 J.	4.0
Kinder b. 12 J.	3.7
Kinder b. 18 J.	2.0
Paare	4.5
Senioren	4.7
Gäste mit Zelt	4.0
Gäste mit Hund	4.7

Empfohlene Aktivitäten

- Wandern
- Entspannen
- Mountainbiking

20 Campingpark Gitzenweiler Hof

❄

Gitzenweiler 88
88131 Lindau (Bodensee)
+49 8382 / 9494-0

47.58457 | 9.70472

01.04. - 06.11.
07.11. - 31.12.

HS: 36,00 € | NS: 31,00 €

Mehr Infos & Anfrage:
www.camping.info/19113

Baden im See	6km
Pool/Hallenbad	✓/5km
Spielplatz am Platz	✓
Hunde willkommen	✓
zur Hälfte Schatten	✓
WLAN (gegen Gebühr)	teilweise
Lebensmittel	✓
Brötchen am Platz	✓
Restaurant & Imbiss	✓
Ver-/Entsorgung Womo	✓
in den Ort	1km
Gesamt/Touristen	700/350
Mietunterkünfte	✓
Stellplätze vor Schranke	✓

4.0 SEHR GUT – 507 Bewertungen

Lage	4.0
Ruhe	3.6
Sanitäranlagen	4.1
Sauberkeit Ø	4.2
Freundlichkeit	4.3
Stellplatz	3.8
Verpflegung	4.1
Freizeit	4.3
Preis-Leistung	3.8
Mietunterkünfte	4.2

Geeignet für

Kinder b. 6 J.	4.6
Kinder b. 12 J.	4.5
Kinder b. 18 J.	3.8
Paare	3.8
Senioren	3.6
Gäste mit Zelt	4.3
Gäste mit Hund	4.3

Empfohlene Aktivitäten

- Wandern
- Schwimmen
- Radfahren

keine WOMOs ab 10 Meter;
keine Jugendgruppen

21 Alpsee Camping

❄

Seestraße 25
87509 Immenstadt-Bühl
+49 8323 7726

47.57257 | 10.19321

23.03. - 31.12.

keine Angabe

Mehr Infos & Anfrage:
www.camping.info/19092

Baden im See am Platz	✓
Pool/Hallenbad	1/3km
Spielplatz am Platz	✓
Hunde willkommen	✓
wenig Schatten	✓
WLAN	✓
Lebensmittel	✓
Brötchen am Platz	✓
Restaurant/Imbiss	500m
Ver-/Entsorgung Womo	✓
in den Ort	2km
Gesamt/Touristen	200/180
Mietunterkünfte	✗
Stellplätze vor Schranke	✗

3.9 GUT – 185 Bewertungen

Lage	4.6
Ruhe	4.1
Sanitäranlagen	4.6
Sauberkeit Ø	4.3
Freundlichkeit	4.4
Stellplatz	3.7
Verpflegung	3.2
Freizeit	4.3
Preis-Leistung	3.7
Mietunterkünfte	-

Geeignet für

Kinder b. 6 J.	3.8
Kinder b. 12 J.	3.9
Kinder b. 18 J.	3.9
Paare	4.5
Senioren	4.5
Gäste mit Zelt	3.6
Gäste mit Hund	4.5

Empfohlene Aktivitäten

- Wandern
- Schwimmen
- Radfahren

22 Camping Eschbach

Höhenstrasse 16
88142 Wasserburg
+49 8382 887715

47.56848 | 9.63912

18.05. - 20.09.

HS: 42,00 € | NS: 42,00 €

Mehr Infos & Anfrage:
www.camping.info/19115

Baden im See	80m
Pool	200m
Spielplatz	80m
Hunde	✗
zur Hälfte Schatten	✓
WLAN	✗
Lebensmittel	100m
Brötchen	keine Angabe
Restaurant/Imbiss	100m
Ver-/Entsorgung Womo	✓
im Ort	✓
Gesamt/Touristen	52/42
Mietunterkünfte	✗
Stellplätze vor Schranke	✗

4.0 SEHR GUT – 33 Bewertungen

Lage	4.6
Ruhe	4.3
Sanitäranlagen	4.4
Sauberkeit Ø	4.8
Freundlichkeit	4.4
Stellplatz	4.0
Verpflegung	2.0
Freizeit	3.8
Preis-Leistung	3.7
Mietunterkünfte	-

Geeignet für

Kinder b. 6 J.	3.8
Kinder b. 12 J.	3.4
Kinder b. 18 J.	3.0
Paare	4.1
Senioren	4.5
Gäste mit Zelt	4.0
Hunde n. erlaubt	-

Empfohlene Aktivitäten

- Radfahren
- Schwimmen
- Entspannen

25 IllerCamping

*

Sinwagstraße 2
87527 Sonthofen
+49 8321 2350
www.illercamping.de
info@illercamping.de

01.01. - 01.11.
15.12. - 31.12.
HS: 26,00 € | NS: 26,00 €

Mehr Infos & Anfrage:
www.camping.info/19093

Baden im See	1km
Pool/Hallenbad	500m
Spielplatz am Platz	✓
Hunde willkommen	✓
wenig Schatten	✓
WLAN	✓
Lebensmittel	300m
Brötchen am Platz	✓
Restaurant & Imbiss	✓
Ver-/Entsorgung Womo	✗
im Ort	✓
Gesamt/Touristen	70/40
Mietunterkünfte	✓
Stellplätze vor Schranke	✗

Spaß für die Kleinen am „platzeigenen" Wasserlauf.

Lage & Stellplatz

„IllerCamping" befindet sich in Sonthofen und ist vom 01.01. bis 01.11. und vom 15. bis 31.12. p.a. geöffnet. Sonthofen ist die südlichste Stadt Deutschlands. Direkt an der Iller und der Sinwag gelegen, verfügt der Campingplatz über 70 Stellplätze, die eine Größe von ca. 70 bis 140 m^2 aufweisen. Die Stellplätze haben Wasser-, Abwasser- sowie Stromanschluss (230 V/10 A) und sind eben und großzügig bemessen, sodass selbst große Campingfahrzeuge abgestellt werden können. In unmittelbarer Nähe ist das Freizeitbad „Wonnemar", das von den Campinggästen zum ermäßigten Eintritt benutzt werden kann.

Sanitär

Die Sanitäranlagen sind sowohl bei den Damen als auch bei den Herren ausreichend mit Duschen, Einzelwaschkabinen und Waschbecken bemessen. Im Damenbereich gibt es außerdem einen Babywickeltisch. Die Toilettenräume sind von den Dusch- und Waschräumen getrennt. Darüber hinaus existiert ein großer behindertengerechter Dusch- und Waschraum mit WC und separatem Zugang. Ein Wasch- und Trockenraum mit Waschmaschine und Trockner sowie ein „Hauswirtschaftsraum" mit Spüle und Kochgelegenheiten runden das umfassende Angebot ab.

Baden im Sonthofer See.

Blick auf die Allgäuer Berge.

Keine WOMOs ab 9 m.

Luftaufnahme des südlichen Platzteils mit Blick auf die Hörnerkette.

Verpflegung

Das Bistro des Campingplatzes bietet Speisen (Tagesangebote) und Getränke, die auch hervorragend auf der Terrasse genossen werden können. In lediglich 5 Gehminuten erreicht man einen Supermarkt, einen Metzger, eine Apotheke und ein medizinisches Versorgungszentrum mit diversen Fachärzten. Nur wenige Schritte weiter befindet sich bereits die Sonthofer Fußgängerzone mit umfassenden Einkaufsmöglichkeiten sowie vielfältigen Gastronomiebetrieben der Oberallgäuer Kreisstadt.

Freizeit

Das „Freizeitland Sonthofen" bietet eine Sportarena, ein Freizeitbad, die Kinder- und Jugendfreizeitanlage „Biberhof" und eine Tennisanlage. Den 18-Loch-Golfplatz der Sonnenalp – einer der schönsten in Deutschland – erreicht man mit dem Auto in 10 Minuten. Auf dem Campingplatz ist die Canyoning- und Raftingstation „Splashing A" integriert. Unmittelbar am Platz beginnen auch die Wander- und Radlmöglichkeiten auf dem Illerdamm, der ausschließlich für Wanderer und Radler geschaffen wurde. Nordische und alpine Wintersportler können in der Umgebung außerdem zahlreiche Loipen und Skipisten erkunden.

Übernachten im Fass.

Abenteuerliches Rafting.

4.0 SEHR GUT
40 Bewertungen

Lage	4.2
Ruhe	3.6
Sanitäranlagen	4.2
Sauberkeit Ø	4.2
Freundlichkeit	4.0
Stellplatz	3.7
Verpflegung	3.7
Freizeit	4.4
Preis-Leistung	4.1
Mietunterkünfte	4.7

Geeignet für

4.7	Senioren
4.4	Paare
4.4	Gäste mit Hund
3.7	Kinder b. 18 J.
3.6	Kinder b. 12 J.
3.4	Gäste mit Zelt
3.2	Kinder b. 6 J.

Empfohlene Aktivitäten

Wandern · Radfahren · Mountainbiking · Kayak/Kanu

Mehr Infos

Karte auf Seite 700

	23	24	27
	Camping Pfronten	**Park-Camping Lindau**	**Camping Oberstdorf**
	Tiroler Straße 184 87459 Pfronten-Steinach 08363 8353	Fraunhoferstraße 20 88131 Lindau-Zech +49 8382 8899999	Rubingerstraße 16 87561 Oberstdorf +49 8322 6525
	47.56357 | 10.57839	47.53782 | 9.73113	47.42307 | 10.27691
Infos			
Öffnungszeiten	20.05. - 18.09.	01.04. - 06.11.	ganzjährig
Vergleichspreis	HS: 28,00 € | NS: 28,00 €	HS: 44,00 € | NS: 37,00 €	HS: 26,10 €
Link	**Mehr Infos & Anfrage:** www.camping.info/19088	**Mehr Infos & Anfrage:** www.camping.info/19114	**Mehr Infos & Anfrage:** www.camping.info/19095
Ausstattung			
Freizeit	Baden in nat. Gewässer k. A. Pool/Hallenbad 3km Spielplatz am Platz ✓	Baden im See am Platz ✓ Pool 2km Spielplatz am Platz ✓	Baden im See 1km Pool/Hallenbad 5/1km Spielplatz am Platz ✓
Campingplatz	Hunde willkommen ✓ Schatten ✗ WLAN (gratis) teilweise	Hunde erlaubt ✓ zur Hälfte Schatten ✓ WLAN ✓	Hunde willkommen ✓ wenig Schatten ✓ WLAN ✓
Versorgung	Lebensmittel ✓ Brötchen am Platz ✓ Restaurant 250m Ver-/Entsorgung Womo ✓ in den Ort 2km	Lebensmittel ✓ Brötchen am Platz ✓ Restaurant & Imbiss ✓ Ver-/Entsorgung Womo ✓ in den Ort 500m	Lebensmittel 1km Brötchen am Platz nur HS Restaurant & Imbiss ✓ Ver-/Entsorgung Womo ✓ in den Ort 1km
Anzahl der Plätze	Touristenplätze 100 Mietunterkünfte ✗ Stellplätze vor Schranke ✗	Touristenplätze 269 Mietunterkünfte ✗ Stellplätze vor Schranke ✓	Gesamt/Touristen 150/100 Mietunterkünfte ✗ Stellplätze vor Schranke ✗

	Camping Pfronten	Park-Camping Lindau	Camping Oberstdorf
Gesamtbewertung	4.7 SEHR GUT, 48 Bewertungen	4.3 SEHR GUT, 261 Bewertungen	4.3 SEHR GUT, 51 Bewertungen
Lage	4.8	4.6	4.2
Ruhe	4.6	3.9	3.4
Sanitäranlagen	4.0	4.4	4.4
Sauberkeit Ø	4.8	4.5	4.7
Freundlichkeit	4.9	4.3	4.9
Stellplatz	4.1	4.1	4.1
Verpflegung	3.5	4.2	4.1
Freizeit	4.4	4.4	4.5
Preis-Leistung	4.7	4.1	4.5
Mietunterkünfte	-	-	-
Geeignet für			
Kinder b. 6 J.	3.9	4.3	3.8
Kinder b. 12 J.	3.8	4.3	3.8
Kinder b. 18 J.	3.7	4.0	4.0
Paare	4.7	4.6	4.7
Senioren	4.7	4.6	4.7
Gäste mit Zelt	4.2	4.6	4.4
Gäste mit Hund	4.7	4.3	4.7
Empfohlene Aktivitäten	Wandern Radfahren Mountainbiking	Radfahren Schwimmen Wandern	Wandern Mountainbiking Klettern

Park-Camping Lindau: keine WOMOs ab 9 m

26 rubi-camp Oberstdorf

Rubinger Straße 34
87561 Oberstdorf
+49 8322 959202
www.rubi-camp.de
info@rubi-camp.de

ganzjährig

HS: 55,00 € | NS: 35,00 €

Mehr Infos & Anfrage:
www.camping.info/19096

Baden in nat. Gewässer	k. A.
Pool/Hallenbad	2/1km
Spielplatz am Platz	✓
Hunde erlaubt	✓
wenig Schatten	✓
WLAN (begrenzt gratis)	✓
Lebensmittel	✓
Brötchen am Platz	✓
Restaurant am P.	✓
Ver-/Entsorgung Womo	✓
in den Ort	1km
Touristenplätze	100
Mietunterkünfte	×
Stellplätze vor Schranke	×

47.42379 | 10.27782

Das rubi-camp liegt direkt am Fuß des Rubihorn.

Lage & Stellplatz

Das rubi-camp liegt idyllisch am Ortsrand von Oberstdorf zwischen Wiesen und Bergen. Die 80 - 100 m² großen Parzellen verfügen über Wasser-, Abwasser- und TV-Anschluss. Die Stellplätze sind mit Rasengittersteinen befestigt, der Einstiegsbereich ist gepflastert und hat eine 70 m² große Rasenfläche.

Verpflegung

Für das leibliche Wohl sorgen der tägliche Brötchenservice sowie regionale Spezialitäten und Produkte des täglichen Bedarfs im Campingshop. Im Bistro werden die Gäste mit hausgemachten Kuchen, kleinen Speisen und heimischen Gerichten verwöhnt. Für Selbstversorger gibt es eine Küche mit Ceranfeldern.

Sanitär

Das rubi-camp verfügt über moderne Sanitäranlagen mit Fußbodenheizung, mehrere voll ausgestattete Privatbäder/Mietkabinen mit Fußbodenheizung und zwei barrierefreie Waschräume (WC, Waschbecken, Dusche). Des Weiteren gibt es einen Trockenraum, einen Waschraum mit Trockner und eine Hundedusche.

Freizeit

Der Campingplatz hat eine sehr gute Lage für sämtliche Aktivitäten in den Allgäuer Alpen, egal ob Sommer oder Winter. Spazierengehen, Wandern, Fahrrad- oder Skifahren, Klettern oder einfach nur Relaxen – die Möglichkeiten sind vielfältig. Auch das sonstige Kultur- und Freizeitangebot ist groß.

Waschhaus, Bistro und Rezeption.

Das Rubihorn frisch verschneit.

4.1 SEHR GUT
155 Bewertungen

Lage	4.5
Ruhe	4.3
Sanitäranlagen	4.3
Sauberkeit Ø	4.3
Freundlichkeit	4.2
Stellplatz	4.3
Verpflegung	3.4
Freizeit	4.4
Preis-Leistung	3.8
Mietunterkünfte	-

Geeignet für

4.6 Paare

4.6	Senioren
4.4	Gäste mit Hund
3.9	Gäste mit Zelt
3.6	Kinder b. 18 J.
3.5	Kinder b. 6 J.
3.5	Kinder b. 12 J.

Empfohlene Aktivitäten

Wandern
Radfahren
Entspannen
Mountainbiking

Mehr Infos

Bergbahnen im Sommer inkl.; Strom nach Verbrauch 0,80 €/kWh. 16 A.

BAYERN

8 München bis Zugspitze

	Platz	Seite	Bewertung	Öffnungszeiten	
1	Oktoberfest-Camping München	716	-	saisonal	
2	Campingplatz am Wörthsee	716	4.1	saisonal	
3	Campingplatz Adria Grill	716	-	saisonal	
4	Camping am Pilsensee	717	4.4	saisonal	Award
5	Camping St. Alban	718	3.8	saisonal	
6	Campingplatz Wolfratshausen	718	4.1	ganzjährig	Wintercamping
7	Campingplatz Königsdorf am Bibisee	718	4.1	ganzjährig	Wintercamping
8	Campingplatz beim Fischer	719	4.2	saisonal	
9	Camping Seeshaupt	719	4.6	saisonal	Award
10	Kaiser Camping Outdoor Resort	719	4.5	saisonal	Wintercamping, Award
11	Campingplatz Ammertal	719	3.9	ganzjährig	Wintercamping
12	Campingplatz Demmelhof	721	4.9	ganzjährig	Wintercamping, Award
13	Terrassen-Camping am Richterbichl	720	3.7	ganzjährig	Wintercamping
14	Alpen-Camping Arzbach	720	3.9	k. A.	Wintercamping
15	Camping Brugger am Riegsee	720	4.1	saisonal	
16	Campingplatz Riegsee	722	3.2	saisonal	
17	Camping Aichalehof	722	3.8	saisonal	
18	Camping Insel Buchau	722	4.3	saisonal	
19	Camping Halbinsel Burg	723	4.2	saisonal	
20	Lenggrieser Bergcamping	723	4.6	ganzjährig	Wintercamping
21	Naturfreundehaus Saulgrub	723	-	saisonal	
22	Campingoase Fam. Reindl Bad Kohlgrub	723	4.2	ganzjährig	Wintercamping
23	Campingplatz Renken am Kochelsee	724	4.7	saisonal	
24	Camping Kesselberg	724	4.1	saisonal	
25	Campingpark Oberammergau	724	4.1	saisonal	Wintercamping
26	Camping Walchensee	725	4.2	saisonal	
27	Alpen-Caravanpark Tennsee	726	4.3	saisonal	Wintercamping
28	Camping Erlebnis Zugspitze	725	3.1	ganzjährig	Wintercamping
29	Camping Resort Zugspitze	725	4.6	ganzjährig	Wintercamping, Award
30	Naturcampingpark Isarhorn	725	3.8	saisonal	Wintercamping

✻ Wintercamping   FKK Textilfrei (ganz/teilweise)   Ecocamping   Award   Onlinebuchung

Karte auf Seite 714

	1	2	3
	Oktoberfest-Camping München	**Campingplatz am Wörthsee**	**Campingplatz Adria Grill**
	De-Gasperi-Bogen Tor 9 81829 München +4917630454000	Wörthseestr. 29 82229 Seefeld +49 815 239 625 86	Weichstr. 3 82266 Schlagenhofen
	48.13347 | 11.70743	48.04693 | 11.18021	48.04313 | 11.17003
Infos			
Öffnungszeiten	18.09. - 07.10.	01.04. - 30.09.	15.04. - 15.10.
Vergleichspreis	keine Angabe	HS: 28,00 € | NS: 28,00 €	HS: 15,00 € | NS: 15,00 €
Link	**Mehr Infos & Anfrage:** www.camping.info/26775	**Mehr Infos & Anfrage:** www.camping.info/23851	**Mehr Infos & Anfrage:** www.camping.info/17872
Ausstattung			
Freizeit	Baden in nat. Gewässer k. A. Pool & Hallenbad ✗ Spielplatz keine Angabe	Baden im See am Platz ✓ Pool & Hallenbad ✗ Spielplatz am Platz ✓	Baden im See am Platz ✓ Pool & Hallenbad ✗ Spielplatz ✗
Campingplatz	Hunde ✗ Schatten ✗ WLAN keine Angabe	Hunde ✗ Schatten ✗ WLAN keine Angabe	Hunde willkommen ✓ zur Hälfte Schatten ✓ WLAN (begrenzt gratis) teilweise
Versorgung	Lebensmittel ✓ Brötchen keine Angabe Restaurant & Imbiss ✓ Ver-/Entsorgung Womo ✗ im Ort ✓	Lebensmittel k.A. Brötchen am Platz ✓ Imbiss ✓ Ver-/Entsorgung Womo ✓ in den Ort 1km	Lebensmittel 800m Brötchen am Platz ✗ Restaurant & Imbiss ✓ Ver-/Entsorgung Womo ✗ in den Ort 800m
Anzahl der Plätze	Gesamt 1500 Mietunterkünfte ✗ Stellplätze vor Schranke ✗	Gesamt/Touristen 76/17 Mietunterkünfte ✓ Stellplätze vor Schranke ✗	Gesamt keine Angabe Mietunterkünfte ✗ Stellplätze vor Schranke ✓

Oktoberfest-Camping München

- JETZT BEWERTEN!

Für diese Auswertung liegen leider noch nicht genügend Bewertungen vor.

Sei einer der Ersten, der diesen Campingplatz bewertet.

Mit einer guten Campingplatz-Bewertung unterstützt du nicht nur deinen Lieblingsplatz, sondern hilfst auch anderen Campern bei der Platzwahl.

Campingplatz am Wörthsee

4.1 SEHR GUT
32 Bewertungen

Lage	4.7
Ruhe	4.3
Sanitäranlagen	4.5
Sauberkeit Ø	4.5
Freundlichkeit	4.3
Stellplatz	4.3
Verpflegung	4.1
Freizeit	4.0
Preis-Leistung	4.2
Mietunterkünfte	5.0

Geeignet für

Kinder b. 6 J.	4.5
Kinder b. 12 J.	4.4
Kinder b. 18 J.	4.2
Paare	4.6
Senioren	4.7
Gäste mit Zelt	4.2
Hunde n. erlaubt	-

Empfohlene Aktivitäten

- Schwimmen
- Radfahren
- Entspannen

Campingplatz Adria Grill

- JETZT BEWERTEN!

Für diese Auswertung liegen leider noch nicht genügend Bewertungen vor.

Sei einer der Ersten, der diesen Campingplatz bewertet.

Mit einer guten Campingplatz-Bewertung unterstützt du nicht nur deinen Lieblingsplatz, sondern hilfst auch anderen Campern bei der Platzwahl.

4 Camping am Pilsensee

Am Pilsensee 2
82229 Seefeld
+49 8152 999741
www.camping-pilsensee.de
info@camping-pilsensee.de

15.03. - 30.11.

HS: k. A. | NS: k. A.

Mehr Infos & Anfrage:
www.camping.info/19014

Baden im See am Platz	✓
Hallenbad	15km
Spielplatz am Platz	✓
Hunde willkommen	✓
zur Hälfte Schatten	✓
WLAN	✓
Lebensmittel	✓
Brötchen am Platz	✓
Restaurant & Imbiss	✓
Ver-/Entsorgung Womo	✓
in den Ort	1km
Gesamt/Touristen	500/150
Mietunterkünfte	✓
Stellplätze vor Schranke	✗

48.02944 | 11.19972

Großzügige Stellplätze im Grünen am schönen Pilsensee – Alpenblick.

Lage & Stellplatz

Der Campingplatz Pilsensee liegt südwestlich von München, direkt am malerischen Pilsensee mit Blick auf die Alpen. Der Platz bietet tolle Zelt- und Stellplätze sowie kuschelige Schlaffässer (z. T. mit Kühlschrank), moderne Mobilheime und ein liebevoll eingerichtetes Jagdhäuschen.

Verpflegung

Für das leibliche Wohl der Gäste sorgt der Supermarkt inklusive Frühstücksangebot sowie eine Gaststätte mit Terrasse, die direkt am Seeufer gelegen ist. Der schnelle Hunger lässt sich in den Sommermonaten zusätzlich am Badekiosk stillen, der in unmittelbarer Nähe der Badewiese ist.

Sanitär

Zu den Einrichtungen am Campingplatz zählen auch moderne, sehr saubere Sanitäranlagen. Hier können die Gäste auf Wunsch ein eigenes Bad für die Dauer des Aufenthalts mieten. Geschirrspüler, Kochstellen und Hundedusche vorhanden. Ver- und Entsorgung für Reisemobile sowie CamperClean Automat.

Freizeit

Boots- und SUP-Verleih direkt am Platz, Angeln und Bootfahren möglich. Kinder lieben den Spielplatz mit Tischtennis und Klettern. Die Region Starnberg-Ammersee bietet zahlreiche Ausflugsmöglichkeiten zu berühmten Sehenswürdigkeiten (München, Kloster Andechs) sowie schöne Rad- und Wanderwege.

Komfortable, große Mobilheime.

SUP-Verleih direkt am Platz.

4.4 SEHR GUT
1385 Bewertungen

Lage	4.6
Ruhe	4.0
Sanitäranlagen	4.1
Sauberkeit Ø	4.2
Freundlichkeit	4.3
Stellplatz	4.5
Verpflegung	4.1
Freizeit	4.2
Preis-Leistung	3.9
Mietunterkünfte	4.4

Geeignet für

- 4.6 Paare
- 4.5 Kinder b. 12 J.
- 4.3 Kinder b. 6 J.
- 4.2 Kinder b. 18 J.
- 4.5 Senioren
- 4.3 Gäste mit Zelt
- 4.0 Gäste mit Hund

Empfohlene Aktivitäten

Schwimmen · Entspannen · Radfahren · Wandern

Mehr Infos

Keine WOMOs ab 7,5 m; keine Jugendgruppen.

AWARD 2022

Karte auf Seite 714

	5	6	7
	Camping St. Alban	**Campingplatz Wolfratshausen**	**Campingplatz Königsdorf am Bibisee**
		❄	❄
	Seeweg Süd 85 86911 Dießen-St. Alban +49 8807 7305	Badstraße 2 82515 Wolfratshausen +49 8171 78795	Zum Lindenrain 8 82549 Königsdorf +49 8171 81580
	47.96507 | 11.10524	47.90824 | 11.41834	47.83778 | 11.46944
Infos			
Öffnungszeiten	15.04. - 30.09.	ganzjährig	ganzjährig
Vergleichspreis	HS: 33,00 € | NS: 33,00 €	HS: 26,00 € | NS: 26,00 €	HS: 24,00 € | NS: 22,00 €
Link	**Mehr Infos & Anfrage:** www.camping.info/19083	**Mehr Infos & Anfrage:** www.camping.info/19026	**Mehr Infos & Anfrage:** www.camping.info/19029
Ausstattung			
Freizeit	Baden im See am Platz ✓ Hallenbad 2km Spielplatz keine Angabe	Baden im Teich am Platz ✓ Pool & Hallenbad ✗ Spielplatz am Platz ✓	Baden im See am Platz ✓ Pool/Hallenbad 500m/3km Spielplatz am Platz ✓
Campingplatz	Hunde erlaubt ✓ Schatten ✗ WLAN ✗	Hunde erlaubt ✓ Schatten ✗ WLAN ✓	Hunde erlaubt ✓ zur Hälfte Schatten ✓ WLAN ✓
Versorgung	Lebensmittel ✗ Brötchen keine Angabe Restaurant am P. ✓ Ver-/Entsorgung Womo ✗ in den Ort 1km	Lebensmittel 2km Brötchen keine Angabe Restaurant am P. ✓ Ver-/Entsorgung Womo ✓ in den Ort 500m	Lebensmittel ✓ Brötchen am Platz ✓ Restaurant & Imbiss ✓ Ver-/Entsorgung Womo ✓ in den Ort 1km
Anzahl der Plätze	Touristenplätze 45 Mietunterkünfte ✗ Stellplätze vor Schranke ✗	Gesamt/Touristen 45/30 Mietunterkünfte ✓ Stellplätze vor Schranke ✗	Gesamt/Touristen 400/100 Mietunterkünfte ✗ Stellplätze vor Schranke ✗

	Camping St. Alban	Campingplatz Wolfratshausen	Campingplatz Königsdorf am Bibisee
Gesamt	3.8 GUT, 17 Bewertungen	4.1 SEHR GUT, 27 Bewertungen	4.1 SEHR GUT, 16 Bewertungen
Lage	4.3	4.0	4.3
Ruhe	3.6	4.4	4.4
Sanitäranlagen	4.2	4.2	4.2
Sauberkeit Ø	4.0	4.5	4.3
Freundlichkeit	3.9	4.7	4.4
Stellplatz	3.5	3.8	4.1
Verpflegung	3.6	3.9	3.9
Freizeit	3.7	4.0	3.8
Preis-Leistung	3.7	4.2	4.3
Mietunterkünfte	-	4.7	-
Geeignet für			
Kinder b. 6 J.	3.4	3.8	4.0
Kinder b. 12 J.	3.7	3.6	4.2
Kinder b. 18 J.	3.2	3.7	3.4
Paare	4.5	4.5	4.6
Senioren	4.8	4.5	4.3
Gäste mit Zelt	3.8	4.6	4.1
Gäste mit Hund	4.2	4.5	4.3
Empfohlene Aktivitäten	Radfahren Segeln Schwimmen	Radfahren Wandern Entspannen	Radfahren Entspannen Schwimmen

8 Campingplatz beim Fischer

Buchscharnstraße 10
82541 Münsing/St. Heinrich
+49 8801 802
47.82652 | 11.33939

15.03. - 30.09.
01.10. - 30.11.
HS: 30,50 € | NS: 27,70 €
Mehr Infos & Anfrage:
www.camping.info/19028

Baden im See	200m
Pool/Hallenbad	200m/15km
Spielplatz am Platz	✓
Hunde erlaubt	✓
zur Hälfte Schatten	✓
WLAN (gegen Gebühr)	✓
Lebensmittel	✓
Brötchen am Platz	nur HS
Restaurant/Imbiss	200/300m
Ver-/Entsorgung Womo	✓
in den Ort	4km
Gesamt/Touristen	151/76
Mietunterkünfte	✓
Stellplätze vor Schranke	✗

4.2 SEHR GUT
71 Bewertungen

Lage	4.2
Ruhe	4.1
Sanitäranlagen	4.1
Sauberkeit Ø	4.4
Freundlichkeit	4.7
Stellplatz	4.0
Verpflegung	3.4
Freizeit	4.1
Preis-Leistung	4.3
Mietunterkünfte	4.4

Geeignet für

Kinder b. 6 J.	4.1
Kinder b. 12 J.	4.1
Kinder b. 18 J.	3.7
Paare	4.3
Senioren	4.5
Gäste mit Zelt	4.5
Gäste mit Hund	4.2

Empfohlene Aktivitäten

- Schwimmen
- Radfahren
- Segeln

9 Camping Seeshaupt

St.-Heinricher-Straße 127
82402 Seeshaupt
+49 880 191 468 80
47.82058 | 11.32355

01.04. - 30.09.
HS: 46,50 € | NS: 39,50 €
Mehr Infos & Anfrage:
www.camping.info/19017

Baden im See am Platz	✓
Hallenbad	9km
Spielplatz	keine Angabe
Hunde willkommen	✓
wenig Schatten	✓
WLAN (gegen Gebühr)	✓
Lebensmittel	2km
Brötchen am Platz	nur HS
Restaurant/Imbiss	500m/✓
Ver-/Entsorgung Womo	✓
in den Ort	2km
Gesamt/Touristen	130/70
Mietunterkünfte	✓
Stellplätze vor Schranke	✗

4.6 SEHR GUT
342 Bewertungen

Lage	4.6
Ruhe	4.4
Sanitäranlagen	4.6
Sauberkeit Ø	4.7
Freundlichkeit	4.7
Stellplatz	4.6
Verpflegung	4.1
Freizeit	4.4
Preis-Leistung	4.2
Mietunterkünfte	4.7

Geeignet für

Kinder b. 6 J.	4.1
Kinder b. 12 J.	4.1
Kinder b. 18 J.	3.9
Paare	4.7
Senioren	4.7
Gäste mit Zelt	4.0
Gäste mit Hund	3.5

Empfohlene Aktivitäten

- Schwimmen
- Radfahren
- Segeln

keine Jugendgruppen ab 5 Personen

10 Kaiser Camping Outdoor Resort

Reithof 2
83075 Bad Feilnbach
+49 806 688 4400
47.78876 | 12.00512

01.04. - 06.11.
17.12. - 08.01.
HS: 29,00 € | NS: 25,00 €
Mehr Infos & Anfrage:
www.camping.info/19030

Baden im Fluss am Platz	✓
Pool/Hallenbad	✓/7km
Spielplatz am Platz	✓
Hunde erlaubt	✓
zur Hälfte Schatten	✓
WLAN	✓
Lebensmittel	✓
Brötchen am Platz	✓
Restaurant & Imbiss	✓
Ver-/Entsorgung Womo	✓
in den Ort	1km
Gesamt/Touristen	650/370
Mietunterkünfte	✗
Stellplätze vor Schranke	✗

4.5 SEHR GUT
439 Bewertungen

Lage	4.6
Ruhe	4.5
Sanitäranlagen	4.4
Sauberkeit Ø	4.5
Freundlichkeit	4.8
Stellplatz	4.4
Verpflegung	4.2
Freizeit	4.6
Preis-Leistung	4.5
Mietunterkünfte	-

Geeignet für

Kinder b. 6 J.	4.7
Kinder b. 12 J.	4.7
Kinder b. 18 J.	4.1
Paare	4.7
Senioren	4.7
Gäste mit Zelt	4.5
Gäste mit Hund	4.5

Empfohlene Aktivitäten

- Wandern
- Radfahren
- Entspannen

AWARD 2022

11 Campingplatz Ammertal

Badstraße 51
82380 Peißenberg
+49 8803 2797
47.78718 | 11.08474

ganzjährig
HS: 22,80 € | NS: 21,70 €
Mehr Infos & Anfrage:
www.camping.info/19015

Baden im See am Platz	✓
Pool/Hallenbad	2km
Spielplatz am Platz	✓
Hunde willkommen	✓
zur Hälfte Schatten	✓
WLAN (gegen Gebühr)	✓
Lebensmittel	2km
Brötchen am Platz	nur HS
Restaurant & Imbiss	✓
Ver-/Entsorgung Womo	✗
in den Ort	3km
Gesamt/Touristen	200/70
Mietunterkünfte	✓
Stellplätze vor Schranke	✗

3.9 GUT
32 Bewertungen

Lage	4.1
Ruhe	4.2
Sanitäranlagen	3.6
Sauberkeit Ø	4.5
Freundlichkeit	4.8
Stellplatz	3.9
Verpflegung	2.9
Freizeit	4.0
Preis-Leistung	4.0
Mietunterkünfte	4.3

Geeignet für

Kinder b. 6 J.	4.4
Kinder b. 12 J.	4.4
Kinder b. 18 J.	3.6
Paare	4.5
Senioren	4.6
Gäste mit Zelt	4.4
Gäste mit Hund	4.8

Empfohlene Aktivitäten

- Radfahren
- Wandern
- Schwimmen

Karte auf Seite 714

	13	14	15
	Terrassen-Camping am Richterbichl	**Alpen-Camping Arzbach**	**Camping Brugger am Riegsee**
	❄	❄	
	Solder 1 82401 Rottenbuch +49 8867 1500 47.72709 | 10.96623	Alpenbadstraße 20 83646 Arzbach +49 8042 84 08 47.70769 | 11.5496	Seestrasse 2 82447 Spatzenhausen/OT Hofheim +49 8847 728 47.70646 | 11.21642
Infos			
Öffnungszeiten	ganzjährig	keine Angabe	30.03. - 20.10.
Vergleichspreis	HS: 22,00 € | NS: 22,00 €	keine Angabe	HS: 31,00 € | NS: 25,40 €
Link	**Mehr Infos & Anfrage:** www.camping.info/19016	**Mehr Infos & Anfrage:** www.camping.info/19068	**Mehr Infos & Anfrage:** www.camping.info/19018
Ausstattung			
Freizeit	Baden im Teich am Platz ✓ Pool/Hallenbad 4/8km Spielplatz am Platz ✓	Baden in nat. Gewässer k. A. Pool & Hallenbad ✗ Spielplatz keine Angabe	Baden im See am Platz ✓ Hallenbad 15km Spielplatz am Platz ✓
Campingplatz	Hunde erlaubt ✓ zur Hälfte Schatten ✓ WLAN (gegen Gebühr) ✓	Hunde ✗ Schatten ✗ WLAN keine Angabe	Hunde willkommen ✓ zur Hälfte Schatten ✓ WLAN ✓
Versorgung	Lebensmittel ✓ Brötchen am Platz nur HS Restaurant/Imbiss 500m/✓ Ver-/Entsorgung Womo ✓ in den Ort 500m	Lebensmittel k.A. Brötchen keine Angabe Restaurant & Imbiss ✗ Ver-/Entsorgung Womo ✗ in den Ort 500m	Lebensmittel ✓ Brötchen am Platz ✓ Restaurant & Imbiss ✓ Ver-/Entsorgung Womo ✓ in den Ort 1km
Anzahl der Plätze	Gesamt/Touristen 100/60 Mietunterkünfte ✓ Stellplätze vor Schranke ✓	Gesamt keine Angabe Mietunterkünfte ✗ Stellplätze vor Schranke ✗	Gesamt/Touristen 420/120 Mietunterkünfte ✗ Stellplätze vor Schranke ✓

Terrassen-Camping am Richterbichl: 3.7 GUT – 21 Bewertungen

Lage	3.8
Ruhe	3.7
Sanitäranlagen	3.7
Sauberkeit Ø	4.0
Freundlichkeit	3.6
Stellplatz	4.0
Verpflegung	3.6
Freizeit	4.2
Preis-Leistung	4.1
Mietunterkünfte	4.2
Geeignet für	
Kinder b. 6 J.	3.6
Kinder b. 12 J.	3.9
Kinder b. 18 J.	3.6
Paare	4.3
Senioren	4.2
Gäste mit Zelt	3.9
Gäste mit Hund	3.8

Empfohlene Aktivitäten
- Wandern
- Radfahren
- Entspannen

Alpen-Camping Arzbach: 3.9 GUT – 28 Bewertungen

Lage	4.5
Ruhe	4.4
Sanitäranlagen	3.8
Sauberkeit Ø	4.0
Freundlichkeit	4.5
Stellplatz	3.6
Verpflegung	4.3
Freizeit	4.0
Preis-Leistung	4.2
Mietunterkünfte	-
Geeignet für	
Kinder b. 6 J.	4.2
Kinder b. 12 J.	4.0
Kinder b. 18 J.	3.5
Paare	4.5
Senioren	4.4
Gäste mit Zelt	3.8
Hunde n. erlaubt	-

Empfohlene Aktivitäten
- Wandern
- Radfahren
- Mountainbiking

Camping Brugger am Riegsee: 4.1 SEHR GUT – 75 Bewertungen

Lage	4.7
Ruhe	4.4
Sanitäranlagen	4.3
Sauberkeit Ø	4.3
Freundlichkeit	4.3
Stellplatz	3.8
Verpflegung	3.8
Freizeit	4.1
Preis-Leistung	4.1
Mietunterkünfte	-
Geeignet für	
Kinder b. 6 J.	4.2
Kinder b. 12 J.	4.3
Kinder b. 18 J.	3.7
Paare	4.4
Senioren	4.4
Gäste mit Zelt	4.1
Gäste mit Hund	4.2

Empfohlene Aktivitäten
- Schwimmen
- Wandern
- Radfahren

12 Campingplatz Demmelhof

Stallau 148
83646 Bad Tölz-Stallau
+49 8041 8121
www.campingplatz-demmelhof.de
info@campingplatz-demmelhof.de

ganzjährig

HS: 31,00 € | NS: 31,00 €

Mehr Infos & Anfrage:
www.camping.info/19069

Baden im See am Platz	✓
Pool/Hallenbad	5km
Spielplatz am Platz	✓
Hunde willkommen	✓
zur Hälfte Schatten	✓
WLAN (gegen Gebühr)	✓
Lebensmittel	2km
Brötchen am Platz	nur HS
Restaurant & Imbiss	✓
Ver-/Entsorgung Womo	✓
in den Ort	3km
Gesamt/Touristen	130/65
Mietunterkünfte	✓
Stellplätze vor Schranke	✓

47.74978 | 11.49989

Grüß Gott auf dem Demmelhof: Nicht nur Camping, sondern auch Glamping.

Lage & Stellplatz

Auf dem Campingplatz Demmelhof in Wackerberg kann man erholsame Urlaubstage verbringen und den Blick auf den glitzernden Stallauer Weiher genießen. Die Umgebung eignet sich ideal für Wander- und Radtouren, die direkt vom Platz aus losgehen, z. B. die Route Bodensee-Königssee oder den Isarradweg.

Verpflegung

Alle Gäste kommen voll auf ihre Kosten: Während sich die Kleinen auf dem platzeigenen Spielplatz austoben, die Tiere im Streichelzoo besuchen oder den neuen Indoorspielplatz nutzen, verweilen die Großen im Stüberl oder im Biergarten. Auch Brötchenservice wird geboten, Bestellung bis zum Vorabend.

Sanitär

Die modernen Sanitäranlagen sind mit Toiletten, Waschbecken, Duschen, Waschmaschinen und Trockner ausgestattet. Zusätzlich gibt es einen Babywickelraum mit Baby-Badewanne und barrierefreie Toiletten. Die sanitären Anlagen stehen den Gästen kostenlos zur Verfügung.

Freizeit

Der Campingplatz ist der perfekte Ausgangspunkt für Wanderungen oder Ausflüge, z. B. in die Kulturstädte München oder Salzburg. Das Tölzer Land bietet Urlaubern das ganze Jahr über eine traumhafte Kulisse und vielfältige Sport- und Erholungsmöglichkeiten (z. B. die nur 600 m entfernte Blombergbahn).

Der neue Indoor „Spielstall".

Esel Emil genießt die Aussicht.

4.9 SEHR GUT
384 Bewertungen

Lage	4.7
Ruhe	4.4
Sanitäranlagen	4.7
Sauberkeit Ø	4.9
Freundlichkeit	5.0
Stellplatz	4.6
Verpflegung	4.5
Freizeit	4.7
Preis-Leistung	4.8
Mietunterkünfte	4.9

Geeignet für

4.8	Kinder b. 6 J.
4.8	Kinder b. 12 J.
4.8	Paare
4.8	Senioren
4.8	Gäste mit Hund
4.7	Gäste mit Zelt
4.6	Kinder b. 18 J.

Empfohlene Aktivitäten

Wandern | Radfahren | Entspannen | Schwimmen

Mehr Infos

WOMOs ab 7,50 m: normaler Campingplatzpreis; extra Jugendplatz vorhanden.

AWARD 2022

Karte auf Seite 714

	16	17	18
	Campingplatz Riegsee	**Camping Aichalehof**	**Camping Insel Buchau**
	Seestrasse 21 82418 Riegsee bei Murnau +49 8841 2677	Aichalehof 4 82449 Uffing am Staffelsee +49 8846 211	Insel Buchau 82418 Seehausen am Staffelsee
	47.70019 | 11.2293	47.69861 | 11.15861	47.69206 | 11.17263
Infos			
Öffnungszeiten	15.04. - 20.10.	01.05. - 30.09.	05.04. - 15.10.
Vergleichspreis	HS: 24,00 € | NS: 21,00 €	HS: 24,50 € | NS: 24,50 €	keine Angabe
Link	**Mehr Infos & Anfrage:** www.camping.info/19019	**Mehr Infos & Anfrage:** www.camping.info/19023	**Mehr Infos & Anfrage:** www.camping.info/23267
Ausstattung			
Freizeit	Baden im See am Platz ✓ Hallenbad 15km Spielplatz am Platz ✓	Baden im See am Platz ✓ Pool & Hallenbad ✗ Spielplatz am Platz ✓	Baden in nat. Gewässer k. A. Pool & Hallenbad ✗ Spielplatz keine Angabe
Campingplatz	Hunde erlaubt ✓ Schatten ✗ WLAN ✗	Hunde erlaubt Nur HS Schatten ✗ WLAN teilweise	Hunde ✗ Schatten ✗ WLAN keine Angabe
Versorgung	Lebensmittel ✓ Brötchen am Platz ✓ Restaurant am P. ✓ Ver-/Entsorgung Womo ✓ in den Ort 500m	Lebensmittel ✓ Brötchen am Platz ✓ Restaurant am P. ✓ Ver-/Entsorgung Womo ✓ in den Ort 1km	Lebensmittel k.A. Brötchen keine Angabe Restaurant & Imbiss ✗ Ver-/Entsorgung Womo ✗ in den Ort keine Angabe
Anzahl der Plätze	Gesamt/Touristen 185/25 Mietunterkünfte ✗ Stellplätze vor Schranke ✓	Gesamt/Touristen 400/120 Mietunterkünfte ✗ Stellplätze vor Schranke ✗	Gesamt keine Angabe Mietunterkünfte ✗ Stellplätze vor Schranke ✗

	Campingplatz Riegsee	Camping Aichalehof	Camping Insel Buchau
Gesamt	3.2 GUT, 12 Bewertungen	3.8 GUT, 21 Bewertungen	4.3 SEHR GUT, 3 Bewertungen
Lage	4.4	4.4	5.0
Ruhe	4.0	3.3	4.7
Sanitäranlagen	3.3	4.0	3.0
Sauberkeit Ø	2.8	4.2	3.9
Freundlichkeit	3.2	4.0	4.0
Stellplatz	3.2	3.2	2.5
Verpflegung	3.6	3.2	3.5
Freizeit	3.4	4.2	4.0
Preis-Leistung	3.3	3.7	3.0
Mietunterkünfte	-	-	-
Geeignet für			
Kinder b. 6 J.	2.7	3.9	2.3
Kinder b. 12 J.	3.2	4.0	3.7
Kinder b. 18 J.	3.1	3.4	3.3
Paare	3.4	3.9	5.0
Senioren	3.6	3.7	2.3
Gäste mit Zelt	2.3	4.1	4.3
Gäste mit Hund / Hunde n. erlaubt	Gäste mit Hund 3.7	Gäste mit Hund 4.1	Hunde n. erlaubt -
Empfohlene Aktivitäten	Schwimmen Radfahren Wandern	Schwimmen Kayak/Kanu Wandern	Schwimmen Tauchen Angeln

19

Camping Halbinsel Burg

Burgweg 41
82418 Seehausen a. Staffelsee
+49 8841 9870

47.68476 | 11.17792

01.01. - 02.11.

HS: 30,20 € | NS: 22,10 €

Mehr Infos & Anfrage:
www.camping.info/22393

Baden im See am Platz	✓
Pool/Hallenbad	1/19km
Spielplatz am Platz	✓
Hunde	✗
viel Schatten	✓
WLAN	✗
Lebensmittel	✓
Brötchen am Platz	✓
Restaurant am P.	✓
Ver-/Entsorgung Womo	✓
in den Ort	1km
Gesamt/Touristen	150/130
Mietunterkünfte	✗
Stellplätze vor Schranke	✗

4.2 SEHR GUT
34 Bewertungen

Lage	4.8
Ruhe	4.4
Sanitäranlagen	3.6
Sauberkeit Ø	4.0
Freundlichkeit	4.3
Stellplatz	4.0
Verpflegung	4.4
Freizeit	4.3
Preis-Leistung	4.4
Mietunterkünfte	-

Geeignet für

Kinder b. 6 J.	4.0
Kinder b. 12 J.	4.4
Kinder b. 18 J.	4.1
Paare	4.6
Senioren	4.4
Gäste mit Zelt	4.2
Hunde n. erlaubt	-

Empfohlene Aktivitäten

- Schwimmen
- Radfahren
- Wandern

20

Lenggrieser Bergcamping

✻

Gilgenhöfe 4
83661 Lenggries
080425640602

47.68037 | 11.5631

ganzjährig

HS: 43,00 € | NS: 43,00 €

Mehr Infos & Anfrage:
www.camping.info/27492

Baden im Fluss	500m
Pool/Hallenbad	1km
Spielplatz am Platz	✓
Hunde willkommen	✓
wenig Schatten	✓
WLAN	✓
Lebensmittel	500m
Brötchen am Platz	✓
Restaurant am P.	✓
Ver-/Entsorgung Womo	✓
in den Ort	500m
Touristenplätze	24
Mietunterkünfte	✓
Stellplätze vor Schranke	✗

4.6 SEHR GUT
22 Bewertungen

Lage	4.6
Ruhe	4.7
Sanitäranlagen	4.8
Sauberkeit Ø	4.8
Freundlichkeit	4.8
Stellplatz	3.9
Verpflegung	4.2
Freizeit	4.4
Preis-Leistung	4.1
Mietunterkünfte	5.0

Geeignet für

Kinder b. 6 J.	3.7
Kinder b. 12 J.	3.8
Kinder b. 18 J.	3.6
Paare	4.8
Senioren	4.3
Gäste mit Zelt	3.2
Gäste mit Hund	4.8

Empfohlene Aktivitäten

- Wandern
- Radfahren
- Mountainbiking

21

Naturfreundehaus Saulgrub

Achelestraße 11
82442 Saulgrub
+49 88451715

47.66414 | 11.02038

01.05. - 31.10.

HS: 22,50 €

Mehr Infos & Anfrage:
www.camping.info/23803

Baden in nat. Gewässer	k. A.
Hallenbad	8km
Spielplatz am Platz	✓
Hunde erlaubt	✓
Schatten	✗
WLAN	keine Angabe
Lebensmittel	1km
Brötchen	keine Angabe
Restaurant am P.	✓
Ver-/Entsorgung Womo	✗
in den Ort	1km
Gesamt	keine Angabe
Mietunterkünfte	✗
Stellplätze vor Schranke	✗

- JETZT BEWERTEN!

Für diese Auswertung liegen leider noch nicht genügend Bewertungen vor.

Sei einer der Ersten, der diesen Campingplatz bewertet.

Mit einer guten Campingplatz-Bewertung unterstützt du nicht nur deinen Lieblingsplatz, sondern hilfst auch anderen Campern bei der Platzwahl.

22

Campingoase Fam. Reindl Bad Kohlgrub

✻

Sonnen 93
82433 Bad Kohlgrub
+49 8845 74100

47.65833 | 11.04306

ganzjährig

HS: 20,00 € | NS: 18,00 €

Mehr Infos & Anfrage:
www.camping.info/19022

Baden in nat. Gewässer	k. A.
Pool/Hallenbad	8km/150m
Spielplatz am Platz	✓
Hunde willkommen	✓
wenig Schatten	✓
WLAN	teilweise
Lebensmittel	1km
Brötchen	keine Angabe
Restaurant/Imbiss	100m
Ver-/Entsorgung Womo	✓
in den Ort	1km
Gesamt	16
Mietunterkünfte	✓
Stellplätze vor Schranke	✗

4.2 SEHR GUT
9 Bewertungen

Lage	4.6
Ruhe	5.0
Sanitäranlagen	3.9
Sauberkeit Ø	4.5
Freundlichkeit	4.9
Stellplatz	3.9
Verpflegung	4.0
Freizeit	4.3
Preis-Leistung	4.9
Mietunterkünfte	5.0

Geeignet für

Kinder b. 6 J.	4.0
Kinder b. 12 J.	4.0
Kinder b. 18 J.	3.5
Paare	4.6
Senioren	4.6
Gäste mit Zelt	4.0
Gäste mit Hund	4.8

Empfohlene Aktivitäten

- Wandern
- Mountainbiking
- Wellness

Hauptsaison von 01.05.2020 - 31.10.2020

Karte auf Seite 714

	23 Campingplatz Renken am Kochelsee	24 Camping Kesselberg	25 Campingpark Oberammergau ❄
Adresse	Mittenwalder Strasse 106 82431 Kochel am See	Altjoch 2 1/2 82431 Kochel am See +49 8851 464	Ettalerstraße 56b 82487 Oberammergau +49 8822 94105
Koordinaten	47.63968 | 11.35422	47.63773 | 11.34779	47.59027 | 11.07018
Infos			
Öffnungszeiten	15.04. - 01.10.	24.04. - 04.10.	01.01. - 25.10. 20.12. - 07.11.
Vergleichspreis	HS: 35,00 € | NS: 35,00 €	HS: 25,00 € | NS: 25,00 €	HS: 32,00 € | NS: 25,00 €
Link	**Mehr Infos & Anfrage:** www.camping.info/22183	**Mehr Infos & Anfrage:** www.camping.info/19020	**Mehr Infos & Anfrage:** www.camping.info/17867
Ausstattung			
Freizeit	Baden im See am Platz ✓ Pool/Hallenbad 2km Spielplatz am Platz ✓	Baden im See am Platz ✓ Pool/Hallenbad 4km Spielplatz am Platz ✓	Baden im Fluss 1km Pool/Hallenbad 1/2km Spielplatz keine Angabe
Campingplatz	Hunde willkommen ✓ wenig Schatten ✓ WLAN (gratis) teilweise	Hunde erlaubt ✓ zur Hälfte Schatten ✓ WLAN ✓	Hunde willkommen ✓ wenig Schatten ✓ WLAN ✓
Versorgung	Lebensmittel 2km Brötchen am Platz ✓ Restaurant/Imbiss 1km/✓ Ver-/Entsorgung Womo ✓ in den Ort 2km	Lebensmittel ✓ Brötchen am Platz ✓ Restaurant & Imbiss ✓ Ver-/Entsorgung Womo ✓ in den Ort 4km	Lebensmittel 2km Brötchen am Platz ✓ Restaurant/Imbiss 100m Ver-/Entsorgung Womo ✓ in den Ort 800m
Anzahl der Plätze	Gesamt/Touristen 55/40 Mietunterkünfte ✓ Stellplätze vor Schranke ✗	Gesamt/Touristen 100/65 Mietunterkünfte ✓ Stellplätze vor Schranke ✗	Gesamt/Touristen 120/80 Mietunterkünfte ✓ Stellplätze vor Schranke ✓

	23	24	25
Gesamt	4.7 SEHR GUT, 38 Bewertungen	4.1 SEHR GUT, 38 Bewertungen	4.1 SEHR GUT, 61 Bewertungen
Lage	4.3	4.7	4.4
Ruhe	3.6	4.1	3.8
Sanitäranlagen	4.3	3.4	4.1
Sauberkeit Ø	4.7	4.3	4.5
Freundlichkeit	5.0	4.5	4.6
Stellplatz	4.5	3.9	4.0
Verpflegung	4.5	4.3	3.5
Freizeit	4.7	4.4	4.3
Preis-Leistung	4.8	4.3	4.1
Mietunterkünfte	4.1	3.3	4.5
Geeignet für			
Kinder b. 6 J.	4.4	4.5	3.7
Kinder b. 12 J.	4.7	4.5	3.7
Kinder b. 18 J.	4.3	4.4	3.7
Paare	4.6	4.6	4.3
Senioren	4.4	4.2	4.4
Gäste mit Zelt	4.8	4.5	3.7
Gäste mit Hund	4.8	4.2	4.6
Empfohlene Aktivitäten	Wandern Schwimmen Radfahren	Wandern Schwimmen Mountainbiking	Wandern Radfahren Entspannen

26 Camping Walchensee

Lobisau 8
82432 Walchensee

47.58291 | 11.31012

01.05. - 16.10.
HS: 33,00 € | NS: 33,00 €
Mehr Infos & Anfrage:
www.camping.info/19021

Baden im See am Platz	✓
Pool/Hallenbad	16/18km
Spielplatz am Platz	✓
Hunde erlaubt	✓
wenig Schatten	✓
WLAN (gegen Gebühr)	teilweise
Lebensmittel	✓
Brötchen am Platz	✓
Restaurant/Imbiss	500m/✓
Ver-/Entsorgung Womo	✓
in den Ort	500m
Gesamt/Touristen	120/75
Mietunterkünfte	✗
Stellplätze vor Schranke	✗

4.2 SEHR GUT
52 Bewertungen

Lage	4.7
Ruhe	4.1
Sanitäranlagen	3.6
Sauberkeit Ø	4.2
Freundlichkeit	4.3
Stellplatz	4.1
Verpflegung	3.7
Freizeit	4.5
Preis-Leistung	4.4
Mietunterkünfte	-

Geeignet für

Kinder b. 6 J.	4.2
Kinder b. 12 J.	4.3
Kinder b. 18 J.	4.0
Paare	4.6
Senioren	4.7
Gäste mit Zelt	4.7
Gäste mit Hund	4.2

Empfohlene Aktivitäten

- Wandern
- Schwimmen
- Radfahren

28 Camping Erlebnis Zugspitze

❄

Griesener Straße 2
82491 Grainau
+49 8821 9439113

47.47981 | 11.05388

ganzjährig
HS: 45,60 € | NS: 37,60 €
Mehr Infos & Anfrage:
www.camping.info/19024

Baden im Fluss am Platz	✓
Pool/Hallenbad	2km
Spielplatz am Platz	✓
Hunde willkommen	✓
wenig Schatten	✓
WLAN (gegen Gebühr)	✓
Lebensmittel	✓
Brötchen am Platz	✓
Restaurant/Imbiss	100m
Ver-/Entsorgung Womo	✓
in den Ort	500m
Gesamt/Touristen	120/51
Mietunterkünfte	✓
Stellplätze vor Schranke	✓

3.1 GUT
85 Bewertungen

Lage	3.9
Ruhe	2.7
Sanitäranlagen	2.7
Sauberkeit Ø	3.2
Freundlichkeit	3.8
Stellplatz	3.1
Verpflegung	2.0
Freizeit	3.8
Preis-Leistung	2.8
Mietunterkünfte	3.4

Geeignet für

Kinder b. 6 J.	2.2
Kinder b. 12 J.	2.6
Kinder b. 18 J.	3.2
Paare	3.5
Senioren	3.4
Gäste mit Zelt	2.9
Gäste mit Hund	3.4

Empfohlene Aktivitäten

- Wandern
- Radfahren
- Mountainbiking

29 Camping Resort Zugspitze

❄ 👍

Griesener Straße 9
82491 Grainau
+49 8821 94 39 115

47.47736 | 11.05353

ganzjährig
HS: 60,80 € | NS: 46,80 €
Mehr Infos & Anfrage:
www.camping.info/25531

Baden im See	8km
Pool/Hallenbad	2km
Spielplatz am Platz	✓
Hunde willkommen	✓
wenig Schatten	✓
WLAN	✓
Lebensmittel	✓
Brötchen am Platz	✓
Restaurant/Imbiss	250m/✓
Ver-/Entsorgung Womo	✓
in den Ort	500m
Gesamt	126
Mietunterkünfte	✓
Stellplätze vor Schranke	✗

4.6 SEHR GUT
461 Bewertungen

Lage	4.6
Ruhe	4.2
Sanitäranlagen	4.7
Sauberkeit Ø	4.7
Freundlichkeit	4.8
Stellplatz	4.6
Verpflegung	4.2
Freizeit	4.6
Preis-Leistung	4.0
Mietunterkünfte	4.7

Geeignet für

Kinder b. 6 J.	3.6
Kinder b. 12 J.	3.8
Kinder b. 18 J.	4.0
Paare	4.8
Senioren	4.7
Gäste mit Zelt	3.0
Gäste mit Hund	4.2

Empfohlene Aktivitäten

- Wandern
- Entspannen
- Mountainbiking

Bitte bei der Anfrage große Fahrzeuge und/oder Anhänger angeben.

30 Naturcampingpark Isarhorn

❄

Am Horn 4
82481 Mittenwald
+49 8823 5216

47.47322 | 11.27604

16.12. - 31.10.
HS: 28,00 € | NS: 25,90 €
Mehr Infos & Anfrage:
www.camping.info/17855

Baden im Fluss am Platz	✓
Pool/Hallenbad	4km
Spielplatz am Platz	✓
Hunde willkommen	✓
zur Hälfte Schatten	✓
WLAN	✓
Lebensmittel	✓
Brötchen am Platz	✓
Restaurant & Imbiss	✓
Ver-/Entsorgung Womo	✓
in den Ort	3km
Gesamt/Touristen	300/180
Mietunterkünfte	✓
Stellplätze vor Schranke	✗

3.8 GUT
102 Bewertungen

Lage	4.3
Ruhe	3.7
Sanitäranlagen	3.8
Sauberkeit Ø	3.7
Freundlichkeit	3.8
Stellplatz	3.6
Verpflegung	3.3
Freizeit	4.2
Preis-Leistung	3.8
Mietunterkünfte	4.0

Geeignet für

Kinder b. 6 J.	3.7
Kinder b. 12 J.	3.9
Kinder b. 18 J.	3.8
Paare	4.4
Senioren	4.0
Gäste mit Zelt	4.1
Gäste mit Hund	3.8

Empfohlene Aktivitäten

- Wandern
- Klettern
- Radfahren

27 Alpen-Caravanpark Tennsee

Am Tennsee 1
82494 Klais-Krün
+49 8825 170
www.camping-tennsee.de
info@camping-tennsee.de

15.12. - 05.11.

HS: 42,60 € | NS: 38,60 €

Mehr Infos & Anfrage:
www.camping.info/19025

Baden im See	2km
Hallenbad	16km
Spielplatz am Platz	✓
Hunde erlaubt	✓
wenig Schatten	✓
WLAN	✓
Lebensmittel	✓
Brötchen am Platz	✓
Restaurant & Imbiss	✓
Ver-/Entsorgung Womo	✓
in den Ort	2km
Touristenplätze	250
Mietunterkünfte	✓
Stellplätze vor Schranke	✓

Alpen-Caravanpark mit grandioser Aussicht auf die Alpenwelt Karwendel.

Lage & Stellplatz

Der Alpen-Caravanpark Tennsee liegt optimal zwischen Garmisch und Mittenwald. Vom Platz aus genießt man den traumhaften Blick auf die Zugspitze und das Karwendel. Für Gäste gibt es Terrassen- und Komfortstellplätze (inklusive Gasanschluss) sowie 37 Wohnmobilstellplätze mit allen Anschlüssen und modernster Technik. Hier erholt man sich in einer der schönsten Urlaubslandschaften der Bayerischen Alpen. In gesunder Luft und intakter Umwelt genießen die Urlauber den Rundblick auf die majestätischen Berggipfel. Stille Bergseen, Almweiden und die legendären Buckelwiesen sind die direkten Nachbarn.

Sanitär

Die Benutzung der Sanitäranlagen gehobenen Standards erfolgt für alle Gäste ohne Aufpreis (auch für Reisemobile). Zusätzlich zu den Duschen, Waschkabinen und Badezimmern gibt es noch ein behindertengerechtes Bad sowie ein Babybad, die beide vom Parterre leicht zugänglich sind. 44 Familien-Badekabinen (abschließbar) mit Dusche, Bidet, Waschbecken u. WC können während der Aufenthaltsdauer gemietet werden. Frisierplätze mit Trockenhauben stehen allen Gästen im Bad Foyer bzw. bei den Einzel-Waschkabinen zur Verfügung. Entspannte und gepflegte Urlaubstage stehen hier im Vordergrund.

Bayerische & int. Spezialitäten.

Alpen-Caravanpark im Winter.

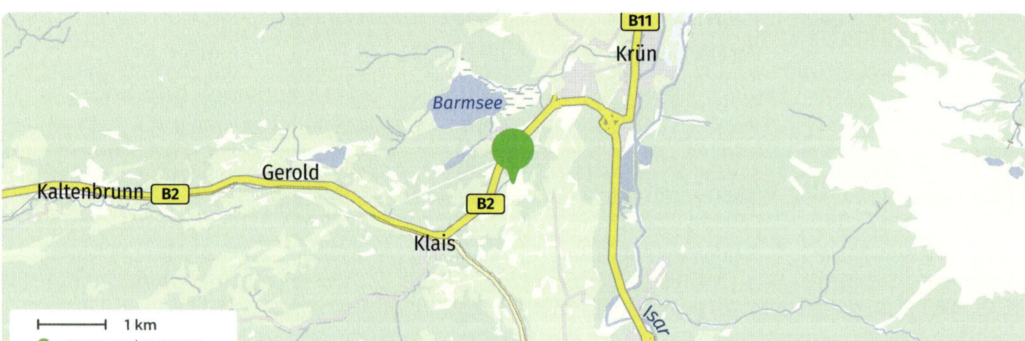

47.48944 | 11.25556

Ecocamping, günstige Winterpauschalen, Seniorenangebote, Familienpauschalen

Der Reisemobilhafen mit 37 Wohnmobilstellplätzen mit allen Anschlüssen und modernster Technik.

Verpflegung

Der gut sortierte Laden mit täglich frischen Semmeln (auch sonntags) bietet alles für den täglichen Bedarf wie Zeitungen, Lebensmittel, Getränke und auch Campingartikel. Das Restaurant „Beim Mini“ bietet eine reichhaltige Speisekarte mit bayerischen Spezialitäten und internationalen Gerichten. Auf der schönen Sonnenterrasse können die Camper Kaffee und Kuchen genießen. Frisch gebratene Hähnchen und Schweinshaxen gibt es an der Grillstation und sind immer sehr beliebt. Die Gastronomie im Alpen-Caravanpark Tennsee hat einen hohen Stellenwert, wovon sich die Gäste überzeugen können.

Freizeit

In einer der schönsten Bergregionen Bayerns bieten sich vom Platz aus tolle Wander- und Radtouren an (für jeden Anspruch). Vor Ort können auch E-Bikes ausgeliehen werden, um die idyllische Umgebung zu erkunden. Die umliegenden Seen ermöglichen schöne Badeausflüge. Viele weitere Ausflugsziele wie z. B. die Zugspitze, diverse Museen etc. lassen sich von hier aus entdecken. Wintercamping bietet zahlreiche Möglichkeiten für einen Ski- oder Langlauf-Ausflug. Das gut gepflegte Loipennetz oder Abfahrtsskilauf in den nahen Wintersportzentren bietet Winterspaß für jeden. Das Platzteam berät sehr gerne.

5.0

Der Platz ist inhabergeführt, toll organisiert und sauber. Das Personal war stets freundlich und hilfsbereit. Es gibt ein Restaurant/Kaffee mit gutem Essen und Kuchen, außerdem gibt es einen sehr gut sortierten kleinen Laden, der auch für den Camperbedarf gut ausgestattet ist. Vom Platz aus kann man sofort mit Wandern oder mit dem Fahrrad starten. Lage und Landschaft sind traumhaft schön. Hundestationen und schöne Gassi-Runden grenzen direkt am Platz an.

Annette K.

Annette war im September 2022 mit ihrem Partner und Hund auf dem Campingplatz Alpen-Caravanpark Tennsee.

Stilvolle Mietappartements.

Kinderspielplatz und Spielburg.

4.3 SEHR GUT
178 Bewertungen

Lage	4.5
Ruhe	4.2
Sanitäranlagen	4.4
Sauberkeit Ø	4.5
Freundlichkeit	4.5
Stellplatz	4.2
Verpflegung	4.3
Freizeit	4.3
Preis-Leistung	4.1
Mietunterkünfte	4.5

Geeignet für

4.7	Paare
4.7	Senioren
4.5	Gäste mit Hund
4.0	Kinder b. 6 J.
4.0	Kinder b. 12 J.
3.7	Kinder b. 18 J.
3.6	Gäste mit Zelt

Empfohlene Aktivitäten

Wandern · Radfahren · Entspannen · Mountainbiking

Mehr Infos

BAYERN

9 Chiemgau

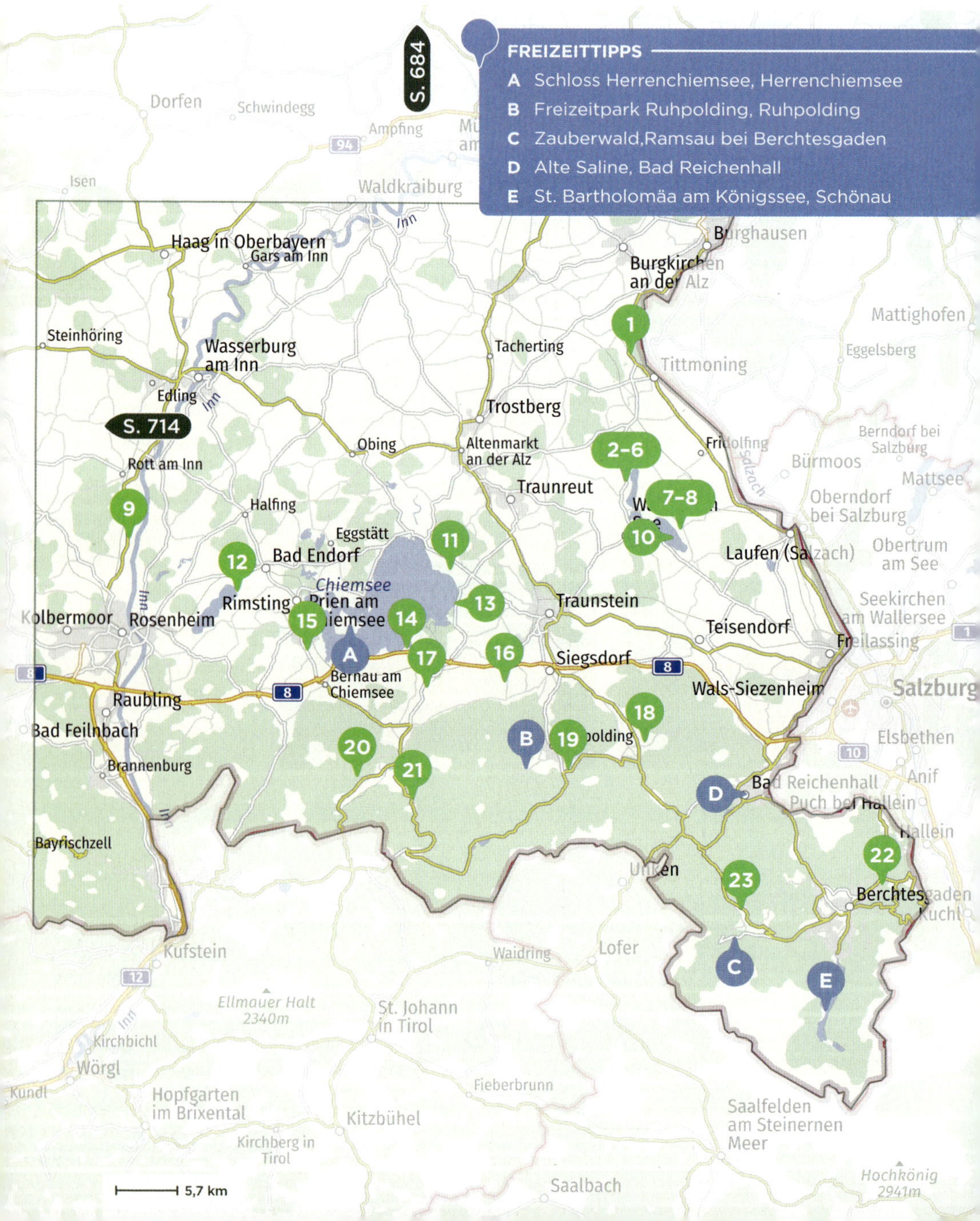

	Platz	Seite	Bewertung	Öffnungszeiten	
1	Camping Seebauer	730	3.9	saisonal	
2	Seecamping Taching am See	730	4.2	saisonal	
3	Camping Tettenhausen	730	4.0	ganzjährig	✻
4	Ferienparadies Gut Horn	734	4.4	saisonal	
5	Strandcamping Waging am See	732	4.1	ganzjährig	✻
6	Camping Schwanenplatz	731	4.8	saisonal	👍
7	Camping Strandbad Bootsverleih Wagner	734	4.6	saisonal	
8	Camping Stadler	734	4.0	saisonal	
9	Campingplatz Erlensee OHG	735	4.4	ganzjährig	✻
10	Camping Ferienpark Hainz am See	735	4.6	saisonal	
11	Campingplatz Seehäusl	735	4.3	ganzjährig	
12	Camping Stein	735	4.3	saisonal	
13	Chiemsee Strandcamping	737	4.0	saisonal	
14	Chiemsee-Camping Rödlgries	736	4.2	saisonal	
15	Camping Hofbauer	736	3.9	saisonal	
16	Campingplatz Wagnerhof	736	4.1	saisonal	✻
17	Bauernhof Steiner	738	4.3	saisonal	
18	Camping Lindlbauer	738	4.7	saisonal	✻
19	Camping Ortnerhof	738	4.6	k. A.	✻
20	Camping Zellersee	739	3.8	saisonal	
21	Camping Litzelau	739	3.9	ganzjährig	✻
22	Camping-Resort Allweglehen	739	4.5	ganzjährig	✻
23	Camping Simonhof	740	4.7	saisonal	✻

✻ Wintercamping FKK Textilfrei (ganz/teilweise) Ecocamping 👍 Award ϟ Onlinebuchung

Karte auf Seite 728

	1	2	3
	Camping Seebauer	**Seecamping Taching am See**	**Camping Tettenhausen**
			❄
	Furth 9 84529 Tittmoning +49 8683 1216 48.07275 | 12.73945	Am Strandbad 1 83373 Taching am See +49 8681 9548 47.96206 | 12.73211	Hauptstraße 2 83329 Waging-Tettenhausen +49 868 116 22 47.9532 | 12.7522
Infos			
Öffnungszeiten	01.04. - 15.10.	01.04. - 15.10.	ganzjährig
Vergleichspreis	HS: 25,00 € | NS: 25,00 €	HS: 24,95 € | NS: 19,45 €	HS: 23,50 € | NS: 21,50 €
Link	**Mehr Infos & Anfrage:** www.camping.info/19077	**Mehr Infos & Anfrage:** www.camping.info/19059	**Mehr Infos & Anfrage:** www.camping.info/19048
Ausstattung			
Freizeit	Baden im See am Platz ✓ Pool/Hallenbad ✓/15km Spielplatz am Platz ✓	Baden im See am Platz ✓ Pool/Hallenbad 15/20km Spielplatz am Platz ✓	Baden im See am Platz ✓ Pool & Hallenbad ✗ Spielplatz am Platz ✓
Campingplatz	Hunde erlaubt ✓ zur Hälfte Schatten ✓ WLAN ✓	Hunde willkommen ✓ zur Hälfte Schatten ✓ WLAN ✓	Hunde erlaubt ✓ Schatten ✗ WLAN keine Angabe
Versorgung	Lebensmittel 3km Brötchen am Platz ✓ Restaurant/Imbiss 100m Ver-/Entsorgung Womo ✓ in den Ort 3km	Lebensmittel 500m Brötchen am Platz ✓ Restaurant & Imbiss ✓ Ver-/Entsorgung Womo ✓ in den Ort 500m	Lebensmittel ✓ Brötchen am Platz ✓ Restaurant am P. ✓ Ver-/Entsorgung Womo ✗ in den Ort 500m
Anzahl der Plätze	Gesamt/Touristen 150/70 Mietunterkünfte ✓ Stellplätze vor Schranke ✗	Gesamt/Touristen 196/98 Mietunterkünfte ✓ Stellplätze vor Schranke ✗	Gesamt/Touristen 130/90 Mietunterkünfte ✗ Stellplätze vor Schranke ✗

	Camping Seebauer	Seecamping Taching am See	Camping Tettenhausen
Gesamt	3.9 GUT, 15 Bewertungen	4.2 SEHR GUT, 44 Bewertungen	4.0 SEHR GUT, 14 Bewertungen
Lage	4.3	4.6	4.7
Ruhe	4.6	4.5	3.8
Sanitäranlagen	4.1	3.8	4.0
Sauberkeit Ø	4.2	4.5	4.3
Freundlichkeit	4.1	4.7	4.5
Stellplatz	4.0	3.9	3.9
Verpflegung	2.8	3.2	4.6
Freizeit	3.6	4.2	4.4
Preis-Leistung	3.7	4.6	4.2
Mietunterkünfte	-	3.5	-
Geeignet für			
Kinder b. 6 J.	4.4	4.6	4.4
Kinder b. 12 J.	3.8	4.5	4.4
Kinder b. 18 J.	2.9	3.8	4.0
Paare	4.3	4.7	4.5
Senioren	4.0	4.8	4.3
Gäste mit Zelt	4.2	4.6	4.0
Gäste mit Hund	3.5	4.3	4.7
Empfohlene Aktivitäten	Schwimmen Radfahren Entspannen	Schwimmen Radfahren Wandern	Schwimmen Radfahren Wandern

Seecamping Taching am See: keine WOMOs ab 8 m; Gruppen nur mit Reservierung

6 Camping Schwanenplatz

Am Schwanenplatz 1
83329 Waging / Gaden
+49 8681 281
www.schwanenplatz.de
info@schwanenplatz.de

28.04. - 03.10.

HS: 39,20 € | NS: 31,90 €

Mehr Infos & Anfrage:
www.camping.info/19050

Baden im See am Platz	✓
Hallenbad	25km
Spielplatz am Platz	✓
Hunde	✗
wenig Schatten	✓
WLAN	✓
Lebensmittel	1km
Brötchen am Platz	✓
Restaurant & Imbiss	✓
Ver-/Entsorgung Womo	✓
in den Ort	1km
Gesamt/Touristen	240/155
Mietunterkünfte	✗
Stellplätze vor Schranke	✗

47.9368 | 12.76106

Camping Schwanenplatz mit Blick auf die Berchtesgadener Alpen.

Lage & Stellplatz

Kleine Buchten, feine Rieselstrände, der wärmste See Oberbayerns: Über eine 4 ha große Halbinsel des Waginger Sees erstreckt sich der Schwanenplatz. Dieser bietet auf seinen 230 Stellplätzen (85 bis 110 m²) in gewachsener Parklandschaft und mit Blick auf das südostbayrische Alpenvorland Natur pur.

Verpflegung

Wasser und Berge vereint auch das Restaurant Seealm. Auf der herrlichen Sonnenterrasse kann man täglich frisch zubereitete, typisch regionale Schmankerl genießen – mit herrlichem Blick auf den See und die Alpen. Ein Kiosk im Lokal bietet zudem täglich frische Backwaren an.

Sanitär

Im großzügig und hell gestalteten Badehaus schaffen Einzelwaschplätze, Wasch- und Duschkabinen sowie Komfortduschen mit eigenem Waschbecken Privatsphären. Überdies bietet es einen Wickelraum, ein Kinderbad und ein barrierefreies Badezimmer. Geschirr- und Wäschewaschraum sind obligatorisch.

Freizeit

Neben Fahrradfahren & Wandern steht das Badevergnügen im Waginger See klar im Vordergrund. Besonders der Nichtschwimmer-Bereich am Spielplatz ist ideal für alle Schwimmanfänger. Auch SUP-Fans finden perfekte Möglichkeiten. Ausflüge ins Berchtesgadener Land & ins Salzkammergut sind empfehlenswert.

Stellplätze direkt am See.

Genuss am Seeufer.

4.8 SEHR GUT
824 Bewertungen

Lage	4.8
Ruhe	4.6
Sanitäranlagen	4.7
Sauberkeit Ø	4.8
Freundlichkeit	4.9
Stellplatz	4.7
Verpflegung	3.9
Freizeit	4.6
Preis-Leistung	4.6
Mietunterkünfte	-

Geeignet für

- 4.8 Senioren
- 4.7 Paare
- 4.5 Kinder b. 12 J.
- 3.8 Kinder b. 18 J.
- 4.6 Kinder b. 6 J.
- 4.4 Gäste mit Zelt
- - Gäste mit Hund nicht erlaubt

Empfohlene Aktivitäten

Schwimmen · Radfahren · Wandern · Entspannen

Mehr Infos

Komfortplätze mit Frisch- und Abwasser. Jugendgruppen nicht zugelassen.

AWARD 2022

5 Strandcamping Waging am See

Am See 1
83329 Waging a. See
+49 8681 552
www.strandcamp.de
info@strandcamp.de

ganzjährig

HS: 45,00 € | NS: 30,00 €

Mehr Infos & Anfrage:
www.camping.info/19051

Baden im See am Platz	✓
Pool/Hallenbad	20km
Spielplatz am Platz	✓
Hunde willkommen	✓
zur Hälfte Schatten	✓
WLAN (gegen Gebühr)	✓
Lebensmittel	✓
Brötchen am Platz	✓
Restaurant & Imbiss	✓
Ver-/Entsorgung Womo	✓
in den Ort	500m
Touristenplätze	700
Mietunterkünfte	✓
Stellplätze vor Schranke	✓

Member of LeadingCampings

WAGINGER SEE

ADAC Superplatz 2022

Luftaufnahme vom Strandcamping Waging am See.

Lage & Stellplatz

Ein Leading-Campingplatz mit 5-Sterne-Auszeichnung im Herzen des bayerischen Alpenvorlands: Der parkähnlich angelegte Platz liegt direkt am Waginger See und bietet schöne Ausblicke auf die umliegenden Hügel des Chiemgaus. Zahlreiche Stellplatzkategorien stehen den Gästen zur Auswahl bereit. Diese reichen von 80 m² messenden Standardplätzen bis zu 200 m² großen Super-Comfort-Stellplätzen mit Wasser- und Abwasseranschluss. Die Stellplätze liegen unter großem, alten Baumbestand und bieten alle eine schöne Rasenfläche. Von zahlreichen Stellplätzen hat man einen schönen Blick auf den See.

Sanitär

„Strandcamping Waging am See" verfügt über drei gepflegte Sanitäranlagen. Eine davon wurde im Juni 2019 komplett neu eröffnet. Es stehen großzügige und modern eingerichtete Duschkabinen mit Waschbecken, großer Dusche, Ablagemöglichkeiten, Sitzgelegenheit und Spiegel zur Verfügung. Die einzelnen Toiletten sind durch feste Wände getrennt. Auf unschöne Trennwände wurde hier gänzlich verzichtet. 17 private Mietbadezimmer können je nach Wunsch gebucht werden. In jedem Sanitärgebäude befindet sich auch eine barrierefreie Sanitäreinrichtung.

Radweg entlang des Sees.

Stellplatz direkt am Wasser.

Panoramaaufnahme mit Blick auf den Waginger See und die umliegenden Berge.

Verpflegung

Direkt am Campingplatz befindet sich eine große Gastronomie mit gutbürgerlicher, bayerischer Küche. Die Seeterrasse bietet Platz für zahlreiche Gäste und offenbart tolle Blicke über den Waginger See. Im platzeigenen Biergarten mit Imbiss gibt es bayerische Schmankerl vom Grill sowie einfache und preiswerte Imbissgerichte. Außerdem befinden sich eine Wein-Lounge sowie ein Fußball-Pub am Platz. Der gut sortierte, platzeigene Supermarkt mit Bäckerei und Frischetheke ist eine Bereicherung für jeden Campinggast. Im nächsten Ort findet man zudem einige große Supermärkte bekannter Ketten.

Freizeit

Der große, platzeigene Badepark am Ufer des Waginger Sees zählt zu den schönsten Naturfreibädern Bayerns. Mehrere Kinderspielplätze, ein Nichtschwimmerbereich und eine große Badeplattform sind im Badepark zu finden. In den Sommermonaten bietet der Platz täglich Kinder- und Sportanimation. Geführte Wander-, Berg- und Mountainbike-Touren erfreuen sich großer Beliebtheit. Im Jahr 2016 eröffnete hier Europas erste 18-Loch Fußballgolf Anlage auf einem Campingplatz. Die nähere Umgebung bietet darüber hinaus zahlreiche Ausflugsmöglichkeiten (z. B. Salzburg 20 km, Burghausen 20 km, Chiemsee 20 km).

5.0

Toller Campingplatz direkt am See. Sehr nette Mitarbeiter. Wasser am Platz. Es kommt sogar ein sehr freundlicher Mitarbeiter vorbei, welcher anbietet, den TV zu installieren. Der Campingsupermarkt hat ein tolles Angebot auch an Grillwaren. Große, sehr schattige Stellplätze direkt am See. Hunde sehr willkommen, unkompliziert!

Katrin S.

Katrin ist mit ihrem Mann und kleinem Hund im Wohnmobil auf Achse. Seit über 10 Jahren sind sie begeisterte Camper und genießen die relaxte Atmosphäre und spontanen Gespräche. Sie waren im Juni 2022 auf dem Platz.

Seeblick direkt vom Stellplatz.

Moderne Sanitäreinrichtung.

4.1 SEHR GUT
392 Bewertungen

Lage	4.5
Ruhe	3.7
Sanitäranlagen	4.2
Sauberkeit Ø	4.2
Freundlichkeit	4.4
Stellplatz	4.1
Verpflegung	4.1
Freizeit	4.2
Preis-Leistung	3.9
Mietunterkünfte	4.1

Geeignet für

Paare	4.4
Gäste mit Hund	4.4
Kinder b. 12 J.	4.3
Gäste mit Zelt	4.2
Kinder b. 6 J.	4.3
Senioren	4.3
Kinder b. 18 J.	3.9

Empfohlene Aktivitäten

Schwimmen
Radfahren
Wandern
Entspannen

Mehr Infos

Karte auf Seite 728

	4 Ferienparadies Gut Horn	7 Camping Strandbad Bootsverleih Wagner	8 Camping Stadler
	Gut Horn 2 83329 Waging am See +49 8681 227 47.94638 | 12.75638	Strandbadstraße 7 83367 Petting +49 86 86 98 44 77 47.92898 | 12.80208	Strandbadstraße 11 83367 Petting +49 8686 8037 47.92826 | 12.80253
Infos			
Öffnungszeiten	01.03. - 30.11.	01.05. - 31.10.	01.04. - 10.10.
Vergleichspreis	HS: 29,40 € | NS: 28,00 €	HS: 24,50 € | NS: 22,50 €	HS: 30,00 € | NS: 25,00 €
Link	**Mehr Infos & Anfrage:** www.camping.info/19049	**Mehr Infos & Anfrage:** www.camping.info/26431	**Mehr Infos & Anfrage:** www.camping.info/19057
Ausstattung			
Freizeit	Baden im See am Platz ✓ Pool/Hallenbad 16km Spielplatz am Platz ✓	Baden im See am Platz ✓ Pool/Hallenbad 15/25km Spielplatz am Platz ✓	Baden im See am Platz ✓ Hallenbad 25km Spielplatz am Platz ✓
Campingplatz	Hunde willkommen ✓ zur Hälfte Schatten ✓ WLAN (gegen Gebühr) ✓	Hunde willkommen ✓ Schatten ✗ WLAN ✓	Hunde erlaubt ✓ zur Hälfte Schatten ✓ WLAN (gegen Gebühr) ✓
Versorgung	Lebensmittel ✓ Brötchen am Platz ✓ Restaurant & Imbiss ✓ Ver-/Entsorgung Womo ✓ in den Ort 1km	Lebensmittel 1km Brötchen am Platz nur HS Restaurant & Imbiss ✓ Ver-/Entsorgung Womo ✓ in den Ort 3km	Lebensmittel 1km Brötchen am Platz ✓ Restaurant/Imbiss 200m Ver-/Entsorgung Womo ✓ in den Ort 3km
Anzahl der Plätze	Gesamt/Touristen 350/250 Mietunterkünfte ✓ Stellplätze vor Schranke ✗	Gesamt/Touristen 63/23 Mietunterkünfte ✓ Stellplätze vor Schranke ✓	Gesamt/Touristen 50/25 Mietunterkünfte ✓ Stellplätze vor Schranke ✗

	Ferienparadies Gut Horn	Camping Strandbad Bootsverleih Wagner	Camping Stadler
Gesamt	4.4 SEHR GUT, 169 Bewertungen	4.6 SEHR GUT, 20 Bewertungen	4.0 SEHR GUT, 14 Bewertungen
Lage	4.7	4.9	4.7
Ruhe	4.0	4.5	4.6
Sanitäranlagen	4.6	4.2	3.3
Sauberkeit Ø	4.6	4.7	4.5
Freundlichkeit	4.5	4.7	4.5
Stellplatz	4.0	4.3	3.8
Verpflegung	4.3	3.9	2.8
Freizeit	4.1	4.2	4.0
Preis-Leistung	4.4	4.5	4.1
Mietunterkünfte	4.4	4.5	5.0
Geeignet für			
Kinder b. 6 J.	4.4	4.2	4.2
Kinder b. 12 J.	4.4	4.2	4.0
Kinder b. 18 J.	4.0	3.9	2.9
Paare	4.6	4.7	4.3
Senioren	4.5	4.5	4.8
Gäste mit Zelt	4.5	4.3	4.6
Gäste mit Hund	4.4	4.5	4.1
Empfohlene Aktivitäten	Schwimmen Radfahren Wandern	Schwimmen Radfahren Entspannen	Wandern Schwimmen Radfahren

9 Campingplatz Erlensee OHG

❄

Rosenheimer Straße 63
83135 Schechen
+49 8039 16 95
47.92465 | 12.13693

ganzjährig

HS: 33,00 € | NS: 28,00 €
Mehr Infos & Anfrage:
www.camping.info/19033

Baden im See am Platz	✓
Pool & Hallenbad	✗
Spielplatz	✗
Hunde erlaubt	✓
zur Hälfte Schatten	✓
WLAN (gegen Gebühr)	✓
Lebensmittel	800m
Brötchen am Platz	✗
Restaurant	100m
Ver-/Entsorgung Womo	✓
in den Ort	1km
Gesamt/Touristen	170/50
Mietunterkünfte	✗
Stellplätze vor Schranke	✓

4.4 SEHR GUT
41 Bewertungen

Lage	4.2
Ruhe	4.4
Sanitäranlagen	4.3
Sauberkeit Ø	4.5
Freundlichkeit	4.7
Stellplatz	4.2
Verpflegung	4.2
Freizeit	3.7
Preis-Leistung	4.4
Mietunterkünfte	-

Geeignet für

Kinder b. 6 J.	3.8
Kinder b. 12 J.	3.6
Kinder b. 18 J.	3.4
Paare	4.6
Senioren	4.7
Gäste mit Zelt	4.4
Gäste mit Hund	4.7

Empfohlene Aktivitäten

- Entspannen
- Schwimmen
- Radfahren

10 Camping Ferienpark Hainz am See

Hainz am See 2
83367 Petting
+49 8686 287
47.9211 | 12.7936

15.05. - 15.09.

HS: 32,40 € | NS: 27,60 €
Mehr Infos & Anfrage:
www.camping.info/19058

Baden im See am Platz	✓
Pool/Hallenbad	16/18km
Spielplatz am Platz	✓
Hunde	✗
viel Schatten	✓
WLAN	✓
Lebensmittel	2km
Brötchen am Platz	✓
Restaurant	2km
Ver-/Entsorgung Womo	✗
in den Ort	2km
Touristenplätze	50
Mietunterkünfte	✗
Stellplätze vor Schranke	✗

4.6 SEHR GUT
22 Bewertungen

Lage	4.9
Ruhe	5.0
Sanitäranlagen	4.6
Sauberkeit Ø	4.8
Freundlichkeit	4.5
Stellplatz	4.6
Verpflegung	3.4
Freizeit	3.9
Preis-Leistung	4.6
Mietunterkünfte	-

Geeignet für

Kinder b. 6 J.	4.2
Kinder b. 12 J.	4.0
Kinder b. 18 J.	3.3
Paare	4.6
Senioren	4.7
Gäste mit Zelt	4.2
Hunde n. erlaubt	-

Empfohlene Aktivitäten

- Schwimmen
- Radfahren
- Entspannen

11 Campingplatz Seehäusl

Beim Seehäusl 1
83339 Chieming-Stöttham
+49 8664 303
47.90222 | 12.52025

ganzjährig

HS: 32,50 € | NS: 24,50 €
Mehr Infos & Anfrage:
www.camping.info/23213

Baden im See am Platz	✓
Pool/Hallenbad	10km
Spielplatz	1km
Hunde willkommen	✓
zur Hälfte Schatten	✓
WLAN (begrenzt gratis)	✓
Lebensmittel	1km
Brötchen am Platz	✓
Restaurant/Imbiss	✓/1km
Ver-/Entsorgung Womo	✓
in den Ort	500m
Gesamt/Touristen	50/44
Mietunterkünfte	✗
Stellplätze vor Schranke	✗

4.3 SEHR GUT
136 Bewertungen

Lage	4.8
Ruhe	4.5
Sanitäranlagen	3.8
Sauberkeit Ø	4.3
Freundlichkeit	4.5
Stellplatz	3.9
Verpflegung	4.2
Freizeit	4.3
Preis-Leistung	4.3
Mietunterkünfte	-

Geeignet für

Kinder b. 6 J.	4.3
Kinder b. 12 J.	4.3
Kinder b. 18 J.	3.9
Paare	4.6
Senioren	4.5
Gäste mit Zelt	4.3
Gäste mit Hund	4.5

Empfohlene Aktivitäten

- Schwimmen
- Radfahren
- Wandern

12 Camping Stein

See 10
83093 Bad Endorf
+49 8053 9349
47.88472 | 12.26861

15.04. - 06.10.

HS: 32,00 € | NS: 26,00 €
Mehr Infos & Anfrage:
www.camping.info/19032

Baden im See am Platz	✓
Pool/Hallenbad	4km
Spielplatz am Platz	✓
Hunde erlaubt	nur NS
wenig Schatten	✓
WLAN (gegen Gebühr)	✓
Lebensmittel	✓
Brötchen am Platz	nur HS
Restaurant/Imbiss	2km
Ver-/Entsorgung Womo	✓
in den Ort	4km
Gesamt/Touristen	140/65
Mietunterkünfte	✓
Stellplätze vor Schranke	✓

4.3 SEHR GUT
100 Bewertungen

Lage	4.7
Ruhe	4.3
Sanitäranlagen	4.1
Sauberkeit Ø	4.3
Freundlichkeit	4.4
Stellplatz	4.2
Verpflegung	3.2
Freizeit	3.9
Preis-Leistung	4.3
Mietunterkünfte	3.9

Geeignet für

Kinder b. 6 J.	4.5
Kinder b. 12 J.	4.4
Kinder b. 18 J.	3.6
Paare	4.5
Senioren	4.5
Gäste mit Zelt	4.5
Gäste mit Hund	3.8

Empfohlene Aktivitäten

- Schwimmen
- Wandern
- Radfahren

keine WOMOs ab 8 m; max. Höhe von Bad Endorf kommend 2,65 m; keine Gruppen

Karte auf Seite 728

	14	15	16
	Chiemsee-Camping Rödlgries	**Camping Hofbauer**	**Campingplatz Wagnerhof**
			❄
	Rödlgries 1 83236 Übersee +49 8642 470	Bernauerstraße 110 83209 Prien am Chiemsee +49 8051 4136	Campingstraße 11 83346 Bergen am Hochfelln +49 8662 85 57
	47.84219 | 12.47188	47.83892 | 12.35104	47.81274 | 12.58884
Infos			
Öffnungszeiten	01.04. - 31.10.	01.04. - 27.10.	16.12. - 14.11.
Vergleichspreis	HS: 44,50 € | NS: 39,50 €	HS: 26,30 € | NS: 22,00 €	HS: 28,50 € | NS: 24,00 €
Link	**Mehr Infos & Anfrage:** www.camping.info/19039	**Mehr Infos & Anfrage:** www.camping.info/19035	**Mehr Infos & Anfrage:** www.camping.info/19054
Ausstattung			
Freizeit	Baden im See am Platz ✓ Pool/Hallenbad 15/18km Spielplatz am Platz ✓	Baden im See 1km Pool/Hallenbad ✓/3km Spielplatz am Platz ✓	Baden im Teich am Platz ✓ Pool/Hallenbad ✓/15km Spielplatz am Platz ✓
Campingplatz	Hunde ✗ Schatten ✗ WLAN (gegen Gebühr) ✓	Hunde willkommen ✓ zur Hälfte Schatten ✓ WLAN ✓	Hunde willkommen ✓ zur Hälfte Schatten ✓ WLAN (gegen Gebühr) ✓
Versorgung	Lebensmittel 3km Brötchen keine Angabe Restaurant 2km Ver-/Entsorgung Womo ✗ in den Ort 3km	Lebensmittel 600m Brötchen am Platz ✓ Restaurant am P. ✓ Ver-/Entsorgung Womo ✓ in den Ort 1km	Lebensmittel ✓ Brötchen am Platz nur HS Restaurant/Imbiss 500m Ver-/Entsorgung Womo ✓ im Ort ✓
Anzahl der Plätze	Gesamt/Touristen 474/325 Mietunterkünfte ✗ Stellplätze vor Schranke ✗	Gesamt/Touristen 120/80 Mietunterkünfte ✓ Stellplätze vor Schranke ✗	Gesamt/Touristen 150/130 Mietunterkünfte ✓ Stellplätze vor Schranke ✗

	14	15	16
Gesamt	4.2 SEHR GUT 162 Bewertungen	3.9 GUT 49 Bewertungen	4.1 SEHR GUT 33 Bewertungen
Lage	4.4	3.6	4.4
Ruhe	3.5	3.5	4.7
Sanitäranlagen	4.4	3.6	3.6
Sauberkeit Ø	4.6	4.2	4.2
Freundlichkeit	4.1	4.7	4.2
Stellplatz	4.4	3.9	4.2
Verpflegung	3.5	3.9	3.3
Freizeit	4.3	4.1	4.3
Preis-Leistung	4.0	4.0	3.8
Mietunterkünfte	-	4.9	3.7
Geeignet für			
Kinder b. 6 J.	4.3	3.8	4.0
Kinder b. 12 J.	4.2	3.8	3.7
Kinder b. 18 J.	3.9	3.3	3.4
Paare	4.5	4.1	4.4
Senioren	4.5	4.5	4.5
Gäste mit Zelt	4.1	3.9	4.0
Hunde n. erlaubt / Gäste mit Hund	Hunde n. erlaubt -	Gäste mit Hund 4.4	Gäste mit Hund 4.4
Empfohlene Aktivitäten	Schwimmen Radfahren Wandern	Radfahren Wandern Entspannen	Wandern Radfahren Schwimmen

keine WOMOs ab 7,5 m; bevorzugt keine Zeltcamper und Jugendgruppen

13 Chiemsee Strandcamping

Am Chiemsee 1
83355 Grabenstätt/Unterhochstätt
+49 8664 500
www.chiemsee-strandcamping.de
info@chiemsee-strandcamping.de

01.04. - 30.09.

HS: 39,50 € | NS: 25,50 €

Mehr Infos & Anfrage:
www.camping.info/19055

Baden im See am Platz	✓
Hallenbad	20km
Spielplatz am Platz	✓
Hunde willkommen	✓
wenig Schatten	✓
WLAN	✓
Lebensmittel	✓
Brötchen am Platz	✓
Restaurant/Imbiss	1km/✓
Ver-/Entsorgung Womo	✓
in den Ort	1km
Gesamt/Touristen	120/80
Mietunterkünfte	✗
Stellplätze vor Schranke	✗

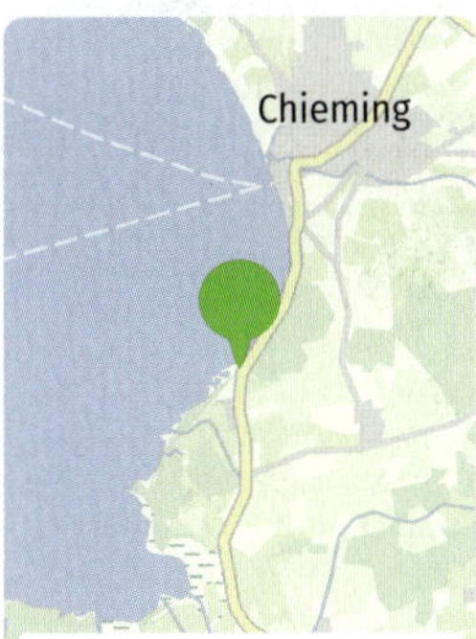

47.87649 | 12.5286

Der neue Familiencamp am Chiemseestrand – das Leben genießen.

Lage & Stellplatz

Chiemsee Strandcamping erstreckt sich 1 km direkt am Ufer des Chiemsees mit 130 Urlaubsplätzen, 65 davon direkt am Strand. Die schönsten Sonnenuntergänge am Chiemsee. Stellplätze in allen Größen, gut befestigt und mit Fahrzeugen jeder Größe befahrbar. Strom und Wasser in Kat. A und B am Stellplatz.

Verpflegung

Am Platz befindet sich eine neu gestaltete Bar mit Café, kleinem Speiseangebot und kleinem Minimarkt. Erhältlich sind: Kaffee- und Bierspezialitäten, Cocktails, Pizza, Flammkuchen, Grundnahrungsmitteln und Kosmetikartikel. Frühstücksgebäck (Semmeln, Brezen, Croissants ...) frisch gebacken.

Sanitär

Neue Sanitäranlagen im Haupthaus, mit Fußbodenheizung ausgestattet. Ausreichend Toiletten und Duschen, alles im Preis inklusive. Waschmaschine und Trockner gegen Gebühr. Anlagen werden 3x täglich gereinigt. Einzelwaschkabine bei Damen und Herren. Separates Kinderbad. Kein behindertenger. Sanitär.

Freizeit

Es stehen für Kinder bis ca. 50 kg Körpergewicht kleine Kajaks kostenlos zur Verfügung. Für Jugendliche und Erwachsene können über den Segelverein Kajaks, SUPs und Tretboote gegen Mitgliedsgebühr genutzt werden. Kinderspielplatz und Fun & Sport Area (Airhockey, Dart, Billard, Tischtennis, Fitness ...)

Traumhafte Sonnenuntergänge.

Lounge zum Relaxen.

4.0 SEHR GUT
56 Bewertungen

Lage	4.3
Ruhe	3.0
Sanitäranlagen	4.0
Sauberkeit Ø	4.2
Freundlichkeit	4.5
Stellplatz	3.9
Verpflegung	3.5
Freizeit	4.1
Preis-Leistung	4.0
Mietunterkünfte	-

Geeignet für

4.4 Paare

4.2	Senioren
4.1	Gäste mit Hund
4.0	Kinder b. 18 J.
4.1	Kinder b. 12 J.
4.0	Kinder b. 6 J.
4.0	Gäste mit Zelt

Empfohlene Aktivitäten

Schwimmen · Radfahren · Wandern · Kayak/Kanu

Mehr Infos

4 verschiedene Kategorien, versch. Rabattkarten akzeptiert in Nebensaison.

Karte auf Seite 728

	17 Bauernhof Steiner	18 Camping Lindlbauer	19 Camping Ortnerhof
		❄	❄
	Almfischer 11 83236 Übersee 086421383 47.80934 | 12.49116	Kreuzfeldstraße 44 83334 Inzell +49 8665 928 99 88 47.76667 | 12.75403	Ort 5 83324 Ruhpolding +49 8663 1764 47.74247 | 12.66347
Infos			
Öffnungszeiten	01.03. - 30.11.	01.01. - 06.11. 19.12. - 31.12.	keine Angabe
Vergleichspreis	keine Angabe	HS: 29,20 € | NS: 29,20 €	HS: 31,30 € | NS: 29,60 €
Link	**Mehr Infos & Anfrage:** www.camping.info/25217	**Mehr Infos & Anfrage:** www.camping.info/24093	**Mehr Infos & Anfrage:** www.camping.info/19047
Ausstattung			
Freizeit	Baden in nat. Gewässer k. A. Pool & Hallenbad ✗ Spielplatz keine Angabe	Baden im See 200m Pool/Hallenbad 200m Spielplatz am Platz ✓	Baden im See 10km Pool/Hallenbad 3km Spielplatz am Platz ✓
Campingplatz	Hunde ✗ Schatten ✗ WLAN keine Angabe	Hunde willkommen ✓ wenig Schatten ✓ WLAN (gegen Gebühr) ✓	Hunde ✗ wenig Schatten ✓ WLAN (gegen Gebühr) ✓
Versorgung	Lebensmittel k.A. Brötchen keine Angabe Restaurant & Imbiss ✗ Ver-/Entsorgung Womo ✗ in den Ort keine Angabe	Lebensmittel 500m Brötchen am Platz ✓ Restaurant/Imbiss 100m Ver-/Entsorgung Womo ✓ in den Ort 300m	Lebensmittel 1km Brötchen am Platz ✓ Restaurant/Imbiss 1/3km Ver-/Entsorgung Womo ✓ in den Ort 3km
Anzahl der Plätze	Touristenplätze 37 Mietunterkünfte ✗ Stellplätze vor Schranke ✗	Gesamt/Touristen 91/81 Mietunterkünfte ✓ Stellplätze vor Schranke ✓	Gesamt/Touristen 180/100 Mietunterkünfte ✓ Stellplätze vor Schranke ✓

	17 Bauernhof Steiner	18 Camping Lindlbauer	19 Camping Ortnerhof
Gesamt	4.3 SEHR GUT, 19 Bewertungen	4.7 SEHR GUT, 140 Bewertungen	4.6 SEHR GUT, 80 Bewertungen
Lage	4.7	4.7	4.7
Ruhe	4.2	4.7	4.7
Sanitäranlagen	4.1	4.9	4.7
Sauberkeit Ø	4.7	5.0	4.9
Freundlichkeit	4.9	4.7	4.8
Stellplatz	4.0	4.4	4.3
Verpflegung	3.9	3.8	3.3
Freizeit	4.5	4.5	4.5
Preis-Leistung	4.7	4.4	4.4
Mietunterkünfte	-	4.7	4.4
Geeignet für			
Kinder b. 6 J.	4.1	4.1	4.5
Kinder b. 12 J.	4.1	4.2	4.4
Kinder b. 18 J.	4.3	3.8	4.2
Paare	4.9	4.8	4.8
Senioren	4.7	4.8	4.7
Gäste mit Zelt	1.2	4.3	4.4
Hunde n. erlaubt / Gäste mit Hund	Hunde n. erlaubt -	Gäste mit Hund 4.6	Hunde n. erlaubt -
Empfohlene Aktivitäten	Radfahren Wandern Mountainbiking	Wandern Entspannen Radfahren	Wandern Radfahren Mountainbiking

Camping Ortnerhof: keine WOMOs ab 9 m; keine Jugendgruppen

20 Camping Zellersee

Zellersee Weg 3
83259 Schleching
+49 864 998 6719
47.73506 | 12.41485

01.05. - 30.09.

HS: 33,00 € | NS: 29,00 €

Mehr Infos & Anfrage:
www.camping.info/19044

Baden im See am Platz	✓
Pool/Hallenbad	7/15km
Spielplatz am Platz	✓
Hunde	✗
zur Hälfte Schatten	✓
WLAN (gegen Gebühr)	✓
Lebensmittel	✓
Brötchen am Platz	nur HS
Restaurant/Imbiss	500m/✓
Ver-/Entsorgung Womo	✓
in den Ort	2km
Gesamt/Touristen	90/75
Mietunterkünfte	✓
Stellplätze vor Schranke	✗

3.8 GUT – 17 Bewertungen

Lage	4.1
Ruhe	3.7
Sanitäranlagen	3.6
Sauberkeit Ø	4.3
Freundlichkeit	3.9
Stellplatz	3.4
Verpflegung	2.7
Freizeit	4.1
Preis-Leistung	3.7
Mietunterkünfte	3.5

Geeignet für

Kinder b. 6 J.	3.8
Kinder b. 12 J.	4.0
Kinder b. 18 J.	3.3
Paare	4.4
Senioren	4.5
Gäste mit Zelt	4.3
Hunde n. erlaubt	-

Empfohlene Aktivitäten

- Wandern
- Klettern
- Schwimmen

21 Camping Litzelau

❄

Litzelau 4
83246 Oberwössen bei Reit im Winkl
+49 8640 8704
47.71728 | 12.4788

ganzjährig

HS: 24,60 € | NS: 24,60 €

Mehr Infos & Anfrage:
www.camping.info/19042

Baden im Fluss am Platz	✓
Pool	8km
Spielplatz am Platz	✓
Hunde willkommen	✓
zur Hälfte Schatten	✓
WLAN	✓
Lebensmittel	1km
Brötchen	keine Angabe
Restaurant am P.	✓
Ver-/Entsorgung Womo	✓
in den Ort	2km
Touristenplätze	80
Mietunterkünfte	✓
Stellplätze vor Schranke	✓

3.9 GUT – 19 Bewertungen

Lage	4.3
Ruhe	4.3
Sanitäranlagen	3.4
Sauberkeit Ø	3.9
Freundlichkeit	4.4
Stellplatz	3.6
Verpflegung	3.7
Freizeit	4.1
Preis-Leistung	4.1
Mietunterkünfte	4.5

Geeignet für

Kinder b. 6 J.	3.5
Kinder b. 12 J.	3.8
Kinder b. 18 J.	3.7
Paare	4.6
Senioren	4.6
Gäste mit Zelt	4.2
Gäste mit Hund	4.4

Empfohlene Aktivitäten

- Wandern
- Entspannen
- Radfahren

22 Camping-Resort Allweglehen

❄

Allweggasse 4
83471 Berchtesgaden
+49 8652 2396
47.6475 | 13.04027

ganzjährig

HS: 51,00 € | NS: 47,50 €

Mehr Infos & Anfrage:
www.camping.info/19062

Baden im See	5km
Pool/Hallenbad	✓/3km
Spielplatz am Platz	✓
Hunde willkommen	✓
zur Hälfte Schatten	✓
WLAN	✓
Lebensmittel	✓
Brötchen am Platz	✓
Restaurant & Imbiss	✓
Ver-/Entsorgung Womo	✓
in den Ort	3km
Gesamt/Touristen	150/140
Mietunterkünfte	✓
Stellplätze vor Schranke	✓

4.5 SEHR GUT – 331 Bewertungen

Lage	4.7
Ruhe	4.4
Sanitäranlagen	4.5
Sauberkeit Ø	4.5
Freundlichkeit	4.7
Stellplatz	4.3
Verpflegung	4.4
Freizeit	4.6
Preis-Leistung	4.2
Mietunterkünfte	4.7

Geeignet für

Kinder b. 6 J.	4.1
Kinder b. 12 J.	4.3
Kinder b. 18 J.	4.1
Paare	4.7
Senioren	4.3
Gäste mit Zelt	4.5
Gäste mit Hund	4.5

Empfohlene Aktivitäten

- Wandern
- Entspannen
- Mountainbiking

Ecocamping, Aktivprogramm, Womoplatz, Wintercamping. Preise ohne Gewähr.

ANZEIGE

23 Camping Simonhof

*

Alte Reichenhaller Straße 110
83486 Ramsau
+49 8657 284
www.camping-simonhof.de
info@camping-simonhof.de

01.04. - 31.10.
15.12. - 15.01.

HS: 34,60 € | NS: 28,60 €

Mehr Infos & Anfrage:
www.camping.info/19065

Baden im See	2km
Pool/Hallenbad	12/18km
Spielplatz am Platz	✓
Hunde erlaubt	✓
Schatten	✗
WLAN (gegen Gebühr)	✓
Lebensmittel	✓
Brötchen am Platz	✓
Imbiss	✓
Ver-/Entsorgung Womo	✓
in den Ort	4km
Gesamt/Touristen	110/75
Mietunterkünfte	✓
Stellplätze vor Schranke	✗

Neu erbaute Sanitäranlagen mit Duschkabinen, Spülküche & WC.

Lage & Stellplatz

Eingebettet zwischen Reiteralm und Lattengebirge liegt der mit vier Sternen ausgezeichnete Campingplatz Simonhof absolut ruhig und idyllisch an der Grenze des Nationalparks Berchtesgaden im Bergsteigerdorf Ramsau. Abseits von viel befahrenen Straßen ist der Campingplatz ideal geeignet, um einen entspannten Urlaub im Einklang mit der Natur zu verbringen. Direkt vor den Toren des Campingplatzes taucht man in die wunderbare Wanderwelt der Berchtesgadener Berge ein, die für jeden Geschmack etwas zu bieten hat. Auch Hunde und Katzen sind herzlich willkommen und gehören zu gern gesehenen Gästen.

Sanitär

Der Campingplatz bietet seinen Gästen ein brandneues Funktionsgebäude mit großen Einzeldusch- und Waschkabinen, Kindersanitär und Trockenraum. Das zweite Sanitärhaus wurde renoviert und verfügt nun auch über ein Babybad. Im Abspülraum befinden sich außerdem eine Waschmaschine und ein Trockner. Die durch Hecken getrennten, parzellierten Stellplätze verfügen alle über Strom (16 Ampere) sowie Wasser- und Abwasser. Für die Gäste mit Zelt stehen zwei große Zeltwiesen mit Versorgungssäulen zur Verfügung.

camping.info AWARD 2019

Kiosk am Simonhof.

Moderner Aufenthaltsraum.

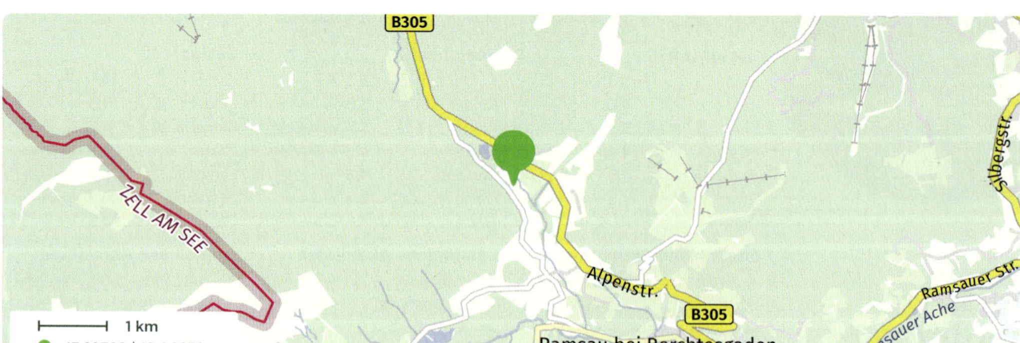

Idyllischer Naturcampingplatz zwischen Reiteralm und Lattengebirge.

Verpflegung

Am Campingplatz Simonhof finden die Gäste einen kleinen Minimarkt, wo täglich frische Brötchen sowie Kaffee erworben werden können. Außerdem gibt es einen beheizten Aufenthaltsraum mit Kochgelegenheit und einem TV. Die nächste Gaststätte befindet sich in einer Entfernung von 500 m.

Freizeit

Die kleinen Gäste können sich gerne auf dem Spielplatz oder im eigenen Wald austoben. Der nahe gelegene Hintersee lädt zu einer Ruder- oder Tretbootfahrt ein. Ebenso können die Kinder im Nationalpark (Klausbachtalhaus) an geführten Wanderungen teilnehmen. Zu den Sehenswürdigkeiten in der näheren Umgebung zählen beispielsweise die Almbachklamm und die Wimbachklamm, die berühmte Ramsauer Kirche, der Nationalpark Berchtesgaden, der Königssee St. Bartholomä sowie das Kehlsteinhaus („Eagles Nest"), die Jennerbahn, das Salzbergwerk in Berchtesgaden und die nahe gelegene Kulturstadt Salzburg.

5.0

Besonders gefallen hat uns, dass es nicht so eng zuging, wie auf vielen anderen Campingplätzen. Unsere Parzelle war riesig und an drei Seiten von Hecken gesäumt. Der gesamte Campingplatz besticht durch viel Platz. Das neue Sanitärgebäude ist exklusiv, keine Kunststoff-Trennwände, stattdessen alles aus Holz –sehr schön. Tischkicker und Tischtennisplatte kamen beim Nachwuchs gut an. Schöner Ausblick auf die umliegenden Berge.

Marcel D.

Marcel ist begeisterter Camper und war mit seiner Familie im August 2022 auf dem Campingplatz Simonhof.

Parzellierte Stellplätze.

Winterliches Camping.

4.7 **SEHR GUT**
171 Bewertungen

Lage	4.8
Ruhe	4.7
Sanitäranlagen	4.6
Sauberkeit Ø	4.8
Freundlichkeit	4.9
Stellplatz	4.4
Verpflegung	3.7
Freizeit	4.5
Preis-Leistung	4.6
Mietunterkünfte	4.7

Geeignet für

- 4.9 Gäste mit Zelt
- 4.8 Paare
- 4.8 Gäste mit Hund
- 4.7 Senioren
- 4.4 Kinder b. 6 J.
- 4.4 Kinder b. 12 J.
- 4.0 Kinder b. 18 J.

Empfohlene Aktivitäten

Wandern · Entspannen · Mountainbiking · Klettern

Mehr Infos

Ortsregister

A

B

C

D

E

F

G

H

I

J

K

L

M

N

O

P

Q

R

S

T

U

X

Z

Camping-Themen

Ganz nach deinem Geschmack

Ob mitten in den Bergen, direkt am Strand, umgeben von idyllischer Natur oder besonders geeignet für Kinder: Ganz nach deinen Vorlieben haben wir dir tolle Inspirationen für deinen nächsten Campingurlaub zusammengestellt.

Übrigens: Zu jedem Thema findest du auf unserer Webseite noch weitere, geprüfte Camping-Tipps und Platz-Empfehlungen. Scanne dazu einfach den nebenstehenden QR-Code.

Mehr Campingplätze am See

Camping am See - Urlaub direkt am Wasser

1. Camping & Ferienpark Falkensteinsee, Niedersachsen, Seite 84
2. Campingpark Buntspecht, Brandenburg, Seite 297
3. Campingplatz am Hardausee, Niedersachsen, Seite 173
4. Camping- und Ferienpark Havelberge, Mecklenburg-Vorpommern, Seite 264
5. Camping Christophorus, Baden-Württemberg, Seite 575

Naturcamping – die beste Auszeit im Grünen

1. Naturcamping Spitzenort, Schleswig-Holstein, Seite 63
2. Seeweide Naturcamping Penzlin, Mecklenburg-Vorpommern, Seite 259
3. Naturcamping Lassan, Mecklenburg-Vorpommern, Seite 251
4. Naturpott Borkenberge, Nordrhein-Westfalen, Seite 372
5. Naturcamping Buchholz, Schleswig-Holstein, Seite 104

Mehr Naturcampingplätze

Camping am Meer - Wellenrauschen vorm Wohnwagen

1. Rosenfelder Strand Ostsee Camping, Schleswig-Holstein, Schleswig-Holstein, Seite 76
2. Camping Südstrand Fehmarn, Schleswig-Holstein, Seite 95
3. Insel Camp Fehmarn, Schleswig-Holstein, Seite 96
4. Campingpark Kühlungsborn, Mecklenburg-Vorpommern, Seite 226
5. Camping zur Perle, Schleswig-Hostein, Seite 33

Mehr Plätze fürs Camping am Meer

Mehr Plätze fürs Camping mit Hund

Camping mit Hund - unterwegs mit Vierbeiner

1. Camping & Ostseeferienpark Walkyrien, Schleswig-Holstein, Seite 84
2. NordseeCamping zum Seehund, Schleswig-Holstein, Seite 27
3. Höpkens Hof & Campingplatz, Niedersachsen, Seite 140
4. Campingpark im Bergischen Land, Nordrhein-Westfalen, Seite 396
5. Campingplatz Ecktannen, Mecklenburg-Vorpommern, Seite 258

Camping mit Kindern - familienfreundliche Plätze

1. Familienpark Senftenberger See, Brandenburg, Seite 321
2. Camping Wirthshof beim Bodensee, Baden-Württemberg, Seite 608
3. Alfsee Ferien- und Erlebnispark, Niedersachsen, Seite 184
4. Südsee Camp, Niedersachsen, Seite 170
5. Camping- und Ferienpark Wulfener Hals, Schleswig-Holstein, Seite 100

Mehr Plätze fürs Camping mit Kindern

Mehr Plätze fürs Wintercamping

Camping im Winter - Urlaub zur kalten Jahreszeit

1. Camping Holmernhof und mehr, Bayern, Seite 696
2. Camping Hopfensee, Bayern, Seite 708
3. Vital CAMP Bayerbach, Bayern, Seite 691
4. Camping-Resort Allweglehen, Bayern, Seite 739
5. Camping Wirthshof am Bodensee, Baden-Würrtemberg, Seite 608

FKK-Camping - Freiheit neu erleben

1. Naturisten FamilienSport- und Natur-Camp Sonnensee, Niedersachsen, Seite 192
2. FKK-Zeltplatz Amrum, Schleswig-Holstein, Seite 26
3. FKK-Campingplatz am Rätzsee, Mecklenburg-Vorpommern, Seite 268
4. Camping-Tonsee FKK, Berlin, Seite 309
5. Waldcamping Hüttenhof, Baden-Württemberg, Seite 565

Mehr Plätze fürs Camping am Meer

REGIONENVERZEICHNIS

NOTIZEN

NOTIZEN

VON CAMPERN FÜR CAMPER
DU BIST CAMPEN?
Bewerte deinen Aufenthalt bei uns auf camping.info
camping.info
WIR SIND CAMPEN